编辑说明

一、《中国食品工业年鉴》是中国食品工业纪年性、资料性的大型工具书，每年出版一部，各部分内容更新并保持连续。1993年因故停版。1996年起恢复出版。2001年为总第15部。

二、《中国食品工业年鉴－2001》的结构体例与以前大体一致。在第15部中，已将第14部所缺的第1部分的专论、食品工业专利，第3部分的吉林省、黑龙江省、江苏省、广西壮族自治区的有关内容补上，安徽省、湖北省仍然告缺。

三、《中国食品工业年鉴－2001》中的统计数字，以国家统计局有关部门提供的数据为准。

综述部分的全国性统计数据，均未包括台湾省、香港特别行政区、澳门特别行政区。

为便于读者查阅各篇文章中的数据，对文中的各个表格，已在目录予以标示。为查阅方便，目录中表格部分用楷体字标明。

四、书中汇集的政策法规、专论，原文照登，不再作技术处理。

五、《中国食品工业年鉴－2001》撰稿人署名一律在条目之后。连续条目为同一撰稿人时，则署名在最后一个条目之后。辑录的资料，一般不署名。

六、《中国食品工业年鉴－2001》的编辑、出版、发行等工作，得到了中央和地方各有关部门、中国食品工业协会、各地食品工业协会以及中华书局的大力支持和帮助，谨此表示衷心的谢意！

七、诚请读者对本书提出批评和改进意见，并告诉我们您想了解什么样的信息，以便更好的为读者服务。

联系方式：100073　　北京市太平桥东里5号　中国食品工业年鉴编辑部

电　　话：　010－63494253　　63440981

二零零二年四月

四川省绵竹剑南春集团

剑南春集团董事长、总经理：乔天明

剑南春酿酒历史悠久，唐代“剑南烧春”为当时天下名酒，流誉华夏，载入《唐国史补》。深厚的文化底蕴，千年的传统工艺是剑南春宝贵的资源。

为了适应消费者的要求，满足变化了的市场需求，剑南春集团大力调整了工艺，在采用传统酿酒工艺的基础上，更加严格工艺操作规程，细化了基础酒检验标准，使剑南春的内在质量大大提高。以质量满足消费需求是剑南春人的定律。

为了全方位保证产品质量，剑南春集团长期

以来坚持走可持续发展之路，加强环境保护工作。建成了近万吨污水处理站、沼气站污水处理系统、丢糟综合利用精酿车间、噪声及粮食粉尘除杂系统、一流的自控绿化苗圃温室等一系列污染治理设施及综合利用设施。

剑南春公司领导高瞻远瞩，于2001年初提出在公司“从酿酒原料的采购、酿酒生产和营销服务的全过程推行ISO14001环境管理体系认证工作”。目前体系进入试运行并通过了中国进出口质量认证中心（CQC）EMS的第一阶段审核，正在进行EMS的第二阶段最终审核，有望获得ISO14001体系认证。

为了保证投入市场的产品无缺陷，剑南春公司狠抓质量监控，建立了严格的质量内部审核机制。当质量与数量，质量与效益，质量与消费需求发生矛盾时，剑南春的决策者始终把质量放在第一位。决不为了短期效益而牺牲质量和信誉，这也是剑南春决策者的定律。

白酒市场新一轮的竞争将是企业实力的竞争，剑南春将竭尽全力，夯实质量基础，用高质量的产品回报消费者；强化营销，巩固原有销售网络，处理好厂商利益关系，让调整后的剑南春公司在2002年有一个更快更好的发展。

中国名酒
中国驰名商标
劍南春
JIAN NAN CHUN
CHIEW
Chinese Famous Liquor
Ingredient: Sorghum, Rice, Glutinous Rice, Wheat, Corn.
四川省绵竹剑南春酒厂
THE JIANNANCHUN DISTILLERY MIANZHU SICHUAN
净含量：500ml
中国名酒
中国驰名商标
净含量:500ml
劍南春
JIAN NAN CHUN CHIEW
四川省绵竹剑南春酒厂

海拉尔啤酒集团

董事长：孙立军

海拉尔啤酒（集团）有限责任公司座落在闻名世界四大草原之一的呼伦贝尔草原、草原明珠海拉尔市区伊敏河畔，得天独厚的地理位置、无任何污染的纯天然品质、现代化的生产设备和技术、严格的质量管理，为集团公司的长足发展奠定了坚实基础。

集团公司是国家控股、法人参股、职工持股多元化经济组合形式的股份有限责任公司。公司总资产2亿元，职工2600人，工程技术人员196人，拥有7条现代化啤酒生产线，年生产啤酒8.5万吨、白酒3千吨、果酒2千吨、矿泉水1万吨。1998年评为自治区学邯钢抓管理优秀企业、内蒙古质量行光荣榜企业、盟级企业管理优秀企业，并连续5年被海拉尔市政府命名为功勋企业。

集团公司龙头产品——海拉尔啤酒，曾多次在同类产品评比中名列榜首。1988年获内蒙古自治区优质产品称号，1995年被自治区首批命名为名牌产品，同年在北京获“全国啤酒行业优质产品奖”。2001年爽麦啤酒荣获“中国优质新品啤酒”称号等殊荣。

集团公司不断开发研制新产品，形成了五大系列三十几个品牌的新格局，并与夏日公司联合生产夏日矿泉水。产品覆盖呼伦贝尔，远销黑龙江、北京、天津、河北等地，并出口俄罗斯、蒙古等东欧国家和地区。在广大消费者中享有盛誉，备受消费者青睐。

Hailaer beer
海拉尔啤酒集团
海拉尔
Hailaer
BEER
冰啤王
海拉尔
冰啤王
Hailaer

国家经贸委唯一批准的专业化、规范化、市场化的国家级食品博览会

中国·武汉
CHINA WUHAN

第八届中国食品博览会暨交易会

THE EIGHTH CHINA FOOD EXHIBITION & TRADE FAIR

2002

邀请书

INVITATION

时间：2002年12月12—16日
TIME: DECEMBER.2002.12.12-16

地点：中国.武汉国际会展中心
ADD:WUHAN INTERNATIONAL EXHIBITION CENTER

主办单位：

中国商业联合会
中国食品工业协会
湖北省人民政府
武汉市人民政府

承办单位：

湖北省经济贸易委员会
湖北省贸易物资行业管理办公室
武汉市商业局
武汉东方会展策划有限责任公司
武汉国际会展中心

中国商业联合会中国食品博览会办公室：
TEL: 010-66094543 FAX: 66094541
ADD: 北京市西城区复兴门大街45号 POST: 100801
联系人：梁 蓉 汪 频
中国食品博览会北京办事处
ADD: 北京市丰台区太平桥东里5号015室 POST: 100073
TEL: 010-63312406 63315527 FAX: 63312406
联系人：汪 频
ADD:武汉市江汉区解放大道344号（武汉世界贸易大厦1505室）
电话：027-85448165 85448093 85448026 85510390
传真：027-85448103 POST: 430032
联系人：陈刚 黎裕坤 张伟 兰波 汪频
E-mail:eaex@eaex.com.cn

详情请查询 http://www.eaex.com.cn（东方会展网）

中国食品工业年鉴

2001

（总第15部）

中　华　书　局

《中国食品工业年鉴 2001》编辑委员会

《中国食品工业年鉴 2001》的出版得到四川剑南春集团公司、内蒙古海拉尔啤酒集团有限责任公司的大力支持,特此表示感谢!

抓住新世纪发展机遇　开创食品工业新局面
（代　序）

中国食品工业协会会长　王文哲

2000年，是中国发展进程中具有重要标志意义的一年。在以江泽民同志为核心的党中央正确领导下，全国人民团结奋斗胜利实现了“九五”计划和现代化建设前两步的战略目标，国民经济出现了新发展的重要转机。

在过去的一年中，全国食品工业“九五”计划的各项预定目标得到实现，食品工业运行平稳，发展势头良好，为食品工业进入新世纪，全面实施“十五”规划，迎接新发展打下了良好的基础。

一、“九五”和2000年食品工业发展情况

“九五”期间，党中央、国务院和各级政府都十分重视食品工业，不少地区把食品工业列为支柱产业扶持发展；农业连年丰收，为食品工业提供了较充足的原料；改革开放的深化、先进技术的采用以及社会主义市场经济体制的建立和完善，为食品工业持续、快速、健康发展创造了良好的环境和条件，“九五”是改革开放以来食品工业发展较快的时期，主要表现在：

1．“九五”各项指标完成情况良好

据国家统计局对全部国有及年销售收入500万元以上非国有企业统计（以下同），2000年全国食品工业完成销售收入7829.89亿元，比去年同期增长9.20%，从行业分析，屠宰及肉蛋类、水产品、制盐、乳制品、罐头、葡萄酒、软饮料、烟叶复烤等行业，销售收入增长均超过10%，其中乳品行业增幅达30.7%。实现“九五”提出的年均增长9%～12%的目标要求；全国食品工业创造利税1430.30亿元，同比增长12.4%，其中食品加工业和食品制造业利税总额均表现大幅度增长，分别为62.6%和35.4%；2000年全国食品工业利润总额达356.8亿元，增长幅度为31.2%，其中食品加工业的利润总额增长幅度为203%，达到66.68亿元，食品制造业增长65.0%，达54.15亿元。实现海关出口额130.73亿美元，同比增长14.61%，实现了“九五”预期目标。

2．主要产品产量增长适度，部分产品增幅较大

以市场需求为导向，食品工业主要产品“九五”时期均保持了良好的增长态势。

据2000年统计资料，食品行业主要产品产量分别为乳制品82.92万吨，比1999年增长25.1%；淀粉614.08万吨，增长21.8%；食用植物油835.3万吨，增长20.6%；鲜冻畜肉380.0万吨，增长17.3%；软饮料1490.83万吨，增长16.7%；原盐3128.0万吨，增长14.1%；水产加工品256.5万吨，增长17.4%；罐头178.2万吨，增长11.3%；糖果36.87万吨，增长10.3%；方便主食品260.9万吨，增长9.3%；啤酒2231.31万吨，增长8.0%；卷烟3323.4万箱，增长1.7%；白酒476.11万吨，增长1.1%。产量增长幅度10%以上的行业有乳制品、食用植物油、淀粉、原盐、饮料、水产品、罐头、糖果等行业，其中乳制品增长幅度最大达25.1%。

3．城乡居民膳食结构得到改善，营养状况得到提高

“九五”时期，我国城乡居民膳食结构逐步改进，营养水平得到了提高。2000年预计人均摄入热量可达2575大卡，蛋白质72.7克，脂肪71.6克，比“九五”初期有较大的提高。是80年代以来居民食物消费与营养结构改善最快的时期。

4．通过“九五”时期的发展，食品工业整体素质得到提高，出现了一系列良好的发展趋势和特点。

（1）产业结构调整成绩显著

据国家统计局资料，2000年在全国食品工业7829.89亿元销售收入中，食品加工业为3445.25亿元，占44.0%，食品制造业为1325.28亿元，占16.91%，两者相加为4770.53亿元，占60.90%，较1999年增加近1个百分点。从行业情况分析食品制造业发展速度较突出，比上年同期增长14.4%，食品加工业高于全国食品工业增速0.76个百分点，而包括白酒在内的饮料酒制造业和烟草加工业的发展速度明显趋缓，分别为7.33%和6.02%，这种结构调整取向是符合我国产品结构调整方向的。

食品工业的迅速发展，使各类食品在品种、质量、档次、功能及包装方面都能基本上满足不同消费

层次的需求，如各种主食方便食品、水果蔬菜、肉类速冻食品、早餐食品、外餐食品、各种保鲜包装配制食品、净菜等半成品正在加快进入居民的一日三餐；面粉和食用油脂精制品和专用产品品种、产量、比重都有较大的增加；肉类制品、乳制品、软饮料、水产加工品品种丰富、档次明显提高；名优产品发展较快，产品质量稳定，产量不断增加，市场覆盖面不断扩大。

（2）企业组织结构改善，生产技术和装备水平不断提高

“九五”时期，啤酒、饮料、乳品等主要食品行业在这一年中出现了全行业整合重组的良好态势，如青岛啤酒集团公司，通过实施低成本扩张，兼并收购了包括嘉士伯、五星等在内的10余个省市的20余家啤酒企业，使该集团产量在1999年突破100万吨以后，迅速扩张到200余万吨，销售收入及利润增长均超过40%以上。饮料、乳品行业的上海正广和、上海光明分别与国际知名食品企业集团合作，引进国外资金；北京三元收购北京卡夫85%股权等食品行业中一系列有重大影响的事件，都充分表明我国食品工业参与国际竞争能力的提高，同时也显示了我国食品工业参与国际资本运行方面有了可喜的开端。食品各行业涌现出一批具有较强经济实力和市场竞争力的大中型骨干企业和企业集团，如啤酒行业拥有44个年产10万吨以上的企业，产量占全国啤酒产量的40.8%；大型蔗糖厂日处理甘蔗能力4000～6000吨，最大可达10000吨；大中型肉制品厂年产量达60万吨以上；大型面粉厂规模已达800～1500吨/日，罐头行业已基本形成基地化区域化规模生产；饮料行业十强企业饮料产量占全国总产量的40%以上，娃哈哈集团2000年产量已达223万吨，约占当年全国饮料总产量的15%以上。

大中型食品企业技术装备水平有较大提高。制糖、罐头、啤酒、葡萄酒、粮油加工、肉制品、饮料、乳制品、烟草加工等行业中，较先进的大中型企业技术装备已接近发达国家80年代末、90年代初的水平。引进设备的消化吸收和国产化提高了我国食品和包装机械设备水平，正在逐步适应食品工业的发展和技术改造的要求。此外，国际食品工业中广泛采用的生物工程技术和保鲜、超高温杀菌、冷冻干燥、超临界萃取、膜分离、挤压膨化等高新及应用技术，在我国食品工业中得到了进一步的推广应用，有力地推动食品工业的科技进步，促进了生产技术水平的提高和产品的更新换代。

（3）国有食品企业脱困和企业改制工作取得很大进展

在国家政策支持下，全国食品企业特别是亏损企业加大了企业改革力度，在广大干部职工努力下，国有食品企业扭亏脱困工作，取得了明显成效。至2000年底，在国家经贸委重点追踪的545户食品企业中，扭亏脱困企业总数为355户，占亏损企业户数的65.13%，是全国工业企业脱困情况较好的行业，其中京、津、沪、重庆4个直辖市及福建、云南、浙江的脱困率达66%，吉林、黑龙江、江苏、广东等重点省市脱困率达60%以上，部分地区已实现全部脱困。制糖行业通过调控总量，淘汰落后生产能力和降低糖料种植面积的战略性结构调整措施，扭转了困扰制糖行业连续4年亏损的局面，使制糖业步入良性发展的轨道。

国有食品企业改制工作也取得了很大进展。根据国家抓大放小的方针，广大中小食品企业根据国家放开搞活的政策，通过优化资本结构，采取兼并联合、股份制合作、破产拍卖、租赁承包等各种方式进行改制，增强了企业活力，出现了国有、集体、民营、个体共同发展的良好局面。

（4）龙头食品企业的兴起促进了农业的发展

近几年来，随着农业产业化经营的发展，一大批龙头食品企业迅速崛起，如2000年农业部、财政部及国家经贸委正式确定了全国151家农业产业化重点龙头企业，这其中很大部分是近年来迅速崛起的食品加工企业。这些龙头企业对食品工业与农牧业结合，实现产业化经营，带动当地经济持续发展，提高农民收入发挥了重要作用。如内蒙古伊利集团依据内蒙大草原的资源优势，以“公司+农户”形式建立自己的原料基地，迅速形成了乳制品、冷饮、速冻食品等多种系列产品，带动了周边地区的种植业、养殖业、包装印刷业、商业和服务业的发展，形成了拥有11亿元资产、下属25个企业、1.1万名员工的全国知名乳业集团，而且还带动了10万名农牧民脱贫致富，成为带动当地经济发展的龙头食品企业。山东得利斯集团以低成本扩张的方式带动了国内28家肉联厂、2800多个养猪基地和10万家养猪户。“龙大”公司采取收购、租赁、债权变股权等方式，收编了省内外12家企业，以投资6000万元盘活了3亿多国有资产。此外，新疆的屯河集团、新疆绿洲红花开发有限公司以及新天国际葡萄酒业有限公司等都是新疆著名

的龙头食品企业，为发展新疆特色农业（蕃茄制品、红花油、葡萄酒）起到了举足轻重的作用。

(5) 食品企业技术创新成效显著

企业是技术创新的主体，是提高企业科技成果转化和新产品开发增加市场竞争力的关键，“九五”时期食品行业各种形式技术创新体制不断涌现，出现了良好的发展态势，成效显著，如：上海工业微生物所进入上海冠生园集团以来，使研究所成为企业的技术中心，为集团提供绵延不断的创新动力，1996—2000年四年间新产品销售收入超过15亿元。甘肃农大近两年来在全省23个食品公司或农产品生产基地共开发出以农产品为资源的新产品20多种，新增产值1.5亿元，培养了当地专业人员1000多人；广东乐百氏、健力宝等一批大型食品企业集团都建立了自己的技术中心，加大技术创新的投资力度；福州等一批食品工业园（区）正在建立或筹建之中。福州市政府为推动食品工业发展，培植新的经济增长点，举全市之力，创办全国性的福州食品工业园；玉米、大豆、甘薯等大宗农产品已形成以加工研究开发单位为主体的农产品加工科技创新体系，为解决大宗农产品深加工，提高开发利用途径和产品附加值创造了有利条件。

“九五”期间，我国食品工业在取得持续、快速、健康发展的同时，也还存在一定的问题，主要是：

1. 产品结构升级不快，食品制造业和食品加工业在食品工业中所占的比重偏低，适应市场需求的产品短缺，而不适应市场需求的产品过剩，特别是满足“一日三餐”需求的各类方便食品还不能满足居民需求。

2. 食品企业总体生产规模小、技术装备水平低、企业管理差、原材料及能耗高、经济效益差，亏损企业占34%。

3. 地区发展不平衡。东、中、西部地区食品工业产值分别为全国食品工业产值的54.63%、29.33%和15.71%，特别是西部地区食品工业基础薄弱，管理水平差、技术开发和创新能力不足，资源得不到充分利用，发展缓慢。

上述存在的这些差距和问题，都需要在食品工业今后发展中逐步克服和解决。

二、2000年中国食品工业协会的主要工作

根据中国食协四届二次理事会确定的2000年工作计划，协会主要开展了以下几项工作：

1. 组织全国食品工业“十五”发展规划起草工作

起草“十五”规划是2000年协会的一项重要工作。根据国家计委的部署和要求，食协组织有关部门及专家完成了“全国食品工业‘十五’及2010年发展规划建议”的起草工作，并于7月召开了部分省市食协负责人、大中型企业和科研单位负责人以及有关专家参加的“全国食品工业‘十五’及2010年发展规划座谈会”，对“建议”稿提出修改意见，在此基础上形成的修改稿经各地食协和专业委员会二次修改后形成了征求意见稿。

此次理事会上，我们印发了“全国食品工业‘十五’及2010年发展规划建议”（讨论稿），请各位理事审议并提出意见。协会再根据各位意见修改后定稿，上报有关部门。

2. 完成“中国西部地区食品工业‘十五’发展规划建议”的起草工作

根据国家计委的布置和要求，由中国食协组织编制了“中国西部地区食品工业‘十五’发展规划建议”，现已根据国家计委要求，再行修改后上报。同时，为了配合西部大开发工作，协会组织各地食协进行西部地区食品工业发展情况的调查，并在中国（西安）食品节期间召开了“西部地区食品工业发展研讨会”，提出了“关于加快西部地区食品工业发展的意见”的报告。

3. 发展龙头食品企业，推动食品工业强县建设

发展龙头食品企业，建设食品工业强县，是近几年推进我国食品工业上新台阶的一项重要措施。去年初协会在前几年工作的基础上对此做出了具体部署，并下发了“关于发展龙头食品企业和建设食品工业强县的通知”，各省市食协对食品工业强县建设工作都非常重视，把它列入工作的重要日程，河北、山东、陕西和天津等省市食协还专门组织力量进行调查研究，并对重点县市进行了具体组织指导，使此项工作在各省市深入地开展起来，并取得了初步成果。截止去年底，经各地食协评选上报的食品工业强县共63个。据协会对河北遵化、天津武清、山东莱阳、诸城、陕西三原、宝鸡等十个县市调查，这十个县平均食品工业产值达到26.77亿元，占全部工业产值的29.28%，食品工业平均利润、税金、出口创汇额分别占全县的30%左右。这些县的食品工业无论是整体还是单个企业的规模都已成为县域经济的重要支柱，具有举足轻重的地位。食品工业强县建设有效地

带动了农业结构调整，使农民收入不断增加。如山东诸城市发展食品工业使 80% 的农户参与了产业化经营，70% 的农产品得到就地加工，增加产值 50% 以上，农民纯收入达到 3458 元，是 1990 年的 4.2 倍，农民收入增长的 2/3 得益于食品工业的发展。

4. 促进国有大中型食品企业脱困工作

根据国家经贸委指示精神，中国食协把帮助国有食品企业脱困工作列为 2000 年重点之一，并于 3 月下发了《关于搞好国有食品企业脱困工作的几点意见的通知》及《全国食品行业国企现状调查表》，各地食协积极行动起来，为三年国企脱困工作尽心尽力做好各项工作。此外，协会还通过函调与走访企业相结合的形式，先后对 54 家重点企业及亏损企业进行调查，其中走访了 8 个省市、14 家重点企业。在此期间，上海、天津、四川、福建、山东、宁夏等 25 个省市食协派员参与了调研，做了大量的工作，在行业内呈现出齐心协力帮助企业脱困的局面。在调查研究的基础上，协会提出了“国企脱困扭亏成绩显著，深化改革尚需努力”的调查报告，并于 10 月份在山东济南召开了“全国食品行业国企改革和脱困经验交流会”，认真总结经过几年努力，脱困效果显著企业的成功经验以及他们在深层次国企改革中上新台阶的作法。会议收到了很好的效果，起到了交流经验和学习借鉴的作用。一年来，我会在帮助国企脱困方面所做的工作，得到了中国工经联的肯定，并在由工经联召开的全国国企脱困工作经验交流会上受到了表彰。

5. 进一步开展“中国学生奶”推广活动

继 2000 年初在协会召开的四届二次理事会上举行首批“中国学生奶”推广活动（试点）企业授牌后，协会继续认定了 24 家乳品企业作为“中国学生奶”推广活动的定（试）点企业。为使这项活动能有序开展，在征求各有关省市食协及有关企业的基础上，中国食协发布了《“中国学生奶”管理规则》，此外，为介绍和交流各地在中国学生奶推广活动的情况和经验，协会还编发了《中国学生奶推广活动简报》。中国学生奶推广活动得到了各地食协及有关企业的积极支持和响应。山东省食协在此项活动中工作力度大，效率高，做出了显著的成绩。

今年 11 月农业部等七部委发布《国家学生饮用奶计划》以后，为了作好由协会开展的中国学生奶推广活动的协调与衔接，协会领导亲自出面多次与农业部、国家质量技术监督局等部门进行协调与沟通，并向国务院科教领导小组上报了《关于学生奶推广工作的意见》。反映了我会在学生奶推广工作中所做的前期工作，并对今后工作提出了协会的意见。我会前期开展的学生奶工作得到了国务院科教领导小组有关领导的肯定，并批示“应充分重视和发挥中国食协的作用”。关于学生奶推广工作，协会将在以往工作的基础上，进一步做好与有关部门的协调与沟通工作，以使此项工作更加有效地开展下去。

6. 开展我国加入 WTO 与食品工业应对措施的有关工作

为了迎接我国即将加入 WTO，正确分析入世后我国食品工业面临的机遇和挑战，去年三月初协会向各地食协和各行业协会、专业委员会下发了《关于中国食品工业加入世贸组织的机遇、挑战及对策研究》一书的征稿函，得到了各地食协及各专业委员会的积极响应，各有关食品行业及大型企业集团相继开展入世对策研究及召开迎接入世的研讨会和座谈会，分析形势，研究我国入世后对食品工业的影响和对策。中国食协根据各地食协及有关专家撰写的稿件，已整理汇编出《WTO 与中国食品工业》一书供行业内参考及借鉴。此外，为了深入研讨我国葡萄酒行业面对入世的新形势，增强我国葡萄酒行业的国际竞争力，协会还专题组织召开了“WTO”与中国葡萄酒、果酒工业发展研讨会”以及开展葡萄酒、果酒级别分类与产地认证工作，提高我国葡萄酒、果酒的竞争力。

7.《中国食品工业网》正式开通

协会信息部继去年完成《中国食品工业网》的网站注册以及机房改造、基础设备购置等各项工作基础上，克服了各种困难，在各有关方面关心、支持下，终于在 7 月 1 日正式开通了《中国食品工业网》。经过近半年多的充实、完善，《中国食品工业网》现已进入平稳运行，初步为各地食协设置和开通了网站免费电子邮件系统以及 BBS 公告系统，并为协会机关办公自动化信息系统的建立创造了基础条件。此外，《中国食品工业网》还开展了对部分企业的“一对一”专项信息咨询服务工作等等，得到了用户的好评。

8. 做好技术创新项目的落实与新技术推广工作

为了支持大中型国有食品企业的技术创新工作，协会在总结 1996、1998 年食品工业技术推广工作的基础上，于 11 月在江苏徐州召开了“2000 年全国食品工业新技术推广会”，会上无锡轻工业大学、中国食品发酵研究院等 30 余家科研单位发布了最新科研成果；四川五粮液集团等 30 余家企业进行了技术交流与项目洽谈，发表论文 29 篇，推广科技成果上百项。对推动行业技术创新、科技成果转化发挥了重要作用。此外，协会还先后组织了“湘泉集团企业发展座谈会”，“利用挤压蒸煮技术生产营养早餐”项目论证会等一批研究成果的鉴定论证工作。

9．做好人才培训工作

为了推动行业科技进步、提高食品行业从业人员整体素质，一年来，协会培训中心积极面向食品企业，采取合作与自办相结合的方式，开展了一系列培训工作，全年共举办食品行业各种短训班12期，共培训食品企业各类技术人员400余名，收到了很好的效果。此外培训中心还与人大工商管理研修中心等单位合作，组织食品企业家参加MBA培训和应对WTO函授课程学习等一系列培训活动，为满足食品企业职工知识更新，提高企业管理水平创造了良好的学习条件。

为了促进人才培训事业的发展，调动企业人才培训工作的积极性，协会去年还召开了“全国食品行业培训工作座谈会”，表彰了一批培训工作先进单位和个人。

10．推进实施名牌战略，强化质量管理工作

围绕食品行业加强质量管理，实施名牌战略，2000年协会开展了以下主要工作：开展对100家名优酒和地方名酒的调研工作，并在泸州老窖等20余家白酒行业骨干企业举办了实施名牌战略、市场营销等方面技术讲座；组织召开了食品行业质量认证和环境认证工作会议，举办培训班，以进一步在食品行业开展ISO9000质量认证体系和ISO14000环境质量管理体系认证工作；开展了全国白酒、调味品国家评委培训考核和选聘工作，许多省市食协对此项工作十分重视，分别在省内先期组织了培训与初选；召开了全国名优葡萄酒、果酒质量技术研讨和质量管理经验交流会；组织开展全国食品行业优秀QC小组成果发布擂台赛。

11．做好国际交流与合作工作

2000年中国食品工业协会共组织了7个出国及赴港考察团组，根据中国食协与香港食品商会合作意向，于11月协会组织了北京、上海、山东、天津、河北、辽宁、陕西、广东、四川及深圳等10个省市食协负责同志赴港考察，与香港食品商会进行了洽淡与交流，双方就各自的优势和合作前景进行了有益的探讨。7月底协会还组织了11人的代表团，赴美考察食品工业（葡萄酒、营养食品、香精香料），拜会了美国FDA（食品和药物管理局），与美国营养食品协会建立了联系。此外，协会还在2000年与有关单位合作，主办或协办了多个国外来华食品展与接待国外来访团组，与上海国际展览公司合作，成功地举办了第七届上海国际食品加工与包装设备展览会；接待日本理研株式会社34人访华团等等。通过上述活动，进一步扩大了我国食品工业与国外的合作与交流，扩大了食协在国际同行中的影响，进一步密切与有关国际食品组织与机构的联系与合作。

三、关于2001年协会的主要工作

为了贯彻落实食品工业“十五”规划，实现食品工业“十五”规划良好开局。拟抓好以下各项重点工作：

1．关于加强调查研究工作

加强调查研究，了解食品工业发展新情况，分析掌握运行趋势，研究新问题，提出措施，促进食品工业持续发展；调查市场供求变化，了解人们生活水平提高对食品消费的新需求，推动产品结构调整。加强对重点企业工作进展情况的了解，总结他们的先进经验，促进企业管理水平的提高。

2．关于做好推动国企改革和结构调整工作

建设和发展大型企业集团是提高食品工业整体素质，提高企业竞争实力，发挥名牌效益的重大措施。因此，发展一批创新能力大、管理水平高、竞争力强的大型企业集团非常重要。食品各专业均有一批骨干企业，要创造条件，协助他们解决发展中存在的各种困难和问题，使其增强实力，扩大经营规模，在行业中起排头兵作用。在新的一年里，协会要继续做好推动国企改革的服务工作。

3．加强对入世后食品工业面临的新形势和应对措施的研究

我国入世后，食品工业将面临融入市场国际化大潮的直接考验，为了能使我国的食品工业在激烈的国际市场竞争环境中，立于不败之地，我们必须在去年已经进行的入世对我国食品工业影响、利弊分析的基础上，进一步根据葡萄酒、制糖、乳制品、食用油以及调味品、食品包装及机械等各食品行业的现状，认真分析入世带来的新情况，和可能产生的问题和影响，研究应采取的对策和措施，以引起有关部门和企业的重视，扬长避短做好各项准备工作，提高我们的竞争力。

4．关于发展龙头食品企业，推动食品工业强县的建设工作和发展西部食品工业的有关工作

首先，于今年4月在山东菏泽召开座谈会，交流龙头食品企业的经验，推动企业健康发展。

其次，拟在各省、市食协上报的63个食品工业强县推荐名单中，确定第一批全国食品工业强县名单，进行示范性表彰，以总结交流各地强县建设的经验，推动食品工业强县建设。

再次，协会准备组织有关食品行业协会和科研单位的力量，根据食品工业强县和西部地区有关县市的需要，开展一些必要的服务工作。如组织专家帮助进行一些重点项目的论证、咨询；帮助解决一些新产品开发和产品精深加工方面的技术难题，帮助组织一些招商引资、东西部携手合作项目洽谈等。总之，协会要发挥自己的优势，在提供信息、技术咨询和人才培训等等方面做好服务，做好牵线搭桥方面中介服务工作。我们也希望各地食协在这方面能多做一些具体组织工作，中国食协将积极支持，予以配合，以共同促进食品工业强县建设和西部食品工业发展的有关工作能持久地开展下去。

5. 抓好食品工业技术创新与科技成果转化和管理工作

2000年食品行业科技管理工作要进一步采用电子信息化技术，应用现代网络管理手段做好科技服务工作，拟在去年工作基础上，建立科技人才库、科技成果项目库、开设食品行业技术创新网点，最终要形成动态科技管理网络，以较好地服务于协会、服务于企业；继续办好"第三届全国食品工业科技进步工作会议"，表彰科技进步优秀企业、优秀项目、科技新成果及先进管理工作者，交流科技创新工作经验，推广新成果；继续推进食品工业企业技术中心的建设以及产学研联合工作的深入开展，使食品工业技术创新工作不断加强。举办"生物技术、膜分离技术、方便食品生产技术"等专题研讨会；继续做好国家技术创新项目的落实与申报工作与科技成果的鉴定、论证工作，以及食品营养促进工作。

6. 做好信息服务工作

继续作好《中国食品工业网》的后续建设工作，确保网站的正常平稳运行；完成综合数据库的开发建设工作，积极协助地方食协的联网建站和建立主页的工作，积极为食品企业服务，以信息化推动食品工业现代化；通过网站把国外的小企业与国内的中小企业连接起来，提供准确的信息，增加经济技术合作，为企业发展服务；进一步办好《中国食品质量报》、《中国食品工业》杂志和《中国食品工业年鉴》。

7. 进一步加强质量工作

努力提高食品质量，既是满足城乡居民物质生活水平不断提高，扩大出口，提高经济运行质量和效益的关键，也是实现我国跨世纪宏伟目标，增强综合国力和国际竞争力的必然要求。为此，在新世纪开端，要进一步认真学习和贯彻《产品质量法》，推进实施名牌战略，进一步加强质量工作。总结推广先进的质量管理企业，加强和提高质量的咨询活动，在此基础上总结表彰两年来在走质量效益型发展道路上成绩显著的优秀食品企业、优秀企业家和先进个人；要继续推进质量和环境管理认证工作，进一步加强全面质量管理工作；要积极稳妥地开展"全国食品行业知名品牌食品"的认定活动；推行争创"全国食品行业优秀质量小组"活动。

8. 进一步加强国际合作与交流。

在全球经济一体化趋势加快的今天，要进一步加强国际食品工业技术、经贸、信息的交流与合作，协助企业进一步开拓国际合作的渠道，了解国际市场信息，组织好今年的出访考察团组和各种展览活动，办好国际技术研讨会。

9. 搞好中国食协成立20周年庆祝活动

中国食品工业协会自1981年成立以来，已经走过了20年的风雨历程。20年来在食协各级组织发展壮大的同时，各级食协在协助政府搞好行业管理，提出行业发展规划和政策建议，做好行业基础工作，维护行业利益、反映企业呼声以及为企业提供咨询和信息服务等等方面做了大量行之有效的工作，得到政府和企业以及社会各界的认同与支持。在走向新世纪的今天，随着市场机制的进一步完善，政府机构改革的进一步到位，特别是中国食协体制的进一步理顺，中国食协作为政府与企业的桥梁，将具有更加无限的活力和生机，以及发挥中介组织作用的广阔舞台。因此我们要以庆祝协会成立20周年为契机，进一步动员和组织食品行业的力量，认真总结经验，积极探索和适应食品工业新的发展形势，努力做好中介组织的服务工作，开创协会工作的新局面。

拟在协会成立20周年之际，召开食品工业发展与行业工作研讨会，以总结交流协会成立以来行业管理的经验，探索协会工作新路子，同时表彰一批为行业发展做出贡献的优秀企业和企业家。还准备在上海举办第二届食品展览贸易洽谈会。

关于协会成立20周年活动及食品工业展览等有关具体事项，届时协会将另行通知，请各位理事、各省市食协以及有关企业给予支持和配合。

10．加强协会自身建设，提高服务质量，促进食品工业发展

进一步加强协会自身建设，首先要进一步转变观念，适应政府机构改革和职能转变的进一步到位，对协会工作提出新的要求，进一步明确协会工作在市场经济发展中所处的地位与作用，按照国家经贸委赋予工商领域行业协会的职能，发挥好中介组织的作用；同时要进一步深化协会内部的改革，发挥协会工作人员的积极性，提高工作人员素质，强化服务意识、提高工作效率。要加强与各省、市食协、各行业协会和专业委员会的联系与合作，努力做好为企业、为行业、为政府的服务和协调工作。

（本文为王文哲会长2001年2月21日在中国食协4届3次理事会上的报告。略有删节。）

目 录

第2部分 行业分述

第 3 部分　地方分述

第 4 部分　附录及企业、产品介绍

第 1 部分

综　述

1.1 2000年中国食品工业大事记

1月1日，《食物中毒事故处理办法》正式实施，1981年12月1日发布的《食物中毒事故调查报告办法》同时废止。

1月7日，世界上第1个全面介绍有关巧克力营养研究成果及信息的网站——巧克力信息中心网站在北京开通，网址http://www.chocolateinfo.com。

1月8日，据中国食品报报道：国家经贸委下发紧急通知：2000年糖精生产总量控制在1.6万吨以内，其中内销量限制在3000吨以内。

1月9日，中国食品工业协会在人民大会堂举行了食品工业优秀企业和优秀企业家表彰活动。共表彰优秀企业169家，优秀企业家92人。同期举行了中国食协第4届理事会第2次会议。

首批中国学生奶推广活动的13家定点企业和19家试点企业，同日在人民大会堂被正式授牌。这标志着自1999年5月以来启动的学生奶活动步入了一个新的发展阶段。

1月11日，据中国食品报报道：国家经贸委和国家轻工业局决定，2000年全国制糖生产能力压缩10%，年产糖能力由890万吨减至780万吨。

1月14日，据中国食品报报道：全国首家环保产业基地建成，日生产植物淀粉餐具55万件。该基地建在武汉市，被国家环保总局认定为“国内首创”。

1月17日，据中国食品报报道：国家工商行政管理局发布了《关于对低酒度发酵酒广告发布的规范意见》，对低度发酵酒的广告发布予以松绑，以引导酒类消费向低度、营养、安全的方向转变。

该意见指出，从2000年1月1日起，对低度发酵酒（葡萄酒、水果酒、黄酒等）的广告不再实行发布数量、时间及版面的限制。但发布低度发酵酒广告，仍应遵守《广告法》、《酒类广告管理办法》（除第九条以外）的各项规定。

1月19日，据中国食品报报道：农业部下发了《关于加快乡镇企业结构调整的意见》。提出要合理调整乡镇企业的产业结构，加快调整乡镇企业的产品结构。在产业结构上，要优化加强第二产业；在产品结构方面，要以生产高质量的绿色食品为中心。

据新华社报道：全国农业科技体制将有重大改革，农业科研机构将按照市场的需求分别转化为农业科研、农业科技服务、农业科技产业3大类，并实行不同的管理模式。这一重大改革将对食品工业发展起到很大的促进作用。

1月20日，据中国食品报报道：上海市认定了第4批著名商标，其中“川崎”调味品等榜上有名。“川崎”调味品的认定最引人注目，因为这是沪上首个获著名商标称号的私营企业商标。

1月21日，据新华社报道：国家轻工业局发出《关于严格控制糖精等高倍甜味剂生产使用的通知》。要求凡使用非营养性高倍甜味剂包括糖精、甜蜜素、甜味素、安赛蜜等，不得超过GB2760《食品添加剂使用卫生标准》所规定的使用范围和用量。使用非食用糖的各类甜味剂，在食品包装上应按国家标准的名称标示，不得借任何理由改用蛋白糖、糖蜜素、甜宝、甜素等其他误导名称。

1月25日，据中国食品报报道：国家乳业工程技术研究中心在哈尔滨通过国家验收并正式挂牌运行。

1月26日，据中国食品报报道：国家质量技术监督局发布消息：中国实验室国家认可委员会（CNACL）在亚太实验室认可合作组织（APLAC）大会上签署多边互认协议。这是中国在认证认可领域取得的又一突破性进展，使中国的实验室认可工作与国际接轨。

据中国食品报报道：国家出入境检验检疫局规定：从2000年起对经检验检疫合格的进口酒类、饮料类、乳制品类、糖果巧克力类、罐头类、坚果炒货以及定型包装的食用油类等食品统一加贴国家进出境检验检疫标志，该标志为圆形银色，印有中国检验检疫的英文缩写“CIQ”字样。

1月27日，据中国食品报报道：天津市卫生局在全国率先对卫生监督和卫生防病体制进行改革，原市食品卫生监督检测所被撤消，食品卫生监督职能转由市公共卫生监督所承担，技术服务职能由事业单位市防病中心承担。

1月29日，据中国食品报报道：中国消费者协会根据上年全国消费者投诉情况，总结出消费领域最令人不满的十大热点问题，其中，啤酒瓶爆炸被列在第2位。据16个省份的不完全统计，1999年共受理啤酒瓶爆炸伤人投诉979件，占重大伤害投诉的53%。这些事故造成888人致伤，88人致残，1人死亡。

2月15日，据中国食品报报道：欧盟公布2000/86/EC决议，将中国列入允许向欧盟出口水产品的国家名单，并认可中国报送的水产品加工企业名单。这意味着中国水产品对欧盟注册取得重大进展。

2月16日，全国食品工业标准化技术委员会第14次年会在北京召开。会议审议通过了《酿造酱油》、《配制酱油》、《酿造食醋》、《配制食醋》、《酸水解植物蛋白调味液》、《火腿肠》6项行业标准送审稿和《运动饮料》国家标准送审稿。

3月1日，据中国食品报报道：国务院办公厅发出通知，从2000年新粮上市起，黑龙江省、吉林省、辽宁省以及内蒙古自治区东部、河北省北部、山西省北部的春小麦和南方早籼稻、江南小麦退出保护价收购范围，长江流域及其以南地区的玉米也退出保护价收购范围。

3月11日，卫生部公布了1～3月上旬全国重大食物中毒情况：共发生15起重大食物中毒事件，中毒407人，死亡10人。

3月20日，据新华社报道：卫生部近期对27个省、自治区、直辖市白酒的抽检结果表明，被抽检的313种白酒，合格产品310种，合格率99.04%。此次抽检的主要项目为：甲醇、杂醇油、铅。

3月21日，2000年春季全国糖酒商品交易会在成都市国际会议中心隆重召开。这是第62届全国糖酒会。

4月1日，《进出口食品标签管理办法》开始实施。

重新修、制订的粮食国家标准开始实施。

4月5日，据中国食品报报道：国家质量技术监督局从4月开始审批和发放白酒产品生产许可证，本项工作于年内结束。

4月15日，由中国食品工业协会全国食品工业企业家委员会组织的以“消费者利益高于一切”为主题的响应承诺月活动今天结束。从3月15日到4月15日的1个月时间里，第1批响应承诺的企业150多家，公开承诺产品的企业达60多家，接受消费者投诉伪劣食品事件9起，涉及的产品主要是酒类、饮料。

4月25日，据中国食品报报道：国家质量技术监督局发布了2000年第1季度部分食品及婴幼儿配方奶粉产品质量国家监督抽查结果。婴幼儿配方奶粉，37家生产企业的37种产品合格率仅为64.9%，远低于饼干、膨化食品、含乳饮料。抽查结果表明，大、中型企业的产品质量较好，一些小型企业产品质量不高，表现在理化指标不符合标准以及微生物指标超标。

4月26日，据中国食品报报道：国家质量技术监督局公布了2000年第1季度肉类食品和方便面等产品质量国家监督抽查结果。此次对22家企业生产的22种肉类食品产品进行抽查，合格20种，抽样合格率90.9%。抽查结果表明，知名品牌肉类食品质量较好，少数企业的加工工艺有待改善。本次还抽查了17家企业生产的26种方便面产品，合格24种，产品抽样合格率92.3%。

4月28日，农业部宣布将2000年定为渔业质量年，其主题为：狠抓质量管理，促进产业升级。

4月28日，据中国食品报报道：中国第1家以民营企业为主体，包括大豆加工、设备制造企业和科研、教学机构在内的跨行业民间组织——北京市工商联大豆产业同业公会，在京宣布成立。

5月3日，据中国食品报报道：目前，中国肉类和蛋类生产已稳居世界头号大国地位。

5月15日，据中国食品报报道：从“全国食品行业质量认证和环境认证工作会议”上得到消息：截止到2000年第1季度，全国食品行业通过ISO9000质量标准认证的企业共有372家，占全国通过认证企业总数的1.8%；ISO14000环境体系认证工作在食品行业初步展开。

6月9日，经国务院批准，中国储备粮管理总公司宣布成立。公司受国务院委托，具体负责中央储备粮、油的经营管理。

7月1日，中国食品工业网正式开通。网址：http://www.cfiin.com.

7月4日，据中国食品报报道：国家质量技术监督局组织对北京、哈尔滨地区市场销售的，由北京、内蒙古、天津、上海、辽宁、河北、黑龙江、江西等地企业生产的冰淇淋产品进行了国家质量抽查。共抽查了66家企业的95种冰淇淋产品，其中35家企业的61种产品合格，抽样合格率62.4%。

7月8日，据中国食品报报道：卫生部继续整顿保健食品宣传市场，64种无任何批准文号产品被停止生产经营活动。

7月10日，国家质量技术监督局宣布：在2000年瓶装饮用水产品质量抽查中，共抽查了47家企业的48种产品，结果41种产品合格，抽样合格率为85.4%，抽查中，大型企业产品合格率为100%，中型企业为90.9%，小型企业为78.6%。

7月13日，据中国食品报报道：国家国内贸易局屠宰技术鉴定中心成立。

7月22日，据中国食品报报道：农业部确定了中国奶业中长期发展目标："十五"计划末，奶类产品人均占有量达到10千克，总产量达到1350万吨。

7月31日，国家质量技术监督局公布了第2季度啤酒产品质量国家监督抽查结果。在6个省、自治区、直辖市的部分经销单位中抽查了49家企业的52种产品，合格45种，抽样合格率为86.5%。

8月7日，据中国食品报报道：国家经贸委决定，在制糖行业调整中，关闭破产150户糖厂，这些企业关闭破产后，将压减制糖能力273.5万吨，为全行业扭亏奠定基础。

8月19日，据中国食品报报道：卫生部发出紧急通知，严禁在食品包装中混装直接接触食品的非食用物品。

8月31日，国家质量技术监督局公布了2000年月饼产品质量抽查结果。抽查结果表明：月饼产品总体质量状况较好，在抽查的113种产品中，105种合格，合格率92.9%。

全国糕点专业委员会在北京成立。

9月1日，据中国食品报报道：海南亚洲太平洋酿酒有限公司通过国际HACCP食品安全体系认证，成为中国第1家通过此项认证的啤酒生产企业。

9月6日，据中国食品报报道：国家质量技术监督局公布了第2季度啤酒瓶质量抽查结果，有23.2%的啤酒瓶不合格。

9月18日，卫生部公布了本年度第2次食品卫生监督抽查情况。本次抽查的重点为补钙类保健食品、瓶装饮用纯净水和膨化食品。在抽查的585种食品中，合格率92.82%。抽查的185种补钙类保健食品合格率为94.1%，194种瓶装饮用水的合格率为91.8%，206种膨化食品的合格率为92.2%。

9月～11月，中国食品工业协会、中国质量检验协会、中国标准化协会共同举办了第6届白酒国家评委的考试、选聘。经2批考试，共选聘第6届白酒国家评委132人，第6届白酒国家资格评委38人；此外，还有第6届特邀白酒国家评委27人。

10月10日，据中国食品报报道：国家国内贸易局宣布了2000年市场部分商品质量抽检结果。在包括定型包装火腿在内的4大类83种产品中，抽检合格率最高的是定型包装火腿，为57.1%，最低的仅为27.0%。反映出市场销售的定型包装火腿等商品质量仍存在较多问题。

10月14日，据中国食品报报道：国家计委、国家经贸委发布了《当前国家重点鼓励发展的产业、产品和技术目录》，其中涉及食品方面的有30余种，包括：奶业；商品粮、油、糖等农产品基地建设；水产品生态养殖；农产品储藏、保鲜、加工及综合利用；农、渔、畜、糖等产品深加工及资源综合利用设备制造；粮食、食糖、食用油等主要商品的现代化仓储设施建设等方面。

10月16日，2000年秋季糖酒会在石家庄开幕。

国家质量技术监督局公布了2000年第3季度产品质量国家抽查结果。其中，食品包装袋、小包装食用植物油的卫生指标全部符合有关强制性标准的要求；而蜜饯类产品的合格率较低，仅为51.2%。

10月17日，中国营养学会第8次全国营养学术会议公布了"中国居民膳食营养素参考摄入量"。

10月30日，据中国食品报报道：中国政府向国际社会庄严宣布，中国已基本实现消除碘缺乏病的阶段目标。

11月7日，在全国农业产业化工作会议上，农业部、国家发展计划委员会、国家经济贸易委员会、财政部、对外贸易经济合作部、中国人民银行、国家税务总局、中国证券监督管理委员会8部委研究提出了《关于扶持农业产业化经营重点龙头企业的意见》，并确定了农业产业化龙头企业名单。151家企业成为农业产业化国家重点龙头企业。

11月8日，卫生部通报了2000年第3季度全国重大食物中毒情况。其中因食品加工不当引发的细菌性食物中毒最为严重，尤其餐馆、食堂、流动饮食摊点是多发地。第3季度共有重大食物中毒事件报告41起，中毒2328人，死亡28人。

11月16日，据中国食品报报道：经国务院领导批准，由农业部、中共中央宣传部、国家发展计划委员会、财政部、教育部、卫生部、国家轻工业局、国家质量技术监督局和国家食物与营养咨询委员会9部委联合宣布，国家“学生饮用奶计划”今起在全国分步启动。

实施国家“学生饮用奶计划”，采取政府引导、政策扶持方式，通过专项计划向在校中小学生提供由定点企业按国家统一质量标准生产的学生饮用奶。

11月28日，中国粮食网正式开通。网址为http：//www.cereal.com.cn。

12月1日，据中国食品报报道：国家工商行政管理局和卫生部作出最新规定：有关保健食品的广告，必须有明显的统一标志，以方便消费者识别。在影视、报刊、印刷品、店堂、户外广告等可视广告中，保健食品标志不得小于全部广告面积的1/36。其中报刊、印刷品广告中的标志，直径不得小于1厘米，影视、户外显示屏广告中的标志，须不间断地出现。

12月9日，国家质量技术监督局发出紧急通知：要求各地质监部门迅速组织专门力量，严厉打击在食用大米中掺混工业用油的制假售假违法活动，坚决摧毁“有毒大米”的加工、销售窝点，严惩违法犯罪分子。

12月11日，据中国食品报报道：2000年中国最有价值品牌揭晓，红塔山为价值最高品牌，品牌价值439亿元，五粮液为120.56亿元，位居第4；同时青岛、燕京、双汇、古井贡、莲花也在前22位之内，价值都有大幅提升，食品业最有价值品牌在此次报告中占有率达32%。

12月20日，配制酱油行业标准开始实施。标志着中国首次以标准的形式划分不同生产工艺的调味品。

12月23日，“全国食品行业培训工作座谈会暨先进单位及个人表彰会”对“九五”期间食品行业培训工作进行了总结和表彰，全国15家食品企业及科研院所、34名食品企业学员分别取得了“全国食品行业培训工作先进单位”和“全国食品行业优秀学员”称号。

（侯红梅）

1.2 食品工业政策法规文件

农业部、国家发展计划委员会、教育部、财政部、卫生部、国家质量技术监督局、国家轻工业局关于实施国家“学生饮用奶计划”的通知

农垦发［2000］3号

各省、自治区、直辖市人民政府：

为改善我国中小学生的营养状况，保证青少年的健康成长，经国务院领导批准，决定在全国分步实施“学生饮用奶计划”，即采取政府引导、政策扶持的方式，通过专项计划向在校中小学生提供由定点企业按国家标准生产的学生饮用奶。这一计划的实施，充分体现了党中央、国务院对我国青少年营养健康的高度重视和关怀，必将对提高国民身体素质产生重要作用，同时对拉动消费，扩大内需，调整和优化农业结构，促进奶业及相关产业的发展，增加农民收入具有重要的意义。现将实施“学生饮用奶计划”的有关事宜通知如下：

一、实施“学生饮用奶计划”，必须坚持“安全、营养、方便、价廉”的原则和“统一部署、规范管理、严格把关、确保质量”的工作方针。各有关部门必须密切配合、精心组织、各司其责，扎扎实实把这项工作做好。

二、实施“学生饮用奶计划”是政府引导的行为，各有关行政部门不能凭借这项工作牟取经济利益。学校也不得在核定的奶价和劳务费用之外任意加价或收取其他费用。同时，这项工作要遵循社会主义市场经济的基本原则进行。

三、学生饮用奶生产企业要认真学习和贯彻执行有关法律法规，严格执行有关国家标准，建立健全质量控制体系。有关行政部门应按照职责分工，依法加强管理和监督，切实保障饮奶卫生和安全。

四、实施“学生饮用奶计划”，要从一开始就用大生产的方式进行操作，鼓励信誉好的大型骨干企业或公司进行规模化的生产、储运、配送，实行有限的市场竞争。学校应当通过在定点企业中公开招标的形式，自主选择质优、价廉的供货单位，并运用合同的方式确定各方的责任。

五、实施“学生饮用奶计划”，要坚持先试点、后推广的原则，根据奶业发展情况分步实施，逐步扩大范围，不能一哄而起。要防止不顾客观条件提出过高的指标和要求，也要防止盲目上奶制品加工等项目，搞低水平的重复建设。

六、实施“学生饮用奶计划”，是一项面向新世纪的系统工程，涉及到人们饮食习惯和消费观念的转变，也涉及到消费水平和生活质量的提高。有关部门、学校、新闻媒体要密切配合，广泛深入地进行有关饮奶与营养健康方面的宣传与教育，树立科学的饮食观念。

七、为保证实施“学生饮用奶计划”的工作健康有序地开展，决定成立由农业部牵头、有关部委局参加的国家“学生饮用奶计划”部际协调小组，下设办公室，负责全国“学生饮用奶计划”实施的组织、协调与指导工作。开展“学生饮用奶计划”的城市可设立或指定相应的机构，负责本市“学生饮用奶计划”的组织与实施工作。

八、“学生饮用奶计划”的实施，按国家“学生饮用奶计划”部际协调小组制定的“实施方案”（见附件）执行。“管理办法”由国家有关部门另行制定。

附件：国家“学生饮用奶计划”实施方案

2000年8月29日

附件：

国家“学生饮用奶计划”实施方案

根据国务院领导同志对实施“学生饮用奶计划”的批示，按照实施“学生饮用奶计划”必须坚持“安全、营养、方便、价廉”的原则和“统一部署、规范管理、严格把关、确保质量”的工作方针，制定本方案。

一、意义和条件

实施国家“学生饮用奶计划”体现了党中央、国务院对我国青少年营养健康问题的高度重视和关心，对改善我国青少年的营养健康状况，提高国民身体素质具有重要意义，同时也是拉动消费、扩大内需，加快农业产业结构调整，促进奶业发展，增加农牧民收入的一项有效措施。

在政府的政策扶持、行政推动和消费引导下，通过专项计划向学生提供奶制品，即开展“学生饮用奶计划”，是世界上许多国家为改善学生营养和健康状况而采取的一种通用而有效的做法，得到有关国际组织的充分肯定与支持。我国国家“学生饮用奶计划”的启动表明坚持改革开放的中国已加入世界实施“学生饮用奶计划”国家的行列，必将对我国的经济发展和民族强盛产生深远影响，具有现实和长远的战略意义。

从我国现实情况看，开展这项工作已具备了基本条件。第一，具有较充足的奶制品原料资源，有较稳定的奶源生产、加工基地；第二，人们的饮食结构和习惯正在发生变化，越来越多的人开始注意饮食的营养构成；第三，已有了较好的前期工作基础，各有关部门为此做了大量的工作，而且还有实施“大豆行动计划”的工作经验；第四，社会主义市场经济的有关政策、法规正在逐步完善，基本形成了实施“学生饮用奶计划”的良好的外部环境。

二、实施步骤

实施国家“学生饮用奶计划”应先试点、后推广，以点带面、分步实施，充分调动各方面的积极性，必须防止一哄而起。具体实施拟分三步进行：

1. 首先在京、津、沪、穗、沈五城市进行试点。通过试点总结经验，对学生饮用奶定点生产企业认定条件、学生饮用奶标志等提出完善意见。试点工作已于1999年正式启动。

2. 第二步向省会城市扩展。在现行五个城市试点的基础上，扩大到省会城市。此项工作2001年正式启动，省会城市的启动和实施视准备情况进行，不一刀切。

3. 第三步向中小城市和其他有条件的城镇推广。这一步需在省会城市实施取得经验的基础上进行。

三、组织领导和运作

实施“学生饮用奶计划”是一项系统工程，涉及面广，责任重大。政府有关部门必须密切配合、精心组织、界定职责、绝对确保学生的安全，扎扎实实把这项工作做好。

1. 成立国家“学生饮用奶计划”部际协调小组，负责“学生饮用奶计划”的规划、组织、协调与指导工作。部际协调小组由农业部、教育部、卫生部、国家轻工业局、中宣部、国家发展计划委员会、财政部、国家质量技术监督局、国家食物与营养咨询委员会组成。

2. 成立国家“学生饮用奶计划”部际协调小组办公室（简称“学生饮用奶计划”办公室），负责日常工作。

3. 开展“学生饮用奶计划”的省会城市设立或指定由政府有关部门组成的相应机构，明确职责，负责组织“学生饮用奶计划”的实施。各试点城市对试点工作中出现的问题要及时协调和解决，不断总结经验，推动“学生饮用奶计划”工作顺利开展。

4. 在中、小城市和城镇推广阶段，由各省成立“学生饮用奶计划”工作机构，负责全省“学生饮用奶计划”的实施。

5. 成立专家组，主要负责对“学生饮用奶计划”工作提出技术和政策咨询意见。

6. 在试点阶段，由实施“学生饮用奶计划”的城市教育主管部门确定和提出准入学校的名单及分批进入的顺序、数量，商市“学生饮用奶计划”工作机构予以安排。

7. 按照市"学生饮用奶计划"工作机构的安排，学校通过招标等办法货比三家，自主选定质优价廉的供奶企业后，与生产企业签订供货合同，明确各方的责任。企业按合同规定按时供货，学校按合同规定结算货款。

8. 由卫生部会同教育部组织实施"学生饮用奶计划"城市的有关部门开展对学生饮奶后的营养与健康状况，进行跟踪监测。

四、宣传教育和政策扶持

（一）宣传教育

1. 要通过各种新闻媒体对实施国家"学生饮用奶计划"进行大张旗鼓的宣传。宣传重点是：实施国家"学生饮用奶计划"的意义和目的、原则和工作方针；奶制品与营养健康的科学知识，奶业振兴与民族强盛；党中央和国务院对青少年营养与健康的关心和重视等。

2. 在部委局联合下发关于实施国家"学生饮用奶计划"的通知时，召开新闻发布会，进行集中宣传，造成声势。

3. 制作宣传"学生饮用奶"的公益广告在中央电视台定期播放。

4. 在实施"学生饮用奶计划"的城市，由当地政府选定一报一台进行有关宣传。

5. 按教育部的统一安排，在健康教育计划中，充实奶类与健康的教学内容。

（二）政策扶持

1. 千方百计降低学生饮用奶的价格，减轻学生家长负担，是"学生饮用奶计划"顺利实施的必要保证。涉及政策问题，需通过试点，深入调查研究，提出解决问题的政策性意见。各试点城市要根据自己的实际情况，因地制宜地制定有关优惠政策措施。

2. 随着"学生饮用奶计划"的实施，牛奶的消费必将有大的增长。要以"学生饮用奶"为突破口，进一步推动奶类行动计划，加快我国畜牧业结构调整和发展，以缩小我国奶业生产消费与世界的差距。对此，农业部要结合"十五"计划和"2001—2010年我国食物与营养发展纲要"的制定，研究制定和实施奶业发展规划。各地可根据自己的实际情况，制定奶业发展计划，实行科技兴奶，保证学生饮用奶的生产和奶源供应，以加快"学生饮用奶计划"的实施。

五、需要强调的几个问题

1. 卫生、质量技术监督、工商、物价、税务等政府部门要按照现行法规，加强对学生饮用奶生产、销售的管理和监督，严厉查处违法行为。

2. 除物价部门核定的价格和收费外，各有关行政部门不能凭借这项工作牟取经济利益，不能向企业收取评审、标志使用费，也不允许学校在核定的价格之外任意加价和收取其他费用。

3. 实施"学生饮用奶计划"一开始就要用大生产的方式去操作，鼓励信誉好的大型骨干企业或公司进行规模化的生产、储运、配送，实行有限的市场竞争。

4. 凡实施"学生饮用奶计划"的学校，学生课间或午餐只组织学生饮用定点企业生产的学生饮用奶。

5. 推广学生饮用奶既要贯彻自愿消费的原则，又要能在学生中普遍推广，逐步养成学生喝奶的习惯。要关注和解决好经济困难学生的喝奶问题。

农业部、教育部、国家质量技术监督局、国家轻工业局关于印发《国家"学生饮用奶计划"暂行管理办法》的通知

农垦发［2000］6号

各省、自治区、直辖市人民政府：

为了加强对实施国家"学生饮用奶计划"的全面指导和有效管理，以确保这项关系我国青少年健康成长的计划顺利开展，根据农业部、国家发展计划委员会、教育部、财政部、卫生部、国家质量技术监督局、国家轻工业局等七个部委局联合发出的《关于实施国家"学生饮用奶计划"的通知》的精神，现将《国家"学生饮用奶计划"暂行管理办法》印发给你们，请认真贯彻执行。

附件：国家"学生饮用奶计划"暂行管理办法

2000年10月13日

附件：

国家“学生饮用奶计划”暂行管理办法

第一章 总 则

第一条 为改善我国中小学生的营养状况，以利青少年健康成长，决定实施以在校中小学生为主的国家“学生饮用奶计划”。为使这项计划顺利实施，并纳入规范化、法制化管理的轨道，特制定本办法。

第二条 本办法所称“学生饮用奶”，系指由国家有关部门认定的定点企业生产、符合国家标准、专供中小学生饮用的灭菌牛奶。学生饮用奶必须符合“安全、营养、方便、价廉”的基本要求。

第三条 实施“学生饮用奶计划”，必须坚持“统一部署、规范管理、严格把关、确保质量”的工作方针，各有关部门要密切配合，精心组织，各司其责，严格监管。通过政府、企业、学校和全社会的共同努力，在试点基础上逐步扩大推广，积极稳妥地把这项工作抓实抓好。

第四条 严格贯彻执行《中华人民共和国食品卫生法》、《中华人民共和国产品质量法》、《中华人民共和国消费者权益保护法》以及其他相关法律法规，并按照社会主义市场经济的原则和机制进行管理与运作。

第二章 生产企业

第五条 对学生饮用奶定点生产企业实行资格认定制度。从事学生饮用奶生产的企业，必须具备以下基本条件：

1. 有稳定、优质的鲜奶原料基地，奶牛饲养达到规范化要求，卫生防疫体系健全；
2. 有符合相应规范要求的生产工艺和设备条件；
3. 有健全完善的经营管理制度和质量保证体系；
4. 有必备的检验仪器设备和素质良好的专职检验人员；
5. 有稳定的产品质量，未发生过重大产品质量事故；
6. 有完善的、高效的配送和服务系统。

第六条 凡申报从事学生饮用奶生产的企业，必须填写“学生饮用奶定点生产企业申请表”，向实施“学生饮用奶计划”城市的学生饮用奶工作机构进行申报，同时提供企业法人营业执照、乳品生产卫生许可证、试生产的学生饮用奶样品及质量与卫生检验报告、企业综合情况等材料。经初审，上报国家“学生饮用奶计划”办公室进行复审，必要时派专家组实地调查和评估。凡当地无学生饮用奶工作机构的，企业可直接向国家“学生饮用奶计划”办公室申报。符合学生饮用奶生产条件的企业，经农业部、教育部、国家质量技术监督局、国家轻工业局共同认定，方可取得供奶资格，有效期为三年。

第七条 凡取得供奶资格的企业，授予“中国学生饮用奶定点生产企业”证书和标牌，准予使用中国学生饮用奶标志，并统一公告。

第八条 定点企业必须建立起一套完善、科学的管理制度，努力提高生产效率，降低成本，并指定专人负责，定期检查执行情况，及时解决存在的问题，确保学生饮用奶的质量。

第九条 定点企业要坚持科技兴奶，形成规模化的原料生产、加工与配送一条龙的产业化经营体系。

第三章 质量监督与价格管理

第十条 学生饮用奶的质量及其标识应执行国家标准 GB-5408.2-1999《灭菌乳》和 GB7718-1994《食品标签通用标准》的规定，但应采用符合 GB/T6914-1986《生鲜牛乳收购标准》规定的原奶生产，不得用复原乳生产。每份奶的单件包装净含量应采用 180 毫升、200 毫升、250 毫升等规格，净含量负偏差符合国家规定。在包装盒（袋）上印制统一标志，并注明“不准在市场销售”字样。

第十一条 定点企业必须按照质量标准，对所生产的每批产品进行质量检验，并提出规范化检测报告，同时建立产品质量档案，对每批受检产品进行留样封存，以备待查。

第十二条 定点企业必须依法接受当地的卫生、质量技术监督等部门的监督管理，产品卫生和质量不合格的，有关执法部门应责令其停产整顿，限期达标。

第十三条 学生饮用奶的价格按保本微利的原则核定。有条件的城市可由政府适当补贴，使学生饮用奶的价格水平低于当地市场同类同质产品。

第十四条 有关管理部门对定点企业申报认定、标志使用及质量监督均不向企业收取费用。

第四章　学校准入与配送

第十五条　“学生饮用奶计划”在地方的组织实施由当地人民政府全面负责，当地教育部门负责在学校的实施与落实。根据奶业生产发展状况和近期内可能提供学生饮用奶的数量，可先选择一部分后勤服务、交通等条件较好的学校，批准加入实施“学生饮用奶计划”行列，并向上一级行政管理部门备案。随着奶业发展和学校条件的改善，可逐步扩大实施范围。

第十六条　实施“学生饮用奶计划”的学校，按照当地“学生饮用奶计划”工作机构的安排在定点企业中进行招标，自主选定供奶企业，并签订供货合同，明确双方的权利与义务。

第十七条　学生饮用奶应由定点企业组织专人专车按供货合同向学校直接配送。必要时企业可以在学校集中的区域或规模较大的学校设立学生饮用奶配送站（点），以提高配送效率。鼓励具有集团优势的定点企业跨城市、跨地区向学校供奶。

第十八条　学校应做好学生饮用奶的营养健康知识宣传教育工作。要采用各种适当形式向师生及家长进行宣传教育，学生饮用应坚持学校引导、学生自愿的原则，对家庭经济困难的学生，可采取多种方法给予帮助。

第十九条　学校要加强并完善对学生饮奶的管理工作，制定必要的制度，对牛奶分发、饮奶时间、奶费收缴、饮后包装物的统一收集和处理作出规定。有关学生饮用奶在学校储藏、保管、发送中发生的费用由企业承担，但需由当地教育部门商物价部门统一核定。不允许学校在核定的价格之外任意加价或收取其他费用。

第二十条　凡实施“学生饮用奶计划”的学校，学生课间或午餐，只组织学生饮用定点企业生产的学生饮用奶。

第五章　法律责任

第二十一条　违反本办法的规定，生产和向学校配送不符合国家卫生和质量标准的学生饮用奶造成中毒事故或其他食源性疾患的定点生产企业，除按有关法律、法规进行处罚外，取消学生饮用奶定点生产企业资格，撤消其学生饮用奶标志的使用权，并予以公告。

第二十二条　违反本办法规定，未取得学生饮用奶定点生产企业资格，擅自使用学生饮用奶标志的，由当地质量技术监督部门予以制止。

第二十三条　学校不得定购和组织学生饮用非定点企业产品。由于学校管理不善或工作失职，造成集体安全卫生事故，由教育行政主管部门对有关责任人员给予处分。造成严重后果的，应依法追究责任。

第六章　附　　则

第二十四条　凡生产、配送、组织消费学生饮用奶的单位或个人，必须遵守本办法。

第二十五条　本办法由国家“学生饮用奶计划”部际协调小组办公室负责解释。

第二十六条　本办法自发布之日起执行。

农业部关于印发中国学生饮用奶标志使用暂行管理办法及使用规范的通知

农垦发［2000］7号

各省、自治区、直辖市人民政府：

根据农业部等七部委局《关于实施国家“学生饮用奶计划”的通知》和农业部等部局关于《国家“学生饮用奶计划”暂行管理办法》的规定，现将经国家“学生饮用奶计划”部际协调小组审定的《中国学生饮用奶标志使用暂行管理办法》和《中国学生饮用奶标志使用规范》印发给你们，请监督指导学生饮用奶定（试）点推广城市的有关部门和生产企业遵照执行。

附件：1. 中国学生饮用奶标志使用暂行管理办法

　　　2. 中国学生饮用奶标志使用规范

2000年10月20日

附件 1：

中国学生饮用奶标志使用暂行管理办法

为加强对中国学生饮用奶标志使用的管理，维护其形象和信誉，根据《国家“学生饮用奶计划”暂行管理办法》的规定，制定本管理办法。

一、中国学生饮用奶标志是经国家“学生饮用奶计划”部际协调小组审定，由农业部公布，用以标识证明在学校推广的学生饮用奶安全、营养的专用标志。

二、中国学生饮用奶标志由标志图案、标准字体、标准色和批准文号组成。使用者不得更改其比例关系、色相和使用位置。

三、根据《国家“学生饮用奶计划”暂行管理办法》，经农业部、教育部、国家质量技术监督局、国家轻工业局认定，获得定点生产中国学生饮用奶资格的企业具有中国学生饮用奶标志使用资格，并由农业部分批予以公告。

四、凡取得中国学生饮用奶标志使用资格的定点生产企业的产品必须符合《国家“学生饮用奶计划”暂行管理办法》第十条规定的质量和卫生标准。

五、根据《国家“学生饮用奶计划”暂行管理办法》，被农业部、教育部、国家质量技术监督局、国家轻工业局取消定点生产中国学生饮用奶资格的企业，即失去中国学生饮用奶标志使用资格，并由农业部予以公告。

六、未经农业部、教育部、国家质量技术监督局、国家轻工业局认定，任何单位和个人无权使用中国学生饮用奶标志。擅自使用标志的，按国家《“学生饮用奶计划”暂行管理办法》处理。

七、中国学生饮用奶标志仅限用于产品包装、运输工具、广告宣传。取得中国学生饮用奶标志使用资格的定点生产企业要严格执行《中国学生饮用奶标志使用规范》（见附件 2）。对不执行本使用规范，经检查督促仍不纠正者，取消其定点生产企业资格，并由农业部予以公告。

八、获得中国学生饮用奶生产资格的企业，必须将承印中国学生饮用奶标志的单位报国家“学生饮用奶计划”部际协调小组办公室备案。

九、本办法由国家“学生饮用奶计划”部际协调小组委托农业部负责解释。

十、本办法自印发之日起执行。

附件 2：

中国学生饮用奶标志使用规范

根据《国家“学生饮用奶计划”暂行管理办法》的规定，为统一中国学生饮用奶标志的形象，制定本使用规范。

一、标志由标志图案、标准色、标准字体和批准文号组成，其比例关系、色相和使用位置详见附图 1、2、3。

二、标志采用标准色系制定，详见附图 4。

黑色标志用于黑白印刷品中，在彩色广告及包装设计中不得单独使用黑色奶标。

三、标志应印制在白地色上，不得透叠其他色彩和图案。印刷在有色材料上时，其他地色不得影响标志的标准色相。

四、标志仅限使用于产品包装、运输工具、广告宣传，详见附图 5、6、7、8 。

五、本使用规范由国家“学生饮用奶计划”部际协调小组委托农业部负责解释。

农业部、教育部、国家质量技术监督局、国家轻工业局关于印发《学生饮用奶定点生产企业申报认定暂行办法》的通知

农垦发［2001］1 号

各省、自治区、直辖市农业（农牧渔业、农林、农牧）、畜牧、农垦厅（局），教育厅（局）、教委，质量技术监督局，轻工业主管部门：

根据农业部、教育部、国家质量技术监督局、国

家轻工业局四部局联合制定的《国家“学生饮用奶计划”暂行管理办法》的规定，为确保学生饮用奶的质量、饮奶安全及稳定供应，使“学生饮用奶计划”顺利实施，现将《学生饮用奶生产定点企业申报认定暂行办法》印发给你们，请认真贯彻执行。

附件：学生饮用奶定点生产企业申报认定暂行办法

2001年1月5日

附件：

学生饮用奶定点生产企业申报认定暂行办法

第一章　总　　则

第一条　为确保学生饮用奶质量、饮奶安全及稳定供应，使“学生饮用奶计划”顺利实施，根据《国家“学生饮用奶计划”暂行管理办法》制定本办法。

第二条　实施“学生饮用奶计划”的城市应当制定实施方案，设立或指定有关部门组成工作机构负责申报工作。

第三条　实施“学生饮用奶计划”的城市应当根据优中选优的原则，对申报学生饮用奶定点生产企业分批认定，逐步扩大规模。

第二章　申报条件

第四条　学生饮用奶定点生产企业应当有足够、稳定和优质的奶源基地。

1. 有稳定的合同供奶牛场，日供应鲜奶大于50吨以上。合同牛场应当符合卫生部颁发的《乳与乳制品卫生管理办法》有关规定。

2. 合同牛场应当具有机械化挤奶设备，管道输送生鲜牛奶，并配备有制冷罐、不锈钢冷藏车，保证原料奶的冷链运输。

3. 合同牛场卫生防疫体系健全，动物防疫监督机构对奶牛进行定期检疫。

第五条　供生产学生饮用奶的原料奶应当符合GB6914－1986《生鲜牛奶收购标准》的规定，细菌指标应符合Ⅰ级标准要求，牛奶中不含抗菌素。

生产学生饮用奶执行GB－5408.2－1999《灭菌乳》中全脂灭菌纯牛乳的规定。生产全脂灭菌调味乳作学生饮用奶，纯牛奶的比例不低于80%。

禁止用复原奶生产学生饮用奶。在学生饮用奶标准颁布之前，不使用食品营养强化剂。

第六条　学生饮用奶生产企业应当符合《中华人民共和国食品卫生法》的规定，建立完善的质量管理体系。

1. 通过GB/T19000－质量管理认证或具有HACCP管理系统。

2. 具有正规的检验室，能够系统地进行乳与乳制品的常规理化检测，做到检测与生产同步完成。

3. 检测仪器应当经过国家质量技术监督机构的计量标准认定并在有效期内，应当定期对分析仪器用国家标准方法进行校正。

4. 检测项目、方法应当符合国家标准。

5. 检测人员应当受过专业培训，持证上岗，并有50%以上人员具备大专以上学历或初级以上技术职称。

6. 具有完善、严格的检验室管理和档案管理制度。检验数据应当保存3年以上。对保存的数据应当进行统计分析，定期提供分析报告以指导生产，防止出现产品重大缺陷。

第七条　学生饮用奶生产企业应当具备下列生产设备、设施，并符合GB12073－1989《乳品设备安全卫生》要求。

1. 收奶系统设备：过滤器、净乳机、片式冷却交换器和原料奶储仓和储罐。

2. 牛奶的标准化、脱气、均质和巴氏杀菌设备。

3. 配料混合系统设备：高速剪切混料机、配料罐，配料后的巴氏杀菌、均质、冷却设备。

4. 超高温瞬时灭菌设备：全自动控制无菌级超高温瞬时灭菌成套设备，并与无菌级灌装机相配套。

5. 清洗设备：与无菌灌装生产线相配套的自动清洗系统。

6. 包装设备：无菌级包装机。

第八条　学生饮用奶包装应当适合搬运和分装，符合国家有关食品包装的规定。

标识应执行《产品标识标注规定》、GB7718－1994《食品标签通用标准》的规定并在包装盒（袋）上印刷学生饮用奶统一标志，同时注明“不准在市场销售”字样。

每份奶的单件包装净含量应采用 180 毫升、200 毫升、250 毫升等规格。

第九条　生产车间建设及环境应当达到安全、卫生和环保要求，符合 GB12693－1990《乳品厂卫生规范》的规定。

第十条　学生饮用奶生产企业应当建立健全的配送系统，有专用配送车辆和专职配送人员，做到定时、定点配送和服务。

第三章　申报及认定程序

第十一条　从事学生饮用奶生产企业，应当向当地政府学生饮用奶工作机构领取《学生饮用奶定点生产企业申请表》和相关资料。

第十二条　申请企业按要求填写《学生饮用奶定点生产企业申请表》，并按学生饮用奶的要求试生产学生饮用奶样品。

第十三条　申请企业向当地学生饮用奶工作机构申报时，应当提交以下材料：《学生饮用奶定点生产企业申请表》、企业法人营业执照、乳品生产卫生许可证、试生产的学生饮用奶样品及省级卫生防疫部门和省级以上质量技术监督部门依法授权的检验机构的质量与卫生检验报告、企业综合情况及生产、技术、质量管理制度等。

多点生产学生饮用奶的大型奶业集团（公司），应当将各生产点的材料分别向所在城市的学生饮用奶工作机构申报。

第十四条　当地城市学生饮用奶工作机构按第二章规定的申报条件进行初审，并根据当地实施"学生饮用奶计划"的实际需要和优中选优的原则，筛选符合条件的生产企业，报国家"学生饮用奶计划"部际协调小组办公室复查。

第十五条　为鼓励大型骨干乳品企业进行学生饮用奶的规模化生产、储运、配送，凡当地尚未开展学生饮用奶计划或厂址不在城市的乳品企业，日处理鲜奶在 100 吨以上，可按以上要求直接向国家"学生饮用奶计划"部际协调小组办公室提出申请。

第十六条　国家"学生饮用奶计划"部际协调小组办公室组织专家根据上报材料进行审查。必要时进行实地调查和评估。

第十七条　经审查，符合学生饮用奶生产条件的企业，经农业部、教育部、国家质量技术监督局、国家轻工业局共同认定，即可取得定点生产企业资格，准予使用中国学生饮用奶标志，有效期为三年。

第十八条　认定的学生饮用奶定点生产企业，由国家"学生饮用奶计划"部际协调小组办公室予以公告。并授予"中国学生饮用奶定点生产企业"证书和标牌。

第四章　附　　则

第十九条　凡要求进行学生饮用奶生产的企业、学生饮用奶管理工作机构必须遵守本办法。

第二十条　本办法由国家"学生饮用奶计划"部际协调小组办公室负责解释。

第二十一条　本办法自发布之日起执行。

中华人民共和国卫生部令

第 10 号

《餐饮业食品卫生管理办法》已于 1999 年 12 月 21 日部务会通过，现予发布，自 2000 年 6 月 1 起施行。

部长：张文康

2000 年 1 月 16 日

餐饮业食品卫生管理办法

第一章　总　　则

第一条　为加强餐饮业的卫生管理，保障消费者身体健康，根据《中华人民共和国食品卫生法》（以下称《食品卫生法》），制定本办法。

第二条　卫生部主管全国餐饮业食品卫生监督管理工作。县级以上地方人民政府卫生行政部门负责本行政区域内餐饮业的卫生监督管理工作。

第三条　新建、扩建、改建餐饮业应当符合《食品卫生法》的有关规定和要求。

第四条　本办法适用于一切从事餐饮业经营活动并有固定经营场所的单位和个人，也适用于单位和学校的集体食堂。

第二章 卫生管理

第五条 餐饮业经营者必须先取得卫生许可证方可向工商行政管理部门申请登记。未取得卫生许可证的不得从事餐饮业经营活动。

第六条 餐饮业经营者必须建立健全卫生管理制度，配备专职或者兼职的食品卫生管理人员。

第七条 餐饮业经营者应当依据《食品卫生法》有关规定，做好从业人员健康检查和培训工作。

第八条 餐饮业加工经营场所应当保持内外环境整洁，采取有效措施，消除老鼠、蟑螂、苍蝇和其他有害昆虫及其孳生条件。

第九条 食品加工、贮存、销售、陈列的各种防护设施、设备及其运送食品的工具，应当定期维护；冷藏、冷冻及保温设施应当定期清洗、除臭，温度指示装置应当定期校验，确保正常运转和使用。

第十条 餐饮业经营者发现食物中毒或疑似食物中毒事故时，必须立即向卫生行政部门报告，并保留造成食物中毒或者可能导致食物中毒的食品及其原料、工具、设备和现场，积极配合卫生行政部门开展食物中毒事故调查和处理。

第三章 食品的采购和贮存

第十一条 餐饮业经营者采购的食品必须符合国家有关卫生标准和规定。禁止采购下列食品：

（一）有毒、有害、腐烂变质、酸败、霉变、生虫、污秽不洁、混有异物或者其他感官性状异常的食品；

（二）无检验合格证明的肉类食品；

（三）超过保质期限及其他不符合食品标签规定的定型包装食品；

（四）无卫生许可证的食品生产经营者供应的食品。

第十二条 运输食品的工具应当保持清洁，运输冷冻食品应当有必要的保温设备。

第十三条 贮存食品的场所、设备应当保持清洁，无霉斑、鼠迹、苍蝇、蟑螂；仓库应当通风良好。禁止存放有毒、有害物品及个人生活物品。

食品应当分类、分架、隔墙、离地存放，并定期检查、处理变质或超过保质期限的食品。

第四章 食品加工的卫生要求

第十四条 食品加工场所应当符合下列要求：

厨房：

（一）厨房的最小使用面积不得小于8平方米；

（二）墙壁应有1.5米以上的瓷砖或其他防水、防潮、可清洗的材料制成的墙裙；

（三）地面应由防水、不吸潮、可洗刷的材料建造，具有一定坡度，易于清洗；

（四）配备足够的照明、通风、排烟装置和有效的防蝇、防尘、防鼠以及污水排放和符合卫生要求的存放废弃物设施。

凉菜间：

配有专用冷藏设施、洗涤消毒和符合要求的更衣设施，室内温度不得高于25℃。

蛋糕间：

用于制作裱花蛋糕的操作间，应当设置空气消毒装置和符合要求的更衣室及洗手、消毒水池。

第十五条 食品加工人员的卫生要求：

（一）工作前、处理食品原料后或接触直接入口食品之前都应当用流动清水洗手；

（二）不得留长指甲、涂指甲油、戴戒指；

（三）不得有面对食品打喷嚏、咳嗽及其他有碍食品卫生的行为；

（四）不得在食品加工和销售场所内吸烟；

（五）服务人员应当穿着整洁的工作服；厨房操作人员应当穿戴整洁的工作衣帽，头发应梳洗整齐并置于帽内。

第十六条 加工人员必须认真检查待加工的食品及其食品原料，发现原料有腐败变质或其他感官性状异常的，不得加工或使用。

第十七条 各种食品原料在使用前必须洗净，蔬菜应当与肉类、水产品类分池清洗；禽蛋在使用前应当对外壳进行清洗，必要时进行消毒处理。

第十八条 用于原料、半成品、成品的刀、墩、板、桶、盆、筐、抹布以及其他工具、容器必须标志明显，并做到分开使用，定位存放，用后洗净，保持清洁。

第十九条 需要熟制加工的食品应当烧熟煮透，其中心温度不低于70℃；加工后的熟制品应当与食品原料或半成品分开存放，半成品应当与食品原料分开存放。

第二十条 在烹饪后至食用前需要较长时间（超过2小时）存放的食品，应当在高于60℃或低于10℃的条件下存放；需要冷藏的熟制品，应当在放凉后再冷藏。

凡隔餐或隔夜的熟制品必须经充分再加热后方可食用。

第二十一条 食品添加剂应当按照国家卫生标准和有关规定使用。

第二十二条 制作凉菜应当符合下列要求：

（一）凉菜间必须每天定时进行空气消毒；

（二）操作人员必须穿戴洁净的工作衣帽，并将手洗净、消毒；

（三）凉菜应当由专人加工制作，非凉菜间工作人员不得擅自进行凉菜间；

（四）加工凉菜的工用具、容器必须专用，用前必须消毒，用后必须洗净并保持清洁；

（五）供加工凉菜用的蔬菜、水果等食品原料，必须洗净消毒；未经清洗处理的，不得带入凉菜间；

（六）制作肉类、水产品类凉菜拼盘的原料，应尽量当餐用完；剩余尚需使用的必须存放于专用冰箱内冷藏或冷冻。

第二十三条 奶油类原料应当低温存放；含奶、蛋的面点制品应当在10℃以下或60℃以上的温度条件下存放和销售。

第五章 餐饮具的卫生

第二十四条 餐饮具使用前必须洗净、消毒，符合国家有关卫生标准。未经消毒的餐饮具不得使用。禁止重复使用一次性使用的餐饮具。

第二十五条 洗刷餐饮具必须有专用水池，不得与清洗蔬菜、肉类等其他水池混用。

洗涤、消毒餐饮具所使用的洗涤剂、消毒剂必须符合食品用洗涤剂、消毒剂的卫生标准和要求。

第二十六条 消毒后的餐饮具必须贮存在餐具专用保洁柜内备用；已消毒和未消毒的餐饮具应分开存放，并在餐饮具贮存柜上有明显标记。

餐具保洁柜应当定期清洗、保持洁净。

第六章 餐厅服务和外卖食品的卫生要求

第二十七条 餐厅店堂应当保持整洁，在餐具摆台后或有顾客就餐时不得清扫地面，餐具摆台超过当次就餐时间尚未使用的应当回收保洁。

第二十八条 当发现或被顾客告知所提供的食品确有感官性状异常或可疑变质时，餐厅服务人员应当立即撤换该食品，并同时告知有关备餐人员。备餐人员应当立即检查被撤换的食品和同类食品，作出相应处理，确保供餐的安全卫生。

第二十九条 销售直接入口食品时，应当使用专用工具分检传递食品。专用工具应当定位放置，货款分开，防止污染。

第三十条 供顾客自取的调味料，应当符合相应食品卫生标准的要求。

第三十一条 外卖食品的包装、运输应当符合有关卫生要求，并注明制作时间和保质期限。禁止销售和配送超过保质期限或腐败变质的食品。

第七章 附　　则

第三十二条 餐饮业经营者违反本办法应予处罚的，由县级以上地方人民政府卫生行政部门根据《食品卫生法》的有关规定，予以处罚。

第三十三条 本办法下列用语的含义是：

餐饮业：指通过即时加工制作、商业销售和服务性劳动等手段，向消费者提供食品（包括饮料）、消费场所和设施的食品生产经营行业。

厨房：指进行食品切配和烹饪操作的场所。

凉菜：又称冷荤、冷菜，指对经过烹制成熟或者腌渍入味后的食品进行简单制作并装盘，一般无需加热即可食用的菜肴。

凉菜间：指加工制作凉菜的操作间。

原料：指供进一步烹饪加工制作食品所用的一切可食用的物质和材料。

半成品：指食品原料经初步或部分加工后，尚需进一步加工制作的原料。

成品：指经过加工制成的或待出售的可直接食用的食品。

冷藏：指为保鲜和防腐的需要，将食品置于冰点以上较低温度条件下贮存的过程，冷藏的温度一般在0～10℃之间。

冷冻：指将食品或原料置于冰点温度以下，以保持冰冻状态的贮存过程，冷冻所用的温度一般在－20℃～－1℃之间。

中心温度：指块状或有容器存放的液态食品或食品原料的中心部位的温度；中心温度可用中心温度计测量。

第三十四条 本办法由卫生部负责解释。

第三十五条 本办法自2000年6月1日起施行。

卫生部关于下发健康相关产品国家卫生监督抽检规定的通知

卫法监发［2000］298 号

各省、自治区、直辖市卫生厅（局）：

为规范健康相关产品国家卫生监督抽检工作，我部组织有关人员制定了《健康相关产品国家卫生监督抽检规定》，现印发给你们，请遵照执行。各地在执行中有何问题，请及时报我部卫生法制与监督司。

附件：《健康相关产品国家卫生监督抽检规定》

2000 年 8 月 30 日

健康相关产品国家卫生监督抽检规定

第一章　总　　则

第一条　为加强健康相关产品的卫生监督，规范健康相关产品抽检工作，依据有关卫生法律、法规制定本规定。

第二条　本规定所称健康相关产品是指《中华人民共和国食品卫生法》、《中华人民共和国传染病防治法》以及《化妆品卫生监督条例》、《保健食品管理办法》、《生活饮用水卫生监督管理办法》、《消毒管理办法》和其他法律、法规、规章规定的食品、化妆品、涉及饮用水卫生安全产品、消毒产品等各类与人体健康相关的产品。

第三条　卫生部负责制定健康相关产品国家卫生监督抽检计划，并组织实施。

第四条　健康相关产品国家卫生监督抽检依据国家有关卫生法律、法规、规章和卫生规范、卫生标准进行。

第五条　健康相关产品国家卫生监督抽检合格的产品，6 个月内地方卫生行政部门不得重复抽检。

健康相关产品国家卫生监督抽检中发现的不合格产品，由该产品生产经营者所在地的卫生行政部门进行追踪监督检查。

第六条　健康相关产品国家卫生监督抽检的主要内容包括：

（一）产品与人体健康有关的指标；

（二）产品宣传内容；

（三）卫生部规定的其他抽检内容。

第二章　采　　样

第七条　承担健康相关产品国家卫生监督抽检任务的地方卫生行政部门（以下简称地方卫生行政部门）应当指派两名以上卫生监督员采集样品。采集样品的卫生监督员应当向被抽检者出示证件，并出具采样文书。

地方卫生行政部门应当通知样品的生产企业或进口代理商在规定的期限内对样品的真实性进行确认，逾期不确认的，视为对样品真实性没有异议。

第八条　采样方法应当符合国家有关规定，采集样品的种类、数量应当满足抽检工作的需要。采样时，应当同时抽取同批次的备查样品，封存后按照产品规定的条件保存备查。备查样品应当自检验报告送达生产企业或进口代理商之日起保存 30 天，对检验结果有异议的样品，应当根据具体情况延长保存期限。

第九条　对依法进行的健康相关产品国家卫生监督抽检工作，生产经营者不得拒绝。

第十条　卫生监督员应当保持采集样品的完整，按照规定填写样品检验通知单，并及时将样品送检。检验人员应当验收样品，并在样品检验通知单上签字。

第三章　检验与结果评价

第十一条　卫生部或省级卫生行政部门认定的健康相关产品检验机构承担健康相关产品国家卫生监督抽检的检验任务。

第十二条　承担健康相关产品国家卫生监督抽检任务的健康相关产品检验机构（以下简称健康相关产品检验机构）应当按照卫生部制定的健康相关产品国家卫生监督抽检计划中规定的要求和标准进行检验。

第十三条　健康相关产品检验机构应当按照卫生

部健康相关产品检验工作制度开展工作，在规定的时限内出具检验报告。

检验报告应当载明检验值、标准值、检验结论及卫生部规定的其他内容。

第十四条　地方卫生行政部门按照国家有关法律、法规、规章和卫生规范、卫生标准，对检验报告内容及结果进行审查、判定。

第四章　公布与处理

第十五条　地方卫生行政部门应当及时将检验不合格产品的名称、检查及检验项目、检查及检验结果书面通知该产品的生产企业或进口代理商。生产企业或进口代理商对检查或检验结果有异议的，可以在收到通知书之日起10日内提出书面复检申请，并说明理由。地方卫生行政部门应当在收到书面复检申请之日起10日内作出是否同意复检的决定。

微生物检验结果不复检，检出致病菌时，保留菌种1个月。

第十六条　地方卫生行政部门应当及时、准确、规范地上报抽检结果。

上报的不合格产品，应当附产品生产企业或进口代理商对该产品真实性的确认材料。

第十七条　健康相关产品国家卫生监督抽检的结果由卫生部负责公布。地方卫生行政部门也应当及时向社会公布其抽检结果。

第十八条　健康相关产品国家卫生监督抽检可以公布以下内容：

（一）产品名称及规格；

（二）产品标识的生产企业名称；

（三）产品的采样地点；

（四）产品的生产日期和（或）批号；

（五）检验项目及判定结果；

（六）判定依据；

（七）卫生部规定公布的其他内容。

第十九条　健康相关产品国家卫生监督抽检中发现的不合格产品，由该产品生产经营者所在地省级卫生行政部门依照有关卫生法律、法规、规章组织查处。查处结果应当于结案之日起15日内上报卫生部。

第五章　管　　理

第二十条　健康相关产品检验机构必须严格依照有关卫生法律、法规、规章和卫生规范、卫生标准客观、公正地出具检验结果。

第二十一条　承担健康相关产品国家卫生监督抽检任务的单位和个人不得擅自将抽检计划事先告之被抽检单位；抽检结果尚未正式公布前，不得擅自对外泄露有关抽检情况及抽检结果。

第二十二条　参与健康相关产品国家卫生监督抽检工作的单位和个人应当遵守国家有关法律、法规和规章的规定，恪尽职守、廉洁自律。对违反本规定的，将视情节轻重予以通报批评直至追究其法律责任。

第二十三条　健康相关产品生产经营者不得将抽检结果用于广告宣传。

第二十四条　对阻碍健康相关产品国家卫生监督抽检工作正常进行的单位或个人，依据有关法律、法规规定，追究法律责任。

第六章　附　　则

第二十五条　健康相关产品国家卫生监督抽检文书应当使用卫生部制定颁布的卫生监督文书。

第二十六条　地方健康相关产品卫生监督抽检参照本规定执行。

第二十七条　本规定由卫生部解释。

第二十八条　本规定自发布之日起施行。其他与本规定不一致的，以本规定为准。

卫生部关于印发卫生部健康相关产品检验机构认定与管理规范的通知

卫法监发［2000］第11号

各省、自治区、直辖市卫生厅（局），中国预防医学科学院：

为规范健康相关产品卫生行政许可检验工作，现将《卫生部健康相关产品检验机构认定与管理规范》印发给你们，请遵照执行。

检验工作是健康相关产品卫生行政许可的基础工

作，各地要加强对健康相关产品检验机构的认定和管理，确保检验工作的科学、公正、规范：

一、所有开展健康相关产品卫生行政许可检验工作的机构（以下称检验机构），均应按照有关规定，向卫生行政部门提出认定申请。经卫生行政部门认定后，方可开展检验工作。

二、卫生行政部门应严格按照有关规定开展检验机构的认定、复核和管理工作。

三、以前已获卫生行政部门认定的检验机构，应于 2000 年 3 月 1 日前，向原认定的卫生行政部门提出复核申请。凡超过上述期限未提出复核申请的检验机构，视为自动放弃已认定的资格。

四、2000 年 6 月底以前，各省级卫生行政部门应将其认定的检验机构名单报我部卫生法制与监督司备案。

五、自 2000 年 7 月 1 日起，凡未获卫生行政部门认定的检验机构，不得开展健康相关产品卫生行政许可检验工作。同时，我部将停止受理未经认定的检验机构出具的检验报告。

六、各省级卫生行政部门应加强对认定检验机构的考核和管理。获得认定资格的检验机构应按照有关规定加强自身管理和检验工作质量控制。对疏于管理，发生违规违纪行为检验质量无法保证，屡次发生检验错误的检验机构，我部将责令限期改进；逾期不改的，依法撤销其认定资格。

附件：1、《卫生部保健食品检验机构认定与管理规范》

2000 年 1 月 11 日

卫生部保健食品检验机构认定与管理规范

为规范健康相关产品卫生行政许可检验工作，根据《卫生部健康相关产品检验机构认定与管理办法》，对申请卫生部认定的保健食品检验机构（以下称部级认定检验机构）和省级卫生行政部门认定的保健食品检验机构（以下称省级认定检验机构）的认定、复核和管理规定如下：

一、认　　定

（一）检验范围

申请部级认定检验机构或省级认定检验机构，一般应具备检验有关规定要求的全部保健食品检验项目的能力。部级认定检验机构所申请认定的功能学评价检验项目应不少于 10 个，并应同时申请功效成分以及与功能有关的微生物检验项目的认定。

由于产品特性等原因，需使用专业设备进行特殊项目检验的，检验机构可商请其他同级卫生行政部门认定的检验机构进行该项目的检验，并报原认定的卫生行政部门备案，但这类项目的总数不得超过总项目数的 5%。必要时，检验机构可以只申请认定特殊检验项目。

人体试食观察单位的认定与管理规定由卫生部另行制定。

（二）检验项目

1. 部级认定检验机构

1.1.　功能学评价。

1.2　功效、营养成分（见附录一）以及与功能有关的微生物检验（见附录二）。

1.3　省级认定检验机构的检验项目。

1.4　有关法规和文件要求的其他检验项目。

2. 省级认定检验机构

2.1　安全性毒理学评价。

2.2　常规理化项目检验。

2.3　常规微生物项目检验。

2.4　有关法规或文件要求的其他检验项目。

（三）检验方法

1. 申请检验机构必须熟练掌握上述检验项目的相应检验方法和技能，能独立应用规定的检验方法开展检验工作，并能解决检验过程中发生的技术问题。

2. 申请检验机构应采用有关标准或卫生部认可的技术规范和文件规定的检验方法开展检验工作。

3. 对尚无规定检验方法者，检验机构可参考样品送检单位提供的方法或有关技术资料，编写操作规程，进行检验。

4. 某些检验项目有改进的检验方法或先进检验仪器，从而可取得更好的检验效果者，检验机构可提出建议，报卫生部批准后执行。

（四）仪器设备、环境条件

1. 安全性毒理学评价和检验

二级实验动物房　全（半）自动生化分析仪　高速冷冻离心机　CO_2 培养箱　组织匀浆器　倒置显微镜　高速浓缩仪　切片机　电子分析天平　显微镜　全自动血球计数仪器　冰箱　解剖显微镜　恒温振荡

器　超净工作台　高压消毒锅　干热烤箱　恒温培养箱　液氮罐或－80℃低温冰箱　食品粉碎机　饲料搅拌机　旋转蒸发仪等

2. 功能学评价和检验（除应具备安全性毒理学评价和检验所需仪器设备外，尚需具备下列内容）

酶标仪　水迷宫自动记录仪　跳台仪　避暗仪　穿梭箱　分光光度计　荧光分光光度计　原子吸收分光光度计　血乳酸测定仪　电阻抗仪　功率自行车　液体闪烁计数仪　皮肤色素测定仪　皮肤水分油分及pH测定仪　血压测定仪　骨密度仪

3. 常规理化及功效、营养成分检验

旋转蒸发仪　崩解仪　分析天平　pH计　冷原子测汞仪　离子色谱仪　电导仪　折光仪　旋光仪　高效液相色谱仪　气相色谱仪　原子吸收分光光度计　原子荧光计　分光光度计　荧光分光光度计　可见—紫外分光光度计　恒温恒湿仪　氨基酸分析仪

申请功效成分检验应满足测定方法所需分析仪器（建议配备）：

质谱仪　毛细管电泳仪　冷冻超速离心机

4. 微生物学检验

真菌检验实验室　培养箱（细菌用36±1℃，真菌用28±1℃）　普通冰箱　低温冰箱　恒温水浴　高压锅　厌氧培养装置　显微镜　解剖镜　离心机　高速离心机　超净台　振荡器　电子天平　干热烤箱　pH计　菌落计数器　生化培养箱

（五）人员

1. 基本要求

1.1　申请检验机构应有与申请检验项目相适应的管理、技术和质量控制人员。

1.2　有关人员均应熟悉相关法规和文件以及本单位质量手册的有关规定。

1.3　工作人员的专业应与申请检验项目相符合，技术负责人应精通本专业业务。

1.4　检验机构应有人员培训计划，不断提高有关人员专业知识水平与技能。

1.5　各类技术人员应通过定期考核，考核合格者发给上岗证。各类技术人员应持证上岗。

2. 有关人员具体要求

2.1　部级认定检验机构

2.1.1　具有中级以上技术职称（含中级，以下同）的人数不少于实验室总人数的50%。

2.1.2　检验科室技术负责人应具有副高级以上技术职称，并有五年以上专业经验。

2.1.3　校核（审核）人应具有中级以上技术职称，有五年以上专业经验，并经考核合格。

2.1.4　检验人员应具有中专以上学历，并有两年以上专业经验。经过专业培训和考核，获上岗证。

2.1.5　质量控制人员应具有副高级以上技术职称，并有五年以上专业经验。

2.2　省级认定检验机构

2.2.1　具有中级以上技术职称的人数不少于实验室总人数的30%。

2.2.2　检验科室技术负责人应具有副高级以上技术职称，并有三年以上专业经验。

2.2.3　校核（审核）人应具有中级以上技术职称，有三年以上专业经验，并经考核合格。

2.2.4　检验人员应具有中专以上学历，并有两年以上专业经验。经过专业培训和考核，获上岗证。

2.2.5　质量控制人员应具有副高级以上技术职称，并有三年以上专业经验。

（六）申请程序

申请检验机构应向相应的卫生行政部门提出申请，填写“健康相关产品检验机构申请表”，并提交有关资料。

（七）认定程序

由相应的卫生行政部门根据申请检验机构所申请的检验项目组织成立审核组。审核组一般由3～5名相关专业的专家组成。

审核组按下列程序进行审核工作：

1. 审阅检验机构申报资料。

2. 现场听取检验机构的简要介绍，并就有关问题进行提问。

3. 现场查看检验机构的管理部门、样品保管室、实验室、动物房和档案室等，并填写以下表格：

实验室原始记录考核表（略）　检验报告考核表（略）　现场提问考核表（略）　现场操作考核表（略）　样品可溯源性考核表（略）　档案规范化考核表（略）

4. 在全面考核的基础上，讨论并填写检验机构综合评价表（略）。

5. 依据本规定对审核结果进行投票，并对申请检验机构作出审核结论。

6. 将有关资料和审核意见提交相应的卫生行政部门。

7. 卫生行政部门作出认定与否的结论。

（八）认定标准

1. 基本条件

1.1 具有独立法人资格的证明文件（查文件）。

1.2 持有省级以上人民政府计量行政部门颁发的计量认证合格证书（有效期内）（查证书）。

1.3 毒理学检验的动物房有《医学试验动物环境设施合格证书（动物试验条件）》，使用具有合格证的动物和符合要求的饲料（查证书）。

1.4 质量管理体系。

1.4.1 样品受理和交接制度规范（查记录）。

1.4.2 制定并执行质量手册（查记录）。

1.4.3 有技术负责人、质量负责人和质量控制人员并履行各自职责（查记录）。

1.4.4 妥善处理上级单位、委托检验单位等提出的意见、疑问或申诉（查记录）。

1.4.5 及时解决检验质量监督和检验报告审核中发现的问题（查记录）。

1.4.6 档案齐全，管理规范化（现场检查）。

1.5 人员

1.5.1 申请检验机构技术负责人、质量负责人及有关工作人员符合要求（核对名单及人员）。

1.5.2 制定各类人员培训计划并付诸实施（查记录）。

1.5.3 检验人员和动物房管理人员具有上岗证（查证书）。

2. 仪器与环境

2.1 仪器设备装备率达95%以上（查记录）。

2.2 具备实验室必要的环境（现场检查）。

3. 检验工作技能

3.1 原始记录审核合格。

3.2 检验报告审核合格。

3.3 现场提问考核合格。

3.4 现场试验考核合格。

4. 审核结论

4.1 通过审核：全部项目均符合要求。

4.2 整改后通过审核：存在的问题通过整改后可在短期内改进。

4.3 整改后重新审核：存在的问题需经较长时间才能改进。申请检验机构应在改进后再次向相应卫生行政部门申请审核。

4.4 不通过审核：存在问题较多，并在较长时间内难以达到认定标准。

二、复 核

（一）复核内容

1. 认定期内检验工作完成情况。

2. 检验机构负责人和实验室技术人员变动情况。

3. 样品受理、交接、检验、保管情况。

4. 认定项目所需仪器设备及其使用情况。

5. 原始记录和检验报告情况。

6. 检验人员，特别是变动人员的考核。

7. 检验项目质量控制人员的考核。

8. 调档抽查和不定期抽检情况。

9. 档案保管情况，包括技术档案和仪器档案。

10. 盲样检测情况。

（二）申请程序

“健康相关产品检验机构证书”有效期满前4～6个月，检验机构应向原认定的卫生行政部门提出复核申请，填写“健康相关产品检验机构复核申请表”，并提交有关资料。逾期不申请者，视为自动放弃已被认定的资格。

（三）复核程序

由相应的卫生行政部门根据申请检验机构所申请复核的检验项目组织成立审核组。审核组一般由3～5名相关专业的专家组成。

审核组按下列程序进行复核工作：

1. 审阅检验机构申报材料。

2. 现场听取检验机构的简要介绍并就有关问题进行提问。

3. 现场查看检验机构的管理部门、样品保管室、实验室、动物房和档案室等，并填写以下表格：

实验室原始记录考核表（略） 检验报告考核表（略） 现场提问考核表（略） 现场操作考核表（略） 样品可溯源性考核表（略） 档案规范化考核表（略） 认定期内检验工作完成情况表（略） 主要仪器使用状况考核表（略） 检验质量控制情况考核表（略） 盲样检测结果评价表（略）

4. 在全面考核的基础上，讨论并填写检验机构复核综合评价表（略）。

5. 依据本规定对审核结果进行投票，并对申请复核的检验机构作出审核结论。

6. 将有关资料和审核意见提交相应的卫生行政部门。

7. 卫生行政部门作出是否继续认定的结论。

（四）复核结论

1. 通过复核：全部项目均符合要求。

2. 整改后通过复核：存在的问题通过整改后可在短期内改进。

3. 整改后重新复核：存在的问题需经较长时间才能改进。申请复核的检验机构应在改进后再次向相应卫生行政部门申请审核。

4. 不通过复核：存在问题多，并在较长时间内难以达到认定标准。

三、管　　理

（一）检验机构内部质量控制

1. 严格执行有关法规、标准和文件的规定。

2. 严格执行质量手册规定的质量保证和管理制度。

3. 坚持检验机构内部检验质量保证体系，加强自查、自控，坚持量值溯源经常化。

4. 坚持人员岗位责任制，技术负责人、质量负责人和质量控制人员各守其责。

（二）考核

卫生行政部门对检验机构进行不定期考核或组织认定的检验机构进行互查。考核方式主要包括盲样检测、试验操作现场考核和原始档案调阅等。盲样检测必须由被考核实验室独立完成，限定于收到样品后一定时间内出具检验报告。认定的检验机构不得委托其他实验室代检或与其核对。

（三）其他

认定检验机构违反有关规定，自行增加或减少检验项目，或出具错误检验报告的，送检单位可以选择其他认定检验机构，增补或重新进行样品检验，所需费用由原认定检验机构承担。

附录（供参考）

一、功效、特异及营养素指标：

褪黑素、DHA、EPA、DPA、角鲨烯、烷基甘油、免疫球蛋白、10－羟基－α－癸烯酸、γ－亚麻酸、洛伐它丁、吡啶甲酸铬、L－肉碱、L－谷氨酰胺、核苷酸、大蒜素、花青素、蒽醌类、甘露醇、低分子肽、胆酸、低聚糖、蚓激酸、SOD、多糖类、维生素类、皂甙类、脱乙酰度、壳聚糖、膳食纤维、茶多酚、黄酮类、β－胡罗卜素、氨基酸、矿物质、腺苷、葛根素等。

二、与功能有关的微生物指标：

两歧双歧杆菌、长双歧杆菌、婴儿双歧杆菌、短双歧杆菌、青春双歧杆菌、嗜酸乳杆菌、德氏乳杆菌保加利亚亚种、德氏乳杆菌德氏亚种、植物乳杆菌、嗜热链球菌、粪肠球菌、屎肠球菌、干酪乳杆菌干酪亚种、丁酸梭菌、酿酒酵母等、产气荚膜梭菌、肠球菌、肠杆菌等。

卫生部办公厅关于进一步规范健康相关产品抽检工作的通知

卫办法监发［2000］195号

各省、自治区、直辖市卫生厅局：

在各级政府的支持和各级卫生部门的共同努力下，我部组织的健康相关产品抽检工作已经取得了良好的社会效果，受到了广大消费者的好评。但是，在健康相关产品抽检工作中还存在一些问题，主要表现在：

一、审核不严，上报结果出现错误。有的单位审核和把关不严，上报的抽检结果存在产品名称、生产单位、生产批号、检验值打印错误等严重问题。

二、抽检程序不够完善。有的单位抽取样品后未履行认定程序，检验报告送达方式不规范，有的甚至对抽查不合格的产品未按规定的条件保存留样。

三、标准适用不当。有的单位在未及时向我部或我部委托的标准技术归口单位请示的情况下，擅自选用不适当的标准进行检验，直接影响了检验结果的准确性。

四、对不合格产品未按照法律、法规的规定及时进行监督查处，存在地方保护问题。

为进一步加强对食品、化妆品、消毒产品等健康相关产品的市场监督，规范监督抽检工作，认真贯彻执行我部于2000年8月30日发布的《健康相关产品国家卫生监督抽检规定》（卫法监发［2000］298号，下称《规定》），提出如下要求：

一、严格按照《规定》履行采样、产品认定、样品检验的程序，要做好文书记录和备查样品的保存工作。进行产品认定的单位应为生产企业或进口代理商。

二、健康相关产品的检验机构应严格按照《规定》要求和标准进行检验，并按照规定的格式出具检验报告。对标准和检验方法不明确的，应及时向卫生部或卫生部委托的标准技术归口单位请示或咨询。

三、对检验不合格的产品，地方卫生行政部门应及时以书面形式通知生产企业或进口代理商，并告知对检验结果如有异议的应在10日内提出书面复检申请。

四、对抽检公布的不合格产品，地方卫生行政部门应依照有关法律、法规认真进行查处，并将查处结果及时上报我部。

各级卫生行政部门应当高度重视健康相关产品的抽检工作，严格按照《规定》的要求，加强对食品、化妆品、消毒产品等健康产品的市场监督，保障消费者的健康。

2000年9月28日

卫生部关于开展学生饮用奶及学生集体用餐监督检查工作的通知

卫法监发［2000］432号

各省、自治区、直辖市卫生厅（局）：

为进一步提高我国中小学生的营养水平，同时促进奶业及相关产业的发展，农业部、国家计委、教育部、质量技监局、轻工局和我部于2000年8月29日联合发出《关于实施“学生饮用奶计划”的通知》，计划通过先试点后推广的方式，向在校学生提供由定点企业按国家标准生产的学生奶。学生集体用餐一直是我部监督检查的重点，为保障此计划的顺利施行，预防学生集体用餐引起的食物中毒事件，现就有关事宜通知如下：

一、各试点省市卫生行政部门要重视“学生饮用奶计划”的实施，加强与其他部门的配合与协作，积极参与“学生饮用奶计划”的落实。

二、各级卫生行政部门要认真总结历年来学生集体用餐中毒事件，依据《中华人民共和国食品卫生法》、《学校集体用餐卫生监督办法》、《乳及乳制品卫生管理办法》、《乳品厂卫生规范》等有关法律、法规、标准，制定切实方案，加强对学生奶、供奶企业及学生集体用餐的监督检查，对不符合有关法规、标准的学生奶、供奶企业、学生集体餐生产经营者要依法查处。已开展学生饮用奶试点工作的省市还应及时将检查结果向当地“学生饮用奶计划”办事机构通报。

三、各级卫生行政部门所属防病中心（或卫生防疫机构）应积极配合当地政府开展对学生饮奶后的营养与健康状况监测，并提供营养指导服务。

四、做好营养与食品安全知识的宣传工作。要通过新闻媒体，大力宣传饮用奶对人体健康的益处，加强对相关环节的监督检查，预防食物中毒，树立科学的饮食观念，建立良好的膳食习惯。

2000年12月4日

卫生部关于健康相关产品检验机构复核工作情况的通报

卫法监发［2000］440号

各省、自治区、直辖市卫生厅（局），中国预防医学科学院，卫生部认定的健康相关产品检验机构：

今年1月至10月，我部组织对卫生部认定的健康相关产品检验机构进行了复核。现将本次复核工作的有关情况通报如下：

一、目的与意义

本次复核工作，旨在加强对健康相关产品检验工作的规范化管理，使检验工作者充分认识到卫生检验在卫生监督执法和疾病预防控制工作中的重要地位和作用，树立良好的卫生行政执行形象，从而进一步提高检验水平和质量，更好地为人民健康服务、为社会主义现代化建设服务。

二、组织与实施

今年1月，我部印发了《卫生部健康相关产品检验机构认定与管理规范》（卫法监发［2000］第11号），规定已获卫生行政部门认定的检验机构，需向原认定的卫生行政部门申请复核。

5月12日至13日，我部在北京召开了全国健康相关产品检验工作会议，对健康相关产品检验机构复核工作进行了部署。

8月3日，“卫生部健康相关产品检验机构复核工作领导小组”成立，并召开了第一次会议，殷大奎副部长担任领导小组的组长。会议拟定了9月份的复核工作计划和复核工作专家组的名单。

9月1日至12日，由各专业有关专家和部分省市卫生厅局的同志分成12个考核组对卫生部认定的38个健康相关产品检验机构进行了认真复核。这次现场复核工作，包括技术考核和行政管理考核。是在各省完成自查的基础上进行的。省级卫生行政部门对各检验机构的初审为这次复核工作的开展打下了良好的基础。

各省级卫生行政部门对此次复核工作很重视，有的副厅长亲临考核现场，参与复核工作。各省卫生行政部门为复核工作专家组的工作和生活条件提供了支持和保证，使得复核工作顺利进行。

三、复核结果

（一）总体看来，健康相关产品检验机构经认定后，制定了有关规章制度，规范了检验行为，不论是管理水平还是检验质量都有了很大提高，主要表现在：

1. 检验机构对检验质量高度重视，在认定期内完成工作情况较好。

2. 根据国家有关法律、法规及有关规定，检验机构建立健全了各项规章制度。

3. 实验室技术人员结构合理，综合素质较高，现场提问考核成绩合格率达93%，现场操作考核合格率达97%。

4. 硬件设施有了较大改善，检验机构的仪器设备和实验室的环境条件基本上能满足检测工作的需要。

5. 检验机构出具的检验报告较为规范，符合有关要求。

（二）在检查中，也发现部分检验机构中仍然存在着一些问题，有些问题还比较严重，主要表现在：

1. 检验人员法律意识淡薄。检验操作还欠缺规范。

2. 检验机构质控系统不健全，或没有真正运行并发挥作用。

3. 检验机构内部协调和统一管理还需要进一步加强。

4. 检验的原始记录不规范，存在缺项、随意涂改和存档不规范等现象。

5. 检验机构没有严格按照有关标准或规范开展检验工作。

6. 检验机构无合格的二级实验动物房。

7. 盲样抽检与标准品还有一定的差距。

四、今后工作的要求

通过检验机构的复核工作，各检验机构在依法检验监测中，应严格按照有关法律、法规、标准和规范开展检验工作，对此次复核中发现的问题应认真总结，根据专家组意见（见附件），采取措施，加强管理。我部将根据《健康相关产品的检验机构工作制度》、《健康相关产品检验机构认定与管理办法》等有关规定，进一步加强监督管理。复核意见为“整改后通过复核”和“整改后重新复核”的检验机构应根据复核意见，认真整改，并于2001年1月31日前，将整改报告报我部卫生法制与监督司。我部将组织人员进行验收，两次不合格者将按照有关规定，取消认定资格。

附件：健康相关产品检验机构复核结论（略）

2000年12月8日

中华人民共和国卫生部通告

卫通［2000］第1号

为贯彻执行《中华人民共和国食品卫生法》，加强食品卫生监督管理，保障人民身体健康，现批准强制性标准《食品添加剂使用卫生标准》(2000年增补品种),于2000年5月1日起实施。

特此通告

中华人民共和国卫生部

2000年3月29日

食品添加剂使用卫生标准

(2000年增补品种) GB 2760—1996

1 范围

本标准规定了食品添加剂的品种,使用范围及使用量。

本标准适用于1999年度申请单位申报的新增食品添加剂的使用卫生标准以及某些现有品种的扩大使用范围和使用量。

本标准为GB2760—1996《食品添加剂使用卫生标准》的续篇。

2 引用标准

下列标准包含的条文,通过在本标准中引用而构成为本标准的条文。在标准出版时,所示版本均为有效。所有标准都会被修订,使用本标准的各方应探讨、使用下列标准最新版本的可能性。

GB 2760—1996 食品添加剂使用卫生标准

GB 12493—1990 食品添加剂分类和代码

GB 14880—1994 食品营养强化剂使用卫生标准

3 新增品种

新增品种见表1。

表1 新增品种

种类(代码)	名 称	使用范围	最大使用量 g/kg	备 注
酸度调节剂(01.0)	磷酸三钾	非碳酸饮料	1.5	可口可乐(中国)有限公司
酶制剂(11.0)	转移葡萄糖苷酶(黑色曲霉)(Transglucosidase L)	低聚异麦芽糖生产工艺	按生产需要适量使用	日本天野制药株式会社 北京凯赛生物技术有限公司
	真菌淀粉酶(米曲酶)(Fungus amylasc)			
水分保持剂(15.0)	乳酸钠60%	肉及禽肉类 糖果 饺子皮类(以皮计)	30 10 2.4	新加坡(中国)普拉克公司上海办事处 淘化大同食品有限公司
	乳酸钾	肉及禽肉类 糖果	30 10	新加坡(中国)普拉克公司上海办事处

续表

种类（代码）	名　　称	使用范围	最大使用量 g/kg	备　　注
营养强化剂（16.0）	二十二碳六烯酸（DHA）（双鞭甲藻）Crytheco dinium cohnll	婴儿配方奶粉	0.4～1.8	美国惠氏药厂（中国）有限公司
	二十二碳六烯酸（DHA23）（金枪鱼油）	婴儿配方奶粉 孕产妇乳粉	0.4～1.8 0.3～0.5	日本明治乳业株式会社
	花生四烯酸（ARA）Mortierella alpina	婴儿配方奶粉	1.6～2.6	美国惠氏药厂（中国）有限公司
	富晒食用菌粉	按 GB14880 规定执行		北京康必硒生物技术有限公司
	稳定性维生素 A	按 GB14880 规定执行		浙江杭州高成生物营养技术有限公司稳定剂、聚丙烯树脂
	稳定性维生素 B1			
	稳定性维生素 B2			
	稳定性维生素 E			
	甘氨酸亚铁	按 GB14880 规定执行		北京市昌健医药新技术研究所（Albion Lab Inc. USA 生产）
甜味剂（19.0）	D-甘露糖醇	无糖口香糖	200	箭牌口香糖有限公司
增稠剂（20.0）	氧化羟丙基淀粉	各类食品	按生产需要适量使用	新加坡国民淀粉化学（亚洲）私人有限公司
	磷酸酯双淀粉	各类食品	按生产需要适量使用	
	葫芦巴胶	冷冻饮品 烘烤食品 糖果 面粉	0.1 0.15 0.2 0.3	天津药业有限公司
	聚丙烯酸钠	各类食品	2.0	日本化药株式会社
	沙蒿胶	饺子粉、挂面 杂粮面、方便面 火腿肠	0.3 0.5	北京门头沟天源植物胶食品厂

4　扩大使用范围品种

扩大使用范围品种见表2。

表2　扩大使用范围品种

种类（代码）	名　　称	使用范围	最大使用量 g/kg	备　　注
酸度调节剂（01.0）	磷酸钙	非碳酸饮料	2.0	可口可乐（中国）有限公司
消泡剂（03）	聚二甲基硅氧烷乳液	果汁、浓缩果汁粉、饮料速溶食品、冰淇淋、调味品、果酱和蔬菜加工工艺 发酵工艺、焦糖色工艺	50 mg/kg 100 mg/kg	道康宁公司北京办事处
抗氧化剂（04）	维生素E	油炸小食品（以油脂计） 食用油脂	200 mg/kg 按生产需要适量使用	宝洁（中国）公司
着色剂（08）	赤藓红	寿桃包	0.025	淘化大同食品有限公司
	柠檬黄及其铝色淀	寿桃包	0.02	
		固体饮料 膨化食品、油炸小食品	0.1（稀释后） 0.1（以柠檬黄计）	宝洁（中国）公司
		饼干夹心	0.05	联合饼干（中国）有限公司
	日落黄及其铝色淀	饼干夹心	0.1	
		固体饮料 膨化食品、油炸小食品	0.1（稀释后） 0.1（以日落黄计）	宝洁（中国）公司
	苋菜红	威化饼干夹心	0.05	联合饼干（中国）有限公司
	胭脂红	威化饼干夹心	0.05	
	亮兰及其铝色淀	寿桃包 威化饼干夹心	0.025 （以亮兰计）	淘化大同食品有限公司 联合饼干（中国）有限公司
		膨化食品、油炸小食品	0.05	宝洁（中国）公司
	靛蓝	威化饼干夹心	0.1	联合饼干（中国）有限公司
	二氧化钛	口香糖 固体饮料	5 按生产需要适量使用	箭牌口香糖有限公司 宝洁（中国）公司
	诱惑红及其铝色淀	膨化食品、油炸小食品	0.1 （以诱惑红计）	宝洁（中国）公司 百事食品（中国）有限公司

续表

种类（代码）	名　　称	使用范围	最大使用量 g/kg	备　　注
着色剂 （08）	姜黄	饼干夹心	0.05 （以姜黄素计）	联合饼干（中国）有限公司
		调味料、油炸小食品	按生产需要适量使用	宝洁（中国）公司
	酸性红	威化饼干夹心	0.05	联合饼干（中国）有限公司
	辣椒红	叉烧包馅	0.1	淘化大同食品有限公司
	栀子黄	烧麦皮 奶黄包馅	1.0（以皮计） 0.2（以馅计）	
	焦糖色 （不加氨生产）	叉烧包馅	按生产需要适量使用	
	紫草红	饼干、夹心饼干、糕点、糕点上彩装	0.1	北京金晔新世纪工贸有限公司
乳化剂 （10.0）	双乙酰酒石酸单（双）甘油酯	各类食品	按生产需要适量使用	宝洁（中国）公司
	硬脂酸镁	蜜饯	0.8	广东汾煌食品工业有限公司
酶制剂 （11.0）	葡萄糖氧化酶（黑曲霉）	小麦粉	780 GODF	诺和诺德（中国）公司
水分保持剂 （15.0）	三聚磷酸钠	虾肉、鱼肉制品	1.0	淘化大同食品有限公司
	焦磷酸钠	虾肉、鱼肉制品	1.0	
营养强化剂 （16.0）	牛磺酸	豆奶粉、豆粉 豆浆、豆奶	0.3～0.5 0.06～0.1	维维集团食品研究所
	维生素 A	豆奶粉、豆粉 豆浆、豆奶	3000～7000 μg/kg 600～1400 μg/kg	维维集团食品研究所
		果冻	600～1000 μg/kg	昆山统一企业食品有限公司
	维生素 D	藕粉	2000～4000IU	北京天润食品厂
		豆奶粉、豆粉 豆浆、豆奶	15～60 μg/kg 3～15 μg/kg	维维集团食品研究所
		果冻	10～40 μg/kg	昆山统一企业食品有限公司

续表

种类（代码）	名　　称	使用范围	最大使用量 g/kg	备　　注
营养强化剂（16.0）	维生素 E	含乳固体饮料	7.67 ～ 9.15 mg/100 g	天津高乐高食品有限公司
		豆奶粉、豆粉 豆浆、豆奶	30～70 mg/kg 5～15 mg/kg	维维集团食品研究所
	维生素 B_1	胶基糖果	16～33 mg/kg	上海不凡帝糖果有限公司
		含乳固体饮料	0.89 ～ 1.87 mg/100 g	天津高乐高食品有限公司
		豆奶粉、豆粉 豆浆、豆奶	6～15 mg/kg 1～3 mg/kg	维维集团食品研究所
	维生素 B_2	胶基糖果	16～33 mg/kg	上海不凡帝糖果有限公司
		含乳固体饮料	0.9～1.65 mg/100 g	天津高乐高食品有限公司
		豆奶粉、豆粉 豆浆、豆奶	6～15 mg/kg 1～3 mg/kg	维维集团食品研究所
	维生素 C	胶基糖果	630～1260 mg/kg	上海不凡帝糖果有限公司
		豆奶粉、豆粉	400～700 mg/kg	维维集团食品研究所
		果冻	120～240 mg/kg	昆山统一企业食品有限公司
		硬糖	2～6	华纳广州有限公司
	烟酸	固体饮料	160～330 mg/kg	上海不凡帝糖果有限公司
		豆奶粉、豆粉 豆浆、豆奶	60～120 mg/kg 10～30 mg/kg	维维集团食品研究所
		含乳固体饮料	12.0～15.6 mg/100g	天津高乐高食品有限公司

续表

种类（代码）	名　　称	使用范围	最大使用量 g/kg	备　　注
营养强化剂（16.0）	叶酸	孕妇及乳母专用奶粉	740 μg/100 g（标签应标注使用量为54 g/日）	日本明治乳业株式会社
		含乳固体饮料	0.23～0.38 mg/kg	天津高乐高食品有限公司
	维生素 B_6	含乳固体饮料	1.20 ～ 1.58 mg/100 kg	天津高乐高食品有限公司
	泛酸	含乳固体饮料	4.88 ～ 6.53 mg/100 kg	天津高乐高食品有限公司
	富马酸亚铁	含乳固体饮料	28.9～38 mg/100 kg	天津高乐高食品有限公司（以 Fe 计 9.5 ～ 12.5 mg/100 kg）
	乳酸亚铁	豆奶粉、豆粉	200～500 mg/kg	维维集团食品研究所（以 Fe 元素计 29～116 mg/kg）
	磷酸氢钙含 5 结晶水	含乳固体饮料	44～56	天津高乐高食品有限公司（以 Ca 元素计 7.8～10 g/kg）
	柠檬酸 苹果酸钙	乳饮料	按 GB 14880 规定执行	美国 PG 公司
	碳酸钙	豆奶粉、豆粉	4～20	维维集团食品研究所（以 Ca 元素计 1.6～8）
		软饮料	0.4～3.4	可口可乐（中国）有限公司（以 Ca 计 0.16～1.35 g/kg）
		藕粉	6～8	北京开润食品厂（以 Ca 元素计 2.4～3.2）
	乳酸钙	果冻	3～6	昆山统一企业食品有限公司（以 Ca 元素计 390～800 mg/kg ）
		软饮料	1.2～10.4	可口可乐（中国）有限公司
	氯化钙	软饮料	0.44～3.7	

续表

种类（代码）	名 称	使用范围	最大使用量 g/kg	备 注
营养强化剂（16.0）	檬酸钙	软饮料	0.76～6.5	以 Ca 元素计：160～1350 mg/kg
	葡萄糖酸钙	软饮料	1.78～14.9	
	硫酸锌 无水含 1 结晶水 葡萄糖酸锌	软饮料	7.4～19.8 mg/kg 8.2～22.0 mg/kg 21.0～56 mg/kg	可口可乐（中国）有限公司（以 Zn 元素计：3～8 mg/kg）
	乳酸锌	含乳固体饮料	431.9～568.2 mg/kg	天津高乐高食品有限公司（以 Zn 计 9.5 ～ 12.5 mg/100 g）
		豆奶粉、豆粉	130～250 mg/kg	维维集团食品研究所（以 Zn 元素计 29 ～ 55.5 mg/100 g ）（以 P 元素计 1.6～3.7 g/kg）
	磷酸钙	豆奶粉、豆粉	3～20	
	亚硒酸钠	婴幼儿配方奶粉	224 μg/kg	美国惠氏药厂（中国）有限公司以 Se 元素计相当于 6～13 μg/100 g乳粉
甜味剂（19.0）	糖精钠	干果、果仁、五香豆、炒豆类	1.0	上海食品杂货商业行业协会
		话李、话杏、甘草橄榄、甘草金桔 芒果干、无花果干	5.0 1.5	广东汾湟食品工业有限公司
	木糖醇	八宝粥罐头	35	杭州娃哈哈集团公司
	乙酰磺胺酸钾	无糖口香糖	4	箭牌口香糖有限公司
	甜菊糖甙	固体饮料、油炸小食品、调味料	按生产需要适量使用	宝洁（中国）公司
	山梨糖醇	油炸小食品、调味料	按生产需要适量使用	
增稠剂（20.0）	黄原胶	饺皮类（虾饺、鱼皮饺等）	1.0（以皮计）	淘化大同食品有限公司
		饮料及固体饮料、油炸小食品	按生产需要适量使用	宝洁（中国）公司
	乙酰化己二酸双淀粉	各类食品	按生产需要适量使用	新加坡国民淀粉化学（亚洲）私人有限公司

附录A
（标准的附录）
食品用香料名单

A1 允许使用的食品香料品种共3种，见表A1。

表 A1

序 号	中 文 名 称	英 文 名 称	FEMA 编 号
1	大蒜油	Garlic oil（Allium sativuml）	2503
2	皂树皮提取物	Quillaia（Quillaja saponaria molina）	2973
3	莫哈弗丝兰提取物	Yucc mohave extract（Yucca spp.）	3121

中华人民共和国卫生部2000—03—29批准　　2000—05—01实施

中华人民共和国卫生部通告

卫通［2000］2号

现批准《食品添加剂使用卫生标准》（2000年增补品种）修改通知单，于发布之日起实施。

特此通告。

2000年7月27日

附件：食品添加剂使用卫生标准（2000年增补品种）修订通知单

表1 新品种

种类（代码）	名 称	
	修改前	修改为
酶制剂（11.0）	转移葡萄糖苷醇（黑色曲霉）	转移葡萄糖苷醇（黑曲霉）
水分保持剂（15.0）	乳酸钾	乳酸钾60%

表2 扩大使用范围

种类（代码）	名 称	使用范围	
		修改前	修改为
营养强化剂（16.0）	牛磺酸	豆浆	豆浆、豆奶

表3 扩大使用范围

种类（代码）	名 称	使用范围	最大使用量	
			修改前	修改为
营养强化剂（16.0）	维生素E	含乳固体饮料	780～1000 mg/100 g	7.67～9.15 mg/100 g
	磷酸氢钙含5结晶水	含乳固体饮料	备注：天津高乐高食品有限公司（以Ca元素计0.78～10 g/kg)	备注：天津高乐高食品有限公司（以Ca元素计0.78～10 g/kg)

卫生部关于开展生禽肉产品专项治理工作的紧急通知

卫机发［2000］16号

北京、上海、天津、山东、江苏、浙江、广东、广西、四川、内蒙古、海南省、自治区、直辖市卫生厅(局)：

据有关部门反映，最近一段时期，大量的禽畜内脏及鸡爪、鸡脖等在国外不被人食用的废弃物大量进口到我国。不仅严重地影响了我国养殖业的发展，而且对消费者的身体健康造成了潜在的危害。为进一步加强对生禽肉的卫生管理，维护我国的合法权益，保护消费者的身体健康，决定于7月上旬组织有关省份开展生禽肉产品的专项治理工作，现将有关事宜通知如下：

一、各有关省份应充分重视这次监督检查工作的重要性和必要性，加强领导，认真组织，按计划落实此项工作。

二、检查的依据为《中华人民共和国食品卫生法》、《肉与肉制品卫生管理办法》、《鲜（冻）禽肉卫生标准》。检查的产品有白条鸡、鸡爪、鸡脖及畜、禽的内脏，每个省份应至少检查5个畜禽肉（副产品）批发市场、15个批发商、10个禽肉产品冷库，并采集进口和国产产品进行实验室检查。检查项目有1、生产经营企业的卫生许可证；2、卫生检验合格证明及进货索证情况；3、禽肉产品的存放设施、包装情况、感官卫生情况、杂质污染情况，并分别采集进口和国内产品进行实验室检验；4、企业经营设施、设备和环境条件。

三、对检查中发现违法生产经营行为，应依法查处。对无卫生许可证的生产经营单位应依法取缔；对不能提供口岸食品卫生监督检验机构检验合格证书的进口禽肉产品应将其列为禁止生产经营的食品，按照《中华人民共和国食品卫生法》第四十二条的规定查处。

四、加强舆论监督工作，及时向新闻媒体公布监督检查情况，树立卫生行政部门执法的形象和权威。

请于7月底前将检查总结和检查记录表传真或函寄卫生部食品卫生监督检验所。

联系人：包大跃、李泰然

联系电话：67791258　传真：67711813

地址：北京潘家园南里7号　邮编：100021

附件：生禽肉产品生产经营情况检查记录表(略)

2000年7月5日

卫生部卫生法制与监督司关于《进口保健食品批准证书》有关问题的复函

卫法监食便发［2000］第27号

美国保健国际公司：

你公司关于《进口保健食品批准证书》有关问题的请示文件收悉。经研究，答复如下：

《进口保健食品批准证书》是卫生部依据《食品卫生法》和《保健食品管理办法》的有关规定，对进口保健食品审查合格后发放的，是该产品可以作为保健食品进行宣传、销售的凭证。《进口保健食品批准证书》不是产品质量认证证书。口岸进口食品卫生监督检验机构凭《进口保健食品批准证书》进行检验，合格后放行。

2000年2月22日

卫生部卫生法制与监督司关于加强食品中李斯特杆菌监测工作的通知

卫法监食发［2000］第20号

各省、自治区、直辖市卫生厅（局）：

今年以来，法国已发生两起因食用熟肉制品而感染李斯特杆菌致人中毒死亡的事件。根据卫生部食品卫生监督检验所对我国生肉、熟肉制品、乳、乳制品、水产品、冷饮、蔬菜等七类食品中李斯特杆菌的污染情况调查资料显示，李斯特杆菌广泛存在于食品中，有发生食物中毒的潜在危险。李斯特杆菌中毒症状初期为一般胃肠炎症状，重症可表现为败血症、脑膜炎等。如有神经症状者，特别是累及脑干者预后较差，病死率可达20－50%。

为预防此类食物中毒事件的发生，保护消费者的身体健康和饮食安全，各级政府卫生行政部门应当提高认识，加强对李斯特杆菌的监测工作，一旦发生李斯特杆菌引起的食物中毒事件要立即上报我部。监测中需技术援助，请同卫生部食品卫生监督检验所联系。

2000年3月2日

卫生部卫生法制与监督司关于酱油中3－氯丙醇有关问题的函

卫法监食发［2000］第50号

国家国内贸易局：

近期，由荷兰担任主持国的国际食品法典添加剂和污染物分委员会（下称CCFAC）第32届会议在中国召开，我司也组团参加了会议。这次会议在讨论中，关于3－氯丙醇（3－MCPD）是否致癌成为会议讨论的重要内容。会议决定由英国、加拿大和美国起草一份关于3－氯丙醇安全性的报告供下次会议审议。同时，FAO和WHO食品添加剂专家委员会（下称JECFA）已将3－氯丙醇列入优先评价名单。可见，3－氯丙醇的安全问题已引起了广泛关注。

3－氯丙醇（3－MCPD）包括3－氯－1.2－丙二醇和1.3－二氯－2丙醇。据了解，3－氯－1.2－丙二醇主要是在酸水解法生产的酱油中残留，传统发酵法生产的酱油不含此物质。

1999年我国5批酱油出口欧洲遭到退货主要是因酱油中含有3－氯－1.2－丙二醇。虽然目前3－氯丙醇尚未被国际机构评价为致癌物，但根据其化学结构和过去的动物试验结果，很可能经CCFAC讨论以及JECFA评价后，被认定为致癌物。

我国酱油出口量较大，如果不认真研究解决3－氯丙醇的问题，势必严重影响我国酱油的出口贸易，因此，我们将上述信息提供给贵局，建议贵局参照国际标准制订质量标准，改进生产工艺，降低3－氯丙醇的含量，并加强管理，促进我国酱油的生产和贸易。

2000年4月28日

卫生部卫生法制与监督司关于保健食品初审工作有关规定的通知

卫法监食发［2000］第65号

各省、自治区、直辖市卫生厅（局）：

为规范保健食品的审批工作，现将保健食品初审工作的有关补充规定通知如下：

一、凡是已获得保健药品批准文号的产品，不得申报保健食品。

二、省级卫生行政部门除应严格按照“卫生部健康相关产品审批工作程序”的有关规定对保健食品履行正常初审程序外，必须另行出具该产品没有获得保健药品批准文号的证明。

三、本规定自 2000 年 7 月 1 日起施行。

特此通知。

2000 年 6 月 16 日

卫生部卫生法制与监督司关于纯净水有关问题的复函

卫法监食便发［2000］119 号

中国饮料工业协会：

你协会询问纯净水有关问题的函收悉，经研究，答复如下：

纯净水的生产经营应当符合《食品卫生法》和《生活饮用水卫生监督管理办法》的有关规定，产品应当达到《瓶装饮用纯净水卫生标准》（GB17324－1998）的要求。符合上述有关规定和卫生标准的纯净水产品，我部认为是安全、卫生、无害的。

此复。

2000 年 7 月 20 日

卫生部卫生法制与监督司关于西藏自治区卫生厅有关请示的复函

卫法监食便发［2000］123 号

西藏自治区卫生厅：

你厅关于我司对西藏自治区实施食品卫生法办法有关条款内容复函的请示收悉。经研究，提出以下意见：

依据《食品卫生法》及其配套规章《辐照食品卫生管理办法》、《食品添加剂卫生管理办法》等规定，地方卫生行政部门无权对已有国家卫生标准的辐照食品、食品添加剂、定型包装饮料、酒类、罐头、食用油、调味品、乳制品、肉制品、含药食同源原料食品进行审批。食品和餐饮具用消毒剂、洗涤剂不属于《消毒管理办法》规范的范围，一次性餐饮具、餐巾纸可以依据《消毒管理办法》进行审批。

有关立法上解释问题，建议地方人大直接向全国人大请示。

此复。

2000 年 7 月 25 日

卫生部卫生法制与监督司关于饮用水生产有关问题请示的复函

卫法监食便发［2000］164 号

重庆市卫生局：

你局关于饮用水生产中的几个具体问题的请示收悉，经研究现答复如下：

一、矿化浓缩液用纯净水按一定比例兑制成矿化水，不能称为矿化优质矿泉水。此类矿化水目前尚无国家标准，可暂用“饮用天然矿泉水”（GB8537－1995）国家标准进行评价，并加强经常性卫生监督和管理。

二、自来水经净化处理后电解生产出的“含钙离子水”，就是离子水（碱性水），所用设备为离子水生成器。我部卫法监食发［2000］86 号文已明确“卫生部暂不受理此类产品的申报。在未获得卫生部涉及饮用水卫生安全产品卫生许可批件之前，该类产品不得生产和销售”。

三、自来水经活性炭过滤后再经超滤生产的净化水，可用建设部行业标准《饮用净水水质标准》(CJ94—1999) 进行评价。并参照《生活饮用水卫生监督管理办法》进行卫生监督管理。

此复。

2000 年 9 月 18 日

国家国内贸易局、财政部、卫生部、铁道部、国家环境保护总局、国家质量技术监督局关于组织开展“三绿工程”试点工作的通知

内贸局联发消费字［2000］第 8 号

各省、自治区、直辖市、计划单列市贸易（商业、商务)、财政、卫生、铁路、环境保护、质量技术监督厅（局)：

内贸局、财政部、卫生部、铁道部、环保总局和质监局联合下发《关于组织实施“三绿工程”的通知》(内贸局联发消费字［1999］第 23 号）后，各地认真贯彻，大力宣传，积极组织，起步良好。为积极稳妥地推进“三绿工程”，现决定在全国范围内进行试点工作，现将有关事宜通知如下：

一、试点工作的指导思想和目标

今年内将选择百家单位进行“三绿工程”试点，包括 10 条绿色通道，50 家绿色市场（其中 25 家批发市场、25 家零售商场)，20 条绿色加工生产线，20 个绿色产品品牌。

试点工作以提高人民生活质量、保护人民身体健康为宗旨，以开展争创绿色通道、争创绿色市场、争创绿色加工生产线和绿色品牌活动为手段，实现“菜蓝子”产品生产和流通的全程质量控制。

通过“三绿工程”试点工作，在全国建立绿色通道，形成绿色通道运输网络；建设绿色市场，确保商品质量，形成绿色市场销售体系，培育绿色加工生产线和绿色品牌，增加卫生、无污染、无公害、营养、高质量的商品供应，提高人民生活水平。

二、试点单位的条件

（一）试点的单位应符合下列条件和报批程序

争创绿色通道的试点条件：运输方式比较先进，不乱设关卡，不乱收费；运输工具符合商品运输保鲜的要求，并能有效防止污染。

争创绿色市场的试点条件：市场规模比较大；硬件设施比较好，管理比较先进；市场环境干净卫生。

争创绿色加工生产线的试点条件：加工生产线比较先进；生产过程符合卫生标准，禁止存在污染源。

争创绿色品牌的试点条件：商品的有害物残留较低，不会造成二次污染，产量较大，在社会上有一定的影响。

（二）试点单位报批程序

各省、自治区、直辖市流通主管部门会同财政、卫生、铁路、环保和质监部门根据试点条件，对本地区符合试点条件单位的名单进行初选，每个省（区、市）选择 1～5 个单位，于 5 月底前报全国三绿工程工作办公室。全国三绿工程工作办公室研究确定后公布试点单位名单，正式开展试点工作。

三、试点的主要工作内容

绿色通道试点的主要工作内容：1. 改进运输方式，严防食品的在途污染，白条肉实行吊挂、封闭式恒温运输，蔬菜运输采取保鲜措施；2. 推进直达运输，消除不必要的关卡和收费，降低运输成本；3. 制定和发放绿色食品、有机食品运输的标志，并采取一定扶持措施；4. 开展绿色通道连万家市场活动。

绿色市场试点的主要工作内容：1. 加强硬件建设，按环保要求改善环境，逐步实现设施现代化，批发市场应配备冷库或冷藏设施；2. 加强市场软件建设，强化内部管理，应用电子技术，提高服务水平；3. 改进销售方式，肉的销售要退路进店，提高肉菜在连锁、超市销售的比重，批发市场推广竞拍交易方式和电子结算；4. 添置检测手段，开展农残等质量检测工作，保证商品质量，抵制假冒伪劣食品入市销售的自律制度；5. 鼓励销售冷却肉、分割肉、小包装肉，推广净菜上市。

绿色加工生产线试点的主要工作内容：培育绿色

加工生产线，尤其是生猪屠宰线；生产加工原料符合绿色产品要求；生产工艺流程要符合国家有关规定。

争创绿色品牌工作的主要试点内容：鼓励企业生产绿色食品、有机食品；引导鼓励消费绿色食品、有机食品；开展消费咨询宣传活动，树立大众绿色消费的理念和时尚。

四、制定规划，加强宣传

试点工作的目的是为了通过试点，总结经验，稳妥、全面、健康地推进“三绿工程”，真正提高人民群众的生活水平。因此，在“三绿工程”试点过程中，要分阶段有重点加强宣传工作，使全社会都来关注和重视“三绿工程”试点工作。在争创“三绿工程”试点单位名单确定后，要对试点对象的基本情况、经营业绩和社会影响等广泛宣传；要从绿色食品、有机食品的特点、标识、标准和产销情况以及当前食品质量体系中存在的问题及引发的后果等各个角度进行宣传引导，争取社会各界的参与和支持。在试点工作进行过程中，要不断总结试点过程中的好经验、好做法，对试点工作所取得的成效及示范效果等进行总结，宣传推广，以在全国全面推进“三绿工程”的建设。

五、加强领导，健全组织

为加强组织领导，提高工作效率，保证试点工作的顺利进行，特组建全国三绿工程工作领导小组（见附件），下设全国三绿工程工作办公室，办公地点设在国家内贸局消费品流通司，负责“三绿工程”的日常工作。

地址：北京月坛北街25号

邮编：100834

电话：010—68391760

传真：010—68391755

附件：1. 全国三绿工程工作领导小组成员名单

2. 全国三绿工程工作办公室人员名单

2000年4月18日

附件1：全国三绿工程工作领导小组成员名单

组　长：	国家内贸局局长	杨树德
副组长：	财政部副部长	高　强
	卫生部副部长	殷大奎
	铁道部副部长	刘志军
	环保总局副局长	祝光耀
	质监局副局长	朱明暹

附件2：全国三绿工程工作办公室人员名单

主　任：	国家内贸局副局长	姜增伟
副主任：	国家内贸局消费品流通司司长	房爱卿
	财政部经济贸易司副司长	严伟华
	卫生部卫生法制与监督司副司长	赵同刚
	铁道部运输局副局长	傅选义
	环保总局自然保护司副司长	庄国泰
	质监局监督司副司长	吴清海

国家国内贸易局、卫生部关于全国屠宰管理及肉类食品卫生联合检查情况的报告

内贸局联发消费字［2000］第12号

去年底，国家内贸局、卫生部联合发出《关于组织屠宰管理及肉类食品卫生联合检查的通知》，要求各省级贸易和卫生厅（局）进一步加强肉品卫生质量和屠宰监督管理，组织对屠宰管理及肉类食品卫生的联合检查。近期，我们对北京、天津、河北、山东等省市的检查情况进行了抽查。现将有关情况报告如下：

一、联合检查落实的基本情况

（一）政府高度重视，部门密切联合，认真组织贯彻

各级政府对联合检查工作高度重视，组织贸易、卫生、工商、畜牧、技术监督、公安等有关部门共同实施，并成立专门领导小组，把屠宰管理及肉品卫生联合检查作为实施“放心肉”工程和推进屠宰管理工作经常化、法制化、规范化的一项重要措施，有领导、有组织、有重点、分步骤地纳入了重要工作日程；要求从讲政治、稳定社会、对人民健康负责的高度抓好联合检查工作，提高贯彻执行有关法律、法规的自觉性。许多地、市还通过电视台、报纸、标语、宣传牌等多种宣传方式，加强舆论宣传，增强人民群众的法制观念、自我保护意识和辨别能力。

（二）制定检查方案，采取多种措施，确保肉食

安全

各地按照文件要求，对屠宰场点、加工企业、批发市场、集贸市场、零售市场及宾馆、饭店等用肉单位，逐个环节进行抽查；有的地方还结合当地情况，对重点环节进行了普查或专项检查。如长春市肉品管理办公室召开了各区肉管办主任和卫生局长会议，实行“分兵把口”；把各定点屠宰厂（场）作为监督管理和检查重点，协调畜牧部门，强化宰前检疫工作，绝不允许未经检疫检验的肉品流入市场；配合交通部门检查专用运输车辆，防止未经定点厂屠宰的肉品流入市场；市卫生局结合食品卫生检查，对全市所有宾馆、饭店用肉情况进行了普查，并开展了市场、饮食业肉品的查物验证工作。山西省卫生厅采取随机抽查的形式，了解了真实情况，对企业经营中存在的各种问题提出了整改意见，并对无证经营、严重违反《食品卫生法》的餐饮单位立即作出停业整顿的处罚决定。重庆市在检查活动期间，共检查1万余个单位，纠正违法行为500余起，行政处罚300余起。天津市发生的屠宰生猪注水事件，分别在1999年2月和6月两次被中央电视台曝光，引起了市政府的高度重视。在这次检查中，他们共检查了屠宰场点243个，猪肉经营摊点4292个，冷库6座，肉品加工企业107个，宾馆饭店384个；对涉及的5户私屠滥宰窝点及未经检疫的注水肉850公斤进行了查处，罚款1.9万元。

通过联合检查，各地的肉品生产经营活动进一步规范，肉品市场秩序改善，杜绝了场外交易现象；肉类食品购销两旺，价格稳定；市场上病害肉、注水肉明显减少，熟肉制品用肉趋向规范，卫生质量得到了提高，保护了消费者健康，顾客投诉减少。

二、存在的主要问题

（一）监督管理力度亟待加强

1. 定点屠宰厂设置不合理，无法实现资源优化。有些省、市由于管理不严格，定点过多过乱，造成布局不合理，无法形成规模效益；个别县（市）乡镇屠宰定点面只有50%，私屠滥宰严重，甚至在行政区域的结合部形成私屠滥宰的集散地，致使病害、劣质和注水肉大量上市。

2. 一些餐厅、宾馆和肉制品加工厂疏于管理，未严格执行索证制度，以致检查中不能说明用肉的确切来源。

3. 法制意识淡薄，非法屠宰加工点屡禁不止。河北省博野县两村民专门违法收购病死猪、狗，剥皮分割冷冻后上市销售。执法人员当场查获冷冻病死肉约3吨，主要是销售到北京、天津等大中城市市场，严重危害消费者健康。

（二）管理力量相对薄弱

屠宰管理机构不稳定，很多是临时设立，人员多是临时召集、没有正式编制，日常管理工作缺乏正常的经费来源和必要的交通、通讯等办公设备，也缺少必要的执法服装和公务标志，存在着很多实际困难，思想很不稳定。

（三）屠宰加工水平落后

目前，全国机械化屠宰率只有34%，即大约66%的生猪依靠半机械化或手工屠宰，屠宰加工水平落后。检查中发现，许多屠宰企业的机械设备大多仍停留在六七十年代水平，生猪流通放开后长期闲置失修，致使屠宰加工工艺和技术水平低。有些屠宰场虽然已形成相当规模，但仍是众多分散的个体屠宰户集中起来实行手工屠宰，与小型屠宰场一样，环境污染严重，卫生质量无法保证，致使大量不合格肉品流入市场，造成消费者买肉不顺心、吃肉不放心。

三、措施

根据此次全国检查的结果和发现的问题，我们将在巩固各项工作成效的基础上，进一步加强部门间的协调，采取一些措施，加大宣传贯彻《食品卫生法》和《生猪屠宰管理条例》的力度，加强畜禽屠宰和肉品卫生的监督管理。

（一）实行定点屠宰厂分级注册管理制度

根据《中华人民共和国食品卫生法》、《生猪屠宰管理条例》及畜禽屠宰加工国家标准的有关规定，结合我国近几年来各地屠宰管理的实践经验和定点屠宰厂（场）的不同情况，将屠宰企业分为国家级、省级、市级和县及县以下等不同层次，分别进行企业注册和监督管理。分级注册管理拟由国家国内贸易局会同卫生部、国家工商行政管理局等部门负责组织实施。屠宰企业的技术等级，由国家国内贸易局和卫生部按照《肉类加工厂卫生规范》等国家标准，组织有关部门及专家负责认定。

（二）建立和完善联合监管制度和相应的法规、标准

1. 在《肉与肉制品卫生管理办法》的基础上，抓紧制定和完善有关维护畜禽屠宰和流通秩序、实施宏观调控、规范市场主体和市场行为、健全社会保障等方面的法律法规，加强和改善肉品卫生行政执法和执法监督，并逐步建立稳定的屠宰管理行政机构。卫

生部将要求各地在今年推进卫生监督体制改革，加强卫生监督执法，特别是要加强肉品卫生的执法力度。

2. 与有关部门配合，参照国际食品法典等有关国际标准，加快对饲料及畜禽养殖过程中有关卫生问题的制订标准工作；

3. 尽快提高对肉品激素、兽药、农药残留的检测能力，满足监督检查工作的需要。

（三）增加定点屠宰厂技术改造和质量保障体系建设的资金投入

提高我国肉品卫生质量，是保障消费者身体健康的重要措施之一。加快屠宰企业的技术进步和产业升级，使屠宰企业在产品质量、工艺技术、生产装备等方面达到或接近世界先进水平。为加快大型屠宰加工企业的技术改造和质量保障体系建设，我们将根据党中央、国务院有关文件精神和社会发展需要，与有关部门研究给予贷款贴息，税收优惠，建立产业投资基金等政策支持。同时，协调涉及畜禽屠宰和肉品卫生工作的贸易、卫生、工商、公安、畜牧等多个部门，共同加强畜禽屠宰和流通管理工作，提高肉品卫生质量。

2000年6月26日

国家国内贸易局、卫生部、国家质量技术监督局、国家工商行政管理局关于加强调味品生产销售管理的通知

内贸局联发消费字〔2000〕第17号

各省、自治区、直辖市、计划单列市贸易（商业、商务）、卫生、质量技术监督、工商行政管理厅（局）：

近年来，随着人们生活水平的提高和食品工业的发展，我国调味品生产大幅度增长，产品质量不断提高，花色品种增多，市场日趋繁荣，改善和丰富了城乡居民的“菜蓝子”。但是，目前在调味品的生产、销售中还存在一些问题，主要是市场上不符合标准的产品较多，部分产品卫生指标超标，假冒伪劣产品现象屡禁不止，特别是一些企业因添加不合格的“酸水解植物蛋白”导致我国的酱油不符合欧盟有关产品标准而被禁止出口，对我国调味品行业的发展和参与国际贸易造成不利影响。为了维护消费者权益，打击假冒伪劣产品，严格规范调味品生产销售及市场管理，引导消费，促进调味品生产企业提高产品质量，增强国际竞争力，特通知如下：

一、提高认识，加强领导，把做好调味品生产、销售管理工作摆上重要议事日程。酱油、食醋等调味品是人民生活必需品，也是我国食品工业的重要组成部分。各地商品流通和卫生、质量技术监督、工商部门要以对人民健康高度负责的精神，切实加强对调味品生产销售管理工作的领导，密切配合，分工协作，各司其职，严格管理，积极做好调味品行业管理和监督检查工作。中国调味品协会和各地调味品中介组织要配合政府有关部门做好宣传工作，积极引导消费。广大消费者要增强自我保护意识，提高抵制假冒劣质产品的能力，自觉维护自身的合法权益。

二、适应加入WTO的要求，加强调味品标准化工作。我国已经发布了GB2717—1996《酱油卫生标准》和GB2719—1996《食醋卫生标准》。最近，GB18186—2000《酿造酱油》、GB18187—2000《酿造食醋》国家标准，SB10336—2000《配制酱油》、SB10337—2000《配制食醋》和SB10338—2000《酸水解植物蛋白调味液》行业标准也已正式发布，其中，《酸水解植物蛋白调味液》规定了3-氯丙醇含量≤1ppm，使我国调味品标准体系日趋完善。以上标准的实施，将促进我国调味品行业与国际接轨，对提高我国调味品质量和档次、增加出口提出了更高的要求。因此，各地商品流通和质量技术监督、卫生行政部门要适应WTO的要求，认真做好调味品标准的宣贯和监督检查工作，对违反标准的要严肃查处。各调味品生产企业要坚决贯彻国家标准和行业标准，及时做好新老标准和现存产品标签的更换衔接工作，以减少损失。

三、加强调味品生产、销售的监督管理，清理整顿不符合条件的调味品企业和市场。各地商品流通主管部门要加强行业管理，引导企业依法生产、经营。卫生、质量技术监督、工商部门要加强对调味品生产和销售的监督管理。对无食品卫生许可证和营业执照

的生产企业，应依法取缔；对证照齐全，但产品质量不合格的企业，要限期整改；对卫生条件不符合要求的生产企业，应限期改正，逾期不改的，由卫生部门吊销其卫生许可证，工商部门吊销其营业执照。对生产酸水解植物蛋白调味液的企业，要按照卫生部1991年颁布的《调味品卫生管理办法》和SB10338—2000《酸水解植物蛋白调味液》标准的规定执行。凡未经省级卫生行政部门批准的，一律停止生产。要加强对调味品市场的监督检查工作，对发现的假冒伪劣产品一律封存、扣押，并予以没收；对为制假售假提供场地、设备、仓储、运输、资金等手段和条件的单位和个人，要依法从严处罚；有关主管部门根据各自的职责，将不定期在全国范围内进行抽查，公布抽查结果，扶优限劣，引导生产和消费。

调味品生产企业要坚决贯彻执行有关法规和标准，进一步加强和改善内部管理，严格生产工艺，确保食品卫生，坚决把好检验关，不合格产品不得出厂。鼓励生产企业采用传统酿造技术，开发新产品，满足不同消费者的需求。调味品销售企业要严把进货关，不得销售无营业执照和卫生许可证的生产企业的产品以及无产品检验合格证明的产品。

四、各地接此通知后，请即查找解决调味品生产、销售管理中存在的问题，认真总结经验教训，并及时将有关建议和意见报国家内贸局。

2000年11月23日

国家工商行政管理局、卫生部关于加强保健食品广告监督管理的通知

工商广字［2000］第257号

各省、自治区、直辖市及计划单列市工商行政管理局、卫生厅（局）：

为维护广告市场秩序，进一步规范保健食品广告，切实保护消费者的合法权益，根据《广告法》、《食品卫生法》有关规定，现就进一步加强保健食品广告监督管理的问题通知如下：

一、保健食品广告中不得使用医疗用语或者易与药品相混淆的用语，禁止宣传疗效，禁止宣传改善和增强性功能的作用。

二、保健食品广告应当严格依照由卫生部核发的保健食品证书中的保健功能（目录见附件1）进行宣传，不得超出和扩大。

三、保健食品广告应有明显的保健食品标志（图形见附件2），应使消费者容易识别其为保健食品。在可视广告（如影视、报刊、印刷品、店堂、户外等广告）中，保健食品标志所占面积不得小于全部广告面积的1/36；其中，报刊、印刷品广告中的保健食品标志，直径不得小于1厘米，影视、户外显示屏广告中的保健食品标志，须不间断地出现。在广播广告中，应以清晰的语音表明其为保健食品。

四、对县级以上卫生行政部门抽检不合格的保健食品，同级工商行政管理机关根据卫生行政部门关于通报不合格产品的有关文件在辖区范围内暂停其广告发布。上述保健食品经原抽检部门或其上级部门再次抽检合格，方可继续发布广告。

附件：1. 保健食品功能目录

2. 保健食品标志

2000年10月31日

附件1

保健食品功能目录

1. 免疫调节　2. 调节血脂　3. 调节血糖　4. 延缓衰老　5. 改善记忆　6. 改善视力　7. 促进排铅　8. 清咽润喉　9. 调节血压　10. 改善睡眠　11. 促进泌乳　12. 抗突变　13. 抗疲劳　14. 耐缺氧　15. 抗辐射　16. 减肥　17. 促进生长发育　18. 改善骨质疏松　19. 改善营养性贫血　20. 对化学性肝损伤有辅助保护作用　21. 美容（祛痤疮/祛黄褐斑/改善皮肤水分和油分）　22. 改善胃肠道功能（调节肠道菌群/促进消化/润肠通便/对胃粘膜有辅助保护作用）

23. 抑制肿瘤（卫生部已于2000年1月暂停受理

和审批）

国家工商行政管理局 关于对低酒度发酵酒广告发布的规范意见

工商广字［1999］第334号

国家轻工业局：

你局《关于请取消低酒度发酵酒广告限制的函》（国轻行生［1999］153号）收悉。为与我国酿酒行业产品结构调整的方针相适应，引导酒类消费向低度、营养、安全的方向转变，经研究，提出以下规范意见：

一、自2000年1月1日起，对低度发酵酒（葡萄酒、水果酒、黄酒等）的广告不再实行发布数量、时间、版面的限制。

二、发布低度发酵酒广告，仍应遵守《广告法》、《酒类广告管理办法》（除第九条以外）的各项规定。

1999年12月30日

进出口食品标签管理办法

第一章 总 则

第一条 为加强进出口食品标签管理，保证进出口食品质量，根据《中华人民共和国进出口商品检验法》及其实施条例和《中华人民共和国食品卫生法》的有关规定，制定本办法。

第二条 本办法所称食品标签是指预包装食品容器上的文字、图形、符号，以及一切说明物。

第三条 本办法适用于对进出口预包装食品（以下简称进出口食品）标签的审核、检验管理。

第四条 国家出入境检验检疫局（以下简称国家检验检疫局）主管全国进出口食品标签管理工作，并负责食品标签的审核、批准、发证工作。国家检验检疫局指定的检验检疫机构（以下简称指定检验检疫机构）负责食品标签的初审及检验工作。

第五条 进出口食品标签必须事先经过审核，取得《进出口食品标签审核证书》。

第二章 标签审核

第六条 进出口食品的经营者或其代理人在进出口前，应当向指定检验检疫机构提出食品标签审核申请。

第七条 申请食品标签审核时，须提供下列资料：

（一）食品标签审核申请书；

（二）食品标签的设计说明及适合使用的证明材料；

（三）食品标签所标示内容的说明材料；

（四）进口国（地区）对食品标签的有关规定；

（五）食品标签的样张六套，难以提供样张的，可提供有效照片；

（六）需要提供的其他材料。

第八条 品种及工艺相同、规格或包装形式不同的进出口食品可以合并提出标签审核申请。

第九条 申请食品标签审核时，还须提供相应的检测样品。样品应具有代表性，并能满足标签审核要求。

第十条 指定检验检疫机构负责受理进出口食品标签审核的申请，并按有关规定组织初审。初审后，将申请材料和初审结果报送国家检验检疫局审批。

营养成份的检验和功效评价由国家检验检疫局指定的实验室承担。

第十一条 进出口食品标签审核的内容包括：标签的格式、版面以及标注的与质量有关的内容是否真实、准确。进口食品标签必须为正式中文标签。

第十二条 进口食品标签应按我国有关法律、法规及标准要求进行审核；出口食品标签应按进口国法律、法规及标准要求进行审核。

第十三条 经审核符合要求的食品标签，由国家检验检疫局颁发《进出口食品标签审核证书》。取得审核证书的食品标签，由国家检验检疫局统一对外公布。

第三章 标签检验

第十四条 进出口食品的报检人办理报检手续时，必须提供《进出口食品标签审核证书》，否则检验检疫机构不受理报检。

第十五条 检验检疫机构对进出口食品实施检验时，应对食品标签进行检验，并根据食品标签检验结果综合评定食品是否合格。

第十六条 对进出口食品标签检验的内容为：

（一）报检的食品标签是否与经审核的食品标签相符；

（二）食品标签标注内容是否与食品相符；

（三）核定进出口食品标签可否在销售国使用。

第十七条 进出口食品标签未经审核或检验不合格的，进口食品不准销售，出口食品不准出口。

第四章 附 则

第十八条 本办法所称预包装食品是指预包装于容器中，以备交付给消费者的食品。

第十九条 违反本办法的，依照有关法律法规的规定予以处罚。

第二十条 本办法由国家检验检疫局负责解释。

第二十一条 本办法自2000年4月1日起施行。原国家商检局、外经贸部1994年5月24日发布的《进出口食品标签管理办法（试行）》（国检检函［1994］158号）和原国家商检局1994年4月21日发布的《进出口食品所附食品标签检验管理规定》（国检检［1994］112号）同时废止。

葡萄酒生产管理办法（试行）

总 则

第一条 为了提高我国葡萄酒质量，规范葡萄酒生产，净化葡萄酒市场，促进葡萄酒工业健康发展，促进我国葡萄酒行业与国际接轨，特制订本管理办法。

第二条 本办法规定了葡萄酒定义、酿酒葡萄、葡萄酒酿造、葡萄酒标签标识、葡萄酒贮存运输等管理内容。

第一章 葡萄酒定义

第三条 葡萄酒是指用新鲜葡萄或葡萄汁为原料，经发酵、陈酿而成的饮料酒。质量标准应符合GB/T15037—94规定。

使用或掺用其他水果发酵酿制的酒，以及使用果汁、香精等未经发酵兑制或加水的饮料酒不得称为葡萄酒。

第四条 特种葡萄酒是指用鲜葡萄或葡萄汁在采摘或酿造工艺中使用特定方法酿成的葡萄酒。包括加香葡萄酒、起泡葡萄酒、利口葡萄酒等。

特种葡萄酒的传统工艺：

利口葡萄酒：

——总酒度不低于17.5%（V/V）；

——现有酒度在15%～22%之间；

其生产方法包括：

——葡萄原酒产生的酒精总量至少为12%，可以加入葡萄白兰地、食用精馏酒精或葡萄酒精，其中，由葡萄中的天然糖发酵的实际酒度，最少不低于4%；

——葡萄原酒生成的总酒度至少为12%，可以加入白兰地、食用精馏酒精或葡萄酒精、浓缩葡萄汁、含焦糖葡萄汁等，其中，由葡萄中的原始糖分发酵得到酒度不低于4%。

——在未发酵的葡萄汁中，加入白兰地、食用精馏酒精或葡萄酒精，其中所用葡萄汁的自然总酒度不得低于8.5%（V/V）。

起泡葡萄酒 葡萄原酒经密闭二次发酵产生CO_2，当CO_2是全部或部分人工充填，其压力达到标准时，此酒为起泡葡萄酒。

冰葡萄酒 将葡萄推迟采收，当气温降低于－7℃以下，使葡萄在树体上保持一定时间，结冰，然后采收、压榨，用此葡萄汁酿成的酒。

贵腐葡萄酒 在葡萄的成熟后期，葡萄果实感染了灰葡萄孢霉菌使果实的成分发生了明显的变化，用这种葡萄酿成的酒。

产膜葡萄酒 葡萄汁经过完全酒精发酵，并在酒的自由表面产生一层典型的酵母膜后，加入葡萄白兰地、葡萄酒精或食用精馏酒精，所含酒度等于或高于15%的葡萄酒。

加香葡萄酒 以葡萄原酒为酒基，经浸泡芳香植物或加入芳香植物的浸出液（或流出液）而制成的葡萄酒。

生产特种葡萄酒必须经有关部门组织认可，并制订相应标准。

第二章 酿酒葡萄

第五条 葡萄品种

根据生态条件及品种特征，各地在进行酿酒试验的基础上在同样条件下选择品种应优先选用下列品种：

——红色品种：赤霞珠、品丽珠、蛇龙珠、佳利酿、神索、佳美、歌海娜、味而多、美乐（梅鹿辄）、黑品乐、宝石、增芳德、西拉、烟73、烟74等。

——白色品种：霞多丽、白诗南、琼瑶浆、贵人香、雷司令、米勒、白麝香、长相思、赛美容、西万尼等。

如果采用新葡萄品种，新杂交品系酿酒，必须提供详细的包括杂交亲本及品系的生物学性状、产量、抗性、酒的感官质量等内容的详细资料，经鉴定认可后方可作为商品上市。

第六条 葡萄的种植应在无污染的环境中培植。

（1）施肥

分析所在土壤的肥力，根据生产一吨葡萄所需要吸收的元素量：氮8.5 kg、磷3.0 kg、钾11.0 kg、钙8.4 kg、镁3.0 kg、硫1.5 kg及其他微量元素来确定需要的施肥量，并以有机肥为主，化肥为辅。采收前一个月不能灌水。

（2）病虫防治

葡萄病虫害的防治应贯彻综合防治为主，化学防治为辅的原则。采收前一个月不得使用杀虫剂，采摘前十天内不得使用杀菌剂。葡萄农药残留量应符合有关标准规定。

第七条 葡萄产量：用于酿制优质酒葡萄每亩不超过1000公斤，用于酿制一般葡萄酒葡萄每亩不超过1500公斤。

第八条 葡萄含糖量应不低于150克/升（可滴定糖），酿制优质酒葡萄含糖量不低于170克/升。

第三章 葡萄酒酿造

第九条 发酵过程中允许加入浓缩葡萄汁或白砂糖补充葡萄含糖量不足。加糖量不得超过产2°酒精的量。

第十条 允许采取化学降酸，通过加入中性酒石酸钾，碳酸钾或碳酸钙来降低葡萄酒滴定酸，提高pH值。

第十一条 允许采用添加酒石酸、柠檬酸等有机酸提高葡萄酒滴定酸，降低pH值。

第十二条 葡萄汁中允许添加液体二氧化硫、亚硫酸溶液或偏重亚硫酸钾作为杀菌剂、抗氧剂。

第十三条 特种葡萄酒发酵后允许添加酒精调整酒度。见第四条。

第十四条 除加香葡萄酒允许添加天然香料、天然色素外，其他葡萄酒不得加入人造香料或天然香料、合成色素、甜味素、增稠剂、调味品。

第十五条 可采用添加植酸钙或亚铁氰化钾来降低葡萄酒中铜、铁含量。但必须要有严格的管理制度、完善的工艺操作规程。

第十六条 葡萄汁及葡萄酒的澄清处理允许使用果胶酶、皂土、蛋清、酪蛋白、PVPP、硅藻土、明胶、硅胶等。

第十七条 为延长葡萄酒稳定性，阻止葡萄酒再发酵，允许装瓶前加入Vc及SO_2或加入山梨酸钾。山梨酸钾使用剂量不超过200 ppm（以山梨酸计）。

第四章 葡萄酒标签标识

第十八条 葡萄酒标签标识除了饮料酒标签规定的标注内容以及有关法律法规外还可以标注葡萄酒年份、葡萄品种、葡萄产地、产品等级、原酒来源。

——葡萄酒年份是指葡萄采摘酿造该酒的年份，其中所标注年份的葡萄酒含量不能低于瓶内酒含量的80%；

——标注葡萄品种，该葡萄品种所酿的酒在酒中所占比例不能低于75%；

——标注葡萄产地：用该产地的葡萄所酿成的酒其比例不能低于80%，但必须由厂家申请，经有关部门认可才能标注。

——产品等级标注，必须由国家认可的产品质量符合等级要求，方可标注。

——对于酿酒与灌装不在同一地方的酒应标明原酒来源包括省、地区。

第五章 葡萄酒储存运输

第十九条 瓶装的葡萄酒应在5～35℃下运输，应在5～25℃下贮存。

第二十条 在运输与贮存过程中应保持场地清洁、干燥、通风良好、严防阳光直射，不得与地面直接接触，不能接触和靠近有腐蚀性或易于发霉、发潮的货物，严禁与有毒物品堆放在一起，用软木塞封口的葡萄酒必须卧放或倒放。

第二十一条 按以上条件贮存，瓶装酒不应发生浑浊、酸败等现象。从装瓶日起超过18个月的酒允许有少量酒石和色素沉淀。

（国家轻工业局2000年12月19日以国轻行［2000］454号发布本办法）

1.3　食品工业专论

中国食品工业发展分析

黄圣明
（中国食品工业协会　北京　100073）

一、2000年食品工业运行情况

1. 食品工业继续处于快速发展阶段

经过“九五”的发展，食品工业在国民经济中的地位得到了进一步的巩固和发展。2000年度全国食品工业持续稳定健康发展，经济效益有较大幅度提高，产业结构、产品结构得到进一步调整。根据国家统计局年报数字，2000年食品工业实现工业增加值2836.04亿元，比上年增长8.38%，占全国工业增加值的11.17%；实现工业总产值8434.18亿元（当年价），增长6.85%（若按不变价计算为6734.47亿元，增长10.80%），占全国工业总产值的9.84%；实现利润总额365.37亿元，增长41.61%；实现利税总额1458.34亿元，增长13.46%。食品工业分行业主要经济指标见表1。

表1　　2000年食品工业分行业主要经济指标　　单位：亿元、%

行　业	企业数（个）		产　值			利　润		
	2000年	增长	2000年	增长	比重	2000年	增长	比重
全国食品工业总计	19316	−4.02	8434.18	6.85	100	365.4	41.61	100
食品加工业	10676	−4.94	3722.69	5.85	44.1	68.74	524.63	18.81
粮食及饲料加工业	5390	−8.40	1317.96	2.10		15.99	45.84	
植物油加工业	1369	−5.85	735.50	6.07		4.73	5.27	
制糖业	411	−5.52	242.01	−5.6		8.12		
屠宰及肉类蛋类加工业	1791	−2.45	741.10	12.4		17.74	43.01	
水产品加工业	898	1.58	460.65	11.0		14.79	18.30	
盐加工业	43	16.22	91.30	20.2		0.22	2942.8	
食品制造业	4691	−5.48	1442.52	14.3	17.1	54.79	66.16	15.00
糕点、糖果制造业	1511	−8.81	473.32	13.8		22.07	82.67	
乳制品制造业	377	−0.26	195.45	32.2		8.38	131.82	
罐头食品制造业	504	2.65	127.08	0.35		0.68	−22.26	
发酵制品业	253	7.66	156.90	9.48		7.02	−1.05	
调味品制造业	778	−10.3	124.31	8.89		0.14	167.83	
饮料制造业	3409	−4.75	1752.37	5.65	20.8	97.51	12.61	26.69

续表

行业	企业数（个）		产值			利润		
	2000年	增长	2000年	增长	比重	2000年	增长	比重
酒精及饮料酒制造业	2179	－5.75	1152.16	2.48		64.74	11.34	
白酒制造业	1253	－6.07	539.12	0.89		43.59	4.62	
啤酒制造业	539	－2.53	466.61	5.11		14.31	21.15	
软饮料制造业	790	1.28	445.88	12.5		21.25	20.93	
制茶业	315	－8.96	46.93	－1.4		0.12	2.11	
烟草加工业	343	－2.56	1451.29	4.35	17.2	142.5	12.20	39.02
烟叶复烤业	109	4.81	86.52	23.5		1.33	－24.95	
卷烟制造业	202	－6.91	1357.58	3.67		140.8		
采盐业	197	－6.19	65.31	0.52	0.77	1.75	386.11	0.48

统计口径：规模以上企业

食品工业主要产品产量实现适度增长，乳制品、淀粉、食用植物油、水产加工品、鲜冻畜肉、软饮料、冷冻饮品、味精等产品的增幅超过15%。产销衔接水平较高，产销率达到97.55%。2000年食品市场产销两旺，产品供需基本平衡，食品工业发展处于历史较好水平。2000年食品工业主要产品产量见表2。

2000年食品工业主要产品产量

表2 单位：万吨

主要产品	产量		2000年为1999年%
	2000年	1999年	
原 盐	3128.00	2741.04	114.10
小麦粉	2758.96	2764.56	99.98
食用植物油	835.32	692.23	120.60
大 米	2108.69	1979.35	106.53
食 糖	699.88	831.98	84.12
鲜冻畜肉	379.99	323.93	117.31
水产加工品	256.55	218.44	117.45
糖 果	36.87	33.42	110.32
方便主食品	260.90	238.74	109.28
乳制品	82.92	66.30	125.07
罐 头	178.21	160.15	111.27
淀 粉	614.08	504.25	121.78
味 精	84.50	73.38	115.15
酱 油	159.41	152.59	104.47
冷冻饮品	60.13	52.19	115.21
精制茶	30.90	31.23	98.94
发酵酒精	206.63	201.85	102.37
白 酒	476.11	470.98	101.09
啤 酒	2231.32	2065.27	108.04

续表

主要产品	产量		2000年为1999年%
	2000年	1999年	
软饮料	1490.83	1277.36	116.71
瓶（罐）装饮用水	553.61	407.72	135.78
卷烟（万箱）	3323.44	3267.63	101.71

2. 国有食品企业继续发挥主力军作用，三资企业发展较快

2000年全国规模以上食品工业共计19316家。其中，国有食品企业9262家，占食品企业总数的47.95%；完成食品工业总产值4071.39亿元，占食品工业总产值的48.27%；创造利润230.43亿元，占食品工业利润总额的63.07%；实现利税1138.68亿元，占食品工业利税总额的78.08%。以上经济指标表明，国有食品企业仍是食品工业的骨干力量，而且是利税上交大户，为国民经济发展作出了重要贡献。

2000年度全国有“三资”食品企业2458家，占食品企业总数的12.73%；完成食品工业总产值1945.83亿元，占食品工业总产值的23.07%：实现利润57.38亿元，占食品工业利润总额的15.70%。2000年度全国食品工业利用外资水平进一步提高，基本建设利用外资14.41亿元，占食品工业基本建设资金总额的12.50%；更新改造利用外资10.29亿元，占食品工业更新改造资金总额的4.63%。“三资”食品企业的发展，在企业管理、市场开拓等方面提供了可供借鉴的经验和方法，对推动食品工业的发展起到了积极的作用。

3. 食品工业效益水平有较大幅度的提高，利润同比增长41.61%

2000年全国食品工业亏损企业个数减少1371家，亏损面为28.12%，比上年的33.72%下降5.60个百分点。其中食品加工业的利润总额比上年提高5倍多，达到68.74亿元，占全行业利润总额的比重从上年的4.26%提高到18.81%，提高了14.55个百分点。

食品工业利润水平的大幅度提高，得益于国家正确的宏观调控政策。到2000年底，在国家经贸委重点追踪的545户食品企业中，扭亏脱困企业数为355户，占亏损企业数的65.13%，是全国工业企业脱困情况较好的行业。制糖行业通过调控总量、淘汰落后生产能力等战略性结构调整措施，实现了全行业扭亏增盈。除去政策性扭亏因素，人们生活水平提高，内需增加，也是拉动食品工业利润水平提高的重要因素。

特别值得指出的是，采盐业、食品加工业和食品制造业的利润比上年有大幅度的增长，其增长幅度分别为386.11%、524.63%和66.16%；而饮料制造业和烟草加工业的利润增幅分别为12.16%和12.20%，占全行业的比重分别下降6.87%和12.24%。

4. 食品工业各项经济指标水平高于上年

对食品工业的各项经济指标进行综合评价，可以清楚地看出，全行业的盈利能力、发展能力、偿债能力、产出效率、产销衔接等项指标都比上年有了较大提高。总资产贡献率反映了企业全部资产的获利能力，2000年度食品工业总资产贡献率达到16.51%，比上年的15.53%提高了近1个百分点；全员劳动生产率1999年为6.28万元/人，2000年提高到7.02万元/人；2000年度食品工业在挖掘潜力、降低成本方面取得了较好的成绩，成本费用利润率达到5.21%，比上年的3.96%提高了1.25个百分点。产品销售率是衡量工业产品满足社会需求、分析产销衔接的主要指标。2000年食品工业实现产品产销率97.55%，比上年的96.86%又提高了0.69个百分点。

5. 企业结构调整和资产重组取得重大进展，生产技术和装备水平不断提高

2000年出现了全行业整合重组的良好态势，如青岛啤酒集团公司实施低成本扩张，兼并收购了包括嘉士伯、五星等在内的10余个省市的20余家啤酒企业，使其产量在1999年突破100万吨以后，迅速扩张到200余万吨，销售收入及利润增长均超过40%以上。上海正广和、上海光明乳业分别与国际知名食品企业集团合资、合作；北京三元收购北京卡夫85%股份等一系列有重大影响的事件，都充分表明我国食品企业参与国际竞争能力的提高。食品各行业涌现出一批有较强经济实力和市场竞争力的大中型骨干企业和企业集团。如啤酒行业中，年产10万吨以上企业的产量占全国啤酒产量的40.8%；饮料行业中的十强企业饮料产量占全国总产量的40%以上；大型蔗糖厂日处理甘蔗能力达6000吨，最大可达10000吨；大型面粉厂规模已达800～1500吨/日；大型油脂加工厂年销售额超过30个亿；大型肉制品厂年产量达60万吨以上；白酒行业的排头兵五粮液的销售额超过60亿元。

制糖、罐头、啤酒、葡萄酒、粮油加工、肉制品、饮料、乳制品、烟草加工等行业中，较先进的大中型企业技术装备已接近发达国家80年代末、90年代初的水平；各种技术创新体系不断涌现，形成了良好的发展态势，成效显著，逐步适应食品工业发展和技术改造的需求。国际食品工业中广泛采用的生物技术、保鲜、灭菌、冷冻、超临界萃取、膜分离、挤压膨化等高新及应用技术，在我国食品工业中得到了进一步的推广应用，有力地推动了食品工业的科技进步，促进了生产技术水平的提高和产品的更新换代。

6. 有力地促进了农业和农村经济的发展

随着农业产业化经营的发展，一大批龙头食品企业迅速崛起。2000年农业部、财政部及国家经贸委正式确定了全国151家农业产业化重点龙头企业，其中很大一部分是食品企业。它对食品工业与农业结合，实现产业化经营，带动当地经济持续发展，提高农民收入发挥了重要作用。如内蒙古伊利集团立足大草原的资源优势，建立自己的原料基地，迅速形成了乳制品、冷饮、速冻食品等多种系列产品，带动了种植业、养殖业、包装印刷业、商业和服务业的发展，带动了10万多户农牧民脱贫致富；山东得利斯集团以低成本扩张的方式带动了国内28家肉联厂、280多个养猪基地和10万家养猪农户的发展；新疆的屯河集团、新疆绿洲红花开发有限公司以及新天国际葡萄酒业有限公司等龙头企业为发展新疆特色经济蕃茄制品、红花油、葡萄酒起到了推动作用。

7. 食品进出口总值继续增长

2000年度食品进出口总值218.38亿美元，其中出口为136.67亿美元，比上年增长19.86%；进口81.71亿美元，比上年增长37.91%；食品进出口贸易顺差额为54.95亿美元。出口数量大、出口金额高的主要产品有：水产品、肉及肉制品、谷物原粮、水

果、蔬菜、果蔬制品、罐头等。进口的主要产品有：食用植物油、含油籽仁及果实、谷物等产品。主要贸易国家和地区集中在日本、美国、香港、韩国、加拿大、欧盟等国家和地区。食品进出口量值表见表3。

表3 2000年食品进出口量值表

	出口		进口	
	数量（吨）	金额（千美元）	数量（吨）	金额（千美元）
食品行业总计		13666675		8171306
水产品	1221658	2269524	1247876	636989
肉及肉制品	514358	753483	1145181	1212283
谷物原粮	13574179	1643343	3090542	574065
水　果	886210	417131	984041	368413
蔬　菜	2698987	1544422	411080	81802
食用植物油	142415	104676	2339351	827007
其中：动物油脂	3472	8822	425517	144237
植物油脂	138942	95854	1913834	682770
罐　头	985284	752859	5064	2588
其中：肉罐头	45623	70024	313	325
水果罐头	250971	182969	3058	1523
蔬菜罐头	688690	499866	1693	740
含油籽仁	1199478	420020	13404773	2943593
果蔬制品	1592763	1314663	65176	59778
乳制品	47958	50074	218839	210430
烟草及制品	15192	150587	2268	40402
其中：卷烟	8411	125403	2089	39297

资料来源：中国食品工业协会信息部。

2000年食品工业在取得持续、快速、健康发展的同时，也还存在许多问题，主要是：

（1）产品结构升级不快，食品制造业在食品工业中所占的比重偏低，而烟酒所占的比重明显太高。米、面制品业加上方便主食品业的产值只占食品工业总产值的2.8%，肉制品加工业产值占食品工业总产值的比例为5.4%。可见，居民一日三餐需求的各类方便食品还不能满足需求。

（2）食品企业总体而言，生产规模小、技术装备水平低、企业管理差、综合利用水平低、经济效益不好的状况还是普遍存在。

（3）地区发展不平衡，东、中、西部地区食品工业产值分别占全国食品工业总产值的54.63%、29.33%和15.71%。西部地区食品工业中除去烟酒以外，基础就更加薄弱，资源未能开发利用，创新能力不足，发展缓慢。

二、2001年1～7月食品工业持续快速发展

受国家扩大内需政策的拉动，2001年1～7月食品工业生产、销售同步快速增长。1～7月累计实现工业总产值5038.21亿元，比上年同期增长10.91%；累计完成产品销售收入4769.72亿元，比上年同期增长11.83%；下半年头一个月开局良好，全年有望实现较好水平。

1. 股份制食品企业增长幅度最大

按经济类型食品企业生产形势分析，国有食品企业1～7月累计完成产品销售收入1461.11亿元，占食品工业产品销售总收入的30.64%，比去年同期有所下降；股份制食品企业完成1203.16亿元，占全行业销售收入的25.23%，同比增长20.91%，在各种经济类型食品企业中增幅最大；外商和港澳台投资企业完成1131.30亿元，占全行业销售收入的23.72%；其余份额由集团企业、股份制企业和其他企业共同完成，其中，其他经济类型和股份制食品企业产品销售收入增长幅度也十分突出。

2. 食品制造业增长速度最快

1～7月份食品制造业完成销售收入806.19亿元，比去年同期增长14.51%，高于全行业产品销售收入的增幅。其工业总产值增长幅度超过全行业平均

增长水平2.55个百分点。食品制造业中的蜜饯业同比增长75.39%，调味油制造业增长63.99%，代乳品制造业增长57.72%，乳制品制造业增长30.11%，调味料制造业增长20.50%，豆制品制造业增长18.40%，糖果业增长17.74%，淀粉糖业增长16.13%。还有肉制品加工业、鱼糜及其制品加工、天然矿泉水制造业等行业发展较快。1～7月份分行业销售收入及比重见表4。

3. 利润、利税持续高速增长

1～7月食品工业累计完成利润总额250.64亿元，同比增长34.33%。国有食品企业实现利润总额103.82亿元，占全行业利润的41.42%。但在国有食品企业的利润中，89.55%即92.97亿元是由烟草加工企业完成的，其他国有食品企业的利润甚低。与此同时，外商和港澳台投资企业凭借其先进的管理经验，降低成本，使其利润水平大幅度提高，1～7月份完成利润44.83亿元，同比增长53.67%。

表4 2001年1～7月份行业产品销售收入

	销售收入（亿元）	同比增长（%）	比 重（%）
食品行业	4769.27	11.83	100
采盐业	31.70	9.12	0.66
食品加工业	2006.09	11.77	42.06
食品制造业	806.19	14.51	16.90
饮料制造业	1027.24	9.43	21.54
烟草加工业	898.05	12.54	18.83

1～7月食品工业实现利税931.57亿元，同比增长17.48%。烟草加工业仍然是全行业的利税大户。1～7月烟草加工业实现利税553.10亿元，占食品工业利税总额的59.31%。1～7月食品工业利润、利税情况见表5。

表5 1～7月份食品工业利润、利税情况

	1～7月利润			1～7月利税		
	总额（亿元）	同比增长（%）	比重（%）	总额	同比增长（%）	比重（%）
食品工业	250.64	34.33	100	931.57	17.48	100
采盐业	0.76	82.96	0.30	5.91	6.55	0.63
食品加工业	43.65	47.49	17.42	89.83	26.84	9.64
食品制造业	35.39	43.72	14.12	80.95	37.21	8.69
饮料制造业	68.61	21.22	27.37	201.78	12.22	21.66
烟草加工业	102.23		40.79	553.10	15.77	59.37

三、2002年食品工业发展趋势

这些年来，食品工业在市场经济的发展中，不断调整产业结构和产品结构，不断采用新技术，开发新产品，合理配置资源，最大限度地满足消费者的需求，从而使其竞争力不断加强，得以持续快速健康发展。2000年度食品工业产品销售率达到97.55%，其中食品加工业97.33%，食品制造业96.02%，饮料制造业97.37%，烟草加工业99.98%，产销衔接处于较高水平。随着农业的持续发展和种植业、养殖业结构调整以及优质、专用农产品产量的不断扩大，再加上居民收入的增加，对营养、健康和改善生活质量的追求，必将进一步推动食品工业持续发展。2002年和今后几年食品工业仍将保持10%以上的发展速度。

1. 乳品工业列为国家重点鼓励发展产业

“九五”期间是乳制品工业引进技术、设备最多的时期。特别是一些大型企业全套引进国外先进技术和设备，建成了具有国际先进水平的现代化加工厂，改变了中国乳品工业的落后面貌。在奶源基地建设、奶源管理方面取得突破性进展。产品结构调整取得显著成效，液体奶产量迅速增长，配方奶粉适应了不同人群的需要。乳品大型企业集团迅速崛起。据1999年统计，十大企业奶粉产量占全国总产量的30%，液体奶占全国总产量的50%。外国知名乳品企业纷纷前来中国投资设厂，1999年已有外商投资企业45家。据中国乳制品工业协会资料，2000年乳制品产量达82.9万吨，“九五”期间平均年增长11.5%，液体奶产量为150万吨，年均增长47.3%。今年上半年乳品行业完成销售收入110.19亿元，同比增长32.6%；生产乳制品51.40万吨，同比增长25.96%；生产液体奶80.16万吨，同比增长50.21%；实现利润6.83亿元，同比增长95.05%。由此可见，乳品工业各项经济指标都处在高速增长阶段。

由于各级政府的重视，业内专家、媒体多年的倡导、宣传，把乳品工业的发展提到了一个新的高度。

现在国家又把乳品工业列为国家重点鼓励发展的产业，这是一个难得的机遇，因此，乳品工业将是食品工业中最具发展优势的产业。2002年要继续大力发展奶源，加强奶源基地建设。要继续抓好产品结构调整，大力发展液体奶生产。目前，制约液体奶发展的一个重要因素是无菌包装设备几乎都是进口设备，导致液体奶价格居高不下。因此，要重点攻关，实现无菌包装设备国产化。要产品多样化，继续发展消费者欢迎的各种酸奶、冰淇淋。要更多地关心农村乳品市场，改变农村饮食和消费习惯，提高农村居民健康水平。

2. 迅速提升肉制品加工业上新台阶

我国是肉类生产第一大国，肉类产量约为全世界肉类总产量的27%。人均肉类占有量约为50千克。在猪牛羊禽四种主要的肉类品种中，我国猪肉产量占绝对优势，约占世界总产量的40.7%；羊肉产量也位居世界第一，约占全球总产量的20%。但目前我国肉类的品种质量与国外肉类产品相比，存在着较大的差距。其中猪肉的产量虽然达到4000多万吨，但近90%是热鲜肉，冷却肉只有几个城市生产，产量不过几十万吨。各类肉制品的产量只有300万吨左右，约占肉类总产量的5%。而发达国家已经普及了冷却肉消费，超市和各类食品商店中大量销售生鲜小包装冷却肉和肉制品。肉制品的产量平均占肉类总产量的30～40%，有的高达70%。在欧盟各国平均有64%的猪肉、13.4%的牛肉和15%的鸡肉被加工成肉制品，主要是灌肠、火腿等有几百个品种，其中有50种最为畅销。我国由于饮食文化和消费习惯不同，肉制品消费在总量上不能简单与欧美相比，但要达到20～25%还是可行和必要的。当然我们也不必完全照搬西方灌肠制品的一种模式，我们还有自己传统的肉类制品烹饪技艺，可以开拓传统食品的现代化之路。

今年1～7月份，肉制品加工业的产品销售收入比去年同期增长了19.48%，利润比去年同期增长了18.99%，肉类罐头制造业的产品销售收入也比去年同期增长了11.68%。肉制品加工业出现了新的亮点。我们应抓住时机，在肉制品加工业的生产规模、加工技术、科学管理和市场开拓方面下功夫，在紧密结合市场需求和生产实际的基础上，开发、创新科技含量高的肉类制品。目前，全国已经形成了双汇集团、金锣集团、得利斯集团、上海食品集团和草原兴发等一批肉类工业的大公司、大集团，要鼓励他们跨区域发展、跨国经营做大做强，带动中国肉类加工业上新台阶。

3. 加快发展冷冻食品业

我国冷冻食品的发展，始于70年代冷冻蔬菜的出口。后来由于亚洲“四小龙”的兴起，我国冷冻蔬菜出口量迅速增加，成为食品出口商品中的大宗产品。80年代中期冷冻小包装家禽、猪肉、水产品先后面市。到了80年代末，各类冷冻点心成为市场主销产品。进入90年代，冷冻调理菜肴、主食上市，我国冷冻食品走出一条持续、快速、健康发展的道路。一般认为冷冻食品的发展需要两个基本条件：一是居民的收入水平不断提高。根据发达国家的经验，年人均收入达到2000美元左右时，冷冻食品将步入快速发展期。二是商业冷链和家用微波炉的普及程度不断提高。尽管我国居民目前的平均收入水平还比较低，但在上海、北京、广州、深圳等城市居民的收入水平大大提高。据预测，到“十五”末期，城镇居民将进入生活富裕型阶段。年轻人口的三口之家越来越多，消费观念也在不断更新，既需要又有条件消费冷冻食品。在大中城市商业冷链已经基本形成。家用微波炉普及率快速增长。因此，冷冻食品的市场潜力巨大，前景可观。现在市场上出现的冷冻饺子系列、炒饭系列、炒面系列和各种菜肴系列、水产品系列以及汤系列产品大大丰富了食品市场，方便了居民消费。食品企业要抓住机遇，发展冷冻、冷藏菜肴和冷冻主食品，这是城市厨房工程的新趋势。

4. 积极开展粮食类产品深加工，增加农民收入，带动地方经济发展

(1) 大豆深加工

大豆加工业是传统食品加工业，但由于受到传统加工观念的影响及加工技术水平落后的制约，大豆深加工发展比较缓慢。大豆的营养成分没有得到充分利用。目前，大豆加工主要是传统豆制品、新兴豆制品和营养保健制品三大类，每年转化大豆1200多万吨。其中，油脂加工耗豆900多万吨、传统豆制品耗豆约50万吨、豆乳粉（豆奶）160万吨、新兴豆制品耗豆65万吨。大豆深加工除了提高油脂生产水平和专用油的品种、质量外，要大力提高豆粕的利用程度，生产各种大豆蛋白制品。主要是大豆蛋白粉、大豆浓缩蛋白、大豆组织蛋白和大豆分离蛋白。还有豆奶、豆奶粉以及利用大豆蛋白为原料生产的各种食品和仿真肉调理食品。全国现有的大豆深加工企业，不仅规模小而且技术水平和质量等方面也存在较大差距。因此，无论是大豆蛋白质还是大豆低聚糖、大豆磷脂等功能成分的开发利用远不能满足食品工业发展的需要。

应当指出的是要下力量加强对传统大豆制品的研究与开发，采用新技术对传统大豆食品生产进行改造，使其向工业化、商品化和标准化、现代化迈进。当前存在的主要问题是，生产设备与技术不配套，生产技术与工艺不规范，质量控制指标落后，生产规模小。豆制品的保鲜和方便化等方面都有许多工作要做。要吸引各种力量投资于大豆食品的研究、开发和推广，让中华大豆食品及其文化走向世界。

（2）马铃薯深加工

马铃薯以其富含淀粉、蛋白质、维生素、钙、磷、铁、锌等有效成份和自身的独有特征，被誉为营养全面的薯类食品和理想的加工原料。在欧美等发达国家，马铃薯平均加工比例达50%，大约40%用于加工淀粉、精制淀粉。我国马铃薯产量约5500万吨，但加工比例很低，约6%。今后应发展马铃薯深加工产品。

生产马铃薯淀粉。近几年在宁夏、内蒙古等地引进荷兰、瑞典、芬兰、俄罗斯等国的先进工艺和设备，使我国马铃薯淀粉生产水平、产品质量、经济效益均有较大幅度提高，但总产量不大，企业规模也偏小，有进一步发展提高的余地。马铃薯变性淀粉可广泛用于纺织、造纸、食品、精细化工、农业种子包衣等领域，需求量日益增大。但目前国内产量只有1万多吨，显然不能适应工业需求。

生产马铃薯全粉。马铃薯全粉以新鲜马铃薯为原料，加工中最大限度地保持了原组织细胞的完整。所以，复水后的马铃薯全粉，具有鲜薯的营养、风味和口感。常常作为主要原料，用于方便快餐和休闲小食品的加工生产。过去生产休闲食品用马铃薯全粉几乎完全依赖进口。现今，国内已有马铃薯全粉加工企业7家，年加工能力达2万吨，随着美式快餐与麦当劳、肯德基连锁店的不断扩展，以马铃薯全粉为原料的各种食品风靡全球，市场价格稳定，产销两旺。

另外，速冻薯条前景看好。据美国有关资料预测，至2005年，进入中国的美国薯条将多达22.7万吨，而中国市场薯条总进口量将达到47万吨。我们应积极争夺这块市场。

（3）甘薯深加工

我国是甘薯的原产地，也是世界甘薯最大生产国，年产量达9355万吨，占世界甘薯总量的81.9%。过去只有少量用于生产淀粉、粉条。传统粉条色泽较深、复水性慢、耐煮性差，市场难以扩大。近几年来，采用国内先进的“涂布成型”工艺和自动化生产线生产“薯类快餐粉丝”，提高了快餐粉丝的冲泡性和复水稳定性，赋予产品安全、方便、速食的特性。加之甘薯含有丰富的膳食纤维、矿物元素等功能，适应了现代食品的消费趋势，具有较好的市场前景。

四、应该重点抓好的几个问题

1. 加快发展食品工业，促进农业与食品工业共同发展

长期以来，我国的食品工业和农业两大产业，基本上是独立地自成体系地发展起来的，没有形成相互依存、相互促进的协调关系。过去，农业生产主要是为了满足居民的直接消费需求，很少考虑食品工业发展的要求；食品工业的发展对农业发展的保进作用也不明显。随着温饱问题的解决，这种不协调关系再不解决，就必然会妨碍生产力的发展。农业产业化经营对农村经济结构的调整，对农民收入的增长有重要意义，是我国农业逐步走向现代化的重要途径之一。食品工业的销售额居各工业行业之首，是市场潜力巨大而永不衰竭的产业。食品工业是推行农业产业化经营的主体产业。据农业部对全国29个省、自治区、直辖市11824个农业产业化经营组织的调查，食品工业与农业融合的农业产业化经营组织占80%以上。食品工业的发展必然对农业产业结构、农产品质量提出新的要求。农业必须面向市场，面向加工，由过去的生产导向型转变为市场导向型、加工导向型。只有加快食品工业发展，促使食品工业和农业相互衔接，相互促进，协调发展，才能摆脱农业仅仅提供原料和初级加工的地位，食品工业才能真正为解决居民一日三餐的方便化服务。这样包括农产品生产、加工、贮运和销售在内的整个现代化农业才能得以实现。

2. 重视食品安全工作，保障食品工业健康发展

食品工业的发展，经济全球化和世界食品贸易量的持续增长以及新技术的使用，使食品安全成为一个全球性的大问题。在国际上食品安全的重大事件频频发生，在国内伪劣食品、病死畜禽肉加工食品等案件接二连三发生，农药、激素和滥加化学添加物的污染问题也屡屡出现，食品抽检合格率普遍偏低。微生物和化学污染成为影响食品安全的主要因素。

国务院在今年4月已发出通知，整顿和规范市场经济秩序，在全国范围内加强市场管理，集中力量严厉打击直接影响人民群众身体健康和生命安全的假冒伪劣食品等，这是一个重大举措。但是，完全靠严打是远远不够的，还必须进一步提高广大人民群众的食品安全意识，特别是食品生产企业要更加重视食品安

全工作，从保护品牌、提升企业信誉的高度看待安全工作的重要性，建立严格而周密的食品安全保障体系。当前，我们在食品安全方面的法律法规体系不健全，食品安全卫生标准大多没与国际接轨，检测技术、仪器设备落后，食品安全控制与监测网络还不完善。

保障食品安全是一项系统工程，是社会各方面的共同责任，从种植、饲养、加工、流通及应用的全过程都要实行综合管理。食品企业要加大投入，提高食品安全检测水平，加快修订、完善产品标准，尽快与国际接轨，推行实施 GAP、GMP、HACCP 等管理体系，把好原料、加工、流通直至消费者的每一个安全关，为居民提供丰富、营养、安全的食品。

3. 重点抓好新产品开发

企业的生存主要靠产品，没有好的产品就无法占领市场，就没有利润可言。一般而言，现在每年技术的淘汰率是 20%，也就是说技术的寿命周期平均只有五年。新世纪将是“大量满足客户个别需求”的时代，没有新产品就没有顾客，就会失去市场。

当前，食品企业在新产品开发方面存在的主要误区是：①在新产品开发中忽视对市场和消费者的研究，更多地把它当成一个企业内部技术管理的过程。经常遇到的情况是，我有什么原料，开发什么新产品好呢？或者是你有什么新产品可以转让给我？这样即使开发出新产品，消费者不一定认账。②把新产品开发看作仅仅是研发部门的职能，财务、采购和生产部门的人员则认为“与我无关”。其实，在新产品开发中，市场、财务、生产、采购等部门的工作量，远比研发部门大，任何一个部门的工作跟不上去，都会带来风险。③新产品开发主要依赖企业家，缺乏“组织动力”，这常常造成决策粗糙，缺乏连贯性。④新产品开发游离于企业战略之外，什么产品“火”就开发什么产品，不顾市场环境和本身的定位，最后几乎无利润可言。⑤缺乏一套完善的消费者（市场）需求分析机制和方法体系，缺乏一整套产品开发的科学程序，所以，新产品的“成活率”不高。

企业的发展史就是一部产品创新的历史。企业的领导要鼓励员工和公司各部门提出创意，鼓励开发新产品、加强新产品开发管理。

4. 树立质量新观念，加强质量管理工作

质量是企业提高竞争能力的重要手段，要切实加大质量工作的力度，争取在今后几年里使食品总体质量水平显著提高。

新世纪的质量观念是什么？是用户满意，是顾客满意、消费者满意。消费者是否感到满意，可从两方面评价：一是购买和使用商品，接受服务的期望是否感到满足；二是为此付出的代价是否“物有所值”。在日益激烈的市场竞争下，传统的“符合技术标准是质量好”，“质量好就是控制生产过程”的观念需要向更高层次转变。要大力宣传“顾客满意”的质量观，要开展顾客满意度调查和评价，实施 ISO9000、ISO14000 以及 HACCP 等系列标准，推动企业建立以顾客满意为中心的经营管理体系，满足顾客需求。

当前，质量管理工作中的薄弱环节是中小企业的质量管理水平较低。食品抽检合格率低的重要原因是中小企业的合格率太低。而中小食品企业占食品企业总数的比例高达 99%。所以，重点抓好中小食品企业的质量管理是当务之急。我们要按照国家经贸委、原国家质量技术监督局于今年 3 月联合下发的《关于加强中小企业质量工作的意见》要求，利用经济结构调整的有利时机，淘汰落后，优化结构，鼓励中小企业向“专、精、特、新”方向发展，把提高中小食品企业质量工作作为今后一段时期质量工作的重点来抓。中小食品企业的质量工作做好了，食品工业总体质量水平的提高就有了保障。

（原载于《2002 中国经济展望》）

加入 WTO 与中国食品工业发展

王 薇

（中国食品工业协会 北京 100073）

WTO 作为世界最大的多边贸易组织，与世界银行、国际货币基金组织，并列为当今世界三大国际性经济机构。其宗旨是协调各国贸易关系，实施最惠国待遇和非歧视原则，削减贸易壁垒，促进公平贸易，在可持续发展的基础上，充分利用世界资源，扩大贸易、技术、资金、劳务的流通和互补。WTO现有142个国家和地区参加，其中发展中国家和地区占四分之三。其成员国以协议为根据进行贸易往来并受协议制约。

邓小平同志指出："现在的世界是开放的世界"、"关起门来搞建设是不能成功的，中国的发展离不开世界"。近年来，世界经济全球化趋势发展迅速。国际间的经济技术贸易交流与合作，对世界各国经济的发展发挥着越来越重要的作用。经济全球化以生产、金融、科技的全球化形成一种新的国际关系体制，而最为突出的是生产的全球化。跨国公司充分利用各地的技术、资本、劳力和市场优势，以其先进的科学技术、雄厚的资本、现代化的管理和全球性营销网络，在世界范围内组织生产和经营，将世界各国的经济更紧密的联系在一起。全球金融资本流动性的大大增强，信息技术等新技术的迅速发展，跨越了时空距离，更新了经贸手段，加快了经济全球化的进程。

WTO是国际间经贸交往与合作的重要桥梁，加入WTO是参与经济全球化的重要渠道之一，是经济发展的必然趋势。

2001年9月17日在日内瓦召开的WTO中国工作组第18次会议通过了中国加入世贸组织的所有法律文件，长达14年零6个月的中国入世谈判圆满结束。2001年11月11日在多哈举行的WTO第4届部长级会议上，审议通过了中国加入世贸组织议定书，自2001年12月11日开始，中国成为世贸组织正式成员。

在坚持权利与义务平衡原则的基础上，中国加入WTO要承担的义务有：1、中国需平等的对待每一个世贸成员。所有外资个人、团体（包括那些没有在中国投资或注册的个人和团体）在贸易权利方面将享受至少跟中国企业一样的待遇；2、中国将取消双重定价惯例以及在内销产品待遇上的区别；3、价格控制并不是为了给国内厂商和服务行业提供保护；4、中国完全按照世贸协定统一有效的方式修改现行国内立法并制定新的法律以履行世贸协定；5、中国入世后3年，除极少数例外，所有的企业将有进出口商品以及在关税领土内进行贸易的权利；6、中国不再对农产品保持或给予任何出口补贴。

1. 商品。关于市场准入的谈判结果代表中国作出逐渐取消贸易壁垒和对国外产品开放中国市场的承诺。当中国履行了所有的承诺后，其农产品平均关税将下降到15%，工业品关税将平均下调到8.9%；中国同意将其农产品补贴限制在8.5%以内。2002年我国将有5300多个税目的税率不同程度降低，降税的税目占税目总数的73%。降低关税后工业品平均税率为11.6%，农产品（不包括水产品）15.8%，水产品14.3%，此外，2002年我国将对小麦、豆油、食糖等10种农产品和尿素、磷酸二氨等3种化肥产品实行关税配额管理。

2. 服务业

电信：入世后，外国服务商将被允许在中国建立合资公司，而不受数量方面的限制，并在一些城市提供服务。银行：中国入世后，外国金融机构将被允许在中国提供外币服务，而不受顾客方面的限制，入世5年后，外国金融机构将被允许向所有的中国顾客提供人民币服务。保险：外国保险公司可以来建立其非寿险子公司或者合资公司，入世5年后，将允许外商建立全资的外资子公司。(其中有关纺织内容略)

一、中国食品工业加入WTO的机遇与挑战

WTO的基本原则包括：非歧视原则，即最惠国待遇、互惠待遇、国民待遇的原则；关税减让原则；市场开放原则；公平贸易原则，即反倾销、反补贴和一般取消数量限制；透明度原则；争端解决机制等原则。与食品工业直接关联的协议有：《农产品协议》、《实施动植物卫生检疫措施协议》、《技术性贸易壁垒协议》、《原产地规则协议》等。世贸组织是一把双刃剑，强调权利与义务平衡。

从世界经济发展格局看，任何一个国家无论从资源、技术、人力、金融、市场等诸方面都是各有长短。美国等发达国家的优势在于资金、管理、技术，而发展中国家最重要的优势是廉价的劳动力。无论是经济全球化还是世贸组织，一个共同的发展趋势是合作与竞争，以各方的比较效益为基础实现优势互补。依此分析，加入WTO对于中国食品工业发展利弊兼而有之，机遇和挑战并存。从长远来看，利大于弊。

1. 加入WTO为我国食品工业所创造的机遇

入世后，我国将参与国际贸易新规则的制定，同时在参与中充分利用WTO赋予我们的权利，提升我国的国际地位。我们还可以利用WTO的争端解决机制，减失增得，维护我国的正当权益。

加入WTO有利于我们享受142个WTO成员国和地区提供的多边、平等、互惠的最惠国贸易待遇，综合考虑国际资源与国际市场的有效配置，充分分析利用全球范围内的比较价格优势，适量进口以土地资源为主要生产要素，国内比较优势不够的大宗产品，选用国外质优价廉的食品工业原材料，降低生产成本，提高产品的质量和档次，充分满足国内外市场的需要。例如生产高品质专用粉所需的优质小麦原料以及果汁原浆、白砂糖、马口铁等等；同时，出口劳动力密集型且具有比较优势的产品，如肉类制品、水产品、蔬菜制品等，进而实现优胜劣汰、产业结构调整和优化。

加入WTO有利于推进我国食品企业建立现代企业制度，更好地利用或借鉴国外资金、技术、经营和管理经验，提高我国食品企业的管理水平、经营水平和生产者的素质以及食品行业的整体水平。

加入WTO有助于促进食品企业的科技进步和技术创新。市场开放、互惠待遇的实施，国际间的技术经济合作将进一步扩大。无论是进口关税的降低还是与跨国公司的合作，均有利于食品企业进一步采用国外先进的技术和设备，促进生产力的提高。同时竞争的加剧或外资的引入，也将促使食品企业加大技术创新的力度，不断开发新产品，促进产业升级，提高国际竞争能力。

加入WTO，有助于扩大食品工业出口贸易。我国可直接参与相关国际规则的制定，并依照非歧视贸易原则，平等参与国际贸易仲裁，享受其他国家和地区开放市场的好处，发达国家等贸易大国将不得不减少、取消对中国的不合理的贸易措施和反倾销事件，出口渠道更为畅通，如蘑菇罐头等多种产品的出口将会有较大增长，逐步发展扩大具有比较优势的食品产业，融入经济全球化。

2. 加入WTO为我国食品工业所带来的挑战

在目前世界经济减速的大环境下，中国经济仍保持着较快的增长，这为我国入世后的发展提供了难得的机遇。但世界经济的低速增长同时也使贸易大国的保护主义以新的形式出现。世界范围内新旧经济整合，产业竞争格局，产业分工和跨国公司战略调整，以及新一轮多边贸易谈判重要议题的对策选择，均为我国入世后所面临的新的严峻挑战。

我国现行的食品工业管理体制分属工业、农业、内贸、外贸、工商、税务、卫生、技术监督等多部门管理；加入WTO之后，分散的管理体制对促进企业发展，快速适应市场的变化并无益处。同时有关的法律、法规标准也有待进一步完善，并应与WTO规则及国际标准协调一致。

随着关税的降低如非关税措施的削减，以及《与贸易有关的投资措施协议》的约束，将使我国现有的针对外资的各种限制措施和要求不得继续实施，必然会有更多的国外技术密集型、水平先进的产品或企业的进入，并将对国内同行带来挑战；一些不适应市场竞争的企业体制、经营理念及市场营销体系都将受到猛烈的冲击；特别是处于幼稚期以及原本技术含量低，产品质量差的企业将会被淘汰出局，短期内出现破产和职工下岗等问题；长期获得地方保护主义或关税保护的企业或产业也将处于不利地位。

《与贸易有关的知识产权协议》的实施，将进一步加强跨国公司在技术上的自然垄断地位，而这种技术独占权将自然地转化成为市场垄断权，迫使长期以来以仿制为主的国内企业必须付出更高的成本来获取外国先进技术，我国企业将面临更大的研究开发压力，知识产权争端将更加频繁。

食品企业中既懂得专业知识、又熟悉外语、掌握国际经贸规则的高层次管理人才、高级财会人才、法律人才等相对缺乏。

3. 我国食品工业加入WTO的应对能力

就我国食品工业整体而言，经过二十几年的改革开放，食品工业已发展成为全国工业产业中位居首位的支柱产业，生产规模不断扩大，加工水平不断提高，具备了一定的市场或国际竞争能力。

首先，WTO的经贸运作强调以市场经济为基础。食品工业作为竞争性产业，早期进入市场经济，市场化实现程度已经较高。在现有食品工业所有制结构中，公有制经济和非公有制经济企业并存，1998年我国食品工业企业数（全部国有及年产品销售收入在500万元以上非国有工业企业）20125个，其中国有企业占55.41%，集体企业占16.70%，其他类型企业占27.89%。企业的经营机制得以转变，在市场竞争求得生存和发展，给食品工业的发展注入了新的活力和生机，竞争力不断提高。

其次是食品工业生产技术装备不断进步，达到了一定的产业规模和生产水平。1978年，全国食品工业总产值471.1亿元，到1999年增加到6020.3亿元(90年不变价)，年平均增长10.4%，大大高于改革开放前26年平均增长6.3%的速度。随着改革开放的不断深入，食品工业主要行业骨干企业的技术装备水平已经达到世界先进或较先进水平，具备了一定的与国外企业抗衡的生产规模和产品质量水平。如超高温瞬时灭菌灌装液体奶、啤酒、饮料生产等等。我国食品工业一些实用技术、装备和丰富的生产经验可以满足许多发展中国家的需要。

其三，食品工业的国际化竞争已经展开。过去十几年，伴随着外资企业的进入和市场的准入，雀巢、联合利华、可口可乐、百事可乐、德芙等许多国外跨国公司（集团）和著名品牌已经进入中国。我国饮料、饼干、啤酒、糖果等行业中的众多优秀企业已在国际竞争中发展壮大；同时，部分国内产品已占有稳定的国际市场份额，市场日趋国际化，甚至有的企业已在国外投资建厂，直接面对国际贸易规则，初步具备了对国际竞争环境的适应能力。2000年我国食品工业出口创汇131亿美元，同比增长14.6%（本文2000年数字均为快报数字）。

其四，国产食品的知名品牌、质量信得过的产品，以物美价廉和口味独特等优势稳占了中国这个占世界人口五分之一的最大的食品消费市场，拥有相对稳定的消费群体。2000年全国食品工业销售收入7829.9亿元（当年价），同比增长9.2%。

其五，中国的人力资源是迎接入世的优势所在，比其他资源更具扩展性。我国不仅普通劳动力充足，在熟练高级劳动力方面亦无短缺之处，一旦企业需要招募，可随时供给。中国的食品制造人才，无论是初级、中级、高级均具有较高的素质，可源源补给。在我国农产品原料尚未发展到规格化品种化生产供应的一段时期内，一部分食品加工的前期预处理，仍然需要通过劳动力资源，创造劳动密集型生产的经济价值。

所有这些都说明中国食品工业有信心、有能力面对加入WTO所带来的机遇和挑战，不断调整、持续发展。

二、加入WTO对食品工业各行业的利与弊

上述分析，系就我国食品工业整体而言，而具体到食品工业的各个行业，加入WTO虽然均为利弊兼有，但有其各自的特点。现综合有关资料就主要食品行业简要分析如下：

1. 粮油产品

《中美农业合作协议》的签定，中国政府根据WTO的市场准入、出口补贴等项原则同意大幅削减农产品关税，平均降到15%，美国优先产品14.5%①，将于2004年1月完成。对大米、小麦实行配额关税，同时取消大米、棉花等农产品出口补贴和豆类油料进口专营。

这将意味着，中国加入WTO之后，土地密集型初级农产品进口将会大量增加。有资料显示，到2000年我国小麦进口配额将增加到930万吨，玉米配额增加到720万吨，大米配额增加到530万吨。在2010年中国可能超过日本成为最重要的农产品进口国。有人认为，中国农产品将会受到较大冲击。但是冲击并不可怕，是挑战也是机遇。

农业贸易自由化并不会涉及中国的“粮食安全”问题。1999年我国粮食产量5.08亿吨，其中稻谷产量1.98亿吨，小麦产量1.14亿吨，玉米产量1.28亿吨。从1992年全国营养调查情况看，我国居民食物消费结构中畜禽、水产等副食品比例明显提高。口粮消费已由过去240千克减少为160～180千克，粮食供给已相对过剩。即使今后中国取消对农产品的进口配额，到2005年，中国粮食自给率仍可保持在92%以上。

大宗农产品进口的国家经营权，我国政府并未让步。粮食进口配额在入世后5年内掌握在中国政府手中，进口的具体时间、数量由国家控制，可根据市场需求确定。同时，低价农产品进口的分销系统仍以国营粮油企业为主，市场出售价可以有效控制。这次“中美协议”只解决了小麦、肉类、柑桔的检疫问题。协议解除了对美国西北部地区7个州小麦进口的禁令，实际对我国没什么危害。美国生产小麦的有十几个州，这7个州的小麦仅占其总量的10%，我国进口小麦最高时每年800万吨，前年总进口小麦140多万吨，美国小麦约10万吨。再者，就市场准入来说，我国在5年以后的关税水平和非关税措施削减程度，仍然比WTO发展中国家成员今天的平均水平低，“中美协定”是双赢举措。

中国人多地少，农业生产方式落后，在农业生产方面的比较优势将持续减弱，长期来看，对农业的进口保护意味着很高的社会成本；我国粮食、油料、棉花等作物生产成本高，市场价格高于国际市场的20%～40%，甚至大米、小麦、玉米、高粱等粮食产品价格最高时超过国际市场价格的70%，并且高品质产品比例少，已经失去比较优势。因此进口具有比较优势的农产品，有利于调整农业产品结构和消费结构，例如，加工面包、面条等食品需要高筋度含量的专用面粉，需用优质小麦加工生产，而国内产量少、品种质量不理想，适当进口调剂，有利于结构调整。

---

① 本文从此至尾有关入世后我国关税减让等数字，均为中华人民共和国加入议定书正式公布以前获得信息，仅供参考，最终以我国入世后正式公布的减让表为准。

我国粮食加工骨干企业经过一系列技术改造，其技术装备水平基本上达到了国际80年代末水平。入世之后优质价廉的粮食原料的进入对加工企业是有利的。

目前我国食用油脂年消费量近900万吨。过去10年我国植物油产量始终在600～700万吨左右，为平衡需求，每年进口油300多万吨。2000年我国食用油产量约835万吨，较上年增长20.6%，但距消费仍有缺口。最近几年我国各种油料总产量约3500～4400万吨，除直接食用外，用于榨油的油料数量约2800～3500万吨，尚未完全满足5000万吨炼油以及1100万吨精炼油生产能力。1999年政府对进口豆粕征收增值税，目前进口豆粕CIF183～190美元/吨，国内成本价2000元/吨，进口豆粕仍然略具价格优势。

目前毛油国内外差价：大豆油CIF410美元/吨，国内二级大豆油6200元/吨～6300元/吨，各种税、费、息损耗利润约1400元/吨～1500元/吨。据外电报道，入世后我国大豆油的进口配额将逐年扩大，增加到170万吨，到2005年将扩大到330万吨。预计毛油进口量将大增，国内油价可能下降，给国际市场带来利好。各油厂是否对油价下跌程度有承受能力，是对其生产成本、管理水平、生产技术、设备规模、产品质量、品牌、经营等各方面一次严峻的考验。对于精炼油行业，过去因配额限制原料供应不足的局面会得以改善，开工率提高，利润增加，但国内精炼能力已过剩，竞争仍然存在。

总之从原料角度看，目前我国农业生产的原料品种质量、产量、效益均与国外先进水平有较大差距，国外粮食制品加工均有多种高品质专用原料作保证。即使不存在WTO成员的竞争压力，从长远出发，农民依靠有限的土地资源生产较单调的品种来增加收入是不现实的，必须依靠科技进步，由粮油棉等传统农作物向高产优质品种及畜产、水产和园艺等优势产品转移，以提高其生产效率和食用价值及产品的市场竞争力。

从加工角度看，我国部分粮油加工企业同国外先进水平相比也存在改革滞后，经营管理成本高、加工规模小、工艺落后、能力分散、优质产品少、缺乏国际竞争力的不利之处。因此加紧产业结构调整，在适当区域建立或扩建适当规模粮油加工厂，加大科技进步，开发新产品，生产满足食品制造和消费的不同档次的专用粉、专用油脂、强化米、麦片、馒头、面条、饺子、面包等主食或方便食品及粗粮细作食品、营养食品和深加工产品，如胚芽及油、磷脂、Ve、淀粉、糖浆、发酵制品等等，以满足食品制造的需要和消费者一日三餐及营养保健的饮食需求，同时发展壮大粮油食品加工产业。

2．饮料工业

加入WTO，我国饮料行业的生产所需原辅助材料进口成本将会降低，部分果汁有望扩大出口，然而碳酸饮料、瓶装水预计将受到冲击。

80年代初，我国饮料产量不足30万吨，1999年增长至1186万吨，2000年1491万吨，增长约40倍。但与国外发达国家相比，我国饮料行业在生产规模、经济实力、竞争力以及饮料的人均消费量等方面均有差距，发展空间是较大的，特别是对人体健康有利的果汁饮料应加快发展。

现时，我国果汁饮料生产的大部分原料如橙汁等依赖进口，入世后关税的降低，可使进口浓缩汁价格降低，从而降低产品价格，增加果汁饮料产量，调整饮料产品结构，使消费者受益。

我国的浓缩苹果汁生产能力已超过15万吨，产品以出口为主，但近年因激烈的国际市场竞争，出口不畅，生产能力只发挥1/3。2000年美国苹果汁协会对我国出口苹果汁提出反倾销诉讼案，中国企业积极应诉，最终获胜，应诉企业得到了14.58%的平均税率，而未应诉企业所得税率为57.74%。可见，合理运用WTO规则及法律程序保护我们应得到的利益，是企业今后必须面对的。

我国茶产量1998年66.5万吨，产量占世界总产量的23%，每年出口量仅占6%。除日本对绿茶征收40%关税，突尼斯征收150%～160%高关税外，多数发达国家对茶叶进口实行零或低关税，出口量小的主要原因是我国茶叶存在农药残留和有害重金属含量超标的问题。并且欧盟已于2000年7月1日实施茶叶进口新标准，其药残指标残留量缩小到现行指标的1/200。入世后，在保证质量的前提下，部分饮料如浓缩苹果汁、茶粉、茶浓缩汁、浓缩黑加仑汁等，依照最惠国待遇原则，出口有望扩大，创造新的经济增长点。

占我国饮料生产45%左右的碳酸饮料中，外国牌子的碳酸饮料约占到近一半。以1997年为例，可口可乐、百事可乐共生产碳酸饮料242.5万吨，占我国饮料总量的22.68%，占碳酸饮料的49.2%。欧洲国家占据着世界矿泉水主导地位。入世后，国外一些具有品牌资金实力的大公司有可能会逐渐加强在我国饮料市场的竞争，对国内企业的生存和发展构成一定威胁。

可喜的是，我们已经有了自己的可乐——非常可乐等以及一些良好的果蔬、植物蛋白、茶饮料；2000 年我国瓶（罐）装饮用水 553.6 万吨，增长 35.8%，涨幅居食品工业各行业之首，软饮料较上年增长 16.7%；2000 年娃哈哈集团有限公司销售收入已达 50 亿元，由中国粮油集团控股的中粮可口可乐有限公司 2000 年 4 月在香港成立。由此可见，我们的饮料产品、企业正在发展壮大，只要我们抓住机遇，集中知名品牌，一致参与竞争，定能将压力变为动力，促进饮料行业的健康发展。

3. 乳品及制品工业

加入 WTO，进口关税的减免，可能会波及到我国乳制品生产。1999 年我国乳品产量 806.9 万吨，乳制品产量 1999 年 69.08 万吨、2000 年 82.9 万吨，增长 25.1%。现行国产全脂奶粉为 18500 元/吨，进口全脂奶粉到岸价 21000 元/吨。入世后液体奶、奶粉关税由 25% 降为 15% 左右，估计进口奶粉约为 16000 元/吨，对奶粉生产的冲击是显而易见的。

不过，除少量特殊品种如婴幼儿乳粉外，国内外近年均大力提倡发展液体奶。1999 年上半年我国液体奶增长幅度达到 34.4%，全年液体奶产量达 80 万吨。但目前我国乳品生产与消费情况就全国食品工业各行业与国外发展状况相比仍是差距最大的行业之一，还有相当大的发展潜力。因此不论是否加入 WTO，发展营养价值接近完善的乳品是十分必要的。虽然现时乳业发达国家乳源充足，生产过剩，资金雄厚，然而毕竟以含水份近 87%～88% 的鲜乳作进出口贸易并不经济，再者我国经过多年的技术进步与发展，各地已形成了一批技术装备、产品质量、包装方式接近甚至达到国际先进水平的龙头骨干乳制品生产企业。因此大力发展鲜奶是扬长避短之举。

目前主要问题是我国奶牛产量低、饲养成本高，国外每头牛年产量 10 吨以上，我国仅 5 吨左右，一些小型乳品企业技术设备水平、生产规模、质量水平有待进一步提高。所以，我们应该抓紧时间采取有力措施大力发展奶源基地的建设，提高奶源的品质，扩大产出规模，及时组织生产、引导消费，充分占领国内乳品市场。

国外多品种的奶酪、黄油特别是前者的进口，对调剂和培育国内消费市场是有利的。

4. 罐头工业

2000 年我国罐头产量 178.2 万吨，较上年增长 11.3%。我国的罐头是食品工业主要出口创汇产品，产品已出口到 120 多个国家和地区。近几年我国罐头出口创汇最高达 10 亿美元，但在国际罐头出口贸易中仅占 8.3% 的市场份额。其中原因之一是国外的贸易壁垒。此外发达国家还对我国设置不合理的技术壁垒，严重阻碍我国罐头出口。加入 WTO，我国企业可以享受其他国家和地区关税减让和非关税措施的好处，免受歧视性贸易待遇。

1999 年我国蔬菜出口量大于进口量 30 多倍，出口金额超过进口金额 50 多倍。发达国家对蔬菜的需求日趋扩大，全世界蔬菜贸易额不断增长。日本对蔬菜的需求已达到 200 万吨以上。而发达国家本身弱化蔬菜生产，发展一些机械化程度高、规模效益好的如小麦、稻谷等农产品，因此，加入 WTO，应充分利用这一市场需求及生产状况特点，发挥我国拥有劳动密集型资源的优势，出口蔬菜特别是蔬菜制品。

目前我国除少数几种如番茄酱、午餐肉、糖水橘子等罐头具有自动化、机械化生产线以外，绝大部分罐头生产仍是半机械化生产，影响产品质量、生产效率及产品价格。入世后外资和国外先进技术设备的引入，有利于产业的技术进步和结构调整；国外质优价廉的原材料如白砂糖、马口铁等的进入以及国内低成本的原料和人力资源对生产是有利的。

不利的一面是目前我国罐头生产产品存在着品种不够丰富，畜禽、水产等罐头种类单一，水果罐头加工过熟，蔬菜罐头原料尚欠鲜嫩、未经调味等问题，这样当进口罐头税率由 35% 降低至 15% 左右时，国外优质品牌罐头将会大量冲击我国市场，各种鱼类罐头、蟹肉罐头、肉类罐头、蔬菜水果罐头特别是调味菜罐头、调味酱罐头、婴幼儿食品罐头等将会涌入中国，在丰富市场的同时，对我国产业带来挑战。

面对国际竞争，我们应在加紧企业经营机制转变的基础上，加快技术进步，不断产品创新，既结合传统烹调技艺又考虑现代方便食用口味多样的特点、并适当结合营养需求，开发适合各类人群口味的新品种，改进产品口感品质和包装保鲜形式，降低生产成本，以不断提高罐头产业国内外市场竞争能力。

5. 畜禽水产品生产

我国肉类及水产品生产多年居世界第 1 位。1999 年我国肉类总产量 5949 万吨，水产品总产量 4122.4 万吨。我国主要肉类产品价格除禽肉外，均低于国际市场，其中猪、牛、羊价格按 WTO 成员国平均水平，分别低57%、84%、54%，显然加入WTO之后，产品出口价格具备比较优势。同时，我国还拥有总容量超过300万吨的冷藏设施和遍布全国的销售网络。

但是问题仍然存在，一是我国畜内外饲养85%采取分散户养方式，生产及防疫不规范，在规模、质量、效益等方面与美国等发达国家相比有着较大差距，同时存在农药、激素、兽药等及重金属元素超标现象，因此在国际检疫上往往难以过关，目前出口仅占产量的1%，发达国家虽然不公开违背WTO基本原则，但却制订了苛刻的技术标准和限制措施，拒绝别国进口。如美国对进口肉品质量、卫生、安全的要求标准不断提高，欧盟、加拿大等国紧跟其后，也制订了新的卫生标准。这些技术性贸易壁垒对我国肉制品出口影响巨大。二是目前我国肉类加工制品产量有限，2000年产量380万吨，约占肉类总产量的6%，与发达国家熟肉制品占50%以上水平差距不小，再有传统肉制品加工方式、企业生产规模、产品标准等达不到先进水平。水产品加工更是相对薄弱，企业分散、产量低、深加工品种少。2000年水产加工品产量仅257万吨。

入世在即这些问题要加以解决，我们要加强畜禽良种繁育体系和规范疫病防治体系的建设，使生产出口尽快与国际接轨。要加强肉制品、水产制品生产企业的现代化建设，自觉执行HACCP危害分析关键点控制以及ISO9000质量标准和ISO14000环保标准，提高加工水平和产品质量水平，使之有能力满足国内市场需求，并参与国际竞争。同时要充分利用WTO的贸易权利，发挥国内市场畜禽资源的比较优势，以及国内外两种渔业资源优势，扩大出口，拓展全球畜禽水产品市场。

6. 酒类制品

加入WTO，预计对我国白酒、黄酒、啤酒生产不会造成太大冲击，唯有葡萄酒产业将面临着市场冲击的严峻考验。

黄酒和白酒是中华民族的传统产品，原产地在中国，消费也为海内外广大华人所接受，国内市场洋酒份额十分有限，因此市场相对稳定。并且有关专家分析日本、东南亚、俄罗斯和我国台湾地区有一定的白酒消费市场，为我国白酒产品出口创造了机遇。

我国啤酒业是对外开放程度较高的产业，已有超过半数的15万吨以上的啤酒企业与国外啤酒公司合资生产；与此同时，国内一些啤酒生产企业在开放和竞争中茁壮成长，形成了民族知名品牌和市场竞争力，如燕京、青岛、珠江等。近年来，我国啤酒产品的进出口贸易保持顺差，出口量、出口额大大高于进口量和进口额。预计入世后，国外啤酒的进口量约占5%左右，因此，我国啤酒行业有能力面对新的竞争。

葡萄酒则不然，目前国际葡萄酒市场产大于销，许多国外品牌瞄准中国市场，尽管现时我国采取进口葡萄酒高关税政策，但1995～1997年3年其进口量增幅仍在300%以上，1998年进口量达5万吨。随着WTO的加入，进口关税大量削减，想必国外葡萄酒还将进一步涌入中国市场，势必对国内葡萄酒生产带来较大冲击。

目前具有竞争优势的是国内葡萄酒骨干企业，张裕、王朝、长城等少数几家企业已占国内大中城市葡萄酒消费份额的一半以上，并有昌黎、沙河、烟台等葡萄产区。

世界普遍认为，中国市场潜力巨大，预计在2010年之内，中国对葡萄酒的需求大约是80万吨，其中高档酒占50%，中档酒占40%，低档酒占10%，面对如此巨大的市场，我国葡萄酒行业首先要在原料上下功夫，大力开发国际上葡萄酒市场流行的主要酒种（如雷司令、赛芙蓉、霞多丽干白品种，梅鹿辄、赤霞珠等干红品种），同时要在产品质量、技术装备、工艺水平方面有大的提高，要积累足够的与国外品牌竞争的资本，要转变企业经营模式，以知名品牌为龙头，适当进行重组，联合起来，一致参与国际竞争。

7. 制糖行业

据有关资料，加入WTO，按照对食糖进口配额和关税的承诺，我国对食糖进口第1年的准入量为85万吨，关税水平不超过10%，按现行国际市场价格测算，白砂糖到岸价1876元/吨（加关税），比目前国内市场价格约低700元/吨，因此我国制糖行业所面临的挑战是相当严峻的。

糖价高于国际市场价格的原因是我国糖料质次价高，企业生产技术设备水平落后，生产成本高。

同许多行业一样，制糖行业要摆脱目前这种局面，首先必须要有高产优质原料作保证，并且应抓住入世后技术经济交流更加广泛深入的机遇，加快加工技术设备的进步和经营管理水平的提高。

目前世界食糖出口市场已被主要食糖输出国分割占领。世界各国政府均保护本国制糖工业，政府干预的政策使国内食糖价格高于国际市场价格，形成相对稳定的食糖市场。制糖业在我国也属于重点保护产业，为此，入世后在政府的适当保护下，无论是原料生产还是加工制造，只要按照科学的经济规律组织生产，一定能够满足国内食糖市场的需求。

8. 味精

1999年我国味精产量超过73万吨，2000年85万吨，占世界味精产量的50%以上，出口却不到1万吨。国外生产味精是以糖蜜为原料，一般在8000元/吨，印尼、越南甚至降至6000元/吨；我国味精生产多以淀粉为原料，成本高，因此目前我国味精的制造成本6300～13000元/吨，因此，加入WTO，国内味精企业至少在价格上处于竞争的劣势。

我们应该降低生产成本，提高生产效率，开发鸡精、酵母抽提物等新一代调味品。

9. 食品加工和包装机械

虽然，我国食品和包装机械以引进技术消化吸收的模式不断发展，1998年已经实现出口大于进口的好局面，但是现阶段我国食品和包装机械无论以其生产规模、效率还是加工精度、自动化程度、使用寿命及能耗，均与世界先进水平有明显的差距。我国粮油、饮料、乳制品、罐头、肉类加工、酿酒发酵等行业生产运行的先进设备均为国外引进，因此加入WTO后，进口关税减免该行业将面临更加严峻的挑战。

入世之后，食品与包装机械行业应变压力为动力，增强与发达国家先进技术的交流，加速新产品的开发，提高产品的自动化水平和规模效益，并要充分利用进口电器、材料、电动设备价格下降的有利因素，提高产品的加工精度和使用寿命，以及我国食品与包装机械的整体水平。发挥我国机械产品价格较低的优势，瞄准国际市场，扩大出口份额。

三、加入WTO，中国食品工业相关对策

朱镕基总理在2001年9月17日第六届世界华商大会中国经济论坛上的讲话中指出：我们将以更积极的姿态推进全方位、多层次、宽领域的对外开放，中国即将加入世贸组织，我们会信守承诺进一步开放中国市场，扩大开放领域和地域，有步骤地推进金融、保险、电信、贸易、旅游等服务领域的对外开放，积极开辟利用外资的新方式、新途径。我们要把吸收外资同调整产业结构、西部大开发、深化国有企业改革紧密结合起来，着重引进先进技术、现代化管理和专门人才。继续改善投资和经营环境，依法保护投资者权益。同时，鼓励有条件的国内企业到境外投资和经营，增进与世界各国的经济往来和合作。

加入WTO，中国食品工业将与国内其他行业一样，面对国际竞争环境和国际经贸规则，对此我们应早作准备，争取主动，趋利避害，正视差距，开拓和发挥我们的优势，保持食品工业的不断发展。

1. 深化企业改革，迅速更新观念，加快现代企业制度和经营体系的建立，适应国际竞争环境。通常情况下，WTO成员国会从整体保护民族经济和扶持某个特定行业的稳定发展，但不会保护某个企业。因此，企业的发展必须依靠自身科学的决策、合理的机制、依法经营。只有激活机制，加强管理，勇于创新，开拓市场，重视人才、信息，才能最大限度的发挥出人力资本的潜力，将各项事业搞好。仅靠政策倾斜和国家扶持是没有出息的，实现现代企业制度是企业生存和发展的根本出路。

有条件的企业应该按照市场经济规律，通过兼并、联合、重组等，尽快形成更加合理的经济规模，提高企业的国际市场竞争能力。没有条件组建大公司（集团）的中小企业，应坚持向专业化、特色化、效益化的方向发展。世界50强食品产业集团，一年总销售收入是6300亿美元，其中食品工业是4530亿美元。排名前三位的瑞士雀巢、美国菲利浦—莫里斯公司和英国荷兰联合利华公司，每年销售收入在400～600亿美元。这三家公司的任何一家销售收入就已达到我国全国食品总产值的一半以上，竞争力之强是可想而知的。因此，我们的企业应该有胸怀、有志气、有决心联合一致、共同对外，把我们的企业、我们的食品工业做强做大。

2. 认真学习掌握WTO的各项基本规则以及中华人民共和国加入议定书和附件，使国内企业尽快熟悉进行国际贸易活动所应遵循的“交通规则”，参照国际经贸规范、技术标准、财会标准以及我国政府根据WTO规则要求所调整的法律、法规或政策等组织生产与经营，增强企业适应国际竞争的能力，加快我们融入世界经济的步伐。创造条件吸引和培养具有综合素质，既了解行业发展懂得专业知识又掌握国际经贸规则、熟悉外语、勇于创新、有责任心、工作效率高的人才队伍，形成带动食品工业生产力发展的核心力量。

3. 大力开展科技进步和技术创新，努力营造食品工业企业技术创新体系和机制。有条件的大企业要建立技术开发中心，实现生产一批、储备一批、开发一批、研制一批的技术创新良性循环。对于装备水平以及与国际先进水平差距较大的领域或生产环节，可以采取引进创新或者是自主开发与引进国外先进技术和装备相结合的模式改造落后产业、发展传统产业，充分利用信息技术、电子技术等现代先进技术手段，以及生物技术等一系列食品加工先进技术，提高企业的技术和装备水平，开发新产品，推出新产品占领市场，创造价值，积累资本，快速缩短差距。之后，可利用所积累的经验和财富，集中各种条件实现自主创新，发展高新技术食品产业，实现高科技、高效率、高效益，达到或领先于世界水平，处于竞争的主动地位，最终实现推动食品工业生产力的持续快速发展。

4. 加强产品质量管理，积极采用国际标准，推行 ISO9000 质量认证体系和 ISO14000 环境认证体系，GMP（良好操作规范）、HACCP（危害分析关键控制点）等先进质量保证手段，实现产品质量的优质和稳定，要积极搞好售后服务，企业真正做到消费定位准确、产品质量好，价格合理、服务周到，有利于消费者，一定会赢得更多的市场空间。树立良好的品牌形象，增强产品的效益和竞争能力。

5. 做好国内市场大文章。国际间产业结构是有分工的，任何国家的食品制造业都有强有弱，有所为有所不为。而市场需求是有区别、有层次的，是多种多样的，把握好市场定位，就会有自己的广阔天地。就市场需求的档次来看，发达国家的高档商品有市场，而中低档商品的市场更大。食品制造与消费，又以其运输和保鲜成本，口味和消费习惯而更加突出其地域性、本土化。中国有 12 亿消费人群，且已形成高中低不同消费层次，中国的不同地区、不同民族均有自己特定的饮食习惯，因此，企业应准确把握市场需求，首先在中国市场取得成功，为企业的积累和发展打好基础。

6. 有效利用世贸组织的无歧视原则和市场准入等项原则，扩大我国具有比较优势的食品出口贸易。认真研究并掌握我国食品出口重要贸易伙伴的相关技术规定和检测标准及方法，及时调整出口产品结构，淘汰与之不适应的生产方式和落后产品，跨越技术性贸易壁垒的障碍，争取更大的市场空间和发展机会。必要时应用争端解决机制等法律手段，减少甚至消除多边和双边贸易中的摩擦和不合理的阻碍，为我国食品工业出口创造良好的国际环境。有条件的企业可通过到国外投资办厂、承包工程、技术合作等多种形式，开展经贸活动，充分利用国外资源和国外市场，扩大经贸合作与交流，建立国际政治经济新秩序。

7. 充分利用世贸组织的“贸易补救”措施，通过采用反倾销、保障措施和技术性贸易堡垒手段，减轻外国产品大量涌入对我国食品工业的冲击。加紧修改、完善、起草、审定、发布与食品有关的法律、法规及国家标准、行业标准及商品检疫、动植物检疫和卫生检疫标准，应使标准的制修订由过去侧重为工业产品服务转向为出口贸易服务，为冲破贸易技术壁垒服务，应按国际通行的做法，主要抓卫生、环保、安全等方面的技术要求，适当减少具体技术要求，以增加产品的广泛性和灵活性。对进口产品可以在技术法规、标准及合格评定方面制定有利于我国产品发展、适当制约进口、保护民族工业的相关技术措施。对高新技术食品企业及对人民健康更为有利的食品产业，应给予适当的资金或政策支持。

8. 加强和改善政府宏观调控能力，充分发挥行业协会的作用。

美国等西方国家行业协会或中介组织非常发达，其法规体系很完善。中美签订协议，只解决了和美国政府的关系，我国的企业要进入还要相应击破各个“关卡”以及行业协会的一道行业关卡。

有专家指出：今后一是加强和改善宏观调控，比如变政府投资扩大内需为民间投资扩大内需，使市场调节发挥主要作用；另一个是扎篱笆，加强地方和行业协会的法律法规建设，行业自律保护和各项行业服务工作。使行业协会在政府与企业之间发挥出应有的作用。

总而言之，加入世贸组织对我国食品工业降低成本，技术进步，提高质量，优化结构，丰富市场，扩大出口，满足国内外市场的消费需求以及促进食品工业整体水平的提高是大有好处的。只要我们将挑战作为机遇，压力变为动力，积极改革，扬优弃劣，不断增强产业的竞争力和经济实力，一定能够将食品工业的前进步伐融入全球经济一体化的运行轨道，蓬勃发展，奋发图强，为满足国内外消费者营养方便美味健康益寿的饮食需求而不断作出新的奉献！为中国经济乃至世界经济的繁荣和昌盛而贡献力量！

对21世纪食品发展的展望

蔡同一

（中国农业大学食品学院 北京 100094）

食品结构的调整，应当科学地建立在人体需要的基础上。21世纪人类对食品的需要，是食品结构调整的根本出发点。

21世纪是人类拥有营养权利的新时代。全人类要有良好的充足的营养，人们通过吃来摄取各种营养素。所以，吃是一门科学，体现的是饮食文化。这不仅是指某种食物，更重要的是要有科学合理的膳食结构和能满足人体生长发育需要，学习、劳动、工作、生活营养需要的食品结构。为了达到此目的，必须坚持多样、平衡、适量地摄入食物的基本原则，不缺、不偏、不过、不乱地从食物中摄取各种营养素。从流行性病学研究中已经确认各种危害人类健康的多种传染都可使营养状况恶化而营养不平衡，营养的不良又是感染盛行的决定因素。所以，21世纪食品有两个重要的发展领域：除了增强食物的营养保健性之外，另一个是提高食物的安全性。

在新世纪中我们提倡吃“绿色食品”。绿色食品是遵循农业可持续发展的原则，按照特定生产方式生产和加工，经绿色食品管理机构认定，属于无污染的安全、优质、营养类食品。截止1999年底，已开发出1353个绿色食品，生产总量为1105.8万吨，面积有3563万亩，涵盖了7大类、29个分类的农产品，包括粮油、果品、蔬菜、畜禽蛋奶、水海产品、饮料类、酒类等。其中初级原料产品占30%，加工产品占70%，全国已有742个企业参与绿色食品开发，年销售额为302亿人民币，出口额达10.8亿人民币。

人们应重视食用黑色食品。黑色食品是指食品自然色泽较深，营养较丰富，具有调节人体生理功能的作用。其主要原料有黑米、紫糯、黑豆、黑芝麻、乌鸡、黑枣、紫菜、首乌、龟、甲鱼等，它们是营养功能食品的理理原料。千百年来我国人民通过自身的饮用实践，提出了“逢黑必补”的说法，很有道理。现代医学研究也证实黑色食品的功效。美国营养学家贝格力指出：“黑色食品是一种有价值的抗癌食物”。上海仁济医院在1990年对40位患直肠癌者饮用黑米食品的临床测定，表明具有增加血小板，升高白血球，提高免疫力的效果。所以黑色食品将是新世纪人们乐意选择的食品。

食用菌食品是指真菌中能形成大型了实体或菌核并能食用的种类，被称为“大型经济真菌”。我国利用大型真菌作为药物已有2000多年历史。蘑菇、香菇、木耳、冬虫夏草、灵芝、茯苓和菇类都是天然食品中的维生素重要来源，普遍含有较丰富的麦角甾醇，可在紫外线下转变成维生素D。鲜草菇中维生素含量达206.27毫克/100克，在水果蔬菜中是少有的。木耳、香菇中含有较丰富的铁（Fe），银耳中含有较多的磷（P），有助于提高大脑功能。香菇中灰分元素中钾（K）占64%，是作为碱性食物中的高级食品。菇类食品被营养学家推荐为十大健康食品之一。他们预言：食用菌将成为21世纪人类食物的重要来源，在蘑菇提取液内发现一种干扰素优生剂，具有很强抗病毒能力，我国正在发展的食用菌有蘑菇、香菇、木耳、草菇、银耳、金针菇、猴头菇、滑菇，它们能提高机体免疫功能，增进智力，改善视力，提高耐力。

豆类食品很值得我们重视，大豆含有40%蛋白质，18%脂肪酸，以不饱和脂肪酸为主。种一亩大豆可生产50千克优质蛋白质，这是解决我国人民特别是农村优质蛋白质消费的重要途径之一，是调整农村产业结构的重点内容。大豆健康效应研究结果告诉我们大豆具有延缓衰老、降血压、降血脂、预防癌症，尤其是乳腺癌、结肠癌、前列腺癌的作用。大豆纤维食品、大豆寡糖食品、大豆磷脂产品、大豆异黄酮、大豆肽水解蛋白产品等都很有健康价值，很有研制开发前途。大豆异黄酮为特殊保健因子，它具有弱的雌激素活性，有抑制和协同双向调节功效。异黄酮还显示为骨质保护剂，可预防骨质丢失，减少更年期妇女面部潮红次数，1973年美国伊利诺伊大学成立了国际大豆资源库和大豆技术中心，建立了150个全国性和国际性组织，有500多位科学家组成的一个广泛的合作网络，致力于大豆市场开发、加工利用的合作研究、人才培训、技术转让和信息传播。1996年7月，我国开始实施“国家大豆行动计划”，1999年11月举行了大豆食品与健康高层研讨会。可见大豆已成为新世纪最热门的健康话题。

21世纪科学发展中几个深层次问题是物质结构问题，大宇宙问题和生命科学问题，这将对食品科学的发展产生重大影响，主要表现在迎接农业基因工程新时代。

食品及其加工已进入分子水平和基因工程的水平。在美国甜玉米、婴儿牛奶、面包、巧克力等很多食品采用了转基因技术。通过利用生物技术研制开发的食品称为转基因食品。如转基因番茄，是我国第一个可以正式商品化生产的转基因农产品。从番茄自身组织提取乙烯形成酶基因，颠倒方向将它构建成反义基因，将这种反义乙烯形成基因导入番茄，可以抑制成熟，成为转基因耐贮番茄，维生素C含量提高，贮藏期延长达三个月，还提高了番茄好果率，使之达80%。

另外，从天蚕中分离出最具有杀菌效果的蛋白质即天蚕素基因导入马铃薯中，大大提高了马铃薯抗病害的能力，减少了损耗，使马铃薯产量提高30%。

再如，转大马哈鱼生长激素基因的鲤鱼，提高了生存能力和生长速率。

大宇宙问题研究使太空探索空前活跃。走出地球是人类文明发展的必然趋势，又是人类文明延续发展的重要条件。但是太空中存在着威胁人的安全与健康的因素，失重、辐射、心理应激。失重使身体平衡定向控制失调，影响到血液成分的平衡，引起骨钙丢失、肌肉萎缩、红细胞生成速度下降、心肌收缩力变弱、人体免疫功能下降。太空飞行改变了生物机体的发育过程。因此提出了研制航天食品的要求。要求在失重和太阳电离辐射强度加大，内分泌失调状况下通过食品，一类特种食品供应使上述症状加以缓解，太空探索将给食品研制带来革命性的变化。

直到现在生命科学研究告诉我们的生物都是基于碳（C)、氢（H)、氧（O)、氮（N）大分子，并且生活在有水的环境中。我们已经在星际空间中发现氨基酸的存在，这就提出了生命仅仅限于只此一种形成吗？有没有不是C、H、O、N大分子，却可在某种适宜环境中生成另一种形式和类型的生命？生命是有层次的，单一细胞；一群形态构造相似，功能相同的细胞，细胞间质按一定规律结合在一起组成各种组织，几种不同组织又按一定结构联系，联合形成具有特定形态特征和生理功能的器官；几种器官再协同工作构成一个一个的系统；各种系统协同构成个体，生命的多态性使需要食品提供的营养素的多样化，满足不同层次水平上的生命对营养的需求，这也是食品研制中需要解决的问题。

总之，我们要根据营养的需要，而非一时的商业需要来调整食品结构，制定国家食品生产政策，保证和加强食品加工营养素的有效保存，解决好食品多样性和提高生物利用率的问题，以满足21世纪人类对食品的需要。

（原载于《食品工业科技》2001年第1期）

要把餐桌主食品作为食品工业发展的主流

李里特

（中国农业大学　北京　100083）

1　我国食物生产新形势

近年，我国的农业已经发生了不同于过去数千年的根本性变化。丰收给人们带来的已不光是喜悦，无论是农产品、畜产品甚至水产品都普遍出现了所谓的“卖难”的问题。农产品销路不畅，价格下跌，乡镇企业发展速度和效益下滑。究竟是“供需平衡、丰年有余”，还是我国农业的生产能力已进入供过于求的时代，成为制定农业发展战略不能回避的重要问题。尤其是我国即将加入WTO，食品工业还面临新的国际竞争，能否成为国际竞争的强者，如何对付这一严峻的形势，成为我们急需解决的问题。

目前我国农产品产量和人均主要食品消费量除乳

品外，均超过世界平均水平，许多甚至与发达国家比较接近。可以说无论是从结构上，还是从数量上，我国食物已基本满足人们的健康需求。“卖粮难”的出现并非因为加工跟不上，而是我国农业生产水平已经发生了质的变化，经过数千年“饥饿时代”的中国，已经进入“饱食时代”。这是现代农业科技进步的必然结果，是中国历史上农业发展的重大转折，也是全党、全国广大农民、农业科技工作者多年奋斗的结果。

可以看出，我国食物仅靠追求产量，对农业经济的推动力已十分有限。我国2000年反映消费水平的恩格尔系数为52%，2020年据预测为45.5%，实际上根据我国的饮食习惯，其时的恩格尔系数恐怕更低，加之人口随经济增长会进一步缓慢，因此，国内食物消费增量的发展余地不会很大。

值得注意的是，有一种论点认为我国人均年消费粮食距美国的800千克还有相当大的差距，因此不承认我国粮食总产已满足要求，甚至提出粮食高消费的对策，即：要把大米等粮食大量转化为饲料，大养畜禽。其实，这个想法忽视了两个事实，其一，从营养学看人类并非食肉动物，“五谷为养”这一古训，已经得到甚至包括发达国家营养学者的确认；其二，我国事实上畜产品也已经连续数年出现“卖难问题”。因此，这样做不仅不会摆脱“粮贱伤农”的局面，更会加重农业资源和环境的负担。

我国人均土地资源、水资源和能源都远低于世界平均水平，据统计1995年美国人均消费能源按石油换算达7905千克/人·年，而我国只有707千克/人·年。据估计，若我国人均消费达到美国水平，那么需要数个地球来养活。从资源角度看，不允许我们单纯与发达国家比人均消费量。我国居民的生活质量和发达国家相比还有很大差距，但主要差距不再是饮食生活的差距，而是“住”、“行”和劳动、生活、娱乐的条件及环境。

一些地方“未解决温饱问题”，并非我国粮食总量不够，而是那些地区“缺钱”，缺乏发展经济的人才和自然资源。

2　食品加工与主食工业化

农产品加工增值成了人们的共识，然而，加工什么？是一个必须首先解决的问题。农产品要通过加工转化，提高附加值，使其增值，达到农民增收。这是对的，但必须冷静客观地分析和科学地理解提高转化率和附加值问题。提高附加值不仅只是使加工者赚钱，它还意味着作为产品的食物对人体可提供的单位热量所消耗的能源会增加，意味着消费者购买食品的费用会增加，同时意味着农业资源的负担会加重。不考虑实际功效，片面提高附加值，是我国许多“特色”食品昙花一现的主要原因。此外，消费者的营养吸收量有限，虽然他们可以选择食品种类，但消耗总量不会有多少变化。

从另一角度看，由于我国有限的能源和资源，对生物资源的大量消耗并不适合我国国情。从能量转化角度讲，农业本身是将太阳能转化为人类维持生命活动的生物能源的产业，在化石能源开发以前，它几乎是人类社会活动的唯一能源。从可持续发展角度看，农业的这一重要使命不会减弱，更需加强。可是如果忽视这一点，农业甚至会成为耗能的产业。所谓的附加值实际上50%以上来自能源的消耗。如果附加值给人们带来的并非是健康和便利，甚至只是浪费和奢侈，后果不堪设想。当前一个普遍的现象是：许多地方一味追求将粮食加工成高档食品或礼仪食品，甚至靠“高科技”开发千奇百怪的所谓“滋补品”和“保健品”，更有甚至还企图把珍稀动植物转化为产品。且不说其中许多产品只是利用了我国广大消费者营养知识的盲点，用“氨基酸”、“抗衰老”等科学词汇引诱消费者，即使果有其事，这种做法不免忽视了成本、能耗和我国的消费水平，不仅会加重资源的负担，也不会有稳定的市场。

主食也叫餐桌食品，是指作为居民每日三餐的常用食品，不仅馒头、米饭、包子、面条等是主食，肉制品、奶制品、豆制品，甚至如酱油、醋、酱之类调味品也包括其内。国外把饮料、糕点、糖果、茶、酒归于嗜好食品。国际上发达国家食品加工的主体都是指主食的加工。主食市场无疑是一个最稳定、最广大的市场。只考虑经济效益，依靠广告和利用消费者的盲点终究不会长久。当前最主要的是转变观念，着力提高主食加工的工业化水平，开拓主食市场。发达国家居民消费的食物中，工业化食品达到70%左右，有的达到90%以上，而我国这个比例只有15%～20%。以小麦制品为例，我国工业化生产的小麦食品，称得上规模的还要算方便面，至今据统计已达1200多条生产线，然而其所用面粉仅占面粉总量的4%。而日本小麦粉生产量约为460万吨，其中家庭用仅占4.5%，其余全部为加工用面粉。面粉用量中，面包用占36.0%，面条用35.5%，糕点用12.6%，工业及其他用面粉占10.0%。

也许我们会注意到，一方面食品商店里各种“口服液”、“□□精”等精美礼品积压如山，一方面“自由市场”的大饼面条摊、酱肉咸菜车的买卖却热火朝天。居民们最需要的是这些可口、方便、便宜的“餐桌食品”。实际上国外的工业化食品，如面包、火腿、比萨饼、汉堡包、干酪、燕麦片等等都是当地人们的主食，相反“口服液”、“保健食品”之类只是很少的配角。今后，随着人们生活节奏的加快，生活质量的提高，对工业化食品的期待会越来越高。

3 WTO与宏扬中华食品文化

我国主食工业化已经提出多年，然而绝大多数居民仍然没有摆脱每日三餐，点火炊饭的劳作，其原因应该总结。

3.1 要发展对主食餐桌食品的加工，首先要面向我国广大消费者的一日三餐开发产品。过去我们曾一度把发展面包作为主食工业化的突破点，因为面包有许多优点，是许多西方国家居民的主食，然而食品毕竟与饮食习惯有关，不象中山服改西装那么简单。面包不仅有口味习惯的问题，作为主食还有与其他菜肴、进餐方式搭配的问题。外国的面包搭配香肠、奶酪、黄油、生菜色拉相得益彰，可是就着炒青菜肉丝、炖豆腐吃，就未必滋润。方便面之所以在我国发展很快，就是因为它首先是人们习惯了的主食。我们的主食中还有许多停留在原始的手工加工阶段，如馒头、包子、花卷、烙饼、豆浆、油条等等。开发这些食品应该很有市场。问题是一定要符合我国居民的饮食习惯。

3.2 开发主食食品，除了吸收国外食品的精华和技术外，对我国传统食品进行全面系统地调查、整理、发掘和工业化改造，是当前的重要课题。我国各地有许多优秀的传统食品，即使在国外也受到重视，然而由于我们自己过去搞食品工业只注意国外先进技术，认为传统东西落后过时，所以有的因跟不上现代人们消费的变化，失去了往日的光彩，有的甚至濒临失传。值得一提的是，象豆浆、豆豉、荞面饸饹这样的传统食品，在国外不仅工业化生产，甚至成为高级的健康食品。

开发传统食品既有继承，也要有发展。对自己的东西妄自菲薄，往往会失去我们的优势，失去这些东西所蕴涵的中华民族智慧的结晶。其实我们的先人对自己的国宝曾十分重视，在历史上留下了许多象《齐民要术》、《安平公食学》、《饮膳正要》这样的著作，然而，现代对我国传统食品进行系统调查、科学整理、认真发掘的学术成果几乎没有。反倒是国外学者对我国的许多传统食品倍感兴趣，要“研究中国不同地域豆腐的制作机理”，“中国发酵豆制品的菌种及其演变”，“使用天然碱水的兰州拉面”等等。造成这种墙内开花墙外红现象的，除了近代我国形成了一种自卑落后心理影响外，也和我国曾片面强调所谓“高科技”、“新技术”分不开。只有民族的才是世界的，“温故而知新”，对传统东西的认识和升华不仅需要高科技，其成果也是创新。

3.3 传统食品的开发需要创造和高科技。传统食品工业化生产并非简单的规模化、自动化改造，它既包括对产品从营销学角度的定位和设计，也包括运用现代营养学、加工学、工程学知识和技术生产出受市场欢迎的新产品。在国外，象肯德基炸鸡、麦当劳汉堡包、方便面等等就是这样成功开发的范例。必须指出，许多传统食品已不能完全满足现代人们生活的需要。主要差距是方便性、卫生性、流通性和嗜好性等方面的问题。例如我国对土豆的传统食用方法就大大限制了土豆的加工利用，豆制品也存在类似的问题。还有一些食品（如馒头、饺子）虽然经过科技人员的努力，基本可以实现机械化、规模化生产，但是显然忽视了诸如发酵工艺、“老化”控制、风味和营养增强等加工工艺方面的深入开发，在标准化、规格化方面尚未达到商品性要求，因此还不能说完成了工业化开发。这些传统食品的工业化开发需要创造意识和多学科新技术的综合应用，包括现代市场营销学。

3.4 主食开发与食品文化。现代食品加工要求食品具有四方面的功能：营养功能、嗜好功能、生理功能和文化功能。中国的传统主食之所以在我国有着深厚的基础，是因为它是中国饮食文化的重要组成部分。过节饺子、长寿面、年糕、月饼、红鸡蛋等等，不仅养育了中华民族，还给千家万户带来生活的乐趣和希望。许多国家都十分珍视自己的食品文化，保护和发扬自己的食品文化，甚至把它作为维护民族权益，保护本国农业的战略。最典型的是日本，尽管过去英、美等国把吃生鱼、生肉看作是原始落后的饮食文化，可是日本人并没有轻易放弃，而是不断弘扬丰富其形式，终于成为连美国人都认可的美食。

值得一提的是，日本有一种类似我国豆豉的大豆发酵食品叫“纳豆”，约100年前日本北海道大学的教授泽村真、半泽洵等学者不仅深入研究了它，并确认了其发酵的菌种，命名为“纳豆菌（Bacillus natto)”，而且半泽洵教授还在他1919年出版的论著中对纳豆写下如下名言："……对营养丰富、易消化，可与欧美的干酪媲美的纳豆，应使其摆脱不卫生的稻草包裹，对缺乏卫生知识的传统制法要进行改进，寻求那些希望接受新技术的纳豆企业家，填补它们现代知识的空白，改变纳豆在食品中的卑贱地位，使它不再是很少数人习惯的食品，通过提高其品位，改良其品质，使之成为真正先进的文明食品。这样就可以使它扩大消费市场，甚至成为外国人也喜欢的美食，从而提高本邦特产大豆的身价，因此要大力提倡食用纳豆。"这些话深刻地影响了日本传统食品工业化，纳豆成为世界有名的方便食品、健康食品。而日本纳豆规格所要求的大豆也使得其国产的小粒大豆抵御了美国大粒大豆的竞争。对这样的传统食品日本学者100年来锲而不舍，进行了孜孜不倦的全方位研究，最近发现其发酵产物有着很强的抗血栓功能，使它成为更受欢迎的功能食品。我国即将加入WTO组织，要使我国的农业、食品工业在强大的国际竞争中得到发展，开发我国的民族食品，确立这些食品原料的特殊规格标准十分必要。

应当指出我国主食工业化发展滞后的一个主要原因是过去计划经济的影响。食品工业的主管部门是轻工系统，而轻工系统当时主要任务是生产可以换取外汇的罐头类食品，以及糕点、糖果、烟、茶、酒等副食品。直到20年前主食品的工业化生产几乎还是空白。我国食品界有识之士早在改革开放之初就呼吁主食工业化的问题，因为认识上、经济水平的差距，技术人员的知识结构和食品厂基础不足等等原因，目前虽有很大进步，但仍然任重道远。而现在我国主食工业化的条件已基本成熟，食品工业也面临加入WTO的挑战，乡镇企业怎么办？找出路不容迟疑。主食工业化不仅会使我国食品工业走上健康、稳定发展道路，也会为中华民族的强壮、人民生活质量的提高、农村经济的发展带来革命性进步。

（原载于《食品工业科技》2000年第3期）

食品工业中HACCP应用现状和未来发展

黄丽彬　李柏林　齐凤兰　陈有容

（上海水产大学食品学院　200090）

0　前言

HACCP的全称是Hazard Analysis Critical Control Point，即危害分析关键控制点。它是一个以预防食品安全为基础的食品安全生产、质量控制的保证体系，由食品的危害分析（Hazard Analysis，HA）和关键控制点（Critical Control Points，CCP_s）两部分组成，被国际权威机构认可为控制由食品引起的疾病最有效的方法，被世界上越来越多的国家认为是确保食品安全的有效措施。

1　HACCP原理

1.1　HACCP的产生和发展

20世纪60年代美国Pillsbury公司与美国宇航局用"零缺陷"方法控制宇航员食物的卫生质量开发航天食品时，形成了HACCP食品质量管理体系，并证实了其可靠性。1971年，Pillsbury公司在第一届美国国家食品保护会议上首次提出HACCP，从此这一概念就在食品工业发展起来。

美国是最早使用HACCP系统的国家，FDA首先将其用作制定酸性食品和低酸性食品法规的基础，并在食品加工制造中强制实施HACCP的监督与立法工作。此后，美国发布了不同食品生产和进口食品的HACCP法规，欧共体、加拿大、日本、泰国等国家也相继出笼了实施HACCP体系的法规和命令。

我国从1990年起开始了食品加工业应用HACCP的研究，由食品卫生监督机构采取试点研究的方式，对酸奶、肉制品控制取得显著的效果，国家商检局研究加工的出口产品对虾、柑橘应用HACCP原理进行质量控制，也取得成效。

1.2　HACCP原则

HACCP体系是鉴别特定的危害并规定控制危害措施的体系，由以下基本方面组成。

1.2.1　危害分析和预防控制措施　估计可能发生的危害及危害的严重性，并制定控制危害的预防性措施。

1.2.2 确定关键控制点（CCP） 关键控制点是指能够实施控制的一个点、步骤或程序，但每个引入或产生显著危害的点、步骤或工序未必都是关键控制点。关键控制点在实际生产中可分为两种形式：CCP1 将确保控制一种危害，CCP2 将减少但不能确保控制一种危害。确定关键控制点后，还要设定发生在各个关键控制点的危害的可接受的最低水平。

1.2.3 建立关键限值（CL） 关键限值（critical limit，CL）是确保食品安全的界限，每个 CCP 必须有一个或多个 CL 值，包括确定 CCP 的关键限值、制定与 CCP 有关的预防性措施必须达到的标准、建立操作限值（operational limit，OL）等内容。极限可以作为每个 CCP 的安全界限。

1.2.4 关键控制点的监控 监控是指一系列有计划的观察和措施，用以评估 CCP 是否处于控制之下，并为将来验证程序中的应用作好精确记录，包括监控什么、怎样监控及监控频率和力度的掌握、负责人的确定等方面内容。

1.2.5 纠偏措施 建立一个改正行为计划来确保对在生产偏差过程中所产生的食品进行适当的处置。

1.2.6 保持记录 准备并保存一份书面的 HACCP 计划和计划运行记录，建立有效的记录程序对 HACCP 体系加以记录。

1.2.7 验证程序 建立验证 HACCP 体系正确运作的程序。包括验证对危害的控制是适当的，各安全控制点是否严格按照 HACCP 计划运作，并对运行情况作记录，确证 HACCP 整体计划是否充分有效。

1.3 HACCP 的特点

HACCP 是一个真正的逻辑性控制和评价系统，有利于防止食品所引起的疾病，提供有利于健康的和对安全有保证的食品，提高顾客的满意程序。近年来应用越来越广，与其他质量体系相比，具有简便易行、合理的特点。

1.3.1 具有全面性 HACCP 是一种系统化方法，涉及食品安全的所有方面（从原材料、种植、收获和购买到最终产品使用），能够鉴别出现今能够想到的危害，包括实际预见到可能发生的危害。

1.3.2 以预防为重点 使用 HACCP 防止危害进入食品，变追溯性最终端产品检验方法为预防性质量保证方法。

1.3.3 提高产品质量 HACCP 体系控制质量，产品更具竞争性并保证消费者食用安全。

1.3.4 具有良好的经济效益 通过预防措施减少损失，降低成本，减轻一线工人的劳动强度，提高劳动效率。

1.3.5 肯定了食品行业对生产安全食品有基本责任 保证食品安全的首要责任首先归于食品生产商或/和销售商。

1.3.6 提高政府监督管理工作效率 官方检验员可将精力集中到最容易发生危害的环节上，通过检查 HACCP 监控记录和纠偏记录可了解工厂的所有情况。

1.3.7 为食品业体系与进行监督管理的政府体系提供联系的可能，有助于改善工厂与管理官方和工厂与消费者的关系。

值得注意的是，HACCP 可用于尽量减少食品危害的风险，但不是零风险体系。HACCP 是对其他质量管理体系的补充，和其他的质量管理体系一起使用具有更大的优越性，可以互相补充。

1.4 HACCP 原理的应用

HACCP 的具体执行非常复杂，根据上述基本原则进行，首先应指出整个作业过程中的关键控制点（CCP），建立关键控制点是实施 HACCP 控制系统的根本。

食品加工必须从原料的栽培、收获开始，直到消费者食用为止，对其中的关键控制点加以控制。关键控制点的确定应用 CCP 判断树来进行，如图 1 所示。

不同行业、不同生产厂家以及不同的产品和不同的生产工艺的关键控制点不同，同一步骤中不同的危害的关键控制点也不同。确定 CCP 应该结合实际情况，因地制宜，不能盲目照抄照搬。

2 HACCP 与食品安全性

2.1 食品危害

由物理性、化学性或微生物性因素引起的、可能造成食品的不安全，影响消费者健康，称之为食品危害。HACCP 系统里共有三类危害：微生物、物理和化学性质的危害，其中以微生物性危害最重要，也是最常导致问题的发生。

危害度指危害对消费者健康造成的不良影响程度。对危害度的分类方法有多种，国际食品微生物标准委员会（ICMSF）的分类方法被广泛接受。

2.2 安全食品

只有符合特定要求的食品生产厂家生产的食品才可能成为安全食品。在我国，要求这样的食品生产厂经商检部门认可为“良好制造规范”（Good Manufacturing Practice，GMP）采用 HACCP 质量控制系统及 ISO9000 质量保证体系，同时，食品生产工厂必须获

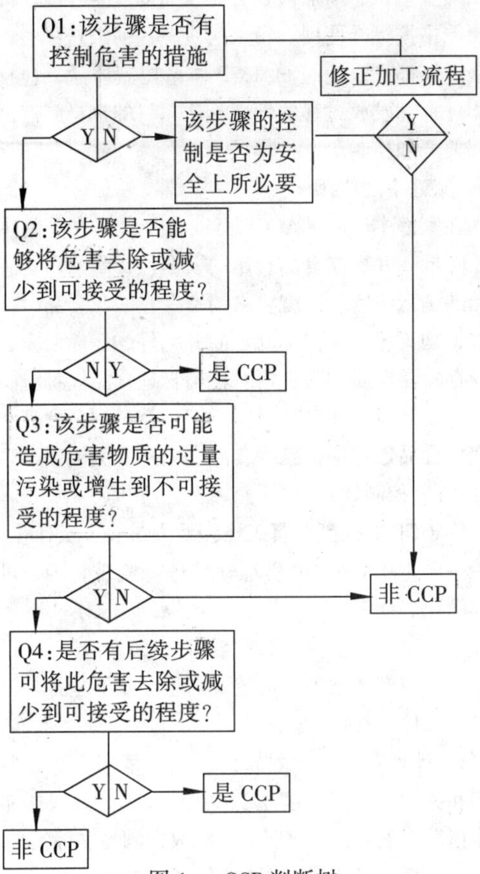

图1　CCP 判断树

得商检部门颁发的卫生注册证书。我国在某些试点厂生产的安全食品有芦笋罐头、烤鳗鱼、冻鸡肉、冻对虾等。

食品安全不等于食品卫生，食品安全的定义是对食品按其原定用途进行制作和/或食用时不会使消费者受害的一种担保，食品卫生则指为确保食品安全性和适合性在食物链的所有阶段必须采取的一切条件和措施。可见，食品安全是目的，食品卫生是实现目的的必要条件和保证。

2.3　HACCP 与食品安全

由于食品工业规模的庞大和多样性，食品引发的疾病越来越引起人们的关注。欧洲的“疯牛病”事件、亚洲的“口蹄疫”及美国发生的李斯特菌、沙门氏菌、0157:H7 大肠杆菌引起的食品危害、造成的恐慌至今仍记忆犹新。食品危害的严重性受到高度关注，食品安全成为许多国家政府和学术研究的重要课题，并相继推行保证食品安全的计划和措施。

HACCP 是一种在生产环境下鉴别并控制潜在的危害，预防不合格产品的预防性方法，和传统的以检验终端产品为基础的控制观念相比，更快捷、方便和安全，是一种简便易行、合理有效的食品安全保证体系。

食品安全与食品质量不能混为一谈。

国际上通行的质量管理和质量保证体系是 ISO9000 系列标准，它具有规范化、程序化，强调企业内部管理，最终目的是保证产品质量。ISO9000 系列主要着眼于生产商和供应商之间的契约性关系以及规定符合消费者利益的尺度，HACCP 是为生产商在食品生产中能确保食品的安全而设立的。GMP 体制是美国首创的一种保障产品质量的管理方法，世界上不少国家和地区如日本、加拿大、新加坡、中国台湾等都在积极推行，其重点是确定食品生产过程的安全性，防止异物、毒物、微生物污染食品和人为损失。

为满足食品生产的各方面要求，Pillsbury 公司采用了 CCP/CP/MCP 三种体系的控制方法，通过关键控制点 CCP 保证食品的安全性，通过控制点 CP 达到所需的常规要求，MCP（Manufacturing Control Point）为生产控制点，可满足生产者对生产过程的质量控制。

3　HACCP 的应用现状

3.1　用于控制食品原料质量

人们对绿色食品和健康食品的呼声越来越高，保证食品的安全必须从源头开始，从原料的生态环境着手。在植物性食品原料的生产和动物性食品原料的饲养方面，主要对害虫、有害微生物和农药及其他一些化学物质进行控制。对当今崛起的基因食品，则需要考虑长期的影响。

植物性食品原料的农药控制至关重要，可以采用以下方式进行：为种植者提供可使用的农药清单，提供其所需要的农药，并派专人指导使用和监督使用情况。动物性原料更看重对饲料和兽药中的激素、生长调节剂及抗生素的控制，对寄生虫、有害微生物的控制也很重要。通过对饲料的监督、改变生长环境，并对生物体定期检查来满足要求。不同的原料有不同的控制方法，根据具体情况确定 HACCP 关键控制点以得到安全的食品生产原料。

3.2　食品生产中的应用

生产过程中 HACCP 原理的应用尤其重要，在食品工业中的应用主要有以下几个方面。

3.2.1　水产品　HACCP 系统最早在水产品中得到应用，由于水产品含水量高，容易腐败变质，使分配、运输、贮存困难，过程中的质量控制尤为重要。

3.2.2 冷冻食品 由于冷冻食品的特殊性，很难从外观判断内容物质量的好坏，又因冷冻不是杀菌的手段，生产过程中的冷冻工艺、细菌的污染和繁殖的防止就是关键控制点，在冷饮食品、冻肉、冷冻蔬菜的生产中采用该体系进行质量控制的研究很多。用HACCP体系进行质量控制可以避免引起大规模的食物中毒事件。

3.2.3 罐头食品 罐头的杀菌是商业性杀菌，要照顾到内容物的色、香、味、形，空罐加工、罐头杀菌、封罐及成品的检验、储存都是关键控制点。我国在出口的芦笋罐头中实行的HACCP管理取得较好的效果。

3.2.4 果汁、冷饮、奶制品等 除了对原料的控制外，工艺的正确执行非常重要，空瓶的清洗、车间环境的管理与产品质量关系密切。

3.2.5 焙烤食品 焙烤食品被认为经过高温应该是安全的，焙烤食品的种类越来越多，产品的多样性和新工艺的引入，在月饼、糕点及牛肉干、肉松生产中可以引入HACCP体系进行全面的质量管理。

3.2.6 发酵制品 发酵过程控制染菌是关键，一旦染菌损失惨重，发酵废水、废气的排放与环境污染直接相关，利用工程菌发酵时对废液的处理更要谨慎。目前，在酱油、酸奶和某些酒类的生产中已经采用了HACCP原理控制产品质量，并取得良好的效果，生产菌的生长直接关系产品的质量和产量。

3.2.7 油炸食品 油炸方便面和许多休闲食品都属于这一类，对油的质量控制、包装材料的选择和保持产品的脆性是关键。

3.2.8 食品添加剂 添加剂在食品工业中的应用范围越来越广，种类名目繁多。在添加剂生产过程中进行质量控制，得到符合要求的产品是生产安全食品的前提。

3.3 产品流通分配中的应用

质量管理的最终目的是为消费者提供安全、高质量的食品。应用HACCP能够使工厂生产的合格产品在流通过程中减少损失，延长货架期，保证高质量的产品到达消费者手中。冷冻食品、冷饮食品、水产品等分配运输过程中的质量控制是保证高品质产品的关键。

3.4 餐饮业中的应用

一日三餐是人们必需的，烹调的温度、时间、保存条件及后处理是制备可口饭菜的关键控制点。通过HACCP体系确定关键控制点，对从业人员进行培训，提高质量意识，增加消费者对食品的满意程度。调味品要严格按标准使用。新兴的快餐食品配送中心、街头食品等都可以使用HACCP体系控制质量，包括对制作过程和发放过程的管理，从原料的选择到产品包装都要严加控制。

3.5 家庭中的应用

在家庭中应用HACCP可以减少食品在家庭中的品质降低，并提高食品食用的安全性，增加消费者对食品的满意程度。这就要求消费者在购买食品时认真检查，购买包装未损坏的食品并完好的运输回家，正确贮存，在保质期内食用。正确管理食品储藏室、保持厨房用具卫生和个人卫生、正确处理剩余食品和腐败变质食品也是保证家庭食品安全性的关键。

4.HACCP控制软件

HACCP的控制监督工作涉及人员多，工作量大，监控困难，用HACCP管理软件进行监督管理，可使工作简化、稳定。

4.1 HACCP自动控制的一般组成

自动控制体系中，最重要的组成软件是计划软件和执行软件。

4.1.1 计划软件 计划软件可进行危害分析，鉴别危害和关键控制点。建立HACCP计划，并根据实际操作情况对HACCP计划进行修改，满足实际需要。

4.1.2 执行软件 执行软件包括控制各个关键控制点，收集各关键控制点的情况，记录监测结果。当运行情况和HACCP计划有别，则从HACCP执行数据库中调取纠偏措施进行纠正，并作记录。

除了计划模块和执行模块之外，还有数据库和终端控制处理器。

4.2 HACCP自动控制的一般过程

具体执行过程：HACCP执行模块阅读HACCP计划文件，将其转化为程序，用于监控关键点，收集各关键控制点的监控数据，并和执行数据库的数据对比，如果发现问题，就转变为可以操作的终端信号，以便操作人员进行正确的调整或纠正。

4.3 HACCP自动控制软件

4.3.1 HACCP管理软件——Key_2 HACCP-plan Software和Key_2 HACCP-Exeute Software 该软件为全面管理HACCP控制系统的软件，采用直观工具简化流程图的设计，利用简化模块定义HACCP任务，帮助用户准确快速建立HACCP计划，减少失误，具有简便、正确等优点。危害分析图表保证用户对每一个因素进行周全的考虑。管理系统与文件直接相连，容易更正，只要某一操作步骤发生变化，HACCP图表和纠正程序会相应的自动更新。

4.3.2　食品安全软件——do HACCP™ software

在食品生产和分配流通中使用该软件，可以建立系统性的食品安全生产环境。软件模仿进料、操作、产出等工艺建立的物料流程图，能管理所有的HACCP信息，提供安全的生产环境。

4.3.3　HACCP应用软件——Keller-Soft™ HACCP Compliance software 该软件帮助用户循序渐进地建立HACCP计划，能产生并打印生产的物料流程图，将预防措施和生产中存在的危害、原材料的工艺流程图紧密联系。根据确定的关键控制点工作，保持各产品的生产记录，如收集的各关键控制点的记录数据。还可指导用户如何记录和管理标准的操作程序，将各种标准的操作程序进行分类，如质量控制、机器保养、卫生状况等。

该软件和do HACCP™ software，do SOP™一起使用能取得更好的效果。

4.3.4　HACCP记录软件——record HACCP™和Q-Pro Software 这些软件可以满足HACCP系统记录质量控制的要求，为公司管理提供依据，为上级部门检查提供了监控报告。记录的数据可以直接输入计算机，记录的同时，可通过传真或电子邮件发送到各部门，具有方便快捷、准确无误等优点。该系统管理记录数据井井有条，方便各个部门对数据的需求。能够建立各个关键控制点，临界极限、监控程序、预先决定的正确的行动计划并提供纠正措施和各种记录，如监控系统记录、正确执行报告、校准报告、监控记录和卫生监控记录。还可以指出失败的检查点，根据问题的严重程度来确定产品的等级，并检查缺点，提出改进措施。

该软件能在多种型号的计算机上运行，适合各种特殊生产环境的需要。

4.3.5　HACCP监督审核软件——audit HACCP™

该系统可以保证操作安全，正确执行政府部门的规章管理制度。控制质量时，将其放在可能引起食品危害的操作中，就能检查出存在的危害，并自动采取相应的纠正措施进行纠正，最终以正确的操作进行。

该系统最大的优点是能够同时监控审查内部操作和遥控工厂生产，对供应商、合作伙伴的产品进行审查监督管理。通过它还可得到实时规章制度和以往的审查结果。

5　HACCP应用展望

食品安全性至关重要，目前对食品安全性的保证和对质量的控制仍然存在某些缺陷，HACCP原理推广应用是一个长期而艰巨的任务。HACCP的应用当前还存在一些问题，尤其是利用HACCP自动控制软件进行管理，起步晚、应用少，但这是今后的发展方向和研究方向，在实际工作中应引起注意。

5.1　对HACCP体系的研究起步晚，具体操作经验少，存在问题多，应加强基础研究工作。

5.2　食品法规不健全且执法力度不够，应加强立法工作，完善规章制度。

5.3　管理不全面，只重视生产过程中的应用，对原料的生产和产品的分配流通抓得少，应进行食物的全线控制，保证消费者食用安全的食品。

5.4　保证食品安全时，要严格把好质量关，二者兼顾。

5.5　工厂化生产对产品安全和质量管理严格，个体食品、街头食品管理松散，不注意食品卫生，这方面的管理有待加强。

5.6　在具体执行过程中有盲目性，尤其是对关键控制点的确定，要根据实际情况指定相应的HACCP计划。

5.7　对HACCP管理情况的监督要严格，生产单位内部，监控应由质检部门完成，避免车间走过场的行为。政府也该有专门的监督部门监控生产厂家的执行情况。

针对工业上应用HACCP管理系统存在的问题，在实际应用中，要周全考虑各方面的因素确保发挥该系统的优点，给消费者提供高品质和安全的食品。

（原载于《食品科技》2001年第2期）

关于转基因食品安全性

罗云波

（中国农业大学食品学院 北京 100083）

随着生物技术的发展，生物技术已开始在食品领域中得到广泛运用，并以转基因食品的形式出现。所谓转基因食品即是：利用分子生物学技术，将某些生物的基因转移到其他物种中去，改造生物的遗传物质使其在性状、营养品质、消费品质方面向人们所需要的目标转变，以转基因生物为食物或为原料加工生产的食品就是转基因食品。转基因食品的研究已有几十年的历史，但真正的商业化是近十年的事。90年代初市场上第一个转基因食品出现在美国，此后，转基因食品越来越多，据统计，美国食品和药物管理局FDA确定的转基因品种已有43个。全世界转基因作物的播种面积已达到4000万公顷，转基因食品无论在数量上还是在品种上都已具备了相当的规模。在美国，超过60%的加工食品含有转基因成分，转基因食品的销售额高达上百亿美元；英国的报告也显示，该国超过七千种的婴儿食品、巧克力、冷冻甜品、面包、人造奶油、香肠、肉类产品和代肉食品等日常必需品，可能含有经过基因改造的大豆副产品。最近的调查表明，美国、加拿大两国的消费者大多已接受了转基因食品，仅有27%的消费者认为食用转基因食品可能会对健康造成危害，并且随着认识水平的提高，这个百分数还在不断降低。应该说转基因作物的研制还是有诱人的前景的。据联合国估计，全球有八亿五千六百万人在遭受饥饿的折磨。转基因技术能够培育出高产、优质的农作物新品种，从而使这种状况得到根本缓解。另外，长期、过量施用农药和化肥所带来的后遗症日渐突出，且难以治理，这也是令各国政府都十分头疼的问题。如果利用转基因技术培育出抗病、抗虫的农作物新品种，这一难题就有了解决的希望。

1998年，英国阿伯丁罗特研究所普庇泰教授的研究报道，幼鼠食用转基因土豆后，会使内脏和免疫系统受损。这是对转基因食品提出的最早的、有所谓科学证据的质疑，并在英国及全世界引发了关于转基因食品安全性的大讨论。虽然，英国皇家学会于1999年5月宣布此项研究“充满漏洞”，从中不能得出转基因土豆有害生物健康的结论，但与此同时，英国的权威科学杂志《自然》刊登了美国康乃尔大学教授约翰·罗西的一篇论文，论文指出，蝴蝶幼虫等田间益虫吃了撒有某种转基因玉米花粉的菜叶后会发育不良，死亡率特别高。在美国衣阿华州进行的野外试验也获得了同样的结果。尚有许多证据都指出转基因食品潜在的危险。丹麦科学家的研究表明，把耐除草剂的转基因油菜籽和杂草一起培育，结果产生了耐除草剂的杂草。这预示着通过转基因技术产生的基因可以扩散到自然界中去。美国亚利桑那大学等机构发表的报告指出，已发现一些昆虫，吃了抗害虫的转基因农作物也不死亡。因为它们已对转基因作物产生的毒素具备了抵抗力。有专家认为，生态环境是建立在自然选择的基础之上，历经数十亿年演化而来，人工培育的转基因作物能否在现有的自然环境中生存是一个未知数，而且就长远来说其对人类、对生存环境的影响也是未知的。因而对转基因技术应当慎之又慎。

从本质上讲转基因生物和常规育成的品种是一样的，两者都是在原有的基础上对某些性状进行修饰，或增加新性状、或消除原有不利性状。有意识的杂交育种已有100多年的历史了，且不要求对常规育成的品种作系统的安全性评价，而为什么对转基因植物进行安全性分析？这是因为常规有性杂交仅限于种内或近缘种间，而转基因植物中的外源基因可来自植物、动物、微生物，人们对可能出现的新组合、新性状会不会影响人类健康和生物环境，还缺乏足够的知识和经验，按目前科学水平还不可能完全精确地预测一个外源基因在新的遗传背景中会产生什么样的互作作用，但从理论上讲，基因工程中所转的外源基因是已知的有明确功能的基因，它与远缘有性杂交中的高度随机过程相比，其转基因后果应当可以更精确地预测，在应用上也应更加安全。

随着转基因技术的飞速发展和对其产品的环境释放安全性及食品安全性越来越广泛地受到关注，各国及国际机构均在制订相应的法规和条例，以便在促进生物技术发展的同时，保障环境安全及人类健康。1992年美国FDA公布了转基因植物作为食物的政策，该政策规定，转基因植物新品种及其产品，不需由FDA作市场前评价，除非它引起新的安全性问题。经济发展合作组织（OECD）1993年提出了“现代生物技术食品的安全性评价的：“概念和原则”的报告，报告中引入了一个“实质等同性”（substantial equivalence）的概念。所谓“实质等同性”即生物技术产生的食品具有实质的等同性。WHO（1995年）将实质等同性原则用于转基因食品的安全性评价。主要包括表型性状（形态、产量等农艺性状）、关键营养成分（脂肪、蛋白质、碳水化合物或微量营养成分）及抗营养因子、有无毒性物质（该物种中固有的有的有显著性的物质及其含量如马铃薯中的茄碱、番茄中的α-番茄素、小麦中的硒是否增加）及有无过敏性蛋白等。总的结论是若某一产品与市售食品有等同性，则应认为它与市售食品一样安全，不需作进一步的安全分析。引入的外源基因即DNA、mRNA本身不会有安全性问题。因为所有的DNA都是由四种碱基组成的，但有关引入遗传物质的稳定性及是否发生基因转移则应作分析。

引入基因所编码的蛋白若功能上有与内源蛋白相同或相似（如某种酶），则不可能引起明显的安全性考虑，对来自转基因抗虫棉中的苏云金杆菌的杀虫晶体蛋白Bt而言，因它特异地作用于鳞翅目昆虫，对哺乳动物、鱼类及非鳞翅目昆虫无作用，故重要的是它的特异性和作用模式。体外试验证明Bt蛋白可特异地与靶昆虫的中肠细胞结合，而在哺乳动物组织中无结合位点。因此根据Bt蛋白的结构、功能、特异性及消化降解很快等特点而不要求做动物毒性试验。有些蛋白已知为抗营养因子（如外源凝集素和蛋白酶抑制剂），由于食品加工可减少或消除这些毒性物质，因此含这类毒性物质的食物生吃时有毒，但经适当加工后则是安全的。

在下列情况下转基因植物食品可能产生过敏性：1. 所转基因编码已知的过敏蛋白。2. 基因源含有过敏蛋白。如Nebraska大学证明，表达巴西坚果2S清蛋白的大豆有过敏性，这是迄今已知转基因植物未被批准商业化的唯一例子。3. 转入蛋白与已知过敏蛋白的氨基酸序列在免疫学上有明显的同源性。4. 转入的蛋白属某类蛋白的成员，而这类蛋白家族中的有些成员是过敏蛋白。

基于以上考虑，目前已有一系列方法分析食品的潜在过敏性。并同时建立可靠的动物模型以分析转基因生物的过敏性。

食品安全性的另一个重要问题是标记基因的安全性评价。标记基因通常是一类抗生素基因，它用于基因工程操作中对转基因外植体的最初选择，人们担心该类基因是惧怕食用含标记基因的食品会使自己获得对抗生素的抵抗，生病时抗生素不再有作用。然而，标记基因的安全性决定于：

1. 标记基因有无直接毒性　任何DNA都由4种碱基组合而成，目前所用的标记基因，在DNA组成上并无异常。据计算，在24小时内进入消化道的真核DNA在小肠中有200～500毫克，在结肠中则有20～50毫克。使用转基因番茄FLAVR SAVRTM（Calgene公司）后，在同样的时间内摄入的卡那霉素抗性基因DNA估计为0.33～1. 00 pg，因此与消化道中持续存在的其他DNA相比是微不足道的，WHO（1991）及FDA（1994）得出结论认为食物中的转基因DNA本身并无安全性问题。2. 基因水平转移（Horizontal gene transfer）的可能性　人们食用转基因植物食品后，其中的绝大部分DNA已被降解，并在肠胃道中失活，极少部分（<0.1%）是否会存在安全性问题？例如是否增加人体的抗药性？目前的结论是：这种可能性很小，除非在特例中需加考虑。理由为（1）DNA从植物细胞中释放出来后，很快被降解成小片段，甚至核苷酸，因此植物DNA在进入有肠道微生物存在的小肠下段、盲肠及结肠前已被降解。

2. 即使DNA完整存在，DNA转移并整合进入受体细胞是一非常复杂的过程。首先DNA必须与细胞结合，穿膜进入细胞且不被宿主细胞内的核酸酶及修饰系统降解。其次受体细胞必须呈感受态，且供体和受体DNA至少有一段20 bp完全同源。再次要有合适的调控系统才能表达。况且，现在尚不知消化系统中有植物DNA转至微生物的机制。况且上皮细胞又其因新陈代谢、半衰期很短而不断被取代，不可能被保存下来。因此标记基因水平转移并表达的可能性极小，经食品加工后的植物材料则更不可能。

3. 未预料的基因多效性　基因的多效性有的可预测，有的则不可预测，其效应有可能有利或不利。所引起的不利性状可在常规育种中进行筛选。尽管基因多效性有不利的一面，但目前尚无随机插入激活毒性代谢的报道。WHO（1993）的结论认为，尚无标记基因插入不同位点而引起特殊的次生效应或多效性的证据，对此应对转基因生物与常规品种的的关键成分是否有实质等同性进行鉴定。

4．标记基因编码蛋白的安全性包括直接毒性、过敏性、因蛋白的催化功能而产生的副作用。蛋白在消化道中可降解为小肽和氨基酸。植物转化中的标记基因无特殊设计，因而不会同工业用酶一样的忍耐极端环境。在模拟消化系统中已观察到许多蛋白很快被降解。虽然已知许多蛋白对人有毒性，但在正常膳食中无此类蛋白（如蛇毒或细菌毒素）。植物遗传转化所用的标记基因，其编码蛋白尚无直接毒性的证据与毒性蛋白的氨基酸序列无显著的同源性，标记基因产物降解为多肽后，亦无证据说明比其他蛋白降解后的多肽毒性大，因此不可能产生新的毒性物质和安全性问题。若转化所用的标记基因来自一种已知的食物过敏源，则应考虑转基因植物中表达的蛋白是否有致敏性。目前尚无标记基因编码过敏蛋白的证据。它们在消化系统很快降解即可支持这一论据。

综上所述，目前对转基因食品的安全性评价已积累了较丰富的科学依据和经验，虽然还存在这样或那样的争论，转基因食品的优势还是表现得越来越显著。西方发达国家已充分认识到转基因食品的发展前景，并注入了大量资金。在我国，人多地少的状况下使转基因食品的发展显得更为重要。近年来，我国转基因食品的研究有了长足的进步，目前我国的生物技术发展水平与世界水平差距不远，是最有希望赶上世界领先水平的领域，其规模仅次于美国和加拿大。到目前为止，我国经农业部生物工程安全委员会批准了两种番茄、一种甜椒可进行商品化生产，随着转基因食品商品化的步伐不断加快，转基因食品必将会成为人们餐桌上的美味佳肴。

（原载于《食品工业科技》2000 年第 5 期）

生物技术与转基因食品安全性的争论

陈乃用

（中国科学院微生物研究所　北京　100080）

利用现代生物技术，特别是重组 DNA 技术，研究开发的转基因食品，近年来发展很快，有些产品已被批准商业化并开始进入普通家庭。当前老百姓最关心的是转基因食品的安全性问题。联合国粮农组织（FAO）和世界卫生组织（WHO）于 1991 年和 1996 年 2 次联合召开生物技术和食品安全的专家咨询会议，就现代生物技术产生的植物、动物、微生物来源的食品和食品成分对人类的安全性提出咨询报告和建议。各国政府也在制定相应的安全管理条例。尽管多数科学家认为，现代生物技术产生的食品本身的安全性并不比传统食品低，但是这项技术还是面临着各种争论。然而，这些争论多由政治、经济、贸易、伦理及宗教等因素引发。

1　现代生物技术和转基因食品的争论

构建遗传工程的目的是为了造福于人类。因此在转基因食品的研制中严格规定不得使用已知的毒素或过敏原，或生产对消费者有害的食品。各国对这类食品的检验要求也比用传统方法培育的果品、蔬菜或动物更加严格。

尽管有严格规定的检验措施，但是自 1990 年以来，有关食品的遗传修饰和新食品的安全性问题，一直争论不休。1997 年英国克隆羊“多莉”的诞生更引发了几次大论战，不仅对克隆技术也对遗传工程的其他方面产生了怀疑。有人担心，遗传工程研究的快速发展，有一天可能会发展到人的克隆。有些批评家根本反对在植物或动物中进行任何方式的遗传工程，甚至要求发布对转基因食品的禁令。

持批评态度的人认为，将遗传修饰（GM）技术用于食品生产会引起一些不良的后果。其中包括食品安全性和环境问题，以及伦理、宗教、文化等方面的问题。在欧洲，有些批评家把 GM 看作可能威胁到世界农业、健康和生态的新技术。近年来，英国和欧盟国家由于疯牛病的蔓延，影响了公众对食品安全管理部门的信任，也强烈抵制 GM 食品。1998 年 8 月，英国 Rowett 研究所的蛋白质生化学家 Pusztai 在接受电视采访时说，用转基因马铃薯喂养动物会阻碍小鼠的生长，更激化了公众对 GM 食品的抵制。英国皇家学会为此组织了同行评议，结论是 pusztai 的研究在实验设计、方法和结果分析上都有严重缺陷，实验数据并不能得出上述结论。

支持遗传工程食品的人认为遗传工程技术可以应用于大规模生产食品和药品，满足世界人口不断增长的需要。他们相信，GM技术为人类造福几乎是没有止境的，能够解决世界农业、健康和生态中的关键问题。他们还认为，某些批评家对GM食品的反对，是源于一些非理性的惧怕和贸易保护主义，而非可靠的科学依据。最明显的例子是，遗传工程产品应用最多的是在医学生物技术上，但争论很少，而在食品生物工程上则相反。

这场有关转基因食品安全性的争论，各国还在继续。但是多数科学工作者相信，在各国科学家和政策管理机构的努力下，一定能够在较短的时间内制定出符合世界人民利益和有理性和管理法规，继续推动生物技术向更健康的方向发展。

2 生物技术和GM食品的历史和发展

生物遗传工程学是用人为方法改变植物或动物遗传物质的一门科学。人类自远古以来就在进行着食品的遗传工程。聪明机智的农民利用不同种的植物进行杂交，培育出具有亲本植物性状的最理想的新品种。但是，传统植物育种方法是随机的，育种学家只能用亲缘接近的植物进行杂交，培育出一个有商品价值的新品种往往需要很长的时间。

使用现代生物技术，特别是对DNA进行操作，将DNA从一个生物转化至另一个生物（即重组DNA技术），这样几乎可以将任何生物的性状转移到植物、动物和微生物中。这项技术现已用于改变或转化当今用作食品的植物和动物。许多重要作物已由生物工程育种生长，它们带有抗除草剂、抗病毒、抗病虫害性状，为提高食物产量、改进营养含量、提供优良的加工或贮存特性等方面开创了新的途径。

1983～1989年是重组DNA技术在植物和动物遗传转化研究高度发展的时期。在这个时期，美国政府批准在奶牛中使用重组牛生长激素（rBST），这是一种合成的牛生长激素。给奶牛注射这种激素可以增加产奶量。这种激素是美国康奈尔大学的科学家在1979年首先研究开发的。

1990年，美国医药协会（AMA）和国家卫生研究所（NIH）分别断定，注射过rBST的牛，其肉和奶都和未处理的一样安全。一年以后，美国儿科协会批准使用rBST。1993年，美国食品医药管理局（FDA）批准在奶牛中使用rBST。rBST是一种蛋白质，可在消化道里消化，因此是安全的。康奈尔大学还生产了rPST（重组猪生长激素），使猪多长瘦肉，还能节约饲料。1990年，美国Pfizer公司的遗传工程型凝乳酶获准用于奶酪生产。1994年，FDA批准Calgene公司研制的FlavrSavr延熟番茄商业化，这是这类转基因食品批准上市的首例。此后，各国批准商业化的转基因植物迅速增加。据农业生物技术应用国际服务部（ISAAA）估计，1998年世界转基因作物种植面积28万米^2，种植主要作物有大豆占52%、玉米30%、棉花9%、低芥酸油菜籽（canola）9%。遗传特性：耐除草剂占71%、抗虫性占28%、其他1%。1999年转基因作物种植面积40万米^2，种植地区：美国72%、阿根廷17%、加拿大10%、其他1%，包括我国的0.4万米^{2}及澳大利亚、南非等地区。由于一些地区的抵制，2000年转基因作物的种植面积估计将减少10%～25%。据美国农业部2000年6月统计，转基因作物的种植面积占该作物在美国种植总面积的比例：耐除草剂大豆由1999年的47%增加到54%；抗虫玉米由1999年的37%下降为25%。

食品遗传工程不仅可以增加全年食品供应量，而且可以改进营养质量，延长食品保存期。遗传工程可用于增加食品中矿物质和天然存在的抗氧化维生素（类胡萝卜素、类黄酮，V_A、V_C和V_E）的水平，这些化合物可减慢或阻止生物氧化作用。在番茄和甜椒中大量存在的一种抗氧化剂——番茄红素，目前已用生物技术生产。

有些成熟后就能吃的热带作物如香蕉，已用生物工程技术生产可用作疫苗的蛋白质，如肝炎、狂犬病、痢疾、霍乱、腹泻以及其他肠道传染病等的疫苗。

许多食用植物，例如马铃薯、大豆玉米已用遗传工程技术插入产生Bt蛋白（一种杀虫毒素）的Bt基因。Bt蛋白对人无毒，会在胃酸中降解，但对害虫，如玉米螟、棉铃虫和马铃薯甲虫等有毒。但是，有的杀虫蛋白如Cry9C是耐热和不能消化的，可能成为食物的过敏原；带有Bt杀虫毒素的植物花粉和残根在田间可能会发展抵抗Bt毒素的昆虫或杀死非靶昆虫，如黑脉金斑蝶。

GM作物可用于生产食品配料成分，如蛋白质、酶、稳定剂、增稠剂、乳化剂、甜味剂、防腐剂、着色剂和调味剂等。有些遗传工程和天然存在的食品具有保健功能，称作营养保健品。这类食品不仅含有营养成分，而且还含有其他化合物（如抗氧化剂、低胆固醇油或聚不饱和脂肪酸油、类黄酮、果聚糖、维生素、胡萝卜素、番茄红素等。具有防病、减轻症状、提高生活质量、减缓衰老的功能。这些用作医疗的食品在21世纪将会有很好的发展。

3 转基因食品的潜在危险和有争议的问题

在转基因生物中，由于外来基因的插入，宿主原来的遗传信息被打乱，有可能发生一些意外的效应：(1) 位置效应：在外来基因插入的位置，宿主的某些基因可能被破坏，插入基因及其产物还可能诱发沉默基因的表达。(2) 干扰代谢作用：插入基因的产物可能与宿主代谢途径中的一些酶相互作用，干扰代谢途径，使某些代谢产物在宿主中积累或消失。因此，在新的转基因生物中，细胞成分发生的任何变化都不能漠视。例如重组酵母菌和马铃薯中就有关于代谢调节引发有害化合物积累的报道。

有关转基因食品安全性不仅在过敏性、毒性、致癌性、食品营养品质改变以及环境等方面有争论，而且还有由标签问题引发的争论和其他有争议的问题。下面分别讨论一些潜在的危险和其他有争议的问题。

3.1 食品营养品质改变

外源基因可能对食品的营养价值产生无法预期的改变，其中有些营养降低而另一些营养增加。此外，有关食用植物和动物中营养成分改变对营养的相互作用，营养基因的相互作用，营养的生物利用率，营养的潜能和营养代谢等方面的作用，目前介绍的资料很少。

3.2 抗生素抗性

在基因转移与食品安全性的讨论中，最关切的问题是在遗传工程体中引入的基因是否有可能转移到胃肠道的微生物中，并成功地结合和表达，从而影响到人或动物的安全。基因工程工作中，经常在靶生物中使用带抗生素抗性的标记基因。有人担心，把抗生素抗性引入广泛消费的作物中，可能会对环境以及消费作物的人和动物产生未能预料的后果。

1993年，WHO为探讨抗生素抗性基因的可能转移问题召开了“转基因植物中标记基因与健康问题”专题讨论会。会议的结论是：“尚无基因从植物转移到肠道微生物的证据”，这些结论的主要理由是，抗生素抗性的转移是一个复杂的过程，包括基因转移、表达和对抗生素功效的影响等。还有，抗生素抗性标记基因只有在适当的细菌启动子控制下才能表达，在植物启动子控制下的抗生素标记基因将不会在微生物中表达。1996年FAO/WHO联合召开的“生物技术和食品安全性的专家咨询会议”和WHO专题讨论会同样认为，转基因植物中的基因，转移到胃肠道微生物的可能性极小，但不是完全不可能。并建议FAO/WHO就此问题召开专家咨询会议，讨论在何种条件或情况下，在转基因食品植物中，不能使用抗生素标记基因。

3.3 潜在毒性

遗传修饰在打开一种目的基因的同时，也可能会无意中提高天然的植物毒素。某些天然毒素基因，例如：马铃薯的茄碱、木薯和利马豆的氰化物、豆科的蛋白酶抑制剂等，有可能被打开而增加这些毒素的含量，给消费者造成伤害。

3.4 GM食品中潜在的过敏原

人体免疫系统可对食品中特异性物质发生反应，产生抗原特异性的免疫球蛋白E（IgE）的反应。1995年，FAO关于食物过敏性技术咨询会议认为，世界上由IgE介导引起的过敏反应，最常见的食物是鱼类、花生、大豆、奶、蛋、甲壳动物、小麦和核果类。上述常见的过敏性食物约占食物过敏反应的90%。

虽然，转基因作物的管理机构，FDA和EPA要求生物技术公司报告在其修饰的食品中是否存在有问题的蛋白质，但还是担心有未知的过敏原会从系统中遗漏掉。

供体的过敏性状转移到受体植物中的例子，如1996年Pioneer Hi-Bred国际公司为提高动物饲料的蛋白质含量，将巴西坚果的基因引入大豆。结果使一些对巴西坚果过敏的消费者产生过敏反应，公司已及时将产品收回。2000年9月在美国食品店里，在由Kraft食品公司经销的玉米面小薄饼（tacoshells）中，检查到StarLink转基因Bt玉米的Cry9C杀虫蛋白基因，当即下令从货架上撤下所有tacoshells产品。Cry9C杀虫蛋白是耐热和不能消化的，可能成为食物过敏原。这种Bt玉米曾批准用作饲料但并未获准用于食品。Aventis公司已停止销售StarLink转基因Bt玉米种子。

3.5 环境问题

3.5.1 基因意外地转移到野生植物

环境保护论者担心转基因作物广泛种植后会引起环境恶化的风险。带有抗除草剂和抗虫性的GM作物可以和野生品种杂交，意外地产生难以铲除的恶性杂草，这些恶性杂草可以变成侵袭性植物，使作物减产和破坏自然生态系统。转基因作物本身也能变成杂草。

3.5.2 可能构建新的病毒和毒素

植物工程中用病毒颗粒作为提高抗性策略的一部分，可能会在环境中构建出新的病毒。植物工程中表达的潜在毒性物质，如药物和杀虫剂，可能会对其他非靶生物有危险。例如，当Bt毒素进入昆虫的食物链可能威胁到有益昆虫等。

3.6 由于食品标签问题引发的争论

3.6.1 GM食品的标签问题

美国管理生物技术和转基因食品安全性的机构是食品和医药管理局（FDA）、美国农业部（USDA）和环境保护局（EPA）。

FDA和USDA反对在GM食品上普遍使用标签。美国国家科委（NRC）最近发表的研究报告认为，GM食品是安全的。FDA认为，遗传改变的种子和产品是添加物，不会影响食品的安全性和营养品质。如果添加物中含有某些可以鉴定的坏兆头，如含有过敏原或新食品的营养含量变化太大，FDA则要求用标签说明。

管理机构反对普遍用标签的理由如下。第1，标签给GM食品打上生物技术产品的烙印，无意中会迷惑或误导消费者，使他们认为生物技术产品和传统产品有不同的作用。同时，过分地在潜在安全性风险方面警告消费者，会把购物者吓跑。因此不主张单独用特殊的规章来限制生物技术产品，除非产品的成分有显著不同，有安全性问题，或缺少实质性的资料。第2，用标签的办法在实际上也难以贯彻，因为用作配料、食品或饲料的GM食品，不论重复用了多少次，在所有的食品链中都要保留标签，显然是不现实的。第3，GM食品用标签说明的成本可能较贵，这些钱也将转嫁给消费者。

最近美国政府对GM食品管理条例进行了一系列修改，以提高民众对政府管理GM食品的信任。在标签问题上也有一些松动，FDA将要求生产商“自愿”（非强制性的）在GM食品上贴标签，允许不含GM生物的食品用标签说明。这些改变虽然得到美国农业和工业组织的欢迎，但遭到大多数环境组织的抵制。目前欧洲、日本、韩国、澳大利亚和新西兰等国都颁布了使用标签的法令。

3.6.2 对未知物的恐惧

许多消费者对FDA反对GM食品使用标签感到不满，他们指责FDA不顾遗传改变的多变性，剥夺消费者对食品的知情权。他们认为GM食品中有些是自然界过去从来没有的，在未经预先试用和不用标签说明就去消费，等于将消费者降为生物学试验中的试验品。再者，遗传工程学的发展还不到50年，谁也说不清这些遗传特性改变将来会有什么结果。有些婴儿食品制造商（如Gerber，Heinz，McDonald，Frito-Lay）迫于商业利益压力，决定不在婴儿食品中使用GM作物。

对未知物的惧怕也是一些欧盟国家和美国在商业上的争执点。许多欧洲谷物进口商，特别是大豆和玉米商威胁，如果这些谷物不用标签就要联合抵制美国谷物。由于消费者对GM食品的抵制，欧盟国家已暂停对GM作物颁发新的许可证。

在反对的声浪中，欧盟国家反对最强烈。日本的反对人数也在迅速增加。印度德里环境组织谴责美国将GM大豆和玉米作为粮食援助品“倾销”印度。美国消费者的态度一般比较理智。但去年9月，在美国食品店里买来的玉米面薄饼中，检查到Bt玉米的Cry9C杀虫蛋白基因，极大地伤害了美国公众对转基因食品的信任。

3.6.3 与宗教、文化、和伦理学的相关问题

有些人是因宗教的原因，或个人的、伦理学、文化、和美学的理由反对生物工程食品，认为无法辨认GM食品和非GM食品是侵犯消费者的选择权。例如，犹太人和穆斯林民族可能厌恶含有猪基因的谷物，他们通常坚持用符合犹太教规和伊斯兰教清真食品。素食者也可能同样反对含有动物基因的蔬菜和水果。

3.7 其他有争议的问题

3.7.1 有关GM食用植物种子专利权和作物遗传多样性的问题

有些批评遗传修饰的人认为，专利法允许公司垄断遗传特性改变的植物或动物的控制权，是对生命尊严的侵犯。批评者还反对将一些本来是大众商品的种子，由于遗传修饰而变成专利产品。另一些反对者认为，转基因作物商业化垄断，会进一步威胁到作物遗传的多样性。

由USDA和DPL（Delta & Pine Land Co.）共同发明，1998年申请专利的“终止基因”（terminator gene）技术，目的是使GM种子在种植后，产生的后代种子不育，不会发芽。目前这项技术只在烟草上试用过。批评者认为“终止基因”技术是一种垄断和反竞争的手段。强迫农民每年向跨国公司购买新种子，

农民必须依赖跨国公司，而不是从上一年的收获中得到种子，破坏了传统的农业操作。但是另一些科学家认为这项技术十分有用，它可以在植物育种中用作任何基因的开关；它还可以防止基因从转基因作物传播到野生植物。USDA决定继续支持这项技术。

3.7.2 动物权利团体和有机农业集团关心的问题

动物权利团体在反对遗传工程声音中最为强烈。他们反对任何形式，包括动物的克隆或遗传工程。

消费者通常认为，有机食品是一类天然食品，生产时不使用有毒化学品、药物、杀虫剂、除草剂、合成肥料、激素、GM产品、污水污泥、辐射或工厂农业技术。有机农业集团担心GM食品不用标签，使消费者难以区分有机食品和GM食品。他们还担心有机农作物可能通过抗除草剂植物与其相关的野生品种杂交，或由邻近农场GM作物的杂交授粉而受到污染，并创造一些‘恶性杂草’它们能抵抗有机农民通常使用的天然农药。另外还担心会产生抗Bt毒素的害虫。

4 需要考虑的问题

近年来反对生物技术和怀疑转基因食品安全性的争论，在世界转基因食品和谷物市场带来了许多麻烦，这也许并不是一件坏事。它提醒我们在生物技术的研究和发展中必须十分重视生物技术和转基因食品的安全性。

食品的遗传修饰虽然很重要也很有用，但必须要在没有潜在危险的条件下采用。任何新的遗传工程生物或食品，在产品释放之前都必须花大力气进行现场试验。应该用很长时间去评价GM产品，测定它们对人体健康、农业病虫害和环境的影响。必须谨慎和用适当的法规以防发生环境和安全问题，破坏这种新科学的好处。

必须评价GM作物中用的抗生素抗性标记，或采用其他替代的选择方法，以保护人类健康和防止抗生素抗性对人和动物的潜在危险。

管理机构应该建立广大消费者健康监视网，快速反映人们在吃了GM食品后可能发生的问题（如过敏原、毒素等）。研究者和管理人员在世界各地农民种植GM作物之前，应评价它们对生态的风险。设立专门委员会给政府部门提供有关GM技术对人类健康，农业和环境长期影响的建议，树立公众对政府管理GM食品能力的信心。

增加遗传工程产品的知识教育，使公众能够接受这类食品。因为遗传工程是一种较新的科学，许多人还不熟悉。管理部门应该了解消费者对新生物技术产品的认识和接受程度。本着公开、诚实、完全开放的原则，并用有效的科学数据证实GM食品的安全性，取得消费群众的信任。现在食品中转基因成分的检测技术已日趋成熟，给GM食品贴上适当的标签已是大势所趋。

5 展望和建议

适当的法规，经常的监测和研究，对防止GM食品技术可能出现有害作用十分重要。目前世界人口有60亿，估计到2030年将达到80亿。这样，在解决世界人口吃饭难和医疗问题上必须依靠生物工程技术。实际上，遗传工程食品和传统育种食品，很少或没有显著差别。GM食品应该是安全的。谨慎应用遗传工程技术，可以使生活更美好，改善人类健康和幸福，节约时间和金钱。

我国生物技术的研究与开发起步较晚，但近年来已取得长足的进步。为规范和加强基因工程工作的安全管理，我国国家科学技术委员会于1993年颁布了“基因工程安全管理办法”。在此办法指导下，农业、医药、食品等领域也先后制定或正在制定相关的生物基因工程安全管理实施办法。

食品的安全性直接关系到人类的健康，是每一个人都关心的问题。目前国际上虽然有争论，但对转基因食品安全性评价的总趋势是：在保障人类健康和生态环境的同时，促进而不是限制生物技术产品的发展。

重组DNA技术在我国食品领域有广阔的应用前景。为规范遗传工程体的管理，颁布食品领域生物基因工程安全管理条例，建立相应的专业分析实验室和安全管理机构，负责全国食品领域生物基因工作的安全性评价和监督工作，已是当务之急。

（原载《食品与发酵工业》第27卷第4期）

基因食品的研究进展

李淑侠　齐凤兰　李柏林　陈有容

（上海水产大学食品学院　200090）

生物技术在食品工业中的应用可谓历史悠久，人类早在远古时代就利用微生物制醋、做酱、酿酒等，今天人们又致力于固定化（酶或微生物）、重组DNA和细胞融合等技术来改善生物的活性，开发高效、节能、少公害的食品。本世纪70年代以来，基因克隆和重组技术的诞生和飞速发展，为定向改变生物性状提供了理论和技术基础。1982年转基因“超级鼠”的构建成功，1985年转基因鱼的问世，揭开了基因工程食品生产的序幕，基因工程食品由此走上了历史的舞台，并在日常生活中发挥着越来越重要的作用。这里所称的基因工程指的是：采用自然条件下或过程中不可能发生的方法改变生物体的分子学或细胞生物学性状，主要包括重组DNA、基因缺失、基因加倍、导入外源基因以及改变基因位置等分子生物学技术手段。

1　基因食品发展的历史回顾和现状

基因工程技术的应用对食品资源的改造主要涉及微生物、植物和动物，通过对被加工材料的处理，生产出符合人类需要的基因食品。

1.1　用于食品工业的基因工程菌

80年代中期，猪、牛等胰岛素、干扰素、生长素基因克隆入微生物，“工程菌”推入市场，开创了微生物生产高等动物基因产物的新途径。现在基因工程已能将许多酶、蛋白质、氨基酸和香精以及其他多种物质的基因克隆入合适的微生物宿主细胞中，利用细菌的快速繁殖来大量生产，这使得人们对于自然界“微量”产品的依赖性有所下降。较为成功的例子如：牛胃蛋白酶（resin）的基因克隆入微生物体内，由细菌生产这种动物来源的酶类，解决了奶酪工业受制于牛胃蛋白酶来源不足的问题。从西非发现的由植物产生的甜味蛋白（thaumatin）的DNA编码序列已经被克隆入细菌，以便生产这种高效低热量新型甜味剂。在工业发酵上，美国的BioTechnica公司开发了一种适合多倍体酿酒酵母的遗传工程方法，该研究证实了利用酵母遗传工程方法生产淡啤酒的可能性。他们克隆了编码黑曲霉的葡萄糖淀粉酶基因，并将其插入啤酒酵母中，在发酵期间，由酵母产生的葡萄糖淀粉酶将可溶性淀粉分解为葡萄糖，这种由酵母代谢产生的低卡啤酒不需要添加酶制剂，且缩短了生产时间。在焙烤业上，Monfort（1999）把含有地丝菌属LIP2基因的质粒转化到面包酵母中，利用这种重组体发酵生面团，生产的面包较蓬松，内部结构较均匀。

1.2　转基因植物源食品

80年代初，DNA重组技术和细胞融合技术相结合，培育出高产、抗虫、抗病、抗逆、生长快、高蛋白的基因改良植物。蛋白酶抑制基因、淀粉酶抑制基因、外源凝集素基因、昆虫毒素基因均已被克隆和转化入相应的植物，例如：抗虫和推迟成熟的转基因西红柿，由于其抗虫能力的提高和成熟期的延长，减少了化学农药的使用和对其依赖性，减少了环境污染，减少了运输损坏量，具有显著的社会经济效益。土豆原产于南美，但由于气候和病虫害以及灌溉、农药、肥料等原因，其产量和美国相差很多，利用基因工程可以减小这种差距。据统计，到1999年初，美国农业部已经批准生产的转基因农作物有七大类35种，其中晚熟西红柿5种，耐除莠剂的大豆2种，增加月桂酸脂的油菜籽1种，抗虫马铃薯2种，抗虫和抗除莠剂的玉米6种，抗病番木瓜2种。仅仅这两种番木瓜，就挽救了美国夏威夷番木瓜产业。我国已批准商业化生产4项，其中包括北京大学培育的转基因抗黄瓜花叶病毒（CMV）的番茄“8805R”、抗黄瓜花叶病毒（CMV）的甜椒“双丰R”。分子生物学技术不仅改进了农作物的抗病虫特性，还改进了营养、味道和外观，增加了物种的多样性。基因技术还可以把不同物种的基因转移到植物的染色体上，如最近有生物学家研究用基因改良植物来生产某些抗原（可通过转基因香蕉或土豆来实现），这种抗原比较便宜，能在非低温下保存，这对于改善发展中国家的卫生医疗状况将大有裨益。

1.3　转基因动物源食品

80年代发展较快的一种生物技术是用转基因手段培育新品种。其主要技术是，从目的供体物种体内获得带有特定优良遗传性状的DNA片段，即目的基因，直接或通过载体导入被改造物种即“受体物种”的胚胎内，培养出优良的新品种。目前，生长速率快、抗病力强、肉质好的转基因兔、猪、鸡已经问世。梁利群等克隆子大麻哈鱼的生长激素基因，在体外经过和鲤鱼的MT启动子基因重组，导入黑龙江野鲤，选育出了“超级鲤”。近期，有人将疫苗的基因转移入羊的乳腺，使这些产物随乳汁而分泌，比用工程菌生产成本更低、产量更大。1997年9月上海医学遗传研究所与复旦大学合作的转基因羊的乳汁中含有人的凝血因子。既可以食用，又可以药用，为通过动物廉价大量生产人类的珍贵药物迈出了重大的一步。1999年2月19日下午2时15分诞生的我国首例转基因试管牛“陶陶”，产奶量可望高达10000千克，比山羊高20多倍。

2 基因食品的安全性和可接受性

基因食品给人们带来了巨大的社会经济效益，但基因工程体（GMOs）及基因食品的环境释放安全性及食用安全性也受到越来越广泛的关注。食品直接关系到人类的健康，发展基因食品，不仅要解决好技术问题，还必须能被社会接受。基因食品首先应有较高的营养价值和可消化性，对人体必须没有毒副作用，必须安全；其次，它的气味、口味和颜色，必须为食用者所接受。

目前，人们对基因食品的担忧基本分为3类：1.基因食品中加进的新基因在无意中给消费者造成健康的危害；2.基因食品中的新基因通过食物链其他环节无意中造成的后果；3.对自然界生物多样性的影响，即生态安全性，基因食品尤其是转基因动物的构建成功和引入，不能干扰自然生态系统的种群结构和演替过程，不能破坏自然生态系统的生物多样性和遗传稳定性。因此，各国及国际机构均在制订相应的法规，以便在促进基因工程发展的同时，保护环境安全及人体健康。我国政府对基因食品的安全管理十分重视，农业部成立了农业生物基因工程安全管理办公室和农业部农业生物基因工程安全委员会，从1997年起正式对我国境内的农业生物基因工程的环境释放和商品化生产实行规范化管理。如，中国北方鱼类育种重点实验室构建的“超级鲤”，虽然使用“全鱼式”的融合基因（大麻哈鱼的生长激素基因和鲤鱼的MT启动子基因），具有明显的生长优势和环境适应能力，但由于对其生态安全性和食用安全性需要细致系统的调查，故推广受到了限制。孙效文（1997）用转基因鱼做饲料喂养实验猫，表明对生理及血液学指标均没有影响。转基因动物本身的生长、发育和繁殖能力是安全性的重要标志。同传统的育种相比，基因食品的生产更有针对性也更易控制。因此，人们不必过分担心。

另外是人们对“基因逃逸”的担心。由于微生物之间可以通过转导、转化、接合进行基因转移。转基因作物及基因食品的“有害”基因（例如某些抗生素基因即选择标记基因）是否会逃逸到人体或环境中，加快抗药性问题。人的病原体接受植物抗生素抗性的几率是微乎其微的，而且，用在植物上的抗生素标记不用在人药或兽药上。另外，目前尚无裸露DNA在肠道中转入微生物的报道。1993年WHO的结论是：“尚无基因从植物转移至肠道微生物的证据”，也没有在人类肠道中细菌转化的报告。由此，世界贸易组织（WTO）认为欧盟（EU）禁止进口含激素基因的牛肉违背了国际贸易条约。虽然欧盟对此仍然表示忧虑，而法国却决定批准进口基因食品，勿需任何限制。美国已经计划投资4.3亿美元用于食品安全性的研究。Genetic ID公司开发了应用PCR技术对基因食品和常规食品的检验鉴别。由于美国食品和药物管理局（FDA）已经证实Liberty Link^{r}谷物对动物饲料和人类消费没有安全性问题，日本农林水产省（MAFF）才允许进口T-14和T-25Libertv Link^{r}玉米及其子代。培育无繁殖能力、不会与野生种类或相互之间杂交的品种，是解决“基因逃逸”的有效途径，但这会产生大的负面效应。

3 基因食品的安全性评价原则

在基因食品的安全性评价上，必须对基因食品的生产环节逐一进行细致系统的调查，使基因食品的开发利用建立在充分可靠的科学基础上，但传统食品安全性评价的毒性分析不一定完全适用于基因食品。FAO/WHO联合专家评议会制定的生物技术食品的安全性评价原则与政策着重强调以下几点：一、安全性评价应以科学为依据，慎重与灵活相结合，考虑适用性，跟上和适应生物技术的发展，不能过高或过低估计该类食品可能存在的危害性；二、任何生物技术食品的安全性评价应首先阐明其分子、生物学和化学特性；三、对基因改造微生物制作的食品，如分子、生物和化学分析表明与传统食品一致，则应主要对其杂质和加工过程进行评价，强调在加工过程中实施关键控制点危险性分析（HACCP）与良好的生产规范（GMP）；四、对基因改造的动物类食品哺乳类动物本身的健康可作为安全性评价的标志，对于某些本身可产生毒素的鱼类和无脊椎动物类，还需进一步进行安全性评价；五、对已进行安全性评价并已批准用于消费的食品，需进行有计划的使用后的人群健康监测。

生物技术食品的食用安全性并不比传统食品的安全性低。迄今为止还没有发现重组 DNA 技术产生的食品与传统食品的成分无实质等同性的例子。使某种基因食品不具有实质等同性也并不意味着这种食品一定不安全，在充分考虑这种食品的安全性和营养性的基础上，应对它的抗营养因子、毒性物质及过敏原等做详尽的测试。随着经济发展全球化趋势的日益明显，对于基因食品的安全性评价和分析需要在全世界范围内实现。FAO/WHO 最近提供的一份报告称国际上已就评价基因食品安全性的方法和标准达成一致意见。

4　基因食品的研究展望

尽管看法不一，但在过去几年，利用分子生物学技术生产的基因食品还是不断问世，转基因物质在美国的农作物种植和食品加工的各个环节无处不在。从牛奶、奶酪到水果、蔬菜、牲畜以及玉米、大豆等主要农作物，范围广泛，其销售量也在稳步上升，就美国而言，其基因食品的销售额在其生物技术产品中位居第三，但销售增长速度最快。预计 1996～2006 年，基因食品的年平均销售增长率达 20%，1996 年销售额为 2.85 亿美元，到 2006 年可望超过 17 亿美元。就基因食品的前景来看，也是和我国及世界当前的经济可持续发展战略相适应的。因为培育出高产的作物及基因食品，才能解除由于人口高速增长所带来的饥饿。这也是我们发展基因食品的最重要的伦理动力。

21 世纪生物技术的特点是科学化、集约化、商品化、环保化和国际化，其根本目的是在于最大限度的提高资源产出率、劳动生产率和产品商品化，实现产业的社会、经济和生态效益的三合一。世界各国都把生物技术特别是基因工程技术确定为 21 世纪经济和科技发展的关键技术。特别是当前的分子标记技术的日益发展和丰富，人类基因组和水稻基因组基因图谱的构建和 DNA 全序列的测定，分子标记辅助育种的时代已经到来。生产符合人类需要的基因食品已经越来越明朗化和可操作化。毫无疑问，现代生物技术将为农业带来新的绿色革命和给人们带来更丰富、更有利于健康、更富有营养的基因食品，将为人类的衣食住行和保健发挥无穷无尽的力量。回顾过去，生物技术生产基因食品的发展方兴未艾，展望未来，前景更加灿烂辉煌。

（原载于《食品科学》2001 年第 3 期）

我国保健食品市场现状及发展趋势

金宗濂

（北京联合大学应用文理学院　北京　100083）

1　我国保健食品市场容量及发展趋势

至 2000 年上半年，经卫生部批准的保健食品 2453 个，其中营养素补充剂为 227 个（国产 163 个，进口 64 个），具有功能的保健食品为 2226 个（国产 2019 个，进口 207 个）（表 1）。其功能分布仍集中在免疫调节、血脂调节、抗疲劳等三项，约占 62.2%（表 1）。产品的地域分布仍集中在东部沿海经济和科技发达区域。2000 年我国保健食品市场销售额将达 500 亿元人民币。

由表 2 可见：a. 全世界健康相关食品市场的容量是十分巨大的，我国进入 WTO 后，只要产品与世界接轨，出口潜力是很大的；b. 中国大陆和台湾同宗同族。台湾人均 GNP 是大陆的 21.7 倍，而保健食

表 1　至 2000 年上半年我国批准保健食品功能分布

保健功能	数目	保健功能	数目	保健功能	数目
调节血脂	438	改善记忆	54	美容	47
免疫调节	897	抗突变	24	改善视力	6
延缓衰老、抗氧化	179	促进生长发育	25	促进排铅	3
抗疲劳	408	对化学性肝损伤有保护作用	50	改善骨质疏松	32
耐缺氧	96	抗辐射	31	调节血压	8
辅助抑制肿瘤	93	改善胃肠道	143	护齿	1
调节血糖	72	改善营养性贫血	20	清咽润喉	22
减肥	65			促进泌乳	1
改善睡眠	85			合计	2800

表 2 1997 年美国、日本及中国人均 GNP 与健康（保健）食品销售额和人均占有量比较

	人口数（千万）	65 岁以上（%）	15 岁以下（%）	GNP 美元/人	健康(保健)食品销售量（亿美元）	健康(保健)食品人均占有量(美元/人)
中国大陆	123.7	6	26	620	36.13	2.92
中国台湾	2.16	8	23	13467	6.63	30.70
日本	12.61	15	16	39640	65.05**	51.59
美国	26.77	13	22	26980	226*	84.42

*美国 1997 年销售健康食品 226 亿美元，其中天然健康食品 148 亿美元，膳食补充品 78.2 亿美元。

**日本 1997 年 FSHU 1300 亿日元，健康食品 6600 亿日元

品的人均占有量也为大陆的 10 倍左右。自 1997 年开始的五年间，美国膳食补充品的年均增长率为 14%。如我国的年均增长率以 10%计，到 2010 年，保健食品的销售额达 1000 亿元人民币，应是没有问题的。

2 我国保健食品市场分析

2.1 产品功能分析

至 1998 年卫生部批准的具有功能的保健食品中，声称仅有 1 项功能的占 74.1%，20.1%的产品声称有 2 项功能，也有 0.24%产品声称有 5 项功能。但 1999 年卫生部已宣布每一个产品至多仅能申报 2 项功能。因此，今后不会出现那种包治百病的“灵丹妙药”了。

其中批准最多的为“调节免疫”产品。从消费者的观点看，也许免疫调节与抑制肿瘤等多项功能有关，加上受“无病保健防病”思想影响，该类产品市场广大。

“调节血脂”产品占第二位。据有关方面报告，1997 年我国居民十大死因中，“脑血管病”和“心脏病”在城市居民死因排名中，分别占第二、第三位，仅次于肿瘤。农村居民死因也排第二和第四。因此，以“调节血脂”为主要功能诉求，作为心脑血管患者辅助品有巨大市场潜力。至 1998 年批准的 1859 种保健食品中，有 368 种以声称“调节血脂”为主要功能诉求。该类产品中鱼油类为 52 种，在数量上排第一，螺旋藻产品 27 种，卵磷脂 21 种，银杏类产品 18 种，功能性油脂 14 种，大蒜类产品 7 种，红曲 4 种。

“抗疲劳”产品占第三位。随着工作、生活节奏加快，这类产品深受上班、白领人群的欢迎。有人估计 1998 年该类产品市场规模约 100 亿元人民币。

减肥保健食品也有相当好市场，但我国的减肥保健食品也存在添加违禁药问题。在营养素补充剂中，“补钙”产品销售最佳。传统的钙制剂以骨粉、牡蛎壳、无机钙、有机钙为原料。近年来开发了一些新钙源，如 L-苏糖酸钙、甘氨酸钙等。

2.2 产品原料分析

据有关部门的一项统计，我国的保健食品中，75%产品使用传统的食品资源为基本原料。但也有 42.1%的产品使用了中草药。中草药种类为 158 种。其中西洋参排名第一。排名前 10 位的有：人参、黄芪、灵芝、虫草、何首乌、当归、五味子、绞骨蓝、党参、熟地等。我国的“食品卫生法”曾有“食品不能加药”的规定，虽然这批产品都通过食品安全性检测，表明长期服用安全。但这些原料是“药”而不是“食品”。目前，卫生部正组织专家制定有关办法，以妥善解决这一问题。

2.3 产品形态分析

目前，我国市场保健食品 69%的产品为非传统食品形态，如片剂、胶囊、粉剂等，它们更类似于药。但由于服用方便，易于携带，更受消费者欢迎。但即遭到食品界的非议，认为它失去了食品的应用属性即食品的营养和感官功能。

2.4 市场占有率

至今已批准的保健食品已达 3000 种。但进入市场的只有 600～700 种。行销的也许不到 100 种。据 1993 年 5 月《市场报》对保健食品市场调查看，减肥食品的市场占有率差别极大。一个保健食品要在市场上占有较大份额，首先要有良好的内在质量，要有稳定的功效；消费者服用后确实有效果；其次是品牌，这是一个企业的信誉标志。因此，与世界各国的消费者一样，随着对保健食品信任度、认同度的提高，其消费量逐日增加。其次，一个行销好的产品有良好的销售渠道，行销措施也是非常重要的。

2.4.1 销售通路问题 目前我国的销售通路主要有三条：一是医药公司销售体系；二是商品零售体系；三为其他通路如直销、网络等。

2.4.1.1 医药公司销售体系 是计划时代的产物，主要是各地的医药房和零售药店，它们长期处于垄断地位，对市场适应能力较差。目前存在着重批发轻零售，重城镇轻农村等问题。特别是今后随着非处方药进入药店，会给保健品销售带来更多的问题。

2.4.1.2 商品零售体系 主要是百货商场、超市及

零售店。目前是保健食品重要的销售渠道。特别是随着一个多层次、多元化及开放型销售体系形成，如何充分利用掌握这一通路形态，是当今保健食品企业家一个重要课题。

2.4.1.3　其他销售通路　如代理商或企业自身组成销售网络进行销售，在我国还不太普遍。加之我国保健食品企业多为小企业，靠企业自己形成销售网络难度太大。

2.4.2　促销策略　我国保健食品市场有几个特点，企业在拟定促销策略时，应予以足够重视。

2.4.2.1　市场销售的季节性　中国人有"冬天进补"的传统观念。因而冬季是保健食品销售的旺季。特别是目前随着消费观念的变化，"花钱买健康"观念深入人心，保健食品销售的季节性更为突出。

2.4.2.2　促销费用高，但不一定见效。

2.4.2.3　消费者自主性愈来愈高。

2.4.3　广告管理问题　保健食品作为"食品"，应按"广告法"和"食品广告管理办法"进行管理。但保健食品作为一种具有功能诉求的特殊食品，本应更严管理。但由于保健食品的国家标准迟迟没有出台，食品广告又存在多头管理等弊端，加上地方保护主义，故保健食品的广告宣传问题较多。如：a."保健食品的广告证明"未经食品卫生部门审查自行发布，夸大和虚假广告层出不穷；b.各地掌握的审查标准不一；c.缺乏针对"保健食品"的广告审查标准。

目前消费者选择"保健食品"的信息主要来自各种来源广告。虚假广告不仅直接损害了消费者的权益，对企业本身也是一种伤害。可以说是一种慢性自杀促销手段。虚假广告可以使企业产品盛行一时，可最后往往以损人害己而告终。

2.4.4　关于产品包装　近几年我国保健食品包装发生了较大的变化。很多企业不仅重视包装设计，而且通过发掘"包装功能"取得了显著的经济效益。出现了一些质量可靠，包装精美的名牌产品。据调查，我国消费者购买保健食品用作送礼的要占56.6%。因而精美昂贵包装对这些购买者较为合适。但随着经济发展，人们生活水平提高，自购自食的比例逐渐增加，企业应当注意设计一些价廉物美的包装来满足精打细算的消费群需要。

3　我国保健食品产业发展中存在的一些问题

3.1　低水平重复现象严重，产品进入市场步履艰难

为什么企业花了几十万元，用1～2年时间报批一个产品，却不能尽快进入市场呢？笔者认为："低水平重复产品质量低下"是首要原因。

首先是"审批门槛定的较低。"如果我们将"审批门槛"定得较高，势必会有大量的产品淘汰出局，在一定程度上会影响保健食品产业的发展。对于这一问题，日本处理得较好。他们将"功能食品"和"健康食品"认为两个概念，以不同法规予以管理。他们将"功能食品"的审批门槛定得很高。如前所述，日本的功能食品必须是第三代产品，其功能因子应是天然成分，采用传统的食品形态，并作为每日膳食的一部分。因此，日本厚生省自1991年立法至今近10年内，只批准120余个功能食品产品。但他们将有益健康的"健康食品"的审查门槛定得较低。这样给大量的健康产品进入市场制给予了一条出路。近两年虽然我们也在逐步提高审查门槛，但顾虑甚多。

其次，从技术角度看，在批准的2500余种产品中，90%以上属第二代产品。这一代产品功能因子不明确，作用机理也难以阐述清楚，一旦造假难以鉴别。加之我国保健食品厂还未实施GMP管理，产品质量难以保证。多数企业在研制新产品时，没有经过周密的市场调查，产品研制十分盲目，企业为了赶时间，也没有进行必要的基础研究，就投入产品开发，品种雷同缺乏创新。因此，保健食品领域往往出现一窝蜂上，又一拥而下局面，产品市场寿命极短。

第三，是经营管理方面的原因。国内多数保健食品企业管理层的科学文化素质不高。他们管理缺少战略规划，缺乏科学决策，对企业没有一个长远考虑。因此，要发展保健食品产品，必须深化改革，把生产增长方式转移到依靠提高劳动者素质和科学研究轨道上来，转移到集约经营轨道上来，优化产品结构，提高产品品质，提倡集约型研制、生产和营销。

3.2　"重许可，轻监管"，净化保健食品市场任务艰巨

自1996年"保健食品管理办法"实施以来，对原有市场3000余种产品进行重新评审。对产品的安全性、有效性、稳定性进行了科学鉴定，成绩卓著。但是对于"保健食品"而言，"卫生行政许可"和"市场监督管理"都是卫生执法重要内容。事前许可和事后监督，是对保健食品实施有效管理的两个方面，要"两手硬"。

当前，对保健食品的质量，实施严格的监督管理有相当难度。第一，现今我国90%的保健食品是第二代产品，功能因子不明确，给产品监督管理带来诸多不便。加之保健食品企业尚未进行GMP管理，也

给产品质量的监管带来较大困难。第二，至今“保健食品”的国家标准尚未出台，使市场监督缺乏准绳。第三，对伪劣产品的处罚缺乏力度，违法企业仍觉有利可图。这一点台湾的“健康食品管理办法”中“罚则”值得我们借鉴。第四，地方保护主要是当前净化保健食品市场最大障碍。当然，要对保健食品市场实施严格监督管理，尚需各级政府及政府各部门密切配合。如果大家都从大局出发，从人民根本利益出发，上述这些问题都不难解决。

3.3 “保健食品”管理法规有待完善，政府各部门协调尚需时间

首先，由于我国将“功能食品”和“健康食品”认作“同一概念”“同法予以管理”，故不能兼顾两者需要。产生了42.1%保健食品加（中）药，70%的产品采用非传统的食品形态及低水平重复等问题。

众所周知，我国的食品卫生法已明确指出“食品不能加药”，但“传统的既是食品又是药品者除外”。目前，卫生部已公布了三批78种既是食品又是药品的名单，同时经过严格的安全性评价，又公布了食品新资源的名单。这些名单内的品种作为食品的原料是无可非议的。但在统计的1308个国产保健食品中有42.1%的产品使用了超出上述名单的中草药，中草药种类为158种。因此有人质疑这样做有否法律根据，是否符合食品卫生法呢？台湾的“健康食品管理卫生办法”出台较我们晚，但其酝酿和准备时间长，又吸取了美国、日本特别是大陆制定法规经验，因而法规配套出台，避免前后不一，尽量减少钻法律、法规的漏洞。如关于保健食品和药品区别是他们制定“健康食品管理办法”的一个难点。大约在1995年左右，台湾有关部门组织专家，研究食品和药品区别，确定了具体名单，哪些“中草药”能进入保健食品，哪些只能作药，哪些种类需经专家评审通过后才能作为保健食品的原料。并提出一个“名词”：称这些允许进入保健食品的中草药为“以食品管理的药品”，解决了“食品加药”的法律问题。在这些基础上制定了健康食品安全性评价和功能评价方法。目前，我国卫生部已组织有关专家研究“保健食品加药问题”，也在制定一个名单。使企业、政府、专家在进行保健食品研究、开发、评审、批准时均有法可依，减少许多不必要的人为因素的干扰。另外，“保健食品能否以传统食品形态作载体，能否以普通食品形态出现”也是评审中经常遇到的问题。日本的功能食品（特定健康用食品）只能以食品作载体，而美国的“膳食补充品”避开了“食品”这一名词。我国既将保健食品称作“食品”又不鼓励以普通食品形态出现，实在令人费解。

第二，我国的“保健食品管理办法”是以国务院一个部门制定和发布的，也给产品的生产、监督、流通带来诸多问题。这一点台湾的“健康食品管理办法”值得借鉴。它是以台湾“总统令”形式公布的，因而它可涉及政府各部门，包括许可、生产、销售各个环节。特别是罚则，不仅包括生产、流通领域，还包括宣传、传播媒介，而且规定具体并具有强制性，这对市场监督十分有利。

第三，“保健食品安全评价”和“功能评价程序和方法”执行中的一些问题。保健食品的安全性和有效性是评价保健食品和质量最重要的两方面。虽然日本和美国有关立法早于我国，但他们没有出台全国性功能评价标准。而我国的这些“标准”制定，特别是“功能评价标准”是在没有任何借鉴情况下出台的，未免不太完善。如动物实验样本数量较少，人体实验仍没普及，功能评价实验时间也不够长。送检样品不是从市场抽样而是生产单位送样，问题较多。由于承认第二代产品，功能因子不明确，功能因子检测方法也不完善，给产品评审和监督管理造成困难。此外，后十二项功能受理，在标准尚无出台情况下进行的，也给功能评价和评审工作带来困难。与台湾的相关法规比较，我们在安全性和功能学评价方面有时不够具体，更缺乏灵活性，造成较大的资源浪费。上述这些问题，我们均有所觉察，并积极地创造条件，妥善解决。

第四，政府各部门协调尚需时间。我国的“保健食品管理办法”是由卫生部制定、发布，卫生部不仅承担保健食品评审、监督管理工作，还要对保健食品产品的品质、标签和说明书承担责任，实在太重了。保健食品是一个综合性产业，需要各部门密切配合。“保健食品管理办法”出台已五年，但保健食品国家标准迟迟不能出台，媒介夸大宣传比比皆是，它是保健食品长期失信于民原因之一，但政府部门对此似乎束手无策。保健食品管理中，运动员、教练员、裁判员难以划分也是执法不严原因之一。此外，如何缩小政府责能，发挥行业协会作用等问题，也需要逐步予以解决，才能推动保健食品产业健康发展。

3.4 推动保健食品产业发展的科技支持体系尚未形成

众所周知，保健食品是一个综合性产业，需要各

部门密切配合。从学科发展来说，保健学科又是一个综合性学科，它需要多学科携手合作。由于我国的科学教育体系是长期在计划经济体制下形成的，它不适应当前保健食品产业发展。如国内的“食品科学”专业大都设置在轻工和农业院校，他们研究的重点是食品加工过程中科学问题，很少涉及研究“食品与人健康的关系”，更少涉及食品的安全性问题及食品的保健功能问题。而医药院校的科研领域的主要精力在研究“天然药物”，对“功能食品”涉足不多，更不用说对“专业人才”的培养。

其次，中央和各级政府的科研部门，对这一领域的科研投入极少，长期以来都没列入各级科研部门的纵向研究课题。各类食品研究机构也很少涉足这一领域，更少开展一些基础性研究。因此，这一领域基础研究十分薄弱，一些大专院校、科研院所也接受企业委托开发新产品。但多数企业为了赶时间，很少进行必要基础研究，仅进行产品报批前开发研究，这是我国保健食品领域长期低水平重复重要原因之一。

目前，食品界的一些有识之士，已认识到功能性食品是未来食品界的一个新的经济增长点，它是21世纪推动食品业发展的一个重要支柱。而保健食品产业发展要靠科技进步来推动，因而，构建保健食品科研体系是21世纪保健食品产业发展的保证。

4 21世纪我国保健食品产业发展趋势

4.1 保健食品销售额将有较大幅度的增长

我国的保健食品市场在经过了1995～1997年的低迷徘徊走出低谷后，随着改革开放深入，人们生活质量逐步提高，人们对保健食品信任度增加，保健食品年销量将会有较大幅度的增长。据有关部门预测，年销量1997年300亿元，2000年500亿元，2010年1000亿元。

4.2 保健食品的质量趋于天然、安全、有效的方向发展，第三代保健食品将是21世纪发展的重点

4.2.1 21世纪保健食品的发展趋势是天然、安全和有效 首先是安全。保健食品是一种食品，长期服用应无毒、无害，确保安全。因此，一个保健食品在进入市场前应根据所在国家对食品的安全性的要求完成安全性检测。近几年，我国的保健科技工作者正在广泛收集资料的基础上，经过严格的科学论证，扩大传统的既是食品又是药品的名单，明确哪些中草药不能作为保健食品的原材料，使保健食品的研制工作有法可依。第二是保健食品的功能有效性。它是评价一个保健食品质量的关键。目前，卫生部仅公布了十二项保健功能的评价程序和方法。这些功能检测方法已经过五年的实践，有许多地方尚需修改。有些功能的判定标准还不够明确。后十二项的保健功能的评价程序和方法，目前已经过专家多次研讨正有待卫生部宣布。今后还将建立更多、更新的指标评价体系来满足保健食品发展需要。

4.2.2 研究功能因子构效、量效关系及其作用机理，积极发展第三代保健食品，使我国保健食品的研究和生产达到和超过世界先进水平 日本厚生省对特定健康用食品按照功能因子划分十二个专业委员会来审批特殊健康用食品。他们发展的起点较我们高。我国的保健食品要走出国门与世界接轨，必须将发展第三代保健食品作为今后研究、开发的重点。因此，我们要有计划地抓紧研究功能因子的构效和量效关系和作用机理。鉴于我国的国情，欲从一复方中研究功能因子，既不经济，难度又大。根据发达国家经验，首先我们应积极开展研究功能因子的构效和量效关系，从分子、细胞和器官水平上研究他们的作用机理和可能的毒性作用。

其次要采用现代的生物技术，从各种天然产物中去寻找这类因子，然后采用外加法生产第三代保健（功能）食品。要尽快建立和发展检测各类功能因子的技术与方法，它不仅是研究开发第三代保健食品的关键，也是今后市场监督的需要。

4.2.3 鉴于我国的国情，在今后相当一段时间内，第二代保健食品仍占多数，因此要迅速建立和实施保健食品的GMP管理体制，以确保进入保健食品市场产品的质量。

4.2.4 要充分重视对保健（功能）食品基础原料的研究 要进一步研究开发新的保健食品原料，特别是一些具有中国特色的基础原料如银杏、红景天等。日本、台湾等一些经济发达的国家和地区，他们都十分重视对功能食品原料进行全面的基础和应用研究。不仅要研究其中的功能因子，还研究分离保留其活性和稳定性的工艺技术。包括如何去除这些原料中一些有害、有毒物质。因而他们生产出来的产品科技含量较高，质量稳定，产品的品质好，其经济效益也高。如德国产的银杏抽提物，与国内同类产品相比，其国际市场价格竟高出近百倍。

4.2.5 要积极发展提取分离各类功能因子新技术、新工艺和新装备，最大限度保留其活性，提高他们在保健（功能）食品中的稳定性。

4.3 组建大中型保健食品企业集团，积极实施名牌

战略，是今后保健食品产业发展的一个重要趋势。

“名牌产品”和“明星企业”对于一个产业的推动作用无疑是十分重要的。但保健食品行业实施这一战略步履艰难。原因之一是当前我国保健食品企业多数是小企业，经济实力较差。而且，这些企业大多是在80年代末、90年代初建立和发展起来的新企业，企业的管理层和员工的素质缺乏实践锻炼。特别是决策层，由于靠“拍脑袋”决策容易造成失误，使企业陷入大起大落的局面。笔者认为，在未来若干年内，国家应着手扶持和组建一些大中型保健食品企业集团，成为保健食品行业的龙头企业。这些企业集团应将生产增长方式转移到提高劳动者素质和科学技术轨道上来。他们集约经营，集约营销，真正成为外向型现代化的企业集团，以带动整个保健食品企业迈入21世纪。

4.4 保健食品产业是需要多部门多学科通力协作才能获得发展

在长期实行计划经济的我国，市场经济的机制尚未完全建立起来。“条块分割，条条专政”的流毒尚没有完全肃清。因而政出多门，地方保护，互相推诿扯皮，工作效率低下，影响保健食品产业发展。“保健食品管理办法”实施以来，已实现了以技术评审为依据，建立检验、管理、评审、批准各个环节的科学公正卫生行政许可制度。这仅是生产保健食品第一步，解决了配方的科学性、真实性问题。但是，这一配方如何变成一个高品质的产品，生产和流通环节如何进行有效的管理和监督，这不是卫生行政部门一家能够胜任的，需要各部门、各单位“通力合作”“大力协同”才能完成。这不仅是生产发展需要，也是对人民健康负责的需要。

4.5 加强产学研结合，积极开展国际交流，尽快确立保健食品的科研开发体系，使我国保健产业发展，真正建立在“科教兴业”基础上。

（原载于《食品工业科技》2001年第3期）

关于“十五”粮油食品加工业发展问题的探讨

刘兴信

（中国粮油学会　北京　100053）

0 前言

众所周知，粮油是人们吃的主要食物，是食品工业的基础原料。粮油食品加工业在农业和食品工业中居于重要的位置。搞好粮油加工，关系到满足人民生活质量的提高和营养健康水平的改善；关系到保护农民的种粮积极性，促进农业结构调整；关系到支持食品工业发展。因此，它在国民经济发展中具有重要的作用。

1 粮油食品加工业发展的状况

“九五”计划初期，据1995年国内贸易部年鉴统计资料介绍：1994年，全国粮食部门所属粮油工业企业完成工业生产总值595.26亿元，其中：碾米工业134.75亿元，制粉工业160亿元，油脂工业140.28亿元，粮油食品工业43.07亿元，粮油机械业13.5亿元。粮油工业主要产品产量：大米1497.6万吨，面粉2027.19万吨，粮油食品276.89万吨，粮油加工机械8.01万台，产量13.34万吨。粮油工业产品销售收入631.37亿元，实现利税总额12.81亿元。

“九五”以来深化粮食流通体制改革，政企分开、国有粮油食品加工业进行产业与产品结构调整，产值、利润占有比重下降。根据有关资料介绍：2000年面粉产量2764万吨，大米2108万吨，食用油835.30万吨，方便主食品260.9万吨，主要产品保持适度增长；农业加强农产品加工投入，粮油食品加工企业蓬勃兴起，农工贸一体化企业产值利润直线上升；私营和外资粮油食品加工企业相继发展，充分发挥技术、产品和管理优势，市场占有份额扩大，目前粮油食品加工业“三分天下各占其一”。2000年，全国食品工业总产值7830亿元，其中粮油食品加工估计为1800～2000亿元，约占25%左右。

“九五”以来粮油食品加工业主要成就有：

1. 谷物、油料的加工（碾米、制粉、制油）为了适应人民生活水平提高的需要，优质米、专用粉、精炼油、玉米制品等产品的生产得到了快速发展。

2. 随着市场经济的发展，粮油食品加工正在朝着生产、流通、加工、消费协调发展的方向进行产业结构调整。优质原料、储运设施、专用产品开发有较大发展，经营模式的改革初见成效。

3. 以粮油为原料的工业化生产食品，如方便面、方便米粉、八宝粥、馒头制品、速冻水饺、学生营养快餐、烘焙食品、膨化食品加工技术与设备得到推广，大大促进了主食品工业化的进程，已成为粮食业改革与发展的新的经济增长点。

4. 随着农业产业化发展，粮油产品加工的规模化，经营管理的科学化及新技术的应用推广，一批现代化龙头企业脱颖而出，一批1000吨/日处理以上的油厂、600吨/日处理以上的面粉厂、300吨/日处理以上的碾米厂蓬勃兴起，正在改变粮油工业的布局和行业的生产面貌。

5. 粮油的精深加工及资源综合利用有了长足发展，开发出一系列高附加值的产品。例如精白米、米蛋白以及利用米的加工副产物生产谷维素、维生素E、角鲨烯、肌醇、杂聚糖、膳食纤维；利用小麦生产各种专用粉、谷朊粉、小麦淀粉、麦胚提取V_E；利用玉米淀粉生产高果糖、酒精、丙酮、丁醇、柠檬酸、味精、黄色素、胚芽油以及各种变性淀粉等；利用大豆制油的副产物生产功能性蛋白、活性肽、大豆磷脂、V_E、甾醇、异黄酮、低聚糖、皂甙、各种脂肪酸等，提高了企业的综合经济效益。

现行业存在的主要问题是：

1. 粮油市场开放，国有粮油加工业改革和产品结构调整滞后。因此，在市场竞争的条件下，逐渐失去市场占有优势，形成企业效益低下。

2. 粮油加工业宏观管理薄弱，缺乏总体规划。因此，总体上和国内其他食品行业比较呈现一种“盲目”、“自由”的发展势态，加剧了市场竞争和小型分散及重复建设。

3. 粮油食品加工业创新体系不健全，企业新技术开发和应用推广缺乏相应的资金投入，粮油食品机械的研制开发和质量控制手段落后；有关粮油资源的综合利用的基础研究和国外比较差距拉大，致使粮油及其加工业发展后劲不足。

4. 粮油食品市场的监控力量薄弱，粮油产品的营养卫生与安全方面存在的问题不少，没有引起工业生产部门足够的重视。

2　粮油食品加工业发展面临的新形势

1. 粮食、油脂市场开放，人口增长，消费水平提高，特别是即将加入WTO，进口量增加，市场竞争将加剧，加工转化的任务将加重。

根据“中美农业合作协议”的规定：小麦初始配额为730万吨，最终配额930万吨，私营企业比例10%；玉米初始配额为450万吨，最终配额720万吨，私营企业比例25%～40%；大米初始配额为260万吨，最终配额530万吨，私营企业比例50%。三大粮食的初始配额为1440万吨，最终配额为2180万吨，最终配额占粮食总产量的4%。然而，中国的粮食商品率目前只有35%左右，大约65%的粮食是农民自产自销，实际上用于中国粮食贸易的量约占12.5%左右。

食用油进口，入关后第一年我国豆油的进口配额为170万吨，至2005年最终配额扩大到330万吨。此外，大豆为敞开产品，关税限定为3%，2000年进口量已达1010万吨。

今后粮油食品加工业主要发展的空间是消化进口的原料和开发农民自产自销和口粮转化部分的加工，提高城镇粮油食品的加工质量和主食品工业化生产水平。

2. 随着西部地区的开发和农村城市化进程的加速，农村粮油食品商品率将趋提高，利用西部的消费增长，发展西部地区粮油食品的加工业；促进农村城市化进程，加速农村粮油食品工业发展，提高广大农村人口粮油食品消费的需求，是两个潜在的大市场。

3. 随着人民生活水平的提高，膳食结构的变化，口粮消费的递减，肉禽蛋奶消费递增，发展养殖业和饲料加工业是当前解决粮食转化的实现途径。城市的粮油主食品的消费更加突出了对质量的要求，只有提高工业化生产水平，才能确保产品的“营养、安全、方便”。储备粮的“推陈储新”及陈化粮的利用，将为加工业带来新的任务。

4. 发达国家人们消费的主食品工业化产品一般占70%，有的高达90%～95%。我国城乡人口的口粮消费2.38亿吨，经过工业化加工的主食品约有600万吨，只占粮食的口粮总量的2.5%。

3　“十五”粮油食品加工业发展的基本思路和预测

3.1　指导思想

“十五”期间，粮油食品加工业的改革和发展，建议注意以下几点：

3.1.1　立足于现有生产力结构调整、进行技术改造

和资产重组，避免低水平重复建设；

3.1.2 统筹规划，协调发展，改变部门分割，规模小、分布散的现状；

3.1.3 依靠科技创新，淘汰落后的工艺和设备，提高企业的科学化、规模化、现代化水平；

3.1.4 发展主食品工业化加工，综合利用粮油及其副产物资源，提高粮油食品加工企业的经济效益；

3.1.5 发展名优产品、绿色食品，争创名牌，扩大粮油加工产品及粮油食品机械产品的出口。

3.2 主要目标和任务

3.2.1 粮食需求总目标

根据有关资料介绍推算：到2005年，我国人口将达到13.2亿，按人均粮食400千克计算，全国粮食总消费量将达到5.28亿吨。为了平衡消费的需求，粮食的产量要求达到：稻谷：2.1亿吨；小麦：1.2亿吨；玉米：1.5亿吨；其他谷物：0.3～0.5亿吨，基本实现产销平衡。与此同时要求粮食播种面积不低于1.1亿公顷，粮食单位面积产量达到4909千克/公顷。

3.2.2 城乡粮油消费水平的预测

随着人民生活水平的提高，城镇居民和农民的口粮消费下降，粮食的转化食品增加，精米、精面的消费比例增大，根据有关资料预测："十五"全国总人口达13.2亿，按城市化进程预测，城镇人口将达5.02亿（占38%），农村人口8.18亿（占62%）。年人均粮食消费按180千克（成品粮），折合成口粮的消费总量为2.38亿吨（出品率70%，折合原粮3.394亿吨）。食用油消费按人均年9千克计，总消费量1188万吨。

① 2005年粮食加工主要产品预测

初级加工品：

—稻谷1.867亿吨，年产大米量1.307亿吨（占55%）；

—小麦1.188亿吨，年产面粉量0.832亿吨（占35%）；

—玉米0.339亿吨，年产玉米粉量0.238亿吨（占10%）；

精加工产品：按城镇人口占有比例38%计算，其中：

—精制米0.497亿吨；

—专用粉0.316亿吨；

—玉米食品专用粉0.090亿吨；

主食品加工量：

城镇居民按口粮的转化50%计，主食品的加工量为0.5015亿吨；农民按口粮的转化20%计，主食品加工量0.2948亿吨，总计0.7963亿吨。其中：

—米制食品（米饭、米粉、米饼、米糕、汤丸等）0.4606亿吨（占40%）；

—面制食品（面包、方便面、挂面、馒头、水饺、蒸包等）0.2612亿吨（占40%）；

—玉米制品（玉米粉、蒸煮食品、膨化早餐食品、休闲食品）0.0745亿吨（占20%）。

② 2005年油料加工及油脂产品的预测

—花生加工量600万吨，产油190万吨；

—油菜籽加工量1000万吨，产油350万吨；

—大豆加工量2300万吨，产油414万吨（国产1600万吨+进口700万吨计）；

—棉籽加工量800万吨，产油144万吨；

—米糠加工量233万吨，产油40万吨（米糠利用率达到25%）；

—玉米胚芽加工量240万吨，产油量60万吨（玉米胚芽利用率达30%）；

—其他油料加工量100万吨，产油量35万吨。

食用油总产量1233万吨，其中：

—高级烹调油615万吨（占50%），

—煎炸油246万吨（占20%），

—人造奶油61万吨（占5%），

—起酥油123万吨（占10%），

—凉拌油123万吨（占10%），

—保健油61万吨（占5%）。

③ 2005年食用油料蛋白产品预测

2005年国内大豆供给总量2300万吨（其中进口700万吨），预计"十五"期末用于大豆制品的加工量为：

—传统豆制品加工650万吨；

—制油、豆粕发酵制酱、酱油、饲料加工1500万吨；

—大豆分离蛋白、浓缩蛋白、组织蛋白产品加工30万吨；

—脱脂大豆粉、冲调饮用豆粉、豆奶系列产品的加工120万吨。

④ 粮油副产品综合利用预测

"十五"建议重点抓好四大副产物资源开发，大力推广已有科技成果，生产市场需量大、附加值高的化工产品或功能型食品，并实现工业化生产。

—稻壳的利用率达到80%；

—米糠、麦胚的利用率达到50%；

—玉米胚芽的利用率达到50%；

—油脂精炼副产品利用率达到80%。

⑤ 2005年工业用粮建议结合储备粮“推陈储新”及陈化粮处理进行合理利用。现工业用粮为1590万吨（玉米），2005年预计各种发酵工业产品（如淀粉糖、酒精、酶制剂、有机酸等）及变性淀粉的用量将会有较大增长，预计工业用粮将超过2000万吨。

3.3 粮油食品加工业在食品工业总产值中的比例

根据“十五”食品工业规划，2005年食品工业总产值预计达到13800亿元，如果粮油食品加工业产值在食品工业中要维持原所占25%的比例，其年产值应达到3450亿元，即在“九五”的基础上增长72.5%，年平均增长率14.5%。

3.4 抓住加入WTO的机遇，扩大粮油加工产品出口

3.4.1 小麦的国际贸易价格相对低于大米，出口1吨大米可以换回1.8吨小麦。为了平衡加入WTO粮食进口1440万吨，要扩大大米的出口。近两年中国出口大米351万吨，“十五”期间如争取年出口800万吨，即可平衡1440万吨小麦、玉米的进口。根据有关资料介绍：2001年，国际市场大米的进口量预计为2220～2520万吨。

3.4.2 扩大花生、玉米等绿色产品出口，“九五”期间，花生年出口量38.2万吨，占世界出口总量29.7%，“十五”期间发展花生加工制品的出口，年出口量争取达到50万吨；我国每年玉米产大于销1000万吨，可扩大出口，平衡大豆的进口贸易。

3.4.3 大力开发米糠油、玉米胚芽油资源，减少或换取市场所需的食用油（如棕榈油）的进口。我国每年进口棕榈油约100万吨。如按现有米糠、玉米胚芽资源利用率25%计，即可产油100万吨，用于出口兑换。

3.4.4 扩大粮油加工制品、速冻主食品、粮油食品机械的出口，换取技术改造所需的先进的关键加工技术和装备的进口。

3.4.5 发展饲料加工和饲养业，搞好畜禽疫病防治，是当前粮食转化的有效途径，也是调整农业产业结构，发展农村经济，提高农民收入，扩大劳动就业较现实的举措。根据资料介绍：2005年，玉米的总消费量预测为1.42亿吨。口粮的消费为1567万吨，占9.9%；饲料消费为11200万吨，占74.6%，工业用量为1590万吨，占12%；种籽用112万吨，占0.7%；损耗213万吨，占1.5%。“十五”期间，肉类的总产量预计为17200万吨，根据《中美农业合作协议》规定：肉类产品进口关税、牛肉税从目前的45%降到2004年的12%，禽肉税从目前的20%降低到2004年的10%。促进猪肉、禽肉，特别是鸭、蛋、羽绒产品的出口应重点发展，是解决粮食转化、库存积压较现实的办法。

4 实现“十五”计划应采取的主要措施

1. 继续贯彻科技兴粮的方针，大力促进企业技术创新。加强产学研结合，完善企业的创新机制，建立粮油及其食品加工业的创新体系；大力推广应用高新技术成果，加速粮油食品加工业的技术改造和体制创新。

2. 加强宏观管理，进一步修订产业技术发展政策。结合粮食流通体制改革和农业产业结构的调整，进一步按照发展什么、限制什么、淘汰什么的要求，修订好粮油食品加工业发展的技术政策，促进合理布局，有序发展，使粮油食品加工企业上规模、上水平。

3. 扩大对外交流与合作，引进资本，引进技术，引进人才，加快粮油食品工业的发展。国家“六五”、“七五”重点引进的是制粉、碾米、油脂制备、饲料加工技术，通过科技部门消化吸收国产化，使我国粮油产品的初级加工登上一个新台阶。“八五”、“九五”重点是利用世界银行专项贷款和国家重大基础设施建设投资，引进和建设了一批粮食流通和仓储设施，改变了粮食储运面貌，增强了国家储备实力。“十五”期间建议国家对粮油食品加工机械制造装备和粮食转化的基础研究和技术装备以及新油源的开发等领域重点给予支持，以便为粮油食品加工业的持续、协调发展奠定坚实的基础。

4. 发展粮油及其食品加工业，离不开农业，没有好的原料难以生产好的产品；再者，也需要机械、电子工业的支撑，没有高技术、高质量的装备，也难以使好的产品实现工业化的生产；为了开拓市场，扩大销售，使新产品为人们所认识和接受，流通环节对工业产品的市场开发也起着关键作用。为此，粮油食品加工业需要加强领导，统一协调，打破部门分割，加强跨系统的合作，互通信息，统筹规划，协调发展。

（原载于《中国粮油学报》2001年第3期）

中国面制品行业的整体局势

刘兴信

（中国粮油学会　北京　100053）

“面制品”，顾名思义，它是以面粉为原料的加工产品。

“中国面制品”从其产品和加工制品的特征来研究，可分为：蒸煮制品（如馒头、包子、面条、水饺）、煎炸制品（如锅贴、馅饼、油条、麻花）、烘焙制品（如烧饼、烙饼、面包、饼干）、冲调制品（如炒面、油茶）四大类。中国面制品有自己的民族特色、加工工艺、花色品种和不同的地域品味。随着经济的发展，社会的进步，人们生活方式、生活节奏的变化，“一日三餐”的面制食品加工已逐渐从家庭劳动走向社会化、工业化生产。应用现代食品加工技术和经营管理理念，加速面制品传统产业的技术改造，是新世纪食品科技和食品工业界面临的重要任务。

1　整体局势

面制品是人们一日三餐的主食品之一。因此，人们的生活水平、消费需求，决定着面制品生产的定位；决定着产品质量的要求和产品技术创新的进程。

面制品作为一个行业，当前发展的整体业态如何？是否可以这样的认识；

1.1　随着商品经济的发展，流动人口的增加，人们工作效率、生活节奏、生活水平的变化，以及国内旅游业的发展，方便食品蓬勃兴起，方便面应运而生，成为面制品业的主导产品，在面制品行业中独树一帜。

1.2　随着经济体制的改革，产业结构的调整，面制品加工业已形成多元化、民营经济为主的行业。以全国方便主食品生产企业的经济类型为例，国有企业77家，占26.37%；集体企业41家，占14.04%；外商和港澳投资企业103家，占35.27%。

1.3　随着城市生活服务设施的社会化，第三产业快速发展，面制食品加工业成为原有国有粮店转制、职工下岗分流再就业的一条新出路，大众化、手工、或半机械的、机械化的传统面制品加工蓬勃发展。经营网点遍布大街小巷，成为便民、利民的一种重要业态。由于它适于当今城镇一般中、下阶层人们生活消费的水平，故大大地推动了城镇居民“一日三餐”主食品加工的社会化，替代了繁重的家务劳作，此外，并为城市的“打工族”提供了低价位主食产品。

1.4　随着改革开放，社会一部分人群已富裕起来，生活进入了“小康”，饮食结构，有的走向吃精、吃细、吃好；有的讲究营养、卫生安全、方便、时尚，因此高档的面制品如精制挂面、多料包的方便面、营养强化的面包、多味的饼干、功能性面制品、绿色面制品、以及外来的面制食品（比萨、曲奇、通心面、汉堡包等）相继推出，并形成一定市场，推动着应用高新技术提升原有产品的品位并开发新的产品，改变了面制品加工业的生产经营面貌。

总之，从上述分析可以看出：中国的面制品业正处在一个产业改制、结构调整的过程；处在一个从传统产品向现代产品、从家庭作坊式的制作向社会化、工业化生产转移的过程；处在一个从单一的民族产品向东西方产品并存、交融和发展的过程。

2　产销分析

鉴于当前面制品行业处在一个变革与发展的过程，还没有一个统一归口的管理部门，缺乏完整的统计资料，故对全国面制品的产销状况难以作出精确的市场分析，只能参照全国面粉的产销数据进行推测，对全国面制品生产消费量作些粗略的估计。

2.1　根据有关资料预测：2000/01年我国小麦产量1.02亿吨；小麦的消费量为1.14亿吨。销大于产。小麦的出粉率平均按75%计，全国年产面粉8550万吨。

2.2　根据国家统计局对我国全部国有企业以及销售额500万元以上规模的非国有食品企业产量统计：2000年面粉的产量为2764万吨，这部分面粉可视为商品面粉，主要供应大中城市居民食用和加工食品的原料，占面粉总量的32.2%。扣除这部分面粉消费，余下的5786万吨面粉，可视为农村人口自产自销的面粉产量和消费量，它占面粉总量的67.8%。

2.3　据2000年国家统计公报资料报导：我国城镇人口38892万人，占30.9%；乡村人口87017万人，占69.1%。按上述人口推算，我国城镇人口面粉的年人均占有量为70.7千克；农村人口面粉的年人均占有量为148.8千克，农村的占有量是城市的一倍。

2.4 根据中国烘焙食品糖果制品工业协会有关资料介绍，2000年饼干产量120万吨，糕点产量105万吨，方便主食品产量240万吨，合计465万吨。

根据1995年国内贸易部年鉴统计资料介绍，粮油食品产量276.89万吨，“九五”以来粮食系统推行主食品工业化，发展粮油深加工，提倡粮油加工向食品加工延伸，产量有较大增长，按照“九五”期间食品工业增长幅度8%计算，2000年产量为387.65万吨。

以上产品主要以面粉为原料，可视为全国面制品工业的产量，总计为852.65万吨，占城市面粉消费量的38.5%，年人均面制品消费量为21.9千克。占全国面粉总产量的10%。

2.5 农村面粉的消费量为5786万吨，通过乡镇企业加工成面制食品，供给农民的产品，主要是挂面、糕点、方便面等，估计数量为300万吨，约占农村面粉消费量的5%左右，年人均面制品的消费约为3.4千克。

由以上分析看出：我国面制品工业发展的市场空间还很广阔，特别是农村市场远未开发。随着农业结构的调整，农村城市化进程的加速，国家对农村经济发展在政策和投入的倾斜，面向农村市场的面制品工业，将会得到飞跃的发展。鉴于面制品是一个与人们“一日三餐”息息相关的大众化的食品，企业只有深入了解我国城乡人民的生活收入水平、消费需求、生活方式和地域习俗的变化，选定企业产品开发的方向，正确地确定产品的价位，制定灵活机动、科学合理的经营方略，做到产品适销对路，质优价廉，才能更好的在竞争中迎接挑战。

3 “十五”发展方向

面制品工业是食品工业的一部分，《全国食品工业“十五”及2010年发展规划建议》已为我国面制品工业的发展指明了方向。

3.1 食品工业发展的指导思想

“以邓小平理论为指导，贯彻落实十五届五中全会精神，以发展为主题，市场为导向，效益为中心，农业为基础，深化国有企业改革，努力发展企业大集团；依靠科技进步，促进结构优化和升级，搞好食物资源的合理开发和综合利用；改善居民膳食结构，提高人民的营养水平，满足人们生活提高对食品消费的需求：建立具有初步现代化标志的食品工业生产和市场体系，使我国食品工业得以持续、稳定、健康的发展。”面制品工业应在上述“十五”规划的指导思想下，促进行业的发展。

3.2 食品工业“十五”及2010年发展的主要目标

3.2.1 工业总产值 2000年预期达到13690亿元，2010年预期达到22047亿元，平均年递增率10%。

3.2.2 经济效益 2005年利税总额达到1983.6亿元，2010年利税达到2918.32亿元，年平均增长8%。

3.2.3 出口创汇 2005年预计达到194亿美元，2010年预计达到286亿美元，年平均增长8%。

3.2.4 膳食营养水平 “十五”期间，人均每日供给热量2450大卡、蛋白质73克（其中动物性蛋白占35%）、脂肪63克；2010年人均每日供给热量2600大卡、蛋白质77大卡（其中动物性蛋白占35%）、脂肪65克。

我国面制品工业也应按照上述的规定指标具体部署行业的发展。

3.3 食品工业“十五”及2010年发展的重点

有关面制品行业的内容摘要如下：

3.3.1 开发米面制品加工新技术、新装备，提高传统主食品的工业化水平；推广主食品营养强化，改善居民的营养状况。

3.3.2 大力发展工业化生产的各类米、面方便主食；着力发展营养卫生、搭配科学合理的主副方便食品；各种畜、禽、肉、蛋、蔬菜熟食制品（含软罐头）以及各种方便汤料、调味料食品。

3.3.3 重点发展按一定营养标准，采用多种原辅料配制的中式快餐食品、中西结合配套快餐食品、学生课间餐、营养餐以及外出旅游方便食品。

3.3.4 大力发展各类米、面制品的速冻主食，供饭店、餐馆及家庭直接食用。

以上发展重点为面制品行业的具体实施提出了任务和要求。

4 几点建议

4.1 面制品的加工在我国日益成为一个专业性的行业。在市场经济的条件下，一批现代企业脱颖而出，跨越了部门和地域及所有制界限，产品销售全国，有的打入国外市场。国际面制品组织与国内团体、企业的交流与合作亦日益发展，国际国内市场的开拓与竞争日益激烈。国内业内人士呼吁加强宏观指导、沟通信息、规范市场、协调发展，促进交流与合作已成为一种共同的要求，尽快的建立面制品的行业组织是必要的，建议归口部门应予以支持。

4.2 加速发展农村的面制品工业，推广河南临颖县南街村发展方便面、龙堂村发展挂面经验，培育更多的农工贸一体化面制品龙头企业，促进农业产业化，加快产粮区粮食的加工转化，发展农村经济，提高农民的收入消费水平。八亿多农民的消费，是我国最大的市场，“这个市场远未充分开发，潜在的需求非常浩大，它是支撑我国经济持续快速发展最可靠的保证。”

4.3 加强城市面制品加工业组织结构的调整，规范面制品加工经营，提升城市供应居民的面制主食品生产技术水平和产品质量，提高城市居民口粮转化的比例。结合产业调整，组建一些现代化生产经营、有特色的面制品企业，引入现代企业管理模式，走统一原料供应、统一生产工艺、统一产品质量标准的连锁生产经营路子，逐步引导遍布大街小巷的个体作坊、销售摊点向连锁企业加盟和作为企业的经营网点，既维持了这些人的生计，也规范了市场，提升了这种业态的经营水平，并加速城市面制主食品工业化的进程。

4.4 目前方便面市场的竞争非常激烈，产品质量、品牌、规模与管理，在竞争中起着重要的作用。但总体来看，市场的需求仍有较大空间，特别是依靠技术创新，把产品开发与提升中国传统面制食品结合起来，开发出更多具有地方风味，民族特色，适于不同人群需求，有个性的产品，尚大有文章可做，有待业内企业大力开拓。

总之，方便面的开发成功是20世纪应用现代食品加工技术改造传统产业的重大成果，为推进我国主食品工业化树立了典范，也作出了贡献，希望在新世纪象方便面一样有更多的传统产品，通过技术创新改变原有产业面貌，实现现代化、产业化生产，并使其产品推向全国，销往世界。

（原载于《食品工业科技》2001年第5期）

中国米面、焙烤食品发展现状与走势预测

陈泽钧

（广东省食品行业协会　广州　510075）

跨入新世纪，具有方便和时尚食品特征的米面制品，焙烤食品发展走势，已引起人们的关注。因此，研究中国米面、焙烤食品的现状特征，对目前发展态势进行分析，探讨今后一段时期的发展方向与预测，对开发新产品拓展市场，引导本行业健康发展将起到积极作用。

1 中国米面、焙烤食品的发展现状

米面制品和焙烤食品是我国的传统食品。早在公元前2700年我国就有磨粉的记载。在汉朝《汉书宣帝纪》中就有描写汉宣帝买饼的经过。古代的饼，即为今天的面条食品。到唐代中期，面条制作传至日本，尔后又由著名旅行家马可·波罗带向意大利，经后人改革创新，成为当今的通心面。而我国本土的面食加工，更是品种繁多、花色各异。南北朝年间，粮食加工就有系统的专著，《齐民要术》记载了《崔氏食经》中面、饭、面条的烹制方法，北宋时期，月饼、油条、春卷等新品种又相继问世，如今，随着社会的发展和人民生活水平的不断提高，特别是改革开放20多年来，米面制品和焙烤食品已逐步形成了一大行业。方便面是米面制品的主要产品，目前，全国方便面生产能力已达400万吨，年人均达15～20包，居世界经济发达国家人均拥有量的前列。产品类别为油炸方便面、热风干燥方便面、温性方便面等，而油炸方便面居于主流，杂粮类方便面仍屈于弱势。料包趋于三合一或多味配合。饼干做为焙烤食品的主要产品，近几年来，我国饼干的生产总量以每年10%的速度增长，1999年产量达120万吨，2000年预计达130万吨。其他焙烤食品，如面包、糕点、月饼、蛋糕以及西点等产品发展迅速，并逐步形成独特的中西饮食文化交融的新兴行业。从焙烤经营场地来看，20世纪90年代初期，饼屋为数甚少，街头闹市难以看到装饰华丽的饼屋，90年代中后期，随着我国对外开放和饮食文化的国际化，合资企业、外资独资企业相继投资经营饼屋，使全国饼屋数量急剧膨胀，西式饼屋、中西风格相结合的饼屋、东方风格饼屋等犹如雨后春笋。据不完全统计，目前各类饼屋已到20余万家。以华东、东北、华北地区较为集中，而北京、上海、广州等开放城市饼屋规模较大，风格独特，造

型装饰别致。

2　中国米面、焙烤食品的发展特征

我国米面、焙烤食品经过了漫长的发展历程，特别是二十多年的改革开放，人们生活水平的改善以及国外饮食文化的影响，形成中国特色的米面、焙烤业特征和发展模式。

2.1　中西饮食文化的有机交融。中国饮食文化源远流长。面食糕点不仅仅是作为一种食品享用，而且还作为一种精神和文化交流的载体。在制作和享用中都考虑节日、礼仪和地方通俗需要。如中国人过生日都喜欢制作或享用长寿面，以求健康长寿之意。随着西方文化源源不断浸透中国大地，生日蛋糕、吉庆糕点已逐渐成为中国现代人过生日的首选食品。中国月饼，是中华民族独脉相承的中秋团圆寄情之物，西方国家对月饼的需求量越来越大。不少生产企业顺应于西方人的口味、营养和情趣，改变传统的东方色彩，把中秋月饼发展成为中西饮食文化交融、技术交融、原材料交融的产物，推动了中西糕点业的升华和发展。

2.2　现代科技与传统工艺、技术的有机结合。米面制品和焙烤食品的品味和特色，较大程度上依赖于生产加工工艺和技术。其工艺技术体现了中华民族几千年文明和进步。特别是发酵、烹调以及焙烤方面技艺历史悠久，技术精湛。但是，由于旧社会封建制度造成了加工设备的落后，使中华民族的加工技术和名优传统产品得不到发展。特别是传统食品，地方小吃，无法形成规模生产，长期依靠于手工操作的状态。是改革开放的春风，带来了中国大地的春意盎然。引进了先进生产技术和设备，改造和发展了米面、焙烤食品工业。如今，方便面行业兴旺空前，饼干品种琳琅满目，地方糕点也都形成一定的生产规模。比如广东的杏仁饼，已远销中南亚等国家，这都体现了中国传统米面制品和焙烤食品的加工技术与当今先进技术、设备的有机结合，体现了中国米面、焙烤食品的生产规模、加工技术和装备水平已跨入了世界先进行列。

2.3　经营方式顺应于人们消费理念的变化。随着生产力的发展和社会进步，人们对精神文明和物质文明的追求越来越高，消费观念也发生了深刻的变化，中国的对外开放，中西文化交流频繁。饮食习惯和相互影响，很大程度上引导人们追求营养、品质、情趣和精神欲望的满足，因此，米面制品，特别是焙烤食品的生产企业或经营者都在为满足人们这种消费理念去实施营销策略，去获取最佳效益。例如对饼干产品的包装越来越注重包装装璜，糕点、西点越来越趋向于风味、情趣和中西结合之风格，特别是蛋糕产品，更突出西点的裱花技术和装饰技巧。含创意蛋糕是近期风行的一个突出点。经营者将雕塑技术、绘画技巧融入到蛋糕的裱花装饰之中。使蛋糕体现出更多的创造性、艺术性和多变性，以适应不同消费者不同情感的需求。焙烤食品的这种创意和发展，与中国烹调技艺的菜肴、雕塑相呼应，形成中国食品百花园中两朵奇葩。

3　米面制品、焙烤食品的发展方向

我国米面制品经过了长期的发展，已形成一定的规模，品种、品味、包装等都发生了深刻的变化和提高。但是随着人们对健康、保健意识的加强，米面制品向功能化、保健化发展已成为一种趋势。

首先是在原料上，努力开发以杂粮、豆产品为原料的米面制品。如近年来，一些企业开发的豆类方便面。这种方便面，豆类原料占30%，比单纯面粉为主要原料的方便面营养更丰富，并更具有保健功能。

其次，在料包中研究添加营养物质。如维生素B、E、C和矿物质以及特定消费群体需要的营养物质。

第三，根据消费需要，计算每天营养需求量合理配搭，如配有脱水蔬菜、蛋、肉类及汤料，以满足人们一天的营养需要。

饼干是食品行业发展较快的行业，也是焙烤业中的主要工业化生产的产品，其产量占焙烤产品的一半以上。随着技术改造和创新，我国的饼干加工设备先进，品种丰富。一般饼干企业都生产几十个花色产品，大的企业往往有200～300个产品。有夹心类、曲奇类、苏打类、薄脆类、夹层类、甜饼类等系列，据专家预测，新世纪初我国饼干行业将跨入快速发展的黄金时期，其发展方向：

①在原料和配料上将有较大的发展空间。如乳清制品，经酶法修饰的大豆卵磷脂，强化风味粉末可可脂，果料、营养强化的配料等等，通过添加或夹心，同时，饼干以谷类和干果为原料，将营养与美味很好地结合，满足青年、儿童需求将是产品开发的新思路。

②包装上更趋于完美、更富有情趣。特别是随着包装材料、包装机械的先进化，内衬托盘，以复合簿膜裹封，外形采用方形、长方形、圆形、组合成型以及内装小包装的大礼拎袋，装璜别致的包装，应节日（如中秋节、春节、情人节等）类包装，将趋深层次

发展。此外，随着中国加入WTO，市场趋于国际化，因此各国风情意境包装也将形成新的包装亮点。

蛋糕、面包、中西点心焙烤食品是近期发展的热门产品，其生产和市场销售呈现前所未有的繁荣景象。

③焙烤食品原辅材料以及焙烤添加剂类产品开发和应用将进一步发展。近年来，国内外都在加大力度，研究焙烤食品原辅材料，如面粉中的面筋、蛋白质的分子结构、添加剂改善面粉油脂、蛋糕发泡剂、乳化剂等产品，而且这类新产品正朝优质、高效、多功能的方向发展。如超软面包改良剂、色香油、双效泡打粉、耐烤果点等，为制作高质量面点提供了条件。在产品流通中，焙烤食品原材料越来越专业化，中间产品也趋于商品化。目前国外90%左右是专用面粉，品种达上百种。在我国的专用油脂亦是应有尽有。中间产品，如馅料、装饰料，甚至面团、浆料等都成为商品，并且不断向系列化、深层次方向发展。

④低糖、低脂和天然添加剂的焙烤食品将成为主角。由于高糖、高脂肪对健康带来的危害，追求健康、安全、天然食品已在国外形成一种潮流，在我国也引起人们的重视，并朝着这种需求发展。如低聚糖和糖醇或非糖甜味部分代替蔗糖或采用如南瓜果浆为馅料，制作的低糖西点、糕点，深受糖尿病、肥胖病、高血压等患者的欢迎。又如添加食物纤维的纤维面包，可以预防中老年人便秘和预防肠癌，用天然料如大豆蛋白粉、麸皮、燕麦粉制成高蛋白，富含纤维、矿物质的营养、功能面包已在市场上有售，预计这类保健、功能型面点，市场前景诱人，并将逐步形成规模化和产品系列化。

⑤冷冻焙烤食品将有广泛的发展。冷冻焙烤食品是将快速冷冻技术应用于新型的焙烤食品，包括对面包、蛋糕、点心等多种品种冷冻，同时也包括半成品，如面团经-40℃的低温速冻成冷冻面团，然后通过冷藏链送到各生产点或客户手中，以便随时按需要进行烘焙，制作相关的食品。因为冷冻焙烤食品的运作方式有利于延长存货期，有利于扩大生产和销售规模，并且可以降低成本，价格低廉，保证产品新鲜可口。在国外，80年代中期已经发展冷冻焙烤食品，在我国经济发达城市，如北京、上海、广州，90年代中后期也相继出现了冷冻面点。近年来，随着人们生活节奏的加快和对方便食品的需求，这种冷冻焙烤食品将会有更广阔的市场。

⑥焙烤食品相关的服务业，随之兴旺。如为焙烤食品企业提供信息、培训，组织交流活动等将随之而来，而且这类组织机构、社会团体将不断出现，同时又在不断优化，自由竞争，促进米面、焙烤食品行业向市场经济的模式发展。

（原载于《食品科学》2001年第6期）

中国肉类食品行业“十五”发展规划建议

中国肉类协会

肉类食品行业是包括畜禽养殖、屠宰加工、冷冻加工、肉禽蛋制品加工、冷藏储运、批发配送、零售及相关服务等不同环节的完整产业链。肉类食品的占有和消费水平是衡量一个国家文明程度和人民生活质量的重要标志。我国是肉类生产和消费大国，在进入新世纪和即将加入世界贸易组织（WTO）的形势下，研究制定肉类食品行业“十五”发展规划，不仅对调整经济结构、促进肉类食品的产业化、现代化，全面提高产业素质具有重要作用，而且对于增加城乡居民收入、改善国民营养结构和健康状况、扩大内需和外贸出口，也有着重要意义。

一、“十五”期间肉类食品行业发展面临的新形势

改革开放以来，我国肉类食品生产一直保持着快速持续发展的增势。1985年到2000年的15年间，我国肉类共增产4355万吨，占全球同期肉类生产总增量9534万吨的45.7%。蛋类共增产1681万吨，占全球同期蛋类生产总增量2181万吨的78%。按国别排序，我国肉类、蛋类的生产总量已多年稳居世界第一，人均占有量在发展中国家已处于领先水平，与一些中等发达国家大体接近。

“十五”期间，国民经济将继续保持较快的发展速度，GDP的预测值为年均递增7%，经济结构战略性调整将取得明显成效，经济增长质量和效益将显著提高，建立现代企业制度和完善社会主义市场经济体

制也将迈出实质性步伐，这些将为肉类食品行业的持续发展创造新的条件。

当前，我国肉类食品行业尽管存在着不少问题，但总的发展趋势是积极向上的，呈现出许多有利发展的因素。

1."十五"期间，国家经济发展的重点继续放在国内市场，扩大内需，鼓励消费，城乡居民收入稳步增加，生活持续改善，必然会为肉类食品行业的发展提供更加广阔的市场。预测到2005年，城镇和农村居民收入人均可达7600元和2900元左右，人均生活费支出分别为6173元和2051元，其中用于食品支出部分分别约为2531元和944元（恩格尔系数分别为46%和41%）。按届时全国人口13.3亿、城市化水平35%计算，肉类食品消费需求总量将比2000年增长12%。随着城镇人口较大幅度的增长和专业化、规模化养殖方式的扩大，肉类食品供给将加快由城乡二元化结构向全面商品化转变，工业加工的肉类食品在广大农村将会出现日益广阔的消费市场。

2.国内市场需求的变化正在带动肉类食品行业加快结构调整。预计"十五"期间，由单一化肉类品种主导市场的格局将被多样化混合品种替代。猪肉消费虽会保持绝对量的增长，但在整个肉类消费中所占的比重将继续下降；牛羊肉需求上升，消费将有一定程度的增长；禽肉消费的比重将持续快速上升。目前我国居民的肉食消费以购买热鲜肉为主，冷却肉和各类肉制品所占比重较小。"十五"期间，随着生活水平的提高，以及由此引起的消费习惯的变化，各种精深加工的分部位冷却肉、小包装肉、半成品肉、冷冻肉、熟肉制品，以及以肉类为原料的方便食品、功能性食品、休闲食品和旅游食品的消费将明显上升。这些因素将加快推动我国肉类产品结构的优化。

3.我国对肉类消费安全的日益重视，有利于加快形成肉类食品卫生质量保障体系。我国肉类供给已告别短缺时代，形成了消费主导型的买方市场格局，这个历史性的转变在很大程度上影响到消费观念的变化。目前肉类市场竞争中，质量及消费安全问题已摆上重要位置，"十五"期间，国内消费对肉类食品的需求将进一步从"量"的满足转向"质"的提高，尤其是注重肉品的卫生质量。国际肉类市场交易也是同样的发展趋势。在世界范围内，为控制二恶英、疯牛病、口蹄疫等各类污染及疫病对肉类食品质量的影响，许多国家在生产、加工、销售以及进出口上采取更加严格的安全管理措施，进一步完善了相关的法律法规和卫生技术标准。无公害绿色食品、有机食品发展加快；各类健康的肉禽蛋食品（即低脂、低热、低糖、低盐、低胆固醇、低添加剂、高纤维等食品）正在成为发达国家肉类食品生产和消费的主流趋势，同时也对我国肉类食品行业的进步方向产生了深刻的影响。

4.高新技术和先进营销方式的应用，为我国肉类食品行业的发展提供着有力的支撑。目前，发达国家食品工业中一些高新技术正在向新兴工业化国家扩散，除电子信息、生物工程、新材料等基础科学技术外，还有超高压处理、超临界提取、膜分离、超微粉碎、微胶囊、真空处理、冻结浓缩、品质评价、食品掺假鉴定、光束消毒保鲜、泡沫清洗消毒、超高温瞬时杀菌等实用尖端技术。各种高新技术应用的重点主要集中在食品的安全、卫生、方便、降低成本和保护环境等方面。发达国家肉类流通已基本实现了"冷链"化，采用配送、连锁超市、肉类专卖店等现代化方式经营。这些先进技术和营销方式已经开始进入我国，对国内肉类食品行业的产业升级将发挥积极的促进作用。

5.市场体系和企业组织体制的日趋完善，将为肉类食品行业的发展创造更为规范的市场环境和竞争格局。"十五"期间，整顿市场经济秩序的工作将取得突破性进展，国内市场分割的障碍会进一步破除，不良的流通秩序将得到进一步治理，大型肉类食品企业集团将加快发展，骨干企业的市场集中度和规模效益将进一步提高，肉类产业的区域布局将更为合理。肉类加工企业通过控股、收购、兼并发展规模经济，通过纵向一体化延伸产业链条将取得明显成效；订单生产的比重将逐步增大。这些为我国肉类食品行业成为现代化产业创造了市场环境和组织制度方面的条件。

6.我国即将加入世贸组织，融入世界经济一体化和全球统一市场中，肉类食品行业对外开放的程度将进一步扩大。国外资金、先进技术及管理经验的引进和利用，有助于我国肉类行业与国际水平、国际市场接轨，并存在着更多肉类产品进入国际市场参与竞争的可能性。与此同时，国内肉类市场也面临着发达国家优质肉类食品的挑战与冲击。由于我国畜牧业生产、屠宰和精深加工技术、卫生标准和肉类产品的质量与国际市场的要求仍有不小的距离，肉类产业结构比较落后，大量产品品种是内需型的，市场体系不够完善等，必然在相当程度上制约我国肉类产品有效参与国际市场竞争。尽快提高我国肉类产品在国际市场上的竞争力，是摆在中国肉类食品行业面前十分紧迫的问题。

“十五”期间我国肉类食品行业的健康发展，关键在于生产流通技术要适应市场发展及其变化。在消费需求日益趋于自然、新鲜、健康、方便、多样与安全，生产结构面临原料成本与劳动力成本逐年增加的压力，加入WTO后国际化竞争的形势下，肉类食品行业必须想方设法提升加工水准，增加产品科技含量，确保产品符合安全优质的要求，有效应对未来的市场竞争。

在制定肉类食品行业“十五”规划时，既要把握国内外肉类行业发展的趋势，研究借鉴、引进吸收国际上先进的肉类生产、加工及流通技术，又要以市场需求为导向，以体制和机制创新为切入点，加快调整我国肉类的产业结构、产品结构和技术结构，更好地适应市场变化，适应国民经济的发展。

二、肉类食品行业发展的指导思想和工作重点

“十五”期间我国肉类食品行业发展的指导思想是：从买方市场的实际出发，由过去重点追求生产总量的增长转变为重点追求市场适应能力的全面提高，实行“一抓三推”的方针。即紧紧抓住提高质量这个主线，推动肉类食品行业企业结构的调整，提高企业的组织化程度和规模化竞争能力；推动产品结构的优化，切实解决肉类食品的卫生、安全及营养问题，改善城乡居民膳食结构和营养水平；推动技术结构的进步，大力提高生产、流通的技术含量，发展先进的生产、营销方式，为扩大内需和对外出口奠定坚实的基础。

“十五”期间肉类食品行业工作的重点是：

1.以质量保障为前提，积极发展工厂化、规模化集中屠宰。认真贯彻中华人民共和国《食品卫生法》、《产品质量法》、《生猪屠宰管理条例》等法律法规，在大中城市和重点县城全面推行工厂化屠宰，提高工业化加工水平，加快行业自律、行政执法和企业内部管理，确保肉类食品的卫生质量和消费安全。

2.以市场需求为导向，调整和优化肉类食品结构。要稳步发展猪肉和蛋类生产，加快发展牛羊肉生产，重点发展禽肉生产，适度发展杂畜特禽肉生产。加工生产继续贯彻“变大为小、变粗为精、变生为熟、变废为宝”的结构调整方针，大力发展畜禽产品的精深加工，特别是冷却肉、分割肉、小包装肉和直接食用的方便熟肉制品，不断提高精深加工产品在国民肉食消费中的比重。

3.以改革和科技进步为动力，发展肉类食品科贸工农相结合的产销一体化大型企业集团，扩大生产经营规模，增强科技创新能力，带动肉类食品的产业化经营，提高企业综合竞争力。

4.以扩销增效为中心，着力培育知名品牌和现代连锁化销售网络，加强和完善冷藏链建设，努力开拓国内外市场，逐步提高我国肉类食品进入国际市场的份额。

三、“十五”期间的发展目标和主要措施

(一)实施大公司、大集团战略，培育龙头企业和骨干企业，大力发展贸工农一体化经营，积极完善适合我国国情的“公司加基地，基地带农户”等形式的肉类产业链。2005年全国力争形成2～3家产值超过100亿元的特大型肉类产业集团，6～10家产值在20亿元以上的大型肉类产销集团，形成国家肉类产业的核心队伍，提高我国肉类产销的组织化程度和整体对外竞争能力。

“十五”期间，要确保形成猪肉和禽蛋总量稳步增长，牛羊禽比重快速增长的机制。预测性发展目标是：肉类总产量由2000年的6046万吨提高到7200万吨左右，增长19%；全国人均肉类占有量由2000年的47千克提高到54.1千克。猪肉在肉类总产量中所占的比重由2000年的66.7%下降到63%；牛肉由8.8%上升到9.3%；羊肉由4.5%上升为5.5%；禽肉由18.8%上升到22.5%。为此，要以骨干肉类食品加工企业为龙头，发展一批饲料生产、畜禽养殖、加工销售一条龙的纵向产业化组织；以技术装备先进的企业为骨干，联合同行业众多的中小企业，形成专业化分工协作、集团化运行的横向产销组织；通过企业各类资源的整合，在大中小企业之间、生产、加工和流通之间建立起有效率的有机联系。“十五”期间除新建少量现代化的生产加工企业外，要充分利用外商进入的资金、技术等生产要素，充分利用国内企业的竞争、联合和资源重组等资本运作手段，以做强主业为目标，迅速提高大企业的生产集中度，淘汰一批过剩落后的生产加工能力。要制定鼓励集团化、跨区域发展、跨国经营的政策，通过税收调节、信贷支持、兼并破产、债权转股权和股票上市等政策措施，支持已形成一定规模和市场、品牌知名度高、发展潜力大的肉类加工集团加速扩张。

(二)建立完善的肉类食品质量保障体系，确保质量合格的产品进入市场。

目前我国手工屠宰的落后生产方式还占60%以上，私屠滥宰还没有得到有效遏制，工艺落后的中小型屠宰加工厂仍大量存在，而一些大中型现代化肉联厂的先进生产能力却处于闲置状态或不能满负荷生产，市场肉类供应中现代化、工厂化、机械化屠宰率不到30%。我国肉类检疫检验和环保标准均明显低于发达国家，出口肉品受阻的主要原因是质量和卫生指标达不到进口国要求。“十五”期末，要在全国城乡基本上实现畜禽定点屠宰和集中检疫检验，机械化屠宰的比重力争达到70%以上。其中县以上城市定点屠宰率达到100%；县以下定点屠宰率达到90%左右。畜禽屠宰厂的定点，应尽快打破按行政区划设点的旧模式，按照优胜劣汰原则，即资源量、规模及技术水平、市场容量及环保条件综合比较，择优布点。为此，一要在《生猪屠宰管理条例》的基础上，推动《畜禽屠宰法》早日出台，将全部食用畜禽的屠宰行为纳入法律规范，并提升法制管理的权威性；二要抓紧完善对定点屠宰企业的技术管理措施，依照技术规范实施对肉类食品质量的监督管理。大中型企业要大力开展ISO9000质量管理体系认证工作，创造条件推广HACCP（危害分析与关键点控制）质量管理规程，不断改进肉品的质量管理。肉类加工除原料要求无公害外，还要严格控制加工过程中的接触污染、交叉污染和运输污染。对直接接触肉及肉制品的工具，应尽量采用不锈钢材质、蒸汽退毛等新工艺，对半成品及制品采取二次消毒法、光束消毒保鲜法，设施设备实行泡沫清洗消毒法等。加强各个生产环节的质量把关和最终产品质量验收，对不合格的产品应严禁出厂或清退销毁，产品严重不合格并造成不良后果的应实行停产整顿。加强肉类食品生产许可证管理，严厉打击假冒伪劣产品。三要在调整摸底的基础上，对所有的定点企业，实行分级注册制度，对肉类食品的生产和销售严格市场准入制度。

（三）围绕发展民族品牌和国内外市场需要的产品，加快产品结构调整和企业技术进步。

我国绝大多数企业的加工设备、工艺水平和管理水平比发达国家要落后一二十年。各类肉制品品种较少，质量较低，加工量仅二、三百万吨，只占肉类总产量的4%左右。比之发达国家肉制品平均要占肉类总产30%～40%，有的高达70%，差距十分明显。“十五”期末，要争取鲜、冻分割肉占商品肉类总量的80%以上；小包装保鲜分割肉占城市上市量的40%以上；大中城市冷却肉达到肉类供应量的15%～20%；肉制品的年产量从“九五”期末的200万吨提高到400万吨以上；速冻肉类方便食品产量增长到1000万吨左右。继续积极发展对畜禽内脏、肥膘、皮、毛、骨、血、腺体等资源的再加工和综合利用。“十五”期末，力争使80%的肉类加工企业开展畜禽资源综合利用并建立起污染物处理设施。品牌是企业形象、信誉和产品质量的象征，优秀品牌具有强大的市场竞争力和整合市场资源的能力。肉类食品企业应积极制定品牌发展战略，采取综合措施加以实现。国内驰名品牌和区域性特色品牌，要力争更快更多的进入国际市场；熟肉制品、方便制品要以中式风味和特色为主，同时积极开发西式、中西式结合、西为中用的产品。添加剂应用要由一般变性型向功能型转化，由化工添加剂向纯天然物添加剂转化。大型企业的肉制品生产设备要向连续式、自动化、大批量操作及近似无菌加工技术方向发展。

实现“十五”肉类食品产业素质的全面提高，必须努力搞好应用基础研究、新产品开发和技术改造，形成一批有竞争力的拳头产品和与国际先进水平保持同步的生产加工能力。要加强产学研的联合协作，鼓励具有经济实力的大型肉类食品企业建立技术开发中心，形成技术创新机制；广泛开展国际合作与交流，把自主研究开发与引进、消化吸收国外先进技术结合起来。“十五”期间，要优选一批重大科研项目，集中力量、协同攻关、取得突破，并使之工程化、产业化、商品化。

（四）分层定位，积极构建适应国际化市场竞争的营销方式和销售网络。

改革开放以来，我国在肉类产销组织方式和营销手段上学习、引进了国外若干先进做法，也结合国情进行了“本土化”改造，取得了一些效果，但范围还不广，水平有待提高，在体制、政策和企业经济实力上制约因素仍比较多。我国肉类食品的零售绝大多数是通过集贸市场进行的，传统的零售业态和销售方式仍占主导。“十五”期间，在城市尤其是大城市，要适应小包装、冷却肉生产的发展，配套发展储藏、运输、销售不中断的“冷链化”物流，推进以超市等为主要零售终端的商品配送，支持肉类食品的连锁经营；要以向社会开放、市场化经营、增加配销功能为指导原则，加速冷库的技术改造、经营管理和全方位服务工作，提高冷库利用率和社会服务面；运输和销售环节，要大力倡导冷藏集装箱运输和按规定温度展示销售产品的新形式。在中小城市和乡村，热鲜肉的生产流通也要加强必要的卫生和保鲜措施，并经由具备卫生检疫条件的批零市场销售。“十五”期间要积极构建全国性的肉类食品电子商务网站，运用信息技术、网络技术改造生产过程和流通过程，提高物流效率和产品的适销率。政府要为肉类的市场运行创造良好的外部环境，包括对肉类行业基础设施建设给予政策扶持。

（五）加强人才培养和队伍建设。

我国畜禽屠宰加工成本和肉类零售价格明显低于发达国家，但在加工的卫生条件、产品质量、包装、保鲜、物流运输和营销服务等方面差距较大，综合竞争力不强。肉类产业的兴衰关键在人才。“十五”期间，要重视并实施肉类食品“科教兴业”战略，全面提高行业内各类人员的专业素质。要依靠教育、科研单位，充实加强肉类食品学科，跟踪世界食品科学发展的最新技术，适时开办新的科系和专业，扩大招生名额并实施定向培养。要通过自学、各类培训、出国进修、院校定向代培等方式，提高在职人员的专业素质；重点培养从事新产品开发的工程技术人员、肉品检验人员、屠宰加工技术人员和企业经营管理人员。广泛开展国内外食品科技和管理经验的交流活动，加强人才引进工作。

中国“入世”后肉类产业竞争环境分析及对策

中国肉类协会

加入WTO标志着我国的外对开放进入了更高的层次和更大的空间，一方面可以更加有效的参与国际经济新秩序的建立；另一方面也要求更大范围地开放国内市场，尽快提高开拓国际市场的能力，以应对全球经济一体化和贸易自由化所带来的机遇和挑战。肉类是重要的民生产品，也是国内食品工业中的一个重要行业，本文拟采取国际对比的方法就我国“入世”后肉类产业竞争环境的关键因素作些分析，同时提出若干对策建议。

一、我国政府在“入世”问题上的承诺对国内肉类产业的影响

根据目前掌握的材料，我国政府在申请“入世”的承诺中，与肉类产销有关的大致有三个方面。

第一，降低进口贸易壁垒。这项承诺又分为两点。一是简化国外肉类产品进入中国市场的程序，从而扩大了市场准入范围。例如。过去美国肉类向我出口要去美国的屠宰加工厂一家家审查，认为符合标准就发放许可证，多年来只认可了十几家工厂。现在中美谈判达成协议，我国从总体上对美国联邦肉类卫生许可的体制进行认可，由他们决定哪些工厂符合条件可向我国出口，并由美国食品安全检验局出具检疫证明。这样，理论上美国几千家肉商都有向中国出口肉类的机会。虽然我国政府保留了抽检的权利，但毕竟今后美国可向中国出口肉类的企业会大大增加，只要国内有需求外商有意愿，美国食品安全检验局批准并履行检疫手续即可向我国出口，数量上不能再通过配额进行人为地控制。二是降低肉类的进口关税。到2004年我国猪肉的进口关税将由目前的20%降为12%，牛肉从45%降为12%，鸡肉（禽肉）从20%降为10%。关税是出口成本中的重要因素，我国肉类进口关税的降低，意味着外商提高了向我出口肉类的价格竞争力。

第二，弱化技术性进口壁垒。对我国肉类进口来说，主要是检疫规则要进行修改。多年来美国一直指责中国的兽医卫生检疫标准过于严苛，甚至认为我们的措施并非是建立在现代试验技术基础之上的。这种指责并无根据，但确实存在着国内产品检疫标准低于进口肉类检疫标准的问题，对此我国政府已在《中美农业合作协议》中作出修改检疫规则的承诺。毫无疑问，加入WTO以后我国控制肉类进口的检疫技术壁垒也将大大弱化。

第三，扩大服务贸易开放领域。这方面涉及的领域更加广泛，影响也更深远，如允许外商从事产品的分销业务，以及金融、保险和基础电信业逐步开放的承诺等。其中在短短3～5年内全面开放外资分销业务，既包括了允许外商从事国内肉类产品和进口肉类的批发零售业务，也包括了国内合资或外商独资的肉类加工企业可以建立自己的分销网络，还包括了外国的服务商可以为国内生产企业和合资企业提供肉类的分销代理及相关服务。此外，在我国现行的《外商投资产业指导目录》中，肉类食品的贮藏、保鲜、加工等新技术、新设备本来就是列入鼓励类项目的，加入WTO以后，外商投资肉类加工领域的政策会进一步放宽。对外资来说，无论是肉类产品的对华贸易条件，还是与肉类有关的产业资本的输出环境，都获得了很大改善。以上这些必将极大地增强国际肉类厂商进入我国市场的信心。

当然，上述分析只是看到了问题的一个方面，另一方面，根据WTO的规则，缔约的成员国也要对等地开放他们的市场，对我作出相应的开放承诺。这方面虽然目前还没有见到任何披露的信息，但按照对等原则，各缔约成员国（最不发达的国家除外）对我国肉类的出口也要降低门槛，如降低进口关税、取消检疫外的其他非关税壁垒、肉类卫生检疫标准应以国际组织颁布的标准为基准（许多发达国家的检疫标准高于国际标准）等，从而改善中国肉类出口的贸易环境，否则就违反了《WTO协议》中最惠国待遇和无歧视这两条基本的原则。

人们常说中国“入世”后挑战和机遇并存，从我国加入WTO后肉类贸易环境的变化看，这个判断也是适用的。问题是挑战有多大，机遇在哪里，这就需要做进一步的产业比较分析。

二、我国肉类产业与国际先进水平的比较

在进行对比之前首先说明两点。第一，这里讲的肉类产业并不是单指肉类的屠宰、加工，或者再加上肉类流通，而是包括了畜禽养殖、屠宰加工、肉制品深加工、批发零售等不同环节的完整产业链，即涵盖了第一、二、三产业。第二，之所以要和国际先进水平比较，是因为“入世”后能够与我国形成竞争的并不是抽象的国际平均水平，而是具体的代表世界先进水平的肉类产销强国。

（一）我国肉类在总量、增速和市场容量上均有优势

目前，在全球肉类总产量中，中国肉类的生产数量已多年稳居第一；在世界各国肉类产量持续增长的时间和递增速度方面，中国也名列前矛；此外，按国别对比的肉类总体加工能力和消费市场中国也是最大的。

根据国际粮农组织的数字，1999年全球肉类总产为22117万吨，其中中国为5953万吨，占26.9%。按照1999年的排名，全球肉类产量居前十位的国家依次是：中国、美国、巴西、法国、德国、墨西哥、印度、西班牙、俄罗斯和意大利，而居二、三位的美国和巴西的产量之和只约为我国产量的84%。从猪牛羊禽四种主要的肉类品种看，我国的猪肉产量具有数量上的绝对优势，约占世界总产的40.7%，在世界前十位的猪肉生产国中，后九个国家的产量之和尚不及我国的70%。此外，我国的羊肉产量也位居世界第一，约占全球总产量的20%左右；禽肉产量仅次于美国居世界第二；牛肉产量在美国、巴西之后位居第三。

从1979年以来的20年，我国肉类生产的增长速度也是世界上少有的，年平均递增速度超过了10%。1985年到1999年的14年间，全球肉类总产量一共增长了9103万吨，其中3866万吨出自中国，占同期世界肉类总增量的42.5%。

我国肉类的屠宰加工能力就总量而言也是国际上屈指可数的，是世界级的肉类加工大国。目前我国各种肉类屠宰加工企业有3700多家，冷库总容量约为450万吨，其中屠宰加工企业总数的一半、加工能力和冷库容量的60%，属于内贸系统的肉联厂和屠宰厂。由于中国人口众多肉类总产又居世界第一，国内的肉类消费总量在世界各国中也是最多的，而且具有很大的增长潜力。除了城市肉类消费仍有继续扩展的余地外，农村肉类消费是最有希望的潜在大市场。从1997年城乡居民肉、禽消费比例看，农村居民的人均肉禽消费分别只有城市的66.8%和47.8%，是一个很大的亟待开发的消费空间。当然，如果分析我国肉类产业的优势还远远不止以上三点，我们将在下面的分析中陆续谈到。

我国肉类产业的以上概况给人以两点印象。第一，中国作为发展中国家肉类的增长是数量规模型的，而且生产潜力很大；第二，国内市场有比较大的容量和开发潜力，满足内需仍是重点。前一个特点表明我们已经形成了数量优势，但也反映了增长模式仍然是粗放型的，与肉类产销强国质量效益型集约增长模式完全不同。后一个特点也是我们的优势，因为在肉类商品的市场实现问题上，我们比许多依赖出口的国家回旋余地更大，而且中国人也更了解国内市场的规律和需求特点，当然，中国肉类市场容量大的特点，也会引来肉类产销强国的关注，一些肉类产销强国已经表示，一旦中国加入WTO，将成为它们谋求扩大肉类出口的首选市场。

（二）我国肉类产业的总体素质不高。

说明这个问题需要从几个方面进行对比，而且应同肉类生产发达的国家进行比较。

（1）养殖方式的比较。我国畜禽的分散饲养多年来一直占据主导地位。近十几年来禽类的规模饲养发展很快（含现代化养鸡场和专业户养鸡），牛羊的规模饲养也有一些进展，但占我国肉类总产三分之二的生猪农户散养的比重仍然很高。据有关方面的调查，1998年平均出栏在百头以上的专业户养猪加上企业化的规模养猪场，大约提供着全国19.5%的生猪货源，这意味着家庭副业养猪和小规模饲养在生猪份额中仍高达80%。国际上一些养殖业发达的国家几十年前就已淘汰了家庭副业型的分散养猪，全部实行专业化规模饲养，而且养殖集中度也不断提高。以美国为例，1996年美国拥有1000头猪以上的养殖场约12000家，其中北卡罗莱纳州92%的养殖场养猪数量在2000头以上。从1988年到1998年的十年间，美国年出栏1000头以下养殖场的出栏份额从32%下降到5%，年出栏5万头以上的大型养殖场饲养的生猪份额则由7%上升到37%。目前美国18家年出栏销售量在50万头以上的特大型养猪场，占了全美市场销售量的24%。加拿大的规模养猪也有加速提高集中度的趋势。从1970年到90年代初，加拿大的养猪场数量减少了四分之三，而肉类总产却在增加，单体养殖场的规模明显扩大。丹麦养猪业也呈现出同样的变化趋势。1968年时80%的养猪数量为占75%的养殖场所提供，单体养猪场在数量规模上比较平均；而到了1995年养猪场的数量减少了75%，80%的生猪已由占总数18%的养猪场提供，养猪场的单体规模扩大了，养殖集中度明显提高。其他诸如荷兰、法国、德国、西班牙等国家也存在类似现象。从以上对比不难看出，当我国畜禽的规模养殖正处在起步阶段的时候，世界肉类的生产强国已开始在原来规模化养殖的基础上，加速提升养殖的集中化程度，以便获得更大的规模效益。

上述国家都是养猪业发达的国家，其中丹麦、美国和加拿大在全球猪肉出口排名中分别名列一、二、三位。丹麦的猪肉产量虽然只有165万吨（1999年数字），与我国同年产量相比只是我们的二十三分之一，但却是世界上头号猪肉出口大国，丹麦的猪肉在国际上美名远扬，1999年的猪肉出口量高出我国3倍。（对欧盟以外的出口，如加上对欧盟国家的出口高出的程度还要大得多），由此可见生产数量大未必出口竞争力就强，在世界肉类出口市场上“肉不在多而在精”。我们可以比较一下生猪饲养的几个指标。一是出栏率。1999年我国生猪的出栏率为120%左右，1998年美国是164%，丹麦是175%，其他如德国、西班牙、法国、荷兰则在167%～179%之间，差距十分明显。二是出栏畜禽平均胴体重量。与美国相比我国的生猪胴体重量低7千克，牛低176千克，家禽低0.33千克，如果我们达到美国的水平，相当于一年多产生猪300万吨，活牛514万吨，家禽227万吨。三是瘦肉率。国内有关专家指出，1999年我国生猪的平均瘦肉率约为46%～48%，而根据美国专家提供的资料，美国、欧盟、加拿大等国猪肉的平均瘦肉率约在52%～60%之间，也有不小的差距。

关于养殖方式的比较，我们并不简单地认为规模越大就越好，当养殖规模扩大的边际成本大于边际收益时，规模扩大就会显得不够经济，何况中国有自己的特殊国情，前些年在生猪规模饲养方面也曾有过盲目上大型猪场亏损严重、被迫关闭的教训，而且饲养规模、生产集中度与经济总体发展水平、生产方式和配套的服务条件有内在联系，强行超越就会违背客观经济规律。但是专业化规模养殖确实是发展方向，这一点是没有疑义的，我国的畜禽养殖业如果再不加快向规模化、集约化的转变，与国外养殖方式上的竞争差距就会继续扩大。

（2）肉类加工业的比较。与世界肉类生产强国相比，我国在加工业生产集中度（规模）、工艺设备、加工产品的品种质量等方面存在明显差距。我国机械化和半机械化的生猪屠宰加工厂约有2000多家，上市生猪约在2.5亿多头，目前全国最大的几家猪肉屠宰加工企业（集团），如双汇集团、金锣集团、上海食品集团、沈阳肉联厂等一年的生猪屠宰量约在1000多万头，占上市量约在5%，占猪肉产量3%，生产设备和工艺落后的中小型屠宰厂星罗棋布，而有些大中型现代化肉联厂生产能力却大量放空。目前欧美不少国家肉类加工企业的生产集中度，已经达到了高度垄断竞争的程度。美国肉类加工业70年代开始出现生产规模化趋势，从1980年到1995年，美国屠宰加工企业从446家减少到209家，而大型骨干加工企业的规模不断扩大，生产集中度获得空间提高。1998年美国肉类加工企业的生产集中度为：猪肉加工列名前4位的公司占全国加工能力的50%，牛肉加工前4家公司占79%，禽肉加工的前4家公司为49%。美国1999年的猪肉产量为880万吨，约占中国当年猪肉产量的22%，但却有着全球规模最大的屠宰加工企业，史密斯菲尔德食品公司，生猪的日屠宰加工量约为8万头，一年为二、三千万头，比我国占前4位的屠宰加工集团生产数量之和还要多。如此高的加工集中度甚至引起了畜牧养殖商的警惕和担忧，而管理机构的调查结果表明，肉类加工商并无共谋以垄断市场的行为，美国的肉类加工业仍处在竞争之中。1996年时加拿大前5位的大型屠宰加工企业约占全国生猪屠宰量的35%，仅仅过了2年，到1998年前4大加工公司就已占到全国生猪屠宰量的56%，前8大公司约占76%。早在1988年，荷兰全国的生猪就已大部分集中到3家集团屠宰加工，年宰杀量为1930万头，占全国产量的三分之二，而丹麦生猪的屠宰加工基本上依靠3家最大的合作社，其中皇冠公司最近2年直接或间接占有的全国屠宰加工量竟达80%，目前这家公司年屠宰能力已经达到1560万头猪和32.8万头牛。发达国家在畜禽屠宰加工上扩大规模、提高集中度是值得重视的，因为它比提高养殖的规模速度更快，更容易通过采用先进技术提高质量、降低成本，还可以更加有效地利用副产品，取得以集约化经营为基础的规模效益。

我国畜禽的屠宰加工设备和工艺水平可以说几代同堂、参差不齐，各个年代的设备都有。一些先进企业通过引进技术、装备，合资生产，设备和工艺基本达到90年代的国际水平，极少数象双汇集团这样的企业，生产工艺、产品标准和管理已达到世界先进水平，但绝大多数企业比发达国家要落后二、三十年甚至四、五十年不等。1992年美国一头生猪屠宰后有92.2%被制成初级产品或加工产品，而且近年来这一比例继续上升。我国畜禽屠宰后综合利用率较低，仅以皮张为例，最好的是牛皮，利用率约为97%，羊皮次之约为58%，猪皮除食用一部分外，余下的也未能很好利用。其他如骨、血、毛等就全国平均水平看，利用率也是相当低的，生化制药的动物性原料散失较多，屠宰加工时大量废弃。近年来，我国猪羊肠衣的加工数量不断增加，出口创汇超过了6亿美元，世界天然肠衣的30%来源于中国。从国际经验看，肉类加工的综合利用率是加工企业核心竞争力的重要组成部分，提高综合利用水平，需要国内肉类加工企业从设备、工艺等方面付出艰巨的努力。

我国肉类的品种质量与国外肉类产品相比也存在着较大的差距。其中猪肉产量虽然达到3900多万吨(1999年数字)，但近90%是热鲜肉，冷却肉只有几个城市生产，产量不过几十万吨。各类西式肉制品的产量只有二、三百万吨，约占肉类总产的4%～5%。冷却肉的出现虽然只有几十年，但发达国家已经普及了冷却肉消费，超市和各类食品商店中大量销售生鲜小包装冷却肉和生熟肉制品，肉制品的产量平均占肉类总产约30%～40%，有的国家达到70%。在欧盟各国平均有64%的猪肉、13.4%的牛肉和15%的鸡肉被加工成肉制品，主要是各类灌肠、火腿等约有几百个品种，其中有50种销量非常之大。发达国家生鲜肉和肉类制品不仅内在质量好，而且保鲜、包装一流，品种规格琳琅满目，有一些还是国际名牌。我国虽然有了一批国内肉类名牌产品，也有一些冻肉和肉制品出口，但在国际竞争舞台上并没有知名度，创建举世皆知的肉类品牌仍有待业内人士努力。

(3) 产业组织和营销方式的比较。从80年代以来，我国肉类的产销一体化经营发展较快，其中家禽的规模化饲养及生产加工一条龙体系在许多地区已形成气候，生猪的产业化组织也在不断发展，一些大的产销集团在重点产区建立了养殖、加工基地，并以品牌化系列产品为“拳头”，开始构建以大中城市为重点面向全国梯次推进的营销网络。在销售网络上国有食品公司系统是具有很大优势的，多年来形成的业务关系、流通渠道、系统商路和众多网点是外资商业难以相比的。在买方市场条件下销售网络是最重要的竞争因素之一，我国的肉类加工企业特别是国有企业应当充分发扬这种本土优势，增强市场竞争的地位。国有肉类加工企业原来只是执行屠宰加工和产品批发的职能，近些年逐渐出现了垂直一体化的趋势，开始向畜牧业生产和零售领域延伸。如自办养殖场、种猪和仔猪繁育场，为农民和专业户提供系列化服务；开办自营连锁专卖店，建立肉类配送中心等。少数有实力的知名企业还通过扩建改造、收购兼并和租赁托管资产运营手段，扩张加工规模，向产业横向一体化进军。这确实是一个好的发展趋势，至少在肉类产销组织方式和营销手段上开始注意学习国外的先进做法，力争在“入世”前加速提升自身的竞争能力，所差的只是范围还不广，水平不够高，在体制、政策和企业经济实力上制约条件较多，经验也有待积累总结。发达国家肉类流通已基本实现了冷链化，从饲料、养殖、屠宰加工一直到产品零售产业链长，关联度强，一体化的程度也远高于我国。我国肉类的零售绝大多数是通过集贸市场进行的，食品卫生和污染问题十分突出，虽然近年来城市出现一批经营肉类的超市和专卖店，但在零售环节传统的业态和销售方式仍占据主导。发达国家肉类几乎全部入店经营，而且是先进的零售方式。例如在欧盟现代化的连锁超市和大的卖场，约占肉类销售份额的65%，连锁的肉类专卖店和普通肉店约占25%，其余10%直供宾馆和餐厅。我国肉类产业组织结构有待升级，物流和营销方式的改革也需要加快推进。

在具体的产业化组织形式上有两点需要引起注意。一是欧美各国肉类加工企业用各种形式控制养殖企业的迹象越来越明显，这同国内10年前提出的肉类产销一体化应以屠宰加工企业为龙头，有某些相似之处。近年来，美国的猪肉加工流通公司往往通过控股、收购、兼并控制养猪企业，同时向零售领域渗透。如美国最大的猪肉加工企业史密斯·菲尔德食品公司，现在不仅获得了全国最大的养猪企业的控股权，而且还直接拥有另外2家全国较大的养猪企业，占有了全国母猪数量的三分之一，其销售体系一直延伸到连锁商店，出售品牌化的系列产品。二是猪肉加工企业定单生产比重越来越大。1993年时美国加工商与养殖企业签定收购加工合同的比重只有11%，1997年上升到47%，美国的养猪场有75%的存栏猪在未养之前或养殖过程中，就已上了加工厂的合同。指出前一个特点有助于把握猪肉产业组织发展演变的趋势，还可以帮助我们预测外资进入中国肉类市场可能的方式；后一个特点说明，肉类产业化的方式应该有多种选择，不宜全都选择资产经营垂直一体化的方式。据有关资料披露，美国在1980年时肉类一体化经营水平肉鸡达到99%，牛羊分别为16%和10%，而生猪只有3%，这个情况值得深思，应对其原因进行深入研究。

（4）环保和肉品检疫方面的比较。我国在肉类加工环境保护和屠宰检疫检验措施上还需付出很大努力，因为目前许多发达国家的相关法律或政府规章，在事实上等于对进口肉类设置了“绿色壁垒”。如荷兰1992年由畜牧及肉制品管理委员会建立了“综合质量管理系统（IKB）”，以保证猪肉卫生和品质质量。IKB的管理规定从养猪、屠宰加工、一直延伸到批发零售，销售者只购买带有IKB特殊标志的猪肉。这项制度对屠宰加工的环境、加工方式、兽药使用和如何在宰杀后消除药性、卫生标准等，都做了严格细致规定。欧盟对进口的肉类食品不仅要求检验各种有害物的残留量，还要求检验出口国生产厂家的卫生条件，甚至对工作间的温度、肉制品配方和容器、包装物等，都加以严格规定。日本1992年对进口畜禽实行新的“食品卫生检查制度”，要求完全杜绝抗生素、磺胺及农药等残留。1993年山东省一家外贸公司出口到日本的10多吨冻鸡，就因为被检出二氧二甲吡啶酚残留量超过0.01 ppm而遭到退货。近年来日本食品卫生法规又做了重新修订，对进口商品的卫生质量要求更加苛刻。美国政府规定，输往美国的食品必须符合食品药物管理局（FDA）的要求，其标准明显高于我国国内的肉类检疫检验标准。1999年我国有600多宗出口到美国的食品被扣留，美方提出的理由主要是卫生标准达不到要求。

环保和检疫是我国肉类产业最突出的两大薄弱环节，也是我国的肉类进入发达国家市场的技术性限制因素，如果这个问题不能有效解决，在我国加入WTO后，肉类的进出口我国将处在被动的地位。这是因为在“入世”后，肉品的检疫检验需要按照无歧视原则对国外出口商实行国民待遇，国内的检疫检验标准要做到内外一致，而不可能设置一个“外紧内松”的双重标准。当然，面对发达国家在肉类检疫问题上的做法，我们作为发展中国家该力争的还要力争。譬如前面提到的日本对我冻鸡退货的那项指标，我国向欧盟出口就不需要检验，日本的技术规定是否超出了国际标准？需要认真研究WTO《卫生和植物卫生措施规定》。按照这个规定，成员国可以制定一项高于国际标准的措施，但必须掌握充分的科学依据。如果日本的做法不符合这项规定，应通过谈判要求其修改降低。又如美国要求向他们出口食品从2000年起要获得ISO9000质量保证体系认证，美国每年从丹麦进口猪肉，而丹麦只有一小部分生猪是按照ISO9000质量认证标准进行喂养和屠宰加工的，大多数加工包装企业还在观望、并未实行，因此对我国肉类出口是否实行同一标准，也应当加以了解，要求最惠国待遇。然而，更重要的是我们自己提升加工环保和检疫检验的水平，加快与国际标准接轨，这是最根本的出路。我国至今未加入国际兽疫卫生组织，这对于我们打破别国肉类的“绿色”技术壁垒十分不利，应创造条件尽快加入。

（5）成本价格的比较。对肉类的成本价格做国际比较是非常复杂的，但又十分必要，因为毕竟价格是竞争的重要因素。对一百多个国家从饲养环节开始计算成本是不可想象的，也不可能取得这样的资料，因此，只能从商业环节活畜禽的收购价和加工后初级产品的批发价入手，采用价格对比的方式。目前国内的主流舆论认为，我国除禽肉外猪牛羊肉的国际竞争中价格优势很大。如有的专家前几年提出，按照加入关贸总协定农产品的减让基期（1986年～1988年）测算，国内猪牛羊的平均价格分别比国际平均价格低57%、84%和54%。还有的专家测算出我国投入3.81元人民币用于养猪，即可以出口换回1个美元，从而证明中国养猪业具有很大的比较成本优势。这些理论测算可能都有一定根据，目前的实际情况如何呢？这里区分品种与环节进行一下价格对比。正如前面提到的，从“入世”竞争角度做国际比较，不能只比国际平均水平，而要与肉类生产发达的国家对比。

猪肉。1998年，我国生猪（瘦肉型）平均收购价每百千克为676元人民币，折合81.4美元（按1美元=8.30人民币计算），加拿大为84.9美元，美国为74美元，加拿大略高于、美国略低于我国。经初加工后白条猪肉批发价，我国平均为104.8美元，美国和欧盟均为116美元左右，德国118.7美元，丹麦106.4美元；通脊肉我国为204美元，美国为219美元。猪肉的零售我国为138.3美元，美国为505美元；猪排骨我国为180.7美元，美国为709.5美元。由此可以看出，在活猪价格上我国与美国相比并无优势；初加工后价格优势开始显现，但优势也不算大；零售价格美国是中国的几倍，我们价格优势明显。

牛肉。以育肥牛做比较。1998年，我国每百千克符合出口标准的育肥牛收购价为108.4美元，美国为135美元，加拿大126.9美元，澳大利亚137.2美元，欧盟平均为131.7美元。我国活牛价格优势比较明显，分别比美、加、澳、和欧盟低19.7%、14.6%、21%和17.7%。加工后牛肉的批发价我国为140.9美元，美国为219.8美元，我国比美国价格低出35.9%。

牛肉零售价格我国为176.9美元，美国为610美元，我国只有美国零售价格的29%。欧盟各国的牛肉批发价从200多美元到300多美元不等，也比我国高出很多。与欧美相比我国牛肉的价格从饲养阶段已有优势，经屠宰加工和销售环节，优势呈递增趋势。

鸡肉。美国是全球养鸡业最发达的国家，故仅以中美两国做比较。1998年，我国的活鸡收购价平均每百千克为101美元，美国为86.5美元，我国高出美国16.8%。屠宰加工后的白条鸡（净膛）我国批发价118美元，美国138.9美元，国内批发价比美国低15%，其中鸡腿批发价比美国低5%。零售价格我国白条鸡为132.5美元，美国为229.7美元，比美国低42.3%。美国活鸡饲养成本上的优势，在经过加工环节后被我逆转。

从以上对比中可以理出以下头绪：

1、养殖环节。生猪的养殖成本我国与美国相比并无优势，他们的成本比我们还低；与加拿大及欧盟主要生猪生产国相比，也只有微弱的成本优势，如果考虑生猪品种质量上的差距，是否还有优势就很难说了。活牛的养殖成本我们有一定优势，收购价比养牛业十分发达的欧美加澳还便宜约15%～20%；我国活鸡的收购成本比美国明显高出，美国活鸡确实对我有成本价格上的比较优势。

2、屠宰加工环节。国内的屠宰加工成本明显低于发达国家。如白条猪肉比美国、欧盟等国家每吨要低100多美元；牛肉加工成本也低于发达国家，进一步扩大了饲养阶段的成本优势；鸡肉加工尽管活鸡比美国价格高出不少，但屠宰加工后的批发价反而低于美国。了解这一点非常重要，因为肉类出口价格的成本比较不能以活畜（禽）价格相比，更不能以零售价作参考，只宜以批发价格进行对照，这是因为肉类的批发价是各国肉类出口的基础价格。我国屠宰加工成本低，在内销市场上应说是一种优势，只要质量有保障就会具有较强的竞争力。但是如果出口外销，仅靠加工成本低是不够的，只有在加工的卫生条件、产品质量同时达到出口国的要求，才能夺取出口竞争上的优势。

3、我国肉类零售价格普遍比发达国家低出很多，甚至只有他们的几分之一，这一方面反映了这些国家的批零差价极大，批发让利于零售；同时更是由于发达国家肉类的分割、包装、保鲜、物流运输和营销服务等劳动附加值较高，相当多的劳动在零售企业进行，加上产品的内在质量好，国民购买力强，从而提高了肉类的零售价格。

由以上分析可以看出，我国肉类的价格优势并不象有些专家指出的那么大，但仍有一定的优势，而问题的关键在于价格优势必须与质量、服务、品牌等结合起来，形成在国际市场上的综合竞争力。

显然，中国虽然是肉类生产最多的国家，但肉类第一大国还没有发展成为肉类产销的强国；我国的肉类生产长期是内需型的，增长方式正处在由粗放型向集约型转变的初期，产业总体素质还不高，出口能力也不强；成本价格上虽有一些优势，但产品质量和服务处于劣势。中国肉类产业要迎接加入WTO后的挑战，首先要针对薄弱环节把自身的事情办好，这就需要在畜禽饲养、屠宰加工和肉类产品流通各个方面加快组织技术的进步，在政策管理上做出适应性调整，提高产业的整体素质。

三、"入世"后我国肉类进出口前景及外商可能采取的策略

多年来的情况表明，国际间肉类贸易总体上是一个供大于求的市场，竞争异常激烈。在世界肉类的进出口市场中，占80%以上份额的往往是前几位的几个国家（地区）。全球一年有2亿多吨肉类产量，而1999年鸡肉和牛肉主要国家当年的出口量均为500多万吨，其中禽肉接近600万吨，猪肉产量虽然占全球肉类总产的40%，但是主要国家当年的出口量（不含欧盟各国内部交易）却只有300万吨，是这三种主要肉类中贸易量最少的品种。由此可见，肉类的国际市场容量有限。国内有的学者认为，在实行贸易自由化以后，我国的肉类出口在2005年可以增加到600多万吨，显然这只是一种理论推算，事实上是不可能达到的。

在世界肉类贸易中猪肉的份额相对较低，但是我国肉类结构中猪肉生产的比重却最大，占了国内肉类生产总量的三分之二，这样的品种结构对我国肉类出口也会产生一些不利影响。目前世界猪肉市场基本已经形成大体稳定的分配格局：美国和加拿大相互之间有进有出，加向美的出口较多，美国还从欧盟的丹麦、荷兰少量进口，但美国本身是净出口国。欧盟一年向欧盟以外的国家出口100多万吨，此外欧盟进口猪肉的国家也主要是从欧盟其他成员国进口。日本是世界上最大的猪肉净进口国，1999年进口量达到85万吨。但是美国、欧盟、加拿大占据了日本全部的猪肉进口市场，其中美国出口最多、欧盟第二、加拿大第三。俄罗斯是欧美国家争夺的重点市场。1999年俄罗斯进口的35万吨猪肉中，欧盟、美国、加拿大几乎占领了俄猪肉进口市场的将近90%。我国猪肉传统的出口市场主要集中在港澳和俄罗斯，近几年猪肉出口不断萎缩，看来不仅仅是肉品质量方面的问题，也有市场竞争格局对我不利所造成的影响。

我国牛肉出口不多，1999年中国牛肉和牛杂出口一共只有3.6万吨，而澳大利亚净出口124万吨，欧盟、加拿大分别为48.7万吨、23万吨，新西兰也有42万吨，与牛肉出口强国相比数量上差距很大。在《中美农业合作协议》中，我国政府承诺的牛肉关税减让幅度是最大的，从45%的税率降为12%，以致于美国肉类出口联合会主席菲利普·森格乐观的认为：如果美国同中国确立了正常贸易关系地位，中国将很快成为美国牛肉的购买者。美国牛肉协会主席丘克·兰勃特甚至预言：今后5年内，中国将有每年购买5亿美元美国牛肉的市场潜力，中国有可能成为美国牛肉的主要出口市场。美国的牛肉出口市场主要是日本，1999年出口总量106万吨，其中出口日本50万吨，约占日本牛肉进口量的52%，日本牛肉进口市场还有48%为澳大利亚和新西兰占领，而美国牛肉的进口又主要来自澳大利亚、加拿大和新西兰，3个国家占了美国牛肉进口量的90%。欧盟的牛肉有进口也有出口，也是出大于进，进口主要来自南美，出口主要是俄罗斯和埃及。从目前的市场格局看，我国要实现增加牛肉出口的目标，任务也相当艰巨。

1999年，我国鸡肉的出口为27万吨，但通过各种渠道进口的数量远远大于出口，是鸡肉的净进口国。1999年美国鸡肉出口量高达250万吨，继续主导着国际市场，其出口量比我国高出8倍，相当部分的鸡肉出口到俄罗斯（86.5万吨）和香港（约50万吨）。看来挤占国际鸡肉市场的难度可能更大。

从以上情况判断，在中国加入WTO以后的短时期内，国内肉类产品出口明显增加的可能性不大，工作重点应当是先调整巩固好国内市场，对国际肉商可能进入的策略加以研究，尽可能做好迎接挑战的准备。从肉类的品种分析，猪肉初级产品进入国内的可能性不大，冷冻肉外商没有价格优势，分割冷却肉成本高、货架期短，国际贸易中数量很小，即使降低关税也很难向我出口。国外的肉制品特别是各种低温制品有向我增加出口的可能性，但欧美风味的这类产品目前还不太适合我国大多数居民的消费习惯，即使进口数量增加也比较有限。加上国内市场本身猪肉就供过于求、价格较低，所以在我国"入世"后，猪肉产品短期内受到的进口冲击不会很强烈。牛肉和鸡肉可能会成为外国肉类产品挤占中国市场的"领头军"，此外畜禽副产品如猪杂、牛杂、鸡杂等，其进口冲击有可能比较强烈。出于文化心理和消费习惯，欧美人一般不吃这类产品，主要用来做饲料，因此出口价格较低，而我国的食文化使许多居民又愿意消费这类产品，彼此都有需求。目前这方面的冲击已经很明显，1999年广东等沿海地区发现大量进口畜禽副产品的现象，当年仅广东某地进口就高达100多万吨。这些产品在广州的销售价格每吨竟比国内同类产品低1000～1500元，从而对国内规模养鸡加工企业造成了不小的冲击，对于其他品种的肉类生产和消费也产生了一定的挤出效应。可以预见，"入世"以后随着肉类进口配额和许可证的取消、降低关税，扩大市场准入，来自这方面的冲击会更加猛烈。

从国际肉商的进入方式分析，存在着两种可能性。一是直接出口，二是资本输出。如外商到境内合资办厂（场）、独资办厂（场）或通过外资工商企业的分销系统，控制屠宰加工企业和养殖企业等。在目前国内肉类加工企业和养殖企业多数不景气的环境下，外资也有可能通过投资控股、兼并企业、租赁设施等方式进入畜禽和肉类的生产流通。我国畜禽和肉类生产的人力成本很低，工人的月薪平均只有几百元人民币，年薪不到一万元人民币，而欧美各国饲养和屠宰加工业工人一般年薪在二、三万美元，技术工人达到三、四万美元，劳动力成本差距很大。从今后的趋势看，外资企业在我国境内投资办厂，利用国内廉价的劳力资源，加上本国的先进设备和生产工艺，综合效益会高于产品直接出口。因此，以资本输出方式进入我国的肉类市场，可能会成为外资中长期的一种选择。由于我国加入WTO以后，商品市场、生产加工业的投资市场以及服务贸易市场将同时扩大开放，同时大幅度地降低关税和各种贸易、投资限制，加上美国、欧盟以及国际舆论一致看好中国肉类消费的巨大潜力，在我国"入世"以后国内肉类市场的国际化竞争将更加激烈。对此，业内人士一定要有清醒的认识：挑战是不可避免的，机遇应当敏锐地抓住，要在与外资的竞争与合作中趋利避害，更好地发展壮大自己。

四、为肉类产业迎接"入世"挑战创造条件

我国肉类产业在生产方式、增长模式、进出口制度和管理政策等方面，同发达国家存在着较大差异。由于这个原因，国内肉类产业的对外开放度在食品行业中明显偏低，除了引进一些技术装备和生产工艺，发展了一些规模不大的合资企业外，肉类的进出口数量占产量的比重很小，总体上仍是一个产销自我循环的市场。中国加入WTO以后，至少在经贸环境上这种局面将被打破，对此必须要有紧迫感和主动迎接挑战的对策，要从观念上、政策上和工作上抓紧做好准备，其中至关重要的是以下几点。

（一）建立良好的肉类市场竞争环境

近十几年来，我国肉类市场存在的突出问题，是生产加工场点过多过散，达不到经济规模的要求，总体技术水平和产品档次提高得不快，流通秩序混乱，食品卫生存在隐患。虽然国务院在1998年颁布了《生猪屠宰管理条例》，经几年治理情况有了一定好转，但并没有从根本上解决问题。目前，注水肉、病害肉上市以及污染环境的问题在许多地区仍十分严重，工厂化、规模化的肉联厂被私屠滥宰和手工业的定点作坊切断原料来源的现象屡见不鲜，不少地区还出现了打着定点屠宰旗号，只许销售本地产品的新的市场封锁。如此混乱的市场环境，不但抑制竞争，保护落后，危害人民的身体健康，人为地分割国内市场，而且阻碍着有发展前途的肉类民族工业企业的健康成长。对外开放必须先实行对内开放，整顿肉类市场是当务之急。要在继续实行定点屠宰的同时，抓紧完善管理措施。一是将原来由国务院颁布的《生猪屠宰管理条例》（行政法规）上升为由全国人大常委会颁布的《屠宰法》（经济法律），将全部食用畜禽的屠宰行为纳入法制范围，增加相关内容和法律责任，提升依法管理的权威性。二是提高定点屠宰厂选点的技术标准，整顿关闭不合格的落后企业，促进加工资源向先进的屠宰加工企业有效集中。三是对所有的定点企业实行分级注册制度，例如设定国家级、省级、市县级等不同技术等级的屠宰加工企业，国家级的先进屠宰加工企业其产品允许在全国流通，出口专厂也享受这项政策，省级和市县级企业的产品分别在各自的区域内流通。这项政策对中资和外资企业一视同仁。实行分级注册，既有利于在坚持定点屠宰的前提下整顿混乱的流通秩序，保证消费者吃上"放心肉"；也有利于有秩序地组织肉类大流通，推进企业技术进步和生产加工资源的重组；还有利于支持民族工业中的先进企业做大做强，提高市场占有率和参与国际竞争的能力。

（二）加快实施肉类产业的大公司、大集团战略

加快培育民族肉类工业的大公司、大集团，形成一批有效应对国际化竞争的"领军企业"迫在眉睫。政府需要从以下方面做出努力。肉类的屠宰加工和流通是竞争性行业，虽然按照政企分开的原则，政府不可能再投资兴办新的企业，或对国有企业给予直接的资金扶持，但仍可以为国内企业集团的成长壮大创造必要的条件。一是增加对肉类产业基础设施的投入，如增加良种繁育、品种改良，肉类加工流通科研的投入，建设和完善肉类中继性物流中心、国家储备库、信息中心，以及在重点加工区建设专用线和专用码头等。当然，政府的项目选择要符合WTO农产品协议中的"绿箱"政策，带有公共产品的性质。二是抓紧制定鼓励肉类加工推行集团化、跨区域发展、跨国经营的政策，大力推行国有肉类加工企业产权的多元化和现代企业制度建设，通过税收调节、信贷支持、兼并政策、债权转股权等优惠措施，支持已形成一定规

模和市场，发展潜力大的肉类加工集团加速扩张，做大做优做强。对大公司、大集团的扶持还要特别注意用好资本市场上的社会资金，如建立肉类工业投资基金，允许效益好、扩张快的大企业发行企业债券，对“龙头”企业在股票上市方面实行倾斜，为争取时间免除辅导期等等。我国的肉类工业虽然生产布局分散，但近些年来通过市场竞争和政府指导，已涌现出一大批设备工艺比较先进、品牌系列化、营销网络化、市场占有率不断提高的企业集团，如双汇、金锣、得利斯、上食、草原兴发等。其中双汇集团的设备工艺和管理已达到国际一流水平，按照发展规划有可能在2005年进入世界肉类加工业的前三强；上食集团的吴泾冷库是亚洲最大的冷库群（5.2万吨），目前已完成两个库的现代化改造，实现了门对门的冷链运输，全部改造完成后，将成为亚洲最大的低温冷藏物流中心。中小型屠宰加工企业要走靠大、联大的发展道路，大集团要以大带小，企业集团之间要协调好市场和产品定位，内部搞好专业化分工协作。国际肉商进入中国市场也是有难度的，我们应当重视和发挥好本土优势。经过企业的不断努力和政府及社会各方面的支持，我国肉类工业完全有可能形成若干个与一流跨国公司比肩竞争的企业集团。

（三）走产业化、规模化、现代化的发展道路

从有效应对“入世”挑战看，国内肉类产业应当以有实力的屠宰加工企业为龙头，通过各种方式向养殖和零售环节延伸，形成以市场需求为导向，养殖、屠宰加工、精深加工、批发、零售一体化的生产经营体系，在不断完善产业化的过程中，实现我国肉类产销组织的规模化和现代化。

公司+农户是我国肉类产业化的基本模式。由于我国农村中的合作经济组织不够发达，屠宰加工企业资金实力比较有限，农民养殖的分散度很高，公司+农户是一种非常现实的选择。一般作法是：公司（屠宰加工企业）与农民中的专业户签订养殖交售合同，向农民提供良种仔畜（禽）、配合饲料，并开展养殖技术指导、防疫灭病等一系列综合服务，畜禽养成后及时收购，从而实现公司与农户之间的合同化订单生产。这些年来，凡是在国内生产经营实现良性循环的肉类加工企业（集团），往往都是得益于这种产业发展模式。在养殖环节，屠宰加工企业除了向农民提供各种服务外，需要控制的核心技术主要是良种繁育，科学饲养方法，示范养殖场和专有饲料配方，就多数企业来看，没有必要自办商品性的养殖场。当然，家禽饲养和某些特殊用途的养殖，也可以由企业实行垂直一体化式的自繁自养。中国加入WTO以后，对我国畜牧业生产将产生极大的促进作用，有利于畜牧业的规模化、集约化和产业化发展。与此同时，还要特别注意保护我国传统的畜禽基因，防止盲目崇拜西洋畜禽的倾向。我国有国家级名猪48个，加上省级地方名猪共有109个品种，目前约有100个处于种群稀少的濒危边缘。中国人食肉讲究风味，21世纪国际市场也开始重视肉类的口味，国产的优质畜禽这方面有着独特的优势。因此，在产业化的过程中要采取有力措施保护和改良这些国内品种，这对于开拓国内市场，进军国际市场都有好处。

为了迅速缩小与发达国家在屠宰加工上的差距，我国肉类的屠宰加工亟需提高生产加工技术。要从政策上支持大公司、大集团建立瞄准国际一流水平的产品技术开发中心，主要从事新产品开发的应用研究，并与从事应用基础研究的中国肉类综合研究中心衔接配套。从今后的需要看，肉类产品要重点开发分割冷却肉和低温肉制品生产，多搞一些适合国内需要的小包装深加工品种，同时搞好保鲜、包装和冷藏运输。生产技术上应当重点引进、研发和使用酶工程、生物工程、压力气调保鲜、冷冻干燥、无菌真空包装、保水和栅栏技术等一批高新技术，大幅度地提升我国肉类深加工的技术含量。屠宰加工环节要做好两方面工作。第一，改善技术装备和生产工艺。如推广国际先进的三点式低压麻电技术、蒸气烫毛技术，以及真空放血回收、超声波清洗、两段式冷却排酸、同步检验自动返回、真空包装等国际一流的先进工艺。我国的双汇集团已经成功地运用了上述技术，同时还独创了二次杀菌技术。在国内肉类屠宰加工企业中应当提倡通过创新，形成专有技术并带动新产品的开发。第二，政府有关部门要组织力量尽快制定与国际市场接轨的肉类食品加工质量国家标准，修订《肉品卫生检验规程》，建立严格科学的肉品检测标准，特别是要规定肉品中农药、兽药、荷尔蒙、抗生素、重金属等有害残留物的控制指标，实行肉品质量标识和认证制度。大型企业无论是屠宰厂还是肉制品深加工厂，都要逐步推行ISO9000质量认证体系，在国家注册的定点屠宰厂还应推行国际通行的危害分析和关键点控制（HACCP）质量管理标准，从而确保民族工业中先进企业的产品质量。

零售环节作为市场终端，也是肉类企业核心竞争力的重要组成部分。“九五”期间，随着国内零售营销方式改革和工业化冷藏包装的发展，越来越多的小包装、分部位肉品进入了以超市为代表的新兴零售业态，并且以品牌化连锁经营不断扩大着影响和规模。这种趋势与欧美各国大体上是一致的。如欧盟国家，肉类生产商通过建立配送中心和销售网络，使近90%的肉品进入到食品超市、综合超市、仓储式商场、专卖商店和普通肉店。零售商业本来是地方性的行业，一个企业的商圈（幅射半径）十分有限，自从超市、配送中心和连锁技术出现后，零售商业企业的活动半径开始突破地域和国别限制，并取得了与现代大工业同样的规模效益。90年代末期，我国许多地方特别是大城市的重点肉联厂开始注意发展品牌化生产、连锁化经营，以设立肉类配送中心、建立连锁专卖店以及在超市中设置专柜等形式，构建现代化的营销体系，对此应给予积极倡导和大力扶持。民族肉类工业中的大集团要做大做强，终端市场网络是重要的制约因素，必须加强建立这类现代化的市场营销体系。在肉类加工企业开办连锁专卖店的问题上，需要重视以下4点：一是必须打出品牌并形成系列化的品种、规格，同时工业品牌要同商业的服务品牌结合运作。二是建好样板店，形成“统一标识、统一配送、统一价格和服务方式、统一核算、统一管理模式”的连锁机制。鉴于许多屠宰加工企业资本实力有限，可以多采用一些特许连锁的办法，在“五统一”的前提下，通过经营特许权有偿转让，吸收符合条件的商业企业加盟，实现低成本扩张。三是考虑到肉类屠宰加工企业的单体规模不可能无限制的扩大，肉类的长途运输也受许多自然和经济因素的制约，当一个大型屠宰加工企业扩张到一定程度后，就需要考虑在目标市场所在区域建立分厂和配送中心，与在当地开办的连锁专卖店实现加工基地和物流设施的配套。四是除了少数特大型企业外，专卖店不宜发展过多，多数企业的产品还是应主要面向超级市场。

目前，国内已有6家肉类加工企业被农业部等8部委确定为国家151家农业产业化重点龙头企业，还有少数肉类企业被国务院确定为520家重点企业，肉类行业的“国家队”已初具规模。总体上看，我国肉类发展产业化经营，比之一般加工业有着更好的条件和基础，通过产业化带动科技进步、产品开发、市场扩张和产业素质的提高，将极大地增强民族肉类工业应对“入世”挑战的能力。

（四）选准方向，重点突破，开拓国际国内两个市场

即使是在中国加入WTO以后相当长的一段时间内，我国肉类以内需为主的市场格局也不会发生改变。因此，重要的是巩固和提升国内市场，有选择地开拓和扩大国际市场。

欧盟和美洲都是畜牧业和肉类工业发达的地区，澳大利亚、新西兰等也是肉类净出口国家，加之国际肉类贸易市场容量比较有限，竞争十分激烈，我国在“入世”后指望大量增加出口可能性不大。但是，在我国周边地区主要是亚洲各国和俄罗斯，仍有着一块不小的进口需求。1999年日本、韩国、新加坡、菲律宾、俄罗斯和我国的台湾省，总共进口肉类达500多万吨，加上香港转口部分数量就更大。我国应当利用这种地缘优势做好出口的文章。考虑到肉类产销强国基本上占领了这些市场，可以采取合资合作建立畜禽养殖基地和出口专厂的方式，在国内饲养、加工、生产后向目标市场出口。我国的加工成本低，养殖成本也低，离周边的进口国运输距离近，只要质量达到要求，产品会比欧美各国在本国生产更具有竞争力。目前，畜禽的养殖、加工在城市化高度发展的欧美各国日益受到环境保护的限制，加上WTO的农产品贸易磋商要求发达国家减少生产和出口补贴，在我国生产肉类产品的综合优势逐渐显现。此外，对于欧美市场的出口也应抓紧研究，重点在品质、卫生标准、本土化风味和服务方式上下功夫，力争取得突破。

我国肉类出口多年来徘徊不前的一个重要原因，是一些国家认为中国养殖业疫情严重。事实上，即使是肉品卫生标准最为严格的欧盟，近年来也屡屡发生疯牛病、二恶英等恶性事件，这说明控制疫情和肉类食品卫生的工作非常艰巨。从全球肉类消费的发展趋势看，食品的卫生状况在发达国家已被提到首位，为了创造扩大出口的条件，也为了保障国内消费者食肉安全，应当大力加强疫病防治工作，为此建立养殖业的无规定疫病区势在必行。可以先选一些生态环境好，无工业污染和无规定疫情的地区，作为畜禽产品的出口养殖基地，从加工到商检严格执行肉品品质和卫生质量标准，运输则采取封闭化安全措施。

无污染、安全、优质、营养的“绿色”肉类，在发达国家和发展中国家的高收入阶层正成为一种消费时尚，预计这类市场将迅速扩大。今后我国肉类企业要想占领国内外市场，必须抢占这个制高点。这需要从饲料、饲养环境抓起，延伸到畜禽良种、养殖过程、屠宰加工等各个环节。现在国家已有了绿色食品的标准，但取得绿色认证的肉类食品较少，特别是占我国肉类总产三分之二的猪肉尚没有一家取得绿色认证资格，这对于发展“绿色”肉类生产、扩大肉类出口是十分不利的。有条件的肉类加工企业应当树立“绿色”意识，创造条件加入“绿色”肉类食品生产行列。肉类除了一些肉制品外，绝大多数是生鲜食品，即便生产出了“绿色”肉类，在流通过程中也往往容易发生二次污染、交叉污染。此外，一些消费者对“绿色”肉类食品则缺乏必要的知识。因此，对“绿色”肉类食品的流通（物流）和消费也要高度重视，创造必要的物流条件并对消费给予舆论上的引导。近年来，由国家6个部委倡导的“三绿工程”是在这方面进行的积极尝试。主要内容是为绿色食品“开辟绿色通道，培育绿色市场，提倡绿色消费”，从引导“绿色食品”消费入手，创办一批“绿色”食品市场（包括批发市场和零售商店），采取相应的技术措施，杜绝运输过程中的污染现象。在我国开展“绿色”肉类的生产、销售有着良好的发展前景，这项工作做好了，将为占领国内市场和扩大出口，奠定坚实的物质技术基础。

（原载于《WTO与中国食品工业》）

我国大豆蛋白制品中存在的问题及对策

朱秀清　夏剑秋　刘宇峰

（国家大豆工程技术研究中心　哈尔滨 150086）（黑龙江省科学院应用微生物研究所）

在大豆蛋白制品的生产中，对一些生产量大、消费面广、原料利用充分、产品出得率增加、附加值高、生产成本低、开发新品种及能与进口同类产品媲美的制品，尚存在着关键技术有待解决、新产品有待推出，质量指标有待提高和相关支持政策有待出台等问题。这些问题有的是目前国际上尚没有解决的共性问题，制约了对大豆进行精深加工、多项性产品开发和多层次利用增值的实施战略。本文所提到的这8种大豆蛋白制品基本上符合这个精神。为了切实解决科研攻关、技术开发和工业化生产中存在的问题，相应地提出一些措施、办法及对策，仅供参考。

1　存在的问题

1.1　大豆蛋白强化成品粮制品的开发和生产

大豆在粮谷作物中品质最好，氨基酸组份比较齐全，赖氨酸含量最高，是一种全价蛋白质，其蛋白质是最理想的成品粮面粉、米粉和玉米粉的营养强化剂，这是最佳蛋白质补充源。实验证明：在小麦粉和玉米粉中加入8%的大豆蛋白粉，其蛋白质提高6%；向米粉中加入11%的豆粉，等于加入0.5%的赖氨酸和0.3%的苏氨酸。资料表明，向小麦粉中添加5%的大豆蛋白粉，每人每月按食用7.5千克面粉计算，每人每月增加蛋白质180克，平均每天增加蛋白质6克。在膳食结构调整和改变进食方法中，应大力提倡谷类与豆类食物混食，借以形成营养互补与风味均得。添加大豆蛋白不仅能解决小麦粉面筋低、成型弱及口感差等问题，还能使食品加工、机械制造和商品流通等诸多环节受益。目前，在产品中添加大豆蛋白粉的添加量、产品均匀度、防潮性及抗氧化等加工技术基本成熟，只待工业化生产，在消费市场上推出强化营养粉系列制品。

1.2　大豆高蛋白饮料的研制和开发

目前，饮品市场上有洁净水型、碳酸型和果汁型等14种饮料，纯高蛋白饮料尚没有成为饮品家族的正式成员，更没有含蛋白高达20%以上的盒装、瓶装及易拉罐装的纯大豆高蛋白饮料，这是饮品系列的一个缺链和断档。现有的冲调型和液状大豆蛋白制品中，豆浆、豆奶、乳清蛋白饮料、速溶豆粉、豆乳粉含蛋白质分别为0.7%～0.9%、2.04%～2.07%、1.2%左右、16%左右、12%左右。全国有大中型速溶豆粉、豆乳粉及豆浆晶厂家为60余家，仅徐州维维、广东黑牛、山东龙丰、内蒙古大公、黑龙江冬梅及晨星岛6个集团就有400多条生产线，年产量达38万吨。应当重点攻关研制开发大豆高蛋白饮料配方，解决浓缩、均质等加工技术及清除豆腥味、胀气因子及降低脲酶活性等问题，使新产品尽快形成生产规模，开发面市。

1.3　大豆蛋白功能助剂的研制和应用

目前，国内外生产的添加剂用大豆蛋白按其加工设备、工艺技术和蛋白含量不同基本上分为分离蛋白、浓缩蛋白、脱脂豆粉、发泡粉等9个品种，美国生产的不同品种蛋白具有乳化性、凝胶性和水溶性等20多种优良特性。信息表明，这些良好的功能特性基本上是原料蛋白外加功能助剂的定向突出作用的结果。机理是功能助剂对大豆蛋白分子结构进行物理、化学及生物等技术改质变性，突出表现和修饰单一功能特性，有助于最终产品的利用。美国功能性添加剂品种有15种之多，没有单一材料的添加剂，合成技术各不相同，储存在微机里随时调配。我国有各种类大豆蛋白生产厂家30多个，年设计生产能力为12万吨。其中，分离蛋白厂家17家，年设计生产能力为5.5万吨，实际生产2.7万吨左右，功能特性较差。目前，国内西式高温火腿肠厂家所用的大豆分离蛋白基本上是美国宝利来公司的进口产品，售价每吨为2.4～3.2万元，个别厂家以10%～20%的比份掺用一部分国产分离蛋白，最终产品质量不太稳定。由此看来，功能性添加剂不过硬，蛋白质很难过关广泛应用，更难替代进口产品

1.4　半脱脂冷榨豆粕做豆腐的开发和生产。

我国现有的水豆腐和干豆腐制品所用的原料均为全豆，即全子叶大豆。产品质量指标水豆腐脂肪含量平均为≥2%，干豆腐脂肪含量为≥9%。大豆脂肪含量平均为19%左右，除去加工理论损失2%外，加工水豆腐脂肪损失约15%左右，加工干豆腐脂肪损失约8%左右，平均脂肪损失11%。全国以年加工豆腐制品耗用65万吨大豆计算，年损失油脂约7万吨，按每吨3500元计算，损失2.45亿元。做豆腐用高温浸出脱脂粕为原料，由于球蛋白变性，将会影响豆腐的得率和质量，但用冷榨半脱脂（拿掉一部分油后）豆粕制豆腐在加工理论上是完全可行的，完全可以达到豆腐制品的质量指标。以前，辽宁、河北曾有过这样的加工试验拿出产品实例，但都没有最终确定匹配设备、工艺技术、相关参数和形成工业化生产能力。

1.5　快餐豆腐系列制品的研究和开发

随着科学技术的发展，市场上有菜汁豆腐、鸡蛋豆腐、海藻豆腐等不同营养、不同颜色、不同形状和不同风味的豆腐制品。但是，由于当今社会生活节奏加快及生活方式改变，加之目前豆腐制品包装、保鲜等诸多问题尚没有很好解决，迫切需要有一种像快餐面那样用温开水对主料豆粉及辅料一冲即成的豆羹、豆花、豆腐脑和豆腐的方便、快捷、风味、即食制品。这种产品由于消费人群多集中在飞机、火车及轮船旅客，石油、地质和林区野外作业人员及受到一定的餐饮环境条件的限制，要求产品应以全脂、低糖和无糖豆粉为主料，用80℃左右的开水冲调自行成型。豆羹、豆花成型的时间为5分钟、豆腐脑为8分钟、豆腐为10分钟，再加以各种风味调料，一次加热冲调成型，产品质量及所采用的凝固剂均符合有关标准，保质期应达到3个月。目前，国内试销的几种同类产品均没有达到上述综合要求指标，产品还没有被消费者认可和接受，还有待于进行深入研究开发。

1.6　大豆酱油系列产品的开发和生产

目前，消费市场上老抽王等有色酱油、高盐（以NaCl≥15%）的瓶装产品居多，无色（也称为白酱油或无色酱油）酱油、低盐（NaCl含量≥5%）和无盐酱油及固体酱油品种很少，没能满足日益增加的部分消费者需求。另外，有色酱油用的黑色素是化学合成的焦糖色素，实际应用均超过添加标准，应开发用黑色植物提取酱油用黑色素。

1.7　大豆蛋白制品保质技术及包装材料研究和应用

目前，消费市场上的水豆腐在25℃环境条件下，保质期为2.5天左右，保鲜期为1天左右；干豆腐保质期为3天左右，保鲜期为1.5天左右；速溶豆粉、豆奶粉、豆筋、腐竹等一般保质期为6个月，最多达到9个月。超过保质和保鲜期，蛋白制品就要酸败、腐烂、霉变、生虫并产生有毒有害物质。这主要是豆制品在生产过程中采用开路加工方法和巴斯德加热及高温杀菌常规简单方法，尚没有采用先进、有效的保质保鲜技术和低值、高效可降解的包装材料，豆粉也只采用塑膜等包装材料。新技术应使豆腐制品在25℃条件下，保质保鲜期达到30天，豆奶粉保质保鲜期达到12个月以上。

1.8　大豆食用纤维的开发和应用

食用纤维（TDF）的应用一般均采用粮谷作物的纤维，以豆腐和豆粉加工后的下脚料豆渣含量最高。豆渣纤维含量为35%～40%，其中含植纤素90%，木质素10%；可溶性纤维素为75%，不可溶性纤维素为25%。日本非常重视对植物纤维素的开发利用，自60年代至今，大豆纤维的利用专刊公报已达50多项，上市的食品有豆纤维点心、豆纤维饮料、豆纤维类食品和可食纤维衬纸。丹麦AXCL和TOFE公司利用大豆纤维做成的纤维面包和比萨饼，出口远销希腊和意大利等国。美国有添加植物纤维的低脂、高纤肉制品和饮料，并在产品成分中明确标示。对于这样一个能促进消化液分泌与新陈代谢、促使食物尽早排出和直接干扰胆固醇合成的功能性营养产品，国内消费市场竟然是空白。

2　采取的对策

2.1　结合大豆行动计划，确立蛋白膳食立法

全球在小麦粉中实行强制性添加植物蛋白、维生素及微量元素的国家有加拿大、智利和尼日利亚等15个国家。美国等发达国家特别强调食品的安全性和营养性，重点对大豆蛋白及植物蛋白开发利用，将大豆蛋白应用于强化食品、快餐食品及仿生模拟食品10大类，成品粮、肉制品和配餐食品12个系列计1200多个品种。向面粉中添加大豆蛋白最高达12%以上，并明确要求必须注明大豆蛋白制品。日本为强化食品营养，在主副食品里均添加大豆蛋白。香港立法，在成品粮小麦粉中必须加入大豆蛋白并标出添加量。1994年对我国大城市中抽样统计：每天每人食用蛋白质67.14克，其中植物蛋白为51.5克，大豆蛋白为35克。这与联合国粮农组织推荐的70～75克标准还有一定距离。我国大豆蛋白资源、加工能力及应用潜在面还是很大的，再增加10克大豆蛋白质是完全可能的。但是，就目前的膳食习惯和消费市场品种来看，不立法来强制引导，很难达到目标。

2.2 促成多学科部门合作、加强科技攻关力量

本文所列举的8个方面制品所存在的科研攻关、技术开发及工业化生产问题，多数属于全球目前尚没有解决的科技共性问题，其中“大豆蛋白功能助剂、冷榨半脱脂豆粕制豆腐和快餐豆腐系列”等技术和制品看似浅薄容易，实则技术难度很大。具有基础研究、应用研究和工业化生产实验多项内容，属于高新技术、高科技含量和高附加值产品。这些制品涉及到农技、化工、轻工、热工、生物、食品、卫检、机械、电子等多部门、多领域和多学科。真正解决这些科研和技术难题，需要技术管理部门牵头协调，打破行业与部门界限，采用招标投标的办法，发挥各自的优势联合攻关，解决工艺设备“硬件”和配方“软件”问题，使工艺技术和产品质量达到国际领先水平。

2.3 选择基地，搞好建设，重点扶持龙头企业

我国应依据资源、技术、产品、地缘和基础等考核条件，选择一些基地搞好建设，确定一批龙头企业大力扶持，使其成为科研开发试验点和推广扩散源。结合绿色大豆制品原料及产品基地建设，把大豆蛋白制品行业作为特殊行业及特色产品来对待，并在政策、资金、项目和条件上重点支持龙头企业的产业化建设，促成规模效益。同时，协助企业树立形象，加强广告宣传，努力创造品牌、名牌和出口创汇产品。

2.4 坚决打击假冒伪劣，规范消费市场管理

目前，大豆蛋白制品在消费市场上存在着加工工艺各异、质量不一样、蛋白含量标识不明确、品牌品种多、营销方法不一致等现状；也存在着以假乱真、以次充好，添加剂超标，有毒有害物质含量过高，抗营养物质没有完全去除等问题。因此，应当使加工企业、工商税务、卫生检测等部门联合行动，规范大豆蛋白制品消费市场的管理，努力做到不是指定厂家不准生产，不符合规定的原材料不能应用，没有包装标示的产品不许上市经营。各省市应当创造条件，像上海市那样成立豆制品行业协会，使大豆蛋白制品做到生产、营销、应用、服务、管理一体化。

（原载于《食品工业科技》2001年第2期）

我国果蔬汁饮料加工现状及发展对策

张　愍

（无锡轻工大学　江苏无锡　214036）

我国是世界最大的水果、蔬菜生产国之一。仅1996年，我国果园面积就已发展到809.78万公顷，水果产量约5200万吨，其中苹果、梨、柑橘、香蕉、葡萄5大品种占76.81%；蔬菜种植面积发展到1000万公顷，产量约3亿吨，其中适合加工的西红柿、辣椒、黄瓜、萝卜、菜豆、白菜、蒜苔、土豆、茄子10大品种占蔬菜总产量的70%以上。预计到2000年，全国水果产量将超过8000万吨，蔬菜超过4亿吨。

果蔬生产一般有旺季和淡季之分，由于果蔬产品含水率很高（一般为65%～95%），旺季收获后若不及时处理，在微生物作用下极易腐烂变质。发达国家比较重视产后加工技术，产品损耗率一般控制在5%～20%之间；我国由于产地交通不便及加工技术的限制，产后损失相当严重，通常超过30%。在淡季，尤其是北方的冬春两季，果蔬产品市场供应困难，需

要解决“旺贮淡供”的要求，这就为果蔬汁深加工的进一步发展提供了可能。

我国果蔬产品种植区域集中，区域种植规模大，并形成特色产区，为发展大规模集中加工贮运提供了条件。但目前贮运加工仅占总产量的5%～10%左右，而发达国家则占20%～60%。由此可见，我国果蔬汁饮料加工业发展潜力巨大。

综合而论，我国果蔬汁加工总体仍处于上升阶段，但要实现根本意义上的大发展，还需解决许多实质性的问题。其中一个关键的问题就是行业普遍存在的高新技术含量低、加工深度不够的问题。

1 行业现状及存在的问题

世界果蔬汁饮料销售量从1990年的1200万吨上升到1995年6000万吨，5年内增长了4倍，成为世界各类软饮料中增长最快的品种。多年来世界果蔬汁贸易都以橙汁为主，其次是苹果汁、菠萝汁、葡萄汁、柠檬汁、西番莲汁。世界浓缩果汁产量1994年达300多万吨，其中柑橘浓缩汁230万吨、苹果浓缩汁66万吨。根据《我国食品工业“九五”计划和2010年远景目标》分析，1995年全国饮料总产量约700万吨，2000年和2010年将分别达到1000万吨和1600万吨。据调查，果蔬汁饮料1995年实现产值48.47亿元，占饮料总量的16.5%，占食品工业总产值的0.78%，是仅次于碳酸饮料的饮料大类，也是我国食品工业中发展最快的行业之一。据分析，预计到2000年到2010年用于果汁加工的水果总量分别为1600万吨和2600万吨。

我国浓缩汁为苹果为主，生产企业有40多家，形成了生产12万吨的生产能力；柑橘浓缩汁企业10多家，形成了年产近千吨的生产能力，产品从开始的外销为主逐步变为以国内市场为主。我国果肉饮料的大品种有芒果、桃子和山楂。为恢复果汁名声，目前发展方向为100%果汁和含果浆40%以上的果肉饮料。以纯天然、健康、营养丰富、口味纯正为代表的纯果汁及混合果汁正逐渐成为消费的主流。目前我国果汁加工形成的大品种有苹果、柑橘、芒果、山楂，而国际市场上占主导地位的橙汁、菠萝汁产量却很小。

据国家统计局1996年资料，我国共有果蔬汁加工企业1237家，其中较大型企业仅15家，中型企业20家，其余均为小规模、低水平的。全国共引进果汁生产线40余条，年生产能力近200万吨。1996年果汁和果味饮料产量为122万吨。由于统计上的困难，果汁和果味饮料产量的比例较难确定，但据估计，真正含有10%果汁以上装入三片罐的约占25%。

90年代初，果蔬饮料行业推广“主剂集中生产，饮料分散灌装”的产业政策，进口了以玻璃瓶、利乐包、易拉罐为代表的200多条灌装线，形成了果蔬汁灌装行业，目前的问题是开工不足，设备利用率不到70%。

近年来，我国相应的饮料机械行业效益持续下降，亏损面达20%，主要原因为“两慢”，即产品结构调整慢、技术水平提高慢。年产各类饮料机械约30万台（套），主要品种为混合机、灌装生产线、高压均质机、过滤机等。生产果汁专用设备（如带式榨汁机、果茶加工成套设备等）的规模还很小。据估计，2000年我国浓缩苹果和柑橘汁产量可达52万吨，而目前加工能力仅为15万吨，按每万吨生产线8000万元计，新增加的37万吨需在设备上投资30亿元。因此今后10年果蔬汁加工设备市场潜力很大。

2 果蔬汁深加工技术及与国外的差距

2.1 水果原料基地建设

从品种资源角度看，我国的水果产量虽大，但存在两大问题。一是水果生产自身结构不合理，早、中、晚熟搭配不当，如：苹果过于集中在晚熟品种，约占62%，其中以红富士为主；而柑橘过于集中在中熟品种，约占75%，以宽皮橘类为主，且品种引进混乱、退化严重。二是鲜食和加工用品种结构不合理。传统概念是“鲜食为主，残次果加工”，因此规划中考虑鲜食品种的比例较高。随着近年来果汁加工的快速发展，加工企业被迫采用一些仅能鲜食、不适宜加工的品种，不仅加工季节短，还出现了糖酸比不符合要求、风味差、出汁率低等问题，直接影响饮品质量和企业的效益。据统计，到2000年分别需要专用果汁加工的苹果425万吨，柑橘650万吨；到2010年分别需要专用果汁加工的苹果1250万吨，柑橘1072万吨。

现有加工企业地区分布不合理的局面也急需解决。由于在地域上过分集中，相互争原料，使原料“高价低质”现象非常普遍。

2.2 加工和灌装设备落后

与国外先进水平相比，我国的加工和灌装设备主要差距在：

（1）单机多，生产线少，不能适应我国果蔬汁饮料工业高效率、高质量发展的需要。

（2）大多数产品仅达发达国家80年代的水平，

特别在一些关键设备的指标上还有相当的差距。如榨汁机、超滤机、蒸发浓缩设备、灌前灭菌设备、高速离心机、活性炭纤维和硅藻土过滤机等。

(3) 相当一部分设备的生产效率低、耗能高、寿命短、稳定性和可靠性差。

(4) 设备的标准化程度低，设备升级困难。

(5) 新技术、新材料、新工艺采用少。在发达国家已得到应用的饮料行业高新技术如膜分离、微波杀菌、无菌包装、超临界流体萃取技术在装备上仍处于研究开发初期。

(6) 国产设备质量不稳定、生产能力偏低。因此有关科研设计人员往往在资金允许的情况下建议选用进口成套生产线。

目前我国浓缩果汁生产线基本上都是进口的，设备主要来自一些跨国食品机械制造商，如瑞典的 TetraPak、英国的 APV、瑞士的 Unipektin 和 Bucher、法国的 Imeca、德国的 Amos、意大利的 Bertuzzi、Elop 和 Machine 等公司。我国 90 年代进口的浓缩汁生产线的加工能力大部分已达 10 吨/小时（年产 1 万吨），少数 20 吨/小时（年产 2 万吨）。国际上榨汁机的发展趋势表现在设备大型化、高出汁率、高澄清度、密闭式作业、自动化等 5 个特点，具备这些特点的设备无论对保证产品质量，还是降低生产成本都是极其重要的。Bucher 液力通用榨汁机和 Amos 二级带式榨汁机是我国引进设备中选用最多的机型，苹果出汁率一般达 82%～88%，最高达 92%。而我国国产主要机型螺旋榨汁机的苹果出汁率仅为 60%。Unipektin 的五效管式和 APV 的四效板式降膜蒸发器是我国引进设备中选用最多的蒸发器，应用于产量大、浓缩效率高的场合，而国产浓缩设备的耗能指标过高且浓缩效率低。Elop 和 Tetra Pak 无菌包装机由浓缩汁杀菌冷却器和无菌灌装机组成。在无菌包装技术方面，以多层复合纸为代表的包装材料已实现国产化，但目前国产设备的灭菌效果差距仍很大，因此大型连续式无菌包装机仍需进口。

2.3 生产技术难题及新工艺的采用

我国在果蔬汁加工工艺方面，与发达国家相比尚有较大差距，主要体现在下面几个方面。

2.3.1 添加剂 在食品添加剂方面，我国企业为了增加果蔬汁的贮藏性能，往往超过国家标准加防腐剂；为了改善果汁的香味和色泽，添加香精和色素，往往超过了原果实的香味和颜色；为了降低成本，大量使用人工甜味剂代替食糖，出现总固形物减少，粘度降低，风味变化，防腐性能下降；为使果肉均匀悬浮，采用加胶的方法提高粘稠度，使饮料失去风味，又容易产生饱腹感。在产品质量方面，果汁含量低于 10% 的低档果味饮料的比例过高，包装上果汁含量大多未加标注，在口味上仍大量采用增稠剂（粘度过视）和甜酸比掌握不当（酸度不够），多品种的混合果汁的含量检测手段有待提高以及包装单调等。

近年来国内在利用酶技术进行柑橘脱苦的研究和工艺开发已取得成效。发达国家果汁生产企业普遍采用果胶酶、淀粉酶、纤维素酶等酶制剂，在 45～50 ℃下 3～4 小时进行酶法脱胶，不仅使后浑浊沉淀的技术难题得以克服，而且使果汁的浓缩倍数大大增加。发达国家已有研究采用超临界二氧化碳萃取柑橘中产生苦味的萜烯化合物，生产效率更高。

2.3.2 关键工艺技术 浓缩汁生产工艺和国产设备目前尚不能解决一些关键技术问题，如：果汁生产中的色泽褐变、营养素损耗、芳香成分散逸、后浑浊沉淀等产品品质方面的难题。在浓缩汁生产中，体现加工深度的关键工序是榨汁、超滤、蒸发浓缩和无菌包装，这些关键工序的高质、高效可避免上述品质问题的出现。但目前这些关键工序的典型设备仍难以国产化。

2.3.3 提香技术 发达国家果汁生产企业还普遍采用提香回收手段来克服加工后失香的难题，使一部分挥发性芳香成分得以回收。提香一般与巴氏杀菌同时进行，可用换热器或蒸发器某一效加热器加热果汁。从加热果汁蒸发的 10% 水分中即可从中得到原汁中所需的芳香物质，经 2～3 级蒸馏，此天然芳香物质可浓缩 100～150 倍，使用时只需几滴即可。值得一提的是为了使芳香物质和维生素得到更好的保存，发达国家已有采用反渗透技术对果汁进行预浓缩的工序。国产提香装置对不同物料的适应性较差，提香效率也较低。据报道，国外已有研究采用超临界二氧化碳萃取分离大品种果蔬的天然芳香性物质，以作为新型纯天然果蔬饮料添加剂。

2.3.4 澄清技术 我国许多生产企业对果汁的澄清方法仍使用传统的膨润土明胶或硅胶澄清剂进行澄清，再用离心分离、硅藻土过滤和纸板过滤，不仅生产时间长，还会导致色泽褐变、贮藏稳定性差等品质下降及污染变质。发达国家果汁生产企业已普遍采用超滤技术来取代传统的澄清剂、机械分离和过滤工艺过程。整个超滤过程持续 20～22 小时。国产膜组件普遍存在的问题是开发与应用脱节，即膜组件的制造与使用场合的要求脱节。

2.4　新产品开发能力弱

目前开发各种功能性果蔬汁是国际上一个重要的发展方向。其中富活性微量元素有机硒、有机铬、有机锗的系列果蔬饮料开发尤其引人注目。利用冻干新技术开发优质果粉也是固体果蔬饮料的一个重要方向。

2.5　原料综合利用能力弱

发达国家果汁生产企业从环保和经济效益两个角度对加工原料的综合利用，提出"取净榨干"的对策，利用生物技术把废弃物转化成高价值的产品。从废弃的果皮、果籽和果渣中可提取香精油、果胶物质、单宁、色素等。如：美国利用废弃的柑橘果籽榨取32%的食油和44%的蛋白质；利用葡萄皮渣提取葡萄红色素，从橘子皮和苹果渣中提取和纯化果胶质或柠檬酸，已形成规模化生产，取得了很好的经济效益。我国对此也有所研究，但研究的深度和广度都很欠缺，急需迎头赶上。

3　技术与产业发展方向及对策

3.1　原料基地建设

根据发达国家的经验，通过食品加工企业对农业的投入，干预大幅度调整水果种植品种和结构已势在必行。我国的果蔬生产要从单纯高产逐渐向高产兼适合加工的方向发展。发达国家苹果和柑橘种植早、中、晚熟的配比较为均衡，约为20:40:40。鲜食和加工品种配比一般为30:70。

在调整过渡阶段，针对糖酸比不符合要求的问题，要开展原料加工成熟度的研究，结合产前农艺，通过糖酸指标的测试，找出各种加工原料的最佳加工成熟度以满足生产需要。还要开展一些新型高效酸味剂对加工饮品品质影响的研究，找出各种添加剂的合理剂量以满足生产需要。针对出汁率低的问题，要开展各种针对不同原料品种的新型挤压机理研究，并由此开发出各种品种的专用榨汁设备。

加强对西番莲、芒果、猕猴桃、黑加仑等市场前景看好的小品种果汁的研究开发，使混合果汁的发展上一个台阶。我国的蔬菜品种多、产量高、价格相对便宜，应加紧研究各种可能的蔬菜资源的加工特性，开发能形成大品种的蔬菜品种，目前发展番茄汁和混合蔬菜汁的前景看好。

在加工企业地域分布方面既要根据市场需要调节，也要进行宏观调节，避免重复建设，避免发生原料战，影响原料质量。

3.2　加工和灌装设备开发

由于今后10年我国果蔬汁加工设备市场潜力很大，因此应对引进设备消化吸收，做好国产化工作，加快国产设备的更新换代速度，在"十五"期间实现成套设备全部国产化。开发研制生产急需的果蔬汁加工专用成套设备，包括各种预处理设备，如大型果蔬去皮、挖核、切片成套设备等。近期以发展原料处理量10～15吨/小时成套生产线为主，"十五"期间应开发原料处理量50吨/小时的大型成套生产线。今后几年我国开发的榨汁机应立足国际，向大型化（5～10吨/小时）、高出汁率（使国光苹果的出汁率达75%～80%以上）、造价适中、性能可靠、品种专用或通用性强、自动化程度高方向努力。苹果榨汁机应以液力封闭压榨和带式压榨为主，为此应研究专用滤带和滤汁装置的生产技术，解决大型榨汁机的国产化问题。采用热泵和闪蒸新技术，研制开发三效以上，蒸发量大于3000立升/小时的多段浓缩设备，并改善现有提香装置对物料的适应性。对国产膜组件的改进提高方面，一要解决膜组件的适应性问题；二要解决其使用寿命短、易堵塞的问题；三是开发处理量在5吨/小时以上的大型成套设备。研究开发大型连续式无菌包装机的国产化问题，并研制与之配套的高温瞬时杀菌设备。

对果蔬灌装设备，应着重开发并推广以电脑配料、定量多头灌装、防伪压盖等机电一体化程度较高的大型灌装生产线。生产能力应在5吨/小时以上，灌装头数在60头以上。无菌软包装机开发方向是技术成套化、工作连续，灌装能力在1吨/小时以上。

3.3　采用新工艺，解决技术难题

积极跟踪与世界先进水平接轨的加工关键技术，如新型添加剂的应用研究、采用新工艺、研制新设备等。解决生产技术难题对提高加工深度有直接的效果。因此应开展两方面的研究，一是加强酶法脱胶工艺和新型高效、低成本超滤材料的研究，彻底解决果汁后浑浊沉淀、色泽变化和浓缩倍数不高的技术难题；二是加强蒸发、提香新工艺与设备的综合研究，使国产设备也能生产出芳香物质和维生素保存率高的产品。在包装上，应积极采用无菌包装等新型包装形式和设备，使产品的贮藏性能有一个大的改观。

3.4　新产品开发

应跟踪国际功能性食品的发展趋势，开发富活性微量元素的系列果蔬汁饮料，现阶段应以研究开发有精确含量、富植物有机硒、有机铬、有机锗的小系列果蔬饮料为主。并可结合微胶囊和喷雾冻干新技术生产粉末化功能性果蔬汁，最大程度地保存其活性。

3.5　加强环保意识，促进原料综合利用

应借鉴发达国家生产企业的经验，利用生物技术把废弃物转化成高价值的产品。结合我国实际，应首先研究解决大品种废弃的果皮、果籽和果渣的综合利用问题，如：形成用橘子皮和苹果渣作原料的果胶质或柠檬酸产业。其次应研究在设计果蔬汁加工厂时建立配套的综合利用车间。另外应开展综合利用工艺的研究，提高废弃物的提取率。

(原载于《食品与机械》2000 年第 2 期)

玉米深加工现状及发展建议

何月娥　周作伸

(吉林工业大学　长春　130025)

湿法加工玉米得到主产品淀粉和副产品蛋白粉、玉米油、纤维饲料，其总价值仅比玉米增值 2～2.5 倍。目前我国中小型淀粉厂玉米原料利用率只有 50%～60%，大型厂为 80%。为提高玉米原料利用率，提高玉米的商品价值，使用价值，扩大玉米产品市场需求，发挥我国玉米资源的优势，提高企业的市场竞争力，迎接中国加入“WTO”后对玉米产业的挑战，只有对玉米进行深加工。

1　深加工的现状与问题

近年来淀粉工业的发展形势一直较好，1992 年全国玉米淀粉产量为 100.32 万吨，到 1998 年产量达 280.76 万吨（每吨淀粉约用玉米 1.6 吨）。六年里全国玉米淀粉的平均年递增 18.7%。

其他玉米深加工产品的发展速度也较快，一些主要产品的增长情况见下表。

由表可见七年间深加工产品产量增加最多是 9 倍，多数在 1 倍以上，只是淀粉糖发展慢些。但当前我国对玉米进行深加工量仍较少，深加工量只占玉米总量的 10%，美国 80%以上是深加工产品，商品原淀粉只占玉米深加工的 16%。

玉米深加工产品的增长情况表

产品名	1990 年(万吨)	1994 年(万吨)	1998 年(万吨)	98/90	98/94
淀粉糖	30	35	50.7	1.69	1.45
变性淀粉	2	10	20	10	2
山梨醇（干基）	1.73 (92 年)	4.09	7.8	4.5	1.9
酒精	129.46	168	300(注)	2.3	1.79
柠檬酸	6.13	19.8	20.15	3.3	1.02
味精	22.3	39.7	63	2.8	1.59
酶制剂	8.5	15	22	2.59	1.47
酵母	1.7	2.7	6.47	3.8	2.4

注：此量在本文“1.3 酒精”中有说明。

1.1　淀粉糖

淀粉糖是国外淀粉深加工的最大宗产品。淀粉糖包括：结晶葡萄糖和食用葡萄糖浆，不同 DE 值的葡萄糖浆及粉末葡萄糖（全糖粉），果葡糖浆，饴糖，高麦芽糖，麦芽糊精等。每吨果葡糖用玉米 1.6 吨，可使玉米增值 3～4 倍。1998 年我国生产食用葡萄糖约 35 万吨，医药用结晶葡萄糖约 15.7 万吨。淀粉糖耗用淀粉量（不含糖醇及麦芽糊精）约占淀粉总产量的 14.5%。制糖工艺已采用双酶法，淘汰了传统的酸法。还自行开发了玉米干磨制粉直接法加工果葡糖浆工艺技术，生产实践证明，这是一种产品品质优、副产品回收集中、投资少、能耗低、三废污染少的新技术。

但淀粉糖业尚存在糖品品种少价格高而导致的产量低等问题。美国现淀粉糖总产量达 1000 万吨（干基）以上，约占淀粉总产量的 43%，远远超过甘蔗糖和甜菜糖的总产量，果葡糖已有三代产品。日本以进口玉米发展淀粉糖业，现年产量约为 200 万吨（干基），占淀粉总产量的 52.5%，1998 年仅低聚糖已有近 10 个品种上市。

1.2　变性淀粉

是重要工业原料，工业应用较普遍的品种有预糊化淀粉、关联淀粉、降解淀粉、淀粉衍生物等。在我国变性淀粉的开发和生产虽较晚，但发展很快，现已开发出 40 多种产品，应用到纺织、食品、造纸、医药卫生等十多个行业。已有部分大中企业全套引进、吸收、消化了国际先进工艺和设备，提高了产品质量。湿法变性淀粉、预糊化淀粉的生产设备已开发出来用于生产。

但我国变性淀粉生产，在工艺水平、品种数量、产品质量、应用研究等方面，还都与国际先进水平存在着较大差距。世界上能加工出 2000 多个变性淀粉品种，应用面很广，为许多工业提供了重要的原料。

美国生产变性淀粉所用淀粉约占淀粉总产量的16%，欧洲约占40%左右。

1.3　酒精

由前表可见产量增长很快。1998年酒精产量为300万吨，其中以玉米为原料的酒精产量为120万吨，每吨酒精产品需用玉米原料3.3吨。近年来一些传统工艺不断被更新。高温双酶法连续液化糖化取代了传统的蒸煮糖化工艺；固定化酵母酒精发酵技术，已在1994年通过工业大生产试验，与传统的游离酵母酒精发酵技术相比，有发酵速度快，不需频繁制备酵母，设备利用率高等优点，发酵时间缩短近半，省去了酒母培养工序，节省酒母用粮约4%，产酒量提高0.8%（V/V）。酒精蒸馏采用三塔差压蒸馏工艺，充分利用了能源，对年产万吨酒厂来说，每年可节省蒸汽约2万吨。

目前国内生产酒精仍有约30%～40%的以薯类为原料。从整个种植、加工、综合利用的全局，以及经济效益、环境效益来看，用玉米生产酒精明显比薯干生产要有利得多。生产食用酒精（含副产品价值）使吨玉米增值到1.7倍。美国是当今世界上用玉米生产酒精发展最快的国家，由于能源危机的影响，同时考虑减少汽车尾气造成污染，美国鼓励用玉米生产酒精，以便用酒精按10%配比加入汽油作燃料。我国因价格原因，目前似无推广可能。

1.4　山梨醇

是可食用糖醇。3000吨葡萄糖经氢化得5500吨山梨醇，可使吨玉米增值到3.5倍。国内主要是用其作原料生产维生素C，使吨玉米增值到15倍。近年来山梨醇又用在牙膏和化妆品生产中替代部分甘油，不仅对其性能无影响，且某些指标还有所改善。山梨醇作食品添加剂，有保湿、稳定作用，从而延长食品保质期，还可作糖尿病人的甜味品。美日两国每年用于食品的山梨醇约3～5万吨。国外还将山梨醇用于制表面活性剂、醇酸树脂和制药等。

1.5　柠檬酸

是理想的酸味剂。我国柠檬酸产量占世界第一。产品以出口为主。国内当前约50%用于食品工业，20%用于医药工业，20%用于化学工业，其余用于化妆品和其他工业。1995年以来由于国家两次降低出口关税和我国产品质量不稳定，致使产品在国际市场上售价很低，目前停产半停产的企业已达半数以上。今后必须改进生产工艺和设备，降低能耗和成本，提高产品质量的稳定性，以提高出口竞争力。还可开发一些其他食用有机酸，如乳酸，1997年我国出口乳酸3649吨，创汇300万美元。

1.6　味精

一吨味精需用玉米原料约3.2吨，可使吨玉米增值到4倍。1998年产量已达63万吨，占世界第一位。味精现主要内销。目前国外已采用新型营养鲜味剂，它是味精、植物水解蛋白、动物浸膏（萃取物）、酵母提取物等的混合物。据报导1993年世界上新型鲜味剂销售额达10多亿美元。国内市场对新型鲜味剂也需求迫切，国内方便面与国际水平的差距主要在汤料所用的鲜味剂上。我国应调整味精和调味品工业的产业结构，以适应国际与国内市场的新需求。

1.7　副产品深加工

目前我国广大中小型淀粉厂的粉渣，或当作粗饲料处理给农民或堆积厂内流失；玉米浸泡水随废水排出厂外，造成环境污染。而将副产品进行深加工增效明显。从玉米蛋白粉中可提取F值寡肽，用于制取改善肝昏迷、神精状态和抗疲劳的药物。一吨蛋白粉（从淀粉乳中可分离出所用玉米量的5%～6%蛋白粉）可提取约50千克F值寡肽，以售价3500元/吨计，比蛋白粉增值7倍多。玉米浸泡水可回收饲料蛋白，还可提取制菲汀的原料，每吨玉米产约0.8 m^3浸泡水，可回收含蛋白质40%的1号粉8.8千克、含蛋白质20%的2号粉6.4千克，2号粉是制取菲汀的原料，可进一步加工成菲汀和肌醇，目前肌醇售价260元/千克。从玉米皮中提取可溶性纤维，制取高纤维性功能食品；还可将玉米皮发酵提取木糖和木糖醇，木糖醇是低热量甜味剂，为糖尿病人专用食品，售价35000元/吨。一个年产10万吨的淀粉厂，年可有2.2万吨玉米皮，可得1.1万吨木糖醇。

2　发展建议

2.1　淀粉糖

食糖是人民生活必需品，世界人均年消费20千克，我国目前仅为6.25千克。世界上包括我国在内传统糖源是甘蔗糖和甜菜糖（统称蔗糖）。但80年代以来世界蔗糖生产呈现停滞状态。我国蔗糖生产因成本上升，又受到大量进口糖的冲击，忍痛亏本出售，出现全行业大亏损局面。我国食糖发展战略是多糖源政策，但我国年人均消费淀粉糖只有0.4千克。美国年人均为39.82千克，大于年人均蔗糖消费量30.5千克。建议先发展淀粉糖中的果葡糖浆或全糖粉。1995年美国生产果葡糖浆达212.1万吨，其次是日本同年达75万吨，世界上有23个国家生产果葡糖，正以3%～10%速度逐年上升。

果葡糖甜度与蔗糖相当，商品特性好，用于饮料相对甜度表现比蔗糖好；用于焙烤食品有保持松软，不干皮等性能；用于保健食品，“90”糖浆适于糖尿病患者食用。用玉米制淀粉糖，在种植地区、生产能耗、副产品价值等方面都优于蔗糖，是好糖源。国外饮料行业基本上都用淀粉糖，而我国饮料业却因淀粉糖价格高而用蔗糖。按我国年产1250万吨饮料，碳酸、果汁饮料占60%，用糖量按10%计，则饮料行业淀粉糖的潜在市场是75万吨。其他冰制品、糖果、糕点、饼干等用淀粉糖的行业，也是淀粉糖发展的潜在市场。最近我国政府发布了限制糖精的政策，可见发展淀粉糖时机已成熟。

我国果葡糖的开发起步并不晚，但没发展起来。一些小型果葡糖厂处于停产半停产状态，几个大厂也生产艰难。主要制约果葡糖发展的因素是价格和技术问题。果葡糖价格高于蔗糖是由于原料玉米价格高；国产酶费用高约占果葡糖生产成本的11%左右，美国生产厂家酶制剂的费用只占成本的2%左右，若用进口酶则所占成本可降至5%左右，但需耗外汇。还有关键设备果糖分离器的国产化尚待解决，引进这套设备价格高达1300万元，也造成糖的成本提高。另外果葡糖是液态，用户在使用、运输、贮存上均感不便。

解决上述制约因素的建议：a.采用玉米干磨制粉直接法制果葡糖浆新技术。该技术是80年代发展起来的，经生产实践和借鉴吸收国外的先进技术及设备特点，不断进行改进已取得较理想效果。玉米粉干物质收得率提高到73.7%，糖化终点DE值大于97，生产成本降低700～1000元/吨。在几项工程建设中都证实该技术的效果。

b.加大科技投入。目前我国从国家到企业科技投入均不够，多数企业尚没把建立健全技术创新机制作为建立现代化企业制度的重要内容，因而竞争力不强。专家认为一个国家的科技投入应超过该国国内生产总值的1%，现世界各国的科技投入平均达到各国国内生产总值的1.4%，发达国家超过或接近2%，我国是0.8%，其中企业的科技投入比重很小。由于科技投入不够，制糖用的国产高温液化酶和异构酶价格高，且活性低而不稳，与国际先进水平有较大差距。现某大学已研制成高活力固定化异构酶，每千克异构酶可转化生产9～10吨果葡糖浆；在果糖分离载体方面研制成固定化硼酸填料，每千克每日可生产0.8千克果葡糖，达国际水平。应给予资金投入，完成异构化果糖分离产业化的软技术，并随之实现相应配套设备的国产化，完成配套应用技术。

c.液化糖浆采用软包装。可借鉴市场上出现的鲜奶、酱油、饮料等不同规格的软包装，解决果葡糖浆流通环节中的不便问题。

d.向规模要效益。有规模才有利于采用高新技术，有利于大幅度的降低产品成本增强竞争能力。近几年来随市场激烈竞争，淀粉糖业向规模大型化发展，如90年代后期在山东省建成10万吨级糖企业鲁洲食品厂和青援食品厂；在吉林省建成具有50万吨玉米加工和10万吨淀粉糖、1.5万吨赖氨酸生产能力的大成公司。

e.申请政府给予优惠政策，降低销售价格。政府的政策扶持和保障，对产业的快速发展起着非常重要的基础作用。美国、日本在发展果葡糖时，得到政府的补贴，使果葡糖价格低于蔗糖30%～40%，用户乐于接受，扶持了果葡糖业的发展。

2.2 变性淀粉

变性淀粉应用面广，发展前景好，是深加工新的经济增长点。在美国变性淀粉价格相当于淀粉的2～3倍。建议发展以下产品。

2.2.1 纺织用变性淀粉

主要用于着浆纱工序的浆料，其亲和性好，可提高纺织品质量，价格又低。我国目前用量约4.5万吨，占用浆料总量的10%，其余用原淀粉、化学浆料。美国纺织用变性淀粉浆料占用浆料总量的69%，按达到美国目前用变性淀粉浆料水平，其潜在市场用量约为26万吨。

2.2.2 食品用变性淀粉

用作食品添加剂，主要用在面制品、糖果、饮料、肉食品等方面。添加后可改善食品口感、提高品质和档次、延长保存期。近几年用量迅速增加，目前用量在4万吨左右，其潜在市场用量在40万吨以上。

2.2.3 造纸用变性淀粉

用作增强剂、粘合剂、涂布剂和上胶剂等，据估计目前用量约3万吨。美国年耗量相当于纸产量的1%，按此比例测算潜在市场量在30万吨左右。

2.2.4 油田开采用变性淀粉

用作石油钻井用压裂液的稠化剂。全国需用量约3万吨。目前我国用稠化剂是田菁、香豆和瓜胶等植物制品，其价格较高。若用变性淀粉稠化剂，价格仅是田菁的1/3、瓜胶的1/5。只是我国目前尚无生产油田专用变性淀粉厂家。

建议国家和省市在产业政策中，把变性淀粉产业列为新兴产业予以扶持发展。

2.3 玉米油

玉米油是一种含有维生素E和油酸、亚油酸等多种营养成份的高级营养油。玉米油中含有的谷固酸具有抑制血清中胆固醇增加的作用，是老年人理想的保健食用油。目前世界玉米油年产量约为110万吨，美国为5万吨/年，我国仅约为1万吨/年。一般玉米含油在4.4%～6.13%间，目前我国由玉米提取玉米油出油率为1%（粮油比）。与国际先进指标1.8%～2%几乎相差一倍。

提取玉米油关键是玉米胚芽的提取。提取法有湿法，淀粉行业常用；有半湿法，粮食行业多用；还有干法，是玉米深加工新方法。干法提胚、提玉米粉、玉米皮深加工法有污染少、经济效益高等特点。干法提胚出胚率高，一般为7.13%～8%，胚芽纯度可达75%～90%，工艺简单、设备投资少、节水、节能，但尚需进一步降低破碎率。胚芽经深加工可得到玉米油、胚芽蛋白粉、胚芽乳、脱脂胚芽粉等。玉米油7500元/吨、胚芽蛋白粉15000元/吨、胚芽乳7200元/吨、脱脂胚芽粉2500元/吨，经济效益很高。

总之我们应充分利用我国玉米资源，抓住机遇，根据市场需求，利用高新技术发展玉米附加值高的深加工产品，促进玉米加工业的蓬勃发展。

（原载于《包装与食品机械》2000年第5期）

中国白酒行业发展报告

王延才

（中国酿酒工业协会白酒分会 北京 100833）

0 前言

中国的酿酒业，距今已有数千年的历史渊源。白酒作为我国特有的、具有悠久历史的传统酒种，在世界烈性酒类产品中散发着熠熠光彩。无论何时，其都与相应时期的政治、文化、经济、军事等休戚相关，影响着人们的日常生活，并在一定程度上满足了市场和消费的需求，在消费者的心目中占有十分重要的位置。同时，白酒也为国家财政积累资金做出了突出贡献。

中国白酒得以发展，还是新中国成立以后，在原先散、乱、小的基础上，开拓创业，历经了解放初期的恢复、中期的建设、改革开放以来的蓬勃发展3个不同阶段。50年的艰苦奋斗，一代又一代的酿酒人的智慧、心血融入其中，取得今日成果。

1 回顾

1.1 我国白酒的生产发展情况

1949年新中国成立时，我国白酒的产量只有10.8万吨，到1978年，我国白酒产量达到143.74万吨，比建国初期增长了近15倍。改革开放以后，我国开始由计划经济向社会主义市场经济转变，社会主义市场经济开始逐步完善与繁荣。20世纪80年代起，白酒的产量增长步伐加快，到1996年，即“九五”初期，我国白酒产量达到历史高峰，总量达到801.30万吨，是建国初期的80倍左右。“九五”以来，以适应国民经济建设的总体要求，并提高白酒行业的投入产出比和综合经济效益，国家对白酒行业制定了以调控和调整为基础的产业政策。此后几年，国家宏观政策的调控逐步凸现成效，产业政策的调整也见成果，白酒的产量逐步下降。

全国白酒产量 （万吨）

年份	产　量	年份	产　量
1949	10.8	1989	448.31
1975	127.10	1990	513.91
1978	143.74	1991	524.48
1979	187.28	1992	547.43
1980	215.28	1993	593.67
1981	245.72	1994	651.29
1982	253.29	1995	774.22
1983	290.17	1996	801.30
1984	317.10	1997	781.73
1985	337.96	1998	584.96
1986	350.77	1999	502.26
1987	431.03	2000	476.11
1988	468.54		

注：从1998年以后，国家对于产值在500万元以下的生产企业的产量不再进行统计，根据行业统计测算，产值在500万元以下的企业产量合计在120万吨左右。

从表中分析，我国白酒的产量在“五五”期间增长了69%，“六五”期间增长了57%，“七五”期间增长了52%，“八五”期间增长了50.6%，“九五”期间下降了23%左右。应该说，“九五”以前，中国白酒行业的发展相当快，几近失控，“九五”期间，国家的产业政策调控手段见效，产量才开始下降。

1.2 行业的经济效益情况

我国酿酒行业所创造的经济效益在食品工业中仅次于烟草行业，为国家财政积累资金做出了重要贡献。而在酒类产品中，白酒行业所创造的效益一直名列前茅。近几年我国白酒行业每年为国家创造税利120亿元左右，并带动了相关产业的发展。

在白酒产品中，高中低档次白酒的产量和利润分别呈“金字塔”和“倒金字塔”形。高档酒的比例较小，约为20%，但所创造的利润却最大，占50%多，中档白酒的比例和利润均约为35%；低档酒的比例最大，但是利润却是最小，企业主要是靠低档酒占领市场，创造品牌影响。

2000年白酒的销售收入比上一年增长了1.54%，但是税收却比上一年下降了2.03%，这应该引起重视，利润比上一年增长了4.8%，是值得高兴的现象。

1.3 白酒骨干企业的生产和效益

从白酒行业经济指标来看，我国白酒生产向着大型企业集中，前20位的骨干企业的销售收入占全行业的40%之多，利税占全行业的60%左右，产量约占全行业的30%。这说明，重点地区和重点企业是目前带动白酒发展的直接动力，另一方面标志着白酒行业内部整合力度加大，白酒企业的改组改造已成为白酒行业发展的主流。同时，我国白酒企业两极分化的程度进一步加大，强者愈强，弱者愈弱。

1.4 白酒的产品结构

新中国成立时，我国白酒产品主要以散白酒、简装白酒为主，大都是50度以上的高度酒。经过50多年的发展，我国人民的生活水平的稳步提高，科学技术的飞跃发展，白酒作为一种嗜好品，产品结构也有了较大的调整。

目前，我国白酒产品以降度酒为主流，且包装装潢水平相当精美。60度以上的高度白酒基本上已经看不见了，50～55度的白酒成为高度酒，40～49度的酒为降度酒，而39度以下的白酒为低度白酒，低度白酒的产量已经占我国白酒总产量的40%左右。

以食用酒精为酒基的液态法白酒取得了长足的发展，由于其出酒率高、生产效率高、经济效益好等优点，白酒企业不断发展与创新，使液态法白酒的产量在白酒中已占到55%以上。

各种香型的白酒也有了不同的发展。目前市场上浓香型白酒占70%左右，清香型白酒占15%左右，兼香、酱香、以及其他香型的白酒占15%左右。

2 现状

2.1 白酒行业的概况

据不完全统计，不包括家庭作坊式的生产，我国现有白酒企业3.7万余家，其中乡以上独立核算的白酒企业约4700家。国家统计局统计的年产品销售收入500万元以上的国有和非国有企业1999年为1334家，2000年为1182家。

至2000年底，白酒行业资产总计900余亿元，负债总计550亿元左右，应收帐款净额100亿元，流动资产平均余额480多亿元，流动资金周转天数107天。

2000年白酒工业年产值按1990年不变价计算为350亿元，当年价格550亿元。白酒企业生产规模年平均近200吨。

2000年白酒行业的总体情况是：产量为476.11万吨，比上一年稍有下降（国家统计局统计增长1.09%，实际是统计企业数量的变化）；销售收入为513.25亿元，比上一年增长1.54%；税金为84.25亿元，同比减少1.71亿元，下降了2%；利润总额43.27亿元，比上一年增加2亿元，增长4.8%；利税合计127.25亿元，居全国各酒种之首。

2.2 白酒行业的主要特征

2.2.1 我国白酒企业的生产呈现出规模化、工业化、多元化格局，白酒行业逐步走向规模经济效益。

“八五”以前，我国白酒企业规模小，生产较分散，手工作坊多，经过“九五”时期的发展，通过市场竞争的大浪淘沙，部分企业的规模日渐壮大，企业效益逐步提高，规模经济、多元化发展态势明显体现。

在规模发展的同时，一些有资本、市场销售好的名优白酒企业通过联营、收购、兼并等方式，对外实行资本扩张，进行资产重组；对内进行技术改造，扩大生产能力，组建了各种形式的白酒企业集团或有限责任公司。1999年，全国白酒产量达万吨的白酒企业近70家，其中产量在2万吨以上的白酒企业有30家。2000年，白酒年销售收入前50家白酒企业中，集团化企业22家，股份制企业8家。这些白酒企业集团利用主厂的资金、技术、管理、品牌优势，不断拓宽经营领域，逐步向其他领域或高新技术产业渗透，取得了优异的成绩。

2.2.2　白酒产品质量不断提高，新品牌不断涌现

随着机械化设备的运用，微机勾兑等技术的进入，白酒产品的质量不断得到提高。白酒中多种成分得到了有效的控制和合理的运用。为了适应市场竞争，白酒企业格外重视品牌的塑造和培养，注重产品的质量和开发，实施名牌战略，强化品牌策划。名优酒的数量呈现了快速增长的态势，新的品牌产品不断出现，并得到广大消费者的认可和喜爱。2000年，国家质量技术监督局对白酒产品进行质量抽查，白酒产品合格率达90%以上，大中型白酒企业的产品合格率在97%以上。

2.2.3　产品结构向低度化、多样化方向发展

减少白酒中酒精含量，已经成为白酒行业产品发展的重要方向。白酒产品中的酒精含量大幅度下降，目前白酒产品的酒精度已经普遍降低了10度以上，60度以上的高度酒已经不多见，50～55度的白酒成为高度酒，40～49度的酒为降度白酒，39度以下的低度白酒已占白酒总产量的40%左右。液态法白酒在白酒销售市场上的份额已超过55%以上，产品也开始向中高档转化。

随着白酒行业结构、产品结构的调整，白酒企业开发新产品的力度进一步加大。不同酒度、档次、包装、品牌的白酒极大地丰富了酒类市场。“八五”、“九五”计划中提倡的“纯净”型白酒，随着高科技的应用和白酒企业“产、学、研”的结合，“纯净”白酒已经问世，并在市场中受到好评。其极低的甲醇、杂醇油含量适应广大消费者文化、素质提高和卫生、安全、健康消费趋势，与世界烈性酒发展趋势相吻合，具有广阔的市场发展前景。

白酒的包装更是呈现多样化，各种瓶形、外包装的精致令消费者眼花缭乱，收藏新、特包装已经成为业内外人士的一种时尚。

2.2.4　大型白酒企业集团呈现跨行业发展趋势

为了提高效益、回避行业风险，白酒业除了向低度酒、葡萄酒、果露酒方面扩展外，许多大型企业集团根据自身的实际情况开始对房产、酒店、金融、印刷、饲料、医药等行业进行多元化经营，坚持“以酒为基础，综合发展”的经营方针，并取得了良好的经济和社会效益。

2.3　白酒行业存在的问题

2.3.1　白酒行业产品的生产能力大于市场需求，即产大于销，市场竞争激烈。

随着啤酒、葡萄酒、果酒类产品的发展，白酒的空间进一步缩小，当前的白酒生产能力已经是远远大于消费者的需求，导致市场竞争更加激烈，大部分白酒企业基本上处于微利状态。激烈竞争的结果是许多白酒企业开工不足、倒闭、破产、转产，当然还会产生许多不正当竞争手段。

2.3.2　小酒厂盲目发展，数量众多，企业结构严重不合理的情况仍然存在。

白酒企业一直是地方的财政支柱之一，在“投资小、见效快”的利益驱动下，仍有一些地方在新建、扩建白酒项目，数量多，规模小，产品供过于求，浪费较大。在全国近4万家白酒企业中，大部分为小型企业，全国白酒企业的平均年产量只有近200吨，企业结构尚不合理。

2.3.3　流通秩序混乱，假冒伪劣猖獗

一是不正当竞争问题突出。有的仿照名酒品牌包装，误导消费者；有的在包装里夹带5元甚至几十元人民币；有的仅靠大量广告提高知名度，大量购进散酒勾兑出售；有的地方各自制定规则，限制外地酒进入。二是仿冒活动十分猖獗。质量不符合标准，制假贩假，近几年全国发生的几起恶性假酒中毒事件，严重影响到了人民的身体健康和生命安全。

2.3.4　白酒企业集团化、规模化发展仍需引导

白酒企业多，平均规模小，资本分散，影响了整体水平的提高。但也有一些企业不顾自身现状，盲目单纯扩大生产能力，进行收购，兼并等，其他方面不能相互配套，最终导致失败。

2.3.5　整体装备水平仍然较低

白酒和其他酒种相比，存在装备水平低，技术进步缓慢的现象。不少白酒企业，设备老化，检测手段不齐全。除一些大中型企业外，其余多数企业仍是手工作坊式、粗放型生产。一些小型企业连最基本的进出厂的检测设备都不配备，产品质量得不到保障。

2.3.6　“三废”治理仍需加强

大、中型企业中采用固态法工艺生产的白酒糟的处理尚未很好的解决，特别是稻壳问题，很多企业未采取任何工业化处理措施，就直接排放或丢弃，对环境造成了严重的污染。

2.3.7　税收流失严重

一些生产企业，特别是小酒厂、批发商，零售商以瞒报产销量、不开或少开发票的方式偷税漏税；一些地方对乡镇企业和个体经营者实行定额税制，造成税收大量流失，同时也使企业之间竞争条件不平等；一些制假贩假者严重冲击了名优酒厂，造成名优酒厂

销售下降甚至滑坡，损害了名优酒企业的税源。

3 发展

今后，白酒工业将进一步落实国家关于“限制高度酒的发展，鼓励发酵酒和低度酒的发展，支持水果酒和非粮食原料酒的发展”的酒类发展产业政策，以“控制总量、调整结构、技术进步、提高质量、治理污染、增加效益”为指导思想，以调整白酒产品结构为主线，以改革开放和科技进步为动力，以满足人民生活水平日益提高中对白酒产品的需要为基本出发点，朝着优质、低度、多品种、低消耗、高效益、无污染的方向发展。

3.1 行业结构的调整

当前，我国白酒行业是产大于销、供过于求，市场竞争相当激烈，根据国家“十五”规划、食品行业“十五”规划和酿酒行业的“十五”规划的精神，我国白酒行业必须在控制总量上做好文章，使白酒的产量与消费者的需求相适应。

要达到这个目标，白酒行业当前必须尽快压缩过剩的生产能力，关闭无必要生产设备、产品质量无保证、偷税漏税的不合格企业，较大限度地减少我国白酒企业的数量。只有按照规划，坚决地进行整顿和规范，白酒行业才能最大限度地提高资源综合利用率和保证产品质量，提高全行业的经济效益和社会效益，才能为国家财政积累资金做出更大的贡献。

3.2 企业结构的调整

3.2.1 发展大、中型企业是白酒行业的必然趋势

国家统计局1999年统计的年销售收入500万元以上的国有及非国有白酒企业共计1334家中，大中型企业占22%，销售收入占了78%，利润总额占了96%。大、中型白酒企业以明显的优势主导着我国的白酒市场。

3.2.2 实行职工持股是国有白酒企业改革的重点

在1334家企业中，亏损企业有386个，占28.94%；295个大、中型企业中亏损企业有53个，占总统计企业数的3.97%；国有控股企业870个，亏损企业299个，占总统计企业的22.41%。从统计数据上看，全国白酒行业还有近1/3的企业步履艰难，困难重重，且亏损企业大多数又在国有控股企业中，这更说明国有企业改革的重要性。

3.2.3 不同所有制企业并存符合社会主义市场经济改革的方向

在坚持社会主义市场经济的条件下，继续保持国有、股份、集体所有制为主的酒类产业和企业结构。

3.3 产品结构的调整

3.3.1 传统白酒将进一步得到继承和发扬

采用传统固态法工艺生产的具有独特品格的传统名优酒，是我国独特的、流传几千年的文化遗产，因此，在今后的发展中，其精髓的文化内涵将继续保持，并将得到继承和发扬，同时其逐步实现生产方式与现代化技术的有机结合，也是历史发展的必然。

3.3.2 液态法和固液结合生产的白酒将进一步规范生产

以食用酒精为酒基的液态法白酒和以固液结合生产的白酒，是20世纪50、60年代顺应国家节约粮食、降低成本而诞生的，随着行业的发展，其在数量上的主体地位将得到巩固和进一步发展，但有关液态法、固液结合白酒产品标准的修、制订和严格管理，需要加以改进和完善，以进一步提高产品质量。凡是与市场经济、国际惯例不相适应的，都要做相应的修改，必须做到让消费者“明明白白消费”。

3.3.3 净爽类白酒与世界烈性酒发展趋势吻合

低酸、低酯、低甲醇、低杂醇油的净爽类白酒和为适应农业产业化要求而利用苹果、山楂等水果做原料研究开发的新风格、新口味的水果发酵、蒸馏白酒，作为新的白酒品种，是白酒行业发展的增长点，其适应广大消费者文化、素质的提高和卫生、安全、健康的消费趋势，与世界烈性酒的发展趋势吻合，必将有一定的市场发展前景，并逐步得到白酒消费者的认同。

3.3.4 白酒产品将“百花齐放”

坚持多品种的方向，为白酒产品风格“百花齐放”创造条件，突出不同白酒的产品“个性”特征，满足不同嗜好消费倾向的要求，以多品种、多花色形式丰富市场。

3.4 高新技术的应用

3.4.1 建立严格的科学理论体系

引导白酒行业全面从以经验感性认识指导生产，向以科学理论为基础组织生产转变。

3.4.2 推进白酒的机械化、自动化生产

在原料处理加工、原酒储存、勾兑调配、产品包装等工段进一步向机械化、大型化、计算机辅助控制等方面发展的基础上，争取在发酵、蒸馏机理和装备上取得突破性进步，促使白酒企业整体向机械化、自动化、现代化发展。用现代化技术改造白酒工艺过程中各生产单元的传统作坊模式，可以使职工彻底从手工劳动生产方式中解脱，全面提高企业的生产效率和效益。

3.4.3 把现代生物工程技术引入传统白酒生产之中

进一步深入微生物菌种和生产工艺条件与产品风

味物质形成之间机理的研究，把现代生物工程技术引入传统白酒生产之中，为实现对发酵过程的有效调控奠定基础。现介入生物技术的白酒企业已有11个。

3.5 酒业人才的培养

3.5.1 加快和健全酿酒师的培训与考试体系

酿酒师是在酿酒企业进行产品研制、开发设计、生产包装、质量检验和销售服务等方面的技术骨干，在质量岗位以及管理工作岗位起着决定性作用，是实施质量策划、质量控制、质量保证和质量改进、通晓管理和技术的专门人才。酿酒师负责对影响产品质量的各个环节、各因素制订计划和程序，建立质量控制标准，在实施过程中进行连续评价、验证和分析，对异常情况进行处置并采取纠正措施；负责开展企业职工的酿酒技术培训教育工作；协助企业领导制订和实施质量方针。

建立酿酒师专业技术资格考试制度是提高酿酒产品质量的重要保证。在国外，酿酒专业技术人员有专门的技术职称，通过教育和酿酒专业人员考试注册制度来取得的。我国加入WTO后，酿酒产品质量和酿酒技术人才都面临国际的竞争。国际上通行的酿酒师专业人员考试注册制度将会引入我国，酿酒师专业人员将面临竞争。

3.5.2 实施酿酒工人职业技能鉴定

企业工人通过国家统一组织的职业技能鉴定考试，取得《职业资格证书》，才能从事相应的技术工种。《职业资格证书》是劳动者职业技能水平的凭证，是求职、任职的主要依据，也是劳动者境外就业、劳务输出进行技能水平公证的有效证件。

根据中共中央《关于深入教育改革全面推动素质教育的决定》在全社会实行学业证书、职业资格证书并重的制度、劳动和社会保障部《轻工行业特有工种职业技能鉴定实施办法》和国家轻工业局“国轻人[2000] 382号”文件精神，中国酿酒工业协会于2000年11月20日成立了“酿酒职业技能鉴定领导小组”，目前，酿酒职业技能鉴定领导小组正在进行相关标准的制订工作，全行业的职业技能鉴定工作即将全面展开。

3.6 依法治酒，建立一种全新的酒类产销管理模式，引导白酒行业健康发展

建立适应市场经济体制的酒类管理体系，是保证围绕酒类行业的各种方针、政策、措施落实的根本。经多次调研及多方研究论证，现国家各相关综合部门、职能部门和行业专家、学者及企业管理人员，对白酒行业发展中的问题、产生的根源、解决方针已基本达成共识。

3.6.1 加快国家立法进度、依法治酒，克服地方保护、市场封锁

1990年，国务院副总理田纪云主持的129次总理办公会作出了对酒类产销实行法制管理的决定，由国务院法制局牵头，会同轻工业部、商业部等部门共同起草《中华人民共和国酒类管理条例》，后因各种原因搁置；1996年国家经贸委组织有关部门调研，给国务院上报了调研报告；1997年，按照国务院领导的批示，国家经贸委下发了《关于加强酒类产销管理有关问题的通知》，建立有18个部委参加的酒类产销联席会议制度，负责制定法规和管理协调；1998年，全国政协牵头组织有关部门又对酒类产销进行了调研；2000年，国家体改办又组织了白酒行业各有关省市行业管理部门和骨干企业的座谈会。由于国家统一的规定一直没有出台，地方的规定又不一致，因此，实际工作中往往是责任不落实、管理不到位、缺乏统一协调、执法力度不够，致使酒类的产销管理存在诸多问题，各方面对酒类立法的呼声愈来愈强烈。国家尽快进行酒类立法已成为当务之急。

酒类产销目前的地方保护、地区封锁在一些地方愈演愈烈，这与完善社会主义市场秩序完全背离。2001年4月，全国整顿和规范市场经济秩序工作会议召开，把打破地区封锁和部门、行业垄断作为当前的工作重点来抓，对于酒类行业打破地区封锁，进行公平竞争将会创造良好的经济秩序。

3.6.2 建立以特许经营为基础的酒类管理制度，全面清理整顿，压缩过大的生产能力，提高资源利用率和行业效益

所谓特许经营，就是实行国际通行的严格的许可证管理，将酒类产品区别于其他生活消费品，建立特殊的酒类管理体系，由国家对酒类产销实行准入制度，由专门的酒类管理部门认定资格，发放生产、批发、零售、运输经营许可证。实行许可证管理是对企业资格和行为的管理，是全行业管理，不限制身份，任何经济成分的企业只要具备资格就可以进入酒行业，在市场上平等竞争。

要达到监管的目的，就必须有一个专门的机构实施管理和监督执法。由这个酒类管理部门实施许可证管理，首先是资格管理，要求企业必须在资金、技术、人员、场地等方面具有一定的条件，在规模、工艺质量、环保和管理等方面达到一定标准；其次是行为规范，要

求企业的生产、批发、运输和管理等方面的行为必须符合规范，必须按章纳税。凡在资格和行为上达不到要求或标准降低，就要通过行政和法律的手段进行处罚或行业禁入。只有这样，才能淘汰过剩的生产能力，才能最大的提高资源利用率和行业效益。

3.6.3 加强税收征管，发挥经济政策的调节作用，以利于优胜劣汰

税收征管，可以对管理规范、规模较大、效益好的企业产生促进作用，但是对大多数还是小型企业的白酒行业来说，税收征管的力度只会被这样无序的小企业"化解"，最终还是达不到管理的目的。因此，要达到目的，还是需要有一个专门的部门进行管理，严格准入条件，使那些效益差、管理不规范的小企业在市场经济中自然淘汰，同时配合税收部门做好管理监督工作，使酒类行业这一可以也应该为国家财政积累资金的行业做出更大的贡献。

3.6.4 加强行业管理

充分发挥行业协会的职能，加强政府与企业间的沟通，以及国内外的信息和技术方面的交流。

（原载于《酿酒科技》2001 年第 5 期）

我国新型白酒生产技术的发展

沈怡方

（中国白酒协会 北京 100007）

1 回顾

白酒传统生产工艺采用大曲或小曲为糖化发酵剂，进行固态或半固态发酵酿酒。由于这类糖化发酵剂都是依靠自然界微生物进行扩大培养而成，因此，糖化及发酵力均较低，导致原料出酒率低，耗粮大。建国初期为了节约粮食，改造传统生产工艺势在必行。

1955 年轻工业部组织大力推广纯菌种培养的麸曲法白酒，以此替代大曲普通白酒的生产，即烟台操作法，出酒率提高 10%以上，在节粮上取得了明显的效果。

1956 年国务院科学规划委员会组织编制"1956～1967 年科学技术发展远景规划纲要"，由轻工业部提出的酒精改制白酒项目被列入"纲要"，随后在 1963～1972 年国家科委关于酿酒工业及其装备技术政策的若干规定《草案》中明确指出"今后十年内，白酒的生产工艺，应以液态发酵为发展方向"。

据此北京等地作了初步探索，有的厂采用酒精、香精、糖精加水配制成白酒，投放市场，由于对传统白酒的香气成分不清楚，产品质量当然很不理想。1964 年北京酿酒厂吸取董酒串香工艺的经验，将麸曲酒醅加少量大曲发酵 30 天作为香醅装甑，将酒精适当稀释后放入底锅进行再蒸馏，俗称串香法，产品具固态法白酒风格，获得成功。随后在北方有关省、区相继学习采用。内蒙古在包头酒厂组织了试点，对其工艺条件进一步作了对比，得出以粮食为原料的麸曲香醅酒精串香酒质量优于二锅头。

1965 年全国白酒专业会议在烟台召开，根据轻工业部（65）轻食 30 号文的要求，部发酵所及内蒙包头试点组、北京酿酒厂等单位在会上进行了交流介绍，在会议总结中指出"新工艺白酒是一项重要的技术革新，用酒精经串香或浸香法生产的新工艺白酒综合了液态发酵出酒率高和固态发酵产生香味的优点，所以酒的质量较好"。当时在会上有 24 个样品，经品评一致认为河南宝丰白酒、河北沙城三为川白酒、黑龙江玉泉的玉露烧、广东普宁的二粮酒等酒精味及杂味极小，较不清蒸的瓜干酒及糖蜜白酒都好。会后，在山东临沂酒厂由轻工业部发酵所牵头组织的山东、江苏、河南、安徽、山西和北京五省市试点，以瓜干为原料，麸曲酒母为糖化发酵剂，用 10%瓜干原料进行固态发酵制香醅，90%的瓜干原料采用液态发酵制酒精。而后进行串香蒸馏，并就不同质量的瓜干酒精、香醅发酵、串香条件（酒醅比、酒精稀释度、蒸馏速度及温度等）进行了试验，历时 5 个月，获得了提质降耗的良好结果。为了鼓励支持这次新工艺白酒的发展，采用新工艺生产的坊子白酒于 1979 年在全国第三届评酒会上获得国家优质酒的称号。1965 年轻工业部还曾将串香白酒列为支农产品之一。

临沂试点以后，山东省大力组织推广新工艺白酒生产，以改善固态发酵的瓜干酒质量，省轻工厅要求各厂技术改造以达全部使用串香法。香醅发酵不得低于15天，串香醅酒比为4∶1。在1972年全省评酒会上评定的12个一类酒产品，其中10个是串香白酒，坊子及龙口白酒质量尤为突出。

广东省通过生产实践总结了液态发酵酿酒，酒精除杂脱臭，覆盖串香或补以调香的工艺路线，对代用料（龙眼核、荔枝核等）或野生植物为原料酿酒是行之有效的技术措施，产品质量纯正，能达到普通白酒的水平。其中顺德二曲、吴川二曲名列前茅。

串香法生产普通白酒在全国部分省、市、区得到了推广应用，为了提高产品质量，一方面，强化固态发酵的香醅生产工艺；同时，在酒精使用前用活性炭或高锰酸钾加以处理，再放入底锅复蒸串香醅。串香酒和固态发酵的普通白酒相比，质量更优，主要反映在酒质较纯净，糠杂味甚小。但其不足点是酒精复蒸时有损耗，高者达10%。一般损耗在2%左右。

为了减少酒精损耗，1975年内蒙古包头试点组提出了选用优质酒精直接勾兑固态发酵优质白酒尾酒生产普通白酒的方法。黑龙江省同时获得试验成功。主管部门曾规定省内优质酒厂配额供应优质酒精生产普通白酒的举措。

1962年吉林王献炬、王敬研制的JBZ—A型白酒薄层串蒸蒸馏器，采用了酒精直接汽化后与生产蒸汽混合进行串蒸，从而可以调整和控制串蒸酒精蒸汽的浓度，实施恒压串蒸，以达到最佳的蒸馏效果，使酒损降低到1%以下，减少固态酒醅用量50%以上。采用固、液结合的串香蒸馏是一项先进技术。液态发酵生产优质酒精，生产效率高、耗粮低、除杂尽。增香味采用传统固态发酵的工艺可生产出优质白酒。分别发酵、蒸馏合一是其特色。尽管如此，但有人还觉得保留这一小部分的固态发酵不尽人意，试图彻底排除固态发酵。于是在1969年，江苏省昆山酒厂采用液态发酵釜式蒸馏生产白酒（俗称一步法白酒），实际上相似于初期的粗馏酒精生产。由于文革期间，主管部门瘫痪，一时间曾在全国盲目风行推广。由于其发酵及蒸馏状态和固态发酵完全不同，因此产品风味质量相差很大，消费者难以接受。同时受设备条件所限，生产厂时而出现污染乳酸菌严重，导致异常发酵，成品酒冲鼻辣眼刺激性强，真是催人泪下！在缺乏生产技术研究的前提下盲目上马推广，这是液态法发展过程中的一段弯路。

面对现实生产，1973年辽宁金县试点提出了“液态除杂，固态增香，固液勾兑”的工艺路线。将瓜干原料经液态发酵蒸馏出精馏酒后，采取复馏排除酒头及酒尾杂质，收集中间馏分作为基质酒；复馏酒头中醛含量为粗馏酒的9倍，复馏酒尾中的杂醇油为粗馏酒的1.74倍，为复馏酒的4倍多。粗馏酒经复馏后，酸、酯、甲醇、杂醇油都有降低，品尝其杂味小于粗馏酒。另外取高粱糠原料进行固态发酵，采用麸曲加生香酵母、清蒸混入、下窖发酵。并用糟醅加麸曲1%～2%，含酒精30%（v/v）的酒尾3%～5%，使醅含酒精1%左右，接种3%固体生香酵母，拌匀，在甑房就地堆积培养12～20小时，控制温度在32～36℃做成酯香醅。蒸馏时，除扔糟外每甑装入出窖大糙酒醅2/3的量，装入酯香醅1/3的量，进行缓慢蒸馏，此为香料酒，将复馏酒加水调至60度，加入10%香料酒，并加入适量的酒尾或乙酸贮存10天后为产品。

1975～1978年轻工业部将“提高液态发酵白酒质量研究”项目下达给内蒙古轻工科学研究所。经过4年的研究，对一步法的生产工艺提出了细料常压糊化；以糟代水，合理配料；二次加曲，边糖化边发酵；添加己酸发酵液共酵增长；低温入池，适当延长发酵期；回酒精降低高级醇及改进釜式蒸馏等一系列技术措施。消除了使以粮食为原料的酿制酒中的焦糊气味，增长香气，口味改善；以瓜干为原料的瓜干原料味减轻，香味增长。产品基本达到普通白酒质量水平，但仍然差于传统固态发酵酿酒的风味。同时明确了异常发酵生产出的白酒主体成分是丙烯醛及丙烯醇，主要是麸曲感染乳酸菌所致。

在该项目研究中比生产工艺取得更大成就的是分析及微生物部分。在国内首次提出了能广泛用于工厂生产的白酒香气成分酸、酯、醇等组分定量的气相色谱分析方法。特别是DNP混合柱，一直沿用至今，分析了大量酒样（各种香型酒约100余种）。从而明确了我国白酒的香气成分与世界蒸馏酒的差异点；各香型酒的不同以及固态发酵与液态发酵酒的差异所在。在微生物方面主要从各酒厂的老窖泥中开辟了己酸菌的分离方法，从五粮液酒厂窖泥中分离得到的内蒙30#菌种；进而对于己酸菌的培养条件及方法，产酸及应用于液态及固态发酵酒中产生己酸乙酯香气进行了广泛的生产试验，为以后提高浓香型白酒的质量打下了基础。这项基础研究的成果，不仅密切配合了提高液体发酵白酒质量的研究课题，而且影响到白酒全行业。

1977～1978 年黑龙江省轻工业研究所在一面坡酒厂以玉米为原料、已酸菌和生香酵母发酵增香、复合式蒸馏设备提香排杂的工艺路线试验取得成功，成品酒达到普通白酒水平。

2 现状

20 世纪 80 年代末期，1987 年轻工业部在山东召开了食用酒精座谈会。1989 年国家颁布了食用酒精标准（GB10343—89）。酒精厂纷纷响应，从改造蒸馏塔入手，提高酒精质量。这为进一步鼓励发展液态发酵法生产白酒奠定了基础。至今，以食用酒精为主，辅以固态发酵的酒头、酒尾、香糟、黄水或优质白酒生产的新工艺白酒，已经从普通白酒提高为优质中档白酒的水平，甚至有向更高档冲击之势。有人称此类产品为二优合一（优质食用酒精和固态发酵优质白酒）。这类产品主要是浓香型白酒，在市场上甚多已广为消费者所接受。这是白酒工业技术进步的体现。其发展势头快的原因在于：

2.1 生产技术方面已具备条件

2.1.1 优质食用酒精的生产技术改造已经完成，已具备大量生产的条件。生产实践证明，食用酒精质量愈优，则为生产中、高档白酒的基础条件愈优，从而促使酒精生产厂向高质产品发展，以利其市场竞争。

2.1.2 传统固态发酵技术的科学总结，发展较快，尤其是浓香型白酒。如优质窖泥培养；已酸菌、甲烷菌的共酵技术；酯化菌的分离、培养及应用；高酸、高淀发酵；合理的延长发酵期；蒸馏除杂技术等等。

2.1.3 气相色谱分析白酒香气成分的普及和勾兑技术的结合；勾兑从经验向理论提升，反过来又指导实践。

2.1.4 为白酒行业服务的配套原材料及设备厂的出现与完善，诸如产品质量好的白酒香料厂、活性炭厂、水处理设备、低度除浊过滤设备厂等。

2.2 国家宏观控制及市场消费变化的需要

2.2.1 白酒目前生产是耗粮高的农产品加工业。我国是一个人口众多的大国，因此，粮食问题将在相当长的历史时期中仍然是个首要问题，节约用粮是头等大事。采用传统生产白酒的方法，以酒度 38%（v/v）计，吨酒耗粮约需 1.46 吨，若改用食用酒精为原料则吨酒耗粮下降为 0.8 吨，如果固液比的白酒采用 3:7 则吨酒耗粮为 0.998 吨。因此积极采用食用酒精生产白酒是节粮的重大措施，是国家宏观控制的要求。

2.2.2 近年来，随着人民生活水平的提高，消费习惯也随之变迁。尤其在城市人口中愿意喝平顺、酒体净爽的低度酒的人愈来愈多，北京、黑龙江城调大队的市场调查都显示了这一倾向，而采用固液结合的新型白酒确能满足消费的需要。

2.2.3 生产企业积极性高，这类产品技术含量高，但生产工艺较简便，成本低，产量大，容易形成集团化生产。中低档的产品质量又优于劳动强度大的固态发酵法，风味质量比较稳定，有利于参与市场竞争。

3. 存在问题

3.1 对于食用酒精的认识缺乏宣传

目前从生产企业到消费者对食用酒精的认识存在着极大的误区。有人往往把科学地应用食用酒精勾兑白酒误认为是降低质量、谋取暴利、制造假酒等不良倾向。这就需要加强宣传力度，逐步加以纠正。

3.2 需要修订一些产品标准或制订新型白酒的标准，以使这类产品更为规范化生产

应该看到，一项新工艺、新技术的出现与采用，对于白酒这个古老而后进的手工生产传统行业来讲更为艰难。对于我们的生产者来说，要清楚地告诉他们，科学技术发展到 20 世纪 90 年代，采用食用酒精勾兑白酒是提高质量、降低成本的有效方法，是技术进步的结果，更是国家的需要、市场竞争的需要。对于消费者来讲，是优质价廉，有利于健康的好产品。依我之见，今后白酒行业的生产方式，除少数国家名优酒应以传统生产工艺组织生产外，采用固液结合的生产工艺将是市场份额上占主导地位的产品。

（原载于《酿酒科技》2000 年第 4 期）

中国乳业发展趋势

王效军

(利乐中国有限公司资源市场开发部)

1　中国原奶的产量及分布状况

乳业的发展必定受到其产业发展的影响。在探讨中国乳业发展的同时，应首先关注中国原奶的状况。在过去10年中，中国原奶的发展较为迅猛，最高年份增长为10.5%。但由于近年来乳制品市场的快速增长，预计在未来的5～10年中，中国原奶的增长幅度仍无法满足乳品市场的需要。此外，中国82%的原奶产于中国的北部及西部地区，此地区所分布的人口仅为中国的29%；而另外18%原奶产于中国东部及南部地区，这些地区所分布的人口为71%，同时中国最具消费能力的人口也出自这些地区。

2　中国乳业的成长

在过去5年中，中国乳业的增长极为迅猛，其平均增长率为15%，其中液态奶的平均市场增长率为30%左右。2000年主要液态奶企业的销售额比去年增长30%。液态奶的迅猛增长来源于如下的4大推动力量：

2.1　WTO给中国乳业带来巨大的挑战与机会

中国乳业与其他行业一样面临入关后带来的全面开放竞争的挑战。对于乳业，国外乳业以其具有竞争力的奶粉价格及充足的供货量首先对工业用奶粉产生竞争。中国乳业需快速成长并占领液态奶的市场，以保护自己的市场。

2.2　现代零售业态的出现带来中国零售系统的结构变化

现代零售业态主要指代卖场、连锁超市及便利店。此类售点无论在数量还是规模上的均在迅猛发展。因此具有成熟品牌的乳制品伴随现代零售点的发展可以更加快速地进入更多的市场。此外，由于现代零售店均具有冷藏区域，纸盒装巴氏消毒奶也顺势在中国市场得以发展。现代零售业态的出现给液态乳制品配销渠道的格局带来的影响为：液态乳制品在现代零售渠道的配销比例逐渐上升，在传统零售渠道的比例不断下降。同时专门的液态乳制品的配送渠道，如送奶上门，社区奶站，由于其广布于社区、靠近消费者的售点及方便的服务而越来越受到乳制品企业的重视。

2.3　东部沿海市场的迅速增长吸引北方乳制品向其自然流动

中国传统的大型乳品企业多位于中国的西部和北部，并以奶粉为传统优势产品，其当地市场消费者对液态奶的消费需求极小；而东部沿海地区的消费需求高于内地，其当地缺少质优价廉的液态奶产品的充足供应。此形式吸引传统的大型奶粉企业开发东部沿海市场。同时，超高温无菌包装的产品是顺应中国沿海及东部市场发展需求的最佳选择。

2.4　消费者收入提高并更加关注健康

随着中国整体经济水平的提高，我国政府更加重视国民身体素质的提高。而饮用牛奶是保证国民身体素质的最廉价、便捷的方法。近几年里，中央政府通过各种媒体大力宣传“牛奶革命”，提示消费者为民族的强壮每天加喝一杯牛奶。同时，随着消费者收入的提高，消费者更加关注自身健康，更多的人开始建立每日饮用牛奶的好习惯。大众市场的消费者在需求“物有所值”产品的同时，也开始关注包装的质量和安全性。而城市中较高收入的消费者则在追求品牌的同时，对液体乳制品的种类有更细分化的要求，如高钙配方、低脂配方和不同年龄段的儿童配方乳制品等。

3　中国乳品企业分类及发展战略

中国的乳品企业可分为5大类，即奶源带乳业，大都市乳业，中小城市乳业，新兴乳业及国外乳业。现就前4种乳业的企业特性及发展战略作粗浅的研究。

3.1　奶源带乳业。即传统的大型奶粉生产企业。它们最大优势是奶源充足且质优价平。但由于其为传统的奶粉生产企业，在液态奶的销售中所面临的挑战为：由于长期以来使用批发商进行，因此缺乏对外地市场及消费者的了解。由于产品需要长途运输，对运输系统及仓储的管理，确定其产品到目的地后，是否能继续保持价格上的竞争优势及理想中的利润。

3.2 大都市乳业。具有较丰富的乳业经营经验。奶源质量优且产地集中。其产品品牌经过十几或几十年的经营在当地及周边地区具有较高知名度。其本地市场也具有较完善的配送及零售网络。大都市乳业要寻求长期稳固的发展，首先要获取数量更多且价格有竞争力的奶源。此外在用巴氏产品稳固其本地市场的同时，应快速建立全国性的配销网络，利用常温长保鲜产品进行外地市场的扩张。

3.3 中小型城市乳业。其品牌在当地具有较高知名度并在本地拥有一定数量的消费者，具有较成型的传统销售渠道。但其面临的问题是：奶源不足，且分布较分散，影响其发展规模；同时当地的现代零售业发展较缓慢，对新产品的发展推动力有限。如继续发展企业规模需开发常温短保鲜期产品，稳固本地市场；同时开发常温长保鲜及短保鲜期产品进入广阔的周边市场。此外，利用本地企业及品牌的优势拓展并建立送货上门的网络，方便消费者购买，并建立消费者的品牌忠诚度。

3.4 新兴乳业。即传统上非经营乳制品的企业开始进入乳制品行业。目前多为已成功建立全国品牌知名度的食品及饮料企业。此外，近来又有相当数量的非食品及饮料企业计划进入乳制品行业。这一朝阳产业正以其勃勃生机吸引大量行业外资金的加入，极大加速了我国乳品业的发展。新兴乳业的优势在于具有全国知名的饮料或食品品牌、辐射全国的配销网络、丰富的零售点管理经验及强大的运作资金。但此类企业要获得成功所面临的首要挑战是如何建立可靠的奶源供给系统。同时要使其原有的饮料或食品品牌也成为消费者可能信赖的乳品品牌。乳品行业的专业技术知识的掌握也非常重要。此外，其原有的饮料或食品配送网络并不可以原封不动照搬来进入液体乳制品的销售。因此，在其快速借助其现有的现代零售配销渠道进行快速铺货的同时，要建立用于液体乳制品销售的特殊网络。

综上所述，笔者认为，各乳品企业应基于中国乳业发展的大趋势及各自企业的历史及优劣势，来确定自身的位置，确立正确的目标及企业的发展策略，从而使企业永远立于不败之地。

（原载于《中国乳品工业》2001 年第 1 期）

我国调味品的现状和发展战略

励建荣

（杭州商学院食品科学与工程系　杭州　310035）

1 调味品行业的现状和趋势

中国有句老话“开门七件事，柴、米、油、盐、酱、醋、茶”。说起油盐酱醋这些调味品，虽然家家过日子天天离不了，但以往在人们的眼里，即只是微不足道的小商品。可是小商品大市场，1999 年，我国酱油年产量达 500 万吨以上，食醋产量 220 万吨，酱类 60 余万吨，酱腌菜 250 万吨，复合调味料 100 万吨。近年来上述产品的年增长率均达到 10%；其中新型复合调味料年增长 20%。

我国的调味品市场正逐步走向繁荣，呈现出“百花齐放、百家争鸣”的新局面，同时涌现出一批名牌企业和名牌产品。如北京的“金狮”、上海的“海鸥”、石家庄的“珍极”、江苏的“恒顺”、广东的“致美斋”、“海天”等。名牌产品正日益受到消费者的欢迎，市场占有率逐步扩大。

当前，我国传统调味品趋向于卫生、适口、高档化，新型调味品呈现方便、营养、多品种。新型调味品、天然调味品、复合调味品和方便调料的发展将成为调味品行业新的经济增长点。酱油、醋、酱、腐乳、味精等传统调味品的品种增长有限，而新型调味新品种层出不穷，产品结构调整明显。未来调味品的开发应重点向以下 10 个方面发展：高档传统调味品；方便面调料和汤料；复合调味料；快餐食品调料；加工肉类、鱼类、海鲜食品调料；各种小食品调料；速冻食品调料；西餐方便调料；新型味精；各种调味用的食品添加剂及食品配料。

多样化的产品适合不同地区、不同阶层的消费者的消费习惯。如加碘、加锌、加钙的复合营养盐，适应了不同人群的特殊需要；饺子醋、凉拌醋、黑米醋、薏米醋等丰富了人们的饮食。

随着人民生活节奏的加快，人们迫切需要集多种调味作用于一体的复合调料。例如，用于拌菜、拌面、烹虾、炸鸡的调料；烹饪八大菜系名肴的调料；各种酱、汁、粉等形态的多用途调料，用起来十分方便。同时，鉴于家庭炊具的加快发展，微波炉、烤箱食品用的调味品也受到欢迎。

高档调味品不仅要有优良的品质，而且还要有高档次的包装。在今后的调味品生产中，只有高质量的产品才能真正占有市场，参与市场竞争。随着人民生活水平的提高，人们对包装的要求也越来越高。包装漂亮、古朴典雅，不仅增加了对消费者的吸引力，而且可将产品作为一种极富新意的馈赠礼品。同时，精致的小包装调味品也将有较大的发展，这些产品的包装材质不同、形式不同，大小规格各异，既可家用，也可在出差、旅游、野餐时调味用。

消费者越来越重视调味品对人体健康的影响。要改变我国酿造调味品食盐量过高的状况，加强对低盐、浅色及一部分无盐调味品的生产。为满足老人、妇女、儿童的营养需要，应充分利用相应的天然食物，如黑米、薏米、黑豆、食用菌类等，分别生产出含各种维生素、矿物质等不同营养成分的调味品。我国有着悠久的药膳历史，调味常用的花椒、砂仁、豆蔻、大料、桂皮、茴香等，既是调味品，又是中药，因此，药膳调味品将会受到越来越多的消费者青睐，从而为调味品开拓出更广阔的市场。

2 调味品中的添加剂

传统的酱油、食醋调味品是由粮食经自然发酵而生产的，发酵时间长，短则半年，长则一年以上。在长时间的自然发酵中，吸收了自然界中的多菌种共同发酵，口味丰富、香味浓郁。现在，人工培育的纯种发酵代替了自然的多菌种发酵，生产周期缩短了，产量有了大幅度的提高，但风味和多菌种联合发酵的自然发酵法有相当的距离。经历了三年自然灾害以后，为节约粮食，我国用豆饼、麸皮等粮食副产品代替了大部分粮食作为制造酱油、食醋的制造原料，经过一次处理后的粮食副产品，其中可供发酵的营养成分趋于单调，口味和采用粮食发酵制造的调味品又有了一定的距离。

我国的酿造行业为了适应社会发展的需要，纷纷调整发展方向，努力发挥调味品调出美味佳肴的基本作用，在增进酱油、食醋的风味方面作了一系列的工作。

目前，我国在生产发酵酱油、食醋的过程中，一般采取以下方法来提高风味。其一，恢复用粮食原料作为酱油、食醋的生产原料，增加发酵的营养基质。其二，添加酵母等菌种联合发酵，增加风味。其三，延长发酵时间，增加后熟发酵时间来增强风味。同时，也采取在发酵好的调味品中添加适当的调味剂来调节风味，满足消费者的需要。国外在调味品中常用的添加剂有饴糖、葡萄糖、转化糖、低聚糖、谷氨酸、核酸、肌苷酸、琥珀酸、柠檬酸、醋酸、苹果汁、苹果醋、酵母膏、香精香料等30多种。可见，通过添加调味剂来改进和完善调味品的风味也是一种国际趋势。

目前，我国的调味品中的添加物一般分为增甜类、增酸类、增鲜类、增香类、增色类、增稠类和防腐类等，如在发酵后的原调味成品中进行添加，添加物的比例较小，基本符合各项国家规定的标准要求，但在以配兑为主的调味品中，要注意防止增鲜类中的植物蛋白水解液中的氯丙醇含量过高和增色类中的焦糖色素中的铵盐含量过高，假如氯丙醇、铵盐含量过高，对人体健康将构成一定的危害。目前新的调味品行业标准和建议修订的调味品卫生标准，将会涉及配制调味品的定义和氯丙醇、铵盐的限制指标。

3 调味品生产企业如何在生存中求发展

3.1 转变观念把市场做大

扩大生产规模，打破地域限制，把品牌推向全国，这一思路应成为公司领导者生产经营的目标。副食品，尤其是调味品，过去传统的做法，一般都是地产地销，小打小闹，生意也难做大，难以在外地打开市场。但调味品在中国人的饮食结构中占有重要位置，虽然因为地理文化差异各地的口味不同，吃法和做法不同，但一些基本调味品永远是必不可少的。既然味精可以打破地产地销的束缚，其他调味品在解决诸如交通、保质期等问题后，可以推向全国。关键是要树立大工业、大市场的观念，树立品牌意识。要想在中国调味品树立起自己的品牌，提高市场占有率，首先要提高品牌的知名度，在中国消费者心目中树起名牌形象，在获取经济效益的同时，提高“品牌”这一无形资产的价值。

3.2 技术创新积极开发新产品

积极应用生物工程技术，开发新原料、新产品，利用各种添加剂、香料开发出前所未有的风味，独特的调味品。

3.3 产品入手导入CI策略

大概是传统的手工作坊式的生产方式，使调味品的过去大都是以简易粗糙的面貌进入市场的。所以有志向的企业要以现代的运营模式塑起现代企业的形象。先从产品形象入手，彻底改变调味品几十年不变的外包装形象。因为良好的产品形象带来的将是企业的形象与信誉，是企业在市场竞争中综合实力的反映，同时又是企业获取更多无形资产的“敲门砖”，它是企业开拓市场、占领市场的必不可少的条件。公司必须在产品形象的系统性和唯一性上下大力气，使它的每一种产品都以统一的品牌出现。因为现代企业的经营目标不仅是卖产品，更是卖品牌。

为此，公司应投放大量资金，聘请专门的设计公司，设计包括产品外包装在内的整个识别系统。CI策略的运用可为产品上档次、易识别、独特性奠定良好基础。力求各个系列产品的包装风格独特，简洁明白，指向性明显，消费者易于识别。上档次的包装为产品适应市场、打开销路创造了先决条件。

3.4 广告开路把营销网络铺开

现代企业的营销策略之一便是广告宣传。要造就一个全国知名的品牌，必须加大广告宣传的力度。公司通过加入国际互联网，利用促销、海报、电视和电台广告等多种形多向社会公众传递企业信息，提高产品的知名度。

既然要打破地域观念，就要突破老的销售渠道，建立起适应市场经济的营销机制。公司一方面要在各地招聘高级营销人员，建立起一支较高素质的营销队伍，积极开展市场调查和各类信息收集工作，并据此制定生产计划，打出适销对路的产品。另一方面，公司应建立起全国销售网络，与地方经销商建立起利益共同体，与他们共谋发展，共同规范市场行为，使工贸双方形成一个共同促进市场发展的整体。

（原载于《中国调味品》2001 年第 1 期）

调味品市场的现状及发展趋势

林家莲　周凌霄

（杭州商学院食品科学与工程系　杭州　310035）

我国是一个具有悠久饮食文化的文明古国，早在三千年前就有了“五味”之说。在长达三千年的历史发展过程中，劳动人民在原始调味品和酿造调味品的加工制造技术方面，积累了丰富的经验。随着人民生活水平的不断提高和科学技术的不断发展，调味品正逐渐成为食品工业中的重要组成部分，而且正以前所未有的速度向前发展，并取得了巨大的成绩。回顾建国以来我国的调味品行业，从一家一户的手工小作坊形式开始，通过采用新技术、新工艺和新设备，开发新原料，创造新产品，以科学和严格的生产管理，保证产品质量，在增加新品种的同时，使生产达到机械化和规模化，先后创造出许多国内和国际知名品牌，并使我国的调味品工业走出国门，走向世界。

1 我国调味品市场的现状

近年来，我国的调味品市场已形成三足鼎立之势，一是国有企业占据主渠道。随着国有企业的改革，基本形成了名牌优势和集团优势，如“金狮”、“六必居”、“海鸥”、“海天”、“恒顺”、“珍极”和“正阳河”等酱油、醋、酱及酱菜；二是中外、中台和中港合资企业，以资金和品牌优势占据了一定的市场，如“和田宽”、“李锦记”、“万家香”、“味好美”、“老蔡”和“爱之味”等；三是一部分私营企业和乡镇企业正在崛起，且后劲很强。

随着调味品市场的发展，产品的更新换代速度也随之加快，调味品“地产地销”的局面已被打破，上海的“川崎”、西安的“阿香婆”、广州的“一品鲜”已家喻户晓，我国的调味品市场正不断走向繁荣，呈现出“百花齐放、百家争鸣”的新局面。

2 调味品市场的发展趋势

2.1 政府高度重视，行业不断规范

随着食品工业的发展和餐饮行业、方便食品、休闲食品的兴盛，促进了调味品工艺的改进、品种的增加以及质量的提高，并使其逐步向营养、卫生、方便、适口和多元化方向发展。“七五”、“八五”期间，调味品行业受到国务院和原商业部、内贸部的重视。“九五”头两年，已通过国家经贸委安排的调味品行业技术改造项目 15 项，专项贷款 1.2 亿元，用于企业技改，使企业向大规模发展。从近两年情况看，各级政府对调味品行业的技改都比较支持，加大了投资，使产品质量不断提高，调味品行业的标准不断更新，1999 年 3 月 1 日起废止所有专业标准。为了使调味品标准化工作保持连续性和具有可操作性，我国调味品协会会同国家内贸局并经国家质量监督局同意，将除酱油、食醋外的32个专业标准直接转为行业标准，同时酿造酱油、配制酱油、酿造食醋和配制食醋4个行业标准升格为国家标准，同时废止了41项行业标准，使调味品行业更加标准化、规范化。

2.2 调味品生产持续增长

调味品行业在不断走向成熟的同时，产量也在迅速增长，与国际调味品生产形势相比较，1998年是调味品生产的一个丰收年，1999年调味品行业重点是调整结构、开发新产品。较为突出的是酱油，产量达到500万吨，生产了一些高档酱油，一部分用于市场零售，还有相当一部分作为食品工业原辅料；食醋产量达到220万吨以上，出现了各式风味不同的水果醋；酱、腌菜250万吨以上，酱类60万吨以上，复合调味料100万吨以上。展望今后的调味品市场，将是大力推广小包装产品，呈现产品风味化、方便化、高档礼品化和功能化的趋势。

2.3 调味品市场的发展趋势

调味品行业具有发展快、产量大、品种多、销售面广和经济效益好等特点，特别是日本、东南亚各国的调味品行业发展很快，已经走在我国的前面，有许多值得我们学习的地方。今后几年，我国调味品行业将会顺应市场的发展，在以下几个方面有更快、更好地发展。

2.3.1 新技术应用与调味品工业

企业为了保持和增加其市场上的占有率而千方百计地开发新技术。为在竞争中取胜，有能力的厂家生产高纯度、高香气、淡色、低盐、无菌和食用方便的天然调味品。所应用的技术有发酵、酶解、生物反应器、低温加热、提取香气成分、膜过滤、冷冻干燥、电透析、杀菌干燥和包装、高温短时间杀菌、无菌充填、连续真空干燥、超临界二氧化碳萃取（香气成分)、喷雾造粒和连续造粒等技术。从目前来看，新技术动向主要表现在以下两方面：

一方面是在原有调味品的基础上，添加以化学或生物工程方法生产的各式增鲜剂、增味剂。早期是以5’—肌苷酸钠及核酸类，目前较流行的方法是添加动物或植物的提取物代替化学鲜味剂，并代替部分味精和核酸鲜味剂，同时辅以酵母精以增加调味品的原味。海鲜产品中增加鱼贝类浓缩膏增鲜。各种动、植物提取物的生产方法不同，风味也各异。其中以酶解法生产的提取物，蛋白质的分解率达到70%以上，分解得到的氨基酸不仅具有鲜味同时不含苦味。

另一方面是适应消费者追求天然风味的要求，开发新型多级复合调味料。所谓天然风味多指不添加味精及核酸等化学调味品，纯粹来自天然原料的那样一种风味概念。这种风味概念的产品不仅包括添加上述各种提取物调味品，还包括近两年出现的一些用畜产品、水产品、蔬菜和香辣粉等多种原料提取出来的，经多级复合调制而成的味感丰厚的调味品。这类调味品在原料处理上是根据产品需要先行某种处理，如烤制或炒制之后，再行多次或重叠加热提取，其目的是使原料产生不同于鲜原料的某种风味变化。为增强天然产品的质感，多数产品以糊状或液态形式添加到调味品中，也有制成颗粒状的用于粉状调味品或方便食品。新技术带来的新产品还有一种是香味油脂，它是生产方便食品和休闲食品的关键材料。也是用加热法提取畜肉类、水产品、蔬菜和香辣粉的有效成分，将香味成分移入油脂中去，能弥补一般复合调味液没有油脂、形不成原食品风味特色的缺点。

2.3.2 产品种类繁多，出现功能化、异国化

新产品的出现，使调味品由早期仅限于佐餐调味，发展到用于休闲食品、微波食品、家庭烹饪、火锅调料和炸烤调料等。在风味上出现了炒蔬菜的香味油、牛排香味油、牛肉咖喱香味油、烤鸡香味油、红烧猪肉香味油、（葱花、蒜）炝锅香味油及生姜香味油等。新型风味调味品的出现，使食品加工业又迈上了一个新台阶。

功能性和保健性食品是20世纪90年代食品工业的新产品。功能性和保健性调味品在新世纪开始的时候就以其独特的形式出现在人们的餐桌上。在传统的调味品中，由于微生物群的作用，使酱油、醋和酱类产品中含有一些生理活性物质，如异类黄酮、黄酮及ACE活性肽等，虽含量甚微，却显示出较强的抗癌性、抗氧化性、抗衰老和消除体内自由基的保健功能。而在非酿造的复合调味品中，添加一些多糖类，包括真菌多糖、米糠多糖和酵母多糖，能改善和调节人体的免疫功能，一些呈味核苷酸具有消除体内自由基、防止诱发肿瘤或动脉硬化、防止白细胞减少和具有解毒的功能。此外，在调味品中，一些原料性物质如葱、姜、蒜、花椒、茴香、桂皮、香芹、艾叶、紫苏、藿香、杏仁及陈皮等，各有不同的风味和调理保健功能。

随着改革开放的深入，一些国外的调味品也进入了国内市场，如日式调味料、俄式调味料、法式调味料及多种西餐调味品。目前在国内较为人们接受的是

一些独资、合资企业生产的各式“沙司”、“色拉”和“汁”类以及各式粉状、粒状复合调味料。在未来的几年里，展现在人们眼前的除了传统的调味品之外，还有一个多姿多彩、充满异国风味的调味品世界。

2.3.3 调味品的新方向——微波调料

微波烧烤调料不仅在国内，就是在国外也很少生产。微波调料是提高生活水平和调节生活节奏的一种理想调味品。

在普通微波炉中烧烤家禽、炸鱼块等，很难达到色泽金黄、香味诱人和皮脆里嫩的效果，而使用微波调料后，在省时、省力及操作简便的前提下，弥补了国内市场现有的煎炸调料单一的不足，融合了油炸、烧烤的特点，对保存食品营养成分和改善家庭烹饪环境有着特殊意义。随着人们对自身保护、保健意识的不断增强，微波食品将会有更强的感染力。

预计未来调味品市场的发展趋势将是方便化、多样化、功能化、保健化、营养化、礼品化和高品质化。

（原载于《粮油加工与食品机械》2001 年第 8 期）

有机食品的发展现状及趋势

谢　涛

（中南林学院资源与环境学院　湖南株洲　412006）

随着人们对生态环境和自身健康的普遍关注，世界有机食品贸易和消费需求日益高涨。有机食品的生产和发展，缓解了自然资源衰竭和生态环境恶化造成的严重压力，在全球已成为可持续农业生产的重要途径之一。据预测，未来 10 年，有机食品全球市场值将从目前的 110 亿美元增至 1000 亿美元，其销售量将占全球食品销售量的 5%～10%。有机食品以其纯天然、无污染、对环保有利等优势受到各国政府的重视和支持，也赢得了消费者的信任和青睐。据调查，85%的工业化国家公民在选择食品时首选有机食品。

近年来，随着发达国家有机食品进口消费量的剧增，世界有机食品市场进一步扩大，国际上对我国有机食品的需求逐年增加，这给我国发展有机食品生产、开拓国际市场带来了机遇。

1 有机食品的概念与特征

1.1 有机食品中的概念

有机农业是指在农业生产过程中遵循自然规律和生态学原理，按照国际有机农业技术规范的要求，在生产中不采用基因工程获得的生物及其产物，不使用任何化学合成物质，利用可持续发展的农业技术，协调好农业生产和环境保护的关系，维护可持续发展的农业生产系统，它是顺应世界环保潮流和世界消费市场的需求而产生的。

有机食品则是指根据有机农业和有机食品生产、加工标准而生产出来的、经过有机食品颁证组织颁发证书的食品，包括蔬菜、水果、饲料、牛奶、其他农产品、调料、油料、蜂产品以及药物、酒类等，在有机食品中，已获得有机认证的原料在终产品中所占的比例不得少于 95%，其余 5% 也有特别要求。我国 AA 级绿色食品属于有机食品。

1.2 有机食品的特征

有机食品的主要特点是在其生产与加工过程中不准使用任何化学合成物质。它有两层含义：首先有机农业的生产方式解决了常规农业生产中最严重的环境污染和生态破坏的问题，是可持续的农业生产方式；其次才是产品没有或污染物尽可能低，对人类健康有益。因此，我国的有机食品在制定标准、认证检查和实际生产过程中，只有把握这个思想，才能实现真正意义上的国际接轨。

此外，有机食品还有以下不同于一般食品的特征：①生产加工过程中更多地考虑到生态环境保护和资源持续利用的内容，因此有机食品的价格包含了保护环境的外部费用；②有机食品的生产与发展同区域经济、解决粮食安全等充分结合；③有机食品的生产、加工和销售需要一系列基本的法规和标准，以及第三方组织机构的认证。

2 有机食品的发展概况

2.1 国外有机食品的发展现状

自 1972 年国际有机农业运动联盟（IFOAM）成

立以来，世界有机农业和有机食品的生产得到迅猛发展。目前，IFOAM组织已发展成为当今世界上最广泛、最庞大、最权威的国际有机农业组织，拥有来自115个国家570多个集体会员。

从发展的规模和数量上看，国民环保意识较强的欧盟、日本、美国等有机食品生产和需求发展较快。美国有机食品销售额1996年为40亿美元，1999年达60亿美元，从1980年到现在年增长速度为20%。日本有机农产品销售额1998年为2600亿日元，2000年达到3500亿日元。欧盟有机食品的市场份额1998年达到2.5%。德国1996年有机食品的市场份额为1%，销售值为25亿马克，预计2008年将增至25%。奥地利2000年有机食品市场份额达到1/3。其他欧洲国家有机食品的增长速率每年都在20%以上。

目前，日本从事有机农业生产农户占全国农户总数的30%以上，提供的有机食品达130多种，其中40多种出口欧美。美国从事有机农业生产的耕地面积达110万百平方米，在6个农业科技园中，有56个绿色蔬菜农场，每年生产7500吨有机绿色蔬菜。1996年，欧盟有机农业种植面积达到120万百平方米。德国将有机农业种植面积扩大到耕地总面积的10%，拥有2万个有机农庄。

近些年来，发展中国家有机农业和有机食品的生产也得到了迅速发展。巴西对有机农业生产提供优惠政策，在其东北地区大力发展咖啡、腰果和热带水果等有机农产品的生产与加工。菲律宾、泰国、印尼、韩国、印度等国家已经开始从事有机食品和有机肥料的生产和出口。斯里兰卡从1995年起出口有机茶叶，其创汇占本国农产品出口的55%。

由于有机食品的生产可以从很大程度上解决常规农业生产的环境、生态、经济甚至社会问题，各国政府正越来越多地涉及有机农业领域，通过制定一系列法规和标准来规范有机食品市场，加强对有机食品的质量管理，不断增加研究开发的资金和技术资助。

随着世界有机食品的蓬勃发展，有机食品颁证组织数量剧增，并出现竞争。全球由IFOAM批准的有机食品、有机农业颁证机构有：瑞典的KRAV、澳大利亚的NASAA、美国的OCIA和CCOF、英国的SAOMCO、德国的NATURLAND等数10家。但是，欧盟对IFOAM授权的认证机构要求通过其认可的机构按照ISO65的标准进行授权。

2.2　国内有机食品的发展现状

中国有机食品的生产最早始于1990年，由浙江省临安市组织生产的有机茶叶当年通过国外组织的认证出口到荷兰。1994年国家环境保护局有机食品发展中心（OFDC）成立，随后，国家环境保护局发布了《有机（天然）食品标志管理章程》和《有机（天然）食品生产和加工技术规范》，成立了技术指导委员会和颁证委员会等，为开发有机食品创造条件。中国有机食品标志已在国家工商行政管理局正式注册。经该中心考察、审核后，在有条件的云南、黑龙江、山西、山东、河北、内蒙古、辽宁、青海、湖南等省（区）设立了11个分中心，初步形成了辐射全国的有机食品管理网络。

经过短短几年的发展，我国有机食品生产已初见成效，开发的规模和种类迅速增长，主要包括粮油类、蔬菜、果品、中药材、蜂蜜、奶产品及饮料等，也有有机肥料、有机农药等生产资料，产品以外销为主。到1998年底，我国有机食品生产基地30多个达67万亩（不包括面广量大的野生天然有机食品生产基地），取得证书的产品50个，有机食品产量达2.8万吨，出口额达1000万美元。1999年出口额为1500万美元，近几年来出口增长率均在30%以上。目前，我国通过认证的有机食品生产基地有100多万亩、100多个品种。黑龙江省自1998年起开始开发有机食品，预期今后5年内将开发具有世界水准的乌苏里江有机食品基地，面积将达20万亩。

由于我国有机食品的组织管理体系和标准体系尚不健全，国内有机食品的认证必须与国外有机食品认证组织合作完成，如德国ECOCERT和BCS、瑞士IMO、美国OCIA和QAI等。1995年4月OCIA在有机食品发展中心建立了中国分会；1996年，经中国分会颁证的有机产品近30种，如大豆、荞麦、小麦、茶叶、葵花子、白瓜子、八角、松子、核桃、甘草及其他中药材等。中国国际贸易促进会1996年邀请荷兰CIB专家对国内5家企业的10多种认证有机食品作市场指导，仅1998年出口值就达130多万美元；随后，与德国技术合作公司合作，在北京、上海、昆明、济南等地开发有机食品认证，有11家企业获准通过。1999年国内5家企业参展德国纽纶堡有机食品博览会，签单合同金额53.9万美元，拟签单合同225万美元，占我国1998年有机食品出口总额的1/3。2000年中绿田源农业发展有限公司共有19种AA级绿色食品通过日本JONA、德国BCS和ECOCERT等机构的有机食品认证。有机食品发展中心还赢得德国援助项目“中国贫困地区有机农业发展研究”。目前，我国加入 IFOAM 的单位和组织有：中国绿色食品发展中心、中国有机食品发展中心、浙江大学农业生态研究所、黑龙江省农业厅环保站、江苏瑞康有机食品公司、唐山有机农业研究中心、河南有机银杏开发公司等。

3 我国有机食品的发展对策

我国的有机食品目前出现了在国际市场上供不应求与国内产品有货难出并存的局面。这主要是由于国内相关的概念、标准、政策和管理没有统一起来，难以与国际全面接轨。那么，如何发展我国的有机食品产业呢？

3.1 制定国际认可的有机食品标准体系

目前，符合国际标准的有机食品生产、经营和管理，尚处于初级阶段。为了实现我国的有机食品产业与国际接轨、扩大产品出口，国家必须尽快制订国际认可的有机食品技术要求和产品标准，或直接使用国际标准，这在我国即将加入世贸组织之际尤为重要。

3.2 建立高起点完全与国际接轨的有机食品认证体系

欧盟和日本专家认为，中国发展有机食品出口的关键是按国际标准建立良好的认证体系。因此，应积极加强国外权威认证机构的使用，鼓励国际权威检查和认证机构来华开展工作，重点支持国内检查和认证机构的发展，通过国际合作逐步建立独立的检查与认证体系。同时，有关部门应建立相应的有机食品认证机构和咨询机构，提高认证服务的质量和水平，并对企业进行技术指导，也使广大消费者心中有数。

3.3 建立高效统一的生态产业管理机构

中国有机食品发展中心，虽然基本上按照国际有机食品生产、经营和管理的要求进行运作，但与绿色食品等生态产业缺乏国内统一性不能一致对外，从而使我国有机食品的发展步伐落后于国际需求。由此，要建立国家生态产业协调委员会，由部门管理上升到行业统一管理，完善生态产业基本的结构体系、管理规范和科学规范。

3.4 增加科技投入，加强生产技术的培训

有机食品是高科技的产物，不断提高有机食品的科技含量，是推动我国有机食品产业飞速发展的根本动力。目前，我国出口的有机食品侧重初级产品，深加工产品较少，特别是高科技含量低，造成出口货值低、企业利润少。为此，国内各高校、科研、生产部门应加紧进行有机食品生产的技术攻关，提高有机食品的高科技含量和附加值，为中国加入 WTO、进入国际市场打下坚实的技术基础。同时，要积极培训合格达标的管理、生产和认证技术人员。

3.5 引起政府重视，加快产业化发展的步伐

有机农业属于大农业的范畴，需要农林牧副渔等各部门的积极参与，国家必须制定严格的技术和管理标准、规范及政策，进行全国性的统一管理，协调各部门的工作。国家应该把生态产业作为农业结构调整中的一支新型力量予以扶持，实行产业化发展战略，逐步建立起“生产基地—龙头企业—品牌—市场”的产业链条，扶持出一大批主导产品和基地，使之发展成为农业创汇产业。同时，有机农业需有较高的组织管理技术及土地转化方面有较高的投入，客观上需要政府给予一定的优惠政策，特别是在国外管理、技术人才引进方面给予大力支持。

3.6 加大宣传力度，开拓国内国际市场

有机食品的开发与生产是一项崭新的事业，只有加大宣传的力度，才能使这项事业深入人心、不断向前发展。因此，要经常性地举办和参加各种有机食品展销会、博览会和旅游农业等活动，积极参与国际交流与合作，大力宣传和销售我国的有机食品，提高国内外销售商、消费者对我国有机食品和有机农业的认识和接受程度，努力扩大出口。目前，我国有机食品生产企业规模较小，不能形成规模经营，在开拓市场方面往往单兵作战。有机食品要扩大市场份额，必须形成集团军力量，树立产业的整体形象，发挥有机食品“高品质、纯天然、无污染”的鲜明特色，有组织地进入市场。

4 我国有机食品的发展前景

有机食品是一种“高品质、无污染、纯天然”的环保型健康食品，既符合广大消费者的需求，又有利于保护农村生态环境，在国内外市场有着广阔的发展前景。

（1）我国的有机食品具有巨大的国际市场和潜在的国内市场。首先，国际上对我国有机食品的需求逐年增加。据统计，美国、德国、日本、法国等 10 个发达国家 1997 年有机食品销售总额在 100 亿美元以上。在过去 5 年里，欧盟、美国及日本有机食品销售额年平均增长 25%～30%。预计到 2006 年，欧盟有机食品市场销售额将增至 580 亿美元，美国将增至 470 亿美元。而发达国家销售的有机食品大部分依赖进口，德国、荷兰、英国每年进口的有机食品分别占有机食品消费总量的 60%、60% 和 70%。其次，我国国内有机食品的消费已呈迅速上升趋势，特别是向

婴儿提供的有机食品。因此，我们要抓住机遇，转变观念，发挥自身优势，切实解决有机食品生产技术的难题，开拓国内国际市场。

(2) 我国有机食品的开发与生产符合国家方针政策。国家从总体上要求农业优化结构，突出质量、突出效益，向多样化、高品质的方向发展。今后我国农业将向效益农业发展，发展有机农业和有机食品，符合国家基本要求。我国政府已开始重视与有机食品相类似的AA级绿色食品的开发工作，国内贸易部、环保总局、农业部等七部委联合通知要建“三绿”工程，开辟绿色通道、培育绿色市场、提倡绿色消费。

(3) 我国具备发展有机农业以及生产、出口有机食品的潜在优势。首先，我国地大物博、南北气候差异较大；在许多山区和边远贫困地区很少使用或不使用化肥和农药，这些地区很容易转换成有机食品生产基地；其次，我国生物品种繁多，且绝大多数品种未经过基因重组，可以通过选育、开发成为有机食品；第三，自80年代初以来，我国生态农业得到迅速发展，特别是绿色食品已经形成了“从土壤到餐桌”的全程质量控制系统，这为有机食品的开发提供了一定的发展基础。

(4) 我国农村劳动力资源丰富，能够适应有机农业对劳动力的大量需求。在生态环境和生产过程控制良好的农村地区，有选择地发展有机食品的生产，有利于吸收农村剩余劳动力，提高农民收入，推进农业产业化。目前，国际市场上有机食品价格通常比常规食品高20%～50%，有些紧缺的产品可超出1倍或几倍。从事有机食品生产的农民虽然需要较多的劳动力投入，但可省去购买农药、化肥的支出，仍可取得较好的经济效益。

（原载于《食品与机械》2001年第5期）

我国速冻食品的现状及发展对策

童军茂　　施维新

（石河子大学工学院食品科学系　新疆生产建设兵团绿色食品办公室）

速冻食品又称急冻食品，是一种以低温快速冻结方式生产的食品。速冻食品是食品加工工艺的重要发展，它不同于一般的冻结和冷藏方法。其主要特征是食品一定要经过水洗、漂烫、烹调加工或其他前处理工序，然后在低温下（－33℃以下）快速冻结，其品温在半小时内迅速通过－1℃～－11℃温度范围（又称最大冰结晶生成带，即是使食品中80%以上的含水量变成冰结晶的温度范围），食品冻结后结晶粒子小于100 μm，食品的中心温度在－18℃以下，然后在此温度下贮藏和运输。

1　速冻食品的特点

速冻食品与其他食品相比有以下五大优点：

①卫生质优。食品经过低温速冻处理，既能最大限度地保持食品本身的色泽风味及营养成分，又能有效地抑制微生物的活动，保证食用安全。

②营养合理。如速冻调理食品配料时，可以通过原料的不同搭配控制脂肪、热量及胆固醇的含量，以适应不同消费者的需要。

③品种繁多。速冻食品现有四大类、3000多个品种，从副食到主食，从盘菜到小吃，样样俱全，这是任何其他加工食品不可比拟的，这也为那些不善于烹调的消费者提供了方便。

④食用方便。速冻食品既能调节季节性供需平衡，又能减轻家务劳动，减少城市垃圾，保护环境。

⑤成本较低。与罐头食品相比，速冻食品具有口味鲜和能耗低的优点。速冻食品比罐头食品能耗低30%左右。

速冻食品分四大类，即速冻果蔬食品、速冻畜禽食品、速冻水产食品和速冻调理食品。

①速冻果蔬。如速冻青刀豆、芦笋、青豆、豌豆荚、毛豆、马铃薯、茎椰菜、花菜及胡萝卜和速冻草莓、荔枝、桃、菠萝及樱桃等。

②速冻畜禽。如速冻猪、牛、羊分割肉，牲畜副产品，速冻鸡、兔以及野味等；

③速冻水产品。如速冻鱼、虾及贝类等；

④速冻调理食品。如速冻三明治、汉堡包、比

萨、油炸肉饼、烧卖、水饺、肉包、小笼包、春卷、炒饭、汤圆、馄饨、肉丸及鱼丸和速冻奶汁烤菜、榨菜肉丝、回锅肉、咖喱鸡、鱼香肉丝、青椒牛肉及青豆肉丁等盘菜。

2 国内外速冻食品的发展概况

速冻食品起源于美国，启始于1928年，但在以后很少的时间内，由于人们对速冻食品缺乏必要的认识，没有赢得更多的消费者，生产发展十分缓慢，直到二次世界大战后，速冻食品才迅速发展起来，1948～1953年美国系统地研究了速冻食品，提出了著名的T、T、T概念，并制定了《冷冻食品制造法规》。从此以后，速冻食品实现工业化生产并进入超级市场，深受消费者青睐。特别是果蔬单体快速冻结技术的开发，开创了速冻食品的新局面，此技术很快风靡世界。最近几年，世界速冻食品的生产和消费方兴未艾，其增长速度高达20%～30%，超过任何一种食品，品种达3000多个，美、日、欧一些国家已形成从原料产地加工、销售、家庭食用的完整的冷藏链，保证了速冻食品的工业化和社会化。据有关资料介绍，速冻食品将成为世界上发展最快的食品，其销售量在发达国家将占全部食品的60%～70%，已取代罐头食品的垄断地位而跃居加工食品的首位。

速冻食品在我国虽起步较晚，但也有30多年的历史，开始主要是沿海城市大型罐头厂试制生产速冻食品，供外销出口，在技术上大多采用以冷藏间代替冻结时间，大部分工序采用人工操作，由于冷藏间制冷能力有限，冻结大都在几小时以上，许多产品成了“慢冻食品”，因此生产发展十分缓慢。1973年北京、青岛、上海3个速冻食品厂同时从日本引进螺旋式速冻机，促进了我国速冻食品的发展，出口能力由原来的200吨提高到现在的80万吨。进入80年代，随着引进设备的不断增加和各种国产设备的研制成功，使我国的速冻食品加工工艺逐渐向国际水平靠拢，速冻食品也从过去仅有的肉类、水产类冷冻加工发展到果品、蔬菜和调理食品加工，目前，我国已有生产速冻食品企业近200家，品种达300多个，年生产量达1000万吨。目前，仅速冻蔬菜的出口量已达50万吨，速冻方便食品的出口量已超过意大利居世界第一位。

但应当看到，我国目前速冻食品无论是数量还是品种远不能满足市场的需要，其加工技术和国外相比差距较大，产品的保质期较短，前处理技术和解冻技术较落后，冷藏链还不健全，大多数速冻食品机械还主要依赖进口，不能适应速冻食品的发展需要。

3 对策

我国经济要振兴，食品工业要发展，发展速冻食品是一条必经之路，我国速冻食品还处在初期发展阶段，面对加入WTO的机遇和挑战，任务相当艰巨，因此，我们应当着眼现状，找出对策，以加快速冻食品工业的发展。

3.1 加强宏观调控力度，规范速冻食品业生产行为

速冻食品加工企业目前分属多个部门多渠道，生产水平参差不齐，标准滞后，真正形成规模并使之工业化生产的却不多。速冻食品在国内外都有广阔的市场，不提高质量和产品技术含量，以规模生产去开拓和占领市场，就有可能被发达国家和地区的速冻食品业所蚕食。目前国外的一些品牌已打入中国市场，全国各地已有许多合资和独资企业生产速冻方便食品和蔬菜，打自己的品牌，出口或在国内销售。制造商也把目光投向中国，而国内企业还未意识到激烈竞争的威胁。作为一个新兴行业，国家应对其进行宏观调控和指导。同时，尽快制定全面的质量控制标准，实行标准化、规模化管理，推行GMP和HACCP。使之成为我国食品行业新的经济增长点。

3.2 研究进口国食品卫生法规和标准，建立健全检验标准体系

各进口国对速冻食品加工工艺、卫生条件、有毒有害物质的限量都有不同的要求和具体规定，应加强信息的收集工作。一些国家和主管卫生当局对冷冻食品的加工工艺和配方较为关注，商检证书相关内容的描述已成为进口国官方机构评价产品的重要依据，因此统一证书内容及用语十分必要，这样可避免用语不当而引起的误解，保证顺利通关。美国、日本等国已正式实施食品标签法，该法要求标签必须标明营养成分，并对内容和方式进行了严格而具体的规定。欧盟也将公布食品标签及广告要求，完善产品标准，包括取样方案、包装、贮藏和质量指标等。环境问题正在日益引起世界各国的重视，国际市场要求食品包装使用不产生废弃物的包装材料，目前的潮流是用纸包装。所有这些都应引起足够的重视，以免违反进口国的有关法规而致退货或索赔，造成重大损失。

3.3 以市场为导向，积极开发有中国特色的产品

发展我国的速冻食品必须坚持开发高档产品与中低档产品相结合，出口创汇产品与内销产品相结合的原则。因此科研部门要对国内外速冻食品的发展状况、销售市场及饮食习惯进行系统调查，结合本地情况进行速冻食品的开发研究工作。

世界上素有“食在中国”之说，中国食品要走向世界，发展速冻食品是最重要的途径之一，我国速冻兔肉、牛肉在西欧已有一定的市场，蔬菜的出口品种和数量不断增加，近几年，各地开发出不少具有中国特色食品的新产品，如上海生产的蒸饺、生煎包、春卷，天津生产的“狗不理”包子、速冻豆沙包和速冻水晶包等速冻点心已打入日本、香港及东南亚市场，使中国传统点心在世界上崭露头角。笔者认为在稳步发展速冻点心的同时还应大力发展以传统中餐菜肴为基础的方便食品。我国各地名菜很多，如果将一些名菜经过工艺定型，研究开发，制成风味别致、方便食用的食品打入国际市场，一定会受到消费者的欢迎。

在积极发展有中国特色食品以外，要积极发展速冻蔬菜的生产。速冻蔬菜作为速冻食品的主要产品，2000年出口量已达50万吨，创汇约为3.9亿多美元，我国蔬菜资源丰富，年产量在1亿吨以上，居世界首位，且有充足劳动力，积累了丰富的栽培经验，发展速冻蔬菜有得天独厚的条件。我们应抓住机遇发展速冻蔬菜的生产，在结构调整上，要减少低附加值的单一蔬菜产品的生产，大力发展高附加值、前景良好的混合型和调理冷冻蔬菜生产。

3.4　挖掘现有潜力，充分利用已有的冷库设备

目前，全国冷库的总容量为700多万吨，很多冷库只限于肉类、鱼类的冷冻贮藏，而当生产淡季和资源不足时，往往使冷库处于闲置耗能的状态，如果将这些冷库稍加改造，添置一些必需的速冻设备，则可在保证完成原生产项目的前提下，生产一些速冻蔬菜和调理食品，这样企业可以获得良好的经济效益。

3.5　以科技进步为先导，加速我国的速冻机械和食品加工机械的研发工作

目前使用的国产速冻机能耗大、制冷量小、冻结温度高，达不到速冻要求；产量小，不能满足大批量生产的需要；而进口速冻机价格太高，一般企业难以承受，因此应大力开发国产速冻机。除目前使用的带流化床的速冻机外，还应开发螺旋速冻机和液氮喷淋速冻机。现在我国约有80%生产厂家的食品加工过程是手工操作，而美国、台湾及日本速冻食品加工95%以上都是机械加工。为了减少速冻方便食品手工操作引起的微生物污染、规格大小不一、单位质量不均、成型不良和速冻蔬菜分级、前处埋、热烫及冷却等问题，应大力发展自动化生产线，使产品成型、填制、包装、密封、热烫及冷却等关键工序采用机械化、自动化生产。为此，食品机械行业主管部门要高度重视速冻食品机械的开发工作，本着“设计一代，研制一代，开发一代”的原则，集中物力、财力，加快速冻食品机械的研发工作，提高速冻食品工业的装备水平。

总之，速冻食品在国内外是发展速度较快的食品之一，我国速冻食品从生产厂家至商店及家庭冷冻链已经形成，所以随着人民生活水平的提高，对食品的卫生、营养、保鲜和方便性等方面的追求，以及速冻食品在国际贸易份额不断增大，速冻食品的发展前景是十分广阔的。

（原载于《粮油加工与食品机械》2001年第6期）

功能性低聚糖

尤　新

（中国发酵工业协会　北京　100833）

1　什么是功能性低聚糖

碳水化合物分为单糖、低聚糖、多糖三大类。葡萄糖、果糖、木糖等为单糖。低聚糖由两个到十个分子单糖组成，如蔗糖是由一个分子葡萄糖和一个分子果糖组成的二聚糖；麦芽糖则是由两个分子葡萄糖组成；棉籽糖则是由一分子葡萄糖一分子果糖和一分子半乳糖组成，它们经水解后生成单糖。淀粉、纤维素也是由单糖组成，但有很多，是几千葡萄糖分子组成的多糖，经水解后也成为单糖。所以多糖和低聚糖的不同就是聚合度不同。

按照2～10个单糖组成的称低聚糖，自然界存在上千种。现在已知的产品有几十种，有的低聚糖是由同一品种单糖组成，如麦芽糖和低聚麦芽糖；有的是由不同的单糖组成，如棉籽糖。目前主要的

商品化的低聚糖均由各种单糖组成，但也有少数低聚糖含有其他成分，如甲壳质水解得到的壳聚糖含有氨基葡萄糖；半纤维素水解得到的低聚糖含有葡萄糖醛酸。一般情况下两分子单糖组成的低聚糖如人们熟知的麦芽糖，均能为人体消化为单糖而吸收，但象异麦芽糖和龙胆二糖等则不能被人体所消化而进入大肠，这就是难消化性低聚糖。其原因是由于单糖分子相结合的位置和类型不同。如葡萄糖分子以α-1，4糖苷键连接起来成直链的麦芽糖，3个分子到8个分子以同样方式连接起来的为麦芽三糖和麦芽八糖。它们均能被人体的酶降解、消化吸收；但葡萄糖分子以α-1，6糖苷键连结起来的分支异麦芽糖、异麦芽三糖和异麦芽八糖，这些低聚糖由于其糖分子相互结合的位置不同，因而人体没有代谢这类低聚糖的酶系，所以就成为难消化性低聚糖。也就是说，人吃了不产生热量，不是一种新糖源，只具有某些糖类的属性。我们现在要讨论的就是这些难消化性低聚糖。虽然它不能成为人体的营养源，但它们对人体有特别的生理功能，所以称它们为功能性低聚糖。因而也可以说，一般低聚糖和功能性低聚糖不同，就在于能否被人体胃酸和胃酶所降解，并对人体有无特殊的生理功能。一般功能性低聚糖表现的生理活性为：a. 低甜度，低热量，难以被人体消化，食用后基本上不增加血糖血脂，但有润肠通便作用，所以用功能性低聚糖作配料生产的食品，在标签中应注明食用过多会引起肠鸣和通便。b. 摄入低聚糖对人体大肠内双岐杆菌有增殖作用，并抑制肠内有害菌群的繁殖，降低肠道内的毒性，提高机体免疫力。根据品种不同，其有效摄入量有很大差异，如低聚异麦芽糖为10～15克，低聚果糖为5～7克，低聚半乳糖为3～5克，低聚木糖为0.7克等。c. 不被口腔酶液分解，不被引起龋齿的链球菌所利用，有防龋功能，但当市场上商品低聚糖有效物只有50%时，即商品中还残留有葡萄糖、麦芽糖、蔗糖等糖类时，不能作无糖食品配料使用。d. 据国外报导，功能性低聚糖具有促进钙铁吸收和间接调节血脂的功效。

自然界也存在着各种功能性低聚糖，如棉籽糖可从甜苯糖生产的废糖蜜中提取，含量达2%；水苏糖是由半乳二糖、葡萄糖、果糖组成的低聚四糖，在水苏属植物的根茎中含量达70%；大豆分离蛋白的水溶液中含有大豆低聚糖，它是一种棉籽糖、水苏糖和蔗糖的混合物。

由于受资源条件的限制，大量商品化的功能性低聚糖是用来源广泛的淀粉或蔗糖，经人工生物合成的，如低聚异麦芽糖、低聚果糖、低聚半乳糖等；少数是用化学法（碱法）合成的，如乳酮糖。

2 国内外发展情况

据1996年报导，世界各国低聚糖产量约8.5万吨，主要在日本和欧洲国家，北美、韩国有少量。我国不包括在内。因为1996年以前，功能性低聚糖如低聚异麦芽糖、低聚果糖、低聚甘露糖、低聚木糖的研究工作国内有关科教单位已开展若干年，但实现工业化则是这一年刚刚开始。第一个全新建设的用淀粉原料酶法转化低聚异麦芽糖生产线，1996年在山东禹城试车成功。港台地区则有永丰经纶公司蔗糖原料用酶法转化小批量生产低聚果糖。经过“九五”的发展，我国功能性低聚糖已形成一定规模，上市的商品有低聚异麦芽糖、低聚果糖、低聚半乳糖、大豆低聚糖、水苏糖等。2000年功能性低聚糖总产量约3万吨，主要品种是低聚异麦芽糖。同年国家批准了低聚异麦芽糖的行业标准和功能性低聚糖的通用技术标准，为规范行业发展发挥了重要作用。目前具有一定生产低聚异麦芽糖规模的有山东禹城、滨州、沂水、定陶，河南孟州，浙江、杭州，新疆乌鲁木齐等；低聚果糖有云南昆明，江苏张家港，广东江门等；低聚木糖和水苏糖也于近期试产。

日本是国际上较早开发功能性低聚糖的国家，现将日本上市多年的主要品种列举如下。

自90年代以来，日本功能性低聚糖市场日趋成熟，年消费量逐渐增加。现将日本1993～1999年功能性低聚糖市场情况列表如下（吨/年）。

上述数据说明，日本每年消费具有双岐杆菌增殖作用的低聚糖，从1993年的2万多吨，到1999年增至3万多吨（和过去发表的年消费量比较，每年约少1.5万吨，主要是由于本表去掉了每年消费1万吨低聚麦芽糖和4000吨帕拉金糖。因为这两种糖不具有双岐杆菌的增殖作用）。其中消费最多的品种是低聚异麦芽糖，达1.1万吨，在日本也是单价最便宜的品种，每千克仅140日元。但6年来总消费量增加不多，只增长15.78%。

如按年销售计算，据日本Yakult药品工业最近提供的2000年功能性低聚糖销售额统计，则低聚半乳糖销售额居首位。

原　料	制　法	名　称	甜　度	实用化年	经营企业
淀　　粉	酶　　法	低聚异麦芽糖	0.4~0.5	1985	昭和产业
		低聚龙胆糖	苦味	1990	食品化工
砂　　糖	酶　　法	低聚果糖	0.6	1983	明治制药
砂糖乳糖	酶　　法	乳果糖	0.7	1990	林原商事
乳　　糖	碱　　法	乳酮糖	0.5~0.6	1970	森永乳业
	酶　　法	低聚半乳糖	0.4	1988	雅库尔特
木聚糖	酶　　法	低聚木糖	0.4	1989	三得利
大　　豆	物理分离	大豆低聚糖	0.7	1988	卡尔比
甜菜糖蜜	物理分离	棉籽糖	0.23	1992	甜菜制糖

产　　品	1993年	1995年	1997年	1999年
低聚异麦芽糖	9500	11000	11000	11000
低聚果糖	4000	4500	4800	4500
大豆低聚糖	1100	600	1000	1000
低聚半乳糖	6500	6500	6700	6000
低聚木糖	10	200	500	500
低聚乳果糖		2000	2000	2000
棉籽糖		100	100	220
乳酮糖	500	2000	2500	2800
低聚帕拉金糖			150	150
黑曲霉低聚糖				300
低聚龙胆糖				2200

产　　品	消费量(吨)	单价(日元/千克)	销售额(万日元)	主要企业
低聚半乳糖	6000	500	300000	Yakult，Nissin
乳酮糖	2800	1000	280000	Morinaga
低聚木糖	650	2500	162500	Suntory
乳果糖	2000	800	160000	Ensuiko
低聚果糖	4000	390	156000	Mejiseika
低聚异麦芽糖	11000	140	154000	Showa
大豆低聚糖	1000	700	70000	Calpis
棉籽糖	230	2000	46000	Nitten
低聚龙胆糖	1000	300	30000	Nisshok
低聚帕拉金糖	150	1000	15000	MitsuiSugar
黑曲霉低聚糖	300	300	9000	Misshoku
合　　计	29130		13852500	

以上两个表格数据给我们提出了几个值得思考的问题：第一是日本功能性低聚糖近年来发展趋缓，低聚异麦芽糖消费量未有增加，几年来维持在每年1.1万吨；第二是低聚木糖单价2500日元/千克比低聚异麦芽糖140日元/千克高17.85倍，销售额比低聚异麦芽糖还高，但年消费量只有650吨，只及低聚异麦芽糖的5.9%；第三是消费量6000吨居第二位的低聚半乳糖，其单价每千克500日元，比低聚异麦芽糖高3.57倍，年销售额居所有功能性低聚糖之首，达300000万日元（约相当于2500万美元）。我国的功能性低聚糖在“十五”期间应该怎样发展？发展的品种、数量、速度？重点开发的主要应用途径？这些均是低聚糖生产经营者最关心的问题。应该提出一个对国内有关方面有导向作用可供参考的低聚糖发展规划，以防止造成不必要的损失。

在欧洲市场，功能性低聚糖也有一定的历史，但较日本为晚。据欧洲有关单位调研消费者对功能性低聚糖的认知度表明：日本为70%，法国为16%，德国为9%，英国为3%。现在欧洲国家对功能性低聚糖作为人类和动物食物的功能研究工作十分重视，很多科教单位投入力量进行研究。如荷兰Wageningen农业大学，比利时Louvain大学，瑞典Lund大学，英国Dunn临床研究中心，荷兰TNO等。由于地域和生活习惯的原因，欧洲国家低聚糖的原料、生产工艺和品种，和东方国家不完全相同。虽然日本功能性低聚糖的技术开始进入欧洲，目前欧洲市场的主要功能性低聚糖商品不象日本有10多种，只有低聚半乳糖和低聚果糖，还有一种菊粉，其组成的基本单元也是低聚果糖，但其聚合度在2～60，而低聚果糖的聚合度一般为2～7和3～8，能广泛应用于食品和饲料，荷兰乳清产品Borculo公司和欧洲Miwon公司用乳制品工业副产品乳清，经酶反应制取的低聚半乳糖，不仅应用于乳品、饮料、糖果，还用于婴儿食品；比利时RT子公司Orafti和法国Leroux公司用菊苣水浸提取的菊粉，经酶解生成的低聚果糖；法国和日本各占50%股份合资的BMI（Beghin-Meiii Industres）公司则用比利时公司产蔗糖原料，酶法生产低聚果糖，低聚果糖有较好的风味可以混和蔗糖或代替蔗糖用于各种食品。据法国Leroux公司介绍：欧洲较早开发菊苣产品，主要为了解决脂肪代用品。大量的菊苣用热水浸提得到较大分子量的菊粉，这就是欧洲比较流行在食品中使用的脂肪代用品，后来才进一步发展到用菊粉酶解制低聚果糖。1998年该公司参加在上海举办的中国国际食品添加剂展，据称该公司拥有菊苣原料资源3万多吨，年生产菊粉、低聚果糖、以及用菊粉和低聚果糖加工的各种食品总计在2万吨。2000年在德国法兰克福举行的欧洲健康食品配料展，功能性低聚糖的参展企业有：荷兰Borculo，Sensus，Cargill蛋白食品欧洲分部；比利时EBS，Orifti；德国IGV，KadenBiochem，VKMuhlen；法国Leroux，Sucaflore；日本Kimitsu，Nichimen；我国也有两个企业参加。欧洲企业的低聚果糖大部分均用菊苣根提取。其中Orifti和Leroux均号称是菊苣提取物领先于世界的企业。

3 功能性低聚糖的应用

由于功能性低聚糖和过去常用的食糖替代品－糖醇具有相似的防龋齿、不增加血脂等功能，而且还具备独特的能促进肠道中有益菌群双歧杆菌增殖的生理活性，因此倍受食品科技界的重视。因为国际上公认，肠道中双岐杆菌的含量，能体现一个人的健康水平。世界上发现的长寿村，这些老人的肠道中的双岐杆菌明显高于一般地区的老人。我们把功能性低聚糖称作双岐杆菌，是因为它本身并不是双岐杆菌，而是一种人体肠道内双岐杆菌的选择性营养剂。功能性低聚糖通过消化道不被酸和酶分解，直接进入大肠被双岐杆菌利用，而其他有害菌难以利用，使双岐菌得以迅速增加，因此使肠道中菌群比例改变，提高了机体免疫力。虽然双岐杆菌的活菌制剂以冷冻干燥和微胶囊包装的形式，已经在日本和某些欧洲国家批准为食品配料上市，国内也有流行多年的液态的双岐杆菌口服液，但由于功能性低聚糖是一种双岐菌的增殖因子，比起利用双岐菌活菌制剂作食品配料要安全方便得多，因而在食品加工和有关部门中能得到更加迅速广泛的应用和推广。

3.1 功能食品配料

作为功能食品的提出，日本远比西方要早。虽然所有食品均含某些维持健康和生理机能的营养成分，但功能食品应该具有独特的生理活性和功效。日本在1984年文部省“食品机能系统的解析和拓展”中强调食品的第三功能，使用功能食品这一名称，并在国内推动广泛的研究，在民间由企业组成了功能食品联络机构。就在1990年，有一种用低聚糖和Vc配制的功能饮料“Oligo CC”，当年销售达9000万瓶。1991年厚生省实施营养改善法，建立自愿申报审批的特定保健用食品管理办法，把一部分功能食品纳入这一范畴。但规定必须是加工食品形式，如乳制品、谷物食品、饮料、调味品、糖果等，不包括象药丸、胶囊、复合剂或其他类似于药物和营养增补剂，对那些仅仅含有更多维生素和矿物质而没有特殊防病作用的食品，也不在其内。但功能性低聚糖配制的调整肠道功能食品，被列入了特定保健用食品。至今已列入的功能除调整肠道帮助消化外，尚有控制血压，中和脂肪，补充矿物质，控制血糖，降低胆固醇，防龋齿等作用。据日本保健和营养协会（JHNFA）报导，1999年特定保健用食品销售总额1824百万美元，其中用低聚糖作帮助消化的特定保健食品销售额为89.12百万美元，占总销售额的4%。所使用的低聚糖品种有低聚果糖、大豆低聚糖、低聚木糖、乳果糖、乳酮糖、低聚半乳糖、低聚异麦芽糖等。所制食品有饮料、糖果、饼干、布丁、发酵乳、调味醋、巧克力等。至1999年10月特殊保健食品已批准171种。新近批准用功能性低聚糖配制具有双歧杆菌增殖调节肠道功能的品种有Nippon制粉用棉籽糖的汤类，Lotte用低聚木糖的糖果，Ezaki Glico用乳果糖的饼干和糖果。

在欧洲功能性低聚糖不作为食品添加剂管理，而是写作为食品配料广泛应用于各类食品。像Orafti低聚果糖成功地应用于酸乳、饮料、乳酪、馅料、冰淇淋、焙烤、巧克力、糖果、肉制品等。如比利时的FYOS和西班牙市场的Sveltesse是含低聚果糖的乳饮料；荷兰市场的Musli Notenreep是含低聚果糖的米粉点心；Borculo Domo等公司生产的低聚半乳糖，由于其热稳定性好，能应用于乳制品、饮料、糖果、点心、冷冻甜点、面包、果浆、鱼浆、蜂制品等。例如含有低聚半乳糖2～4克/瓶和3.4克/100毫升的清凉饮料；2.3克/100克的特制婴儿饼干；1.4克/100克的脆米饼等。

在我国，虽然功能性低聚糖的工业化生产仅自1996年开始，但经五年发展，已具有一定规模，年产3万吨左右，目前大部分作为食品配料使用。从绝对消费量来看，已和日本接近，但在食品工业中的应用，我国较多地应用于含乳饮料，少量用于糖果、酒类。有一部分作为保健品或保健品的配料上市。有很多食品还没有涉及。总的来说，应用的品种较少，而且象用得较多的乳饮料，是饮料行业中的小品种；保健食品也是花色多，绝对用量较小的部门。和日本、欧洲比较，还有很多食品行业的应用，要根据中国的国情，中国人的饮食习惯，按照能进入一日三餐的方便营养食品和满足社会不同人群特殊食品需要的方向，努力去开拓。

3.2　在饮料中应用

近年来食品安全备受社会各方关注。在养殖业为禽畜健康成长，广泛使用各种饲料添加剂，包括为防病抗病添加了各种生物药物、抗菌素、益生素等，由于这些添加物有时会有残留和抗药性，因此开发安全可靠的绿色饲料添加剂，是国内外饲料行业关注的课题。功能性低聚糖对人体具有双岐杆菌增殖防病抗病功效对动物也有类似的功能。自1960年就有这方面的研究报导。但国际上广泛地在饲料中添加低聚糖，是近十多年的事。功能性低聚糖对动物的生理活性在于：

a. 促进双岐杆菌的繁殖，而有害菌和兼性细菌不能利用或利用很少；

b. 提高动物排便速度；

c. 减少血氨浓度，因双岐菌增殖，产生大量有机酸，降低肠道pH，抑制肠道产氨菌活性，同时产氨菌产生的氨态氮能被双岐杆菌摄取；

d. 增进矿物质的吸收；

e. 增强免疫功能，肠粘膜是阻挡病原菌侵犯的屏障，被病原菌粘附了引起感染而致病，而被非致病菌粘附仍能发挥正常生理作用。双岐菌的增殖和粘附，可影响致病菌的定植、占位和繁殖。

关于饲用试验效果，由于试验条件差异，其结果也有较大差异。现将国内外有关报导摘录如下，供参考。

低聚糖品种	用　　量	试验结果	作　　者
低聚甘露糖	0.5～1克/千克	仔猪增重升5.2%，料肉比降10%	Alltee
低聚半乳糖	1～2克/千克	仔猪增重升6%～8%，料肉比降2%	Bolden
低聚果糖	0.25%～0.5%	仔猪30天增重升2千克/头	Oshids
低聚异麦芽糖	1～2克/千克	仔猪增重升3%～4%	Bolden
低聚果糖	0.1%～1%	1000条鱼增重升47千克	木原稔
低聚异麦芽糖	0.2%	仔鸡增重37克，料肉比降0.03	高宗幸

还有不少关于饲用低聚糖对预防禽畜水门氏菌感染的细菌中毒，和明显改善仔猪仔鸡的下痢情况的报导。总之功能性低聚糖作饲料添加的效果是可以肯定的。据报导，在日本40%的仔猪饲料，均添加了功能性低聚糖。国内在这方面也做了不少工作，并有明显的结果。我国年产6000万吨饲料，低聚糖在饲料工业应用，比起其他生物活性物质具有热稳定性好，利于制取幼畜幼禽和鱼类颗粒饲料，有良好的发展前景。目前除了进一步做好饲料应用试验工作外，要努力降低功能性低聚糖的生产成本，便于饲料加工业和养殖业能更好地接受。

4 我国应如何发展

总之，功能低聚糖作为一个新兴行业，有其广阔的发展前景，但在我国，毕竟起步较晚，还有不少需要完善和进一步开展的工作。

4.1 加强宣传推广工作

通过各种宣传渠道，以科普的形式，宣传低聚糖的功能。让广大食品界和消费者更多地了解什么是功能性低聚糖？功能性低聚糖作为食品配料有哪些技术含量？含功能性低聚糖的食品对人体健康有哪些功效？不断提高食品界和消费者的认知度，促使功能性低聚糖市场的逐渐扩大。

4.2 加强应用研究开发

继续拓展在食品、饲料行业的应用研究，特别要开发一日三餐用功能低聚糖的应用技术，如面食制品、谷物早餐、调味料、副食等。在饲料工业中应研制针对性强的品种，重点突破仔猪仔鸡用的配方，以扩大功能性低聚糖在饲料中的比例，例如日本1999年消费低聚果糖4500吨，其中3000吨用于食品，1500吨用于饲料，占33%。相比之下，我国的功能性低聚糖绝大部分用于少量食品，在饲料中使用只能说是起步阶段，市场潜力十分巨大。此外要通过新酶种和产品的修饰改性，研究开发特殊功能的新品种。还应开展低聚糖在医药、植保等新领域的应用研究。只有应用领域扩大了，市场才能随之扩大。

4.3 继续提高技术和管理水平，降低产品成本

目前国产批量生产的功能性低聚糖、低聚异麦芽糖和低聚果糖，分别以来源广泛的淀粉和蔗糖为原料，经酶法转化而得。所耗用的酶在成本中占有很大比例。特别是低聚异麦芽糖的转苷酶，目前尚依赖进口。所以研究酶的固相化结合膜法分离，实现转化过程连续化并使转苷酶能多次重复利用，是当前的技术难点，应组织力量早日突破。在净化分离技术方面，要推广树脂吸附脱色代替活性碳，以及采用微波装置，过滤糖浆，以便进一步提高产品的纯度和卫生指标。应注意综合利用和降低财务费用，特别在实现规模化经营中，要降低固定资产的投入，才能为不断降低生产成本创造条件。高质量和低成本的新产品，才有高的竞争力。

（原载于《食品工业科技》2001年第6期）

提高食品厂废水处理系统性能的几种方法

陈　宇

（广西大学生物糖业工程学院　530004）

目前，全世界各国对环境保护问题日益关切，并投入大量人力物力对“三废”进行治理，以保护日趋恶化的生存空间。而大大小小的食品企业在生产过程中排放出大量的废水，其中所含的有害物质和难分解物质，严重地污染了环境。因此食品厂废水的处理就成为治理的重点。当前在废水处理方面，主要有活性污泥法、加热浓缩法和加压上浮凝集沉淀法等。但都存在各种问题，使处理成本高，水质也达不到排放标准。这里介绍几种提高食品厂废水处理系统性能的方法：

1 应用土壤细菌的低成本废水处理系统

为了解决现有废水处理系统存在的诸多问题，如高电耗、滋生霉菌、产生恶臭和不适应负荷变化等，开发出有效利用土壤菌的低成本废水处理系统（简称BSM系统）。BSM系统的说明如下：

1.1 前处理系统的完善：在把废水中粗的和细的悬浮物进行固液分离时，使用自动操作的150目滤网和上浮分离装置，除去细微的悬浮物。上浮分离装置不使用空压机和压力容器，而是使用水泵。这一前处理能除去悬浮物，抑制多余污泥的产生量，降低运行成本。

1.2 BSM系统的原理：肥活的土壤哺养着农作物，

也创造出清澈的泉水。因此利用自然界中最有净化能力的某些土壤菌的作用，便成为一项新的废水处理技术。在处理系统内，通过给予土壤菌一个适宜繁殖的环境，从而提高其活性，最大限度地利用其净化能力。以往的技术是通过好气菌进行处理的方法，而BSM系统是好气和厌气处理，即通过培养好气性菌、兼性厌氧菌和专性厌氧菌进行处理。本系统的主要技术是使处理系统内接近于自然界，特别是土壤的生存环境，增强菌体的繁殖力。因此只限于在很小的范围内扩大原来的装置，附加另外一些装置，改造起来很容易。它填充使用以往没有普通陶瓷，有效地消除浑浊物。BSM系统和以往技术的净化能力的差别：由于为土壤菌设定了从好气状态到厌气状态的范围的活动栖息场所，使土壤菌在各自的繁殖范围内活动，而空压机可间隙地运转，极大地降低了操作的成本；此外由于BSM系统以土壤为种菌，使用腐殖上，无需对菌进行特殊培养，以后也不必为菌的流失而补加土壤菌。

1.3 BSM系统运转概要：在培养工序中，使土壤菌得以强化和增殖，再和生成物及原水一起进入反应工序，通过间歇曝气调整生存环境，促使废水中的浑浊固定、分解和消化。经过反应和凝集的菌体，形成絮状沉淀进入分离工序，在这工序中形成了巨大的凝结块，由于自重而沉淀下来。上部的澄清水作为处理水而排放。从分离工序分离出来的活性污泥再次回到培养工序，促进菌体增殖，然后又进入反应工序再利用。这里最重要的是在这个系统内，如何保持土壤菌的活性，在本技术中，当空压机运转时就是好气状态；空压机关闭时就是厌气状态，通过这种控制来调整土壤菌群的生存环境，使其具有最高活性。

2 活性氧水在中空纤维膜和废水循环利用中的作用

2.1 过滤系统的改善：本技术在精过滤方面开发了素陶瓷过滤器，在超滤方面开发了中空纤维膜（人造纤维过滤器），适合各种水质的过滤。以前的过滤器在过滤微小的颗粒时，其再生是很困难的，或者说是几乎是不可能的，但这里的过滤器形状和净化技术，使过滤器可完全恢复到原来的性能，因而运转成本大幅度降低，也使至今不能做到的废水循环利用成为可能。

2.2 液中燃烧式水处理系统（DB系统）：把加入特殊电解质溶液的水打进反应器并接通电源，使其在反应器内产生有强氧化力的活性氧，这些活性氧有各种形态，主要是O_2、H_2O、OH^-、${}_1O_2$等。由于这些活性氧使水中含有的有机物、细菌、病害等物质氧化燃烧，称为液中燃烧式水处理。处理的方法大致分为两种，一种是把含有有机物的废水作为原水，直接打入反应器进行处理；另一种是把自来水作为原水而生成具有杀菌作用的水。在这一处理系统中，即使是COD值高达10 ppm以上的废水，也能够迅速氧化分解和净化。对含有大量无机物的废水或污泥可采用高温脱水、燃烧成灰的方法以减少其体积。在一次燃烧室中让低熔点合金熔化，然后注入废水，使水分在高温和比重的差别中迅速蒸发，水蒸气进入第二燃烧室，进一步在高温下除去臭味和有害气体。现在这个系统已应用于电子行业的洗涤废水、脱硫废水和生活废水的处理。

2.3 废水的循环利用：废水的循环利用可减轻现有废水处理设备的负担和缺水地区节水的对策。有这样一种说法，即“全封闭式，100%循环”，但是真的进行100%的循环，就意味着不能使用，所以必须按百分之几的比例补充新鲜的比。不过实际设计的回收率基本确定在50%～70%。最简单的水循环利用的例子是蔬菜的清洗：首先在洗涤槽中产生活性氧水，然后连续投入蔬菜，由于清洗而使水浑浊，但其中的污染物与活性氧结合，发生氧化分解，具体反应如下式：（1）碳水化合物：$C+2(O)\rightarrow CO_2$，$2H+(O)\rightarrow H_2O$。（2）氨气（蛋白质和氨基酸分解的结果）：$NH_3+4(O)\rightarrow HNO_3+H_2O$。

这样使水保持杀菌力而且能重复使用。如果蔬菜的污染程序即负荷能和活性氧的生成量相平衡，那么循环利用的废水便作为被蔬菜带走水分的补充。

2.4 更高层次的废水循环利用：要使废水的处理更加完善就必须结合膜过滤，过滤膜膜孔可选用0.45～0.05 μ。最为重要的是使膜再生，悬浮物、细菌和胶体等有机物附着在膜的表面，由于压力的作用，紧密地堵塞膜的细孔。通常即使用水反洗也不能使粘稠物全部剥落下来，因此膜使用一次后，就不得不更换丢弃。但使用DB系统处理，那么即使多次使用，膜的细孔也不会被堵塞，说明膜可再生利用。这一膜过滤和再生系统的组合装置已应用于海水净化和地下水的精制等方面。

3 食品厂废水冻结处理法

3.1 废水冻结处理法的原理：一般情况下，当溶液的温度降到其冰点以下，便会生成冻结的冰晶，而冰晶中除水分子外不会混入其他分子，从而在冻结的溶液中，将得到由纯水形成的冰和浓缩了的废液。假如废水的90%被冻结，那么这90%的废水便以清洁的冰被回收，剩下的10%是被浓缩为原浓度10倍的废水。那些清洁的冰溶解后就是可以循环利用的清洁水，同时冰的溶解潜热可被冷冻设备所利用。当然用蒸气更容易使废水浓缩，可是蒸发1克的水需要的能量是使同重量的水冻结的能量的7倍，而且从废水排出的蒸气很难有效地利用。由于冻结一般使用电能，比使用热能费用高些，但几乎所有的食品工业都需要冷却的工序，这就可以回收利用冰融化所得的冷量。因此在需要处理废水的情况下，废水冻结处理的设备成本与一般废水处理的设备成本相近，但前者可使用夜间电力，使工厂冷却花费的流动成本下降。此外如用生物处理法，废水中的碳、氮、和磷的重量比不达到一定比例就不能处理，更不用说含有有毒物质了。但用冻结处理法，任何废水都可处理。

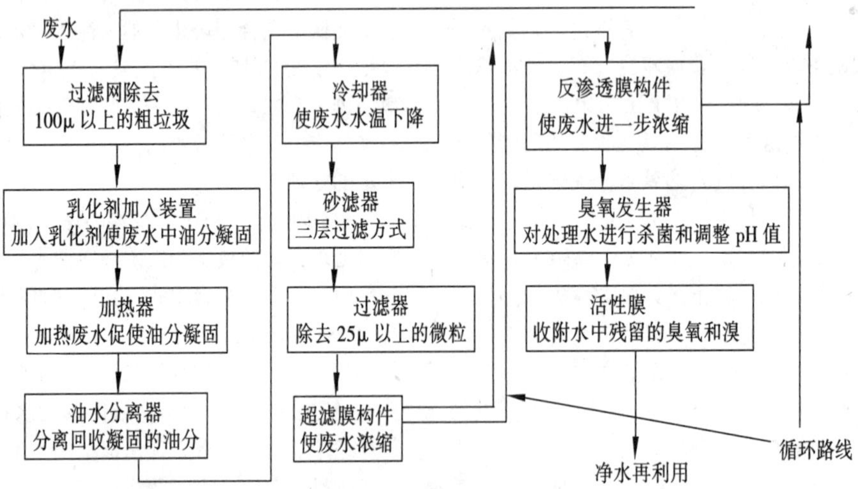

废水膜处理流程

3.2　废水冻结处理后残液中成分的利用：经冻结处理后的废水残液数量大大减少，因此残液进一步处理的成本也相应降低。这些残液通过光合成细菌和生酸菌的作用生成有机酸，回收的有机酸能作为可分解塑料的原料。

4　应用于废水处理的膜处理技术

食品工业由于产品的不同，工厂排出的废水中所含成分也有差别；但主要是降低其BOD、COD、SS和含氮量。以往大都采用活性污泥法、加热浓缩法、和加压上浮法等进行处理，随着废水排放标准日益严格，膜技术作为一种具有稳定净化能力的处理方法，能更有效地除去废水中的内容物，是21世纪防止水污染和资源有效利用的对应（型）装置。与其他处理方法相比，它具有处理水的水质高、减少废弃物处理成本、节能、废水循环利用的特点，处理成本也基本相当。

4.1　膜处理废水的概要：

（1）使用超滤膜（UF膜）和反渗透膜（RO膜）浓缩废水，实现废水的再利用。把以往使用的油水分离器作为膜处理的前处理，然后通过二级膜装置，抽出废水中能够再利用的水份。

（2）通过膜处理浓缩废水并压缩废弃物，这些废弃物可用一般焚烧的方法解决。

（3）节省空间的设计。由于减少了储水的装置而使整个设施的空间大大缩小。

（4）降低运转成本。与以往的方法比较，膜处理各部分都能自动化，因此包括人工在内的运转费用大致相等或更少些。现在随着便宜的高性能的膜技术的开发，运转成本将进一步下降。

4.2　构件的选定（主要是膜的选定）和试验结果。

（1）粗垃圾的回收。开始必须回收混在废水中的食品屑和原材料。使用的过滤网为聚偏氯乙烯纤维，最合适的孔径是100 μ，既不容易造成堵塞，也减轻了后面工序的负荷，流量也符合预定的结果。

（2）油分的回收。油分如附着在膜的表面，不但堵塞膜孔使其处理能力下降，而且是事故发生的原因。所以首先必须除去。一般使用油水分离装置。在废水中注入乳化剂使油分凝固，为提高凝固效率，当油分浓度大时，还必须把为水加热到70℃左右。这些凝固的油分经分离器回收，废水在流入膜的工序前温度要冷却到15～30℃，以免影响膜的效率。

(3) 砂滤工序。为除去油水分离装置不能回收的油分和100 μ以下的微粒，必须用下面的滤材进行三级过滤：上层是无烟煤（比重1.4以上，粒度1.0 m/m）主要降去SS，它在反洗时，捕集的SS容易被洗脱，并有较好的耐药性；中层是石英砂（比重2.5，粒度0.6 m/m）；底层是石榴石（比重4.0，粒度0.3 m/m），它是一种细棕色坚硬的硅酸盐矿石，能使捕集SS和其他粒子的效率大大提高。

(4) 精过滤工序。这是进入膜过滤的最后一道工序，采用圆筒状的聚丙烯纤维，最适合的孔径为25 μ。

(5) UF膜构件的选定。通过对膜的形态、废水的流速、浓缩能力、膜的劣化、物质对膜的吸附和孔径的堵塞等试验，采用聚磺基毛细管型膜二步处理法最合适。

(6) RO膜构件的选定。这种膜主要用于脱盐，即只通过溶剂（如水）而不通过溶质，使溶剂和溶质分离。它能除去的粒子大小为0.001 μ。根据膜的形状、过滤能力、浓缩能力、BOD、COD除却率、膜的劣化、物质对膜的吸附和对孔的堵塞等试验结果，在清除BOD和COD等方面，高分子合成的螺旋型膜性能都较高，而从膜的操作性能看，哪一种膜都没有明显的差别。因此就采用这种螺旋型膜二步处理法。

(7) 杀菌处理工序。经以上膜处理，几乎已除去废水中全部的细菌，但作为饮用水，还必须经杀菌处理，可用臭氧或次氯酸钠杀菌，然后再用活性碳吸附除去水中的溴和臭氧。

(8) 膜处理装置运行结果：食品厂废水原BOD 5000 mg/L、COD 2000 mg/L、SS 600 mg/L、酚类25 mg/L、氮600 mg/L、大肠杆菌5000个/CL、pH=4～11；处理水水质为BOD 1 mg/L、COD 1 mg/L、SS 0.1 mg/L、氮1 mg/L、酚类1 mg/L、大肠杆菌不能检出、pH=6～7.5。

(原载于《食品科学》2001年第10期)

实现食品机械现代化推动我国食品工业可持续发展

赵雪梅　席屿芳　叶兴乾

(浙江大学农业工程与食品科学学院)

1　前言

1983年11月成立的世界环境与发展委员会（WCED）向联合国提供一份题为《我们的未来》的报告，认为可持续发展（sustainable development），是在不损害子孙后代满足他们自己需要的能力的前提下，满足当代人的需要而进行的经济发展，并在1992年6月联合国环发大会上被包括中国在内的183个国家一致接受。这次会议通过了《21世纪议程》这一未来环境与发展的行动纲领，将可持续发展的概念变成了一种各国政府和国际组织在共识基础上的发展战略，开创了一个人类社会走向可持续发展的新阶段。

“可持续发展”同所谓“持续增长”，“持续利用”不同。只有“改进人类的生活质量，同时不要超过支持发展的生态系统的负荷能力”，才能达到可持续发展。因此食品工业的可持续发展同样也应在能够改进人类的生活质量的同时，不要超过支持发展的生态系统的负荷能力。

食品机械行业是直接为食品工业服务的行业，食品工业的发展带动了食品机械的发展；而食品机械的科技进步与发展，又为食品工业发展创造了有利的物质条件，大大推动了食品工业向前发展。

食品机械现代化的程度是衡量一个国家食品工业发展的重要标志。它直接关系到食品制造业和加工业产品科技含量的多寡及食品深加工附加值的高低，是实现食品工业可持续发展的重要保障。同时食品工业的可持续发展必然带动食品机械业的发展，它不仅促进了食品机械品种和数量的增加，更加促进了食品机械业的现代化进程。

80年代以来，中央和地方制定了一系列支持食品工业发展的政策，增加了资金投入，加上农业增产、人民消费水平增高，促进了食品工业的发展，使食品工业初步形成门类比较齐全、技术不断进步、产品日益丰富和运销网络通畅的生产经营体系，成为在国民经济中处于重要战略地位的一大行业。到2010年人民生活将达到小康水平，这对食品行业提出了更高要求，也创造了新的机遇。因此，从我们的现状出发，注重食品机械中先进技术的应用，是食品工业中生产高附加值的产品和提高资源利用率的重要基础。而食品机械现代化的实现与发展对于食品工业可持续发展有着重要的意义。

2 我国食品机械工业的现状与差距

随着我国经济的迅速发展和人民生活水平的不断提高，我国食品工业得到了飞跃发展，已成为我国国民经济的支柱产业，作为装备食品工业的食品机械工业发展尤为迅速。据国家统计局最新资料，全国食品工业（食品、饮料等）的总产值1995年已上升为全国各行业之首，达到4522.75亿元。据有关部门统计，1995年全国专业食品加工机械企业，约有1920多家，工业总产值110亿元，产品品种约1700多种，已成为机械工业的十二大产业之一。

近十几年来，全国食品机械行业均保持着20%的年增长率，随着国民经济的发展，食品机械行业中已经形成一批不仅能够满足国内市场的需要，而且能打入国际市场的优良产品。如1995年方便面食品加工机械和果蔬保鲜机械产值约为15亿元，屠宰加工机械和糕点饼干加工机械年产值约为5亿元，罐头加工机械产值为4亿元，全行业出口创汇5000万美元，主要出口机械为方便面生产线、灌装生产线、胶体磨和饺子机等十几种产品。"八五"期间，通过引进消化吸收，国内设计制造了1200多项食品机械新产品，成套生产线10多种，上百万元的产品100多个，有的企业已能提供上千万元的成套设备等等。但从总体来看，我国食品机械产品的技术水平还不高，与发达国家相比，还有相当大的距离，落后大约20年，无法满足食品工业可持续发展的需要。我国食品机械与国际现代化水平和食品工业可持续发展的差距，主要表现在以下三个方面。

2.1 食品机械产品与国际现代化水平的差距

①产品质量方面的差距。发达国家食品机械产品无论从内在质量还是外观质量都大大超过中国。内在质量差主要表现在产品生产率低、能耗大、寿命短、稳定性和可靠性差；外观质量差主要表现在造型不美和表面粗糙。造成产品质量差的主要原因是采用的设计理论、设计手段、设计方法、制造技术和检测手段落后。此外，国内许多基础件本身质量不稳定，直接影响了产品整体的质量。

②产品技术水平方面的差距。发达国家生产食品机械历史长，基础工业强，技术水平先进，如美国、德国、日本、瑞士、丹麦和意大利等国家。应用的高新技术有微电子技术、光电技术、真空技术、膜分离技术、挤压膨化技术、微波技术、超微粉碎技术、超临界萃取技术、超高压灭菌技术、低温杀菌技术以及智能技术等。用高新技术装备的食品机械，提高了生产率，降低了能源消耗，增加了得率，减少了废弃物，保持了食品营养成分和风味，提高了食品品质。我国食品机械主要产品的60%处于发达国家60年代末、70年代初的水平；20%处于70年代末、80年代初的水平；只有5%达到80年代末、90年代初的水平。整体水平落后大约20年。

③产品品种方面的差距。发达国家食品工业发展很快，人民的饮食结构在不断变化，口味也在不断变化，这对食品市场的产品不断翻新起到了积极地促进作用。目前国外食品机械产品品种有3000多种，成套数量多，基本上可满足当前世界食品工业对食品机械的需要。我国食品机械产品的品种及成套数量都较少，只有1700种，远远满足不了当前我国食品工业对食品机械的需要。新产品的开发目前还处于引进消化吸收的水平，特别是食品深度加工、综合利用、环境保护等方面的高新技术产品欠缺，不少食品工业急需的食品机械产品还需从国外进口。

2.2 食品机械企业与国际现代化水平的差距

①企业科研水平方面的差距。发达国家食品机械企业把科研队伍建设、企业基地建设放在至关重要的地位，科研开发费用占企业销售额的8%～10%。例如，意大利哥尔菲特公司总部有250名员工，生产人员和技术人员各占一半。该公司还拥有一流的科研和试验中心，拥有用计算机网络吸取和分析最新技术与信息的先进手段。而我国食品机械的科研与开发能力十分薄弱。大部分企业基本上没有自己的科研力量，科研院所和大专院校与市场经济相差较大距离，大部分科研的课题没能转化为生产力，没有形成带动科研与生产紧密结合的技术进步力量与运行机制。我国食品机械企业对科研投入平均不到销售额的1%，经费匮乏使得科研设备、试验检测仪器等手段十分落后，大部分食品机械产品只能停留在引进后消化吸收的水平。

②企业生产技术与管理水平方面的差距。发达国家食品机械企业不仅有一支素质高的职工队伍，而且拥有先进的机械制造设备，还有一流的企业管理方

法，使得企业生产技术和管理水平处于领先地位。而我国食品机械企业自身装备的整体水平仍相当落后，零部件的精度、互换性得不到真正的保护。食品机械生产中使用的原材料、基础件质量差，产品所有的基础件多数由生产整机的企业自己制造，成本高、质量差、寿命短，直接影响整机产品质量。长期以来，企业的技术改造较多地关注扩大产品产量，而忽略了技术水平的提高。真正的市场竞争是技术水平的竞争，所以应当以高科技水平竞争的市场观念来指导食品机械企业的科研、生产、制造和销售。

2.3 企业市场信息与销售渠道方面的差距

当今是信息的社会。发达国家食品机械企业十分注重对信息的收集、分析和管理，从中得出较为可靠的市场预测。大型企业均有自己的市场预测专业队伍，大、中、小型企业积极加盟各类协会或集团，以获取更多所需的信息，并通过协会和集团向全世界宣传本企业的产品。而我国食品机械企业的信息闭塞，缺乏必要的信息系统、行业内部的信息沟通、与院校和研究所的联系、与食品生产企业的联系以及对国内产品的了解，产品开发人员思路不开阔，产品设计还达不到国际先进水平。

总之，我国食品机械工业仍是典型的传统劳动密集型产业，用人多、效率低、质量差，远远落后于国际先进水平。因此，这与实现食品工业可持续发展存在巨大差距。

3 食品工业可持续发展对食品机械现代化的要求

根据“九五”全国食品工业科技发展纲要提出的2000年食品工业总产值为7000～7600亿元，2010年达16600～21600亿元的总目标。2000年按食品工业总产值的3%来计算食品机械产值，2010年按食品工业总产值的3.5%（机械出口进一步扩大）来计算食品机械产值，则2000年食品机械产值将达210～228亿元，这比1995年的110亿元翻了一番；2010年食品机械产值将达580～756亿元，这比2000年的产值翻了一番多。为了满足消费市场不同层次人群对食品的更多要求，充分利用现有食物资源，推动食品工业持续、快速地向前发展，食品机械工业必需紧紧依靠科技进步，利用国内外先进技术，研制开发新型食品机械产品，填补国内空白，加快实现食品机械现代化。因此，今后一个时期我国食品机械发展应重点抓好以下各项工作。

3.1 加快各种食品加工配套设备的研制和推广

1980～1995年，全国共制造了800亿元的食品机械，出口达2亿美元，同时国内共计进口85亿美元的食品机械。据海关统计，“八五”末期进口食品机械和国产食品机械产值基本持平。我国食品机械从80年代初开始引进，到目前为止所引进的设备中，约有40%属国内不能供应的，40%是国内已批量生产不该进口的，20%是可以替代进口的。综合分析后，国内食品机械需求市场约30%的保有量被国外设备所占领。国内尚有很多空白产品亟待开发，所以开拓国内外市场的潜力很大。国内进口的食品机械中，大多数是80年代末期引进的，约占总引进设备的70%左右，许多设备已接近或达到使用寿命期，这也是食品机械很大的潜在市场。应采取措施对国内空白的进口设备抓紧消化吸收并国产化，通过发展国内自己的技术和产品来制约进口。此外，发展食品机械除满足国内需要外，还要设法扩大出口能力，如德国、意大利等国出口额占产值的70%左右，美国和日本也在20%以上，而我国只有3%左右，出口潜力很大。今后应重点研制开发的新型食品机械产品为：

①粮油副产品的深加工设备。如利用低温脱溶和脱毒处理豆粕、玉米粕和花生粕等的加工设备以及米糠和麸皮等综合利用的加工设备。这方面的许多工艺性问题已获得突破，但如何推向工业化应用，还有待开发和创新。

②油脂加工膨化浸出设备。“膨化浸出机”是目前国际上采用的先进技术，可替代传统油脂浸出成套设备中破碎、软化、轧胚和浸出4道工序中的部分设备。以100吨/天膨化浸出机为例，可节约动力96千瓦/小时，提高生产能力30%，可使豆粕中蛋白质含量从40%提高到44%，具有明显的经济效益和社会效益。国内目前油脂加工厂4000余家，大部分工厂仍采取传统的油脂浸出设备和工艺，因而拥有广阔的市场。

③大型玉米深加工综合利用成套设备。据报道，美国等发达国家对玉米的综合利用率达99%，可同时生产30余种主副主品，广泛应用于食品、化工、制药及生物等领域。我国在这方面差距很大，主要原因是加工设备不配套。我国是世界上第二大玉米生产国，根据国家食品工业“九五”规划和2010年远景目标要求，食品机械行业应负担起开发玉米深加工设备，以满足行业经济发展需要的责任。

④大型淀粉加工成套设备。我国目前虽能制造小型淀粉加工成套设备，但技术指标和生产规模远不能适应食品工业发展的需要。大型淀粉加工成套设备还

依赖于进口。所以，要求国内的相关科研院所尽快研制大型淀粉加工成套设备，并努力迈上新的台阶。

⑤高度自动化水果加工成套设备。发达国家的水果加工机械早已实现高度自动化控制管理，不仅节省劳力，也大大提高了产品质量。而我国目前仍大量采用人工操作，应尽早解决这方面的技术开发和设备国产化问题。

⑥大中型番茄加工成套设备。在发达国家番茄制品多以番茄酱、番茄沙司和面包伴侣等形式上市，消费量很大。在我国随着城乡人民生活水平的提高，居民饮食结构发生了很大变化，所以大力开发该类设备具有广阔的市场前景。

⑦大中型牲畜屠宰加工设备。我国在涿州、北京、武汉和南京等城市已有几家企业生产中小型家禽屠宰加工设备，但在猪、牛等大牲畜的屠宰加工方面，加工设施不配套，距离国际标准和世界银行贷款招标项目的要求相差甚远，目前国内新上的大中型牲畜屠宰线都依赖进口，所以，应参照世界先进水平进行攻关和开发。

⑧肉及肉制品加工配套设备。我国肉类制品产量已达100万吨，但人均尚不足1千克。而且，废物处理和环保技术还比较落后。按照“九五”全国食品工业科技发展纲要的重点要求，当前除继续完善目前的贮藏、加工设备外，还需要进一步发展完善动物的内脏、血液、皮、骨、羽毛和各种腺体等的综合利用技术和设备，并应用分离、提纯技术处理废弃物，开发具有功能性和生理活性的物质。

⑨果胶加工成套设备。我国目前尚未充分利用水果加工中的副产品，只将其作为垃圾处理。利用果皮生产的果胶是食品工业不可缺少的添加剂，每年需进口数百吨，但国内尚无果胶加工成套设备，所以有关单位应尽快组织开发。

⑩果汁香味回收装置。由于国产果汁加工成套设备中无配套的提香装置，致使果汁香气不足。如能把果汁加工过程中的香气回收，再返添入果汁中，可使果汁保持原有的滋味及天然果香。所以，应积极组织开发。

⑪方便食品加工设备。随着现代生活节奏的加快和旅游业的兴旺发达，以及进一步把城乡居民从烦琐的饮食劳动中解放出来，方便化将是未来我国食品工业发展的总趋势。通过对新型方便食品加工设备的开发与推广，可使副食、小吃食品和主食按一定的规模进行标准化生产，并延长保存期，以适应消费者对“方便”的要求。

3.2 食品机械应采用先进的食品加工技术

目前，我国食品机械技术水平还比较低，整体水平比发达国家几乎落后20年。为了缩小这种差距，应在不断开发新产品的同时，不断地应用新的食品加工技术。如：

①食品冷杀菌技术。传统的高温杀菌方法容易破坏食品的原有风味和维生素C，使酶特性发生变化，影响食品品质。美国食品与药物管理局（FDA）1995年7月通过了Coolpure公司的冷却杀菌法。该法适用于液态或可泵送食品的杀菌，采用短时高电压脉冲杀灭液体和粘性食品中的微生物。Coolpure杀菌法对热敏感产品更能显示出其优点，它能快速有效地杀灭食品中的腐败菌和病原体，又不会对食品产生像热杀菌那样的损害，不影响产品的色泽和风味，适用范围较广，包括果汁、饮料、牛奶、液蛋、膏糊状态食品、糖浆、调料、果菜泥及功能性蛋白等。目前还有其他的冷杀菌技术，如高压杀菌法、超声波杀菌技术等。

②超临界优先萃取技术。超临界萃取技术是利用略高于物质的临界温度且接近临界点的状态，采用一定的气体，在超临界状态下，使天然原料中的有效成分不断被抽取到超临界气体中。该项技术可广泛应用于天然食用色素、香料、香精、油脂、系列添加剂、药用动植物和中草药等的萃取加工。萃取物不含有机溶剂的残留成分，保持了萃取物的天然性，不产生“三废”污染环境。目前，不少国家的制药业、食品业已不允许使用非天然合成色素、人工香料及食品添加剂，所以，将超临界萃取技术用于生产纯天然性植物色素、香料及食品添加剂等方面，发展前景广阔。

③超声波均质机细化技术。传统的高压式均质机已发展到了极限，即不可能再靠提高压力的方法来取得进一步细化物料的效果，且对纤维状结构和脂肪球的破碎效果不理想。目前美国已研制成功新一代聚能式超声波均质机，能使果汁饮料中的固形物尺寸细化到0.1～0.5 μm以下，不会象高压均质机那样因升温而改变物料特性。

④挤压技术。挤压技术是按设计的目标将调配均匀的食品原料由螺杆挤压机高速完成输送、混合、加热、加压、质构重组、熟制、杀菌及成型等多加工单元，从而取代食品加工的传统生产方法。目前已研究开发出适应高蛋白质、高脂肪和高水分的挤压加工机械，用于生产各类工程肉、水产及谷物早餐等食品。

⑤超滤分离技术。微滤、超滤和反渗透等膜分离

技术的发展，为工程化食品提供了非常有效的加工方法，根据被分离的溶液物质的分子量，运用相应的分离膜材料或相应孔径的膜，并采用不同的膜组件，通过压力的推动，在不破坏营养成分和风味物质的情况下，便可完成物质的分离、提纯、除菌、除浊、浓缩和改变产品结构。尤其近20年来，膜分离技术在食品工业中的应用有了迅速发展，在乳品、肉类、水果、蔬菜、茶、饮料、脂肪、油脂、酱油、制糖和酶制剂等工业中得到广泛应用。

⑥微胶囊化技术。微胶囊化技术是采用喷雾包埋或凝聚包埋、表面活性反应和溶剂蒸发胶囊等方法将加工物包囊在胶囊或膜物质内，形成直径为2～10 μ的颗粒，被包埋固化的物料由于有了保护层，从而可提高物料的稳定性及可控溶释时效，抑制氧化，延长贮藏期，防止物料在加工中相互反应。该技术已应用到多种工程化食品，如各种微量营养素、生物活性制剂、活菌制剂、香料、香精、果汁及可控溶释时效胶囊等。

⑦高压处理技术。高压处理技术是通过高压处理蛋白质等生理活性物质，形成蛋白质的可逆性变性作用，以达到杀菌目的的一种现代食品加工技术。用于保藏果蔬及肉糜类食品，可有效保存食品的色、香、味和营养，并能达到更佳的杀菌效果。现在，日本、美国等发达国家正积极开发这项新技术。

⑧真空应用技术。真空技术在食品工业的应用潜力很大。目前食品工业普遍采用真空浓缩、真空包装、真空充氮气包装、真空贴体包装、真空干燥、真空油炸、真空熏蒸、真空输送、真空浸渍和真空冷却等技术。

⑨食品生物技术。现代食品与工程的发展与生物技术紧密相关，逐渐形成食品生物技术这一独立的分支学科，并日益受到重视。通过食品生物技术可为人类开辟新的食品资源。例如从酵母或细菌等微生物菌体中获取的细胞蛋白，其氨基酸组成类似于动物蛋白质，而且，还含有丰富的碳水化合物、维生素、矿物质和脂类。利用酶工程可将来源丰富，价格低廉的玉米、高粱、马铃薯及木薯等淀粉加工成饴糖等淀粉糖产品，广泛应用于各种饮料和食品中，这是目前国际上竞相发展的技术。应用生物技术还能提高食品的色、香、味、形等品质。当今国际市场上食品工业新产品大约有90%以上是采用此项新技术手段完成的。

为了实现2010年食品工业的发展目标，并为以后的发展打下基础，食品机械行业应采取如下对策和措施：研究区域布局，促进整体协调发展；深化改革，积极发展企业集团；积极引进技术，增强自主开发能力；大胆利用外资，加快企业改造步伐；建立试验中心，加强基础和应用研究；加强质量工作，确保产品质量提高；增加智力投入，加速科技队伍建设。根据我国食品机械产品品种的发展速度和各部委在“九五”期间组织的食品机械新产品攻关项目数初步预测，2000年我国食品机械产品品种可达2200种，2010年将达2800多种。

对于食品工业可持续发展不可能建立在食品机械比较落后的基础之上，如不采取有效措施，食品工业的可持续发展则无法实现。因此，努力实现食品机械现代化已成为食品工业发展的首要任务，也是跨世纪食品工业可持续发展的必由之路。

（原载于《粮油加工与食品机械》2001年第7期）

1.4　统计数据

说明：1．本篇各表中数据口径为“规模以上企业”。

2．本篇各表中国有分组口径均为国有及国有控股。

主要年份食品工业总产值及其比例

年份	食品工业总产值（亿元）	占全国工业总产值的比例（%）
1952	82.8	24.1
1957	153.6	19.6
1962	126.9	14.9
1965	175.5	12.6
1970	197.9	8.2
1976	388.6	11.9
1977	435.7	11.7
1978	471.7	11.1
1979	518.7	11.3
1980	568.0	11.4
1981	690.1	13.3
1982	755.5	13.6
1983	794.3	12.9
1984	865.8	12.3
1985	940.6	11.3
1986	1018.1	11.3
1987	1134.0	11.0

续表

年份	食品工业总产值（亿元）	占全国工业总产值的比例（%）
1988	1305.7	10.8
1989	1348.3	10.4
1990	1360.0	10.4
1991	2665.1	11.9
1992	2980.0	11.0
1993	3428.7	10.1
1994	4039.9	9.9
1995	4496.1	10.1
1996	5146.5	10.1
1997	5842.1	10.3
1998	5517.3	9.6
1999	6020.3	9.3
2000	6672.1	8.8

注：1952～1957年数字按1952年不变价格计算；1962～1970年按1957年不变价格计算；1970～1980年按1970年不变价格计算；1981～1990年按1980年不变价格计算；1991～2000年按1990年不变价格计算。

食品工业增加值及其比重

单位：亿元

行　业	工业增加值		占食品工业增加值比重%	
	2000年	1999年	2000年	1999年
全部食品工业合计	2805.80	2584.24	100.00	100.00
食品加工业	835.29	761.86	29.77	29.48
食品制造业	415.81	344.55	14.82	13.33
饮料制造业	618.90	585.78	22.06	22.67
烟草加工业	935.80	892.05	33.35	34.52

食品工业总产值指数

年份	以1952年为100	以1957年为100	以1965年为100	以1978年为100	以1980年为100	以1990年为100
1952	100.0	53.9	42.5	20.6	17.1	7.3
1957	185.5	100.0	78.9	38.2	31.7	13.5
1962	170.0	91.6	72.3	35.0	29.1	12.4
1965	235.2	126.8	100.0	48.4	40.2	17.2
1978	485.5	261.7	206.4	100.0	83.0	35.6
1979	534.1	287.9	227.1	110.0	91.3	39.2
1980	584.8	315.3	248.6	120.5	100.0	42.9
1981	659.1	355.3	280.2	135.8	112.7	48.4
1982	721.7	389.1	306.8	148.7	123.4	53.0
1983	758.5	408.9	322.5	156.2	129.7	55.7
1984	826.8	445.7	351.5	170.3	141.4	60.7
1985	897.9	484.0	381.7	184.9	153.6	65.9
1986	971.5	523.7	413.0	200.1	166.2	71.3
1987	1082.3	583.4	460.1	222.9	185.1	79.4
1988	1245.7	671.5	529.6	256.6	213.0	91.4
1989	1286.8	693.7	547.1	265.1	220.0	94.4
1990	1362.8	734.6	579.4	280.7	233.0	100.0
1991	1508.5	813.2	641.4	310.7	257.9	110.7
1992	1686.7	909.3	717.2	347.4	288.4	123.8
1993	1940.7	1046.2	825.2	399.7	331.8	142.4
1994	2286.7	1232.7	972.3	471.0	390.9	167.8
1995	2545.0	1371.9	1082.1	524.2	435.0	186.8
1996	2913.1	1570.3	1238.6	600.0	497.9	213.8
1997	3306.4	1782.3	1405.8	681.0	656.1	242.7
1998	3556.7	1917.2	1512.2	732.6	607.9	261.1
1999	3880.4	2091.7	1649.8	799.3	663.2	284.9
2000	4302.4	2319.1	1829.2	886.2	735.6	315.7

注：1998年统计范围由原来的全部独立核算工业企业改为全部国有及年销售收入500万元以上的非国有，即“规模以上企业”，因此1998年指数的计算，借助于“九五”前4年的平均增长速度。

食品工业总产值平均每年增长速度

单位：%

项　　目	“一五”时期	“二五”时期	1963年～1965年	“三五”时期	“四五”时期	“五五”时期	“六五”时期
食品工业总产值	13.2	－1.7	11.4	2.4	8.4	8.0	9.0

项目	“七五”时期	“八五”时期	“九五”时期	1979年～1989年	1979年～1999年	2000年比1999年增长
食品工业总产值	8.7	13.3	8.2	10.2	11.0	10.8

食品工业总产值及其比重

单位：亿元

行　业	工业总产值（当年价）		总产值占全国比重%	
	2000年	1999年	2000年	1999年
全部食品工业合计	8368.87	7828.66	100.00	100.00
食品加工业	3722.70	3517.00	44.48	44.92
食品制造业	1442.52	1262.19	17.24	16.12
饮料制造业	1752.37	1658.70	20.94	21.19
烟草加工业	1451.29	1390.77	17.34	17.77

分行业食品工业总产值

单位：亿元

行　业	2000年		1999年	
	总产值（当年价）	比例%	总产值（当年价）	比例%
食品工业合计	8368.87	100.00	7828.66	100.00
食品加工业	3722.70	44.48	3517.00	44.92
粮食及饲料加工业	1317.96	15.75	1290.90	16.49
碾米业	183.53	2.19	200.64	2.56
磨粉业	363.65	4.35	387.76	4.95
面、米制品业	46.70	0.56	51.82	0.66
配合及混合饲料制造业	658.56	7.87	589.83	7.53
蛋白饲料制造业	18.21	0.22	19.62	0.25
水产饲料制造业	24.94	0.30	21.45	0.27
其他饲料制造业	22.37	0.27	19.78	0.25
植物油加工业	735.50	8.79	693.44	8.86
食用植物油加工业	729.82	8.72	688.04	8.79
非食用植物油加工业	5.68	0.07	5.40	0.07
制糖业	242.01	2.89	256.56	3.28
甘蔗糖业	201.50	2.41	209.89	2.68
甜菜糖业	30.77	0.37	37.05	0.47
加工糖业	9.74	0.12	9.62	0.12
屠宰及肉类蛋类加工业	741.10	8.86	659.32	8.42
屠宰业	224.85	2.69	198.56	2.54
肉制品加工业	476.10	5.69	417.45	5.33
肉类副产品加工业	27.16	0.32	31.08	0.40
蛋品加工业	12.99	0.16	12.23	0.16
水产品加工业	460.65	5.50	414.88	5.30
冷冻水产品加工业	356.89	4.26	301.94	3.86
干制水产品加工业	63.46	0.76	70.70	0.90
腌制水产品加工业	3.51	0.04	2.59	0.03
鱼糜及鱼糜制品加工业	8.04	0.10	5.27	0.07
其他水产品加工业	28.75	0.34	34.37	0.44
盐加工业	9.13	0.11	7.60	0.10
其他食品加工业	216.35	2.59	194.29	2.48
食品制造业	1442.52	17.24	1262.19	16.12

续表

行业	2000年		1999年	
	总产值（当年价）	比例%	总产值（当年价）	比例%
糕点、糖果制造业	473.32	5.66	416.10	5.32
糖果业	89.92	1.07	75.29	0.96
糕点业	46.79	0.56	45.34	0.58
饼干业	95.49	1.14	91.80	1.17
方便主食品业	203.29	2.43	172.17	2.20
蜜饯业	24.05	0.29	19.82	0.25
其他糕点、糖果制品业	13.78	0.16	11.68	0.15
乳制品制造业	195.45	2.34	147.88	1.89
罐头食品制造业	127.08	1.52	126.63	1.62
肉类罐头制造业	14.21	0.17	19.51	0.25
禽类罐头制造业	0.72	0.01	0.64	0.01
水产罐头制造业	6.75	0.08	6.78	0.09
水果罐头制造业	31.32	0.37	28.03	0.36
蔬菜罐头制造业	40.73	0.49	40.99	0.52
其他罐头食品制造业	33.36	0.40	30.68	0.39
发酵制品业	156.90	1.87	143.31	1.83
氨基酸制造业	7.01	0.08	8.37	0.11
味精制造业	102.58	1.23	97.51	1.25
柠檬酸制造业	24.25	0.29	16.12	0.21
酵母制品业	8.63	0.10	7.01	0.09
酶制剂制造业	4.36	0.05	5.71	0.07
其他发酵制品业	10.08	0.12	8.59	0.11
调味品制造业	124.31	1.49	114.16	1.46
酱油、酱类制造业	63.92	0.76	58.86	0.75
食醋制造业	8.38	0.10	8.08	0.10
调味料制造业	35.67	0.43	31.77	0.41
调味油制造业	1.85	0.02	2.30	0.03
其他调味品制造业	14.49	0.17	13.15	0.17
其他食品制造业	365.46	4.37	314.12	4.01
豆制品制造业	24.68	0.29	23.69	0.30
淀粉及淀粉制品业	147.85	1.77	119.71	1.53
代乳品制造业	2.65	0.03	1.54	0.02
制冰业	1.99	0.02	0.99	0.01
淀粉糖业	19.35	0.23	16.48	0.21
冷冻饮品制造业	55.12	0.66	51.94	0.66
其他类未包括的食品制造业	113.81	1.36	99.77	1.27
饮料制造业	1752.37	20.94	1658.70	21.19
酒精及饮料酒制造业	1152.16	13.77	1124.33	14.36
酒精制造业	61.06	0.73	64.74	0.83
白酒制造业	539.12	6.44	534.34	6.83
啤酒制造业	466.61	5.58	443.93	5.67

续表

行业	2000年		1999年	
	总产值（当年价）	比例%	总产值（当年价）	比例%
黄酒制造业	23.84	0.28	24.71	0.32
葡萄酒制造业	44.43	0.53	39.58	0.51
果露酒制造业	17.10	0.20	17.03	0.22
软饮料制造业	445.88	5.33	396.05	5.06
碳酸饮料制造业	184.49	2.20	171.82	2.19
天然矿泉水制造业	29.30	0.35	25.22	0.32
果菜汁饮料制造业	80.09	0.96	70.31	0.90
固体饮料制造业	83.92	1.00	71.09	0.91
其他软饮料制造业	68.08	0.81	57.61	0.74
制茶业	46.93	0.56	47.60	0.61
其他饮料制造业	107.40	1.28	90.73	1.16
烟草加工业	1451.29	17.34	1390.77	17.77
烟叶复烤业	86.52	1.03	70.02	0.89
卷烟制造业	1357.58	16.22	1309.52	16.73
其他烟草加工业	7.19	0.09	11.24	0.14

分地区食品加工业总产值及其比例（当年价）

单位：亿元

地区	2000年		1999年		地区	2000年		1999年	
	总产值	比例%	总产值	比例%		总产值	比例%	总产值	比例%
全国	3722.70	100.00	3517.00	100.00	河南	283.73	8.07	243.62	6.93
北京	54.46	1.55	59.33	1.69	湖北	192.54	5.47	197.19	5.61
天津	66.70	1.90	71.67	2.04	湖南	82.43	2.34	73.31	2.08
河北	128.75	3.66	112.23	3.19	广东	313.67	8.92	325.31	9.25
山西	20.87	0.59	20.16	0.57	广西	153.95	4.38	154.39	4.39
内蒙古	46.37	1.32	41.98	1.19	海南	23.17	0.66	19.63	0.56
辽宁	171.17	4.87	142.81	4.06	重庆	18.42	0.52	18.00	0.51
吉林	63.74	1.81	65.98	1.88	四川	119.35	3.39	106.27	3.02
黑龙江	103.75	2.95	111.79	3.18	贵州	13.66	0.39	14.57	0.41
上海	77.01	2.19	83.98	2.39	云南	56.85	1.62	54.92	1.56
江苏	364.18	10.35	342.00	9.72	西藏	0.49	0.01	0.37	0.01
浙江	177.45	5.05	155.59	4.42	陕西	37.63	1.07	37.08	1.05
安徽	95.46	2.71	107.45	3.06	甘肃	16.83	0.48	18.07	0.51
福建	120.74	3.43	134.65	3.83	青海	3.44	0.10	4.36	0.12
江西	64.72	1.84	69.94	1.99	宁夏	2.88	0.08	5.29	0.15
山东	811.91	23.09	682.94	19.42	新疆	36.38	1.03	42.12	1.20

分地区食品制造业总产值及其比例（当年价）

单位：亿元

地区	2000年		1999年	
	总产值	比例%	总产值	比例%
全国	1442.52	100.00	1262.19	100.00
北京	71.61	4.96	50.23	3.98
天津	47.05	3.26	46.03	3.65
河北	99.74	6.91	89.29	7.07
山西	8.94	0.62	8.57	0.68
内蒙古	24.29	1.68	17.14	1.36
辽宁	40.38	2.80	31.90	2.53
吉林	40.07	2.78	25.53	2.02
黑龙江	51.68	3.58	42.86	3.40
上海	108.53	7.52	94.41	7.48
江苏	103.58	7.18	98.93	7.84
浙江	73.96	5.13	65.59	5.20
安徽	21.44	1.49	14.85	1.18
福建	53.04	3.68	48.33	3.83
江西	9.64	0.67	9.09	0.72
山东	179.14	12.42	148.98	11.80
河南	109.63	7.60	96.61	7.65
湖北	39.57	2.74	39.03	3.09
湖南	18.19	1.26	16.61	1.32
广东	212.63	14.74	194.97	15.45
广西	21.50	1.49	22.19	1.76
海南	15.21	1.05	13.07	1.04
重庆	9.88	0.68	10.18	0.81
四川	24.74	1.72	24.45	1.94
贵州	3.60	0.25	2.97	0.24
云南	3.75	0.26	4.57	0.36
西藏	0.04	0.00	0.04	0.00
陕西	20.54	1.42	21.78	1.73
甘肃	10.45	0.72	7.53	0.60
青海	0.37	0.03	0.66	0.05
宁夏	7.41	0.51	6.24	0.49
新疆	11.91	0.83	9.59	0.76

分地区饮料制造业总产值及其比例（当年价）

单位：亿元

地区	2000年		1999年	
	总产值	比例%	总产值	比例%
全国	1752.37	100.00	1658.70	100.00
北京	71.03	4.05	61.78	3.72
天津	42.33	2.42	35.69	2.15
河北	89.54	5.11	86.05	5.19
山西	17.80	1.02	17.15	1.03
内蒙古	23.10	1.32	25.04	1.51
辽宁	46.24	2.64	44.89	2.71
吉林	32.96	1.88	28.17	1.70
黑龙江	48.34	2.76	51.80	3.12
上海	63.58	3.63	62.28	3.75
江苏	130.46	7.45	122.22	7.37
浙江	136.99	7.82	130.34	7.86
安徽	78.14	4.46	86.10	5.19
福建	45.75	2.61	46.39	2.80
江西	18.73	1.07	18.12	1.09
山东	193.61	11.05	179.70	10.83
河南	84.83	4.84	87.79	5.29
湖北	78.36	4.47	72.86	4.39
湖南	27.63	1.58	25.02	1.51
广东	197.79	11.29	185.82	11.20
广西	18.26	1.04	19.53	1.18
海南	14.53	0.83	12.78	0.77
重庆	16.57	0.95	18.64	1.12
四川	175.82	10.03	154.83	9.33
贵州	24.92	1.42	19.82	1.20
云南	9.94	0.57	8.55	0.52
西藏	1.36	0.08	1.41	0.09
陕西	25.83	1.47	20.61	1.24
甘肃	17.12	0.98	18.06	1.09
青海	3.26	0.19	2.68	0.16
宁夏	2.89	0.16	2.18	0.13
新疆	14.62	0.83	12.40	0.75

分地区烟草加工业总产值及其比例（当年价）

单位：亿元

地区	2000年		1999年		地区	2000年		1999年	
	总产值	比例%	总产值	比例%		总产值	比例%	总产值	比例%
全国	1451.29	100.00	1390.77	100.00	河南	71.08	4.90	68.17	4.90
北京	8.36	0.58	6.99	0.50	湖北	96.74	6.67	91.52	6.58
天津	3.20	0.22	3.11	0.22	湖南	134.53	9.27	131.63	9.46
河北	22.57	1.56	21.24	1.53	广东	75.02	5.17	72.99	5.25
山西	6.16	0.42	6.02	0.43	广西	20.91	1.44	22.73	1.63
内蒙古	5.11	0.35	4.87	0.35	海南	3.70	0.26	1.66	0.12
辽宁	6.90	0.48	7.88	0.57	重庆	30.48	2.10	34.03	2.45
吉林	14.17	0.98	12.55	0.90	四川	57.69	3.98	54.34	3.91
黑龙江	13.51	0.93	15.91	1.14	贵州	89.81	6.19	90.52	6.51
上海	84.84	5.85	75.73	5.45	云南	373.84	25.76	355.74	25.58
江苏	47.98	3.31	41.95	3.02	西藏	0.00	0.00	0.00	0.00
浙江	55.17	3.80	47.60	3.42	陕西	33.23	2.29	36.30	2.61
安徽	50.57	3.48	53.39	3.84	甘肃	10.11	0.70	7.06	0.51
福建	50.63	3.49	42.80	3.08	青海	0.00	0.00	0.00	0.00
江西	26.07	1.80	21.67	1.56	宁夏	0.73	0.05	0.71	0.05
山东	55.70	3.84	58.34	4.20	新疆	2.46	0.17	3.31	0.24

分地区分经济类型食品加工业总产值（当年价）

单位：亿元

地区	国有		集体		地区	国有		集体	
	2000年	1999年	2000年	1999年		2000年	1999年	2000年	1999年
全国	1302.83	1477.14	745.67	758.41	河南	140.23	123.54	70.60	61.19
北京	32.51	37.54	6.88	7.34	湖北	82.07	100.93	57.51	63.73
天津	16.64	16.79	17.51	21.86	湖南	34.33	41.80	13.63	12.55
河北	35.06	39.59	26.76	24.60	广东	100.37	128.75	37.86	41.57
山西	9.50	10.66	3.73	6.02	广西	93.19	104.97	8.74	10.33
内蒙古	24.03	27.05	0.22	4.39	海南	10.91	8.70	0.02	0.56
辽宁	38.30	39.44	15.86	27.48	重庆	6.96	7.26	0.84	1.10
吉林	20.62	25.06	3.48	4.53	四川	25.07	28.00	5.43	4.63
黑龙江	38.39	54.81	18.90	19.87	贵州	9.30	10.15	1.35	1.49
上海	21.81	27.12	3.18	8.49	云南	37.11	35.92	5.71	8.48
江苏	144.15	169.68	56.39	73.91	西藏	0.33	0.34	0.01	0.01
浙江	34.74	59.85	10.41	14.69	陕西	12.68	13.59	11.20	8.47
安徽	43.99	57.23	11.24	15.93	甘肃	3.59	7.00	2.76	4.23
福建	25.53	26.62	5.11	5.05	青海	2.66	3.51	0.01	0.12
江西	39.27	47.06	3.37	4.88	宁夏	0.72	3.14	0.09	0.06
山东	194.45	187.40	346.28	299.79	新疆	24.34	33.62	0.58	1.05

分地区分经济类型食品制造业总产值（当年价）

单位：亿元

地　区	国有		集体		地　区	国有		集体	
	2000年	1999年	2000年	1999年		2000年	1999年	2000年	1999年
全　国	428.64	405.27	234.54	253.53	河　南	42.06	35.90	39.26	37.33
北　京	28.34	24.21	3.69	3.29	湖　北	9.85	10.62	7.95	9.50
天　津	4.91	5.65	7.92	8.08	湖　南	4.37	3.27	3.33	2.60
河　北	27.98	26.84	22.71	22.28	广　东	41.78	53.40	17.69	21.54
山　西	2.83	2.70	0.57	0.50	广　西	9.17	10.34	2.78	8.07
内蒙古	16.59	12.95	0.65	0.28	海　南	12.68	12.33	0.30	0.18
辽　宁	10.19	10.10	1.77	2.26	重　庆	3.50	3.68	0.67	1.14
吉　林	33.90	19.63	1.21	1.09	四　川	5.19	5.09	1.52	3.54
黑龙江	19.19	20.81	4.34	4.60	贵　州	1.07	1.12	1.78	1.32
上　海	37.71	29.33	5.28	7.61	云　南	2.40	3.21	0.60	0.57
江　苏	16.81	22.49	24.03	30.44	西　藏	0.02	0.02	0.00	0.01
浙　江	18.12	18.55	3.46	4.21	陕　西	5.47	6.98	4.78	5.42
安　徽	15.63	9.98	1.09	1.37	甘　肃	4.41	3.01	3.66	2.31
福　建	8.11	8.25	3.63	6.73	青　海	0.12	0.23		
江　西	4.39	4.39	2.03	2.24	宁　夏	3.53	4.43	0.23	0.16
山　东	33.01	29.62	67.50	64.19	新　疆	5.33	6.12	0.09	0.67

分地区分经济类型饮料制造业总产值（当年价）

单位：亿元

地　区	国有		集体		地　区	国有		集体	
	2000年	1999年	2000年	1999年		2000年	1999年	2000年	1999年
全　国	863.93	923.89	157.61	175.15	河　南	48.74	55.61	17.39	16.85
北　京	44.75	38.31	5.50	5.65	湖　北	27.34	23.53	16.99	19.05
天　津	15.76	24.00	3.42	3.93	湖　南	13.21	14.38	3.57	3.84
河　北	33.69	36.40	31.07	27.74	广　东	52.80	54.04	12.57	27.03
山　西	10.36	10.40	0.92	0.91	广　西	4.85	5.96	0.59	1.71
内蒙古	15.82	20.67	0.31	0.13	海　南	8.34	5.28	0.22	0.14
辽　宁	9.05	11.83	2.61	3.16	重　庆	8.54	12.16	0.17	0.10
吉　林	11.72	14.45	2.80	1.19	四　川	124.67	113.65	4.74	4.67
黑龙江	25.28	30.52	2.04	2.18	贵　州	16.99	17.62	0.45	0.75
上　海	14.96	4.97	0.08	1.58	云　南	6.46	5.96	0.55	0.45
江　苏	45.43	88.17	9.92	10.23	西　藏	1.27	1.31	0.00	0.00
浙　江	80.68	73.43	9.66	14.09	陕　西	16.32	13.98	0.25	0.42
安　徽	60.23	76.68	2.87	2.68	甘　肃	10.35	10.43	0.96	0.57
福　建	19.68	19.76	1.69	2.46	青　海	2.62	2.31		
江　西	13.08	15.80	0.96	1.33	宁　夏	1.62	0.53	0.21	0.00
山　东	109.71	110.92	24.77	21.03	新　疆	9.61	10.81	0.34	1.26

分地区分经济类型烟草加工业总产值（当年价）

单位：亿元

地区	国有		集体		地区	国有		集体	
	2000年	1999年	2000年	1999年		2000年	1999年	2000年	1999年
全国	1426.66	1360.99	18.53	20.26	河南	66.62	64.31	4.68	4.10
北京	8.36	6.99			湖北	91.45	83.76	0.00	0.73
天津	3.20	3.11			湖南	134.11	131.05	0.14	0.24
河北	22.57	21.24			广东	74.87	72.68	0.07	0.07
山西	6.16	6.02			广西	20.78	22.73	0.13	
内蒙古	4.89	4.71	0.22	0.16	海南	3.70	1.66	0.00	
辽宁	6.90	7.88			重庆	30.36	33.88	0.12	0.15
吉林	14.17	12.55			四川	57.17	53.56	0.52	0.41
黑龙江	13.51	15.91			贵州	88.55	89.15	2.43	1.33
上海	82.95	74.09	0.94	0.82	云南	367.09	347.91	6.49	7.54
江苏	46.54	40.89	1.19	0.95	西藏	0.00	0.00		
浙江	55.17	47.60			陕西	33.20	36.30		
安徽	49.27	51.72	1.30	1.67	甘肃	9.98	6.92	0.13	0.14
福建	50.63	42.80			青海				
江西	25.94	21.54	0.13	0.13	宁夏	0.73	0.71		
山东	55.31	55.99	0.00	1.84	新疆	2.46	3.31		

全国食品工业主要产品产量

产品名称	单位	2000年	1999年	2000年比1999年增长%
大米	万吨	2108.69	2459.27	-14.26
小麦粉	万吨	2758.96	2892.43	-4.61
配混合饲料	万吨	3740.81	3259.02	14.78
食用植物油	万吨	835.32	733.79	13.84
机制糖	万吨	700	861	-18.70
鲜、冻畜肉	万吨	379.99	334.52	13.59
水产加工品	万吨	256.55	201.69	27.20
糖果	万吨	36.87	31.1	18.55
方便主食品	万吨	253.04	227.1	11.42
方便面	万吨	142.27	—	—
糕点	万吨	13.32	—	—
饼干	万吨	53.01	—	—
乳制品	万吨	82.92	69.08	20.03
罐头	万吨	178.2	169.09	5.39
味精	万吨	84.5	72.72	16.20
酱油	万吨	159.41	161.79	-1.47
淀粉	万吨	614.08	473.18	29.78
冷冻饮品	万吨	60.13	53.91	11.54
发酵酒精	万吨	206.63	202.19	2.20
饮料酒	万吨	2845.72	2705.64	5.18
白酒	万吨	476.11	502.26	-5.21
啤酒	万吨	2231.32	2098.77	6.32
葡萄酒	万吨	20.19		

续表

产品名称	单位	2000年	1999年	2000年比1999年增长%
软饮料	万吨	1490.83	1219.37	22.26
瓶（罐）装饮用水	万吨	553.61	335.2	65.16
碳酸饮料	万吨	461.59	—	—
果汁及果汁饮料	万吨	97.42	—	—
精制茶	万吨	30.9	32.75	-5.65
液体乳	万吨	124.57	—	—
复烤烟叶	万吨	54.8	—	—
卷烟	万箱	3397	3340	1.71

1999年～2000年分地区食品工业主要产品产量

地区	大米（万吨）		小麦粉（万吨）		配混合饲料（万吨）	
	2000年	1999年	2000年	1999年	2000年	1999年
全国	2108.69	2459.27	2758.96	2892.43	3740.81	3259.02
北京	1.17	1.40	36.00	35.00	74.60	72.51
天津	0.61	0.44	17.07	14.43	29.71	23.69
河北	29.95	17.70	309.12	168.91	232.01	154.06
山西	0.00	1.06	19.47	25.87	26.19	19.27
内蒙古	1.33	7.61	101.73	130.76	53.38	52.81
辽宁	88.35	135.36	47.39	68.26	216.18	151.06
吉林	9.40	6.72	3.26	4.24	116.36	92.61
黑龙江	35.12	28.05	24.86	23.42	53.77	44.36
上海	13.51	29.23	6.98	18.92	83.49	110.76
江苏	205.34	170.89	291.81	238.01	244.84	200.04
浙江	48.46	76.44	39.78	43.83	167.26	164.90
安徽	95.19	125.19	66.92	60.64	102.91	82.25
福建	5.49	14.49	20.96	23.28	97.49	94.95
江西	912.48	724.33	21.35	16.79	145.68	135.13
山东	0.65	0.48	510.68	434.70	278.79	233.50
河南	19.79	95.21	418.20	691.20	185.03	161.69
湖北	202.66	197.58	151.61	128.34	161.70	155.23
湖南	102.40	91.68	18.84	20.60	163.62	148.89
广东	23.05	232.31	72.17	83.12	618.15	543.80
广西	264.02	254.97	17.53	20.67	227.98	201.39
海南	0.28	2.23	1.33	1.76	39.56	31.50
重庆	0.13	0.92	3.30	6.21	43.61	28.96
四川	8.72	8.59	32.38	38.13	213.15	190.00
贵州	1.45	2.12	3.17	3.90	17.21	12.04
云南	2.59	197.25	10.00	95.61	36.82	44.30
西藏	0.01	0.00	54.01	0.87	0.08	0.18
陕西	2.02	1.76	71.11	52.00	22.28	17.77
甘肃	0.00	0.00	152.77	148.14	11.19	23.23
青海	0.00	0.03	6.19	40.98	3.43	3.91
宁夏	21.18	15.83	47.92	46.39	8.72	10.64
新疆	13.37	19.43	181.05	207.45	65.64	53.61

续表—1

地区	食用植物油（万吨）		机制糖（万吨）		鲜、冻畜肉（万吨）	
	2000年	1999年	2000年	1999年	2000年	1999年
全 国	835.32	733.79	700.00	861.00	379.99	334.52
北 京	8.27	13.93	0.00	0.00	14.66	13.07
天 津	13.69	22.84	0.00	0.00	8.48	7.38
河 北	29.88	19.89	1.28	1.22	16.25	16.90
山 西	3.68	2.82	0.77	3.73	1.50	0.71
内蒙古	23.81	16.82	12.04	11.95	18.42	11.15
辽 宁	47.61	39.03	2.12	4.52	30.42	33.04
吉 林	13.82	14.84	2.49	2.65	1.38	1.80
黑龙江	44.61	47.32	16.41	22.00	12.84	6.92
上 海	11.55	8.03	0.00	0.00	1.91	4.23
江 苏	137.78	115.75	3.65	4.00	21.34	17.43
浙 江	62.54	43.86	0.00	0.00	1.27	0.95
安 徽	39.72	37.08	0.00	0.19	10.19	13.50
福 建	6.24	11.47	6.11	14.72	4.87	12.32
江 西	14.58	11.90	1.71	8.37	4.80	3.75
山 东	136.57	89.91	0.80	0.38	91.65	66.08
河 南	45.77	47.80	0.12	0.00	38.13	34.27
湖 北	51.45	40.37	0.82	0.00	18.25	14.18
湖 南	20.14	11.06	4.44	10.13	4.60	5.25
广 东	7.87	8.90	91.30	142.99	24.79	28.45
广 西	20.28	21.66	325.76	374.30	4.15	3.34
海 南	0.00	0.00	36.81	25.55	0.00	0.00
重 庆	1.48	1.74	0.19	0.03	2.20	2.10
四 川	15.66	17.46	7.79	7.02	33.98	23.41
贵 州	8.63	7.93	1.14	0.98	2.04	2.00
云 南	1.82	2.86	148.76	161.35	1.19	4.77
西 藏	0.10	0.15	0.00	0.00	0.00	0.00
陕 西	7.75	9.24	0.00	0.02	6.66	3.49
甘 肃	3.15	7.99	2.44	7.97	1.62	1.19
青 海	1.16	4.55	0.00	0.00	1.17	1.84
宁 夏	5.36	5.40	0.33	2.06	0.72	0.47
新 疆	50.37	51.19	32.61	46.77	0.50	0.54

续表—2

地 区	水产加工品（万吨）		糖果（万吨）		方便主食品（万吨）	
	2000年	1999年	2000年	1999年	2000年	1999年
全 国	256.55	201.69	36.87	31.10	253.04	227.10
北 京	0.00	0.02	1.37	1.62	7.17	6.78
天 津	1.05	1.07	0.91	0.46	10.47	9.53
河 北	1.68	0.44	2.71	3.05	25.01	21.24
山 西	0.00	0.00	0.24	0.08	1.24	1.35
内蒙古	0.00	0.00	0.02	0.05	0.91	1.18
辽 宁	42.73	27.73	0.31	0.08	19.40	14.00
吉 林	0.00	0.00	0.02	0.04	1.05	2.13
黑龙江	0.00	0.00	0.27	0.18	3.72	2.31
上 海	2.39	2.02	5.46	3.56	3.60	3.48
江 苏	7.77	2.27	2.19	2.21	12.70	11.72
浙 江	24.54	22.91	0.35	0.50	16.13	12.75
安 徽	0.02	0.03	0.67	0.41	1.64	1.82
福 建	12.19	18.30	3.04	0.16	6.76	3.08
江 西	0.25	0.17	0.01	0.11	0.68	0.65
山 东	140.28	109.92	5.17	3.31	36.64	35.00
河 南	0.00	0.00	2.36	4.87	47.30	46.71
湖 北	4.48	2.51	0.72	0.89	11.29	8.70
湖 南	0.02	0.04	0.81	0.45	0.03	0.11
广 东	10.82	6.65	6.98	5.75	22.64	19.53
广 西	6.62	5.51	0.39	0.63	7.76	8.03
海 南	1.51	1.88	0.00	0.00	0.21	0.28
重 庆	0.00	0.00	1.08	0.62	2.85	2.78
四 川	0.00	0.00	1.23	1.02	3.48	2.88
贵 州	0.00	0.00	0.19	0.00	0.38	0.43
云 南	0.00	0.15	0.04	0.48	0.04	0.43
西 藏	0.00	0.00	0.00	0.00	0.01	0.03
陕 西	0.00	0.00	0.00	0.00	8.44	8.73
甘 肃	0.00	0.00	0.19	0.10	0.16	0.22
青 海	0.00	0.00	0.00	0.03	0.00	0.03
宁 夏	0.00	0.00	0.02	0.05	0.06	0.09
新 疆	0.19	0.08	0.13	0.39	1.27	1.11

续表—3

地区	方便面（万吨）		糕点（万吨）		饼干（万吨）	
	2000年	1999年	2000年	1999年	2000年	1999年
全国	142.27	0.00	13.32	0.00	53.01	0.00
北京	5.41	0.00	1.66	0.00	0.68	0.00
天津	9.83	0.00	0.27	0.00	0.45	0.00
河北	23.08	0.00	0.58	0.00	3.07	0.00
山西	1.07	0.00	0.32	0.00	0.17	0.00
内蒙古	0.04	0.00	0.39	0.00	0.00	0.00
辽宁	18.56	0.00	0.47	0.00	0.17	0.00
吉林	0.87	0.00	0.04	0.00	0.00	0.00
黑龙江	2.86	0.00	0.07	0.00	0.17	0.00
上海	1.39	0.00	0.14	0.00	3.84	0.00
江苏	10.24	0.00	2.80	0.00	1.49	0.00
浙江	11.96	0.00	0.28	0.00	1.97	0.00
安徽	0.74	0.00	0.28	0.00	0.02	0.00
福建	1.86	0.00	0.04	0.00	5.30	0.00
江西	0.12	0.00	0.40	0.00	0.16	0.00
山东	16.97	0.00	1.05	0.00	7.89	0.00
河南	15.72	0.00	0.35	0.00	6.89	0.00
湖北	0.00	0.00	0.00	0.00	0.00	0.00
湖南	0.00	0.00	0.53	0.00	0.90	0.00
广东	10.51	0.00	1.08	0.00	18.24	0.00
广西	0.43	0.00	0.78	0.00	0.11	0.00
海南	0.00	0.00	0.00	0.00	0.00	0.00
重庆	2.85	0.00	0.42	0.00	0.00	0.00
四川	0.57	0.00	0.01	0.00	1.29	0.00
贵州	0.00	0.00	0.07	0.00	0.00	0.00
云南	0.00	0.00	0.59	0.00	0.07	0.00
西藏	0.00	0.00	0.01	0.00	0.00	0.00
陕西	7.20	0.00	0.38	0.00	0.08	0.00
甘肃	0.00	0.00	0.14	0.00	0.01	0.00
青海	0.00	0.00	0.03	0.00	0.00	0.00
宁夏	0.00	0.00	0.12	0.00	0.03	0.00
新疆	0.00	0.00	0.00	0.00	0.00	0.00

续表—4

地　区	乳制品（万吨）		罐头（万吨）		味精（万吨）	
	2000年	1999年	2000年	1999年	2000年	1999年
全　国	82.92	69.08	178.20	169.09	84.50	72.72
北　京	2.06	1.43	0.00	0.16	0.00	0.00
天　津	0.67	0.79	0.01	0.02	1.44	0.90
河　北	9.99	9.65	16.40	14.50	0.00	0.00
山　西	1.27	1.37	1.64	0.56	0.01	0.01
内蒙古	6.65	5.42	0.32	1.57	0.00	0.00
辽　宁	1.60	0.42	2.91	2.69	3.68	3.08
吉　林	0.10	0.10	0.00	0.12	0.72	0.71
黑龙江	18.48	15.49	0.84	1.41	0.00	0.00
上　海	1.40	1.37	3.26	3.49	2.43	2.66
江　苏	7.46	2.90	3.65	3.56	10.35	6.88
浙　江	4.74	6.11	31.18	24.02	11.05	9.98
安　徽	1.50	1.24	2.49	2.57	0.01	0.03
福　建	0.16	0.90	26.78	29.64	6.89	4.12
江　西	0.60	1.92	2.13	2.30	0.20	0.02
山　东	8.30	5.29	8.86	13.96	15.09	13.26
河　南	0.81	1.00	2.46	3.34	12.02	12.71
湖　北	1.00	1.18	3.13	2.90	2.03	2.12
湖　南	0.56	0.44	4.21	3.48	0.45	0.40
广　东	1.29	0.69	7.11	5.28	12.71	10.90
广　西	0.25	0.27	13.57	14.18	1.97	1.86
海　南	0.23	0.20	15.67	15.75	0.00	0.00
重　庆	0.16	1.75	1.19	1.34	1.54	1.29
四　川	1.88	1.64	2.27	2.57	1.18	1.07
贵　州	0.11	0.08	0.12	0.07	0.00	0.00
云　南	0.54	0.66	0.54	0.66	0.04	0.05
西　藏	0.04	0.00	0.00	0.00	0.00	0.00
陕　西	4.58	2.90	0.19	0.21	0.06	0.00
甘　肃	2.26	1.92	0.18	0.16	0.00	0.00
青　海	0.12	0.14	0.00	0.00	0.00	0.00
宁　夏	2.91	1.39	0.07	0.10	0.24	0.16
新　疆	1.22	0.42	27.00	18.50	0.39	0.51

续表—5

地区	酱油（万吨）		淀粉（万吨）		冷冻饮品（万吨）	
	2000 年	1999 年	2000 年	1999 年	2000 年	1999 年
全国	159.41	161.79	614.08	473.18	60.13	53.91
北京	7.96	7.64	3.13	2.65	2.54	1.87
天津	1.84	1.98	1.75	1.39	8.44	6.70
河北	8.50	8.75	164.21	101.27	0.91	0.94
山西	1.02	1.90	3.66	3.19	0.37	0.49
内蒙古	1.65	1.92	5.92	6.16	9.16	7.78
辽宁	9.40	10.74	7.19	4.22	2.47	3.39
吉林	2.49	2.80	83.35	75.72	0.32	0.31
黑龙江	3.12	3.90	9.65	3.82	1.00	1.01
上海	15.97	14.34	1.33	1.68	3.40	3.23
江苏	9.96	11.17	4.77	4.51	1.35	1.91
浙江	9.18	9.81	0.67	1.13	4.60	3.40
安徽	2.24	2.74	1.08	1.29	1.55	1.00
福建	1.52	1.64	0.51	0.47	0.79	0.89
江西	1.50	1.85	0.60	0.44	1.67	1.30
山东	13.03	14.71	205.68	154.23	4.15	2.72
河南	6.13	7.52	36.08	34.56	2.55	2.59
湖北	3.69	4.14	1.79	1.65	0.51	0.31
湖南	3.39	2.41	0.01	0.23	1.46	1.42
广东	43.89	34.43	13.46	14.38	4.94	4.42
广西	2.32	2.41	26.18	26.57	1.44	0.89
海南	0.00	0.00	3.45	1.70	0.21	0.18
重庆	0.67	0.87	0.00	0.02	0.50	0.24
四川	4.51	5.00	1.54	2.58	2.40	2.42
贵州	2.35	2.43	0.68	1.98	0.49	0.48
云南	0.98	2.20	0.03	1.15	0.02	0.68
西藏	0.00	0.00	0.00	0.00	0.00	0.00
陕西	0.54	0.71	3.98	3.24	1.03	1.29
甘肃	0.55	1.95	23.20	12.93	0.37	0.61
青海	0.02	0.28	0.00	0.00	0.02	0.10
宁夏	0.28	0.36	8.96	8.62	0.18	0.11
新疆	0.71	1.17	1.25	1.40	1.30	1.24

续表—6

地 区	发酵酒精（万吨）		饮料酒（万吨）		白酒（万吨）	
	2000年	1999年	2000年	1999年	2000年	1999年
全 国	206.63	202.19	2845.72	2705.64	476.11	502.26
北 京	0.77	0.71	185.62	150.10	7.00	9.89
天 津	12.18	10.78	15.75	12.18	4.88	4.81
河 北	4.86	5.84	160.39	150.96	26.40	25.21
山 西	0.00	0.54	24.78	26.32	7.18	15.64
内蒙古	0.87	1.50	54.19	55.84	13.32	16.16
辽 宁	2.26	0.88	168.16	177.67	18.15	33.02
吉 林	13.58	8.31	91.08	89.94	7.13	5.66
黑龙江	29.81	28.01	157.57	152.50	14.56	15.94
上 海	0.00	0.00	37.44	29.83	0.57	0.39
江 苏	17.27	12.40	117.83	115.49	28.93	30.23
浙 江	1.83	3.32	212.37	200.19	2.50	3.10
安 徽	9.51	11.62	169.23	160.01	43.65	40.48
福 建	0.11	0.49	113.58	115.87	1.79	2.11
江 西	0.39	0.43	59.01	57.35	10.92	10.56
山 东	31.94	27.61	400.90	363.37	90.74	83.68
河 南	17.14	16.12	141.45	147.05	31.39	36.49
湖 北	0.04	0.85	118.67	113.33	21.89	19.65
湖 南	0.48	0.93	30.21	30.06	3.76	4.87
广 东	5.94	14.05	178.66	154.76	17.88	19.72
广 西	21.46	24.30	65.94	44.31	31.76	14.75
海 南	1.54	0.46	6.93	5.55	0.33	0.24
重 庆	0.04	0.03	53.69	54.11	2.75	2.67
四 川	12.90	9.46	140.03	149.61	63.68	60.63
贵 州	0.24	0.17	17.71	16.95	8.38	7.58
云 南	14.51	14.80	16.60	38.32	0.82	21.67
西 藏	0.00	0.00	2.56	0.00	0.05	0.06
陕 西	1.81	0.42	39.43	34.22	2.71	2.92
甘 肃	1.08	2.28	28.69	23.30	3.32	3.73
青 海	0.00	0.00	2.23	2.85	1.66	1.88
宁 夏	0.57	0.51	5.76	6.39	0.92	0.76
新 疆	3.39	5.36	29.25	27.21	7.07	7.75

续表—7

地　区	啤酒（万吨）		葡萄酒（万吨）		软饮料（万吨）	
	2000 年	1999 年	2000 年	1999 年	2000 年	1999 年
全　国	2231.32	2098.77	20.19	0.00	1490.83	1219.37
北　京	177.18	138.86	1.24	0.00	66.25	56.85
天　津	8.27	7.38	2.41	0.00	41.69	45.21
河　北	130.60	122.55	3.19	0.00	84.13	63.82
山　西	12.36	10.31	0.04	0.00	26.10	36.66
内蒙古	40.50	39.65	0.06	0.00	5.15	9.41
辽　宁	149.66	144.26	0.04	0.00	47.18	39.82
吉　林	82.61	83.03	1.34	0.00	24.67	12.38
黑龙江	143.00	136.55	0.00	0.00	10.80	6.15
上　海	33.07	28.80	0.00	0.00	131.66	102.32
江　苏	76.75	68.54	0.11	0.00	92.24	61.14
浙　江	163.69	146.81	0.01	0.00	291.94	231.36
安　徽	115.29	122.99	0.00	0.00	12.41	9.93
福　建	110.40	110.81	0.00	0.00	39.82	34.90
江　西	45.56	45.97	0.00	0.00	10.11	6.93
山　东	296.48	268.33	9.81	0.00	29.22	24.23
河　南	101.77	103.04	0.87	0.00	24.92	29.94
湖　北	81.70	90.22	0.00	0.00	64.47	50.33
湖　南	26.42	25.14	0.00	0.00	12.40	7.65
广　东	158.89	133.21	0.00	0.00	351.34	278.41
广　西	31.99	27.46	0.58	0.00	17.89	22.12
海　南	5.40	4.75	0.00	0.00	22.33	22.81
重　庆	50.92	51.32	0.00	0.00	21.33	18.79
四　川	74.52	85.42	0.00	0.00	35.92	30.65
贵　州	9.32	9.27	0.00	0.00	2.64	1.59
云　南	15.68	15.95	0.00	0.00	3.60	9.23
西　藏	2.50	2.41	0.01	0.00	0.20	0.14
陕　西	36.55	31.09	0.00	0.00	11.81	0.98
甘　肃	23.85	19.47	0.08	0.00	0.72	1.39
青　海	0.56	0.96	0.00	0.00	1.61	0.07
宁　夏	4.67	5.55	0.17	0.00	0.64	0.57
新　疆	21.16	18.69	0.24	0.00	5.65	3.60

续表—8

地 区	瓶（罐）装饮用水（万吨）		碳酸饮料（万吨）		果汁及果汁饮料（万吨）	
	2000年	1999年	2000年	1999年	2000年	1999年
全 国	553.61	335.20	461.59	0.00	97.42	0.00
北 京	12.52	10.08	36.54	0.00	12.29	0.00
天 津	1.88	0.00	23.97	0.00	0.51	0.00
河 北	18.41	12.55	52.68	0.00	0.72	0.00
山 西	0.06	0.00	22.10	0.00	3.87	0.00
内蒙古	3.09	2.06	0.58	0.00	0.11	0.00
辽 宁	20.94	8.21	20.36	0.00	1.72	0.00
吉 林	19.33	12.19	4.25	0.00	0.47	0.00
黑龙江	3.50	4.53	5.68	0.00	0.06	0.00
上 海	59.47	38.22	58.63	0.00	4.98	0.00
江 苏	22.80	3.95	3.94	0.00	13.39	0.00
浙 江	168.74	122.34	70.77	0.00	2.58	0.00
安 徽	7.53	5.31	2.54	0.00	0.04	0.00
福 建	2.69	2.52	6.74	0.00	0.46	0.00
江 西	1.24	0.86	2.08	0.00	0.61	0.00
山 东	8.71	6.88	8.59	0.00	8.23	0.00
河 南	4.72	6.83	5.07	0.00	5.27	0.00
湖 北	13.81	14.11	0.00	0.00	0.00	0.00
湖 南	9.88	6.41	0.79	0.00	0.27	0.00
广 东	136.90	48.47	110.45	0.00	36.22	0.00
广 西	3.48	2.84	6.98	0.00	0.25	0.00
海 南	9.64	8.58	0.00	0.00	0.00	0.00
重 庆	3.67	1.44	4.00	0.00	0.09	0.00
四 川	10.94	9.32	8.48	0.00	0.31	0.00
贵 州	0.58	0.36	0.12	0.00	0.33	0.00
云 南	0.70	3.27	0.15	0.00	0.21	0.00
西 藏	0.22	0.21	0.00	0.00	0.00	0.00
陕 西	1.36	0.21	6.07	0.00	4.09	0.00
甘 肃	0.13	0.13	0.01	0.00	0.12	0.00
青 海	1.40	0.04	0.00	0.00	0.21	0.00
宁 夏	0.64	0.39	0.00	0.00	0.00	0.00
新 疆	4.63	2.88	0.00	0.00	0.00	0.00

续表—9

地　区	精制茶（万吨）		液体乳（万吨）		复烤烟叶（万吨）		卷烟（万箱）	
	2000年	1999年	2000年	1999年	2000年	1999年	2000年	1999年
全　国	30.90	32.57	124.57	0.00	54.80	0.00	3397.00	3340.00
北　京	0.02	0.03	19.91	0.00	0.00	0.00	17.07	16.43
天　津	0.01	0.00	5.18	0.00	0.00	0.00	17.00	17.40
河　北	0.00	0.00	4.47	0.00	0.00	0.00	107.97	99.95
山　西	0.00	0.00	0.17	0.00	0.30	0.00	30.34	28.81
内蒙古	0.05	0.00	12.32	0.00	0.00	0.00	28.00	24.00
辽　宁	0.00	0.00	3.00	0.00	0.44	0.00	23.00	33.21
吉　林	0.00	0.00	0.00	0.00	0.82	0.00	56.00	53.50
黑龙江	0.02	0.02	0.21	0.00	1.33	0.00	65.91	65.46
上　海	0.00	0.00	35.49	0.00	0.00	0.00	122.42	116.15
江　苏	0.07	0.17	7.67	0.00	0.00	0.00	103.20	98.10
浙　江	13.60	15.32	6.35	0.00	0.00	0.00	99.21	95.74
安　徽	1.00	1.07	0.24	0.00	3.22	0.00	157.66	179.70
福　建	1.70	1.81	1.97	0.00	0.00	0.00	98.62	85.14
江　西	0.39	0.57	2.71	0.00	0.00	0.00	50.99	41.20
山　东	0.02	0.07	3.94	0.00	1.69	0.00	230.06	228.16
河　南	0.24	0.28	2.76	0.00	3.20	0.00	294.22	287.67
湖　北	0.81	0.75	0.00	0.00	0.00	0.00	207.25	203.28
湖　南	4.01	3.51	3.74	0.00	2.74	0.00	230.43	229.39
广　东	1.67	1.88	9.33	0.00	2.17	0.00	177.30	166.98
广　西	4.35	3.01	1.44	0.00	0.02	0.00	72.33	82.75
海　南	0.19	0.10	0.00	0.00	0.00	0.00	11.45	4.80
重　庆	0.05	0.08	2.19	0.00	2.30	0.00	68.70	68.70
四　川	1.12	1.06	0.12	0.00	3.83	0.00	128.65	123.30
贵　州	0.09	0.08	0.00	0.00	18.10	0.00	187.35	187.60
云　南	1.50	2.92	0.04	0.00	12.49	0.00	612.77	603.97
西　藏	0.00	0.00	0.00	0.00	0.00	0.00	0.00	0.00
陕　西	0.00	0.01	1.32	0.00	1.73	0.00	104.63	116.00
甘　肃	0.00	0.02	0.00	0.00	0.42	0.00	29.51	27.00
青　海	0.00	0.00	0.00	0.00	0.00	0.00	0.00	0.08
宁　夏	0.00	0.00	0.00	0.00	0.00	0.00	3.12	3.10
新　疆	0.00	0.00	0.00	0.00	0.00	0.00	10.50	11.00

2000年分行业国有食品工业企业主要经济指标　　单位：亿元

行　　业	固定资产原价合计	固定资产净值年平均余额	亏损企业亏损额	利润总额	税利总额
食品工业合计	2931.16	2051.74	57.20	229.49	1129.79
食品加工业	913.67	654.24	31.54	0.87	39.68
粮食及饲料加工业	275.05	205.05	11.69	-4.78	0.72
植物油加工业	122.01	91.93	6.11	-0.78	3.82
制糖业	265.83	179.11	4.26	5.44	22.04
屠宰及肉类蛋类加工业	173.19	126.17	3.72	4.02	12.32
水产品加工业	49.58	33.11	5.38	-3.64	-1.51
盐加工业	13.09	8.37	0.10	0.26	1.28
其他食品加工业	14.92	10.51	0.29	0.35	1.01
食品制造业	361.46	257.27	8.53	15.38	37.85
糕点、糖果制造业	54.30	39.64	2.06	-0.31	2.39
乳制品制造业	50.04	32.44	0.38	4.30	8.44
罐头食品制造业	52.42	34.40	2.41	0.16	2.91
发酵制品业	73.07	54.71	0.62	5.02	9.98
调味品制造业	41.93	30.74	1.02	0.52	2.86
其他食品制造业	89.69	65.34	2.04	5.69	11.26
饮料制造业	768.73	549.05	10.70	70.80	202.41
酒精及饮料酒制造业	661.14	471.56	8.24	57.38	180.20
软饮料制造业	68.83	48.27	1.71	4.92	9.34
制茶业	10.87	7.22	0.63	-0.47	0.06
其他饮料制造业	27.89	22.00	0.12	8.97	12.81
烟草加工业	887.30	591.17	6.43	142.44	849.85
烟叶复烤业	51.18	37.95	3.40	1.30	7.78
卷烟制造业	832.04	550.35	2.73	140.91	841.52
其他烟草加工业	4.09	2.87	0.30	0.23	0.56

2000年分行业集体食品工业企业主要经济指标　　单位：亿元

行　　业	固定资产原价合计	固定资产净值年平均余额	亏损企业亏损额	利润总额	税利总额
食品工业合计	354.45	267.20	4.01	50.86	88.44
食品加工业	170.17	136.62	1.34	35.36	51.06
粮食及饲料加工业	41.05	32.24	0.27	8.29	12.23
植物油加工业	23.16	23.85	0.22	2.76	4.66
制糖业	11.42	7.70	0.27	0.16	0.88
屠宰及肉类蛋类加工业	37.91	28.99	0.23	8.82	12.56

续表

行　　业	固定资产原价合计	固定资产净值年平均余额	亏损企业亏损额	利润总额	税利总额
水产品加工业	35.77	27.72	0.19	12.84	16.19
盐加工业	0.57	0.44	0.04	-0.03	0.04
其他食品加工业	20.29	15.67	0.13	2.52	4.50
食品制造业	94.55	66.25	0.93	10.60	18.70
糕点、糖果制造业	34.77	24.95	0.15	3.12	5.75
乳制品制造业	9.09	6.00	0.11	0.64	1.26
罐头食品制造业	3.46	2.60	0.07	0.28	0.74
发酵制品业	16.49	10.65	0.10	1.02	2.26
调味品制造业	4.14	2.98	0.05	0.43	0.88
其他食品制造业	26.60	19.07	0.45	5.12	7.81
饮料制造业	70.66	50.86	1.05	4.96	15.51
酒精及饮料酒制造业	50.84	36.09	0.84	2.71	11.53
软饮料制造业	14.15	10.60	0.09	1.59	2.62
制茶业	4.28	3.16	0.11	0.48	1.00
其他饮料制造业	1.40	1.01	0.02	0.19	0.35
烟草加工业	19.06	13.46	0.68	-0.06	3.18
烟叶复烤业	0.63	0.45	0.02	0.03	0.11
卷烟制造业	17.46	12.25	0.65	-0.23	2.80
其他烟草加工业	0.98	0.76	0.01	0.14	0.27

2000年分行业国有食品工业企业主要经济效益指标

行　　业	工业增加值率（%）	每百元固定资产原价实现税利（元）	资金利税率（%）	产值利税率（%）	每百元销售收入实现利润（元）	工业成本费用利润率（%）	流动资金周转次数（次/年）
食品工业合计	41.83	38.54	23.92	28.09	5.91	8.22	1.46
食品加工业	22.39	4.34	2.94	3.05	0.07	0.08	1.80
粮食及饲料加工业	20.51	0.26	0.17	0.15	-1.14	-1.22	1.83
植物油加工业	17.51	3.13	1.70	1.37	-0.29	-0.30	2.03
制糖业	29.78	8.29	7.14	12.18	3.10	3.66	1.35
屠宰及肉类蛋类加工业	24.25	7.11	4.64	4.30	1.41	1.51	2.09
水产品加工业	25.17	-3.04	-1.93	-2.75	-4.93	-5.34	1.62
盐加工业	41.94	9.77	8.69	17.59	3.73	4.99	1.13
其他食品加工业	28.15	6.74	4.59	6.01	2.32	2.69	1.33
食品制造业	29.47	10.47	6.75	8.83	3.83	4.39	1.34
糕点、糖果制造业	28.93	4.41	2.76	4.29	-0.61	-0.67	1.10

续表

行　　业	工　业增加值率（%）	每百元固定资产原价实现税利（元）	资　金利税率（%）	产　值利税率（%）	每百元销售收入实现利润（元）	工业成本费用利润率（%）	流动资金周转次数（次/年）
乳制品制造业	27.65	16.87	11.37	10.21	4.93	5.66	2.24
罐头食品制造业	20.81	5.55	3.21	5.10	0.30	0.32	0.93
发酵制品业	30.01	13.66	8.48	11.95	6.50	7.69	1.20
调味品制造业	36.36	6.83	4.98	7.67	1.56	1.85	1.25
其他食品制造业	32.79	12.55	8.38	10.02	5.75	6.63	1.48
饮料制造业	38.99	26.33	15.79	23.43	8.56	11.48	1.14
酒精及饮料酒制造业	41.26	27.26	16.15	25.56	8.47	11.76	1.06
软饮料制造业	26.62	13.57	8.62	10.59	6.01	6.85	1.39
制茶业	23.98	0.59	0.32	0.54	－4.35	－4.99	0.86
其他饮料制造业	33.50	45.91	33.90	21.77	15.58	18.94	3.53
烟草加工业	65.02	95.78	55.49	59.57	10.13	21.24	1.50
烟叶复烤业	45.82	15.20	6.12	9.08	1.79	2.12	0.83
卷烟制造业	66.32	101.14	60.35	62.92	10.59	23.24	1.58
其他烟草加工业	37.13	13.64	5.56	16.09	5.86	7.76	0.54

注：从1999年起国有口径为国有及国有控股。取消其他一项分组。

2000年分行业集体食品工业企业主要经济效益指标

行　　业	工　业增加值率（%）	每百元固定资产原价实现税利（元）	资　金利税率（%）	产　值利税率（%）	每百元销售收入实现利润（元）	工业成本费用利润率（%）	流动资金周转次数（次/年）
食品工业合计	26.09	24.95	14.98	7.65	4.96	5.56	3.11
食品加工业	25.00	30.00	16.91	6.85	5.37	5.92	3.81
粮食及饲料加工业	25.53	29.80	17.14	6.36	4.71	5.25	4.43
植物油加工业	25.56	20.11	9.97	4.85	3.24	3.47	2.93
制糖业	29.74	7.68	6.32	9.85	1.83	2.14	1.50
屠宰及肉类蛋类加工业	24.51	33.15	18.63	6.90	5.27	5.68	4.47
水产品加工业	24.04	45.25	25.47	8.06	7.77	8.70	4.37
盐加工业	29.97	6.68	4.30	4.08	－3.12	－3.44	1.93
其他食品加工业	26.27	22.17	11.84	6.95	4.61	5.18	2.44
食品制造业	26.93	19.77	12.55	7.97	4.95	5.62	2.67
糕点、糖果制造业	27.19	16.53	11.35	7.71	4.56	5.23	2.69
乳制品制造业	27.82	13.82	8.07	6.56	3.61	4.02	1.94
罐头食品制造业	27.09	21.41	8.92	4.88	2.10	2.29	2.34
发酵制品业	26.81	13.73	9.38	7.83	3.71	4.29	2.15
调味品制造业	27.23	21.15	12.17	7.99	4.48	5.14	2.32
其他食品制造业	26.48	29.37	18.13	9.11	6.59	7.45	3.34
饮料制造业	28.00	21.94	13.35	9.84	3.63	4.21	2.11

续表

行业	工业增加值率（%）	每百元固定资产原价实现税利（元）	资金利税率（%）	产值利税率（%）	每百元销售收入实现利润（元）	工业成本费用利润率（%）	流动资金周转次数（次/年）
酒精及饮料酒制造业	31.85	22.68	15.41	12.53	3.46	4.18	2.03
软饮料制造业	22.74	18.51	8.86	5.62	3.88	4.25	2.20
制茶业	21.25	23.44	10.53	6.26	3.26	3.61	2.33
其他饮料制造业	27.58	25.40	15.54	11.75	6.80	7.83	2.09
烟草加工业	43.18	16.70	13.52	17.18	-0.35	-0.47	1.46
烟叶复烤业	69.87	17.90	6.19	5.40	2.73	3.50	0.74
卷烟制造业	42.62	16.04	14.19	20.24	-1.76	-2.33	1.52
其他烟草加工业	24.68	27.73	13.54	10.42	6.14	10.46	1.83

2000年分地区国有食品加工业部分财务指标

单位：万元

地区	企业单位数（个）	固定资产原值	固定资产净值年平均余额	税利总额	利润总额	每百元固定资产原价实现产值（元）	资金利税率（%）
全国	5082	9136699	6542436	396762	8675	142.59	2.94
北京	126	244292	161434	-1092	-7540	133.09	-0.35
天津	81	137522	65275	-268	-3177	121.00	-0.12
河北	291	243312	181460	4976	-1627	144.10	1.36
山西	140	132277	100756	86	-2232	71.85	0.04
内蒙古	57	172298	129711	17584	11337	139.45	4.89
辽宁	180	263692	192036	-1556	-8039	145.24	-0.34
吉林	148	191858	148282	-6676	-9215	107.48	-1.83
黑龙江	170	467619	362680	3700	-7774	82.09	0.48
上海	71	131743	82668	1284	-3210	165.54	0.64
江苏	354	567715	418002	51921	20463	253.92	5.68
浙江	103	281252	191028	12567	1761	123.52	2.93
安徽	166	207532	164321	1507	-4321	211.96	0.42
福建	124	142933	91417	4562	-4198	178.65	2.24
江西	363	238343	179050	3564	-4578	164.76	0.98
山东	384	977956	734375	55803	22204	198.83	3.36
河南	379	620620	454561	74299	36943	225.95	7.15
湖北	379	383516	286717	12553	-4734	213.99	2.32
湖南	238	265631	204277	12606	7485	129.22	2.87
广东	206	739919	471807	1094	-38276	135.65	0.11
广西	190	1176533	828279	112787	36204	79.21	8.01
海南	40	112080	80313	8739	3723	97.30	7.21
重庆	63	62118	46081	590	-1966	112.11	0.70
四川	126	146382	103573	3638	-2554	171.26	2.04
贵州	144	81525	60092	-1488	-3157	114.02	-1.26
云南	139	536398	374702	28173	-4471	69.18	4.79
西藏	13	8479	5011	-183	-198	38.80	-0.87
陕西	128	114056	85238	-2885	-4875	111.13	-1.74
甘肃	83	39723	30515	-1090	-1757	90.41	-2.25
青海	48	57609	33637	-2351	-3130	46.18	-3.13
宁夏	14	13162	7444	-879	-975	54.78	-5.92
新疆	134	378606	267693	3197	-9445	64.29	0.69

2000年分地区国有食品制造业部分财务指标　　单位：万元

地　区	企业单位数（个）	固定资产原值	固定资产净值年平均余额	税利总额	利润总额	每百元固定资产原价实现产值（元）	资金利税率（%）
全　国	2071	3614552	2572735	378471	153780	118.59	6.75
北　京	105	194902	114880	39582	19518	145.38	12.98
天　津	77	60884	46414	2787	90	80.71	2.55
河　北	126	224513	167407	21499	6912	124.65	6.27
山　西	82	56227	43249	1195	－174	50.35	1.59
内蒙古	23	75246	52761	23677	13004	220.50	17.60
辽　宁	82	131842	98954	9628	4064	77.27	5.52
吉　林	69	202356	153176	34870	21385	167.51	12.61
黑龙江	89	147409	103179	12312	1535	130.17	5.44
上　海	64	211573	134208	44227	25885	178.24	10.31
江　苏	107	151398	115877	10028	2339	111.06	4.76
浙　江	47	106161	71883	17605	7000	170.73	10.09
安　徽	39	121301	117179	18028	9171	128.83	7.42
福　建	50	75260	51786	4470	－322	107.71	4.24
江　西	84	39714	28593	2851	225	110.45	5.16
山　东	112	323251	243683	28237	15808	102.12	5.85
河　南	159	300757	225754	39304	19156	139.86	7.21
湖　北	79	105427	75493	4117	－1558	93.41	2.50
湖　南	78	56577	40190	1959	－11	77.15	2.66
广　东	122	380483	256322	42638	19461	109.80	7.72
广　西	101	188243	125442	2020	－3099	48.72	0.83
海　南	13	63075	18932	9326	2156	201.08	8.98
重　庆	31	45130	32460	2260	－224	77.45	4.63
四　川	47	48609	35146	954	－1643	106.83	1.51
贵　州	38	15634	11842	1002	1	68.54	4.06
云　南	51	32872	21486	1371	－483	72.92	3.42
西　藏	6	3569	2996	27	20	5.14	0.74
陕　西	69	56575	43850	1766	－1502	96.68	2.11
甘　肃	47	43251	34611	1511	25	101.86	2.15
青　海	9	4356	3071	33	－135	26.79	0.47
宁　夏	13	53626	35102	3513	2013	65.83	4.75
新　疆	52	94333	66812	－4329	－6838	56.47	－2.57

2000年分地区国有饮料制造业部分财务指标

单位：万元

地区	企业单位数（个）	固定资产原值	固定资产净值年平均余额	税利总额	利润总额	每百元固定资产原价实现产值（元）	资金利税率（%）
全国	1663	7687341	5490481	2024138	708007	112.38	15.79
北京	37	513314	334699	132430	53249	87.18	19.43
天津	23	96474	72588	38152	15173	163.37	21.17
河北	85	351955	262775	61049	3343	95.71	10.91
山西	29	128225	89836	30052	3191	80.78	13.52
内蒙古	33	145447	100926	42178	10836	108.79	17.78
辽宁	53	163644	125365	16784	-2866	55.33	7.47
吉林	76	133105	99389	18190	-1482	88.04	10.12
黑龙江	66	270144	196177	64936	16098	93.59	18.13
上海	15	83093	45496	31848	19938	180.05	17.38
江苏	68	319798	231806	63948	4407	142.04	12.13
浙江	60	519428	382111	189569	106213	155.32	24.29
安徽	62	420754	303209	130959	38897	143.15	13.47
福建	56	233859	160355	58453	19492	84.14	22.00
江西	100	144134	103343	23571	1316	90.76	9.47
山东	117	912875	639324	239049	55230	120.18	15.58
河南	106	428658	342449	47231	-1185	113.71	5.59
湖北	99	226315	161219	48218	13408	120.82	13.66
湖南	60	198370	139250	29063	3150	66.62	6.97
广东	98	430154	279636	92184	36373	122.74	15.73
广西	65	73969	51493	3099	-2489	65.57	3.24
海南	12	55124	42318	4603	2082	151.38	4.86
重庆	26	120313	76765	21107	5550	70.94	13.16
四川	57	856081	623568	426683	239884	145.63	26.59
贵州	67	260117	200323	105078	44034	65.30	22.84
云南	79	99392	76360	8436	-457	64.99	5.28
西藏	7	22354	18633	4283	3299	56.71	14.69
陕西	42	174340	120358	32045	4570	93.61	13.51
甘肃	29	146400	104669	21659	3782	70.69	6.87
青海	5	21418	14007	8049	1154	122.53	23.64
宁夏	5	18057	12484	2189	-833	89.89	6.02
新疆	26	120032	79549	29043	12654	80.03	12.31

2000年分地区国有烟草加工业部分财务指标

单位：万元

地　区	企业单位数（个）	固定资产原值	固定资产净值年平均余额	税利总额	利润总额	每百元固定资产原价实现产值（元）	资金利税率（%）
全　国	299	8872994	5911712	8498527	1424402	160.79	55.49
北　京	1	42002	28747	50075	5006	199.14	102.96
天　津	1	53301	37314	15014	3800	60.03	17.75
河　北	3	194362	123512	114405	11132	116.12	34.32
山　西	3	41386	33199	24809	2234	148.84	28.79
内蒙古	2	46671	29768	21660	686	104.76	23.30
辽　宁	5	84502	65565	25517	－118	81.71	17.63
吉　林	7	123957	85232	49125	3479	114.35	23.60
黑龙江	15	162257	110943	43633	－1802	83.25	12.81
上　海	2	481153	342360	689722	217183	172.41	67.52
江　苏	4	229972	128820	328254	57682	202.38	122.19
浙　江	4	245840	171254	436514	131610	224.41	97.09
安　徽	12	364765	239840	245648	6547	135.06	52.44
福　建	12	195950	125861	312830	55832	258.37	81.47
江　西	8	101293	72111	166933	47805	256.13	77.91
山　东	15	511510	301699	368272	127188	108.13	68.32
河　南	28	569197	392195	291897	22207	117.03	29.91
湖　北	22	497090	311952	332468	60071	183.97	36.90
湖　南	18	754303	449087	888499	87120	177.80	77.57
广　东	21	460915	279043	432207	45008	162.43	65.76
广　西	12	158763	118404	103319	6279	130.88	34.25
海　南	1	28507	14137	22001	6887	129.95	39.28
重　庆	5	146422	92748	137377	26676	207.34	40.00
四　川	11	287808	201023	330905	25086	198.64	51.46
贵　州	35	508122	382200	283376	－18839	174.26	19.35
云　南	23	2270865	1572279	2585223	488564	161.65	71.08
西　藏	0	0	0	0	0		
陕　西	15	215669	139138	136963	1700	153.96	40.29
甘　肃	8	54251	37601	47725	5128	184.05	45.60
青　海	0	0	0	0	0		
宁　夏	2	9577	5816	3291	20	76.69	22.39
新　疆	4	32587	19866	10865	231	75.34	24.37

2000 年分地区集体食品加工业部分财务指标

单位：万元

地 区	企业单位数（个）	固定资产原值	固定资产净值年平均余额	税利总额	利润总额	每百元固定资产原价实现产值（元）	资金利税率（%）
全 国	1784	1701680	1366210	510561	353558	438.19	16.91
北 京	35	22160	12372	5885	3172	310.41	14.65
天 津	51	27320	19072	15122	13736	640.88	26.37
河 北	82	47186	39189	20250	15565	567.07	20.26
山 西	13	9188	7875	1558	732	406.44	7.83
内蒙古	2	1441	1252	167	115	154.66	7.49
辽 宁	53	44948	34069	8387	4288	352.83	12.07
吉 林	17	13922	10642	803	207	249.61	2.46
黑龙江	41	44641	32112	11144	3080	423.33	13.99
上 海	20	15635	8543	2366	883	203.66	14.68
江 苏	103	122698	82856	28842	15532	459.60	9.90
浙 江	41	23473	17068	6046	3132	443.65	12.04
安 徽	89	47132	36179	7476	4639	238.44	11.32
福 建	32	11891	9451	3286	1492	429.61	12.68
江 西	26	8505	7418	1382	905	395.84	11.08
山 东	343	706966	556099	272920	209758	489.82	22.78
河 南	335	145509	122741	47997	36735	485.19	18.27
湖 北	140	98643	137145	38423	22011	583.02	25.09
湖 南	54	28509	21320	4661	2707	478.19	7.16
广 东	106	91653	60394	14959	7820	413.11	7.60
广 西	29	29876	22504	2782	338	292.67	6.60
海 南	1	0	0	0	0		
重 庆	3	1708	1453	247	57	491.27	8.11
四 川	17	14281	9216	1060	299	379.94	4.10
贵 州	13	11346	11516	298	-275	119.33	1.69
云 南	15	82009	54943	5590	1001	69.60	5.87
西 藏	7	408	395	5	5	30.52	0.97
陕 西	42	31183	33817	6118	4490	359.21	9.94
甘 肃	63	13406	11318	2045	1288	205.59	8.82
青 海	1	1496	1403	-43	-43	8.29	-2.35
宁 夏	2	94	62	8	6	915.73	0.98
新 疆	8	4452	3789	779	-117	129.96	10.41

2000年分地区集体食品制造业部分财务指标

单位：万元

地 区	企业单位数（个）	固定资产原值	固定资产净值年平均余额	税利总额	利润总额	每百元固定资产原价实现产值（元）	资金利税率（%）
全 国	721	94552	662504	186964	106004	248.05	12.55
北 京	18	1679	10989	5770	3959	219.81	23.10
天 津	36	4313	26203	7969	5528	183.63	10.23
河 北	60	5251	38540	20271	13852	432.46	23.63
山 西	5	440	2896	205	83	130.54	2.12
内蒙古	2	98	986	1722	942	662.66	124.97
辽 宁	7	1459	10201	518	-73	121.08	2.74
吉 林	8	959	6975	113	-224	125.87	0.74
黑龙江	14	2399	17456	2932	2117	180.87	6.86
上 海	26	2034	15346	2867	710	259.50	6.71
江 苏	50	9808	63365	14870	5966	245.04	10.47
浙 江	20	1805	11772	2251	596	191.89	6.49
安 徽	5	475	2721	891	573	229.95	13.00
福 建	18	570	3977	2355	1223	637.20	14.40
江 西	9	745	5771	312	-151	272.59	2.91
山 东	87	22453	153224	61624	38619	300.64	17.85
河 南	109	19813	140876	30583	17426	198.17	11.98
湖 北	40	1844	16043	5406	3004	430.91	15.87
湖 南	20	1044	8883	2137	1024	319.42	13.42
广 东	72	9945	75194	9227	2779	177.83	5.01
广 西	18	1480	9933	2522	721	187.95	12.06
海 南	2	317	2069	-251	-329	95.05	-5.99
重 庆	3	324	1938	379	51	206.05	8.00
四 川	12	514	3003	1141	631	296.67	9.68
贵 州	6	182	1256	7388	6108	978.92	121.97
云 南	6	891	7472	-235	-691	67.90	-1.92
西 藏	1	0	0	0	0		
陕 西	15	1899	11136	2377	1126	251.88	7.54
甘 肃	49	1716	13603	1636	604	213.09	5.21
青 海	0	0	0	0	0		
宁 夏	2	76	562	-57	-181	298.31	-3.09
新 疆	1	18	115	43	10	488.81	20.41

2000年分地区集体饮料制造业部分财务指标

单位：万元

地区	企业单位数（个）	固定资产原值	固定资产净值年平均余额	税利总额	利润总额	每百元固定资产原价实现产值（元）	资金利税率（%）
全国	472	706643	508646	155054	49609	223.04	13.35
北京	12	23637	17075	3713	1707	232.61	6.87
天津	11	11244	8746	2710	1789	304.33	16.00
河北	35	81629	59181	21909	7684	380.65	10.94
山西	5	9007	8711	1276	-475	102.29	10.96
内蒙古	2	2080	1469	494	0	149.92	12.19
辽宁	11	15745	11465	4297	2463	166.07	17.47
吉林	7	68322	43314	4469	-627	40.97	6.71
黑龙江	7	3917	2547	1515	887	522.00	27.88
上海	1	265	169	-33	-65	290.25	-3.79
江苏	32	40289	26692	8573	2311	246.12	14.31
浙江	36	56587	43733	9353	2342	170.63	9.66
安徽	17	18031	12391	3869	1032	159.02	11.00
福建	18	10459	8486	1193	25	161.62	7.83
江西	7	1948	1345	473	242	493.51	14.29
山东	41	104603	79142	33749	14564	236.77	22.07
河南	63	90511	64906	21439	5269	192.17	16.81
湖北	43	38312	28404	15357	6130	443.48	21.33
湖南	20	13345	8818	2670	860	267.38	12.87
广东	42	45296	29797	7749	3439	277.42	9.68
广西	5	2699	1842	349	171	219.43	4.18
海南	1	1298	350	227	60	168.52	31.71
重庆	2	618	330	109	28	277.58	7.51
四川	24	36894	28286	7320	653	128.51	13.02
贵州	2	1528	1371	453	269	293.77	18.22
云南	2	6482	4692	774	61	84.56	7.10
西藏	2	315	208	2	2	0.70	0.66
陕西	2	452	202	53	9	556.93	4.60
甘肃	17	18621	13119	404	-1313	51.59	1.50
青海	0	0	0	0	0		
宁夏	1	1161	845	389	66		
新疆	4	1351	1014	202	27	248.48	5.51

2000 年分地区集体烟草加工业部分财务指标

单位：万元

地　区	企业单位数（个）	固定资产原值	固定资产净值年平均余额	税利总额	利润总额	每百元固定资产原价实现产值（元）	资金利税率（%）
全　国	34	190649	134603	31841	－568	97.19	13.52
北　京	0	0	0	0	0		
天　津	0	0	0	0	0		
河　北	0	0	0	0	0		
山　西	0	0	0	0	0		
内蒙古	1	1472	1290	116	0	147.95	2.37
辽　宁	0	0	0	0	0		
吉　林	0	0	0	0	0		
黑龙江	0	0	0	0	0		
上　海	1	7732	6176	1759	1029	122.08	16.48
江　苏	2	649	153	267	93	1826.45	4.34
浙　江	0	0	0	0	0		
安　徽	4	14485	7952	2284	1047	89.86	9.70
福　建	0	0	0	0	0		
江　西	1	102	42	271	198	1254.90	55.97
山　东	0	0	0	0	0		
河　南	9	16659	10436	4756	1078	281.20	13.83
湖　北	0	0	0	0	0		
湖　南	1	1125	749	－57	－112	124.54	－7.26
广　东	1	152	92	62	1	491.06	12.82
广　西	1	88	162	187	6		
海　南	0	0	0	0	0		
重　庆	1	785	304	231	183	158.73	33.43
四　川	2	2156	1381	825	186	242.60	7.15
贵　州	2	15023	11029	1670	20	161.88	6.00
云　南	2	128374	93054	19217	－4403	50.58	17.73
西　藏	0	0	0	0	0		
陕　西	1	231	211	10	6		
甘　肃	5	1616	1573	245	99	77.71	5.83
青　海	0	0	0	0	0		
宁　夏	0	0	0	0	0		
新　疆	0	0	0	0	0		

2000 年分行业食品工业主要经济指标

单位：亿元

行业	企业单位数（个）	亏损企业数（个）	产品销售收入	利润总额	税利总额	固定资产原价合计	资本金	流动资产年平均余额	工业总产值（当年价）	工业总产值（不变价）	工业增加值	固定资产净值年平均余额
食品工业合计	19119	5384	7908.82	363.62	1447.02	4985.34	2371.53	4269.48	8368.87	6672.14	2805.80	3547.78
食品加工业	10676	3030	3477.52	68.74	153.02	1673.09	769.63	1404.83	3722.70	3074.74	835.29	1232.67
粮食及饲料加工业	5390	1739	1205.19	15.99	32.54	523.01	258.42	442.04	1317.96	1000.55	283.35	393.44
碾米业	1181	413	143.01	1.37	4.38	55.86	25.72	49.26	183.53	129.26	44.40	43.28
磨粉业	1783	518	330.25	1.75	7.82	214.15	83.32	146.80	363.65	231.84	80.26	159.85
面、米制品业	357	130	45.56	0.34	1.44	27.81	14.18	16.94	46.70	35.24	13.34	21.31
配合及混合饲料制造业	1812	627	623.86	9.14	14.44	206.42	122.04	201.41	658.56	528.36	131.53	154.84
蛋白饲料制造业	70	12	16.66	1.49	1.90	5.44	2.92	6.88	18.21	26.78	4.56	4.02
水产饲料制造业	101	21	24.15	1.39	1.70	8.46	6.83	14.82	24.94	23.77	5.36	5.97
其他饲料制造业	86	18	21.69	0.50	0.87	4.87	3.40	5.94	22.37	25.30	3.91	4.18
植物油加工业	1369	430	701.09	4.73	15.24	245.74	106.09	271.59	735.50	546.06	139.17	188.57
食用植物油加工业	1321	416	696.33	4.71	15.11	243.62	105.17	268.50	729.82	540.44	137.73	186.89
非食用植物油加工业	48	14	4.75	0.02	0.14	2.12	0.92	3.10	5.68	5.62	1.44	1.68
制糖业	411	136	229.13	8.12	29.21	339.16	103.45	163.16	242.01	232.75	72.20	230.79
甘蔗糖业	319	111	191.10	7.14	25.65	285.43	84.92	127.13	201.50	192.64	61.67	193.14
甜菜糖业	59	18	28.77	0.96	3.22	49.67	15.84	32.75	30.77	31.51	8.70	35.00
加工糖业	33	7	9.26	0.01	0.34	4.06	2.69	3.27	9.74	8.60	1.83	2.65
屠宰及肉类蛋类加工业	1791	433	719.34	17.74	35.32	309.76	149.30	260.25	741.10	646.47	174.51	228.80
屠宰业	609	149	209.59	2.99	7.20	98.45	40.01	68.34	224.85	190.45	56.34	73.36
肉制品加工业	1022	251	473.73	13.87	26.04	200.13	101.54	173.98	476.10	420.48	109.23	146.74
肉类副产品加工业	108	25	25.73	0.64	1.48	6.60	4.43	13.87	27.16	24.25	5.98	5.27
蛋品加工业	52	8	10.29	0.24	0.60	4.58	3.33	4.06	12.99	11.29	2.96	3.44
水产品加工业	898	137	424.10	14.79	26.12	143.91	82.24	161.55	460.65	447.98	107.52	108.12
冷冻水产品加工业	695	98	328.92	12.69	20.86	112.20	55.06	106.37	356.89	339.49	80.91	83.75
干制水产品加工业	109	21	56.95	0.74	2.69	16.92	15.32	31.51	63.46	68.46	17.10	14.05
腌制水产品加工业	24	3	2.98	−0.03	0.11	1.26	0.99	1.70	3.51	3.36	1.00	1.01
鱼糜及鱼糜制品加工业	23	7	7.53	0.24	0.55	3.27	2.04	3.72	8.04	6.05	1.71	2.22
其他水产品加工业	47	8	27.71	1.15	1.92	10.26	8.82	18.24	28.75	30.62	6.79	7.09
盐加工业	43	12	8.92	0.22	1.42	14.59	5.24	7.10	9.13	7.08	3.64	9.59

续表—1

行业	企业单位数（个）	亏损企业数（个）	产品销售收入	利润总额	税利总额	固定资产原价合计	资本金	流动资产年平均余额	工业总产值（当年价）	工业总产值（不变价）	工业增加值	固定资产净值年平均余额
其他食品加工业	774	143	189.75	7.15	13.18	96.91	64.89	99.15	216.35	193.85	54.91	73.35
食品制造业	4691	1297	1353.07	54.79	125.64	937.86	544.14	717.45	1442.52	1276.06	415.81	648.35
糕点、糖果制造业	1511	400	457.22	22.07	46.39	316.80	193.21	216.14	473.32	412.07	140.57	210.14
糖果业	231	60	87.76	6.30	11.59	55.52	37.32	47.74	89.92	82.24	27.60	39.15
糕点业	519	154	42.55	0.88	3.39	37.26	20.32	26.63	46.79	37.28	15.04	25.89
饼干业	235	49	91.80	3.86	8.66	57.52	35.00	40.45	95.49	83.66	26.39	35.99
方便主食品业	311	90	200.34	9.23	19.37	144.93	83.29	80.03	203.29	175.66	60.51	92.62
蜜饯业	138	23	22.14	0.83	1.71	10.71	8.98	13.43	24.05	21.54	6.06	8.65
其他糕点、糖果制造业	77	24	12.63	0.96	1.67	10.85	8.30	7.86	13.78	11.67	4.97	7.86
乳制品制造业	377	98	193.46	8.38	18.82	105.05	66.64	76.74	195.45	139.05	58.31	70.56
罐头食品制造业	504	159	113.14	0.68	5.72	86.74	46.59	90.03	127.08	108.39	26.36	59.64
肉类罐头制造业	53	19	13.28	0.22	0.75	11.67	9.77	16.83	14.21	11.79	0.70	6.97
禽类罐头制造业	5	0	0.65	0.04	0.08	0.16	0.13	0.21	0.72	0.65	0.17	0.10
水产罐头制造业	18	5	6.19	0.06	0.34	4.80	2.85	6.24	6.75	5.85	1.58	3.10
水果罐头制造业	157	34	25.59	0.54	1.56	20.57	8.12	20.97	31.32	26.30	8.36	15.13
蔬菜罐头制造业	204	87	34.41	−0.85	0.59	30.82	17.23	26.46	40.73	37.99	9.24	23.59
其他罐头食品制造业	67	14	33.02	0.67	2.41	18.72	8.49	19.32	33.36	25.80	6.31	10.75
发酵制品业	253	55	145.76	7.02	15.61	120.68	58.57	97.02	156.90	185.51	44.70	86.47
氨基酸制造业	25	6	6.76	0.28	0.56	4.16	3.21	2.95	7.01	8.80	1.62	3.27
味精制造业	86	19	94.31	5.16	10.64	71.21	33.83	57.09	102.58	134.04	30.42	47.34
柠檬酸制造业	33	6	23.42	1.23	2.83	23.33	8.34	17.76	24.25	22.10	6.42	19.25
酵母制品业	31	3	7.96	0.62	1.21	10.53	7.23	7.38	8.63	6.68	2.73	8.09
酶制剂制造业	33	14	3.87	−0.41	−0.15	3.60	2.20	3.20	4.36	4.62	0.95	2.40
其他发酵制品业	45	7	9.44	0.14	0.53	7.83	3.77	8.65	10.08	9.27	2.57	6.11
调味品制造业	778	245	113.50	5.93	12.74	85.33	53.19	71.80	124.31	100.84	40.98	61.22
酱油、酱类制造业	532	187	60.16	2.24	6.16	53.57	27.50	42.21	63.92	46.90	21.59	38.11
食醋制造业	65	15	6.36	0.39	0.78	5.86	3.24	3.34	8.38	6.83	2.95	4.39
调味料制造业	90	19	32.59	3.02	4.95	16.46	12.70	17.56	35.67	31.59	11.99	12.04
调味油制造业	19	10	1.95	0.00	0.04	1.29	1.41	0.89	1.85	1.47	0.42	1.05

续表—2

行业	企业单位数（个）	亏损企业数（个）	产品销售收入	利润总额	税利总额	固定资产原价合计	资本金	流动资产年平均余额	工业总产值（当年价）	工业总产值（不变价）	工业增加值	固定资产净值年平均余额
其他调味品制造业	72	14	12.44	0.29	0.81	8.15	8.33	7.79	14.49	14.05	4.01	5.63
其他食品制造业	1268	340	329.99	10.71	26.36	223.26	125.94	165.74	365.46	330.21	104.89	160.31
豆制品制造业	150	52	22.32	1.75	2.74	14.46	7.86	10.96	24.68	21.18	7.35	11.07
淀粉及淀粉制品业	406	85	126.18	7.11	12.18	66.33	25.99	49.04	147.85	135.68	44.56	50.15
代乳品制造业	11	1	2.43	-0.09	-0.04	2.21	2.89	1.13	2.65	2.36	0.73	1.90
制冰业	31	6	2.06	0.10	0.18	2.81	1.51	0.98	1.99	1.60	0.50	1.85
淀粉糖业	65	17	18.55	1.15	1.93	11.04	6.75	9.68	19.35	18.37	5.00	8.38
冷冻饮品制造业	251	92	50.55	-1.51	1.50	63.53	43.45	28.24	55.12	47.08	14.74	40.14
其他类未包括的食品制造业	354	87	107.91	2.20	7.87	62.88	37.48	65.72	113.81	103.93	32.02	46.82
饮料制造业	3409	981	1647.47	97.51	314.67	1462.36	727.29	1193.90	1752.37	1402.02	618.90	1057.87
酒精及饮料酒制造业	2179	620	1089.99	64.74	252.35	1099.59	495.86	909.94	1152.16	793.04	448.94	796.79
酒精制造业	147	55	54.54	-0.42	4.43	56.83	12.47	40.92	61.06	62.66	17.96	46.82
白酒制造业	1253	297	510.24	43.59	129.21	358.51	153.46	482.01	539.12	343.54	215.76	263.96
啤酒制造业	539	204	447.32	14.31	101.02	624.36	296.55	309.02	466.61	336.53	183.94	443.52
黄酒制造业	97	22	22.81	1.97	4.88	25.99	11.30	27.27	23.84	17.86	9.37	18.27
葡萄酒制造业	79	21	44.39	4.73	10.71	25.83	16.00	38.84	44.43	21.11	16.08	18.00
果露酒制造业	64	21	10.70	0.56	2.10	8.06	6.07	11.88	17.10	11.34	5.84	6.21
软饮料制造业	790	227	411.45	21.25	42.63	289.28	183.55	217.43	445.88	445.86	126.69	206.18
碳酸饮料制造业	233	70	180.12	10.51	19.85	114.79	69.07	77.35	184.49	187.61	54.99	79.77
天然矿泉水制造业	159	49	23.51	0.94	2.82	26.95	17.01	16.85	29.30	34.51	8.98	19.27
果菜汁饮料制造业	219	59	68.00	2.20	5.67	76.21	49.77	52.20	80.09	74.33	21.25	57.32
固体饮料制造业	63	16	76.07	4.77	7.45	27.83	17.94	27.74	83.92	75.99	23.14	19.62
其他软饮料制造业	116	33	63.75	2.82	6.84	43.50	29.76	43.30	68.08	73.42	18.33	30.20
制茶业	315	104	43.96	0.12	1.97	28.40	15.57	28.45	46.93	42.43	10.08	20.38
其他饮料制造业	125	30	102.07	11.40	17.72	45.10	32.32	38.08	107.40	120.69	33.19	34.52
烟草加工业	343	76	1430.76	142.58	853.70	912.03	330.46	953.29	1451.29	919.33	935.80	608.89
烟叶复烤业	109	31	73.73	1.33	7.88	51.67	23.86	88.88	86.52	47.28	39.47	38.35
卷烟制造业	202	34	1349.61	140.77	844.77	854.32	303.43	855.23	1357.58	865.14	894.08	566.16
其他烟草加工业	32	11	7.41	0.49	1.04	6.04	3.17	9.19	7.19	6.92	2.24	4.38

2000年分地区食品加工业主要经济指标

单位：亿元

地区	企业单位数（个）	亏损企业数（个）	产品销售收入	利润总额	税利总额	固定资产原价合计	资本金	流动资产年平均余额	工业总产值（当年价）	工业总产值（不变价）	工业增加值	固定资产净值年平均余额
全国	10676	3030	3477.52	68.74	153.02	1673.09	769.63	1404.83	3722.70	3074.74	835.29	1232.67
北京	207	60	54.73	0.15	1.28	31.48	21.52	24.70	54.46	41.19	9.41	21.33
天津	192	51	69.70	3.46	4.25	29.65	17.52	27.37	66.70	58.83	8.37	12.77
河北	506	112	119.56	3.26	5.52	51.49	22.31	41.41	128.75	99.05	26.97	40.14
山西	176	49	17.02	0.03	0.45	18.26	6.35	13.76	20.87	17.09	5.47	14.42
内蒙古	129	33	42.09	1.50	2.62	25.10	13.92	29.37	46.37	36.73	12.71	18.63
辽宁	411	133	161.54	-0.26	2.30	68.40	38.17	61.46	171.17	125.30	33.13	51.48
吉林	208	76	59.49	-0.17	0.43	40.62	15.24	38.03	53.74	54.70	18.94	30.37
黑龙江	292	91	92.67	-1.26	1.56	68.06	25.25	59.37	103.75	71.27	24.02	58.61
上海	153	56	84.25	0.81	2.23	37.35	26.26	37.85	77.01	64.38	12.74	23.32
江苏	899	193	343.68	5.68	13.25	110.66	57.01	108.56	354.18	312.28	69.37	81.82
浙江	495	100	187.83	2.77	6.41	69.04	38.02	74.88	177.45	172.98	23.30	50.77
安徽	437	141	82.85	0.24	1.74	47.19	17.09	36.83	95.46	71.08	19.61	36.49
福建	362	112	114.61	0.28	3.49	51.79	40.05	65.11	120.74	123.78	24.83	35.55
江西	446	166	50.02	0.11	1.26	30.56	12.25	25.38	54.72	45.18	14.33	22.73
山东	1254	161	743.06	32.30	47.29	241.82	97.94	228.96	811.91	673.55	191.69	186.91
河南	1080	183	264.64	9.61	15.60	94.76	47.18	88.03	283.73	226.62	77.24	72.45
湖北	626	179	157.45	3.50	8.03	67.04	27.50	47.88	192.54	164.88	57.19	57.56
湖南	357	176	75.81	1.54	2.55	43.06	23.10	36.54	82.43	57.63	19.71	31.92
广东	570	157	303.44	-1.10	6.55	150.39	75.88	136.70	313.67	250.35	67.36	102.46
广西	289	124	145.38	5.88	15.85	155.18	55.99	78.42	153.95	134.55	42.47	109.22
海南	66	19	19.54	0.90	1.79	18.49	6.63	8.77	23.17	19.45	5.50	12.62
重庆	99	42	18.12	-0.07	0.29	9.38	5.57	6.68	18.42	15.76	3.22	6.93
四川	347	123	113.29	1.32	2.92	44.72	23.74	33.86	119.35	101.32	29.19	32.70
贵州	181	84	11.70	-0.34	-0.08	10.26	4.29	6.97	13.66	10.45	3.53	7.95
云南	188	99	54.82	-0.34	4.06	74.58	18.90	30.08	56.85	52.64	14.64	51.86
西藏	23	6	0.45	-0.01	-0.01	1.01	0.94	1.55	0.49	0.29	0.26	0.62
陕西	209	101	35.65	-0.19	0.31	19.18	9.78	14.33	37.63	29.14	6.81	15.37
甘肃	206	53	13.85	0.21	0.48	10.49	4.09	10.27	16.83	14.14	4.18	8.06
青海	53	37	3.61	-0.33	-0.25	6.94	3.01	3.65	3.44	2.20	1.20	5.13
宁夏	27	15	2.64	-0.06	0.01	2.74	1.04	1.20	2.88	1.46	0.76	1.90
新疆	188	103	34.04	-0.70	0.84	43.38	13.09	26.83	36.38	26.49	7.14	30.57

2000 年分地区食品制造业主要经济指标

单位：亿元

地　区	企业单位数（个）	亏损企业数（个）	产品销售收　入	利润总额	税利总额	固定资产原价合计	资本金	流动资产年平均余额	工　业总产值（当年价）	工　业总产值（不变价）	工　业增加值	固定资产净值年平均余额
全　国	4691	1297	1353.07	54.79	125.64	937.86	544.14	717.45	1442.52	1276.06	415.81	648.35
北　京	186	59	67.74	3.09	8.07	50.47	57.36	37.74	71.61	56.00	29.49	32.64
天　津	170	43	47.83	0.31	3.48	49.80	21.47	23.21	47.05	44.19	10.58	14.45
河　北	296	57	92.43	4.87	8.76	46.03	22.36	34.17	99.74	89.58	30.42	35.36
山　西	110	27	6.80	0.03	0.56	9.35	4.51	6.70	8.94	8.55	2.82	7.16
内蒙古	52	9	23.20	1.68	3.18	12.57	5.65	10.86	24.29	20.65	7.71	9.35
辽　宁	157	45	38.64	1.55	3.59	39.01	18.76	23.95	40.38	37.59	11.38	31.40
吉　林	107	37	32.87	2.13	3.64	24.47	11.48	14.77	40.07	42.58	12.10	18.42
黑龙江	155	42	46.76	−0.02	3.28	36.19	18.31	25.38	51.68	37.87	18.49	25.16
上　海	208	71	120.78	2.86	9.12	65.92	58.04	72.37	108.53	81.74	29.79	45.11
江　苏	302	92	98.32	3.56	8.14	64.17	36.06	40.78	103.58	92.56	29.35	44.36
浙　江	211	45	73.13	4.61	8.83	41.63	18.67	38.63	73.96	73.09	17.97	28.64
安　徽	78	27	22.48	1.04	2.16	15.00	4.42	17.30	21.44	19.47	5.76	13.90
福　建	213	76	48.87	1.50	3.56	28.16	24.24	23.28	53.04	50.59	13.29	19.85
江　西	111	37	8.06	0.15	0.59	5.44	1.90	3.99	9.64	7.72	2.71	4.06
山　东	386	56	160.71	8.78	15.20	87.47	40.87	62.48	179.14	160.86	47.92	63.52
河　南	389	63	96.38	5.29	9.44	59.73	30.00	52.04	109.63	93.90	31.66	44.83
湖　北	163	48	35.91	1.04	2.97	26.01	14.15	17.16	39.57	39.20	11.91	19.54
湖　南	131	40	15.67	0.75	1.59	13.39	7.02	7.66	18.19	14.03	4.80	9.38
广　东	455	126	200.31	9.51	21.20	146.16	90.17	121.15	212.63	200.22	60.14	100.63
广　西	138	66	19.77	−0.14	1.00	24.16	10.95	14.78	21.50	18.71	5.93	16.39
海　南	27	4	14.75	0.40	1.25	7.47	3.05	9.11	15.21	9.97	3.78	2.55
重　庆	50	14	10.98	0.38	1.10	10.39	4.96	4.88	9.88	9.03	3.44	7.30
四　川	125	37	22.13	1.04	2.21	17.05	11.13	12.30	24.74	18.41	8.01	11.77
贵　州	52	17	3.42	0.59	0.82	3.11	1.82	2.29	3.60	3.20	1.24	1.92
云　南	64	36	3.64	−0.15	0.11	4.97	2.23	2.95	3.75	2.26	1.07	3.55
西　藏	9	3	0.02	0.00	0.00	0.36	0.20	0.06	0.04	0.03	0.03	0.30
陕　西	110	39	19.01	0.46	1.38	14.71	9.40	8.84	20.54	16.70	5.87	10.97
甘　肃	124	20	7.73	0.11	0.42	7.12	3.15	6.50	10.45	9.14	3.10	5.62
青　海	12	6	0.43	−0.09	−0.06	1.05	0.47	0.81	0.37	0.28	0.06	0.80
宁　夏	31	15	6.37	0.20	0.49	8.45	3.16	5.81	7.41	6.14	2.27	5.89
新　疆	69	40	7.91	−0.77	−0.43	18.09	8.15	15.50	11.91	11.82	2.74	13.49

2000年分地区饮料制造业主要经济指标

单位：亿元

地区	企业单位数（个）	亏损企业数（个）	产品销售收入	利润总额	税利总额	固定资产原价合计	资本金	流动资产年平均余额	工业总产值（当年价）	工业总产值（不变价）	工业增加值	固定资产净值年平均余额
总计	3409	981	1647.47	97.51	314.67	1462.36	727.29	1193.90	1752.37	1402.02	618.90	1057.87
北京	77	25	68.46	4.66	15.21	78.07	43.05	55.45	71.03	77.16	25.70	52.04
天津	72	21	37.74	2.01	5.86	27.96	16.71	23.08	42.33	33.22	9.91	19.52
河北	173	46	79.29	1.24	12.52	74.22	33.06	61.18	89.54	70.91	29.53	56.93
山西	63	17	17.68	0.18	3.67	19.53	13.17	17.94	17.80	14.29	7.28	14.45
内蒙古	65	7	21.47	1.37	5.99	18.98	8.40	18.99	23.10	12.71	10.26	13.23
辽宁	118	39	44.58	4.12	11.72	53.64	23.53	30.66	46.24	39.73	18.21	40.00
吉林	120	41	27.29	−0.61	4.14	38.86	15.11	17.86	32.96	28.78	12.15	28.36
黑龙江	117	37	45.25	1.46	8.66	52.42	14.53	29.60	48.34	41.57	19.29	40.85
上海	52	19	61.87	1.48	7.18	59.55	45.69	38.52	63.58	61.19	18.13	42.10
江苏	186	54	123.65	2.92	13.13	74.02	37.32	61.95	130.46	116.04	34.67	52.37
浙江	207	55	131.19	13.43	27.43	95.37	51.80	73.49	136.99	144.61	45.96	68.74
安徽	119	40	74.30	3.82	16.29	53.87	24.78	78.01	78.14	51.13	29.26	39.61
福建	138	53	46.53	1.85	7.97	53.68	32.61	27.64	45.75	37.17	15.45	37.38
江西	122	45	16.23	0.25	3.10	19.52	10.06	17.14	18.73	13.75	7.00	13.69
山东	250	30	185.70	9.37	37.27	141.50	56.68	125.16	193.61	140.79	64.89	101.16
河南	239	37	69.14	0.58	8.27	65.56	25.66	68.02	84.83	65.78	29.16	51.22
湖北	186	40	69.61	3.19	10.76	57.22	34.60	38.85	78.36	64.59	29.92	42.63
湖南	103	35	24.51	1.29	4.98	27.90	16.58	33.76	27.63	20.75	10.06	20.19
广东	240	67	183.52	11.21	28.92	157.59	86.50	98.92	197.79	167.45	67.91	109.70
广西	92	40	17.44	0.08	2.67	24.38	13.22	9.56	18.26	14.43	5.68	18.24
海南	24	14	9.65	−1.01	−0.26	16.36	18.26	10.13	14.53	8.38	2.73	12.94
重庆	46	23	15.45	0.60	2.85	17.33	8.71	13.29	16.57	15.66	5.74	11.46
四川	206	44	180.59	26.61	51.57	116.30	39.93	126.62	175.82	100.25	76.51	85.20
贵州	85	32	26.84	4.77	11.47	27.84	14.00	30.21	24.92	12.05	13.50	21.18
云南	95	51	10.67	−0.09	1.31	15.71	6.94	11.53	9.94	6.10	3.41	12.21
西藏	15	3	1.08	0.33	0.43	2.34	1.91	1.15	1.36	0.44	0.75	1.94
陕西	69	29	23.20	0.28	3.45	29.47	15.29	17.73	25.83	19.41	8.80	21.08
甘肃	65	18	14.96	0.40	2.87	22.16	8.23	32.49	17.12	12.42	8.47	15.40
青海	7	4	3.21	0.15	0.87	3.16	1.40	2.37	3.26	2.07	1.18	1.92
宁夏	9	2	2.92	−0.04	0.39	2.27	0.67	3.03	2.89	1.80	1.18	1.65
新疆	49	13	13.47	1.60	4.00	15.61	8.89	19.58	14.62	7.42	6.20	10.46

2000年分地区烟草加工业主要经济指标

单位：亿元

地区	企业单位数（个）	亏损企业数（个）	产品销售收入	利润总额	税利总额	固定资产原价合计	资本金	流动资产年平均余额	工业总产值（当年价）	工业总产值（不变价）	工业增加值	固定资产净值年平均余额
总计	343	76	1430.76	142.58	853.70	912.03	330.46	953.29	1451.29	919.33	935.80	608.89
北京	1	0	8.42	0.50	5.01	4.20	4.17	2.26	8.36	4.62	5.70	2.87
天津	1	0	3.01	0.38	1.50	5.33	2.73	4.62	3.20	4.63	1.85	3.73
河北	3	0	22.25	1.11	11.44	19.44	7.37	20.55	22.57	21.27	13.02	12.35
山西	3	0	6.03	0.22	2.48	4.14	2.26	5.41	6.16	5.56	2.87	3.32
内蒙古	3	0	5.13	0.07	2.18	4.81	2.96	6.34	5.11	6.23	2.44	3.11
辽宁	5	1	7.06	-0.01	2.55	8.45	3.92	8.16	6.90	6.36	3.13	6.56
吉林	7	1	11.88	0.35	4.91	12.40	5.91	12.18	14.17	15.26	7.27	8.52
黑龙江	15	6	14.96	-0.18	4.36	16.23	9.02	22.55	13.51	12.97	5.87	11.09
上海	4	0	85.25	21.92	69.32	49.66	11.61	68.13	84.84	33.61	61.14	35.47
江苏	8	2	47.86	5.80	32.90	23.12	6.61	14.25	47.98	28.17	36.63	12.92
浙江	4	0	54.72	13.16	43.65	24.58	8.40	28.52	55.17	26.41	33.07	17.13
安徽	16	2	51.18	0.76	24.79	37.92	15.50	24.99	50.57	41.12	29.76	24.78
福建	12	1	52.16	5.58	31.28	19.59	10.54	25.80	50.63	28.46	30.55	12.59
江西	9	0	29.86	4.80	16.72	10.14	4.10	13.83	26.07	17.16	13.12	7.22
山东	17	2	55.01	12.45	36.67	53.27	40.08	24.77	55.70	57.66	37.33	31.92
河南	37	12	71.99	2.32	29.64	58.50	17.60	61.86	71.08	69.66	31.18	40.20
湖北	24	4	92.27	6.33	33.85	52.15	15.10	63.15	96.74	76.01	51.66	32.90
湖南	20	5	135.31	8.71	88.85	75.77	34.04	70.97	134.53	59.65	96.84	45.12
广东	23	5	74.87	4.50	43.24	46.23	18.87	37.33	75.02	50.62	42.49	28.01
广西	13	7	20.63	0.63	10.35	15.89	7.22	18.37	20.91	16.80	13.00	11.86
海南	1	0	3.22	0.69	2.20	2.85	1.79	4.05	3.70	3.07	2.17	1.41
重庆	6	3	33.44	2.69	13.76	14.72	6.45	23.78	30.48	18.50	20.31	9.31
四川	13	1	58.98	2.53	33.17	29.00	18.02	44.50	57.69	36.04	36.41	20.24
贵州	37	12	75.36	-1.88	28.50	52.19	18.31	110.80	89.81	79.92	38.87	39.28
云南	26	4	366.01	48.43	260.46	240.05	41.96	205.92	373.84	161.15	293.00	166.57
西藏	0	0	0.00	0.00	0.00	0.00	0.00	0.00	0.00	0.00	0.00	0.00
陕西	16	2	31.44	0.17	13.70	21.59	10.07	20.58	33.23	28.43	18.23	13.93
甘肃	13	3	9.21	0.52	4.80	5.59	3.37	6.53	10.11	7.05	6.39	3.92
青海	0	0	0.00	0.00	0.00	0.00	0.00	0.00	0.00	0.00	0.00	0.00
宁夏	2	1	0.70	0.00	0.33	0.96	0.69	0.88	0.73	0.70	0.43	0.58
新疆	4	2	2.54	0.02	1.09	3.26	1.80	2.22	2.46	2.25	1.06	1.99

2000 年分地区分经济类型食品加工业企业单位数

单位：个

地　区	全部	国有	集体	其他	地　区	全部	国有	集体	其他
总　计	10676	5082	1784	3810	河　南	1080	379	335	366
北　京	207	126	35	46	湖　北	626	379	140	107
天　津	192	81	51	60	湖　南	357	238	54	65
河　北	506	291	82	133	广　东	570	206	106	258
山　西	176	140	13	23	广　西	289	190	29	70
内蒙古	129	57	2	70	海　南	66	40	1	25
辽　宁	411	180	53	178	重　庆	99	63	3	33
吉　林	208	148	17	43	四　川	347	126	17	204
黑龙江	292	170	41	81	贵　州	181	144	13	24
上　海	153	71	20	62	云　南	188	139	15	34
江　苏	899	354	103	442	西　藏	23	13	7	3
浙　江	495	103	41	351	陕　西	209	128	42	39
安　徽	437	166	89	182	甘　肃	206	83	63	60
福　建	362	124	32	206	青　海	53	48	1	4
江　西	446	363	26	57	宁　夏	27	14	2	11
山　东	1254	384	343	527	新　疆	188	134	8	46

2000 年分地区分经济类型食品制造业企业单位数

单位：个

地　区	全部	国有	集体	其他	地　区	全部	国有	集体	其他
总　计	4691	2071	721	1899	河　南	389	159	109	121
北　京	186	105	18	63	湖　北	163	79	40	44
天　津	170	77	36	57	湖　南	131	78	20	33
河　北	296	126	60	110	广　东	455	122	72	261
山　西	110	82	5	23	广　西	138	101	18	19
内蒙古	52	23	2	27	海　南	27	13	2	12
辽　宁	157	82	7	68	重　庆	50	31	3	16
吉　林	107	69	8	30	四　川	125	47	12	66
黑龙江	155	89	14	52	贵　州	52	38	6	8
上　海	208	64	26	118	云　南	64	51	6	7
江　苏	302	107	50	145	西　藏	9	6	1	2
浙　江	211	47	20	144	陕　西	110	69	15	26
安　徽	78	39	5	34	甘　肃	124	47	49	28
福　建	213	50	18	145	青　海	12	9	0	3
江　西	111	84	9	18	宁　夏	31	13	2	16
山　东	386	112	87	187	新　疆	69	52	1	16

2000 年分地区分经济类型饮料制造业企业单位数

单位：个

地 区	全部	国有	集体	其他	地 区	全部	国有	集体	其他
总 计	3409	1663	472	1274	河 南	239	106	63	70
北 京	77	37	12	28	湖 北	186	99	43	44
天 津	72	23	11	38	湖 南	103	60	20	23
河 北	173	85	35	53	广 东	240	98	42	100
山 西	63	29	5	29	广 西	92	65	5	22
内蒙古	65	33	2	30	海 南	24	12	1	11
辽 宁	118	53	11	54	重 庆	46	26	2	18
吉 林	120	76	7	37	四 川	206	57	24	125
黑龙江	117	66	7	44	贵 州	85	67	2	16
上 海	52	15	1	36	云 南	95	79	2	14
江 苏	186	68	32	86	西 藏	15	7	2	6
浙 江	207	60	36	111	陕 西	69	42	2	25
安 徽	119	62	17	40	甘 肃	65	29	17	19
福 建	138	56	18	64	青 海	7	5	0	2
江 西	122	100	7	15	宁 夏	9	5	1	3
山 东	250	117	41	92	新 疆	49	26	4	19

2000 年分地区分经济类型烟草加工业企业单位数

单位：个

地 区	全部	国有	集体	其他	地 区	全部	国有	集体	其他
总 计	343	299	34	10	河 南	37	28	9	0
北 京	1	1	0	0	湖 北	24	22	0	2
天 津	1	1	0	0	湖 南	20	18	1	1
河 北	3	3	0	0	广 东	23	21	1	1
山 西	3	3	0	0	广 西	13	12	1	0
内蒙古	3	2	1	0	海 南	1	1	0	0
辽 宁	5	5	0	0	重 庆	6	5	1	0
吉 林	7	7	0	0	四 川	13	11	2	0
黑龙江	15	15	0	0	贵 州	37	35	2	0
上 海	4	2	1	1	云 南	26	23	2	1
江 苏	8	4	2	2	西 藏	0	0	0	0
浙 江	4	4	0	0	陕 西	16	15	1	0
安 徽	16	12	4	0	甘 肃	13	8	5	0
福 建	12	12	0	0	青 海	0	0	0	0
江 西	9	8	1	0	宁 夏	2	2	0	0
山 东	17	15	0	2	新 疆	4	4	0	0

2000年分行业分经济类型食品工业企业单位数

单位：个

行 业	全 部	国 有	集 体	其 他
食品工业合计	19119	9114	3011	6994
食品加工业	10676	5082	1784	3810
粮食及饲料加工业	5390	2927	754	1709
植物油加工业	1369	688	232	449
制糖业	411	287	27	97
屠宰及肉类蛋类加工业	1791	851	330	610
水产品加工业	898	181	252	465
盐加工业	43	31	6	6
其他食品加工业	774	117	183	474
食品制造业	4691	2071	721	1899
糕点、糖果制造业	1511	671	188	652
乳制品制造业	377	177	49	151
罐头食品制造业	504	189	74	241
发酵制品业	253	96	58	99
调味品制造业	778	475	83	220
其他食品制造业	1268	463	269	536
饮料制造业	3409	1663	472	1274
酒精及饮料酒制造业	2179	1188	254	737
软饮料制造业	790	298	113	379
制茶业	315	142	83	90
其他饮料制造业	125	35	22	68
烟草加工业	343	298	34	11
烟叶复烤业	109	101	8	0
卷烟制造业	202	176	18	8
其他烟草加工业	32	21	8	3

2000年分行业分经济类型食品工业企业全部职工年平均人数

单位：万人

行 业	全 部	国 有	集 体	其 他
食品工业合计	387.79	206.26	52.36	129.17
食品加工业	167.90	82.85	27.70	57.35
粮食及饲料加工业	53.46	28.38	6.96	18.12
植物油加工业	20.43	10.82	3.30	6.31
制糖业	22.32	17.01	0.67	4.64
屠宰及肉类蛋类加工业	40.23	19.29	8.14	12.80
水产品加工业	16.25	4.54	4.32	7.39
盐加工业	1.30	1.08	0.11	0.11
其他食品加工业	13.90	1.73	4.20	7.97
食品制造业	91.77	37.51	15.32	38.94
糕点、糖果制造业	29.21	7.75	5.52	15.94
乳制品制造业	8.96	4.87	0.95	3.14
罐头食品制造业	11.56	5.20	1.29	5.07
发酵制品业	9.41	5.33	1.87	2.21
调味品制造业	10.51	6.33	0.77	3.41
其他食品制造业	22.12	8.03	4.93	9.16
饮料制造业	102.22	61.52	8.11	32.59
酒精及饮料酒制造业	81.20	54.74	5.34	21.12
软饮料制造业	14.22	4.10	1.59	8.53
制茶业	4.30	2.10	0.99	1.21
其他饮料制造业	2.50	0.58	0.19	1.73
烟草加工业	25.89	24.38	1.22	0.29
烟叶复烤业	3.45	3.34	0.11	0
卷烟制造业	21.93	20.74	0.98	0.21
其他烟草加工业	0.51	0.30	0.13	0.08

2000年分地区分经济类型食品加工业职工年平均人数

单位：万人

地区	全部	国有	集体	其他	地区	全部	国有	集体	其他
总计	167.90	82.85	27.70	57.35	河南	13.50	7.26	3.21	3.03
北京	2.09	1.28	0.38	0.43	湖北	9.44	5.83	2.09	1.52
天津	2.53	1.02	0.88	0.63	湖南	4.20	2.84	0.50	0.86
河北	4.86	2.33	0.82	1.71	广东	9.75	4.27	0.98	4.50
山西	2.44	1.60	0.20	0.64	广西	9.27	6.98	0.30	1.99
内蒙古	2.60	1.62	0.01	0.97	海南	1.55	0.95	0.01	0.59
辽宁	7.09	2.77	0.86	3.46	重庆	1.34	0.88	0.05	0.41
吉林	4.22	2.63	0.17	1.42	四川	5.41	1.81	0.25	3.35
黑龙江	5.53	3.35	0.53	1.65	贵州	1.14	0.87	0.10	0.17
上海	2.92	1.10	0.42	1.40	云南	4.56	3.33	0.44	0.79
江苏	13.41	6.34	1.45	5.62	西藏	0.08	0.05	0.00	0.03
浙江	5.43	2.20	0.37	2.86	陕西	3.22	1.50	1.24	0.48
安徽	5.93	2.69	0.77	2.47	甘肃	1.49	0.56	0.33	0.60
福建	4.65	1.21	0.23	3.21	青海	0.51	0.43	0.01	0.07
江西	4.33	3.56	0.17	0.60	宁夏	0.17	0.07	0.01	0.09
山东	31.49	9.39	10.89	11.21	新疆	2.77	2.12	0.04	0.61

2000年分地区分经济类型食品制造业职工年平均人数

单位：万人

地区	全部	国有	集体	其他	地区	全部	国有	集体	其他
总计	91.77	37.51	15.32	38.94	河南	9.84	3.44	3.63	2.77
北京	3.65	2.34	0.26	1.05	湖北	3.10	1.29	0.73	1.08
天津	2.69	0.97	0.44	1.28	湖南	1.92	0.87	0.29	0.76
河北	5.50	2.07	0.87	2.56	广东	8.96	2.42	1.25	5.29
山西	1.47	0.74	0.07	0.66	广西	2.24	1.39	0.29	0.56
内蒙古	1.85	1.17	0.02	0.66	海南	0.52	0.39	0.03	0.10
辽宁	2.89	1.51	0.08	1.30	重庆	0.87	0.42	0.04	0.41
吉林	1.62	1.09	0.12	0.41	四川	2.32	0.77	0.12	1.43
黑龙江	3.14	1.93	0.20	1.01	贵州	0.41	0.28	0.05	0.08
上海	4.59	1.81	0.32	2.46	云南	0.61	0.41	0.07	0.13
江苏	5.86	2.01	1.03	2.82	西藏	0.03	0.02	0.00	0.01
浙江	4.99	1.92	0.30	2.77	陕西	1.85	0.84	0.32	0.69
安徽	2.02	1.38	0.09	0.55	甘肃	0.99	0.44	0.31	0.24
福建	3.96	0.88	0.22	2.86	青海	0.11	0.07	0.00	0.04
江西	1.23	0.71	0.23	0.29	宁夏	0.62	0.36	0.01	0.25
山东	11.10	3.03	3.91	4.16	新疆	0.79	0.54	0.00	0.25

2000年分地区分经济类型饮料制造业职工年平均人数

单位：万人

地　区	全　部	国　有	集　体	其　他	地　区	全　部	国　有	集　体	其　他
总　计	102.22	61.52	8.11	32.59	河　南	7.77	5.16	1.02	1.59
北　京	3.18	2.20	0.17	0.81	湖　北	4.87	2.46	0.89	1.52
天　津	1.46	0.54	0.13	0.79	湖　南	2.48	1.62	0.26	0.60
河　北	5.24	2.86	0.95	1.43	广　东	5.26	1.64	0.54	3.08
山　西	1.73	1.17	0.11	0.45	广　西	1.28	0.69	0.05	0.54
内蒙古	2.72	1.92	0.05	0.75	海　南	0.44	0.23	0.01	0.20
辽　宁	3.32	1.35	0.14	1.83	重　庆	1.37	0.74	0.02	0.61
吉　林	3.23	1.76	0.26	1.21	四　川	8.38	5.85	0.35	2.18
黑龙江	3.42	2.06	0.13	1.23	贵　州	2.39	1.96	0.03	0.40
上　海	1.51	0.52	0.02	0.97	云　南	1.17	0.88	0.08	0.21
江　苏	6.76	3.64	0.54	2.58	西　藏	0.09	0.07	0.00	0.02
浙　江	4.44	2.08	0.43	1.93	陕　西	2.01	1.44	0.02	0.55
安　徽	6.18	4.70	0.32	1.16	甘　肃	1.89	1.15	0.21	0.53
福　建	2.38	1.19	0.21	0.98	青　海	0.33	0.25	0.00	0.08
江　西	2.30	1.87	0.05	0.38	宁　夏	0.32	0.23	0.03	0.06
山　东	13.01	8.62	1.08	3.31	新　疆	1.29	0.70	0.03	0.56

2000年分地区分经济类型烟草加工业职工年平均人数

单位：万人

地　区	全　部	国　有	集　体	其　他	地　区	全　部	国　有	集　体	其　他
总　计	25.89	24.42	1.22	0.25	河　南	2.87	2.38	0.48	0.01
北　京	0.09	0.09	0.00	0.00	湖　北	2.18	2.03	0.00	0.15
天　津	0.20	0.20	0.00	0.00	湖　南	1.95	1.92	0.01	0.02
河　北	0.78	0.78	0.00	0.00	广　东	1.01	1.00	0.01	0.00
山　西	0.18	0.18	0.00	0.00	广　西	0.60	0.59	0.02	0.00
内蒙古	0.23	0.22	0.01	0.00	海　南	0.04	0.04	0.00	0.00
辽　宁	0.38	0.38	0.00	0.00	重　庆	0.53	0.51	0.02	0.00
吉　林	0.51	0.51	0.00	0.00	四　川	0.93	0.89	0.04	0.00
黑龙江	0.75	0.75	0.00	0.00	贵　州	2.48	2.41	0.10	0.00
上　海	0.70	0.62	0.04	0.04	云　南	3.01	2.72	0.28	0.00
江　苏	0.68	0.65	0.01	0.02	西　藏	0.00	0.00	0.00	0.00
浙　江	0.32	0.32	0.00	0.00	陕　西	1.16	1.16	0.00	0.00
安　徽	1.49	1.33	0.16	0.00	甘　肃	0.40	0.36	0.04	0.00
福　建	0.42	0.42	0.00	0.00	青　海	0.00	0.00	0.00	0.00
江　西	0.53	0.53	0.01	0.00	宁　夏	0.06	0.06	0.00	0.00
山　东	1.35	1.32	0.00	0.03	新　疆	0.07	0.07	0.00	0.00

2000年分行业食品工业全员劳动生产率

单位：万元/人年

行业	2000年		1999年	
	按产值计算（当年价）	按增加值计算	按产值计算（当年价）	按增加值计算
食品工业合计	21.58	7.24	19.48	4.22
食品加工业	22.17	4.97	21.71	4.54
粮食及饲料加工业	24.65	5.30	31.85	6.40
植物油加工业	36.00	6.81	9.42	1.83
制糖业	10.84	3.23	16.28	3.81
屠宰及肉类蛋类加工业	18.42	4.34	26.50	6.12
水产品加工业	28.35	6.62	6.09	2.29
盐加工业	7.00	2.79	13.21	3.36
其他食品加工业	15.56	3.95	13.06	3.56
食品制造业	15.72	4.53	13.85	3.89
糕点、糖果制造业	16.21	4.81	17.43	4.46
乳制品制造业	21.81	6.51	10.34	2.28
罐头食品制造业	11.00	2.28	15.82	4.31
发酵制品业	16.67	4.75	9.01	2.94
调味品制造业	11.82	3.90	13.00	3.54
其他食品制造业	16.52	4.74	15.61	5.51
饮料制造业	17.14	6.05	13.09	5.07
酒精及饮料酒制造业	14.19	5.53	28.91	8.20
软饮料制造业	31.36	8.91	11.33	2.74
制茶业	10.90	2.34	36.69	10.76
其他饮料制造业	42.97	13.28	49.50	31.75
烟草加工业	56.06	36.15	22.04	7.23
烟叶复烤业	25.07	11.44	53.71	35.48
卷烟制造业	61.91	40.77	20.89	7.41
其他烟草加工业	14.05	4.38	20.89	7.41

食品工业固定资产投资额及新增固定资产

单位：亿元

年份	固定资产投资额			新增固定资产		
	总计	基本建设	更新改造	总计	基本建设	更新改造
1997	381.27	132.03	249.24	333.11	119.13	213.98
1998	368.32	94.26	231.38	336.94	95.40	204.35
1999	312.47	106.43	206.04	289.44	86.46	202.98
2000	333.96	114.50	219.46	299.52	110.38	189.14

分行业食品工业建设项目数

单位：个

项　　目	食品工业合计		食品加工业		食品制造业		饮料制造业		烟草加工业	
	2000年	1999年	2000年	1999年	2000年	1999年	2000年	1999年	2000年	1999年
基本建设										
施工项目个数	1189	1299	505	600	287	270	279	289	118	140
新开工项目个数	803	843	354	416	198	167	196	196	55	64
全部建成投产项目个数	734	794	327	376	151	158	171	188	85	72
固定资产交付使用率（%）	96.4	81.2	88.6	83.1	101.7	64.8	76.1	90.0	128.8	81.9
更新改造										
施工项目个数	2700	2895	921	1005	550	542	816	959	413	389
新开工项目个数	1976	2056	760	810	421	404	588	652	207	190
全部建成投产项目个数	1718	1925	698	806	353	375	535	617	132	127
固定资产交付使用率（%）	86.2	98.51	85.9	106.6	92.0	94.9	88.2	87.4	76.6	111.8

按投资性质分的新增固定资产

单位：亿元

	基本建设			更新改造		
	1998年	1999年	2000年	1998年	1999年	2000年
食品工业合计	95.40	86.46	110.38	204.35	202.98	189.14
食品加工业	38.65	25.82	28.73	47.40	48.75	37.74
食品制造业	31.51	13.28	38.19	22.31	34.71	43.63
饮料制造业	18.37	26.86	19.98	72.03	67.32	72.60
烟草加工业	5.87	20.50	23.48	62.55	53.20	34.67

按建设性质分的食品工业固定资产投资额

单位：亿元

	基本建设								
	新建			扩建			改建		
年　　份	1998	1999	2000	1998	1999	2000	1998	1999	2000
食品工业合计	59.90	59.30	71.15	21.05	32.59	30.98	4.89	4.40	4.09
食品加工业	22.44	17.90	20.64	6.22	8.36	8.09	1.35	1.15	0.81
食品制造业	19.27	13.10	30.96	5.60	4.62	4.09	0.75	0.35	0.67
饮料制造业	17.27	16.25	17.22	4.54	11.26	6.73	1.13	0.53	0.46
烟草加工业	0.92	12.05	2.33	4.69	8.35	12.07	1.66	2.37	2.12

	更新改造								
	新建			扩建			改建		
年　　份	1998	1999	2000	1998	1999	2000	1998	1999	2000
食品工业合计	15.75	15.93	20.69	127.50	114.45	121.86	75.21	63.35	62.20
食品加工业	3.67	5.31	5.81	31.11	26.51	24.22	12.97	11.81	12.36
食品制造业	4.24	4.67	6.41	14.20	21.44	25.87	7.41	7.56	12.01
饮料制造业	7.32	4.19	7.21	60.61	51.74	58.70	13.39	17.43	14.22
烟草加工业	0.52	1.76	1.23	21.28	14.76	13.07	41.44	26.55	23.61

食品工业更新改造新增生产能力

能力名称	单　　位	1996年	1997年	1998年	1999年	2000年
机制糖						
年生产	万吨	34	31	38	21	6
日处理原料	吨	25689	22000	29786	18250	14260
卷烟	万箱/年	168	259	288	95	51
酒	万吨/年	239	337	233	5730	300
糖果	吨/年	81020	18240	5800	7010	11724
奶粉	吨/年	29080	25515	8620	36910	2000
原盐	万吨/年	10	99	33	25	80

食品工业基本建设新增生产能力

能力名称	单　　位	1996年	1997年	1998年	1999年	2000年
机制糖						
年生产	万吨	9	3	9	3	0.3
日处理原料	吨	7830	2800	7000	1776	42000
酒	万吨/年	49		5	14	16
糖果	吨/年	11221	8100	42300		4700
奶粉	吨/年		2350	5200		
原盐	万吨/年	19	20	2	2	2

食品工业主要原料产品产量

单位：万吨

产品名称	2000 年	1999 年	2000 年为 1999 年的%
粮食	46217.5	50838.6	90.9
其中：稻谷	18790.8	19848.7	94.7
小麦	9963.6	11388.0	87.5
玉米	10600.0	12808.6	82.8
豆类	2010.0	1894.0	106.1
薯类	3685.2	3640.6	101.2
其中：马铃薯	1325.5	1122.1	118.1
油料	2954.8	2601.2	113.6
其中：花生	1443.7	1263.9	114.2
油菜籽	1138.1	1013.2	112.3
芝麻	81.1	74.3	109.1
甘蔗	6828.0	7470.3	91.4
甜菜	807.3	863.9	93.5
茶叶	68.3	67.6	101.1
烟叶	255.2	246.9	103.3
其中：烤烟	223.8	218.5	102.4
水果	6225.1	6237.6	99.8
其中：苹果	2043.1	2080.2	98.2
柑桔	878.3	1078.7	81.4
梨	841.2	774.2	108.7
葡萄	328.2	270.8	121.2
香蕉	494.1	419.4	117.8
油茶籽	82.3	79.3	103.9
核桃	31.0	27.4	113.0
肉类总产量	6125.4	5949.0	103.0
其中：猪肉	4031.4	3890.7	103.6
牛肉	532.8	505.4	105.4
羊肉	274.0	251.3	109.1
奶类	919.1	806.9	113.9
其中：牛奶	827.4	717.6	115.3
禽蛋	2243.3	2134.7	105.1
蜂蜜	24.6	23.0	107.0
水产品总产量	4278.5	4122.4	103.8
海水产品	2538.7	2471.9	102.7
其中：鱼类	1033.0	1057.9	97.6
虾蟹类	297.1	277.1	107.2
贝类	1038.7	959.3	108.3
藻类	122.2	119.4	102.3
淡水产品	1739.7	1650.5	105.4
其中：鱼类	1573.1	1517.1	103.7
虾蟹类	88.3	70.7	124.9
贝类	46.3	43.0	107.7

2000年分地区食品工业主要原料产品产量

单位：万吨

地　区	粮食	谷物				豆类	薯类	油料			
			稻谷	小麦	玉米				花生	油菜籽	芝麻
全　国	46217.5	40522.4	18790.8	9963.6	10600.0	2010.0	3685.2	2954.8	1443.7	1138.1	81.1
北　京	144.2	136.1	9.4	66.9	58.7	5.0	3.0	3.8	3.4	0.0	0.0
天　津	124.1	119.1	14.5	59.5	41.0	4.3	0.7	3.3	0.8	0.0	0.1
河　北	2551.1	2355.6	65.8	1208.0	994.5	74.5	121.0	147.0	132.6	2.3	2.0
山　西	853.4	703.0	3.3	215.2	354.8	57.8	92.6	44.8	4.1	0.9	1.9
内蒙古	1241.9	947.9	72.2	181.8	629.2	109.7	184.3	116.4	0.9	30.5	0.5
辽　宁	1140.0	1029.1	377.1	35.8	551.1	50.2	60.7	29.6	25.6	0.2	0.8
吉　林	1638.0	1448.3	374.8	16.3	993.2	140.6	49.1	39.0	13.1	0.0	1.1
黑龙江	2545.5	1974.1	1042.2	95.8	790.8	489.6	81.8	43.8	2.1	6.8	0.1
上　海	174.0	170.5	137.2	24.7	3.7	2.7	0.8	16.4	0.7	15.7	2.7
江　苏	3106.6	2907.1	1801.3	796.4	236.8	105.3	94.2	225.6	79.7	143.0	0.5
浙　江	1217.7	1093.9	990.2	55.1	20.3	45.4	78.4	57.9	3.6	43.7	16.6
安　徽	2472.1	2174.5	1221.6	707.1	219.0	103.6	194.0	285.1	111.2	156.8	0.1
福　建	854.7	661.2	632.8	11.0	11.1	27.6	165.9	25.8	23.8	1.8	3.3
江　西	1614.6	1510.6	1491.9	7.9	8.5	35.5	68.5	96.7	40.4	53.0	1.0
山　东	3837.7	3467.3	110.8	1860.0	1467.5	108.2	262.2	356.9	50.1	4.8	22.0
河　南	4101.5	3669.7	318.8	2236.0	1075.0	140.1	291.6	392.6	335.9	33.8	21.5
湖　北	2218.5	1962.6	1497.2	233.7	216.7	71.1	184.8	287.2	65.7	198.5	0.8
湖　南	2767.9	2552.3	2392.5	23.3	125.1	59.4	156.2	139.3	29.1	109.4	0.3
广　东	1760.1	1510.2	1423.4	3.9	76.1	26.1	223.8	78.8	77.7	0.8	0.6
广　西	1528.5	1415.9	1226.5	2.7	184.2	45.0	67.6	58.6	49.6	8.2	0.6
海　南	199.6	156.9	150.2	0	5.2	2.9	39.8	10.1	9.5	0.0	0.0
重　庆	1106.9	843.4	532.9	101.3	197.5	24.2	239.3	31.1	7.6	22.6	0.5
四　川	3372.0	2831.5	1634.3	532.1	547.4	92.7	447.8	193.0	54.3	137.5	0.4
贵　州	1161.3	935.4	477.4	103.5	342.2	39.5	186.4	74.3	7.5	66.2	0.0
云　南	1467.8	1282.1	568.2	152.4	473.3	40.2	145.5	27.0	5.4	19.1	0.0
西　藏	96.2	93.2	0.6	30.7	1.4	3.0	0.1	4.0	0.0	4.0	0.0
陕　西	1089.1	962.0	94.7	418.6	413.7	31.0	96.1	38.8	7.3	22.4	3.3
甘　肃	713.5	570.8	6.2	266.1	210.5	37.7	105.0	41.7	0.1	22.1	0.0
青　海	82.7	61.2	0	43.9	1.2	6.6	14.9	19.4	0.0	19.1	0.0
宁　夏	252.7	230.3	62.4	74.5	82.0	4.8	17.6	7.0	0.0	0.0	0.0
新　疆	783.7	746.6	60.4	399.5	268.5	25.7	11.4	60.1	2.0	15.0	0.1

续表一1

地区	甘蔗	甜菜	烟叶		茶叶	水果					
				烤烟			苹果	柑桔	梨	葡萄	香蕉
全国	6828.0	807.3	255.2	223.8	68.3	6225.1	2043.1	878.3	841.2	328.2	494.1
北京	0.0	0.0	0.0	0.0	0.0	58.6	15.8	0.0	10.3	3.4	0.0
天津	0.0	0.0	0.0	0.0	0.0	28.3	7.9	0.0	3.0	10.2	0.0
河北	0.0	11.5	1.2	0.7	0.0	677.3	180.6	0.0	255.2	52.4	0.0
山西	0.0	21.0	1.6	1.6	0.0	204.5	163.0	0.0	12.9	5.1	0.0
内蒙古	0.0	141.3	1.4	1.2	0.0	21.4	4.7	0.0	11.0	1.6	0.0
辽宁	0.0	28.7	3.2	2.9	0.0	250.0	123.1	0.0	45.5	43.0	0.0
吉林	0.0	44.4	6.0	3.0	0.0	48.6	10.1	0.0	14.1	6.6	0.0
黑龙江	0.0	254.8	9.6	8.1	0.0	19.2	11.2	0.0	2.6	1.0	0.0
上海	6.8	0.0	0.0	0.0	0.0	22.5	0.0	10.2	1.7	2.3	0.0
江苏	28.1	0.2	0.1	0.0	1.2	176.4	69.5	4.3	39.0	8.8	0.0
浙江	98.5	0.0	0.3	0.0	11.6	170.4	0.1	97.2	14.8	11.5	0.0
安徽	32.0	0.0	3.2	3.1	4.5	110.6	30.2	0.5	61.6	5.6	0.0
福建	82.7	0.0	9.4	9.1	12.6	356.4	0.0	130.6	9.6	3.9	74.6
江西	136.8	0.0	1.8	1.5	1.6	42.3	0.0	28.3	4.2	0.3	0.0
山东	0.0	0.1	11.7	11.3	0.2	966.6	647.7	0.0	91.1	47.5	0.0
河南	32.6	0.0	27.6	27.2	0.9	364.7	238.9	2.1	33.3	20.8	0.0
湖北	101.7	0.0	13.7	8.2	6.4	215.7	3.0	94.6	63.3	7.5	0.0
湖南	115.9	0.0	16.8	15.5	5.7	150.5	0.0	125.9	3.6	1.9	0.0
广东	1253.2	0.0	6.2	5.0	4.2	643.5	0.0	81.1	4.2	0.0	235.3
广西	2937.9	0.0	3.9	1.7	1.8	360.1	0.0	88.0	6.1	3.9	111.2
海南	338.9	0.0	0.0	0.0	0.2	105.5	0.0	1.4	0.0	0.0	60.0
重庆	9.1	0.0	10.4	7.7	1.5	81.7	0.7	58.4	7.6	1.0	0.2
四川	166.7	0.1	15.6	9.4	5.5	252.6	20.2	132.8	34.4	11.6	0.8
贵州	66.7	0.0	33.8	31.1	1.8	31.1	0.8	10.1	4.8	1.0	1.0
云南	1420.0	0.3	65.6	64.6	7.9	77.0	10.1	9.2	15.8	1.8	11.0
西藏	0.0	0.0	0.0	0.0	0.0	0.7	0.5	0.0	0.1	0.0	0.0
陕西	0.3	1.5	7.7	7.4	0.6	493.8	388.6	3.5	45.8	4.2	0.0
甘肃	0.0	37.9	3.8	3.3	0.0	121.6	69.1	0.2	24.6	2.2	0.0
青海	0.0	0.1	0.0	0.0	0.0	2.2	1.4	0.0	0.6	0.0	0.0
宁夏	0.0	0.3	0.1	0.1	0.0	19.3	15.9	0.0	0.9	0.9	0.0
新疆	0.0	265.0	0.5	0.1	0.0	151.9	30.0	0.0	19.5	68.4	0.0

续表—2

地　区	肉类产量	猪牛羊肉				奶类		禽蛋	蜂蜜	油茶籽（吨）	核桃（吨）
			猪肉	牛肉	羊肉		牛奶				
全　国	6125.4	4838.2	4031.4	532.8	274.0	919.1	827.4	2243.3	24.6	823224	309875
北　京	55.9	33.9	29.1	3.3	1.6	30.4	30.3	16.0	0.3	0.0	8816
天　津	28.9	22.1	17.3	2.8	2.0	16.5	16.5	25.6	0.1	0.0	371
河　北	419.4	332.7	242.8	65.3	24.6	96.2	84.2	357.0	0.9	0.0	30102
山　西	63.7	57.9	43.5	7.3	7.0	35.9	33.5	40.3	0.3	0.0	46988
内蒙古	143.4	130.3	76.6	21.8	31.8	83.0	79.8	24.4	0.2	0.0	0.0
辽　宁	225.7	146.2	117.0	25.8	3.4	21.9	18.9	140.3	0.6	0.0	5603
吉　林	216.3	132.2	95.5	33.5	3.2	15.0	14.3	80.0	0.5	0.0	4489
黑龙江	151.6	117.6	87.1	27.1	3.5	156.5	154.3	75.3	0.4	0.0	0.0
上　海	55.0	26.7	25.9		0.7	25.9	25.9	16.6	0.1	0.0	0.0
江　苏	328.0	226.6	205.7	5.1	15.8	25.7	25.5	181.4	0.7	38	0.0
浙　江	117.6	93.3	89.8	0.9	2.6	11.2	11.2	37.2	7.1	32547	0.0
安　徽	297.8	227.9	184.8	31.9	11.2	4.1	4.1	107.4	1.1	10419	182
福　建	137.6	109.9	106.5	2.1	1.3	9.9	9.6	40.7	0.5	62983	17
江　西	184.4	149.6	143.5	5.2	0.9	5.8	5.6	33.5	0.7	194763	176
山　东	560.2	379.9	285.9	69.2	24.8	70.5	45.7	366.2	1.0	0.0	10866
河　南	502.0	437.9	322.9	83.0	32.0	20.2	16.1	270.0	2.3	3270	17143
湖　北	248.8	210.3	193.5	13.8	3.0	5.9	5.6	102.6	0.9	17343	2628
湖　南	434.7	391.3	371.8	13.5	6.1	1.1	1.1	52.3	0.5	337956	2663
广　东	322.2	212.4	206.8	5.2	0.4	9.5	9.2	33.1	1.6	26268	0.0
广　西	276.2	219.1	206.8	9.8	2.5	1.7	1.7	14.5	0.6	118620	262
海　南	38.0	25.7	22.7	2.1	1.0			2.9	0.0	0.0	
重　庆	153.6	138.4	132.1	4.4	1.9	5.6	5.6	27.9	0.4	1171	2958
四　川	555.5	459.2	419.1	23.8	16.2	28.9	28.5	99.7	2.3	4372	32095
贵　州	123.8	116.0	104.8	7.0	4.2	1.7	1.7	6.5	0.2	8195	7492
云　南	204.9	191.2	172.6	12.8	5.8	14.7	13.0	10.6	0.7	4886	68788
西　藏	14.9	14.9	0.8	8.5	5.7	20.4	16.2	0.2	0.0	1829	
陕　西	83.2	74.2	60.9	7.9	5.4	63.9	39.2	42.5	0.3	393	34498
甘　肃	58.9	54.3	38.9	7.9	7.5	13.7	13.3	11.2	0.2	0.0	20095
青　海	20.8	20.3	7.0	6.4	7.0	21.3	20.6	1.3	0.0	154	
宁　夏	18.5	15.5	8.8	3.3	3.3	23.6	23.6	7.6	0.1	0.0	137
新　疆	83.6	70.5	10.8	22.2	37.5	78.2	72.5	18.5	0.3	0.0	11523

注：从 2000 年开始肉类产量使用抽样调查推算数。

续表—3

地区	水产品总产量（千吨）	海水产品					淡水产品			
			鱼类	虾蟹类	贝类	藻类		鱼类	虾蟹类	贝类
全　国	42784.8	25387.4	10329.9	2970.9	10386.7	1222.0	17397.5	15730.6	883.0	463.1
北　京	75.0	0.0	0.0	0.0	0.0	0.0	75.0	74.9	0.1	0.0
天　津	242.2	39.8	11.3	12.2	16.1	0.0	202.4	194.6	5.7	2.0
河　北	809.5	482.0	187.9	80.7	184.6	0.0	327.5	306.5	15.1	3.8
山　西	26.0	0.0	0.0	0.0	0.0	0.0	26.0	26.0	0.0	0.0
内蒙古	72.1	0.0	0.0	0.0	0.0	0.0	72.1	68.3	3.3	0.0
辽　宁	3384.6	3023.1	766.9	379.4	1383.4	350.2	361.5	332.4	22.0	0.0
吉　林	140.1	0.0	0.0	0.0	0.0	0.0	140.1	139.5	0.2	0.5
黑龙江	382.2	0.0	0.0	0.0	0.0	0.0	382.2	380.5	1.6	0.0
上　海	288.7	122.3	67.3	21.5	31.5	0.0	166.4	141.2	22.2	1.0
江　苏	3087.9	908.7	434.3	129.2	297.8	8.4	2179.2	1775.2	315.0	33.6
浙　江	4695.1	4104.6	2251.5	913.5	905.6	27.2	590.5	469.4	45.2	45.0
安　徽	1598.0	0.0	0.0	0.0	0.0	0.0	1598.0	1313.6	149.1	88.8
福　建	5278.9	4705.1	1668.8	357.8	2318.4	317.8	573.9	501.1	11.4	44.6
江　西	1271.2	0.0	0.0	0.0	0.0	0.0	1271.2	1164.2	36.7	53.0
山　东	6982.3	5951.1	2078.9	538.0	2777.9	458.8	1031.2	943.0	63.6	11.4
河　南	321.7	0.0	0.0	0.0	0.0	0.0	321.7	310.8	6.6	1.1
湖　北	2343.4	0.0	0.0	0.0	0.0	0.0	2343.4	2206.6	74.9	47.1
湖　南	1332.1	0.0	0.0	0.0	0.0	0.0	1332.1	1273.4	20.9	23.6
广　东	5931.9	3604.5	1685.7	307.6	1525.8	24.1	2327.3	2120.4	64.9	74.8
广　西	2398.6	1594.5	586.3	171.0	790.4	0.0	804.1	772.1	9.4	19.5
海　南	830.6	675.9	513.3	57.8	59.1	35.4	154.8	133.6	1.4	2.2
重　庆	200.3	0.0	0.0	0.0	0.0	0.0	200.3	197.4	0.4	1.3
四　川	513.1	0.0	0.0	0.0	0.0	0.0	513.1	505.8	1.3	1.2
贵　州	62.4	0.0	0.0	0.0	0.0	0.0	62.4	61.7	0.5	0.1
云　南	166.2	0.0	0.0	0.0	0.0	0.0	166.2	144.6	11.3	8.3
西　藏	1.8	0.0	0.0	0.0	0.0	0.0	1.8	1.8	0.0	0.0
陕　西	60.8	0.0	0.0	0.0	0.0	0.0	60.8	60.5	0.2	0.0
甘　肃	14.1	0.0	0.0	0.0	0.0	0.0	14.1	14.1	0.0	0.0
青　海	1.2	0.0	0.0	0.0	0.0	0.0	1.2	1.2	0.0	0.0
宁　夏	37.0	0.0	0.0	0.0	0.0	0.0	37.0	37.0	0.0	0.0
新　疆	60.1	0.0	0.0	0.0	0.0	0.0	60.1	59.4	0.0	0.0

海关出口主要食品数量和金额

金额单位：万美元

品　名	单　位	2000年		1999年	
		数量	金额	数量	金额
活猪	万头	203	23045	196	23597
活家禽	万只	4890	10411	4500	98502
鲜冻牛肉	万吨	2	2353	2	2572
鲜冻猪肉	万吨	5	6862	5	6744
冻鸡	万吨	36	51302	30	47377
鲜、冻家兔肉	吨	22563	4581	16583	3271
鲜蛋	百万个	757	1712	466	1228
水产品	万吨	120	226737	109	194470
谷物及谷物粉	万吨	1378	169417	738	118663
大米	万吨	295	56105	271	65202
玉米	万吨	1047	105170	431	45002
大豆	万吨	21	6414	20	6189
花生及花生仁	万吨	40	23175	34	19399
干豆	万吨	57	23112	81	27805
蔬菜	万吨	245	157688	225	147735
鲜蔬菜	万吨	139	49161	130	46116
桔、柑、橙	吨	191353	4537	166448	3957
苹果	吨	297651	9656	219196	7593
核桃仁	吨	7810	2110	8282	2087
栗子	吨	35404	6779	33729	6426
白果	吨	3809	693	3327	1042
松子仁	吨	3528	1866	4877	3142
食糖	万吨	41	8359	37	7819
天然蜂蜜	吨	102888	8412	87188	7976
茶叶	吨	227662	34714	199608	33834
辣椒干	吨	54075	3446	43447	3482
猪肉罐头	吨	38175	5845	38338	6238
蘑菇罐头	吨	204334	16913	142981	13278
啤酒	万升	8442	3960	6035	3030
烤烟	吨	93821	13206	109585	19136
猪鬃	吨	12398	8396	10103	6771
肠衣	吨	52316	31512	51356	32988

海关进口主要食品数量和金额

金额单位：万美元

品名	单位	2000年		1999年	
		数量	金额	数量	金额
谷物及谷物粉	万吨	315	59375	339	52414
小麦	万吨	88	14737	45	8565
大米	万吨	24	11271	17	7815
玉米	万吨	0.03	35	7	825
食用植物油（含棕榈油）	万吨	179	62714	208	107434
其他植物油	万吨	23	12773	15	10705
食糖	万吨	64	11533	42	8518
动物饲料	吨	101967	14993	65378	9239

2000年城镇居民家庭人均年消费性支出

单位：元

地区	消费性支出	食品								
			粮食	淀粉及薯类	干豆类及豆制品	油脂类	肉禽及制品	蛋类	水产品类	菜类	调味品
全国	4998.00	1958.31	188.66	19.07	29.86	66.48	411.31	56.59	143.54	192.32	29.73
北京	8493.49	3083.37	224.38	23.65	44.20	70.35	553.55	66.69	132.00	235.72	54.85
天津	6121.04	2454.79	215.86	26.92	45.19	67.39	438.56	89.50	224.83	197.82	46.76
河北	4348.47	1517.94	199.05	19.38	24.74	84.83	287.98	72.55	75.27	176.09	22.63
山西	3941.87	1375.97	239.85	30.02	26.96	65.04	223.94	58.42	30.22	146.53	26.24
内蒙古	3927.75	1353.45	179.82	21.94	16.03	42.53	270.61	41.32	36.63	117.51	21.73
辽宁	4356.06	1772.14	196.85	25.37	29.57	56.98	358.65	65.42	130.94	241.85	31.44
吉林	4020.87	1582.70	194.77	29.27	31.90	62.58	311.53	55.65	84.17	198.78	30.09
黑龙江	3824.44	1469.52	194.42	25.41	26.60	66.19	287.83	56.50	75.24	159.12	24.06
上海	8868.19	3915.59	234.23	23.26	58.85	80.14	653.95	65.86	604.07	305.43	47.49
江苏	5323.18	2189.80	156.87	18.27	41.01	65.75	486.98	61.00	220.60	197.49	35.22
浙江	7020.22	2752.25	183.80	14.52	48.08	55.91	448.15	47.90	403.76	236.88	32.48
安徽	4232.98	1934.83	168.26	13.22	43.03	83.62	420.55	73.13	115.57	190.97	31.45
福建	5638.74	2518.02	235.12	12.84	26.18	92.60	547.62	58.52	415.73	250.70	30.97
江西	3623.56	1559.45	168.17	11.33	33.85	85.91	392.54	46.19	95.31	180.53	23.12
山东	5022.00	1744.09	152.05	17.60	21.94	43.91	326.32	72.16	121.93	143.26	22.05
河南	3830.71	1386.76	219.78	23.45	26.43	55.61	264.88	67.48	34.76	138.55	26.50
湖北	4644.50	1779.39	147.21	15.46	30.57	70.03	343.41	50.68	90.71	198.35	27.27
湖南	5218.79	1943.68	173.10	11.17	31.38	81.31	442.12	45.37	98.73	190.65	20.38
广东	8016.91	3096.33	225.84	11.65	26.20	79.32	836.39	42.73	326.90	269.52	31.80
广西	4852.31	1936.07	159.31	10.55	27.16	72.94	656.57	39.45	119.39	168.13	20.25
海南	4082.56	2013.22	158.63	7.70	10.99	64.72	603.67	25.02	267.27	204.79	32.84
重庆	5569.84	2308.70	180.46	22.64	31.46	87.76	526.39	72.05	85.29	225.41	49.19
四川	4855.78	2014.30	168.91	15.27	22.77	83.33	505.94	55.73	53.58	205.55	39.46
贵州	4278.28	1837.49	185.68	13.46	26.94	59.61	424.62	54.96	38.58	198.18	31.63
云南	5185.31	2091.70	195.34	17.34	26.53	51.62	448.29	51.25	71.05	220.96	26.88
西藏	5554.42	2570.04	279.89	34.54	11.01	71.87	531.66	49.63	96.58	307.47	20.34
陕西	4276.67	1532.09	188.85	21.50	28.52	61.21	245.58	44.63	33.09	146.02	27.35
甘肃	4126.47	1552.77	185.62	20.40	18.61	63.59	250.18	44.52	35.06	155.01	27.78
青海	4185.73	1711.03	241.08	25.78	9.89	63.84	354.45	41.46	40.17	156.45	24.29
宁夏	4200.50	1500.85	186.86	21.83	19.40	66.24	282.42	37.45	41.00	158.59	23.50
新疆	4422.93	1609.17	196.02	14.50	14.81	65.50	394.03	37.22	46.04	157.92	20.14

续表

地　区	食品									
	糖类	烟草类	酒和饮料	干鲜瓜果类	坚果及果仁	糕点类	奶及奶制品	其他食品	在外用餐	食品加工服务费
全　国	24.31	100.85	103.18	127.51	23.84	41.81	68.57	41.99	287.80	0.87
北　京	40.76	97.51	214.92	216.47	56.01	107.27	178.33	99.69	666.75	0.27
天　津	23.66	102.16	131.51	164.77	42.95	67.88	98.59	58.51	410.36	1.58
河　北	29.21	74.37	114.23	110.65	27.54	30.09	63.33	19.64	85.00	1.35
山　西	16.90	111.71	78.53	87.95	15.19	32.16	63.02	29.98	92.70	0.61
内蒙古	17.80	77.75	84.43	94.78	17.92	24.12	54.87	37.89	194.65	1.12
辽　宁	26.45	96.93	107.44	151.38	29.32	33.36	64.42	19.31	105.71	0.75
吉　林	23.03	58.57	87.69	141.43	21.79	25.02	47.16	37.69	140.70	0.88
黑龙江	21.16	64.56	85.81	127.50	19.47	24.27	57.61	19.22	133.76	0.78
上　海	49.55	192.38	189.63	245.10	47.53	113.93	200.90	124.68	678.61	0.00
江　苏	23.73	126.64	108.61	111.15	25.16	45.12	79.74	58.41	326.04	2.01
浙　江	28.15	196.04	138.10	187.25	36.55	56.42	81.86	51.89	503.94	0.57
安　徽	16.97	164.95	145.89	96.23	16.97	41.13	51.99	20.20	240.22	0.48
福　建	18.20	128.18	142.89	183.11	17.80	36.35	104.48	16.72	199.86	0.16
江　西	16.94	61.27	55.46	88.98	19.50	27.84	43.43	33.34	175.34	0.39
山　东	20.12	56.27	120.87	120.26	24.24	55.04	84.25	47.58	292.87	1.35
河　南	16.42	87.18	110.75	74.92	23.12	31.07	43.28	14.04	127.27	1.29
湖　北	20.56	108.42	85.81	80.68	16.40	36.17	43.35	30.42	383.00	0.88
湖　南	22.69	96.77	75.62	146.36	18.27	31.84	40.32	41.57	375.74	0.29
广　东	32.81	72.64	76.07	168.82	21.48	63.23	65.18	86.68	658.52	0.55
广　西	25.63	57.74	63.00	122.90	18.29	31.27	46.11	24.59	272.32	0.46
海　南	14.74	63.28	35.97	86.75	4.72	32.28	27.87	21.79	349.97	0.22
重　庆	35.16	132.91	101.31	141.14	19.01	44.68	111.42	31.62	409.97	0.82
四　川	31.76	136.40	103.99	99.60	19.51	32.56	70.66	20.77	346.74	1.78
贵　州	35.28	159.93	105.46	110.43	26.26	41.72	47.79	23.77	251.92	1.24
云　南	27.55	215.65	74.27	141.42	17.56	44.99	45.76	45.02	370.03	0.18
西　藏	69.28	274.91	157.02	174.63	21.48	35.12	282.74	36.08	102.83	12.96
陕　西	16.28	91.06	76.96	92.23	21.64	41.76	50.91	59.20	284.05	1.25
甘　肃	20.89	128.95	122.79	112.38	19.86	24.45	58.60	61.09	202.01	0.97
青　海	23.35	108.37	123.32	94.17	18.73	22.79	56.73	60.63	244.95	0.58
宁　夏	20.05	94.97	69.13	112.80	22.49	29.32	58.53	33.67	222.12	0.49
新　疆	27.27	50.75	69.81	120.10	28.03	36.73	59.95	28.98	240.63	0.76

城镇居民家庭人均年购买主要食品数量

项目	单位	1985年	1990年	1995年	1996年	1997年	1998年	1999年	2000年
粮食	千克	134.76	130.72	97.00	94.68	88.59	86.72	84.91	82.31
鲜菜	千克	144.36	138.70	116.47	118.51	113.34	113.76	114.94	114.74
食用植物油	千克	5.76	6.40	7.11	7.13	7.20	7.55	7.78	8.16
猪肉	千克	16.68	18.46	17.24	17.07	15.34	15.88	16.91	16.73
牛羊肉	千克	2.04	3.28	2.44	3.29	3.70	3.34	3.09	3.33
家禽	千克	3.24	3.42	3.97	3.97	4.94	4.65	4.92	5.44
鲜蛋	千克	6.84	7.25	9.74	9.64	11.13	10.76	10.92	11.21
水产品	千克	7.08	7.69	9.20	9.25	9.30	9.84	10.34	9.87
食糖	千克	2.52	2.14	1.68	1.71	1.63	1.76	1.81	1.7
卷烟	盒	36.12	35.12	28.58	27.70	28.17	27.25	26.81	27.5
酒	千克	7.80	9.25	9.93	9.72	9.55	9.68	9.61	10.01

限额以上批发与零售贸易业食品类销售

	合计		批发		零售	
	1999年	2000年	1999年	2000年	1999年	2000年
类值统计（万元）						
食品类	23233346	23777445	16011022	15579099	7222324	8198345
肉禽蛋类	4374621	5054726	3011969	3379212	1362652	1675514
饮料类	1739352	2286942	968807	1097091	770545	1189851
烟酒类	43838852	46679602	41063005	43731855	2775847	2947747
数量统计（万吨）						
粮食	2889.7	4234.3	2445.4	3883.9	444.3	350.4
食用植物油	494.9	282.1	430.2	231.6	64.7	50.5
食糖	369.6	343.0	349.4	327.6	20.2	15.4

注：限额标准：批发业的年末从业人员20人及以上、年销售额2000万元及以上；
零售业的年末从业人员60人及以上、年销售额500万元及以上。

1.5 食品工业专利

【a.《专利法》的修改】2000年8月25日，九届人大常委会第十七次会议通过了《关于修改〈中华人民共和国专利法〉的决定》。这是中国自1992年第1次进行《专利法》修改以来的再次修改，是中国专利事业发展史上的又一个里程碑。《专利法》的这次修改适应了深化改革和扩大开放的需要，是实施科教兴国和可持续发展战略的重要举措，它体现了中国政府一贯重视对包括专利在内的知识产权保护工作的原则和立场。本次修改的《专利法》将于2001年7月1日生效。

【b. 1999年～2000年专利申请情况】 截至2000年12月31日，专利局已累积受理专利申请1166427件，其中国内专利申请972860件，占专利申请总量的83.4%；国外专利申请183567件，占专利申请总量的16.6%。

发明专利申请的数量从1985年的8558件到1992年的14409件，在8年的时间里一直处于一种缓慢增长的态势。1992年《专利法》的修改和1994年中国加入PCT条约，打破了这种局面，发明专利授权的数量开始进入突飞猛进的阶段。1995年达到33666件，1998年达到35960件。由于受亚洲金融风波的影响，国外申请量下降6%左右，1999年的发明专利申请量与1998年基本上持平，达到36694件。2000年的发明专利申请量达到51747件，比上年增长41.0%。

【c. 加快专利审查】 为保证“加快审查，消除积压”专利审批攻坚计划的实现，1999年中国知识产权局专利局进一步采取措施，成立了加快审查领导小组和工作小组，充实和完善辅助审查队伍，从而加快了专利审批速度。1999年，专利授权量为100156件，比上年增长48%；实用新型、外观设计专利申请的审查已完全消除了积压。2000年授权的专利权为105345件，比上年增长5.2%。截止2000年12月31日，中国专利局已累积授予专利权636385件。

【d. 专利申请热点】“发明专利申请热点”是指在一定的时间段内备受发明专利申请的发明人关注，因而累积申请量较高的国际专利分类表中的大组。从1985年4月1日至1999年11月30日，发明专利申请共有大约27.6万件，其中累积申请量居前20位的包括：中药、食品、西药、输入法、移动通讯、化妆品、半导体、非酒精饮料、电视零件、遗传工程、电视系统、光学记录、污水处理、计算机应用、特种陶瓷、药物制剂、废气净化、传输设备、通用计算机和无线传输。通过对上述20个申请热点的从1985年至1998年逐年申请量变化的统计分析，可以看出80%的申请热点的申请量的变化曲线是阶跃式变化的。这种阶跃式变化存在以下几个特点：

1. 1992年《专利法》修改扩大了专利保护范围，造成某些大组的申请量发生阶跃式增长。其中包括中药、食品、西药、非酒精饮料和药物制剂。

2. 1994年中国加入PCT条约，专利局成为PCT条约联盟的受理局、检索局、指定局后，大量欧美中小公司的高新技术申请以指定中国这种简便、快捷、省钱的PCT申请方式进入中国，造成某些大组的申请量发生阶跃式增长。这些大组包括移动通讯系统、半导体制造、遗传工程、电视系统、计算机应用和传输设备以及通用计算机。

3. 某些技术领域的技术取得突破性进展，带动全行业技术的发展，对照某些大组的申请量发生阶跃增长。包括输入法及其装置、电视系统零件和光学记录、无线传输。

4. 申请热点中，国内外申请比例上的差距：在20个申请热点中，国内申请占绝对优势（＞90%）的领域包括中药、食品和非酒精饮料；国内申请占优势（50%～90%）的包括输入法、污水处理和特种陶瓷制品；国内申请不占优势但差距不大（25%～

50%）的领域包括西药、化妆品、计算机应用、药物制剂、废气净化和通用计算机；国内申请处于劣势差距较大（10%～25%）的包括半导体制造、电视零件、遗传工程、电视系统和传输设备；国外申请占绝对优势（>90%）的包括移动通讯、光学记录、无线传输。

5. 在20个申请热点中，所有国内申请比例超过47%的大组（污水处理和特种陶瓷除外），非职务申请（即个人申请）的比例都超过了62%，它们是中药、食品、输入法、化妆品、非酒精饮料。

2000年发明专利申请的新特点是：

1. 有关医用、牙科用、梳妆用的配制品的申请连续第10个年头列在申请总量首位；有关电数字数据处理的申请列在第2位，这2项专利申请的国内外比例基本上平分秋色。

2. 有关肽、氨基酸的申请是2000年国内申请增长的一大热点。

3. 国外占优势的有关杂环化合物、信息存储、中转交换选择设备等的申请，数量占到申请总量的80%。

【e. 食品工业专利申请】 食品大组自1992年《专利法》修改以来，每年的申请量一直围绕600件上下波动，其中有大量的个人申请作支撑，估计申请量仍然会沿着这个趋势进行下去。非酒精饮料随着各种果肉型饮料大战的偃旗息鼓，申请量呈下落趋势。从申请量的变化可以看出食品工业专利的几个特点：传统食品技术的发展已经几近“饱和”状态，在未来的发展领域中不再占有绝对的优势，随着遗传工程等高新技术的发展，未来的食品工业可能会向基因食品等方向发展；目前食品专利申请中个人申请较多，这种“自给自足”的技术特点不适合未来技术发展的方向，个人申请占多数所带来的缺陷是专利中所含的技术含量不高。因此，怎样提高中国食品工业的技术含量，发挥中国食品工业的优势，是一个亟待解决的问题，也是加入WTO所面临的巨大挑战。

【f. 食品发明专利选摘】 以下是对1999年～2000年部分食品发明专利申请（包括食品、食料或非酒精饮料的；它们的制备或处理）的选摘。

申请号	发明名称
99100027	一种含海藻的粉丝粉条及其制备方法
99100062	一种凝融冰瓜果汁饮料的制造方法
99100064	椰米
99100094	一种高营养、降血脂的鲑鱼子油溶胶囊的制备方法
99100155	营养米茶及其制备方法
99100169	一种香椿型调料
99100171	一种火腿肠及其制作方法
99100218	余甘粉剂的加工方法
99100272	固形菜肴连续烹饪系统及烹煮方法
99100297	一种用黄米面制作的甘脆片及其制作方法
99100343	快餐方便饭及其加工方法
99100426	一种方便米饭的生产工艺及其生产装置
99100446	降血糖制剂和降血糖食品及两者中所含提取物的提取方法
99100476	一种高蛋白豆腐及其制备方法
99100509	一种冷藏含水果冻及其制法
99100528	亚麻茎杆亚麻饼粕亚麻籽生产食品添加剂方法
99100642	豆豉酱菜
99100684	水包油型乳化物
99100853	营养性饼干系列制品及其生产工艺
99101364	类胡萝卜素聚集体作为着色剂的用途
99101421	沙拉酱及其制备方法
99101483	一种姜汁饮料
99101577	菜籽饼发酵脱毒新方法

续表

申请号	发明名称
99101582	保健调味汁
99101594	一种虫草茶及其制造方法
99101595	一种雪莲茶及其制造方法
99101639	功能性挂面制品及其生产工艺
99101653	带骨牛排软罐头的加工方法
99101825	谷物糕饼及其制造方法
99101932	全营养型糖尿病专用面粉的制作方法
99101947	复合氨基酸调味品的生产方法与用途
99101955	枸杞原汁常温保鲜生产工艺及保鲜剂
99101962	蜂巢茶及其制备方法
99102000	方便面
99102026	鲜粉条的生产工艺及其专用设备漏粉机
99102388	糯米曲奇制造方法和用途
99102407	一种五香皮蛋及其制作方法
99102416	香菜的制作方法
99102444	腌菜存贮设备的驱动控制装置及其方法
99102525	即食水饺的制作方法
99102603	骨浆香辣酱及其制造方法
99102611	食用调味品及其生产方法
99102650	一种健脑益智糊制品及其制备方法
99102651	一种八宝滋补香肠制品及其制备方法
99102652	一种黑米快餐粉制品及其制备方法
99102653	一种滋补粥食疗制品及其制备方法
99102668	鲜莲汤及其制备方法
99102900	细粉状类胡萝卜素制剂的制备
99102901	脾肾两助保健饮料
99102902	防治高血压、高血脂保健饮料
99102905	清解六郁（气、血、火、湿、痰、食）保健饮料
99102906	防治四时感冒保健饮料
99102907	健脾和胃保健饮料
99102908	改善记忆、预防老年痴呆保健饮料
99102909	安神养心保健饮料
99102910	防治女子赤白带下病症保健饮料
99102911	解热祛暑保健饮料
99102912	防治月经病症保健饮料
99102913	延缓衰老保健饮料
99103000	用于制备水分散性甾醇制剂的方法
99103013	制备冻腐竹的方法
99103042	强化茯苓霜及其配制方法
99103086	保健饮料桃仁露
99103129	可乐酒
99103134	具有均衡营养及味道可口的人造米的生产方法
99103166	具有强力的抵抗酪氨酸酶活性的葡萄种子提取物及其应用

续表

申 请 号	发 明 名 称
99103222	袋泡速溶大麦茶
99103249	一种乳羊火锅的烹任方法
99103252	南瓜奶粉及其生产方法
99103253	仙人掌类植物保健饮料
99103258	西瓜汁萃取方法
99103305	长山药奶粉及其生产方法
99103352	鲜嫩肉丸及其制作方法
99103453	番茄清汁及其生产工艺
99103458	速效增智健脑纯天然保健品
99103474	大豆素肠及其制造方法
99103519	一种添加剂和粘结剂的制备方法
99103520	一种茶菌系列饮料
99103527	无涩味柿子发酵澄清饮料及其制备方法
99103529	一种面食制品的加工方法
99103535	还原米饭
99103542	大米方便面
99103556	一种气雾型空气调节剂及其制备方法
99103674	应用甘蔗叶内含的香精来提升食品的味道
99103709	以氢耗氧的富氮气调保鲜冰箱技术
99103713	冷冻真空干燥山药粉的高效生产方法
99103752	保鲜酿皮及制作方法
99103794	常温下可长期保质保存的熟蛋及加工方法
99103842	一种健美减肥挂面制品及其制备方法
99103843	一种健美减肥糕制品及其制备方法
99104214	一种减肥宝挂面制品及其制备方法
99104215	一种十全滋补挂面制品及其制备方法
99104216	一种减肥糕制品及其制备方法
99104359	罗汉果葡萄酒及其制作方法
99104367	营养保健蜜醋生产方法
99104432	米制食品
99104444	面制品
99104484	一种美味家禽的制作方法
99104547	一种含铁补血皮蛋及其制作工艺
99104579	柚子浆
99104762	紫糯米年糕及其生产方法
99105073	一种药膳土鸡汤的用料及制作方法
99105114	改进鲜肉外观和保质期的化学处理和包装系统
99105259	方便营养粥
99105260	芦荟生命蛋冲剂
99105274	豆丝酱的制做方法
99105283	一种滋补调料
99105328	鲜人参饮品及其制造方法
99105369	用于油炸食品的加工食品材料及其制造方法

续表

申　请　号	发　明　名　称
99105488	一种黑玉米秸杆饮料及其制备方法
99105535	聚合的脂肪酸衍生物和脂肪醇衍生物作为增溶剂的应用
99105656	酶制剂以及面条的制造方法
99105667	一种含雪莲的生物菌饮料
99105694	高级原汁纯香型酱油
99105788	一种豆腐及其制备方法
99105811	人造肥牛肉脂肪及用其加工成的肥牛肉
99105845	绿豆面水饺
99105883	块状烹调助剂
99105934	降胆固醇保健油及其制法
99105993	鱼头宴的制作方法
99106032	鲜竹系列保健食品
99106106	八珍饮料干茶及其配制方法
99106123	一种方便炸鸡及其制备方法
99106124	多元素营养低钠盐
99106153	一种猪肉压肘花的生产方法
99106279	无油蒜蓉辣酱及生产方法
99106534	一种即食美味鸡的加工方法
99106555	香糟卤及其制备工艺
99106570	滋补枣的制做方法
99106576	方便羊杂粉及其制作方法
99106580	低温真空膨化果蔬脆片及其方法
99106586	一种可优化速溶饮料保鲜及其饮用的灌装工艺方法
99106594	蕈菌营养保健食品工艺
99106595	调质牛肉
99106599	一种山野菜的保绿保脆保鲜方法
99106813	用榨植物油下脚料制类豆腐的方法
99106830	鸡蛋健脑快餐
99106837	新快餐系列
99107203	在双层干紫菜间含食料的食物制品及其制备方法
99107263	制造油炸调味酱的方法
99107285	笃斯汁饮料及其制备方法
99107300	有益于冠心病及肿瘤患者的食品配料及制作方法
99107356	一种米酒味的干红干白葡萄酒及其制备方法
99107428	腌制腊八蒜的方法
99107455	含有罗布麻提取物的系列产品及其制备方法
99107470	一种方便枸杞芽菜及其加工方法
99107493	保健食品及其制备方法
99107495	将猪皮加工成带花纹食品的方法
99107500	灵芝孢子的超声波膨壁方法
99107511	彩色多营养水饺的制作方法
99107536	甜味组合物及其用途
99107574	一种解酒保健饮料

续表

申请号	发明名称
99107613	可水合的粒状食品及其生产方法
99107725	长期贮存花粉活性的方法
99107731	具有改进复水性的湿烘烤面食及其制作方法
99107834	黄土蛋的加工方法
99107906	多酶核酸食品的制备方法及其产品
99108023	富碘蛋
99108036	一种综合利用大蒜的清洁生产方法
99108053	一种樟果嫩玉保健饮料
99108121	甘薯箱盒贮藏越冬法
99108202	一种人可食的畜禽骨粉的加工技术
99108265	蔬菜香肠
99108267	膨化燕麦冲剂的生产方法
99108281	一种面粉
99108295	一种抗疲劳饮料
99108490	饮食食品组合物和利用该组合物的饮食方法
99108757	香菇鱼酱罐头
99108907	用于饮料的维生素粉末
99109020	天然叶饼
99109094	稳定型叶酸营养素及其制备工艺
99109101	调味姜汁保健酱油
99109114	补钙甜酒酿及其制备方法
99109132	竹盐的烤熔熏制法
99109146	一种天然生物活性饮料及其制备方法
99109149	豆浆生产设备及使用该设备生产豆浆的方法
99109155	碳酸型牛奶饮料及其生产方法
99109175	新鲜动植物超活性原浆的制备工艺
99109205	装有脱水果菜饼的方便面
99109206	装有脱水辣椒粉碎物结块的方便面
99109283	红景天饮料及其生产工艺
99109343	五加茶及其制备方法
99109434	薇菜干加工过程中的防腐技术
99109435	薇菜揉搓机
99109460	豆类复合浆液及其制作方法
99109461	百味食腐及其制作方法
99109539	食品处理设备及食品处理方法
99109603	一种魔芋精粉生产微粉的工艺
99109637	一种婴幼儿保健食品及其使用方法
99109658	富硒大蒜制剂及其制作方法
99109666	糊香风味均质豆浆的制备方法
99109708	全薯洁白粉丝的生产方法
99109709	一种薯类粉丝开粉耐煮组合物
99109738	全红薯方便快餐粉丝的加工方法
99109779	纯天然红薯原粉的生产方法

续表

申 请 号	发 明 名 称
99109799	骨钙肉馅食品及其制作方法
99109829	一种饮料
99109859	苦瓜茶的制作方法
99109997	一种压缩粉条块体的加工方法
99110006	一种能延长涪陵脆菜加工期、保鲜期的方法
99110106	面条制品
99110203	营养味精
99110244	乳酸型蛋白保健饮料及加工工艺
99110257	一种玉米面水饺及其制作方法
99110260	一种脱水压缩肉干的制作方法
99110277	香熟米加工方法
99110278	全酶法速酿蘑菇辣酱
99110299	一种螺旋藻饮料
99110736	五行中草药及其用途
99110738	豆乳芝麻美味补铁食品
99110749	一种预防、治疗胃病的方便型保健药粥粉及其制作方法
99110750	一种中老年保健方便药粥粉及制作方法
99110751	一种儿童保健药粥粉及制作方法
99110756	烤鳗生产工艺
99110788	鸽粉系列产品
99110792	淀粉花生米及其制法
99110827	一种多味豌豆食品的制备方法
99110972	有活力的食品、食品添加剂及其制备方法
99111060	鱼卤的制作方法
99111071	核桃仁露及其制作方法
99111072	千味面条及其制作方法
99111102	哥乐保健饮料
99111127	补钙可乐及其制备方法
99111191	一种保健饮料及其制备方法
99111204	带馅的方便面
99111302	心肾生血饮料
99111317	香辣骨酱
99111351	小米香糊粉及其制备方法
99111376	富硒及其他微量元素虫草
99111388	醋饮料及其制备方法
99111416	营养保健型的调味品添加剂
99111504	薯肠
99111597	将蒜头加工成蒜米、蒜仁、蒜片、蒜粉和蒜粒的制造方法
99111689	使用传统热源及微波方式油炸食品的方法
99111708	一种人参果方便保健食品
99111709	一种牛奶饮品及其生产方法
99111711	一种米饼及其生产方法
99111801	芦荟糕及其所用原料膨化粉的制备工艺

续表

申 请 号	发 明 名 称
99111817	午餐鱼肉罐头
99112006	一种含有水溶性甲壳胺的食品
99112007	用活海鲜加工方便食品的方法
99112011	鲜果汁纯水
99112016	螺旋藻菜丝及其制备和加工
99112034	食品制作方法
99112062	一种九珍面及加工方法
99112063	一种蛋藻面及加工方法
99112066	银杏碳酸饮料及其制作方法
99112094	一种全鸡的烧制方法
99112110	一种海藻豆制品
99112112	无色无异味芦笋汁及其制备方法
99112118	生山楂制品及其制备方法
99112119	一种含碘味精及其加工方法
99112132	锦荔枝茶的制作方法及产品
99112162	杨瘌子在制药、化妆品、保健品中的应用
99112173	方便水饺
99112201	辣椒腌制方法及配方
99112217	一种肉制食品及其制作方法
99112229	一种蛋藻馒头及加工方法
99112240	治疗腹泻的食物
99112263	河豚食用前处理方法
99112264	富含铬的微量元素鸡蛋
99112281	一种脱水蔬菜佐料
99112308	一种方便红高粱奇粉及加工方法
99112309	一种红高粱奇粉及加工方法
99112313	辅助治疗糖尿病的磁化食品
99112324	全价营养面粉及其生产方法
99112386	一种人参果天然果汁及其配制方法
99112391	一种海产鱼虾新型复合保鲜剂
99112438	螺旋藻营养粉丝粉皮及其制作工艺
99112439	食用野菜防癌粉
99112447	海带加工方法及设备
99112455	一种海产品扇贝柱加工方法
99112516	复合油树脂调味品
99112533	红兰花母液及其制备方法
99112568	一种适宜糖尿病人饮用的饮料
99112608	一种保鲜干豆腐的加工方法
99112609	一种蚕蛹的加工方法
99112619	一种猪肉皮熟食制品及其制作方法
99112627	天然童子鸡及其制作方法
99112645	黑米果
99112646	包衣型干性即食蚕类食品及其加工方法

续表

申请号	发明名称
99112655	雪在制作饮品冰典中的新用途
99112668	元气平衡饮料
99112674	一种炖家鸡加工方法
00102027	加酒香甜肠制作方法
00102108	枸杞全粉冷冻升华干燥工艺
00102146	隐蔽配料裹蒸粽及其制作方法
00102156	复方组合型美灵脂花保健食品的系列制备方法
00102172	茶多酚基天然果仁原料冲剂
00102438	营养保健马铃薯淀粉及其制造方法
00102496	固态山楂果茶
00102511	纯香蕉丁的加工方法
00102744	一种由机器自动成型的带馅球形食品及其制作方法和设备
00102860	膨化莲子及其制备方法
00102907	全果果粒悬浮型饮料及其制备方法
00103006	制造粘米系列食品的工艺及方法
00103007	即食虾制品的加工工艺及方法
00103008	一种新式制馅工艺及方法和在食品生产中的应用
00103009	一种虾的深加工制品的加工工艺及方法
00103013	高级不饱和脂肪酸组合物
00103020	枸杞原汁常温保鲜工艺
00103021	红枣鲜果保鲜工艺
00103022	枸杞鲜果保鲜工艺
00103335	一种真空鲜香鸡的制作技术及工艺
00103373	生产脱臭蒜米的方法
00103395	一种杨桃汁饮料及其制备方法
00103432	一种矿泉绿豆汤及其制备方法
00103508	一种调味素
00103598	一种方便米饭的制备方法
00103804	热耐受性肌醇六磷酸酶
00103913	鹿参乌香鸡及其制作方法
00103950	牛蒡茶丁及其制作方法
00104323	免疫调节剂、免疫调节剂食品和免疫调节剂饲料
00104379	直接作用的抗真菌剂
00104419	一种豆仁营养液的制备方法
00104865	高溶解性组合物及含它的食品
00105042	胡麻胶在火腿肠中的添加方法和配比
00105074	康复粉
00105084	花粉破壁方法
00105155	方便菜
00105159	方便米饭的制作工艺
00105180	天然骨头酥
00105267	复方组合型美拉托宁保健食品系列制备方法
00105284	一种保健液及其生产工艺

续表

申　请　号	发　明　名　称
00105300	芦荟冻干片加工工艺
00105346	稳定的泡沫组合物
00105439	胡麻蛋白粉制取方法
00105486	蜂胶提取除铅工艺
00105516	含多种微量元素的稳定液及制造方法
00105644	一种红糖蒜及其制备方法
00105800	补足人体每日所缺营养素冲剂
00105828	腌制和/或干燥的香草
00105956	一种解酒饮料及其制备方法
00105978	方便五谷面及其制备方法
00106126	一种治疗糖尿病、高血压的保健可乐及制备方法
00106191	含有矿物质和微量元素的活化浓缩液及制备方法
00106232	一种养身蜜丸食品的制备方法
00106311	蛋液制粉与造粒方法
00106421	低热量的调制蜂王浆
00106652	玉米方便面及其生产方法
00107041	可冷冻的低热值可匙取食物佐料
00107127	一种发酵蔬菜减肥粥及其生产方法
00107155	一种姜糖茶的制备方法
00126502	便当烹饪佐料及其制作方法
00128704	一种方便食用的肉制品及其生产工艺
00128717	一种保鲜剂
00128719	新式爆花
00128869	食品处理用照射装置
00128885	通过双重挤出法制造复合食品的方法
00128901	速冻微波抓饭及制做方法
00128924	一种蕨麻发酵饮料及其生产方法
00128942	姜茶汁及其制作方法
00129133	水晶荞面挂面
00129535	猪皮的膨化松脆食品及其制造方法
00129722	强化营养固体速溶饮料及其制备方法
00130060	一种蔬菜汁饮品及其制作方法
00130416	银杏红草羊肉的配制方法
00130744	一种提高胡萝卜汁中胡萝卜素含量的加工工艺

（杨　帆）

1.6　食品卫生监督管理

【a. 食品卫生监督情况】　根据全国30个省、自治区、直辖市（缺青海）的报告统计，2000年全国食品卫生监督监测情况如下：

1. 经常性食品卫生监督情况

2000年全国食品生产经营企业共有4597886户，其中食品生产加工业有427727户，占9.30%；食品批发零售业有1975915户，占42.97%；饮食服务业有1269983户，占27.62%；集体食堂有146341户，占3.18%；食品摊贩有777920户，占16.92%。

全国各级卫生行政部门实际监督户数为4459909户，户监督覆盖率为97.00%。实施监督户次数为15302229户次，其中合格13971404户次，监督合格率为91.30%，平均对每户实际监督次数为3.43次。

2000年全国食品从业人员数量为12421269人，其中生产加工业占18.68%，批发零售业占24.84%，饮食服务业占40.07%，集体食堂占6.56%，食品摊贩占8.85%。

2000年全国应进行食品卫生知识培训的食品从业人员人数为11575820人，培训合格的人数为11321248人，占应培训人数的97.80%；食品从业人员应进行体检的人数为12124602人，体验合格人数为11832444人，体检合格率为97.59%。

与1999年相比，2000年应监督户数增加了0.63%，实际监督户数减少了1.05%，监督户次数减少了3.73%，监督覆盖率减少了1.66%，户监督频次减少了2.83%（见下表）。

2000年与1999年食品卫生监督覆盖情况比较

	应监督户数	实监督户数	监督户次数	监督覆盖率%	户监督频次
2000年	4597886	4459909	15302229	97.00	3.43
1999年	4569325	4507368	15895806	98.64	3.53
增长率%	0.63	−1.05	−3.73	−1.66	−2.83

2. 预防性食品卫生监督情况

2000年全国应进行预防性食品卫生监督的新建或改、扩建的食品生产经营户数为167200个。其中有卫生行政部门参与设计审查的有115439个，监督审查率为69.04%，审查合格的有109581个，审查合格率为94.93%；参与竣工验收的有123951个，监督验收率为74.13%，验收合格的有120177个，验收合格率为96.96%。

与1999年相比，2000年对新建或改、扩建的食品生产经营户的监督审查率增加了23.57%，监督验收率增加了27.48%。

【b. 食品卫生监测情况】　2000年全国各级卫生行政部门对21类食品共抽检1767462件，合格1570791件，平均抽检合格率为88.87%。其中对生产加工业抽检844471件，合格746903件，合格率为88.45%；对销售服务业抽检922991件，合格823888件，合格率为89.26%。

在抽检的21类食品中，粮食、蒸馏酒及配制酒、罐头、食糖、水产品、发酵酒、保健食品、植物油、食品添加剂、乳制品、糖果蜜饯、糕点、其他食品共13类食品的抽检合格率较高，均达到90%以上；消毒鲜乳、饮料、调味品、豆制品、肉与肉制品、酱腌菜、新资源食品的抽检合格率均在80%～90%之间；抽检合格率低于80%的只有冷食类，为79.52%。

2000年全国共抽检食品用产品39144件，合格29272件，合格率为74.78%；对餐具消毒共抽检6980269件，合格5579267件，合格率为79.93%，比1999年（79.0%）上升了0.93个百分点。

2000年全国各类食品平均抽检合格率由1999年的88.48%增长到88.87%，增长率为0.44%。

【c. 食品卫生监督行政处罚情况】 2000年全国各级卫生行政部门依法实施行政处罚477616户次。其中对生产加工业处罚56297户次，占11.79%；对批发零售业处罚128309户次，占26.86%；对饮食行业处罚200907户次，占42.06%；对职工食堂处罚12736户次，占2.67%；对食品摊贩处罚79367户次，占16.62%。

各种行政处罚情况：警告194536户次；责令改正184526户次；责令公告收回已出售的食品3580户次，收回不合格食品307799千克；责令停止生产经营22157户次；责令销毁食品50500户次，销毁不合格食品3474780千克；没收违法所得9046户次，金额1330481元；执行罚款279428户次，罚款金额46705053元；吊销卫生许可证6345户次；取缔非法经营活动24614户次。

2000年实施的行政处罚总户次数（477616户次）比1999年（544208户次）下降了12.24%。

【d. 食物中毒情况及原因分析】 据全国27个省、自治区、直辖市报告的数据统计，2000年共发生食物中毒696起，中毒人数为18262人，其中157人死亡。发生食物中毒人数最多的进餐地点为集体食堂，共有6049人，占食物中毒总人数的33.12%；其次，在饮食行业进餐引起中毒的有5565人，占食物中毒总人数的30.47%；在家庭进餐引起中毒的有4331人，占食物中毒总人数23.72%；在其他场所进餐引起中毒的有1575人，占食物中毒总人数的8.62%；在个体摊贩处进餐引起中毒的有742人，占食物中毒总人数的4.06%。从食物中毒病死人数看，由家庭进餐引起的食物中毒病死人数最多，共有125人，占食物中毒总死亡人数的79.62%。

2000年全国食物中毒发病率为1.47/10万人，病死率为0.86%。从中毒起数上看，集体食堂的食物中毒起数发生率为1.09‰，饮食服务行业的食物中毒起数发生率为0.15‰，食品摊贩的食物中毒起数发生率为0.04‰。由此可见，食物中毒起数的发生率在集体食堂较高。

在引起食物中毒的食品中，动物性食品引起的食物中毒人数为8037人，占总中毒人数的44.01%；植物性食品引起的食物中毒人数为5947人，占总中毒人数的32.56%。在死亡人数上，植物性食品引起中毒病死88人，占总死亡人数的56.05%；动物性食品引起中毒病死人数为26人，占总死亡人数的16.56%。

从食物中毒的致病因素分析，在中毒人数上，微生物性食物中毒为9323人，远高于农药及化学物质引起的中毒人数（3189人）和有毒动植物引起的中毒人数（2075人）；在死亡人数上，有毒动植物引起中毒的死亡人数为100人，大大高于农药及化学物中毒致死人数（36人）和微生物性中毒致死人数（13人）。

由以上统计分析可以看出，2000年全国食品卫生的平均抽检合格率继续提高，食品卫生总体状况继续得到改善。

【e. 国家食品卫生抽检情况】 1.2000年第1次国家食品卫生抽检情况

2000年第1次国家食品卫生抽检由北京、上海、山东等27个省、自治区、直辖市参加，各地共抽检食用植物油、面粉、蜜饯、葡萄酒、白酒、熟肉制品6种普通食品共1258种，合格1134种，124种不合格；保健食品宣传检查1116种。

样品检验按GB4789.1—94《食品卫生微生物学检验　总则》、《食品卫生监督程序》及《2000年食品卫生监督抽检计划》的有关规定和要求进行。抽检结果情况如下：

食用植物油

此次共抽检了食用植物油样品141种，检验项目为酸价、过氧化值、浸出油溶剂残留量、AFTB1。经检验4项指标均合格的产品134种，合格率95.0%。其中酸价或/和过氧化值指标不合格的产品6种，占不合格产品85.7%；浸出油溶剂残留量指标不合格的产品1种，占不合格产品14.3%；AFTB1指标全部合格。说明食用植物油问题主要是油脂氧化。

酸价及过氧化值2项指标均是反映油脂卫生品质的指标，其数值过高（超标），说明油脂已有一定程度的腐败变质，数值越高，说明腐败程度越严重。变质的油脂不仅有哈喇味等感官性状的变化，经常食用变质的油脂还会对人体健康造成危害。浸出油溶剂是因生产食用植物油工艺需要，而在加工过程中使用的1种溶剂，国家规定允许使用的是六号轻汽油，故国家卫生标准对浸出油溶剂残留量有严格的限量要求，该项指标不超标的产品对人体健康是安全的。

面粉

此次共抽检了面粉样品198种，检验项目为过氧化苯甲酰，经检验合格的产品173种，合格率87.37%。过氧化苯甲酰为面粉处理剂中的1种，起漂白作用。如过量使用，对小麦中的β—胡萝卜素、维生素A、维生素B、维生素E等营养素有较强的破坏作用。

蜜饯

此次共抽检了蜜饯样品189种，检验项目为菌落总数、大肠菌群、色素、苯甲酸钠、糖精钠。经检验5项均合格的产品123种，合格率65.08%。其中糖精钠指标不合格的产品33种，占不合格产品50.00%；苯甲酸钠指标不合格的产品20种，占不合格产品30.30%；色素指标不合格的产品24种，占不合格产品36.36%；微生物指标不合格的产品9种，占不合格产品13.64%。可见蜜饯的卫生问题比较突出，主要表现在滥用食品添加剂，如超量（超过标准规定的最大使用量）添加糖精钠、苯甲酸钠；滥加（超过标准规定的使用范围）色素如日落黄、胭脂红、柠檬黄等，此外蜜饯产品的微生物污染问题也不可忽视。

糖精纳是甜味剂，苯甲酸钠是防腐剂，国家标准规定两者在蜜饯中可限量使用，它们在体内均可加入人体正常代谢，故少量摄入对人体不构成健康危害。日落黄、胭脂红、柠檬黄均是化学合成的人工色素，在某些食品中可限量用作着色剂，但国家标准对其使用范围及使用量有严格的限制，有些厂家在不允许添加这些着色剂的蜜饯中滥用，属违法行为，应依法查处。

葡萄酒

此次共抽检了葡萄酒样品66种，检验项目为二氧化硫残留量、铅、菌落总数、大肠菌群。经检验4项为合格的产品64种，合格率96.97%。2种不合格产品原因均是菌落总数轻度超标。说明市场上绝大多数葡萄酒的卫生质量较好。

白酒

此次共抽检了白酒样品313种，检验项目为甲醇、杂醇油、铅。经检验3项均合格的产品310种，合格率99.04%。3种不合格产品原因均是杂醇油超标。说明市场上绝大多数白酒（定型包装产品）的卫生质量有保证，这与往年的监督抽检结果一致。

熟肉制品

此次共抽检了熟肉制品样品351种，检验项目为亚硝酸盐、菌落总数、大肠菌群。经检验3项均合格的产品329种，合格率93.7%。微生物指标不合格的产品13种，占不合格产品56.5%，亚硝酸盐指标不合格的产品11种，占不合格产品47.8%。可见熟肉制品的卫生问题主要是微生物污染及超量（标准限量）添加亚硝酸盐（食品添加剂）。

保健食品宣传抽查

根据参与抽检活动的21个省、自治区、直辖市上报的结果，此次各地共检查保健食品数（频数）1116种，合格数639个，合格率57.26%；不合格数477个，不合格率42.74%。可见保健食品违法宣传问题仍然较为普遍和突出，保健食品宣传问题主要表现在：

①未经卫生部批准（无卫生部保健食品批准文号），擅自宣传产品具有保健功能甚至疗效，有此类问题的产品130个，占不合格总数的27.25%。

②虽有卫生部保健食品批准文号，但擅自宣传产品具有治疗作用；有此类问题的产品23个，占不合格总数的4.82%。

③产品说明书、标签（或通过其他媒介宣传产品）内容与卫生部批文不符，如保健作用（或暗示）夸大或扩大、适宜人群扩大或更改、不适宜人群删减或删除、注意事项删除、产品名称更改、食用量及食用方法更改等，有这些问题的产品324个，占不合格总数的67.92%。

2. 卫生部第2次国家食品卫生抽检情况

膨化食品

根据2000年健康相关产品监督抽检计划，卫生部组织开展了膨化食品的监督抽检工作。据河北、江苏、福建、重庆、四川、安徽、湖北、天津、黑龙江、云南、北京、新疆、辽宁、河南、广东、上海、浙江、甘肃、江西、宁夏、吉林21个省、自治区、直辖市卫生厅（局）上报的结果，本次共抽检膨化食品206种，检验项目为酸价、过氧化值、菌落总数和大肠菌群。根据国家标准评定，4项指标均合格的产品190种，合格率为92.2%。抽检存在的主要问题是：

①本次抽检发现的16个不合格膨化食品，主要原因是细菌的污染，其中有12个产品菌落总数或大肠菌群超标。膨化食品在生产过程被微生物污染是导致产品菌落总数和大肠菌群超标的主要原因，有关企业应进一步加强膨化食品生产过程中后加工所用调配

料、包装过程的环境和加工人员的卫生控制。

②过氧化值超标。膨化食品中过氧化值升高，是其所含脂肪产生腐败的早期反应，会造成胃肠不适、腹泻和损害肝脏。油脂的腐败与加工用油的新鲜程度、产品包装质量以及产品存放的时间及温度有重要关系。有关企业应当加强生产过程的质量控制，严格控制产品在保质期内所发生的腐败现象。

补钙类保健食品

据北京、天津、河北、广东、湖北、河南、江苏、福建、上海、云南、黑龙江、宁夏、浙江、辽宁、甘肃、江西、湖南17个省、自治区、直辖市卫生厅（局）上报的结果，本次共抽检补钙类保健食品185个，根据国家标准评价，合格174个，合格率为94.1%。存在的主要问题有：

①有害重金属砷和铅严重超标。砷和铅对人体有蓄积毒性，人体摄入过量的砷和铅都会导致神经系统的病变，并影响人体造血、消化、皮肤等多个系统，国家食品卫生标准中对有害重金属砷和铅有明确的限量。本次抽检发现砷含量超标的有5个，铅含量超标的2个，可能与原料受到污染或加工过程中使用了不合格的容器管道有关。

②微生物指标超标。本次抽检发现5个产品微生物指标超标，这与这些企业在生产过程中卫生管理不力有关。

③产品标签存在标识项目不全或擅自宣传保健功能等问题。如：有的产品在标签和说明书中宣传润喉、除口臭、增强视力等。

瓶装饮用纯净水

根据2000年健康相关产品监督抽检计划，卫生部组织开展了瓶装饮用纯净水的监督抽检工作。据河北、江苏、福建、重庆、四川、安徽、内蒙古、湖北、天津、黑龙江、北京、新疆、辽宁、上海、浙江、甘肃、江西、宁夏、吉林19个省、自治区、直辖市卫生厅（局）上报的结果，本次共抽检瓶装饮用纯净水194种，检验项目为菌落总数、大肠菌群、霉菌、酵母、电导率。根据国家标准评定，5项指标均合格的产品178种，不合格产品16种，合格率为91.8%。存在的主要问题：

①微生物超标。此次抽检发现的16种不合格瓶装饮用纯净水中，有11种是由于细菌或霉菌污染，有个别产品甚至有大肠菌群污染，瓶装纯净水的微生物污染多与生产过程卫生管理不当，环境或容器受到污染有关。

②电导率超标。本次抽检有7种瓶装饮用纯净水产品电导率超标。电导率超标标志着饮用水中存在较多的导电物质，反映出纯净水加工工艺存在一定的问题。

【f.2000年卫生部发布的食品卫生规章、标准和规范性文件目录】 卫生部关于印发卫生部健康相关产品检验机构认定与管理规范的通知　卫法监发［2000］第11号　2000年1月11日

卫生部令第10号发布《餐饮业食品卫生管理办法》2000年1月16日

卫生部关于2000年第一次全国食品卫生监督抽检结果的通报　卫法监发［2000］第90号　2000年3月8日

卫生部关于2000年1～3月上旬全国重大食物中毒情况的通报　卫法监发［2000］第91号　2000年3月8日

卫生部关于保健食品夸大功能宣传检查情况的通报　卫法监发［2000］第161号　2000年5月8日

卫生部办公厅关于进一步规范健康相关产品抽检工作的通知　卫办法监发［2000］第195号　2000年9月28日

卫生部关于严肃查处宝丽堂降脂胶囊等64种产品的紧急通知　卫法监发［2000］第204号　2000年6月20日

卫生部关于清理整顿地方卫生行政部门健康相关产品审批工作的紧急通知　卫法监发［2000］第219号　2000年7月5日

卫生部关于2000年第二季度全国重大食物中毒情况的通报　卫法监发［2000］第222号　2000年7月6日

卫生部、国家国内贸易局关于认真贯彻《餐饮业食品卫生管理办法》加强餐饮业卫生管理工作的通知　卫法监发［2000］第226号　2000年7月10日

卫生部关于瓶装饮用纯净水监督抽检情况的通报　卫法监发［2000］第294号　2000年8月29日

卫生部关于膨化食品监督抽检情况的通报　卫法监发［2000］第295号　2000年8月29日

卫生部关于补钙类保健食品抽检情况的通报　卫法监发［2000］第296号　2000年8月29日

卫生部关于下发健康相关产品国家卫生监督抽检规定的通知　卫法监发［2000］第298号　2000年8月30日

卫生部关于2000年第三季度全国重大食物中毒

情况的通报　卫法监发［2000］第376号　2000年10月30日

卫生部关于健康相关产品检验机构复核工作情况的通报　卫法监发［2000］第440号　2000年12月8日

卫生部关于开展学生饮用奶及学生集体用餐监督检查工作的通知　卫法监发［2000］第432号　2000年12月4日

卫生部关于加强2001年元旦春节期间健康相关产品监督检查工作的通知　卫法监发［2000］第453号　2000年12月19日

卫生部关于瓜子中掺加矿物油违法行为适用法律问题的批复　卫法监发［2000］第466号　2000年12月29日

国家工商行政管理局、卫生部关于加强保健食品广告监督管理的通知　工商广字［2000］第257号　2000年10月31日

卫生部关于印发《关于卫生监督体制改革的意见》的通知　卫办发［2000］第16号　2000年1月19日

卫生部通告　卫通［2000］第1号发布食品添加剂使用卫生标准（2000年增补品种）2000年3月29日

卫生部通告　卫通［2000］第2号批准《食品添加剂适用卫生标准》（2000年增补品种）修改通知单　2000年7月27日

国家国内贸易局、财政部、卫生部、铁道部、国家环境保护总局、国家质量技术监督局关于组织开展"三绿工程"试点工作的通知　内贸联发消费字［200］第8号　2000年4月18日

国家国内贸易局　卫生部关于全国屠宰管理及肉类食品卫生联合检查情况的报告　内贸局联发消费字［2000］第12号　2000年6月26日

对外贸易经济合作部、卫生部、海关总署、国家环境保护总局、国家出入境检验检疫局、国家国内贸易局、国家工商行政管理局公告关于取消对已解禁的自比利时等国进口的未受二恶英污染产品特殊要求的通知　2000年第2号　2000年5月8日

对外贸易经济合作部、卫生部、海关总署、国家环境保护总局、国家出入境检验检疫局、国家国内贸易局、国家工商行政管理局公告关于取消就比利时二恶英污染事件采取的临时措施的通知　2000年第3号　2000年7月10日

卫生部关于加强夏季食品卫生监督工作预防食物中毒的紧急通知　卫机发［2000］第13号　2000年6月20日

卫生部关于开展生禽肉产品专项治理工作的紧急通知　卫机发［2000］第16号　2000年7月5日

卫生部关于严禁在食品包装中混装直接接触食品的非食用物品的紧急通知　卫机发［2000］第20号　2000年8月15日

卫生部关于迅速组织监督检查食用油生产经营单位的紧急通知　卫机发［2000］第27号　2000年11月3日

卫生部关于开展严厉打击制售假冒伪劣健康相关产品违法犯罪活动的紧急通知　卫机发［2000］第28号　2000年11月5日

卫生部关于河南省卫生厅食用油掺假案调查处理情况的通报　卫机发［2000］第29号　2000年11月5日

卫生部关于查处食品中掺入矿物油违法行为的紧急通知　卫机发［2000］第32号　2000年12月9日

卫生部卫生法制与监督司关于下发《食物中毒事故报告登记表》、《食物中毒事故个案调查登记表》和《食物中毒事故调查报告表》的通知　卫法监食发［2000］第13号　2000年2月23日

卫生部卫生法制与监督司关于加强食品中李斯特杆菌监测工作的通知　卫法监食发［2000］第20号　2000年3月2日

卫生部卫生法制与监督司关于肉类产品进口有关问题的复函　卫法监食发［2000］第44号　2000年4月19日

卫生部卫生法制与监督司关于酱油中3—氯丙醇有关问题的函　卫法监食发［2000］第50号　2000年4月28日

卫生部卫生法制与监督司关于立即查处"步步高升易溶钙"产品夸大宣传的紧急通知　卫法监食发［2000］第53号　2000年5月15日

卫生部卫生法制与监督司关于人体母乳不能作为商品经营的批复　卫法监食发［2000］第55号　2000年5月19日

卫生部卫生法制与监督司关于保健食品初审工作有关规定的通知　卫法监食发［2000］第65号　2000年6月16日

卫生部卫生法制与监督司关于立即查处健男胶囊的紧急通知　卫法监食发［2000］第73号　2000年

7月6日

卫生部卫生法制与监督司关于立即查处三便宝胶囊的紧急通知　卫法监食发［2000］第74号　2000年7月6日

卫生部卫生法制与监督司关于立即查处凯福牌胎盘胶囊的紧急通知　卫法监食发［2000］第75号　2000年7月6日

卫生部卫生法制与监督司关于更正“降糖肠胃舒”监督检查情况的函　卫法监食发［2000］第78号　2000年7月18日

卫生部卫生法制与监督司关于河北省卫生厅涉水产品问题请示的复函　卫法监食发［2000］第86号　2000年7月31日

卫生部卫生法制与监督司关于处理无进口批件及合格生禽肉的批复　卫法监食发［2000］第89号　2000年8月11日

卫生部卫生法制与监督司关于加强中秋、国庆期间食品卫生监督检查的通知　卫法监食发［2000］第93号　2000年8月24日

卫生部卫生法制与监督司关于开展健康相关产品检验机构复核工作的通知　卫法监食发［2000］第96号　2000年8月28日

卫生部卫生法制与监督司关于复检河北廊雪面粉有限责任公司产品情况的通报　卫法监食发［2000］第102号　2000年9月18日

卫生部卫生法制与监督司关于更正超微钙监督抽检情况的通知　卫法监食发［2000］第113号　2000年10月9日

卫生部卫生法制与监督司关于河南商丘福源食品集团有限公司办埋保健食品卫生许可证有关问题的批复　卫法监食发［2000］第114号　2000年10月9日

卫生部卫生法制与监督司关于对补钙类保健食品进行追踪检查的紧急通知　卫法监食发［2000］第122号　2000年10月26日

卫生部卫生法制与监督司关于复检北京超微生物制品有限责任公司产品情况的通报　卫法监食发［2000］第125号　2000年10月30日

卫生部卫生法制与监督司关于禁止石油裂解醛经氧化工艺生产的“冰醋酸”用于生产食醋的批复　卫法监食发［2000］第126号　2000年10月31日

卫生部卫生法制与监督司关于印发全国健康相关产品国家抽检暨检验机构复核工作会议纪要的通知　卫法监食发［2000］第129号　2000年11月1日

卫生部卫生法制与监督司关于食品中混装非食用物品的批复　卫法监食发［2000］第131号　2000年11月8日

卫生部卫生法制与监督司关于印发进一步严厉打击食用油掺假违法犯罪活动工作会议纪要的通知　卫法监食发［2000］第135号　2000年11月17日

卫生部卫生法制与监督司关于对部分补钙类保健食品追踪检查情况的通报　卫法监食发［2000］第137号　2000年11月17日

卫生部卫生法制与监督司关于对部分补钙类保健食品追踪检查情况的通报　卫法监食发［2000］第144号　2000年12月9日

卫生部卫生法制与监督司关于大桶纯净水经饮水机采样检验是否合法请示的答复函　卫发监食便发［2000］第16号　2000年1月27日

卫生部卫生法制与监督司关于《进口保健食品批准证书》有关问题的复函　卫发监食便发［2000］第27号　2000年2月22日

卫生部卫生法制与监督司关于查处甘肃猛士达酒厂违法生产经营的函　卫发监食便发［2000］第43号　2000年8月21日

卫生部卫生法制与监督司关于药品企业兼营食品是否适用《中华人民共和国食品卫生法》的复函　卫法监食便发［2000］第100号　2000年6月15日

卫生部卫生法制与监督司关于纯净水有关问题的复函　卫发监食便发［2000］第119号　2000年7月20日

卫生部卫生法制与监督司关于西藏自治区实施《食品卫生法》办法有关条款内容请示的复函　卫发监食便发［2000］第120号　2000年7月21日

卫生部卫生法制与监督司关于西藏自治区卫生厅有关请示的复函　卫发监食便发［2000］第123号　2000年7月25日

卫生部卫生法制与监督司关于名为“脑白金”产品有关问题的复函　卫发监食便发［2000］第133号　2000年8月7日

卫生部卫生法制与监督司关于对食品卫生行政处罚中有关问题的请示的复函　卫发监食便发［2000］第145号　2000年8月21日

卫生部卫生法制与监督司关于“生命力脑白金”处理意见的复函　卫发监食便发［2000］第162号　2000年9月18日

卫生部卫生法制与监督司关于饮用水生产有关问题请示的复函　卫发监食便发［2000］第164号　2000年9月18日

卫生部卫生法制与监督司关于上报省级卫生行政部门认定的健康相关产品检验机构名单的通知　卫发监食便发［2000］第176号　2000年10月8日

卫生部卫生法制与监督司关于“清烟毒含片”申报问题请示的复函　卫发监食便发［2000］第190号　2000年10月12日

卫生部卫生法制与监督司关于安徽省卫生厅涉水产品索证问题请示的复函　卫发监食便发［2000］第204号　2000年11月4日

卫生部卫生法制与监督司通告　卫发监通发［2000］第1号　（1999年12月份获卫生部批准的保健食品目录）　2000年1月18日

卫生部卫生法制与监督司通告　卫发监通发［2000］第2号　（2000年1月份获卫生部批准的保健食品目录）　2000年2月14日

卫生部卫生法制与监督司通告　卫发监通发［2000］第3号　（2000年2月份获卫生部批准的保健食品目录）　2000年3月10日

卫生部卫生法制与监督司通告　卫发监通发［2000］第4号　（2000年3月份获卫生部批准的保健食品目录）　2000年4月14日

卫生部卫生法制与监督司通告　卫发监通发［2000］第5号　（2000年4月份获卫生部批准的保健食品目录）　2000年5月19日

卫生部卫生法制与监督司通告　卫发监通发［2000］第6号　（2000年5月份获卫生部批准的保健食品目录）　2000年6月19日

卫生部卫生法制与监督司通告　卫发监通发［2000］第7号　（2000年6月份获卫生部批准的保健食品目录）　2000年7月17日

卫生部卫生法制与监督司通告　卫发监通发［2000］第8号　（2000年7月份获卫生部批准的保健食品目录）　2000年8月14日

卫生部卫生法制与监督司通告　卫发监通发［2000］第9号　（2000年8月份获卫生部批准的保健食品目录）　2000年9月18日

卫生部卫生法制与监督司通告　卫发监通发［2000］第10号　（2000年9月份获卫生部批准的保健食品目录）　2000年10月25日

卫生部卫生法制与监督司通告　卫发监通发［2000］第11号　（2000年10月份获卫生部批准的保健食品目录）　2000年11月15日

卫生部卫生法制与监督司通告　卫发监通发［2000］第12号　（2000年11月份获卫生部批准的保健食品目录）　2000年12月13日

卫生部卫生法制与监督司通告　卫发监通发［2000］第13号　（2000年12月份获卫生部批准的保健食品目录）　2000年12月31日

（李泰然　包大跃）

1.7 食品工业标准化

【a. 国家标准目录】 2000年国家质量技术监督局批准发布的食品国家标准共3项，批准修订的食品国家标准共7项，目录如下：

1. 新发布的食品国家标准

GB 17946—2000 绍兴酒（绍兴黄酒）

GB 18186—2000 酿造酱油

GB 18187—2000 酿造食醋

2. 修订的食品国家标准

GB 5461—2000 食用盐

GB/T 7416—2000 啤酒大麦

GB/T 8967—2000 谷氨酸钠（99%味精）

GB/T 11857—2000 威士忌

GB/T 11858—2000 俄得克（伏特加）

GB/T 13662—2000 黄酒

GB 16869—2000 鲜、冻禽产品

【b. 行业标准目录】 2000年有关部门批准发布的食品行业标准共94项，批准修订的食品行业标准1项，目录如下：

1. 新发布的食品行业标准

HG 2919—2000 食品添加剂 磷酸二氢钠

HG 2920—2000 食品添加剂 磷酸氢二钠

HG 3669—2000 食品添加剂 稳定态二氧化氯溶液

NY/T 391—2000 绿色食品 产地环境技术条件

NY/T 392—2000 绿色食品 食品添加剂使用准则

QB 2483—2000 食品添加剂 天然维生系 E

QB 2484—2000 食品添加剂 果胶

QB/T 2491—2000 低聚异麦芽糖

QB/T 2492—2000 功能性低聚糖通用技术规则

QB 2499—2000 茶饮料

SB/T 10329—2000 裱花蛋糕

SB 10336—2000 配制酱油

SB 10337—2000 配制食醋

SB 10338—2000 酸水解植物蛋白调味液

SC/T 3204—2000 虾米

SC/T 3205—2000 虾皮

SC/T 3206—2000 干海参（刺参）

SC/T 3207—2000 干贝

SC/T 3212—2000 盐渍海带

SC/T 3302—2000 烤鱼片

SC/T 3502—2000 鱼油

SC/T 3503—2000 多烯鱼油制品

SC/T 3901—2000 虾片

SC/T 0848—2000 进出口骨肉粉中磷的测定方法

SN/T 0850—2000 进出口蜂蜜中脯氨酸的测定方法 分光光度法

SN/T 0851—2000 进出口肉类罐头中铅、镉的检验方法 原子吸收光谱法

SN/T 0852—2000 进出口蜂蜜检验方法

SN/T 0853—2000 进出口蜂蜜中铁的测定方法 原子吸收法

SN/T 0854—2000 进出口蜂王浆及蜂王浆冻干粉中10—羟基—a—癸烯酸的检验方法

SN/T 0855—2000 进出口蜂皇浆中10-羟基-α-癸烯酸的测定方法 气相色谱法

SN/T 0856—2000 进出口罐头食品中锡的测定方法

SN/T 0857—2000 进出口啤酒中二氧化硫检验方法 分光光度法

SN/T 0858—2000　进出口花粉中色氨酸的测定方法
SN/T 0859—2000　进出口酱油中脱氢乙酸的测定
SN/T 0860—2000　出口蘑菇罐头中硒的测定方法　荧光分光光度法
SN/T 0861—2000　进出口鱼粉中乙氧三甲喹啉的测定方法
SN/T 0862—2000　出口食品中总β（减去钾-40）放射性活度的检验方法
SN/T 0863—2000　进出口肉及肉制品中镍的测定方法　原子吸收分光光度法
SN/T 0864—2000　进出口酸黄瓜中铝的测定方法
SN/T 0865—2000　进出口食品中肉毒梭菌及其肉毒素的检验方法
SN/T 0866—2000　进出口肉及肉制品中维生素 B_2 的测定方法
SN/T 0867—2000　进出口水果罐头中环己基氨基磺酸盐的检验方法
SN/T 0868—2000　进出口甜叶菊中总糖甙含量的测定方法　比色法
SN/T 0869—2000　进出口饮料中维生素C的测定方法
SN/T 0870—2000　进出口牛乳中锑的测定方法
SN/T 0871—2000　进出口乳及乳制品中乳糖的测定方法
SN/T 0875—2000　进出口板栗检验规程
SN/T 0876—2000　进出口白皮蒜头检验规程
SN/T 0877—2000　进出口发菜检验规程
SN/T 0878—2000　进出口枸杞检验规程
SN/T 0879—2000　进出口粟（谷）穗检验方法
SN/T 0880—2000　进出口核桃检验规程
SN/T 0881—2000　进出口核桃仁检验规程
SN/T 0882—2000　进出口杏仁、山桃仁检验规程
SN/T 0883—2000　进出口鲜苹果检验规程
SN/T 0884—2000　进出口山楂饼（条）检验规程
SN/T 0885—2000　进出口鲜香蕉检验规程
SN/T 0886—2000　进出口果脯检验规程
SN/T 0887—2000　进出口柿饼检验规程
SN/T 0888—2000　进出口脱水苹果检验规程
SN/T 0905—2000　出口桂油
SN/T 0911—2000　进出口茶叶感官审评室条件
SN/T 0912—2000　进出口茶叶包装检验规程
SN/T 0913—2000　进出口茶叶粗纤维检验方法
SN/T 0914—2000　进出口茶叶粉末和碎茶含量的测定方法
SN/T 0915—2000　进出口茶叶咖啡碱测定方法
SN/T 0916—2000　进出口茶叶磨碎试样干物质含量的测定方法
SN/T 0917—2000　进出口茶叶品质感官审评方法
SN/T 0918—2000　进出口茶叶抽样方法
SN/T 0919—2000　进出口茶叶水分测定方法
SN/T 0920—2000　进出口茶叶水浸出物测定方法
SN/T 0921—2000　进出口茶叶水溶性灰分和水不溶性灰分测定方法
SN/T 0922—2000　进出口茶叶水溶性灰分碱度测定方法
SN/T 0923—2000　进出口茶叶酸不溶灰分测定方法
SN/T 0924—2000　进出口茶叶重量鉴定方法
SN/T 0925—2000　进出口茶叶总灰分测定方法
SN/T 0926—2000　进出口茶叶中硒的检验方法　荧光光度法
SN/T 0927—2000　进出口粉丝（条）检验规程
SN/T 0929—2000　进出口加碘食盐中碘的检验方法
SN/T 0930—2000　进出口花粉中全氨基酸测定方法　氨基酸自动分析仪法
SN/T 0930—2000　进出口花粉中全氨基酸测定方法　氨基酸自动分析仪法

SN/T 0931—2000	出口粮谷中调环酸钙残留量检验方法
SN/T 0932—2000	出口粮谷中醚菊酯残留量检验方法
SN/T 0936—2000	进出口酸枣汁检验规程
SN/T 0937—2000	进出口罐头检验规程 记录
SN/T 0944—2000	出口冻虾及虾制品中吲哚检验方法（比色法）
SN/T 0958—2000	进出口冻蚕蛹检验规程
SN/T 0961—2000	进出口葡萄干检验方法
SN/T 0965—2000	进出口粮谷中噻吩甲氯残留量检验方法
SN/T 0972—2000	进出口可可豆检验规程
SN/T 0973—2000	进出口肉及肉制品中肠出血性大肠杆菌 0157∶H7 检验方法
SN/T 0976—2000	进出口油炸水果蔬菜脆片检验规程
SN/T 0977—2000	进出口熟肉制品检验规程
SN/T 0978—2000	进出口新鲜蔬菜检验规程
SN/T 0983—2000	出口粮谷中呋草黄残留量检验方法

2. 修订的食品行业标准

QB/T 1499—2000 爪式旋开盖

【c. 国家标准修订单】 2000 年国家质量技术监督局批准、发布的国家标准修改单共 3 项。

1. GB 16740—1997《保健（功能）食品通用标准》第 1 号修改单。

国家质量技术监督局标准化司于 2000 年 4 月 5 日以质技监标函［2000］054 号文批准、发布了 GB 16740—1997《保健（或能）食品通用标准》第 1 号修改单，该修改单自 2000 年 7 月 1 日起实施。

修改单内容如下。

8.3.4 条后补充新条文 8.3.5：

“8.3.5 片剂型或胶囊型的保健（功能）食品，可以标明每片或每粒（胶囊）中功效成分或营养成分（营养素）的含量。”

2. GB 5410—1999《全脂乳粉、脱脂乳粉、全脂加糖乳粉和调味乳粉》第 1 号修改单

国家质量技术监督局标准化司于 2000 年 4 月 20 日以质技监标函［2000］064 号文批准、发布了 GB 5410—1999《全脂乳粉、脱脂乳粉、全脂加糖乳粉和调味乳粉》第 1 号修改单，该修改单自 2000 年 10 月 1 日起实施。

修改单内容如下。

表 3 更改为新表：

表 3

项 目	全脂乳粉	脱脂乳粉	全脂加糖乳粉	调味乳粉	
				全 脂	脱 脂
蛋白质，% ≥	非脂乳固体[1] 34		18.5	16.5	22.0
脂肪，%	≥26.0	≤2.0	≥20.0	≥18.0	—
蔗糖，% ≤	—	—	20.0	—	—
复原乳酸度，°T ≤	18.0	20.0	16.0	—	—
水分，% ≤	5.0				
不溶度指数，mL ≤	1.0				
杂质度，mg/kg ≤	16				

注：1）非脂乳固体 = 100（%）－脂肪实测值（%）－水分实测值（%）

3. GB 10789—1996《软饮料的分类》第 2 号修改单

国家质量技术监督局标准化司于 2000 年 9 月 21 日以质技监标函［2000］165 号文批准、发布了 GB10789—1996《软饮料的分类》第 2 号修改单，该修改单自 2001 年 5 月 1 日起实施。

修改单内容如下。

3.10.2.3 其他水饮料中条文 b）改为：

“用饮用天然矿泉水或经纯化处理的水调制加工而成的制品。”

（郝 煜）

1.8　食品工业质量监督

【a. 产品质量国家监督抽查】　2000年，全国食品质量监督工作围绕直接涉及消费者人身健康和安全以及消费者反映问题较多的食品，组织开展了监督检查。从各项检查结果看，全国的食品质量在总体上继续保持着稳中有升的良好态势。

2000年产品质量国家监督抽查共抽查了760家企业生产、经销的18类1048种食品，合格的有559家企业的788种产品，企业合格率为73.6%，食品抽样合格率为75.2%，分别比上年提高2.7和2.3个百分点。

【b. 产品质量地方监督抽查】　在2000年地方技术监督部门对生产领域进行的产品质量监督抽查中，共检查了170044家企业生产的213420批次加工食品，合格的有129265家企业的164723批次产品，企业合格率为76.0%，产品抽样合格率为77.2%。各产品抽样合格率如下：小麦粉、大米，73.1%；肉制品，83.2%；食用盐，90.6%；调味品，72.2%；保健食品，83.4%；白酒，78.8%；啤酒，92.5%；黄酒、果酒，77.4%；食用植物油，88.0%；罐头，76.0%；糕点、糖果，77.6%；非酒精液体饮料，67.6%；冷冻饮品，67.4%；方便主食品，83.3%；乳制品，83.5%；其他，78.8%。

在2000年地方技术监督部门对流通领域进行的商品质量监督检查中，共检查了145799家商业企业经销的275654批次加工食品和饮料，合格208482批次，抽样合格率为75.6%。共检查出伪劣商品22362批次。不合格商品的总标值为34573.06万元，伪劣商品标值12791.5万元。各类商品抽样合格率如下：小麦粉、大米，71.7%；肉制品，89.0%；食用盐，92.3%；调味品，66.5%；保健食品，74.0%；白酒，76.4%；啤酒，85.0%；黄酒、果酒，76.1%；食用植物油，80.6%；罐头，79.8%；糕点、糖果，76.6%；非酒精液体饮料，70.4%；冷冻饮品，67.6%；方便主食品，83.3%；乳制品，78.6%；其他，68.6%。

2000年产品质量国家监督抽查中食品质量情况

抽查产品名称	抽查企业数	合格企业数	企业合格率(%)	抽查产品数	合格产品数	抽样合格率(%)	备　注
部分食品	55	48	87.3	61	54	88.5	1季度抽查
方便面	17	16	94.1	26	24	92.3	1季度抽查
加碘盐	93	87	93.6	94	88	93.6	1季度抽查
肉类食品	22	20	90.9	22	20	90.9	1季度抽查
冰淇淋	66	35	53.0	95	61	64.2	2季度抽查
大米	36	30	83.3	41	35	85.4	2季度抽查
啤酒	49	42	85.7	52	45	86.5	2季度抽查
饮用瓶装水	47	40	85.1	48	41	85.4	2季度抽查
蜜饯	30	12	40.0	41	21	51.2	3季度抽查
月饼	78	71	91.0	113	105	92.9	3季度抽查
植物油	34	30	88.2	41	37	90.2	3季度抽查
白酒	52	47	90.4	52	47	90.4	4季度抽查

续表

抽查产品名称	抽查企业数	合格企业数	企业合格率（%）	抽查产品数	合格产品数	抽样合格率（%）	备　注
酱腌菜	39	20	51.3	72	33	45.8	4季度抽查
肉类食品	44	28	63.6	59	36	61.0	4季度抽查
水果、蔬菜的农药残留	24	4	16.7	123	89	72.4	4季度抽查
小麦粉	67	22	32.8	94	38	40.4	4季度抽查
鸡肉	7	7	100.0	14	14	100.0	4季度抽查
合　计	760	559	73.6	1048	788	75.2	

2000年产品质量地方监督检查情况

产品名称	监督检验企业数	不合格产品企业数	不合格产品企业所占比例（%）	检验批次	合格批次	批次合格率（%）
合　计	170044	40779	23.98	213420	164723	77.18
小麦粉、大米	28547	7840	27.46	30579	22338	73.05
肉制品	3601	752	20.88	5432	4519	83.19
食用盐	516	60	11.63	709	642	90.55
调味品	11783	3521	29.88	15896	11474	72.18
保健食品	1209	215	17.78	1418	1183	83.43
白酒	26722	6194	23.18	34017	26817	78.83
啤酒	1425	139	9.75	2908	2689	92.47
黄酒、果酒	2251	625	27.77	3249	2516	77.44
食用植物油	16585	1857	11.20	17743	15621	88.04
罐头	1655	443	26.77	2041	1551	75.99
糕点、糖果	36929	8358	22.63	48038	37291	77.63
非酒精液体饮料	10745	3598	33.49	14349	9702	67.61
冷冻饮品	7729	2768	35.81	10986	7405	67.40
方便主食品	4908	872	17.77	6454	5374	83.27
乳制品	2369	485	20.47	3415	2853	83.54
其他	13070	3052	23.35	16186	12748	78.76

2000年商品质量地方监督检查情况

商品名称	检查商业企业数	检查商品批次	合格批次	批次合格率（%）	查出伪劣商品批次	查出不合格商品标值（万元）	
						总　计	伪劣商品标值
合　计	145799	275654	208482	75.63	22362	34573.06	12791.5
小麦粉、大米	12587	17491	12547	71.73	977	4788.76	1650.92
肉制品	3782	12329	10973	89.00	481	2689.53	566.56
食用盐	1392	1633	1507	92.28	61	251.61	133.46
调味品	14363	24787	16479	66.48	3268	956.39	262.20
保健食品	2854	4822	3566	73.95	476	451.75	377.19
白酒	32820	54578	41671	76.35	5256	9775.18	3544.08
啤酒	9285	19000	16151	85.01	961	6114.07	1077.08
黄酒、果酒	4228	9061	6891	76.05	635	213.94	71.52

续表

商品名称	检查商业企业数	检查商品批次	合格批次	批次合格率（%）	查出伪劣商品批次	查出不合格商品标值（万元）	
						总　计	伪劣商品标值
食用植物油	6526	8519	6868	80.62	405	822.35	204.35
罐头	4625	8388	6694	79.80	638	250.46	167.56
糕点、糖果	18613	43281	33148	76.59	3803	3764.47	2713.94
非酒精液体饮料	11431	25266	17780	70.37	1221	2460.67	1326.28
冷冻饮品	4738	8681	5867	67.58	996	431.27	76.89
方便主食品	5239	12881	10726	83.27	1154	399.99	283.89
乳制品	3100	5052	3971	78.60	279	161.49	27.41
其他	10216	19885	13643	68.61	1751	1041.13	308.19

（宣　湘）

1.9 科技成果

【a. 国家科学技术进步奖】

2000 年度国家科学技术进步奖获奖项目

（食品工业部分）

项目名称	完成单位和主要完成人	获奖等级
五倍子单宁深加工技术	中国林业科学研究院林产化学工业研究所、重庆丰都康乐化工有限公司、四川省彭州天龙化工有限公司、老河口市林产化工总厂 张宗和、黄嘉玲等	二等奖
大型海藻生物技术研究及其应用	青岛海洋大学、荣成市水产养殖场、荣成市海兴育苗场、日照市海水育苗场 戴继勋、张学成等	二等奖
天然级肉味香精生产技术	北京工商大学、河南省漯河市双汇实业集团有限公司、广东一品鲜生物科技有限公司 孙宝国、宋焕禄等	二等奖
发酵法生产衣康酸技术的研究	山东省食品发酵工业研究设计院、山东中舜集团有限公司、青岛琅琊台酒业（集团）股份有限公司 刘建军、姜鲁燕等	二等奖

【b. 国家技术发明奖】

2000 年度国家技术发明奖获奖项目

（食品工业部分）

项目名称	主要完成人	获奖等级
新型 β—甘露聚糖的研制	马延和、周培瑾等	二等奖

（赵克平）

1.10 绿色食品

【a. 概况】 2000年是绿色食品发展的第10个年头。国家出台的一系列改革发展重大举措，如农业结构战略性调整、实施西部大开发战略、迎接加入WTO后的挑战，为绿色食品发展创造了良好的外部环境和条件，全国绿色食品继续保持健康、快速发展的势头。

截止2000年底，全国共有964家企业的1831种产品有权使用绿色食品标志商标，比1999年增加了36%，其中A级绿色食品1793个，AA级绿色食品38个。从产品的类别看，主要以粮油类、蔬菜类、畜禽蛋奶类、饮料类为主，粮油类产品数占绿色食品标志产品数的28%，蔬菜类占17%，畜禽蛋奶类占15%，饮料类占15%。从产品结构看，绿色食品加工产品（大米、肉类等归为加工产品）为1294个，初级产品为537个，加工产品产品数与初级产品产品数之比约为2.4:1。从地区分布看，产品主要分布在黑龙江、内蒙古、山东、福建、吉林、江苏、湖北、山西、河北、辽宁、安徽、四川等省、自治区，其中黑龙江省产品数已超过200个，山东、内蒙古、福建、吉林4省区的产品数已超过100个。绿色食品全国年实物生产总量达到1500万吨，年销售额达400亿元，其中出口创汇突破2亿美元，环境监测的农田、草场和水面超过333.33万公顷。

全国绿色食品发展速度

项　目	1997年	2000年	平均年递增（%）
生产企业（家）	544	964	21
产品（个）	892	1831	27
产量（万吨）	630	1500	34
基地（万公顷）	213.23	333.33	16
年销售额（亿元）	240	400	19
出口贸易额（亿美元）	0.7	2	42

【b. 产品开发】 2000年，绿色食品产品开发继续保持了较快的增长速度，当年批准使用标志产品数和当年使用标志产品总数分别比上年增长37%和36%，绿色食品产品结构也有所调整。2000年绿色食品产品开发呈现出了一些新的特点：一是各地进一步重视绿色食品开发工作，部分省区将发展绿色食品作为农业和农村经济发展的一项常规工作，并在政策引导、资金投入、机构建设等方面加大了力度，从而大大推动了产品开发工作。2000年续报和新报产品的绝对数增长幅度提高较快，以市、县为区域的整体开发较往年增长明显。如山西省长治市，全年共申报116个产品，有78个产品获得审批。二是市场需求对产品开发的带动作用逐渐扩大。各地通过举办宣展会、博览会、贸易洽谈会、产销联席会等活动，建设专业营销网点，以及利用信息网络提供商业信息，为产品开发营造了良好的市场环境。2000年，黑龙江省共组织和参加了4次展销会，现场销售产品584吨，销售额1510万元，共签订销售合同446项，总量145万吨，金额62.2亿元。山东省召开了全省绿色食品产销联席会，20多家绿色食品生产企业与深圳爱地集团签订产品销售协议23份，产品总量9000吨，销售额5400多万元。三是绿色食品企业结构有所变化，国内著名企业和名牌产品参与绿色食品开发日益增多，如贵州茅台酒集团、中国蓝田集团、内蒙古伊利和兴发集团、河北三鹿集团、北京红星集团、山东鲁花花生油集团、福建超大集团等。2000年，从事绿

色食品开发和经营的上市公司已达20家，被农业部等8部委确定为首批全国农业产业化经营重点龙头企业的151家企业中，有34家企业从事绿色食品开发，占23%。四是AA级产品认证的步伐明显加快。2000年AA级绿色食品产品总数达到了38个，比上年增长了58%，这些产品开发大多已形成了稳定的绿色食品外贸出口生产基地。

1999年～2000年绿色食品标志产品产品结构变动表

项目（个）	1999年	2000年	增减（%）
粮油类	289	496	+72
蔬菜类	226	319	+42
果品类	134	129	−4
饮料类	239	274	+15
畜禽蛋奶类	207	277	+34
水海产品类	12	28	+134
酒类	133	154	+16
其他	113	154	+37

【c. 标准建设】 为了适应产品和生产资料开发的要求，为质量管理工作进一步提供技术保障，中国绿色食品发展中心加快了标准建设的步伐。制定了《2000—2005年绿色食品制、修订计划》，计划从2000年至2005年制、修订绿色食品标准165项，其中通用标准14项，产品标准75项，生产操作规程77项。截止2000年底，以国家农业行业标准发布的绿色食品标准已有49项，包括绿色食品环境技术条件、绿色食品肥料、农药、食品添加剂4项重要的基础标准；已报审的绿色食品生产操作规程标准有22项；已完成起草的标准有72项，其中畜禽养殖通用标准3项，产品标准25项，生产操作规程标准44项，这些标准已开始逐步审定。

【d. 质量管理】 2000年中国绿色食品发展中心围绕质量管理工作采取了一系列措施，均取得了良好的效果。一是配合技术标准的执行和生产加工操作规程的落实，启动了绿色食品生产资料的认定推荐工作。全年共审查、认证和推荐绿色食品生产资料产品22个，其中肥料产品13个、农药产品2个、饲料及饲料添加剂产品4个、食品添加剂产品3个，这些产品都具有相当高的技术含量。二是为探索做好用标企业生产规程落实以及对用标产品的后续监管工作，推行了“企业年检”试点工作，内蒙古、呼盟、福建、漳州4地率先开展了这项工作。三是扩大了产品质量抽检的范围和规模，2000年年初向9大食品质量监测中心下达了800个绿色食品产品的抽检任务，占1999年度产品总数的58.8%。四是配合国家工商行政管理和技术监督部门，发动地方“绿办”，集中开展打假工作。2000年第4季度，国家工商行政管理局商标局下发了《关于集中开展证明商标专用权专项保护工作的通知》，要求对加碘盐标记、真皮标记和绿色食品标记3个证明商标予以重点保护。五是迈出了国际认证的第1步。2000年以河北三鹿集团申报绿色食品为契机，中国绿色食品发展中心赴法国认证了欧洲乳清公司的“乳清粉”，保证了国内乳品企业进口原料的质量，也实现了开展国际认证工作零的突破。

【e. 重大活动】 1. 全国绿色食品工作会议。为了总结绿色食品10年来的工作，在新形势下进一步推动绿色食品事业发展，2000年4月份，召开了全国绿色食品工作会议。在这次会议上，提出了“质量与发展”的绿色食品工作主题，提出了“政府推动与市场运作相结合”的工作原则，确定了“基础建设与整体推进并重”的工作思路，以及“完善标准、健全队伍、扩大开发、强化管理”的工作重点。会议还第1次表彰了多年来为绿色食品开发作出突出成绩的先进集体和个人。这次工作会议达到了总结经验、认清形势、统一思想、明确任务的目的。

2. 全国绿色食品监测工作会议。2000年9月份，中国绿色食品发展中心在成都召开了全国绿色食品监测工作会议。9大食品质量监测机构、56个环境监测机构以及37个地方“绿办”派员参加了会议。这是绿色食品发展10年来召开的第1次监测工作会议，其目的是继续把好质量关。在会议上，讨论和修改了《绿色食品监测工作管理办法》等技术性文件，明确了中国绿色食品发展中心与监测机构的工作关系为“择优选用、业务委托、协调规范、共同发展”，对监测工作的要求是“统一规范、严格把关”，监测机构在绿色食品开发和管理工作中负有“保证质量、促进发展”的使命。

3. 2000年中国绿色食品博览会。为了集中宣传和展示绿色食品10年来发展的成果，拓展绿色食品市场流通，2000年11月份，中国绿色食品发展中心与中国绿色食品协会、云南省农业厅、云南世博局在昆明举办了“2000年绿色食品博览会”。博览会得到了农业部和云南省政府的重视，也得到了广大绿色食品企业和商家的积极响应，全国各地500多家企业的1000多种绿色食品产品参加了博览会。为期4天的博览会共有3万余人到场参观、购物和洽谈，产品零售额达70多万元，协议订货额超过16亿元。这次博览会突出了商贸经营和市场建设的主题，尝试了市场化商业运作的方式。同时在博览会期间还举办了“绿色食品国际贸易与合作研讨会”和“亚太地区绿色食品与可持续农业信息网研讨会”，这2个研讨会都获得了成功和好评。此次博览会达到了宣传绿色食品、培育市场、推动西部地区绿色食品开发的积极效果。

（余汉新）

第 2 部分

行业分述

2.1　采盐业及盐加工业

【a. 狠抓“三率”指标落实】　2000年全国食盐销售计划完成率达到97%，碘盐覆盖率95%，合格碘盐食用率95%，实现了3个95%的年度目标。围绕提高食盐专营“三率”这一中心，各级盐业部门重点把握了4个环节：一是抓产销计划管理，维护计划的严肃性，细化专营“三率”考核；二是抓盐价到位和货款回笼，严禁压价购进和低价倾销，规范生产经营行为；三是以3级批发为基础，零售环节为重点，加强专营网络建设，提高仓储管理水平，抓好服务延伸；四是严格进行检查监督，按“食盐专营检查制度”的要求和统一部署，各省区市盐务局、盐业公司会同本地有关部门组织了自查和抽查，各食盐定点生产企业和批发企业按要求进行了自查和整改，均取得了较好的效果。

【b. 理顺食盐专营管理体制】　2000年是省区市政府机构改革的重要一年。在改革过程中，各省级盐业部门认真处理深化改革与食盐专营的关系，积极主动向政府反映食盐专营和加碘盐工作实际，争取稳定和理顺专营体制。通过1年的工作，盐业专营管理体制在地方政府机构改革中得到了巩固和加强。贵州省盐业公司经省政府批准，成立了贵州盐业（集团）公司，对地（州、市）、县盐业公司实行了产、供、销、人、财、物“六统一”管理，彻底解决了过去省内体制松懈、专营管理不力的问题。31个省区市均明确了省级盐业公司对本地食盐生产、供应工作全面负责；有29个省区市政府明确了省盐务局与盐业公司职能分开，机构分设，2块牌子，合署办公；有12个省盐务局（盐业公司）对地（市）、县级盐务局（盐业公司）实行了垂直领导；有26个省基本实现了“五统一”管理。顺畅的食盐专营管理体制，为食盐专营落实提供了有力的组织保证。

【c. 严格“三证”管理，规范食盐产运销行为】　各省区市盐务局按照《食盐定点实施规定》及《食盐定点企业质保体系验收细则》的规定，对食盐定点企业进行了大的调整和整改，取消了不合格企业的定点资格。食盐定点企业由原来的167家调整到112家，撤销定点企业23家，兼并、重组32家。使定点企业布局趋于合理，整体素质提高，生产源头管理得到加强。

加强食盐批发许可证、运输准运证管理。2000年9月国家轻工业局盐管办和总公司联合下发了《关于做好2001～2002年度食盐批发许可证换证工作的通知》，各地认真组织换证自查和新证换领申报工作。截止2000年底，全国已有28个省区市完成了食盐批发许可证发放工作。有19个省区市实行了食盐食售许可证制度，总计发放零售许可证54万张；发放准运证21万张，保证了食盐计划的顺利执行和食盐的有效调运。

【d. 加强盐政管理，净化食盐市场】　2000年5月～7月，全国掀起了“严厉打击涉盐违法行为统一行动”高潮。3个月内，各级公安、工商、技术监督、卫生防疫等部门出动人员1.48万人次，盐政人员出动18.62万人次，车辆2.83万辆次，船61艘次。查获涉盐违法案件2.07万件，其中工业盐（非碘盐）冲销食盐市场4089件；查获违法盐产品2.58万吨，其中工业盐冲销食盐市场8332吨。江西省盐务局在“严打行动”中以整治个体滩晒盐和平锅盐为重点，与公安、司法、工商、卫生、技术监督等部门联合行动，铲除个体滩晒盐田23.8公顷，个体卤水池1015个，在全省范围内基本禁绝了个体滩晒和平锅盐。江苏省盐务局开展全省食盐市场打假联合行动，反复对产区制假贩假进行严厉打击，先后出动执法人员1.51万人次，查处违法案件1139起，铲除制假窝点500余个。山东、四川2000年分别查获违法盐产品3.6万吨和2.6万吨。湖南、湖北、上海、北京、福建、重庆、河南等开展“严打”行动，都取得了较好的效果。

2000年省际间毗邻地区联合执法进一步深入，以东西两翼为主线展开，分别开展了“辽吉黑蒙”、“陕甘宁晋蒙”、“湘鄂渝黔”等边界地区联合执法行动，捣毁了一批非碘盐和“制假”、“贩假”集散地，抓判了一批私盐惯犯，查处了一批大案、要案和难案。巩固规范了中心地区，加强了边界毗邻地区的防范。

据统计，2000年全国共查处各类涉盐违法案件13.9万件，查获各类违法盐产品21.8万吨，罚没款5409万元；通过司法机关以非法经营罪及其他刑律判刑78名，劳教14人，拘留623人。极大地震慑了涉盐违法分子，有效地净化了食盐市场。

盐业法制建设进一步加强。2000年又有山东、广东、宁夏、新疆、云南、黑龙江6省区通过省级人大颁布实施了地方盐业法规。全国各省区市出台了45部地方盐业法规，形成了一个比较完整的盐业政策法规体系。同时，各级盐业管理部门对盐政执法人员进行了执法教育、业务培训和体能技能训练，增强了盐政执法队伍的纪律性和执法能力。

【e. 加碘盐项目建设全面完成】　经过6年艰苦努力，截止2000年底，加碘和包装设备基本投入使用，形成加碘盐能力810万吨，完成计划100%；形成大包装能力376万吨，完成计划103%；形成小包装能力313万吨，完成计划103%。世界银行加碘盐项目终期检查团对中国加碘盐项目进行了终期检查，结论为：中国的加碘盐项目完成了预定的计划目标，取得了一定的经济效益和巨大的社会效益，是世界银行投资的典范。

【f. 碘盐质量稳中有升】　2000年全国质量监督检查，加碘盐抽检合格率达到94.85%，同比增加0.74个百分点，稳中有升。进一步加强了碘盐商标的管理，推行自动贴标工作，盐业部门与国家工商行政管理局和公安部门联合开展查处假冒碘盐商标活动。2000年6月，武汉查获9.6万套假冒碘盐注册商标标识和湖北省公司“云鹤”牌注册商标标识的500克复合膜碘盐包装袋。10月27日，武汉市江汉区人民法院公开审理此案，分别判处案犯林玉梭、郑美叶有期徒刑2年、罚金5000元和有期徒刑1年，有力地打击了碘盐制假贩假。

在财政部的领导下，中盐总公司加强了碘盐基金的收缴和使用管理，实行了收缴目标责任制。全年收缴国家碘盐基金1.2亿元，创历史最好水平。山东省不仅完成了年度收缴任务，还补交了欠缴部分。

根据财政部2000年碘盐项目拨付计划，对全国40多个单位拨付使用碘盐基金1亿多元，保证了碘盐项目的顺利进行和仓储设施建设。

【g. 扩大对外经济技术交流】　2000年各省对加碘盐设备操作技术和计算机网络技术进行了培训。全年共有75人次赴荷兰、德国、法国、英国、加拿大、美国、西班牙、菲律宾、印尼、日本、韩国等国家出席国际会议、考察学习、商务洽谈、设备验收等。组织中国盐业代表团参加了荷兰海牙国际盐业会议，与各国同行进行了广泛交流。会上，中国普及碘盐供应的成功经验得到了各国代表的高度赞赏，一致认为，中国实施食盐加碘消除碘缺乏病主导措施取得了重大成绩，中国的经验对全球消除碘缺乏病有重要的示范意义。为印尼盐业代表团进行了消除碘缺乏病的培训；接待了日本盐业协会代表团、儿基会顾问、世界银行专家等多人次访华；同时加强了与美国盐业协会和国际碘缺乏病控制理事会的合作。

【h. 顺利完成了中国2000年实现消除碘缺乏病阶段目标评估】　卫生部、国家轻工业局、教育部等5部局组成国家评估组，分赴31个省区市进行评估。评估结果显示，已实现和基本实现消除碘缺乏病阶段目标的有24个省区市，包括：北京、上海、天津、黑龙江、吉林、河北、河南、山西、山东、安徽、江西、湖北、湖南、江苏、浙江、广东、广西、辽宁、内蒙古、宁夏、陕西、福建、云南、贵州，占87.1%；未实现的有：新疆、西藏、重庆、四川、青海、甘肃、海南。

2000年10月底，经国务院批准，卫生部、国家轻工业局等6部委局组织召开了“2000年中国实现消除碘缺乏病阶段目标总结暨再动员会”，对6年来食盐加碘消除碘缺乏病工作进行了认真总结，充分肯定了盐行业在该项工作中所取得的成绩，会上郑重宣告：中国已基本实现2000年消除碘缺乏病阶段目标。会议明确了以食盐加碘为主导措施，对下一步持续消除碘缺乏病的任务和目标进行了动员和部署。

【i. 盐业结构调整】　2000年坚持有进有退的方针，提出了压减过剩产能、不上新的制盐项目、淘汰落后生产能力、增加内需、扩大出口和以销定产的工作思路和要求，各省区市盐务局、盐业公司结合本地实际采取了多种措施压缩产能，控产压库，努力进行结构调整，取得一定成效，盲目发展的势头得到有效地抑制。2000年底全国制盐能力3900万吨，全年产盐

3369万吨，销售盐近3100万吨，缓解了产销矛盾。

盐业企业改革和脱困工作取得新的进展。大多数国有大中型骨干制盐企业通过内部改制、重组、加强企业管理、调整产业结构等，焕发了生机和活力，制盐企业开始走出低谷，全行业出现了扭亏为盈的可喜局面。四川久大盐业集团前几年连年亏损，资不抵债，仅1999年就亏损近1亿元，资产负债率高达107%，2000年围绕"一调三转三减"的整合思路，全面实施"减债、减员、减负"为重点的企业改革，对制盐企业进行了破产重组，对盐厂办社会和企业冗员进行了剥离和分流，对企业内部实际了多项管理制度的改革，到2000年底，分流减员20851人，资产负债率下降到50.32%，吨盐制造成本下降了50元，全年销售盐134万吨，年末实现了零库存，人均产值由1999年的10800元/年提高到22700元/年，初步实现了扭亏为盈，使自贡盐业出现了新的转机和发展希望。

围绕建立和完善现代企业制度的改革，盐行业出现了经济发展规模化的趋势。江苏省盐业集团、甘肃省盐业集团、贵州省盐业集团在改革中不断发展和完善。中国盐业总公司在2000年成功地兼并了平顶山盐厂和湖北云梦盐硝厂，新成立了中盐皓龙有限责任公司、中盐宏博集团有限责任公司，向集团化迈出了可喜的一步。新的公司成立后，按现代企业制度运行，皓龙公司2000年销售精制盐35.3万吨，销售收入1.25亿元，实现利润2500万元，上缴税金3200万元，各项经济指标创历史最好水平，成为河南省地方企业被中央企业兼并后解困脱困、扭亏为盈的成功范例。重庆索特集团、辽宁营口盐场、安徽定远盐矿、湖北9045厂、河北黄骅盐场等一批大中型制盐企业也在抓紧重组、改制工作，即将加入正在组建的中国盐业集团。

（王开文）

【j. 行业数据报告】　1. 行业基本情况

行业名称：盐加工业

	1998年	1999年	2000年
行业内企业单位数（个）	41	37	43
其中：亏损企业（个）	16	9	12
从业人员（万人）	1.34	1.25	1.3

2. 盐加工业在全部工业中的位置与比较（单位：%）

	1998年	1999年	2000年
行业产值占全部工业产值的比重	0.01	0.010	0.011
行业增加值占全部工业增加值的比重	0.22	0.013	0.014
行业人数占全部工业人数的比重	0.02	0.022	0.023
行业资产占全部工业资产的比重	0.14	0.014	0.015

3. 行业财务状况（单位：亿元）

	1998年	1999年	2000年
实收资本	3.23	4.65	5.24
国家	2.22	3.33	4.19
港澳台			
外商			
工业总产值（新规定当年价）	7.43	7.60	9.13
工业增加值	2.91	2.85	3.64
工业销售产值	7.04	7.21	9.03

4. 行业资产负债（单位：亿元）

	1998年	1999年	2000年
年末资产	16.84	16.60	18.39
流动资产	6.11	6.87	7.47
固定资产原价	12.95	12.38	14.59
生产经营用	10.84	11.01	12.30
年末负债	14.00	12.82	13.41
流动负债	6.61	6.86	7.01
年末所有者权益	2.83	3.78	4.98

5. 行业损益及分配（单位：亿元）

	1998年	1999年	2000年
产品销售收入	6.99	6.89	8.92
产品销售成本	4.77	4.46	5.83
产品销售费用	0.56	0.65	1.05
产品销售税金及附加	0.29	0.30	0.36
产品销售利润	1.37	1.48	1.66
产品管理费用	0.87	0.91	1.10

营业利润	−0.31	0.02	0.26
利润总额	−0.47	0.01	0.22
本年应交增值税	0.60	0.67	0.83
亏损企业亏损额	0.57	0.09	0.16

6. 行业效益评价

	1998年	1999年	2000年
产品销售率（%）	94.75	94.87	98.99
增加值率（%）	39.17	37.50	39.87
全员劳动生产率（万元/人·年）	2.17	2.28	2.80
流动资产周转率（%）	126.17	111.49	125.63
企业亏损率（%）	39.00	24.32	27.91

7. 原盐产品产量（单位：万吨）

年　份	原　盐	加工盐	精制盐
1980	1728.00		
1981	1832.00		
1982	1638.00		
1983	1613.00		
1984	1642.00		
1985	1749.00		
1986	1761.00		
1987	1764.00		
1988	2264.00		
1989	2829.00		
1990	2023.00		
1991	2410.00		
1992	2838.00		
1993	2943.00		
1994	2996.00		558.30
1995	2977.72	694.85	598.76
1996	2903.57	766.96	665.32
1997	3082.66	845.75	729.75
1998	2242.52		
1999	2812.36		
2000	3128.00		

8. 分地区原盐产量（单位：万吨）

地　区	1998年	1999年	2000年
总　计	2242.52	2812.36	3128.00
北　京			
天　津	325.31	234.31	241.50
河　北		403.26	432.62
山　西			
内蒙古	148.28	132.07	126.68
辽　宁	190.86	282.2	275.91
吉　林			
黑龙江			
上　海			
江　苏	110.48	300.12	293.63
浙　江	6.52	8.17	9.50
安　徽	22.5	32.83	32.84
福　建	50.51	37.56	28.37
江　西	2.69	2.61	11.13
山　东	420.83	613.07	829.90
河　南	35.37	36.16	59.38
湖　北	223.61	236.51	240.57
湖　南	74.25	69.44	72.93
广　东	21.6	22.28	17.87
广　西	12.5	15.3	15.62
海　南	19.68	12.66	13.03
重　庆	40.16	35.47	44.98
四　川	195.78	203.5	215.48
贵　州			
云　南	47.44	42.13	48.09
西　藏			
陕　西	7.06	7.6	7.50
甘　肃	5.29	3.09	3.06
青　海	39.28	48.93	67.65
宁　夏	0.05	0.08	
新　疆	23.81	33.03	39.75

9. 进出口数量、金额及主要国家和地区

1998 年～2000 年 25010010 主要出口国家和地区

国家或地区	1998 年			1999 年			2000 年		
	数量（吨）	金额（万美元）	百分比（%）	数量（吨）	金额（万美元）	百分比（%）	数量（吨）	金额（万美元）	百分比（%）
合　计	332260	1261	100.00	392246	1478	100.00	550018	1536	100.00
香　港	52628	274	21.73	47996	251	16.98	49924	248	16.15
朝　鲜	78132	143	11.34	35076	73	4.93	34681	59	3.84
菲律宾	18306	88	6.98	33165	124	8.39	44984	191	12.43
日　本	72077	220	17.45	111988	309	20.91	232620	510	33.20
韩　国	83219	377	29.90	135091	568	38.43	105849	268	17.45

1998 年～2000 年 25010010 主要进口国家和地区

国家或地区	1998 年			1999 年			2000 年		
	数量（吨）	金额（万美元）	百分比（%）	数量（吨）	金额（万美元）	百分比（%）	数量（吨）	金额（万美元）	百分比（%）
合　计	3393	59	100.00	2452	46	100.00	2075	43	100.00
以色列	270	22	37.29	230	15	32.61	85	5	11.63
荷　兰	600	10	16.95	563	6.7	14.57	185	3	6.98
中　国	1923	12	20.34	690	4	8.70	411	3	6.98
日　本	9	1	1.69	38	2.2	4.78	—	—	—
德　国	77	3	5.08	217	3	6.52	425	5	11.63
意大利	—	—	—	158	3	6.52	399	4	9.30
美　国	66	3	5.08	102	3	6.52	161	8	18.60

注：25010010 盐

2.2 粮食及饲料加工业和植物油加工业

【a. 粮食及饲料加工业行业数据报告】 1. 行业基本情况

行业名称：粮食及饲料加工业

	1998年	1999年	2000年
行业内企业单位数(个)	6362	5884	5390
其中:亏损企业(个)	2428	2152	1739
从业人员(万人)	71.15	59.47	53.46

2. 粮食及饲料加工业在全部工业中的位置与比较（单位:%）

	1998年	1999年	2000年
行业产值占全部工业产值的比重	2.06	1.780	1.538
行业增加值占全部工业增加值的比重	1.37	1.252	1.116
行业人数占全部工业人数的比重	1.15	1.024	0.962
行业资产占全部工业资产的比重	1.03	0.881	0.760

3. 行业财务状况（单位：亿元）

	1998年	1999年	2000年
实收资本	255.09	257.21	258.42
国家	114.61	104.87	88.21
港澳台	26.86	26.08	21.73
外商	38.02	38.02	41.23
工业总产值(新规定当年价)	1394.17	1290.90	1317.96
工业增加值	266.49	269.97	283.35
工业销售产值	1348.95	1248.98	1288.05

4. 行业资产负债（单位：亿元）

	1998年	1999年	2000年
年末资产	1117.60	1030.64	959.81
流动资产	559.98	495.35	447.07
固定资产原价	545.54	540.25	523.01
生产经营用	423.92	432.03	413.14
年末负债	819.07	736.68	692.01
流动负债	673.16	615.15	577.88
年末所有者权益	298.53	293.96	267.80

5. 行业损益及分配（单位：亿元）

	1998年	1999年	2000年
产品销售收入	1254.40	1158.22	1205.19
产品销售成本	1117.85	1027.26	1069.44
产品销售费用	41.17	42.28	46.29
产品销售税金及附加	4.13	3.87	3.97
产品销售利润	86.63	77.50	75.12
产品管理费用	56.14	49.98	48.18
营业利润	1.76	10.94	15.06
利润总额	3.34	10.96	15.99
应交增值税	13.68	11.96	12.59
亏损企业亏损额	37.09	23.40	18.51

6. 行业效益评价

	1998年	1999年	2000年
产品销售率（%）	96.76	96.75	97.73
增加值率（%）	19.11	20.91	21.50
全员劳动生产率(万元/人·年)	3.75	4.54	5.30
流动资产周转率（%）	225.40	237.22	272.64
企业亏损率（%）	38.20	36.57	32.26

7. 粮食及饲料有关产品产量（单位：万吨）

年份	谷物	稻谷	小麦	玉米	年份	谷物	稻谷	小麦	玉米
1980		13991.0	5521.0	6260.0	1991	39566.3	18381.0	9595.0	9877.0
1981		14396.0	5964.0	5921.0	1992	40169.6	18622.0	10158.7	9538.3
1982		16160.0	6847.0	6056.0	1993	40517.4	17751.4	10639.0	10270.4
1983		16887.0	8139.0	6821.0	1994	39389.1	17593.3	9929.7	9927.5
1984		17826.0	8782.0	7341.0	1995	41611.6	18522.6	10220.7	11198.6
1985		16857.0	8581.0	6383.0	1996	45127.1	19510.3	11056.9	12747.1
1986		17222.0	9004.0	7086.0	1997	44349.3	20073.5	12328.9	10430.9
1987		17426.0	8590.0	7924.0	1998	45624.7	19871.3	10972.6	13295.4
1988		16911.0	8543.0	7735.0	1999	45304.1	19848.7	11388.0	12808.6
1989		18013.0	9081.0	7893.0	2000	40522.4	18790.8	9963.6	10600.0
1990		18933.0	9823.0	9682.0					

8.1998 年～2000 年分地区粮食产量（见下页）

9. 进出口数量、金额及主要国家和地区

1998 年～2000 年 10011000 主要出口国家和地区

国家或地区	1998 年			1999 年			2000 年		
	数量（万吨）	金额（万美元）	百分比（%）	数量（万吨）	金额（万美元）	百分比（%）	数量（万吨）	金额（万美元）	百分比（%）
合　计	0.01	2	100.00	0	0	—	0.04	3	100.00
俄罗斯	0.008	1	50	—	—	—	0.04	3	100.00

1998 年～2000 年 10011000 主要进口国家和地区

国家或地区	1998 年			1999 年			2000 年		
	数量（万吨）	金额（万美元）	百分比（%）	数量（万吨）	金额（万美元）	百分比（%）	数量（万吨）	金额（万美元）	百分比（%）
合　计	127.5	24337	100.00	33.1	5862	100.00	68.1	11652	100.00
加拿大	96.2	17983	73.89	12.4	2059	35.12	51.0	8462	72.62
美　国	11.8	2508	10.31	10.2	1813	30.93	11.1	2130	18.28
澳大利亚	19.1	3745	15.39	10.4	1955	33.35	6.0	1060	9.10

1998 年～2000 年 10019000 主要出口国家和地区

国家或地区	1998 年			1999 年			2000 年		
	数量（万吨）	金额（万美元）	百分比（%）	数量（万吨）	金额（万美元）	百分比（%）	数量（万吨）	金额（万美元）	百分比（%）
合　计	0.59	139	100.00	0.93	22	100.00	2.2	22	100.00
俄罗斯	0.02	2	1.44	0.005	0.6	2.72	2.1	19	86.36
朝　鲜	0.46	107	76.98	0.84	21	95.45	—	—	—

1998 年～2000 年分地区粮食产量

单位：万吨

地区	1998 年					1999 年					2000 年				
	粮食	谷物	稻谷	小麦	玉米	粮食	谷物	稻谷	小麦	玉米	粮食	谷物	稻谷	小麦	玉米
总计	51229.5	45624.7	19871.3	10972.6	13295.4	50838.6	45304.1	19848.7	11388.0	12808.6	46217.5	40522.4	18790.8	9963.6	10600.0
北京	239.2	233.9	13.3	96.7	122.6	201.0	196.1	12.9	95.5	86.7	144.2	136.1	9.4	66.9	58.7
天津	210.1	203.5	45.2	76.1	75.5	174.9	171.3	40.2	71.6	56.3	124.1	119.1	14.5	59.5	41.0
河北	2917.5	2680.3	99.2	1253.6	1187.2	2746.3	2552.1	93.1	1280.5	1088.0	2551.1	2355.6	65.8	1208.0	994.5
山西	1081.5	931.1	4.0	320.9	476.1	821.7	723.7	3.3	266.5	375.4	853.4	703.0	3.3	215.2	354.8
内蒙古	1575.4	1319.9	60.3	282.7	839.8	1428.5	1210.6	68.8	273.1	771.4	1241.9	947.9	72.2	181.8	929.2
辽宁	1828.9	1730.4	378.9	61.4	1120.9	1648.8	1556.6	414.6	59.2	985.4	1140.0	1029.1	377.1	35.8	551.1
吉林	2506.0	2368.5	385.5	10.6	1924.7	2305.6	2184.2	405.9	16.1	1692.6	1638.0	1448.3	374.8	16.3	993.2
黑龙江	3008.5	2483.4	925.8	285.2	1199.7	3074.6	2524.8	944.3	284.2	1228.4	2545.5	1974.1	1042.2	95.8	790.8
上海	212.6	210.4	163.0	31.1	4.9	208.1	205.6	154.3	38.4	4.9	174.0	170.5	137.2	24.7	3.7
江苏	3415.1	3218.0	2089.2	759.7	286.2	3559.0	3367.4	1937.3	1070.8	264.8	3106.6	2907.1	1801.3	796.4	236.8
浙江	1435.2	1317.6	1207.8	61.2	14.9	1393.0	1262.4	1132.5	72.3	16.8	1217.7	1093.9	990.2	55.1	20.3
安徽	2591.0	2274.7	1390.2	599.1	226.5	2771.2	2425.0	1300.6	852.5	213.3	2472.1	2174.5	1221.6	707.1	219.0
福建	958.1	762.7	728.8	15.4	9.8	942.2	745.3	712.3	14.4	10.9	854.7	661.2	632.8	11.0	11.1
江西	1555.5	1446.6	1425.6	9.2	8.7	1732.7	1638.8	1619.3	9.6	7.5	1614.6	1510.6	1491.9	7.9	8.5
山东	4264.8	3777.4	138.9	2024.5	1553.6	4269.0	3838.3	131.3	2117.7	1551.4	3837.7	3467.3	110.8	1860.0	1467.5
河南	4009.6	3587.8	369.7	2073.5	1096.3	4253.3	3828.6	333.0	2291.5	1156.6	4101.5	3669.7	318.8	2236.0	1075.0
湖北	2475.8	2246.5	1633.2	409.3	186.7	2451.9	2211.0	1685.6	304.7	204.1	2218.5	1962.6	1497.2	233.7	216.7
湖南	2647.9	2463.6	2345.0	25.7	82.1	2725.4	2518.6	2360.6	22.1	126.8	2767.9	2552.3	2392.5	23.3	125.1
广东	1947.6	1686.2	1614.1	5.1	59.8	1967.1	1699.4	1615.5	4.4	72.5	1760.1	1510.2	1423.4	3.9	76.1
广西	1557.1	1453.1	1290.9	3.5	156.2	1575.0	1464.3	1284.7	2.6	171.6	1528.5	1415.9	1226.5	2.7	184.2
海南	210.8	167.9	162.4		5.2	217.0	175.4	169.0		4.6	199.6	156.9	150.2		5.2
重庆	1122.5	851.2	515.8	130.6	190.8	1111.6	842.5	531.8	105.8	191.2	1106.9	843.4	532.9	101.3	197.5
四川	3519.7	3005.9	1643.7	601.1	623.1	3551.4	2998.7	1687.8	543.0	640.0	3372.0	2831.5	1634.3	532.1	547.4
贵州	1100.0	902.6	476.4	108.9	309.0	1125.2	912.8	457.7	107.6	334.8	1161.3	935.4	477.4	103.5	342.2
云南	1319.5	1156.0	537.5	151.3	418.1	1399.3	1226.2	551.7	158.0	459.5	1467.8	1282.1	568.2	152.4	473.3
西藏	85.0					92.2	88.8	0.6	31.2	1.4	96.2	93.2	0.6	30.7	1.4
陕西	1303.1	1142.4	101.3	504.2	481.1	1081.6	960.1	86.1	405.5	440.4	1089.1	962.0	94.7	418.6	413.7
甘肃	872.0	742.1	5.8	412.6	258.0	814.9	663.8	5.5	320.3	255.2	713.5	570.8	6.2	266.1	210.5
青海	128.2	99.8		79.9	1.8	103.6	77.9		59.4	2.2	82.7	61.2		43.9	1.2
宁夏	394.9	265.4	62.9	93.8	99.9	293.3	259.1	65.7	78.2	107.6	252.7	230.3	62.4	74.5	82.0
新疆	836.6	814.5	56.3	456.6	274.8	799.3	774.7	42.9	430.9	286.0	783.7	746.6	60.4	399.5	268.5

1998 年～2000 年 10019000 主要进口国家和地区

国家或地区	1998 年			1999 年			2000 年		
	数量（万吨）	金额（万美元）	百分比（%）	数量（万吨）	金额（万美元）	百分比（%）	数量（万吨）	金额（万美元）	百分比（%）
合　计	21.4	3518	100.00	11.7	2703	100.00	19.5	3085	100.00
法　国	—	—	—	3.2	1460	54.01	—	—	—
加拿大	—	—	—	—	—	—	11.4	1914	62.04
美　国	20.1	3279	93.21	7.8	1137	42.06	4.3	625	20.26
澳大利亚	1.3	238	6.76	0.6	105	3.88	3.8	546	17.70

1998 年～2000 年 10059000 主要出口国家和地区

国家或地区	1998 年			1999 年			2000 年		
	数量（万吨）	金额（万美元）	百分比（%）	数量（万吨）	金额（万美元）	百分比（%）	数量（万吨）	金额（万美元）	百分比（%）
合　计	468.8	53164	100.00	430.5	44997	100.00	1046.6	105166	100.00
朝　鲜	19.6	2315	4.35	16.2	1817	4.04	17.7	2036	1.94
印度尼西亚	26.87	2821	5.31	57.7	5827	12.95	83.1	8302	7.89
马来西亚	119.3	13102	24.64	144.4	14968	33.26	209.9	21062	20.03
韩　国	255.5	29720	55.90	125.2	13473	29.94	602.4	60364	57.40
日　本	21.8	2384	4.48	10.6	1144	2.54	11.1	1096	1.04

1998 年～2000 年 10059000 主要进口国家和地区

国家或地区	1998 年			1999 年			2000 年		
	数量（万吨）	金额（万美元）	百分比（%）	数量（万吨）	金额（万美元）	百分比（%）	数量（万吨）	金额（万美元）	百分比（%）
合　计	25.1	3174	100.00	7	807	100.00	0.03	8	100.00
美　国	18.9	2397	75.52	5	590	73.11	0.014	4	50.00
荷　兰	2.4	300	9.45	—	—	—	—	—	—
印度尼西亚	2.9	344	10.84	2	211	26.15	—	—	—
澳大利亚	0.003	1	0.03	—	—	—	0.014	4	50.00

1998 年～2000 年 11010000 主要出口国家和地区

国家或地区	1998 年			1999 年			2000 年		
	数量（万吨）	金额（万美元）	百分比（%）	数量（万吨）	金额（万美元）	百分比（%）	数量（万吨）	金额（万美元）	百分比（%）
合　计	26.9	7388	100.00	16.3	4551	100.00	18.5	4514	100.00
朝　鲜	11.5	2436	32.97	4.9	984	21.62	3.2	587	13.00
香　港	9	3462	46.86	8	2864	62.93	7.4	2373	52.57
蒙　古	2.8	702	9.50	1.1	235	5.16	4.2	821	18.19
越　南	2.3	466	6.30	1.2	238	5.23	0.03	8	0.18
印度尼西亚	—	—	—	0.2	34	0.75	2.6	500	11.08

1998年～2000年11010000主要进口国家和地区

国家或地区	1998年			1999年			2000年		
	数量（万吨）	金额（万美元）	百分比（%）	数量（万吨）	金额（万美元）	百分比（%）	数量（万吨）	金额（万美元）	百分比（%）
合　计	5.9	1548	100.00	5.7	1705	100.00	4.3	1495	100.00
韩　国	0.2	111	7.17	0.5	193	11.32	0.4	229	15.32
美　国	2.3	524	33.85	0.5	249	14.60	0.5	280	18.73
日　本	1.4	356	23.00	1.8	497	29.15	1.1	346	23.14
尼泊尔	1.4	335	21.64	1.7	421	24.69	0.9	215	14.38
澳大利亚	0.2	86	5.56	0.4	145	8.50	0.7	244	16.32

注：10011000 硬粒小麦
10059000 玉米
11010000 小麦或混合麦的细粉
10019000 小麦或混合麦，除硬粒小麦

10.1998年～2000年城镇居民家庭平均每人全年粮食消费支出（单位：元/年）

地　区	1998年	1999年	2000年	地　区	1998年	1999年	2000年
总　计	226.79	215.37	188.66	河　南	264.7	252.82	219.78
北　京	256.95	244.13	224.38	湖　北	199.73	187.93	147.21
天　津	234.32	232.69	215.86	湖　南	200.39	195.39	173.10
河　北	220.8	212.41	199.05	广　东	263.24	248.23	225.84
山　西	297.76	283.72	239.85	广　西	201.46	194.46	159.31
内蒙古	209.76	192.21	179.82	海　南	196.98	191.99	158.63
辽　宁	232.39	223.17	196.85	重　庆	200.47	196.38	180.46
吉　林	248.2	216.46	194.77	四　川	199.08	185.34	168.91
黑龙江	232.41	216.95	194.42	贵　州	206.02	182.8	185.68
上　海	260.77	261.34	234.23	云　南	246.34	231.93	195.34
江　苏	214.98	199.32	156.87	西　藏		299.94	279.89
浙　江	212.94	205.06	183.80	陕　西	218.22	211.65	188.85
安　徽	220.23	206.3	168.26	甘　肃	230.77	213.08	185.62
福　建	326.79	313.3	235.12	青　海	303.82	275.61	241.08
江　西	212.17	198.24	168.17	宁　夏	226.1	208.18	186.86
山　东	172.23	168.85	152.05	新　疆	235.83	231.57	196.02

11. 行业内“三资”企业状况

	1998 年	1999 年	2000 年
企业单位数(个)	347	339	355
亏损企业	132	122	146
企业从业人员数（人）	65700	57000	59800
实收资本（亿元）	89.59	87.57	83.70
国家	18.85	17.19	14.82
港澳台	25.35	24.45	20.01
外商	37.20	37.51	39.89
工业总产值（亿元）	329.62	268.53	294.40
工业增加值（亿元）	59.68	51.10	52.55
年末资产（亿元）	286.49	263.71	219.46
流动资产	145.85	135.66	101.73
年末负债（亿元）	171.41	152.54	137.38
流动负债	143.23	134.17	119.29
所有者权益（亿元）	115.07	111.17	82.08
产品销售收入（亿元）	314.76	261.01	290.43
销售成本	278.18	227.16	257.03
销售费用	9.71	9.04	10.62
销售税金及附加	0.39	0.24	0.35
销售利润	23.80	22.06	19.89
管理费用（亿元）	13.00	12.53	12.55
利润总额（亿元）	5.61	6.03	3.66
应交增值税（亿元）	3.59	2.09	2.01
亏损企业亏损总额(亿元)	8.66	4.93	5.36
产品销售率(%)	97.90	99.68	98.92
增加值率(%)	18.11	19.03	17.85
全员劳动生产率(万元/人·年)	9.08	8.96	8.79
流动资产周转率(%)	214.10	196.37	288.44
企业亏损率(%)	38.04	35.99	41.13

【b. 植物油加工业行业数据报告】　1. 行业基本情况

行业名称：植物油加工业

	1998 年	1999 年	2000 年
行业内企业单位数(个)	1513	1454	1369
其中:亏损企业(个)	622	494	430
从业人员（万人）	24.05	21.77	20.43

2. 植物油加工业在全部工业中的位置与比较（单位:%）

	1998 年	1999 年	2000 年
行业产值占全部工业产值的比重	0.91	0.950	0.858
行业增加值占全部工业增加值的比重	0.50	0.646	0.548
行业人数占全部工业人数的比重	0.39	0.375	0.367
行业资产占全部工业资产的比重	0.48	0.431	0.421

3. 行业财务状况（单位：亿元）

	1998 年	1999 年	2000 年
实收资本	97.16	100.79	106.09
国家	40.11	33.11	30.42
港澳台	15.41	12.87	12.54
外方	15.76	20.31	23.64
工业总产值(新规定当年价)	614.02	693.44	735.50
工业增加值	97.18	139.41	139.17
工业销售产值	577.47	652.40	717.28

4. 行业资产负债（单位：亿元）

	1998 年	1999 年	2000 年
年末资产	522.30	504.40	531.88
流动资产	295.69	272.23	279.12
固定资产原价	223.89	240.93	245.74
生产经营用	179.78	192.32	196.32
年末负债	439.94	410.08	433.96
流动负债	385.13	354.88	354.20
年末所有者权益	82.36	94.32	97.91

5. 行业损益及分配（单位：亿元）

	1998 年	1999 年	2000 年
产品销售收入	563.01	641.12	701.09
产品销售成本	523.21	587.63	650.00
产品销售费用	14.54	16.28	17.93

	1998年	1999年	2000年
产品销售税金及附加	1.21	1.18	1.21
产品销售利润	23.29	31.74	29.78
产品管理费用	18.45	18.28	17.60
营业利润	-11.07	3.42	4.95
利润总额	-9.20	4.50	4.73
当年应交增值税	6.21	7.78	9.30
亏损企业亏损额	18.19	9.05	10.44

6. 行业效益评价

	1998年	1999年	2000年
产品销售率（%）	94.05	94.08	95.32
增加值率（%）	15.83	20.10	18.92
全员劳动生产率(万元/人·年)	4.04	6.40	6.81
流动资产周转率（%）	197.87	240.32	258.14
企业亏损率（%）	41.10	33.98	31.41

7. 食用植物油产品产量（单位：万吨）

年份	食用植物油	大豆油	花生油	芝麻油
1980	222.00			
1984	380.00			
1985	401.00			
1986	441.00			
1987	478.00			
1988	480.00			
1989	496.00			
1999	544.00			
1991	644.00			
1992	661.00			
1993	695.00			
1994	723.00			
1995	1144.50	329.08	157.35	40.11
1996	946.54	234.49	133.70	29.98
1997	893.73	221.75	123.4	28.47
1998	602.48			
1999	733.79			
2000	835.32			

8.1998年～2000年分地区的食用植物油产量（单位：万吨）

地　区	1998年	1999年	2000年
总　计	602.48	733.79	835.32
北　京	11.97	13.93	8.27
天　津	23.14	22.84	13.69
河　北	15.03	19.89	29.88
山　西	2.77	2.82	3.68
内蒙古	16.69	16.82	23.81
辽　宁	31.95	39.03	47.61
吉　林	11.21	14.84	13.82
黑龙江	35.73	47.32	44.61
上　海	19.46	8.03	11.55
江　苏	63.64	115.75	137.78
浙　江	26.76	43.86	62.54
安　徽	28.74	37.08	39.72
福　建	13.58	11.47	6.24
江　西	10.82	11.90	14.58
山　东	66.41	89.91	136.57
河　南	51.04	47.80	45.77
湖　北	1.44	40.37	51.45
湖　南	36.13	11.06	20.14
广　东	10.66	8.90	7.87
广　西	22.16	21.66	20.28
海　南	0.01		
重　庆	5.26	1.74	1.48
四　川	18.22	17.46	15.66
贵　州	6.30	7.93	8.63
云　南	2.63	2.86	1.82
西　藏			0.10
陕　西	13.07	9.24	7.75
甘　肃	14.69	7.99	3.15
青　海	3.90	4.55	1.16
宁　夏	5.39	5.40	5.36
新　疆	33.66	51.19	50.37

9. 进出口数量、金额及主要国家和地区

1998 年～2000 年 15071000 主要出口国家和地区

国家或地区	1998 年			1999 年			2000 年		
	数量（吨）	金额（万美元）	百分比（%）	数量（吨）	金额（万美元）	百分比（%）	数量（吨）	金额（万美元）	百分比（%）
合 计	4583	278	100.00	457	34	100.00	0.03	18	100.00
朝 鲜	635	53	19.06	457	34	100.00	0.02	13	72.22
香 港	3947	225	80.94	—	—	—	0.005	4	22.22
蒙 古	—	—	—	—	—	—	—	—	—

1998 年～2000 年 15071000 主要进口国家和地区

国家或地区	1998 年			1999 年			2000 年		
	数量（万吨）	金额（万美元）	百分比（%）	数量（万吨）	金额（万美元）	百分比（%）	数量（万吨）	金额（万美元）	百分比（%）
合 计	75.4	47062	100.00	72.8	37895	100.00	28.1	11356	100.00
美 国	37.3	23101	49.09	26.1	14958	39.47	5.5	2290	20.17
巴 西	13.8	8629	18.34	10.8	4644	12.25	6.5	2564	22.58
阿根廷	19.7	12533	26.63	35.6	18109	47.79	13.3	5327	46.91

1998 年～2000 年 15141000 主要出口国家和地区

国家或地区	1998 年			1999 年			2000 年		
	数量（吨）	金额（万美元）	百分比（%）	数量（吨）	金额（万美元）	百分比（%）	数量（吨）	金额（万美元）	百分比（%）
合 计	4020	182	100.00	485	0.1	100.00	1.8	0.1	100.00
台 湾	3999	180	98.90	—	—	—	—	—	
澳大利亚	—	—	—	485	0.1	100.00	—	—	—
菲律宾	—	—	—	—	—	—	1.8	0.1	100.00

1998 年～2000 年 15141000 主要进口国家和地区

国家或地区	1998 年			1999 年			2000 年		
	数量（万吨）	金额（万美元）	百分比（%）	数量（万吨）	金额（万美元）	百分比（%）	数量（万吨）	金额（万美元）	百分比（%）
合 计	24.6	15302	100.00	5	2662	100.00	7.1	2625	100.00
德 国	8.4	5218	34.10	0.9	440	16.53	—	—	—
荷 兰	9.8	6210	40.58	2.1	1160	43.58	0.2	115	4.38
加拿大	3.7	2373	15.51	1.1	551	20.70	6.8	2477	94.36
美 国	1	537	3.51	0.4	221	8.30	0.002	0.8	0.03

注：15071000 初榨的豆油，不论是否精制，但未经化学改性

15141000 初榨的菜籽油或芥子油，不论是否精制，但未经化学改性

10.1998年～2000年城镇居民人均油脂类消费支出（单位：元/年）

地　区	1998年	1999年	2000年
全　国	75.26	73.71	66.48
北　京	72.49	73.04	70.35
天　津	77.98	79.24	67.39
河　北	94.17	82.96	84.83
山　西	78.24	75.22	65.04
内蒙古	49.28	47.95	42.53
辽　宁	66.13	64.80	56.98
吉　林	71.49	68.10	62.58
黑龙江	74.15	72.71	66.19
上　海	97.75	98.15	80.14
江　苏	78.05	78.96	65.75
浙　江	58.06	58.29	55.91
安　徽	93.49	91.34	83.62
福　建	112.45	116.53	92.60
江　西	91.01	91.20	85.91
山　东	50.28	43.28	43.91
河　南	65.11	59.34	55.61
湖　北	86.77	84.54	70.03
湖　南	85.61	89.91	81.31
广　东	91.10	83.25	79.32
广　西	77.84	71.35	72.94
海　南	77.91	78.08	64.72
重　庆	94.17	96.08	87.76
四　川	89.38	88.57	83.33
贵　州	72.77	62.03	59.61
云　南	58.45	54.60	51.62
西　藏		72.44	71.87
陕　西	71.58	69.32	61.21
甘　肃	77.13	80.55	63.59
青　海	64.71	59.78	63.84
宁　夏	81.41	77.50	66.24
新　疆	80.00	86.62	65.50

11.行业内“三资”企业状况

	1998年	1999年	2000年
企业单位数(个)	99	93	98
亏损企业(个)	48	33	40
企业从业人员数(人)	17100	15800	17300
实收资本(亿元)	44.16	45.09	49.59
国家	8.25	5.91	6.35
港澳台	15.36	12.79	12.42
外商	15.73	19.80	23.64
工业总产值(亿元)	184.76	210.64	200.78
工业增加值(亿元)	22.22	45.15	42.89
年末资产(亿元)	153.89	144.45	151.70
流动资产	82.29	73.53	76.22
年末负债(亿元)	109.58	94.19	103.82
流动负债	94.92	81.15	80.62
所有者权益(亿元)	44.31	50.26	47.88
产品销售收入(亿元)	188.74	208.28	209.34
销售成本	177.16	190.09	192.57
销售费用	5.68	6.97	7.71
销售税金及附加	0.05	0.15	0.03
销售利润	5.45	10.19	7.86
管理费用(亿元)	5.18	5.10	4.96
利润总额(亿元)	-2.05	2.88	0.97
本年应交增值税(亿元)	2.12	2.18	3.46
亏损企业亏损总额(亿元)	4.41	1.85	4.33
产品销售率（%）	97.86	92.16	99.02
增加值率（%）	12.03	21.43	21.36
全员劳动生产率（万元/·年）	12.99	28.58	24.79
流动资产周转率（%）	245.12	284.42	282.82
企业亏损率（%）	48.48	35.48	40.82

2.3 制　糖　业

【a. 概况】　2000 年全国共播种糖料 128.20 万公顷，比上年的 137.87 万公顷减少 7.01%；其中：甘蔗 97.47 万公顷，减少 3.73 万公顷，减幅 3.69%；甜菜 30.73 万公顷，减少 5.93 万公顷，减幅 16.18%。减少的原因主要是随着糖业结构的调整优化，一批关闭破产企业所在地区停止了种植糖料，一些糖厂主动压减了低产、低糖、高成本地区的糖料种植面积；甘蔗种植面积减少较多的省、区依次是：广东、湖南、江西、福建；甜菜种植面积减少较多的省、区依次是：新疆、黑龙江、宁夏、甘肃、内蒙古。随着糖业结构和布局的调整，广西、云南在全国产糖量中所占的比重进一步增大。

按收获面积计算，2000 年全国共收获糖料面积 120.18 万公顷，比上年减少 10.62 万公顷，减幅 8.12%；其中，甘蔗 94.91 万公顷，减少 5.19 万公顷，减幅 5.19%；甜菜 25.27 万公顷，减少 5.36 万公顷，减幅 17.46%。

由于糖料种植、收获面积减少，南方受冻宿根蔗面积扩大，加上广西等一些蔗区相当长一段时间干旱少雨，海南省又遭受了较大水灾，所以这个制糖期全国食糖产量比上个制糖期又有减少。

据统计，2000 跨 2001 年制糖期全国产糖 620 万吨，比上个制糖期产糖 686.89 万吨减少 60 多万吨。

从全国食糖供求总量平衡看，2000 跨 2001 年食糖生产销售年度全国产糖 620 万吨，加上国家储备糖，和 2001 年从古巴进口的原糖，若不考虑周转库存因素，2000 跨 2001 年食糖生产销售年度全国食糖供应短缺数量约为 50 万吨左右；这个短缺数量已由国家通过增加一般贸易食糖进口得到解决。

在党中央、国务院领导同志的关怀和中央有关委、部、局的大力支持下，在各级人民政府的统一领导下，经过各级糖业主管部门的努力工作和全体糖业职工的艰苦奋斗，制糖行业在控制总量、调整优化糖业结构方面已取得重大进展，在 1999 跨 2000 年制糖期实现全行业整体扭亏的基础上，2000 跨 2001 年制糖期进一步实现了绝大多数省、区，绝大多数企业扭亏增盈，全行业税、利总额有了较大幅度增长；随着糖业经济情况的全面好转，糖料款支付进度加快，历史拖欠农民糖料款正在分期、分批兑现。

总量得到控制后，糖价回升到了合理价位，制糖企业大都实现了顺价销售食糖，糖料价与糖价联动，使糖农得到了实惠，农民种植糖料积极性提高，种植进度加快，良种比例增加，管理加强。

制糖企业经济效益全面好转，银行放贷信心增强，支持力度加大，糖厂迫于资金压力卖“青苗糖”和竞价销糖的情况明显减少。

糖价稳中有升提高了商业储存糖的积极性，社会库存糖量增加，减轻了工业库存糖的压力。

据统计，2001 年全国共播种糖料 138.20 万公顷，比 2000 年增加 10 万公顷，增幅 7.80%；其中，甘蔗 102.91 万公顷，增加 5.44 万公顷，增幅 5.58%；甜菜 35.29 万公顷，增加 4.56 万公顷，增幅 14.84%；播种面积增加较多的省、区主要是广西、云南、新疆、黑龙江。

由于南方甘蔗产区新植蔗面积增加，良种比例提高，蔗田管理加强，蔗苗质量明显好于上年，加上北方甜菜播种面积扩大，预计 2001 跨 2002 年制糖期全国糖料产量将会有较大幅度增长。

【b. 国务院领导关心糖业生产】　2000 年 5 月，国务院领导同志在有关情况反映上批示：“关闭部分糖精企业和调减糖精生产能力”的通知已经发了，关键是抓落实，请国家局组织一次检查，及时纠正执行中的问题，这关系到整个制糖业的脱困，不可轻率处之。

2000 年 8 月，朱镕基总理在有关“关于关闭‘五小’，淘汰落后，压缩过剩生产能力进展情况的报告”上批示：“经验证明，对污染环境、破坏资源、质量低劣、不符合安全生产条件的企业，必须依法采取行政关闭的措施，不如此，这些企业不会自动退出市场”。

2000年9月，马凯同志在国家计委“关于国储糖投放、加工、运输工作的落实情况及下一步工作安排”报告上批示：“建议综合考虑生产与流通，农业与工业，企业与财政，国内与国际等因素，确定调控的价格目标，以及调控的步骤、力度等。”

2001年2月，温家宝副总理在有关食糖产销情况和存在的主要问题的信息反映上批示：“要下决心整顿糖料收购秩序，以促进制糖业的结构调整，维护农民的经济利益。首先，要坚决制止破产关闭的小糖厂死灰复燃，主要通过经济的办法（辅之必要的行政和法律的手段）淘汰落后企业；其次，要加强和改善宏观调控，适时吞吐，平抑糖价，使糖价保持在一个合理的水平上；第三要继续深化流通体制改革，建立产销衔接的机制。要在广泛调研，听取地方、企业和蔗农意见的基础上，逐步形成加强和改进糖料收购管理的办法。”

【c. 国家下发糖业结构调整计划】 经国务院批准，2000年8月1日，国家经贸委、国家计委、财政部、中国人民银行联合下发了“关于制糖行业结构调整部分企业关闭破产有关问题的通知”（国经贸运行［2000］703号）。“通知”提出的制糖工业结构调整的原则是：压减落后生产能力，优化结构和合理布局；原料缺乏、不宜种植糖料的一些地区，分期分批退出制糖行业；对主产糖区资产负债率高、亏损严重且扭亏无望的糖厂实施关闭破产。

根据这一原则，全国关闭破产150户糖厂，压减制糖能力273.5万吨。调整后，保留制糖企业389户，生产能力779.5万吨，形成南方以广西、云南、广东甘蔗糖产区为主，北方新疆、黑龙江、内蒙古甜菜糖适当发展的布局。并通过提高糖厂开工率等措施，满足目前市场的需求。

2000年11月2日，全国企业兼并破产和职工再就业工作领导小组下发了“关于抓紧组织实施制糖行业部分企业关闭破产的通知”，要求有关省、自治区、直辖市和新疆生产建设兵团企业兼并破产和职工再就业工作协调小组，各政策性银行、国有商业银行、金融资产管理公司，按照国家经贸委等4委、部、行的“通知”（国经贸运行［2000］703号）要求抓紧实施。

【d. 全国经贸工作会议提出实施糖业结构调整措施】

2000年末召开的全国经贸工作会议，要求制糖行业加大力度狠抓调整方案和政策措施的落实。会议要求：2001年全国食糖产量控制在750万吨；糖精1.7万吨，其中，出口1.4万吨、内销3000吨；力争制糖行业利润超过10亿元。为此，国家采取的措施是：

1. 抓紧关闭150户计划破产糖厂的工作，压缩273万吨产糖能力，按照既定关闭方案尽快启动操作。

2. 对14户糖精生产企业中关闭转产9户的情况逐户督查，确保全面落实。

3. 完成甜味剂添加标准的制订工作，制止食品行业中滥用糖精的现象。

2001年全国食糖总量控制在750万吨。甘蔗糖合计672万吨，其中，广西350万吨、云南155万吨、广东100万吨（湛江70万吨）、海南32万吨、四川10万吨、湖南10万吨、福建8万吨、江西5万吨、其他2万吨；甜菜糖合计78万吨，其中，新疆35万吨、黑龙江20万吨、内蒙古12万吨、吉林3万吨、甘肃3万吨、辽宁3万吨、山西1万吨、其他1万吨。

【e. 国务院领导关心协会工作】 2001年2月19日，国务院秘书长王忠禹在听取中国工业经济联合会汇报时说：“协会要有过硬本领，要真抓点东西。如糖业协会作用很大，生产多少糖、进口多少糖、价格协调、限产压产、结构调整等，先由糖业协会拿出意见，然后报经贸委。经贸委要充分依靠协会，可以把一部分工作授权给协会来做，就好开展工作了。”

【f. 陈士能谈糖业管理体制改革】 中国轻工业联合会主席陈士能在谈到糖业管理体制改革时指出，国内制糖业经过改革开放以来的发展，虽然在总量上已能满足市场需求，但长期大起大落和运行效率低下的状况并未从根本上得到解决；90年代以来的9个制糖期，食糖产量最高为882万吨，最低为541万吨；糖价最高为每吨4800元，最低仅为每吨1600元。在这样产量与价格的大幅度波动中，糖农和糖厂的利益都受到了伤害。9个制糖期中有5个制糖期发生全行业亏损，累计亏损金额超过100亿元，拖欠农民糖料款近40亿元，直接影响到了4000万糖农的收入和产糖地区的社会稳定。造成这种现象的根本原因，是糖业管理体制不符合糖业自身发展的特点和市场经济的规律。

制糖业是特殊的农产品加工业，政府的有效管理与干预对行业健康、稳定的发展至关重要。世界主要产糖国家和地区的经验已经证明了这一点。中国虽然不能完全照搬外国的糖业制度与管理体制，但其经验和许多做法是完全可以借鉴的。

糖业管理体制问题是一切问题的症结所在，据考察了解，欧盟糖业制度及管理体制是世界各主要产糖国家和地区中较为完善与有效的；该糖业制度的目标是保护糖农和制糖企业的利益，中心是价格稳定体系。欧盟糖业制度之所以能高效运行，是由于有一个合理的管理体制和责权高度统一的管理机构。

陈士能说：国务院将制糖行业确定为全国控制总量、结构调整的 3 个重点行业之一，国家经贸委、国家计委、财政部、银行为此做了大量工作。要使糖业总量控制、结构调整取得成效并得以巩固，确保糖业早日步入健康、稳定发展的轨道，必须改革现行的糖业管理体制。

【g. 改革和加强糖业管理的建议】　各地糖业主管部门和食糖工、商企业对改革和加强糖业管理工作提出了 4 个方面的意见和建议：

1. 要抓紧糖业立法工作。自 1991 年糖业产销体制改革以来，迄今已有将近 10 个年头，经历了多次“大起、大落”，付出了沉重的代价，获得了不少宝贵的经验、教训，应在认真总结历史经验、教训的基础上，按照社会主义市场经济形势发展的要求，抓紧搞好糖业立法工作，使糖业建设、糖料种植、原料区管理、食糖和糖料价格管理、食糖储备管理、食糖销售和食糖市场管理步入法制化、规范化的轨道。要相应改革现行的条、块分割的糖业管理体制，建立集中、统一、高效的糖业决策和管理机构。

2. 加强糖价和糖料价格的管理。自从国家计委将糖价和糖料价格交由省级物价管理部门管理以来，多数省、区对这项工作抓得较紧，运行情况良好，但也有少数省、区和地方工作抓得不够，出现了放任自流，价格失控的情况，使国家对糖业的总量控制和结构调整工作受到干扰，并对周围地区仍至全国食糖市场造成了负面影响。为此，建议国家物价管理部门能加强价格监督与协调，及时下达对糖料价格的指导意见。

3. 要慎重对待食糖进口问题。从 2000 跨 2001 年食糖生产销售年度食糖供求平衡看，供略小于求，有利于工、商企业的经营，有利于实现顺价销售食糖，维护糖业生产的稳定，保护糖农的切身利益。但与此同时，也要看到受“卖落不卖涨”和“买涨不买落”心理因素的影响，工、商企业惜售心理增强，库存增多，加之糖价上涨吸引了较多社会游资投入囤糖，所以糖厂销糖率已不能真实反映社会实际消费的糖量；此外，由于市场糖价偏高，淀粉糖浆使用量大幅度增加，在一定程度上抑制了食糖的用量；加上 2001 年南方食糖生产区糖料种植面积扩大，食糖产量将会有较大幅度增加，2001 跨 2002 年新榨季开榨时间将提早。因此，对 2001 年的进口糖安排，应本着谨慎的原则，既要弥补市场缺口，抑制糖价的不合理上涨，又要防止进口过量，导致糖价暴跌。

4. 要按照国家现行政策积极支持企业解困。2001 跨 2002 年制糖期的工业收储糖计划要及早安排，资金要及时到位；符合债转股条件企业的债转股申报审批工作，要抓紧进度及早落实。

【h. 召开 2001 年中国食糖与甜味剂国际研讨会】

“2001 年中国食糖与甜味剂国际研讨会”于 2001 年 4 月 19 日～20 日在北京嘉里中心召开。国际糖业组织、世界主要产糖国家糖业管理部门、世界各大食糖贸易商、糖业经济研究机构的官员和国内糖业管理部门、宏观调控部门的领导，国内制糖工、商企业集团的董事长、总经理等约 200 人出席了会议；这是国内制糖业首次召开大型糖业研讨会。

研讨会上，与会者对中国糖业现状、管理体制、市场问题、中国糖业在世界食糖市场的地位及影响、中国加入 WTO 对糖业的影响及糖业技术进步等问题进行了研讨。国际糖业组织、国家计委经贸流通司、中国糖业协会等单位 17 位发言者围绕中国糖业的各个方面作了发言，并回答了与会代表的提问。会议取得了圆满成功。

【i. 协会当年主要工作】　遵照国务院领导同志关于糖业问题的指示精神，中国糖业协会围绕“以实现全行业扭亏增盈为目标，以大力提高经济效益为中心，以搞好制糖行业结构调整为主线，以深化企业改革和推进科技进步为动力”，协助政府做了以下主要工作。

1. 协助政府搞好总量控制，推进糖业战略性结构调整。

配合国家经贸委通过与各主要产糖省、区协商，按照市场食糖供求情况和糖业结构调整优化的要求，先后下达了 2000 年、2001 年全国食糖总量控制在 750 万吨的分省、区食糖产量控制目标。

通过调查研究，在充分听取各地意见和各地上报材料的基础上，制定了“全国糖业结构调整方案”，经国家经贸委等 4 委、部、行报请国务院批准后，已下发有关省、区、市经贸委、计委、财政厅（局）、有关商业银行遵照执行。关闭破产整体方案也已由全国企业兼并破产和职工再就业工作领导小组于2000年11月2日下发实施。据对19个省、区调查了解，截至2001年3月，列入国家关闭破产企业名单的150户制糖企业中，已有108户停产，其中，进入破产程序79户（破产终结44户），正在进行破产前准备工作的41户。尚在生产的42户企业主要是1999年已种了糖料，为保护糖农利益，经当地政府批准，这个制糖期继续生产，把种植的糖料加工完。

2. 协助政府调控食糖总量平衡，加强对加工贸易的管理，坚决打击走私。

配合国家计委、国家经贸委等部门从2000年8月份开始，通过竞卖，分期、分批向市场投放国家储备糖，补充市场短缺，保证市场供应，保持糖价平稳；与此同时，协助国家经贸委安排了进口古巴原糖到货后接船加工事宜。

中国糖业协会还配合外经贸部、国家轻工业局加强了食糖加工贸易的管理工作，杜绝了利用加工贸易渠道走私食糖的问题。

2000年以来，有的地方反映，一些不法分子利用边贸走私进口食糖，协会将有关线索及时通报海关总署，通过布置查处，遏制了食糖走私的苗头。

3. 安排工业短期储存食糖。

根据国务院国办发［1997］33号文件精神，协助国家计委、中国人民银行安排了2000跨2001年制糖期工业短期储存食糖106万吨的分省、区计划。

4. 协助国家经贸委进行糖精的限产限销和糖精厂的关闭工作；积极宣传适量吃糖有益人体健康的科学道理。

根据国家经贸委等7部委联合印发的“关于加强糖精生产销售使用管理的规定”，协助国家经贸委进行了糖精厂关停和限产、限销执行情况的调查，并按国家经贸委的要求，会同中国消费者协会在市场采样抽检了4类（蜜饯、饮料、八宝粥、果冻）126个食品样品，于2001年2月、3月2次召开新闻发布会，向广大消费者提示：“化学合成甜味剂滥用又有新动向”；同时公布了抽检食品样品中添加化学合成甜味剂、防腐剂超范围、超标准限量的情况。

中国糖业协会还在北京人民大会堂召开了“食糖与健康专家研讨会”，通过国内知名专家科学论证，向广大消费者宣传了适量吃糖有益人体健康的科学道理，促进食糖合理消费。

5. 协助国家计委调整食糖价格政策，加强行业内部价格协调，促进糖价合理回升。

按国家计委通知要求，实行了由省级物价管理部门定价，国家计委综合协调的糖价管理办法；建立了糖料价与糖价挂钩联动，糖农与糖厂利益共享、风险共担的机制，使市场食糖供求信息及时反馈到了糖农，指导糖农控制糖料种植面积。与此同时加强了行业内部价格自律和企业间、地区间价格协调工作，通过控制总量、均衡销售，促进糖价回升到了合理价位。

6. 协助国家计委编制了制糖工业“十五”发展规划纲要。

在全面总结“九五”糖业发展经验教训的基础上，向国家计委提出了关于编制“十五”糖业发展规划的基本原则、指导思想，目标、任务，及主要政策措施。

7. 研究“入世”后对中国糖业的影响及对策。

探讨了“入世”后糖业面临的机遇和挑战，研究了趋利避害、提高中国糖业竞争能力的措施，并向国家有关部门提出了意见、建议。

8. 赴泰国、欧盟等国家和地区考察糖业管理体制。

2000年6月，随国家轻工业局考察团赴英国、比利时考察欧盟糖业管理体制，探讨在社会主义市场经济条件下，如何借鉴欧盟糖业管理经验，理顺中国糖业管理体制，提高糖业生产效率与效益；并向国务院报告了改革糖业管理体制的意见和建议，受到了国务院领导同志的重视，正由国家计委、国家经贸委征求意见，组织研究。

9. 加强糖业市场信息网站的建设。

自2000年8月8日推出信息版以来，已发展成为目前国内最具权威性的糖业资讯网站。

10. 召开“中国食糖与甜味剂国际研讨会”，加强国际间糖业信息交流与技术、经济合作。

近年来加强了国际间糖业出访与接待工作；通过召开“中国食糖与甜味剂国际研讨会”，将促进中国糖业加速融入世界糖业的大环境，进一步加强中国制糖业与国际糖业组织和世界主要产糖国家间的糖业信息交流和技术、经济合作。

（连学智）

2000 跨 2001 年制糖期糖料与食糖生产情况　　单位：万公顷、万吨

地区	2000 年糖料播种面积	2000 跨 2001 年制糖期			2001 年糖料播种面积
		糖料收获面积	收购糖料量	产糖量	
全国合计	128.20	120.18	5484	620	138.20
甘蔗糖小计	97.47	94.91	4888	550.6	102.91
广东	14.00	11.47	741	75.34	14.93
其中：湛江	9.33	8.53	548	54.94	10.80
广西	46.67	46.67	2600	300	50.80
云南	25.00	25.00	1121	130	26.66
海南	6.67	6.67	222	24.77	6.00
福建	0.80	0.67	25	2.75	0.57
江西	0.87	0.76	25	2.4	0.60
四川	1.47	1.69	66	6.6	1.47
湖南	1.33	1.33	50	5.1	1.33
其他	0.67	0.67	38	3.64	0.53
甜菜糖小计	30.73	25.27	596	69.4	35.29
黑龙江	11.67	10.73	155	20	16.00
新疆	6.67	6.07	256	28.5	8.67
内蒙古	6.00	4.00	89	11	5.43
吉林	2.00	2.00	24	2.4	2.87
山西	0.53	0.53	14	1.6	0.53
甘肃	0.53	0.53	24	2.9	1.00
辽宁	2.66	1.07	18	2	0.47
其他	0.67	0.33	8	1	0.33

注：2001 年糖料播种面积为初步统计数。

【j. 行业数据报告】 1. 行业基本情况

行业名称：制糖业

	1998 年	1999 年	2000 年
行业内企业单位数（个）	477	435	411
其中：亏损企业（个）	339	335	136
从业人员（万人）	33.28	27.25	22.32

2. 制糖业在全部工业中的位置与比较（单位：%）

	1998 年	1999 年	2000 年
行业产值占全部工业产值的比重	0.46	0.350	0.282
行业增加值占全部工业增加值的比重	0.31	0.232	0.284

行业人数占全部工业人数的比重	0.54	0.469	0.401
行业资产占全部工业资产的比重	0.52	0.431	0.367

3. 行业财务状况（单位：亿元）

	1998年	1999年	2000年
实收资本	98.08	97.98	103.45
国家	68.96	65.23	62.03
港澳台	1.32	0.77	1.74
外商	8.87	9.75	9.72
工业总产值(新规定当年价)	310.53	256.56	242.01
工业增加值	59.84	49.97	72.20
工业销售产值	285.00	246.13	235.92

4. 行业资产负债（单位：亿元）

	1998年	1999年	2000年
年末资产	571.27	504.43	463.03
流动资产	229.94	182.13	169.78
固定资产原价	382.63	367.70	339.16
生产经营用	303.50	298.99	284.84
年末负债	496.14	459.26	370.41
流动负债	390.96	351.28	282.97
年末所有者权益	75.13	45.17	92.62

5. 行业损益及分配（单位：亿元）

	1998年	1999年	2000年
产品销售收入	278.18	239.03	229.13
产品销售成本	264.34	229.61	187.48
产品销售费用	8.23	8.46	6.11
产品销售税金及附加	2.48	2.22	1.97
产品销售利润	2.54	−2.67	32.76
产品管理费用	23.01	19.27	17.77
营业利润	−42.79	−37.01	7.10
利润总额	−40.67	−35.70	8.12
本年应交增值税	19.04	17.60	19.11
亏损企业亏损额	44.58	39.55	5.51

6. 行业效益评价

	1998年	1999年	2000年
产品销售率（%）	91.78	95.93	97.48
增加值率（%）	19.27	19.48	29.83
全员劳动生产率(万元/人·年)	1.80	1.83	3.23
流动资产周转率（%）	119.48	116.79	140.43
企业亏损率（%）	71.10	77.01	33.09

7. 制糖原料及糖产品产量（单位：万吨）

年份	甘蔗	甜菜	糖	机制甘蔗糖
1980	2280.7	630.5	257.00	
1981	2966.8	636.0	317.00	
1982	3688.2	671.2	338.00	
1983	3114.1	918.2	377.00	
1984	3951.9	828.4	380.00	
1985	5154.9	891.9	451.00	
1986	5021.9	830.6	525.00	
1987	4736.3	814.0	506.00	
1988	4906.4	1281.0	461.00	
1989	4879.5	924.3	501.00	
1990	5762.0	1452.5	582.00	
1991	6789.8	1628.9	640.00	
1992	7301.1	1506.9	829.00	
1993	6419.4	1204.8	771.00	
1994	6092.7	1252.6	592.00	
1995	6541.7	1398.4	558.64	433.75
1996	6687.6	1672.6	640.20	492.06
1997	7889.7	1496.8	702.58	554.33
1998	8343.5	1446.6	826.00	
1999	7470.3	863.9	861.00	
2000	6828.0	807.3	700.00	

8.1998 年～2000 年分地区的糖及原料的产量（单位：万吨）

地　区	糖			甘　蔗			甜　菜		
	1998 年	1999 年	2000 年	1998 年	1999 年	2000 年	1998 年	1999 年	2000 年
合　计	862.00	861.00	700.00	8343.8	7470.3	6828.0	1446.6	863.9	807.3
北　京									
天　津									
河　北	1.02	1.22	1.28				17.1	7.5	11.5
山　西	5.80	3.73	0.77				78.6	20.5	21.0
内蒙古	20.12	11.95	12.04				259.2	136.8	141.3
辽　宁	5.14	4.52	2.12				41.6	26.4	28.7
吉　林	3.71	2.65	2.49				55.6	25.8	44.4
黑龙江	28.22	22.00	16.41				310.02	203.6	254.8
上　海				7.1	8.0	6.8			
江　苏		4.00	3.65	18.4	22.9	28.1	1.3	0.1	0.2
浙　江				61.9	71.1	98.5			
安　徽		0.19		21.8	29.3	32.0	2.6		0.03
福　建	16.95	14.72	6.11	219.3	138.8	82.7			
江　西	9.31	8.37	1.71	186.4	172.0	136.8			
山　东	0.02	0.38	0.80				0.3	1.1	0.09
河　南			0.12	15.9	21.1	32.6			
湖　北	0.40		0.82	110.0	114.2	101.7			
湖　南	10.95	10.13	4.44	188.4	168.5	115.9			
广　东	152.85	142.99	91.30	1756.9	1367.1	1253.2			
广　西	344.60	374.30	325.76	3582.3	3220.6	2937.9			
海　南	27.91	25.55	36.81	353.7	384.5	338.9			
重　庆		0.03	0.19	7.3	7.6	9.1			
四　川	9.67	7.02	7.79	161.5	161.0	166.7	0.2	0.2	0.1
贵　州	0.70	0.98	1.14	54.8	56.8	66.7			0.02
云　南	124.30	161.35	148.76	1597.7	1526.5	1420.3	0.4	0.4	0.3
西　藏									
陕　西		0.02		0.3	0.3	0.3	4.6	1.5	1.5
甘　肃	10.93	7.97	2.44				130.9	73.8	37.9
青　海							0.1	0.1	0.09
宁　夏	3.34	2.06	0.33				30.9	11.8	0.3
新　疆	46.64	46.77	32.61				513.1	354.2	265.0

9. 进出口数量、金额及主要国家和地区

1998年～2000年17011100主要出口国家和地区

国家或地区	1998年			1999年			2000年		
	数量（吨）	金额（万美元）	百分比（%）	数量（吨）	金额（万美元）	百分比（%）	数量（吨）	金额（万美元）	百分比（%）
合　计	13505	521	100.00	9773	389	100.00	-5219	208	100.00
香　港	8168	275	52.78	3906	146	37.53	656	38	18.27
日　本	4123	190	36.47	4251	189	48.59	3997	152	73.08
澳　门	441	17	3.26	412	12	3.08	386	9	4.33

1998年～2000年17011100主要进口国家和地区

国家或地区	1998年			1999年			2000年		
	数量（万吨）	金额（万美元）	百分比（%）	数量（万吨）	金额（万美元）	百分比（%）	数量（万吨）	金额（万美元）	百分比（%）
合　计	41.9	11821	100.00	36.1	6901	100.00	56.1	9208	100.00
泰　国	5.0	1247	10.55	4.8	795	11.52	7.7	1179	12.80
古　巴	28.3	8885	75.16	27.4	5553	80.47	39.9	6269	68.08
巴　西	3.3	591	5.00	—	—	—	—	—	—
澳大利亚	5.0	1043	8.82	3.9	552	8.00	6.0	1335	14.50

1998年～2000年17019910主要出口国家和地区

国家或地区	1998年			1999年			2000年		
	数量（万吨）	金额（万美元）	百分比（%）	数量（万吨）	金额（万美元）	百分比（%）	数量（万吨）	金额（万美元）	百分比（%）
合　计	40.9	11220	100.00	33.8	6687	100.00	39.0	7421	100.00
香　港	2.5	793	7.07	1.1	266	3.98	1.1	252	3.40
印度尼西亚	25.6	6491	57.85	9.0	1854	27.73	4.8	836	11.27
沙特阿拉伯	10.8	2994	26.68	2.8	583	8.72	3.9	700	9.43
印　度	—	—	—	18.4	3381	50.57	1.6	289	3.89
巴基斯坦	—	—	—	—	—	—	24.7	4692	63.23

1998年～2000年17019910主要进口国家和地区

国家或地区	1998年			1999年			2000年		
	数量（万吨）	金额（万美元）	百分比（%）	数量（万吨）	金额（万美元）	百分比（%）	数量（万吨）	金额（万美元）	百分比（%）
合　计	6.0	2033	100.00	5.3	1523	100.00	7.7	2233	100.00
英　国	2.6	129	6.35	0.4	93	6.11	0.3	74	3.31
韩　国	3.7	1313	64.58	3.7	1090	71.57	5.5	1599	71.61
日　本	0.5	238	11.71	0.5	167	10.97	0.3	103	4.61
法　国	0.1	27	1.33	0.1	15	0.98	0.3	101	4.52

注：17019910　砂糖

17011100　甘蔗原糖，未加香料或着色剂

10.1998 年～2000 年城镇居民家庭人均糖类消费支出（单位：元/年）

地区	1998 年	1999 年	2000 年
全　国	24.06	23.12	24.31
北　京	42.81	43.08	40.76
天　津	22.98	24.79	23.66
河　北	27.51	28.44	29.21
山　西	17.77	14.23	16.90
内蒙古	18.21	16.84	17.80
辽　宁	22.89	21.54	26.45
吉　林	20.38	21.05	23.03
黑龙江	19.52	18.01	21.16
上　海	42.91	41.61	49.55
江　苏	24.75	24.04	23.73
浙　江	26.62	23.81	28.15
安　徽	17.88	18.70	16.97
福　建	20.95	17.98	18.20
江　西	17.44	17.26	16.94
山　东	19.92	21.20	20.12
河　南	17.47	16.75	16.42
湖　北	22.15	20.77	20.56
湖　南	22.16	24.35	22.69
广　东	34.42	31.91	32.81
广　西	24.75	21.32	25.63
海　南	20.34	18.48	14.74
重　庆	35.39	33.79	35.16
四　川	33.44	30.98	31.76
贵　州	31.10	28.74	35.28
云　南	22.02	20.47	27.55
西　藏		68.17	69.28
陕　西	17.23	16.18	16.28
甘　肃	20.50	19.84	20.89
青　海	27.49	26.22	23.35
宁　夏	20.54	18.91	20.05
新　疆	26.93	25.01	27.27

11. 行业内“三资”企业状况

	1998 年	1999 年	2000 年
企业单位数(个)	15	14	14
亏损企业(个)	9	6	4
企业从业人员数(人)	12000	8400	8800
实收资本(亿元)	16.56	16.25	16.60
国家	5.93	5.49	4.93
港澳台	1.32	0.70	1.74
外商	8.85	9.74	9.71
工业总产值(亿元)	24.22	18.11	18.66
工业增加值(亿元)	6.21	5.78	5.71
年末资产(亿元)	45.72	29.31	30.68
流动资产	17.76	8.54	11.73
年末负债(亿元)	30.62	13.00	14.54
流动负债	26.77	11.95	12.76
所有者权益(亿元)	15.10	16.31	16.14
产品销售收入(亿元)	25.95	17.20	18.55
销售成本	23.58	14.31	13.96
销售费用	1.01	0.49	0.39
销售税金及附加	0.16	0.01	0.01
销售利润	0.74	1.67	3.60
管理费用(亿元)	1.72	1.39	1.60
利润总额(亿元)	-1.57	0.60	2.22
本年应交增值税(亿元)	1.82	1.71	1.83
亏损企业亏损总额(亿元)	1.88	0.74	0.22
产品销售率（%）	89.31	91.94	99.95
增加值率（%）	25.64	31.92	30.60
全员劳动生产率(万元/人·年)	5.17	6.88	6.49
流动资产周转率（%）	131.19	195.23	193.43
企业亏损率（%）	60.00	42.86	28.57

2.4 屠宰及肉类蛋类加工业

【a. 屠宰及肉类蛋类加工业行业数据报告】 1. 行业基本情况

行业名称：屠宰及肉类蛋类加工业

	1998年	1999年	2000年
行业内企业单位数（个）	1870	1836	1791
其中：亏损企业（个）	623	567	433
从业人员（万人）	43.55	40.49	40.23

2. 屠宰及肉类蛋类加工业在全部工业中的位置与比较（单位:%）

	1998年	1999年	2000年
行业产值占全部工业产值的比重	0.910	0.910	0.865
行业增加值占全部工业增加值的比重	0.640	0.716	0.687
行业人数占全部工业人数的比重	0.700	0.697	0.724
行业资产占全部工业资产的比重	0.490	0.485	0.470

3. 行业财务状况（单位：亿元）

	1998年	1999年	2000年
实收资本	135.33	148.31	149.30
国家	68.45	66.55	60.04
港澳台	8.30	11.60	11.02
外商	18.69	18.82	17.41
工业总产值	618.22	659.32	741.10
(新规定当年价)			
工业增加值	124.63	154.45	174.51
工业销售产值	601.68	633.84	726.39

4. 行业资产负债（单位：亿元）

	1998年	1999年	2000年
年末资产	534.36	566.86	592.75
流动资产	247.15	263.93	268.37
固定资产原价	277.74	298.56	309.76
生产经营用	218.23	245.80	244.97
年末负债	373.58	382.18	383.84
流动负债	312.88	315.44	319.35
年末所有者权益	160.78	184.68	208.91

5. 行业损益及分配（单位：亿元）

	1998年	1999年	2000年
产品销售收入	601.06	641.05	719.34
产品销售成本	548.07	575.85	647.83
产品销售费用	17.66	21.35	24.16
产品销售税金及附加	2.60	3.45	3.38
产品销售利润	31.88	38.21	41.14
产品管理费用	22.55	23.89	25.50
营业利润	−1.17	7.84	9.96
利润总额	2.27	12.40	17.74
当年应交增值税	9.84	11.92	14.20
亏损企业亏损额	13.71	8.25	5.97

6. 行业效益评价

	1998年	1999年	2000年
产品销售率（%）	97.32	96.14	98.02
增加值率（%）	20.16	23.42	23.55
全员劳动生产率(万元/人·年)	2.86	3.81	4.34
流动资产周转率(%)	249.02	249.54	276.40
企业亏损率（%）	33.30	30.88	24.18

7. 屠宰及肉类蛋类加工产品产量（单位：万吨）

年份	肉类	猪肉	牛肉	羊肉	禽肉	鱼肉	禽蛋
1980		1134.1	26.9	44.4			
1984		1444.7	37.3	58.6			431.6
1985	1926.5	1654.7	46.7	59.3	160.2	5.6	534.7

年份	肉类	猪肉	牛肉	羊肉	禽肉	鱼肉	禽蛋
1986	2112.4	1796.0	58.9	62.2	187.9	7.4	555.0
1987	2215.5	1834.9	79.2	71.9	219.4	10.1	590.2
1988	2479.5	2017.6	95.8	80.2	274.4	11.5	695.5
1989	2628.5	2122.8	107.2	96.2	282.0	10.3	719.8
1990	2857.0	2281.1	125.6	106.8	322.9	9.6	794.6
1991	3144.4	2452.3	153.5	118.0	395.0	10.8	922.0
1992	3430.7	2635.3	180.3	125.0	454.2	18.5	1019.9
1993	3841.5	2854.4	233.6	137.3	573.6	20.4	1179.8
1994	4499.3	3204.8	327.0	160.9	755.2	22.9	1479.0
1995	5260.1	3648.4	415.4	201.5	934.7	26.8	1676.7
1996	5915.1	4037.7	494.9	240.0	1074.6	30.6	1965.2
1997	5152.1	3464.3	415.0	210.2			1897.1
1998	5723.8	3883.7	479.9	234.6			2021.3
1999	5949.0	4005.6	504.4	251.3	1115.5		2134.7
2000	6125.4	4031.4	532.8	274.0	1207.5		2243.3

8. 分地区产量

1998 年～2000 年全国分地区猪肉、牛肉、羊肉产量　　单位：万吨

地区	1998 年			1999 年			2000 年		
	猪肉	牛肉	羊肉	猪肉	牛肉	羊肉	猪肉	牛肉	羊肉
全　国	3883.7	479.9	234.6	4005.6	505.4	251.3	4031.4	532.8	274.0
北　京	27.9	2.1	1.2	28.6	2.4	1.3	29.1	3.3	1.6
天　津	13.9	2.3	1.4	14.6	2.5	1.7	17.3	2.8	2.0
河　北	219.1	58.0	21.8	226.5	61.9	23.4	24.28	65.3	24.6
山　西	42.8	6.9	6.2	43.8	7.0	6.4	43.5	7.3	7.0
内蒙古	73.3	17.6	27.0	80.5	17.8	29.8	76.6	21.8	31.8
辽　宁	112.8	23.4	2.6	121.7	23.8	2.8	117.0	25.8	3.4
吉　林	117.2	28.3	2.6	121.7	31.3	2.9	95.5	33.5	3.2
黑龙江	83.5	25.7	3.0	89.0	27.3	3.2	87.1	27.1	3.5
上　海	25.3	0.1	0.7	25.9	0.1	0.7	25.9		0.7
江　苏	190.8	5.7	13.8	196.2	5.2	13.9	205.7	5.1	15.8
浙　江	81.4	0.9	2.2	82.6	0.9	2.4	89.8	0.9	2.6
安　徽	183.7	34.3	11.5	192.5	32.6	10.1	184.8	31.9	11.2
福　建	107.3	2.0	1.1	110.0	2.0	1.2	106.5	2.1	1.3
江　西	176.0	6.7	0.8	160.2	5.2	0.8	143.5	5.2	0.9
山　东	266.6	60.1	20.9	272.5	65.5	23.3	285.9	69.2	24.8
河　南	297.9	76.7	28.0	314.0	82.2	30.0	322.9	83.0	32.0
湖　北	202.9	13.2	2.1	209.8	13.1	2.5	193.5	13.8	3.0
湖　南	365.0	11.7	5.1	364.9	13.0	5.4	371.8	13.5	6.1
广　东	189.3	5.7	0.5	204.4	4.5	0.6	206.8	5.2	0.4
广　西	194.0	3.1	2.1	202.5	8.9	2.3	206.8	9.8	2.5
海　南	19.9	1.8	0.8	21.4	1.8	1.0	22.7	2.1	1.0
重　庆	121.6	3.5	1.5	120.6	4.0	1.8	132.1	4.4	1.9
四　川	390.4	20.0	10.7	405.2	21.4	13.2	419.1	23.8	16.2
贵　州	97.6	5.9	3.4	99.5	6.4	3.8	104.8	7.0	4.2
云　南	150.5	10.7	5.1	162.2	12.6	5.6	172.6	12.8	5.8
西　藏				0.7	8.3	5.7	0.8	8.5	5.7
陕　西	64.9	6.5	5.1	64.2	6.7	6.0	60.9	7.9	5.4
甘　肃	38.0	6.9	6.8	39.1	7.2	6.9	38.9	7.9	7.5
青　海	6.8	6.9	6.4	7.0	6.1	6.7	7.0	6.4	7.0
宁　夏	8.2	2.6	2.4	8.8	3.0	2.5	8.8	3.3	3.3
新　疆	13.6	19.2	32.5	15.1	20.6	33.6	10.8	22.2	37.5

9. 进出口数量、金额及主要国家和地区

1998 年～2000 年 02023000 主要出口国家和地区

国家或地区	1998 年			1999 年			2000 年		
	数量（万吨）	金额（万美元）	百分比（%）	数量（万吨）	金额（万美元）	百分比（%）	数量（万吨）	金额（万美元）	百分比（%）
合　计	3.9	6652	100.00	1.8	2484	100.00	1.7	2314	100.00
香　港	0.8	1286	19.33	0.9	1190	47.91	1.0	1385	59.85
俄罗斯	2.3	4107	61.74	0.6	718	28.90	0.1	96	4.15
巴勒斯坦	0.4	654	9.83	0.2	278	11.19	0.15	203	8.77
以色列	0.2	320	4.81	0.1	210	8.45	0.18	263	11.37

1998 年～2000 年 02032100 主要出口国家和地区

国家或地区	1998 年			1999 年			2000 年		
	数量（万吨）	金额（万美元）	百分比（%）	数量（万吨）	金额（万美元）	百分比（%）	数量（万吨）	金额（万美元）	百分比（%）
合　计	2.3	3576	100.00	0.9	1158	100.00	0.6	916	100.00
俄罗斯	1.8	2721	76.09	0.2	255	22.02	0.02	17	1.86
香　港	0.2	273	7.63	0.5	543	46.89	0.3	474	51.75
澳　门	0.1	106	2.96	0.1	77	6.65	0.04	80	8.73
新加坡	0.2	302	8.45	0.1	23	1.98	0.1	251	27.40

1998 年～2000 年 02071400 主要出口国家和地区

国家或地区	1998 年			1999 年			2000 年		
	数量（万吨）	金额（万美元）	百分比（%）	数量（万吨）	金额（万美元）	百分比（%）	数量（万吨）	金额（万美元）	百分比（%）
合　计	26.8	45170	100.00	29.3	46240	100.00	34.5	49459	100.00
香　港	1.2	1376	3.05	0.8	970	2.10	0.8	888	1.80
日　本	20.6	36704	81.26	21.4	36187	78.26	24.3	36733	74.27
南　非	0.8	1102	2.44	1.1	1345	2.91	1.0	1183	2.39
荷　兰	0.5	684	1.51	0.4	477	1.03	0.4	501	1.01
沙特阿拉伯	0.7	982	2.17	1.2	1541	3.33	1.8	2178	4.40

1998 年～2000 年 02071400 主要进口国家和地区

国家或地区	1998 年			1999 年			2000 年		
	数量（万吨）	金额（万美元）	百分比（%）	数量（万吨）	金额（万美元）	百分比（%）	数量（万吨）	金额（万美元）	百分比（%）
合　计	19.2	10604	100.00	75.8	39125	100.00	79.9	45348	100.00
美　国	8.6	5806	54.75	47.2	25246	64.53	63.7	35826	79.00
巴　西	6.5	2764	26.07	14.3	6690	17.10	0.02	11	0.02
泰　国	0.6	279	2.63	2.2	1081	2.76	2.0	1060	2.34
法　国	0.8	338	3.19	0.6	298	0.76	0.1	42	0.09
英　国	0.2	83	0.78	3.3	1696	4.33	1.9	1308	2.88
阿根廷	0.5	278	2.62	1.9	942	2.41	1.9	1039	2.29

注：02023000 冻去骨的牛肉
02032100 冻整头及半头猪肉
02071400 冻的鸡块及杂碎

10.1998 年～2000 年城镇居民家庭人均肉禽及其制品消费支出（单位：元/年）

地　区	1998 年	1999 年	2000 年
全　国	431.23	408.51	411.31
北　京	590.64	540.40	553.55
天　津	471.74	451.77	438.56
河　北	312.97	280.42	287.98
山　西	217.22	202.53	223.94
内蒙古	267.38	263.04	270.61
辽　宁	376.69	354.55	358.65
吉　林	336.60	307.12	311.53
黑龙江	292.35	277.35	287.83
上　海	690.54	656.99	653.95
江　苏	512.57	486.92	486.98
浙　江	483.04	450.29	448.15
安　徽	431.26	403.32	420.55
福　建	614.24	600.29	547.62
江　西	394.55	372.76	392.54
山　东	335.89	311.53	326.32
河　南	282.12	263.12	264.88
湖　北	358.22	334.32	343.41
湖　南	430.76	420.16	442.12
广　东	895.44	850.38	836.39
广　西	698.70	686.25	656.57
海　南	674.69	640.11	603.67
重　庆	506.97	510.86	526.39
四　川	498.86	483.92	505.94
贵　州	469.52	410.02	424.62
云　南	511.57	482.30	448.29
西　藏		557.08	531.66
陕　西	260.05	233.08	245.58
甘　肃	257.12	247.50	250.18
青　海	326.24	312.09	354.45
宁　夏	278.07	251.98	282.42
新　疆	419.85	391.15	394.03

城镇居民家庭人均蛋类消费支出

（单位：元/年）

地　区	1998 年	1999 年	2000 年
全　国	67.06	65.53	56.59
北　京	78.47	78.06	66.69
天　津	110.10	108.91	89.50
河　北	85.83	83.43	72.55
山　西	64.10	61.52	58.42
内蒙古	43.35	47.72	41.32
辽　宁	70.50	67.59	65.42
吉　林	67.98	62.84	55.65
黑龙江	68.90	64.81	56.50
上　海	76.99	76.10	65.86
江　苏	78.18	74.62	61.00
浙　江	54.03	52.64	47.90
安　徽	89.19	84.85	73.13
福　建	73.27	71.39	58.52
江　西	52.64	53.27	46.19
山　东	88.92	85.98	72.16
河　南	81.06	82.38	67.48
湖　北	57.98	55.94	50.68
湖　南	53.20	51.69	45.37
广　东	51.20	50.05	42.73
广　西	46.13	47.95	39.45
海　南	26.94	26.69	25.02
重　庆	81.47	80.17	72.05
四　川	67.63	63.16	55.73
贵　州	63.79	55.53	54.96
云　南	59.82	60.43	51.25
西　藏		60.56	49.63
陕　西	53.67	53.47	44.63
甘　肃	49.18	50.42	44.52
青　海	50.30	53.87	41.46
宁　夏	39.77	41.39	37.45
新　疆	50.41	50.84	37.22

11. 行业内“三资”企业状况

	1998年	1999年	2000年
企业单位数(个)	135	143	136
亏损企业(个)	49	55	46
企业从业人员数(人)	33300	42500	41400
实收资本(亿元)	34.04	31.76	37.08
国家	10.29	5.55	6.62
港澳台	5.31	8.73	8.39
外商	13.94	10.78	13.69
工业总产值(亿元)	105.94	97.94	112.33
工业增加值(亿元)	15.12	23.46	17.92
年末资产(亿元)	99.95	88.54	108.00
流动资产	44.88	41.90	53.13
年末负债(亿元)	63.98	62.87	71.30
流动负债	53.71	53.86	63.26
所有者权益(亿元)	35.97	25.67	36.70
产品销售收入(亿元)	109.14	94.50	115.42
销售成本	103.33	85.36	104.85
销售费用	3.07	3.30	4.06
销售税金及附加	0.07	0.04	0.08
销售利润	2.58	5.71	6.27
管理费用(亿元)	4.05	3.92	4.71
利润总额(亿元)	−2.41	0.33	0.74
应交增值税(亿元)	1.24	1.74	1.57
亏损企业亏损总额(亿元)	4.02	2.17	2.00
产品销售率(%)	99.12	97.04	98.48
增加值率(%)	14.27	23.95	15.95
全员劳动生产率(万元/人·年)	4.54	5.52	4.33
流动资产周转率(%)	234.10	230.09	231.91
企业亏损率(%)	36.30	38.46	33.82

2.5 水产品加工业

【a. 水产品生产】 2000年，中国渔业经济继续保持良好的发展态势。当年水产品总产量4278.99万吨，比上年增长3.80%，占世界水产品总产量的30.5%左右，已连续11年居世界首位。其中，海洋捕捞1477.45万吨，比上年减少1.3%；海水养殖1061.28万吨，增长8.93%；内陆捕捞223.32万吨，减少2.28%；内陆养殖1516.93万吨，增长6.68%。总产量中，捕捞产量1700.77万吨，占39.75%；养殖产量2578.22万吨，占60.25%。按生长环境分，海水产品产量2538.74万吨，占59.33%；内陆水产品1740.26万吨，占40.67%，分别比上年增长了2.7%和5.4%；远洋渔业86.52万吨，下降3.77%，其中水产总公司远洋产量为17.58万吨，占远洋总产量的20.32%。由此可见，中国的渔业生产正在稳步发展，但增幅趋缓，结构调整取得新的进展，海洋与内陆捕捞产量均出现负增长。然而，水产养殖业发展势头迅猛，已成为世界上惟一的养殖产量超过捕捞产量的国家，随着中国渔业产量的不断增加，水产品加工业也取得了突破性的进展，已形成冷冻冷藏、腌制、烟熏、干制、罐藏、调味休闲食品、鱼糜制品、鱼粉、鱼油、海藻食品、海藻化工、海洋保健食品、海洋药物、鱼皮制革及化妆品和工艺品等十多个产业门类，成为推动渔业生产持续发展的重要动力。

中国的水产品总量居世界首位，占30.5%左右，然后依次为秘鲁、日本、智利、印度。在世界水产品中，表层鱼类占30%，淡水鱼和半咸水鱼类占21%，底栖性鱼类占13%，其他海水鱼类占8%，水产植物类占8%，甲壳类占6%，头足类占2%。水产品除了具有高蛋白、丰富的高度不饱和脂肪酸、维生素和微量元素等营养和保健成分外，还含有大量的呈味物质，如肌肽、鹅肌肽、氧化三甲胺、甜菜碱、游离氨基酸、肌酐酸、牛磺酸、琥珀酸等，从而构成了水产食品特有的风味，令消费者喜爱，也是人类最重要的动物蛋白来源之一。

【b. 水产品加工】 近几年，中国的水产品加工企业和水产品加工产量一直在逐年增长。从1998年起，加工原料已连续3年突破1000万吨，水产品加工所占的比例基本上保持在2.9%～3.0%之间，说明中国水产品仍然以鲜销为主。统计数据显示，加工品产量的年平均增加幅度大于总产值的年平均增长幅度，尤其是2000年的加工品产量比1999年增长了4.4%，产值却下降了7.1%。这一方面与世界范围内的水产品价格普遍下降有一定的关系，另一方面也反映了中国水产加工品品种仍较少，出口途径较单一，质量仍不高等问题，因而被外商压价情况较普遍，此外，也说明了这几年新产品的研发还不够，高附加值产品较少。

中国有11个省市既有海水加工产品，又有淡水加工产品，而且加工能力主要集中在沿海；西部地区的加工能力十分薄弱，有些省份甚至没有加工产品。

2000年，除了腌熏和其他水产品类有所下降外，各类不同水产加工品均有不同程度的增加。其中，冷冻制品、干制品、鱼糜制品和动物蛋白饲料继续保持增长势头。值得一提的是，这几年冷冻制品一直占加工品的52.2%；而鱼糜及其制品年均增幅达30%左右，列所有水产加工品增幅之首；罐制品和干制品在1999年出现下降后，2000年都有所增加长，增幅分别达20.7%和15.0%；2000年动物蛋白饲料增加了14.0%，其中鱼粉占总产量的96%左右。尽管如此，中国每年仍从国外进口80万吨～120万吨左右的鱼粉，这说明中国生产的动物蛋白饲料仍满足不了养殖发展的需求。这与中国养殖业的快速发展是一致的。

近年，水产冷库数一直在增长，因而冻结能力和冷藏能力均有所增加，尤其是在2000年冻结和冻藏能力分别比1999年增长了24.9%和5.0%，制冰能力和制冰总量变化不大，基本持平。然而冷藏总量则有较大幅度的下降，减少了28.4%左右，这些变化显示出消费者对冷藏产品的需求量明显下降，对冰鲜、鲜活和加工产品的需求量有所增加。

【c.进出口贸易】 近几年进出口贸易量一直在持续增长，尤其是2000年，贸易总量达405.4万吨。其中进口252万吨，比上年增加92.5%；出口153.4万吨，增长13.8%。贸易总额56.8亿美元，其中进口18.5亿美元，增长42.3%；出口38.3亿美元，增长22%。

从对水产品进出口贸易连续5年的跟踪观察发现，出口量的增加远远大于出口产值的增加，1998年甚至出现出口量增长8.9%而出口产值反而下降了9.5%的现象。2000年这一情况开始扭转，首次出现出口产值的增幅（22%）大于出口量的增幅（13.8%），这一方面反映了高附加值的加工品出口有所增加，另一方面也反映了出口产品的质量有所提高。

比较近3年的进口情况，均出现进口量增加的幅度大于进口值增加的幅度，这主要反映出中国从进口成品和半成品向进口原料方向发展。2000年进口量是出口量的1.6倍，但出口产值却是进口产值的2.1倍，这反映出进口产品中有很大一部分是来料加工，约占进口总量的91%左右，而在出口的加工产品中，中高档的精深加工产品如烤鳗、鱼糜制品、鱿鱼干和冷冻调理食品的数量增加，说明中国水产加工的技术水平和能力有了很大程度的提高。

1998年全球水产品贸易量约4452万吨，占整个原料量的三分之一，贸易额约1079亿美元；其中进口量2198万吨，贸易额559亿美元。以进口值排名，日本是最大的水产品进口国，占全球进口值的23.3%，然后依次是美国、西班牙、法国和意大利。出口量2253万吨，贸易额520亿美元，泰国是世界上最大的水产品出口国，占全球水产品出口值的7.7%，其次为挪威、丹麦、中国和美国。由此可见，中国作为第1渔业大国，水产品的潜力还有待进一步挖掘。

【d.水产品加工业分布状况】 1.产品产量分布。7个沿海省份的水产品总产量占了整个渔业总产量的74.2%，近几年来这一基本格局未发生变化，其产量由大到小依次为山东、广东、福建、浙江、辽宁、江苏、广西，而7省区的加工产品产量613.4万吨，占全国水产加工品的94.2%。说明中国的水产品加工业基本上集中在沿海地区。

将各省的加工产品折合成原料的话，就可了解到各省的加工能力。由高到低依次是：山东，64.5%；辽宁，44.7%；福建，42.5%；浙江，37.8%；广东，21.4%；江苏，16.1%；广西，9.5%。平均为37.9%，高于全国平均水平（29.9%），反映出沿海的水产品加工比例明显高于内地，其中山东、辽宁、福建和浙江4省水产品加工的水平比较高，尤其值得注意的是，福建、江苏、广东和辽宁的增幅较大，分别达到17.0%、17.0%、13.0%和10.9%。保持了连续增长的态势。

从加工产品的数量与所创造的产值比考察，江苏、福建和浙江分列前3位，然后依次为广东、山东、辽宁和广西。这一比值越高说明其精深加工品种所占的比例越大，附加值就越高，企业的经济效益也就越好。尤其值得注意的是浙江上升较快。但7个省份的整体水平较1999年有所下降，说明国内水产加工品的价格很低迷。

与1999年相比，2000年的水产品加工企业数有所增加，其中福建、广西、广东、辽宁分别增加了424、64、24和17家，而原来发展较快的山东、浙江、江苏则出现了减少，反映出在激烈的市场竞争中出现了调整。

2.加工种类分布。就加工产品而言，冷冻水产品仍然是主要加工品种，占52.6%；干制品主要产自福建和山东，产量均有所增加；腌制品除广东外，均有较大幅度下降；罐制品生产主要集中在广东，2000年的产量比1999年增长了2.1倍，占全国水产罐头的65.4%，而江苏虽然数量不高，但增幅居首，高达9倍，其他省份则都有所下降；鱼糜和鱼糜制品生产主要分布在山东、广东、福建和浙江，产量均有所增加，其中广西增幅高达59倍，市场前景看好；而动物蛋白饲料生产的格局有所变化，山东以41.3%的比例稳居首位，福建的生产量比1999年增加了5倍，取代了浙江而居第2位，山东、福建、浙江3省的鱼粉生产量占全国的72.8%。

3.所有制情况分布。从近几年对国有企业的跟踪观察发现，国有企业在水产行业所占的比例越来越低。2000年，水产行业国企数量516家，占总数的7.5%。水产品总产量201.5万吨，仅占4.7%；国企的水产品加工能力为272.2万吨，占总加工能力的29.1%，比1999年下降了7.2个百分点；实际加工数量为68.1万吨，占总加工数量的10.5%，比1999年下降了3.6个百分点。加工总产值为26.6亿元，比1999年减少了9.8%，仅占总产值的6.2%。这一系列数据充分说明中国的水产业以民营、集体和合资或独资企业为主，尤其是在养殖、沿海捕捞和小型加工企业更是如此，国有企业仅在远洋捕捞上占有一定优势；国有企业的加工能力较大，而实际生产量所占比例远远低于其生产能力，说明其生产潜力尚未充分发挥；从加工产品的科技含量和附加值看，国企加工品所创造的产值比例明显低于其加工品所占的比例，说明，国企的生产设备和产品的科技含量已明显落后于其他所有制企业。另外值得一提的是在 2388 个从事水产行业的企业中，1220 个企业出现亏损现象，亏损额为 50.07 亿元；1127 个企业盈利，利润为 20.41 亿元，盈亏相抵，亏损额高达 29.66 亿元。这是一个非常严峻的形势，因此，如何充分挖掘国企的人才优势和技术优势，提高产品的科技含量和附加值，降低生产和管理成本，应引起有关方面的高度重视。

【e. 淡水鱼加工】　世界淡水鱼产量大约在 3000 万吨左右，主要的淡水鱼生产国家有中国、印度、日本、菲律宾、韩国等，其中中国的产量占 58%左右。2000 年中国内陆水产品总产量为 1740.3 万吨，比上年增长 5.5%，占全国渔业总产量的 40.7%。其中，超过 100 万吨的省份依次为湖北、广东、江苏、安徽、江西、湖南和山东 7 省，合计为 1208.7 万吨，占淡水鱼总量的 69.5%。湖北、安徽、江西、湖南 4 省的产量按人口计，平均水产品的占有量仅为 3.6 千克左右，远远低于全国的平均值 33.8 千克。就产值而言，江苏、广东、湖北、安徽、江西、湖南和山东分列前 7 位，这 7 个省份的总产值占全国内陆水产品总产值的 68.8%。必须引起重视的是全国内陆水产品的总产值比 1999 年下降了 25.7%，说明各省淡水产量普遍增加，但由于鲜活销售市场饱和，价格严重滑坡，因此，如何推进淡水鱼加工，提高产品附加值，解决“压塘”现象已是提高淡水鱼养殖和加工经济效益刻不容缓的事情。而加工产品除广东、江苏和山东外（因包括海水产品加工），江西、湖南、湖北、安徽 4 省淡水鱼加工品总量为 12.1 万吨，仅占 3.6%，远低于全国平均水平，说明淡水鱼仍以鲜销为主。

在 4 个纯淡水鱼加工的省份中，湖北仍以冷冻水产品和鱼糜制品为主，分别占该省水产品加工总量的 59.0%和 10.4%，江西以干制品和冷冻品为主，分别占 53.5%和 19.7%。湖南的产品结构分布较平均，腌制品、冷冻品、干制品和鱼糜制品均较 1999 年有较大幅度的增长，尤其是冷冻品和干制品，增幅达 1 倍左右，而安徽则以冷冻品为主，占其加工品总量的 76.5%。鱼糜制品和干制品增幅达 11.5 倍和 2.5 倍，而腌制品和动物蛋白饲料则下降了 33 倍和 3 倍，显示出产业结构调整幅度较大。

【f. 海洋捕捞】　中国 4 大海区中，东海的产量最高，然后依次为南海、黄海和渤海；在沿海省区中，浙江的捕捞量最大，其次是山东、福建和广东等省份；其中内海的捕捞量占 65.6%，因而外海的渔场还有待开发。

（汪之和）

中国水产品加工业基本情况

年份	加工企业数（个）	加工能力（万吨/年）	总产量（万吨）	较上年增长（%）	折合水产品原料（万吨）	占水产品总产值比率（%）	总产值（亿元）
1998	5933	912.6	543.7	9.1	1066.1	27.2	403.6
1999	6443	1127.1	624.2	14.8	1223.9	29.7	464.6
2000	6922	933.8	651.5	4.4	1277.7	29.9	431.8

分省市水产品及水产品加工情况

地　区	总产量（吨）	海水产品（吨）	淡水产品（吨）	水产品加工企业数（个）	水产品加工能力（吨/年）	水产加工品总产量（吨）
全国总计	42789984	25387389	17402595	6922	9338513	6515217
北　京	75045	—	75045	7	4100	1730
天　津	242201	39840	202361	26	81050	12827
河　北	809496	482032	327464	189	176995	33553
山　西	26021	—	26021	7	600	600
内蒙古	72110	—	72110	4	802	2773
辽　宁	3384556	3023084	361472	445	550994	772217
吉　林	140107	—	140107	10	705	360

续表

地　区	总产量（吨）	海水产品（吨）	淡水产品（吨）	水产品加工企业数（个）	水产品加工能力（吨/年）	水产加工品总产量（吨）
黑龙江	382153	—	382153	6	1800	1392
上　海	288682	122286	166396	16	49097	14273
江　苏	3087902	908688	2179214	439	1648890	252907
浙　江	4695144	4104595	590549	1530	1312930	906322
安　徽	1598002	—	1598002	38	32220	16512
福　建	5278934	4705066	573868	1240	514136	1144345
江　西	1271209	—	1271209	67	18508	38699
山　东	6982259	5951085	1031174	1563	3150469	2295718
河　南	321661	—	321661	14	2460	2580
湖　北	2343402	—	2343402	90	102445	30680
湖　南	1338386	—	1338386	35	30177	33656
广　东	5931865	3604525	2327340	861	924065	647343
广　西	2398592	1594505	804087	116	134495	116346
海　南	830642	675860	154782	180	576045	186498
重　庆	200345	—	200345	—	—	—
四　川	513068	—	513068	1	450	416
贵　州	62387	—	62387	—	—	—
云　南	166164	—	166164	25	21780	1353
西　藏	1800	—	1800	—	—	—
陕　西	60840	—	60840	—	—	—
甘　肃	14089	—	14089	—	—	—
青　海	1166	—	1166	1	1000	50
宁　夏	36983	—	36983	—	—	—
新　疆	58950	—	58950	12	2300	2067
中水总公司	175823	175823	—	—	—	—

水产加工产品主要种类和产量

单位：万吨

年　份	冷冻制品	干制品	腌熏制品	鱼糜及其制品	动物蛋白饲料	罐制品	其他
1998	288.16	65.01	14.75	6.64	69.26	3.06	87.42
1999	325.81	64.28	23.49	9.31	70.74	2.05	117.56
2000	342.51	73.95	20.58	10.77	80.64	2.86	110.99

水产品冷冻生产能力

年　份	冷库数（座）	冻结能力（万吨/天）	冷藏能力（万吨/次）	制冰能力（万吨/天）	制冰总量（万吨）	冷藏总量（万吨/天）
1998	4258	10.82	125.60	20.28	662.15	16735.14
1999	4392	10.85	121.74	10.68	700.31	15169.03
2000	4617	13.51	127.81	10.60	697.83	10863.90

中国水产品进出口贸易情况

年 份	出口量（万吨）	出口值（亿美元）	进口量（万吨）	进口值（亿美元）
1998	100.3	28.4	114.1	10.2
1999	134.8	31.4	130.5	12.9
2000	153.4	38.3	252.0	18.5

中国沿海省份水产品加工状况

项 目	全国	山东	浙江	福建	广东	辽宁	江苏	广西	合计	比例（%）
水产品总产量（万吨）	4279.0	698.2	469.5	527.9	593.2	338.5	308.8	239.9	3176.0	74.2
加工品产量（万吨）	651.5	229.6	90.6	114.4	64.7	77.2	25.3	11.6	613.4	94.2
加工品折合成原料（万吨）	1277.7	450.3	177.7	224.4	126.9	151.4	49.6	22.7	1203.0	94.2
加工原料占总产量比例（%）	29.9	64.5	37.8	42.5	21.4	44.7	16.1	9.5	—	37.9
加工产值（亿元）	431.8	140.3	68.4	92.4	48.2	34.4	21.8	3.1	408.6	94.6
加工企业（个）	6922	1563	1530	1240	861	445	439	116	6194	89.5

2000 年内陆水产品分布和产值

	全国	湖北	广东	江苏	安徽	江西	湖南	山东	合计	所占比例（%）
产量（万吨）	1740.3	234.3	232.7	217.9	159.8	127.1	133.8	103.1	1267.8	69.5
产值（万元）	932.5	109.5	121.2	133.6	88.8	74.0	68.1	46.6	674.9	68.8
加工量（万吨）	651.5	3.1	64.7*	25.3*	1.7	3.9	3.4	229.6*	12.2**	3.6***

＊包括海水和淡水产品

＊＊为湖北、安徽、江西、湖南 4 省淡水鱼加工产品的量

＊＊＊为湖北、安徽、江西、湖南 4 省淡水鱼加工产品比例

中国沿海水产品捕捞产量

单位：吨

地 区	海洋捕捞产量合计	按捕捞海域分					按内外海分	
		渤海	黄海	东海	南海	其他海域	内海	外海
全国总计	14774524	1462776	3453202	5505651	3512801	843504	9697324	5080610
天 津	35098	23581	799	—	—	10718	23730	11368
河 北	327371	241794	82584	250	—	2743	285519	41852
辽 宁	1501887	650212	645276	37917	—	168482	1216812	285075
上 海	120174	—	7942	41508	—	70724	49450	70724
江 苏	659967	3659	502784	136024	—	17500	498465	161502
浙 江	3395749	—	—	3192388	—	203361	918083	2477666
福 建	2078009	—	—	1867852	159322	50835	1323015	754994
山 东	3078395	543530	2213817	229712	1180	90156	2624208	454187
广 东	1914781	—	—	—	1861821	52960	1493529	421252
广 西	888417	—	—	—	891827	—	874690	17137
海 南	598850	—	—	—	598651	2002	389823	209030
中水总公司	175823	—	—	—	—	175823	—	175823

中国水产养殖产量和面积

指　　标	面　积　（公顷）	产　量　（吨）
总　　计	6521435	25782230
海水养殖	1243703	10612865
内陆养殖	5277732	15169365

【g. 行业数据报告】 1. 行业基本情况

行业名称：水产品加工业

	1998年	1999年	2000年
行业内企业单位数（个）	970	884	898
其中：亏损企业（个）	197	188	137
从业人员（万人）	15.52	15.65	16.25

2. 水产品加工业在全部工业中的位置与比较（单位：%）

	1998年	1999年	2000年
行业产值占全部工业产值的比重	0.59	0.57	0.538
行业增加值占全部工业增加值的比重	0.45	0.445	0.423
行业人数占全部工业人数的比重	0.25	0.269	0.292
行业资产占全部工业资产的比重	0.26	0.269	0.244

3. 行业财务状况（单位：亿元）

	1998年	1999年	2000年
实收资本	73.06	76.98	82.24
国家	14.87	16.44	12.85
港澳台	6.52	7.86	8.55
外商	12.38	12.24	12.77
工业总产值（新规定当年价）	397.68	414.88	460.65
工业增加值	86.88	95.80	107.52
工业销售产值	371.50	398.46	439.15

4. 行业资产负债（单位：亿元）

	1998年	1999年	2000年
年末资产	283.53	314.08	307.84
流动资产	158.38	175.76	171.82
固定资产原价	132.84	139.91	143.91
生产经营用	108.38	120.24	126.09
年末负债	178.46	193.18	200.77
流动负债	157.20	166.50	176.03
年末所有者权益	105.07	120.90	107.07

5. 行业损益及分配（单位：亿元）

	1998年	1999年	2000年
产品销售收入	327.46	357.02	424.10
产品销售成本	289.54	311.44	375.91
产品销售费用	9.03	8.36	11.17
产品销售税金及附加	1.99	2.07	2.26
产品销售利润	26.22	30.15	33.97
产品管理费用	11.41	11.48	15.58
营业利润	9.79	12.40	12.39
利润总额	10.76	12.50	14.79
当年应交增值税	6.11	7.29	9.07
亏损企业亏损额	5.73	4.53	7.02

6. 行业效益评价

	1998年	1999年	2000年
产品销售率（%）	93.42	96.04	95.33
增加值率（%）	21.85	23.09	23.34
全员劳动生产率（万元/人·年）	5.60	6.12	6.62
流动资产周转率（%）	212.77	211.62	262.52
企业亏损率（%）	20.30	21.27	15.26

7. 水产品产量（单位：万吨）

年　份	水产品	海水产品	淡水产品
1980	450	326	124
1981	461	323	138
1982	516	360	156
1983	546	362	184
1984	619	394	225
1985	705	420	285
1986	824	475	348
1987	955	548	407
1988	1061	606	455
1989	1152	661	491
1990	1237	713	524
1991	1351	800	551
1992	1557	934	623
1993	1823	1076	747
1994	2143	1242	902
1995	2517	1439	1078
1996	3288	2013	1275
1997	3602	2176	1425
1998	3907	2357	1550
1999	4122	2472	1650
2000	4278	2539	1740

8. 1998 年～2000 年水产品产量（单位：万吨）

地　区	1998 年			1999 年			2000 年		
	水产品	海水产品	淡水产品	水产品	海水产品	淡水产品	水产品	海水产品	淡水产品
全　国	3906.5	2471.9	1549.8	4122.4	2471.9	1650.5	4278.5	2538.7	1739.8
北　京	7.6		7.6	7.6		7.6	7.5		7.5
天　津	21.4	3.3	18.1	23.0	3.8	19.3	24.2	4.0	20.2
河　北	69.3	38.5	30.8	76.0	42.3	33.6	81.0	48.2	32.8
山　西	2.3		2.3	2.5		2.5	2.6		2.6
内蒙古	6.2		6.2	6.9		6.9	7.2		7.2
辽　宁	312.7	281.4	31.3	333.8	297.0	37.0	338.5	302.3	36.2
吉　林	14.2		14.2	14.5		14.5	14.0		14.0
黑龙江	35.7		35.7	36.5		36.5	38.2		38.2
上　海	26.8	12.2	14.6	27.7	12.3	15.4	28.9	12.2	16.6
江　苏	282.0	88.2	193.8	296.8	90.3	206.6	308.8	90.9	217.9
浙　江	42.2	372.8	49.9	442.7	389.4	53.3	469.5	410.5	59.1
安　徽	146.2		146.2	153.9		153.9	159.8		159.8
福　建	475.9	425.5	50.5	502.3	448.5	53.8	527.9	470.5	57.4
江　西	118.4		118.4	122.1		122.1	127.1		127.1
山　东	650.5	566.5	84.0	695.0	602.3	92.7	698.2	595.1	103.1
河　南	27.0		27.0	28.8		28.8	32.2		32.2
湖　北	218.3		218.3	229.0		229.0	234.3		234.3
湖　南	116.8		116.8	124.5		124.5	133.2		133.2
广　东	554.3	346.2	208.1	576.0	355.4	220.6	593.2	360.5	232.7
广　西	217.5	146.2	71.4	230.9	155.4	75.5	239.9	159.5	80.4
海　南	60.0	48.5	11.3	70.7	57.1	13.6	83.1	67.6	15.5
重　庆	17.9		17.9	19.1		19.1	20.0		20.0
四　川	42.3		42.3	46.6		46.6	51.3		51.3
贵　州	5.0		5.0	5.5		5.5	6.2		6.2
云　南	13.8		13.8	15.5		15.5	16.6		16.6
西　藏				0.2		0.2	0.2		0.2
陕　西	5.0		5.0	5.6		5.6	6.1		6.1
甘　肃	1.2		1.2	1.3		1.3	1.4		1.4
青　海	0.1		0.1	0.2		0.2	0.1		0.1
宁　夏	2.6		2.6	3.4		3.4	3.7		3.7
新　疆	5.3		5.3	5.6		5.6	6.0		6.0

9. 进出口数量、金额及主要国家和地区

1998年～2000年03042000主要进口国家和地区

国家或地区	1998年			1999年			2000年		
	数量（吨）	金额（万美元）	百分比（%）	数量（吨）	金额（万美元）	百分比（%）	数量（吨）	金额（万美元）	百分比（%）
合计	2711	249	100.00	2900	399	100.00	5299	895	100.00
日本	54	12	4.82	144	34	8.52	474	106	11.84
新西兰	350	47	18.88	106	7	1.75	1122	265	29.61
俄罗斯	612	51	20.48	1373	172	43.11	1609	198	22.12
德国	—	—	—	50	12	3.01	640	51	5.70

1998年～2000年03061319主要进口国家和地区

国家或地区	1998年			1999年			2000年		
	数量（吨）	金额（万美元）	百分比（%）	数量（吨）	金额（万美元）	百分比（%）	数量（吨）	金额（万美元）	百分比（%）
合计	9422	2132	100.00	9883	3525	100.00	40971	7943	100.00
格陵兰	35	13	0.61	474	238	6.75	2442	398	5.01
加拿大	569	211	9.90	821	336	9.53	15562	1922	24.20
丹麦	434	220	10.32	1296	502	14.24	5721	763	9.61
泰国	1756	103	4.83	1366	56	1.59	4429	453	5.70
日本	287	161	7.55	510	275	7.80	1435	695	8.75
印度	1223	396	18.57	1300	454	12.88	3216	1167	14.69

1998年～2000年03061329主要进口国家和地区

国家或地区	1998年			1999年			2000年		
	数量（吨）	金额（万美元）	百分比（%）	数量（吨）	金额（万美元）	百分比（%）	数量（吨）	金额（万美元）	百分比（%）
合计	3787	1284	100.00	4524	1626	100.00	6157	2477	100.00
日本	206	174	13.55	295	198	12.18	859	742	29.96
厄瓜多尔	719	340	26.48	1418	710	43.67	572	268	10.82
印度	907	247	19.24	1144	345	21.22	1142	282	11.38
澳大利亚	311	140	10.90	92	79	4.86	660	469	18.93
美国	240	38	2.96	1037	154	9.47	186	41	1.66

1998年～2000年03074900主要进口国家和地区

国家或地区	1998年			1999年			2000年		
	数量（吨）	金额（万美元）	百分比（%）	数量（吨）	金额（万美元）	百分比（%）	数量（吨）	金额（万美元）	百分比（%）
合计	37950	2695	100.00	91656	6120	100.00	222384	13212	100.00
日本	2818	366	13.58	1509	175	2.86	9492	781	5.91
韩国	4178	317	11.76	9995	741	12.11	44411	3010	22.78
阿根廷	22865	1132	42.00	53844	3440	56.21	27714	1333	10.09
台湾	1925	130	4.82	12527	517	8.45	48242	2203	16.67
美国	1	0	0	4925	347	5.67	40092	2279	17.25

1998 年～2000 年 03042000 主要出口国家和地区

国家或地区	1998 年			1999 年			2000 年		
	数 量（吨）	金 额（万美元）	百分比（%）	数 量（吨）	金 额（万美元）	百分比（%）	数 量（吨）	金 额（万美元）	百分比（%）
合 计	226185	46293	100.00	240091	47659	100.00	314298	60976	100.00
俄罗斯	4751	2338	5.05	55	61	0.13	137	17	0.03
日 本	42310	11297	24.40	55767	15101	31.69	63731	17589	28.85
德 国	59858	10596	22.89	42419	6122	12.85	71629	9932	16.29
美 国	73293	13036	28.16	84208	16126	33.84	99947	19269	31.60
韩 国	5393	1130	2.44	9581	1863	3.91	10039	1818	2.98
英 国	4413	861	1.86	7527	1547	3.25	11553	3015	4.94

1998 年～2000 年 03061319 主要出口国家和地区

国家或地区	1998 年			1999 年			2000 年		
	数 量（吨）	金 额（万美元）	百分比（%）	数 量（吨）	金 额（万美元）	百分比（%）	数 量（吨）	金 额（万美元）	百分比（%）
合 计	8269	2827	100.00	11276	3357	100.00	14234	3571	100.00
西班牙	930	397	14.04	735	325	9.68	371	204	5.71
日 本	4300	1525	53.94	5152	1958	58.33	5118	1893	53.01
韩 国	781	98	3.47	3470	509	15.16	2101	417	11.68
美 国	895	314	11.11	679	173	5.15	617	165	4.62
意大利	—	—	—	182	74	2.20	724	371	10.39

1998 年～2000 年 03061329 主要出口国家和地区

国家或地区	1998 年			1999 年			2000 年		
	数 量（吨）	金 额（万美元）	百分比（%）	数 量（吨）	金 额（万美元）	百分比（%）	数 量（吨）	金 额（万美元）	百分比（%）
合 计	1502	1448	100.00	1200	1208	100.00	3267	3978	100.00
日 本	797	1087	75.07	613	916	75.83	1528	2719	68.35
荷 兰	218	113	7.80	10	2	0.17	—	—	—
丹 麦	0.002	0	0	—	—	—	—	—	—
美 国	75	29	2.0	89	57	4.72	388	349	8.77
加拿大	49	34	2.35	37	27	2.24	409	339	8.52
西班牙	62	28	1.93	35	19	1.57	218	168	4.22

1998 年～2000 年 03074900 主要出口国家和地区

国家或地区	1998 年			1999 年			2000 年		
	数 量（吨）	金 额（万美元）	百分比（%）	数 量（吨）	金 额（万美元）	百分比（%）	数 量（吨）	金 额（万美元）	百分比（%）
合 计	52976	9170	100.00	42807	8750	100.00	49703	12089	100.00
香 港	3786	666	7.26	2460	605	6.91	2163	481	3.98
日 本	13397	3714	40.50	17663	4979	56.90	25257	7680	63.53
美 国	4552	872	9.51	5318	1052	12.02	6886	1321	10.93

国家或地区	1998年			1999年			2000年		
	数量(吨)	金额(万美元)	百分比(%)	数量(吨)	金额(万美元)	百分比(%)	数量(吨)	金额(万美元)	百分比(%)
西班牙	5756	943	10.28	3892	496	5.67	2453	349	2.89
韩 国	15383	1051	11.46	5831	415	4.74	2305	394	3.26

注：03042000 冻鱼片

03061319 冻带壳小虾

03074900 冻、干、盐或盐墨鱼及鱿鱼

03061329 冻带壳的对虾

10．1998年～2000年城镇居民家庭人均水产品消费支出（单位：元/年）

地 区	1998年	1999年	2000年
全 国	142.46	143.96	143.54
北 京	128.24	131.01	132.00
天 津	210.96	220.27	224.83
河 北	73.33	71.23	75.27
山 西	29.56	29.15	30.22
内蒙古	38.17	37.84	36.63
辽 宁	120.33	121.87	130.94
吉 林	87.06	82.54	84.17
黑龙江	71.15	66.39	75.24
上 海	532.18	578.39	604.07
江 苏	238.27	241.89	220.60
浙 江	405.88	404.29	403.76
安 徽	113.56	108.04	115.57
福 建	441.30	452.16	415.73
江 西	98.90	98.44	95.31
山 东	101.73	112.42	121.93
河 南	38.71	36.07	34.76
湖 北	95.07	98.72	90.71
湖 南	95.16	100.64	98.73
广 东	346.80	330.96	326.90
广 西	127.40	129.05	119.39
海 南	272.57	270.38	267.27
重 庆	97.18	90.00	85.29
四 川	57.17	58.89	53.58
贵 州	44.81	36.53	38.58
云 南	76.38	77.95	71.05
西 藏		104.1	96.58
陕 西	35.58	36.35	33.09
甘 肃	37.79	40.19	35.06
青 海	40.64	41.70	40.17
宁 夏	41.18	41.85	41.00
新 疆	48.55	49.02	46.04

11．行业内“三资”企业状况

	1998年	1999年	2000年
企业单位数（个）	233	225	248
亏损企业（个）	72	69	53
企业从业人员数（人）	38100	38400	41100
实收资本（亿元）	28.80	28.03	30.93
国家	2.13	2.23	3.16
港澳台	6.27	7.58	8.29
外商	11.47	9.79	10.52
工业总产值（亿元）	132.83	134.48	140.54
工业增加值（亿元）	30.99	33.67	32.35
年末资产（亿元）	99.21	100.48	105.03
流动资产	64.50	64.19	66.78
年末负债（亿元）	62.96	61.20	69.39
流动负债	58.00	55.34	62.77
所有者权益（亿元）	36.25	39.29	35.63
产品销售收入（亿元）	108.49	118.24	129.65
销售成本	98.46	107.71	117.06
销售费用	3.37	3.12	4.17
销售税金及附加	0.32	0.28	0.20
销售利润	5.99	6.68	7.64
管理费用（亿元）	3.80	3.42	3.75
利润总额（亿元）	1.24	1.69	3.22
应交增值税（亿元）	2.60	3.31	3.69
亏损企业亏损总额（亿元）	2.13	1.80	1.23
产品销售率（%）	90.15	95.48	93.96
增加值率（%）	23.33	25.04	23.02
全员劳动生产率（万元/人·年）	8.13	8.77	7.87
流动资产周转率（%）	172.75	191.33	221.59
企业亏损率（%）	30.90	30.67	21.37

2.6 糕点、糖果制造业

焙烤及糖制食品行业
（不含糖果）

【a. 概况】 2000年，焙烤食品糖制品行业企业的组织结构及布局结构得到了较大改善，生产所用原辅材料逐步规格化、专用化、系列化，生产技术和设备得到了较大进步，产品质和量有了显著提高，产品的包装也有了非常大的改观。所有这一切说明了焙烤食品糖制品行业正在积极、健康的向着更好满足广大消费者需要的方向发展。

根据国家统计局统计，2000年焙烤食品糖制品行业规模以上企业主要经济指标如下：

	糕点业	饼干业	方便主食品业	蜜饯业	其他糕点糖制品业	冷冻饮品业
企业个数（个）	530	239	292	143	78	251
从业人员（万人）	5.8	5.44	10.23	1.75	0.79	5.59
产品产量（万吨）	13.32	53.01	260.9	/	/	60.13
总产值(当年价)(亿元)	45.72	98.72	195.4	23.54	13.2	55.26
销售收入（亿元）	41.08	94.11	190.51	21.31	11.91	56.06
税利总额（亿元）	3.19	9.78	18.74	1.51	1.57	1.43
利润总额（亿元）	0.68	5.01	9.28	0.79	0.85	-1.36
出口交货值（亿元）	2.45	3.76	6.85	5.59	2.78	1.13

自1998年以来国家统计局的统计口径进行了调整，由原全国乡及乡以上独立核算工业企业的口径变更为全部国有和年产品销售收入500万元及以上的非国有工业企业。据业内人士分析，焙烤食品行业、糖制食品行业的特点之一即是行业中有不少个体、私营性质的、年销售收入不足500万元的小企业，这部分企业不在国家统计范围内而被忽略掉。如按以前口径测算，行业估算的各品种2000年产量如下，仅供参考：

	单位	2000年	“九五”计划目标
糕点业	万吨	105	120
饼干业	万吨	120	90
方便主食品业	万吨	260.9	150
果脯蜜饯业	万吨	30	20
冷冻饮品业	万吨	140	120

根据估算的情况，糕点产量低于“九五”计划目标，其原因一是“九五”以来，休闲食品、各种方便食品开发投产的品种很多，这在某种程度上替代了部分糕点类食品；二是随着人民生活质量的提高，人们对食品消费的要求也越发讲究了，讲究营养和价值，而在这些方面，行业的技术进步、新品开发的力度还很不够，影响消费的增长；三是宾馆内、超市里、街巷边的糕饼现卖店（屋）由于销售额不及国家统计数额，或行业归口未理顺等原因，而未纳入统计中。

【b.“十五”规划要点】 根据国家轻工业局的统一部署，中国焙烤食品糖制品协会在召开行业座谈会、广泛征求意见的基础上，编制了“中国焙烤食品糖制品工业‘十五’规划和到2015年长远规划草案。”《规划》中确定的发展重点主要包括：

1. 方便主食品。

要逐步实现生产的规模化、标准化、系列化以及销售上的连锁化经营。使传统的、现代的方便主食品能更大限度地满足大众消费的需要，把人们从繁琐的厨房劳作中解脱出来，使他们在享受快捷、卫生的方便主食品的同时，也获得了营养和美味。

2. 大力发展微波食品（即低温冷冻食品）：微波食品正成为世界上发展最迅速的食品之一。目前在发达国家，速冻食品已占全部食品的40%～60%，跃居加工食品榜首。而速冻微波食品占全部速冻食品的40%～60%，为速冻食品中最大的一类食品。

根据国外速冻食品行业发展的经验，年人均收入达到1500美元～3000美元，为速冻食品快速发展期；年人均收入达到5000美元～10000美元，为速冻食品普及期。中国居民的生活水平总体上已达小康，在上海、北京、广州、深圳等城市，有些已接近或超过发展期所达到的收入水平。同时由于中国微波炉家庭普及率异乎寻常的超速增长和消费群体庞大，使及微波食品的市场潜力巨大，前景可观。

上海冠生园冷冻食品有限公司是目前国内最大的生产速冻微波食品的企业，现已开发出微波炒饭系列、微波饼类系列、微波营养粥系列、微波点心系列、微波油炸系列等几大类产品，主要提供出口，少量供国内市场。

主要产品发展方向：

1. 糕点业。应在保持糕点美味和热量、营养的同时，对于高油、高糖类糕点适当降低油、糖用量，以利人体吸收，促进健康。提倡生产富含蛋白质、矿物质、维生素的糕点食品。还可根据不同消费人群的需要，采用不同原料和辅料，配以各种食品添加剂，制成糕点，供应老人、成人、儿童享用，以发挥增加维生素、增补钙、铁、锌等微量元素的作用。

2. 饼干制品。饼干与面包、糕点不一样，有耐储存、易携带、多口味、价格相对低廉等优势，可作点心、休闲和旅行食品。另外，在人们生活水平提高后，除了一日三餐外，还经常用于加餐、零食等。饼干生产可以向休闲化方向发展，细分市场、细分人群、细分需要。针对糖尿病人的饮食需要，推出无糖或低糖饼干；针对脑力劳动者的精力消耗，推出营养补充型饼干；针对妇女儿童，提供香浓、好吃、新奇的特色饼干等。总之，只有满足了人们的个性需要，才会使饼干业保持不衰的势头。

3. 方便主食品业。国外方便主食品生产实现了机械化、连续化和专业化，同时建有快速配送中心，采用现代化设备。在包装材料上，实现了轻量化，包装机械实现了高效化。生产加工上大量采用新科学技术，提高产品质量，降低生产成本。另外在食品冷藏贮存化，销售环节方便化等方面，也采取很多措施，为方便主食品进入家庭、学校、兵营、公共场所提供了方便条件。这些方面都为中国发展方便主食品业提供了经验和借鉴。

4. 冷冻饮品业。与国外相比，中国冰淇淋人均占有量低，生产设备参差不齐，除少数企业拥有先进的设备外，大部分企业的生产设备自动化程度低，配料标准不够科学，冰淇淋研究水平不高。冷冻饮品业要从不同方面下力量，加强产品的研究开发，生产高蛋白、低脂肪、低糖冰淇淋，高钙冰淇淋，含果料冰淇淋，发酵型冰淇淋等；在产品配料上，脂肪替代物将广泛应用于低脂、低热值的冰淇淋生产上；超滤浓缩奶则可用来制备高蛋白、低乳糖纯奶油的高档冰淇淋；植物油可用含不饱合脂肪的植物油，如玉米胚油、精炼大豆油等代替一部分脂肪，不仅降低了成本，还能提高营养；非蔗糖甜味料可替代蔗糖；天然果酱、果块可减少合成色素和香精的用量，更符合人类强健身体的需要。

【c. 标准化】 冷冻饮品推荐性系列标准于2000年初开始实施，标准编号是SB/T10007—1999《冷冻饮品分类》、SB/T10009—1999《冷冻饮品检验方法》、SB/T10013—1999《冰淇淋》、SB/T10014—1999《雪泥》、SB/T10015—1999《雪糕》、SB/T10016—1999《冰棍》、SB/T10017—1999《食用冰》、SB/T10327—1999《甜味水》8项。

裱花蛋糕推荐性行业标准出台，标准编号是SB/T10329—2000，内容包括范围，引用标准，定义，产品分类，技术要求，试验方法，检验规划，标签，包装，运输，贮存。

【d. 抽查与检测】 1. 在冷冻饮品销售旺季到来之前，国家质量技术监督局于2000年第2季度，组织了对北京、哈尔滨市场销售的由北京、内蒙古、天津、上海、辽宁、河北、黑龙江、江西等地企业生产的冰淇淋产品质量进行了国家监督抽查。共抽查了66家企业的95种冰淇淋产品，其中35家企业的61种产品合格，抽样合格率为64.2%。突出问题主要是产品的微生物指标超过国家标准。此前，1997和1999年，国家质量技术监督局分别对冰淇淋产品质量进行过2次抽查，抽查合格率分别为64.0%和41.7%。

本次抽查结果显示出2个特点：一是北京与哈尔滨市场销售的冰淇淋质量差异较大，北京市场冰淇淋的抽样合格率为85.4%，而哈尔滨市场抽样合格率仅为42.6%；二是不同企业的产品质量两极分化非常明显。

本次抽查中反映出的问题还有：24种产品标签不符合《食品标签通用标准》要求，多数未在产品包装上注明生产日期，使消费者在购买和消费时无法判定冰淇淋是否在保质期内；12种产品的净含量不足，损害消费者利益；另有部分产品的理化指标达不到标准要求，包括6种产品的脂肪含量、2种产品的膨胀率、3种产品固形物含量、2种产品的总糖不合格。

2. 2000年第3季度，国家质量技术监督局公布了对蜜饯类产品进行的质量抽查，其结果令人堪忧，合格率仅为51.2%。

抽查蜜饯产品时发现，过量使用糖精纳和苯甲酸的问题依然突出，卫生状况也不能令人满意，这些都会对消费者的健康有较大的影响。在抽查的41种蜜饯产品中，有12种产品糖精钠添加量超标，有5种产品苯甲酸含量超标，有3种产品的细菌总数超标。其中北京安捷顺食品有限公司生产的规格为300克/盒的玫瑰果细菌总数达到24000个/克（国家标准规定≤1000个/克），是国家标准规定上限的24倍。

3. 在2000年中秋佳节到来之际，为了规范月饼生产、净化月饼市场、扶优治劣、引导消费、促进月饼行业的有序发展和产品质量的不断提高，国家质量技术监督局组织对月饼产品质量进行了国家监督抽查。

本次共抽查了上海、广东、北京、浙江、陕西、江西、海南、山东、山西、黑龙江、江苏、辽宁、天津、云南14个省、直辖市78家企业的113种月饼产品，按照GB7099—98（糕点面包卫生标准）、GB7718—94（食品标签通用标准）、GB4789—94（食品卫生理化检验方法）等，对样品进行了感官、卫生指标、理化指标、净含量和标签等项目的检验，合格105种，抽样合格率为92.9%。抽查结果表明，目前月饼产品总体质量状况较好，质量不合格的月饼只是极少数。消费者只要购买名牌、大型企业生产的月饼，质量是有保障的。

【e. 协会工作】　2000年，中国焙烤食品糖制品工业协会主要开展了以下工作：

5月16日～18日，协会在广州主办了“2000年中国焙烤糖制品展览会”。200多家企业参展，设置展位260多间，占地面积6000多平米，观众3万多人，规模和水平超过以往2届。展览会同期举办了“全国首届（安琪杯）焙烤技术比赛”，来自全国的参赛选手们的精湛技艺、精彩制作，吸引了众多参观者驻足观看。经过评委会的评选，决出3个工种（中点、面包、裱花）的金奖、银奖、铜奖的得主。获得金奖第1名的选手，获得“全国技术能手”的荣誉证书。

5月15日～17日协会在广州东方宾馆举办了“亚洲焙烤糖制品技术及市场发展论坛”活动。邀请了日本、美国、德国及国内业界资深专家和有关企业的代表，就焙烤糖制品行业的产品、技术、设备、市场动态、经营模式及国际交流等内容进行了演讲，对业内人士有很好的指导意义。

5月至7月，协会主办了“2000年中国冰淇淋行业大型市场推广活动”。于5月25日在北京召开了新闻发布会。拥有国内冰淇淋知名品牌的和路雪（中国）有限公司、美登高投资有限公司、石家庄三鹿集团股份有限公司、内蒙古伊利实业集团股份有限公司、上海益民食品一厂有限公司、广东美怡乐食品有限公司6家企业参与了此项活动，并联合发表了“致广大消费者的一封信——让营养美味的冰淇淋永远伴随您”，呼吁消费者要认清产品品牌，避免蒙受假冒伪劣产品所带来的危害。协会主办此次活动的宗旨是培育中国冰淇淋行业的名牌，引导大众消费，规范冰淇淋市场，强化行业管理的力度。

由协会和国内贸易局饮食服务业发展中心联合举办的“2000年中国月饼节活动”，于8月29日在北京人民大会堂召开了发布会，同期还进行了中秋月饼市场质量抽查活动、中秋月饼展示、技术交流与研讨等活动。

10月20日，协会在北京主办了“第1届中国可可及巧克力制品国际研讨会”，会议邀请了国际可可、巧克力及糖果制造商协会主席等5位外国专家到会演讲。国内这一行业的专家、学者、政府部门、科研院所、相关企业、新闻媒体等单位的代表共180多人参加了会议。

其他活动：1月5日，在哈尔滨召开了中焙糖协冷冻饮品专业委员会第2次理事扩大会议。会上，中国冰淇淋赴欧洲技术考察团汇报了考察情况；与会代表共同分析了1999年冷冻饮品（冻淇淋）行业的生产情况、存在的问题及2000年行业市场动向；明确了2000年的工作重点应是加强行业产品宣传，积极引导消费，努力扩大冰淇淋市场，促进全行业健康发展。

2月24日～25日，全国食品工业标准化委员会与协会在北京联合主办了“冷冻饮品系列标准宣传贯彻培训班”。对业内厂家、科研单位、设备制造厂家的60多人进行了宣贯培训。

2月，协会会刊“中国焙烤”杂志问世。它是一本为行业服务的杂志，同时又面向社会，对消费者进行有关知识的宣传介绍和信息传递的良师益友。杂志为双月刊，逢双月出版。

5月17日，中焙糖协在广州东方宾馆召开了“全国焙烤原辅材料与设备经销商年会”。150多家企业代表参加了会议。

由协会和国家劳动和社会保障部职业技能鉴定中心联合组织编写的“全国焙烤行业职工技能考核标准及培训教材”工作，1999年底起步，2000年5月、8月，2次进行了讨论和修改。

应德国中央焙烤协会的邀请，协会组织了中国焙烤技术考察团于9月25日～10月10日赴德国参观了世界焙烤博览会（IBA2000），考察了欧洲焙烤工业技术、市场、参观了知名企业。

参与了全国方便食品一次性发泡塑料包装替代工作，在有关企业中积极贯彻执行。

编写完成了中国焙烤食品糖制品行业“十五”规划草案。

在组织建设方面：①中焙糖协饼干专业委员会成立大会于5月15日在广州召开。来自全国12个省市的27家与饼干行业相关单位的代表及新闻单位共计46人出席了会议。②中焙糖协会在广州东方宾馆召开了“首届全国饼店行业会议”，来自全国各地的70多家饼店的代表出席了会议。③6月，协会在大连召开了“全国糕点专业委员会筹备会议”。8月29日在北京人民大会堂召开了成立大会，并同期进行了第1次常务理事会议。同年，又于12月13日在苏州胥城大厦召开了第2次常务理事扩大会议。

（穆长荣）

糖果制造业

【a. 概况】 2000年全国糖果行业在迎接入世的高潮中，大中型骨干企业加快建立现代企业制度，小型企业转向“专、精、特、新”，加快经济结构、产品结构战略调整的步伐。自1998年糖果工业停止下滑的势头以来，连年递升，全行业朝着“稳定、持续、协调”的方向发展。国有企业的改革，已从下岗分流、减员增效进入全面改制的阶段，加快股份制改造的步伐，加快了体制创新、机制创新、管理和技术创新。合资企业的外方纷纷扔掉中资拐棍转向独资，加之爱劳、箭牌和华纳等在中国的长足发展，民营企业的蓬勃发展，从根本上提升了市场竞争的档次。据行业不完全统计，2000年糖果产量77万吨，同比增长10%。其中巧克力产量近6.5万吨，占糖果总产量的8.42%；胶基糖产量6.7万吨，增长12%。其他各种糖果所占比例为：硬糖占27.17%、奶糖27.11%、软糖9.71%、酥糖2%。

世界糖果巧克力市场每年销量1200万吨。其中糖果占57%、巧克力占43%。世界前10大糖果市场中国列第3位，美国第1、俄罗斯第2。中国人均消费相当低，但因总量多而进入前10位。全球的大市场由成熟市场和发展中市场2部份组成，中国属于发展中市场。成熟市场人均年消费为9.36千克，而发展中市场为1.16千克。发展中市场人均消费仅为成熟市场的1/8。按全国糖果产量计算，中国人均年消费约为0.6千克，所以，中国糖果市场还有很长的路要走。

2000年糖果产量同比持续增长的原因：跨国公司通过大规模的企业重组，不断整合全球资源配置，上海不凡帝、广东番禺等外方纷纷转向独资；吉百利兼并利夫，巨能收购统一糖果；国内一些大的食品集团也纷纷向糖果投资；乐天四通等在北京等地建厂投入生产；爱芬、箭牌等企业都加大了糖果投资并增加了产量；民营企业福建雅仕达、河南金丝猴等都是糖果巧克力高产大户。

糖果产量稳定增长的有广东、上海、山东、福建、河南等地；巧克力主要产区仍是北京、天津、上海、广东、福建、河南等。

糖果花色品种趋向多元化、多层次化、功能化，向低热、低脂、低糖、营养保健方向发展，加强趣味性品种的开发。硬糖在水果糖基础上发展奶油硬糖，加上口味多变，仍保持旺盛增长的势头。适应现代人休闲、旅游的发展，便于携带的塑料小盒，随吃随取又可多次食用，既方便又卫生，且保质期长达2年。在荷氏、凉可润等品牌畅销市场之际，上海冠生园的“百味集”强力薄荷糖进入APEC上海国际会议中心受到好评，并且这是国产润口糖首次进入APEC这样高档次的会议场所，成为轰动一时的佳话。百味集强力薄荷糖采用深加工的低聚糖浆，其稳定性、柔和性更强，所以，受到APEC会议承办单位的青睐。

近年来，糖果开发十分重视口味，人的味觉受到视觉、嗅觉、听觉、触觉的影响，利用这种影响差别，研制适应各种人群口味多变化的要求，达到味感高低起伏，众味交融，恰到好处。糖果消费高潮在冬春，冬春则偏重香浓醇美，特浓咖啡、特浓奶糖越来越多，超霸立波入口先浓后淡，先酥后甜，有的一味到底，复合味的夹心糖果味道的层次性就更强。

糖果趣味性开发更有广阔市场。如发声糖果，放在口中一嚼，便会发出声音，引发人们嚼一嚼的兴趣；音乐哨糖可吹奏简单曲子；加入吸热原料，入口产生冰冰凉的感觉；利用造形多变制造趣味，火箭糖、炮弹糖、大脚丫；有的薄如蝉翼，圆似豆粒，还有细如笔芯似的棒糖，买的是新奇，吃的是情趣。

武汉健民集团汉九生物工程公司将药食两用的植（药）物以生物技术提炼各种有效成份，按照不同消费群体的需求，开发出30多种功能糖果。从源远流长的中医宝库中，用菊花、金银花、甘草等中草药提炼出天然护齿成份，加入到新糖源中研制出护齿糖，能有效防止龋齿；从薄荷、罗汉果、青果、金银花、胖大海等药材中提取有效成份，研制出具有清咽爽喉功效的润喉宝（糖果）系列；从山楂、陈皮、姜、甘草等植物中提取有效成份，生产出具有生津开胃、健胃消食功能的“消食糖”、“开胃糖”系列产品；利用葡聚糖、低聚糖及荷叶、决明子等植物的提取物，生产出具有降血脂、通便减肥的产品“奉身宝”；利用茯苓、大枣等植物中的有效成份及武汉健民集团拳头产品——“龙牡壮骨冲剂”中的精华部份，生产出既补钙、又助钙质吸收的“高钙糖”、“钙奶片”系列产品；还有“醒酒宝”、“清火片”、“排毒片”等。这种功能糖果开发潜力巨大，前景广阔，又在消费者中有深厚的基础。

棒棒糖继续发展，这是缘于它可以多次地、慢慢地食用，便于儿童边吃边游戏。据资料介绍，美国成人也喜爱棒棒糖，由于成人和小孩共同消费，美国2000年棒棒糖的销售额高达2亿美元，比1997年增长了45%，平均每年增长超过13%。在入世市场环境影响下，中国棒棒糖将有更大的发展。这几年棒棒糖不仅口味很多，而且形状变化多端，有熊猫、猴头、卡通头像等。广东佳口食品有限公司、山东威海罗克斯、上海威利食品有限公司、安徽宿州绿波浪都在不断提高棒棒糖产量。棒棒糖设备既有进口的也有国产的，从引进到安装调试投产不复杂，这也是棒棒糖发展快的原因之一。

奶糖优势被国产品牌占领。上海大白兔奶糖作为糖果产品中惟一的驰名商标产品，以高起点不断引进世界的先进设备，提高技术水平，加强技术创新和产品创新。他们首先引进的奶糖夹心生产线，为大白兔创新产品奠定了技术基础。纯心牛奶巧克力夹心奶糖就是市场十分畅销的产品，新推出的咖啡夹心等新品，使大白兔保持奶糖领先地位。在过去大白兔供不应求的情况下，上海、福建等地纷纷研制众多品牌的奶糖，使奶糖优质产品在全国发展开来。为改进奶糖口感，砂质奶糖发展起来了。在特殊控制的技术条件下完成的结晶现象，即控制性返砂，主要是改变韧质型奶糖过于强劲的质构特性，适当降低糖体的坚韧性、粘稠性，使之更适合现代糖果消费需要。砂质奶糖从上海向全国发展起来，这个品种很受消费者欢迎。

凝胶软糖的类型和等级很多，采用不同的胶凝剂，产生不同的凝胶软糖，其质感有一定的差异。最近几年利用多种凝胶剂制成复配胶，使产品强度好，弹性大，透明度高，无颗粒物且浇注脱模容易。用此法研制软糖，上海、福建、广东比较多。用复配胶研制的软糖品种很多，很有市场。但由于软糖生产中的烘干工艺，使软糖生产发展并不快，目前仍有一定的市场潜力。

酥糖以北京为发展最快，北京第一食品公司的红虾酥是惟一的获国家金质奖的产品。该产品获奖后，各厂家争着发展酥糖，直到目前仍是北京糖果的一个大系列。近年多是采用天然原料，使糖果富有天然风味。酥糖产量增长很慢，市场仍有一定潜力。

抛光糖近年只有几个厂生产，如安徽宿州绿波浪食品有限公司就以抛光糖为龙头产品并不断研制新品。其软夹心抛光糖加上一挂一挂的小袋包装，很受市场欢迎。后来该公司又引进造粒工艺，利用沾粘工艺，生产各种趣味性的糖果，曾在石家庄全国秋交会上引起轰动。市场仍是物以稀为贵。

太妃糖的焦香味是很受人们喜爱的，然而国内一些大型太妃糖生产设备大部分在闲置。目前，晋江的富华食品有限公司在生产拖妃糖，其他生产厂家很少。

巧克力与健康关系的宣传，由于有关单位的重视，两年来，召开国际巧克力研讨会并在多种媒体发表大量“适量吃糖有益健康”、“巧克力有益于健康”的文章以及中国食协糖果专业委员会组织引导消费的各种征文活动，加上那些影视的广告宣传巧克力，糖果深入人心，无论生产厂家、经销商到消费者再不是谈糖色变，出现巧克力投资热。近几年，在好时、费列罗相继进入中国市场后，澳大利亚克劳斯公司又同金丝猴集团合资在国内建厂生产考拉王巧克力。福建雅仕达食品有限公司投巨资引进设备大上巧克力，天津奥奇特食品有限公司又在引进设备扩大巧克力生产能力。预计，最近几年将是巧克力发展的最好时期。

无糖糖果。世界上经过40年的探索和实践，特别是近10年来，无糖糖果在欧美与日本等市场已取得很大的发展。日本无糖胶基糖从1993年的2%迅速发展到1999年36%，无糖硬糖占10%。在欧洲用食糖替代品生产无糖糖果，发展趋势十分明显，其中口香糖更加突出。口香糖中无糖口香糖的市场比重，德国为71%，法国为57%。硬糖中无糖糖果的市场比重，德国为35%，法国为14%。在欧、美、日等国的超市上均能方便地买到丰富多彩的无糖口香糖和无糖硬糖。美国食品药物管理局（FDA）对低热量、无糖食品的术语作了如下定义：无糖食品，指用不会构成龋齿的糖质制成的食品，比同类常规食品减少3/1以上热量的食品，其他营养素相同。同时，按国际惯例，无糖是指不含蔗糖和淀粉糖的甜食品，但必须含有食糖替代品，如糖醇类。

目前中国已经批准列入使用卫生标准的糖醇包括麦芽糖醇、山梨醇、木糖醇、乳糖醇、右旋甘露糖醇。国际粮农组织和世界卫生组织食品法典委员会2000年6月重新确认山梨醇、木糖醇、麦芽糖醇、乳糖醇和甘露醇为可以按正常生产需要使用的食品添加剂。

国内无糖糖果的发展，可追溯到70年代末期。北京义利食品厂（义利公司前身）推出的木糖醇糖果和木糖醇巧克力，上海一些厂家80年代也开始生产无糖食品。北京绿得食品有限责任公司是生产无糖糖果比较突出的单位，有六七年的历史。目前已在全国发展有600个专卖店并出口东南亚。由于产品深受特殊群体的需要，2000年产量比上年增长近2倍。广东箭牌推出“益达”无糖口香糖，上海不凡帝、深圳华艾康等都有无糖口香糖产品供应市场。世界上无糖糖果已有600多种，薄荷粉片糖润喉型硬糖、水果硬糖、除口臭糖、戒烟糖、保肝糖等。

由于无糖糖果主要原料——糖醇价格较高，目前无糖糖果价格偏高，口味还不够多，再加上舆论宣传不够，发展缓慢。此外，国内目前尚无无糖糖果标准。

压片糖亦称粉片糖，已经列入糖果新标准之中。由于工艺不复杂，设备易得，很多厂购置二手设备生产各式润喉糖、健康糖。天津奥奇特食品有限公司直接订购新设备生产压片糖。压片糖方兴未艾。

【b. 市场开拓和产品开发】　以超前、超常规发展而闻名的福建雅仕达食品有限公司，随着中国入世谈判的进展而加快发展步伐，已成为能生产糖果、巧克力，以及休闲食品3万多吨的大型食品生产企业。从1999年起有3个跳跃式的发展过程。以巧克力为拳头产品，坚持高起点引进德国、比利时、日本先进生产线，率先导入HACCP（危害分析与关键控制点）认证，为入世防止贸易技术壁垒作好准备，以高品质产品支撑企业参与国际市场竞争。公司投巨资培育自己的品牌资产，在国内已有200多件注册商标，并有“雅客、精彩、伯尔、惠汇”等多个商标获得马德里协定国及议定国数十个国家的注册。并成为中国奥运代表团惟一糖果类赞助商及五环标志特许企业。为塑造全球统一品牌，靠品牌优势打造企业的核心竞争力，高薪聘请台湾统一企业总顾问担任培训讲师，培训营销团队。秉承“诚信为本、利益共享”的经营理念，至今，已有300多位一级代理商，600多位二级经销商，在全国600家大型超市推出带有奥运五环标识的糖果专柜，抢占销售终端市场。这些零售商包括沃尔玛、麦德龙、大润发、华联、联华、普尔斯马特、京客隆、王府井百货、万佳等。

河南金丝猴集团地处豫东偏僻的小镇。金丝猴拥有糖果、巧克力、果奶、果冻、炼乳、葡萄糖、奶粉、包装、彩印等200多个品种，在发展多品种的同时，特别注意开发高附加值、高档产品，誓与洋糖果争夺高档价位市场。他们从德国引进的网状巧克力生产是世界上的第3条、中国第1条具有国际先进水平的巧克力生产线。这种工艺上交叉拉丝形成菱形网眼结构的长方体糖果，成为礼品中的新贵，也成为金丝猴产品的防伪独特标志。经过市场调查和专家论证，澳大利亚克劳斯公司与金丝猴合资在国内建厂生产考拉王巧克力投放市场，这是金丝猴争夺高档巧克力市场又一新举措。

【c. 行业活动】　中国食协糖果专业委员会于2000年5月18日在江苏省徐州市召开了委员会3届2次（扩大）会议。此次会议由徐州市政府同中国食协糖果专业委员会主办，韩世集团承办。会议规模、宣传声势都超过了任何一届。出席会议代表达180多人。委员会荣誉会员、北京市劳动模范、北京百货大楼张秉贵柜台的张朝和应邀出席了会议。他在会上做了先进事迹的报告，还进行了一抓准、一口清表演，受到代表们和徐州市民的热烈称赞。

2000年6月，在泉州帝豪糖液食品有限公司的大力支持下，在福建举办了全国第8期糖果技术培训班，也是该单位第2次承办全国技术培训。参加培训有40名学员。经中国食协同意，授予帝豪糖液食品有限公司为糖果行业技术培训先进单位称号。

2000年9月，同晋江市政府联合承办第2届全国糖酒食品（晋江）博览会暨首届中国糖文化节。此次文化节是国内第1次举办，收集了大量历史资料，内容极其丰富，引人注目，影响深远。

2000年12月，在河南金丝猴集团公司召开中国食协糖果专业委员会秘书长以上人员会议。会上，提出糖果工业“十五”规划初稿并组织与会人员进行了讨论。会议议定中国食协糖果专业委员会3届3次会议在武汉召开。

2000年1月17日，中国食协糖果专业委员会提出全国糖果标准修订意见，向国家国内贸易局出具报告。经筹备同年3月28日在上海召开糖果标准修订第1次会议，制定工作计划，成立了修订小组开展工作。广泛征求厂家意见，集中各地有关修订意见，先后召开5次会议，12月22日在上海举行专家审定会，基本上完成了糖果标准修订报批稿。

2000年1月～3月，为了推动行业产品质量的提高，开展了糖果质量检测。全国有8家企业的11个产品参加质量检测。采取市场随机抽样，送国家质量技术监督局指定的国家副食品质量监督检验中心检测。对检测合格产品发放了合格证，对检测中发现的问题及时通知有关厂家改进。

2000年1月～3月，在《中国食品报》头版，开展鲁洲杯“我的糖果消费观”的征文活动，收到稿件上百篇，见报20篇。

2000年7月～9月，在《中国食品报》开展金冠杯“发展糖业”征文活动。经过评委评比，上海冠生园食品有限公司姜志伟获一等奖，雅仕达陈天奖、韩世集团韩坤获二等奖，在晋江首届中国糖文化节上举行了颁奖。

2000年7月，为鼓励张秉贵柜台的热情服务，中国食协糖果专业委员会为该柜台全体售货员导购员赠送《糖果巧克力生产工艺与配方》一书，以帮助他们学习了解糖果生产方面的知识。

（左德林）

【糕点、糖果制造业行业数据报告】　1．行业基本情况

行业名称：糕点、糖果制造业

	1998年	1999年	2000年
行业内企业单位数（个）	1817	1657	1511
其中：亏损企业（个）	630	540	400
从业人员（万人）	32.74	30.05	29.21

2．糕点、糖果制造业在全部工业中的位置与比较（单位：%）

	1998年	1999年	2000年
行业产值占全部工业产值的比重	0.62	0.570	0.552
行业增加值占全部工业增加值的比重	0.57	0.542	0.554
行业人数占全部工业人数的比重	0.53	0.518	0.525
行业资产占全部工业资产的比重	0.48	0.448	0.425

3．行业财务状况（单位：亿元）

	1998年	1999年	2000年
实收资本	181.14	184.53	193.21
国家	27.84	21.52	18.22
港澳台	50.53	53.91	54.01
外商	61.16	62.11	67.82
工业总产值（新规定当年价）	422.04	416.10	473.32
工业增加值	110.83	116.90	140.57
工业销售产值	409.02	411.51	465.87

4．行业资产负债（单位：亿元）

	1998年	1999年	2000年
年末资产	525.10	524.15	535.94
流动资产	222.26	230.35	239.05
固定资产原价	293.19	300.31	316.80
生产经营用	243.91	247.44	233.13
年末负债	321.07	321.68	316.21
流动负债	258.66	260.21	258.45
年末所有者权益	204.03	202.47	219.73

5．行业损益及分配（单位：亿元）

	1998年	1999年	2000年
产品销售收入	401.13	397.66	457.22
产品销售成本	314.56	305.03	347.62
产品销售费用	41.99	43.49	50.91
产品销售税金及附加	1.81	2.04	1.98
产品销售利润	40.67	45.54	54.49
产品管理费用	28.09	26.07	28.67
营业利润	6.48	14.60	20.92
利润总额	6.47	12.08	22.07
当年应交增值税	18.76	19.21	22.35
亏损企业亏损额	18.43	13.68	10.56

6．行业效益评价

	1998年	1999年	2000年
产品销售率（%）	96.91	98.90	98.43
增加值率（%）	26.26	28.09	29.70
全员劳动生产率（万元/人·年）	3.38	3.89	4.81
流动资产周转率（%）	186.09	178.36	211.44
企业亏损率（%）	34.70	32.59	26.47

7. 分地区的糖果产量（单位：吨）

地 区	1998年	1999年	2000年
全 国	385600	311000	368700
北 京	9400	16200	13700
天 津	3000	4600	9100
河 北	59900	30500	27100
山 西	1100	800	2400
内蒙古	300	500	200
辽 宁	1000	800	3100
吉 林	700	400	200
黑龙江	2600	1800	2700
上 海	53700	35600	54600
江 苏	17500	22100	21900
浙 江	6300	5000	3500
安 徽	7500	4100	6700

续表

地 区	1998年	1999年	2000年
福 建	6100	1600	30400
江 西	3200	1100	100
山 东	37900	33100	51700
河 南	54600	48700	23600
湖 北	11100	8900	7200
湖 南	11200	4500	8100
广 东	46300	57500	69800
广 西	9900	6300	3900
海 南	800	0	0
重 庆	12500	6200	10800
四 川	11300	10200	12300
贵 州		0	1900
云 南	8900	4800	400
西 藏		0	0
陕 西	100	0	0
甘 肃	2900	1000	1900
青 海	200	300	0
宁 夏	800	500	200
新 疆	4900	3900	1300

8. 进出口数量、金额及主要国家和地区

1998年～2000年19053000主要出口国家和地区

国家或地区	1998年			1999年			2000年		
	数 量（吨）	金 额（万美元）	百分比（%）	数 量（吨）	金 额（万美元）	百分比（%）	数 量（吨）	金 额（万美元）	百分比（%）
合 计	14162	1895	100.00	10978	1872	100.00	15020	2571	100.00
香 港	6050	1026	54.14	6176	1067	57.00	7155	1315	51.15
越 南	235	29	1.53	527	64	3.42	547	78	3.03
日 本	674	145	7.65	630	163	8.71	593	139	5.41
俄罗斯	3445	182	9.60	195	14	0.75	1	0.2	0.01
菲律宾	509	118	6.23	705	161	8.60	1086	196	7.62
新加坡	290	42	2.22	549	92	4.91	636	106	4.12
韩 国	220	49	2.59	189	25	1.34	1275	185	7.20

1998 年～2000 年 19053000 主要进口国家和地区

国家或地区	1998 年			1999 年			2000 年		
	数 量（吨）	金 额（万美元）	百分比（%）	数 量（吨）	金 额（万美元）	百分比（%）	数 量（吨）	金 额（万美元）	百分比（%）
合 计	1486	181	100.00	3625	315	100.00	3948	374	100.00
香 港	461	59	32.60	483	61	19.37	534	65	17.38
马来西亚	256	23	12.71	723	48	15.24	815	52	13.90
美 国	95	16	8.84	20	3	0.95	30	5	1.34
德 国	54	10	5.52	46	13	4.13	75	18	4.81
印度尼西亚	3	1	0.55	255	17	5.40	121	8	2.14
丹 麦	134	22	12.15	855	101	32.06	1198	103	27.54
韩 国	60	7	3.87	155	11	3.49	539	38	10.16

注：19053000 甜饼干、华夫饼及圣餐饼

9. 1998 年～2000 年城镇居民家庭人均糕点类消费支出（单位：元/年）

地 区	1998 年	1999 年	2000 年
全 国	40.39	40.40	41.81
北 京	100.45	99.56	107.27
天 津	65.83	66.07	67.88
河 北	32.98	31.52	30.09
山 西	29.60	26.26	32.16
内蒙古	22.54	22.55	24.12
辽 宁	32.08	29.20	33.36
吉 林	23.52	24.66	25.02
黑龙江	24.12	22.01	24.27
上 海	102.57	112.04	113.93
江 苏	44.17	45.94	45.12
浙 江	54.52	52.99	56.42
安 徽	36.35	37.84	41.13
福 建	36.33	34.32	36.35
江 西	27.33	25.96	27.84
山 东	55.06	52.57	55.04
河 南	32.53	32.34	31.07
湖 北	33.28	33.29	36.17
湖 南	30.40	33.07	31.84
广 东	59.06	61.83	63.23
广 西	28.94	28.13	31.27
海 南	34.49	33.32	32.28

续表

地 区	1998 年	1999 年	2000 年
重 庆	45.94	47.27	44.68
四 川	33.22	34.88	32.56
贵 州	38.04	33.13	41.72
云 南	51.11	52.34	44.99
西 藏		32.69	35.12
陕 西	39.68	40.53	41.76
甘 肃	21.67	22.86	24.45
青 海	27.00	23.08	22.79
宁 夏	21.78	23.08	29.32
新 疆	35.34	33.13	36.73

10.1998 年～2000 年城镇居民家庭人均坚果及果仁类消费支出（单位：元/年）

地 区	1998 年	1999 年	2000 年
全 国	24.27	23.27	23.84
北 京	52.51	51.24	56.01
天 津	39.30	39.58	42.95
河 北	28.20	26.80	27.54
山 西	12.62	12.38	15.19
内蒙古	17.36	17.39	17.92
辽 宁	29.21	25.64	29.32
吉 林	23.52	24.44	21.79

续表

地 区	1998 年	1999 年	2000 年
黑龙江	19.69	20.15	19.47
上 海	42.59	47.56	47.53
江 苏	26.75	26.01	25.16
浙 江	36.84	35.82	36.55
安 徽	19.19	18.80	16.97
福 建	17.75	16.19	17.80
江 西	19.76	18.28	19.50
山 东	24.13	22.37	24.24
河 南	24.23	22.26	23.12
湖 北	17.86	17.26	16.40
湖 南	20.03	18.93	18.27
广 东	21.55	20.99	21.48
广 西	17.06	16.94	18.29
海 南	4.47	3.22	4.72
重 庆	20.69	21.35	19.01
四 川	20.95	20.45	19.51
贵 州	27.65	22.86	26.26
云 南	20.79	16.47	17.56
西 藏		22.43	21.48
陕 西	26.29	20.60	21.64
甘 肃	23.23	20.76	19.86
青 海	18.45	16.57	18.73
宁 夏	24.73	21.46	22.49
新 疆	25.53	26.34	28.03

11. 行业内“三资”企业状况

	1998 年	1999 年	2000 年
企业单位数（个）	339	346	358
亏损企业（个）	129	135	124
企业从业人员数(万人)	9.78	10.01	10.35
实收资本（亿元）	129.68	130.73	136.97
国家	7.79	5.57	4.58
港澳台	50.08	53.38	53.57
外商	59.63	60.05	66.17
工业总产值（亿元）	220.02	227.12	266.35
工业增加值（亿元）	60.48	65.81	82.53
年末资产（亿元）	318.82	316.60	306.12
流动资产	133.46	140.01	137.29
年末负债（亿元）	176.31	179.23	164.49
流动负债	150.24	153.63	142.99
所有者权益（亿元）	142.51	137.37	141.63
产品销售收入（亿元）	219.81	225.18	265.58
销售成本	162.17	161.12	188.09
销售费用	32.62	34.90	40.74
销售税金及附加	0.23	0.20	0.28
销售利润	23.21	28.33	35.12
管理费用（亿元）	17.43	16.13	17.87
利润总额（亿元）	4.04	7.21	15.32
应交增值税（亿元）	13.16	13.81	16.22
亏损企业亏损总额（亿元）	14.39	10.77	8.03
产品销售率（%）	97.97	100.36	99.38
增加值率（%）	27.49	28.98	30.99
全员劳动生产率（万元/人·年）	6.18	6.57	7.97
流动资产周转率（%）	171.63	163.73	225.83
企业亏损率（%）	38.05	39.02	34.64

2.7　乳制品制造业

【a. 概况】　2000 年乳制品制造业生产、销售取得良好业绩。液体乳生产大幅度增加，乳品市场快速成长，行业整体经济效益明显提高，一批新企业开工、新项目投产。

2000 年全国奶牛存栏数为 489 万头，比上年的 443 万头增长 10.4%；奶类总产量 919 万吨，比上年的 807 万吨增长 13.9%；牛奶总产量 827 万吨，比上年的 718 万吨增长 15.2%。乳制品产量 82.9 万吨，比上年的 69.1 万吨增长 20.2%。其中乳粉产量约占乳制品产量的 70%，为 58 万吨。根据测算，乳粉产量中全脂乳粉约占 20%，加糖乳粉约占 30%，婴儿配方乳粉占 20%，其他乳粉占 30%；同上年相比，全脂乳粉比例上升 3 个百分点，加糖乳粉下降 4 个百分点，婴儿配方乳粉、其他乳粉与上年基本持平。液体乳（杀菌乳、灭菌乳、酸乳等）增加幅度较大，全年产量约为 190 万吨，比上年增长 50% 以上。在液体乳产品中，杀菌乳约占 55%，灭菌乳约占 25%，酸乳约占 12%，其他乳约占 8%。与上年相比，杀菌乳的比例下降 5 个百分点，灭菌乳上升 4 个百分点。

从以上分析可以看出，在乳粉类产品中全脂乳粉即工业用乳粉的生产在增加，而传统的加糖乳粉的比例在下降，在市场销售的小包装乳粉中，具有功能性的配方乳粉正在稳步增加。在产品结构调整上，液体乳生产和销售增加幅度明显高于乳制品，特别是在大中城市，液体乳的消费已成为主流。在液体乳产品中，灭菌乳增加幅度较快。这是近年来基地型乳品企业的产品结构调整工作开始见成效。

2000 年乳制品行业规模以上企业 377 家，比上年减少 1 家。其中，国有企业 177 家，集体企业 49 家，外商投资企业 45 家。这 377 家企业，2000 年工业总产值 195.4 亿元，比上年的 147.9 亿元增长 32.1%；产品销售率为 95.01%；税利总额 8.4 亿元，占销售收入的 4.3%。377 家企业中亏损企业为 98 家，亏损面为 26%。与上年相比，亏损企业减少 26 家，说明乳品行业的整体经济效益明显好于往年。

在全国奶类产量中，黑龙江仍是第 1 产奶大省，2000 年全省奶类总产量 156.5 万吨，是全国总产量的 17.0%；河北为 96.2 万吨，位居第 2；内蒙古 83.0 万吨，位居第 3。在乳制品产量中，前 5 位的省区是：黑龙江、河北、山东、江苏、内蒙古。其中，黑龙江省 18.5 万吨，占全国总产量的 22.3%；河北省 9.99 万吨，占全国总产量的 12.1%。在液体乳产量中，上海、北京仍居榜首。

2000 年乳品行业大型企业集团进一步发展和壮大，产品市场占有率进一步提高。根据中国乳制品工业协会统计，2000 年销售收入前 10 位的企业共实现销售收入 86.1 亿元；乳制品（乳粉）产量前 10 位的企业产量合计为 18.3 万吨，约占全国乳粉总产量的 31.6%；液体乳产量前 10 位企业产量合计为 93.5 万吨，约占全国液体乳总产量的 49.2%。2000 年全国乳品行业销售收入、乳制品产量、液体乳产量排行前 10 位企业依次是：

一、销售收入排行

1. 上海光明乳业股份有限公司	233920 万元
2. 石家庄三鹿乳业集团	177805 万元
3. 内蒙古伊利实业集团股份有限公司	141651 万元
4. 北京三元食品有限公司	69581 万元
5. 黑龙江省完达山企业集团乳品有限公司	67649 万元
6. 上海英特儿营养乳品有限公司	43474 万元
7. 山东省鹏程食品股份有限公司	33758 万元
8. 哈尔滨金星乳业集团公司	31701 万元
9. 山西古城乳业集团有限公司	30501 万元
10. 深圳市光明华侨畜牧场晨光	

饮料公司 29963万元

二、乳制品产量排行

1. 石家庄三鹿乳业集团 45010吨
2. 黑龙江省完达山企业集团乳品有限公司 25600吨
3. 内蒙古伊利实业集团股份有限公司 23608吨
4. 山西古城乳业集团有限公司 18473吨
5. 哈尔滨金星乳业集团有限公司 15180吨
6. 上海光明乳业股份有限公司 15060吨
7. 西安银桥股份有限公司 14038吨
8. 山东省鹏程食品股份有限公司 9503吨
9. 上海英特儿营养乳品有限公司 8299吨
10. 黑龙江龙丹乳业科技股份有限公司 7946吨

三、液体乳产量排行

1. 上海光明乳业股份有限公司 362024吨
2. 北京三元食品有限公司 226372吨
3. 内蒙古伊利实业集团股份有限公司 75879吨
4. 南京奶业（集团）公司 72085吨
5. 深圳市光明华侨畜牧场晨光饮料公司 46056吨
6. 沈阳乳业有限责任公司 40456吨
7. 济南佳宝乳业有限公司 35618吨
8. 山东省鹏程食品有限公司 28247吨
9. 石家庄三鹿乳业集团 26438吨
10. 青岛市奶业总公司 21766吨

【b. 原料奶】 2000年，全国原料奶收购价格与上年相比基本持平。中国乳制品工业协会对全国61个企业6月底收购原料奶的价格进行了调查：3.00元/千克以上的企业3家，占调查企业数的4.9%；2.00元～2.99元/千克的13家，占调查数的21.3%；1.5元～1.99元/千克的23家，占调查数的37.7%；1.00元～1.49元/千克的21家，占调查数的34.4%；1.00元/千克以下的1家，占调查数的1.7%。与1999年同期相比，价格上升的企业21家，占34.4%；下降的企业10家，占16.4%；基本持平的企业30家，占49.2%。从企业类型、地域、产品类型分析，全国收奶价格有以下特点：基地型企业低于城市型企业，北方低于南方，生产乳粉的企业低于生产液体乳的企业。

原料基地建设初见成效，原料奶质量明显提高。自1999年5月中国乳制品工业协会向全国乳品行业推广内蒙古伊利实业股份有限公司“分散饲养、集中挤奶”的经验以来，机械挤奶在全国各乳品企业迅速推开，特别是一些大中企业、生产液体乳的企业很快建起卫生条件好、技术水平高的机械挤奶厅。机械挤奶的推广，使原料奶的质量明显好转，原料奶的杂菌数含量由原来的几百万个/毫升降到50万个/毫升以下，有的甚至降到10万个/毫升以下。原料奶质量提高推动了液体乳的生产和消费。在“分散饲养、集中挤奶”的基础上，又有一些企业探索了“集中饲养、集中管理、统一服务、分户经营”的奶牛饲养小区新模式。这种模式是：由饲养奶牛的村镇集中划出土地，统一建设牛舍、挤奶厅，奶农分户入区饲养奶牛；乳品企业为饲养小区提供配种、防疫、饲养技术、饲料供应、挤奶等服务。这种形式更便于对牛群的管理。

【c. 学生饮用奶计划】 为了引导乳及乳制品的消费，增强下一代身体素质，经国务院批准，决定在全国分步实施“学生饮用奶计划”。2000年8月29日，农业部、国家计委、教育部、财政部、卫生部、国家质量技术监督局、国家轻工业局等部门联合发出《实施国家“学生饮用奶计划”的通知》。同时颁布《国家“学生饮用奶计划”暂行管理办法》、《学生饮用奶标志使用管理办法》、《学生饮用奶定点生产企业申报认定暂行管理办法》。根据文件规定，学生饮用奶的品种为超高温灭菌乳，常温下保质期在1个月以上，生产学生饮用奶的原料奶应是用机械挤的高质量生鲜奶，企业的规模应是每天加工鲜奶在50吨以上。第一批定点企业是：上海光明乳业有限公司、北京三元食品有限公司、沈阳乳业集团公司、天津乳业集团公司、天津中芬奶业有限公司、天津梦得奶制品有限公司、天津菲仕兰乳业有限公司7家企业。

【d. 行业重大活动及事项】 中国乳制品工业协会第6次年会于2000年9月1日～3日在大连市召开，出席年会的有来自国内外的乳品企业、科研单位、大专院校及相关行业的250多个单位、680余名代表。这次会议是协会成立6年来规模空前的一次盛会。会议听取了宋昆冈理事长《2000年度全国乳品行业情况》的报告。会议有20余位专家教授作专题讲座和学术报告。

为迎接中国加入WTO，中国乳制品工业协会于2000年4月20日～23日在桂林市召开“加入WTO与中国乳品工业发展研讨会”。42个重点企业的80余位代表出席会议。与会专家就加入WTO后中国乳业面对的形势及采取的对策进行了深入研讨，提出了应对措施。会议提出大力发展冷链销售的杀菌乳、酸乳等货架期短的产品；在提高原料奶质量方面，重点推广机械挤奶，以提高液体乳的质量和风味；加快企业集团发展速度，造就中国名牌产品。

“中国乳业博物馆”。在中国乳制品工业协会第 3 次年会上决定筹建“中国乳业博物馆”。经过近 1 年的酝酿和筹备，2000 年 5 月 19 日“中国乳业博物馆”正式确定在上海建设，由上海光明乳业有限公司负责筹建，并成立筹建领导小组和筹建办公室。中国乳业博物馆预计 2001 年 11 月建成开馆。

1999 年 12 月 29 日，国家工商行政管理局认定一批全国驰名商标，乳品行业有 4 个品牌榜上有名。它们是：三鹿、光明、伊利、完达山。这是中国乳品行业首次被确认的 4 个驰名商标。根据《驰名商标认定和管理暂行规定》，驰名商标的权益将受保护。

【e. 进出口贸易】　2000 年国内进口各种乳及乳制品货值 2.15 亿美元，比上年增长 35.1%，比 1995 年增长 2.7 倍。从进口的乳及乳制品货值看，液体乳占 4.8%，乳粉类占 53.7%，乳清粉类占 37.2%，炼乳、干酪、奶油等占 4.3%。其中进口的乳粉类产品约占国内总产量的 12.6%。乳及乳制品出口的货值为 5007.4 万美元，其中液体乳主要是向香港、澳门出口；2000 年出口液体乳 29579 吨，乳粉 10162 吨。

（宋昆冈）

乳及乳制品进口情况

商品名称	1998 年		1999 年		2000 年	
	数量（吨）	金额（万美元）	数量（吨）	金额（万美元）	数量（吨）	金额（万美元）
0401 鲜奶	8884	326.27	14942	852.5	14910	887.0
0402 奶粉	31052	3903.37	56616	8010.3	72769	11531.9
炼乳	232	15.60	1784	229.4	647	36.0
0403 酸奶	600	46.79	2395	116.7	2254	151.9
0404 乳清制品	69312	3970.09	83228	5808.5	122903	7996.4
0405 奶油	485	91.21	3275	563.3	3088	474.9
0406 干酪	460	114.42	1182	307.2	1968	391.6
合计		8467.75		15887.9		21469.7
合计中：液体奶（0401、0403）	9484	373.06	17337	969.2	17464	1038.9
乳制品	101542	8094.69	146085	14918.7	201375	204308

资料来源：中国海关

乳及乳制品出口情况

商品名称	1998 年		1999 年		2000 年	
	数量（吨）	金额（万美元）	数量（吨）	金额（万美元）	数量（吨）	金额（万美元）
0401 鲜奶	24496	1820.07	25195	1815.8	29417	2012.0
0402 奶粉	8408	1365.90	10008	1949.8	10162	2088.0
炼乳	2544	366.89	4152	440.4	7253	704.6
0403 酸奶	202	31.41	334	42.5	162	20.0
0404 乳清制品	796	126.54	393	37.7	334	30.0
0405 奶油	218	37.07	48	9.1	223	35.3
0406 干酪	826	201.28	308	104.9	407	117.5
合计		3949.16		4400.2		5007.4
合计中：液体奶（0401、0403）	24698	1851.48	25529	1858.3	29579	2032.0
乳制品	12792	2097.68	14909	2541.9	18379	2975.4

全国各地区乳制品产量

单位：吨

地　区	1998 年	1999 年	2000 年
全国总计	548604	690752	829158
北　京	8773	14255	20579
天　津	6949	7920	6732
河　北	82350	96491	99908
山　西	14605	13654	12655
内蒙古	37647	54219	66517
辽　宁	2736	4220	16041
吉　林	2008	1025	990
黑龙江	118732	154918	184812
上　海	11709	13691	13982
江　苏	19100	28998	74619
浙　江	46858	61063	47432
安　徽	8313	12431	14970
福　建	606	8965	1587
江　西	13923	19241	5991
山　东	51919	52889	82965
河　南	3992	9987	8086
湖　北	5852	11827	10044
湖　南	3350	4370	5577
广　东	7489	6875	12873
广　西	4880	2667	2471
海　南		1980	2313
重　庆	12889	17541	1551
四　川	2471	16394	18754
贵州	10594	829	1108
云　南	6620	6621	5394
西　藏			412
陕　西	26321	29030	45763
甘　肃	17934	19248	22590
青　海	906	1369	1152
宁　夏	13972	13858	29091
新　疆	5106	4172	12201

资料来源：国家统计局。统计口径为规模以上企业。

各地收奶价格　　　　（元/千克）

地点	1999 年 6 月	2000 年 6 月	地点	1999 年 6 月	2000 年 6 月
北京八达岭	1.55	1.63	河北丰润	1.40	1.40
北京延庆	1.80	1.90	河北秦皇岛	1.64	1.64
北京三元	2.10	1.95	河北张家口	1.35	1.34
山东济南	1.73	1.95	河北石家庄	1.67	1.61
山东枣庄	0.90	1.00	四川泸州	1.70	1.70
山东滨州	2.00	2.00	四川阳坪	1.55	1.57
山东淄博	1.90	1.80	重庆	1.66	1.76
山东文登	1.43	1.48	甘肃酒泉	1.26	1.12
山东莱阳	1.65	1.85	甘肃兰州	1.50	1.45
黑龙江大庆	1.37	1.28	内蒙古乌兰浩特	1.20	1.20
黑龙江肇东	1.30	1.30	内蒙古呼和浩特	1.46	1.46
黑龙江完达山	1.49	1.50	内蒙古扎兰屯	1.25	1.28
黑龙江安达	1.41	1.50	内蒙古满州里	1.12	1.36
哈尔滨市	1.32	1.47	内蒙古伊敏	0.85	1.10
黑龙江嫩江	1.30	1.40	内蒙古牙克石	1.10	1.30
江苏连云港	1.80	1.80	宁夏银川	1.40	1.46
苏州	2.00	2.00	宁夏夏进	1.67	1.80
徐州	1.76	1.80	福建厦门		1.36
南京	2.20	2.20	上海	2.15	2.15
天津	1.75	1.85	云南昆明	1.59	1.59
郑州荥阳	1.20	1.20	云南邓川	1.10	1.10
郑州	1.76	1.80	江西九江	2.42	2.53
乌鲁木齐	1.70	1.62	江西红星	2.00	1.99
浙江宁波	1.95	2.10	陕西富平	1.10	1.04
浙江杭州	2.14	2.23	广东燕塘	4.01	4.13
浙江瑞安	1.85	1.85	广东金鼎	2.55	2.35
浙江金华	1.63	1.59	湖北武汉	2.10	2.20
安徽合肥	2.10	2.10	湖南南山	2.50	2.50
安徽马鞍山	2.00	2.00	贵阳	2.40	3.20
安徽滁州	2.30	2.30	广西柳州	3.73	3.13
河北沽源	1.35	1.35			

资料来源：中国乳制品工业协会

1998 年～2000 年乳制品行业主要经济指标

指标名称	单位	全部乳品企业			国有企业			集体企业			外商投资企业		
		1998 年	1999 年	2000 年	1998 年	1999 年	2000 年	1998 年	1999 年	2000 年	1998 年	1999 年	2000 年
企业单位数	个	395	378	377	210	213	177	53	51	49	43	45	45
其中:亏损企业	个	142	124	98	87	70	50	18	13	10	22	22	18
工业总产值(当年价)	万元	1229221	1478764	1954474	386726	675885	826975	171301	151896	191632	348775	476374	711976
工业销售产值(当年价)	万元	1160826	1438457	1856931	357218	657831	799084	163272	147029	183489	329946	463436	673633
工业增加值(当年价)	万元	300492	378840	583138	98986	191137	228676	42758	36109	53316	72483	102291	249525
产品销售率	%	94.44	97.27	95.01	92.37	97.32	96.63	95.31	96.80	95.75	94.41	97.28	94.61
产品销售收入	万元	1183014	1486813	1934644	361157	715097	872790	138306	135635	176905	393410	535113	765527
利润总额	万元		36157	83782		25897	43033		4095	6385		2676	35422
亏损企业亏损总额	万元	39283	32644	24601	11330	6558	3782	1050	775	1065	25847	23703	13390
税利总额	万元	63075	116387	188223	16924	59734	84435	9296	9801	12566	8942	35665	87079
当年应付工资总额	万元	67071	70242	89671	23036	38108	46648	5163	5019	5963	22373	25750	33474
全部从业人员年平均人数	人	81800	84862	89632	41500	51207	48721	9900	8855	9472	10600	14645	15047

资料来源:国家统计局。“全部乳品企业”指规模以上企业。

【f. 行业数据报告】 1. 行业基本情况

行业名称：乳制品制造业

	1998 年	1999 年	2000 年
行业内企业单位数（个）	395	378	377
其中：亏损企业（个）	142	124	98
从业人员（万人）	8.18	8.49	8.96

2. 乳制品制造业在全部工业中的位置与比较（单位：%）

	1998 年	1999 年	2000 年
行业产值占全部工业产值的比重	0.18	0.20	0.228
行业增加值占全部工业增加值的比重	0.15	0.176	0.229
行业人数占全部工业人数的比重	0.13	0.146	0.161
行业资产占全部工业资产的比重	0.14	0.137	0.147

3. 行业财务状况（单位：亿元）

	1998 年	1999 年	2000 年
实收资本	54.56	68.93	66.64
国家	17.22	14.46	13.21
港澳台	4.16	8.33	4.58
外商	22.59	19.74	27.27
工业总产值（新规定当年价）	122.92	147.88	195.45
工业增加值	30.05	37.88	58.31
工业销售产值	116.08	143.85	185.69

4. 行业资产负债（单位：亿元）

	1998 年	1999 年	2000 年
年末资产	149.50	160.43	185.91
流动资产	69.17	72.43	82.84
固定资产原价	84.26	89.55	105.05
生产经营用	67.13	75.00	85.79
年末负债	98.67	97.25	108.57
流动负债	80.73	78.67	87.20
年末所有者权益	50.84	63.19	77.33

5. 行业损益及分配（单位：亿元）

	1998 年	1999 年	2000 年
产品销售收入	118.30	148.68	193.46
产品销售成本	93.29	115.44	144.18
产品销售费用	12.59	15.73	22.69
产品销售税金及附加	0.47	0.52	0.56
产品销售利润	11.81	16.81	25.95
产品管理费用	9.79	10.98	13.90
营业利润	-1.07	4.08	8.87
利润总额	0.18	3.62	8.38
当年应交增值税	5.66	7.51	9.88
亏损企业亏损额	3.93	3.26	2.46

6. 行业效益评价

	1998 年	1999 年	2000 年
产品销售率（%）	94.44	97.27	95.01
增加值率（%）	24.45	25.62	29.83
全员劳动生产率（万元/人·年）	3.67	4.46	6.51
流动资产周转率（%）	180.66	212.86	252.10
企业亏损率（%）	35.90	32.80	26.00

7. 乳制品产品产量（单位：万吨）

年　份	奶　类	牛　奶	人造奶油	乳制品	奶　粉	乳酸菌饮料	液体乳
1980	136.7	114.1					
1984	259.6	218.6					
1985	289.4	249.9					
1986	332.9	289.9					
1987	378.8	330.1					
1988	418.9	366.0					
1989	435.8	381.3					
1990	475.1	415.7					
1991	524.3	464.4					
1992	563.9	503.1					
1993	563.7	498.6		41.73			
1994	608.9	528.8		42.46	29.94		
1995	672.8	576.4	5.32	52.57	35.22	15.98	52.40

1996	735.8	629.4	4.73	50.41	35.01	22.17	52.73
1997	774.8	667.4	3.79	56.48	39.08	22.81	59.48
1998	744.5	662.1		54.86			
1999	806.9	717.6		69.08			
2000	919.1	827.4		82.92			

8. 分地区的奶类产量（单位：万吨）

地　区	奶　类			牛　奶		
	1998年	1999年	2000年	1998年	1999年	2000年
全　国	744.5	806.9	919.1	662.1	717.6	827.4
北　京	22.8	24.1	30.4	22.7	24.0	30.3
天　津	11.7	12.9	16.5	11.7	12.9	16.5
河　北	65.9	78.8	96.2	55.8	68.4	84.2
山　西	32.5	32.7	35.9	30.1	30.2	33.5
内蒙古	67.1	71.2	83.0	63.8	67.0	79.8
辽　宁	19.9	20.3	21.9	18.5	18.2	18.9
吉　林	13.4	14.5	15.0	12.4	13.8	14.3
黑龙江	144.5	145.0	156.5	142.1	142.8	154.3
上　海	24.6	25.9	25.9	24.6	25.9	25.9
江　苏	9.1	16.3	25.7	12.1	16.2	25.5
浙　江	8.0	9.1	11.2	8.0	9.1	11.2
安　徽	3.0	3.6	4.1	3.0	3.6	4.1
福　建	6.7	8.0	9.9	6.4	7.7	9.6
江　西	4.7	5.2	5.8	4.7	5.2	5.6
山　东	54.0	61.3	70.5	27.5	35.6	45.7
河　南	12.3	15.9	20.2	7.8	10.3	16.1
湖　北	4.2	4.0	5.9	4.2	3.9	5.6
湖　南	0.8	1.0	1.1	0.8	1.0	1.1
广　东	7.5	8.1	9.5	7.0	7.8	9.2
广　西	1.2	1.3	1.7	1.2	1.3	1.7
海　南	0.1			0.1		
重　庆	4.7	4.7	5.6	4.7	4.0	5.6
四　川	27.3	26.9	28.9	26.7	26.6	28.5
贵　州	0.6	1.5	1.7	0.6	1.5	1.7
云　南	9.9	13.5	14.7	9.9	12.2	13.0
西　藏		20.9	20.4		16.7	16.2
陕　西	50.6	55.0	63.9	28.2	32.3	39.2
甘　肃	14.1	13.8	13.7	13.8	13.4	13.3
青　海	20.5	19.6	21.3	19.9	19.0	20.6
宁　夏	18.2	20.5	23.6	18.2	20.5	23.6
新　疆	65.0	70.4	78.2	60.0	64.8	72.5

9. 分地区乳制品产量（单位：万吨）

地区	1998 年	1999 年	2000 年	地区	1998 年	1999 年	2000 年
全国	54.86	69.08	82.92	河南	0.40	1.00	0.81
北京	0.88	1.43	2.06	湖北	0.58	1.18	1.00
天津	0.69	0.79	0.67	湖南	0.33	0.44	0.56
河北	8.24	9.65	9.99	广东	0.75	0.69	1.29
山西	1.46	1.37	1.27	广西	0.49	0.27	0.25
内蒙古	3.76	5.42	6.65	海南		0.20	0.23
辽宁	0.27	0.42	1.60	重庆	1.29	1.75	0.16
吉林	0.20	0.10	0.10	四川	0.25	1.64	1.88
黑龙江	11.87	15.49	18.48	贵州	1.06	0.08	0.11
上海	1.17	1.37	1.40	云南	0.66	0.66	0.54
江苏	1.91	2.90	7.46	西藏			0.04
浙江	4.68	6.11	4.74	陕西	2.63	2.90	4.58
安徽	0.83	1.24	1.50	甘肃	1.79	1.92	2.26
福建	0.06	0.90	0.16	青海	0.09	0.14	0.12
江西	1.39	1.92	0.60	宁夏	1.40	1.39	2.91
山东	5.19	5.29	8.30	新疆	0.51	0.42	1.72

10. 进出口数量、金额及主要国家和地区

1998 年～2000 年 04012000 主要出口国家和地区

国家或地区	1998 年			1999 年			2000 年		
	数量（吨）	金额（万美元）	百分比（%）	数量（吨）	金额（万美元）	百分比（%）	数量（吨）	金额（万美元）	百分比（%）
合计	23729	1762	100.00	25162	1814	100.00	29396	2010	100.00
香港	23491	1736	98.52	24447	1760	97.02	27285	1886	93.83
澳门	173	22	1.25	292	31	1.71	239	23	1.14
新加坡	—	—	—	422	23	1.27	1821	97	4.83

1998 年～2000 年 04012000 主要进口国家和地区

国家或地区	1998 年			1999 年			2000 年		
	数量（吨）	金额（万美元）	百分比（%）	数量（吨）	金额（万美元）	百分比（%）	数量（吨）	金额（万美元）	百分比（%）
合计	4868	159	100.00	5683	251	100.00	4741	175	100.00
澳大利亚	3508	107	67.30	4257	142	56.57	4027	130	74.29
新西兰	860	25	15.72	780	55	21.91	422	26	14.86
美国	408	19	11.95	380	24	9.56	—	—	—
荷兰	15	1	0.63	72	7	2.79	225	10	5.71

1998 年～2000 年 04021000 主要出口国家和地区

国家或地区	1998 年			1999 年			2000 年		
	数量（吨）	金额（万美元）	百分比（%）	数量（吨）	金额（万美元）	百分比（%）	数量（吨）	金额（万美元）	百分比（%）
合计	3257	494	100.00	650	119	100.00	132	30	100.00
伊拉克	603	107	21.66	75	13	10.92	—	—	—

续表

国家或地区	1998年			1999年			2000年		
	数量（吨）	金额（万美元）	百分比（%）	数量（吨）	金额（万美元）	百分比（%）	数量（吨）	金额（万美元）	百分比（%）
新加坡	—	—	—	60	41	34.45	—	—	—
香港	1734	307	62.15	10	2	1.68	82	22	73.33
荷兰	—	—	—	475	57	47.90	—	—	—
缅甸	—	—	—	—	—	—	45	7	23.33

1998年～2000年04021000主要进口国家和地区

国家或地区	1998年			1999年			2000年		
	数量（吨）	金额（万美元）	百分比（%）	数量（吨）	金额（万美元）	百分比（%）	数量（吨）	金额（万美元）	百分比（%）
合计	10916	1522	100.00	16096	2544	100.00	21879	3387	100.00
荷兰	1274	253	16.62	754	191	7.51	580	110	3.25
美国	436	69	4.53	983	183	7.19	832	153	4.52
新西兰	6583	809	53.15	8724	1354	53.22	8769	1391	41.07
澳大利亚	1054	171	11.24	1937	266	10.46	3995	617	18.22
爱尔兰	600	88	5.78	1125	153	6.01	2462	391	11.54

注：04012000未浓缩及未加糖或其他甜物质的乳及奶油，含脂量超过1%，但不超过6%

04021000粉状、粒状或其他固状乳及奶油，含脂量不超过1.5%

11. 1998年～2000年城镇居民家庭人均奶及奶制品消费支出（单位：元/年）

地区	1998年	1999年	2000年
全国	48.05	56.15	68.57
北京	113.27	142.20	178.33
天津	73.47	95.82	98.59
河北	45.25	53.05	63.33
山西	47.46	56.32	63.02
内蒙古	43.46	48.40	54.87
辽宁	44.01	48.83	64.42
吉林	37.79	41.17	47.16
黑龙江	37.26	43.21	57.61
上海	142.73	165.42	200.90
江苏	50.48	64.32	79.74
浙江	49.16	58.18	81.86
安徽	36.47	41.13	51.99
福建	61.39	83.73	104.48
江西	30.16	33.33	43.43
山东	53.59	66.39	84.25

续表

地区	1998年	1999年	2000年
河南	32.90	37.60	43.28
湖北	25.18	34.59	43.35
湖南	30.02	33.63	40.32
广东	48.90	50.00	65.18
广西	30.55	34.76	46.11
海南	29.09	27.05	27.87
重庆	83.10	98.91	111.42
四川	56.06	64.22	70.66
贵州	42.17	36.82	47.79
云南	38.32	41.48	45.76
西藏		275.41	282.74
陕西	38.40	41.92	50.91
甘肃	37.96	46.14	58.60
青海	52.59	55.70	56.73
宁夏	35.70	41.56	58.53
新疆	58.09	56.95	59.95

12. 行业内“三资”企业状况

	1998 年	1999 年	2000 年
企业单位数（个）	43	45	45
亏损企业（个）	22	22	18
企业从业人员数(人)	10600	14600	15000
实收资本（亿元）	33.34	37.25	37.62
国家	6.83	3.21	1.48
港澳台	4.15	8.23	4.57
外商	20.99	18.15	25.66
工业总产值（亿元）	34.88	47.64	71.20
工业增加值（亿元）	7.25	10.23	24.95
年末资产（亿元）	57.61	57.57	66.05
流动资产	24.38	25.47	32.08
年末负债（亿元）	34.51	29.88	33.33
流动负债	30.43	26.72	30.06
所有者权益（亿元）	23.10	27.69	32.72
产品销售收入(亿元)	39.34	53.51	76.55
销售成本	28.72	37.52	49.53
销售费用	7.50	9.33	13.85
销售税金及附加	0.03	0.01	0.04
销售利润	3.09	6.65	13.11
管理费用（亿元）	4.53	5.14	6.77
利润总额（亿元）	-1.43	0.27	3.54
应交增值税（亿元）	2.29	3.29	5.13
亏损企业亏损总额(亿元)	2.58	2.37	1.34
产品销售率（%）	94.58	97.27	94.61
增加值率（%）	20.78	21.47	35.04
全员劳动生产率(万元/人·年)	6.84	7.01	16.63
流动资产周转率（%）	171.49	209.51	273.69
企业亏损率（%）	51.16	48.89	40.00

2.8 罐头食品制造业

【a. 概况】 2000年，罐头工业产量和出口量全面增长，是近年来发展最好的1年。全年罐头总产量178.2万吨，比上年增长11.3%；出口97.3万吨，增长22.8%；出口额7.4亿美元，增长5.89%。出口产品中大类产品的出口量：肉类罐头4.6万吨，增长0.50%；蔬菜罐头67.6万吨，增长26.30%；水果罐头24.6万吨，增长18.86%；干果罐头0.5万吨，增长17.74%。

2000年罐头主要出口品种出口情况

商品名称	数 量 （吨）	金 额 （万美元）
鸡罐头	200.01	27.04
家禽肉及杂碎罐头	486.70	69.30
猪肉及杂碎罐头	38175.24	5844.95
牛肉及杂碎罐头	5485.95	744.30
未列名肉及杂碎罐头	1275.25	316.81
番茄罐头	1550.58	80.83
番茄酱罐头	153431.05	6787.40
小蘑菇（洋蘑菇）罐头	184254.14	14433.06
其他蘑菇罐头	20079.75	2480.37
脱夹豇豆及菜豆罐头	3233.66	198.33
未脱夹豇豆及菜豆罐头	16416.40	973.77
芦笋罐头	83308.60	7434.52
清水马蹄罐头	48393.39	2365.33
蚕豆罐头	9273.65	353.61
水煮竹笋罐头 （每件容积≥8千克）	92359.60	9742.70
其他竹笋罐头	63820.60	3931.89
花生米罐头	1378.55	148.80
核桃仁罐头	630.02	250.12
其他果仁罐头	3242.25	980.21
菠萝罐头	22348.45	991.37
柑橘属水果罐头	175484.05	11917.20
梨罐头	1646.52	106.00
桃罐头	36808.65	3195.74
荔枝罐头	9432.23	707.49
合计	972751.33	74081.14
另：盐水蘑菇	45535.60	3861.48

经过近几年的发展，罐头工业已经形成蘑菇、芦笋、马蹄、竹笋、桔子和番茄6个品种为主的出口产品结构。在这些产品中，有的出口量超过世界贸易量的50%，有的出口量有较大的增长。例如，近几年国内番茄酱产量持续快速增长，2000年全国番茄酱产量34.5万吨，比上年增长了近70%，其中主产区新疆的年产量31万吨，约占全国产量的90%。浙江、广西、湖南的桔子罐头出口发展较快；2000年全国桔子罐头21万吨，约占世界桔子罐头产量的60%，成为世界最大的桔子罐头生产国和出口国。

在罐头的生产和出口全面增长的同时，由于出口无序竞争日益严重，导致罐头出口价格大幅下跌。据海关统计，近几年罐头出口平均每吨换汇为：1997年999.85美元，1998年895.74美元，1999年883.71美元，2000年761.59美元。

造成价格逐年下跌的主要原因是，目前罐头出口产品基本以原料性产品为主，企业规模多为中小企业，某一区域内企业的产品结构几乎完全相同。出口产品又都是以定牌加工为主，市场为进口商掌握。在这种情况下，企业之间极易形成以价格为主要手段的恶性竞争。许多企业以低价换取市场，其结果严重影响了企业自身的效益和发展，对国家和社会造成了巨大的损失。罐头行业发展急需加强政府调控和行业的自律。

【b. 行业主要活动】　1. 召开第 2 届会员大会，选举产生中国罐头工业协会新一届理事会。中国罐头工业协会第 2 届会员大会于 1 月 11 日～12 日在北京举行，全国罐头生产企业、省市行业管理部门、协会和相关配套企业 186 位代表参加会议。会议的主要任务：通过中国罐头工业协会第 1 届常务理事会工作总结，章程修改说明报告和财务决算报告；选举第 2 届理事会、常务理事会、正副理事长和推荐产生正副秘书长以及开展企业经验交流，同时邀请专家和领导对有关搞活国有企业、筹划企业未来发展战略、中国加入 WTO 以后对罐头食品进一步扩大出口的利弊分析等热点话题进行专题介绍。依据协会章程，会议选举梁仲康为理事长，李朝伟等 15 人为副理事长。

2. 实施"国内发展战略"，组织 2000 年中国罐头行业大型宣传活动。为了扩大罐头产品和品牌在国内的宣传，提升罐头的市场形象，增加优势品牌的知名度和美誉度，推动国内罐头市场的培育和发展，由中国罐头工业协会主办，上海梅林食品有限公司、厦门罐头厂、广东鹰金钱企业集团公司、江苏扬州亲亲集团、山东烟台飞轮集团和河北理想集团（唐县罐头厂）6 家大型企业参加了"2000 年中国罐头行业大型宣传活动"。

活动的目的是：①通过扩大宣传，逐步改变消费者对罐头的认识，澄清一部分消费者的误解，使更多的人对罐头有所认知，对罐头知名品牌有所了解，进而培育国内市场，扩大罐头内需。②通过行业优秀企业的参与，提高企业品牌在国内市场的知名度，同时使企业进一步认识和重视国内市场，进而推动企业转变观念，积极进行国内市场的开拓工作。③组织企业和集中群体的力量，扩大在市场的宣传，整体塑造罐头形象。这样大规模的宣传是中国罐头发展史上的首次，标志着罐头行业发展的战略转变，必须面向两个市场，充分认识国内市场的发展潜力，在继续稳定和发展出口市场的同时，把国内市场的开拓作为今后的发展重点。

活动的口号是：美味、方便和健康的罐头食品就在您的身边。通过多层次、多方位和内容丰富、注重实效的宣传，6 大品牌的整体亮相，产生较好的市场效果，对进一步扩大市场的影响产生积极的作用。

宣传活动共分 7 个专题，按时间先后循序进行。

市场调查活动：发放 2000 份调查问卷。主要针对消费者对罐头缺乏了解的现状，设置 12 个答题，广泛听取消费者意见和反映，对调查问卷进行统计分析，基本摸清市场情况。

2000 年中国国际食品及食品加工和包装技术设备展览会：6 家参加宣传企业以中国罐头工业优质品牌整体形象出现，扩大品牌和产品的宣传。

中国罐头工业发展研讨会：组织政府有关部门领导，食品和营养卫生专家、企业家、经销商、消费者和首都主要新闻媒体记者座谈，共同分析中国罐头行业存在的问题，研讨今后发展方向。

"2000 年中国罐头行业市场推广活动"新闻发布会：向社会各界、首都新闻界展示罐头行业整体形象，扩大企业和品牌的影响力，动员和引导媒体多视角、多形式宣传和评说罐头行业和产品，让更多的消费者了解罐头。

电视宣传：在中央电视台第 2 套节目《生活》栏目和第 4 套节目《新闻 60 分》进行报道和宣传，扩大罐头行业和品牌的影响。

罐头宣传周：集中在中华工商时报、参考消息、北京青年报和北京晨报 4 家报纸推出介绍 6 家企业的专题报道。"2000 年中国罐头行业市场宣传活动"优质品牌通栏广告，有关介绍罐头产品的通俗易懂的小常识等。

优质罐头产品国庆展卖周：集中 6 家产品在市场进行宣传和展销，进一步拓展市场和效果。

协会建议和要求全国罐头企业积极关注和配合行业宣传活动的开展。根据自身情况，在企业所在地和产品的主销区开展多种形式的宣传，形成有利于扩大罐头影响的市场氛围，同时努力开发新产品，加强市场营销，逐步提高罐头产品在市场的地位。

3. 中国罐头工业代表团赴法国和意大利考察。

2000 年 10 月 21 日～11 月 5 日，中国罐头工业协会组织上海梅林食品有限公司、厦门罐头厂等 14 家单位 21 人赴法国和意大利访问。主要内容是：参加 2000 年法国 SIAL 国际食品展览会，参观意大利萨西布（SASIB）等食品企业，开展与意大利食品工业联合会的交流活动。

（梁仲康）

【c. 行业数据报告】 1. 行业基本情况

行业名称：罐头食品制造业

	1998年	1999年	2000年
行业内企业单位数(个)	496	491	504
其中:亏损企业(个)	213	193	159
从业人员（万人）	13.01	12.25	11.56

2. 罐头食品制造业在全部工业中的位置与比较（单位:%）

	1998年	1999年	2000年
行业产值占全部工业产值的比重	0.17	0.170	0.148
行业增加值占全部工业增加值的比重	0.13	0.129	0.104
行业人数占全部工业人数的比重	0.21	0.211	0.208
行业资产占全部工业资产的比重	0.15	0.162	0.149

3. 行业财务状况（单位：亿元）

	1998年	1999年	2000年
实收资本	39.75	49.46	46.59
国家	19.21	19.11	17.22
港澳台	4.65	6.74	4.93
外商	4.48	4.65	4.16
工业总产值（新规定当年价）	116.79	126.63	127.08
工业增加值	25.32	27.89	26.36
工业销售产值	111.86	117.35	116.46

4. 行业资产负债（单位：亿元）

	1998年	1999年	2000年
年末资产	158.00	189.84	188.04
流动资产	76.93	92.46	96.12
固定资产原价	78.86	88.41	86.74
生产经营用	60.84	73.92	73.09
年末负债	126.09	140.27	141.45
流动负债	105.66	118.60	123.72
年末所有者权益	31.90	49.56	46.59

5. 行业损益及分配（单位：亿元）

	1998年	1999年	2000年
产品销售收入	101.93	110.77	113.14
产品销售成本	89.79	95.40	95.99
产品销售费用	5.43	7.29	8.38
产品销售税金及附加	0.58	0.70	0.57
产品销售利润	5.81	7.11	7.52
产品管理费用	5.79	6.61	6.73
营业利润	−4.16	−2.62	−0.81
利润总额	−3.58	0.87	0.68
当年应交增值税	3.63	3.99	4.47
亏损企业亏损额	5.79	4.19	3.62

6. 行业效益评价

	1998年	1999年	2000年
产品销售率（%）	95.78	92.67	91.64
增加值率（%）	21.68	22.02	20.74
全员劳动生产率（万元/人·年）	1.95	2.28	2.28
流动资产周转率(%)	91.12	134.48	125.67
企业亏损率（%）	42.90	39.31	31.55

7. 罐头产品产量（单位：万吨）

年 份	罐 头	肉类罐头	蔬菜罐头	水果罐头
1980	57.20			
1981	68.40			
1982	78.50			
1983	84.50			
1984	109.00			
1985	142.50	24.95	39.08	63.10
1986	164.10	24.78	41.04	76.47
1987	161.50	22.12	45.99	72.11
1988	220.90	37.75	65.39	85.34
1989	232.50	28.91	71.55	94.80
1990	157.10	23.45	54.60	58.10
1991	193.00	28.55	64.81	75.45
1992	224.30	28.30	65.15	94.21
1993	230.30	26.46	66.57	88.09
1994	247.30	23.40	65.10	106.51
1995	310.57	25.22	95.28	126.22
1996	282.61	20.29	100.53	124.70
1997	254.57	14.94	91.95	110.80
1998	156.46			
1999	169.09			
2000	178.20			

8. 分地区的罐头产量（单位：万吨）

地 区	1998年	1999年	2000年
全 国	156.46	169.09	178.20
北 京	0.22	0.16	
天 津	0.02	0.02	0.01
河 北	11.72	14.5	16.40
山 西	0.05	0.56	1.64
内蒙古	0.39	1.57	0.32

续表

地　区	1998年	1999年	2000年
辽　宁	4.14	2.69	2.91
吉　林	0.34	0.12	
黑龙江	0.95	1.41	0.84
上　海	3.70	3.49	3.26
江　苏	3.62	3.56	3.65
浙　江	19.90	24.02	31.18
安　徽	2.39	2.57	2.49
福　建	29.67	29.64	26.78
江　西	1.47	2.30	2.13
山　东	9.93	13.96	8.86
河　南	4.58	3.34	2.46
湖　北	4.47	2.9	3.13
湖　南	5.44	3.48	4.21

续表

地　区	1998年	1999年	2000年
广　东	6.59	5.28	7.11
广　西	14.86	14.18	13.57
海　南	13.68	15.75	15.67
重　庆	1.50	1.34	1.19
四　川	3.36	2.57	2.27
贵　州	0.04	0.07	0.12
云　南	0.76	0.66	0.54
西　藏			
陕　西	0.20	0.21	0.19
甘　肃	0.90	0.16	0.18
青　海			
宁　夏	0.21	0.10	0.07
新　疆	11.43	18.50	27.00

9. 进出口数量、金额及主要国家和地区

1998年～2000年16024910主要出口国家和地区

国家或地区	1998年			1999年			2000年		
	数　量（吨）	金　额（万美元）	百分比（%）	数　量（吨）	金　额（万美元）	百分比（%）	数　量（吨）	金　额（万美元）	百分比（%）
合　计	33457	5925	100.00	38338	6238	100.00	38175	5845	100.00
香　港	12138	2318	39.12	14857	2482	39.79	13472	2223	38.03
新加坡	5527	1061	17.91	6592	1238	19.85	6563	1085	18.56
马来西亚	4883	736	12.42	5479	781	12.52	6865	927	15.86
菲律宾	6297	1012	17.08	6283	910	14.59	4982	670	11.46

1998年～2000年16025010主要出口国家和地区

国家或地区	1998年			1999年			2000年		
	数　量（吨）	金　额（万美元）	百分比（%）	数　量（吨）	金　额（万美元）	百分比（%）	数　量（吨）	金　额（万美元）	百分比（%）
合　计	7489	1196	100.00	5487	807	100.00	5486	744	100.00
香　港	742	129	10.79	930	151	18.71	938	138	18.55
马来西亚	609	96	8.03	1005	163	20.20	1135	172	23.12
俄罗斯	4162	634	53.01	1549	153	18.96	737	38	5.11
印度尼西亚	103	17	1.42	443	69	8.55	640	96	12.90
哈萨克斯坦	1040	171	14.30	109	12	1.49	289	22	2.96
韩　国	247	38	3.18	545	79	9.79	1213	180	24.19

1998 年～2000 年 20031010 主要出口国家和地区

国家或地区	1998 年			1999 年			2000 年		
	数 量（吨）	金 额（万美元）	百分比（%）	数 量（吨）	金 额（万美元）	百分比（%）	数 量（吨）	金 额（万美元）	百分比（%）
合 计	137744	13038	100.00	1422981	13278	100.00	204334	16914	100.00
美 国	18284	1917	14.70	714	75	0.56	5240	688	4.07
加拿大	4421	508	3.90	6727	681	5.13	21969	1966	11.62
德 国	17476	1517	11.64	23187	1972	14.85	36868	2711	16.03
日 本	13527	1832	14.05	1678	2354	17.73	18965	2686	15.88
香 港	18763	1648	12.64	15377	1267	9.54	6648	482	2.85
荷 兰	4245	357	2.74	7883	653	4.92	16561	1319	7.80
以色列	9750	796	6.11	10375	844	6.36	14210	941	5.56

注：16024910 猪肉及杂碎罐头
16025010 牛肉及杂碎罐头
20031010 蘑菇罐头

10. 行业内“三资”企业状况

	1998 年	1999 年	2000 年
企业单位数（个）	92	95	109
亏损企业（个）	43	43	38
企业从业人员数（人）	25200	18700	20600
实收资本（亿元）	12.90	14.65	12.23
国家	1.50	0.70	0.79
港澳台	4.52	6.55	4.75
外商	4.10	4.43	3.95
工业总产值（亿元）	32.20	30.94	28.64
工业增加值（亿元）	7.07	7.40	7.06
年末资产（亿元）	29.26	32.43	30.61
流动资产	17.03	16.83	16.95
年末负债（亿元）	23.39	22.78	21.59
流动负债	20.10	19.68	19.12
所有者权益（亿元）	8.28	9.64	9.01
产品销售收入（亿元）	28.65	27.40	26.28
销售成本	25.78	24.86	23.02
销售费用	1.13	1.49	1.35
销售税金及附加	0.14	0.04	0.04
销售利润	1.53	0.97	1.72
管理费用（亿元）	1.38	1.41	1.30
利润总额（亿元）	-0.68	-0.87	0.37
应交增值税（亿元）	0.71	0.84	0.76
亏损企业亏损总额（亿元）	1.37	1.41	0.53
产品销售率（%）	94.81	93.21	94.76
增加值率（%）	21.96	23.92	24.65
全员劳动生产率（万元/人·年）	2.81	3.96	3.43
流动资产周转率（%）	170.74	175.98	161.92
企业亏损率（%）	46.74	45.26	34.86

2.9　发酵制品业

味精制造业

【a. 概况】　2000 年味精行业产量增长速度放缓，味精出口和外购谷氨酸增长迅速，工艺技术水平继续提高，但味精产品的利润大幅度下降。

据中国发酵工业协会统计，2000 年 36 家味精厂共生产商品味精 65.21 万吨，按可比计算，厂家数目减少了 12%，而产量增长了 10%。其中万吨以上的工厂共计 18 家，2 万吨以上的工厂共计 10 家。味精行业前 10 名企业产量合计为 45.41 万吨，占味精总产量 65.21 万吨的 69%。味精行业前 10 名企业谷氨酸产酸率平均为 10.1%，谷氨酸转化率平均为 57.6%，谷氨酸提取收率平均为 94.6%，精制收率平均为 95.5%，99%味精内销价格每吨平均为 9695 元。

2000 年味精产量前 10 名依次为：河南莲花味精集团、山东菱花集团公司、江苏菊花味精集团公司、三九味精集团、广州奥桑味精食品公司、沈阳红梅集团有限公司、浙江蜜蜂集团有限公司、杭州味精厂、山东铃兰味精集团公司、武汉味全食品有限公司。

据海关统计，2000 年中国进口味精及麸酸 25263 吨，金额 1675 万美元；出口味精及麸酸 26129.1 吨，金额 3063.6 万美元。

2000 年味精制造业的主要特点是：

1. 商品味精产销量增长率低于 10%，为近几年所没有的低增长幅度。2000 年 1～9 月全行业生产商品味精 477183 吨，比上年同期增长 6.96%，而 1999 年同期比 1998 年同期增长 12.17%。消费市场需求不旺是造成味精产品增长速度降低的主要原因。

2. 味精行业出口量大幅度增长，谷氨酸销量和外购谷氨酸量增长迅速。2000 年 1～9 月共出口味精 10803 吨，较上年同期 7112 吨增长 51.90%；谷氨酸销量达到 46002 吨，比上年同期提高 48.69%。说明生产成本的下降和国内市场味精价格的下滑提高了味精生产企业的出口能力，调动了企业出口的积极性，销售和外购半成品谷氨酸的快速增长则表明业内企业发挥各自优势，加强相互协作的趋势。

3. 味精生产工业技术水平继续提高，主要表现在发酵产酸率骨干企业又有新的突破；生产成本大幅度下降，味精生产各项收率指标较上年同期均有不同程度的提高。

99%味精生产成本，2000 年 1～9 月行业平均为每吨 6640 元，比上年同期的 8060 元下降了 1420 元，下降幅度高达 17.62%。

4. 国内味精市场竞争更加激烈，市场价格继续走低，味精产品的利润明显下降。从行业报表分析，味精行业 2000 年 1～9 月共获利润 33090 万元，比上年同期下降 957 万元，幅度为 2.80%；但是，味精产品的利润总额仅为 6937 万元，同比下降 10752 万元，下降幅度高达 60.78%。可见，味精行业各企业经济效益的取得越来越依赖于味精以外的产品，同时也表明调整产品结构的重要性。

5. 业内各骨干企业在 2000 年针对味精有机废水的污染问题均采取了治理措施，大多数企业在限期内实现了达标排放，但也有少数企业因未按期治理达标被强制停产。目前，有机废水的治理还存在运行费用高和技术稳定性差等问题。

6. 从味精市场看，假冒名牌产品的违法行为尚未得到有效扼制。

【b. 行业活动】　1. 2000 年 1 月 18 日，山东省味精协作组会议在济南召开。会议由协作组组长青岛益青味精有限公司主持，味精生产厂及有关单位的 15 名代表参加了会议。1999 年山东省味精产量比上年增长 15%～20%，预计 2000 年全省生产能力还要增长 20%左右。

2. 1999年12月下旬，浙江省味精协会在杭州召开味精厂厂长会议，各厂厂长及部分骨干厂经营厂长共23人出席了会议。据省味协统计，1999年全省味精产量比上年增长15%，销量增长14%。从产品结构看，99%味精产销量增长快，80%味精虽然仍占大头，但比重下降，商品麸酸产销率达100%。味精生产成本与销售价格双回落，企业丰产未丰收。

3. 中国发酵工业协会味精分会2届6次理事会暨市场协调委员会第6次会议，于2000年8月23日在湖南省张家界市召开，参加会议的有理事单位和市场协调委员会委员厂的代表共23名。会议研究了如何落实国家轻工业局“关于同意中国发酵工业协会主办味精营养宣传周”文件精神，并通报了“味精营养宣传周”邀请专家、领导、新闻媒体、费用交纳等筹备情况，还就组织参加2000年9月4日召开的国家食品工业会议以及2000年中国国际食品及食品加工和包装技术设备展览会做了部署。会议在交流了各企业上半年味精行业运行状况后，对分会理事、理事长单位的调整、增补进行了讨论。

4. 味精行业会统工作会议于2000年11月16日～17日在浙江省杭州市召开，各生产企业的会统人员共计45名参加了会议。会议重点总结了3年来会统工作情况。代表们认为，在味精行业通过数据分析总结行业发展状况，深入了解行业实际水平，运用计算机进行主要指标排序等工作，得到了业内人士的好评。会议同时指出在交流和统计工作中的不足，如只报企业总利润而没有把味精利润单报、出糖率计算方法不统一、报表内容不全等。会议还就味精不同品种的成本计算进行了讨论并制定了统一计算口径。

5. 2000年6月2日，国家轻工业局受国家经贸委委托，在山东济宁主持召开了菱花集团国家技术创新项目“味精清洁生产工艺技术应用开发”专家论证会。

该项目总投资2850万元，达产后年新增税利500多万元，尤新教授等9位专家一致认为该项目符合国家产业政策和行业发展方向。通过改革谷氨酸提取工艺，形成生产闭路循环，使整个生产过程无高浓度有机废水排放，同时回收硫酸铵和菌体蛋白等副产品。选用的清洁生产工艺路线是无锡轻工大学的技术，中试已经过专家鉴定，设计合理，技术先进，实现了环境效益、社会效益、经济效益三同步。菱花集团公司经济实力较强，生产管理经验丰富，技术依托无锡轻工大学，该校技术力量雄厚，二者优势互补有利于实现产业化，该项目2000年7月初试车运行。

6. 谷氨酸发酵及提取工艺新技术。沈阳市科委主持对沈阳红梅味精股份有限公司承担的谷氨酸发酵新工艺及新型等电离交谷氨酸提取工艺，进行了鉴定。专家们认为，沈阳味精厂研究的以淀粉为原料谷氨酸发酵新工艺和新型等电提取工艺，某些指标处于国内领先。

其发酵新工艺的特点：采用中糖发酵中后期补糖工艺，初糖浓度14%～16%，补糖量占总糖40%左右，适度提高生物素水平，加大接种量等措施，连续10批次，平均转化率达58.7%，平均产酸率达到10.18%。

其新型等电离交谷氨酸提取工艺的特点：采用NH^+－型强酸性阳离子交换树脂吸附，提高了吸附能力；离子交换过程只有吸附、洗脱2个过程，柱不需要用酸、蒸汽等再生及预热；洗脱方式由高温静态洗脱改为常压常温动态洗脱等措施。总体效果是：树脂交换量由每年216立方米减少至每年20立方米，提取收率由85%提高至96%，母液回收率达到89%～95%，年降低成本1412.7万元。

7. 莲花集团投资4亿元，建“入世工程”。目前莲花集团拥有1个上市公司、9个合资公司、10个全资公司，员工达18000名，年销售收入近35亿元，出口创汇2000余万美元；产品在国内市场占有率高达40%以上，出口20多个国家和地区，占中国出口味精总量的80%；其商标价值已达23.69亿元。

为了迎接“入世”，莲花集团投资4亿元着手实施了包括3个工程在内的“入世工程”：引进日本下番连续结晶工艺等精制技改项目，完成后可使味精质量进一步提高，产量增长1倍；引进日本CX－0法谷氨酸生产技术和配套发展项目，既可节省用粮又可使发酵生产能力增加1倍以上；小麦淀粉生产的技术改造及其副产品生产项目，此项目不但可降低成本，而且可综合利用废料，生产诸多副产品，大大增加附加值。

8. 味精营养宣传周。在2000年9月5日国际食品及食品加工技术设备展览会期间，中国发酵工业协会组织了部分味精企业参展，并开展了“味精营养宣传周”专家座谈及新闻发布会。这是一次味精全行业的活动，味精分会和各企业积极支持，河南莲花、山东菱花、沈阳红梅、江苏菊花、浙江蜜蜂、山东三九、广州奥桑、杭州丰汇、珠海益力、温州快鹿、山东铃兰、广东肇庆星湖、新疆石河子、南通天宇、浙江味元、福州味精、柳州金元宝、朝阳周期、哈尔滨北方等19家企业出资给予支持。中国中央电视台、北京电视台以及20余种报纸对味精的营养与安全进行了宣传。

柠檬酸制造业

【a. 概况】 据海关统计，2000年进口柠檬酸409.87吨，金额73.44万美元；进口柠檬酸盐及柠檬酸酯462.17吨，金额118.35万美元。出口柠檬酸22.54万吨，金额18870.17万美元；出口柠檬酸盐及柠檬酸酯3.28万吨，金额2779.82万美元。

据中国发酵工业协会的不完全统计，2000年柠檬酸及其盐类总产量36.92万吨，比上年的27.07万吨增长36.39%。2000年出口量达25.8万吨，比上年出口20.9万吨增长23.44%。

2000年全国柠檬酸行业正常生产的有30家企业，其中万吨以上企业有8家。这8家企业合计生产柠檬酸25万吨，约占全国总产量的69%。其中安徽蚌埠柠檬酸厂全年生产12万吨以上，产量居各企业之首。

【b. 加强出口管理】 2000年6月1日，外经贸部和海关总署联合发文，加强柠檬酸对美出口的审价核章工作，加大出口调控力度。

美国是中国柠檬酸出口的主要市场，1999年美国正式对中国出口到美国的柠檬酸进行反倾销调查。2000年1月31日裁定，中方胜诉。为维护国家利益，稳定对美国的柠檬酸出口，外经贸部和海关总署就2000年对美国出口柠檬酸有关问题做出规定：

对美国出口柠檬酸暂指定由参加此次反倾销应诉的12家企业经营。

中国五矿化工进出口商会只对上述指定的12家企业办理对美出口柠檬酸的出口合同预核签章。

各海关凭经商会预核签章的出口合同审价后放行，并加强与中国五矿化工进出口商会的联系配合，共同做好对美国出口柠檬酸的审价核章工作。

其他出口企业如需对美出口柠檬酸，须由上述指定的12家经营单位代理。

中国五矿化工进出口商会应加强协调、服务工作，指导会员企业加强自律，努力扩大柠檬酸出口，充分发挥行业中介组织作用。

这12家企业为：安徽丰原生物化学集团有限公司，连云港市对外贸易公司，宁夏宁馨儿生物工程有限公司，莱芜艾史迪生化有限公司，安徽省化工进出口股份有限公司，湖南外贸嘉利公司，江苏汇鸿集团土产进出口股份有限公司，南宁柠檬酸有限公司，唐山市冀东制药厂，黑龙江大庆石油技术进出口公司，罗氏中亚（无锡）柠檬酸有限公司，江苏中贸发进出口公司。

【c. 行业活动】 中国五矿化工进出口商会柠檬酸分会会员大会于2000年6月5日～6日在北京召开。会议传达了外经贸部、海关总署关于2000年对美出口柠檬酸的有关规定；选举产生了由9家企业组成的柠檬酸分会第1届理事会。会议还根据市场变化，对现行同行协议价格进行调整并从2000年6月15日起执行以下价格：一水柠檬酸，760美元/公吨；无水柠檬酸，955美元/公吨（美国）、930美元/公吨（美国以外地区）；柠檬酸钠，740美元/公吨。

中国发酵工业协会柠檬酸分会第12届2次理事会，于2000年7月25日～26日在昆明市召开，11家理事单位到会，2家理事单位缺席。会议通报了1999年柠檬酸生产和出口情况；指出柠檬酸全行业存在的问题，诸如产量增长速度过快、出口价格下降及出口秩序有待整顿、国外反倾销潜在危险依然存在及环保治理有待加强等系列问题。会议还提出行业发展对策，认为新上柠檬酸项目必须采用200吨以上发酵罐，浓缩采用三效以上蒸发设备，环保治理达标并符合清洁生产工艺等。

五矿化工商会柠檬酸分会1届2次理事扩大会议于2000年7月27日在昆明市召开。会议介绍了2000年上半年对美国出口情况，对下半年出口柠檬酸管理问题进行了磋商。针对柠檬酸行业产销两旺的形势，会议建议下半年就对美出口问题再次进行协商。

中国食品科技学会柠檬酸专业委员会、中国发酵工业协会柠檬酸分会技术委员会8届2次年会，于2000年8月12日～16日在甘肃省张掖市召开。专业委员会委员或代表24人，加上学会、协会及有关单位共计86人出席了会议。会议重点对环境保护、新技术（新工艺、新材料、新设备）及加入WTO对行业的影响及对策进行了交流和讨论。会议讨论通过了新的《柠檬酸技术经济交流统计指标及计算方法》（建议稿），建议由中国发酵工业协会柠檬酸分会发布执行，并报中国发酵工业协会备案。

五矿化工商会柠檬酸分会1届3次理事扩大会议于2000年10月10日在北京召开，16家柠檬酸生产和经营单位的22名代表出席了会议，会议主要内容是通报出口情况，研究出口策略。会议通过了对山东淄博磨料模具进出口有限公司出口违规报价的处罚决议。根据市场情况，会议研究了新的同行协议价并从2000年10月20日起执行。具体价格为：一水柠檬酸，FOB 650美元/公吨；无水柠檬酸，FOB 820美元/公吨（美国以外地区）、FOB 850美元/公吨（美国）；柠檬酸钠，FOB 700美元/公吨。

【d. 技术进步】 上海市科委在上海新立工业微生物科技有限公司（由原上海工业微生物研究所精制而成的高科技民营企业），主持对该公司研究开发的有机酸“L—乳酸“及”衣康酸”工业化发酵工艺技术项目进行了技术鉴定。其中L—乳酸项目在60立方米发酵罐上的水平：发酵产酸达到14.4%，糖转化率82.4%，发酵周期59小时，酯化法提取收率71.5%，L—乳酸纯度95%～98%，耐热性≥195℃。衣康酸项目在100立方米发酵罐上的水平：发酵产酸7.5%，糖转化率62%，发酵周期52小时，提取收率80%。

安徽蚌埠柠檬酸厂进行发酵液过滤分离试验，试验采用美国WALTON小型压滤机，滤布为“涤纶758”，试验发酵液为同一批玉米粉发酵液。试验结果表明，采用加压式板框过滤机压滤发酵液，辅之以硅藻土助滤剂预涂；然后添加适量的助滤剂和硫酸钙一起过滤，一次性投资少，操作简便，质量稳定。上述结论在生产实践中也得到了证实。

【e.“丰原生化”增发新股】 2000年12月，“丰原生化”获中国证监会批准，增发3000万股A股。此次增发3000万股A股将为丰原二期发展提供资金支持。主要投向L-乳酸、赖氨酸、燃料酒精等产品。本次募集的7亿多元人民币将用于投资30000吨/年L-乳酸、20000吨/年赖氨酸、5000吨/年柠檬酸钙、5000吨/年柠檬酸三正丁脂、30000吨/年柠檬酸及其盐类等工程。

2001年1月17日，增发的3000万股A股在深圳证券交易所上市流通。当日以24.31收盘。增发价为询价区间上限24.04元。

【f. 加入WTO对柠檬酸出口的影响】 加入WTO后对中国柠檬酸出口的影响，有利有弊，但总体看来，还是利大于弊。

有利方面大致有4点：

中国柠檬酸有其出口传统，目前已占世界柠檬酸消费份额的20%以上，是柠檬酸最大出口国。

中国柠檬酸的发酵技术上处于领先地位，加上有些原料、能源及劳务费用较低，因此具有出口成本低的优势。

柠檬酸生产企业经过几年的调整、兼并和技术改造，已向规模化、现代化迈出了扎实的一步，有一些大中型企业已陆续取得ISO9002的认证。自1994年产量达到近20万吨后，在1997年～1999年又连续3年超过20万吨，生产量也居世界第1位，因此具有国际竞争实力。

关税逐步调整，进口国壁垒制约的减少，使大家处于公平竞争的环境，这将有利于增加中国柠檬酸的出口机会。

不利的方面也有4点：

大部分工厂还是通过中介组织，把货销往国外，对国外市场很不了解。因此市场意识差，在经营中短期行为多，更谈不上有一个符合市场多变的营销策略，因此在国际市场的激烈竞争中，常处于被动应付的地位。

中国柠檬酸产品质量近几年有所进步，但还没有得到根本解决。罗氏公司进入中国与无锡中亚合资后，从保证产品质量这个角度他们对原中亚公司的人员培训、装备和管理作了大的调整，其质量确实比同行业的水平要高，另外大部分企业对质量保证认证系统的认证（即ISO9002）还没有排上队，容易受非关税壁垒的影响。

随着中国发酵技术流出，和近年行业技术投入减少，新技术少有突破，因此产品的成本优势将逐步丧失。

国内生产企业通过调整，从1994年的104家减少到1999年的30家，但是这30家受财政体制分块包干的制约，很难形成集约经营，每个工厂各唱各的调，内耗多，面对竞争激烈的国际市场，形成不了拳头和统一的营销战略和策略。

酵母制品业

【a. 概况】 据海关总署统计，2000年全国进口活酵母为156.26吨，金额为135.027万美元。出口活酵母为5767.73吨，金额为1140.87万美元。与上年相比，进口活酵母增长了6.4%，出口活酵母增长了18.20%；出口活酵母数量高于进口活酵母数量5611.47吨，出口量明显大于进口量。

据中国发酵工业协会酵母分会的不完全统计，现有生产高活性干酵母企业 6 家，正常生产的 5 家，停产 1 家；生产药用酵母企业 7 家，停产 1 家；生产饲料酵母企业 3 家，生产情况不明；生产核酸酵母企业 1 家；生产酵母抽提物企业 1 家；生产其他产品的企业 2 家。综合以上，酵母分会共有会员单位 20 家。

【b.“安琪酵母”上市】 2000 年 8 月 3 日，“安琪酵母”3500 万股 A 股股票在上海证券交易所采用定价上网发行方式成功发行，发行价格为 11.88 元/股，发行市盈率为 42.43 倍，实际募集资金 40078.7 万元。本次发行共冻结申购资金 3246.38 亿元，中签率为 0.128%，刷新了近几年来沪深两市冻结资金量最大和沪市中签率最低 2 项记录，发行取得了成功。

2000 年 8 月 18 日，“安琪酵母”在上海证券交易所隆重挂牌上市，中国发酵工业协会石维忱理事长出席了上市庆典活动。

湖北安琪酵母股份有限公司主要经营性资产来源于原宜昌食用酵母基地。该基地由中国科学院、湖北省科委、湖北省计委 3 家联合申报立项，湖北省宜昌生物技术开发中心承担建设，是当时国家计委布点的惟一一家酵母科研基地。1997 年 9 月，宜昌食用酵母基地整体改制成国有独资企业——湖北安琪生物集团有限公司。1998 年集团公司以其酵母生产、经营有关的全部经营性资产，与宜昌先锋科技发展有限公司、宜昌西陵酒业有限公司、贵州润丰（集团）实业有限公司、宜昌溢美堂调味品有限公司共同发起设立本公司，总股本 10070 万股，于 1998 年 3 月 25 日在湖北省工商局登记注册。公司主要经营酵母及其深加工产品。目前的主导产品有：高活性干酵母系列、酵母味素、特种酵母等，是一个品种多、市场占有率高、经济效益优良的现代化酵母研究和生产企业，是国家科委批准建立的“国家科技成果重点推广计划酵母技术研究推广中心”。公司承担并完成了国家级火炬计划、国家级重点成果推广计划，国家“九五”科技攻关计划等一系列高科技项目，荣获国家科技进步奖等一系列重大奖励，是中国新型发酵工业的骨干企业。

湖北安琪酵母股份有限公司本次公开发行股票 3500 万股（发行后公司总股本 13570 万股），主要投入：高活性干酵母、酵母味素、富核酸酵母、“康普力星”生物锌制剂生产线等项目，项目全部建成后，预计每年新增销售收入 8.6 亿元，新增税利 2.6 亿元，公司总体效益和综合实力将得到大幅度提高。

【c. 重大项目建设】 1. 广东江门 2000 吨富硒酵母工程。

广东江门生物技术开发中心是国家科委立项，于 1991 年建成投产的生物工程高新技术企业，是国家重点工程建设项目。中心成立以来，分别从德国、丹麦、法国、瑞典、日本等生物技术较发达的国家引进技术软件和关键设备，并吸收高素质的人才，组建起现代化的科研基地和生产线。该中心以科技为依托，在发酵和酶工程技术方面取得了长足的发展，为食品、医疗、饲料、化工等行业提供了一系列的科研成果及相关产品。其酵母生产能力达到万吨，在酵母的综合利用深加工、酶制剂生化药品等项目的开发上，取得了可喜的成绩。该中心生产的酵母浸膏、酵母精粉、鸡精原粉等产品行销全国，在国内占有较大的市场份额。

中国大部分地区人口缺硒，国内尚无有机硒产品。该中心投资 1900 万元，建设了年产 2000 吨富硒酵母工程，以营养丰富的酵母为载体，用现代化生物技术，成功地将无机硒转化为生物结合态的有机硒。其产品具有较高的生物活性，吸收利用率高，能迅速增加血液中的硒含量。

2. 安琪酵母 1.5 万吨项目开工。湖北安琪集团新开工的干酵母工程是国家经贸委批准的重大技术改造项目，计划投资 1.8 亿元，2000 年 8 月动工，预计 2001 年 12 月竣工投产。项目投产后，加上原有的酵母生产能力，安琪集团酵母生产能力总计将达到 2.5 万吨。

【d. 展望】 酵母产品特别是高活性干酵母近几年在中国得到快速发展，市场不断扩大，产品逐渐得到消费者的认可。中国在 1985 年由东糖集团率先引进欧洲先进技术，建成国内首家高活性干酵母厂。目前国内已有 10 家高活性干酵母企业，4 家鲜酵母企业。其中与外商合资或租赁企业 8 家，国内独资或合资 6 家。目前国内市场上正在销售的酵母品牌已超过 18 个，酵母市场正处于快速发展时期。10 年前只有高级宾馆制作面包时才会用一些干酵母，现在面包房、馒头厂、家庭、机关企业食堂、学校等都已开始使用酵母。干酵母产量从 1990 年的 5000 吨发展到现在的 20000 吨，产品也从单一的面包酵母发展到酒用、面用、微量元素、生香酵母等多种，质量提高到一个新的水平。

随着市场扩大，很多国外的品牌开始进入，比如法国、澳大利亚、土耳其、美国、英国等，而国内几家大企业也开始拓展国外市场，可以说酵母产品在国内和国际市场已经充分竞争。

澳大利亚菲利浦纳斯公司已经在中国成立了4家合资企业。法国乐斯福公司也在中国租赁了工厂，利用国内廉价的劳动力和资源优势，降低关税成本，加上他们的先进技术、先进的管理和销售手段，成功地进入并取得了一定的市场份额。法国燕牌酵母由于具有质量优势，目前比国内几个品牌的酵母价格高出很多，但仍有很大的销量，特别是在高级面包房、酒店、宾馆等基本处于垄断地位。中国广东丹宝利酵母有限公司、湖北安琪生物集团等国内知名厂家不断提高自己产品的质量，同国外的公司进行了激烈的竞争。不但在国内市场取得了较大的份额，产品还远销到非洲、欧洲、亚洲等地。

技术开发方面，法国已开始进行酵母基因工程菌种的研究开发工作。最终产品将打上基因印记，以防止菌种被其他公司“盗版”。国内酵母菌种的研究比国外起步迟，起点也较低。目前菌种选育仍沿用传统诱导突变或细胞质融合方法，工作量大，效果不很理想。菌种选育工作必须走国际合作开发的路线，才能开发出适合中国国情的优质菌种，参与国内和国外市场竞争。在发酵工艺上，采用超高浓度发酵法和新的下游工序处理方法和污水处理技术提高劳动生产率，降低消耗。干燥工艺上，乳化剂添加、造粒、预脱水和干燥等先进方法都值得国内同行学习。

（于景之）

酶制剂制造业

【a. 概况】 随着酶制剂生产与应用的深入发展，酶制剂的作用越来越明显。如：淀粉加工行业目前90%以上企业淀粉水解由酸法改为双酶法或多酶法，糖的收得率提高了6%～8%，并改善了环境；造纸行业纸浆漂白用木聚糖酶，纸浆改性用复合酶制剂；棉麻织物整理用纤维素酶；饲料用复合酶制剂；洗涤剂用复合酶制剂等。但是酶制剂行业总体水平还比较低、品种单一、结构不合理。2000年酶制剂产品在保持产销量稳中有升的情况下，价格大幅度下降，特别是糖化酶降价幅度达20%以上；一些企业经济效益不佳，只有微利，甚至亏损。

根据酶制剂行业统计，2000年行业内26家生产厂，万吨以上的有10家，比上年增加2家，总产量27.2万吨，比上年25万吨增长8.8%，产销率达到95%。据国家统计局统计，全国27家酶制剂厂1999年总产值5.18亿元（1990年不变价），销售收入5.5亿元，税利0.28亿元，其中利润－0.09亿元。产值、销售收入、税利均低于1997年和1998年。

【b. 科技成果】 复合酶制剂的研究和应用取得明显进展。江苏江阴星达生物工程有限公司由生产单一的糖化酶增加生产了复合糖化酶，应用于葡萄糖生产，使糖化时间平均缩短10个小时，DE值提高0.62个百分点，旋光度合格率由50%提高到100%，达到进口复合糖化酶的水平。

吉林双飙薪食品工程技术研究所研制的玉米特强粉，就是将不能制作面食的粗玉米粉通过α—淀粉酶和蛋白酶复合变性，将β—型淀粉改性为α—型淀粉，使其具有了弹性强、柔软性、展延性的特点，该玉米特强粉可以加工手擀面、水饺、馄饨、面包等。该项成果于2001年2月通过了国家轻工业局组织的专家鉴定。

诺和诺德公司推出的Termamyl Supra型液化酶和Dextrozyme E新型复合糖化酶在葡萄糖生产中试用，其各项性能指标都优于Termamyl120LS型液化酶和Dextrozyme 225/75型复合糖化酶。

杰能科公司推出的用于啤酒生产的复合酶FBR（由中性蛋白酶、β—葡聚糖酶、半纤维素酶及α—淀粉酶）可提高啤酒收率1.5%以上，增加可发酵性糖及可溶性氮，改善了啤酒口味。

广东肇庆华芬饲料酶有限公司根据不同牲畜、不同口粮及比例，配制出不同的专用酶和复合饲料酶，取得良好效果。一般情况下可以提高饲料利用率10%，生长速度提高10%。

【c. 进出口情况】 2000年与1999年酶制剂产品进出口情况对比：

单位：吨、万美元

品名	1999年		2000年	
	数量	金额	数量	金额
进口				
粗制凝乳酶及其浓缩物	226.24	200.10	495.70	198.91
其他酶，未列名的酶制品	6034.02	2927.21	5966.50	3483.10
出口				
粗制凝乳酶及其浓缩物	555.95	139.72	174.73	84.16
其他酶，未列名的酶制品	2218.99	1029.40	3530.02	1760.00

从上表可以看出，粗制凝乳酶及其浓缩物2000

年的进口量比上年增加，而出口数量减少；其他酶和未列名的酶制品进口量 2000 年比上年减少，而出口量增加。

【d. 行业活动】 中国发酵工业协会酶制剂分会第 7 次大会暨中国食品科技学会酶制剂专业学会第 3 次大会于 2000 年 10 月 24 日至 26 日在北京房山召开。参加会议的代表 87 人。大会共征集论文及资料 40 余篇，其中有 16 篇在大会中交流。会议对上个世纪酶制剂工业的发展和分会（学会）工作做了认真总结，客观分析了行业现状，初步制定了今后行业发展的战略方针及"十五"规划；选举产生了新一届分会理事会及学会专业委员会。任奉刚任酶制剂分会理事长，程池任秘书长。

【e. 展望】 2000 年酶制剂行业虽然得到了较快发展，但在前进中还有不少问题。企业之间发展不平衡，行业内 30 余家企业，其中万吨级的只有 10 家，三分之二以上企业的产品规模在万吨以下，而且品种单一，结构不合理，环境治理工作差等。但是酶制剂的科研、生产、应用形势不错。"九五"攻关项目中出现了一些新的酶制剂品种和酶的应用领域和新技术，这些都为生产企业调整产品结构，加强企业改组改造，促进企业技术进步创造了良好的条件。例如：在食品工业中用的乳糖酶和谷氨酰胺转胺酶。据有关专家介绍，乳糖酶缺乏和乳糖不耐受是一个世界性的问题，在中国更是普遍的现象。中国预防医学科学院营养与食品卫生研究所提供的资料显示，中国 7 岁～13 岁的儿童中，乳糖缺乏发生率为 87%，乳糖不耐受发生率为 30% 左右；全国成人以上 2 种现象的发生率均高于儿童。用乳糖酶将乳糖水解，预先消化，使维生素、矿物质达到最佳溶解度，可大大提高乳制品的利用率。因此开发乳糖酶产品并将其广泛应用到乳制品行业成为近年来研究的新热点。

谷氨酰胺转胺酶它能催化蛋白质分子之间和分子之内酰基的转移。能使档次较低的面粉蛋白质改性，从团粒结构变成网状结构，从而改善了面粉的口感，提高面食的弹性和持水能力。谷氨酰胺转胺酶已被食品添加剂标准化技术委员会批准列入了使用卫生标准。

（王家勤）

【发酵制品业行业数据报告】 1. 行业基本情况

行业名称：发酵制品业

	1998 年	1999 年	2000 年
行业内企业单位数（个）	245	235	253
其中：亏损企业（个）	82	45	55
从业人员（万人）	9.10	9.06	9.41

2. 发酵制品业在全部工业中的位置与比较（单位：%）

	1998 年	1999 年	2000 年
行业产值占全部工业产值的比重	0.19	0.200	0.183
工业增加值占全部工业增加值的比重	0.19	0.181	0.176
行业人数占全部工业人数的比重	0.15	0.156	0.169
行业资产占全部工业资产的比重	0.18	0.178	0.180

3. 行业财务状况（单位：亿元）

	1998 年	1999 年	2000 年
实收资本	45.98	53.97	58.57
国家	20.11	20.05	23.46
港澳台	2.75	2.75	1.41
外商	5.51	6.33	6.89
工业总产值（新规定当年价）	129.90	143.31	156.90
工业增加值	36.50	39.09	44.70
工业销售产值	126.42	140.32	153.18

4. 行业资产负债（单位：亿元）

	1998 年	1999 年	2000 年
年末资产	201.04	208.07	227.14
流动资产	89.08	97.45	100.89
固定资产原价	95.60	107.97	120.68
生产经营用	80.26	91.28	100.74
年末负债	128.79	125.75	141.42
流动负债	89.34	88.88	107.79
年末所有者权益	72.25	82.31	85.72

5. 行业损益及分配（单位：亿元）

	1998 年	1999 年	2000 年
产品销售收入	123.04	137.17	145.76
产品销售成本	102.64	111.84	116.02
产品销售费用	5.51	6.37	9.47
产品销售税金及附加	0.74	0.87	0.93
产品销售利润	14.12	17.58	19.17
产品管理费用	6.44	7.23	8.44
营业利润	2.97	6.47	7.34
利润总额	3.42	7.10	7.02
当年应交增值税	6.24	7.01	7.65
亏损企业亏损额	2.02	0.98	1.75

6. 行业效益评价

	1998年	1999年	2000年
产品销售率（%）	97.32	97.91	97.63
增值率（%）	28.10	27.28	28.49
全员劳动生产率(万元/人·年)	4.01	4.31	4.75
流动资产周转率（%）	151.11	159.15	150.24
企业亏损率（%）	33.50	19.15	21.74

7. 发酵制品产品产量（单位：万吨）

年份	味精	柠檬酸
1993	39.61	14.94
1994	39.77	17.08
1995	52.37	15.55
1996	53.88	15.18
1997	63.13	18.25
1998	63.23	
1999	72.72	
2000	84.50	

8. 进出口数量、金额及主要国家和地区

1998年～2000年21039010主要出口国家和地区

国家或地区	1998年			1999年			2000年		
	数量（吨）	金额（万美元）	百分比（%）	数量（吨）	金额（万美元）	百分比（%）	数量（吨）	金额（万美元）	百分比（%）
合计	10735	1520	100.00	13432	1739	100.00	21239	2552	100.00
香港	9408	1286	84.61	10150	1282	73.72	9407	1132	44.36
新加坡	236	47	3.09	363	71	4.08	243	50	1.96
尼日利亚	32	5	0.33	1520	185	10.64	8646	1003	39.30
美国	12	2	0.13	17	3	0.17	1105	124	4.86

1998年～2000年21039010主要进口国家和地区

国家或地区	1998年			1999年			2000年		
	数量（吨）	金额（万美元）	百分比（%）	数量（吨）	金额（万美元）	百分比（%）	数量（吨）	金额（万美元）	百分比（%）
合计	6313	616	100.00	1029	119	100.00	574	79	100.00
日本	286	29	4.71	160	35	29.41	91	25	31.65
韩国	305	35	5.68	255	29	24.37	203	24	30.38
台湾	3370	327	53.08	475	39	32.77	82	6	7.59
印度尼西亚	2143	210	34.09	70	7	5.88	100	13	16.46

1998年～2000年21021000主要出口国家和地区

国家或地区	1998年			1999年			2000年		
	数量（吨）	金额（万美元）	百分比（%）	数量（吨）	金额（万美元）	百分比（%）	数量（吨）	金额（万美元）	百分比（%）
合计	3995	676	100.00	4878	869	100.00	5768	1141	100.00
印度尼西亚	93	22	3.25	412	78	8.98	1012	205	17.97
香港	600	64	9.47	388	71	8.17	374	59	5.17
菲律宾	150	36	5.33	346	84	9.67	563	108	9.47
德国	524	84	12.43	356	54	6.21	249	38	3.33
乌兹别克斯坦	441	125	18.49	627	179	20.60	817	255	22.35
哈萨克斯坦	219	52	7.69	461	101	11.62	579	136	11.92
台湾	37	10	1.48	114	24	2.76	363	78	6.84

1998 年～2000 年 21021000 主要进口国家和地区

国家或地区	1998 年			1999 年			2000 年		
	数量（吨）	金额（万美元）	百分比（%）	数量（吨）	金额（万美元）	百分比（%）	数量（吨）	金额（万美元）	百分比（%）
合　计	93	38	100.00	147	58	100.00	156	135	100.00
日　本	6	8	21.05	25	14	24.14	10	15	11.11
法　国	16	14	36.84	20	15	25.86	17	24	17.78
美　国	1	2	5.26	3	12	20.69	28	56	41.48
香　港	10	3	7.89	8	0.2	0.34	12	3	2.22
荷　兰	19	3	7.89	46	6	10.34	53	11	8.15

注：21039010 味精

21021000 活性酵母

9. 行业内"三资"企业状况

	1998 年	1999 年	2000 年
企业单位数（个）	33	33	28
亏损企业（个）	15	11	9
企业从业人员数（万人）	1.04	0.87	0.79
实收资本（亿元）	12.70	13.80	13.21
国家	4.33	3.49	3.66
港澳台	1.65	1.58	1.23
外商	5.44	6.16	6.87
工业总产值（亿元）	20.21	17.70	17.06
工业增加值（亿元）	5.43	4.43	3.90
年末资产（亿元）	30.84	28.28	26.35
流动资产	12.94	12.36	11.58
年末负债（亿元）	18.51	13.90	13.89
流动负债	13.22	12.67	12.03
所有者权益（亿元）	12.33	14.38	12.46
产品销售收入（亿元）	19.23	16.80	16.44
销售成本	15.83	13.56	13.18
销售费用	1.01	1.10	1.23
销售税金及附加	0.06	0.01	0.01
销售利润	2.34	2.09	1.93
管理费用（亿元）	1.50	1.46	1.57
利润总额（亿元）	0.39	0.64	0.02
当年应交增值税（亿元）	1.02	0.97	1.09
亏损企业亏损总额（亿元）	0.54	0.36	0.94
产品销售率（%）	96.39	98.02	98.18
增加值率（%）	26.87	25.03	22.86
全员劳动生产率（万元/人·年）	5.22	5.09	4.94
流动资产周转率（%）	143.08	136.47	142.34
企业亏损率（%）	45.45	36.67	32.14

2.10　调味品制造业

【a. 概况】　2000年调味品工业成为食品工业中一个新的经济增长点。据国家国内贸易局统计和典型调查综合计算，全国调味品生产企业工业总产值按1990年不变价格计算为130.5亿元，按当年价格计算为187.65亿元；销售产值按当年价格计算为180.9亿元，全年销售收入为182.25亿元；实现税利14.9亿元，利润2.9亿元。各种调味品的产品产量：酱油495万吨、食醋213.3万吨、酱类75万吨、酱腌菜260万吨、复合调味料110万吨。传统调味品产量基本保持稳定，调味新品层出不穷。国有企业在深化改革中，加快改制，逐步建立现代企业制度，国家有关部门越来越重视调味品工业的发展，质量管理和行业管理工作有所加强。

【b. 协会活动】　2000年，中国调味品工业协会的主要活动有：

协助国家国内贸易局消费品流通司制定“十五”及2010年调味品工业科技发展规划。

配合国家质量技术监督局质量管理工作，向会员企业宣传《产品质量法》。

配合国家国内贸易局组建全国食品工业标准化技术委员会调味品分技术委员会。

配合国家国内贸易局等有关部门做好加强调味品产销管理的工作。

为了促进调味品生产和经营向现代化、信息化方向发展，为国内外调味品生产企业及相关企业提供交流与合作的舞台，组建了中国调味品网，提供信息服务。

为了规范腐乳行业的生产，协会根据会员单位反映，建议国家工商行政管理局撤消绍兴咸亨食品有限公司“糟方”注册商标。

为了掌握全国信息，建立行业数据库，配合新标准的贯彻实施，协会秘书处对会员单位的产品产量、酿造产品产量、经济指标进行统计。

为促进调味品产品的流通，开拓国内市场，中国调味品协会批准苏州姑苏酿造食品有限公司成立中国调味品展示交易中心（苏州）。

为了便于协会行业工作的开展，经过协会秘书处报告，国家国内贸易局同意将“中国调味品协会”更名为“中国调味品工业协会”，并报请国家民政部批准。

政府机构改革对行业协会的工作提出了新的要求，为了更好地全面开展行业管理工作，协会向国家民政部和国家国内贸易局申请成立“中国调味品协会香新料专业委员会”和“中国调味品协会榨菜专业委员会”。

2000年协会新增团体会员14个，并增补上海味好美食品有限公司和河南驻马店王守义十三香调料集团为常务理事单位。

【c. 行业管理】　浙江省有关部门实施对外地酱油、食醋进行质量检测，符合规定的颁发合格报告，凭报告方可进入浙江销售，确保老百姓食用酱油食醋的安全与健康，也保护了生产合格产品、优质产品的企业。

为了解决酸水解植物蛋白行业的共性问题，中国食品发酵工业研究所生物技术与调味品研究开发中心于2000年4月开始在行业内对酸水解植物蛋白及相关产品的3-氯丙醇进行普查。

镇江市在全市范围内开展了大规模的镇江香（陈）醋专项整治活动，为镇江香（陈）醋制定了江苏省地方标准，2000年专项整治初战告捷。

2000年11月23日，国家国内贸易局、国家工商行政管理局、国家质量技术监督局和国家卫生部联合发文内贸局连发消费字［2000］第17号《关于加强调味品生产销售管理的通知》，要求各地有关部门加强调味品产销管理，并在通知中指出，中国调味品协会要配合政府有关部门做好宣传工作，积极引导消费。

【d. 标准化工作】　2000年1月24日～25日，在全国食品工业标准化技术委员会第14次年会上，原则通过酱油、食醋等5项标准，并决定将酿造酱油和酿造食醋标准上报为国家标准。

2000年6月20日，行业标准SB10336配制酱油、SB10337配制食醋、SB10338酸水解植物蛋白调味液，由国家国内贸易局发布，并于2000年12月20日实施。

2000年6月28日～29日，召开酿造酱油检测方法行业标准讨论会，主要围绕区分酿造酱油和配制酱油的特异性指标—乙酰丙酸展开讨论。

协会积极配合卫生部制定《复合调味料卫生标准》。

【e. 企业动态】　2000年1月1日起，北京金狮食品酿造公司改制为“北京王致和食品集团有限公司”。

北京龙门和田宽食品有限公司靠三招好棋，巩固了宽牌系列食醋在北京地区的龙头地位。主要为：创新制胜、细分市场、避重就轻。

石家庄珍极酿造集团为了调整产品结构，完善技术工艺，满足市场需要，实施1万千升高盐稀态酱油生产线改造扩建项目，同时国家国内贸易局建议国家经贸委将该项目列入国家重点技术改造项目计划，给予重点支持。

石家庄珍极酿造集团投资建设企业局域网，在采购、销售、库存以及财务等方面实现网络办公，大大提高了办公效率。

依托于佛山海天调味食品有限公司的“佛山市酿造工程技术研究开发中心于2000年10月通过了佛山市经委、科委、计委组织的专家论证，正式启动运作。

具有3000年历史的川菜之魂“郫县豆瓣”，获得了由国家工商局批准的证明商标使用权，标志着“郫县豆瓣”这一地方酿造业步入了一个崭新的发展阶段。

【f. 新产品、新技术】　为了解决酱油烧菜发黑问题，中国调味品专家技术委员会委员王瑞芝研究成功酱油新技术，采用除去干扰红色素物质，提高酱油色度和光泽度，增加酱油浓稠度与挂碗度。

上海海鸥酿造公司根据国际市场发展趋势，生产出有机酱油。该酱油是一种纯天然、无污染、高品质的食品，其原料产地无任何污染，生产过程不使用任何化学合成的农药、肥料、饲料、除草剂和生长素，加工过程不使用任何化学合成的食品防腐剂、添加剂、人工色素和溶剂提取物。

（白　燕）

【g. 行业数据报告】　1. 行业基本情况

行业名称：调味品制造业

	1998年	1999年	2000年
行业内企业单位数（个）	957	867	778
其中：亏损企业（个）	355	283	245
从业人员（万人）	12.76	12.67	10.51

2. 调味品制造业在全部工业中的位置与比较(单位：%)

	1998年	1999年	2000年
行业产值占全部工业产值的比重	0.16	0.157	0.145
行业增加值占全部工业增加值的比重	0.19	0.173	0.161
行业人数占全部工业人数的比重	0.21	0.218	0.189
行业资产占全部工业资产的比重	0.13	0.133	0.130

3. 行业财务状况（单位：亿元）

	1998年	1999年	2000年
实收资本	45.36	50.86	53.19
国家	17.61	19.16	18.23
港澳台	2.95	5.65	5.41
外商	15.75	14.23	16.17
工业总产值(新规定当年价)	109.16	114.16	124.31
工业增加值	36.13	37.28	40.98
工业销售产值	102.38	108.90	117.43

4. 行业资产负债（单位：亿元）

	1998年	1999年	2000年
年末资产	139.14	155.62	164.14
流动资产	61.46	69.91	75.39
固定资产原价	76.23	86.32	85.33
生产经营用	54.42	69.30	64.91
年末负债	83.22	90.91	93.56
流动负债	69.61	75.34	78.62
年末所有者权益	55.93	64.71	70.58

5. 行业损益及分配（单位：亿元）

	1998年	1999年	2000年
产品销售收入	95.12	106.33	113.50
产品销售成本	74.42	80.15	84.08
产品销售费用	7.71	9.27	10.83
产品销售税金及附加	0.63	0.63	0.65

产品销售利润	12.06	16.14	17.33
产品管理费用	10.21	11.38	11.92
营业利润	0.92	3.66	4.34
利润总额	1.40	4.22	5.93
当年应交增值税	4.89	5.51	6.16
亏损企业亏损额	3.28	2.26	2.08

6. 行业效益评价

	1998年	1999年	2000年
产品销售率（%）	93.79	95.39	94.47
增加值率（%）	33.10	32.66	32.97
全员劳动生产率(万元/人·年)	2.83	2.94	3.90
流动资产周转率（%）	159.17	161.92	158.08
企业亏损率（%）	37.10	32.64	31.49

7. 调味品产品产量（单位：万吨）

年份	酱油	食醋
1993	288.80	
1994	279.77	
1995	361.53	146.64
1996	301.74	135.86
1997	263.20	106.48
1998	176.85	
1999	161.79	
2000	159.41	

8. 进出口数量、金额及主要国家和地区

1998年～2000年 21031000 主要出口国家和地区

国家或地区	1998年			1999年			2000年		
	数量（吨）	金额（万美元）	百分比（%）	数量（吨）	金额（万美元）	百分比（%）	数量（吨）	金额（万美元）	百分比（%）
合计	47705	2522	100.00	50979	2738	100.00	57227	3148	100.00
香港	17850	942	37.35	19701	989	36.12	17724	936	29.73
美国	6127	306	12.13	8912	451	16.47	10803	558	17.73
澳大利亚	1787	139	5.51	1924	121	4.42	1726	95	3.02
加拿大	2698	133	5.27	2960	148	5.41	3102	152	4.83
新加坡	826	50	1.98	1027	63	2.30	1505	83	2.64
日本	340	33	1.31	391	58	2.12	723	125	3.97
英国	1276	57	2.26	1775	89	3.25	2354	128	4.07
荷兰	1504	82	3.25	1582	83	3.03	2821	143	4.54

1998年～2000年 21031000 主要进口国家和地区

国家或地区	1998年			1999年			2000年		
	数量（吨）	金额（万美元）	百分比（%）	数量（吨）	金额（万美元）	百分比（%）	数量（吨）	金额（万美元）	百分比（%）
合计	16165	2878	100.00	14924	2839	100.00	18631	3690	100.00
日本	15104	2808	97.57	13014	2709	95.42	16654	3550	96.21
新加坡	159	12	0.42	436	32	1.13	791	64	1.73
台湾	588	40	1.39	817	61	2.15	485	42	1.14

1998 年～2000 年 22090000 主要出口国家和地区

国家或地区	1998 年			1999 年			2000 年		
	数量（万升）	金额（万美元）	百分比（%）	数量（万升）	金额（万美元）	百分比（%）	数量（万升）	金额（万美元）	百分比（%）
合 计	799	470	100.00	911	548	100.00	989	726	100.00
香 港	372	148	31.49	441	162	29.56	484	168	23.14
新加坡	76	50	10.64	78	49	8.94	76	49	6.75
美 国	159	140	29.79	128	136	24.82	130	218	30.03
日 本	19	22	4.68	27	31	5.66	52	84	11.57
澳大利亚	19	17	3.62	53	50	9.12	47	68	9.37

1998 年～2000 年 22090000 主要进口国家和地区

国家或地区	1998 年			1999 年			2000 年		
	数量（万升）	金额（万美元）	百分比（%）	数量（万升）	金额（万美元）	百分比（%）	数量（万升）	金额（万美元）	百分比（%）
合 计	54	56	100.00	86	118	100.00	80	89	100.00
日 本	29	38	67.86	49	84	71.19	44	56	62.92
韩 国	6	4	7.14	2	1	0.85	3	2	2.25
美 国	8	7	12.50	20	21	17.80	21	21	23.60

注：21031000 酱油

22090000 醋及醋酸制的醋代用品

9.1998 年～2000 年城镇居民家庭人均调味品消费支出（单位：元/年）

地 区	1998 年	1999 年	2000 年
全 国	28.02	29.18	29.73
北 京	56.95	56.82	54.85
天 津	42.93	47.77	46.76
河 北	22.01	23.99	22.63
山 西	17.26	24.48	26.24
内蒙古	20.06	19.81	21.73
辽 宁	28.67	28.53	31.44
吉 林	26.80	25.97	30.09
黑龙江	23.77	23.22	24.06
上 海	44.45	46.91	47.49
江 苏	32.66	35.06	35.22
浙 江	29.90	31.00	32.48
安 徽	28.89	28.78	31.45
福 建	32.54	34.84	30.97
江 西	23.34	22.64	23.12
山 东	20.83	23.13	22.05

续表

地 区	1998 年	1999 年	2000 年
河 南	25.12	26.01	26.50
湖 北	26.17	26.79	27.27
湖 南	20.53	20.58	20.38
广 东	29.54	30.16	31.80
广 西	18.81	20.13	20.25
海 南	35.50	35.30	32.84
重 庆	43.79	47.49	49.19
四 川	36.93	38.53	39.46
贵 州	29.82	28.87	31.63
云 南	26.27	26.46	26.88
西 藏		21.59	20.34
陕 西	25.23	26.48	27.35
甘 肃	28.38	27.57	27.78
青 海	24.71	25.19	24.29
宁 夏	22.59	22.12	23.50
新 疆	20.24	19.68	20.14

10. 行业内“三资”企业状况

	1998年	1999年	2000年
企业单位数（个）	82	88	89
亏损企业（个）	35	30	23
企业从业人员数（万人）	1.48	2.47	1.56
实收资本（亿元）	24.20	24.32	27.14
国家	3.93	4.07	4.24
港澳台	2.90	5.30	4.84
外商	15.52	14.00	16.12
工业总产值（亿元）	41.22	38.85	53.95
工业增加值（亿元）	15.32	12.91	19.07
年末资产（亿元）	47.97	52.10	62.78
流动资产	24.12	26.39	33.82
年末负债（亿元）	27.00	28.46	31.92
流动负债	22.73	24.88	28.04
所有者权益（亿元）	20.97	23.64	30.85
产品销售收入（亿元）	32.22	35.98	51.79
销售成本	25.62	26.01	36.55
销售费用	3.74	4.37	5.84
销售税金及附加	0.05	0.02	0.07
销售利润	2.68	5.51	8.95
管理费用（亿元）	2.24	3.18	4.80
利润总额（亿元）	0.07	1.92	4.48
应交增值税（亿元）	1.44	1.82	3.06
亏损企业亏损总额（亿元）	1.88	1.15	0.88
产品销售率（%）	93.52	94.75	93.73
增加值率（%）	37.17	33.23	35.35
全员劳动生产率（万元/人·年）	10.35	5.23	12.22
流动资产周转率（%）	136.00	146.32	158.28
企业亏损率（%）	42.68	34.09	25.84

2.11　食品添加剂制造业

【a. 概况】　随着国民经济扩大内需的影响和进出口贸易的高速增长，2000年食品添加剂生产比上年也有明显的增长，除了糖精受政府和政策调控限制生产消费以外，其他绝大部分产品均有较大增长。包括发酵制品（味精、柠檬酸、酶制剂等）在内年总产量180万吨左右，比上年增长14%。主要产品产量预计如下：

2000年主要产品产量

产品名称	产量（万吨）
味精	70
柠檬酸	32
酶制剂	25
酵母	10
香精香料	3.5
着色剂	2.8
天然色素	2.5
高倍甜味剂	4.4
糖精	1.96
甜蜜素	2
甜菊糖	0.12
阿斯巴甜	0.12
安赛蜜	0.2
营养性甜味剂	11.2
木糖、木糖醇	1.2
山梨醇	10
防腐抗氧化剂	8
营养强化剂	5.8
维生素	4.6
矿物元素	1.2
乳化增稠品质改良剂	6

2000年食品添加剂产量增长较快的主要原因有：1. 国内食品市场十分繁荣，加工食品要维护保质期，延长货架寿命，为适应这一需求，防腐保鲜剂产量猛增。2000年苯甲酸钠产量达7万吨左右。除出口1万多吨，内销约5万吨。2. 2000年餐饮业兴旺，全年营业额预计超过3700亿元。按日本餐饮业统计，风味料包括增鲜剂占餐饮业营业额的5%以上，最高达10%。国内餐饮业的繁荣，已带动用味精、鸟苷酸、肌苷酸为基料的风味料大幅增长。3. 随着人们生活质量的提高，对食品要求不仅要好吃，还需要能保健，所以功能性食品添加剂（功能因子）及配料亦有较大增长。

从出口情况看，2000年出口量38.8万吨，比上年增加12.2%。主要品种出口量有较大增加，其中出口万吨以上、增幅较大的品种有：柠檬酸增长12.3%，柠檬酸盐增长12.2%，苯甲酸及钠盐增长11.44%，维生素C境长12%，味精出口增幅最大，达15.8%。

主要产品进口，2000年略有增加，增幅5.9%。

2000年进出口总量虽都有增长，但单位产品的离岸价和到岸价均有所下降。这反映出的信息就是，世界食品添加剂竞争相当剧烈，优胜劣汰是必然规律。国外的食品添加剂企业也在调整、兼并，搞集约化经营，以提高其商品竞争力。在即将加入世贸组织之际，中国食品添加剂行业必须努力提高质量，增加品种，不断降低成本，迎接新的挑战。

最近10年，中国食品添加剂（包括发酵制品）从1991年的47.6万吨、52亿元，发展到2000年的总产量180多万吨、产值200亿元左右。10年来产量增加3.78倍，产值增加了3.85倍。

食品添加剂主要产品出口情况

产品名称	1999年		2000年	
	数量（吨）	金额（万美元）	数量（吨）	金额（万美元）
柠檬酸	183312	15943	225415.7	18870
柠檬酸盐	26740	2289	32762	2779.8
乳酸及盐	4249	529.6	3720	390
酒石酸	2350	341.8	4107.6	1016
葡萄糖酸及盐	2394	1301	3509.4	1801.6
味精	13432	1738	21238	2552
甘露醇	697	116.6	1121.9	156
苯甲酸及钠盐	14098	1585	16133.6	2215
糖精	14914.6	3630.7	14818.3	3642
天然香料	11192	6744	9716	6096
维生素C	28793	14625.6	34675.9	17387.5
维生素e	6471	8578	8595.7	6930
甜蜜素	4384	553	6508.5	862
活性酵母	4878	868.7	5767.7	1140.8
合计	317905	58844.3	388090.9	64757.2

食品添加剂主要产品进口情况

产品名称	数量（吨）		金额（万美元）	
	1999年	2000年	1999年	2000年
山梨醇	79187	72600	3004.4	2686.7
丙酸	9109	10364	550.6	635.69
谷氨酸	7293	15818	600.7	1009
其他氨基酸	2777	2239	2223	1837
阿拉伯胶	725	639.8	171.2	99.85
槐豆和瓜豆胶	3207	6687	487	665
合计	102298	108347	7036.9	6933.25

食品添加剂重要品种10年发展情况

单位：万吨

产品	1991年	1995年	2000年	2000年为1991年倍数
味精	25	52.3	70	2.88
柠檬酸	6.5	15.4	32	4.92
苯甲酸钠	0.4		7	17.5
食用香精	1.39	3	3.5	1.84

续表

产品	1991年	1995年	2000年	2000年为1991年倍数
食用色素	0.32	1.1	2.8	8.75
木糖、木糖醇	0.27	0.6	1.2	4.44
山梨醇	2	5	10	5
维生素丙	0.4	2	3.8	4.75

【b. 行业动态】一、防腐抗氧保鲜剂

苯甲酸钠。是国内食品加工行业使用最多最广的食品防腐剂。近年来发展速度较快，主要原因是市场需求增加和价格低廉。目前市场价格每吨6500元～7000元。而国际公认低毒高效的山梨酸钾每吨要3万元以上。目前全国10个苯甲酸钠生产企业，生产能力达7万吨。武汉有机化工实业公司就有苯甲酸和苯甲酸钠生产能力3万吨。2000年全国实际产量6万吨以上，出口1万多吨。国内主要消费企业除饮料和酱油以外，酱菜行业用量相当大，而且发现有大量超标使用。

山梨酸钾。FAO/ WHO规定的ADI值为0～25毫克/千克，比苯甲酸钠0～5毫克/千克要安全得多，所以国际上需求近年增长较快。国内市场因大量采用廉价的苯甲酸钠，所以暂时山梨酸钾用量有限。但以出口为主的山梨酸钾生产发展很快。全世界生产能力约3.6万吨，美国消费1.2万吨，每磅2美元。国内生产企业从原有的20多个增加至目前的50家左右。在激烈的竞争中，成本下降，价格下跌。从原来每吨6万元降至2.8万元以下。有些企业停产，留下的企业生产规模扩大，相对集中。除广西南宁与赫斯特合资从1000吨扩至4000吨以外，无锡大新扩至3000吨以上；南通醋酸化工厂2000年扩至年产8600吨，成为国内最大的山梨酸钾生产企业。由于中国山梨酸钾出口猛增，价格便宜，富有竞争力，所以国际上有些公司如伊士曼公司已宣布退出山梨酸市场，日本也在关闭山梨酸企业。

异Vc钠。是国内90年代开发成功的生物合成抗氧剂，能代替用于肉食制品中抗氧剂的维生素C。国际市场年需求量1.2万吨左右，日本年消费800吨，中国生产约5000吨。由于异Vc比Vc价格低廉，所以在食品加工业，异Vc有取代Vc的趋势。特别是在午餐肉、火腿肠等产品，使用异Vc钠0.1%，能有效抑制熟食的哈喇和防止肉红色变褐。过去当Vc售价每吨12万元时，异Vc钠每吨5万元～6万元。由于异Vc钠的生产流程较Vc简单得多，国内各地纷纷建厂。但是Vc因中国出口剧增，受国外企业的竞争，国外价格从12万元/吨降至6万元/吨以下，异Vc钠如不降价就难以立足。在日本市场近年异Vc钠的用量下降，就是因Vc的竞争。目前国内异Vc钠的价格也在竞争中下降，每吨销售价跌至2.3万元。因而原有的20～30家生产企业由于优胜劣汰，只剩下3～4家。最大的是江西德兴异Vc厂，由于不断改进技术，缩短发酵时间，提高收率，降低消耗，成本大幅度降低；出厂价每吨不到2.2万元，规模扩大至3000吨。其次是郑州生化厂，年产1000吨。

二、着色剂

着色剂自1981年批准使用14种，其中合成5种，天然9种。至1990年发展至47种，其中合成9种，天然38种。至1996年，增至56种，其中合成10种，天然46种。至此中国已是世界上批准天然色素除日本外最多的国家。此时，美国和欧盟均批准天然色素共26种。

目前国内着色剂年总产量2.8万吨。其中合成的0.3万吨，天然2.5万吨。天然色素中焦糖色年产1.8万吨～2万吨，红曲米及红曲米粉5000吨，红曲红100吨，辣椒油树脂和辣椒红250吨，栀子黄50吨，栀子蓝5吨，高粱红45吨，可可棕7吨，甜菜红5吨，虫胶红8吨，姜黄素及姜黄油树脂30吨，红花黄20吨，萝卜红10吨，叶绿素铜钠盐及叶绿素糊20吨，叶黄素20吨。此外尚有紫苏、黑豆红、紫甘蓝、紫草色素、茄子皮色素、番茄红、商陆色素、灰白毛鲔红色素、枸杞子红、板栗壳棕、柿子皮色素、牵牛花色素、映山红、鸡冠花红、山楂红、血红素、虾青素、丹参色素、黑芝麻色素等。

栀子黄是一种较有发展前景的天然色素，由茜草科栀子果实用水或乙醇提取，色素成分有藏花素（栀子黄素）、甙栀子（环烯醚配糖体）、栀子素。其中藏花素是最好的黄色成分，具有较高的热稳定性和耐光性，着色性也好。栀子黄是自然界少有的水溶性类胡萝卜素。

栀子广泛存在于温带和热带。中国是世界上作为中药原料和色素的栀子主产地。栀子黄色素具有镇静、止血、消炎、利尿、退热等功能，在中药中使用较多的是栀子果实。

三、乳化增稠品质改良剂

黄原胶。是一种淀粉原料用发酵法生产的微生物多糖，是食品增稠剂比较优良的品种。具有高粘度（1%溶液达1200～2500里泊）、耐高温（120摄氏度）、耐酸碱、耐盐、抗剪切等优异性能。早期应用于石油勘探，近年在食品加工中被广泛应用。作为增稠、乳化、悬浮、稳定剂使用。北方地区生产的山楂果茶，就离不了黄原胶做悬浮稳定剂。世界上黄原胶年消费约5万吨，60%～70%用于食品。美国年消费黄原胶2万吨，约70%用于食品。日本年消费1200吨，主要用于蛋黄酱和调味料。世界上生产黄原胶主要生产企业有美国 Kelco 约 2 万吨，其次为法国朗诺勃朗克，再次为巴塞尔。

国内自 1992 年开始生产，当时在南京金湖，年产仅 100 吨。现在全国已有生产厂 10 多家。主要是南京金湖、山东淄博中轩、顺达、河南天冠、沁阳、新河、上海国润、宝鸡富阳、黑龙江甘南等。全部生产能力超过 6000 吨，2000 年产量约为 4000 吨。

国产黄原胶质量尚有差距，主要是色泽发黄，颗粒不匀，灰份高，霉菌和酵母含量高，大部分粘度只有 1200 里泊。国产黄原胶目前只有少量试出口，内销价每吨 5 万元左右。虽然美国市场价每吨 1 万美元，但质量较好。加入 WTO 后，国外优质黄原胶估计能很快进入中国市场。国内黄原胶企业规模太小，最大年产能力仅 2000 吨。全国产量 4000 吨，只及美国 Kelco 的1/5，所以缺乏竞争实力。

单甘酯。是乳化剂中最常用的品种。全世界消费乳化剂 25 万多吨，其中北美 11.6 万吨、欧洲 9 万吨、东亚 1.6 万吨、非洲 1 万吨、南美 2.5 万吨。其中，单甘酯占 50%，其次为硬脂酸酰乳酸钙、聚甘油酯、丙二醇脂，第 3 类是山梨醇酯、双乙酰酒石酸单甘酯。

随着技术进步和市场对单甘酯质量要求的提高，原来按老工艺生产的粗单甘酯，其纯度只有 35%～48%，因此采用分子蒸馏技术，将粗单甘酯精制分离，使纯度达到 90%～95%。90 年代初，分子蒸馏装置还需进口，“九五”期间，广州轻工研究所完成了原国家科委的重点科技攻关项目分子蒸馏技术，至今已能生产年产 3000 吨的分子蒸馏装置。因此，分子蒸馏单甘酯生产在“九五”后期有了长足的进展，除丹麦丹尼斯克公司在昆山年产 5000 吨生产能力的分子蒸馏单甘酯装置外，国内已有 10 家企业，仅广东就有分子蒸馏单甘酯企业 4 家。

2000 年国内分子蒸馏单甘酯超过万吨。由于相互竞争，价格下跌。从 1997 年每吨 2 万元以上，目前降至 1.5 万元～1.7 万元。进一步降低成本和出厂价，成为分子蒸馏单甘酯的主要竞争手段。广州美晨公司（原广州轻工所）于 1995 年年底建成了年产 6000 吨分子蒸馏单甘酯装置，采用了创新的工艺技术，使原料粗酯纯度达到 60%～65%，从而使分子蒸馏单甘酯的粗酯消耗从 2.5 吨降至 1.5 吨。显著降低了生产成本。

四、高倍甜味剂

阿斯巴甜（甜味素）。随着国家 1999 年起对糖精生产和使用进行限制，阿斯巴甜的市场空间得以扩大；同时全国食品添加剂标准化技术委员会对阿斯巴甜的使用卫生标准中，由苯丙酮尿症不宜食用修改为含 L－苯丙氨酸，为食品行业使用消除了顾虑。2000 年阿斯巴甜市场有所扩大，相关企业拟进一步扩大生产能力。浙江诸暨和绍兴 2 家均计划扩产，杭州也在扩产，仅浙江这 3 家阿斯巴甜生产能力就将达到 1000 多吨。虽然糖精受限制，其他甜味剂并未限制，阿斯巴甜的单位甜度价格毕竟是最高的。目前，进口产品每千克 30 美元，而国产品每千克 250 元人民币，具备了一定的竞争能力。据了解，美国市场零售每千克 40 美元。

阿斯巴甜的主要原料 L－苯丙氨酸，过去一直依赖进口。进入 2000 年，在“九五”攻关的基础上，各地已能自行生产质量达到 FCC 级的 L－苯丙氨酸，成本已从过去的每吨 20 万元降至 13 万元，个别企业降至 10 万元以下。目前每吨阿斯巴甜消耗 L－苯丙氨酸 0.8 吨～0.9 吨左右。另一种原料天门冬氨酸国内早已生产，每吨售价 8000 元～9000 元。因此国产阿斯巴甜的生产进一步降低成本，尚有潜力。

甜菊糖。全国总产量比 1999 年略有增加，但生产相对集中。总生产能力 3000 吨，实产 1100 吨，出口约 1000 吨。2000 年国内最大的甜菊糖企业山东济宁华纤集团收购了鲁南甜菊糖厂，从而使原有生产能力由 700 吨扩至 1000 吨，成为国际上最大的甜菊糖企业。该企业注重原料基地和技术投入，建立了 1 万公顷甜叶菊种植基地，并培育了甜菊新品种，其含甙量达 18%。

五、营养性甜味剂

山梨醇。山梨醇是食用糖醇中产量最大、用途最广的品种。主要用于无糖甜食品和用作乳化剂的原料。全世界年消费山梨醇约 100 万吨，其中中国约 15 万吨左右。近年来，由于 VC 生产增长，扩大了对山梨醇的需求，年用量在 10 万吨以上。其次用户是牙膏保湿剂以代替甘油，年用量约 4 万吨。国内山梨醇生产企业以结晶葡萄糖为原料，工艺流程简短，但原料成本较高。加之企业规模偏小，几十个企业大部分规模在万吨以下，所以生产成本偏高。目前国内市场每吨 3500 元～4000 元。进口山梨醇（主要来自法国罗盖特公司）自 90 年代以来逐年增加，至 1999 年进口量增加到 7.9 万吨，2000 年进口 7.26 万吨。到岸价从开始每吨 500 美元，至今已降至 375 美元。目前国内山梨醇生产成本大部分在 3500 元之上。由于缺乏竞争力，现有 30 万吨左右的生产能力，实际只生产 10 万吨。国内年消费 15 万吨山梨醇，有 6 万多吨依靠进口。日本年消费 13 万吨，其中从印尼进口 3 万吨。印尼的山梨醇企业是由日本 90 年代投资建设的。

木糖醇。木糖醇是所有食用糖醇中生理活性最好的品种，在防龋齿、不增加血糖值、能作为糖尿病人食品方面，显示了木糖醇比山梨醇等其他糖醇有特别的优越性。最近北京联合大学进行的动物试验表明，木糖醇和低聚糖类相似，也有明显改善小鼠胃肠功能的效果。木糖醇在动物体内肠道中滞留，具有缓慢吸收作用，可促进肠道内有益菌群的增殖，即双歧杆菌的增殖作用。按测算，每人每天服用 15 克左右，即可达到调节肠道功能的作用。木糖醇作为一种功能性甜味剂，能参与人体代谢，进入血液后，不需胰岛素能透入细胞，而且代谢速度快，不会引起血糖值升高，是最适合于糖尿病人食用、有营养性的食糖替代品。木糖醇代谢产生的能量和葡萄糖相同，而且和蔗糖有相同的甜度。根据北京复兴医院临床试验，糖尿病人每天服用 30 克～50 克，连续服用 3 个月～6 个月，结果是体力恢复 100%，按血糖值测定，降糖有效率达 80%，说明有轻微降低血糖值的效果，所以中国把木糖醇视为糖尿病人的辅助治疗剂。吉林、浙江等省所产木糖醇，均批准作为准字号药物投放市场。在防龋功能方面，芬兰吐尔库大学牙科医学院经过 2 年临床证明，木糖醇的防龋效果达 90%，而山梨醇为 30%～40%。现在国内又发现木糖还具有双歧杆菌的增殖效果，这将进一步促进木糖醇的消费。

国内从 60 年代开始生产木糖和木糖醇。第 1 家企业在吉林。1972 年，辽阳和保定的企业开始出口。而目前国际上最大的企业赛璐芬是 1974 年才建成的，当时生产能力是 3000 吨。目前全国木糖、木糖醇生产企业有 50 家～60 家，年产能力 3 万吨以上，而市场需求仅每年 1.2 万吨左右。规模较大的有汤阴木糖厂，能力 3000 吨，年产 2400 吨；保定糖醇公司能力 1500 吨，山东禹城光大集团木糖醇厂能力 2000 吨。

异麦芽酮糖醇和赤藓糖醇。异麦芽酮糖醇也称帕拉金糖醇，是用蔗糖转化成异麦芽酮糖，然后氢化成醇。在欧洲和日本早有生产，由于它和其他糖醇的性质相同（不龋齿、不增加血糖），且耐受性好，所以近年市场容量扩大。德国帕拉金公司是世界上最大的异麦芽酮糖醇企业，年产量 3 万吨，市场价每吨约 5 万元人民币。日本异麦芽酮糖醇 1997 年消费 2500 吨，每千克 480 日元。江西南昌金山糖醇公司生产的异麦芽酮糖醇（帕拉金糖醇），其质量指标纯度 98%（含结晶水），D—山梨醇＜6%，D—甘露醇＜3%，还原糖＜0.3%，灰分＜0.05%。

赤藓醇的特性和异麦芽酮糖醇相似，但它是发酵法自淀粉生产，不需要经过糖类氢化的过程，所以基建投资应比其他糖醇低。国内已有几处开始研制开发赤藓醇，但未见有生产报道。浙江海正药业集团采用北京大学的技术，已有中试样品。

【c. 全国食品添加剂标准化技术委员会第 21 次年会】

2000 年 10 月 19 日～21 日在上海召开。会议审议了食品添加剂新品种包括赤藓糖醇、乳铁蛋白、醋酸酯淀粉、辛烯基琥珀酸铝淀粉、纤维素酶、L—乳酸钙、天然叶绿素共 7 个品种。

会议还讨论了扩大范围和使用量的食品添加剂，包括核甘酸（5 种）、谷氨酰胺转胺酶、氧化淀粉、羟丙基二淀粉磷酸醋、乙酰化二淀粉磷酸酯、酸处理淀粉、硬脂酸、硬脂酸镁、BHT、乳酸钙、二氧化钛、聚甘油脂肪酸酯、维生素 A、维生素 D、维生素 E、维生素 B_1、维生素 B_2、维生素 B_6、维生素 B_{12}、胆碱、泛酸、叶酸、日落黄、诱惑红、苋菜红、赤藓红、焦糖色、阿力甜、苯甲酸、苯甲酸钠、乳酸锌、焦磷酸铁、碳酸氢钙、氯化钙、硫酸锌、抗坏血酸、抗坏血酸钠、白油、尼克酸、还原铁、氧化锌、碳酸钙、胭脂树橙、柠檬黄、胭脂红、甜菊糖、超细鲜骨粉共 52 个品种。

会议还审议了国家石油和化学工业局修订的胭脂红及胭脂红铝色锭国家标准，国家轻工业局修订的乳酸国家标准，国家轻工业局制定的 α—葡萄糖转苷酶及真菌 α—淀粉酶行业标准，医药部门制定的天然维生素 E 国家标准，上述标准经修改后同意上报。香料分委员会修订的广藿香油、亚洲薄荷素油、己酸、留兰香油、桂花浸膏、茉莉浸膏 6 个国家标准，己酸烯丙酯和乙酸芳樟酯 2 个行业标准，同意上报。

委员会审议了香料分委员会提交的 24 个香料新品种：（一）—薄荷酮甘油缩酮；（士）—薄荷酮甘油缩酮；（一）—薄荷醇乙二醇碳酸酯；（一）—薄荷醇丙二醇碳酸酯；3—1—薄荷氧基—2 甲基—1，2—丙二醇；DL—消旋薄荷脑；甜橙油（橙皮压榨法）；L—和 DL—丙氨酸；L—丙氨酸；L—赖氨酸；玳玳果皮油；3—甲硫基丁酸乙酯；2—甲硫基乙酸乙酯；2—甲基二硫基丙酸乙酯；3—巯基己醇；乙酸 3—巯基己醇；丁酸 3—巯基己醇；己酸 3—巯基己醇；香兰素1，2—丙二醇缩醛；乙基香兰素1，2—丙二醇缩醛；二氢香芹酮；三硫丙酮；2，6—二甲基吡嗪；α—己基肉桂醛。关于《香精厂生产卫生规范》的制定，建议应在IOFI有关规定的基础上，应用CAC推荐的制定原则，进一步完善该标准内容。

会议还提出了2001年食品添加剂标准化工作计划。会议对以下几个问题进行了讨论，并取得一致意见。

1. 全国食品添加剂标准化技术委员会章程的修改问题。委员们一致认为现有章程在内容、形式等方面都迫切需要修改和充实，但在各部门机构改革尚未确定之前，全面修改章程为时过早，建议由秘书处重点对章程中的工作任务、工作程序及经费等章节提出修订草稿，交正副主任、秘书长扩大会议审定后再提交下一次大会讨论。

2. 今后食品添加剂标准的制定方式。随着经济发展和加入WTO，食品添加剂治标工作已满足不了目前形势发展的需要。为加快治标步伐，委员们一致认为制定食品添加剂标准时可等同或等效采用CAC和2个以上有影响的国际组织批准使用的标准。由秘书处准备可采用的标准名单及认可组织名单，提交委员会确定。在审议此类采用标准过程中，要结合中国国情，在充分体现和保护国家利益前提下，加快与国际接轨的步伐。

3. 食品中食品添加剂的标准检验方法。委员会建议今后在申报食品添加剂新品种时，特别是有限量、残留量要求的品种时，申报单位须提供食品添加剂在食品中的测定方法。委员会审查同意列入名单后，组织2个以上（含2个）认可的检验机构进行验证上报委员会再行审定。建议组织协商成立检验方法的治标协作组进行工作。

4. 全国食品添加剂标准化技术委员会及秘书处工作的规范化问题。根据委员会工作任务和工作程序，制定秘书处日常工作程序。委员会委托秘书处起草申请标准的受理程序。建议秘书处不定期发行有关食品添加剂国际国内新动态的通讯，加强信息收集与交流，希望各有关部门积极参与。

5. 关于发展单位委员和通讯委员问题。建议由秘书处与国家质量技术监督局联系，再确定发展单位委员和通讯成员的原则性要求。

【d. 国内外交流】 1. 亚洲食品配料展览会和第4届中国国际食品添加剂展览会暨第10届全国食品添加剂生产应用技术展示会。第11届亚洲食品配料展览会（FIA）和第4届中国国际食品添加剂展览会暨第10届全国食品添加剂生产应用技术展示会（FIC），于2000年4月5日～7日在上海光大会展中心举行。这是FIA展继1988年之后，第2次与FIC展在中国合并举行。此次展出特点在于：

参展商阵容庞大。有美国、英国、澳大利亚3个国家展团和来自加拿大、丹麦、荷兰、日本、法国、瑞典、以色列、德国、比利时、挪威、摩洛哥、斯里兰卡、苏丹、印度、新加坡、韩国、马来西亚和中国台湾省、香港特别行政区等24个国家和地区的178家参展商及国内28个省、自治区、直辖市的535个单位参展。总参展公司为713家，展出面积达2.2万平方米。

展品品种齐全。展出的食品添加剂有天然食用色素、合成食用色素、甜味剂、酸味剂、酶制剂、防腐剂、抗氧剂、增稠剂、乳化剂、营养强化剂、膨松剂、漂白剂、面粉处理剂、水分保持剂、食用香精香料、增味剂等。

展出的食品配料和功能性食品有淀粉、淀粉糖、油料、人造奶油、乳制品、低聚糖、低聚异麦芽糖、蛋黄粉、蛋白粉、全蛋粉、酵母等。

新品种有赤藓糖醇、异麦芽酮糖醇、苏氨酸、蛋氨酸、异亮氨酸、缬氨酸、曲酸、水苏糖、低聚木糖、罗望子胶、黄芪胶、乳酸钾、乳酸镁、密蒙黄等。

生产与应用紧密结合。此次展出，许多生产厂在展出自产的添加剂产品的同时也展出了应用的产品，并在现场演示指导产品的使用。如一些生产香精香料、乳化剂及面包添加剂的参展商，现场烤制糕点、面包，让订货商品尝，手把手地传授使用方法，搞得十分活跃，吸引了大批参观者。

学术交流会、新产品新技术介绍会内容丰富。展览会期间举办了11场30个主题的交流介绍会，国内外专家就有关中国食品加工和食品添加剂的发展方向和市场前景、食用香精香料、功能性食品配料、食品添加剂，以及生物防腐剂等方面的新技术和开发应用等方面进行交流介绍。

本次展览共接待专业观众2.5万人次。抽样调查2682名观众，21.1%的观众来自上海，3.6%观众来自海外，其余则来自全国29个省、自治区、直辖市。

发言题目	主讲单位
学术交流会	
1. 综述及新动向	
中国食品加工和食品添加剂工业的发展现状和前景	中国食品添加剂生产应用工业协会理事长尤新
母乳中的低聚半乳糖研究和应用的最新进展	丹尼斯克—科特公司
葡萄糖氧化酶——颇具前途的溴酸钾代替品	诺和诺德中国公司
降血压肽及生理活性及应用	广州轻工研究所
2. 香精香料、防腐、保鲜及肉制品添加剂	
几种食用香精调配技术的探讨	广州百花香料股份有限公司
香味料的制备	北京工商大学
乳酸盐在肉制品中延长货架期和抑制病菌的作用	新加坡普拉克远东有限公司
曲酸在食品中的应用	无锡轻工业大学
水果、蔬菜在储藏期防腐保鲜剂的研究	河北农业大学
3. 功能性食品添加剂及配料（一）	
壳聚糖国际研究及趋势	台湾利统公司
异麦芽酮糖醇的性质和研究	德国PSG公司
溶血磷脂的制备及其性能研究	华东理工大学生物工程学院
新型乳化剂磷胺酯和聚甘油聚蓖麻酸酯在食品工业中的应用	帕思嘉工业公司
酶法转化淀粉合成海藻糖的初步研究	无锡轻工业大学
4. 功能性食品添加剂及配料（二）	
肝性脑病防治肽——高F值低聚肽的研究	无锡轻工业大学
金属硫蛋白的抗氧化及增强免疫作用的研究	北京联合大学应用文理学院
天然D-α-维生素E	浙江医药股份有限公司新昌制药厂
国内外番茄红素的研究与生产现状	贵州五倍子发展有限公司
低聚木糖的功能性质与酶法生产	无锡轻工业大学
新产品技术介绍会	
功能性蛋白在肉制品中的作用	AMPC公司（美国）
乳化稳定剂在面包、面粉改良剂、豆饮料中的应用	丹尼斯克—科特公司（丹麦）
尼萨普林与罐头食品防腐	丹尼斯克—科特公司（丹麦）
丹尼斯克科特香精	丹尼斯克—科特公司（丹麦）
酶制剂在面粉、面条加工、肉类加工、葡萄酒、果汁中的应用	诺和诺德中国公司（丹麦）
菊苣和低聚果糖的营养功能	ORAFTI食品配料公司（比利时）
维生素——市场机会与大众需求	罗氏（中国）有限公司
固定化酶法生产蔗果低聚糖技术	江门量子高科生化工程有限公司
柠檬酸苹果酸钙（CCM）在食品中的应用技术	美国保洁公司
太阳牌乳化铁的开发及其在食品中的应用	日本太阳化学株式会社

2．美国 IFT 展。由美国食品工艺学家学会主办的 2000 年美国食品工艺学家学会年会和食品博览会于 2000 年 6 月 11 日～14 日在美国得克萨斯州达拉斯会议中心举行。中国食品添加剂代表团一行共 20 个单位 31 名代表参加了年会和食品博览会。年会组织了学术交流 129 个场次，发表的专题讲座和各类论文共 1336 篇。

这次展览规模宏大，展品品种繁多，反映了科技转化为生产力的最新动态，代表了当今世界食品科技发展趋势，引起了学术界及各国厂商的极大关注。参展公司达 900 多家，3 天的参观人数约 2 万多人次。

中国代表团参加展出的产品有红曲红，功能性红曲米，天门冬氨酰苯丙氨酸甲酯（阿斯巴甜），稳定型维生素 C、A、E、B_1、B_2，麦芽酚，乙酰磺胺酸钾（安赛蜜），焦糖色素，木糖醇，黄原胶，姜黄，栀子黄，可可壳色，明胶，壳聚糖，氨基酸，海藻酸钠，异抗坏血酸钠，食用香精香料等 50 多个品种。达成的协议有 5 份，成交额 300 多万美元，主要是红曲红、牛磺酸、蛋氨酸、食用香料。

3．欧洲健康食品配料展览会。中国食品添加剂代表团一行 45 人参加了于 2000 年 11 月 20 日～22 日在法兰克福展览馆举行的欧洲健康食品配料展览会。展览会由博闻公司主办，自 2000 年起将每年 1 届的欧洲食品配料展览会改为逢双年举办健康食品配料展览会、逢单年举办食品配料展览会。400 多家公司重点展示了用于开发新的健康食品、功能食品的食品配料和食品添加剂。

本届展览会着重展示用于健康性、功能性食品的配料和添加剂产品，主题突出了“健康”，顺应了国际食品天然、营养、功能化的发展趋势。参展公司均以展出天然、绿色食品配料为主，展览会特设了功能性食品展区，在功能性食品展区有 50 多家公司参展，展出的主要展品有大豆异黄酣、叶黄素、番茄红素、红葡萄提取物、玫瑰花提取物、紫苏籽提取物、生物活性肽等。

中方以中国食品添加剂展团的名义参展，参展企业来自 18 个食品添加剂、食品配料的生产和经销企业。展出的产品有红曲红、功能性红曲米、竣甲基纤维素纳、木糖、木糖醇、黄原胶、甘草提取物、阿斯巴甜、香料、蔗糖脂肪酸脂、苹果酸、乳酸、乳酸钙、乳酸钠、乳酸乙酯、甘氨酸、牛磺酸、低聚麦芽糖、DL—蛋氨酸、磷酸、脱水果蔬、麦芽酚、乙基麦芽酚、羧甲基纤维素纳、天然植物提取物、营养强化剂等数十个产品。展览会期间，到中国展台的参观、询价、索要样品的贸易商很多，贸易洽谈十分活跃。3 天的展出中共签订合同金额 762 万美元。

展览结束后，代表团成员先后到德国赛力斯达公司和研究发展中心、南德糖业集团、奎斯特公司等参观考察，并与食品配料和食品添加剂界的同行进行了技术交流，通过实地考察，亲眼见到了国外先进的生产技术、设备及管理，看到了从科研到生产的过程，开阔了眼界。

【e．中国食品添加剂生产应用工业协会第 2 届会员代表大会】大会于 2000 年 10 月 11 日至 12 日在北京举行。出席会议的有来自全国食品添加剂、食品配料及相关行业的生产、应用、科研、教学单位的代表 148 人。会议选举产生了中国食品添加剂生产应用工业协会第 2 届理事会。潘蓓蕾和尤新当选为协会名誉理事长，吕坚东当选为理事长，齐庆中当选为副理事长兼秘书长。

会议期间，协会着色剂专业委员会、防腐—抗氧—保鲜剂专业委员会、香精香料专业委员会、营养强化剂专业委员会作了专题工作汇报；郑州粮食学院刘钟栋教授也作了学术报告。会议对中国食品添加剂及食品配料行业的重大问题进行了充分地讨论。

（尤　新）

2.12　其他食品制造业

淀粉及淀粉糖

【a. 概况】　2000 年淀粉与淀粉糖的发展，有以下特点：

1. 由于 2000 年粮食减产，粮价回升，相应淀粉价格上升。粮食产量较 1999 年减少 9%，其中玉米产量降低 18%，小麦产量减少 12%，稻谷产量减少 4%。玉米价格由年初每吨 680 元，到年底上升到每吨 1050 元，比 1999 年同期价格每吨高出 100 元～150 元。玉米淀粉价格由年初每吨 1300 元～1500 元，到年底上升到每吨 2000 元左右。

2. 淀粉糖发展迅速，尤其山东省发展更快，淀粉糖生产能力超过 150 万吨。2000 年由于砂糖产量压缩 10%，关停了一部分糖精厂，因此给果葡糖浆生产的发展创造了一定空间，一些地区已经或正在考虑恢复或新建果葡糖浆厂，其能力超过 10 万吨。各类低聚糖的产量也迅速扩大，其产量在 3 万吨左右。

3. 技术进步推动了淀粉深加工工业的发展。新型高效酶制剂的应用提高了原料利用率，使淀粉糖的品种更加多样化并扩大了应用范围；高效分离技术的应用，大大提高了产品质量，增加了产品附加值，提高了企业经济效益。环境保护和“三废”治理有了新的进展，颗粒污泥 IC 厌氧反应器技术在淀粉糖废水治理中得到应用。

【b. 产品产量】　根据有关资料介绍，全世界淀粉产量约 4700 万吨，其中玉米淀粉约 3600 万吨，占 76.60%；小麦淀粉 400 万吨，占 8.51%；木薯淀粉 360 万吨，占 7.66%；马铃薯淀粉 280 万吨，占 5.96%；其他淀粉约 60 万吨，占 1.28%。

据行业协会统计，1999 年国内淀粉主要生产企业 134 家，淀粉总产量 470.89 万吨。其中玉米淀粉 88 家，产量 422.6 万吨，占 89.74%；木薯淀粉 24 家，产量 34.68 万吨，占 7.36%；其他淀粉 22 家，产量 13.61 万吨，占 2.89%。此外，变性淀粉生产企业 22 家，产量 16.45 万吨；液体淀粉糖 26 家，产量 68.35 万吨。

据中国食品工业协会报告，2000 年全国淀粉产量 614.08 万吨，比上年的 470.89 万吨增长 30.41%。其他品种，如变性淀粉、液体淀粉糖都比上年有较快增长。

【c. 企业规模】　按行业统计，1999 年玉米淀粉年产 3 万吨以上的企业有 20 家。其中 3 万吨以上 2 家，5 万吨 4 家，10 万吨 10 家，20 万吨 1 家，30 万吨 2 家，50 万吨 1 家。这 20 家玉米淀粉总产量为 303.49 万吨，占全国淀粉总产量的 71.8%。按省份来划分，山东玉米淀粉产量占全国的 33%，河北占 24%，吉林占 19.36%，这 3 省合计占全国玉米淀粉产量的 76.3%。

玉米淀粉产量在 10 万吨以上的企业有：山东诸城兴贸玉米开发有限公司、吉林黄龙食品工业有限公司、长春大成玉米开发有限公司、河南莲花味精集团公司、甘肃荣华企业集团、秦皇岛骊骅淀粉股份有限公司、山东诸诚市淀粉股份有限公司、山东巨能电力集团金玉米开发有限公司、山东都庆股份有限公司、吉发吉化医药食品有限公司、华北制药康欣有限公司、山东菱花集团、昌黎县淀粉有限公司。

木薯淀粉产量在万吨以上的企业有：广东开平环球淀粉厂、广东高明市淀粉厂、海南省琼中县淀粉厂、海南省南坤淀粉厂、广西北海市宏泉淀粉厂。

马铃薯淀粉万吨以上有 2 家：宁夏西吉傻傻集团有限责任公司、呼和浩特华欧淀粉有限公司。

红薯淀粉万吨以上有 1 家：山东柳絮集团有限公司。

变性淀粉生产企业有 7 家：广西明阳生化科技股份有限公司、广东东莞东美食品有限公司、广东佛山溶剂厂、山东超凡集团公司、宁夏西吉傻傻集团有限责任公司、杭州市化工研究所磐安造纸淀粉工业公司、山东枣庄市台儿庄区翔宇淀粉厂。

结晶葡萄糖生产厂万吨以上产量的有：牡丹江制药集团有限责任公司、秦皇岛骊骅淀粉股份有限公司、华北制药康欣有限公司、石家庄市华营联合葡萄糖厂、河北圣雪医药糖业有限责任公司、重庆大新药业股份有限公司、潍坊盛泰药业有限公司。

液体淀粉糖万吨以上的工厂有：河南莲花味精集团公司、山东沂水县鲁洲食品厂、山东都庆股份有限公司、昌黎县淀粉有限公司、华北制药康欣有限公司、上海融氏企业有限公司、怀集县威通糖醇食品厂、河北华荣制药有限公司、广东新怡糖业有限公司。

【d. 技术经济指标】 玉米淀粉年产5万吨以上的14家企业中，11家玉米单耗平均1.48吨（高的1.56吨、低的1.44吨）；9家水耗平均6.26吨（高的18.5吨，低的2.59吨）；10家电耗平均205.6千瓦时（高的248千瓦时、低的179千瓦时）；10家总干物收率平均94.64%（高的98.58%，低的84.6%）；11家淀粉收率平均68.14%（高的71.09%，低的64%）。

木薯淀粉万吨以上的5家中，干原料单耗平均1.6吨；水耗平均26吨；电耗平均168千瓦时；淀粉收率高的75.26%，低的64%。

【e. 产品质量和标准】 中国发酵工业协会淀粉糖分会于1999年对全国12家生产厂的13个低聚异麦芽糖产品进行了质量抽检。经无锡轻工大学检测中心及日本天野制药株氏会社分别检测，13个产品主要指标（功能性糖的含量）都达到了行业标准，其中有4个企业（上海融宇企业、山东禹城环宇集团、上海正广和葡萄糖厂、山东天缘原公司）所有指标全部合格，达到了低聚异麦芽糖行业标准的要求。

《低聚异麦芽糖》、《功能性低聚糖通用技术规则》2个标准于2000年10月31日经国家轻工业局批准发布，其编号分别为：QB/T2491－2000、QB/T2492－2000。

新型可降解餐饮具通用技术条件国家标准及产品降解性能试验方法标准，由国家经贸委等部门负责制定，于1999年11月19日发布，2000年1月1日起实施。该标准适用于生物降解性材料类和光生物降解材料类生产的一次性餐饮具，包括盒、碗、杯、盘、碟等容器（方便面碗也包括在内）。标准将替代产品分为2大类（生物降解性材料类和光生物降解材料类）和5种类型（分别为纸板涂膜型、纸浆模塑型、植物纤维模塑型、食用粉模塑型和光生物降解塑料非发泡型）。

【f. 技术改造和基本建设】 在变性淀粉生产方面，广东佛山溶剂厂以市场为导向，不断创新和延伸变性淀粉系列产品，使变性淀粉生产能力形成年产2.5万吨，其主要品种有：预糊化淀粉、乙酰化交联淀粉、羧甲基淀粉、磷酸酯淀粉4大系列产品，应用于水产饲料、建材、食品、造纸等。

由菲律宾冠辉国际贸易有限公司和沈阳万顺达淀粉（集团）有限公司合资兴建的苏州高峰精细化工有限公司，投资3500万元引进德国斯达柯萨公司技术和装备，建设年产2万吨变性淀粉生产线，于2000年10月26日竣工投产。

在淀粉及淀粉糖加工方面，山东诸诚兴贸玉米开发有限公司拟建年产30万吨淀粉糖生产线，其中第1期10万吨已建成投产。

由山东保龄宝生物技术有限公司与美国奥立公司合资将建设年产10万吨果葡糖浆生产线，第1期投资近3000万元，年产5万吨F_{42}果葡糖浆，于2000年12月试车投产。

由武汉清城集团在鄂西咸丰投资2400万元创建的魔芋精粉有限公司，第1期工程年产1000吨精、微粉，于2000年4月投产。

中国农垦（集团）总公司援建加蓬木薯食品加工项目，包括年产3000吨木薯淀粉生产线，粉丝、饼干及膨化食品生产线、木薯棍、木薯全粉生产线等。

【g. 科研成果】 山东保龄宝生物技术有限公司承担的IMO900低聚异麦芽糖工业化生产及应用项目，在国内首家形成年产5000吨规模生产线。其产品理化指标达到国外同类产品水平，IMO900低聚异麦芽糖中的低聚异麦芽糖含量达90%以上，其中主要功效成分异麦芽糖、潘糖、异麦芽三糖含量大于50%，比国外同类产品提高5个百分点以上。

上海正广和葡萄糖厂试制出的啤酒用大麦糖浆，是以淀粉为原料采用少量麦芽和相关酶制剂配合糖化，制备出12度稀释液的啤酒用大麦糖浆，其成分完全达到了“麦芽、大米”传统制12度麦芽汁的要求，降低了原料成本，提高了啤酒产量。上海正广和葡萄糖厂与上海永昶盛啤酒原料销售有限公司于2000年11月在上海召开了生产与应用推广会。

西安航天发动机厂研制的25米^{3}无水α－D－葡

萄糖结晶（助晶）机，自1998年投产以来，在国内已有几家使用，产品质量符合要求，达到了以下指标：容积25米^3、冷却能力2.3米^3/米^3、搅拌功率3千瓦、速度每分钟0.6r、结晶时间50小时、结晶收率49%。该设备具有功率低、重量轻的特点，于2000年10月由国家轻工业局规划发展司主持了专家鉴定。

南宁市化工研究设计院与明阳淀粉化工总厂技术中心共同研制成固态（干法）生产阳离子淀粉，该方法具有比湿法成本低、对环境污染小、反应效率高等优点。该项中试成果已通过专家鉴定。南宁市化工研究设计院另一项成果是利用差向异构技术，将葡萄糖异构转化为甘露糖，再还原制取甘露醇。该技术转化率和成品收率均比用蔗糖生产工艺提高25%以上。

【h.国际交流】　2000年11月6日～21日，由中国发酵工业协会杜雅正秘书长带队一行12人赴美国进行玉米深加工技术、设备考察。在美国期间分别访问了美国嘉吉公司、杰能科公司、美国玉米精加工协会，拜会了美国商务部，参观了芝加哥国际包装展览会。这次考察不仅直接与美国有关政府机构、公司、协会面对面交流，同时还参观了有关淀粉深加工工厂和美国食品行业的市场情况。美国是世界玉米产量最大的国家，年产约2.6亿吨，20%左右用于工业加工。例如嘉吉公司年营业额550～600亿美元，在66个国家有1000多个地点营业，1999年玉米加工量为13亿蒲式尔。该公司以生产淀粉糖浆为主，深加工产品有柠檬酸、衣康酸、聚酯纤维乳酸等。

2000年5月17日～18日，中国淀粉工业协会、郑州粮食学院、德国GEA集团公司在郑州举办了国际小麦淀粉/活性面筋加工技术研讨会。出席会议的有11个省市40个单位50多名代表。中外双方代表各自介绍了小麦淀粉生产技术及设备情况。目前欧洲淀粉年产量约820万吨，小麦淀粉约占30%。1999年欧洲淀粉主要应用领域为：原淀粉占22%，变性淀粉占20%，葡萄糖浆和果糖占40%，高果糖浆占3%，酒精占1%，醇类占6%，其他占8%。

2000年9月4日～14日，科技部在长春举行玉米淀粉及深加工技术培训班。参加培训的有来自印尼、朝鲜、土耳其、巴基斯坦以及俄罗斯等国的人员，共15名。

【i.行业活动】　中国发酵工业协会于2000年9月20日～22日在山东济南召开了全国淀粉质原料制糖及其衍生物技术交流会，有260名代表参加了会议。大会共征集论文及资料50余篇，其中选择23名代表在大会上发言。交流的内容包括：酶法制糖新技术；玉米深加工产品进入一日三餐；淀粉糖高新分离技术及应用；环保治理新进展；功能性低聚糖；加入WTO对中国淀粉糖行业的影响及对策等。

会议期间，中国发酵工业协会淀粉糖分会召开了3届2次理事会，总结了淀粉糖分会工作，调整了分支机构理事会。现有理事28名。淀粉糖分会理事长由吕永杰担任，余淑敏任秘书长。

中国淀粉工业协会第4届3次常务理事会于2000年3月7日在广州召开。出席这次会议的常务理事及代表共46人。华南理工大学教授、协会名誉会长张力田作了题为“注重科学技术发展淀粉工业”的报告。会议总结交流了淀粉工业的发展情况，参观了广州市广重离心机制造公司新的生产基地、顺峰淀粉厂、佛山溶剂厂。

【j.展望】　淀粉糖是淀粉深加工产品的主要部分，近年发展很快，预计今后几年还会有更快发展。一方面砂糖产量的压缩以及合成甜味剂的限制生产和使用，给淀粉糖的发展带来机遇，但是原料价格的上升，也是制约淀粉糖大发展的重要因素。据有关方面预测，2001年上半年粮食价格将基本稳定，其中大米价格趋于稳定，而玉米和小麦价格小幅上升；到下半年尤其是第4季度，粮食价格将有所回升，但回升幅度不会太大。期间，粮食的地区差价、时间差价及品质差价将有所拉大。

2001年中国加入WTO后，粮食就有可能大规模从国外进口，这将加大中国的粮食供给压力，冲击国内粮食市场。由于发酵工业是淀粉深加工工业，也是农产品的加工工业，所以对粮食的价格非常关注。2001年粮食价格回升基本已成定局。为了发展淀粉深加工产品满足市场需求，从根本上来讲，还是要抓技术进步，采用高新技术，如：酶性制糖技术、纳泸分离技术、色谱分离技术、中空纤维酶膜技术等，以提高原料利用率，降低成本，从中消化各方面的涨价因素，以提高产品的竞争力。

（王家勤）

有关产品进口情况

单位：吨、万美元

品名	1999年		2000年	
	数量	金额	数量	金额
小麦淀粉	1917.95	80.49	1305.69	74.22
玉米淀粉	2875.17	146.78	2468.93	212.24
马铃薯淀粉	43816.97	1569.37	2819.22	1124.89
木薯淀粉	81058.53	1874.72	105002.69	2113.27
未列名淀粉	17420.47	543.79	6019.12	261.28
菊粉	4.85	1.26	38.87	7.65
甘油（粗）；甘油水及甘油碱液	434.42	38.93	419.81	49.58
丙三醇（甘油）	21452.94	2340.89	21832.46	2463.53
甘蔗原糖（未加香料、着色剂）	360724.75	6901.44	561208.28	9207.55
其他乳糖及乳糖浆	1002.23	93.04	1752.29	126.86
无水乳糖（含量在99%以上）	4325.97	252.98	9076.76	489.82
葡萄糖及葡萄糖浆（不含果糖或按重量计干燥状态的果糖含量20%以下）	2431.34	114.34	2760.08	153.08
葡萄糖及葡萄糖浆（不含果糖或按重量计干燥状态的果糖含量20%以上、50%以下）	4578.66	216.31	3565.53	146.74
化学纯果糖	235.56	21.66	774.71	76.45
果糖及果糖浆（按重量计干燥状态果糖含量50%以上）	240.49	24.78	145.67	10.08
活性酵母	146.91	57.73	156.26	135.02
发酵粉	2845.82	263.23	2678.24	257.41
味精	1028.74	118.51	573.69	78.78
甘露糖醇	58.09	23.94	261.25	46.30
山梨醇	79187.21	3004.44	72660.02	2686.75
肌醇	1.51	3.46	1.43	3.70
季戊四醇	10097.36	854.55	7424.63	611.86
其他未列名多元醇	1660.07	209.79	19592.11	2388.23
乳酸及其盐和酯	745.74	264.70	1070.64	256.16

续表

品　名	1999 年		2000 年	
	数量	金额	数量	金额
赖氨酸	32604.95	3730.88	33296.98	4087.23
赖氨酸盐及酯	714.10	796.15	19760.26	2488.05
其他谷氨酸盐	1766.39	96.34	68.60	71.20
其他氨基酸	2721.74	2072.45	2239.20	1837.22
其他氨基酸酯及盐	3624.02	1251.58	2933.99	1735.97
谷氨酸	7292.93	601.47	15818.24	1009.25
谷氨酸钠	9758.97	743.57	8871.29	587.13
柠檬酸	352.68	61.30	409.87	73.44
柠檬酸盐及柠檬酸脂	591.10	144.98	462.17	118.35
未混合的 Vc 及衍生物	54.94	60.85	68.35	70.11
糊精及其他改性淀粉	67058.02	3718.44	99430.76	5396.53

有关产品出口情况　　单位：吨、万美元

品　名	1999 年		2000 年	
	数量	金额	数量	金额
小麦淀粉	3925.22	139.19	4529.29	153.42
玉米淀粉	7929.37	181.99	59332.17	975.40
马铃薯淀粉	4076.84	207.39	3380.50	174.30
未列名淀粉	26042.26	1249.83	34484.06	1543.22
菊粉	269.29	36.49	168.71	31.02
丙三醇（甘油）	3100.25	880.26	1684.86	168.78
其他乳糖及乳糖浆	236.80	17.20	257.70	26.26
葡萄糖及葡萄糖浆（按果糖或按重量计干燥状态的果糖含量 20%以下）	599.15	37.79	2345.62	99.61
葡萄糖及葡萄糖浆（按重量计干燥状态的果糖含量 20%以上、50%以下）	127.44	6.29	1582.97	38.30
木薯淀粉	384.06	14.60	737.52	26.89
化学纯果糖	1070.57	32.23	1580.13	44.63
果糖及果糖浆（按重量计干燥状态果糖含量 50%以上）	1464.19	109.68	917.65	94.00

续表

品　　名	1999年		2000年	
	数量	金额	数量	金额
活性酵母	4878.03	868.78	5767.73	1140.81
发酵粉	2036.17	160.13	1361.38	99.25
味精	13432.39	1738.73	21238.78	2552.39
甘露糖醇	697.40	116.63	1121.98	156.41
肌醇	1305.96	915.33	1390.69	1159.04
季戊四醇	13.50	4.81	227.19	79.85
乳酸及其盐和酯	4249.05	529.60	3720.17	390.21
赖氨酸	48.43	18.80	157.18	38.70
赖氨酸盐及酯	77.39	37.39	293.16	77.39
其他谷氨酸盐	15.24	20.49	71.98	36.76
其他氨基酸	17114.78	6416.97	24423.43	7306.83
无水乳糖（含量＞99%）	96.06	15.83	73.91	5.23
其他氨基酸酯及盐	4584.90	2776.00	5355.46	4213.90
谷氨酸	1128.33	125.09	1369.02	173.38
谷氨酸钠	28.87	4.25	3521.28	337.82
柠檬酸	182826.10	15903.55	225415.75	18870.17
柠檬酸盐及柠檬酸脂	26740.76	2289.01	32762.16	2779.82
未混合的Vc及衍生物	28793.10	14625.63	34675.94	17387.58
糊精及其他改性淀粉	1927.36	82.43	4559.92	199.19
山梨醇	818.68	79.99	3175.46	122.50

2.13　酒精及饮料酒制造业

酒精制造业

【a. 概况】　据统计，2000年全国规模以上企业发酵法酒精产量（商品量）206万吨，比上年增长2.2%；销售收入54.2亿元，税金4.64亿元，利润-0.376亿元，销售费用2.71亿元。

酒精行业的总体情况是：酒精产量较上年略有增加，其中吉林、陕西有较大幅度增长，江苏、山东、四川、安徽、天津有一定增长，而广东、广西、河南有所减少；山东的产量最大（31.9万吨），占全国的15.5%；有18个省、自治区、直辖市的产量超过万吨；酿酒企业自产自用的酒精产量约90万吨；行业销售收入增长6.2%，但销售费用增长近14.2%，销售收入利润率进一步降低；资产负债率高达93%，居酿酒行业各酒种之首；大部分企业处在略有盈余或略有亏损的基本持平状态，40%左右的企业处在亏损状态，其中一部分企业处于严重亏损状态。

在扩大酒精用途方面，发展燃料酒精受到国务院领导和有关政府部门的重视，开展了一系列调查研究并列专项进行试点。

展望未来，近年内国内酒精产销情况在总体上不会有大的变化，由于供求差距依然存在，市场竞争依旧会很激烈。如果石油价格仍维持在较高水平，则化工用酒精数量会有所增加。燃料酒精的试点如果进展顺利，则将大大促进国内酒精工业的发展，将把发酵法酒精工业推进到一个崭新的阶段。

【b. 主要生产企业及经济技术指标】　酒精产量较大的企业有：黑龙江华润金玉实业公司22.4万吨，天津冠达实业总公司5.75万吨，河南天冠集团公司5.26万吨，哈尔滨酿酒总厂4.5万吨，天津挂月集团公司4.23万吨，吉林天合农产品开发公司3.93万吨，苏州百科化工公司3.87万吨，吉林新龙酿酒公司3.7万吨，江苏新沂酿酒厂3.65万吨，山东滕州荆河酒业公司3.5万吨，河南新野汉华集团公司2.5万吨，安徽蚌埠聚星酿造公司2.37万吨，河南孟州市酒精厂2.11万吨，安徽贝斯特轻化公司2万吨。

2000年酒精主要生产省份情况

省　份	产量（万吨）	比上年增长（±%）
山　东	31.9	+12
黑龙江	29.8	+8
广　西	21.5	-17
江　苏	17.3	+34
河　南	17.0	+7
云　南	14.5	+3
吉　林	13.6	+52
四　川	13.0	+20
天　津	12.2	+12
安　徽	9.5	+8
河　北	4.9	-8
新　疆	3.4	-40
广　东	5.9	-56
辽　宁	2.3	+3
浙　江	1.8	-36
陕　西	1.8	+105
海　南	1.5	+265
甘　肃	1.1	-43

淀粉出酒率一般在52%左右，好的53%～54%，最高56%，差的50%左右。

原料出酒率一般在32%左右，好的33%～34%，最高35%。

吨酒精标煤耗量一般在700千克左右，好的600千克左右，最低420千克，最高1300千克。

吨酒精电耗一般在200千瓦时左右，好的160～170千瓦时，最低145千瓦时，高的超过300千瓦时。

吨酒精水耗（净水）一般在 70 米^3～80 米^3，好的 50 米^3，最低 20 米^3，高的超过 100 米^3。

企业的销售收入利润率一般在 1%左右，少数几家较好的在 2%～3%。

全国有干全糟（DDGS）生产能力 75 万吨，实际产量约 35 万吨（用国产装置和进口装置生产的产品大致各占一半）。产量较大的企业有：华润金玉实业公司、冠达实业总公司、哈尔滨酿酒总厂、天合农产品开发公司、新龙酿酒公司、新沂酿酒厂、蚌埠聚星酿造公司等。

酒精生产副产物二氧化碳制品的总产量约 7.5 万吨，其中产量较大的为：华润金玉实业公司 2.6 万吨，天冠集团公司 8549 吨，冠达实业总公司 6293 吨，哈尔滨酿酒总厂 5800 吨，挂月集团公司 6866 吨，苏州百科化工公司 6968 吨，新龙酿酒公司 3020 吨，聚星酿造公司 2818 吨，宝鸡酒精厂 2716 吨，牡丹江酒厂 1397 吨，安徽种子酒总厂 1080 吨。

生产装备和技术水平较高的天津酒精厂、上海酒精厂、徐州酒精厂等仍处于停产状态；济南山东酒精总厂处于半停产状态；已完成扩建（迁移）的常州酒精厂处于待产状态。

【c. 燃料酒精的生产和应用立项试点】

一、立项经过。

近几年来，关于适量发展燃料酒精的建议，在全国人大提案、全国政协提案以及社会团体和人民来信中被多方面提及，引起了国务院领导的重视，于 2000 年 4 月 9 日明确批示国家计委对这项建议组织研究。5 月 10 日国家计委产业发展司以计司产业（2000）56 号函向各有关部门征求用玉米制造燃料酒精有关问题的意见，就以玉米为原料加工燃料酒精的可行性、市场需求情况及政策支持等问题进行研究。国家轻工业局作为发酵法酒精产品的主管部门对此问题进行了积极认真研究，分析了国际上有关燃料酒精的发展情况和国内生产燃料酒精可能的生产成本，于 6 月 6 日回函〔国轻行生发（2000）050 号〕国家计委。提出：燃料酒精的生产和应用，在技术上是可行的，但在原料资源稳定性和生产成本上还存有一些问题。建议可在有较多库存粮并有酒精生产能力的省份进行试点，在原料价格和税收上实施优惠政策并给予适当的政府补贴，以取得实践经验，为进一步推广创造条件。

国家计委在汇集各方意见的基础上，于 8 月 30 日以计产业（2000）1331 号函形式将关于用玉米制取燃料酒精的有关情况向国务院领导报告。认为：在国内推广使用燃料酒精可缓解国内石油紧缺的矛盾，降低国家对石油的依赖程度；可有效解决玉米等陈化粮的转化，提高农民收入，有利于农业生产的良性循环；可降低汽车的尾气排放，有利于环境改善，意义十分重大。提出可考虑先在有生产和使用条件的吉林省进行试点。此报告的原则意见得到国务院领导的肯定，并明确由国家计委牵头，立即开始组织实施。

关于发展燃料酒精生产和应用先在吉林省进行建厂试点的立项报告，在 11 月 29 日的国务院总理办公会议上得到批准，并被列为国家“十五”重点建设项目。国务院领导批示：决策已定，就要立即积极行动，付诸实施。国家计委会同国家经贸委制定规划、起草配套政策、进行区域性试点、改造老厂，同时要抓紧建设规模效益的新厂。

二、组织实施。

12 月 15 日由国家计委组织召开了“燃料酒精工作联席会议”。参加联席会议的单位有：国家计委、国家经贸委、财政部、国家税务总局、国家粮食局、国家质量技术监督局、国家环保总局、国家开发银行、中国石油天然气集团公司、中国石油化工集团公司、中国国际工程咨询公司、中国汽车研究中心、中国酿酒工业协会。为积极、稳步地推进燃料酒精的试点和规划工作，联席会议研究并商定了以下原则意见和事项：

1. 关于推广使用燃料酒精工作的总体思路和原则。燃料酒精虽然在国外已成功推广使用，但在平常情况下较大规模的应用在国内还是 1 项新事物，需要积极而稳妥地开展，特别要注意把握以下几点。

按系统工程开展工作，建立完善的联席会议制度。各有关部门明确责任，各司其责，共同推进燃料酒精应用工作的有序进行。

统一规划，分步实施。目前，首先抓好吉林新建试点项目，同时积极创造条件，严格按程序和标准，协调好河南和黑龙江改扩建现有生产能力的试点。

初期燃料酒精的原料定位在以消耗陈化粮为主。

项目建设要以效益为中心。要从经济性出发，提高酒精生产技术和综合利用水平，降低成本，实施清洁生产，使燃料酒精生产企业做到既能消化原料粮价成本，以确保农民的收益，又能承受住国际原油价格大幅度变化的冲击，维持燃料酒精生产。国家对推广使用燃料酒精给予必要的政策扶植。

从长远考虑，要积极研究扩大原料来源和市场容量。一是开展酒精柴油的研究，二是研究和开发纤维素资源用于生产燃料酒精，三是必要时研制高掺量酒精汽油汽车发动机。

2. 关于推广应用燃料酒精工作的有关分工。

领导机构：建立燃料酒精工作联席会议制度，国家计委为组长单位，国家经贸委、中石油集团和中石化集团为副组长单位。联席会议负责全国燃料酒精试点工作及燃料酒精发展规划的编制。

制订产品质量技术标准。由国家质量技术监督局负责制订《变性燃料乙醇》、《车用乙醇汽油》国家标准。随后组织制订《车用乙醇汽油混合燃料混配装置》国家标准，以及《混配运输、储存技术要求》等管理标准。

发动机台架及汽车行车试验。由吉林省委托一汽集团、吉化公司、吉林大学、东北师范大学、一汽汽车研究所组成课题组进行的台架及行车试验，分别要求于 12 月和 2001 年初完成。由国家经贸委组织有关单位开展的包括按不同比例添加燃料酒精对发动机金属件、橡胶件的实验和国内拥有量较大的 3 种车型（夏利、富康、桑塔纳）的 8 万千米行车试验，要求于 2001 年第 1 季度大体完成。

燃料酒精混配方案及销售市场。燃料酒精的混配拟采用在中心城市建设混配站和在炼油厂混配 2 种方式。车用乙醇汽油的销售纳入中石油和中石化集团调拨专营体系，按各自炼油厂的分布和辐射的市场范围统筹规划、研究确定混配工艺及布局等方案。

原料粮供应问题。由国家粮食局对燃料酒精所需原料供应方案作全面研究，会同吉林、河南、黑龙江等省制定有利于试点企业生产用陈化粮价格及供应办法，并研究提出发展规划的总体设想。

环境保护问题。由国家环保总局牵头开展燃料酒精有关环保工作；从宏观上对推广使用燃料酒精进行全面评价和建议；进行使用燃料酒精的汽车尾气污染当量分析（技术方案的政策性论证评估）及建立环境安全评价体系；制订燃料酒精生产、混配、使用过程中相关环境保护标准；吉林试点项目应采用清洁生产工艺，高浓度有机废水治理工程争取列为国家示范工程，并作为酒精行业污染治理的示范工程；研究甲基叔丁基醚（MTBE）对环境的影响，考虑对试点地区出台限用 MTBE 政策；乙醇汽油的油气回收装置国产化。

落实配套政策问题。燃料酒精项目是在石油资源日趋减少、农业丰产不增收、环境污染和可持续发展日益突出的大背景下提出的，国家需在政策上给予支持，同时明确当前此优惠政策仅限于国家确定的燃料酒精试点项目。

对新建项目的全面评价工作。由中国国际工程咨询公司组织专家对新建试点项目的经济可行性、社会效益和对环境的影响作全面评估。

规划工作问题。由国家计委会同国家经贸委、国家粮食局、国家环保总局等有关单位组成编制组负责编制“十五”燃料酒精推广应用规划，由中咨公司具体承担规划前期研究工作，各有关单位做好配合。规划草案经联席会议讨论修改后，由国家计委审定并上报国务院。

法规起草工作。在吉林、河南等省已着手制订推广使用燃料酒精地方性法规的基础上，由国家计委会同国家经贸委、国家环保总局、国务院法制办等有关部门共同起草使用燃料酒精的全国行政性法规。

三、燃料酒精生产、应用的出国考察。

由国家经贸委组织中央财经领导小组办公室、国家税务总局、国家环保总局、国家质量技术监督局、国家粮食局、国家机械局、中国石化集团公司、中国汽车技术研究中心、清华大学及 3 个酒精生产企业的代表共 22 人，于 9 月 23 日～10 月 1 日赴美国对美国燃料酒精的生产、储运、销售及应用情况进行了考察。这是关于燃料酒精方面规模最大的 1 次专业性出国考察。

【d. 酒精分会换届选举】　2000 年 9 月 22 日～24 日，在天津市宁河县召开了中国酿酒工业协会酒精分会第 2 届会员代表大会暨交流大会，有 69 个单位 117 名代表参加。由第 1 届理事会理事长单位山东酒精集团公司董事长李德祥致开幕词；黄兴秘书长作第 1 届理事会工作报告。

会议分析了当前政府管理体制深化改革和加强行业协会工作、更好发挥协会作用的发展趋势；根据民政部、国家轻工业局关于社会团体整顿中要求对协会分支机构加强领导的原则精神，并结合酒精行业的实际情况，经过充分讨论和协商并经大会选举产生了中国酿酒工业协会酒精分会第 2 届理事会。理事会由 35 个理事单位组成，耿兆林任理事长，秘书长为高寿清，聘请黄兴、李建山为高级顾问。

完成换届后，举行了专题报告和经验交流。天津轻工业学院、轻工环保所、冠达实业总公司、天冠集团、挂月集团、天合农产品开发公司、苏州百科化工公司、哈尔滨酿酒总厂、贵糖集团公司、解放军

4819厂、北方干燥设备厂等15个单位的专家、教授和工程技术人员作了发言。专题内容主要有：酒精糟液的各种处理，高纯度酒精生产，提高酒精产品质量，新型糖化酶、淀粉酶产品开发，新型离心机、干燥设备和换热装置开发等。

会议期间还组织部分专业人员对修订“食用酒精国家标准”的预审稿进行了审查。

【e. 食用酒精国家标准的修订】 已通过专家组审查的食用酒精修订标准（预审稿）内容如下（待批准后颁布执行）：

1. 感官要求

项　目	特　级	优　级	普　级
外　观	清亮透明		
气　味	具有乙醇香，无异臭		无异臭
口　味	纯净，微甜	纯正，微甜	无异味

2. 理化要求

项　目	特　级	优　级	普　级
色度，号　≤	5	10	10
乙醇，%（V/V）≥	96.0	95.5	95.0
硫酸试验，号≤	5	10	60
氧化时间：min≥	40	30	15
总醛（以乙醛计），mg/L≤	1	3	30
甲醇，mg/L≤	2	50	150
正丙醇，mg/L≤	2	35	100
异丁醇 + 异戊醇，mg/L≤	1	2	30
总酸（以乙酸计），mg/L≤	7	10	20
总酯（以乙酸乙酯计），mg/L≤	10	18	25
不挥发物，mg/L≤	10	20	25
重金属（以pb计），mg/L≤	1	1	1
氰化物（以HCN计），mg/L≤5	5	5	5

*：以木薯为原料的要求。对于其他原料制成的酒精无此项要求。

【f. 技术进步】 1. 优质酒精的生产水平得到很大提高。

具有高纯度优质酒精生产能力的企业已由少数几家发展到近10家，装备水平、蒸馏工艺和产品质量达到国际先进水平。山东地球村纯净酒业有限公司进入正式运行，以普通酒精为原料年产3万吨高纯度酒精的主体设备来自德国GEA公司，多塔多效差压蒸馏工艺。塔系：单独筛板塔（水洗萃取蒸馏）→精馏塔（70层）→回收塔（60层，浓缩各类杂质副产品、回收可利用酒精）→甲醇塔。系统内采用高效降膜式再沸器，多效蒸发方式。辅以全套西门子控制仪表及控制操作系统。每班2人，日产100吨高纯度酒精，每100升成品酒精耗蒸汽190千克。

高纯度酒精产品质量达到以下标准：

酒精浓度≥96.2%（V/V），甲醇≤5mg/L，杂醇油≤1mg/L，酸、醛、酯均≤1mg/L，氧化时间≥40分钟，不挥发物≤10mg/L，重金属不检出。

哈尔滨酿酒总厂从奥地利奥高布殊公司引进酒精差压蒸馏技术软件和关键设备，生产出甲醇含量小于5ppm的特级中性酒精。

2. 发酵与综合利用技术得到发展。

耐高温酒精发酵用活性干酵母得到广泛应用。淀粉质原料生产酒精连续发酵工艺技术在天津冠达实业总公司等企业得到进一步推广。

生产DDGS的装备制造水平得到发展。解放军4819工厂生产的卧螺离心机在Lw350型（2.5米^3/时～10米^3/时）、Lw430型（5米^3/时～18米^3/时）、Lw520型（15米^3/时～30米^3/时）的基础上又开发出Lw720型（30米^3/时～50米^3/时）机，被中国化工装备总公司和化工部技术委员会确认为行业推荐产品。天津冠达实业总公司开发的“用酒精糟液生产蛋白饲料的方法及设备”于2000年4月28日获国家知识产权局颁发的发明专利证书（第54560号）。广西贵糖集团股份有限公司酒精厂日处理糖蜜酒精废液900米^3、年产3万吨高效有机复合肥技改项目建成投产。

哈尔滨酿酒总厂从丹麦尤宁公司引进国际先进的CO_2生产技术，生产高纯度（99.99%）的CO_2产品。

【g. 其他行业活动】 桥2000有限公司（在瑞士日内瓦和中国香港注册）开辟了“桥2000在线酒精市场（BRIDGE 2000 ONLINE ETHANOL MARKET）”，面向世界介绍酒精产品、交易情况、供求信息等，提供中英文定期信息和电子贸易服务（http://

www.bridge2000.com)。

为推动国内酿酒、饮料行业的清洁生产，加强与欧盟企业在酿酒、饮料行业清洁生产领域的交流与合作，科技部与欧盟于2000年12月14日～15日在北京联合主办了"中欧酿酒与饮料行业清洁生产研讨会"。

（高寿清）

白酒制造业

【a. 概况】 2000年白酒行业生产经营呈现恢复性增行，行业结构和产品结构调整继续走向深入，企业改制速度加快、活力增强，全国白酒总产量、销售收入和税利总额都比上年略有增加，对国家的贡献进一步增大。白酒总产量在饮料酒中的比例逐年下降，但税利第1酒种的地位并没有改变。当年全国规模以上企业白酒总产量为476.11万吨，比上年增长1.1%；产品销售收入为513亿元，增长1.54%；税利总额为127.52亿元，增长0.26%；利润为43.27亿元，增长5.06%。按统计口径生产企业数为1286家；前10名企业产品销售收入163.05亿元，占31.76%，利润32.55亿元，占75.23%。利润在1亿元以上的有8个企业，五粮液集团13.75亿元，茅台酒厂4.43亿元，剑南春集团3.29亿元，泸州老窖公司2.85亿元，古井贡酒公司2.3亿元，全兴酒厂1.81亿元，沱牌集团1.3亿元，牛栏山酒厂1.03亿元。

2000年白酒行业的主要情况有：

1. 行业结构调整。在激烈市场竞争中，一些弱势企业、亏损严重的企业，通过实施破产、兼并、重组，逐步退出了市场，为大中型骨干企业发展提供了更大的市场空间。

企业围绕提高经济效益，实施创新工程，大力压缩无效益的产品，适度增加中高档产品，盈利水平高的产品比例。

企业改制速度加快，活力增强，不少白酒生产企业完成了股份制改造，大中型企业资本结构趋向多元化，有相当部分企业通过改制，成为行业中的税利大户。

2. 为了适应市场，适应不同层次消费者的需要，企业更加积极地调整产品结构，增加不同酒度、不同香型的品种。如西凤酒厂搞"凤浓"结合、"凤浓酱"结合；茅台酒厂坚持酱香为主，也开发浓香型产品；五粮液集团推出多品牌、多档次的战略。

品牌的宣传更加理智和规范。既有策划，不盲目投入，讲究投入产出比，又注意市场营销与练好内功相结合；注意质量，提高科技含量，抓好内部管理；生产更加规范，使生产能力与市场开发相结合，控制生产规模，避免盲目发展。

3. 原酒的流通与自身提高相结合。近年来，四川生产的散白酒行销全国各地，形成了原酒大流通的强劲势头。各地白酒企业注意把原酒大流通与自身提高相结合，以其之长补已之短，又注意结合本地白酒消费多样性特点，大胆创新，不断推出具有典型风格的新产品。

白酒的消费区域也发生了变化。以前广东、福建的消费者喝白酒不多，而现在销售上升。孔府家集团以福建省作为目标市场打文化牌，以文兴酒。泰山生力源集团把广东省作为市场开拓重点，精心运作，采取与客户共同开发"专供产品"的方式，形成具有一定优势的区域性白酒品牌。

在传统工艺与新型白酒的关系问题上，注意了传统工艺的继承发扬，创新发展与新型白酒的进一步规范发展相结合，把传统工艺的技术进步应用到新型白酒的生产中来，使白酒的总体质量水平有了提高，特别是全面提升了中低档产品的质量，取得了显著成效。

4. 2000年第4季度，国家质量技术监督局组织对白酒质量进行了抽查。抽查了52家企业生产的52种白酒，合格47种，合格率为90.4%，与上年抽查结果相比较，提高了10.4个百分点。抽查结果表明，卫生指标令人满意，特别是甲醇含量的降低，是有益于消费者健康的好事；大中型企业合格率为97.3%，小型企业的合格率为73.3%，小酒厂设备简陋，工艺陈旧，粮耗高，产品质量难以保证；标签问题突出，需加强饮料酒标签标准的宣传贯彻。

【b. 2000年白酒专业协会工作】 1. 举办营销研修班。中国食协白酒专业协会与酒类商业协会于2000年5月下旬，在四川省成都市联合召开全国名酒厂营销工作会议暨白酒营销高级研修班。98人参加了会议。研修班邀请了清华大学经济管理学院魏杰教授等学者、国家名酒厂厂长和白酒专家围绕企业营销组织、销售渠道、市场定位、市场进入、广告管理和品牌管理6个专题共同探讨，受到好评。

2. 开展新一届白酒国家评委考试选聘工作。第5届白酒国家评委组成以来已有10多年，评委队伍发生了较大的变动，同时在企业中一批中青年品评技术人才正茁壮成长，需要充实调整。这次考核工作是为了有利于推动白酒行业的科技进步，不断提高白酒产品质量，强化白酒产品质量标准的贯彻实施，协助有关执法部门，打击假冒，保护名优白酒。以往历届的白酒国家评委都是在全国评酒会前经考核产生的，随后就进行全国白酒评优工作。这次考核工作目的是培养一批知识面比较宽的高素质的感观品评的技术队伍，而并不是为了评比。

这次考聘的培训考核内容作了调整充实，增加了白酒香气成份色谱分析结果的应用；勾兑技术的初步理论；生产工艺的一般性了解；贮存的作用；相关的法律法规；增加了计算机在白酒感官品评中的应用等内容。

白酒专业协会协助中国食品工业协会、中国质量检验协会和中国标准化协会于2000年9月下旬和11月中旬，分别在贵州省贵阳市、山东省淄博市，根据报考条件和分配名额，分2批召开白酒国家评委培训考核会。参加考生170名，经考核录取白酒国家评委104名，白酒国家资格评委37名。

3. 多方位为行业企业开展咨询协作活动。2000年3月，白酒专业协会应邀参加了四川省邛崃市政府召开的“全国最大白酒原酒基地”授牌仪式，邛崃市名酒节和邛崃市酿酒协会的成立会。还先后参加了孔府家酒厂、古井贡公司和山西、辽宁、内蒙古、河北等省区组织的年会、咨询研讨会、品评会等，为企业通报情况，传递信息，受到行业和企业的欢迎、好评。

4. 协会自身经受了考验，继续坚持开展正常工作。2000年是白酒专业协会成立15年来不平凡的一年。1999年11月下旬，某些新闻媒体对新型白酒做了曲解原意的报道，在行业和市场引起了强烈的反应。2000年4月初，某些新闻媒体对白酒专业协会和协会领导成员作了严重失实的报道，所谓“权威的交易”甚至点名道姓的说在某企业有股份，每年都有分红等，进行中伤和攻击。

同年6月下旬，由于部门、单位之间一些矛盾的诱发，某些新闻媒体报道了所谓白酒专业协会存在的“合法性”和“没有登记备案”的文章。针对上述问题，白酒专业协会于7月上旬召开了在京和京外的部分会长、副会长、秘书长和副秘书长联席会议。在会上通报了情况，分析了协会所面临的形势。肯定了协会成立15年来所做的工作，要求写出正面文章，澄清事实真象和阐明协会立场，报上级主管部门和民政部，发行业内的会员单位。

会议之后，协会办公室先后代中国食品工业协会起草了2份报告和白酒专业协会15年工作的回顾，报上级主管单位和民政部民间组织管理局。并写出《致会员厂及有关单位的一封信》、《关于所谓顶风搞评比的情况汇报》和《关于不宜再重复组建白酒的全国行业组织情况的通报》3份材料，发各会员厂及有关单位领导，并附了1985年国家经委批准白酒专业协会成立的文件等4份历史资料，使会员厂了解了事实的真象，取得了民政部主管登记备案部门的理解和支持。

5. 加强协会自身建设。2000年仍然坚持汇总、印制会员厂年度经济技术指标资料及省市区白酒行业情况，免费寄至各会员厂和省市区酿（白）酒协会，传递行业动态和信息。并加强与《酿酒》、《酿酒科技》、《中国食品工业年鉴》、《中国食品博览》等刊物的联系，反映行业和企业动态，努力发挥协会的信息服务作用。

2000年协会根据企业的要求监制了几个产品并发展新会员厂。协会本着坚持勤俭办会的原则，节省开支，当年财务收支基本平衡。并请北京中全联会计师事务所有限责任公司对协会1997年至1999年的财务收支情况进行了审计。　（王贵荣）

【c. 行业数据报告】　1. 行业基本情况

行业名称：白酒制造业

	1998年	1999年	2000年
行业内企业单位数（个）	1428	1334	1253
其中：亏损企业（个）	451	386	297
从业人员（万人）	49.35	45.96	43.58

2. 白酒制造业在全部工业中的位置与比较（单位：%）

	1998年	1999年	2000年
行业产值占全部工业产值的比重	0.736	0.735	0.629
行业增加值占全部工业增加值的比重	1.049	0.983	0.850
行业人数占全部工业人数的比重	0.797	0.792	0.789
行业资产占全部工业资产的比重	0.740	0.757	0.727

3. 行业财务状况（单位：亿元）

	1998年	1999年	2000年
实收资本	136.83	149.16	153.46
国家	104.52	106.82	105.07
港澳台	0.19	0.82	0.72
外商	1.86	1.91	3.41
工业总产值（新规定当年价）	498.39	534.34	539.12

工业增加值	203.73	211.94	215.76
工业销售产值	485.56	519.70	524.65

4. 行业资产负债（单位：亿元）

	1998 年	1999 年	2000 年
年末资产	805.52	885.65	917.43
流动资产	448.40	495.89	508.11
固定资产原价	312.25	354.78	358.51
生产经营用	239.73	280.57	287.30
年末负债	510.93	540.20	559.62
流动负债	430.65	460.46	477.03
年末所有者权益	294.59	345.44	357.81

5. 行业损益及分配（单位：亿元）

	1998 年	1999 年	2000 年
产品销售收入	476.19	515.44	510.24
产品销售成本	305.56	330.06	321.06
产品销售费用	44.06	49.67	51.30
产品销售税金及附加	49.88	52.52	49.76
产品销售利润	72.25	81.18	85.76
产品管理费用	36.41	39.64	40.50
营业利润	30.25	35.50	43.26
利润总额	33.08	41.67	43.59
当年应交增值税	33.56	35.73	35.86
亏损企业亏损额	11.88	6.56	4.70

6. 行业效益评价

	1998 年	1999 年	2000 年
产品销售率（%）	97.43	97.26	97.32
增加值率（%）	40.88	39.66	40.02
全员劳动生产率(万元/人·年)	4.13	4.61	4.92
流动资产周转率（%）	112.89	111.12	105.86
企业亏损率（%）	31.58	28.94	23.70

7. 历年白酒产量（单位：万吨）

1990 年	513.91
1991 年	524.48
1992 年	547.43
1993 年	593.67
1994 年	651.29
1995 年	774.22
1996 年	801.33
1997 年	781.79
1998 年	584.96
1999 年	502.26
2000 年	476.11

8. 分地区白酒产量（单位：万吨）

地　区	1998 年	1999 年	2000 年
全　国	584.96	502.26	476.11
北　京	9.91	9.89	7.00
天　津	15.52	4.81	4.88
河　北	22.13	25.21	26.40
山　西	14.10	15.64	7.18
内蒙古	14.93	16.16	13.32
辽　宁	32.59	33.02	18.15
吉　林	5.33	5.66	7.13
黑龙江	16.48	15.94	14.56
上　海	0.30	0.39	0.57
江　苏	38.32	30.23	28.93
浙　江	4.24	3.10	2.50
安　徽	46.54	40.48	43.65
福　建	2.39	2.11	1.79
江　西	10.41	10.56	10.92
山　东	86.17	83.68	90.74
河　南	39.67	36.49	31.39
湖　北	44.18	19.65	21.89
湖　南	27.98	4.87	3.76
广　东	23.48	19.72	17.88
广　西	13.41	14.75	31.76
海　南	0.18	0.24	0.33
重　庆	13.50	2.67	2.75
四　川	54.85	60.63	63.68
贵　州	9.58	7.58	8.38
云　南	21.81	21.67	0.82
西　藏		0.06	0.05
陕　西	2.61	2.92	2.71
甘　肃	3.78	3.73	3.32
青　海	1.82	1.88	1.66
宁　夏	0.50	0.76	0.92
新　疆	8.24	7.75	7.07

9. 进出口数量、金额及主要国家和地区

1998 年～2000 年 22089000 主要出口国家和地区

国家或地区	1998 年			1999 年			2000 年		
	数量（万升）	金额（万美元）	百分比（%）	数量（万升）	金额（万美元）	百分比（%）	数量（万升）	金额（万美元）	百分比（%）
合　计	2061	4606	100.00	2079	3685	100.00	2080	4737	100.00
香　港	1093	1773	38.49	876	1841	49.96	954	2664	56.24
日　本	112	226	4.91	96	149	4.04	137	192	4.05
澳　门	112	278	6.04	83	123	3.34	86	188	3.97
新加坡	38	344	7.47	4	58	1.57	69	88	1.86
加拿大	78	473	10.27	62	208	5.64	44	39	0.82

1998 年～2000 年 22089000 主要进口国家和地区

国家或地区	1998 年			1999 年			2000 年		
	数量（万升）	金额（万美元）	百分比（%）	数量（万升）	金额（万美元）	百分比（%）	数量（万升）	金额（万美元）	百分比（%）
合　计	157	185	100.00	364	382	100.00	533	421	100.00
日　本	68	43	23.24	125	73	19.11	212	131	31.12
韩　国	6	4	2.16	28	12	3.14	41	18	4.28
法　国	8	64	34.59	25	101	26.44	5	20	4.75
西班牙	71	58	31.35	168	138	36.13	233	193	45.84
美　国	2	7	3.78	0.1	0.3	0.08	11	9	2.14

注：22089000 浓度＜80％的未改性乙醇，其他酒精饮料。

10. 行业内“三资”企业状况

	1998 年	1999 年	2000 年
企业单位数（个）	11	19	19
亏损企业（个）	3	2	4
企业从业人员数（人）	2000	8600	9700
实收资本（亿元）	0.94	4.33	5.35
国家	0.23	1.78	1.61
港澳台	0.13	0.77	0.72
外商	0.21	0.86	2.09
工业总产值（亿元）	2.76	15.12	15.72
工业增加值（亿元）	0.98	7.30	7.02
年末资产（亿元）	2.91	22.58	24.69
流动资产	1.67	13.93	13.58
年末负债（亿元）	2.14	8.85	9.16
流动负债	2.00	6.83	7.78
所有者权益（亿元）	0.77	13.73	15.53
产品销售收入（亿元）	2.18	13.97	14.37
销售成本	1.55	8.12	8.39
销售费用	0.13	1.19	1.62
销售税金及附加	0.30	1.36	1.47
销售利润	0.17	3.27	2.89
管理费用（亿元）	0.12	1.10	1.18
利润总额（亿元）	0.06	2.31	2.20
应交增值税（亿元）	0.21	1.10	1.28
亏损企业亏损总额（亿元）	0.04	0.01	0.24
产品销售率（%）	93.84	95.04	93.00
增加值率（%）	35.51	48.28	44.66
全员劳动生产率（万元/人·年）	4.90	8.49	7.24
流动资产周转率（%）	105.31	100.36	96.64
企业亏损率（%）	27.27	10.53	21.05

啤酒制造业

【a. 概况】　2000 年第 1 季度，因天气较往年寒冷潮湿，啤酒消费市场一度疲软，全国各省市啤酒产量有所下滑，并一直维持到第 1 季度结束。4 月份后全国啤酒产量开始回升，并比上年同期所有增长。

据国家统计局统计，2000 年全国啤酒产量为 2148.42 万吨，比 1999 年的 2065.27 万吨净增 83.15 万吨，增长 4.03%（以上为调整后数字），已顺利完成“九五”规划的目标。全国各省市都保持平稳发展的势头，其中北京、山西、江苏、广西、四川、新疆产量增幅较大，吉林、宁夏产量减少较多。山东省依然为全国啤酒产量第 1 大省，全年产量已接近 300 万吨，比上年增长 10%左右。其他超过百万吨的省市还有：北京、河北、辽宁、黑龙江、浙江、安徽、福建、河南、广东。

2000 年啤酒行业为扭亏增盈做了全方位的努力，行业效益下滑势头有所减缓。价格低迷是行业效益不佳的主要原因，价格大战仍有发生，在个别地区甚至越演越烈，全国各省市都在为遏制低价竞销而努力。根据啤酒企业呼吁，福建、安徽、吉林等地政府都针对本地区啤酒企业制定区域自律价格，禁止低价倾销和其他变相有奖销售行为，并联合工商、税务等部门监督检查，规范市场秩序，防止不正当竞争造成国有资产的流失。贵州省轻工厅还对本省啤酒行业提出了“制止重复建设、支持品牌扩建企业苦练内功”的发展意见。

2000 年，各地发展并不平衡，南方地区啤酒价格高于北方地区，出现了分化现象。一些地区如湖北、福建、安徽、广西等地因遏制低价竞销初见成效，吨酒销售收入、利润和税金出现上升势头；而另一些地区如新疆、北京等，吨酒销售收入则进一步下滑。部分企业，如蓝带卢堡公司、西藏拉萨啤酒有限公司等吨酒利润已经超过千元，而少数企业如宜宾少娥啤酒股份公司、湖南金秀啤酒厂等，吨酒亏损也超过千元。

在中国食协啤酒专业协会以集团为主线的 274 份年度统计报表中，2000 年亏损企业达到 83 家，亏损面 30.29%，亏损额 49899.91 万元，均比上年有所下降。而全部报表企业共实现利润 226540.27 万元，与上年相比有较大下滑，这与大企业集团大规模并购小企业有关。行业亏损面较大的原因较多，其中主要有：消费能力有限，生产能力相对过剩；啤酒价位过低；企业管理不善。

2000 年，大多数企业转变观念，逐步与市场经济接轨，注重组织机构建设，根据自身条件采取相应管理方式，建立管理系统，为企业进一步发展打下了坚实的基础。为完善集团管理，青啤集团已开始着手建立事业部来管理其所拥有的 40 个遍布全国各地的子公司。此外，大批懂技术、懂管理，具有新经济知识结构的人才进入企业管理层，但目前就全行业来看，人才匮乏仍是不容忽视的问题。

“三废”治理，清洁生产，节能降耗，仍是啤酒企业管理的几个重要方面。2000 年，全国啤酒生产企业各项损耗指标均有不同程度的下降。各地方政府纷纷实施了环保强制标准，强制关闭了部分治污不力的小型啤酒企业，表彰了一批治污成效显著的企业，如金星啤酒集团被郑州市人民政府评为环保先进单位。

股份制改造速度加快。多年前啤酒行业就打破了单一国家所有制的运行模式，涌现出了大批合资企业。随着市场经济的进一步发展，原有的国有企业也开始通过上市、职工参股、募集民间资本等形式进行体制改造，增强企业实力。以青啤和燕京为代表的部分大型国有啤酒企业采取集团公司形式表明其国有身份，并通过建立股份有限公司来进行资本运作。目前，越来越多的企业认识到理顺所有制结构、法人治理结构只是管理形式上的转变，而更重要的是管理观念上的转变，如何面对新经济形式下的竞争是整个啤酒行业应该思考的问题。

酒瓶的安全问题仍未得到很好的解决。虽然 1999 年国家强制实施了 B 瓶标准，但因该标准缺乏有效的实施细则，玻璃瓶质量没有得到明显改善。另外，部分企业由于资金不足，仍在使用非 B 字瓶，啤酒瓶爆炸伤害事件仍在不断发生。此外，PET 瓶能否用于啤酒包装引起了啤酒行业的广泛关注和讨论，也从另一个侧面表明了啤酒瓶问题仍然是困扰啤酒行业的一个大问题。

各种认证工作有待进一步加强。通过认证工作完善企业管理，使企业管理与国际接轨是大势所趋。啤酒行业质量管理工作进一步加强，已有近百家企业完成了 ISO9000 系列认证，有的企业已经开始申报 ISO14000 认证。海南亚洲太平洋酿酒有限公司通过国际 HACCP 认证，成为国内第 1 家通过此认证的啤酒生产企业。

啤酒进出口虽同步增长，但贸易额仍为逆差。

2000年啤酒出口8442.27万升，进口7163.39万升，虽然出口有所增长，但进出口贸易额仍为逆差。从海关的统计数字来看，啤酒出口价格为469.1美元/千升，出口总额为3960.12万美元；进口价格为1297.24美元/千升，进口总额为9292.63美元。国内啤酒企业出口啤酒除个别大集团外多为边贸交易，出口量不大。2000年燕京啤酒集团成功打入美国市场，而青啤集团被国家经贸委确定为全国第一批重点联系自营进出口企业之一。

原辅材料。2000年麦芽价格普遍上涨，而大米价格下跌幅度较大，啤酒瓶价格基本平稳，以上变动对啤酒行业经济效益影响不大。2000年全国麦芽需求总量为239万吨左右，啤麦需求总量为286万吨，其中啤麦60%以上仍需进口。国内麦芽企业生产经营状况仍不理想，提高国产啤麦质量是当务之急，大型啤酒集团同国内麦芽基地联营应为可以探索之路。在啤酒专业协会作为统计基准的274份报表中，有64家企业生产麦芽，全年自产麦芽67.33万吨，其中以燕京啤酒集团自产麦芽最多，超过10万吨。

【b. 质量与新产品开发】 产品质量进一步提高。从2000年第2季度国家质量技术监督局对11个省市、49个啤酒企业的52个样品抽查结果来看，大型企业、合资企业产品质量较好，中小企业质量普遍有所提高，其中理化指标合格率有所上升，对啤酒质量的认识已从单纯的符合国标提高到了重视啤酒的外观包装质量及风味稳定性。2000年度，国家质量技术监督局授予全国256个企业“2000年全国质量管理先进企业”荣誉称号，北京燕京啤酒集团公司、青岛啤酒股份有限公司、福建惠泉啤酒集团公司、湖北金龙泉啤酒有限公司、兰州黄河啤酒有限公司5家啤酒企业榜上有名。

随着装备力量的加强以及各种高新技术如膜技术、微生物检测控制技术等的不断完善和应用，啤酒质量进一步得到稳定和提高，越来越多的企业已将瓶颈空气与含氧量的检测定为日常检测内容，并制定了企业标准。大型啤酒集团和科研机构、大专院校结合，在基础理论研究方面有所发展，如青啤技术中心完成了国家项目“啤酒风味物质图谱技术的开发应用”，检测了啤酒中100多种风味物质，确立了青岛啤酒的风味模型。

新产品开发成效显著。企业为寻求新的利润增长点不断寻找新的市场突破口，开发新产品。新产品大致可以分为以下几种类型：1. 添加各种调味剂的风味啤酒，如姜汁啤酒、菊花啤酒、螺旋藻啤酒等；2. 不同原料的啤酒，如小麦啤酒等；3. 不同加工工艺的特色啤酒，如干啤、冰啤等；4. 低浓度（7°～8°P）淡味啤酒；5. 低酒精度啤酒，如低醇、无醇啤酒等；6. 浓色啤酒，如红啤酒等。其中，纯生啤酒最引人关注，随着珠江首先推出了纯生啤酒，青岛、朝日、燕京、钱江等企业也相继推出了纯生啤酒，2000年国内一些有实力的啤酒企业已经引进或采用国内成套纯生生产线近20条。纯生啤酒的生产对企业的技术装备水平和管理水平要求较高，各啤酒企业都以生产纯生啤酒的技术、管理要求来对企业进行全方位的提高。青啤集团已经引进了现代物流理念，开始筹建面向全国的物流网。

技改力度继续加大。为进一步提高和稳定产品质量，适应新产品开发，效益较好的企业在2000年都进行了较大的技改投入，设备的自动化控制和柔性改造都上了一个新台阶。同时，机械设备等相关行业也加大了科研力度以适应啤酒行业自动化以及新品开发（如纯生啤酒）的要求。

注重品牌形象，积极树立企业形象。随着国务院“质量振兴纲要”的深入贯彻与中国食协“全国食品行业名优产品实施细则”的实施，全国啤酒企业创名牌、保名牌、扶植名牌的活动广泛开展。在注重质量的基础上，企业开始有意识地注重品牌和企业形象的宣传，有意识地举办一系列的带动区域经济发展、贴近普通消费者的公关活动，如啤酒节等，来扩大企业和产品的影响。还有一些企业通过高档啤酒的异型瓶包装以及产品商标的个性化来展示其与众不同的特色。

【c. 洋啤退潮与集团化】 据中国食协啤酒专业协会统计，至2000年底，全国共有43家10万吨以上企业，产量总计为1318.17万吨，占全国产量的59.08%。在协会作为统计基准的274份报表中，产量在20万吨以上企业数为19家，10～20万吨的为24家。

由于市场开拓不力，1992年开始大量涌入中国啤酒制造业的境外投资商从1999年开始出现退潮现象，他们或撤资，或出售股份，使国内啤酒业又开始了新一轮的调整与重组。部分投资商全部或部分撤出资金，如原四平巴斯金士佰啤酒股份有限公司，因英方撤资恢复国有独资。另外，还有部分合资企业股份转移，如原北京中策、烟台中策、杭州中策等合资啤酒企业的中策股份转股朝日；锦州中策啤酒厂的中策股份转股香港怡丽；原天津富士达的澳大利亚富士达股份易主香港华润。

随着“洋啤”的退潮，国啤逐渐成为新一轮资产重组的主要投资方，成为洋啤撤退中的最大买家。2000 年以来，以市场为导向，以资产为纽带，以提高经济效益为中心，企业自主决策，政府配合支持的企业集团化步伐进一步加大，通过联合、兼并、收购、控股、参股等手段，运用规模效应、品牌效应及区域经营等方式，提高产量，扩大市场占有率。跨省市的企业集团已有 20 余家，最突出的青岛啤酒集团已在全国收购兼并了 40 家啤酒企业，其中包括收购了上海嘉士伯 75% 的股份、美国亚投在北京亚洲双合盛五星啤酒厂 63% 的股份及三环亚太啤酒公司的 54% 股份，使这部分中外合资企业又归属国有。青啤集团 2000 年总产量达到 186.16 万吨，比上年同期增长 73.74%，税利增长 41.68%，销售收入增长 61.18%。燕京啤酒集团通过兼并、收购，至 2000 年底在全国已有 8 家分公司，产量达 141 万吨，同比增长 31.49%，税利增长 19.18%。珠啤共兼并 4 个企业，总产量达到 73.95 万吨，比上年增长 3.48%，税利增长 22.4%。异军突起的华润啤酒有限公司通过资本运作已拥有了 8 家啤酒分公司，总产量跃居全国第 3 位，其发展潜力不可忽视。

从此趋势看来，中国很快将有啤酒企业从生产规模上进入世界啤酒 10 强。跨地区的大型啤酒集团对分公司如何加强控制管理，如何加快培养人才，如何提升集团效益，将是他们所要面临的严峻问题。

【d. 协会动态】　1. 2000 年协会从原址光华饭店迁至现址广澳商务中心。

2. 继续完成编辑汇总全国会员单位经济技术指标资料。共回收 1999 年企业年报表 293 份（其中 80 个生产单位由集团统一上报），包括了 373 个生产单位的具体情况，并在报表汇总的基础上编辑了《1999 年全国会员单位经济技术指标汇总资料》，发放所有会员单位，对行业间加深了解、交流与沟通起到了很大作用。

3.《中国啤酒通讯》于 2000 年 1 月起与《中国供销商情》合作，改为大 16 开本，在全国公开发行，并更名为《中国供销商情·中国啤酒》专刊。改版后的杂志陆续增加了市场分析与营销策略、清洁生产与综合治理、国内外最新技术研究成果、国内外市场动态、企业动态、企业论坛、新产品介绍与产品应用知识、专利介绍与技术转让、政策与法规、热点话题、啤酒文化等栏目，并在杂志上及时发布全国啤酒月度产量、进出口量值以及啤酒行业其他各类经济信息。

改版以来，杂志受到了广大读者的热情支持，许多读者就杂志的内容、编排等方面提出了中肯的意见和宝贵的建议，为进一步办好杂志打下了基础。

4. 2000 年9 月 23 日～26 日，啤酒专业协会与中国轻机总公司共同举办了“啤酒与麦芽新技术、新装备交流及订货会”。来自全国 23 个省市的 100 多家啤酒企业、麦芽企业、轻工机械企业，科研院所以及银行等相关行业和国家信息中心、部分省市啤酒协会、麦芽协会的领导、专家、学者、厂商等共 160 多名代表参加了会议。中国食品工业协会会长王文哲到会并做了重要讲话，国家轻工业局副局长藩蓓蕾也作了书面发言。青岛、燕京、珠江、钱江、浙江仙都等企业分别从不同的角度介绍了企业发展经验。国家信息中心丁峰，全国麦芽协会会长刘自强，北京、广州轻工设计院，中国建设银行以及来自美、法、德等国外的学者和厂商对目前啤酒企业关心的重点问题进行了交流。这次交流会对推动啤酒企业加速改革与结构调整、提高管理水平、技术与装备水平、争创名牌、扭亏增盈，迎接新世纪的挑战起了很好的促进作用。

5. 参加了《中国食品工业年鉴 2000》的啤酒制造业部分的编辑工作。

（中国食协啤酒专业协会）

2000 年 10 万吨以上啤酒企业产量排序

序位	单位名称	产量（吨）
1	青岛啤酒股份有限公司	1861630
2	北京燕京啤酒集团公司	1411103
3	中国华润啤酒有限公司	1048014
4	广州市珠江啤酒集团公司	739486
5	河南金星啤酒集团有限公司	518417
6	哈尔滨啤酒有限公司	469634
7	四川蓝剑（集团）有限责任公司	466728
8	重庆啤酒（集团）有限责任公司	405627
9	湖北金龙泉啤酒集团公司	380706
10	福建惠泉啤酒集团股份有限公司	315757
11	武汉欧联东西湖啤酒有限公司	300763
12	温州双鹿啤酒集团有限公司	278261
13	圣泉集团有限公司	269819
14	山东蒙阴银麦啤酒有限公司	236976
15	桂林漓泉股份有限公司	218132
16	浙江钱啤集团股份有限公司	215885
17	唐山欧联豪门啤酒有限公司	214625

续表

序位	单位名称	产量（吨）
18	烟台啤酒朝日有限公司	201227
19	福建雪津啤酒集团有限公司	200687
20	宣化钟楼啤酒集团有限公司	194503
21	曲阜三孔啤酒有限公司	191151
22	黑龙江新三星集团股份有限公司	181761
23	三得利啤酒（上海）有限公司	180642
24	兰州黄河企业集团公司	168250
25	山东华中琥珀啤酒有限公司	165816
26	宝鸡啤酒股份有限公司	158078
27	广东肇庆蓝带啤酒企业	157676
28	济南卢堡啤酒有限公司	155793
29	四平金士佰啤酒集团公司	148116
30	宁波金狮啤酒有限公司	145472
31	百威（武汉）国际啤酒有限公司	142548

续表

序位	单位名称	产量（吨）
32	深圳金威啤酒有限公司（一厂）	140741
33	甘肃农垦啤酒股份有限公司	134661
34	山东广寒宫集团有限公司	134196
35	河南信阳啤酒集团有限公司	133933
36	吉林省粤海银瀑啤酒有限公司	132287
37	浙江杭州西湖啤酒朝日（股份）有限公司	131692
38	南昌亚洲啤酒有限公司	112780
39	河南奥克啤酒实业有限公司	110226
40	浙江石梁酒业集团有限公司	104199
41	厦门银城股份有限公司	102731
42	安徽龙津啤酒有限责任公司	100903
43	安徽省天井啤酒厂	100082

2000 年 10 万吨以上啤酒企业税利总额排序

单位：万元

序位	单位名称	税金总额	利润总额	税利总额
1	北京燕京啤酒集团公司	59188.9	36884.1	96073
2	青岛啤酒股份有限公司	61808	22119	83927
3	广州市珠江啤酒集团公司	35942	27300	63242
4	中国华润啤酒有限公司	41194	14924	56118
5	四川蓝剑（集团）有限责任公司	24110	13853	37963
6	福建惠泉啤酒集团股份有限公司	17450.3	17281.26	34731.56
7	哈尔滨啤酒有限公司	18011	12251	30262
8	广东肇庆蓝带啤酒企业	13278.29	14688.16	27966.45
9	重庆啤酒（集团）有限责任公司	18479	5885	24364
10	河南金星啤酒集团有限公司	16509	4667	21176
11	温州双鹿啤酒集团有限公司	12022.27	7921.31	19943.58
12	武汉欧联东西湖啤酒有限公司	12430.3	6934.6	19364.9
13	深圳金威啤酒有限公司（一厂）	5070	13412	18482
14	湖北金龙泉啤酒集团公司	15029	2389	17418
15	圣泉集团有限公司	15291	355	15646
16	桂林漓泉股份有限公司	9681	4921.63	14602.63
17	三得利啤酒（上海）有限公司	4122	8789	12911
18	福建雪津啤酒集团有限公司	9823.41	2201.81	12025.22
19	黑龙江新三星集团股份有限公司	6983	3897	10880

续表

序 位	单 位 名 称	税金总额	利润总额	税利总额
20	百威（武汉）国际啤酒有限公司	10218		10218
21	宣化钟楼啤酒集团有限公司	8440	612	9052
22	宁波金狮啤酒有限公司	5896.7	2707.32	8604.02
23	浙江钱啤集团股份有限公司	9175	－799	8376
24	烟台啤酒朝日有限公司	7062	909	7971
25	山东蒙阴银麦啤酒有限公司	6982	1021	7803
26	唐山欧联豪门啤酒有限公司	7348		7348
27	济南卢堡啤酒有限公司	6259	506	6765
28	浙江石梁酒业集团有限公司	4407	2264	6671
29	浙江杭州西湖啤酒朝日（股份）有限公司	5205.83	1297.77	6503.6
30	甘肃农垦啤酒股份有限公司	5069	1375	6444
31	山东华中琥珀啤酒有限公司	5883	3	5886
32	宝鸡啤酒股份有限公司	5852	18.7	5870.7
33	山东广寒宫集团有限公司	4996	372	5368
34	吉林省粤海银瀑啤酒有限公司	4276	103	4379
35	兰州黄河企业集团公司	4111	134	4245
36	四平金士佰啤酒集团公司	5330	－1097	4233
37	厦门银城股份有限公司	4069.3	6.2	4075.5
38	安徽龙津啤酒有限责任公司	3632	224	3856
39	曲阜三孔啤酒有限公司	4115	－576	3539
40	南昌亚洲啤酒有限公司	2355	1096	3451
41	安徽省天井啤酒厂	3063.3	2.3	3065.6
42	河南奥克啤酒实业有限公司	2809	213	3022
43	河南信阳啤酒集团有限公司	2960	11	2971

2000 年 10 万吨以上啤酒企业销售收入排序

序位	单 位 名 称	销售收入（万元）（不含税）
1	青岛啤酒股份有限公司	397806
2	北京燕京啤酒集团公司	253786
3	中国华润啤酒有限公司	179032
4	广州市珠江啤酒集团公司	175773
5	四川蓝剑（集团）有限责任公司	139927
6	百威（武汉）国际啤酒有限公司	117981
7	福建惠泉啤酒集团股份有限公司	88547
8	哈尔滨啤酒有限公司	77741
9	重庆啤酒（集团）有限责任公司	72471
10	广东肇庆蓝带啤酒企业	70571
11	深圳金威啤酒有限公司（一厂）	66066

续表

序位	单 位 名 称	销售收入（万元）（不含税）
12	河南金星啤酒集团有限公司	63776
13	湖北金龙泉啤酒集团公司	60286
14	桂林漓泉股份有限公司	57048
15	温州双鹿啤酒集团有限公司	53092
16	武汉欧联东西湖啤酒有限公司	45436.5
17	三得利啤酒（上海）有限公司	44429
18	浙江钱啤集团股份有限公司	41771
19	山东蒙阴银麦啤酒有限公司	40902
20	烟台啤酒朝日有限公司	40850
21	福建雪津啤酒集团有限公司	40464
22	圣泉集团有限公司	38741

续表

序位	单位名称	销售收入（万元）（不含税）
23	济南卢堡啤酒有限公司	34961
24	黑龙江新三星集团股份有限公司	34854
25	宣化钟楼啤酒集团有限公司	33926
26	兰州黄河企业集团公司	28035
27	山东广寒宫集团有限公司	26319
28	宁波金狮啤酒有限公司	26033
29	宝鸡啤酒股份有限公司	25763
30	唐山欧联豪门啤酒有限公司	25020
31	曲阜三孔啤酒有限公司	24367
32	浙江杭州西湖啤酒朝日（股份）有限公司	24055
33	甘肃农垦啤酒股份有限公司	23324
34	四平金士佰啤酒集团公司	23310
35	浙江石梁酒业集团有限公司	20550
36	山东华中琥珀啤酒有限公司	20500
37	河南奥克啤酒实业有限公司	18816
38	南昌亚洲啤酒有限公司	17650
39	安徽龙津啤酒有限责任公司	17608
40	吉林省粤海银瀑啤酒有限公司	16702
41	厦门银城股份有限公司	14699
42	河南信阳啤酒集团有限公司	11082
43	安徽省天井啤酒厂	9697

排序表附注：通过报表显示各大集团中分公司（厂）产量超过10万吨的有：

1）青岛啤酒集团公司中的北京三环亚太啤酒有限公司产量为165672吨，销售收入为20343.3万元，税利总额为5576万元。

青岛啤酒集团公司一厂产量为211126.9吨。

青岛啤酒集团公司二厂产量为166087.9吨。

2）燕京集团中山东无名分公司的产量为178296吨，销售收入为31941万元，税利为7518万元。

3）中国华润啤酒有限公司中的沈阳华润雪花啤酒有限公司产量为418980吨，销售收入为77100万元，税利为31903万元。

中国华润有限公司中的大连华润雪花啤酒有限公司产量为184667吨，销售收入为32474万元，税利为13650万元。

中国华润啤酒有限公司中的吉林华润啤酒有限公司产量为206490吨，销售收入为30669万元，税利为3818万元。

中国华润啤酒有限公司中的绵阳华润啤酒有限公司产量为110709吨，销售收入为20244万元，税利为3011万元。

中国华润啤酒有限公司报表未包括安徽华润公司（原圣泉集团、合肥廉泉啤酒有限公司）。

4）温州双鹿集团中的温州金狮啤酒有限公司产量为170540吨，销售收入为35907万元，税利总额为14575万元。

5）宣化钟楼啤酒集团中的宣化股份公司产量为148597吨，销售收入为21300万元。

6）肇庆蓝带啤酒企业中的卢堡公司产量为105131.03吨，销售收入为46881万元，税利总额为17999万元。

2000年啤酒企业自产麦芽万吨以上企业

序位	单位名称	产量（吨）
1	北京燕京啤酒集团公司	100855
2	青岛啤酒股份有限公司	76203
3	盐城珍丰食品有限公司	51292
4	中国华润啤酒有限公司	53004
5	四川蓝剑（集团）有限责任公司	46564
6	河南金星啤酒集团有限公司	25447
7	湖北金龙泉啤酒集团公司	25000
8	圣泉集团有限公司	22640
9	江苏三得利食品有限公司	18110
10	哈尔滨啤酒有限公司	17083
11	广州市珠江啤酒集团公司	15674
12	甘肃农垦啤酒股份有限公司	15500
13	兰州黄河企业集团公司	15000
14	赤峰啤酒集团公司	10996
15	曲阜三孔啤酒有限公司	10941
16	浙江钱啤集团股份有限公司	10622

【e.行业数据报告】 1.行业基本情况

行业名称：啤酒制造业

	1998年	1999年	2000年
行业内企业单位数（个）	576	553	539
其中：亏损企业（个）	233	235	204
从业人员（万人）	32.38	30.41	28.88

2.啤酒制造业在全部工业中的位置与比较（单位：%）

	1998年	1999年	2000年
行业产值占全部工业产值的比重	0.64	0.610	0.545
行业增加值占全部工业增加值的比重	0.84	0.810	0.724
行业人数占全部工业人数的比重	0.52	0.524	0.519
行业资产占全部工业资产的比重	0.77	0.735	0.717

3．行业财务状况（单位：亿元）

	1998年	1999年	2000年
实收资本	266.87	286.07	296.55
国家	88.04	87.54	80.13
港澳台	30.68	36.79	48.10
外商	96.03	97.57	94.90
工业总产值（新规定当年价）	433.80	443.93	466.61
工业增加值	162.71	175.10	183.94
工业销售产值	423.93	432.82	457.74

4．行业资产负债（单位：亿元）

	1998年	1999年	2000年
年末资产	836.78	881.06	905.52
流动资产	275.37	297.14	313.23
固定资产原价	542.37	585.42	624.36
生产经营用	457.66	515.82	568.63
年末负债合计	507.26	532.08	541.17
流动负债	362.66	397.21	404.47
年末所有者权益	329.51	348.98	364.35

5．行业损益及分配（单位：亿元）

	1998年	1999年	2000年
产品销售收入	414.59	416.49	447.32
产品销售成本	257.56	261.40	276.56
产品销售费用	43.13	47.99	56.40
产品销售税金及附加	43.48	45.86	49.97
产品销售利润	59.80	59.21	60.04
营业利润	10.24	6.86	8.20
利润总额	10.45	11.81	14.31
当年应交增值税	33.25	34.55	36.74
亏损企业亏损额	16.09	18.27	17.42

6．行业效益评价

	1998年	1999年	2000年
产品销售率（%）	97.72	97.50	98.10
增加值率（%）	37.51	39.44	39.42
全员劳动生产率（人/元·年）	50300	57580	63691
流动资产周转率（%）	154.35	145.32	144.75
企业亏损率（%）	40.50	42.50	37.85

7．历年啤酒产量（单位：万吨）

年　份	产　量
1985	310.00
1986	413.00
1987	540.00
1988	656.00
1989	643.00
1990	692.00
1991	838.00
1992	1021.00
1993	1192.00
1994	1415.00
1995	1568.82
1996	1681.91
1997	1888.94
1998	1987.67
1999	2098.77
2000	2231.32

8．1998年～2000年分地区的啤酒产量（单位：万吨）

地　区	1998年	1999年	2000年
全　国	1987.67	2098.77	2231.32
北　京	117.22	138.86	177.18
天　津	6.14	7.38	8.27
河　北	116.36	122.55	130.60
山　西	10.89	10.31	12.36
内蒙古	39.35	39.65	40.50
辽　宁	129.12	144.26	149.66
吉　林	72.00	83.03	82.61
黑龙江	121.08	136.55	143.00
上　海	29.28	28.80	33.07
江　苏	75.77	68.54	76.75
浙　江	149.52	146.81	163.69
安　徽	118.84	122.99	115.29
福　建	116.58	110.81	110.40
江　西	45.48	45.97	45.56
山　东	232.05	268.33	296.48
河　南	106.45	103.04	101.77
湖　北	91.06	90.22	81.70
湖　南	26.27	25.14	26.42
广　东	129.31	133.21	158.89
广　西	25.41	27.46	31.99
海　南	4.98	4.75	5.40
重　庆	51.17	51.32	50.92
四　川	78.75	85.42	74.52
贵　州	8.62	9.27	9.32
云　南	14.79	15.95	15.68
西　藏		2.41	2.50
陕　西	26.46	31.09	36.55
甘　肃	20.86	19.47	23.85
青　海	0.37	0.96	0.56
宁　夏	5.19	5.55	4.67
新　疆	17.31	18.69	21.16

9．进出口数量、金额及主要国家和地区

1998 年～2000 年啤酒出口主要国家和地区

国家或地区	1998 年			1999 年			2000 年		
	数量（万升）	金额（万美元）	百分比（%）	数量（万升）	金额（万美元）	百分比（%）	数量（万升）	金额（万美元）	百分比（%）
合　计	5480	2600	100.00	6035	3030	100.00	8442	3960	100.00
朝　鲜	674	217	8.35	377	124	4.09	709	228	5.76
香　港	826	381	14.65	2306	970	32.01	2998	1204	30.40
澳　门	590	266	10.23	665	363	11.98	640	300	7.58
美　国	685	488	18.77	708	507	16.73	727	523	13.21
法　国	323	237	9.12	318	233	7.69	350	277	6.99
意大利	332	167	6.42	366	179	5.91	410	209	5.28
韩　国	—	—	—	25	11	0.36	676	298	7.53

1998 年～2000 年啤酒进口主要国家和地区

国家或地区	1998 年			1999 年			2000 年		
	数量（万升）	金额（万美元）	百分比（%）	数量（万升）	金额（万美元）	百分比（%）	数量（万升）	金额（万美元）	百分比（%）
合　计	3275	2150	100.00	5821	6305	100.00	7163	9293	100.00
法　国	—	—	—	—	—	—	1269	1851	19.92
美　国	353	185	8.60	300	228	3.61	77	73	0.79
荷　兰	2330	1552	72.19	4238	4762	75.53	3822	5097	54.84
新加坡	246	171	7.95	349	413	6.55	485	618	6.65
墨西哥	144	101	4.70	719	724	11.48	1122	1286	13.84

10. 行业内“三资”企业状况

	1998 年	1999 年	2000 年
企业单位数(个)	106	95	101
亏损企业	46	46	47
企业从业人员数(人)	82600	69900	74200
实收资本(亿元)	162.64	174.78	179.25
国家	32.73	31.77	28.88
港澳台	28.20	36.20	46.19
外商	87.41	88.47	85.46
工业总产值(亿元)	153.87	156.37	164.27
工业增加值(亿元)	56.44	59.16	63.90
年末资产(亿元)	324.54	341.62	337.53
流动资产	92.39	104.84	103.50
年末负债(亿元)	177.45	187.09	187.78
流动负债	122.36	143.99	140.50
所有者权益(亿元)	147.10	154.53	149.75
产品销售收入(亿元)	143.38	145.22	156.75
销售成本	87.30	87.62	92.86
销售费用	21.72	23.49	26.75
销售税金及附加	13.39	13.99	15.12
销售利润	19.04	18.36	18.96
管理费用(亿元)	16.64	17.20	18.02
利润总额(亿元)	-0.21	-0.24	0.89
应交增值税(亿元)	12.58	12.61	13.27
亏损企业亏损总额(亿元)	10.19	11.23	12.08
产品销售率(%)	97.64	97.38	96.79
增加值率(%)	36.68	37.83	38.90
全员劳动生产率(万元/人·年)	6.83	8.46	8.61
流动资产周转率(%)	165.28	146.23	149.40
企业亏损率(%)	43.40	48.42	46.53

葡萄酒制造业

【a. 概况】 葡萄酒工业是一个历史悠久而年轻的行业。国内葡萄酒生产历史虽然有 2000 多年，但发展最快的时期是在“九五”期间。随着改革开放的深入，1995 年干白葡萄酒在南方沿海城市销售有了起色，紧接着 1996 年下半年干红葡萄酒“热”的兴起，给国内葡萄酒的发展创造了很好的机遇。同时酿酒行业的宏观政策也为葡萄酒生产的发展创造了良好的外部环境，再加上地方部门的重视，“九五”期间葡萄酒行业无论在产量、效益、企业结构、产品结构的调整、生产技术装备和水平的提高、产品销售等方面都发生了较大的变化。

2000 年，除海南、贵州、西藏、青海 4 省区无葡萄酒生产企业外，其他省、自治区、直辖市均有葡萄酒生产企业，比较集中的有山东、河北、天津、北京、新疆、河南，这些省市的葡萄酒产量之和占全国总产量的 85%以上，山东省仍为葡萄酒产量大省，其次是河北省，其产量分别占总产量的 48%和 16%，生产企业也是最多的。

目前葡萄酒企业的数量仍与“九五”期间近似，但经过这几年市场的大浪淘沙，一部分靠灌装散装酒的企业也逐步建立自己的葡萄酒基地，各省都已出现龙头葡萄酒企业，现在产量超过万吨的葡萄酒企业已有 6 家，他们分别是：烟台张裕集团公司、天津王朝葡萄酒公司、烟台威龙葡萄酒股份公司、中国长城葡萄酒公司、北京顺兴葡萄酒公司和通化葡萄酒公司。

据国家统计局统计，2000 年规模以上企业的产量为 20.19 万吨，行业预计约 30 万吨左右。葡萄酒工业资产总计达 70.6 亿元，产品销售收入 42.5 亿元，税利 9 亿元，其中利润 2.9 亿元。从经济效益来看，2000 年葡萄酒税金、利润和销售收入利润率列各酒种之首。

“九五”期间，葡萄酒的产量(2000 年与 1996 年比)增长 15.7%，在酿酒行业中是增长幅度较快的酒种之一。

【b. 企业结构和产品结构】 “九五”期间，葡萄酒工业在市场经济的大潮中逐步走向成熟，一批葡萄酒骨干企业在竞争中脱颖而出。企业结构和产品结构得到了合理调整。通过企业改制，打破了单一的所有制格局，形成股份制、中外合资、个体企业与国有企业等不同经济成分在葡萄酒企业中并存与发展的新格局。合资企业以与法国合资为主，澳大利亚、西班牙、意大利、葡萄牙、美国等国家也相继在中国投资建立了不同规模的合资企业。有部分葡萄酒企业进入其他行业集团，如三九集团、东宝集团、古井集团，依托大集团资金优势及品牌优势，给葡萄酒企业注入新的活力，获得较好的经济效益，并开始向大型集团化、小型庄园化多形式生产方式发展，为今后的发展奠定基础。

近年来，葡萄酒产品结构调整也比较快。在国内，葡萄酒是以甜酒起步，“九五”期间干酒、半干酒发展较快，尤其是干红，年增长速度很快。从主导企业生产情况看，干酒产量已占总产量的 40%左右，干红与干白的比例约 0.9:0.1。同时起泡葡萄酒、白兰地、单品种酿制的葡萄酒也已有不少品牌上市，而且也有不少企业正在着手进行半汁酒产品的调整，使企业的产品结构更向国际靠拢。

【c. 技术装备与产品质量】 “九五”期间，国产各类酒种中，葡萄酒的技术进步明显突出，特别是干酒的生产技术及生产装备变化进步较大，引进、消化、吸收国外的先进酿酒工艺及装备，提高了国内葡萄酒行业的酿造水平，采用了先进的浸提工艺、低温发酵、人工酵母、急速冷冻等工艺，通过关键设备的引进，国内葡萄酒企业的装备和工艺水平具有国际水平。在国内配套设备的加工方面，如大型发酵罐在结构方面的改进更适合工艺要求。中国长城葡萄酒公司采用新技术自行设计开发的 550 吨葡萄酒不锈钢薄壁酒罐，工艺技术先进合理，生产效果良好，为国内首创，为葡萄酒的均质起到可靠保证。

近年葡萄酒产品质量出现两极分化。经过几次国家质量抽查，国内以张裕、王朝、长城、龙徽、华东、华夏、威龙、通化等知名品牌的葡萄酒企业为代表的葡萄酒质量得到普遍提高，而部分规模较小的生产企业生产的半汁以下葡萄酒、山葡萄酒质量很低。

2000 年第 4 季度葡萄酒产品质量国家抽查共抽查 103 个样品，全汁酒 60 个样品，合格 55 个，合格率 91.6%；半汁或半汁以下的样品 43 个，合格 21 个，合格率只有 48.8%。综合合格样品 76 个，合格率为 73.7%，与 1999 年第 4 季度抽查合格率相比下降 12.3 个百分点。不合格样品中大部分是产量低、产值较低的半汁以下产品。

【d. 进出口情况】 近年，世界葡萄酒产量约在 2700 万吨左右，销量在 2200 万吨左右。由于世界葡萄酒市场的产销不稳定主要是法、意、西班牙、南非这几个葡萄酒大国产大于销的缘故，销售目标看准亚洲市场，同时，中国葡萄酒“热”，市场出现空档，原料供应不足，因此,国外葡萄酒商看准了中国市场,从1995年起进口葡萄酒逐年增加,1998年后由于国内原料问题逐步得到解决,另外酒的销售由“热”逐渐转向理性消费,消费者也喜爱选择国产酒,因此,进口酒的数量也逐渐下降,进口酒的质量有所提高,进口额也逐年上升。

	进口(万升)	进口额(万美元)	出口(万升)	出口额(万美元)
1999年	4524.6	4591.4	559.7	750.6
2000年	3678.28	4811.1	508.76	684
同比增减%	-18.7	+4.5	-10	-9.7

【e. 上市公司】 2000年酿酒行业在沪、深两市上市公司已达26家,其中葡萄酒企业有2家,烟台张裕和通化葡萄酒。由于葡萄酒行业效益较好,已成为一些上市公司投资的热点,白酒上市公司中,五粮液、宁城老窖、古井贡、伊力特、山西汾酒等涉足葡萄酒行业,新天国际、银广夏A等非酿酒上市公司也已将经营范围拓展到葡萄酒领域。

2000年10月16日,葡萄酒行业龙头企业张裕公司由纯B股增发A股成功。增发后流通A股3200万股,交易代码000869,简称“张裕A”。

2000年12月15日,吉林通化葡萄酒股份有限公司公开发行A股,成为A股市场上第2家葡萄酒上市公司。公司流通A股6000万股,总股本14000万股,交易代码600365,简称“通葡萄酒”。

【f. 行业活动】 中国第1部葡萄酒行政法规《葡萄酒生产管理办法》(试行)出台。为了促进农业产业化发展,提高葡萄酒产品质量,规范葡萄酒行业生产管理,促进葡萄酒工业健康发展,使葡萄酒行业顺利地与国际接轨,2000年12月,国家轻工业局以国轻行[2000]45号文发布该《办法》,自发布之日起施行。《办法》对葡萄酒的定义、酿酒原料、葡萄酒生产、葡萄酒标签标识、葡萄酒储存运输等方面的内容进行了详细的规定。

2000年12月12日~13日,中国酿酒工业协会葡萄酒专业委员会在天津召开行业会议。产生了第2届葡萄酒专业委员会理事单位,主任、副主任单位,秘书长名单,通过改选成立了第2届葡萄酒专业委员会组成机构,并聘请郭其昌、王秋芳为高级顾问。

为适应葡萄酒行业发展,提高质量管理水平,加强质量监督、检评的需要,健全葡萄酒评酒员队伍,葡萄酒专业委员会于2000年4月在北京进行评酒员考试暨品尝培训班。这次选拔增补评酒员,按机会均等、公平竞争的原则,采取先考试后培训的方式。考试内容既有广度又有深度,有理论部分、感官评定能力测试、评酒能力、分析与处理问题4方面多轮次的考试。根据考试结果,录取评酒员34名,资格评酒员6名。

葡萄酒专业委员会7月份在烟台召开了国家级葡萄酒评酒员年会。评委们品评讨论了行检葡萄酒产品质量,进一步提高了评酒品评水平。会议介绍了世界葡萄酒生产国有关质量分等分级内容,提出中国葡萄酒质量分等分级的必要性和参考依据,为中国葡萄酒质量分等级做准备。

【g. 行业发展趋势】 2000年国内葡萄种植面积28.3万公顷,酿酒用葡萄约占20%左右,其中酿制红葡萄酒的原料约占3/4。引进的世界著名葡萄品种,经过几年的栽培,已在适宜的自然条件下长势良好,有些地区已出现葡萄供大于求的形势,葡萄价格比上年下降30%~50%。今后在不断提高栽培技术,加强葡萄园管理等措施下,葡萄的供应量还能得到提高。国内酿酒原料缺乏的时期已经过去了,这为葡萄酒的发展奠定了坚实的原料基础。

2000年以后葡萄酒产量上不会有更大突破,行业发展趋势是稳中有升。加入WTO之后,具有一定规模的正规化大型葡萄酒企业,由于有大量资金的投入,设备更新快,扩大生产能力强,产品市场占有率高,只要确保产品质量,利用相对稳定的市场基础,这些企业仍将继续发展。由于实施葡萄酒生产管理办法,产品质量等级制,统一葡萄酒标准等措施,质量低劣又不具备生产条件的小厂将自然转型。

葡萄酒生产企业今后发展方向,一种是向规模化、多元化企业发展,另一种是向多风格、高品质、产量小的酒庄式企业发展。

(高美书)

2000年葡萄酒5000吨以上企业产量情况

企业名称	葡萄酒年产量(吨)	比上年增长%
张裕集团公司	31696	26
威龙葡萄酒股份公司	23900	-21
王朝葡萄酒公司	21206	23
中国长城葡萄酒公司	18651	9
北京顺兴葡萄酒公司	12000	16
通化葡萄酒股份公司	11600	1.6
华夏葡萄酿酒公司	9052	20
河南五丰民权葡萄酒公司	9000	22
野力葡萄酒公司	5918	74

2000 年葡萄酒主要生产企业税利增长情况

企业名称	实现税利比1999 年增长%
张裕集团公司	28
王朝葡萄酒公司	5
威龙葡萄酒公司	30
中国长城葡萄酒公司	17
华夏葡萄酿酒公司	17
云南高原葡萄酒公司	69
河南五丰民权葡萄酒公司	54
新疆楼兰葡萄酒公司	78
宁夏西夏王葡萄酒公司	45
中化河北地王集团	60
莫高酒业公司	22

【h. 行业数据报告】 1. 行业基本情况

行业名称:葡萄酒制造业

	1998 年	1999 年	2000 年
行业内企业单位数(个)	77	83	79
其中:亏损企业(个)	22	23	21
从业人员（万人）	1.41	1.58	1.55

2. 葡萄酒制造业在全部工业中的位置与比较(单位:%)

	1998 年	1999 年	2000 年
行业产值占全部工业产值的比重	0.049	0.054	0.052
行业增加值占全部工业增加值的比重	0.061	0.069	0.063
行业人数占全部工业人数的比重	0.023	0.027	0.028
行业资产占全部工业资产的比重	0.049	0.054	0.061

3. 行业财务状况（单位：亿元）

	1998 年	1999 年	2000 年
实收资本	11.81	19.17	16.00
国家	5.62	6.17	5.95
港澳台	1.89	5.72	2.47
外商	2.00	2.87	2.38
工业总产值(新规定当年价)	32.96	39.58	44.43
工业增加值	11.76	14.91	16.08
工业销售产值	30.68	36.92	42.23

4. 行业资产负债（单位：亿元）

	1998 年	1999 年	2000 年
年末资产	53.30	62.66	77.58
流动资产	32.52	37.88	49.80
固定资产原价	15.17	20.67	25.83
生产经营用	12.28	17.12	18.35
年末负债	25.80	31.93	39.64
流动负债	19.45	24.66	31.60
年末所有者权益	27.49	30.73	37.94

5. 行业损益及分配（单位：亿元）

	1998 年	1999 年	2000 年
产品销售收入	31.44	37.66	44.39
产品销售成本	18.98	23.80	27.22
产品销售费用	4.18	5.55	5.88
产品销售税金及附加	2.38	2.51	3.09
产品销售利润	5.85	5.75	8.19
产品管理费用	2.06	2.72	3.14
营业利润	3.40	2.70	4.58
利润总额	4.91	3.13	4.73
当年应交增值税	2.34	2.42	2.89
亏损企业亏损额	0.34	0.75	0.55

6. 行业效益评价

	1998 年	1999 年	2000 年
产品销售率（%）	93.08	93.28	95.05
增加值率（%）	35.68	37.67	36.19
全员劳动生产率(万元/人·年)	8.34	9.44	10.37
流动资产周转率(%)	107.78	98.98	114.29
企业亏损率（%）	28.57	27.71	26.58

7. 2000 年分地区葡萄酒产量（单位：万吨）

地　区	产　量
全　国	20.19
北　京	1.24
天　津	2.41
河　北	3.19
山　西	0.04
内蒙古	0.06
辽　宁	0.04
吉　林	1.34
黑龙江	
上　海	
江　苏	0.11
浙　江	0.01
安　徽	
福　建	
江　西	
山　东	9.81
河　南	0.87
湖　北	
湖　南	
广　东	
广　西	0.58
海　南	
重　庆	
四　川	
贵　州	
云　南	
西　藏	0.01
陕　西	
甘　肃	0.08
青　海	
宁　夏	0.17
新　疆	0.24

8. 进出口数量、金额及主要国家和地区

1998年～2000年22041000主要出口国家和地区

国家或地区	1998年			1999年			2000年		
	数量（万升）	金额（万美元）	百分比（%）	数量（万升）	金额（万美元）	百分比（%）	数量（万升）	金额（万美元）	百分比（%）
合　计	24.7	24.4	100.00	25.6	19.2	100.00	27.9	21	100.00
香　港	18.5	11.9	48.77	18.4	12	62.50	15.7	10	47.62
日　本	0.8	3.5	14.34	—	—	—	0.2	4	19.05
泰　国	3.1	2.8	11.48	0.7	1	5.21	1.5	2	9.52
法　国	1.7	4.7	19.26	—	—	—	0.004	0	0
印度尼西亚	—	—	—	4.4	3	15.63	10.2	8	38.10

1998年～2000年22041000主要进口国家和地区

国家或地区	1998年			1999年			2000年		
	数量（万升）	金额（万美元）	百分比（%）	数量（万升）	金额（万美元）	百分比（%）	数量（万升）	金额（万美元）	百分比（%）
合　计	10.5	23.1	100.00	11.1	24.6	100.00	23.5	67	100.00
法　国	6.1	13.5	58.44	3.4	11.9	48.37	9.4	44.7	66.72
德　国	0.1	0.3	1.30	2.4	3.4	13.82	2.4	8.4	12.54
南　非	2.7	5.1	22.08	—	—	—	0.05	0.1	0.15
澳大利亚	0.002	0	0	2.1	4	16.26	0.8	1.6	2.39
意大利	0.7	1	4.35	1.8	3	12.20	9.8	8	11.94

注：22041000 葡萄汽酒

9. 行业内"三资"企业状况

	1998年	1999年	2000年
企业单位数（个）	24	30	26
亏损企业（个）	7	11	8
企业从业人员数（人）	3900	4000	4000
实收资本（亿元）	6.80	13.60	8.09
国家	2.98	3.31	2.11
港澳台	1.41	5.72	1.59
外商	2.00	2.29	2.36
工业总产值（亿元）	17.45	18.85	19.62
工业增加值（亿元）	7.31	8.61	8.73
年末资产（亿元）	28.90	32.68	28.41
流动资产	18.36	19.90	17.93
年末负债（亿元）	14.45	16.18	17.27
流动负债	10.12	11.65	12.63
所有者权益（亿元）	14.44	16.51	11.13
产品销售收入（亿元）	16.03	16.68	17.93
销售成本	8.96	10.02	9.85
销售费用	1.81	2.59	2.64
销售税金及附加	1.48	1.34	1.68
销售利润	3.73	2.74	3.75
管理费用（亿元）	0.91	1.06	1.23
利润总额（亿元）	3.73	1.63	2.30
应交增值税（亿元）	1.35	1.17	1.34
亏损企业亏损总额（亿元）	0.22	0.58	0.32
产品销售率（%）	93.58	89.71	94.34
增加值率（%）	41.89	45.68	44.50
全员劳动生产率（万元/人·年）	18.74	21.53	21.63
流动资产周转率（%）	103.35	84.07	101.64
企业亏损率（%）	29.17	36.67	30.77

【酒精及饮料酒制造业报告】 1. 行业基本情况

行业名称：酒精及饮料酒制造业

	1998年	1999年	2000年
行业内企业单位数（个）	2446	2312	2179
其中：亏损企业（个）	858	788	620
从业人员（万人）	93.10	85.89	81.20

2. 酒精及饮料酒制造业在全部工业中的位置与比较（单位：%）

	1998 年	1999 年	2000 年
行业产值占全部工业产值的比重	1.57	1.55	1.345
行业增加值占全部工业增加值的比重	2.08	2.02	1.768
行业人数占全部工业人数的比重	1.50	1.48	1.461
行业资产占全部工业资产的比重	1.73	1.74	1.645

3. 行业财务状况（单位：亿元）

	1998 年	1999 年	2000 年
实收资本	455.26	498.00	495.86
国家	216.32	219.42	204.96
港澳台	43.62	52.50	52.89
外商	101.56	103.28	102.23
工业总产值（新规定当年价）	1065.77	1124.33	1152.16
工业增加值	404.56	435.34	448.94
工业销售产值	1034.28	1090.00	1122.58

4. 行业资产负债（单位：亿元）

	1998 年	1999 年	2000 年
年末资产	1880.04	2034.73	2076.47
流动资产	839.18	918.95	959.63
固定资产	963.32	1059.53	1099.59
生产经营用	790.22	892.21	953.62
年末负债	1183.31	1256.18	1275.91
流动负债	918.30	1000.13	1011.42
年末所有者权益	696.73	778.55	800.56

5. 行业损益及分配（单位：亿元）

	1998 年	1999 年	2000 年
产品销售收入	1010.93	1060.41	1089.99
产品销售成本	652.34	684.95	692.89
产品销售费用	95.81	108.30	119.09
产品销售税金及附加	100.36	105.44	107.29
产品销售利润	150.13	157.39	162.69
产品管理费用	84.16	88.65	92.70
营业利润	43.90	46.72	57.20
利润总额	46.75	58.10	64.74
当年应交增值税	73.85	77.51	80.33
亏损企业亏损额	33.77	28.29	24.33

6. 行业效益评价

	1998 年	1999 年	2000 年
产品销售率（%）	97.04	96.95	97.43
增加值率（%）	37.96	38.72	38.97
全员劳动生产率（人/元·年）	43400	50686	55288
流动资产周转率（%）	125.84	118.62	119.79
企业亏损率（%）	35.08	34.08	28.45

7. 饮料酒产品产量（单位：万吨）

年　份	饮料酒
1980	368.00
1985	851.00
1986	985.00
1987	1195.00
1988	1357.00
1989	1285.00
1990	1386.00
1991	1539.00
1992	1753.00
1993	1971.00
1994	2233.00
1995	2559.66
1996	2650.85
1997	2834.12
1998	
1999	2705.64
2000	2845.72

8. 进出口数量、金额及主要国家和地区

1998 年～2000 年 22071000 主要进口国家和地区

国家或地区	1998 年			1999 年			2000 年		
	数量（万升）	金额（万美元）	百分比（%）	数量（万升）	金额（万美元）	百分比（%）	数量（万升）	金额（万美元）	百分比（%）
合　计	125.6	84.8	100.00	308.1	102	100.00	13.0	34	100.00
日　本	86.3	43.2	50.94	39.4	23.9	23.43	0.9	9.8	28.82
德　国	19.3	22.2	26.18	—	—	—	0.2	1	2.94
印　度	—	—	—	239.9	51.9	50.88	—	—	—
香　港	4.0	2	2.36	3.8	1	0.98	3.0	1.2	3.53
韩　国	1.8	4	4.72	8.4	9	8.82	2.7	13	38.24
新加坡	1.9	4	4.72	1.2	4	3.92	1.9	5	14.71

1998 年～2000 年 22071000 主要出口国家和地区

国家或地区	1998 年			1999 年			2000 年		
	数量（万升）	金额（万美元）	百分比（%）	数量（万升）	金额（万美元）	百分比（%）	数量（万升）	金额（万美元）	百分比（%）
合　计	8393.9	3005	100.00	3096.1	1169	100.00	14695	4049	100.00
韩　国	3413.8	1150	38.27	2.3	2	0.17	3877	1031	25.46
日　本	4729.6	1706	56.77	2625.8	912	78.02	9256	2521	62.26
朝　鲜	84.4	51.3	1.71	72.8	34	2.91	148	62	1.53
哈萨克斯坦	56.4	34	1.13	193.2	99	8.47	4	1	0.02
美　国	0.8	2	0.07	—	—	—	832	241	5.95

1998 年～2000 年 22083000 主要出口国家和地区

国家或地区	1998 年			1999 年			2000 年		
	数量（万升）	金额（万美元）	百分比（%）	数量（万升）	金额（万美元）	百分比（%）	数量（万升）	金额（万美元）	百分比（%）
合　计	0.27	3.4	100.00	21.8	285	100.00	14.6	113	100.0
巴拿马	0.09	1	29.41	0.2	2.4	0.84	0.2	2	1.77
菲律宾	—	—	—	1.2	3.7	1.30	1.9	3	2.65
韩　国	0.004	0.1	2.94	20.2	278	97.54	12.4	107	94.69

1998 年～2000 年 22083000 主要进口国家和地区

国家或地区	1998 年			1999 年			2000 年		
	数量（万升）	金额（万美元）	百分比（%）	数量（万升）	金额（万美元）	百分比（%）	数量（万升）	金额（万美元）	百分比（%）
合 计	35.4	447.5	100.00	47.3	262.2	100.00	131.5	737	100.00
法 国	1.6	13.5	3.02	0.5	1.5	0.57	15.3	96	13.03
英 国	30.8	415.9	92.94	25.1	174.5	66.55	78.6	513	69.61
韩 国	1.5	11.4	2.55	5.6	29.7	11.33	9.9	36	4.88
美 国	1.4	5	1.12	15.7	52.2	19.91	24.6	80	10.85

注：22071000 未改性的乙醇，按容量计酒精浓度在 80% 以上

22083000 威士忌酒

9.1998 年～2000 年城镇居民家庭人均酒和饮料消费支出（单位：元/年）

地 区	1998 年	1999 年	2000 年
全 国	91.57	95.34	103.18
北 京	180.13	189.74	214.92
天 津	112.89	129.32	131.51
河 北	104.48	102.35	114.23
山 西	78.90	86.42	78.53
内蒙古	67.53	78.46	84.43
辽 宁	95.74	96.32	107.44
吉 林	75.94	78.94	87.69
黑龙江	74.84	74.80	85.81
上 海	139.26	159.55	189.63
江 苏	95.97	103.61	108.61
浙 江	121.95	123.09	138.10
安 徽	129.75	128.78	145.89
福 建	156.69	162.89	142.89
江 西	53.38	54.88	55.46
山 东	106.68	114.89	120.87
河 南	101.39	100.48	110.75
湖 北	79.46	80.01	85.81
湖 南	65.37	79.15	75.62
广 东	71.45	73.59	76.07
广 西	51.43	52.54	63.00
海 南	42.55	37.71	35.97
重 庆	84.83	86.76	101.31
四 川	88.24	88.65	103.99
贵 州	88.49	86.65	105.46
云 南	77.38	78.85	74.27
西 藏		173.12	157.02
陕 西	62.88	66.91	76.96
甘 肃	87.29	116.37	122.79
青 海	123.19	132.53	123.32
宁 夏	60.58	62.33	69.13
新 疆	67.85	62.43	69.81

10. 行业内“三资”企业状况

	1998 年	1999 年	2000 年
企业单位数（个）	157	162	160
亏损企业（个）	65	63	66
企业从业人员数（万人）	9.88	9.05	9.30
实收资本（亿元）	185.81	213.55	197.78
国家	38.68	43.51	34.37
港澳台	40.59	51.34	49.58
外商	90.33	92.13	90.94
工业总产值（亿元）	193.05	210.50	212.91
工业增加值（亿元）	69.98	82.10	85.62
年末资产（亿元）	398.85	459.62	424.00
流动资产	128.98	157.24	151.39
年末负债（亿元）	220.45	250.06	245.08
流动负债	151.12	190.51	175.92
所有者权益（亿元）	178.40	209.56	178.92
产品销售收入（亿元）	177.73	192.86	202.46
销售成本	110.06	118.05	121.28
销售费用	24.65	28.69	32.12
销售税金及附加	15.93	17.22	18.65
销售利润	25.08	27.11	26.18
管理费用（亿元）	18.34	19.94	21.27
利润总额（亿元）	2.92	4.67	5.51
本年应交增值税（亿元）	15.04	15.70	16.52
亏损企业亏损总额（亿元）	11.95	11.88	12.86
产品销售率（%）	96.32	95.94	96.65
增加值率（%）	36.25	39.00	40.21
全员劳动生产率（万元/人·年）	72830	90718	92065
流动资产周转率（%）	143.67	110.39	134.21
企业亏损率（%）	41.40	38.89	41.25

2.14 软饮料制造业

【a. 概况】 2000年饮料工业持续发展。据国家统计局统计，全国饮料总产量完成1491万吨，比上年实际1186万吨增长25.72%，比“九五”计划初期1996年的883万吨增长86.86%，超额完成“九五”计划1000万吨的目标。

从省市情况分析，发展是不平衡的。广东产量351万吨，占全国的23.54%，居第1位；浙江292万吨，占全国的19.58%，居第2位；上海132万吨，占全国的8.85%，居第3位；再加上江苏、河北、北京、湖北、辽宁，排名前8名的省市饮料产量合计为1128万吨，占全国的四分之三，其余23个省市饮料产量合计仅占全国的四分之一。

按分类产品产量分析，品种需求正在发生变化。统计资料显示，2000年瓶装饮用水产量为554万吨，居各大类之首，占总产量的37.16%；碳酸饮料产量为462万吨，居第2位，占总产量的30.99%，茶饮料是近年发展的重点，发展最快，总产量约为185万吨，约占全国总产量的12.41%，成为饮料中的第3大品种；果汁及果汁饮料产量为97万吨，占全国总产量的6.51%。以上4大类产品产量合计约占总产量的87%。饮料品种需求的变化，充分体现消费者对饮料的认知变化，由以前的单纯解渴发展为追求健康、营养，但必须满足口感好这个基本要求。

2000年饮料产品销售收入为411.45亿元，比上年增长10.73%；税利总额42.63亿元，比上年增长19.34%。

【b.“中国饮料工业十强”】 中国饮料工业协会于1999年推出的“中国饮料工业十强”，经过2年的培育和发展，品牌优势得到进一步发挥，企业规模不断扩张，生产得到进一步发展。据统计，2000年“十强企业”产量合计为613万吨，比上年增长28.65%，占全国饮料总产量的41.13%，比1998年(占33.73%)和1999年(占40.29%)有不同程度的提高。

2000年全国饮料分地区产量

单位：万吨

地区	软饮料	其中：碳酸饮料
全国	1490.83	461.59
北京	66.24	36.54
天津	41.69	23.97
河北	84.13	52.68
山西	26.10	22.10
内蒙古	5.15	0.58
辽宁	47.18	20.36
吉林	24.67	4.25
黑龙江	10.80	5.69
上海	131.66	58.63
江苏	92.24	3.94
浙江	291.94	70.77
安徽	12.41	2.54
福建	39.82	6.74
江西	10.11	2.08
山东	29.22	8.59
河南	24.92	5.07
湖北	64.47	—
湖南	12.40	0.79
广东	351.34	110.46
广西	17.89	6.98
海南	22.33	—
重庆	21.33	4.00
四川	35.92	8.48
贵州	2.64	0.12
云南	3.60	0.15
西藏	0.20	…
陕西	11.81	6.07
甘肃	0.72	0.01
青海	1.61	—
宁夏	0.64	—
新疆	5.65	—

2000 年全国饮料产量分类情况

单位：万吨

类　别	2000 年		1999 年	
	产量	占%	产量	占%
总　产　量	1491	100.00	1186	100.00
瓶装饮用水	554	37.16	400*	33.73
碳 酸 饮 料	462	30.99	450*	37.94
果汁及果汁饮料	97	6.51	100*	8.43

注：* 为估计数

2000 年全国饮料行业主要经济指标

指标名称	单位	指标值
企　业　数	个	790
工业总产值（1990 年不变价）	亿元	445.86
工业总产值（当年价）	亿元	445.88
产品销售收入	亿元	411.45
固定资产原价合计	亿元	289.28
固定资产净值	亿元	209.60
税利总额	亿元	42.63
利润总额	亿元	21.25
职工人数	万人	14.22
饮料总产量	万吨	1490.83

“十强企业”饮料产量分类情况是：瓶装饮用水占 44.10%，茶饮料占 17.14%，含乳饮料占 10.17%，特殊用途饮料占 9.54%，碳酸饮料占 9.25%，植物蛋白饮料占 4.92%，果汁及果汁饮料占 4.37%。

“十强企业”中杭州娃哈哈集团产量为 224 万吨，占全国的 15%，居全国第 1；河北旭日集团产量为 104 万吨，占全国的 7%，居全国第 2；广东乐百氏公司产量为 90 万吨，占全国的 6.04%，居全国第 3。

“十强企业”销售收入合计为 168.89 亿元，比上年的 147.36 亿元增长 14.61%，约占全国饮料销售收入的 41.05%。其中：杭州娃哈哈集团、河北旭日集团、广东健力宝集团分列前 3 名。

“十强企业”税利总额完成 26.45 亿元，比上年的 23.25 亿元增长 13.72%，约占全国的 62.04%。

中国饮料工业十强
2000 年饮料产量增长情况

企　业　名　称	同比增长（%）
杭州娃哈哈集团有限公司	27.22
河北旭日集团有限责任公司	67.40
乐百氏（广东）食品饮料有限公司	44.73
广东健力宝集团有限公司	9.30
上海梅林正广和（集团）有限公司	7.78
北京汇源果汁饮料集团总公司	24.93
椰树集团有限公司	-15.5
怡宝食品饮料（深圳）有限公司	44.27
露露集团有限责任公司	28.60
深圳达能益力矿泉饮品有限公司	13.60
“十强企业”合计	28.65

【c. 瓶装饮用水】　2000 年瓶装饮用水市场竞争激烈，发展速度快。全年完成 554 万吨，占全国饮料总产量的 37%，首次超过碳酸饮料，居各类饮料之首。已有一定的集中度和知名品牌，如“十强企业”总量即达 271 万吨，占瓶装饮用水的 49%；其中杭州娃哈哈为 130 万吨，广东乐百氏为 73 万吨，梅林正广和为 24 万吨，分别居前 3 名。

中国饮料工业协会天然矿泉水专业委员会第 9 次会员代表大会于 2000 年 9 月 16 日至 18 日在西安召开。出席会议有 192 名代表。大会选举产生了第 2 届理事会，赵亚利当选为理事长，杜钟当选为副理事长兼秘书长，王光兴等 13 人当选为副理事长。大会邀请国内外著名专家进行生产技术、经营管理等方面经验交流与技术讲座。矿泉水专业委员会决定授予为中国天然矿泉工业发展做出优秀业绩的人员“突出贡献奖”。他们是：王光兴、王兆宏、王维斌、王绣燕、孔繁业、田廷山、肖平新、苏定勇、易树荣、饶兴国、赵必元、顾天禄、徐方、徐荣安、黄耀光、魏其珍。本次大会还根据天然矿泉水专业委员会经过长期严格考核、追踪调查，将质量稳定的、上乘的、连续多年经国家及省市抽检合格、消费者满意的产品共 47 个企业（包括矿泉水厂和辅助设备厂）授予连续 7 年、5 年、3 年“全国信得过产品”。

为引导和促进瓶装饮用水行业的健康发展，中国饮料工业协会于 2000 年 6 月 26 日在北京召开瓶装饮用水发展研讨会。国家轻工业局、卫生部法制监督司、国家工商行政管理局公平交易局等有关部门和专家及企业领导参加了研讨会。通过研讨，大家达成如下共识：

——人类对饮用水的要求，首先是卫生、无害。所含污染物无论是生物的或化学的，都要控制在保证人体健康的范围内。

——水的主要功能是维持人体的水平衡，也就是“解渴”。人体所需的营养素，除水外，主要来自食物补充品，饮用水所提供的矿物质营养素的数量非常有限。

——国家标准具有她的严肃性、科学性，饮料生产企业在国家法律法规的指导下，按国家标准生产的各种饮料是安全、卫生的，消费者可以放心饮用。

——瓶装饮用水（矿泉水、纯净水、其他水）是受市场欢迎的饮料产品之一，在满足人们消费需求多样化的同时，也是对解决目前城市供水水质问题的有益补充和有效途径之一。

国内饮料市场潜力巨大，各种饮料都有很大的发展空间，饮料的发展一定要遵守国家法律法规，尊重科学，遵循市场经济规律，提高质量，有序竞争，共同发展。

2000年7月20日，卫生部法监司在关于纯净水有关问题给中国饮料工业协会的复函（卫法监食发(2000) 119号）中指出：“纯净水的生产经营应当符合《食品卫生法》和《生活饮用水卫生监督管理办法》的有关规定，产品应当达到《瓶装饮用纯净水卫生标准》（GB 17324—1998）的要求，符合上述有关规定和卫生标准的纯净水产品，我部认为是安全、卫生、无害的”。

【d. 碳酸饮料】 碳酸饮料是主要饮料产品，其产量虽年年有增长，但占饮料总产量的比重却逐年下降。2000年全国碳酸饮料产量为462万吨，占饮料总产量的31%，首次从十类饮料之首降至排名第2位。

在碳酸饮料中，“可口可乐”和“百事可乐”等国际品牌产量为324万吨，占碳酸饮料总产量的70%；中国品牌碳酸饮料占30%，其中主要品牌非常系列、醒目、汾煌、雪菲力等产量合计为94万吨，占20%，其他区域或地方品牌占10%。“非常”系列产量49万吨，比上年增长22.18%；“醒目”系列增长最快，产量达30万吨，增长133%；“雪菲力”和“汾湟”系列产量都在7万吨，有增有降。

2000年“两乐”合资合作企业共36家，其中可口可乐灌装厂22家，百事可乐灌装厂14家。共生产饮料360万吨，比上年增长12.85%；其中外国牌号产量328万吨，占总产量的90.93%，国产牌号产量32.72万吨，占总产量的9.07%。

外国牌号饮料按公司分：可口可乐公司产量为218.5万吨，比上年增长6.82%；百事可乐公司产量为109.56万吨，比上年增长20.30%。

外国牌号碳酸饮料按产品类型分：可乐型183.21万吨，占56.58%；柠檬型99.12万吨，占30.63%；橙型34.31万吨，占10.60%；其他型7.08万吨，占2.19%。

外国牌号饮料按包装分：易拉罐81.09万吨，占24.72%；聚酯瓶202.56万吨，占61.74%；玻璃瓶23.15万吨，占7.06%；现调机16.97万吨，占5.17%；

据36个企业统计，2000年税利总额比上年增长19.70%，其中可口可乐企业增长19.70%，百事可乐企业增长22.94%；利润增长7.67%，其中可口可乐企业增长9.85%，百事可乐企业增长3.95%。

【e. 茶饮料】 茶饮料具有天然、健康、解渴等诸多特点，因此近年来在国内外发展很快。在日本和中国台湾省茶饮料总产量已超过碳酸饮料产量。中国历来有饮茶的传统习惯，故发展前景广阔。据不完全统计，1997年全国茶饮料产量不足20万吨，1998年超过40万吨，1999年达到80万吨，2000年的产量估计为185万吨，几乎每年翻1番，是饮料行业增长最快的产品之一。目前仅次于瓶装饮用水和碳酸饮料，跃居第3位。

鉴于茶饮料发展太快，市场规范不力，产品质量和技术标准不明，无序竞争日趋严重，鱼龙混杂的产品不断出现等情况，中国饮料工业协会和全国食品工业标准化技术委员会饮料分委会，共同组织制订《茶饮料行业标准》。经过3年调查、研究、讨论和多方征求意见，经国家轻工业局于2000年12月1日批准发布（国轻行〔2000〕435号文），于2001年10月1日实施。标准号为QB 2499—2000。

【f. 豆奶饮料】 豆奶是中国传统营养饮料，是植物蛋白饮料类重要组成部分。早在80年代初期，国家轻工部门就有组织的引进豆奶生产设备和技术，又制订了豆奶的行业标准，经过多年努力，形成一批有一定知名度的豆奶品牌和生产企业。目前全国涉足豆奶生产的企业约100家，形成生产能力约45万吨，但豆奶产量不足10万吨，与全国饮料行业发展极不适应。为此中国饮料工业协会做了以下工作：

2000年4月在北京召开了全国豆奶发展研讨会，会议主要从技术、经济、市场、营养、标准等方面进行了探讨。来自全国豆奶生产、科研及管理部门的40个单位、50余名代表进行认真回顾总结。认为，中国豆奶业虽然起步较早，但十几年徘徊不前主要原因，一是宣传力度不够，消费者对豆奶的营养价值和对优质豆奶品牌缺乏认识；二是豆奶产品口感尚不能满足消费者的要求；三是产品质量参差不齐。与会代表品尝了国内外豆奶产品，外国专家介绍了"大豆食品在美国的成长"，国内一些豆奶企业介绍了研发产品、开拓市场、培养消费的经验，大家取得共识。国家对大豆产业高度重视，极大地调动了大豆种植和深加工的积极性，同时，一些企业在豆奶的生产和技术上保持了较高水平，消费者科学保健意识的加强，更多人开始意识到豆奶的营养价值，因此豆奶具有良好的市场发展空间。今后应从技术、工艺、产品、信息等方面引导企业进一步改进和提高产品质量，使豆奶的口味更适合消费者；做好对《豆乳和豆乳饮料行业标准的修订工作；努力探索合理的豆奶生产方式，使豆奶的价格水平与消费水平相适应；积极争取国家政策和各级政府的支持，防止劣质产品一哄而起充斥市场。

经过中国饮料工业协会精心组织评审，国家轻工业局于8月批准首批了"国家豆奶生产示范企业"。它们是：江苏维维集团、厦门古龙饮料有限公司、怡宝食品饮料（深圳）有限公司、佛山市食品厂，其目的在于树立优质豆奶生产企业的形象、品牌形象，引导消费。9月，由国家轻工业局主办，中国饮料工业协会承办，在北京召开了"国家豆奶生产示范企业"新闻发布会。同时在"2000中国国际食品及食品加工和包装技术设备展览会上，国家豆奶生产示范企业集中展示整体亮相，有力地宣传和促进了豆奶的生产和消费，扩大优质豆奶品牌的知名度。

【g. 饮料市场消费状况调查】　为了给行业决策提供依据，给企业开拓市场、研究消费者消费心理提供信息，中国饮料工业协会于2000年夏季委托北京中轻美林广告有限责任公司进行了一次较全面的饮料消费状况调查。这次调查选取了北京、上海、广州3个有代表性的消费城市，在6月～7月饮料消费旺季，采取随机性街访方式，收回有效问卷5282份。调查内容包括：饮料种类选择因素、饮料消费方式、购买因素、饮料品牌认知度、饮料品牌知名度、饮料市场广告效应、品牌推荐的市场认知度、假冒伪劣饮料产品的市场影响、饮料市场开发潜力等。经统计分析，主要评价如下：

1. 饮料市场种类丰富。3城市消费者的饮料消费主要集中在碳酸饮料、瓶装饮用水、茶饮料、果汁饮料4大种类上。同时不同特定市场又有特定种类需求，如儿童、学生对含乳饮料，广州地区对健力宝类特殊用途饮料有较大需求。

2. 饮料消费方式变化显著。少量、零星、随机购买为主的形式，逐渐形成经常购买为主、批量购买增多、超市购买集中、休闲消费扩大等新特点，但饮料消费仍具有零星购买为主、家中饮用居多的特点。

3. 饮料特性和价格成为决定消费者购买饮料的内在因素。解渴、口感、有营养是消费者决定购买饮料的3大特性因素，价格成为消费者购买饮料的重要因素。饮料特性决定购买饮料的种类，价格决定购买饮料的品种档次。

4. 消费者对饮料品牌的认知度提升。国际国内一些饮料品牌成为市场品牌。大多数消费者消费饮料注重品牌，并愿意尝试新品牌，稳定和提高了一些饮料品牌的熟悉度、忠诚度和偏爱度。其中中国饮料工业十强品牌的知名度较高，成为国产名牌，在一些地区市场接近甚至超过国际品牌。

5. 广告成为饮料市场拓展、饮料品牌成名的重要的关键性因素。直白、幽默、趣味性、时尚、亲和力是饮料广告吸引消费者的主要因素，电视广告在饮料广告中最具影响力。同时中国饮料工业协会的品牌推荐在消费者中享有较高的信任度，对饮料名牌培育、形成和市场拓展起到越来越重要的作用。

6. 饮料市场存在假冒伪劣产品引起消费者较大程度的重视，同时半数以上消费者又不能对假冒伪劣饮料进行分辨，给消费者的饮料消费带来较大的负面影响。

7. 饮料市场开发潜力大。仍有半数以上消费者认为现在行销的饮料品种不能满足消费。对国产品牌饮料持有较强的信心。只要正视市场现状，大力开发饮料市场，前景依然乐观。

综上所述，在国内经济迅速发展、居民消费水平提高、消费结构转换的条件下，饮料市场正呈现出多层次、多种类、多特性、容量大、变化快、品牌竞争激烈的格局。饮料行业尤其是国内饮料企业应致力于选准市场、技术升级、产品开发、品牌宣传、完善服务、强力开拓市场策略等。选准市场的基础是细分市场，在细分市场的基础上选定目标市场；技术升级的重点在于种类选择、配方设计、口味调配、工艺改进等方面，目的是提高饮料产品的质量和内在竞争力；产品开发的主攻方向是饮料产品的大众化和营养化，不断适应消费者对饮料多方面需求；品牌宣传的手段主要是广告，目的是塑造名牌，扩大企业影响力；完善服务的主要内容是销售服务和品牌推荐；强力拓展的主要思路是面对日趋激烈的竞争，在已有品牌信誉的基础上，要敢于竞争、善于竞争，力争抢占市场的更大份额。

【h. 质量与检测】 “保护消费者杯”。北京汇源果汁饮料集团总公司在注重产品质量的同时，不断加强对广大消费者的服务意识和服务水平，经中国饮料工业协会推荐，中国保护消费者基金会组织评审，荣获第9届（2000）“保护消费者杯”，这是中国保护消费者基金会对在维护消费者权益中做出突出贡献者的最高奖励。至此饮料行业共有7家企业获保护消费者杯，它们是：第1届，1992年，杭州娃哈哈集团有限公司；第7届，1998年，露露集团有限责任公司；第8届，1999年，广东健力宝饮料有限公司，可口可乐（中国）有限公司，河北旭日集团有限责任公司，椰树集团有限公司；第9届，2000年，北京汇源果汁饮料集团总公司。

“中国驰名商标”。2000年9月27日，国家工商行政管理局商标局按照个案认定、被动保护的原则，依法认定河北旭日集团有限责任公司的商标“旭日”为“中国驰名商标”。至此，饮料行业共有8个商标被认定为“中国驰名商标”。其认定时间、商标、商标注册人分别为：1997年3月，健力宝、广东健力宝集团有限公司，椰风、海南椰风实业有限公司；1999年1月5日，椰树、椰树集团有限公司，维维、维维集团股份有限公司，乐百氏、广东今日集团有限公司，露露、露露集团有限责任公司，娃哈哈、杭州娃哈哈集团有限公司；2000年9月27日，旭日、河北旭日集团有限责任公司。

【i. 抽查与检测】 2000年，国家质量技术监督局对瓶装饮用水（包括纯净水、矿泉水）产品质量进行了监督抽查。在抽查的48种产品中，抽样合格率为85.40%。本次抽查，饮用水的主要问题一是菌落总数超标，二是水的纯净度存在一定问题。其中大桶装饮用水质量亟待提高。在本次抽查的7种不合格产品中，有5种是“大桶水”，其中4种产品菌落总数超标。

2000年卫生部组织对瓶装饮用纯净水的监督抽查，北京、上海等19个省、自治区、直辖市卫生厅（局）共抽检瓶装饮用纯净水194种，检验项目为菌落总数、大肠菌群、霉菌、酵母、电导率。根据国家标准评定，5项指标均合格的产品178种，不合格产品16种，合格率为91.80%。主要问题一是微生物超标，16种不合格瓶装饮用水中有1种是细菌或霉菌污染；二是电导率超标，有7种纯净水产品电导率超标。

【j. 国际交流】 1. 饮料消费税考察组。针对国家又将饮料消费税工作提上议事日程，为了使国内饮料税收政策与国际接轨，2000年5月中国饮料工业协会邀请财政部、国家税务总局、国家轻工业局共同组成考察组赴菲律宾、德国、法国、意大利进行了专题考察。考察期间共走访了11个部门，分别拜会了4国饮料协（公）会主席，拜会了德国、意大利财政部官员，拜会了意大利国会财政委员会成员、意大利国会财政委员会主席的高级顾问，参观了2个饮料厂。以上4国均未开征饮料消费税，各国有关负责人均阐述了开征饮料消费税弊大于利的观点。中国饮料工业协会向财政部提交了饮料消费税出国考察报告，结合中国饮料行业实际，提出了国内暂不宜开征饮料消费税的建议。财政部认为建议有理有据，可作为工作的参考依据。

2. 中国饮料工业代表团赴欧洲考察。中国饮料工业协会于2000年11月组织中国饮料工业代表团赴德国、法国和意大利进行了考察。代表团一行14人由饮料、机械包装等企业的高层管理人员和技术骨干组成。代表团分别参观了在德国纽伦堡举行的“欧洲饮料酿造及配套设备技术博览会”和在法国巴黎举行的“国际食品工业技术及设备展”；走访了德国果汁工业保护协会；针对PET瓶装饮料的发展，考察了5个饮料生产企业；学习了国外饮料发展新技术。通过考察大家一致体会是：

——饮料行业应向专业化方向发展。如德国德乐公司能够提供包括果汁浓缩液在内几乎所有品种的主剂。而国内饮料企业多为自己调配。

——PET瓶用于无菌灌装饮料，是欧洲饮料企业发展的新动向，它可以提高饮料色香味等质量水平，又可降低包装容器的成本，但卫生管理要求很高及设备价格较贵。国内有关企业应看清这个方向，积极研制开发，逐步实现国产化，不断提高国内饮料工业装备水平。

——加强与德国果汁工业保护协会的联系，借鉴自愿控制体系，加强对原料、半成品、成品质量的全面控制，使竞争行为得以规范，以适应市场经济的需要。

——借鉴国外办展览会的经验，逐步把国内涉及饮料的展览会办成包括国内外机械装备、相关设备、包装容器、原辅物料、储运销售、科研设计、商标广告、信息出版等范围广泛的饮料博览会，定时定点、同行相聚、洽谈贸易、沟通情况、交流感情，效果会更好。

3. 派员参加世界食品法典会议。接受国家轻工业局的任务，委派国家矿泉水技术评审组成员田廷山，参加了世界食品法典 CAC 有关会议——联合国粮食与农业组织及世界卫生组织联合食品标准、计划天然矿泉水法典委员会第 7 次会议。

（赵亚利　史其禄）

【k. 行业数据报告】　1. 行业基本情况

行业名称：软饮料制造业

	1998 年	1999 年	2000 年
行业内企业单位数（个）	863	780	790
其中：亏损企业(个)	322	279	227
从业人员（万人）	14.70	13.70	14.22

（1）碳酸饮料制造业

	1998 年	1999 年	2000 年
行业内企业单位数（个）	272	240	233
其中：亏损企业(个)	111	86	70
从业人员（万人）	5.22	4.82	4.93

（2）天然矿泉水制造业

	1998 年	1999 年	2000 年
行业内企业单位数（个）	191	164	159
其中：亏损企业(个)	62	64	49
从业人员（万人）	1.74	1.40	1.52

（3）果菜汁饮料制造业

	1998 年	1999 年	2000 年
行业内企业单位数（个）	245	218	219
其中：亏损企业(个)	99	83	59
从业人员（万人）	4.09	3.58	3.58

（4）固体饮料制造业

	1998 年	1999 年	2000 年
行业内企业单位数（个）	58	59	63
其中：亏损企业(个)	17	17	16
从业人员（万人）	1.67	1.77	1.79

2. 软饮料制造业在全部工业中的位置与比较(单位：%)

	1998 年	1999 年	2000 年
行业产值占全部工业产值的比重	0.57	0.545	0.520
行业增加值占全部工业增加值的比重	0.54	0.521	0.499
行业人数占全部工业人数的比重	0.24	0.236	0.256
行业资产占全部工业资产的比重	0.45	0.421	0.412

3. 软饮料行业财务状况（单位：亿元）

	1998 年	1999 年	2000 年
实收资本	178.25	177.12	183.55
国家	39.72	38.58	29.00
港澳台	35.69	36.56	35.31
外商	45.65	48.54	52.42
工业总产值	383.67	396.05	445.88
工业增加值	104.57	112.30	126.69
工业销售产值	369.03	386.63	433.01

（1）碳酸饮料制造业

	1998 年	1999 年	2000 年
实收资本	64.35	65.23	69.07
国家	17.43	18.31	14.39
港澳台	16.26	14.40	15.92
外商	14.82	16.99	15.39
工业总产值	167.45	171.82	184.49
工业增加值	46.36	51.09	53.99
工业销售产值	164.07	170.29	184.35

（2）天然矿泉水制造业

	1998 年	1999 年	2000 年
实收资本	19.63	16.91	17.01
国家	4.07	3.33	4.02
港澳台	3.53	3.21	2.66
外商	3.20	2.63	4.52
工业总产值	27.94	25.22	29.30
工业增加值	8.03	6.14	8.98
工业销售产值	26.87	24.48	27.90

（3）果菜汁饮料制造业

	1998 年	1999 年	2000 年
实收资本	52.50	48.73	49.77
国家	8.85	7.80	5.99
港澳台	12.09	12.02	12.26
外商	13.01	11.51	9.16
工业总产值	78.47	70.31	80.09
工业增加值	19.02	17.89	21.25
工业销售产值	73.01	66.38	72.85

（4）固体饮料制造业

	1998年	1999年	2000年
实收资本	18.08	17.08	17.94
国家	5.30	3.80	1.71
港澳台	0.99	1.15	1.23
外商	8.12	9.51	11.02
工业总产值	59.85	71.09	83.92
工业增加值	16.90	20.52	23.14
工业销售产值	58.18	68.82	80.32

4. 软饮料行业资产负债（单位：亿元）

	1998年	1999年	2000年
年末资产	491.73	492.09	519.89
流动资产	200.52	202.44	224.22
固定资产原价	249.30	268.67	289.28
生产经营用	204.71	229.38	244.71
年末负债	284.75	281.26	296.68
流动负债	225.91	224.43	247.18
年末所有者权益	206.98	210.82	223.21

（1）碳酸饮料制造业

	1998年	1999年	2000年
年末资产	169.97	175.04	182.68
流动资产	68.10	73.78	76.74
固定资产原价	87.19	105.17	114.79
生产经营用	71.63	91.98	96.84
年末负债	88.07	93.07	99.93
流动负债	70.31	79.22	85.28
年末所有者权益	81.90	81.97	82.75

（2）天然矿泉水制造业

	1998年	1999年	2000年
年末资产	51.68	45.21	48.35
流动资产	18.56	15.29	16.75
固定资产原价	27.35	23.29	26.95
生产经营用	22.83	19.01	21.36
年末负债	30.84	22.95	27.11
流动负债	25.37	18.82	22.74
年末所有者权益	20.83	22.26	21.24

（3）果菜汁饮料制造业

	1998年	1999年	2000年
年末资产	129.96	127.16	129.19
流动资产	48.52	48.74	52.56
固定资产原价	75.30	73.82	76.21
生产经营用	58.19	61.97	63.53
年末负债	83.43	84.87	79.79
流动负债	59.86	57.46	57.68
年末所有者权益	46.53	42.29	49.40

（4）固体饮料制造业

	1998年	1999年	2000年
年末资产	64.08	57.49	62.86
流动资产	28.48	26.13	32.49
固定资产原价	23.92	25.70	27.83
生产经营用	21.81	19.95	25.28
年末负债	38.01	32.31	30.22
流动负债	32.46	26.70	26.73
年末所有者权益	26.07	25.18	32.64

5. 软饮料行业损益及分配（单位：亿元）

	1998年	1999年	2000年
产品销售收入	361.35	371.56	411.45
产品销售成本	267.92	271.22	300.81
产品销售费用	52.36	54.55	64.90
产品销售税金及附加	1.10	1.28	1.07
产品销售利润	39.14	42.90	43.49
产品管理费用	21.04	21.41	21.93
营业利润	12.50	16.85	18.30
利润总额	14.35	17.57	21.25
当年应交增值税	16.13	16.87	20.31
亏损企业亏损额	13.95	10.75	8.05

（1）碳酸饮料制造业

	1998年	1999年	2000年
产品销售收入	164.63	164.21	180.12
产品销售成本	114.41	113.81	128.79
产品销售费用	29.12	28.45	32.07
产品销售税金及附加	0.22	0.48	0.22
产品销售利润	20.74	20.74	18.14
产品管理费用	8.90	9.34	9.03
营业利润	9.72	10.60	8.86
利润总额	9.80	11.38	10.51
当年应交增值税	8.53	8.27	9.12
亏损企业亏损额	3.54	2.29	1.84

（2）天然矿泉水制造业

	1998年	1999年	2000年
产品销售收入	24.42	22.55	23.51
产品销售成本	20.08	17.57	18.09
产品销售费用	2.20	2.35	2.47
产品销售税金及附加	0.15	0.13	0.18
产品销售利润	1.91	2.38	2.74
产品管理费用	1.44	1.42	1.54
营业利润	0.03	0.65	0.93
利润总额	0.97	0.76	0.94
当年应交增值税	0.94	0.93	1.70

亏损企业亏损额	1.17	0.59	0.48

（3）果菜汁饮料制造业

	1998年	1999年	2000年
产品销售收入	67.84	63.64	68.00
产品销售成本	55.01	50.27	52.14
产品销售费用	6.72	7.76	7.93
产品销售税金及附加	0.53	0.33	0.33
产品销售利润	5.09	5.16	7.58
产品管理费用	4.49	4.13	3.81
营业利润	-0.97	-0.78	1.89
利润总额	-1.46	-1.19	2.20
当年应交增值税	2.44	2.20	3.14
亏损企业亏损额	5.29	4.84	3.05

（4）固体饮料制造业

	1998年	1999年	2000年
产品销售收入	57.94	68.01	76.07
产品销售成本	46.41	54.43	59.53
产品销售费用	6.20	6.27	8.83
产品销售税金及附加	0.06	0.09	0.12
产品销售利润	5.26	7.19	7.54
产品管理费用	3.30	2.74	3.09
营业利润	1.13	3.66	4.37
利润总额	3.18	3.89	4.77
当年应交增值税	1.47	2.28	2.56
亏损企业亏损额	1.57	1.20	0.87

6. 行业效益评价

	1998年	1999年	2000年
产品销售率（%）	96.18	97.62	97.11
增加值率（%）	27.26	28.36	28.41
全员劳动生产率(元/人·年)	71100	81971	89093
流动资产周转率（%）	187.68	182.75	189.23
企业亏损率（%）	37.30	35.77	28.73

（1）碳酸饮料制造业

	1998年	1999年	2000年
产品销售率（%）	97.98	99.11	99.92
增加值率（%）	27.68	29.73	29.26
全员劳动生产率(元/人·年)	88812	105996	109513
流动资产周转率（%）	231.84	218.92	232.86
企业亏损率（%）	40.80	35.83	30.04

（2）天然矿泉水制造业

	1998年	1999年	2000年
产品销售率（%）	96.17	97.06	95.22
增加值率（%）	28.74	24.34	30.65
全员劳动生产率(元/人·年)	46149	43857	59079
流动资产周转率（%）	146.84	146.71	139.53
企业亏损率（%）	32.46	39.02	30.82

（3）果菜汁饮料制造业

	1998年	1999年	2000年
产品销售率（%）	93.04	94.41	90.96
增加值率（%）	24.24	25.44	26.53
全员劳动生产率(元/人·年)	46503	49972	59358
流动资产周转率（%）	147.86	138.86	130.27
企业亏损率（%）	40.41	38.07	26.94

（4）固体饮料制造业

	1998年	1999年	2000年
产品销售率（%）	97.21	96.81	95.71
增加值率（%）	28.24	28.86	27.57
全员劳动生产率(元/人·年)	101197	115932	129274
流动资产周转率（%）	226.59	242.89	
企业亏损率（%）	29.31	28.81	25.40

7. 软饮料产品产量（单位：万吨）

年份	软饮料
1980	28.80
1981	40.00
1982	44.00
1983	49.20
1984	55.40
1985	100.00
1986	183.94
1987	246.64
1988	315.35
1989	300.86
1990	330.33
1991	400.46
1992	420.82
1993	476.39
1994	629.13
1995	949.04
1996	883.84
1997	1068.87
1998	950.55
1999	1219.37
2000	1490.83

8. 进出口数量、金额及主要国家和地区

1998年～2000年22011010主要出口国家和地区

国家或地区	1998年			1999年			2000年		
	数量（万升）	金额（万美元）	百分比（%）	数量（万升）	金额（万美元）	百分比（%）	数量（万升）	金额（万美元）	百分比（%）
合　计	438.2	95	100.00	504.9	92	100.00	701.9	79	100.00
澳　门	275.5	31	32.63	311	33	35.87	460.2	29	36.71
新加坡	95.3	46	48.42	55.6	27	29.35	31.5	13	16.46
香　港	3.0	1	1.05	27.3	7	7.61	117.7	18	22.78
缅　甸	38.1	8	8.42	78.5	12	13.04	60.2	9	11.39

1998年～2000年22019010主要出口国家和地区

国家或地区	1998年			1999年			2000年		
	数量（万升）	金额（万美元）	百分比（%）	数量（万升）	金额（万美元）	百分比（%）	数量（万升）	金额（万美元）	百分比（%）
合　计	74233000	25711	100.00	76707154	29633	100.00	70453160	27945	100.00
香　港	68341000	25036	97.37	73563684	29271	98.78	70451705	27943	99.99
澳　门	5886000	674	2.62	3143470	362	1.22	1450	0.2	0

1998年～2000年22021000主要出口国家和地区

国家或地区	1998年			1999年			2000年		
	数量（万升）	金额（万美元）	百分比（%）	数量（万升）	金额（万美元）	百分比（%）	数量（万升）	金额（万美元）	百分比（%）
合　计	1438	867	100.00	2351.7	1407	100.00	5078.5	2638	100.00
香　港	1148.8	734	84.66	2009.4	1239	88.06	4668.4	2454	93.03
新加坡	99.4	51	5.88	111.7	72	5.12	80.5	46	1.74
澳　门	65.1	27	3.11	194.2	79	5.61	206.0	80	3.03

1998年～2000年22029000主要出口国家和地区

国家或地区	1998年			1999年			2000年		
	数量（万升）	金额（万美元）	百分比（%）	数量（万升）	金额（万美元）	百分比（%）	数量（万升）	金额（万美元）	百分比（%）
合　计	6714.4	2731	100.00	4135.6	2200	100.00	2545.6	1284	100.00
香　港	6367.1	2473	90.55	3431.9	1835	83.41	1252.7	719	56.00
新加坡	85.3	55	2.01	185.2	94	4.27	147.5	74	5.76
美　国	88.4	77	2.82	226.7	106	4.82	621.0	245	19.08

1998 年～2000 年 22060000 主要出口国家和地区

国家或地区	1998 年			1999 年			2000 年		
	数量（万升）	金额（万美元）	百分比（%）	数量（万升）	金额（万美元）	百分比（%）	数量（万升）	金额（万美元）	百分比（%）
合　计	1572.2	2265	100.00	1820.1	2403	100.00	2404.6	2842	100.00
新加坡	49	75	3.31	78.7	98	4.08	93.4	103	3.62
美　国	154.9	151	6.67	232	204	8.49	293.6	233	8.20
香　港	197.4	226	9.98	161.5	206	8.57	177.9	229	8.06
日　本	810.7	1461	64.50	848.9	1478	61.51	1228.6	1817	63.93

注：22011010 未加味、加糖或其他甜物质的矿泉水
22019010 未加味、加糖或其他甜物质的天然水
22021000 加味、加糖或其他甜物质的水
22029000 其他无酒精饮料
22060000 其他发酵饮料

11. 行业内“三资”企业状况

	1998 年	1999 年	2000 年
企业单位数（个）	236	218	218
亏损企业（个）	97	96	83
企业从业人员数（人）	58800	54500	56900
实收资本（亿元）	126.87	127.14	133.18
国家	21.12	21.46	16.63
港澳台	34.86	35.82	34.35
外商	45.29	47.93	50.14
工业总产值（亿元）	257.74	238.38	264.48
工业增加值（亿元）	71.30	69.21	77.98
年末资产（亿元）	307.79	296.61	300.58
流动资产	125.32	123.57	128.15
年末负债（亿元）	173.65	161.66	164.92
流动负债	143.69	135.70	142.35
所有者权益（亿元）	134.14	134.96	135.66
产品销售收入（亿元）	248.09	229.09	251.44
销售成本	175.89	155.53	170.94
销售费用	43.98	43.89	51.30
销售税金及附加	0.47	0.53	0.24
销售利润	27.16	28.59	28.06
管理费用（亿元）	14.75	15.48	15.33
利润总额（亿元）	8.38	10.31	12.34
当年应交增值税（亿元）	12.50	12.67	15.62
亏损企业亏损总额(亿元)	10.44	8.21	6.14
产品销售率（%）	97.00	97.98	97.51
增加值率（%）	27.66	29.03	29.48
全员劳动生产率（元/人·年）	121259	126991	137047
流动资产周转率（%）	196.55	184.60	193.95
企业亏损率（%）	41.10	44.04	38.07

2.15 制 茶 业

【a. 茶叶生产】 2000年制茶业总的情况是：全国茶叶面积有所减少，产量增加，但是茶叶平均单价下降。内销市场继续保持上升趋势，绿茶、乌龙茶上升趋势明显。茶叶出口数量明显增加，创出历史最高水平。

根据国家统计局数据，2000年全国实有面积108.90万公顷，比上年减少3.7%，开采面积为87.96万公顷，比上年下降3.3%。茶叶产量受1999年冬季寒冷和2000年春季干旱的影响，大部分茶区春茶的采摘期较往年推迟10到15天，进入4月中旬后，气温又相对偏高，使得茶叶的采摘过于集中，生产季节缩短，各主要产区的春茶产量有所减少。夏季和秋茶叶生产较为正常，茶叶产量增加。2000年全国茶叶产量为68.3万吨，比上年上升1.1%。由于大宗茶受国内市场产大于销和出口茶价格下跌的影响，价格下跌。其中花茶原料价格级内茶要比上年下降6%左右。名优茶价格涨跌不一，传统名优茶价格继续保持旺盛需求，价格上升。一些新创制名优茶，或者不是正宗原产地的名优茶价格呈下降趋势，高档花茶的价格下降幅度较大。2000年茶叶平均价格为13.1元/千克，与上年相比下降6.7%。

2000年茶叶生产有以下主要特点：

农残问题引起各方高度重视，建设无公害茶园成为共识。在人们日益关注茶叶质量问题以及欧盟2000年7月1日开始实行新的农药残留标准的要求下，各主要产茶区茶叶管理部门对降低茶叶农药残留、发展无公害茶叶十分重视，一些自然环境优越的茶区开始发展有机茶生产，以适应市场需求。

加快了茶叶结构调整。从1990年到2000年，全国茶类结构发生很大变化，其中红茶占茶叶总产量的比重由1990年的20.3%下降到1999年的7.2%。而绿茶和乌龙茶分别从1990年的61%和6%，增加到1999年的73%和9%。1999年全国名优茶的产量和产值分别为13.5万吨和54亿元，分别占茶叶产量的20%和57%。2000年全国名优茶和有机茶生产继续有较大发展，2000年全国名优茶产量预计将达到14.4万吨，产值为55.5亿元，比上年分别增长6.7%和2.7%。据农业部门预计，2000年有机茶产量为14174吨，比上年的10548吨增长34.8%。名优茶的发展促进了茶叶结构调整，带动了茶叶质量的提高，提高了茶叶生产的经济效益，支持着茶叶行业的稳步发展。

2000年茶叶生产存在的问题有：

茶园管理总体水平不高，茶叶的单产较低。这几年无性系良种茶园有较大发展，大约有20万公顷，但也仅占到全国茶园总面积的17%左右，而且茶园管理粗放，茶园老化情况严重，制约了茶叶单产提高。按开采面积91.33万公顷计算，2000年全国茶叶的单产为每公顷735千克。

茶叶生产机械化程度低，成本高。茶园管理分散，标准化程度低，限制茶园管理机械使用，特别是大宗茶不能实现机械化采茶，使得茶叶成本不能降低。如果包括茶园管理的各项人工费用，大多数的大宗茶生产基本无利润可言。

茶叶生产的组织化程度低。

【b. 国内销售】 2000年国内茶叶消费继续保持增长。根据中国茶叶流通协会预计，全年社会销售量为45.34万吨，销售额为73.5亿元，分别比上年的43.4万吨和73亿元增长4.47%和0.68%。其中：绿茶继续保持上升势头，特别是在北方花茶主销区，这种趋势更为明显。根据对山东茶叶批发市场、北京茶叶市场、北京老字号企业的调查，这些地区的绿茶销售上升了10%左右，而且价格与上年相比基本保持稳定，货真价实的龙井茶、黄山毛峰、碧螺春仍供不应求。预计全年的销量为24.86万吨，比上年增长5.3%。红茶的销售较上年有所减少，大约为1.48万吨，比上年下降 1.3%。花茶的销售增长趋缓，价格下跌，特别是高档花茶价格下跌幅度较大。主要是受花茶市场的恶性竞争、消费者对茶叶的选购更为谨慎、集团消费减少等因素的影响。预计全年花茶销售约 10.5 万吨，比上年增加 5%。乌龙茶由于加强宣传和国内茶馆的兴起，越来越多的人认识了乌龙茶，促进了该茶类的消费，预计全年乌龙茶销售为 2.5 万吨，比上年增加 8.7%。其他茶类如紧压茶消费群体比较稳定，销量比较稳定，市场变化不大。预计与上年基本持平，在 6 万吨左右。

2000 年国内茶叶市场有以下特点：

茶叶市场建设步伐加快。在当前茶叶经营十分分散的情况下，茶叶批发市场已经成为茶叶流通一个重要方式。在产区如浙江省，已经建成各类茶叶专业市场 87 个，年经营额 6.1 亿元。福建安溪建成的 1.2 万平方米大型茶叶交易市场年底也开始投入使用。广西的横县、云南的昆明也已形成相当规模的茶叶交易市场。在销区，一些主要的集散地如山东、北京、天津、陕西、沈阳、石家庄等地，都已建成规模不等的茶叶批发市场。北京当年新建茶叶批发市场多达 7 个，北京市商委把马连道确定为“京城茶叶第一街”。山东济南茶叶批发市场也对现有市场进行扩建，2 座新建的交易大楼将在 2001 年 5 月投入使用，以完善服务功能。

茶叶开始形成品牌竞争。11 月 9 日，旭日升集团公司在北京宣布利用“旭日升”的品牌优势从单纯的茶水饮料经营转向开拓茶叶经营。在此之前，联合利华收购“京华”茶叶；香港德信行在珠海投资成立公司，开发“德信”品牌系列茶叶产品；生产“猴王牌”茶叶的长沙茶厂已经作为中国茶叶进出口公司新组建的茶叶集团公司的一部分，积极筹备上市交易；国内另外一家生产花茶知名品牌“石乳”牌的广西石乳茶业有限公司也在完善内部经营机制，在市场销售上稳步扩张。这些企业都具有较强的实力，可以看出，茶叶行业一直呼唤的品牌战略的序幕已经拉开。

老字号企业和知名品牌小包装产品的销售继续呈较快上升趋势。由于茶叶市场的混乱现状，消费者对茶叶购买更为小心，老字号企业和知名品牌小包装产品开始成为消费者购买茶叶的首选，加上这些企业扩大营销网点，加强广告宣传，使得它们成为当年内销市场一个亮点。

对 2000 年茶叶消费产生影响的有：

上海技术监督部门公布部分茶叶“铅超标”引发茶叶健康问题的讨论。其影响波及到全国其他地区和海外。在中国茶叶流通协会和中国茶叶学会在上海召开的“科学饮茶”研讨会上，许多专家指出目前中国茶叶中的铅超标还不构成对人体产生危害后，这一事件才得到平息，但是对茶叶消费的影响在短时期内难以得到弥补。

茶叶市场的恶性竞争加剧。在北京，2000 年新开了 7 家批发市场，在这些市场设摊的是近年新增加的销售企业。由于不少加工企业的倒闭，茶叶生产者为寻求出路而转作经销，从而使得参与市场竞争的企业数目不断增加，竞争也日益激烈，结果造成各经营企业的利润大幅下滑。假冒知名企业品牌产品的情况十分严重，有的销售地区的 70%～80%都为假冒伪劣产品。如今假冒伪劣较以往有些变化，假冒不仅包装十分相似，内质也在提高，消费者很难区分真伪。

【c. 茶叶出口】　据海关统计，2000 年全国出口茶叶达 227760 吨，比上年同期的 199637 吨上升 14.09%。出口金额 34734.22 万美元，比上年上升 2.64%。平均单价为 1525 美元/吨，比上年下降 10.03%。其中：绿茶出口在 2000 年又有惊人的增长，出口数量为 155325 吨，比上年上升 27.77%，出口金额为 21786.77 万美元，比上年上升 15.01%。而且这些增长主要来自传统绿茶进口国家摩洛哥、塞内加尔、法国、巴基斯坦、马里、毛里塔尼亚、阿尔及利亚、多哥等。日本由于国内茶叶生产成本居高不下，以及茶园面积的减少，对中国的绿茶进口也呈明显增加的趋势。红茶出口量与绿茶正好相反，1997 年，中国红茶出口为 87144 吨，到了 1999 年，红茶出口 33594 吨，下降了 61.4%。2000 年出口数量 29449 吨，比上年下降 12.34%；出口金额为 3608.62 万美元，比上年下降 22.53%。特种茶出口数量 42986 吨，比上年下降 3.21%，出口金额为 9338.82 万美元，比上年下降 8.81%。

2000 年茶叶出口主要有以下几个特点：

茶叶出口数量增加，特别是绿茶出口有显著增加。

茶叶出口恶性竞争加剧。中国绿茶出口的平均价格相当于国际市场低档红茶的价格。在目前这个出口价位上，中国绿茶出口基本没有利润可言。目前绿茶出口已经形成恶性循环。茶叶对外出口价格的持续下跌，不仅导致出口效益的进一步下滑，而且挫伤茶叶生产者的积极性，从而也导致茶园管理放松，茶叶质量下滑。茶叶质量下降又形成新一轮的茶叶价格下跌。茶叶出口这种情况在特种茶上也开始表现出来。

对欧盟出口继续下降。

【d. 质量管理】 2000年，茶叶质量管理方面主要有以下几件大事：

国家技术监督局在杭州召开了“龙井茶”国家标准审定会，通过了《龙井茶》国家标准。

6月13日，上海市质量技术监督局公布茶叶质量抽查结果：“在抽查的61种产品中，合格率为68.5%，不合格的项目主要是重金属铅和农药DDT等卫生指标。”此事在《文汇报》、《解放日报》、《新民晚报》等上海各大报报道后，引起上海茶叶市场混乱，而且还影响上海以外地区，在消费者中产生喝茶造成“铅中毒”的恐慌心理。

7月15日～16日，中国茶叶流通协会、中国茶叶学会联合在上海召开了“科学饮茶”研讨会，指出茶是安全饮料，目前茶汤中的铅含量远远低于饮用水和其他饮料的标准，饮茶是喝茶汤，不会引起铅中毒。国际上，澳大利亚和加拿大茶叶铅含量规定≤10毫克/升，欧盟国家执行的≤5毫克/升，有些国家不检测铅，中国国家标准为≤2毫克/升。根据国内外医学专家研究，茶叶中的茶多酚能解除铅等重金属的毒性，因此，专家们认为饮茶是安全的。会上提出了要防微杜渐，维护中国茶叶的声誉，并且要建立健全茶业质量保证体系和科学的标准体系。在这之前，香港消费者委员会也公布茶叶中铅不会对人体产生危害的结论。

7月1日，欧盟对茶叶实行新的农残标准，不仅扩大了检测项目，而且大幅降低了限定指标，有的仅为先行标准的百分之一，中国茶叶出口遇到技术壁垒。国家有关部门、各主要产茶省纷纷研究对策，安徽、浙江等省还提出具体措施。

3月27日～29日，《茯砖茶》、《青砖茶》等9项国家标准在湖南长沙召开审定会并通过。

【e. 协会活动和行业管理】 3月，浙江省召开降低农残、开发有机茶工作会议。

4月12日，北京市少年宫成立“北京市少年宫茶文化教育基地”。

4月21日，海南省茶叶学会、海南省茶业协会成立。

5月8日，浙江省茶产业协会成立。

5月19日～20日，中国茶叶流通协会组织专家到广西横县考察茉莉花茶基地。

5月23日～28日，由中国茶叶流通协会、成都市人民政府等单位共同举办的“2000年中国（成都）国际茶博览会”在成都举办。

5月，中华合作时报、中国茶叶流通协会联合举办“全国重点产茶县系列报道”。

7月6日～7日，云南省茶业协会举办第2届“云茶杯”名优茶评比。

8月16日～18日，由中国茶叶流通协会主办，广西横县人民政府承办的首届茉莉花茶交易会在广西横县举办。会议有118家厂商展示他们的产品，有来自国内外近2000名茶商和嘉宾出席了会议。会上还邀请了部分花茶专家召开了“茉莉花栽培及花茶加工学术研讨会”。

8月28日～30日，针对中国茶叶生产中出现的农药残留超标，重金属、有害微生物影响茶叶品质等问题及加入WTO后茶业出口面临的问题，农业部在新昌召开全国无公害茶叶生产座谈会。会议指出：1. 发展无公害茶叶是历史发展的需要，是人们生活水平提高的需要，是出口创汇的需要，是整个农业可持续发展的一个措施，势在必行。2. 发展无公害茶叶大有可为，要从源头抓起，从市场上把关，从技术上落实，做好发展无公害茶叶的宣传教育、科技推广、执法管理、基地建设工作。3. 整个茶叶产业发展要从结构调整方面来抓，面积基本稳定，产量、产值持续增长。

11月16日～18日，中国茶叶流通协会在福建福鼎召开“2000年全国茶叶经济信息网年会暨全国茶叶商品交易会”。会议分析了2000年茶叶产销形势和茶叶产销过程中取得新的成就及存在问题，对2001年茶叶产销形势进行预测，提出2001年的工作意见。会议还就茶叶行业二次创业问题进行深入探讨。会议期间还召开中国茶叶流通协会第2届第4次理事会。

（吴锡端）

2000 年全国茶叶生产情况

指　　标	单　位	1999 年	2000 年	2000 年比 1999 年±	
				绝对数	%
年末实有茶园面积	万公倾	113.03	108.90	4.14	－3.7
其中：当年采摘面积	万公顷	90.94	87.96	2.97	－3.3
茶叶产量	吨	675871	683324	7453	1.1
1. 红毛茶	吨	48899	47294	－1605	－3.3
2. 绿毛茶	吨	496986	498057	1071	0.2
3. 乌龙毛茶	吨	63303	67608	4305	6.8
4. 紧压茶原料	吨	18903	22558	3655	19.3
5. 其他茶	吨	47780	47807	27	0.06

2000 年全国各产茶区茶叶生产情况

单位：吨

地　　区	茶叶合计	红毛茶	绿毛茶	乌龙毛茶	紧压茶原料	其他茶
总　计	683324	47294	498057	67608	22558	47807
江　苏	12029	1771	9058			1200
浙　江	116352	4328	106405	440	102	5077
安　徽	45376	2587	40904			1885
福　建	125969	1615	72431	50685	36	1202
江　西	15703	2317	12306	154	49	877
山　东	2254		2254			
河　南	9163		9163			
湖　北	63703	2208	51451		7991	2053
湖　南	57294	12006	26889	514	9045	8840
广　东	42124	1987	20409	15785	46	3897
广　西	17923	271	15559			2093
海　南	2239	761	1442			36
重　庆	14526	2906	8570			3050
四　川	54513	634	39932	6	4990	8951
贵　州	18376	167	11384		71	6754
云　南	79396	13736	63517	24	228	1891
西　藏	0.75					0.75
陕　西	6126		6126			
甘　肃	257		257			

【f. 行业数据报告】 1. 行业基本情况

行业名称：制茶业

	1998 年	1999 年	2000 年
行业内企业单位数（个）	375	346	315
其中：亏损企业(个)	136	119	104
从业人员（万人）	5.00	4.20	4.30

2. 制茶业在全部工业中的位置与比较（单位:%）

	1998 年	1999 年	2000 年
行业产值占全部工业产值的比重	0.08	0.065	0.055
行业增加值占全部工业增加值的比重	0.05	0.053	0.040
行业人数占全部工业人数的比重	0.08	0.072	0.077
行业资产占全部工业资产的比重	0.50	0.046	0.045

3. 行业财务状况（单位：亿元）

	1998 年	1999 年	2000 年
实收资本	13.68	14.77	15.57
国家	5.30	5.50	3.71
港澳台	0.38	0.35	2.78
外商	0.92	1.60	1.62
工业总产值	51.98	47.60	46.93
工业增加值	9.97	11.53	10.08
工业销售产值	48.82	44.90	45.50

4. 行业资产负债（单位：亿元）

	1998 年	1999 年	2000 年
年末资产	53.96	53.96	56.53
流动资产	31.67	31.35	28.60
固定资产原价	23.62	23.53	28.40
生产经营用	17.69	18.37	19.95
年末负债	40.93	38.41	41.00
流动负债	34.48	31.72	34.99
年末所有者权益	13.02	15.54	15.52

5. 行业损益及分配（单位：亿元）

	1998 年	1999 年	2000 年
产品销售收入	47.83	43.90	43.96
产品销售成本	40.25	37.05	37.15
产品销售费用	2.06	1.92	2.19
产品销售税金及附加	0.52	0.49	0.43
产品销售利润	4.86	4.36	4.08
产品管理费用	3.01	2.90	2.70
营业利润	-0.45	0.13	0.41
利润总额	-0.43	0.12	0.12
当年应交增值税	1.35	1.27	1.41
亏损企业亏损额	1.62	1.16	1.29

6. 行业效益评价

	1998 年	1999 年	2000 年
产品销售率（%）	93.92	94.33	96.95
增加值率（%）	19.18	24.22	21.48
全员劳动生产率(万元/人·年)	1.99	2.75	2.34
流动资产周转率（%）	157.08	142.07	154.31
企业亏损率（%）	36.30	34.39	33.02

7. 茶叶产量（单位：万吨）

年份	茶叶
1980	30.37
1981	34.30
1982	39.70
1983	40.10
1984	41.41
1985	43.23
1986	46.05
1987	50.80
1988	54.54
1989	53.49
1990	54.01
1991	54.16
1992	55.98
1993	60.00
1994	58.85
1995	58.86
1996	59.34
1997	61.34
1998	66.50
1999	67.59
2000	68.33

8. 分地区茶叶产量（单位：万吨）

地 区	1998 年	1999 年	2000 年
总 计	66.50	67.59	68.33
北 京			
天 津			
河 北			

续表

地　区	1998 年	1999 年	2000 年
山　西			
内蒙古			
辽　宁			
吉　林			
黑龙江			
上　海			
江　苏	1.20	1.21	1.20
浙　江	11.32	11.78	11.64
安　徽	4.95	4.89	4.54
福　建	11.89	12.35	12.60
江　西	1.75	1.71	1.57
山　东	0.16	0.20	0.23
河　南	0.80	0.84	0.92
湖　北	5.63	6.12	6.37

续表

地　区	1998 年	1999 年	2000 年
湖　南	5.85	5.63	5.73
广　东	3.89	4.06	4.21
广　西	1.97	1.82	1.79
海　南		0.24	0.22
重　庆	1.53	1.44	1.45
四　川	5.09	5.29	5.45
贵　州	1.78	1.84	1.84
云　南	7.75	7.51	7.94
西　藏			
陕　西	0.63	0.62	0.61
甘　肃	0.02	0.02	0.03
青　海			
宁　夏			
新　疆			

9. 进出口数量、金额及主要国家和地区

1998 年～2000 年 09021010 主要出口国家和地区

国家或地区	1998 年			1999 年			2000 年		
	数量（吨）	金额（万美元）	百分比（%）	数量（吨）	金额（万美元）	百分比（%）	数量（吨）	金额（万美元）	百分比（%）
合　计	1613	657	100.00	1633	644	100.00	1696	703	100.00
香　港	132	79	12.02	172	103	15.99	179	111	15.79
新加坡	48	29	4.41	46	32	4.97	35	25	3.56
日　本	205	87	13.24	117	70	10.87	626	185	26.32
法　国	89	49	7.46	117	66	10.25	137	74	10.53
美　国	237	123	18.72	224	117	18.17	359	142	20.20
摩洛哥	430	87	13.24	283	49	7.61	—	—	—

1998 年～2000 年 09021090 主要出口国家和地区

国家或地区	1998 年			1999 年			2000 年		
	数量（吨）	金额（万美元）	百分比（%）	数量（吨）	金额（万美元）	百分比（%）	数量（吨）	金额（万美元）	百分比（%）
合　计	19446	4043	100.00	23948	4867	100.00	40937	7498	100.00
比利时	3196	719	17.78	1177	278	5.71	939	219	2.92
摩洛哥	1498	302	7.47	13691	2782	57.16	24527	4221	56.30
利比亚	—	—	—	735	151	3.01	88	17	0.27
法国	5186	1044	25.82	3373	512	10.52	5849	1176	15.68
科特迪瓦	793	190	4.70	291	214	4.40	525	106	1.41
阿尔及利亚	945	200	4.95	132	28	0.58	3896	735	9.80

1998 年～2000 年 09022090 主要出口国家和地区

国家或地区	1998 年			1999 年			2000 年		
	数量（吨）	金额（万美元）	百分比（%）	数量（吨）	金额（万美元）	百分比（%）	数量（吨）	金额（万美元）	百分比（%）
合　计	91359	13923	100.00	97684	14076	100.00	114388	14292	100.00
马里	6372	1197	8.60	5896	977	6.94	7288	1023	7.16
摩洛哥	13218	1959	14.07	17540	3091	21.96	19094	2423	16.95
塞内加尔	10696	2052	14.74	7002	1363	9.68	10932	1753	12.27
乌兹别克	8231	1001	7.19	10379	887	6.30	11072	580	4.06
日本	801	157	1.13	3102	861	6.1	6720	1871	13.09
毛里塔尼亚	787	144	1.03	3239	574	4.08	5228	833	5.83
冈比亚	2846	590	4.24	3108	593	4.21	3346	536	3.75

注：09021010 花茶，内包装每件净重不超过 3 千克

09021090 绿茶（花茶除外），内包装每件净重不超过 3 千克

09022090 绿茶（花茶除外），内包装每件净重超过 3 千克

10. 行业内“三资”企业状况

	1998 年	1999 年	2000 年
企业单位数（个）	20	16	19
亏损企业（个）	9	5	7
企业从业人员数（人）	1600	1100	5600
实收资本（亿元）	2.00	2.71	4.55
国家	0.19	0.34	0.10
港澳台	0.38	0.35	2.52
外商	0.92	1.57	1.55
工业总产值（亿元）	3.39	2.96	5.82
工业增加值（亿元）	0.81	0.78	0.48
年末资产（亿元）	5.16	5.53	12.68
流动资产	2.76	2.84	3.94
年末负债（亿元）	2.74	2.32	8.80
流动负债	2.08	1.66	8.06
所有者权益（亿元）	2.42	3.21	3.88
产品销售收入（亿元）	3.09	2.69	6.70
销售成本	2.51	2.13	5.32
销售费用	0.11	0.11	0.76
销售税金及附加	0.02	—	—
销售利润	0.44	0.45	0.61
管理费用（亿元）	0.17	0.22	0.37
利润总额（亿元）	0.18	0.16	－0.22
当年应交增值税（亿元）	0.08	0.04	0.31
亏损企业亏损总额(亿元)	0.05	0.07	0.42
产品销售率（%）	94.69	92.91	116.67
增加值率（%）	23.89	26.35	8.25
全员劳动生产率（万元/人·年）	5.06	7.09	0.86
流动资产周转率（%）	127.68	113.98	170.92
企业亏损率（%）	45.00	31.25	36.84

2.16　烟草加工业

【a. 概况】　2000 年，全国烟草行业共有职工 49.85 万人，比上年减少 1.35%。全行业认真落实国务院关于开展“管理年”的要求，继续加强宏观调控，规范生产经营行为，积极改变经营管理方式，较好地解决了超产、瞒产等问题，扭转了产销总量连续 4 年下降的局面，呈现出产销同步增长、效益增加的好势头。

行业内原计划内卷烟厂、雪茄烟厂为 121 个，比上年减少 8 个；其中亏损企业 24 个，比上年减少 2 个，下降幅度为 7.7%；亏损面为 19.83%，比上年减少 0.33 个百分点。卷烟工业全员劳动生产率全国平均为 462174 元/人（按当年价格计算，下同），比上年增长 17.75%。超过全国平均水平的省、市有 9 个，依次为：云南省，1183956 元/人；浙江省，1110974 元/人；福建省，858640 元/人；上海市，691803 元/人；江苏省，643797 元/人；北京市，641541 元/人；广东省，617297 元/人；海南省，556052 元/人；湖南省，519384 元/人。全员劳动生产率超过 700000 元/人的卷烟厂有 15 家，依次为：玉溪卷烟厂，2235545 元/人；长沙卷烟厂，1751836 元/人；深圳卷烟厂，1651657 元/人；杭州卷烟厂，1386960 元/人；昆明卷烟厂，1373666 元/人；南京卷烟厂，1370005 元/人；曲靖卷烟厂，1276942 元/人；广州卷烟二厂，1219978 元/人；龙岩卷烟厂，1085553 元/人；上海卷烟厂，1012682 元/人；红河卷烟厂，964301 元/人；广州卷烟一厂 952674 元/人；厦门卷烟厂，926091 元/人；宁波卷烟厂，900379 元/人；华美卷烟厂，755315 元/人。与上年相比，总数未变，但各烟厂排名顺序有较大变化，除玉溪、长沙、深圳前 3 家卷烟厂顺序未变外，其余 12 家均有上升或下降。其中杭州、南京、曲靖、上海、红河 5 家卷烟厂的排名顺序分别从上年的第 6、第 7、第 12、第 13、第 15 上升为第 4、第 6、第 7、第 10、第 11；昆明、广二、龙岩、宁波、广一、厦门 6 家卷烟厂则分别从上年的第 4、第 5、第 8、第 9、第 10、第 11 下降为第 5、第 8、第 9、第 14、第 12、第 13，上年排名第 14 的淮阴卷烟厂未能进入本年的前 15 名。15 家卷烟厂全员劳动生产率均比上年有较大幅度增长，除第 15 名华美卷烟厂外，其余 14 家均在 90 万元以上。

全国烟草系统 184 个工业企业总产值为 1329.13 亿元，比上年增长 5.40%；其中原计划内 121 个卷烟厂、雪茄烟厂完成工业总产值 1279.55 亿元，比上年增长 5.01%。全行业共实现工商税利 1050.0 亿元，比上年增长 6.17%。

【b. 烤烟的产量和质量】　2000 年全国烤烟计划种植 92 万公顷，实际种植面积为 97.42 万公顷；计划收购量为 168.0 万吨，实际收购量为 156.99 万吨，比国家计划少收购 11 万吨。主要原因：一是各烤烟产区严格按照国家计划组织烤烟种植，减少了盲目扩大烤烟种植的面积；二是各烤烟产区坚持按国家标准收购、按合同收购，一些产区对收购政策还进行了调整，如贵州、重庆等地政府规定市场无销路的下低等烟叶不予收购；三是少数产区将部分低次烟叶收购后进行集中销毁。

各烤烟产区依靠科技创新，积极推广先进的实用技术，努力提高烤烟种植的整体水平，使烤烟质量得到较大改善，上等烟比例达 25.5%，中等烟比例为 56.8%，上中等烟共计占 82.3%，比上年提高 4.97 个百分点。

【c. 提高质量措施】　2000 年，烤烟生产继续坚持“控制面积、稳定规模、提高质量”的指导方针，以改善烟叶等级结构、提高烟叶可用性为重点，采取了以下几项提高烤烟质量的主要措施：1. 加快烤烟品种的更新换代。烟草行业的 2 个原种繁殖基地和 26 个良种繁殖基地全部建成，保证了烤烟优良品种的生产和供应。本年度全国主要种植的20个品种中，新品种和重新引进的国外品种就占14个，其种植面积比上年有较大幅度提高。其中云烟85、k346、中烟98、RG11、RG17等品种的种植面积为23.2万公顷，重引的k326和NG89种植面积为31.1万公顷，分别占全国烤烟种植面积的23.81%和31.92%。湖南省积极淘汰老品种，新k326、G80等优良品种的种植面积达其总面积的95%以上；河南、安徽、广西烤烟新品种和重引品种种植面积占90%以上；黑龙江、重庆占80%以上，云南占67%，贵州占33%。2. 集约化育苗技术得到大面积推广。2000年全国大棚集约化育苗移栽面积达15.8万公顷，占全国烤烟种植面积的16.2%。其中山东省大棚托盘育苗移栽面积达2.87万公顷，占全省烤烟总面积的65%。在辽宁、陕西等北方种烟区大棚托盘育苗技术也得到进一步普及。漂浮育苗在南方已进入推广阶段，仅云南省漂浮育苗移栽面积就达2.67万公顷，福建、湖北、河南等地区漂浮育苗移栽面积也比上年有较大增长。集约化育苗由于营养充分、根系发达、抗逆性强、发病率低，有效地提高了烤烟的质量。3. 进一步加强标准化烤房的改建工作。2000年，全国共改建标准化烤房69万座，其中湖南省新建和改建标准化烤房9万座，全省累计达28万座；山东省新建标准化烤房5万座，全省累计达13.8万座，占全省烤房总数的83%；福建省共改建标准化烤房5.2万座，其中深受烟农欢迎的热风循环式烤房占5.1万座。4. 积极推广科学施肥技术。湖南、广东、重庆、福建、云南、贵州、湖北、安徽、河南、黑龙江等烤烟产区积极改进施肥方法，大力推广平衡施肥技术；并普遍进行植烟土壤普查工作，根据土壤的条件及烟叶生长不同阶段的需要，制定施肥方案，云南、贵州部分产区已基本实现了测土配方施肥；部分产区还积极推广硝态氮肥，追施硝酸钾代替硝铵。这些措施使烟株发育良好，烟叶开片，落黄快。5. 促进国际优质烟叶种植工作。为提高烤烟整体种植水平，中国烟草总公司在云南、贵州、广东、福建、湖南、河南6省进行了国际型优质烟叶种植试验工作，全国试验示范面积约为0.67万公顷。试验烟田种植的国际型优质烟叶的烟株营养平衡、发育充分、采收成熟度较好，上部叶片烟碱含量下降，叶片结构疏松，油份多，闻香突出，部分外观质量达到或接近国际先进水平。

【d. 卷烟产销量和产品结构变化】 2000年烟草行业内卷烟厂生产卷烟3336.3万箱（5万支/箱，下同），比上年增长1.5%；销售卷烟3373.6万箱，比上年增长4.0%，销量略大于产量。一类烟产量为393.2万箱，比上年增长11.2%，占总产量的11.79%；二类烟产量为671.9万箱，比上年增长3.0%，占总产量的20.14%；五类烟（出厂价为1250元/箱以下）为99.97万箱，比上年下降25.9%，仅占总产量的3%。滤嘴烟产量为3289.6万箱，比上年增长2.0%，占卷烟总产量的98.6%。

【e. 卷烟质量管理】 烟草行业继续注重卷烟产品的质量管理，积极应用现代质量管理方法，不断提高卷烟产品的技术含量和质量。主要措施有以下几项：1. 大力推广ISO9000标准。烟草行业已有60余家企业通过了ISO9000质量保证体系认证，一些有条件的企业开始进行ISO9000标准2000年版的转化工作。卷烟工业企业通过贯彻ISO9000标准及开展群众性QC活动，把生产过程的各个环节的质量管理工作有机地结合起来，强化了质量管理。2. 基本确立了质量技术监督管理体系和技术保障体系。2000年，山东颐中烟草（集团）有限公司技术中心和湖南长沙卷烟厂技术中心通过了国家经贸委、财政部、国家税务总局、海关总署等部门的联合审核，至此，烟草行业共有4个技术中心通过国家级认定。全行业现已有国家级产品质量监督检验中心2个，省级烟草质量监督检查站28个，设在企业或地区的3级烟草质量监督检测站140余个，全国烟草3级产品质量监督检测网络已形成，质量检测机构更加健全。3. 进一步加强了质量监督检查工作。根据现代质量管理的要求，烟草行业加强了对产品质量监督检查的力度。全行业初步建立了以名优卷烟和大中型企业为重点，以质量监督抽查为主，统一检查、交叉抽查和定期检验相结合的产品质量监督检查制度；同时还建立了质量分析、报告、公示制度；不合格产品的通报和停产整顿制度。4. 努力降低卷烟焦油量。烟草行业坚持开展降低卷烟焦油含量的研究工作，2000年11月28日～30日，中国烟草总公司举办了白肋烟处理技术及低焦油混合型卷烟设计专题讲座暨技术交流会议。目前已有十几个省级烟草公司成立了低焦油卷烟开发工作领导小组，并加大了人力、物力、财力的投入。同时还成立了科研院所及卷烟厂联合攻关课题组，在低焦油卷烟产品的研究开发方面取得了较大突破，一批焦油量较低的烤烟型卷烟和混合型卷烟投入市场，如“金沙”环保型卷烟、焦油量为11毫克/支的“红双喜”、“红梅”、“玉溪”，12毫克/支的“红塔山”等牌号的烤烟型卷烟以及焦油含量为10毫克/支、5毫克/支的“中南海”等牌号的混合型卷烟越来越受到消费者的好评。

【f. 雪茄烟】 2000年，烟草行业内雪茄烟厂生产雪茄烟54397箱（1万支/箱，下同），比上年减少54.71%，为近20年雪茄烟产量下降最多的1年。雪茄烟产地为5个，即：安徽、湖北、四川、陕西、甘肃，与上年相比，产地减少1个，黑龙江省。5个省雪茄烟产量分别为：安徽3234箱，湖北11425箱，四川627箱，陕西13673箱，甘肃25438箱。其中甘肃省雪茄烟产量比上年有较大增长，增幅为33.17%，其余4省均为大幅度下降，下降率分别为：安徽45.81%、湖北40.45%、四川98.14%、陕西66.78%。雪茄烟传统生产区四川省产量下降最大。

【g. 进出口贸易】 2000年，中国烟草总公司积极采取有效措施大力开拓国际市场，发展国际市场。采取的主要措施有：1. 组建中国烟草进出口集团。2000年9月19日，中国烟草进出口集团正式成立。该集团以中国烟草进出口（集团）公司为母公司（核心企业），成员单位由核心企业和其投资控股企业（控股层企业）、核心企业或控股层企业参股并承认集团章程的企业（参股企业）以及与核心企业有长期生产经营、科研开发协作关系的企事业单位（协作层企业）等组成。2. 寻求有商业信誉的代理商和利用国外烟草公司的销售渠道建立中国烟草制品的经销网络。上海烟草进出口公司通过香港德信行有限公司开展建立东南亚市场1～2个长期稳定的基本客户工作，并于6月中旬同香港德信行有限公司签订了供应印尼烟厂442吨中国烤烟的出口合同。云南玉溪红塔集团的600吨烟丝也出口到香港，供香港红塔国际烟草有限公司使用。3. 发挥中国烟草总公司海外机构的作用，建立直接经营渠道。中国烟草总公司已在日本、德国、俄罗斯、津巴布韦、阿联酋等国家设立了办事处，积极推销中国烟草制品，拓展国外市场。全行业共出口烤烟72386吨，比上年下降50.59%；出口卷烟72.27万箱（1万支/箱），比上年增长20.45%。同时，为满足国内卷烟生产及来华外国人员与回国侨胞的消费需求，中国烟草总公司继续进口了部分优质烟叶及1785590箱（1万支/箱）国外名牌卷烟。

【h. 国际交流】 2000年，中国烟草总公司进一步加强了与国际烟草界的往来与交流。1. 派团访问考察了美国、加拿大、英国、德国、泰国、巴西、新西兰、澳大利亚等国家的烟草行业及相关企业，并就世界烟草工业的应用、烟草税收制度以及加强中国烟草行业高级管理人员培训等共同感兴趣的问题交换了意见；同时，还就如何开拓中国烟草的国际市场的有关问题与代理商达成了共识，在建立适合中国国情的现代烟草企业制度及规范的烟草流通体制、应对中国进入WTO等问题上获得了有益的经验。美国、日本、古巴、英国、德国、越南等国家也派团或派员访问了中国烟草界。2. 美国雷诺烟草公司副总裁乔·因曼先生一行于2000年3月4日～16日来访中国，参观考察了昆明、济南、青岛、郑州和新郑卷烟厂以及郑州烟草研究院，与有关专家、技术人员进行了交流；并于3月7日和8日举办了关于混合型卷烟及烤烟产品开发、烟草薄片，白肋烟处理、膨胀烟丝等方面的技术讲座。3. 10月18日～25日，日本烟草产业株式会社卷烟销售网络交流团分别在北京、西安、上海与中国烟草界就两国卷烟经营情况进行了广泛深入的交流；并举办了专题讲座，日方重点介绍了日本市场的法律限制、市场结构、营业结构、物流业务等方面的情况，烟草行业的20个省级单位的400余人参加了讲座活动。4. 10月中旬，环球烟草公司、大陆烟草公司、德孟烟草公司、韩国烟草人参株式会社、印尼三宝麟烟草公司等21家国际知名烟草公司参加了2000年中国出口烟叶洽谈会。5. 4月10日～23日，国家烟草专卖局在澳大利亚举办了第1期高级管理人员培训班，学员学习了有关经贸、管理等方面的8门课程，并考察了英美烟草公司及烟厂。6. 中国烟草总公司派员参加了2000年10月12日～13日在日内瓦国际会议中心举行的《烟草控制框架公约》听证会，并在大会上发表了意见。会议期间，中国烟草代表团向与会代表分发了中英文意见书，并与英美、日本等外国烟草公司及世界烟农协会的代表互通信息，同时还接受了美国华尔街邮报、日本共同社等外国新闻媒体的采访，详细说明了中国烟草总公司的意见。

【i. 对外经济技术合作】 2000年，中国烟草总公司继续在技术引进、烟叶种植、卷烟品牌开发及来料加工、计算机等多方面与国外进行广泛合作。

中国烟草总公司于10月30日和11月22日分别与英美烟草控股公司、利是美国际有限公司签署了跨世纪合作意向书，明确了双方新合作活动的框架及在烟叶、卷烟品牌开发和技术、管理等方面的合作内容。

6月29日，中国烟草总公司、英美烟草公司和狄更生莱格有限公司在香港签署了1项技术转让协议。根据协议，英美烟草公司同意狄更生莱格有限公司授予中国烟草总公司关于烟草干燥和提高烟草填充率技术非独占性的可转让许可证。

继续与英美烟草公司合作生产优质烟叶，其基地数量与种植面积进一步扩大。原合作基地为贵州大方、思南，湖北恩施，科植面积分别为800公顷、267公顷和400公顷；新增加的基地为贵州兴义，云南砍山、邱北，四川西昌、德昌，其种植面积均为20公顷。

卷烟品牌开发及来料加工。贵州黄果树集团和英美烟草公司共同开发生产的烤烟型低焦油新产品特制清醇黄果树烟问世，该烟焦油含量低于12毫克/支，烟气烟碱量为1.0毫克/支，烟支吸味醇和，清香宜人。中国烟草总公司、云南省烟草公司和英美烟草远东控股公司就联合开发“迅”牌优质混合型卷烟签署了协议。常德卷烟厂加工生产美国天阔国际销售贸易有限公司的“OPTMA”和“OLYMPUS”牌卷烟以及美国升高烟草有限公司的“IDEAL”牌卷烟，黔江卷烟厂将加工美国恩比尔烟草公司的“NINIOPREMIER”牌卷烟。

湖北三峡卷烟厂与英美乐富门公司合作建立亚洲最大的雪茄烟生产基地。12月18日，雪茄烟生产线从荷兰运抵三峡卷烟厂，该生产线是中国第1条高档雪茄烟生产线，也是亚洲最大的雪茄烟生产线。

9月18日，浙江省烟草公司与美国微软公司在北京签署了合作协议，浙江省烟草公司将在卷烟营销中使用微软的企业平台和相关产品，该合作项目是微软公司在华合作的重要项目之一。

由玉溪红塔集团、香港中美烟草集团有限公司和克利斯多夫·牛顿先生共同出资组建的红塔瑞士有限公司于2000年7月19日正式成立。该公司由玉溪红塔集团控股，主要负责玉溪红塔集团开发生产的混合型卷烟在国外市场的经营和销售。

【j.行业其他活动】 中国烟草总公司决定建立“金叶优秀贫困生奖励基金”，旨在为贫困地区和灾区生活困难的优秀中学生和大学生提供一定数量的专项奖学金，以帮助其顺利完成学业，并在全行业开展了自愿捐款活动。

为加强对烟叶的管理，烟草行业开展了整顿烟叶流通秩序活动，国家烟草专卖局设立了整顿烟叶流通秩序工作领导机构。该活动分为3个阶段进行。第1阶段进行动员部署和学习文件，第2阶段开展企业自查和省级烟草专卖局全面复查，第3阶段为整改验收。整顿范围包括烟草行业的卷烟厂、烟叶复烤厂、烟丝厂及烟叶经营单位。

2000年，国家烟草专卖局表彰了18个先进烟叶基层站；10个行业质量技术监督先进单位，30名质量技术监督先进工作者；5个先进驻厂组，15名先进驻厂员；同时还授予北京卷烟厂段中良等16位同志“全国烟草技术能手”荣誉称号。

7月中旬，烟草行业进行了安全生产大检查活动，全行业各工商企业进行了自查，各省级烟草公司组织全面复查，国家烟草专卖局在此基础上进行重点抽查。

7月中旬～8月底，烟草行业对“三五”法制宣传教育工作进行了检查验收。检查的内容包括设立普法机构、落实规划、开展活动、依法生产经营等有关情况。

11月中旬～12月20日，烟草行业开展了为期1个多月的卷烟限产压库工作检查活动，各省级烟草公司对所属卷烟生产企业进行全面检查，国家烟草专卖局派出检查组进行重点检查。

（杜　郁）

烤烟种植面积及收购量表

单位：万公顷；万吨

地　区	2000年				1999年			
	种植面积		收购量		种植面积		收购量	
	计划	实际	计划	实际	计划	实际	计划	实际
全国总计	92.00	97.42	168.00	156.99	92.80	98.94	165.00	165.86
北　京								
天　津								
河　北	0.23	0.28	0.40	0.42	0.30	0.28	0.50	0.50
山　西	0.53	0.56	1.00	0.78	0.53	0.60	1.00	0.63
内蒙古	0.33	0.35	0.70	0.64	0.33	0.35	0.70	0.78

续表

地区	2000年				1999年			
	种植面积		收购量		种植面积		收购量	
	计划	实际	计划	实际	计划	实际	计划	实际
辽　宁	1.67	1.60	3.00	2.41	1.60	1.57	3.00	2.25
吉　林	1.13	1.12	2.00	1.62	1.13	1.15	2.00	1.64
黑龙江	3.73	3.73	6.65	6.66	3.80	3.82	6.65	6.65
上　海								
江　苏								
浙　江								
安　徽	1.93	1.48	3.50	0.72	2.00	1.97	3.50	2.34
福　建	3.60	4.35	6.00	6.63	3.67	3.88	6.00	6.20
江　西	1.00	1.00	1.75	1.55	1.00	1.00	1.75	1.41
山　东	4.40	4.40	9.00	7.61	5.07	4.97	9.00	8.93
河　南	9.73	10.42	17.50	12.73	10.00	10.56	17.50	14.85
湖　北	3.13	3.50	5.50	4.95	3.13	3.47	5.50	5.18
湖　南	4.40	5.33	8.00	7.80	4.53	5.56	8.00	6.83
广　东	1.73	2.01	3.00	3.77	1.73	2.03	3.00	3.42
广　西	1.13	0.77	2.00	1.06	1.13	0.62	2.00	0.59
海　南								
重　庆	3.53	3.86	6.30	5.31	3.00	3.33	5.30	6.13
四　川	2.67	2.71	4.75	5.43	2.47	2.67	4.25	4.92
贵　州	15.40	15.29	26.50	23.43	14.47	15.80	25.00	25.38
云　南	27.27	29.65	52.50	56.50	28.47	30.37	52.50	58.75
西　藏								
陕　西	3.67	3.73	6.50	6.16	3.73	4.00	6.50	6.28
甘　肃	0.63	1.20	1.20	0.81	0.63	0.92	1.20	2.08
青　海								
宁　夏	0.07	0.05	0.10	0.09				
新　疆	0.07	0.03	0.15	0.08	0.07	0.40	0.15	0.12

卷烟产销情况表

地区	卷烟产量			卷烟销量		
	2000年	1999年	增长±%	2000年	1999年	增长±%
全国总计	3336.3	3287.9	1.47	3373.6	3245.3	3.95
北　京	17.07	16.43	3.90	54.95	39.78	38.13
天　津	17.00	17.40	−2.30	26.32	20.36	29.27
河　北	107.97	99.95	8.02	143.36	147.36	−2.71
山　西	24.50	20.00	22.50	84.39	73.76	14.41
内蒙古	28.00	24.00	16.67	67.81	68.66	−1.24
辽　宁	23.00	33.21	−31.74	103.77	91.77	13.08
吉　林	37.50	35.00	7.14	62.07	54.32	14.27
黑龙江	64.00	64.50	−0.78	89.56	87.09	2.84
上　海	122.42	116.15	5.40	69.41	72.08	−3.70

续表

地　　区	卷烟产量			卷烟销量		
	2000 年	1999 年	增长±%	2000 年	1999 年	增长±%
江　苏	103.20	98.10	5.20	201.78	189.37	6.55
浙　江	99.21	95.74	3.62	150.80	141.23	6.78
安　徽	157.33	179.11	-12.16	124.66	133.03	-6.29
福　建	98.62	85.14	15.83	94.69	86.27	9.76
江　西	50.99	41.20	23.76	80.30	66.16	21.37
山　东	240.56	228.16	5.43	204.41	207.87	-1.66
河　南	294.22	287.74	2.25	233.03	226.43	2.91
湖　北	206.43	203.28	1.55	166.37	129.00	28.97
湖　南	230.38	229.11	0.55	174.88	159.80	9.44
广　东	177.30	166.98	6.18	204.65	178.28	14.79
广　西	72.33	82.75	-12.60	75.36	69.50	8.43
海　南	11.45	4.80	238.54	19.80	13.39	47.87
重　庆	68.70	68.70	0.00	75.66	72.12	4.91
四　川	128.66	123.30	4.35	168.77	174.55	-3.31
贵　州	187.35	187.60	-0.13	84.09	86.84	-3.17
云　南	631.27	622.47	1.41	122.93	109.75	12.00
西　藏						
陕　西	104.72	116.00	-9.72	93.29	103.79	-10.12
甘　肃	28.99	27.00	7.37	46.86	45.20	3.67
青　海	—	—	—	13.88	9.94	39.64
宁　夏	3.10	3.10	0.00	15.19	17.40	-12.70
新　疆	—	11.00	—	30.15	25.70	17.32

1999 年～2000 年卷烟品种产量表

品　　种	产量（万箱）			占合计比重（%）	
	2000 年	1999 年	2000 年比 1999 年增长%	2000 年	1999 年
合　　计	3336.26	3287.90	1.47	100.00	100.00
其中：一类烟	393.18	353.45	11.24	11.79	10.75
二类烟	671.89	652.23	3.01	20.14	17.36
其中：滤嘴烟	3289.63	3223.62	2.05	98.60	97.36
其中：烤烟型烟	3138.04	3076.53	2.00	94.06	92.97
混合型烟	115.76	129.95	-10.92	3.47	4.61
雪茄型烟	38.27	32.27	18.59	1.15	0.89
其他型烟	44.18	49.14	-10.09	1.32	1.51

【k. 卷烟制造业行业数据报告】 1. 行业基本情况

行业名称：卷烟制造业

	1998 年	1999 年	2000 年
行业内企业单位数(个)	218	217	202
其中：亏损企业(个)	37	38	34
从业人员（万人）	25.19	24.38	21.93

2. 卷烟制造业在全部工业中的位置与比较（单位:%）

	1998 年	1999 年	2000 年
行业产值占全部工业产值的比重	1.88	1.80	1.58
行业增加值占全部工业增加值的比重	4.38	4.01	3.52
行业人数占全部工业人数的比重	0.41	0.42	0.39
行业资产占全部工业资产的比重	1.46	1.45	1.43

3. 行业财务状况（单位：亿元）

	1998 年	1999 年	2000 年
实收资本	257.35	288.89	303.43
国家	248.42	264.14	292.87
港澳台	0.91	1.02	0.65
外商	1.46	1.45	1.46
工业总产值（新规定当年价）	1277.17	1309.52	1357.58
工业增加值	851.08	865.09	894.08
工业销售产值	1271.16	1299.23	1359.50

4. 行业资产负债（单位：亿元）

	1998 年	1999 年	2000 年
年末资产	1591.44	1691.48	1803.27
流动资产	753.28	789.72	860.16
固定资产原价	702.03	801.32	854.32
生产经营用	578.80	689.92	727.16
年末负债	775.04	756.65	778.92
流动负债	662.37	658.99	667.49
年末所有者权益	816.40	934.83	1024.35

5. 行业损益及分配（单位：亿元）

	1998 年	1999 年	2000 年
产品销售收入	1256.29	1290.58	1349.61
产品销售成本	554.12	593.76	609.57
产品销售费用	8.80	9.79	12.61
产品销售税金及附加	520.45	538.41	566.10
产品销售利润	172.91	145.96	161.11
产品管理费用	57.18	64.88	71.08
营业利润	110.94	89.47	99.89
利润总额	117.21	124.36	140.77
当年应交增值税	129.21	131.16	137.91
亏损企业亏损额	4.75	4.13	3.67

6. 行业效益评价

	1998 年	1999 年	2000 年
产品销售率（%）	99.53	99.21	100.14
增加值率（%）	66.64	66.06	65.86
全员劳动生产率（万元/人·年）	33.79	35.48	40.77
流动资产周转率（%）	159.40	166.56	157.81
企业亏损率（%）	16.97	17.51	16.83

7. 烟草加工业产品产量

年份	烟叶（万吨）	烤烟（万吨）	卷烟（万箱）
1980	84.5	71.7	1520.00
1981		127.9	1704.00
1982		184.8	1885.00
1983		115.1	1938.00
1984	223.8	154.0	2132.00
1985	242.5	207.5	2370.00
1986	170.7	137.4	2596.00
1987	194.3	163.6	2881.00
1988	273.4	233.7	3096.00
1989	283.0	240.5	3195.00
1990	262.7	225.9	3298.00
1991	303.1	267.0	3226.00
1992	349.9	311.9	3285.00
1993	345.1	303.6	3376.00
1994	223.8	194.0	3432.00
1995	231.4	207.2	3485.02
1996	323.4	294.6	3401.92
1997	425.1	390.8	3377.42
1998	236.4	208.8	3374.00
1999	246.9	218.5	3340.00
2000	255.23	223.80	3397.00

8. 1998 年～2000 年分地区烟草加工业产品产量

地　区	1998 年			1999 年			2000 年		
	烟叶（万吨）	烤烟（万吨）	卷烟（万箱）	烟叶（万吨）	烤烟（万吨）	卷烟（万箱）	烟叶（万吨）	烤烟（万吨）	卷烟（万箱）
总　计	236.4	208.8	3374.00	246.9	218.5	3340.00	255.23	223.80	3397.00
北　京			16.61			16.43	0.003		17.07
天　津			19.50			17.40	0.013		17.00
河　北	1.2	0.8	106.00	1.2	0.8	99.95	1.24	0.74	107.97
山　西	1.1	0.9	27.81	1.0	1.0	28.81	1.63	1.57	30.34
内蒙古	1.3	0.9	26.50	1.6	1.4	24.00	1.36	1.21	28.00
辽　宁	3.1	2.6	41.80	3.2	3.0	33.21	3.15	2.86	23.00
吉　林	4.3	2.0	57.90	4.9	2.7	53.50	5.99	3.02	56.00
黑龙江	9.4	8.3	70.37	11.2	10.3	65.46	9.58	8.09	65.91

续表

地区	1998年			1999年			2000年		
	烟叶（万吨）	烤烟（万吨）	卷烟（万箱）	烟叶（万吨）	烤烟（万吨）	卷烟（万箱）	烟叶（万吨）	烤烟（万吨）	卷烟（万箱）
上海			113.88			116.15			122.42
江苏	0.1		90.30	0.1		98.10	0.09	0.01	103.20
浙江	0.3		92.24	0.2		95.74	0.29		99.21
安徽	4.8	4.7	189.10	5.5	5.2	179.70	3.21	3.09	157.66
福建	7.4	7.2	86.15	8.8	8.6	85.14	9.40	9.14	98.62
江西	2.0	1.6	37.01	1.7	1.4	41.20	1.82	1.51	50.99
山东	11.5	11.2	227.09	11.4	10.9	228.16	11.71	11.28	230.06
河南	31.1	30.7	275.77	28.4	27.6	287.67	27.60	27.18	294.22
湖北	12.0	8.3	205.30	13.6	8.8	203.28	13.73	8.22	207.25
湖南	15.4	14.3	237.13	13.6	12.4	229.39	16.77	15.55	230.43
广东	6.6	4.8	160.79	5.8	4.4	166.98	6.21	4.95	177.30
广西	4.6	2.4	87.35	3.3	1.4	82.75	3.88	1.69	72.33
海南			8.80			4.80	0.02		11.45
重庆	8.0	5.8	68.70	9.6	7.2	68.70	10.41	7.69	68.70
四川	10.7	5.9	126.54	11.9	6.9	123.30	15.61	9.37	128.65
贵州	32.0	29.2	195.79	34.8	32.3	187.60	33.79	31.09	187.35
云南	57.3	56.4	632.99	62.7	61.0	63.97	65.57	64.61	612.77
陕西	9.3	8.5	118.97	7.8	7.5	116.00	7.68	7.36	104.63
甘肃	2.2	1.9	25.26	3.8	3.4	27.00	3.80	3.34	29.51
青海			2.00			0.08	0.02		
宁夏	0.1	0.1	3.00	0.1	0.1	3.10	0.15	0.15	3.12
新疆	0.7	0.4	12.01	0.5	0.3	11.00	0.53	0.11	10.50

9. 1998年～2000年城镇居民家庭人均烟草消费支出（单位：元/年）

地区	1998年	1999年	2000年
总计	93.56	94.84	100.85
北京	90.96	96.14	97.51
天津	105.94	104.03	102.16
河北	70.90	68.00	74.37
山西	113.46	115.35	111.71
内蒙古	75.80	73.74	77.75
辽宁	85.74	86.81	96.93
吉林	61.73	60.89	58.57
黑龙江	59.13	55.68	64.56
上海	145.41	175.96	192.38
江苏	108.00	113.62	126.64
浙江	173.44	174.90	196.04
安微	132.87	132.18	164.95
福建	130.32	136.15	128.18
江西	59.35	62.61	61.27
山东	57.55	56.87	56.27

续表

地区	1998年	1999年	2000年
河南	85.70	83.24	87.18
湖北	103.76	102.59	108.42
湖南	101.20	101.95	96.77
广东	73.02	77.98	72.64
广西	42.66	41.56	57.74
海南	62.69	62.19	63.28
重庆	117.63	125.17	132.91
四川	125.21	122.38	136.40
贵州	133.70	124.89	159.93
云南	223.50	222.55	215.65
西藏		275.26	274.91
陕西	78.40	84.43	91.06
甘肃	94.43	110.83	128.95
青海	115.73	122.56	108.37
宁夏	78.20	72.01	94.97
新疆	52.29	48.79	50.75

10. 进出口数量、金额及主要国家和地区

1998 年～2000 年 24022000 主要出口国家和地区

国家或地区	1998 年			1999 年			2000 年		
	数量（亿支）	金额（万美元）	百分比（%）	数量（亿支）	金额（万美元）	百分比（%）	数量（亿支）	金额（万美元）	百分比（%）
合　计	228.60	37392	100.00	74.37	11197	100.00	84.1	12539	100.00
香　港	52.50	9746	26.06	23.80	4560	40.73	30.2	5733	45.72
新加坡	20.20	3676	9.83	6.89	1241	11.08	2.8	629	5.02
缅　甸	31.80	3478	9.30	9.19	758	6.77	2.6	169	1.35
马来西亚	49.30	8836	23.63	12.94	1512	13.50	11.3	1369	10.92
日　本	2.25	242	0.65	1.06	112	1.00	2.7	428	3.41
意大利	1.88	387	1.03	1.73	363	3.24	2.2	454	3.62
加拿大	3.87	917	2.45	2.08	543	4.85	2.3	592	4.72

1998 年～2000 年 24022000 主要进口国家和地区

国家或地区	1998 年			1999 年			2000 年		
	数量（亿支）	金额（万美元）	百分比（%）	数量（亿支）	金额（万美元）	百分比（%）	数量（亿支）	金额（万美元）	百分比（%）
合　计	34.40	6933	100.00	18.01	3269	100.00	20.9	3892	100.00
香　港	1.70	224	3.23	0.88	103	3.15	1.7	240	6.17
英　国	21.60	4695	67.72	9.80	1929	59.01	12.6	2491	64.00
美　国	8.10	1451	20.93	4.09	691	21.14	3.7	671	17.24
日　本	1.10	239	3.45	1.82	290	8.87	1.5	231	5.94

注：24022000 烟草制的卷烟

11. 行业内“三资”企业状况

	1998 年	1999 年	2000 年
企业单位数（个）	4	3	3
亏损企业（个）	1	1	1
企业从业人员数（人）	800	800	700
实收资本（亿元）	5.56	5.48	5.48
国家		0.80	0.49
港澳台	0.90	0.89	0.64
外商	2.19	1.29	1.29
工业总产值（亿元）	6.43	5.54	5.39
工业增加值（亿元）	4.23	3.55	3.62
年末资产（亿元）	10.97	9.74	8.79
流动资产	5.44	4.90	4.32
年末负债（亿元）	3.86	3.69	2.97
流动负债	3.17	3.39	2.93
所有者权益（亿元）	7.11	6.06	5.82
产品销售收入（亿元）	6.20	5.46	5.40
销售成本	3.06	2.66	2.76
销售费用	0.16	0.12	0.12
销售税金及附加	1.85	1.97	1.92
销售利润	1.13	0.71	0.60
管理费用（亿元）	0.48	0.47	0.51
利润总额（亿元）	0.65	0.42	0.15
当年应交增值税（亿元）	0.55	0.64	0.64
亏损企业亏损总额（亿元）	0.14	0.08	0.29
产品销售率（%）	94.71	97.47	100.19
增加值率（%）	65.78	64.08	67.16
全员劳动生产率（万元/人·年）	52.87	44.38	51.71
流动资产周转率（%）	113.00	107.48	112.50
企业亏损率（%）	25.00	33.33	33.33

2.17 食品机械与包装机械制造业

机械工业系统

【a. 概况】 2000年全国食品和包装机械行业的工业总产值和产品销售情况继续保持增长态势，出口形势继续看好，经济效益明显回升。

根据对机械工业系统食品和包装机械企业的统计，2000年食品机械生产价值量为85275万元，包装机械生产价值量为55294万元。

2000年全国食品和包装机械进出口总额27.37亿美元，比上年的22.4亿美元增长22.2%。其中进口14.42亿美元，增长22.1%；出口12.94亿美元，增长22.2%。

从食品机械来看，进口额出现几年来的首次增长。进口为4.4亿美元，比上年增长21.5%；出口保持增长，为12.9亿美元，增长27.2%。

包装机械进出口都保持增长，进口为10亿美元，比上年增长23.5%；出口为0.85亿美元，增长66.7%。

2000年食品机械和包装机械量值表 单位：万元（不变价）

产品名称	单位	本年生产		本年销售	年末库存
		实物量	价值量	实物量	实物量
食品机械					
米面食品加工机械	台	21157	8604	20739	7759
果品蔬菜加工及保鲜机械	台	18143	31770	17161	3159
饼干糕点加工机械	台	412	816	369	204
豆制品加工机械	台	2189	257	2137	801
屠宰肉类加工机械	台	15170	7418	14403	5299
蛋品加工机械	台	4775	1278	4226	1299
乳品加工机械	台	78	293	50	43
酿造机械	台	71	376	74	3
饮料机械	台	5048	6060	4862	2129
冰淇淋冷饮机械	台	1200	1603	1110	457
卷烟加工机械	台	517	9883	526	46
其他	台	612	16917	614	284
合　计	台	69372	85275	66271	21483
包装机械					
1. 直接包装机械					
固体物料充填包装机械	台	197	1988	230	114
液体灌装机械	台	613	2646	661	180
封口机械	台	408	335	468	358

续表

产品名称	单位	本年生产		本年销售	年末库存
		实物量	价值量	实物量	实物量
贴标机械	台	41	1698	35	20
容器成型包装机械	台	230	2354	236	63
裹包机械	台	142	1593	111	159
收缩包装机械	台	19	102	39	1
真空包装机械	台	24	10	29	2
捆扎打包机械	台	4701	2371	4786	1863
自动包装线	套			2	44
其他	台	200	1092	192	43
2. 间接包装机械					
瓦楞纸板制箱（盒）加工设备	台	2334	15088	2347	11612
包装容器加工机械	台	1593	10558	1648	463
包装专用材料加工机械	台	104	597	89	37
其他	台	29	1374	32	20
合计	台	10635	55294	10905	14979

【b. 行业活动和协会工作】 根据国家经贸委的要求，对食品和包装机械行业进行第 2 次全面摸底调查，进一步了解行业的实际能力和水平，向国家有关部门提供可靠数据，以便企业进行产业结构调整时得到国家的支持和帮助。

召开了第 2 届第 4 次理事扩大会议，纪念中国食品和包装机械工业协会成立 10 周年。会上总结了协会成立 10 周年以来的工作和行业发展情况，表彰了一批行业明星企业、名牌产品和对行业发展有贡献的先进工作者。

组织会员单位先后赴意大利、法国、美国、阿联酋参加、参观国际食品和包装机械展览会，赴荷兰参加有关乳制品生产的培训。

与有关单位合作举办了 4 次展览会。在上海举办的第 2 届国际包装和食品加工机械展览会，展览面积达 6000 平方米，接待专业观众 1 万余人。在俄罗斯海参崴第 1 次举办的食品和包装机械图片和样本展示会，也取得了满意的效果。

（奚　英）

2000 年食品机械和包装机械进出口情况　　单位：万美元

商品类别	单位	出口		进口	
		数量	金额	数量	金额
制糖机器	台	128	150	34	274
酿酒机器	台	18	36	304	610
乳品加工机器	台	13608	47	644	22
糕点加工及生产面条等产品的机器	台	28598	827	1693	1873
面包房用烤炉及烘箱（包括做饼干用的）	台	529	51	589	81
生产糖果、可可粉、巧克力的机器	台	386	170	249	1156
肉类或家禽加工机器	台	261758	385	3955	3435
水果、坚果或蔬菜加工机器	台	37369	110	912	4525
加工热饮料或烹调、加热食品的机器设备	台	10021	225	4554	1206
食品研磨机及搅拌器；水果或蔬菜的榨汁器	台	59322281	23736	100609	1523
其他食品、饮料工业用生产加工机器	台	36857	923	5701	8772

续表

商品类别	单位	出口		进口	
		数量	金额	数量	金额
提取、加工油脂的机器	台	569	199	98	1562
谷物磨粉业加工机器或谷物、干豆加工机器	台	101209	1544	2446	885
农产品清洁、分选、分级机器	台	11677	281	1473	1647
动物饲料配制机	台	365	118	182	300
农产品干燥机	台	905	137	390	887
液体过滤或净化饮料的机器及装置	台	14554351	1046	134909	10483
快速式、储热式、电热水器、浸入式液体加热器	个	5686962	4538	152804	944
电炉、电锅、电壶、烧烤炉等	个	135902374	91371	179694	606
食品机械零件	千克	10654964	2655	1327024	2276
总计			128579		44404

第3部分

地方分述

3.1 北京市

【a. 纪事】　2000 年，北京市食品协会平均每季度举办 1 次高层次食品行业专题报告会。如李士靖会长作的题为：《北京及全球食品产业发展的新形势》、《未来全球食品产业必然是以大对大的发展趋势》等报告，得到北京食品专业人员、企业管理人员和大专院校师生的一致好评。

2 月～4 月，筹备北京市食品协会换届工作。修改了章程；落实新一届协会顾问、名誉会长、会长、副会长、秘书长、常务理事和理事单位；新一届协会办事机构的调整和落实办事机构主要负责人名单；起草上一届协会的工作报告和本届协会的工作计划及换届大会的有关事宜等筹备工作。5 月 20 日，举行了北京市食品协会换届大会。

4 月，调查了 7 家国有亏损企业，为领导决策提供第一手材料，促进了企业改革的进程。

6 月，召开了环渤海地区食品工业协会联谊会。会上环渤海 7 省市食品协会交流了“十五”规划制定情况；探讨了加入 WTO 后食品业的机遇和挑战问题，商讨了支援西部大开发的问题等。

7 月，召开北京老字号食品企业座谈会。

7 月～10 月，受北京市经济委员会委托，组织制定北京食品产业“十五”规划。召开制定“十五”规划动员会、研讨会和对食品行业重点领域发展的调研会。10 月完成了北京食品产业“十五”规划初稿。

8 月，召开了质量工作会议。贯彻落实《国务院关于进一步加强产品质量工作若干问题的决定》，确定了质量工作计划。

10 月，组织北京经济规模较大的食品企业领导人赴欧洲学习考察。与英国的联合利华、法国达能集团、意大利的帕玛拉特集团等跨国公司举行了座谈，英国牛津大学的著名教授为考察团讲授了“英国现代企业人才资源管理”。

12 月，组织北京四川饭店微波食品研讨会。北京四川饭店研制成功的速冻微波系列食品，揭开了中餐菜肴工业化生产这一国际性难题，使人们多年来把中餐传统制作工艺转化成为工业化生产的愿望得以实现。

【b. 概况】　2000 年北京食品产业经济运行态势喜人，仍以持续稳定的增速发展。

食品工业产值持续增长。2000 年，北京食品工业完成工业总产值 186 亿元（1990 年不变价），比上年 160 亿元增长 16.25%。北京市食品工业在北京市工业经济中排名第 2，仅低于信息产业，成为首都经济和都市工业的支柱产业。

一批具有竞争实力的食品企业快速成长。截止 2000 年底，年销售收入超亿元的企业达到 44 个。其中：超 2 亿元的企业 20 个，超 5 亿元的企业 6 个。北京年销售收入最高的企业是北京燕京啤酒集团公司，销售收入为 24 亿元。北京具有一定规模的食品企业与全国近几年发展快的年销售收入 50～100 亿元的食品集团相比还有不少差距。

一批保留下来的历史悠久、享誉中外的著名老字号食品企业发展喜人。这批企业 2000 年总计完成食品工业产值 6 亿元。有 5 个老字号企业进入了北京市统计局汇总评价出的 2000 年度北京市食品工业企业税利总额前 100 名企业。北京稻香村食品加工厂进入了 2000 年北京地区工业企业利润总额前 100 名。2000 年老字号食品企业的销售收入增幅仍高于全市年均水平。

加大对外开放力度，招商引资取得新成绩。2000 年北京市批准食品工业“三资”项目 32 项，比上年减少了 5 项。协议投资 11648 万美元，利用外资 11683 万美元（含当年增资额）。在当年新批项目中，食品加工业企业 13 项，食品制造业企业 11 项，饮料制造业企业 8 项。

自 1984 年至 2000 年底，北京食品工业的“三资”企业累计为1209家，协议投资总额26.27亿美元，利用外资17.71亿美元。在北京市规模较大的前100家食品企业中，“三资”企业占56%。

加强、加快科技进步。2000年底，北京食品科学研究和技术成果累计600多项，组建食品生产科研联合体和科贸结合的食品企业200多家，北京市属和中央在京的食品科研院所增加到20多家。2000年北京市新建12家市级企业技术中心中，食品企业有2家，即：北京燕京啤酒集团公司技术中心和北京三元食品有限公司技术中心。北京食品工业已初步形成较为完整的技术创新体系和网络体系，先进技术得到更广泛的应用，全行业的技术素质有了很大提高。

北京部分食品企业由产品经营走向资本运营。北京燕京啤酒集团公司、北京三元食品有限公司、北京顺鑫农业股份有限公司、北京红星酒业股份有限公司已经上市。

北京食品工业主要指标在全国的位次。2000年北京食品工业实现食品工业产值186亿元（1990年不变价），在全国排第17位，仅占全国食品工业总产值的2.3%；北京人均食品工业产值1339元，在全国排第3位，低于上海、天津人均食品工业产值；食品工业产值与农业产值比（农产品加工率）北京为94.9%，在全国排第3位，低于上海和天津；全国食品工业20个行业，每个行业销售收入前10名中，有10个行业有北京企业进入，有10个行业北京企业未能进入。

发挥社团中介组织的作用。①根据北京食品行业的需求，组织多种活动。2000年，北京食品协会、北京食品学会、北京中国饮食文化研究会进一步加强与食品界各有关行业组织密切合作，组织举办了食品研讨会、经验交流会、专题报告会和专业学习等活动，取得了良好效果。②接受企业委托进行咨询服务工作。2000年帮助企业解决一些有关产品质量、技术、市场销售、产品开发等方面的问题。帮助企业组织专家论证企业发展战略规划等服务性事项，受到企业好评。③加强信息服务工作。2000年继续编辑整理北京食品工业经济规模较大和经济效益好的100家企业排名。创办了《北京食品信息》刊物。同北京商业信息中心合作，在300多个超市连锁店安排17类食品的调查统计，每月提供翔实的各类食品销售名次和市场占有率。这些信息资料印发给各有关部门和企业，加强了食品行业间的信息交流，为领导和企业进行决策提供了依据。

【c. 生产与销售】 2000年北京市食品工业主要产品中有15种产品上升，3种产品下降。其中上升居前的主要产品有：糕点、乳制品、淀粉、啤酒、果汁及果汁饮料、软饮料、冷冻饮品，分别比上年增长27%、48.4%、44.2%、27.6%、90.3%、42.3%、20.6%。在这7种产品中，乳制品、啤酒和软饮料近年持续增长。下降居前的主要产品是食用植物油、罐头、白酒，分别下降42.8%、28.1%、21.4%，其中罐头和白酒近年持续下降。主要产品产量的大幅度变化，表明北京食品市场变化仍很大。

2000年，在1000户城镇居民家庭平均每人年消费性支出中，食品消费为第1位，人均消费额为3083.37元，占全市人均消费性支出8493.49元的36.30%。

2000年北京市全年社会消费零售总额为1443.3亿元，比上年的1313.3亿元增长9.9%。其中食品类消费占28.40%，为410.2亿元，比上年的374.5亿元增长9.5%。加上90亿元餐饮销售额，北京1年要吃掉近500亿元食品，占全市商品零售额36%。

2000年根据北京市统计局资料，全市地方进出口总额1165059万美元，比上年的844212万美元增长38%。其中：出口额462683万美元，进口额702376万美元。

2000年，北京市食品行业出口额16185万美元，比上年的16491万美元下降1.9%；进口额13334万美元，比上年的11028万美元增长20.9%。

【d. 市场畅销品牌】 北京商业中心在北京300余家大中型连锁店、超市、副食商场中，根据收银台原始票据，利用计算机进行汇总，列出了2000年北京食品市场畅销品牌。按零售额排序，各类产品的前10名是：

果蔬饮料：露露、椰树、汇源、茹梦、大湖、华邦、统一、康师傅、帕玛拉特、华旗。

碳酸饮料：可口可乐、雪碧、百事可乐、美年达、醒目、芬达、旭日升、健力宝、七喜、非常可乐。

水：乐百氏、娃哈哈、农夫山泉、蓝涧、可赛、雀巢、获特满、康师傅、屈臣氏、华邦。

奶粉：雀巢、完达山、红星、安怡、多美滋、惠氏、爱（健、幼）儿乐、三鹿、伊利、荷兰乳牛。

速冻面点：瑞达、龙凤、多灵多、湾仔码头、猫不闻、金路易、民乐、狗不理、伊利、好食 。

保健品：昂立一号、喜悦系列、巨能钙、排毒养颜胶囊、太太口服液、总统系列、朵儿礼盒、彼阳牦牛壮骨粉、劲得钙、忘不了。

巧克力：吉百利、德芙、雀巢、义利、金莎、好食、莱勒克、奇巧、金帝、M&M。

啤酒：燕京、青岛、北京、蓝带、五星、百威、威乐、生力、贝克、嘉士伯。

白酒：红星二锅头、京酒、五粮液、飞天茅台、红星御酒、小糊涂仙、茅台、郎酒、京都二锅头、华灯牌北京酒。

北京市名牌产品是北京市质量技术监督局、北京市经济委员会为进一步提高北京市产品质量，鼓励、表彰质量先进，由企业自愿申报，在北京市消费者协会、北京质量管理协会用户委员会、北京商标协会、北京质量检验协会、北京服装协会、北京食品协会、北京酿酒协会等中介组织的参与下，登报广泛征求消费者、用户意见，并经各行业专家审核确认其产品质量技术水品、市场占有率、经济效益指标等居北京市前列，具有较高信誉的产品。其结果于 2000 年 9 月正式公布。

2000 年北京市名牌产品（食品工业部分）

序号	产品名称	企业名称	法人代表
1	中南海牌香烟	北京卷烟厂	王　平
2	五星牌啤酒	北京亚洲双合盛五星啤酒有限公司	周以秋
3	燕京牌啤酒	北京燕京啤酒集团公司	李福成
4	中华牌桂花陈酒	北京保乐力加酿酒有限公司	刘春梅
5	丰收牌葡萄酒	北京顺光葡萄酒有限公司	邢春华
6	红星牌白酒系列	北京红星酿酒集团公司	张金钢
7	华灯牌北京醇杯酒系列	北京市牛栏山酒厂	李怀民
8	华都牌白酒系列	北京市华都酿酒食品工业公司（北京华都酿酒食品有限责任公司）	赵桂云
9	义利牌食品（巧克力、糖果）	北京义利食品公司	付长龙
10	摩奇牌饮料、豆馅系列	北京神州摩奇食品饮料有限公司	王天林
11	百花牌蜂蜜系列产品	北京百花蜂产品有限责任公司	徐　淳
12	康乐牌人造黄油系列	北京食用黄油厂	刘容堂
13	古船牌袋装面粉系列	北京古船面粉集团	陈晓光
14	民乐牌速冻食品系列	北京蔬菜食品速冻公司	张嘉元
15	绿宝牌高级烹调油	北京艾森绿宝油脂有限公司	田成欣
16	火鸟牌色拉油	北京统益油脂有限公司	霍金英
17	金狮牌系列酱油	北京市王致和食品集团有限公司	杜占斌
18	王致和牌腐乳	北京市王致和食品集团有限公司	杜占斌
19	三元牌奶制品系列（液态奶、发酵奶、奶粉）	北京三元食品有限公司	邢春华

【e. 质量管理与名牌产品】　2000 年北京市食品产业贯彻实施国务院《质量振兴纲要》和市政府《质量振兴纲要实施办法》，整体素质和企业的质量管理水平不断提高，涌现出一批管理基础好、质量水平高，为提高食品工业产品质量、工程质量和服务质量做出突出贡献的先进企业和个人，各食品行业争创名牌产品。2000 年，北京食品行业中有 2 家企业被授予北京市质量管理先进企业的称号，占全市工业系统 22 个先进企业的 9%；有 8 人被授予北京市质量管理先进工作者称号，占全市工业系统 100 名先进工作者的 8%；有 19 个食品产品获得北京名牌产品的称号，占全市工业系统 110 个名牌产品的 17%。

2000 年食品行业中被评为北京市质量管理先进企业名单：

北京燕京啤酒集团、北京王致和食品集团有限公司。

2000 年食品行业中被评为北京市质量管理先进工作者名单：

穆　亮（北京王致和食品集团有限公司王致和食品厂厂长）、张金钢（北京红星酿酒集团公司总经理）、柳宝发（北京卷烟厂企业管理科科长）、张秀全（北京顺兴葡萄酒有限公司总经理）、卢德明（北京市宫颐府食品厂厂长）、季凯（北京市豆制品二厂厂长）、王彩琴（北京市粮油食品检验所质量管理组组长）、俞　晨（北京正大饲料有限公司品管部经理）。

（王晓菊　董金水）

2000年北京市食品工业主要经济指标

指标名称	单位	2000年	1999年	2000年为1999年%
企业单位数	个	1226	1516	80.9
亏损企业数	个	378	428	88.3
亏损企业亏损额	万元	76966	100281	76.8
利润总额	万元	72764	24693	294.7
税利总额	万元	287818	206677	139.3
流动资产年平均余额	万元	1302382	1519589	85.7
固定资产净值年平均额	万元	1177518	1111857	105.9
工业总产值（不变价）	万元	1883323	1470393	128.1
工业总产值（当年价）	万元	2150345	1868345	115.1
工业销售产值（当年价）	万元	2077342	1832896	113.3
工业增加值（生产法）	万元	732353	541459	135.3
全部从业人员年平均人数	人	106932	111646	95.8

2000年北京市主要农产品产量

单位：吨

产　　品	2000年	1999年	2000年为1999年%
蔬菜	4891457	4267718	114.6
特菜	278364	199340	139.7
干鲜果品	609720	564301	108.0
干果	23814	23724	100.4
鲜果	5859068	540577	108.4
肉类	562806	494879	113.7
猪肉	290927	285509	101.9
牛肉	32681	23905	136.7
羊肉	15590	13462	115.8
牛奶	303312	240112	126.3
鲜蛋	160165	157902	101.4
鸡蛋	156144	155213	100.6
鸭蛋	3765	2669	141.1
淡水鱼	75044	75555	99.3

北京市食品工业主要产品产量

单位：吨

产品名称	2000年	1999年	2000年为1999年%
大米	11736	13973	84.0
小麦粉	360000	350000	102.9
食用植物油	82677	144540	57.2
鲜、冻畜肉	146632	129533	113.2
糖果	13746	12871	106.8
糕点	6837	5590	122.3
饼干	16612	13039	127.4
方便主食品	71673	62981	113.8
方便面	54149	47708	113.5
乳制品	20579	13867	148.4

续表

产品名称	2000年	1999年	2000年为1999年%
罐头	23	32	71.9
酱油	73707	79604	108.0
淀粉	31278	21691	144.2
饮料酒	1856177	1492104	124.4
白酒	70034	89102	78.6
啤酒	1771827	1388579	127.6
葡萄酒	12358	13105	94.3
碳酸饮料	365413	312319	117.0
果汁及果汁饮料	122900	88037	139.6
瓶（罐）装饮用水	125242	65813	190.3
液体乳	199090	139909	142.3
冷冻饮品	25410	21070	120.6
卷烟（箱）	170678	164430	103.8

注：本表统计范围为规模以上企业。

2000年北京市城镇居民家庭人均年消费性支出 单位：元

项目	总平均	2000年为1999年%	低收入户	中等偏下收入户	中等收入户	中等偏上收入户	高收入户
消费性支出	8493.49	113.3	5412.73	6763.12	8369.35	9687.15	13043.40
其中：							
食品	3083.37	104.2	2385.19	2842.40	3206.29	3379.24	3747.34
粮食	224.38	91.9	215.04	231.46	224.89	222.48	228.96
淀粉及薯类	23.65	97.3	21.15	24.28	23.80	23.98	25.44
干豆类及豆制品	44.20	106.7	38.19	43.49	42.89	47.64	50.09
油脂类	70.35	96.3	72.28	78.98	68.75	72.12	58.16
肉禽及制品	553.55	102.4	478.99	566.19	548.91	579.01	607.25
蛋类	66.69	85.4	59.40	68.31	66.61	68.77	71.49
水产品类	132.00	100.8	93.61	117.15	141.46	145.50	170.21
菜类	235.72	95.0	208.78	227.87	237.71	245.32	264.69
调味品	54.85	96.5	47.59	54.10	56.83	53.98	63.13
糖类	40.76	94.6	30.04	35.50	42.93	45.53	52.19
烟草类	97.51	101.4	85.92	90.45	102.92	101.24	109.49
酒和饮料	214.92	113.3	181.52	205.70	226.98	225.66	240.75
干鲜瓜果类	216.47	96.8	168.16	200.71	223.06	238.74	261.64
坚果和果仁	56.01	109.3	44.54	52.55	58.62	57.91	68.78
糕点类	107.27	107.7	83.70	99.68	116.61	113.47	127.24
奶及奶制品	178.33	125.1	127.81	156.66	184.30	200.02	234.14
其他食品	99.69	96.2	67.95	81.36	89.89	118.83	149.47
在外用餐	666.75	116.5	360.26	507.63	748.93	818.80	963.93
食品加工费	0.27	112.6	0.26	0.33	0.20	0.24	0.29

注：本资料为北京市统计局对1000户居民家庭的抽样调查。

2000年北京食品工业企业在全国前10强中占有位次

行　业	北京进入十强企业	位　次	年销售收入	企业性质
啤酒制造业	北京燕京啤酒集团公司	1	24亿元	股份制
酱油、酱类制造业	北京王致和食品集团有限公司	2	2.4亿元	国　有
糕点业	北京稻香村食品加工厂	2	1.8亿元	集　体
冷冻饮品制造业	和路雪（中国）有限公司	3	1.6亿元	中外合资
果菜汁饮料制造业	北京汇源饮料食品集团有限公司	3	2.5亿元	民　营
	北京绿洲高营养食品有限公司	10	1.4亿元	民　营
乳制品制造业	北京三元食品股份有限公司	4	7亿元	股份制
屠宰业	北京市顺义区肉类加工厂	4	5.7亿元	股份制
食醋制造业	北京龙门和田宽食品有限公司	5	0.3亿元	中外合资
葡萄酒制造业	北京丰收葡萄酒有限公司	6	1.4亿元	集　体
碳酸饮料制造业	北京可口可乐饮料有限公司	7	6.4亿元	中外合资

2000年北京市食品科技成果表

项目名称	课题来源	主持鉴定单位	转让	申报专利	推广应用情况
腐乳质构重组技术	北京市科委	北京市科委	无	无	已应用
酱油生产关键设备技术改造	北京市经委	北京市经委	无	无	已应用
曲霉菌和清酒酵母菌的研究及工业化试验	北京市科委	北京市科委	无	无	已应用
以玉米胚芽饼代替豆粕生产酱油的工业化试验	北京市科委	北京市科委	无	无	已应用
高档本酿造酱油生产的研究	企业	二商集团	无	无	已应用
虎王酿造酱油的研究	企业	二商集团	无	无	已应用
酿造调味品制造业数字平台开发及应用	二商集团	二商集团	无	正在申请中	已应用
酱油中乙酰丙酸的测定方法研究	二商集团	二商集团	已转让	无	已应用
醋酸菌的筛选	二商集团	二商集团	已转让	无	已应用
酱油调配用重要添加剂品质与质量评估	二商集团	二商集团	无	无	已应用
中式肉制品工业化生产的工艺研究	国家工程技术研究中心组建项目	国家科学技术部	无	无	已应用
共挤香肠加工设备及工艺改进的研究	国家工程技术研究中心组建项目	国家科学技术部	无	无	已应用
肉制品综合保藏技术与开发	国家工程技术研究中心组建项目	国家科学技术部	无	无	已应用
“心灵”鸡汤、野菜汤	申安食品公司	北京市科委	无	已申请	已应用
燕京牌12°金玫瑰啤酒	北京燕京啤酒股份有限公司	北京市科委	无	已申请4项	已应用
燕京牌11°纯生啤酒	北京燕京啤酒股份有限公司	北京市科委	无	无	已应用
RNA的研制	自主开发	北京市经委	无	已申请	已应用
速冻肉排系列产品开发	北京市五环联合食品厂	北京市科委	无	已申请	已应用
肉类冷链系统各环节规范标准的制定	国家工程技术研究中心组建项目	国家科学技术部	已转让	无	已应用
冷却牛肉加工技术与开发	国家工程技术研究中心组建项目	国家科学技术部	已转让	无	已应用
以HAP为基料制备猪肉香精的研究	北京市科委	北京市科委	已转让	无	已应用

续表

项目名称	课题来源	主持鉴定单位	转让	申报专利	推广应用情况
食用菌多糖类生物生化技术研究	北京市科委	北京市科委	无	无	无
北京市食品研究发展方向对策及结构调整研究	北京市科委	北京市科委	无	无	无
大类商品标准及质量控制技术	国家“九五”攻关课题	国家国内贸易局	无	无	无
预制食品冷销售系统技术研究	国家“九五”攻关课题	国家国内贸易局	无	无	无
传统大豆制品保鲜技术的工业性试验	北京市科委	北京市科委	无	无	已应用
在分离蛋白生产过程中回收大豆低聚糖和大豆异黄酮	北京市自然基金委员会	北京市自然基金委员会	无	无	无
无糖速冻汤圆	自选	营养源研究所	无	无	已应用
直型营养速食面条研究	军队	总后勤部	已转让	已申请	已应用
脱水米饭配套研究	军队	总后勤部	无	无	已应用
二次加酶糖化法系列淀粉糖浆生产的技术改造	北京市经委	北京市经委	无	无	已应用
月饼工艺技术研究及关键设备研制	二商集团	二商集团	无	无	已应用

2000年度北京市食品工业企业销售收入前100名

名　次	企业名称	销售收入（万元）	在全市工业企业中位次
1	北京燕京啤酒集团公司	241270	14
2	北京卷烟厂	84219	39
3	北京三元食品有限公司	69581	47
4	爱芬食品（北京）有限公司	69130	49
5	北京可口可乐饮料有限公司	64015	52
6	北京市顺义区肉类联合加工厂	57014	56
7	红牛维他命饮料有限公司	38785	79
8	北京统一食品有限公司	38438	81
9	吉百利（中国）食品有限公司	31845	97
10	北京航空食品有限公司	28691	
11	北京密云巨能钙发展有限公司	27528	
12	北京百事可乐饮料有限公司	26923	
13	北京彼阳红太阳生物工程有限公司	26802	
14	北京科高大北农饲料有限责任公司	25460	
15	北京汇源食品饮料有限公司	25440	
16	北京市牛栏山酒厂	25161	
17	北京汇源果汁饮料总公司	25003	
18	北京王致和食品集团有限公司	23765	
19	北京红星酿酒集团公司	20836	
20	北京三环亚太啤酒有限公司	20203	
21	北京红星股份有限公司	19364	
22	北京正大饲料有限公司	18243	
23	北京稻香村食品加工厂	18153	

续表一1

名次	企业名称	销售收入（万元）	在全市工业企业中位次
24	北京广东健力宝饮料有限公司	17209	
25	北京联华食品工业有限公司	16926	
26	北京艾森绿宝油脂有限公司	16842	
27	北京大旺食品有限公司	16691	
28	北京统益油脂有限公司	16559	
29	北京美好希望有限责任公司	16396	
30	和路雪（中国）有限公司	16382	
31	北京正元保健品厂	13899	
32	北京南顺油脂有限公司	13711	
33	北京卡夫食品有限公司	13032	
34	北京绿洲高营养食品有限公司	12106	
35	北京喜临门食品有限公司	11670	
36	北京巨能钙有限责任公司	11657	
37	北京亚洲双合盛五星啤酒有限公司	11562	
38	北京金万利油脂有限公司	11077	
39	华安肉类有限公司	10956	
40	康地饲料添加剂（北京）有限公司	10753	
41	北京味全食品有限公司	10505	
42	北京必旺食品有限公司	10249	
43	北京古船面粉集团	10081	
44	北京兴运实业有限公司	10080	
45	房山区希望饲料公司	9951	
46	北京顺兴葡萄酒有限公司	9767	
47	北京丽都亚洲啤酒有限公司	9387	
48	乐天四通食品有限公司	9349	
49	北京智圆饮料有限责任公司	9144	
50	北京万森农工贸发展股份有限公司	9048	
51	北京嘉荣食品有限公司	8687	
52	北京市华都酿酒食品工业公司	8671	
53	北京啤酒朝日有限公司	8480	
54	京都大红门肉类有限公司	8366	
55	北京市面粉八厂	8313	
56	北京市三环饲料厂	8166	
57	北京恒通食品有限公司	7825	
58	北京市面粉三厂	7800	
59	维也纳食品（北京）有限公司	7791	
60	北京辛普劳食品加工有限公司	7373	
61	北京京日东大食品有限公司	7369	
62	义利纳贝斯克饼干食品有限公司	7209	
63	北京神州魔奇食品饮料有限公司	6954	
64	北京宝健食品工业有限公司	6922	
65	平谷县兴隆庆大麦芽厂	6800	

续表一2

名　次	企业名称	销售收入（万元）	在全市工业企业中位次
66	北京华邦食品有限公司	6150	
67	北京百麦食品加工有限公司	6028	
68	北京伟嘉人生物技术有限公司	5970	
69	北京蔬菜食品速冻公司	5943	
70	北京正大畜牧有限公司	5896	
71	北京宝麦啤酒原料有限公司	5849	
72	北京红太阳食品厂	5744	
73	北京百乐思营养保健品有限公司	5742	
74	北京荷美尔食品有限公司	5700	
75	北京市友谊配合饲料厂	5514	
76	北京市怀柔县肉类联合加工厂	5458	
77	北京朝阳力发面包食品厂	5400	
78	北京市第五肉类联合加工厂	5176	
79	北京同仁堂南洋药业有限公司	5166	
80	北京美厨食品有限公司	5100	
81	北京雨润食品有限公司	5053	
82	北京大磨坊面粉有限公司	4988	
83	北京市通州区农乐饲料加工厂	4944	
84	北京佳乐食品厂	4931	
85	北京市第二肉类联合加工厂	4913	
86	北京华都肉食品公司	4859	
87	北京露露饮料有限责任公司	4739	
88	北京发喜冰激淋有限公司	4638	
89	北京光明健康乳业有限公司	4602	
90	北京卓宸畜牧有限公司	4580	
91	北京市天福号食品厂	4391	
92	北京育青食品开发有限公司	4346	
93	北京丘比食品有限公司	4346	
94	北京通威饲料有限公司	4299	
95	北京丰收葡萄酒有限公司	4191	
96	北京京牧动物营养中心	4129	
97	北京市平谷华升肉食品加工厂	4100	
98	北京汇源果汁饮料集团总公司纯净水厂	3995	
99	北京得斯食品有限公司	3984	
100	北京藤精食品有限公司	3961	

3.2 天 津 市

【a. 纪事】 1月25日，天津市食品工业协会主持召开了专业协会工作汇报座谈会。会上，各专业协会秘书长汇报交流了1999年工作总结和2000年工作安排。

2月21日，天津市食品工业协会与天津营养保健品协会共同组织召开了“保健食品发展形势研讨会”。与会企业共商加入WTO后保健食品的发展战略与对策。会议邀请了中国保健食品协会技术委员会主任金宗濂讲授美国、日本及中国和台湾地区保健食品的现状和发展趋势；美国中皇国际开发管理集团驻华办事处首席代表方俊讲授中国保健食品如何打入美国及国际市场。天津市60多家保健食品生产企业参加了会议。

4月29日，中国食品报社天津工作站成立。

5月24日～26日，环渤海地区食品工业协会联谊会第7届年会在天津召开。会议以“交流、借鉴、发展、合作”为主题，各地食协介绍和交流食品工业现状及中长期发展规划；食协的工作和今后工作思路；研讨和商洽了发挥各自优势、加强区域合作、联手西部大开发等事宜。会议期间，与会代表还参观了天津经济开发区和有关食品企业。

6月2日～3日，天津市食品工业协会与天津奶业办公室联合主办了每年1次的“2000年乳与乳制品营养周——牛奶与青少年健康”宣传活动。这次宣传活动以“天天喝奶、终生受益、代代健康、民族兴旺”为主题。有关营养专家、儿童保健专家就乳与乳制品营养保健质量等问题进行了现场咨询服务。

9月7日，天津市食品工业协会与天津市计委召开了食品工业“十五”发展规划座谈会。市商委、农委、开发区管委会、统计局、农垦集团、食品工贸集团、津酒集团等10个单位参加了座谈会。

9月12日，天津市食品工业协会与天津食品工业生产力促进中心组织召开了“2000年天津食品行业EPR研讨会”。“EPR”即现代企业资源计划管理系统，是西方企业管理技术的精华。研讨会上就加快天津市食品行业信息化建设，用现代技术改造传统食品工业以及成功企业的范例做了详尽的讲解，并进行了现场答疑。

【b. 概况】 2000年天津市食品工业认真贯彻市委七届六次全会精神，为实现全面上水平，加快利用高新技术改造传统食品产业，抓住西部开发和即将加入WTO的机遇，引导企业抢占市场，开拓市场，使天津市食品工业继续保持了快速发展的良好态势。

当年规模以上食品工业企业438家，固定资产原值123.67亿元，净值84.44亿元，年平均职工人数8.12万人。完成工业总产值（现价）163.84亿元，比上年增长7.6%；其中：采盐业4.56亿元、食品加工业66.70亿元、食品制造业47.05亿元、饮料制造业42.33亿元、烟草加工业3.20亿元。完成销售收入162.97亿元，比上年增长11.5%；其中：采盐业4.69亿元、食品加工业69.70亿元、食品制造业47.83亿元、饮料制造业37.74亿元、烟草加工业3.01亿元。完成工业增加值34.51亿元，比上年增长7.8%；实现税利15.96亿元，比上年增长48.6%，其中利润6.13亿元，税金9.83亿元。

全市食品工业完成出口创汇3.37亿美元，占全市出口创汇总值的4%。新签约食品工业“三资”企业19家，其中已开业3家，总投资598.96万美元，其中外商投资564.5万美元，占总投资的94.25%。截止2000年底，全市食品工业已签约“三资”企业累计767家，投资总额达10.54亿美元。2000年全市食品工业“三资”企业完成工业总产值已占全市食品工业的55%。

2000年主要产品产量增长幅度较大的有：瓶（罐）装饮用水18764.83吨，比上年增长89.94%；液体乳51820吨，增长61.71%；饼干4538.19吨，增长 61.70%；淀粉 17460 吨，增长 47.94%；味精 14441 吨，增长 39.92%；葡萄酒 24114 吨，增长 31.75%；冷冻饮品 84423.77 吨，增长 28.45%；食用植物油 136890.50 吨，增长 28.44%；碳酸饮料 239700.43 吨，增长 18.18%；小麦粉 17.07 万吨，增长 14.95%；方便主食品 104700.89 吨，增长 12.50%；啤酒 82711.34 吨，增长 12.13%。

2000 年天津市食品工业经济运行呈现以下特点：

1. 企业规模得到进一步发展。销售收入超过 5000 万元的食品工业企业共计 64 家，比上年增加了 25 家，其中税利超过 500 万元的 43 家，比上年增加 22 家。在这 43 家企业中，销售收入超过 5 亿元的有 6 家，即天津顶益国际食品有限公司、正大集团（天津）实业有限公司、北海粮油工业（天津）有限公司、天津可口可乐饮料有限公司、天津井田实业公司、中法合营王朝葡萄酿酒有限公司。其中天津顶益国际食品有限公司的销售收入超过 10 亿元。这 43 家企业完成销售收入 104.7 亿元、税利 15.72 亿元，分别占全市食品工业的 56% 和 87%。规模效益型企业的增多带动了全市食品工业的整体发展。

2. 积极支持西部大开发。全市食品企业充分利用自身的优势，积极与西部地区企业共同合作发展。如津美饮料公司与贵阳市一家陷入困境的肉联厂联合组建了黔峰食品饮料厂，生产“津美乐”汽水，上市就一炮打响。津美公司还利用当地水资源，无偿帮助肉联厂开发研制健康水饮料，使其拥有自己的品牌产品。大桥道冷食厂投资 1000 多万元，在成都建立“成都大桥道冷食厂”。康业冷冻食品有限公司投资在四川、甘肃分别建了冷食厂。此外，天立独流老醋股份有限公司、“狗不理”、“桂发祥”等企业也纷纷在西部地区投资建厂或开设门店，扩大了市场，增加了效益。

3. 国有企业扭亏、减亏显著。2000 年天津市食品工业亏损企业为 116 家，比上年减少 7 家，亏损额为 4.43 亿元，比上年减亏 2.02 亿元。其中扭亏减亏方面突出的是天津粮油集团有限公司。1999 年该集团所属国企亏损 2000 多万元。2000 年该集团充分利用“利达”面粉、“月季花”食用油等知名品牌促进资产重组，以资产重组做大品牌规模。其中所属利达面粉有限公司形成“围着市场转、盯着市场干、随着市场变”的经营格局，通过面粉深加工方式，间接增加面粉销售。该公司馒头生产线由 2 条增加到 11 条，生产“利达”主食馒头、枣卷、蒸饼等遍销市内 6 区，实现销售收入 1.3 亿元，创利润 67 万元。所属红旗油厂 1999 年亏损 510 万元，2000 年通过用先进技术改造传统的落后工艺，降低成本，提高产量，精炼油产量同比增长 50%，公司扭转亏损状态，并盈利 8 万元，生产经营步入正轨。

4. 大力开发适销对路的新产品。面对竞争激烈的市场，食品工业企业不断研究市场，根据市场的变化，研制开发适销对路的新品种。2000 年新产品产值完成 22.89 亿元，比上年增长 1.64 倍。天津津美饮料有限公司向市场推出了西柚口味“醒目”和国内首创的“天与地”柠檬香茶等，产品覆盖全国 31 个省市，饮料的产销量突破 7600 万标箱，比上年增长 1 倍。卡夫天美公司改进“果珍”包装，增加“瑞士糖”产量，销售收入突破 3 亿元大关。此外华润啤酒公司上市“雪花”啤酒、天立独流老醋公司研制开发的具有保健功效的“苹果醋”系列果醋饮料等产品也颇受市场欢迎，得到了消费者的认可。

2000 年天津市食品工业
主要产品产量表

产品名称	单位	2000 年	1999 年	增长（%）
原　盐	吨	2415032	2343040	3.07
小麦粉	万吨	17.07	14.85	14.95
食用植物油	吨	136891	106579	28.44
精炼食用植物油	吨	205282	262520	−21.80
鲜、冻畜禽	吨	84839	80381	5.55
水产品加工	吨	10532	10766	−2.17
精制盐	吨	126144	109375	15.33
酱腌菜	吨	10286	9303	10.56
糖　果	吨	9062	10238	−11.49
糕　点	吨	2691	2572.21	4.63
饼　干	吨	4538	2807	61.70
方便主食品	吨	104701	93069	12.50
方便面	吨	98350	86580	13.59
乳制品	吨	6732	7332	−8.18
罐　头	吨	98	395	−75.29
味　精	吨	14441	10321	39.92
酱　油	吨	18393	25618	−28.20
食用添加剂	吨	20402	31238	−34.69
淀　粉	吨	17460	11802	47.94
饮料酒	吨	157507	140592	12.03
白　酒	吨	48793	46831	4.19
啤　酒	吨	82711	73767	12.13

续表

产品名称	单位	2000年	1999年	增长(%)
葡萄酒	吨	24114	18303	31.75
软饮料	吨	416943	279913	48.95
碳酸饮料	吨	239700	202830	18.18
果汁及果汁饮料	吨	5147	4727	8.88
瓶（罐）装饮用水	吨	18765	9879	89.94
液体乳	吨	51820	32046	61.71
冷冻饮品	吨	84424	65726	28.45
卷　烟	箱	170000	174000	－2.30

注：本表数据由天津市统计局提供。

（王乐年）

【c. 招商引资】 2000年天津市食品工业新签约“三资”企业19家，投资总额为598.96万美元，其中外商投资额564.5万美元，占总投资额的94.25%。

从投资外方来看，韩国有9家，中国台湾省有3家，美国、香港分别有2家，英国、日本、巴拿马分别有1家。

从投资额来看，投资总额在100万美元以上的2家，50～100万美元的1家，20～50万美元的6家，20万美元以下的10家。

在新签约的19家企业中，当年投产开业的有日本出云高桥株式会社投资75万美元生产面米食品的天津出云食品有限公司、香港天狮国际发展有限公司与天津天狮生物工程公司共同投资28万美元生产天狮系列健康食品的天津天狮健康产业有限公司、香港亚洲英伟有限公司投资17.5万美元生产混合饲料的北英伟生物技术饲料（天津）有限公司。

（郝树生）

【d. 固定资产投资】 2000年全市食品工业企业紧紧围绕科技创新，加大了科技投入力度，通过用高新技术改造传统产品，实现了产品升级换代；改造传统设备，提高工业生产的技术水平；改造传统工艺，实现生产过程自动化。全年食品工业完成固定资产投资5.60亿元，其中技改项目投资3.10亿元，占固定资产投资总额的55%。在食品工业固定资产投资总额中：食品加工业完成投资1.43亿元，比上年减少11.73%；食品制造业完成投资1.67亿元，减少43.39%；饮料制造业完成投资2.50亿元，增长6.4%。全年已完成的投资项目27个，新增固定资产3.79亿元。其中较大的项目有：

1. 天津顺利实业发展有限公司在静海开发区总投资2.48亿元建立目前全国最大最先进的生猪屠宰加工基地。该基地实行种猪繁育、商品猪养殖、屠宰加工以及销售一条龙运作方式。引进获欧盟及美国农业部认证的世界最先进的全自动优生猪屠宰成套设备及分割剔骨设备，采用二氧化碳击晕、真空放血、蒸气烫毛、燃气燎毛、自动劈半、电脑跟踪检疫、冷却排酸等国际先进工艺技术，整个生产过程全部由电脑控制。该公司在猪源方面采取定单农业的办法与农户签订100余万头生猪的产销合同，对整个原料生猪生产的饲料品质、饲养环境、免疫及用药过程等环节进行全方位系统控制，保证其无病害、无药物和激素残留。销售方面在本市和全国各大中城市建自营连锁店，实行统一装修、统一标志、统一配货、统一销售，保证“放心肉”的鲜美和卫生。该项目达产后，年屠宰生猪180万头，年实现产值18亿元；基地还将通过定单生产，带动本市农民年增收2亿元以上。

2. 天津华润啤酒有限公司成立于1999年，是由华润啤酒集团和南非国际酿酒集团、天津一轻总公司的津酒集团出资组建的天津最大的啤酒合资企业，企业成立后即开始进行大规模的生产扩建及技术改造，在投资1.5亿元的基础上，追加了2.2亿元的投资，用于引进世界一流的德国产的最先进酿造、包装、检测等设备，使公司的生产能力从以前的8万吨提高到20万吨，生产工艺与技术水平达到国际领先水平。

3. 天津百事可乐饮料有限公司是由天津开发区总公司、天津发展控股公司和百事（中国）投资有限公司共同合资在天津经济技术开发区兴建的，总投资1.5亿元，主要生产百事可乐、七喜、美年达及中国品牌的软饮料。

【e. 名牌战略】 2000年天津市食品工业把实施名牌战略当成推动农业产业化进程，促进食品工业快速发展，使食品工业整体水平上新台阶的一项大事来抓，并取得了新进展。又有5种食品获市名牌产品称号，有41个品牌51个产品、7个品牌系列37种产品获市农业名牌产品称号，其中王朝葡萄酒获市农业名牌拳头产品称号。至此，共有23个食品获市名牌产品称号，占全市名牌总数的13.9%；市级农业名牌产品103个。

据市统计局统计，23家名牌产品食品企业完成销售收入41.09亿元，实现税利8.8亿元，分别占全市食品工业的25.21%、55%，已成为推动天津市食品工业经济增长、效益提高的中坚力量。

天津市名牌产品（食品工业部分）

1. 王朝葡萄酒	中法合营王朝葡萄酒公司
2. 天尊牌天尊酒	天尊酒业总公司
3. 津牌津酒	天津酿酒厂
4. 康师傅牌方便面	顶益国际食品有限公司
5. 利民牌蒜蓉辣酱	利民调料酿造集团公司
6. 乐美思牌速冻食品	食友食品有限公司
7. 天立牌独流老醋	天立独流老醋股份有限公司
8. 金牛牌面粉	粮食工业集团金牛分公司
9. 天外天牌碳酸饮料	亚美保健饮料有限公司
10. 恒大牌卷烟	天津卷烟厂
11. 芦花牌精制盐	汉沽盐场
12. 津美乐牌饮料	津美饮料有限公司
13. 猫不闻速冻食品	猫不闻速冻食品公司
14. 桂发祥、十八街牌麻花	桂发祥麻花饮食集团公司
15. 海河牌乳制品	奶业集团有限公司
16. 挂月牌白酒	挂月集团有限公司
17. 天沽牌白酒	直沽酿酒厂
18. 天芦牌食用酒精	宁河县白酒厂
19. 醒目、天与地牌无酒精饮料及饮料主剂	津美饮料有限公司
20. 利达牌面粉	利达面粉有限公司
21. 月季花牌食用油	月季花油脂工贸有限公司
22. 春发牌食品用香精	春发香精香料有限公司
23. 渔阳牌白酒	渔阳酿酒有限公司

天津市农业名牌产品（2000年）

一、天津农业名牌拳头产品

DYNASTY（王朝）牌王朝系列葡萄酒	中法合营王朝葡萄酿酒有限公司

二、天津农业名牌系列产品

1. 秋绿牌大白菜种子系列	蔬菜研究所
2. 津春牌黄瓜种子系列	黄瓜研究所
3. 换新牌观赏红草鱼系列	宁河县换新水产良种场
4. 子母牌子母系列乳饮品	菲仕兰（天津）乳制品有限公司
5. RCB牌RCB奶品系列	中芬乳品研究培训中心
6. 绿雪牌系列冷食	高达食品厂
7. 嘉吉牌嘉吉复混肥系列	嘉吉化肥有限公司

三、天津农业名牌产品

1. 津沽牌小站米	宁河县粮食工业公司
2. 北龙牌天津小站米	北龙粮食深加工有限公司
3. 绿特牌叫花童子鸡	绿美特食品有限公司
4. 利起顺牌台湾香肠	国顺肉类食品加工厂
5. 联圣牌童子鸡	联圣食品有限公司
6. 渤海牌鲜牛肉干	鑫杏林食品厂
7. 海河牌保鲜奶	奶业集团有限公司
8. 福实得多维素奶粉、加钙奶粉	福实得奶业有限公司
9. 水王牌中华鳖	金地水产养殖有限公司
10. 津优牌津优1号、2号黄瓜	黄瓜研究所
11. 丰牌津椒三号、双丰架豆津血88号菜花	蔬菜研究所
12. 神农牌津育1号黄瓜	津南区种子公司
13. 辛蕾牌丰收1号西瓜种子	武清区南蔡村镇民办西瓜研究所
14. 红港牌草坪草卷	红港绿茵花草有限公司
15. 曹庄牌晚香玉（重瓣）	中北花卉中心
16. 渔阳牌蛋鸡饲料	蓟县饲料厂
17. 宝牌鸡宝、猪宝饲料添加剂	天津足立畜禽制药有限公司
18. 双盈牌鱼饵料	天津双丰科技饲料有限公司
19. 金顶牌39%（V/V）特制燕泉春	天津市宝坻县酿酒厂
20. 渔阳牌35%（V/V）渔阳醇、38%（V/V）渔阳玉液	天津渔阳酿酒有限公司
21. 宴宾牌绞股兰保健白酒	天津宴宾酒厂
22. 雍阳牌39%（V/V）运河酪酒(三星)	天津运河酒厂
23. 天宫牌桂花陈酒、干白葡萄酒	天津天朝葡萄酿酒有限公司

24. La Vie牌雀巢矿泉水	天津雀巢天然矿泉水有限公司
25. 一谷牌盘山天然矿泉水	天津市甜源天然矿泉饮料有限公司
26. 云岭牌矿泉水	天津市云岭矿泉水厂
27. 冠芳牌冠芳可乐	天津兴华饮料食品有限公司
28. 南极牌南极碧液	天津兴华饮料食品有限公司
29. 津统牌龙口粉丝	天津津津食品加工有限公司
30. 海河牌粉丝	天津市大港粉丝二厂
31. 喜花牌玉米淀粉	天津市红联淀粉有限公司
32. 宾乐牌芝麻香油	天津市西青区津港联营香油厂
33. 仙保达牌素馅春卷、黑芝麻汤圆	天津市华夏食品厂
34. 京津牌40%氧化乐果乳油	天津市京津农药厂
35. 硕秋牌KSL—1.0型颗粒饲料机	天津市渔业机械厂
36. 沃野牌全方位深松机ISQ240型、250型	天津蓟县农业机械厂
37. 溢通牌电场种子处理机	天津市溢通实业发展公司
38. 禾丰牌DN—4型多功能田园管理机	天津市静海县兴盛食品机械厂
39. 丰源牌4JGBQ—150型鞭式秸杆、根茬切碎还田机	天津市富康农业开发有限公司
40. 精武牌中华鳖	天津市精武集团有限公司
41. 精武牌北京填鸭	天津市精武集团有限公司

（张 媛）

【f. 科技成果】 2000年天津市食品工业完成的科技成果主要有：

1. “王朝高档干红葡萄酒的开发”。王朝高档干红葡萄酒滋味美好，具有成熟的葡萄浆果香及木桶香，馥郁高雅，酒体丰腴，柔顺和谐，具有丹宁的结构感，富有个性。当年创产值2.88亿元，税利1.64亿元，创汇0.17亿美元。市场占有率达全汁干红葡萄酒市场的50%。该项目的技术创新点在于：采用先进的立式喷淋罐和自排空式——卧式旋转罐相结合的工艺，有效地浸提色素及酚类物质；苹果酸——乳酸发酵阶段采用添加乳酸菌与自然诱发相结合的工艺，保证了其正常进行，完善了酒质；结合酒种进行橡木桶的优选结合及陈酿时间的确定，进行了酵母类型、果胶酶种类的筛选，并证明国产果胶酶可替代进口果胶酶；对无病毒梅鹿辄、赤霞珠品种的生产和生理特征进行了研究，明确了其种植地理区域，制定了相应的栽培技术措施，确定了其适宜的采收期，率先实现了梅鹿辄品种的无病毒规模化生产；首次引进并创新万吨红酒发酵浸提设备，自行设计红葡萄冷冻控温系统与万吨车间卫生级国际标准的输酒固定管道系统。该项目11月通过市级鉴定。

2. “生鲜肉物流冷链系统各环节串接中的技术研究”。该课题系“九五”国家重点科技攻关项目“生物食品物流冷链系统关键技术及综合示范工程”之专题。该专题研究了生鲜肉在冷链系统各环节串联中连接点的温度监测控制技术以及在各串接点生鲜肉产品快速流通的技术，确定了活动柔性通道技术以及小塑料袋冰块保温技术，保障了各串联环节生鲜肉所需的温度。在转移方式上，确定了传送转移生鲜肉产品的技术，提高商品流通的速度。此项技术易于操作，具有使用推广价值。该专题的研究对保证生鲜肉商品质量，延长产品货架期提供了科学的技术措施，适应了生鲜肉生产冷链化发展的需要，为现有的冷链示范工程的完善奠定了基础。该专题于12月通过国内贸易局科技质量管理中心主持的技术鉴定验收。

3. “方便面附配新鲜蔬菜应用新技术”。该技术将新鲜蔬菜（鲜蘑菇、红萝卜、玉米笋、青豆、青刀豆、玉兰片等）或鲜虾仁、肉片、鱼片、熟鸡蛋、肉丸等经特殊保鲜处理后，在常温下可长期保质。突破了以往小颗粒脱水或冻干等常规保存办法，保持了蔬菜等的鲜度，尤其是将此技术应用于速食湿面中，使湿面与蔬菜、鲜虾、肉片等相匹配，呈现给消费者的是五彩缤纷，真正好吃看得见的美味佳肴。此技术成本较低。

4. “方便型速冻馄饨、水饺制造新技术”。该技术可摆脱冷藏链，常温运输、存储与销售，因此在质量可比情况下，降低成本30%左右。且具有面皮薄而耐煮，不开裂弹性好，久泡不糟，爽滑可口等特点。

（郝树生）

【g. 行业管理】 2000年，天津市食品工业协会在加强行业管理方面重点开展了以下9项工作。

1. 编制完成全市食品工业发展规划

在《天津市食品工业"十五"计划及2015年发展规划思路》的基础上，2000年完成了具体规划的编制工作。为使规划更具科学性、实效性和可操作性，市食协组织了全市有关委、局、集团公司等单位参加的座谈会及深入重点企业进行调研，广泛听取各方面意见，全面分析，反复论证，经过多次修改，如期完成了编制工作并纳入全市国民经济和社会发展总体规划，受到了市有关领导和部门的充分肯定。

《规划》根据天津城市的定位，按照现代化国际港口城市和北方经济中心的要求提出，天津市食品工业的发展要适应城市生活多样化、农村食品商品化、家庭饮食社会化、食物结构营养化、传统食品现代化的社会发展大趋势，加快现代化、国际化、集团化发展的步伐，使食品工业尽快发展成为全市的支柱产业。在"十五"期间要实现的奋斗目标，即重点发展6个行业，推广5项新技术，培植40个名牌产品，完成产值400亿元，实现税利30亿元。

2. 进一步加强食品工业宣传

2000年，天津市食品工业的宣传报导又有新的突破。

一是继续提高了《食品工业简报》的质量。共出刊《食品工业简报》19期。从内容上看，既传达了中国食协和国家有关部门会议精神，又反映了本市食品工业动态及各专业协会的活动情况，及时为市有关领导提供了信息。

二是加大了对本市食品工业的宣传力度。在《中国食品报》上刊登宣传稿件近百篇，对于宣传天津食品工业，提高企业形象和产品知名度起了极大的作用。其中有展示天津市食品工业整体概貌的《天津食品工业"九五"快速发展》、《天津食品工业拟定"十五"目标》等文章，有反映环渤海地区食协联谊会各项举措的系列报导，还有介绍迎客速冻食品公司、康业集团、独流老醋公司、猫不闻速冻食品公司等企业以及企业家高斌事迹的稿件。这些材料的刊登引起了很大的反响，使社会各界对天津市食品工业有了更进一步的全新认识。

三是接受了天津电视台等媒体专访及进行专题报导。年初，一些外地食品企业为扩大天津市场份额纷纷打出"天津专销产品"标志，就此现象天津市食协接受了电视台的专访。天津市食协认为，这种现象有利于天津市的食品企业更好地提高产品质量，提高服务水平。本市食品企业要通过狠抓产品质量，开展技术创新，加快发展天津特色食品，积极参与市场竞争，同时要以优质适销把产品打出天津，抢占国内国际市场。此外，在天津电视台《科技与经济》栏目中，集中介绍了康业集团、独流老醋公司、奶业集团、王朝公司等企业依靠科技进步，加快发展的情况。

四是为《世界食品经济文化通览》一书提供了有关章节材料。由中国食品工业协会、中国食文化研究会主办编撰的大型综合性史料文集《世界食品经济文化通览》，收编选登了《天津食品工业的发展情况及思路》以及反映中法合营王朝葡萄酿酒有限公司的《一个合资企业的成功典范》和反映天立独流老醋股份有限公司《天立独流老醋情况介绍》等文章。

五是为《中国食品工业年鉴》撰写了《天津市地方篇》及为《天津经济年鉴》撰写了《食品工业发展概况》，都受到有关方面好评。

3. 组织召开环渤海地区食品工业协会联谊会

5月24日～26日，成功地组织召开了环渤海地区食品工业协会联谊会第7届年会，会议以"交流、借鉴、发展、合作"为主题，各地食协介绍和交流了食品工业现状及中长期发展规划，食协的工作和今后工作思路，研讨和商洽了发挥各自优势、加强区域合作、联手西部开发等事宜。

本届年会内容充实，合作气氛浓郁，创新务实，取得圆满成功。与会代表对以下问题取得了一致共识：

加强互相学习与交流，促进食协工作与食品工业全面上水平。会议期间，相互交流了各省市情况。北京市发展大食品，连接农工商组建大食协；河北省把食品工业作为立市、立县产业；辽宁省拓展销售市场，发展名优食品连锁店；山西省加大力度发展"酒瓶子"、"醋瓶子"传统食品；天津市发展高新技术，用先进技术改造传统产业等经验，使与会同志很受启发。一致希望联谊会今后进一步加强交流，以互相借鉴，共同进步。

区域合作要创新务实。与会同志认为区域经济只有联合才有力量，只有合作才能扬长避短，只有务实才能有生命力。环渤海地区5省2市食品工业各具特色，开展区域合作，取长补短，内容丰富，潜力很大。会议决定要下力量搞好市场开发、项目合作、技术交流，具体项目由需求省市提出要求，联谊会牵头协调，有关省市分头组织落实。

形成团队，开发区域市场，参与西部大开发。会议确定今后将把扩大区域食品市场流通作为环渤海食协联谊会重要工作内容，既促进食品工业发展又提高各地食协影响力和号召力，先期开发北京市场，由各地食协将本地有特色和市场潜力的名特食品推介给北京食协，由北京食协环渤海公司按照市场运作模式与有关企业商洽，各地食协尽快将推荐产品名单报北京食协，俟北京市场开发成功后，再组织开发天津市场。

环渤海地区多数省市均有西部开发任务，各省市也有相当的特色食品企业及技术优势，形成合力开发西部，大有作为。会议确定围绕开发西部特色资源进行农副产品深细加工、促进西部产品升级换代，沟通东西部商品流通，集中兵力打“地区战”。由承担对口支援的省市牵头，提出项目和计划，按市场经济模式运作，组织联合攻关。首期开发内蒙古，再相继开发甘肃。

开发食品电子商务网。北京食协下属北京天食新技术发展公司组建的食品电子商务网络初期主要开展信息咨询服务，充分利用首都咨询和市场优势，扩大食品企业市场影响以逐步开展电子商务，各地食协可向当地食品企业积极介绍该网情况。

4. 继续开展争创名牌活动

2000 年又有 5 种食品获天津市名牌产品称号：津美饮料有限公司醒目、天与地牌无酒精饮料、饮料主剂，利达面粉有限公司利达牌面粉及食品，月季花油脂工贸有限公司月季花牌食用油，春发香精香料有限公司春发牌食用香精，渔阳酿酒有限公司渔阳牌白酒。此外，复评的 4 种食品继续被命名为名牌产品。至此，天津市名牌产品中已有 23 个产品是食品，占全市 165 个名牌产品的 13.9%。

围绕实施名牌战略，市食协主要抓了以下工作：制定了《关于认定天津名优食品称号的管理办法（讨论稿）》，为今后争创名牌提供了规范性文件；提出了《天津市食品工业争创名优食品的措施》，经过调研分析，提出了争创 40 个名牌产品的具体目标；开展了企业质量认证情况调研工作，摸清了情况，为企业进行认证做了宣传引导。

5. 筹备成立了“中国食品报社驻天津工作站”

为了更好地开展天津市食品工业的宣传，经与中国食品报社多次联系协商，积极筹备，共同合作，于 4 月 29 日挂牌成立了中国食品报社驻天津工作站。

工作站挂牌后，确定了建立组织、健全制度、强化服务、稳步发展的工作思路。即成立领导小组，聘请工作人员，建立工作制度，创立工作简报，通过积极为企业开展广告等服务，使工作站取得稳步发展。在工作中通过市场分析，确定了食品机械、食品添加剂、食品包装材料等行业为开展工作的主要对象。目前已承揽制作了十几笔广告业务，取得了初步收益，同时还为有关企业的生产、技术、协作等做了不少牵线搭桥的工作。

6. 成功举办多项展示宣传活动

一是组织了“2000 年乳与乳制品营养周”活动，为加大乳与乳制品营养宣传力度，引导消费，改善人民膳食结构，促进乳制品发展，提高食品企业及品牌的知名度，市食品工业协会与市奶办于 6 月 2 日～3 日联合主办了每年一度的“乳与乳制品营养周——牛奶与青少年健康”宣传活动。市奶业集团、中芬乳业有限公司、梦得食品饮料有限公司、菲仕兰天津乳品有限公司、翔瑞乳业有限公司、赛力乳制品有限公司、神牛乳业有限公司、加利利八福乳品厂等 16 家乳及乳制品生产企业参加了展示宣传，展出品种达 200 多种。

二是组织参加了 6 月 20 日～23 日在北京中国国际展览中心举办的“第七届中国国际食品及饮料展览会”。该展会汇集了 20 多个国家和地区 400 多家企业的最新产品。受主办单位中国食品工业协会委托，组织了市奶业集团、中芬乳业、阿尔发保健品、春发香精香料、海洋保健品等企业参展。由于组织得力，企业重视，从展品布局、展位设置、宣传策划到讲解服务等都做了精心准备，因此展出了水平，展出了风彩，起到了宣传企业、扩大影响、占领市场的目标。

三是参加了 11 月 2 日～6 日在徐州中国淮海食品城举办的“全国食品精品博览会”。为配合目前国内投资最多、占地面积最大的中国淮海食品城开业，同期举办了“全国食品精品博览会”等“三会一节”。市食协组织了利民调料集团、猫不闻速冻食品公司、北方食品有限公司、盛香食品有限公司、新华乐食品有限公司、强源食品公司、金鑫食品公司等 10 多家企业参会。

四是举办了“保健食品形势研讨会”。2 月，市食协与市营养保健品协会共同组织 40 余个保健食品生产企业参加了“保健食品形势研讨会”，研讨加入 WTO 后保健食品发展战略与对策。邀请中国保健食品协会技术委员会主任金宗濂教授、美国中皇国际开发管理集团驻华办事处首席代表方俊分别讲授了美国、日本、中国及台湾地区保健食品的现状及发展趋势，中国保健食品如何打入国际市场等内容，与会代表反映收益匪浅。

五是主办了“新世纪少年儿童用品、食品促销宣传周暨‘五一’购物节”活动。这次活动于5月30日～6月4日在市青少年活动中心举行，共有50多个企业参加，活动期间共接待观众8万多人次。

7. 加强对专业协会的指导服务

在加强专业协会管理方面主要开展了以下工作：一是年初召开了专业协会秘书长工作会议，交流了1999年协会工作经验，学习传达了国家经贸委《关于加快培育和发展工商领域协会的若干意见》，部署了2000年的工作。二是参与指导了营养保健品等协会的换届工作，根据社团管理条例和专业协会章程规定进行了换届前的单位财务审计、法人变更申请、协会章程修改等项工作，通过换届，工作又有了新的起色。三是安排专业协会办理收费许可证工作，根据市物价局制止乱收费、收费应合理的精神，市食协根据不同情况逐个协会落实，有效地控制了乱收费现象的发生。

8. 深入开展多项调研工作

2000年在调研工作方面主要进行了以下几项。

一是用先进技术改造传统食品产业的调研。搞好经济结构调整是2000年工作的3件大事之一，用先进技术改造传统食品产业是主要内容。为此，市食协下力量组织人员进行专题调研。通过调研确立了速冻食品、保健食品、乳制品、食品添加剂、酿酒、调味品等8个行业作为重点改造的行业，重点推广膜分离、生物保鲜等新技术，并提出用先进技术改造传统食品产业要同实施名牌战略相结合，要同新产品开发相结合，要同经济结构调整相结合，要同招商引资相结合的方针。

二是进行了加入WTO以后食品工业面临机遇与挑战的调研。提出了加强经济结构调整步伐，形成优势产业，扩大经济规模和拳头名牌产品，加快科技进步步伐，提高技术创新能力，加强管理练好内功，提高企业整体素质的应对措施。

三是建设食品工业强县的调研。根据中国食协“关于发展龙头食品企业建设食品工业强县”的精神，5月份开始进行了这项工作，对市属5个县逐一进行了调研。通过听取全面情况汇报和深入重点企业调查，做了全面分析，其中武清、静海和蓟县都达到或基本达到中国食协规定的食品强县基本条件，经中国食协、农业部来津实地考察认定，好中选优，初步确定武清和静海可以申报食品工业强县。据此，市食协总结了武清县《大力发展食品工业，提高农业产业化水平》和《静海县食品工业发展情况》2份经验材料。

四是对扭亏食品企业的调研。2000年是国有企业实现扭亏为盈的关键年，在调研的基础上，以《发扬创新精神，推动企业发展》为题，总结了利达面粉有限公司的扭亏经验，并在山东济南召开的“全国食品行业国企改革与脱困经验交流会”上作了介绍，得到了与会代表和中国食协的肯定。

此外还对1999年全市食品工业生产情况进行了调研，完成了《天津市食品工业1999年完成情况分析》和《天津市食品工业2000年上半年生产运行情况分析》。

9. 认真为企业进行有效的服务

为企业办实事、解难题、多服务始终是市食协的工作重点，1年来，在为企业服务方面主要做了以下工作。

一是开展了“消费者放心食品”及“质优可信产品”社会调查评价活动。为深入贯彻《产品质量法》，扶优治劣、规范市场、引导消费者正确选购优质产品，培育一批具有市场竞争力的生产企业，促进天津市食品工业健康发展，2000年市食协分别与市社会调查事务所、市肉制品协会合作，重点在冷饮、熟肉制品、营养保健品等行业开展了“消费者放心食品”及“质优可信产品”调查评价活动，经企业申请、部门审核、专家评审等环节，对产品质量、卫生条件、产品知名度、市场占有率等方面进行了全面考核，最终确定一批产品为“消费者放心食品”和“质优可信产品”。这项活动取得了较好的社会效果，达到了预期目的。

二是为配合市工商局组织“天津市第2批著名商标认定工作”，为“朝阳”牌面包、“康业”冷食2个产品及时准确地提供了有效证明材料。

三是协助中芬乳业有限公司申报成功“中国学生奶”定点生产企业。这是天津市继奶业集团有限公司被确定为“中国学生奶”定点生产企业之后的第2家企业。目前，中芬乳业公司生产的学生奶已形成规模，不断扩产。

此外还为市轻工业学院与华旗集团达成开发山楂酒合作意向，广夏集团新建蛋黄粉厂前期调研，市工微所等与市供销社所属企业达成新产品合作开发意向等做了牵线搭桥组织协调的有效服务工作，受到了有

关方面和企业的欢迎。（郝树生）

2000年天津市食品工业年销售收入过5000万元、税利过500万元企业名单（按销售收入排序）

单位：万元

序号	企业名称	销售收入	税利
1	顶益国际食品有限公司	114456	18311
2	正大集团（天津）实业有限公司	91145	1457
3	北海粮油工业（天津）有限公司	81054	1237
4	天津可口可乐饮料有限公司	64500	5406
5	天津市井田实业公司	56649	5179
6	中法合营王朝葡萄酿酒有限公司	54151	23726
7	天津正大饲料科技有限公司	49242	12190
8	天津顶园国际食品有限公司	42418	6739
9	天津卷烟厂	30128	15014
10	天津顶好油脂有限公司	28168	2533
11	天津长芦海晶集团有限公司	26597	4421
12	天津顶津食品有限公司	25379	1281
13	卡夫天美食品（天津）有限公司	25200	3296
14	天津市冠达实业总公司	24062	2027
15	天津市津海植物油总厂	21132	2431
16	天津长芦汉沽盐场有限责任公司	19773	4351
17	天津挂月集团有限公司	18421	2574
18	天津津酒集团有限公司	17982	6207
19	天津桂发祥麻花集团有限公司	17026	1404
20	天津市宝坻县后西苑屠宰厂	15620	1665
21	天津市庆洋土特产有限公司	15103	1307
22	天津市美辰食品有限公司	14875	2483
23	天津津美饮料有限公司	13606	4478
24	天津市宝坻县宏利屠宰加工厂	13100	1607
25	天津市永明油脂制造厂	12952	1432
26	天津通汇集团	12509	1358
27	帕玛拉特（天津）乳品有限公司	12500	732
28	娃哈哈（天津）饮料有限公司	11400	1074
29	大成食品（天津）有限公司	11113	892
30	天津市天尊酒业总公司	10402	1643
31	天津顶峰淀粉开发有限公司	10361	2525
32	天津市保健饮料厂	10340	1077
33	天津市天利粮油食品有限公司	8761	1193
34	天津国福龙凤食品有限公司	8527	1265
35	天津市利民调料酿造集团有限公司	8480	556
36	天津市龙泰食品有限公司	7910	871
37	天津市渤海植物油厂	7413	861
38	天津石本食品工业有限公司	7066	2761
39	天津市康乐食品厂	5703	805
40	天津春发香精香料有限公司	5548	2846
41	天津理研维他食品有限公司	5507	1990
42	天津猫不闻速冻食品有限公司	5355	1414
43	天津孟庄园葡萄酒酿造有限公司	5155	587

（张　媛）

2000年天津市规模以上食品工业企业主要经济指标

单位：万元

行业名称	企业数(个)	亏损企业数(个)	工业总产值(现价)	新产品产值	工业总产值(不变价)	工业增加值	销售产值	出口交货值	全部从业人员年平均人数(人)	固定资产原价	固定资产净值	产品销售收入	利润总额	亏损企业亏损额	利税总额
合　计	438	116	1638438	228971	1452588	345099	1634999	107745	81206	1236694	844440	1629700	61251	-44314	159596
采盐业	3	1	45552	7468	43831	38071	46389	2245	12360	109294	73482	46873	-283	-300	8789
食品加工业	192	51	666996	72601	588317	38707	689436	56905	25321	296454	195837	697005	34615	-7740	42467
粮食及饲料加工业	81	25	160258	19656	128702	28251	162201	5981	6308	92598	64542	169836	16464	-2444	17975
碾米业	3	1	3636		2191	306	3620		147	1455	1003	3447	46	-82	70
磨粉业	23	8	48690	4142	30208	7838	47409		2784	59548	40566	43448	2285	-1372	2801
面、米制品业	11	6	10383		8976	1840	12931	4587	627	1918	1375	13793	704	-189	1276
配合及混合饲料制造业	34	10	34102	141	25186	2390	34019	570	1696	19049	14827	34616	80	-800	202
蛋白饲料制造业	2		51805	15054	51980	13720	50867		455	7832	4649	50528	12362		12396
水产饲料制造业	3		2876		2178	939	4764	824	189	756	486	4610	650		666
其他饲料制造业	5		8765	320	7981	1219	85924		410	2040	1636	9394	409		565
植物油加工业	19	3	320352	52650	308055	26111	344477	40	4623	119765	77845	343362	11220	-1723	14641
食用植物油加工业	15	3	301510	52650	286859	23793	326652	40	4351	118334	76913	325736	9436	-1723	12723
非食用植物油加工业	4		18842		21195	2318	17825		272	1431	932	17626	1784		1918
制糖业	3	1	1716	33	1224	199	1568	275	271	1231	708	1830	-32	-37	5
加工糖业	3	1	1716	33	1224	199	1568	275	271	1231	708	1830	-32	-37	5
屠宰及肉类、蛋类加工业	37	8	112254		88880	18819	10839	17315	9261	48726	30293	114693	4996	-1888	6803
屠宰业	19	2	76303		54977	117467	76112	1836	5016	24219	14907	80499	3922	-970	4738
肉制品加工业	17	6	33831		32073	6639	32957	13709	4115	23993	14956	32213	919	-917	1722
肉类、蛋产品加工业	1	0	2120		1830	433	1770	1770	130	514	430	1980	155		344
水产品加工业	15	4	13819		12211	3727	11143	4915	1583	16614	10115	10758	336	-229	537
冷冻水产品加工业	12	2	12738		11204	3469	10048	4915	1365	15148	9344	9667	344	-186	518
腌制水产品加工业	2	1	554		480	91	568		68	60	44	564	32	-3	59
其他水产品加工业	1	1	527		527	167	527		150	1406	727	527	-40	-40	-40

续表

行业名称	企业数（个）	亏损企业数（个）	工业总产值（现价）	新产品产值	工业总产值（不变价）	工业增加值	销售产值	出口交货值	全部从业人员年平均人数（人）	固定资产原价	固定资产净值	产品销售收入	利润总额	亏损企业亏损额	税利总额
其他食品加工业	37	10	58598	263	49246	6601	59208	28380	3275	17520	12334	56527	1632	-1419	2506
食品制造业	170	43	470545	73123	441902	105752	457262	34643	26916	498021	336161	478321	3057	-27540	34772
糕点、糖果制造业	59	18	232046	54729	224210	50879	225481	8352	10854	303274	200411	238628	9660	-7749	26077
糖果业	15	4	23640	3288	22828	6101	23696	2772	1857	41308	25745	34556	-2008	-2862	-676
糕点业	18	4	4855		3282	2029	5144		2280	5878	4437	5058	353	-16	680
饼干业	7	1	61263	15690	59016	9247	51833	3062	2483	60345	42519	51260	340	-502	7163
方便主食品业	13	5	133888	33963	130943	32511	136459		3690	176019	112736	136167	11174	-1070	21310
蜜饯业	2		1248		996	116	1246	1188	88	250	147	1248	39		75
其他糕点糖果制造业	4	4	7152	1788	7154	876	7104	1331	456	19475	14828	10340	-3299	-3299	-2475
乳制品制造业	10	2	36551	5547	26313	5688	32089		1545	19621	15498	33963	1212	-121	2787
罐头食品制造业	6	2	2930	48	2712	1020	3050	2604	528	3446	2247	2676	-52	-92	73
肉类罐头制造业	2		700		604	183	700	700	127	1161	600	875	20		46
水果罐头制造业	2	1	435	48	335	676	565	499	231	603	417	516	-2	-2	32
蔬菜罐头制造业	1	1	1295		1341	72	1295	1005	120	1521	1084	785	-90	-90	-54
其他罐头食品制造业	1		500		432	89	500	400	50	160	146	500	20		49
发酵制品业	6		12099		18215	2753	11538	2000	821	10440	7218	10755	582		1098
味精制造业	3		6782		13626	1345	6703		467	5884	4073	6485	108		393
柠檬酸制造业	1		815		703	200	815		100	72	65	452	35		78
酵母制品业	1		1042		899	195	1000		32	37	21	735	81		119
其他发酵制品业	1		3460		2986	1013	3020	2000	222	4447	3059	3083	358		508
调味品制造业	26	4	45632	1074	39003	16135	44010	1819	4193	30047	19896	44455	5894	-226	8756
酱油、酱类制造业	9	3	6860	74	4726	2790	6839	157	2128	13063	8827	6842	24	-76	396
食醋制造业	3		3652		2548	1195	3624		464	2736	1676	3454	301		567
调味料制造业	7	1	21485	1000	19421	7179	20346	457	1197	8473	5908	19569	2903	-150	4019

续表

行业名称	企业数(个)	亏损企业数(个)	工业总产值(现价)	新产品产值	工业总产值(不变价)	工业增加值	销售产值	出口交货值	全部从业人员年平均人数(人)	固定资产原价	固定资产净值	产品销售收入	利润总额	亏损企业亏损额	税利总额
调味油制造业	1		1059		1221	306	907		78	288	123	918	51		121
其他调味品制造业	6		12576		11087	4665	12295	1205	326	5488	3362	13672	2615		3654
其他食品制造业	63	17	141288	11725	131449	29276	141085	19868	8975	131193	90891	147845	-14241	-19352	-4019
豆制品制造业	9	1	9883		7910	5799	9342	6241	445	12700	8587	9348	2168	-2	2381
淀粉及淀粉制品业	10		11561		10005	2159	10083		767	5231	3170	10348	434		799
淀粉糖业	1	1				7			10	775	477	8	-9	-9	-8
冷冻饮品制造业	20	6	56237	6056	54998	7690	63733		3270	78139	52929	59071	-7140	-8083	-3143
其他类未包括的食品制造业	23	9	63606	5670	58536	13620	57927	13627	4483	34348	25728	69069	-9693	-11258	-4048
饮料制造业	72	21	423349	75778	332249	99063	409911	13953	14640	279624	200631	377374	20062	-8735	58555
酒精及饮料酒制造业	26	6	199373	25816	127009	63610	180567	11175	7269	124148	95342	172086	12492	-4316	40548
酒精制造业	6	1	76174		74408	13989	71530	5013	3146	60124	49388	67310	927	-180	7655
白酒制造业	11	1	31794	2112	16777	11834	30955	177	1995	10313	6576	29361	232	-240	-7858
啤酒制造业	2	2	11725	1092	9481	1933	11366		1038	24515	19627	9026	-3768	-3768	-1131
葡萄酒制造业	5	1	77406	22612	24416	24001	64345	5985	724	24883	16546	63695	14727	-123	24920
果露酒制造业	2	1	2276		1928	1853	2372		366	4314	3206	2694	374	-5	1246
软饮料制造业	41	12	216948	49962	199356	34945	223028	2020	6810	145733	98204	199148	8000	-3866	18193
碳酸饮料制造业	9	1	91095	23769	89012	15136	89746		2132	52001	30512	82483	5426	-137	7281
天然矿泉水制造业	7	2	11852		10906	2374	12149	601	1043	13327	11321	8632	337	-79	688
果菜汁饮料制造业	12	3	36592		35917	4924	33409		1686	15020	10608	29676	337	-1665	1489
固体饮料制造业	3	1	42922	7858	36919	6690	42323	1299	675	28221	20754	35726	-533	-1625	2850
其他软饮料制造业	8	3	17008	13092	9125	5596	18888		778	6119	2459	17249	2603	-190	4616
制茶业	2	2	17478	5243	17477	225	26513	120	496	31046	22550	25382	169	-169	1271
其他软饮料制造业	5	3	7028		5883	509	6315	757	561	9742	7085	6140	430	-553	-187
烟草加工业	1		31996		46290	18506	32002		1969	53301	38329	30128	3800		1504
卷烟制造业	1		31996		46290	18506	32002		1969	53301	38329	30128	3800		1504

3.3 河 北 省

【a. 概况】 2000年河北省食品工业规模以上企业实现总产值288.4亿元，工业增加值132.2亿元，税利40.34亿元，产品销售收入320.3亿元，拥有企业994个，从业人员16.9万人。

主要产品产量：粮食加工338.9万吨，乳制品9.9万吨，饮料酒160.4万吨，其中啤酒130.6万吨，白酒26.4万吨；软饮料84.1万吨，调味品8.5万吨，卷烟107.97万箱。

2000年河北省开发新产品29项。其中，河北枣花佳酿酒饮料总公司开发的低热值碳酸饮料、宁晋县制酒厂开发的泥坑冰酒、石家庄三鹿集团股份有限公司开发的超高温灭菌配方奶、衡水老白干酿酒集团有限公司开发的乾隆系列营养酒、承德露露集团的500克和1000克新包装杏仁露、承德平泉县食用菌总公司开发的灵芝口服液、中国长城葡萄酒有限公司开发的赛芙蓉干白葡萄酒7个项目被列为省重大新产品。

5月～8月，河北省食品工业协会与省质量管理协会联合开展了“用户满意产品”活动。经过市场调研、实地考察和专家评议，张家口宣化钟楼啤酒集团公司生产的钟楼牌啤酒、河北廊雪面粉集团股份有限公司生产的廊雪牌系列面粉、山海关啤酒厂生产的春雪牌啤酒等19种产品获“河北省用户满意产品”；满意度达93.1%，满意率达96.76%。树立了企业和产品的良好形象，受到广大消费者和企业的欢迎。

9月，按河北省名牌战略小组的工作安排，省经贸委食品处认真组织了2000年度“河北省名牌产品和河北省质量效益型企业”的推荐、评审工作。经过基层申报、汇总、考核、专家组评定，食品行业获河北省名牌产品28项。其中获河北省重点名牌产品11项，获河北省质量效益型企业8个。重点名牌的产品有：河北华龙食品集团有限公司生产的华龙牌方便面，石家庄三鹿集团股份有限公司生产的三鹿牌奶粉，邯郸丛台酒业股份有限公司生产的丛台牌白酒，河北旭日集团有限责任公司生产的旭日升牌冰茶、暖茶，露露集团有限责任公司生产的露露牌杏仁露，中国长城葡萄酒有限公司生产的长城牌葡萄酒，河北衡水老白干酿酒（集团）公司生产的衡水牌、老桥牌白酒，河北廊雪面粉集团有限责任公司生产的廊雪牌系列面粉，宣化钟楼啤酒集团有限公司生产的钟楼牌、马斯牌啤酒，石家庄卷烟厂生产的新石家庄牌卷烟。

10月，全国糖酒会在石家庄的召开为宣传河北食品带来了契机，为扩大河北食品企业的影响，强化市场营销，把河北食品推向全国，经与全国糖酒会筹办单位协商议定，省食品工业协会编辑出版了全省食品企业名录，有8大类的109个企业入录，在糖酒会开幕之前将2000册名录送到商家，为商家了解河北食品企业和产品提供了方便，受到企业的好评。在此同时，河北食协还利用糖酒会期间在中国食品报上宣传河北重点名牌企业，河北衡水老白干酿酒集团公司、石家庄三鹿乳业集团公司、邯郸丛台酒业股份有限公司、石家庄珍极酿造集团做中国食品报专刊广告，收到良好效果。

11月，河北省食品工业协会和河北省调味品工业协会联合举办了省级调味品评委培训班，来自省内20家调味品企业的厂长、技术人员共40人参加了培训。培训班邀请了全国知名专家和国家级调味品评委讲解国内外调味品行业管理知识与技术概况、调味品行业的专业知识、感官分析的基础知识和感官品评技能训练。参加培训的学员感官理论考试成绩良好。通过技术培训，促进了全省调味品行业技术水平的提高，为造就一批调味品行业省级评委队伍，为搞好技术创新工作打下了良好的基础。

2000年全省食品行业加强对基建、技改项目的管理。按照“有市场、效益好、水平高、符合国家产业政策”的原则筛选项目，严格把关。通过6个项目行业审查，总投资3.1亿元。

【b.行业管理】　为强化食品企业的管理意识，不断提高产品的质量水平，对全省食品行业继续实施食品生产许可证制度。着重抓了方便面、食用植物油的换发证工作。全省有243家企业获得食品生产许可证。其中软饮料125家，调味品类23家，熟肉灌制品类31家，罐头类7家，食用油类31家，方便面类16家。

2000年全省把加快县域食品工业的发展作为发展农村经济、富民强县的重大举措来抓，充分发挥环京津、环渤海的区位优势，以市场为导向，以农副产品的精深加工为重点，大力推进农业产业化发展。涌现出遵化、昌黎、新乐、沧县、滦县、大厂县、三河市、隆尧县等一批全国食品工业强县（市）。食品工业成为这些县的支柱产业，带动了一批农民致富，有力推动了农业产业结构的调整，促进了农村经济的发展。

【c.著名企业】邯郸丛台酒业股份有限公司　邯郸丛台酒业股份有限公司前身是国营邯郸市酒厂，1945年建厂。该公司1994年完成股份制改造，现为国家大型二类企业，是河北省唯一荣获国家质量奖的浓香型大曲酒生产基地，为国家名优白酒骨干企业，中国500家最大饮料制造企业。

现有职工2000余人，占地面积16万平方米，总资产3亿元，固定资产9759万元，资产负债率52.68%。该公司有南北2个厂区，设15个生产车间、3个分厂、4个控股公司。生产的产品有：各类白酒年产3万吨，优质酒精1万吨，复合饲料3万吨，纯净水4万吨，彩色印刷7亿印，草莓酒，低纯果汁饮料和激光电子等产品。公司通过技术开发、市场开拓、科学管理、股份制改造、资本运营、强化质量体系、ISO9002质量体系认证，呈现出良好发展势态。

主导产品丛台酒，自1979年起荣获国家优质酒称号，并被消费者誉为“河北第一名酒”。2000年实现税利1.12亿元，利润4000万元，经济效益居全省同行业第1名。先后被评为“河北省百强工业企业”、“河北省建立现代企业制度基本框架单位”、“全省学邯钢先进企业”、“全国质量效益型先进企业”。

（吴龙姝）

2000年河北省食品工业规模以上企业主要经济指标　单位：亿元

行业	企业数(个)	工业总产值	产品销售收入	实现税利	利润	工业增加值
食品工业合计	994	288.40	320.34	40.35	10.88	132.22
食品加工业	506	99.05	119.56	5.52	3.26	26.96
食品制造业	296	89.58	92.43	8.76	4.87	30.42
饮料制造业	173	70.91	79.29	12.52	1.24	29.53
烟草加工业	3	21.28	22.25	11.44	1.11	13.02
采盐业	16	7.60	6.82	2.12	0.40	32.28

2000年度河北省食品工业技术开发项目（32项）

项目名称	开发单位	项目名称	开发单位
中老年无蔗糖杏仁露	承德乐野集团公司	低盐稀态酱油工业性实验	石家庄珍极酿造集团有限责任公司
AD钙儿童杏仁露	承德乐野集团公司	5000吨/年高档乳酸菌饮料	石家庄三鹿乳品有限公司
高蛋白营养肠	新乐市乐珍营养食品厂	双歧杆菌乳酸奶制品	河北邢台东方乳业有限公司
500克、1000克新包装杏仁露	承德露露集团	长城“庄园”霞多丽高档干白葡萄酒	中国长城葡萄酒有限公司
低热值碳酸饮料	河北枣花佳酿酒饮料总公司	山楂干型酒	河北荞源食品有限公司
泥坑冰酒	宁晋县制酒厂	梅花鹿生鲜血粉胶囊	承德市普宁鹿血制品有限公司
乾坤系列营养酒	衡水老白干酿酒集团公司	啤酒酸奶	露露集团有限责任公司
发酵核桃饮料	河北养元保健饮品有限公司	低热生物复合面粉	唐山市第一面粉厂
啤酒醋	秦皇岛秦啤食品有限公司	年产5000吨速溶低钠盐	河北长芦大清河盐化集团有限公司
啤酒酱油	秦皇岛秦啤食品有限公司	富氧饮用纯净水	河北丰润更城食品有限公司
神仙粥	承德市开发区食品有限公司	糖渍大根	唐山三通食品有限公司
万宾朋系列42%（V/V）世纪春酒	永年县万宾朋酒厂	一代双娇冰淇淋	沧州少林寺食品有限责任公司
万宾朋系列42%（V/V）千喜醇酒	永年县万宾朋酒厂	古顺珍珠王酒	河北枣花佳酿酒饮料总公司
		“草莓型”隆泉干红酒	隆泉集团酿酒有限公司
苹果醋	石家庄珍极酿造集团有限责任公司	隆泉冰酒	隆泉集团酿酒有限公司
		金帝系列面包粉	鹏泰（秦皇岛）面粉有限公司
蜂蜜软糖	新乐蜂蜜厂	米奥渴牌系列乳酸奶饮料	露露集团有限责任公司

2000年河北省食品工业质量效益型企业

中国长城葡萄酒有限公司
遵化市奥太啤酒（集团）公司
河北枣花佳酿酒饮料总公司
邯郸丛台酒业股份有限公司
石家庄三鹿集团股份有限公司
河北斌扬集团山海关公牛啤酒厂
河北廊雪面粉有限责任公司
保定卷烟厂

2000年河北省食品工业名牌产品名单（17种）

产品名称	生产企业	产品名称	生产企业
滴溜牌滴溜酒	河北大名府酒业有限责任公司	长城牌干红葡萄酒	华夏葡萄酒有限公司
隆泉牌隆泉白酒	河北隆泉集团公司	曹雪芹牌曹雪芹家酒	唐山市曹雪芹家酒（集团）公司
刘伶牌刘伶醉酒	河北省徐水县刘伶醉酒厂	华美牌高级大豆烹调油	廊坊华美粮油食品有限公司
保王牌保定王酒	河北保定酒业有限责任公司	御河春牌御河春酒	沧州市制酒厂
亚威牌特制一等粉	保定亚威集团有限责任公司	蓝猫牌酸枣汁饮料	遵化市蓝猫饮料有限公司
沙城牌沙城老窖	张家口长城酿造集团有限责任公司	天香牌精品乳	河北省保定农垦乳业有限公司
迎宾牌极品卷烟	张家口卷烟厂	玉兰牌（金、银）卷烟	保定卷烟厂
八珍牌八珍御酒	避暑山庄实业集团公司	古顺牌白酒	河北古顺酒业有限公司
野力牌干红、干白葡萄酒	秦皇岛野力葡萄酒有限公司		

2000年河北省食品工业优质产品名单（27种）

产品名称	生产企业	产品名称	生产企业
京润牌老北京白酒	廊坊市七星工贸有限公司大厂华醇酒厂	天庄牌精品天庄酒	石家庄市制酒厂
禹鑫牌味精	河北三九味精有限公司	福星牌全脂甜奶粉	河北省国营察北牧场乳品厂
英凯牌威化饼干	廊坊英利斯集团公司	宝贝牌全脂甜奶粉	保定牛奶厂
天马湖牌金天马酒	抚宁县天马酿酒有限公司	佼佼牌麻山药露	河北大洋食品有限公司
贝莉牌液体香糖	秦皇岛开发区四海保健食品有限公司	龙帝牌白酒	保定龙帝酒业有限公司
锥峰牌杏仁露	承德锥峰杏仁露有限公司	小白桦牌饮料	河北九龙实业股份有限公司
山庄牌山庄老酒	避暑山庄实业集团公司	京东牌熟肉系列制品	唐山京东养殖总厂
贯头山牌白酒	迁安市贯头山酿酒有限公司	磁州牌高筋一等小麦粉	磁县粮食局面粉厂
燕丰泉牌啤酒	唐山燕泉啤酒厂	心悦牌辣椒油	望都县南关宝喜辣椒油厂
乡谣牌乳制品	河北乡谣食品有限公司	百露珍牌核桃露	邯郸华大食品饮料有限公司
邢州牌面粉	邢台市面粉厂	和亨牌香醋	邯郸和村香醋有限公司
沙柳牌水果白酒	河北果王酿酒有限责任公司	森源牌食用菌、山野菜系列产品	承德绿源绿色食品有限公司
蒸发牌液体葡萄糖	河北省肥乡县液体葡萄糖厂	滦江牌富硒米	承德绿地富硒食品有限公司
南翁牌马头人酒	河北省邱县酿酒厂		

3.4 山西省

【a. 概况】 2000年是“九五”计划的最后1年，“九五”期间山西食品工业在省委、省政府的正确领导下，根据国家产业政策和省政府培育“一增三优”，发展潜力产品，推进产业化升级的精神，以市场为导向，大力调整产业结构，使山西的食品工业同整个国民经济一样，保持了持续、快速、健康发展的势头。截止2000年底，全省规模以上食品工业企业352个，职工人数5.81万人，完成食品工业产值45.48亿元(1990年不变价)，占全省工业总产值的4.8%，食品工业产值相当于全省农林牧渔业总产值的23.4%。实现税利总额7.16亿元，完成工业增加值18.44亿元，产品销售收入47.54亿元，食品工业已成为全省财政收入的重要来源。食品工业在农产品加工，提高农民收入，增加就业，扩大出口创汇，提高和满足人民生活等方面都作出了贡献。主要成绩表现在：

1. 食品工业产值及税利持续增长。从1998年开始，省统计局只对规模以上企业进行统计，2000年全省食品工业产值为45.48亿元，比1998年增长9.1%。2000年实现税利总额7.16亿元，比1998年增长23.1%。

2. 主要产品保持适度生产，少数产品增长幅度较大。2000年，全省食品工业主要产品保持适度生产，比1999年增长幅度较大的产品有：软饮料、罐头、糖果、鲜冻畜肉，分别增长694%、194%、185%和110%。比1999年下降的产品有酱油和味精等，分别下降46%和27%。

3. 乡镇和私营企业快速发展。2000年，全省食品工业产值超亿元企业有11个，实现工业产值24.39亿元，除杏花村汾酒集团、太原卷烟厂、大同糖业集团外，其余都为乡镇及民营企业，产值占到44%，占全省食品工业的24%。

【b. 固定资产投资】 2000年，山西省食品工业固定资产投资总额33950万元，比上年增加投资6086万元，增长22.8%。其中基本建设投资9877万元，更新改造投资22927万元，城镇集体投资1146万元，分别比上年增长56.0%、12.5%和149.1%。新增固定资产28250万元，固定资产交付使用率83.2%。在基本建设投资中，食品加工业投资占12.3%，食品制造业占31.4%，饮料制造业占31.9%，烟草加工业占24.4%；基本建设投资新增固定资产9995万元，固定资产交付使用率101.2%。在更新改造投资中，食品加工业投资占10.9%，食品制造业占40.5%，饮料制造业占43.0%，烟草加工业占5.6%；更新改造投资新增固定资产17749万元，固定资产交付使用率77.4%。

【c. 经济效益】 2000年352个规模以上食品工业企业中，亏损企业93个，亏损面为26.4%，亏损额为10597万元；税利71564万元，比上年增长0.42%。其中食品加工业税利4509万元，利润313万元；食品制造业税利5565万元，利润329万元；饮料制造业税利36681万元，利润1760万元；烟草加工业税利24809万元，利润2234万元。国有控股食品企业254个，其中亏损企业72个，亏损面为28.3%，亏损额为4649万元，税利56142万元，利润3019万元；外商和港澳台投资食品企业8个，其中亏损企业3个，亏损面37.5%，亏损额为2147万元，税利和利润均为负数；大中型食品企业22个，其中亏损企业5个，亏损面22.7%，亏损额为970万元，税利53991万元，利润4682万元。

规模以上企业工业增加值率，食品加工业为26.23%，食品制造业为31.51%，饮料制造业为40.91%，烟草加工业为46.64%；总资产贡献率，食品加工业为3.04%，食品制造业为4.96%，饮料制造业为10.00%，烟草加工业为29.64%；资产负债率，食品加工业为74.47%，食品制造业为70.46%，饮料制造业为53.93%，烟草加工业为

69.10%；流动资产周转次数，食品加工业为1.24次/年，食品制造业为1.01次/年，饮料制造业为0.99次/年，烟草加工业为1.12次/年；全员劳动生产率，食品加工业为22456元/人年，食品制造业为19146元/人年，饮料制造业为42166元/人年，烟草加工业为160515/人年；产品销售率，食品加工业为91.57%，食品制造业为91.62%，饮料制造业为94.91%，烟草加工业为92.75%。

（范淑霞）

【d. 企业规模分类情况】 2000年，在352个规模以上企业中，产值超亿元的企业11个，实现的工业产值合计为243924万元，占食品工业总产值的45.4%；产值在5000万元至1亿元的企业有9个，实现的工业总产值合计为56913万元，占食品工业总产值的10.6%；产值在1000万元至5000万元的企业87个，实现的工业总产值合计为180983万元，占食品工业总产值的33.7%；产值在500万元至1000万元的企业53个，实现的工业总产值合计为36512万元，占食品工业总产值的6.8%。

按产品销售收入分档，超亿元的企业10个，实现的产品销售收入为234838万元，占产品销售收入总额49.4%；产品销售收入在5000万元至1亿元的企业8个，实现的销售收入为50740万元，占销售收入总额的10.7%；产品销售收入在1000万元至5000万元的企业72个，实现的产品销售收入为140327万元，占产品销售收入总额的29.5%；产品销售收入在500万元至1000万元的企业46个，实现的产品销售收入为29192万元，占产品销售收入总额的6.1%。

按税利分档，超亿元的企业2个，税利合计为44802万元；税利在1000万元至1亿元的企业11个，税利合计15493万元；税利在500万元至1000万元的企业8个，税利合计5520万元；税利在100万元至500万元的企业46个，税利合计9714万元；税利50万元至100万元的企业31个，税利合计为2175万元。

（张燕萍）

【e. 老陈醋微机控制系统】 山西水塔老陈醋集团2万吨精品老陈醋微机控制系统技术创新项目竣工。由于历史和体制的原因，这里的酿醋企业生产工艺一直沿用传统的手工操作，技术含量低、生产效率低、劳动强度大，生产监控主要靠老师傅手摸、鼻闻或用温度计逐个测量，不但费工费时，而且随意性大，易造成损耗，严重制约了醋业的健康发展。为扭转这种状况，1998年开始，开发2万吨精品老陈醋微机控制系统技术创新项目，经过3年的努力，终于完成了这项工程，总投资3600万元。采用微机控制系统新技术后，能对配料及整个发酵过程中的温度、压力等进行自动控制，能对生产线中的所有设备运行情况进行模拟动态显示，并能记录、打印所有工艺技术参数，预报事故等，大幅度地节约了原辅材料，提高了出醋率，特别是生产人员可减少80%多，经济效益可提高30%以上。

【f. 山西名酒重振雄风】 “九五”期间，山西杏花村汾酒集团公司先后开发新品种60余种，以“青花瓷汾”为代表的高档酒深入市场，以防伪、双瓷老白汾酒为代表的中档酒成为消费热点，其中中高档产品创利润占总利润比例从1995年不足30%到2000年的90%以上；玻璃汾酒等普通包装酒登堂入室，以“杏花村”、“杏林春”、“古杏村”、“红红火火”为代表的系列酒覆盖城乡，“2000杏花村”等新型浓香型酒进入市场。这样，汾酒品牌价格链空间由过去的不足50元，发展到4元左右的二锅头至500多元的青花瓷，500元的价位链空间，使品牌发展空间增大，初步实现了汾酒人多年来追求的“高档酒树形象、中档酒创利润、低档酒占市场”的产品结构目标。

2000年，汾酒集团公司实现销售收入7.5亿元，比“八五”期末增长56.41%，比1998年增长78.59%，创历史新高；出口创汇2201万美元，比“八五”期末增长170%，比1998年增长140.81%，创历史新高；实现税利2.25亿元，比1998年增长59.94%，上缴税利1.98亿元，比“八五”期末增长30.6%。该公司5年为国家上缴税利10.3亿元。“3年振兴汾酒”的攻坚目标如期实现，并再次被山西省委、省政府命名为“山西省优秀企业”，并被列入国家520户重点企业。

（武文华）

【g. 为企业培育专业人才】 2000年9月，为了不断提高食品企业职工队伍业务素质，为食品企业职工创造再深造的机会，使食品企业职工队伍逐步走向知识化、年轻化，山西省食品工业办公室与山西农业大学食品科学系联合举办了食品科学与工程“实践生班”的全日制本科班，招收学员40名，学制4年。按照全国高校招生考试的有关文件精神和规定，严格组织考试，并根据德、智、体全面考核，择优录取。

山西省食品工业办公室负责生源的组织、报名、推荐和资格审查工作，山西农业大学负责报考资格的复审工作，通过考试、考核，从 100 多名考生中录取了 44 名符合条件的实践生。学员入学后，享受国家规定的奖学金、医疗费等待遇，学习期满，成绩合格，发给国家教育部统一颁发的毕业证书，按照学校学位授予的有关规定授予工学学士学位，不包分配。学生毕业后，学生的学籍档案，由校方统一归档，并负责推荐无工作单位的毕业生到适于发挥其专业特长的食品行业第一线工作。

【h. 山西省首届酒类广告暨包装平面设计大赛】 5 月下旬，为了检阅和提高山西省广告业平面设计水平，创作出更多有文化内涵、有震撼力、有表现力，能走出山西、走向世界的高水平的平面广告作品，山西省食品工业办公室、山西日报社、山西省广告协会等单位联合举办了“山西省首届酒类广告暨包装平面设计大赛”。

本次活动的目的是响应省委、省政府“调整产业结构、创造山西名牌”的号召，扶持山西潜力产品，全面提高本省酒类企业广告创意发布水平，再振山西酒业雄风。大赛共收到作品 27 件，其中，穗华包装彩印公司王真的汾酒木制礼品盒获包装一等奖，获二等奖有北方设计制作中心张猛、太原强射线广告装饰公司朱继伟，获三等奖有 3 件作品。获平面设计一等奖是象形广告公司丰沛东的作品《何香凝》，获二等奖有 2 件作品，获三等奖有 3 件作品。

大赛为山西酒类产品进行了高水平的广告创意及包装设计，为山西酒类产品走出山西、走向全国、走向世界奠定商品文化基础。　（张　萍）

2000 年山西食品工业主要产品产量

单位：吨

主要产品	产量		2000 年为 1999 年%
	2000 年	1999 年	
小麦粉	190000	258700	73.44
食用植物油	36781	28168	130.58
机制糖	7660	37290	20.54
鲜、冻畜肉	15047	7144	210.62
糖果	2360	827	285.37
方便主食品	12444	13509	92.12
乳制品	12655	13654	92.68
罐头	16410	5581	294.03
味精	52	72	72.22
酱油	10157	19034.6	53.36
淀粉	36626	31866	114.94
冷冻饮品	3651	4894	74.60
饮料酒	247814	263239	94.14
白酒	71797	156445	45.89
啤酒	123585	103128	119.84
软饮料	261000	32860	794.28
卷烟（箱）	303389	288061	105.32

2000 年山西省食品工业固定资产投资情况

单位：万元

行业名称		食品加工业	食品制造业	饮料制造业	烟草加工业	合　计
基本建设投资	投资额	1210	3100	3154	2413	9877
	项目数（个）	6	5	8	4	23
	投产项目数（个）	4	4	3	2	13
	新增固定资产	809	5132	3559	495	9995
	固定资产交付使用率（%）	66.86	165.55	112.84	20.51	101.19
更新改造投资	投资额	2509	9278	9860	1280	22927
	项目数（个）	7	7	11	3	28
	投产项目数（个）	3	1	6	0	10
	新增固定资产	1460	4744	11545	0	17749
	固定资产交付使用率（%）	58.19	51.13	117.09	0	77.42
城镇集体投资	投资额	69	57	1020	0	1146
	项目数（个）	1	1	2	0	4
	投产项目数（个）	0	1	1	0	2
	新增固定资产	69	57	380	0	506
	固定资产交付使用率（%）	100	100	37.25	0	44.15

2000年山西省食品工业基本情况

单位：万元

		企业数（个）	亏损企业（个）	工业总产值（1990年不变价）	工业增加值（生产法）	产品销售收入	税利总额	利润
国有控股企业	食品加工业	140	45	78477	22653	74411	86	-2232
	食品制造业	82	21	32460	8298	20361	1195	-174
	饮料制造业	29	6	78208	50279	111490	30052	3191
	烟草加工业	3	0	55577	28732	60309	24809	2234
	合计	254	72	244722	109962	266571	56142	3019
外商和港澳台投资企业	食品加工业	1	0	4461	1692			
	食品制造业	6	2	17289	1506	19849	-799	-825
	饮料制造业	1	1	2154	575	2661	-1031	-1132
	合计	8	3	23904	3773	22510	-1830	-1957
大中型企业	食品加工业	8	5	54177	9027	50649	390	-903
	食品制造业	5	0	20712	8522	15578	2878	934
	饮料制造业	7	0	62158	41658	94031	26188	2685
	烟草加工业	2	0	55512	28088	58991	24535	1966
	合计	22	5	192559	87295	219245	53991	4682

2000年山西省食品工业企业主要经济指标

单位：万元

指标	食品工业合计	食品加工业	食品制造业	饮料制造业	烟草加工业
企业数（个）	352	176	110	63	3
亏损企业数（个）	93	49	27	17	0
工业总产值（当年价）	537611	208661	89372	177977	61601
工业总产值(1990年不变价)	454767	170866	85462	142862	55577
工业增加值	184421	54727	28158	72804	28732
工业销售产值	499000	191063	81884	168920	57133
年末资产合计	946672	314600	160949	385896	85227
流动资产合计	449582	135475	69166	194031	50910
流动资产年平均余额	438112	137624	67039	179369	54080
固定资产合计	443051	166734	82629	159735	33953
固定资产净值平均余额	393444	144202	71553	144550	33139
流动负债	481275	180011	74136	165564	51564
长期负债	133414	54278	29269	42539	7328
负债合计	614690	234289	113406	208102	58893
产品销售收入	475382	170244	68027	176802	60309
产品销售利润	40502	11690	8021	16968	3823
利润总额	4636	313	329	1760	2234
亏损企业亏损额	10597	3981	2297	4319	0
税利总额	71564	4509	5565	36681	24809
全部职工年均人数（人）	58134	24371	14707	17266	1790

3.5 内蒙古自治区

【a. 纪事】 3月30日，自治区人民政府［2000］61号文“关于加快发展绿色食品产业报告的通知”中指出，充分依托生态环境优势，建设和发展一批绿色食品原料基地和龙头企业，培育出更多的名牌产品，重点开发牛羊肉、乳品、禽蛋、水产、小麦、大米、杂粮、矿泉水、蔬菜、瓜果、山野果、山野菜等绿色食品。力争到2005年全区绿色食品生产基地种植面积达80万公顷，绿色食品占全区同类产品总量的30%以上。

5月16日，自治区党委办公厅、政府办公厅印发《关于加快全区奶业发展的意见》，制订了自治区奶业发展的思路、目标和战略选择。发展奶业必须坚持以市场为导向，以效益为核心，以利益为纽带，企业兴建基地，基地连接农户，龙头抢占市场的发展模式，在自治区畜牧业中率先实现集约化、产业化。到2005年全区良种奶牛头数达85万头，其中能繁种母牛达45万头；奶牛平均产奶城郊达5吨，牧区达3吨，牛奶产量达140万吨，进入全国第2位；乳制品产量10万吨，液体奶、酸乳饮料产量50万吨，冷冻饮品产量20万吨，进入全国第1位；乳品加工企业年销售收入力争达到30亿元，税利5亿元。

6月，自治区白酒协会、啤酒协会主持召开内蒙古酿酒业工作会议，会议确定了酿酒业今后的发展方向；白酒向品牌化、营养化、多样化发展；啤酒向大型化、集团化、规范化发展；黄酒、果酒向特色化、功能化发展。

为迎接白酒国家评委的考试，进一步提高自治区白酒评委的业务素质，自治区食协与自治区白酒协会7月3日～8日在呼和浩特市举办了全区白酒评委强化训练班。在10月的白酒国家评委考试选聘中，自治区推荐的7名候选人中，3名考取白酒国家评委，1名考取白酒国家资格评委。

8月7日～9日，2000年内蒙古锡林浩特牛羊肉产品展销洽谈会召开，来自全国12个省市50多家企业及美国、香港地区的3家企业参加了展销洽谈会。会上共签订经济技术合作协议19项、合同6项，协议金额6.2亿元，合同金额2.3亿元，其中签订牛羊肉产品购销金额84万元。

8月中旬，自治区首届名优特农畜产品与绿色食品交易会在呼和浩特市内蒙古展览馆举行。区内257家企业的近千种产品参展，同时吸引了德国及港台和内地的20多家企业参展。交易会期间共签订贸易项目185项，总金额7.38亿元，其中成交额3.45亿元。

8月，根据中国食协的要求，自治区食协制定了《内蒙古自治区食品工业“十五”计划及2010年发展规划》。内容包括：发展现状，“十五”计划及2010年发展指导思想、目标，具体措施。

9月6日，自治区人民政府《关于严禁采集和销售发菜切实加强甘草麻黄草管理的通知》中指出：发菜已被国家确定为一级保护植物，自9月6日起，禁止自治区内外的任何单位和个人在自治区境内采搂发菜；立即取消已发放的发菜采集证，彻底取缔发菜及其制品的收购、加工、销售和出口。大力加强甘草和麻黄草的保护，规范采集活动的管理，严格实行甘草和麻黄草的专营、许可证制度。

12月3日，内蒙古的伊利集团、草原兴发集团、包头懋菲蒙奶业公司、奈伦集团4家企业被列为农业产业化国家重点龙头企业。

【b. 综述】 尽管2000年全区农牧业生产遭受历史罕见的干旱等因素影响，但农业生产能够依据市场需求的变化，加大种植业结构调整力度，畜牧业出栏明显增加，农牧业科技投入和产业化发展继续得到加强，使农林牧渔业生产在大灾之年仍能保持一定增长。全区农林牧渔业增加值352亿元，比上年增长2.6%。

种植业结构调整力度加大。粮食总产量因受灾和调减播种面积出现较大幅度减产，主要经济作物、水果和蔬菜产量均有明显增加，特色、绿色农业发展较快。

畜牧业生产稳定增长。牧业年度牲畜总增头数2563万头（只），比上年同期减少45.67万头（只），总增率34.5%。全区牧畜出栏3125.37万头（只），增长4.5%。肉类总产量150万吨，增长6.7%；奶类产品82.99万吨，增长16.6%；禽蛋产量24.41万吨，增长3.9%。

渔业生产保持增长。全区水产品产量7.21万吨，比上年增长5.2%，淡水养渔业继续稳步发展。

截止2000年底，全区乡及乡以上食品工业企业共计1124个，职工年平均人数为98250人，年产值147.4亿元，税利52.32亿元，比上年增长10%和9.9%；工业增加值28亿元，增长16.6%。在自治区筛选的37户重点企业区队中，食品行业就有10户，占27.03%；工业增加值141203万元，占12.24%，产品销售收入416995万元，占13.16%，税利75817万元，占17.40%，利润38946万元，占24.72%。

2000年内蒙古食品工业分行业主要经济指标

单位：万元

行业	企业数（个）	年平均职工人数（人）	产品销售收入	固定资产原值	固定资产净值	总产值（当年价）
食品加工业	129	25973	420930	251033	186362	463721
食品制造业	52	18488	232025	125672	97219	242918
饮料制造业	65	27191	214681	189774	134864	231033
烟草加工业	3	2314	51311	48143	34484	51070
采盐业	6	4399	33091	35237	19016	31457

注：本表统计范围为规模以上企业。

2000年内蒙古食品工业主要产品产量

单位：吨

产品名称	2000年	1999年	同比增长±%
机制糖	120415	110472	8.76
食用植物油	238101	166055	43.39
原盐	1266804	1316545	-3.78
啤酒	404993	396161	2.23
白酒	133197	139405	-4.45
葡萄酒	604	336	79.76
软饮料	51507	38127	35.09
碳酸饮料	5820	6834	-14.84
果汁及果汁饮料	1065	1283	-16.99
瓶（罐）装饮用水	30860	16615	85.74
液体乳	123194	48782	152.54
精制茶	510		
冷冻饮品	91562	79141	15.69
罐头	3170	5709	-44.47
乳制品	66517	52111	27.64
糖果	201	182	10.44
糕点	3941	1566	151.66
饼干	7	7	0

续表

产品名称	2000年	1999年	同比增长±%
方便主食品	9124	9805	-6.95
方便面	357	321	11.21
酱油	16490	15126	9.02
淀粉	59176	44748	32.24
卷烟（箱）	279952	239997	16.65
鲜、冻畜肉	184169	122875	49.88

注：数据由自治区统计局提供。

2000年内蒙古10户重点食品企业主要经济指标　　单位：万元、±%

企业名称	工业增加值		产品销售收入		税利总额		利润总额		产品销售率	
	当年	同比	当年	同比	当年	同比	当年	同比	当年	同比（百分点）
内蒙古伊利实业集团股份有限公司	49765	33.61	146072	25.39	19725	10.34	11309	9.01	99.23	0.6
内蒙古吉兰泰盐化集团公司	15900	-16.56	24500	5.58	9700	16.71	5200	5.58	103.05	11.82
包头草原糖业集团有限责任公司	16681	44.06	37485	9.47	8251	-7.14	5664	-15.54	95.41	-19.25
内蒙古草原兴发股份有限公司	13245	-18.07	103287	-2.7	9056	-31.82	8144	-33.62	107.57	17.14
内蒙古宁城集团公司	13144	-17.9	42522	-1.37	7183	-23.35	1531	-57.35	101.37	4.39
内蒙古河套酒业集团股份有限公司	9062	17.75	20947	20.97	6681	17.64	2507	23.38	105.19	8.92
内蒙古蒙古王酒业有限公司	5166	-23.16	9136	-35.76	2526	-68.97	293	-93.67	77.42	6.25
凉城鸿茅（集团）有限责任公司	7653	4.02	15268	12.95	4482	-13.96	3048	-6.36	97	0.99
赤峰啤酒集团公司	7457	15.63	12815	2.99	4248	10.37	337	891.18	100.26	5.61
内蒙古巴特罕酒业股份有限公司	3130	11.35	4963	3.29	3965	8.1	913	18.57	101.83	1.47
合　　计	141203	14.85	416995	9.5	75817	-4.1	38946	-14.3		

注：数据由内蒙古自治区经贸委信息中心提供。

【c. 产业结构调整方向】　肉类加工以牛羊猪肉为主，重点开发生产精选肉、中高档分割肉、半成品、熟食品、保鲜食品及系列方便食品，提高精加工产品及制成品的比重；依托草原兴发、远大、双汇、金锣、德利斯等企业集团的优势，促进牛、羊、猪、鸡、兔等肉类加工业上规模、上档次、上水平。

乳制品加工要积极开发生产专用奶粉、营养配方奶粉，发展超高温灭菌乳、保鲜纯牛奶和各种民族风味奶制品、发酵乳制品和以乳制品及乳为原料的冷饮食品、小食品。今后全区不再新增普通乳制品生产能力。以现有乳品骨干企业为依托，按照“限小引大”的原则，通过联合、兼并、托管等方式，进一步壮大乳品企业集团实力，提高内蒙古乳制品的市场占有率。

制糖工业要进一步强化企业组织结构调整，通过兼并、破产，壮大优势企业，淘汰劣势企业，调整压缩现有制糖工业生产能力。

饮料工业要控制普通白酒生产能力，适度发展葡萄酒、啤酒、黄酒，积极发展以野生资源为主的特色果酒、保健饮品，加快发展鸿茅酒、苁蓉酒、保健啤酒以及矿泉水生产。

积极发展优质小麦、玉米、大豆、马铃薯、杂粮、油料的精深加工。

【d.“十五”计划要点】 充分依托生态环境和资源优势，打好3张牌，即：绿色食品牌、特色牌和名牌。发展6个重点行业，即：乳制品制造业、肉类加工业、制糖业、酿造业、粮油薯类加工业和绿色食品。到2010年培育出100个自治区级名牌产品，年实现工业总产值178亿元（现价），税利56亿元；到2010年工业总产值达到280亿元（现价），税利84亿元，平均年增长11.5%和10%。

绿色食品。建立以呼盟、兴安盟、锡盟、宁城县等地绿色食品旗县基地与原料加工产业化相结合的示范工程。到2005年全区绿色食品生产基地种植面积达到80万公顷，绿色食品占全区同类产品总量的30%以上；到2010年绿色食品生产基地面积达到100万公顷，绿色食品占全区同类产品生产总量的50%。在目前的基础上，绿色食品加工品产量达到150万吨，产值实现120亿元（现价），到2010年绿色食品加工产量达到250万吨，产值200亿元（现价）。

乳及乳制品。推广配方奶粉、专用奶粉、中老年奶粉，积极发展酸奶、果汁奶，研究开发“有机奶”、“免疫奶”等营养类产品。2005年前要抓好以呼盟、呼市、包头、哲盟、兴安盟等重点基地，引进良种奶牛品种，大力发展年产8吨左右鲜奶的牛群，到2005年全区鲜奶产量达到100万吨，人均占有量由现在28千克提高到45千克，到2010年鲜奶产量达到150万吨，人均占有量提高到65千克左右。

肉类加工业。牧区畜牧业以羊、马、骆驼等特色资源为发展重点；农区畜牧业大力发展猪、牛等饲养业。围绕畜牧业生产的发展，抓好天然牧场的改造与建设，使内蒙古中西部地区形成以城市为依托的大中型肉类加工企业和肉类大生产、大流通、大加工三位一体的产业化体系。到2005年至2010年肉类精加工制品占商品牛、羊肉的40%～60%，达到40万吨～70万吨。

酿造行业。对现有的356个白酒企业进行产品结构调整，优化、联合和重组，实现低成本扩张，向品牌化、营养化、多样化发展；啤酒向大型化、集团化、规模化发展；黄酒、果酒向特色化、功能化发展，同时要突出发展自治区特色的马奶酒、磁化酒、荞麦酒、苁蓉酒和沙棘酒等。到2010年白酒产量20万吨左右，其他酒翻1番，产值达到120亿元，税利45亿元。

制糖业。对现存的9个制糖企业加快技术改造，节能降耗，增加附加值和科技含量，在品种上发展精炼糖、速溶糖。推进种子产业化工程，加快抗逆、耐寒等新品种的研究和推广，加快基地建设，使制糖业率先成为全区科、工、贸、学、研一条龙的示范行业。

发展粮、油、薯类加工业。

薯类。开发薯类以呼盟、乌盟为原料基地，依托呼盟淀粉厂和奈伦为龙头企业，生产马铃薯全粉、变性淀粉、衍生产物产品薯条、薯片，发酵制作酒精等深加工，提高水平，全区马铃薯加工转化率由现在的20%到2010年增加到50%。

小麦。以巴盟、土默川为优质小麦生产原料基地，以内蒙恒丰食品有限公司和大公实业总公司为龙头企业，利用新技术、新途径对小麦深、细加工，大力发展卫生、营养半成品、方便食品、快餐食品和速冻食品等。

油料。以巴盟、土默川和呼盟为基地的瓜子、油菜、大豆种植基地，依托包头粮油集团总公司和扎兰屯市植物油公司为龙头企业，发展食品专用油脂，增加精炼油，推广膨化浸出制油技术，发展各类粮食油脂，到2010年油料达到200万吨、食用油达到40万吨，年平均增长9.8%和13.8%。

到2005年全区实现人均每日主要营养供给量达到国内平均水平以上，其中热量2750大卡，蛋白质78克（其中优质蛋白质达50%），脂肪72克；到2010年实现人均每日热量达到2850大卡，蛋白质85克（优质蛋白占50%以上），脂肪80克（占热量的25%，其中：动、植物比例1:15)。

【e.绿色食品】 自治区党委和政府对全区绿色食品产业的发展给予了高度的重视，将绿色食品产业作为“西部开发”优势产业和特色产业，自治区政府将绿色食品产业列为内蒙古西部开发的十大工程之一。2000年底，全区绿色食品生产企业79家，产品总数179个，年生产总量67.6万吨，占全国绿色食品的11%以上，年销售额达到29亿元，实现利润2.75亿元，出口创汇3016万美元，产品总数和生产总量位居全国前列。绿色食品产品原料及公司环境监测面积达到33万公顷以上，涌现出了伊利、宁城老窖、兴发、恒丰等一批生产绿色食品的名牌企业和名牌产品。

自治区绿色食品发展中心始终严把质量关，把做好申报工作作为工作的重点。在申报产品的过程，坚决维护绿色食品的权威性。2000年自治区绿色食品中心共受理了32家企业62个产品的申报申请；已上报国家中心的申报企业有27家54个产品；年内经国家中心批准的有16家企业35个产品；其中：到期续报有9家企业的18个产品；在新申报产品中粮油类产品15个，畜禽蛋奶产品17个，其他产品22个。

【f. 草原兴发集团】　内蒙古草原兴发集团创建于1988年，现为中国最大的草原肉食品生产企业，农业产业化国家重点龙头企业，拥有总资产16亿元，员工1万人，其核心企业草原兴发股份有限公司A股股票于1997年6月在深交所上市。2000年，股份公司实现产值9.6亿元，创税利1.03亿元。

草原兴发现在内蒙古大草原上拥有63家生产工厂（其中，肉羊屠宰加工厂43家），已形成了年屠宰（加工）草原兴发羔羊600万只、草原绿鸟鸡3000万只及加工野味熟食3万吨的生产能力。2000年，草原兴发又以严格的质量保证体系为前提，通过“定牌生产”的方式，与近百家生产单位建立了合作关系，从而，进一步提高了自治区肉羊产业的集中度，并进一步确立了草原兴发在国内肉羊产业的领导者地位。

草原兴发建有全国肉食品行业第1家博士后科研工作站，建有由120名大学生组成的科技开发中心，不断根据市场预测，以满足个性化的消费需求为导向，推进产品的精深加工，现已成功地开发出了草原兴发羔羊肉、草原绿鸟鸡、肥牛肉、野味熟食、四野杂粮、四野小菜、纯牛奶等10大系列1000余个品种的特色产品。

草原兴发一直苛求产品品质，在所有的生产工厂一律实行半军事化管理，严格执行ISO9002国际质量标准，现已有16大产品通过了国家绿色食品认证。其中，草原兴发肉鸡类产品于1996年获得了对日出口免检待遇，草原兴发羔羊肉1999年被列为中国食品工业协会推荐品牌。

草原兴发已于1997年获得了自营进出口权，绿鸟鸡、绿鸟肉串等主导产品一直向日本、阿联酋等国家和地区大量出口。2000年，对日蔬菜出口又成了1个新的增长点，对日出口的马肉总量增长1倍，并重点拓展了港澳和东南亚市场。

在国内市场，草原兴发以自建网络的方式，重点进行了“一园两店”的建设，即草原兴发涮园、草原兴发专卖店和野味烤店。2000年，草原兴发又以北京、武汉、广州、石家庄等地的200多家超市为核心，实施了以“绿化超市工程”为中心的营销战略，加大了卖场文化、促销、展示和导购的力度，有效地控制了终端市场。目前，草原兴发羔羊肉、羔羊肉串、草原绿鸟鸡、绿鸟肉串、野味烤肠等产品在很多城市都已成为消费首选。

在产业化方面，草原兴发经过14年的不懈努力，已通过“公司+合作社+农户”的方式，带动6800多户农民走上了通过肉鸡产业脱贫致富的道路，累计使他们直接增收3亿元；并以“技术服务、融资服务、销售服务”的方式，带动2万户牧民走上了肉羊产业化发展的道路。

在3～5年内，草原兴发将迅速介入生物高科技领域，不断提高生物高科技对草原兴发事业的贡献率；并在西部草原上再收购20～30家肉羊屠宰加工厂，进一步加大定牌生产、虚拟经营的力度，形成年屠宰加工肉羊1000万只、草原绿鸟鸡6000万只的生产能力，进一步营造草原兴发在国内肉食品产业的优势地位；同时，在产品精深加工方面再有一系列重大的突破，进一步与国内外目标市场的消费需求接轨，全面打响草原兴发的品牌，扩大产品对日本、中东、欧盟、俄罗斯等国家和地区的出口，在国际肉食品市场赢得一席之地，为民族经济的发展作出更大的贡献。

（王金奎　李桂芳）

3.6 辽 宁 省

【a. 综述】 据行业统计，截止2000年底，全省食品工业完成工业总产值348亿元，比上年增长9%；实现销售收入415亿元，增长9.5%；实现税利26.8亿多元，其中利润6.1亿元左右，分别比上年增长11%和10%左右。主要产品产量有不同程度的增长：白酒33万多吨，与上年基本持平；啤酒146.5万吨，增长3.68%；软饮料近75万吨，增长7%；调味品、味精、肉制品、罐头、粮油制品、糕点等人民生活必需品保持了稳定的发展态势，速冻食品等方便食品不断适应人们快节奏的生活需求并得到快速发展。

辽宁食品工业2000年的发展呈现出如下特点：一是改革经营机制成为企业获得新发展的主要途径。如沈阳老龙口酒厂通过合资经营使企业重新焕发了生机，步入了新的成长期；阜新三沟酒业集团结合企业自身特点进行转制，既确保了企业生产经营活动的稳定，又引入了现代经营管理模式使企业得以生存和发展起来。二是多种经济成分共同发展，相辅相成，行业发展呈现欣欣向荣的局面。三是企业生产经营向规模化发展，营造大市场、树立大品牌是行业发展的关键成为业内共识。四是企业普遍加强现代化管理，经营管理水平明显提高，一批企业在全国同行业的管理、质量效益评比中，榜上有名，在激烈的市场竞争中，占据了有利的位置。五是企业对技术进步和新产品开发工作更为重视，新产品、新技术应用广泛，产品形成系列化，产品附加值有相应提高。六是企业对于宣传工作重视起来，并开始按照市场的规则运作，企业经营工作的主动性增强。七是行业自律发展，主动适应市场规律的能力有所增强。

从市场来看，地产名优食品在消费市场的主导地位进一步确立，地方啤酒在市场仍占主导地位，地产名优白酒的市场份额占到75%左右，矿泉水、纯净水发展迅速，地产饮料逐步成长并占据半壁江山，粮油食品及其他食品的市场也主要以地方产品为主。

【b. 行业动态】 为规范食品生产与消费领域的经济行为，辽宁省加大了食品生产及市场销售领域的法制建设工作，各市都出台了一些食品管理的法规条例。如大连、抚顺、本溪等地出台的酒类产品管理暂行办法，对规范生产及市场秩序起到了积极的作用。

为推动科技进步工作，省食品办、省食品工业协会开展了2000年度辽宁省食品工业科技进步先进企业、优秀项目、先进工作者推荐表彰工作，共有91个先进企业、42个优秀项目、105名先进个人获得了表彰。

在政府指导与协调下，广大食品企业的市场观念进一步增强，把握市场机遇和面对多变市场适时应变的能力有所增强。如沈阳乳业集团抓住农业部在全国推广学生奶，沈阳作为试点城市这一有利契机，调整产品结构，积极开拓学生奶等乳品市场，不仅使企业实现快速发展，同时也带动了沈阳乳品行业的整体发展，一跃成为沈阳食品工业增幅最大的行业之一。

根据国家技术监督局对实施白酒生产许可证发放的有关工作的要求，辽宁省2000年下半年着手开展相关工作，共派出5个小组对全省首批申报的150多户企业进行了审查并对产品抽样检查。

根据国家和省有关工作部署和行业具体情况，辽宁省食品工业办公室认真总结“九五”期间食品工业发展情况，充分吸取和借鉴其他地区的成功经验，广泛征求专家的意见，完成了食品行业“十五”及2010年发展规划（草稿）的编制工作，确定了行业发展的具体思路、指导方针、发展目标和具体政策措施。

2000年，辽宁省食品工业招商引资和对外交流工作有了新突破。港、台、日、韩、美一直是辽宁外资引进的主要地区，2000年，辽宁食品工业把对欧洲的招商引资工作作为重点，邀请德国巴符州同仁对辽宁食品工业进行考察，继而，组织部分重点企业赴德国进行了考察招商。通过请进来、走出去，增进了彼此的友谊，扩大了交流，为今后进一步做好与德国友好省州间的合资合作奠定了基础。辽宁省食品工业协会还与香港食品协会进行了接触和交流。

2000年，辽宁省食品工业协会各专业协会根据各自行业特点开展了形式多样的培训、考评活动。为提高白酒品评、化验人员的水平，邀请国家著名白酒专家对省级白酒评酒员进行集中强化培训，并推荐优秀人员参加国家白酒评委的考评，共有10人被聘为国家级白酒评委，1人获得国家白酒评委资格。受国家职业培训中心的委托，组织开展全省白酒化验员培训班，对42名学员进行集中培训考核，并颁发了国家从业人员职业资格高、中、初级证书，强化了化验人员的队伍建设，也为重点白酒企业接受许可证审查打下了基础。啤酒协会对2000年国家啤酒评酒委员参考人员进行了针对性的集训，除对考试所需的理论方面进行复习外，重点对啤酒的基本口味、风味物质鉴别、啤酒浓度梯度排序、啤酒实物品评等方面进行了多次演练，确保参考的6名人员全部通过，被评为2000届国家级啤酒评酒委员和资格委员。在组织企业参加国家调味品培训班活动中，有2人被聘为国家评委，在参加中国食协组织的ISO 9000质量体系认证内审员培训班上，5人获得质量体系认证内审员资格。食用菌专业协会承办了全国食用菌会议，辽宁省食用菌专业协会1人当选中国食用菌协会副会长，2个县被列为全国食用菌生产大县。

【c. 食品加工业及食品制造业】 2000年，越来越多社会零散资金的加入，各类食品加工制造小型厂点不断兴起和壮大，行业发展呈现繁荣的局面；国有或国有控股企业扭亏形势继续好转，其骨干作用和发展优势进一步巩固和提高。全省数千户各类食品加工企业，2000年完成工业总产值占食品工业的比重为60%左右，仍远高于全国的水平；该行业企业普遍的技术含量不高、深加工、精加工能力不强的问题也还较为突出。

粮食及植物油加工。辽宁有各类粮油加工企业近千家，2000年共完成粮食加工总量265万多吨，植物油加工40多万吨。国有粮油加工企业的主渠道和骨干作用进一步稳固并有所提高。沈阳香雪、宝船、佳玉等面粉生产企业，开发多品种营养、强化、专业面粉和营养、复合挂面产品，继续稳固周边市场并收到良好的效益，成为消费者信赖的品牌；浑河面粉、东首面粉、抚顺大豆油等在地方颇具名气的辽宁名优食品老品牌，也在各自覆盖的市场上继续得到壮大。在辽宁粮油制品市场，单纯依靠价格优势的产品不再受欢迎，而质量上乘、价格合理的地产名优产品成为主导。

肉类加工。通过实施定点屠宰工作，较好地保证了市场鲜肉的质量，从而也给了肉类加工在原料方面的保障，特别是沈阳等中心城市从屠宰到运输实施了封闭式传输方式，较好地保证了居民吃上“放心肉”。随着饲料原料价格的普遍下降和饲养专业户的稳定发展，肉类生产的原料成本也有了较大的降低，肉类生产企业效益状况呈现较好的趋势。2000年，辽宁各种肉类产品加工总量24万吨左右，沈阳的重工、克拉古斯，大连的安记、诚信，辽阳的君喜、春鸟，盘锦的宋房，朝阳的柏慧燕都等名优肉食产品，继续较为稳固地占有本地市场。生产许可证管理制度的实施，规范了各地中小型加工企业的发展，基本上保障了生产领域的有序化和市场销售产品的质量。

水产品加工。2000年，辽宁各类水产品加工完成总量72万多吨，比上年略有增加。随着人们生活水平的提高、冷藏水平的提高、交通运输的日益发达，鲜活水产品消费量增加较快，水产品出口形势稳定。休渔封海措施的实施和水产养殖技术的发展，保证了行业的稳步发展。企业对提高产品加工深度、科技含量等方面的工作更为重视，产品附加值有所提高。

乳制品。以鲜奶为主，适合不同消费群体需求的产品系列不断丰富，加锌、加钙、高纯度牛奶生产稳定，包装装潢和产品档次提高明显，受到居民的信赖。据统计，2000年辽宁乳品生产总量在28万吨左右，其中奶粉2400多吨。乳品工业有向集团化发展趋势。

罐头食品。水产、水果、肉类、蔬菜、食用菌等是辽宁罐头的主要品种，企业对质量工作日益重视，产品质量和包装装潢提高显著，2000年全省罐头总产量在5万吨左右，产品主要面对国内市场，外销比重在10%左右。部分罐头企业外向型发展迅速，大连理想食品有限公司的水果、食用菌、禽蛋及水产罐头产量达到5000多吨，产品80%左右销往西欧、东南亚市场。

味精。沈阳红梅味精是骨干生产企业，其产量占全省产量的95%左右。为了充分发挥名牌效益，沈阳市政府以沈阳味精厂为龙头组建了红梅集团，集团以味精为主，广泛涉足调味品、酿酒、包装等行业，形成以味精为主导产品的发酵制品生产链，成为较大的综合性食品企业集团。2000年，味精产量近3万吨。

调味品。2000年，辽宁酱油、醋生产形势比较稳定，质量稳步提高，产量继续保持21万吨左右的水平，沈阳自力酿造公司、沈阳青花酿造公司、沈阳市酱油总厂、沈阳老王头调料、大连棒槌岛集团副食公司、鞍山味邦集团、朝阳喀左陈醋厂等骨干企业的产品，市场占有率在80%左右。营口大酱继续畅销东三省。

方便食品和速冻食品。年产量在16万吨左右。康师傅、统一、华丰等品牌是辽宁方便面市场的主导产品；速冻食品主要是民间资金投入设立的初具规模的企业，沈阳老边、大连群英楼饺子已经摆上居民家庭餐桌，沈阳鹏顺、沈阳宋家、大连三叶的速冻食品等方便食品也进一步发展壮大，并加入"放心食品"工程。

【d. 啤酒制造业】 2000年，辽宁省啤酒总产量146.5万吨，比上年增长3.68%；工业总产值19.1亿元，持平；销售收入24.6亿元，增长6.11%；税利总额8.5亿元，增长13.69%；实现利润2.6亿元，增长41.16%。31个企业中有19个盈利或持平，12个亏损，亏损面38.7%。

辽宁啤酒企业加强经营管理，提高产品质量，完善产品品种结构，建立健全服务体系，扩大产品知名度和市场占有率，通过以经济效益为中心挖潜增效，实现了产量与效益同步增长，且效益增长幅度远高于产量、产值的增长幅度。2000年，全省啤酒总损失率最低达到3.9%，最高为10.09%，平均为6.07%，比上年降低0.39个百分点，按全年总产量计算共节约啤酒液5668吨；啤酒粮耗最低140千克/吨，最高196.63千克/吨，平均174.34千克/吨，比上年每吨酒增加2.29千克/粮，按全年产量计算共多消耗粮3328吨；啤酒耗煤最低32千克/吨，最高229.06千克/吨，平均104.79千克/吨，比上年每吨酒降低11.49千克标煤，全年节煤6680吨；啤酒耗电最低54.89千瓦时/吨，最高215.69千瓦时/吨，平均89.34千瓦时/吨，比上年每吨酒节电4.75千瓦时，共节约用电690万千瓦时；啤酒耗水最低6.08吨/吨，最高21吨/吨，平均10.26吨/吨，比上年每吨酒节约水1.46吨，按全年产量计算共节约用水212万吨。

2000年，辽宁啤酒企业经过几年来的探索和整合，逐步建立起市场经济的运行机制，以市场为龙头，向市场要效益，努力开拓市场，扩大宣传品牌，以优质啤酒取胜，开发高附加值、新装璜、新包装的新品种，突出支柱产品并完善产品结构，形成系列化、规模化扩大市场占有率成为趋势，啤酒行业经济运行质量与效益全面提高。如华润啤酒集团成功兼并收购省内3家啤酒企业，2000年总产量达到68万多吨，占全省总产量的46.7%；实现利润22804万元，占全行业利润的86.4%。

【e. 白酒制造业】 2000年，全省白酒产量33.2万吨，销售收入18.1亿元，其中重点企业完成税利2亿元，利润3541万元。规模以上企业产量为18.15万吨，占全省的55%。

一些重点白酒企业通过转换机制、优化结构、科技创新，在生产经营上取得新的突破。如沈阳老龙口酒厂经过调整后，2000年产量突破万吨，销售收入超亿元。但企业并没有满足现状，努力招商引资，与新加坡天江公司合资组建沈阳天江老龙口酿造有限公司，给具有338年历史的老龙口酒厂注入新的生机与活力。朝阳酒厂坚持依靠科技进步，振兴凌塔酒业的长期发展战略。为推动科技工作的持久开展，把每年4月17日作为凌塔酒业科技日，并邀请著名酿酒专家、学者为企业发展献技献策，为新产品作鉴定。2000年开发的纯净酒就是通过第16个科技日推出的，产品研制成功后受到专家的好评，被消费者称为健康酒。

辽宁省食品工业办公室与白酒工业协会联合对全省32户重点白酒生产企业和3个白酒中小生产厂点较为集中的地区进行了调查。对调查中发现的问题诸如：小酒厂泛滥、质量不稳定、条件简陋、存在不容忽视的质量隐患、税源流失较多、税赋严重不平衡等，向政府有关部门和领导进行了情况反映，受到有关部门的高度重视。

【f. 果酒制造业】 近年来，辽宁果酒制造业已经摆脱了80年代末、90年代初以来的低靡状态，出现抬头发展趋势，一批新型企业投入生产，并逐步发展壮大起来。

2000年，全省果酒产量8900吨。在果酒消费水平不高的情况下，虽然产量略有下降，但企业运行质量有所提高。企业加强了对市场的研究工作，以期实现力量的积蓄，实现长远的发展。

辽宁省主要果酒企业情况一览表

企业名称	注册商标	产品名称	生产能力（吨）	2000年产量（吨）
沈阳天江老龙口酿造有限公司（中外合资）	老龙口、三杯、宫廷	山楂酒、干红、干白葡萄酒	4000	100
中外合资沈阳哈德酒业有限公司	哈德	葡萄酒	1000	50
大连龙泉股份有限公司龙泉酒厂	龙泉	山枣蜜、黄酒	5000	1400
大连长兴葡萄酒有限公司（合资）	长兴岛	葡萄酒	2000	260
大连北方酿酒有限公司	虎威	葡萄酒	6000	1900
新宾满族自治县东星葡萄酒有限公司	东星	山葡萄酒	1700	570
辽宁五女山米兰酒业有限公司	五女山	冰酒、葡萄酒	3100	680
熊岳果酒厂	果乡	葡萄酒、苹果酒	6000	400
阜新三沟酒业有限责任公司	三沟	葡萄酒	10000	1000
辽宁亚洲红葡萄有限公司	中邑	干、甜红葡萄酒	5000	1300
葫芦岛虹螺酒业有限责任公司	虹螺山	葡萄酒	1200	400

【g. 软饮料制造业】 2000年，辽宁省饮料工业总体运行平稳，软饮料总产量为75万吨，比上年增长7%。沈阳麦金利、本溪野山力、营口鲁冰花等少数企业继续保持较快的发展速度，而一些几年前曾勇挑“北水南调”重担的企业由于决策、管理、营销等原因市场占有率大幅下降；碳酸饮料中“两乐”经济效益增幅较大，而其他碳酸饮料企业生产逐步萎缩，市场生存空间更加狭小，只能勉强在低档产品中争取一点市场份额；瓶装水行业继续保持超常规发展，同“两乐”一起支撑起辽宁软饮料行业的半壁江山，特别是大桶水市场占有率高达90%以上，产品质量和售后服务已成为企业竞争的核心，东北虎、八王寺等品牌经过几年的发展已牢牢地控制了市场的主动地位；冷饮行业以沈阳德氏、辽阳雅朝、大连冰凌花等优势冷饮企业通过不断推陈出新和加大营销力度，市场占有率节节高升，并逐步拓展到省外市场。

【h. 名优产品】 大力推进名优产品的创立，是辽宁省食品工业管理的重要工作内容之一。各相关部门从多方面扶持、支持企业开展名牌产品创建工作。辽宁盘锦鹤乡酒业集团的营养型鹤乡王白酒被中国食品工业协会确定为跨世纪中国名牌产品；数十种辽宁名优食品在各类展销、推荐活动中获得荣誉称号。为了更好树立辽宁名优产品的形象，辽宁省食品工业协会与辽宁省消费者协会联合开展了“放心名优食品”推介活动，精选了全省70多种产品，命名了一批放心名优食品。

注册商标	产品名称	生产企业
凯龙	11°凯龙干啤	大连华润啤酒有限公司
黑狮	12°黑狮啤酒	大连华润啤酒有限公司
华丹	11°华丹啤酒	大连华润啤酒有限公司
虎威	虎威葡萄酒	大连北方酿酒有限公司
长兴岛	大连长兴干红葡萄酒	大连长兴葡萄酒有限公司
林家铺子	糖水黄桃罐头	中外合资大连理想食品有限公司

远洋	烤鱼片	辽宁省大连海洋渔业集团公司鱼品加工厂
百家	鱼丸	大连百佳食品有限公司
金龙	消毒鲜牛奶	大连乳制品厂
佳福	果块酸牛奶	大连乳制品厂
奥乐	加锌牛奶	大连渤海乳品厂
奥乐	消毒鲜牛奶	大连渤海乳品厂
昊杨	超高温鲜牛奶	大连昊杨食品厂
昊杨	双歧酸奶	大连昊杨食品厂
大黑山	天然矿泉水	大连松源矿泉饮料有限公司
智慧	天然矿泉水	大连盛世矿泉饮品有限公司
三叶	速冻水饺	大连面包厂
三叶	主食馒头	大连面包厂
共庆园	速冻馄饨	大连共庆园餐饮有限公司
爱玛	面包	大连爱玛食品有限公司
先达	面包	大连先达食品有限公司
港晨	蛋切片面包	大连港晨食品厂
虎滩	棒棰岛速冻水饺	大连棒棰岛食品厂
心心	豆果子食品	大连平和食品有限公司
港晨	老婆饼	大连港晨食品厂
港晨	蛋糕	大连港晨食品厂
雄杰	豆果子	大连雄杰食品有限公司
华农	大豆磷脂胶囊	大连华农集团有限责任公司
诚信	盐水火腿	大连诚信食品有限公司
铭良	烤肠	大连铭良食品有限公司
铭良	台湾风味肠	大连铭良食品有限公司
础明	香肠	大连明兴畜产有限公司
安大妈	烤肠	大连安记食品有限公司
海康	肥牛肠	大连海康食品有限公司
瑞德	瑞德啤酒	鞍山华润啤酒有限公司
味邦	蛋白奶	鞍山市味邦饮品有限公司
姚世	风味调味品	鞍山经济开发区特种调味品厂
银禾	大米	鞍山市第三粮库
圣驼山	天然矿物质水	鞍山市信达信息技术网络服务有限公司圣驼山饮用水分公司
力久	雄蛾王酒	鞍山市龙乡酒业有限公司
驼峰泉	驼峰泉酒	岫岩满族自治县酿造有限责任公司
千台春	特酿白酒	抚顺千台春酿酒有限公司
天湖	天湖啤酒	抚顺天湖啤酒有限公司
佳佳旺	碳酸饮料	抚顺佳佳旺饮品有限公司
东霞	酱油王	抚顺东霞调味品有限责任公司
怡香	酱油	抚顺市宏润调味品厂
罕王	白醋	新宾满族自治县南杂木醋精厂
奥思特	御膳大果	抚顺市奥思特冷食品有限责任公司
雅继	精干 1 号丁香肉肠	抚顺市建设商场熟食加工厂

天达	蜂蜜	营口市天达蜂业有限公司
营口	蛋糕	营口市饼干厂
千山	千山酒	辽阳千山酒厂
磨齐山	铧子佳酿	灯塔市铧子酒厂
辽福	面粉	辽阳市辽化粮谷加工厂
新宇	酱油	辽阳刘二堡宏达食品酿造厂
丰参红宝	巴氏杀菌乳	辽化后勤物业公司乳制品厂
仙桥	豆神鲜干酱	铁岭市金桥调味食品酿造厂
金宝力	干啤酒	朝阳市啤酒厂
松林	啤酒	建平松林集团公司
三宝海丰	糕点	北票市海丰食品有限公司
周忠和	月饼	北票市盛达食品有限公司
宏凤	肉鸡	北票市宏发食品有限公司
柏慧燕都	六号肠	朝阳市燕都肉食加工厂
喜加喜	大甜杏仁奶	凌源市食品饮料总厂
利洲	陈醋	喀喇沁左翼蒙古族自治县大城子镇醋厂
春阳	酱油	朝阳市春阳调味品有限公司
盘锦	盘锦佳酿	盘锦市盘山酒业有限责任公司
锦鹤	易拉罐鹤乡王酒	盘锦鹤乡酒业集团有限公司
康海	宴王特酿酒	盘锦大米王酒业有限公司
古潜山	天然优质矿泉水	盘锦古潜山矿泉水有限公司
源源	全脂甜奶粉	辽宁源源绿色乳业集团乳品厂
中大	速冻水饺	盘锦中大食品有限公司
三兴	纯豆大酱	盘锦渤海调味品厂
绿洋村	酱之宝	盘锦绿洋村食品有限公司

【i.“九五”回顾】　辽宁省委、省政府明确指出“九五”期间要把食品工业做为一个重要产业，以“北水南调”为突破口，充分发挥辽宁资源多、基础好、市场大的优势，坚持“两高一深”的方针，开拓两个市场，生产营养、保健、安全、卫生的产品，内联外引，实施名牌战略，建设规模经济，振兴辽宁食品工业。2000年，全省食品工业总产值完成348亿元，比1995年增长84%，年均增长16.8%；实现税利26.8亿元，比1995年增长35%，年均增长7%；国有企业扭亏或增效明显，乡镇企业异军突起，私营企业蓬勃发展。食品工业主要产品产量均有相应的增长，啤酒产量在全国同行业位居第2，软饮料位居第6，水产加工位居第6。

1.“九五”主要行业发展概况

白酒行业。“九五”期间辽宁省白酒行业按照控制总量，调整产品结构，提高质量，降低粮耗、能耗，发展高、新营养型酒，改造传统产业，逐步实现普通酒向优质酒转变，高度酒向低度酒转变，蒸馏酒向酿造酒转变，发展了营养型白酒，走以制酒为主，综合发展的路子。自1997年全行业实现扭亏为盈后，始终保持稳定发展，“九五”期间，累计实现税金12.5亿元。全行业按照“北水南调”工程要求，确定守好家门，占领辽宁，开拓“三北”，面向全国的战略方针。据不完全统计，省内白酒在本地区占有率已达70%以上。按“北水南调”分两步走的总体安排，第一步先占领省内市场的目标已基本实现，总体上结束了外埠酒在辽宁唱主角的局面。

啤酒行业。作为辽宁省食品工业重要行业的啤酒工业，是80年代后逐步发展壮大起来的。经过近20年的改造发展，在能力规模、品种、质量、企业经营管理、技术进步、经济效益等方面都取得了很大的进步，创造出良好的综合效益，为满足市场消费需求，为实现辽宁食品工业“九五”发展目标起到了积极的推进作用。截止2000年底，全行业已形成年生产能力230万吨，有效能力达到95%以上，当年产量146.5万吨，实现税利8.5亿元，利润2.6亿元，销售收入24.6亿元。“九五”确定的各项指标除总产量外，均提前完成。其主要特点是：

规模经营成为趋势，结构趋于合理。2000年，啤酒实际产量超10万吨的企业2个，5万吨～10万吨的企业10个，这些企业总产量达到130多万吨，占全省总产量的88.8%，比1995年提高了42个百分点。在市场的整合中，企业数量也由1995年的46个减少到31个，行业布局日趋合理。在31户企业中，4户为中外合资企业、1户为外商独资企业、5户为股份制企业、13户为民营企业、8户为国有和集体企业。

效益明显提高，行业综合能力不断增强。与1999年相比，2000年产量提高3.68%，而税利总额上升13.7%；与1995年相比，产量增长了32.1%，年均增速为5.7%，而税利总额增长70.88%，年均增幅为11.3%；利润增加1.51亿元，增长了1.4倍。吨酒税利大幅提高，人均实现税利逐年上升。2000年，吨酒实现税利580.1元，比1999年的529.0元增加了51.1元，比1995年的448.5元增加了131.7元，增幅为30.7%；其中2000年吨酒利润为183.0元，比1995年的100.7元增长了81.7%。2000年，行业职工人数比1995年减少了21.6%，行业人均完成税利4.86万元，比1999年净增1.24万元，增长幅度为34.2%，比1995年增长了117%。“九五”期间，人员减少了21.6%、产量增长了32.1%、人均税利增长117%，实现了减员增效，行业已经走上了良性循环的发展轨道。基本完成了“九五”计划确定的“不求最大，但求最佳”的原则目标。

企业对市场营销、品牌经营工作更为重视，高中低档、多品位和产品开发储备的产品结构逐步形成，并成为行业持续稳定发展的有效保证。

地产啤酒市场覆盖率稳定增长，成为消费市场的主导品种。

果酒行业。全省现有一定规模正常生产的果酒企业20余户，总体生产能力在4万吨以上，但多采取季节性生产为主的方式，实际年产量在8000吨左右。较大的企业有辽宁亚洲红酿酒有限公司、沈阳天江老龙口酿造有限公司（控股原沈阳酿酒厂股份）、大连北方酿酒有限公司、大连长兴醉酒有限公司、熊岳果酒厂、本溪五女山酿酒有限公司等10余家，产量占全省总量的70%以上。

软饮料行业。“九五”期间发展较快，尤其是瓶装水行业，年产量已超过15万吨。坚持适度增加总量、扶优限劣、实行规模经营、开拓两个市场、发展优质名牌产品的方针，充分利用辽宁水果、野果、蔬菜、矿泉水等资源，大力发展了果汁型、果蔬型、植物蛋白饮料和瓶（罐）饮用水。坚持技术创新，应用高新技术改造传统软饮料工业。通过企业的技术改造和兼并、联合等措施，合理配置生产要素，盘活存量资产，壮大优秀企业的实力。“九五”期间，省委、省政府提出实施“北水南调”工程以来，饮料企业普遍提高了市场竞争意识与宣传意识，产品种类、外包装等方面有了很大提高。

粮油加工业。“九五”期间正值粮食流通体制改革，粮油市场全面放开之际，企业面临变化、竞争的市场和“挑剔”的消费需求，经过一段“痛苦”的调整后到1997年，连续5年滑坡的不利局面得到一定程度的扭转，国有粮油加工企业的主渠道和骨干作用有所稳固和提高，企业由粗放的单一产品生产向精细化、系列化、多品种、小包装方向发展，以多层次的营销策略切入市场，在自我完善、自我发展方面走出了一条新路。另外，全省各地开展的声势浩大的“放心食品”工程，对整顿粮油市场、扶优限劣起到积极推动作用。在1998年全省的面粉质量抽检活动中，地产品合格率达到90%以上，远远高于外埠产品不足60%的合格率，从而基本结束了外埠面粉以低价涌入辽宁市场的局面，地产粮油产品成为辽宁市场的主角。

肉类加工业。辽宁的屠宰及肉类加工业，吸收各种成分形成分布点较多的局面，并具有了相当的整体规模。2000年，全省各种肉类产品加工总量20万吨以上，辽沈市场中原“六大”肉食铺天盖地的局面已成为历史，沈阳的重工、克拉古斯，大连的安记、诚信，辽阳的君喜、春鸟，盘锦的宋房，朝阳的柏慧燕都等名优肉食产品，分别占有了本地70%～90%的市场。同时，“九五”期间，各市根据自身情况实行了生猪的定点屠宰和对肉灌制品行业实施生产许可证管理制度，基本上保障了生产领域的有序化和市场销售产品的质量。截止2000年，各类持证的肉灌制品生产企业已达242家，成为辽宁肉制品行业的主导力量。

乳品行业。“九五”期间，辽宁乳制品业发展取得长足进步。据初步统计，2000年，乳品生产总量28万吨，其中奶粉2400多吨，较“八五”有了较大的增长。随着散奶销售行为被取缔和消费水平、保健意识的提高，乳品行业正面临难得的发展机遇。但对辽宁乳品行业来讲，其尚处在一个较低的发展阶段，加大投入、扩大品种并形成系列，提高产品附加值是辽宁乳品加工业面临的课题与挑战。

调味品。“九五”期间，辽宁酱油、醋已经保证了二级以上的产品上市，年产量在21万吨以上，国有副食品市场占有率在80%以上，地方产品的良好质量和信誉，越来越为辽沈消费者接受和信赖。生产企业顺应市场加大高档、高附加值产品的生产，力争在高档调味品上与关外老字号一争高下。而大酱类产品由于口味原因，一直为地产品所垄断，营口、铁岭、辽阳等地的知名企业已经形成整体规模，营口大酱在黑龙江、吉林等地热销不减。味精行业，红梅集团通过形象设计、改善包装装潢和整体宣传，推陈出新，味精产量超过2万吨，产品远销全国各地，并在北京等地超级商场同类产品销售排行中占据首位。

水产品加工。“九五”期间，水产品加工稳步发展，冷藏链已经基本形成，产品在北方市场形成与江浙、山东产品抗衡的局面，特别是大连远洋水产系列制品，在干制品稳固占领市场份额的前提下，根据市场消费变化趋势，推出冷冻方便的水产系列产品，发展势头良好，其中高档制品在超级市场和综合商场行销状况良好。

2. 行业改造与投资情况

1996年～2000年，辽宁省食品工业行业完成国家食品专项项目20个，投资9780万元，其中专项贷款额度7090万元，企业自筹2690万元；省“4亿技改基金”完成项目25个，投资额28741万元，其中：“4亿”贷款17380万元，企业自筹11361万元；农业产业化项目完成技改和基本建设项目8个，投资14088万元，其中农发行、开发行贷款9419万元，企业自筹4669万元。“九五”期间食品技术改造项目总计53个，完成投资52609万元，其中：贷款33889万元，企业自筹18720万元；重点对软饮料、肉食加工行业进行了改进，通过大力扶持优势企业发展，提高市场竞争能力，为形成大型企业集团提供了有力的保障。据粗略统计，“九五”期间，辽宁省食品工业实际利用外资2亿多美元，吸引了美国可口可乐、香港华润、台湾益华、韩国农心等境外企业来辽建厂投资。为加强对外交流，多次组织企业远赴北美、欧洲、东南亚等地考察，同时也邀请国外食品企业对辽宁省进行实地考察。

3. “十五”展望

到“十五”末期，全省食品工业将实现以下主要目标：

总产值500亿元，年均增长8.7%，销售收入700亿元，实现税利45亿元，出口创汇15亿美元。

初级产品与深加工产品的比重由目前的8:2调整到5:5；骨干企业产品产量的比重达到80%以上；省以上优质产品率达到40%以上；新产品和高科技产品的产值率达到25%以上。

重点企业的主要技术装备争取20%达到国际90年代初期水平，30%达到国际80年代水平，50%达到国内先进水平，万元产值综合能耗水平降低2%。

各类技术人员占全部职工人数的比重由目前的3.1%提高到8.0%。

城乡居民的食物结构进一步科学化、营养化、方便化，人均日主要营养素供给量不断提高，工业化食品的比重由目前的35%增长到50%。

【j. 著名企业】　沈阳天江老龙口酿造有限公司。前身是具有300多年酿酒历史的沈阳老龙口酒厂，1999年10月与新加坡T&G公司合资组建现企业，该企业着力发扬光大老龙口品牌，以期为辽宁白酒的振兴与发展再创佳绩。企业主导产品老龙口牌陈酿、龙玺酒，多次荣获省名牌称号。为此，运行新机制后的企业首先强化管理团队，致力建设好企业各级领导班子，采取有效办法以优化结构、注重绩效为原则重新调整和配备班子，强化现代企业经营管理意识，提倡奉献和拼搏进取的精神；其次以深化市场开发、完善激励机制促进销售收入的稳步增长，提出“销售围着市场转，生产瞄着市场干，思想观念、工作方式随着市场变”的观点，并调整营销策略和激励机制，充分调动和发挥员工的积极性，扩大老龙口品牌的知名度；三是强力推进产品的升级换代，加大产品开发力度，寻求新的效益增长点；四是深化改革，重组资产，盘活存量，以存量扩增量，壮大企业实力。通过努力，2000年，企业实现生产总量1.15万吨，同比增长34.2%，销售收入超亿元，增长43.3%，当年扭转了经营不利状态并实现利润200多万元，创造了近10年来的最好成绩，企业再度成为全省行业排头兵。

（王　苹　郭建国　许智超）

辽宁省食品工业分行业职工人数

单位：万人

行　业	1990年	1995年	1996年	1997年	1998年	1999年	2000年
全省工业合计	563.61	591.42	592.82	551.89	355.22	312.33	295.18
食品加工业	7.59	11.58	11.62	11.57	8.79	7.47	7.09
食品制造业	8.64	7.19	6.00	6.37	4.02	3.12	2.89
饮料制造业	6.62	7.14	6.59	6.04	3.85	3.62	3.32
烟草加工业	0.61	0.63	0.62	0.18	0.29	0.39	0.38

2000年辽宁省规模以上食品工业企业主要经济指标

单位：亿元

指　标	全省工业总计	食品加工业	食品制造业	饮料制造业	烟草加工业
企业单位数（个）	6017	411	157	118	5
工业总产值（当年价）	4249.5	171.2	40.4	46.2	6.9
工业增加值	1193.3	33.1	11.4	18.2	3.1
实收资本	2056.6	38.2	18.8	23.5	3.9
资产总计	7771.3	127.4	62.3	85.6	15.0
流动资产合计	3155.9	63.6	25.6	33.8	7.2
流动资产年平均余额	2958.5	61.5	24.0	30.7	8.2
固定资产合计	3912.0	52.3	32.3	43.7	7.4
固定资产净值年平均余额	3449.1	51.5	31.4	40.0	6.6
负债合计	4698.5	94.0	37.4	54.9	9.4
流动负债合计	3220.9	78.4	25.0	39.1	7.6
长期负债合计	1454.4	15.4	12.3	15.5	1.8
所有者权益	3066.3	33.4	24.9	30.8	5.5
产品销售收入	4311.9	161.5	38.6	44.6	7.1
产品销售成本	3623.5	149.6	30.6	27.9	4.6
产品销售税金及附加	65.4	0.6	0.1	4.1	2.0
产品销售利润	501.2	6.1	4.3	8.9	0.4
利润总额	176.2	-0.3	1.5	4.1	
本年应交增值税	190.4	2.0	1.9	3.5	0.6
税利总额	432.1	2.3	3.6	11.7	2.5

2000年辽宁省规模以上食品工业企业主要经济效益指标

指　标	食品工业	食品加工业	食品制造业	饮料制造业	烟草加工业
工业增加值率（%）	24.32	18.33	25.33	33.91	37.52
总资产贡献率（%）	7.08	3.48	7.45	15.18	18.58
资产负债率（%）	60.46	73.79	59.97	64.06	62.94
流动资产周转次数（次/年）	1.46	2.63	1.61	1.45	0.87
工业成本费用利润率（%）	4.27	-0.6	4.15	11.36	-0.21
全员劳动生产率（元/人·年）	31307	34202	36606	47094	76381
产品销售率（%）	97.79	97.26	101.30	94.13	95.16

2000 年辽宁省食品工业全部国有及国有控股企业主要经济指标　　单位：亿元

指　　标	全省总计	食品加工业	食品制造业	饮料制造业	烟草加工业
企业单位数（个）	2454	8	180	82	53
工业总产值（当年价）	2827.9	1.3	38.3	10.2	9.1
工业增加值	817.2	0.5	5.5	2.5	3.3
实收资本	1477.6	0.5	11.1	4.3	5.0
资产总计	6028.6	0.8	52.0	21.0	28.3
流动资产合计	2332.2	26.9	8.7	10.5	7.2
流动资产年平均余额	2183.5	26.3	8.0	9.7	8.2
固定资产合计	3222.2	20.4	10.6	14.2	7.4
固定资产净值年平均余额	2813.4	19.2	9.9	12.5	6.6
负债合计	3701.2	44.3	14.9	22.7	9.4
流动负债合计	2421.7	39.1	10.4	16.1	7.6
长期负债合计	1273.4	5.2	4.5	6.6	1.8
所有者权益	2374.9	7.6	6.1	5.6	5.5
产品销售收入	2983.2	36.0	10.0	8.1	7.1
产品销售成本	2519.5	32.7	7.6	5.0	4.6
产品销售税金及附加	55.4	0.1	0.1	1.3	2.0
产品销售利润	348.2	1.5	1.6	1.2	0.4
利润总额	114.3	−0.8	0.4	−0.3	
税利总额	312.8	−0.2	1.0	1.7	2.5
本年应交增值税	143.2	0.5	0.5	0.7	0.6

2000 年辽宁省食品工业“三资”企业主要经济指标　　单位：亿元

指　　标	全省总计	食品加工业	食品制造业	饮料制造业
企业单位数（个）	1060	114	39	18
工业总产值（当年价）	845.7	67.5	23.0	22.7
工业增加值	239.9	15.5	7.2	10.8
资产总计	1030.5	50.4	32.2	37.7
负债合计	541.8	34.5	16.3	18.4
所有者权益	488.7	16.0	15.9	19.3
产品销售收入	812.6	64.6	22.8	23.6
税利总额	81.1	0.5	2.3	7.1
本年应交增值税	29.4	0.5	1.2	2.0

辽宁省食品工业主要产品产量

产品名称	单位	1997年	1998年	1999年	2000年
原盐	万吨	306.6	190.9	282.2	275.9
糖	万吨	5.3	5.1	4.5	2.1
卷烟	万箱	40.5	41.8	33.2	23.00
罐头	吨	60305	41373	26935	29097
白酒	万吨	28.9	32.6	33.0	18.2
啤酒	万吨	128.7	129.1	144.3	149.7
味精	万吨	2.3	2.7	3.1	3.7
食用植物油	万吨	29.4	31.9	39.0	47.6

2000年辽宁省国民经济各行业按建设性质分的基本建设投资

单位：万元

行业	投资额	新建	扩建	改造
全省合计	4513693	2219712	1203483	782123
制造业	490920	185367	172977	48902
食品加工业	4074	1530	1373	589
食品制造业	10934	10777	-	89
饮料制造业	1983	1468	-	470
烟草加工业	500	-	-	-

2000年辽宁省国民经济各行业基本建设施工、投产项目个数

单位：个

行业	施工项目		全部建成投产项目	项目建成投产率（%）
		新开工		
全省合计	2113	1316	1239	58.6
制造业	244	137	132	54.1
食品加工业	11	10	6	54.5
食品制造业	13	7	8	61.5
饮料制造业	6	4	4	66.7
烟草加工业	1	1	1	100.0

2000年辽宁省国民经济各行业基本建设投资和新增固定资产

单位：万元

行业	投资额	新增固定资产	固定资产交付使用率（%）
全省总计	4513693	3656980	81.0
制造业	490920	487185	99.2
食品加工业	4074	2228	54.7
食品制造业	10934	7173	65.6
饮料制造业	1938	1788	92.3
烟草加工业	500	500	100.0

2000年辽宁省国民经济各行业按建设性质分的更新改造投资

单位：万元

行业	投资额	新建	扩建	改造
全省合计	2834431	118012	990998	1621028
制造业	1507316	93221	559210	814001
食品加工业	8207	11150	2272	3785
食品制造业	8786	1189	6673	193
饮料制造业	28800	3623	21310	3657
烟草加工业	1853	-	-	1853

2000年辽宁省国民经济各行业更新改造施工、投产项目个数

单位：个

行业	施工项目		全部建成投产项目	项目建成投产率（%）
		新开工		
全省合计	3592	2553	1884	52.5
制造业	920	657	567	61.6
食品加工业	13	10	13	100.0
食品制造业	13	10	10	76.9
饮料制造业	24	17	17	70.8
烟草加工业	11	5	6	54.5

2000年辽宁省国民经济各行业更新改造投资和新增固定资产

单位：万元

行业	投资额	新增固定资产	固定资产交付使用率（%）
全省合计	2834431	2438000	86.0
制造业	1507316	1334255	88.5
食品加工业	8207	9173	111.8
食品制造业	8786	10948	124.6
饮料制造业	28800	23484	81.5
烟草加工业	1853	3086	166.5

2000年辽宁省居民消费价格指数

（上年=100）

项　　目	全　省	城　市	农　村
总指数	99.9	100.0	99.7
食品	97.7	97.9	97.6
粮食	88.9	88.6	90.2
淀粉及薯类	102.2	102.0	102.7
干豆类及豆制品	106.4	105.6	108.8
油脂类	81.4	80.2	84.5
肉禽及其制品	100.3	100.1	101.4
蛋类	83.8	83.9	83.4
水产品类	107.4	108.7	103.2
菜类	106.7	106.7	106.5

续表

项　　目	全　省	城　市	农　村
鲜菜	106.4	106.4	106.2
干菜	114.6	116.4	111.3
调味品	101.5	101.3	103.4
糖类	103.2	104.8	100.7
烟草类	93.4	92.4	95.7
酒和饮料	100.2	99.8	101.2
干鲜瓜果类	92.8	91.9	97.1
糕点类	99.7	100.3	98.4
奶及奶制品	99.4	99.0	104.6
其他食品	96.7	94.4	98.2
饮食业	99.9	99.9	99.9

2000年辽宁省城镇居民家庭人均全年生活费支出及构成

（按可支配收入等级分组）

指　　标	总平均	最低收入户	困难户	低收入户	中等偏下户	中等收入户	中等偏上户	高收入户	最高收入户
生活费支出（元）	4356.06	2184.38	1948.97	2931.25	3323.08	4123.38	5135.60	6470.47	7997.08
食品	1772.14	1110.05	999.12	1335.34	1553.39	1807.83	2009.84	2274.19	2549.23
粮食	196.85	182.97	178.86	187.10	195.61	200.64	200.29	202.22	207.47
油脂类	56.98	55.88	54.64	57.50	58.21	61.02	54.70	53.30	54.25
肉禽及制品	358.65	220.46	194.45	266.46	314.29	381.62	421.95	434.19	482.91
蛋类	65.42	54.14	51.02	58.02	61.57	68.99	72.01	68.74	71.85
水产品类	130.94	64.59	55.72	86.05	107.46	139.48	159.37	178.69	194.72
菜类	241.85	178.54	166.35	198.22	224.46	249.39	264.98	282.14	307.40
烟草类	96.93	49.00	43.58	79.74	90.83	101.31	105.84	114.66	145.69
酒和饮料	107.44	50.93	46.64	73.61	94.81	115.40	125.16	151.99	146.85
生活费支出构成（%）	100.00	100.00	100.00	100.00	100.00	100.00	100.00	100.00	100.00
食品	40.68	50.82	51.26	45.56	46.75	43.84	39.14	35.15	31.88
粮食	4.52	8.38	9.18	6.38	5.89	4.87	3.90	3.13	2.59

2000年辽宁省城镇居民家庭人均购买的主要食品类商品数量

（按可支配收入等级分组）　　单位：千克

品名及单位	总平均	最低收入户	困难户	低收入户	中等偏下户	中等收入户	中等偏上户	高收入户	最高收入户
粮食	90.2	92.3	92.29	90.1	92.0	92.9	88.3	87.5	83.9
鲜菜	167.6	145.2	143.2	153.9	162.7	169.5	176.2	178.8	189.9
油脂类	8.9	9.1	8.9	9.2	9.2	9.4	8.3	8.0	8.0
猪肉	17.4	12.5	11.1	14.1	15.1	18.5	19.8	18.8	22.5
牛羊肉	4.9	3.3	3.1	3.8	4.5	5.3	5.7	6.0	5.4
白条鸡	3.0	1.8	1.6	2.5	3.0	3.4	3.3	3.2	3.7
鸡蛋	14.4	12.8	12.0	13.2	13.9	15.2	15.5	14.5	15.2
食糖	1.3	1.1	0.9	1.2	1.3	1.3	1.4	1.4	1.4
卷烟	34.2	23.8	21.8	35.4	36.0	36.0	33.4	35.0	38.0
酒	16.5	8.7	8.2	13.3	16.3	19.1	17.8	21.5	16.5

2000年辽宁省主要农牧渔业生产情况

指标	单位	1995年	1999年	2000年
农产品产量				
粮食	万吨	1423.5	1648.8	1140.0
谷物	万吨	1311.5	1560.9	1026.2
稻谷	万吨	255.3	415.8	375.5
小麦	万吨	63.3	59.2	35.4
玉米	万吨	804.5	988.3	547.9
豆类	万吨	40.3	41.6	50.1
薯类	万吨	35.9	51.0	61.5
油料	吨	197717	197797	295527
花生	吨	162764	166326	256249
油菜籽	吨		1505	2230
芝麻	吨	10040	4320	8298
甜菜	吨	504147	263581	286894
烟叶	吨	31959	42478	31507
烤烟	吨	21913	29938	28589
水果	万吨	220.0	256.7	250.0
肉猪出栏头数	万头	1461.6	1320.3	1413.8
猪年底头数	万头	1468.4	1123.4	1270.7
羊年底只数	万只	373.2	347.9	386.1
山羊	万只	146.5	159.3	187.3
绵羊	万只	226.7	188.5	198.8
肉类产量	万吨	222.4	244.7	236.1
猪牛羊肉	万吨	173.9	148.4	156.5
猪肉	万吨	141.6	121.8	127.3
牛肉	万吨	29.7	23.8	25.9
羊肉	万吨	2.6	2.8	3.4
奶类	万吨	18.3	20.3	22.0
牛奶	万吨	17.1	18.2	18.9
禽蛋	万吨	102.8	134.4	140.3
水产品总产量	万吨	197.9	333.8	338.5
海水产品	万吨	178.4	296.8	302.3
淡水产品	万吨	19.5	37.0	36.2

辽宁省水果生产情况

指　标	单位	1980 年	1985 年	1990 年	1995 年	1998 年	1999 年	2000 年
果园面积	千公顷	244.8	289.4	389.8	449.7	391.7	391.6	392.8
苹果园	千公顷	153.4	165.7	215.6	257.8	217.0	209.0	195.1
梨园	千公顷	61.3	59.3	62.2	83.6	82.1	82.5	85.7
葡萄园	千公顷	2.5	5.5	8.1	12.9	14.1	20.8	27.8
山楂园	千公顷		32.7	73.9	53.8	34.6	31.2	26.8
果树株数	万株	9035	12903	21554	27355	28823	34366	32541
苹果	万株	5207	5245	7552	12172	10129	9409	8388
梨	万株	2076	1775	1992	2607	4287	4608	4366
葡萄	万株	236	1114	2099	2774	4754	6638	10293
山楂	万株		3324	7776	5253	3136	2690	2263
结果株数	万株	3998	5009	7481	12011	16341	21024	18850
苹果	万株	2180	2492	2633	3620	4194	4230	4012
梨	万株	1154	1175	1158	1536	2025	2087	2116
葡萄	万株	80	409	1174	1683	2907	3493	6012
山楂	万株		360	1673	3195	2241	2055	1776
水果产量	万吨	78.3	80.7	111.3	220.0	298.6	256.7	250.0
苹果	万吨	61.0	54.8	75.9	127.7	167.5	147.0	123.1
梨	万吨	11.0	17.3	16.7	40.3	61.1	42.4	45.5
葡萄	万吨	0.6	2.1	7.4	15.3	27.6	30.7	43.0
山楂	万吨		1.4	3.7	9.6	8.5	7.2	6.7

3.7 吉林省

【a. 概况】 “九五”期间，吉林省委、省政府明确提出把食品工业作为新的支柱产业加快发展。在省委、省政府的正确领导下，在全省食品工业战线广大干部职工共同努力下，围绕支柱产业发展要求，坚持以提高经济效益为中心，依托科技进步和技术创新，加大改革力度，加快结构调整，形成了淀粉及深加工、肉类及肉制品加工、饮料酒3大主导产业，组建了吉发集团等一批企业集团和大企业。全行业以年均递增15%的速度持续、快速发展，壮大了经济总量，实现了总量翻番的目标，优势产业地位更加稳固，支柱产业已成雏形，较好地完成了“九五”计划各项任务，为“十五”发展奠定了坚实的基础。

2000年，全省食品工业规模以上企业442户，实现工业总产值141亿元，比上年增加21.28%，占全省工业总产值的9.91%，增长速度列全省第1；实现税利13亿元，比上年增长15.88%，占全省总额的6.45%；实现工业增加值65亿元，比上年增长55.1%，占全省总额的13.09%。

6种主要产品产量：淀粉83万吨，比上年增长10.04%；酒精13.5万吨，增长52.37%；啤酒83万吨，与上年持平；软饮料24万吨，增长85%；鸡肉14万吨，增长4%；饲料116万吨，增长8.91%。

国企改革脱困任务基本完成。全行业保持连续3年盈利，多数国有骨干企业实现脱困，基本实现了国企改革3年脱困目标。全省食品行业利用国家冲呆资金近7亿元。全省食品工业大中型企业中，已有23%的企业基本建立了现代企业制度框架。2000年列入省重点脱困的吉林省制糖有限责任公司等6户企业，除吉发生化医药食品工业公司之外其余5户均实现扭亏为盈。

【b. 结构调整初见成效】 “九五”期间，吉林省食品行业坚持以市场为导向，坚持有所为、有所不为的原则，通过加大调整力度，加快企业改革、改组、改制步伐，结构调整取得较大进展，壮大了规模，优化了结构，提高了全行业整体水平和经济效益，行业发展后劲增强。

“百万吨玉米深加工工程”的实施，使淀粉及深加工形成了产业优势。淀粉及深加工业带动全省玉米转化能力增至460万吨，约占全省玉米商品量的46%，比“八五”期间提高14个百分点，超额完成了省委、省政府提出的百万吨玉米转化的目标。全省淀粉产量2000年达76万吨，居全国第3位。吉林天合、梨树新龙的酒精生产质量与设备居国内领先地位，全省2000年生产酒精12万吨，居全国第11位。

“公司加农户、贸工农一体化”企业组织模式的推广，形成了一批畜禽屠宰及肉制品加工的龙头企业。吉林德大公司屠宰5000万只鸡项目使德大成为全国最大的肉鸡加工龙头企业。吉港肉业、长春皓月等肉制品加工企业已形成年屠宰加工生猪60万头、肉牛20万头的生产规模。这些龙头企业的形成不仅拉动了食品工业经济增长，也带动了农业产业化的发展，增加了农民的收入。

对外合资合作的扩大，提升了啤酒行业的整体水平。“九五”期间，啤酒行业广开渠道，在引进资金、技术、人才、管理等方面都有所突破。通过出让产权、股权等方式吸收外资，形成了一批规模大、实力强的大型啤酒生产企业，如：吉林华润啤酒有限公司、吉林粤海银瀑啤酒有限公司、四平金士百啤酒有限公司等。通过对外合资进行改扩建，使吉林省啤酒产量由“八五”末期不足60万吨，增加到2000年的83万吨，居全国第13位。

【c. 规模经济有所发展】 “九五”期间，吉林省食品工业建设了一批起点高、规模大的项目，形成了新的经济增长点。全行业固定资产投资总额累计达80亿元，比“八五”期间增长2.1倍；合同利用外资4.6亿美元，比“八五”时期增长39.4%，是建国以来投资最多，增长最快的时期。仅 2000 年赴闽粤招商，一次吸引投资达 45.4 亿元，取得了丰硕成果。长春大成公司 60 万吨玉米深加工、长春皓月 5 万头肉牛屠宰加工、长春野力 2 万吨干红葡萄酒、赛力事达 30 万吨玉米深加工、梨树新龙 3 万吨无水酒精等一批重点项目的投产达效，带动了食品工业的快速发展。

发展壮大企业集团是“九五”期间食品工业的战略重点。通过技术引进、合资合作及资产重组，相继培育了吉发集团、吉林德大、长春大成、柳河华龙等一批规模较大、产品竞争能力较强的骨干企业集团。这些具有较强经济实力和市场竞争优势的企业集团销售收入占全省食品工业总额的 50%、税利占 70% 以上。吉发集团、长春大成集团 2 户企业的淀粉产量占全省的 85% 以上；吉林德大、柳河华龙等大型肉类加工企业的肉类产量占全省的 80%；通化葡萄酒集团、长春野力等企业的葡萄酒产量占全省的 80%。全省大企业集团的产值、税利年均增长达 15% 以上。大项目的建设与大企业的培育，提高了食品行业整体水平，促进了整个行业的快速发展。

【d. 龙头企业促进农业发展】　“九五”期间，一批农产品加工龙头企业和产业化经营项目相继建成投产，促进了农业种植结构和农村经济结构的调整，稳定提高了农民的收入。吉林德大有限公司、长春大成集团、长春皓月清真肉业有限公司、柳河华龙实业集团 4 户企业被国家 8 部委命名为农业产业化龙头企业，成为带动农业产业化发展的主力军。工业加工使粮食转化能力比“八五”增长了 30%，较大程度解决了农民“卖粮难”的问题，稳定了农民的收入。肉制品加工业促进了养殖业的迅猛发展，全省仅肉鸡一项年屠宰加工达 14 万吨。据不完全统计，吉林德大公司的肉鸡加工带动德惠市农民每年人均增收 60.8 元。随着工业生产对高品质原料的需求，特种、专用品种开发与推广，以及订单农业带动了农村种、养业结构调整，提高了农民经济收益。2000 年，长春大成公司收购农民的专用玉米，每千克的价格是普通玉米的 1.2 倍，大大提高了农产品的价值，推动了农民致富。

【e. 依靠科技进步开发特色食品】　“九五”期间，依靠科技进步，应用生物技术、高科技新型保鲜技术和冷冻干燥技术，开发的山野菜、干果、菌类、林蛙、红景天等长白山系列深加工产品，以及速冻鲜玉米、玉米粉、玉米方便食品等具有吉林特色的食品，受到国内外市场的普遍欢迎。这些特色产品在“十五”期间，将进一步成为食品工业新的经济增长点。生物饮料、大豆纤维饼干、二氧化碳超临界萃取啤酒花等一大批高科技、高附加值新产品形成规模生产能力；通化干红、华丹啤酒、银瀑啤酒、宏宝莱冷饮制品和德大肉肠等一批市场占有率较高的产品逐渐形成品牌效应；促进了吉林省食品工业产品结构向高档次、深加工、高附加值方向发展，调整了产品结构，提高了产品档次和水平。

（刘和清）

2000 年吉林省食品工业产值完成情况　　单位：万元

项　目	全省工业			食品工业			比例（%）
	2000 年	1999 年	增幅（%）	2000 年	1999 年	增幅（%）	
工业总产值（1990 年不变价）	14262912	12266006	16.28	1413069	1165151	21.28	9.91
工业总产值（当年价）	16799092	13898479	20.87	1509436	1322357	14.14	8.99
销售产值	16478697	14311878	15.14	1437846	1269762	13.24	8.73
工业增加值	4989330	4384297	13.8	653046	421057	55.1	13.09
出口交货值	552604	512144	7.9	66385	55468	19.68	12.01

注：以上数据为省统计局快报数。表中“比例（%）”为 2000 年食品工业产值占全省工业产值的比例。

2000年吉林省食品工业主要产品产量

单位：吨

产品名称	2000年	1999年	增幅（%）
大米	93966	81553	15.22
混配饲料	1163565	939961	8.91
食用植物油	138197	148428	-6.89
机制糖	24875	26548	-6.3
鲜、冻畜肉	13766	17968	-23.39
方便主食品	10523	21255	-50.49
乳制品	990	1025	-3.41
罐头	0	1185	
味精	7207	7119	1.24
酱油	24857	27971	-11.13
淀粉	833496	757436	10.04
冷冻饮品	3221	3140	2.58
发酵酒精	135837	89148	52.37
饮料酒	910835	998982	-8.82
白酒	71332	73209	-2.56
啤酒	826062	912737	-9.5
葡萄酒	13391	12284	9.01
软饮料	246724	133122	85.34
碳酸饮料	42521	37450	13.54
果汁饮料	4689	1864	151.56
瓶装饮用水	193321	93283	107.24
卷烟（箱）	560000	535040	4.67

注：以上数据为省统计局快报数。

（张金玲）

3.8 黑龙江省

【a. 纪事】 根据宋法棠省长在2000年全省农村工作会议上关于农业结构调整以适应食品工业发展的指示精神，由省经贸委牵头，组织有关部门深入基层，对全省大豆、玉米、大米、肉类和鲜奶5大农产品加工行业进行了调查。完成了《关于农业结构调整以适应食品工业发展的调研报告》。该报告反映的情况、提出的建议，对农业与食品工业的协调发展起到了重要的推进作用。

根据省政府的部署，省经贸委组织编制了《黑龙江省“十五”食品工业发展规划》，作为《黑龙江省国民经济及社会发展“十五”规划》的子规划下发全省实施。2000年底完成《规划》初稿。并请中国食品工业协会组织国内专家对《规划》进行了咨询论证。

作为国家实施“豆奶计划”的试点省份，省政府成立了实施学生“豆奶计划”协调小组，组织经贸委、计委、农委、教育厅、卫生厅5部门和有关专家，考核确定了龙丹乳业集团公司等9户企业为黑龙江省“学生豆奶”供应商，全年可为100多万中小学生提供豆奶粉近2万吨，液体豆奶4万多吨。

2000年，中共黑龙江省委把促进食品工业发展纳入了年度省委重点专题推进工作计划，成立了专题推进组。确定了加快食品工业结构调整和优化升级、加快推进组建大型食品企业集团、加强绿色食品基地的建设等专题推进任务。经各方努力，完成了全年目标。

在省政府的积极协调下，黑龙江省著名的五大连池矿泉水（集团）公司与浙江金义集团公司正式签订合资合作合同。组建成立了“黑龙江省金义·五大连池矿泉水股份有限公司”。注册资本人民币8980万元。五大连池矿泉水是世界3大冷泉之一。

【b. 概况】 黑龙江省是一个农业大省，有着丰富的农产品资源，大豆、玉米、奶类、绿色农产品的产量居全国首位，还有种类繁多的野生浆果、干果、山野菜、食用菌等独特的野生资源，具有发展食品工业得天独厚的优势。到2000年底，全省乡及乡以上食品工业企业总数已达3300户（全口径），食品工业销售收入324亿元，占全省工业总销售收入的15.9%。其中规模以上企业579户，销售收入199.6亿元，占全省的11%；完成工业增加值67.7亿元，占全省工业增加值的8.4%；实现税利总额17.8亿元，占全省工业税利总额的8.66%。食品工业实现销售收入和税利总额均居全省地方工业各行业之首，已成为地方工业支柱产业。

2000年黑龙江省食品工业保持了持续、快速、健康发展的势头，取得了较好的成绩。当年的主要特点是：

产品结构调整成效显著。一是具有资源优势和技术优势的产品快速发展。年鲜奶加工量已达到155万吨，乳制品产量达到18.5万吨，占全国乳制品总产量的25%，居全国首位。啤酒产量达到143.5万吨，占全国总产量的6.5%，排第5位。二是一些过剩的生产能力得到适当调整。受原料因素、市场价格变化影响陷入生产经营危困的制糖工业，生产能力由65万吨调整到2000年的16.4万吨。盲目发展的大豆加工能力也得到了有效的控制。三是高附加值产品生产比例增加，如在乳制品中，液体奶产量达到10.5万吨；大豆加工中，大豆蛋白产量达到2.2万吨。

企业组织结构有所改善，涌现出一批大型企业和企业集团。大豆深加工、保鲜奶、啤酒、粮食加工、肉类制品等行业初步形成了产业群体。涌现出黑龙江乳业集团总公司、哈高科食品集团、完达山乳业集团、哈尔滨啤酒有限公司、哈尔滨正大集团公司、双城雀巢有限公司、肇东金玉公司、大庆金锣食品有限公司等有经济实力和市场竞争优势，在全国同行业有一定地位的大公司。其中有5户以上的企业销售收入超过5亿元，成为带动行业发展的龙头企业。

绿色食品加工业初具规模。黑龙江作为最早开发绿色食品的省份之一，充分发挥得天独厚的生态环境和资源优势，大力实施“打绿色牌，走绿色路”的绿色食品发展战略，绿色食品加工业从无到有、从小到大发展起来，目前已建立了国家级绿色食品加工基地4个，绿色食品加工企业93家，形成了一批绿色食品产业集团。有效使用绿色食品标志的产品达9大类128个，占全国的12.6%。其中：A级121个，AA级7个，分别占全国的12.2%和25%。截止到2000年底，全省绿色食品产量达66.8万吨，在全国排第4位。绿色食品加工业实现销售收入23.6亿元，在全国排第3位。

食品工业推动了农业产业化经营和农村经济的发展。以农副产品加工为主的食品工业，通过实施以公司带农户为主要形式的龙头企业带动战略，加快了农业向产业化经营发展的步伐。玉米深加工、马铃薯加工在主要产区已形成规模。牵动力强、辐射面广的生猪屠宰加工、鲜奶加工、烟叶加工业已形成了饲养、种植、收购、加工等完整的生产体系，主要农副产品现已初步形成由龙头企业加工增值，带动农牧业发展的新格局。

（刘复志）

2000年黑龙江省食品工业主要经济指标完成情况

单位：万元

行业	食品工业合计	食品加工业	食品制造业	饮料制造业	烟草加工业
企业个数	579	292	155	117	15
亏损企业	176	91	42	37	6
工业增加值	676751	240178	184927	192938	58708
工业总产值（当年价）	2172895	1037539	516842	483431	135083
销售收入	1996384	926732	467567	452474	149611
税利总额	178403	15431	32828	86511	43633
流动资产	1489115	625661	272687	338361	252406
固定资产	1406237	564079	287886	415990	138282
所有者权益	639004	169024	204541	143804	121635
从业人员年平均人数（人）		55255	31435	34206	7532

2000年黑龙江省主要农畜产品产量

产品	单位	产量
水稻	万吨	1042.2
玉米	万吨	790.8
大豆	万吨	450.1
葵花籽	万吨	26
肉类产品	万吨	159.9
肉猪出栏数	万头	1206.6
牛奶	万吨	154.3

2000年黑龙江省食品工业主要产品产量

产品	单位	产量
食用植物油	万吨	44.6
食糖	万吨	16.4
乳制品	万吨	18.5
罐头	万吨	0.8
白酒	万吨	14.6
啤酒	万吨	143
卷烟	万箱	64

3.9 上 海 市

【a. 概况】　2000年是“九五”计划最后一年。本年度上海市食品工业规模以上企业产值351.50亿元（当年价），比处于低谷期的1999年增长8.3%；利润26.37亿元，比1999年增长21.52%。年度经济运行情况特点：

经济效益较大提高。2000年利润总额比1999年增加984万元，亏损企业亏损额减少1.61亿元。其中食品加工业利润增加984万元，增幅14.6%；食品制造业利润增加6252万元，增幅35.9%；饮料制造业利润同1999年基本持平；烟草加工业利润增加36762万元，增幅22.1%。上海轻工控股集团属下19家重点公司中，冠生园集团为经济增长效益最优的7家公司之一。

资产重组、企业并购迈出新步伐，国内外实力雄厚的大企业之间合作拓展市场。年内出台的较大规模的资产重组交易有：法国达能公司购入梅林正广和饮用水有限公司50%的股份，以及正广和网上购物公司10%的股份；中资“青啤”集团购入上海“嘉士伯”（丹麦）啤酒75%股份；“亚太”（新加坡）、“富士达“（澳大利亚）收购“力波”啤酒全部中资股份。

整体结构调整取得突破性进展。为解决企业历史债务，优化控股公司资本结构，被列为国家经贸委“债转股”名单的梅林正广和（集团）有限公司，转股后进入“长效机制”建设开始实施减人增效、扭亏增盈的发展战略。商委系统的“新亚”集团同“上食”集团实行联合重组、整合，重点开发“新亚大包”、“新亚大食堂”等“亮点工程”。2000年新亚集团国有资产增值4%，食品公司压亏50%以上。

食用农产品产业化都市特点优势突现。市郊都市型农业建设目标，除了为“菜篮子”、“米袋子”工程服务外，注重开发绿化示范、旅游等服务功能。2000年建成蔬菜出口基地3300公顷，产值1亿元，创历史新高。蔬菜产销向设施化、园艺化、工厂化发展，上市量占全市蔬菜供应总量三分之一。畜牧业产业化龙头企业有了新发展。大江公司主营业务收入16.2亿元，同比增长8.75%；出口创汇5200万美元，同比增长6.2%；净利润792.5万元，同比增长14.9%。光明乳业（牛奶集团）2000年销售收入29亿元，同比增长15.3%。

2000年上海市食品工业主要经济指标

	企业数（个）	职工人数（万人）	工业总产值（当年价，亿元）	工业增加值（亿元）	销售收入（亿元）	利润总额（亿元）	亏损企业亏损额（亿元）
总计	771	10.98	351.50	112.75	361.73	26.37	12.44
食品加工业	250	3.22	83.98	15.01	89.99	0.76	1.90
食品制造业	409	5.42	117.48	32.34	129.06	2.36	5.13
饮料制造业	108	1.64	65.18	18.99	62.82	1.32	5.40
烟草加工业	4	0.69	84.84	61.13	85.24	21.92	0

2000年上海市食品工业主要产品产量

单位：吨

产品名称	数量	产品名称	数量
大米	135068	罐头	32622
小麦粉	69758	肉类罐头	32622
食用植物油	115472	味精	24253
精炼食用植物油	94020	酱油	159661
人造奶油	6809	食醋	9463
鲜、冻畜肉	19079	啤酒	330739
鲜、冻禽肉	103363	软饮料	1316607
水产加工品	23939	碳酸饮料	586306
配合饲料	830982	瓶装水饮料	594692
混合饲料	3868	果汁及果汁饮料	49846
糖果	54565	植物蛋白饮料	10262
饼干	38424	液体乳	354905
方便主食品	36005	含乳饮料	39579
方便面	13916	冷冻饮品	33958
		卷烟（箱）	1224182

【b.“九五”回顾】 “九五”时期上海产业结构实行战略调整，经济增长由主要依靠第二产业转为第二、第三产业共同推动。在农产品出现结构性过剩，物价和消费在低位运行的市场环境下，食品工业产值和销售收入保持稳步增长，行业总体竞争实力加强。经济效益从“九五”初期的全行业总计利润负增长到期末逐步转亏为盈。

“九五”时期的主要特点：

通过战略性改组改制、资产重组，一批以国有优势企业资产为核心的、按照现代化企业制度组建的集团公司初步形成，资产快速扩张，竞争实力增强。

通过扩大开放，积极利用外资，加大注入资本、技术要素，有力地拉动了产业较快发展。

通过“破围墙”改革，产、加、销融合，有效地拓展了市场发展空间。

通过开展创名牌活动，推动产品质量升级，提高了企业综合竞争力。

上海把发展都市型工业、都市型农业和都市型旅游业，创造更多就业岗位作为“十五”计划的目标之一。都市型工业主要包括食品加工和制造、服装服饰、印刷包装等7个行业，2000年企业数5655家，员工68.53万人，产值121.34亿元；食品加工业和食品制造业在其中分别占：13.56%、15%、21.9%。

“九五”期间，上海食品工业研究开发的主要新技术、新产品有：

1996年冠生园集团研究开发的“微波食品”系列，投资5000万元并单独组建“冷冻食品公司”。梅林正广和集团研究开发的食品中DNA应用技术，低糖、无糖甜味剂应用和茶饮料（乌龙茶）等新技术、新产品，也都取得产业化成果和市场的良好认同。

2000年，梅林食品公司的“GTM4B4异型罐封罐机”项目，上海食品集团的“生鲜肉物流冷链系统产业化关键技术的研究”项目和“纯心牛奶巧克力夹心软糖”、正广和“鲜果纯水”等新产品，分别获得中国食协颁发的“全国食品行业科技进步优秀项目”和“科技进步新产品”项目。

上海水产大学建立了食品学院；上海应用技术学院（原轻工学院并入）同食品行业有较紧密的“产学研联合”活动。上海应用技术学院的“即食蔬菜加工及小型生产线研究”项目，获得中国食协“全国食品行业科技进步优秀项目”奖。

“九五”期间上海市食品工业固定资产投资

单位：亿元

	1996年	1997年	1998年	1999年	2000年
固定资产投资	10.22	18.38	15.5	12.21	8.10
基本建设	1.73	3.45	5.38	2.98	2.60
更新改造				9.19	5.51

【c.生产与销售】 2000年市统计局抽样调查资料，居民人均消费性支出8868.19元，比上年增长7.5%，其中食品人均支出3919.59元，比上年增长5.5%。

按照市统计局每年公布的工业企业销售收入500家排行，“九五”期间食品行业“入围”的共40家。1996年31家，1998年28家，2000年26家。

企业名称	1996年序号	1998年序号	2000年序号
上海烟草（集团）公司	7	6	7
光明乳业股份有限公司	146	46	30
大江集团股份有限公司	15	35	
可口可乐（中国）公司	53		
申美饮料食品有限公司	21	17	
嘉里粮油工业有限公司	55	84	68
上海百事可乐饮料公司	80	56	80
上海太太乐调味品公司	226	176	146

续表

企业名称	1996年序号	1998年序号	2000年序号
三得利啤酒有限公司		352	183
达能饼干食品有限公司	270	211	199
不凡帝糖果有限公司		374	206
交大昂立股份有限公司		200	221
上海冠生园食品公司		179	224
上海百事食品有限公司			245
晨明食品工业有限公司		232	254
上海梅林食品有限公司	194	221	262
上海喔喔食品有限公司	109		285
上海三明食品有限公司		292	313
味好美食品有限公司			322
上海油脂一厂	312	361	328
温德营养食品有限公司	332		
东亚食品有限公司	360		
吴淞肉类联合加工厂	404		
茶叶进出口公司茶叶厂	450		
上海油脂三厂华新厂	490		
上海亚太酿酒有限公司			372
上海民乐啤酒有限公司	118	171	
上海大江肉食品二厂			411
上海乳品四厂有限公司			450

续表

企业名称	1996年序号	1998年序号	2000年序号
上海旺福食品有限公司			465
国福龙凤食品有限公司	437	324	
三得利食品有限公司			466
松江油脂有限公司	377	395	474
上海面粉公司	46	144	
英特儿营养乳品公司			269
上海味丹食品有限公司	369	326	
冠生园天厨食品公司	165	369	
屈臣氏益民食品公司	288	411	
上海海鸥酿造公司	407	412	
上海星星肠衣有限公司		428	
大场联合肉类加工厂	175	429	
嘉里南可可食品公司		452	
正广和饮用水有限公司	362	468	
旗丰食品有限公司	184		
润丰油脂食品公司	266		
统一畜牧食品有限公司	311		
健力宝富特饮料公司	379		
大昌儿童食品有限公司	311		
小龙人食品总厂	481		

产品市场占有率10%以上的产品

类　别	生产企业名称	商标名称	产品类别	市内%	国内%	备　注
驰名商标	上海卷烟厂	中华牌	卷烟			
驰名商标	冠生园	大白兔	奶糖	32.59	4.66	
驰名商标	光明乳业公司	光明	牛奶	86.50	30.00	
著名商标	上海卷烟厂	红双喜	卷烟	18.38	0.59	
著名商标	大江集团公司	大江	分割鸡肉	90.00	30.00	
著名商标	申美饮料公司	雪菲力	果汁饮料	13.50	12.80	
著名商标	民乐啤酒饮料公司	力波	啤酒	47.60	0.99	
著名商标	梅林罐头食品厂	梅林	罐头午餐肉	100.00	6.00	出口占全国1.65%
著名商标	市油脂公司	海狮	食用植物油	58.3	0.81	
著名商标	天厨味精厂	佛手	味精调味品	29.5	2.50	
著名商标	正广和公司	正广和	饮料、饮用水			
著名商标	海鸥酿造公司	海鸥	酱油	23.92	1.33	
著名商标	金枫酿酒公司	金枫	黄酒	69.75	2.63	
著名商标	交大昂立公司	昂立一号	保健食品			

【d. 出口创汇与引进外资】　上海食品主要出口产品为：大江鸡、肉类罐头、卷烟等，蔬菜、蜂蜜、茶叶、酱油等也有少量出口。1996年～1998年出口交货值年递增分别为16.8%、20.2%、25.6%，1999年～2000年回落，1999年出口交货值21亿元，2000年19.68亿元。

“九五”时期引入外资千万美元以上项目：

1996年新加坡太阳食品公司在崇明利用滩涂办养殖、畜牧、肉联厂，投资规模1亿元；轻工系统协议吸收外资6400万美元总额中，1000万美元用于正广和饮料项目；商委上食集团同美商豪威尔公司合资组建好友食品公司，投资1500万美元；上食集团同丹麦合资组建爱丹旦公司，投资2050万美元。增资的项目有：“三得利”啤酒1998年增资2950万美元，雀巢咖啡公司1998年增资1200万美元。

【e. 其他】 一、已通过ISO9000质量认证企业：

1. 上海油脂总厂
2. 上海佳通日清食品有限公司
3. 上海新扬饲料工业有限公司
4. 大江（集团）股份有限公司
5. 上海冠生园华光酿酒药业有限公司
6. 上海光明乳业有限公司
7. 上海日清食品有限公司
8. 上海日冷食品有限公司
9. 上海正广和饮用水有限公司
10. 上海冠生园食品营销公司
11. 上海冠生园天厨食品营销公司
12. 上海申美饮料食品有限公司
13. 上海民乐啤酒有限公司
14. 上海达能饼干食品有限公司
15. 上海三明食品有限公司
16. 上海诺华营养食品有限公司
17. 上海东亚食品有限公司
18. 上海梅林食品有限公司
19. 上海克莉丝汀食品有限公司
20. 上海英特儿营养食品有限公司
21. 上海中美利男居食品有限公司
22. 上海交大昂立股份有限公司

二、已通过HACCP质量体系认证的厂家：

1. 上海好好食品厂
2. 上海大江（集团）股份有限公司
3. 上海冠生园冷冻食品有限公司
4. 上海英特尔营养食品有限公司
5. 上海国福龙凤食品有限公司
6. 上海新侨食品有限公司
7. 上海市民乐啤酒有限公司

三、2000年获得“全国质量效益型先进企业”称号的有：

1. 上海百事可乐饮料有限公司
2. 上海冠生园（集团）有限公司
3. 上海梅林正广和（集团）有限公司
4. 上海冠生园华光酿酒药业有限公司
5. 上海好好食品厂
6. 上海新星天然食品有限公司

四、第5届上海市精神文明单位：

1. 大场肉类厂
2. 吴泾冷藏公司

（刘珠云）

3.10　江　苏　省

【a. 纪事】　2000年3月，召开了江苏省食品工业协会第5届常务理事会。报告了全省食品行业运行情况和年度指标完成情况，总结了1999年协会主要工作，分析了行业发展主要特点及面临的问题，提出了2000年工作要点和主要工作。

3月，召开全省部分奶业重点企业座谈会，探讨“组建江苏奶业集团，创立江苏奶品牌”的可行性，研究推动奶业集团生产企业加强联合和培育名牌，企业实施品牌、名牌战略，不断提高产品质量，积极开展“牛奶与健康”宣传活动。

11月，协助中国食协在徐州召开“2000年全国食品工业新技术推广会”，做好技术创新推广交流工作。会上无锡轻工大学、中国食品发酵研究所等30多家科研单位发布了最新科研成果，四川五粮液集团等30余家企业进行了技术交流与项目洽谈，发表论文29篇，推广科技成果上百项，为科研成果转化发挥了重要作用。

12月，召开了全省白酒生产经营骨干企业厂长经理座谈会，研讨江苏省白酒名牌战略及市场营销策略，提高江苏省白酒质量的措施，交流各企业2000年的生产经营状况，通报全国白酒评委培训考核情况。

12月底，在南京举办了第6届江苏省食品博览会，协助企业进一步开拓市场渠道，获得市场信息，加速新产品开发，展示江苏食品企业新形象、新品牌。

【b. 概况】　2000年，在江苏省委、省政府的正确领导下，在各有关部门的关心支持下，江苏省食品工业协会认真贯彻全省经贸工作会议精神，坚持以提高经济效益为中心，深化企业改革，突出工作重点，大力推进全行业结构调整和技术创新步伐，进一步提高产品质量，使全省食品工业稳步发展。据有关统计资料，全行业累计完成工业总产值651.87亿元，工业增加值172.47亿元，实现销售收入618.5亿元，实现税利67.87亿元。在全国同行业中列山东、广东之后，居第3位。食品工业的快速发展，为江苏省经济发展、市场供应和人民生活的改善做出了重要贡献，也进一步增强了自身综合能力。

在行业管理工作方面，江苏省食品工业行业管理的各项主要工作开展顺利，2000年重点强化职工队伍建设，提高技能素质，加强调查研究和信息交流，为推进行业发展起了积极的作用。

为了加强与国内外同行业间的交流，促进相互间的合作，2000年8月邀请了华东6省1市和国内食品工业大省的负责人来宁，商讨食品工业的发展，进行座谈交流经验，开拓食品工业协会工作新思路。为拓展思路，开拓眼界，了解国外食品工业的发展情况，适应国际市场，参与国际大循环，应对加入WTO，2000年省食协还组织了1个食品工业考察团赴欧洲进行专题考察，扩大了视野，洽谈了项目，加强了交流与合作。

为振兴苏酒，提高江苏白酒行业技术人员的素质，省食协举办了2期白酒评酒员培训班，在开展白酒评酒员培训、考评工作的基础上，聘任了一批省白酒评委，成立了省白酒评委专家组，充分发挥白酒评委专家组的作用，积极开展全省白酒行业质量检评活动。

为推动食品行业科技进步，提高行业从业人员整体素质，省食协还在常州举办1期大型技术讲座，邀请省内外专家教授，对酿造、调味品、饮料、肉制品、糖果、糕点等行业的新技术和新产品进行了授课，为企业技术创新打基础。

【c. 著名商标与名牌产品】　江苏省工商行政管理局认定公布了江苏省73件商标为江苏省著名商标，其中食品工业有19个，即南京雨润肉食品有限公司的雨润牌，江苏双宝乳业有限公司的双宝牌，高邮市三湖蛋品有限公司的三湖牌，江苏省食品公司靖江食品厂的双鱼牌，常州天香集团有限公司的香雪牌，苏州食品厂的津津牌，苏州姑苏酿造食品有限公司的姑苏牌，张家港市乳品一厂的金莎牌，苏州朗力福保健品有限公司的朗力福牌，南通西亭脆饼有限公司的西亭牌，江苏红富士集团公司的大沙河牌，江苏省天目湖啤酒饮料公司的天目湖牌，海安县酒厂的品王牌，江苏今世缘酒业有限公司的今世缘牌，淮阴卷烟厂的华西村牌，南通啤酒厂的大富豪牌，江苏五醍浆酒业有限公司的五醍牌，镇江恒顺集团公司的恒顺牌，扬州市糖果二厂的绿叶牌。

根据省政府《关于发展江苏名牌产品的意见》（苏政发［1998］49号）和《关于进一步加强我省产品质量工作若干问题的实施意见》（苏政发［2001］84号）精神，2000年江苏名牌产品从1999年江苏名牌产品及部分新申报产品中择优选择，省名牌产品认定委员会决定483个产品为2000年江苏名牌产品，其中食品工业产品有47个，占名牌总数的10%。它们是：南京雨润肉食品有限公司生产的雨润牌西式火腿肠，南京桂花鸭（集团）公司生产的桂花牌盐水鸭，南京老山制药有限公司生产的老山牌蜂王浆冻干粉，南京机轮调味品有限公司生产的机轮牌酱油，无锡三凤桥肉庄有限公司生产的三凤牌酱排骨，无锡中萃食品有限公司生产的中萃牌油炸方便面，维维集团股份有限公司生产的维维牌豆奶粉，江苏房亭酒业有限责任公司生产的房亭牌食用酒精，江苏六朝松集团有限公司生产的六朝松牌面粉、面筋粉，江苏万通集团有限公司生产的万通牌豆抽酱油，大地集团公司生产的大地牌花生蛋白奶粉、大豆色拉油、大豆油，江苏凤鸣集团股份有限公司生产的凤鸣塔牌泥池系列酒、苑泉牌东渡系列酒，江苏省天目湖啤酒饮料公司生产的天目湖牌啤酒，常州林克曼啤酒有限责任公司生产的林克曼牌、广玉兰牌啤酒，江苏仙鹤食品酿造有限公司生产的仙鹤牌酱油，常州天香集团有限公司生产的香雪牌味精，溧阳市肉类联合加工厂生产的天目湖牌肉制品，江苏隆力奇集团有限公司生产的隆力奇牌纯蛇粉，苏州太和面粉有限公司生产的太和牌小麦粉，江苏菊花味精集团公司生产的菊花牌味精，梁丰食品集团公司生产的梁丰牌巧克力、乳制品，张家港酿酒有限公司生产的沙洲牌黄酒、张家港牌啤酒，东海粮油工业（张家港）有限公司生产的福临门牌食用调和油，苏州百科化工有限公司生产的百科牌食用酒精，南通天字味精有限公司生产的天字牌味精，国营如皋酒厂生产的水明楼牌白蒲黄酒，江苏金太阳油脂有限责任公司生产的葵王牌葵花籽食用油，江苏新中酿造有限责任公司生产的新中牌腐乳，江苏大富豪啤酒有限公司生产的通州牌、大富豪牌啤酒，江苏三得利食品有限公司生产的王子牌啤酒，江苏汤沟酒业有限公司生产的汤沟牌曲酒，连云港市王府葡萄酒业有限公司生产的凯威牌葡萄酒、花果山牌山楂酒，江苏今世缘酒业有限公司生产的今世缘牌曲酒，江苏珍丰集团股份有限公司生产的麋鹿牌浅色啤酒麦芽，江苏艾森油脂有限公司生产的绿霸牌食用植物油，江苏阜宁肉联厂生产的宁富牌肉制品，扬州三和四美酱菜有限公司生产的三和牌、四美牌罐装酱菜，江苏五琼浆集团有限公司生产的五琼牌五琼浆曲酒，扬州欣欣食品有限公司生产的亲亲牌八宝粥，江苏恒兴麦芽有限公司生产的双飞牌啤酒麦芽，江苏恒顺醋业股份有限公司生产的金山牌、恒顺牌镇江恒顺香醋、酱菜、酱油，江苏省食品公司靖江食品厂生产的双鱼牌猪肉脯，江苏三零面粉集团公司生产的苏30牌小麦粉，江苏华狮啤酒有限公司生产的三泰牌啤酒，江苏双沟酒业集团有限公司生产的双沟牌曲酒，江苏分金亭集团有限公司生产的分金亭牌白酒，江苏洋河集团有限公司生产的洋河牌曲酒。

（王有伍　唐建泽）

2000年江苏省食品工业主要经济指标

单位：万元

项　目	食品工业合计	食品加工业	食品制造业	饮料制造业	烟草加工业
企业单位数（个）	1395	899	302	186	8
工业总产值（当年价）	6462000	3641800	1035800	1304600	479800
工业销售产值	6359500	3613300	1005600	1257300	483300
工业增加值	1700200	693700	293500	346700	366300
资产合计	5029100	2265100	1023500	1353600	386900

续表

项　目	食品工业合计	食品加工业	食品制造业	饮料制造业	烟草加工业
流动资产年平均余额	2255400	1085600	407800	619500	142500
固定资产原价	2719700	1106600	641700	740200	231200
所有者权益合计	1751900	644700	381400	496300	229500
产品销售收入	6135100	3436800	983200	1236500	478600
利润总额	179600	56800	35600	29200	58000
税利总额	674200	132500	81400	131300	329000
全部从业人员年平均人数（人）	267100	134100	58600	67600	6800

2000 年江苏省国有食品工业企业主要经济指标　　单位：万元

项　目	合　计	食品加工业	食品制造业	饮料制造业	烟草加工业
企业单位数（个）	458	306	93	55	4
全部从业人员年平均人数（人）	96400	53500	15600	20800	6500
工业增加值	631400	169400	29500	69000	363500
资产合计	1246783	724600	191500	326900	3783
流动资产年平均余额	711400	347100	65300	166100	132900
固定资产原价	881800	386700	103100	162000	230000
所有者权益合计	445900	120000	44900	55900	225100
产品销售收入	1656500	860600	103300	222500	470100
利润总额	56200	－2300	－500	1300	57700
税利总额	375800	13500	3600	30400	328300

2000 年江苏省“三资”食品工业企业主要经济指标　　单位：万元

项　目	合　计	食品加工业	食品制造业	饮料制造业
企业单位数（个）	211	113	66	32
全部从业人员年平均人数（人）	42000	16200	16600	9200
工业增加值	339500	167400	126900	45200
资产合计	1332700	517300	481200	334200
流动资产年平均余额	527500	236700	174400	116400
固定资产原价	892100	279600	334100	278400
所有者权益合计	520900	212500	212300	96100
产品销售收入	1427900	803600	421600	202700
利润总额	35900	28100	22500	－14700
税利总额	101100	50400	45600	5100

2000年江苏省食品工业主要产品产量

产品名称	单位	2000年	1999年	2000年为1999年%
大米	万吨	205.34	167.85	122.30
小麦粉	万吨	291.81	262.84	111.00
食用植物油	万吨	137.78	108.99	126.40
原盐	万吨	293.63	297.03	98.90
乳制品	吨	74619	42864	174.10
方便主食品	吨	127049	118562	107.20
罐头	吨	36518	77573	47.10
白酒	吨	289269	307523	94.10
啤酒	吨	767486	665005	118.10
软饮料	吨	922384	675929	136.50
冷冻饮品	吨	13459	14188	94.90
鲜、冻畜肉	吨	213391	199834	106.80
卷烟	万箱	103.20	98.10	105.20

3.11　浙　江　省

【a. 概况】　2000年浙江食品工业生产呈持续增长态势，经济效益继续改善。全省规模以上食品工业企业917家，完成现价总产值443.57亿元，比上年增长11.14%。其中：食品加工业产值177.45亿元，增长14.05%；食品制造业73.96亿元，增长12.76%；饮料制造业136.99亿元，增长15.10%；烟草加工业55.17亿元，增长15.90%。2000年食品工业实现增加值120.30亿元，比上年增长10.99%。其中：食品加工业增加值23.30亿元，增长3.2%；食品制造业17.97亿元，增长9.6%；饮料制造业47.85亿元，增长10.02%；烟草加工业33.07亿元，增长15.1%。

主要产品产量增长较快。液体乳6.35万吨，比上年增长1.3倍；食用植物油62.54万吨，增长40.8%；原盐9.50万吨，增长38.9%；一类卷烟24.98万箱，增长35.9%；冷冻饮品4.60万吨，增长34.0%；罐头31.18万吨，增长23.8%；软饮料291.94万吨，增长25.2%，其中瓶（罐）装饮用水168.74万吨，增长36.4%，碳酸饮料70.77万吨，增长13.1%；饼干1.97万吨，增长18.2%；方便主食品16.13万吨，增长17.7%；啤酒163.69万吨，增长12.7%；味精11.05万吨，增长11.0%。

经济效益继续改善。2000年规模以上食品工业企业实现税利86.32亿元，比上年增长22.2%；其中实现利润33.97亿元，增长35.1%。每百元销售收入实现税利19.32元，比上年增加1.41元；每百元资金实现税利22.67元，比上年增加2.71元。分行业看，食品工业各行业税利总额全面增长，烟草加工业增幅居首位。烟草加工业实现税利43.65亿元，比上年增长32.6%，其中利润13.16亿元，增长73.2%；食品制造业实现税利8.83亿元，增长26.9%，其中利润4.61亿元，增长53.7%；食品加工业实现税利6.41亿元，利润2.77亿元，分别增长45.4%和62.9%；饮料制造业实现税利27.43亿元，利润13.43亿元，分别增长4.1%和4.6%，增长速度减缓。

【b. 省政府关于加快食品工业发展的通知】　2000年1月18日，省政府发出《浙江省人民政府关于加快食品工业发展的通知》，这是建国以来浙江省专门针对食品工业发展的规格最高的文件。

《通知》明确了浙江省发展食品工业的指导思想为：以科技为先导，以市场为依托，以改革为动力，以提高整体素质和经济效益为中心，深化改革，调整结构，强化管理，加快发展，实施“优质、新型、特色、名牌”带动战略，增强整体竞争能力，提高产品在国内外市场占有率，为提高人民生活和浙江省经济发展作出贡献。《通知》提出了7个发展重点是：优先发展以农产品深加工为主的农工贸科一体化的食品龙头企业；提高水产品加工制品、啤酒、冷冻饮品、罐头、味精等浙江传统优势产品的发展；发展方便食品、特色食品、出口食品和与发展食品工业相配套的产品。《通知》制定了全行业的预期目标，到2005年食品工业增加值达到210亿元，2015年达到440亿元，年均增长10%。食品工业产值与农业产值之比，2005年达到0.75∶1，2015年达到1.2∶1。从现在起至2015年，要以现有企业为基础，着力培育发展一批大中型骨干企业。到2015年，形成销售额1亿元以上、税利1000万元以上的骨干企业100家；其中年销售额5亿元～10亿元、税利0.5亿元～1亿元的企业30家，年销售额10亿元以上、税利1亿元以上的企业15家左右。

【c. 啤酒行业创历史新高】　2000年浙江啤酒工业增长较多，发展较快。产量达到163.69万吨，比上年增长12.74%。产量创历史之最，增幅创“九五”以来新高。当年啤酒市场季节特点十分明显，第1至第4季度的产销量，两头下降，中间凸升，第1季度下降9.08%，第2、第3季度增长21.91%，第4季度下降1.62%。啤酒产品产销率为97.17%，比上年下降0.09个百分点。

据省啤酒协会对占全省啤酒总量96.83%的34家生产企业的分析，效益有所增加，行业走势看好。全年销售收入262588万元，比上年增长11.23%；税利总额突破8亿元，其中税金61980万元，增长15.12%；盈利企业的利润18618万元，增长8.20%。

在当年啤酒产品质量省级定期监督检验中，共抽查了26家企业、32批次产品，合格率为100%，这是历年来在啤酒产品质量统检中未曾有过的好景象。当年还研制和开发了纯生啤酒、螺旋藻啤酒、暖啤酒、小麦啤酒、富硒啤酒等新的品种。同时，为适应消费市场需求，生产桶装啤酒15257吨，比上年增长136.52%。

与上年比较，全省平均啤酒总损失率5.91%，降低1.08个百分点；吨酒耗粮174.13千克，降低1.83%；吨酒耗煤84.57千克，降低15.78%；吨酒耗电86.11千瓦时，降低3.01%；吨酒耗水11.33吨，降低6.83%。吨酒成本费用，全省平均为1328元，比上年的1356元下降2.06%。

加速企业技术改造，是全年来行业发展的重头戏。例如，石梁酒业股份有限公司先后投资1.7亿元的五期、六期扩改工程已经完成和基本完成；银燕集团啤酒厂先后投入5000多万元，建成了50立方米全不锈钢糖化设备新车间，新开了4万瓶/小时灌装线的包装车间项目；宁波金狮啤酒有限公司投资4500万元，增添500立方米的不锈钢露天发酵大罐12只，60立方米的糖化设备1套；温州金狮啤酒有限公司又投入3400多万元用于二期技改工程后的填平补齐；大梁山啤酒集团有限公司启动了年产啤酒10万吨的易地改造工程；仙都啤酒发展公司投入2500万元，进行了发酵、糖化、包装以及净水自动化控制等辅助设备的更新改造；千岛湖啤酒厂基本完成了年产啤酒5万吨能力的二期改造工程；衢州国光集团柯城啤酒公司投入2000万元，进行了生产过程的扩产改造；常山吾得万酒业有限公司投入1800万元，进行包装车间的更新和“三废”治理等项目的建设；金华金狮啤酒有限公司投入1300多万元，更新包装车间及相应设施的改造；等等。

在产权制度改革中，2个年产10万吨以上的大型啤酒生产企业，国有石梁酒业集团有限公司、中外合资宁波金狮啤酒有限公司（开开集团出资的国有部分），通过改制，分别成为规范的股份制公司，建立起新型的劳动关系。还有些中小企业，通过重组、破产、出售等方式，改革了产权制度。例如，银燕集团和常山吾得万酒业有限公司通过改制，建立了产权多元化、由经营者控股的股份公司；龙游金帅啤酒厂和金华大堰河啤酒厂，将资产拍卖给个人，成立民营啤酒生产企业。这些企业通过改制，进一步激发了自身活力，转换经营机制，面向市场经济，获得新的发展。

2000年，行业集中度又有提高。全省实际年产啤酒3万吨以上的企业，从上年的13家增加到18家。其中：年产10万吨以上的增加1家（“石梁”），合计5家；年产5万吨以上的增加1家（“银燕”），合计4家；年产3吨以上的增加5家（“西泠”、“平阳”、“金华金狮”、“之江”、“千岛湖”），合计9家。上述18家企业2000年产量138.84万吨，占全省总产量的85%。其中，年产10万吨以上企业的啤酒产量为76.78万吨，占全省总量的46.90%。

温州金狮啤酒有限公司经过“九五”时期的发展壮大，发挥自身优势，进行了跨地区的兼并重组。年内将温州金狮、平阳金狮、雁荡山金狮、金华金狮4家生产企业组建成立了温州双鹿啤酒集团有限公司，实行了技术、财务、销售、采购、人事“五统一”，为企业的持续发展构建了又一个平台。2000年双鹿啤酒集团的啤酒产量为278261吨，销售收入53091.72万元，税利总额19943.58万元，其中实现利润7921.31万元，均刷新了历史纪录。

【d.味精行业再上台阶】　2000年，浙江味精行业外抓市场促销，内抓改革创新，整体素质提高，竞争实力增强，产销同步增长，经济效益较好。据省味精协会统计，全年生产谷氨酸82879吨，商品味精112300吨，折合100%味精105566吨。与上年相比，谷氨酸增长8.13%，商品味精增长13.13%，100%味精增长16.07%。全年销出商品味精112614吨，与产量基本持平，但比上年销量增加2万吨，增长21.72%。全省商品味精产量占全国产量1/7强，浙江产味精在国内市场的复盖面和占有率有所扩大。

浙江蜜蜂集团在中央电视台黄金时段做了1个月的广告，全年产量增长18.72%，约3万吨，销售率达99%；温州快鹿集团的快鹿牌味精出口欧洲，势头很好。全行业实现税利16940万元，和上年持平，其中利润7746万元，比上年下降5.76%（味精产品利润 4039 万元，下降 12.33%）。全行业商品味精每吨盈利 360 元，蜜蜂集团每吨盈利 784 元。税利超千万元的企业是：浙江蜜蜂集团 5006 万元，其中利润 3122 万元；绍兴震远 4339 万元，其中利润 2436 万元；杭州味精厂 2669 万元，其中利润 1244 万元；温州快鹿集团 2373 万元，其中利润 838 万元；宁波太丰 1588 万元，其中利润 725 万元。

【e. 烟草行业效益增幅全国第 1】　浙江烟草业在省内没有烟草基地，只杭州、宁波 2 家卷烟生产厂，加上 11 家市烟草分公司、65 家县级公司，职工近万人，在全国同行业中很不起眼，但经济效益增量、利润总量分别居全国烟草行业第 1 和第 2，实现了从资源小省、烟草弱省到烟草强省的跨越。据 2000 年统计，全省烟草行业经济效益创历史最高水平，实现工商税利 90.7 亿元，同比增长 29%，增幅居全国首位。"九五"期间，全行业广大干部职工每年提出 1 个奋斗目标，每年实施 1 个主体工程，5 年内 3 次修改、提升奋斗目标，实现了翻两番的发展计划，奠定了在全国的领先地位。

"大品牌工程"是浙江烟草发展的推动力。烟草行业从无名牌到创名牌，再到拥有全国知名品牌，形成了一批浙烟名优产品群，使浙江烟草市场空间优势转化为行业实际占有优势。此外，卷烟降焦技术在 2000 年取得突破性进展，自行研究的造纸法薄片技术在基本成熟的基础上进入批量应用阶段，这对营造品牌的发展起到至关重要的作用，到年底，8 大骨干品牌已占烟草行业总体效益 90%以上。

浙江烟草业在激烈的市场竞争中强化专卖管理，卷烟交易市场的关闭工作通过了国家验收，净化了全省的卷烟市场，为行业发展提供了更广的市场空间和更好的市场环境。浙江烟草行业还摒弃了省内市场"销大于产"的市场优势，变"封闭自守"为"开发吸纳"，将工厂推向市场，让流通企业放手发展，开放省门，省内烟和省外烟在浙江市场内相互竞争；鼓励省产烟冲出省界走向全国争市场。据统计，2000 年省产烟销往省外 18 万箱，实现出口创汇 455 万美元，均比上年增长 6 倍以上。

【f. 茶叶加强宣传推销】　2000 年，全省茶叶生产基本平稳，茶叶总产量略减，总产值持续增长，名优茶继续保持良好的发展势头，有机茶生产大幅上升。全省共有茶园面积 12.88 万公顷，其中开采茶园 11.18 万公顷。茶叶总产量 11.64 万吨，比上年减少 1.1%。茶叶总产值 22.8 亿元，增长 1.88%。其中名优茶产量 2.83 万吨，增长 4.8%；名优茶产值 17.95 亿元，增长 21.6%。名优茶产量、产值分别占茶叶总产量、总产值的 24.3%和 78.8%。

2000 年春茶生产前期气温偏低，中后期偏高，因而开采推迟，洪峰相应集中。因此，大宗茶产销形势欠佳，眉茶、珠茶、毛茶收购价比上年降低，名优茶价格前期下跌，中后期略上升。蒸青茶发展势头较好，从 1999 年的 14 家生产单位、27 条流水线，扩大到 2000 年的 25 家生产单位、41 条流水线，总产量达到 7880 吨，总产值 1.5 亿元。有机茶产量大幅上升，质量普遍提高。2000 年全省通过省出入境检验检疫局检验出口的茶叶为 9 万吨，其中省茶叶进出口公司出口茶叶 4 万余吨，创汇 6000 万美元，比上年略为减少。

2000 年全省各地加强了名牌茶叶产品的宣传。新昌县在山东济南举行名茶展示会，并举行了万人品茶活动；嵊州市举办了第 2 届"越乡杯"龙井茶炒制擂台赛，共有 50 余只锅参加炒制比赛，越乡龙井茶的炒制质量比上届大有提高；诸暨市在上海国际茶文化节期间举行"绿剑茶推介会"；绍兴县举办"会稽龙井"名茶产业化研讨会，上虞、永康、瓯海、平阳等地也纷纷举办招商会、论证会、研讨会等。在浙江世贸中心举行的第 2 届国际茶文化博览会上，全省有近 20 个县（市）参展，73 只名茶参与评比，共获得金奖以上奖项 43 个、银奖 27 个。

到 2000 年，全省共有各类茶叶市场 105 个，年经营茶叶 22017 吨，经营额达到 114210 万元，仅淳安县名茶市场年交易额就达 8000 万元，占全县名优茶产值的 70%以上。

【g. 水产品加工】　2000 年，全省水产品产量 469.51 万吨，产值 294.42 亿元（现行价），分别比上年增长 5.41%和 12.07%，比"八五"期末的 1995 年增长 47.61%和 47.55%，分别净增 151.44 万吨和 94.88 亿元，全省人均水产品占有量突破 100 千克。按照"深化加工，搞活流通"的要求，通过市（县、区）推荐和实地考察，省水产局择优扶持鱼酱油、鱼糜系列产品等 8 个加工项目，下拨专项资金 100 万元，其中鱼酱油、鱼丸、虾丸、虾饼、鱼饼和利用甲壳素生产的普多安保健品深受消费者青睐。加强对渔业龙头企业特别是水产品加工龙头企业的培育和扶持工作，推荐舟山兴业公司等 5 家企业为重点扶持的渔业龙头企业；推荐温州安达水产食品公司等 2 家企业为国家级农业产业化龙头企业。根据农业部渔业局

"水产品药物残留检测"的有关规定，先后对17个海淡水养殖品种进行药物残留抽样检测。实施鱼粉生产企业许可证管理工作，经过质量保障体系考核和送样检测，浙江省上报的128家鱼粉生产企业被列入鱼粉生产许可证获证名单。水产品精深加工进一步发展，全省1530家水产加工企业加工量达到90.63万吨，产值81.54亿元。57个专业水产批发市场，年成交量88.5万吨，成交额90.47亿元；出口12.77万吨，创汇4.48亿美元，成为大农口中第1大出口创汇产业。

【h. 金华奶牛生产迅速恢复】 奶牛生产是金华市的传统产业，由于种种原因，前些年金华的奶牛生产一直处于低迷状态。2000年金华市奶牛生产走出了10年徘徊，全市奶牛存栏1.7万头，牛奶产量4.5万吨，分别比上年增长47.83%和73%。金华奶牛生产大幅上升的主要原因，一是各级政府把发展奶牛业列入议事日程，出台了一系列扶持政策，千方百计为奶农搞好服务，促进了奶牛业恢复发展；二是11家乳品加工企业采取"公司+基地+农户"的经营模式，逐步向规模化、专业化方向发展；三是加强高产奶牛示范区建设，引进良种公牛，举办奶牛饲养技术培训班，开展人工授精、疾病防治和推广优质牧草等系列化服务，使奶牛年平均产奶量上升到4800千克。

【i. 浙江畜牧业生产概况】 2000年7月，省政府召开全省畜牧工作会议，明确了浙江畜牧业发展方向与重点，制订了发展措施，各级政府和有关部门加大对畜牧业的支持，禽畜产品产量全面增长。2000年，全省生猪饲养量2498.05万头，比上年增长7.94%；家禽饲养量27499.55万只，增长9.24%；奶牛、羊、兔、蜂等存栏量分别比上年增长32.89%、6.65%、14.04%和7.42%。全省肉类总产量117.37万吨，奶类11.17万吨，分别增长7.06%和22.88%。全省畜牧业总产值177.34亿元，增长12.96%。全省人均肉类占有量26.31千克，增长8.85%；人均蛋类占有量8.33千克，人均奶类占有量2.50千克，分别增长6.79%和22.55%。

【j. 绿色食品开发与管理】 2000年，浙江省绿色食品开发又有新进展，古钟牌径山佛茶等3只产品通过绿色食品认证，常发牌山茶油等3只产品完成各项认证材料上报，还有2只产品正在做申报准备工作。有关部门认真搞好绿色食品申报咨询服务，建立了"全国绿色食品产品信息库"，设立《绿色消费周刊》浙江通讯联络站，为企业提供产品、技术和信息服务。严格标志管理和质量监督，督促企业履行标志使用协议，定期对标志使用企业进行质量检查，配合农业部武汉绿色食品检测中心做好2000年绿色食品抽检任务，未发现浙江省有不合格产品。

2000年，编制了《浙江省绿色食品发展规划大纲》，这是浙江第1个发展绿色食品的规划性文件，明确了当前及今后一个时期浙江绿色食品发展的指导思想、总体目标和工作重点，计划逐步在不同地区建立起多种类型的绿色食品示范基地，使绿色食品的生产和开发趋于布局合理、结构优化。

11月，浙江组织了杭州市东林绿色食品有限公司、宁波正大粮油实业有限公司等13家企业60余种绿色食品和一些富有浙江特色的农产品参加中国绿色食品2000昆明博览会，获得博览会优秀展团奖。东林牌山核桃仁、常发牌山茶油、品字牌酱菜3只绿色食品获博览会畅销产品奖。

【k. "九五"回顾】 "九五"期间，浙江省食品工业在大调整中持续发展，年均增长11%左右。经过5年的努力，在全国的排位从第9位上升到第6位。其主要特点如下：

1. 行业结构和产品结构得到较大调整。在食品工业总产值中，2000年与1995年相比，食品加工业下降到40.0%；食品制造业的比重略有上升，为16.7%；饮料制造业的比重上升到30.9%；烟草加工业仍占很大的比重，为12.4%。发展较快的是软饮料制造业，其中包装饮用水5年间增长了12.5倍。省名牌食品由1995年的20种增加到2000年的52种（包括省农业名牌15种）。全省食品工业新产品产值占全省工业新产品产值的26.0%。精制茶叶、软饮料、黄酒、啤酒、罐头、水产加工品、食用菌、味精、食品添加剂等11种（类）产品产量名列全国前1～4位。

2. 上规模企业增多。全省销售额5000万元以上的企业由1995年的107家增加到2000年的129家，其中上亿元的企业由47家增加到64家，列入省"五个一批"重点骨干企业达20家。同时淘汰了大批设备落后、产品质量低劣的小企业。

3. 经济效益明显提高。2000年规模以上企业产品销售收入446.87亿元；税利总额86.32亿元，占全省工业的12.6%，其中利润33.97亿元，占全省工业的9.6%。

4. "家底"进一步增强。2000年规模以上企业的固定资产原价达到230.62亿元，固定资产净值达到 163.34 亿元。固定资产原价 5000 万元以上的企业由 1995 年的 37 家增加到 2000 年的 53 家，其中上亿元的企业由 14 家增加到 26 家。

【l. 饮料行业“九五”期间快速增长】　据省统计局统计，“九五”期间浙江省饮料行业的发展速度快于全国饮料增长平均水平，5 年平均年增长 36.07%，比全国年均增速高出近 28 个百分点。2000 年浙江饮料产量列广东之后，居全国第 2 位。1996 年～2000 年，全省饮料产量依次为 67.17 万吨、98.31 万吨、142.21 万吨、231.36 万吨、291.94 万吨，分别占当年全国饮料总产量的 7.60%、9.36%、14.96%、19.51%、15.58%。全国 5 年中增加产量 606 万吨，其中浙江增加 238 万吨，约占增加量的 40%。通过“九五”的高速发展，浙江饮料工业走过了以量的扩张为主要特征的发展初级阶段，进入了较为平稳的“次高”增长期，并在向饮料大省的目标靠近。据省饮料工业协会资料，浙江有 5 家饮料生产企业列入国家重点企业名单。近年来，“农夫山泉”获选奥运会中国体育代表团训练及比赛专用水，“娃哈哈”饮料产量首次超过“可口可乐”在中国同期产量，为中国饮料业龙头中的龙头。“杭州五丰”经营业绩年年创新高，这些企业产量增长快、运行也良好。但是，有相当数量的饮料生产企业在 2000 年中经营困难，甚至亏损。整个行业还存在供给与需求不相适用的矛盾，在开发新饮品、推广新技术、新工艺、新设备、新材料以及开拓新市场等方面难度很大。随着饮品市场对品种需求的变化，浙江在 2000 年中，瓶（罐）装饮料产量 168.74 万吨，居第 1 位；碳酸饮料 70.77 万吨，居第 2 位。根据国外对茶饮料的需求越来越大，茶饮料在国内的市场潜力也会拉动，而浙江省又是茶叶主要产地，估计茶饮料的产量会迅速增长。

浙江省“九五”期间软饮料分年度概况

年份	产量（万吨）	比上年增长（%）	占全国当年产量比重（%）
1995	62.59	——	6.37
1996	67.17	7.32	7.60
1997	98.31	46.36	9.36
1998	142.21	44.65	14.96
1999	231.36	62.69	19.51
2000	291.94	26.18	19.58

【m. 嘉兴市食品工业】　食品工业是嘉兴市的传统产业，近年又被列入重点培育和发展的优势行业之一。据 2000 年统计，全市规模以上食品工业企业 102 家，其中食品加工业 68 家、食品制造业 19 家、饮料制造业 14 家、烟草加工业 1 家，企业总数比上年减少 14 家。全年共实现销售收入 35.99 亿元，与上年的 35.95 亿元基本持平；实现税利 1.94 亿元，其中利润 5035 万元，分别比上年下降了 12% 和 34%。主要产品中，肉食制品、调味品、乳制品和方便主食品产量增加，粮油和饲料下降。多数行业和一些重点企业总体发展情况尚好，行业的集聚度提高，不良成分正逐步减除。粮、油、饲料 3 个行业困难较为明显。经过 2000 年的发展和结构调整，食品制造业和饮料制造业产值为 2.96 亿元和 4.04 亿元，在食品工业中所占比重有了提高，分别为 8.0% 和 10.9%，但粮、油和饲料加工仍占了嘉兴食品行业的大头，全年产值为 29.78 亿元，占 80.2%。随着企业机制转换步伐的加快和政府鼓励技术改造优惠政策的推动，重点企业开展技改的积极性大幅提高，投资增加，重点项目在改造中的投入份额比重增大。例如，嘉兴振华乳业食品有限责任公司的整厂异地迁建改造；浙江欣欣饲料股份有限公司日处理 300 吨菜籽的油脂生产线改造；新篁米厂日产 100 吨大米精深加工生产线项目和浙江银燕生化集团啤酒厂啤酒生产线改造的启动，都将为 2001 年全市结构调整和经济发展注入动力。

粮油饲料等产业的下降，其主要原因是受竞争激烈、销售价格大幅下降的影响，不少米、面生产企业常年处在高进低出的循环之中，资金周转越来越紧张，加上老企业的各项负担较重，内部机制又不活，且本地稻米的品质又比周边地区差，从而拓展市场更为困难，销售态势不断趋劣。其次是受生猪疫情多次发生的影响，全年生猪饲料规模比上年缩小；再是受众多新办小企业冲击的影响，企业的市场份额不增反减。小面粉厂、小饲料加工点的不断冒出，蚕食了原有的营销地盘；还有受产品大幅调价的影响，食用植物油增产不增收，以二级菜籽油为例，1999 年销售价每吨 6000 多元，2000 年跌至 5000 元以下，尽管产品产量比上年同期增长 23.38%，但销售收入却下降了 36.86%。

【n. 绍兴酒和绍兴市黄酒行业】　世界 3 大古酒中，中国的黄酒占其一，而黄酒中最具代表性的首推绍兴酒。绍兴酒又名绍兴老酒，因产地得名，俗称绍酒。绍兴酒以色泽清纯，口味醇厚，芳香诱人等风格而深受消费者青睐，被推为“中华第一味”。曾在 1910 年的南阳劝业会上、1915 年的国际巴拿马赛会上、

1925年的西湖博览会上获过金牌和金质奖的称号；在解放后的全国第1届评酒会上被评为全国8大名酒之一，是名酒中唯一的黄酒。还分别在1963年、1979年、1983年荣获国家金质奖；1984年又获金杯奖。在全国众多的酒类中，是获奖次数最多、获奖级别最高的酒。1988年，古越龙山牌绍兴加饭（花雕）酒被国家定为国宴专用酒。

绍兴生产酒的历史有确切文字记载的可追溯到2400年前的春秋时代。公元前492年前，越王勾践为吴国所败，去吴国当奴仆，三年后回到越国，为报仇雪耻，奋发图强，积聚力量，采取了用酒奖励生育的措施。《国语·越语》中记载："生丈夫（男孩），二壶酒，一犬；生女子，二壳酒，一豚。"就是把酒作为生育子女的奖品。《吕氏春秋·顺民》篇中还载：越王勾践出师伐吴时，乡亲父老们向越王献酒，越王把酒倒在河的上游，与将士们一起迎流共饮，于是士卒感奋、战气百倍，历史上的这一典故称为"箪醪劳师"。至今绍兴城内还留有投醪河的遗址。这些记载说明了当时民间酿酒已较发达，民众饮酒风气已很普遍。经过几千年的努力，特别自明清以来，绍兴黄酒逐渐形成了中国黄酒中的代表酒种。解放以来，又加大了技改投入，达到了传统工艺与现代科技的结合，生产工艺日臻完善，产量年年递增，品种不断扩大。2000年绍兴市生产黄酒19.5万吨，占全国黄酒总产量的六分之一；全行业拥有固定资产15亿元，实现利润1.6亿元，上缴税金1.6亿元，出口黄酒2万吨，远销日本、东南亚、欧美等30多个国家和地区，占全国黄酒总出口量的80%。产量多了，声誉好了，绍兴黄酒的身价高了，就出现了假冒绍兴黄酒和外地企业借壳生产假冒绍兴黄酒的现象；甚至台湾省生产的黄酒，也称"绍兴酒"，在国际市场上占了三分之一的份额。为了加强对绍兴黄酒这一传统产品的保护工作，打击假冒伪劣产品、净化市场、保护企业和消费者利益，1988年7月，省人大常委会颁布了《浙江鉴湖水域保护条例》，对绍兴酒生产作了规范，即"取鉴湖流域的水为酿酒用水，工厂厂址设在绍兴境内，用传统绍兴酿酒技艺的厂，生产的黄酒产品，才能叫绍兴酒。"为了进一步规范绍兴酒商标的使用管理，2000年4月，经国家工商行政管理局商标局核准注册了"绍兴黄酒"、"绍兴老酒"证明商标，证明商标使用管理实施细则也随之出台，至此，凡在其黄酒产品的容器、标贴、包装物及媒体宣传上使用"绍兴黄酒"、"绍兴老酒"及与之相近似的文字的企业，均需绍兴市黄酒行业协会认证，这一举措对确保绍兴黄酒的产品质量和特色、扩大对外贸易、促进绍兴市黄酒行业的健康发展起到推动作用。

【o. 传统名食"奉化千层饼"】 2000年6月中旬，省委书记张德江在宁波奉化溪口视察工作时，对千层饼产业化的问题作了"要把奉化千层饼做大"，"做成浙江第一饼"的指示，引起了省市有关部门的重视，6月28日～29日，由省经贸委牵头，省食品工业协会、杭州商学院食品系会同宁波市经委、奉化市经委、溪口镇政府、溪口镇工商所、奉化市千层饼行业协会等单位联合组成调研组对千层饼行业现状、历史、生产销售、工艺特点、存在的问题和发展趋势作了调查。

千层饼是宁波奉化溪口镇的传统名食，起源于清光绪八年（1882年），由溪口人王永顺、王毛龙所创制，至今已有100多年的历史。主要原料为面粉、花生油、脱壳芝麻、蔗糖、冬苔菜等，经过14道手工工序加工而成，具有松、脆、香、甜的特点。经百余年的实践发展，现有甜、椒盐、奶油、鸡蛋等不同口味的产品，由于蒋氏家族的故居在奉化溪口，千层饼在台湾省有相当的知名度，也有一定的市场基础，特别是台胞来溪口旅游，都要买千层饼回去馈赠亲友，以寄托怀故思乡之情，大陆游客则当作土特产品送给亲朋好友，也有一定的知名度。

据调查，奉化市现有生产千层饼注册企业81家，其中溪口镇42家（专业生产企业14家、前店后厂式作坊28家）。生产规模最大的1个企业，系镇粮管所属的集体企业，有职工12名，主要设备烤制炉子36只；个体工商户中规模最大的有雇工9名，炉子27只，大部分企业是夫妻、父子家庭作坊式生产。全年在几个固定和传统节日里游客较多，生产企业需要加班加点，平时则歇业从事其他副业。整个行业全年销售收入为500万元上下。发展不起来的原因是：生产设备简陋，工艺落后；生产效益低下，且产品保质期短；销售缓冲期短，销售区域难以扩大；企业规模小，市场竞争能力弱；竞相压价，无序竞争。联合调查组针对千层饼行业的现状提出了产业化经营和工业化生产的思路和建议：把几家有一定经济实力、产品质量好的企业组成联合体，或以千层饼行业协会为主体，组建营销公司，注册统一商标，制订统一产品标准，统一包装、统一收购、统一进行广告宣传，使千层饼从溪口走向大市场；要委托大专院校、科研单位对千层饼的生产工艺、原料配方、生产设备等进行系统的研究和改良，研制出既能保持千层饼的传统风味，又适合消费者的口味，既能适应现代产品销售特点，又符合工业化生产的工艺流程，当地政府要制订有关扶持政策，引导生产企业走联合道路，只要政策措施到位，千层饼生产是一定能向工业化、规模化、集约化方向发展，成为“浙江第一饼”。

【p. 浙江农副产品出口看好】　近年来，浙江农副产品出口品种日益丰富，档次不断提高，业已形成一批具有国际竞争力的龙头出口产品。越来越多的浙江鱼、浙江蔬菜、浙江肉等农副产品摆上了“洋餐桌”。据统计，2000年全省农副产品出口总额超过24亿美元，比上年增长42.55%，其中，冻水产、木制品、茶叶、蔬菜等出口额都超过1亿美元。出口产品也由原料为主，向脱水、速冻、干制品等加工制品转变。

浙江农副产品外销市场在巩固亚洲市场的同时，不断地向欧盟、美国及俄罗斯市场拓展。例如，温州康龙公司在美国卖起了浙江的榨菜、莲子，平阳安达集团的农产品出口已通过了欧盟的食品质量认证。市场的多元化带来了农副产品出口渠道的多元化。到年底，全省经营农副产品出口的企业已有1000多家，其中年出口额在1000万美元以上的企业达31家。同时，农副产品出口利用外资的领域扩大到水产养殖、园艺、种子、花卉、畜牧等行业，开始涌现出一些较大规模的外向型企业。浙江还实施“走出去”的战略，推动境外农业开发。现有农业境外投资项目23个，总额5370万美元，不少龙头企业开始尝到到境外兴办农场的甜头。

（孙国庆）

2000年浙江省规模以上食品工业企业主要经济指标　　单位：亿元

指标	全省工业		食品工业合计		食品加工业		食品制造业		饮料制造业		烟草加工业	
	实绩	比上年±%	实绩	比上年±%	实绩	比上年±%	实绩	比上年±%	实绩	比上年±%	实绩	比上年±%
企业个数（个）	14575	1274	917	－82	495	－41	211	－14	207	－25	4	
亏损企业	1849	－459	200	－96	100	－43	45	－32	55	－20		
工业总产值（不变价）	6902.33	26.6	417.09	18.9	172.98	30.8	73.09	20.4	144.61	8.7	26.41	6.0
工业总产值（当年价）	6603.65	27.2	443.57	11.1	177.45	14.0	73.96	12.8	136.99	5.1	55.17	15.9
新产品产值	759.85	42.9	26.97	－26.8	7.02	2.1	0.39	－4.9	19.56	－42.8		
工业销售产值	6396.65	27.5	429.20	11.0	171.46	12.7	70.05	13.6	132.88	5.3	54.81	17.6
出口交货值	1536.56	40.1	75.84	33.1	46.82	50.9	15.16	27.3	13.63	－2.4	0.23	1.8
工业增加值	1560.11	23.1	120.29	10.0	23.30	3.2	17.96	9.5	45.93	10.1	33.07	15.1
销售收入	6488.67	28.8	446.87	13.3	187.83	16.3	73.13	20.1	131.19	4.7	54.72	17.3
利润总额	353.44	40.7	33.67	33.9	6.41	45.4	8.83	26.9	27.43	4.1	43.65	32.6
亏损企业亏损额	27.59	－15.9	3.15	－28.1	1.48	－27.8	0.56	－45.6	1.11	－14.6		
税利总额	687.07	31.5	86.32	22.2	6.41	45.4	8.83	26.9	27.43	4.1	43.65	32.6
固定资产净值年平均余额	2624.63		165.28		50.77		28.64		68.74		17.13	
流动资产年平均余额	3207.75		215.52		74.88		38.63		73.49		28.52	

2000年浙江省规模以上食品工业企业主要经济效益指标

单位:%

指标	全省工业		食品工业	
	2000年	1999年	2000年	1999年
亏损面	12.7	17.4	21.8	29.63
亏损率	7.2	12.9	8.6	14.8
新产品率	11.5	10.2	6.1	9.2
增加值率	23.6	21.2	27.1	27.4
出口交货值占工业销售产值	24.0	21.9	17.7	14.7
利润总额占税利总额	51.4	48.1	39.0	35.6
每百元销售收入实现税利	10.59	10.37	19.32	17.91
每百元资金实现税利	11.78	10.11	22.67	19.96

2000年浙江省食品工业主要产品产量

产品名称	计量单位	产量	比上年±%
原盐	吨	95007	38.9
大米	万吨	48.6	-25.0
小麦粉	万吨	39.78	-0.6
食用植物油	万吨	62.54	40.8
鲜、冻畜肉	吨	12743	-4.2
水产加工品	万吨	24.54	14.2
糖果	吨	3523	-20.2
糕点	吨	2835	-8.3
饼干	吨	19676	18.2
方便主食品	万吨	16.13	17.7
方便面	万吨	11.96	15.1
乳制品	万吨	4.74	6.7
罐头	万吨	31.18	23.8
味精	万吨	11.05	11.0
酱油	万吨	9.18	3.4
淀粉	吨	6679	-29.5
冷冻饮品	吨	46013	34.0
饮料酒	万吨	212.37	11.1
白酒	万吨	2.50	-7.9
啤酒	万吨	163.69	12.7
黄酒	万吨	42.99	5.7
软饮料	万吨	291.94	25.2
碳酸饮料	万吨	70.77	13.1
果汁及果汁饮料	万吨	2.58	-7.1
瓶（罐）装饮用水	万吨	168.74	36.4
液体乳	万吨	6.35	129.5
精制茶	万吨	13.60	-6.2
卷烟	万箱	99.21	3.6
一类卷烟	万箱	24.98	35.9

续表

产品名称	计量单位	产量	比上年±%
二类卷烟	万箱	46.93	10.2
三类卷烟	万箱	21.83	-30.3
配混合饲料	万吨	167.26	3.3

浙江省各市地食品工业主要经济指标

单位：亿元

地　区	工业总产值（当年价）		工业总产值（不变价）		工业增加值		税利总额	
	2000年	1999年	2000年	1999年	2000年	1999年	2000年	1999年
全省合计	443.59	399.10	417.07	350.88	120.30	109.39	86.26	70.63
杭州市	160.87	142.43	160.40	137.25	55.34	48.53	44.04	37.70
宁波市	85.41	69.28	72.76	54.89	24.70	21.45	24.64	17.70
温州市	25.70	22.48	21.96	18.33	7.29	7.16	3.42	3.02
嘉兴市	37.12	35.96	32.44	28.76	5.73	5.79	1.94	2.16
湖州市	28.35	29.50	21.98	20.06	3.14	3.41	0.92	1.03
绍兴市	30.54	30.46	34.49	26.91	8.05	8.12	4.29	3.54
金华市	11.72	11.04	13.12	11.25	2.87	2.41	1.20	0.75
衢州市	7.63	8.07	8.34	7.53	1.81	1.82	0.75	0.82
舟山市	30.51	24.02	28.16	22.51	6.00	5.04	2.38	1.48
台州市	23.38	23.53	21.59	21.55	4.46	4.89	2.25	2.08
丽水市	2.36	2.33	1.83	1.84	0.91	0.76	0.43	0.35

3.13 福 建 省

【a. 概况】 2000年福建省食品工业在党的方针政策指引及政府的重视下，不断深化改革，积极调整产业及产品结构，引进国外先进设备，采用先进技术，加强质量管理，实施ISO9000质量论证，实现了全省食品工业持续、稳定、健康的发展，圆满完成了“九五”规划，并为顺利加入“WTO”迈出了成功的一步。据省统计局统计，2000年全省规模以上食品工业企业725家，实现工业产值270.16亿元（当年价），占全省工业总产值10.3%，比上年同期增长3.6%（按1990年不变价）；完成销售收入262.17亿元，占全省10.6%，比上年同期增长4.54%。按行业分，方便主食品业和乳制品制造业销售收入增长最多，分别达到234%和152%，水产品加工业、糖果制造业、糕点制造业、肉类罐头制造业、酱油制造业、黄酒制造业、天然矿泉水制造业的销售收入增长幅度均超过20%。全省食品工业创造税利46.17亿元，占全省税利总额的18.8%，同比增长16.7%。其中食品制造业税利增幅为102.8%，饮料制造业稳定增长为6.6%，食品加工业略有下降，这种结构调整取向说明福建省食品工业不断向精深加工发展。

以市场需求为导向，全省食品工业主要产品产量实现较大幅度增长，液体乳、方便食品、乳制品、水产加工品、鲜冻畜肉、味精、罐头、冷冻饮品、碳酸饮料的增幅都超过了10%。其中，液体乳增长最多。在全国“牛奶行动”的号召下，南平长富及大乘2大乳业集团的崛起，和厦门惠尔康饮料有限公司的不断发展壮大，2000年全省液体乳产量达1.97万吨，增长147%。乳制品也实现较大幅度增长，达72.5%。随着人们生活节奏的加快，方便食品的市场不断扩展，2000年方便主食品产量达6.8万吨，增幅达131.0%，其中方便面1.9万吨，同比增长125.7%；福建的特色产品罐头产量继续保持稳定增长，产量37万吨；味精和软饮料、卷烟的产量分别为6.9万吨、39.8万吨和98.6万箱，同比分别增长32.5%、20.8%和20.6%。在主要工业产品中，受市场调控和市场无序竞争影响，降幅较大的产品有机制糖、食用植物油、果汁及果汁饮料，降幅分别为-45.5%、-50.7%和-34.8%。

2000年，福建省食品行业在争创福建省著名商标活动中积极踊跃，很多食品企业在这一活动中加强整改，自身得到了极大的发展。根据《福建省著名商标认定工作实施方案》的规定，经福建省著名商标认定委员会认定，食品行业中福建天香实业股份有限公司天香牌商标、晋江金冠食品有限公司金冠牌等22个食品商标被评为2000年福建省著名商标，占福建省2000年公布的62件著名商标的35%，名列各行业榜首。

2000年全省税利总额达1500万元以上的食品工业企业共27家，占全省233家企业中的11.6%；工业总产值1亿元以上的食品工业企业52家，占全省406家企业中的12.8%；销售收入前300名的企业中，食品工业企业有40家，占13.3%。

【b. 水产品加工业】 福建是水产品加工大省，2000年全省开展了加工与流通年，使福建水产加工又迈上了新台阶。全省水产加工品产量达115万吨，产值100亿元（据省水产局统计），加工产量和产值分别比上年增长17.6%和12.0%，水产加工产品年创汇6亿美元，仅次于山东居全国第2位。其中烤鳗加工业产量达到6.5万吨，出口5万吨左右，占全国烤鳗产量的70%，共开发15种烤鳗出口新产品，其中常温切丝、真空包装和炭烧烤鳗产品畅销欧美、大洋洲等地区。

【c. 啤酒制造业】 2000年福建啤酒行业产品质量、经济效益、技术装备、企业管理等整体综合素质均有较大提高。全省现有啤酒生产企业46家，生产能力180万吨，2000年产量为118.9万吨，比上年增长

2.2%；实现税利6.5亿元，同比增长9.6%；实现利润1.6亿元，同比增长53.1%。产量居全国第7位，占全国产量约5.7%。设备利用率为66%，多项物耗指标稳中有降。

2000年对福建啤酒业贡献最大的是福建惠泉啤酒集团公司。该公司啤酒产量近32万吨，居全省首位，全国第10位，同比增长24%；创税利3.5亿元，居全国第5位，同比增长17.9%；实现利润1.7亿元，同比增长15.3%；人均实现利润23.5万元，居全国第2位。当年福建啤酒总产量虽然只增长2.2%，而经济效益却提高53.1%。经济效益好转的原因主要是：1.全行业吸取了前几年特别是1998年低价倾销、恶性竞争的教训，价格战收敛，随着单位产品销售收入的提高，税利指标随之上升。2.福建惠泉啤酒公司优异业绩的贡献。

2000年，福建啤酒技改的重头戏是惠泉公司的异地搬迁工程。首期16万吨工程总投资4.2亿元，于2000年12月竣工。该项目吸取国际一流的设计、制造、安装等先进技术经验，整体工艺布局和安装水平领先国内同行业，是国内高起点、高标准啤酒技改扩建工程的典型代表。雪津公司的纯生啤酒生产线技改工程，是福建省啤酒行业2000年的另一个大手笔。以惠泉公司异地搬迁技改工程和雪津纯生啤酒生产线技术改造为代表，标志着福建省啤酒装备水平有了质的飞跃，拥有了国内最先进乃至世界领先水平的啤酒生产装备。2000年福建啤酒行业的质量管理工作得到进一步加强，各企业纷纷加大质量投入，产品质量稳定提高。惠泉公司采取了一系列有利措施，质量工作取得较好的成效，全年产品理化指标优级品率保持在97%以上，被国家质量技术监督局授予“全国质量管理先进企业”荣誉称号。雪津公司利用纯生啤酒生产技术改造之机，加大了质量投入，也加强了管理，对全体员工进行全方位的、严格的质量管理和卫生管理的培训教育，促进了企业管理水平的全面升级提高。其他啤酒企业也不甘落后，质量管理工作得到高度重视，共同促进了福建啤酒质量的稳步提高。在2000年全省啤酒质量检评活动中，共有15家企业生产的25个啤酒产品质量状况较好，质量意识在全行业中得到加强。

【d. 罐头食品制造业】　福建省是全国罐头行业的重点省份，2000年罐头产量37万吨，销售收入19.3亿元，比上年增长6.5%；销售率为94.7%，比上年减少3.5个百分点；产量占全国的22%；出口25万吨，占全国罐头出口量的25%，出口交货值为12.3亿元。罐头厂家200个左右，年生产能力70万吨，其中拥有生产出口代号Q的厂家有46家，2000年的开工率仅为53%左右。

福建罐头产品以蘑菇、芦笋罐头为主，还生产水果类、肉类、水产类、酱类等产品，其中蘑菇、芦笋罐头产量占全省的85%以上，为全国最大的蘑菇、芦笋生产省和出口省。但长期以来，由于小规模重复建设，企业数量多规模小，全省平均规模为0.35万吨，其中：生产能力在2万吨以上的企业仅有5家，占2.5%；1万吨～2万吨的有13家，占6.5%；0.5万吨～1万吨的有19家，占9.5%。由于科技含量低，产品单一，档次低，相互间竞相压价影响信誉，造成“南菇北移”的现象。其他的主要问题还有：原料供应秩序混乱；大部分罐头企业还未解决“罐头好吃口难开”的问题；美国对福建省蘑菇罐头的高关税壁垒，使产品出口受阻，致使福建省罐头行业连续多年利润为负数，企业亏损面达80%以上，企业处于举步维艰的处境。

厦门古龙集团罐头厂作为福建省罐头行业的老牌龙头企业，不断加强技术改造，采用高新技术自行设计研究出代表当今世界马口铁三片罐一流水平的彩印缩颈易拉盖包装，推向市场后，年产销量环比增长速度为18%。企业还根据市场需求，弹性调整生产结构，坚持以变应变，滚动调整，使企业的整体应变能力大大增强，产品结构得以不断变化。低附加值的农副产品罐头量逐步缩减，附加值高的花生类、肉类罐头年销量创历史新高，同时成为企业的拳头产品，为实现产品结构战略调整奠定了坚实的基础。

【e. 制茶业】　2000年福建茶叶生产连续11年稳步增长，并趋于区域化、优质化。当年年末全省茶园面积12.92万公顷，比上年增长0.2%；茶叶总产量12.6万吨，比上年增长2%；全省名优茶产量2.5万吨，产值达6.41亿元，名优茶产量和产值分别占茶叶总产量12.6万吨和总产值14.7亿元的19.8%和43.5%；花色品种上百个。

福建茶类结构和出口优势，是以乌龙茶、花茶、白茶等特种茶为主，目前主销日本、新加坡、马来西亚、泰国和港、澳、台地区，及北美、欧洲。乌龙茶是福建的特色和优势，也是唯一实行出口配额的茶类，入世后将取消配额管理，为茶叶出口创造公平竞争条件。目前，最大的问题是茶叶生产分散，茶园管理粗犷，用药不合理，造成部分茶叶农药残留量超标。而在国际茶叶贸易中恰恰最大的壁垒就是“绿色壁垒”，欧盟从2000年7月1日起对进入欧盟市场的中国茶叶实施新的农药最高残留限量标准，依不同的农药残留标准分别提高5至200多倍。此外，俄罗斯对中国茶叶进口除提出十几项品质标准和安全标准外，还增加1项金属磁性物，造成中国茶叶出口困难。福建省茶叶生产虽说在优良品种繁育、无性系良种推广、机械采茶、名优茶叶加工技术、乌龙茶机械开发方面都取得令人瞩目的成绩，但整体产业化、集约化、规模化等程度不高，加工技术不规范，使茶叶产品质量和档次难以提高，影响了茶叶产品市场竞争力。2000年，福建茶叶进出口有限责任公司敏锐捉住“绿色茶叶”这一受到市场青睐的无公害商品，其按绿色食品标准规范建立的茶园近800公顷，年可提供近1200吨的优质原料茶叶，涵盖了花、白、红、绿、乌等所有品种的原料茶，在茶叶的整个种植、加工和销售过程中不使用人工合成制剂，确保了茶叶商品的安全、卫生、优质。

【f. 软饮料制造业】 2000年，福建省软饮料工业持续稳定增长，全省饮料工业规模以上工业企业有148家，产量39.8万吨，比上年增长14%。其中碳酸饮料发展依旧名列前茅，以厦门太古可口可乐和福州百事可乐为首的2种碳酸饮料依旧占据了半壁江山。2000年较为有发展特色的当数茶饮料，作为茶叶生产大省的福建，其省内的大闽（漳州）有限公司从日本引进先进的冷冻干燥设备和美国膜浓缩技术，专业从事乌龙茶、绿茶、红茶等多种速溶茶粉的研究、开发和生产，年生产能力达千吨，成为目前国内规模最大、技术最完善的速溶茶粉生产基地，促进了福建及全国茶饮料的大发展。厦门惠尔康集团有限公司从意大利SACIB引进的PET瓶热灌装茶饮料生产线使福建的茶饮料生产更上一层楼。福建茶叶进出口责任有限公司“FT”、“蝴蝶”牌乌龙茶水、绿茶水更是代表了引发国际茶水热的企业从幕后走向前台。

2000年最令人遗憾的要数福建矿泉水生产。目前福建已通过评审的矿泉水水源地有228处，其中偏硅酸型168处，偏硅酸、锶型39处，碳酸型5处，水质状况名列全国前茅。由于矿泉水业内存在着“重开发、轻科研，重产量、轻质量，重效益、轻宣传”的现象，导致全行业60多家矿泉水生产企业年产矿泉水仅25万吨，再加上假冒伪劣产品的冲击，造成了福建在全国较有名气的漳州紫山、厦门岳口等矿泉水厂家的生产量还不到生产能力的10%。再有，全省饮料行业布局不合理的现象还未得到改变，饮料生产大厂依旧分布在福州、厦门等地。

【g. 糕点、糖果制造业】 2000年，福建省规模以上糕点、糖果企业有48家，实现工业总产值13.5亿元，比上年增长30.3%。其中糕点业、方便主食品业增长较快，分别增长69.9%、128%。近几年，以晋江私营企业为代表的糖果业异军突起，涌现了一批如“雅仕达”、“亲亲”、“林锦记”为代表的品牌产品，使晋江成为全国糖果工业的重要生产基地之一。漳州南靖金山地区民营食品企业家在饼干业开拓方面尤为突出，“港龙”、“嘉华”、“万士利”等饼干企业年产超过10万吨，推出的韧性、酥性、苏打、威化等饼干香飘九州，一些厂家还跨出省外投资办厂，且取得极大成功。但目前晋江糖果相互模仿、竞相压价出售现象严重，一些企业还出现侵权行为。以漳州、厦门私营企业为主的糕点、饼干等产品畅销全国各地。国有企业除厦门为天实业总公司逐步走出困境外，其他的老国企均举步维艰。糕点、糖果业目前均以中低档产品为主，特别是糕点业品种单调、花色不多、档次不高。但部分民营企业积极引进先进设备，提高产品档次，取得较好成绩。如福建雅仕达食品有限公司选用产自西非象牙海岸的上等可可和新西兰天然牧场的优质奶粉，配合从意大利、德国引进的先进设备，采用了精磨、精炼的特殊处理工艺，生产的运动巧克力保持了欧式巧克力口味纯正、精美细致的基本风格，又吸收了英国巧克力奶香浓郁、口感细腻柔滑的风格，经国家体育总局科研中心的营养专家品质鉴定，被2000年悉尼奥运会中国体育代表团指定为专用巧克力。福建冠辉食品企业有限公司总投资人民币5000万元，年产值达8000万元，其从日本引进的价值1300万元人民币的小泡泡生产线，是国内唯一的小泡泡生产线。

【h. 速冻食品】 速冻食品作为新兴行业近年来发展迅猛，已成为出口创汇的主要支柱产品之一。福建省速冻食品主要由冷冻烤鳗、速冻蔬菜、速冻水产品及加工品、速冻即食面制品4大部分组成，以出口为主的烤鳗和速冻蔬菜是福建省速冻食品的重要组成部分。福建省速冻食品企业以民营企业为主，冷冻烤鳗主要分布在福清、莆田、厦门一带，以福清为主要产地。速冻蔬菜出口基地主要在漳州、厦门一带，产品以速冻荷兰豆、四季豆、毛豆、甜豆、菠菜、马蹄为主，以龙海的亚西亚、振生、长润等12家企业为龙头，现年出口量约在15万吨左右，产值近7亿元，出口创汇近亿美元。速冻蔬菜的主要问题是蔬菜制品含磷量超标，有的厂家规模太小，质量不稳定，品种退化，限制了出口市场扩大，今后应引进先进设备，生产工艺上应积极推广冻干蔬菜新工艺。速冻面食制品以饺子、包子、馒头等面制品为主，主要内销，近年来市场份额不断扩大，但由于小企业多，造成仿冒、伪劣产品较多，市场秩序混乱，竞争激烈，企业经营效益差。

【i. 食品龙头企业】　福建是全国著名的果蔬和水产大省。2000 年，全省各级政府在推动农业产业化的同时，不断加强食品龙头企业的作用，推进农副产品加工由作坊式粗加工向集约化、系列化、精深加工迈进，形成了罐头、速冻果蔬、饮料、烤鳗、制茶等门类较为齐全的农副产品加工体系，构筑了以龙头企业为核心，形成上联商贸、下联基地和农户，内联科研，外联外资、合资的新型的产业链。如漳州紫山集团、莆田香江产值均超亿元，名列全国出口首位的福建省罐头行业，这些食品龙头企业产量和出口量均占 60%以上。龙海市的几家省级农业产业化龙头企业，与科研部门密切合作，引进当今世界先进的单体流态速冻及真空低温脱水新工艺及新生产线 25 条，不但大大提高产品质量，扩大产量，还节约能耗，提高工效，取得良好效益。目前，全省共确立农业产业化龙头企业 21 家，其中食品加工龙头企业占 80%以上，年可新增农民收入 5 亿元以上。福建省正加大对省级农业产业化食品加工龙头企业的规划、指导、管理、监督培训等工作，加大对农业产业化食品加工龙头企业的资金扶持，推行技术创新和名牌战略以促进农业产业化的大发展。

【j. 加入 WTO 后的影响】　近年来，福建省食品工业发展迅速，其中罐头业、水产品精深加工业、糖果业、制茶业均名列全国前列，加入 WTO 对福建食品工业的影响将喜忧参半。福建罐头业虽然近年产量维持在 30 万吨左右，但仍雄居全国第 1，而且主要以出口为主，特别是蘑菇、芦笋罐头 90%以上出口。由于有的国家和地区设置关税壁垒，使用配额限制，使福建省罐头出口受到影响。加入 WTO 后，这些问题将迎刃而解，但是原来罐头内销市场就很薄弱，加入 WTO 后，国外罐头产品打入国内市场，将挤占原来就少的内销市场份额，因此要加紧开拓罐头的内销市场。水产加工业是出口创汇的主要行业，加入 WTO 后可以减少关税壁垒，增加优势水产品的出口，但目前出口水产品附加值还不高，因此要提高水产品质量，积极组织水产加工企业参加 HACCP 及 ISO9002 国际质量认证，才能在国际市场上畅行。茶叶是福建省食品的传统产品，加入 WTO 后，茶叶的内销市场不会受到很大影响，而出口前景将更为广阔，但新一轮的世贸谈判将向环境保护等领域渗透，特别是对茶叶农药残留量的限制将更高，所以福建茶叶要发展绿色产品，加强对农药残留量的控制。随着人民生活水平的提高，乳制品行业发展迅猛，加入 WTO 后可从国际市场获得较为低价的饲料粮，从而减少加工乳品的生产成本，扩大乳品市场，促进福建乳品加工业更上一个新台阶。

（翁凯江　林勇毅　池秀美）

2000 年福建省工业总产值亿元以上食品工业企业

名　次	企　业　名　称
12	龙岩卷烟厂
15	厦门卷烟厂
39	福建惠泉啤酒集团股份有限公司
70	福清市齐翔食品有限公司
81	福州海马饲料有限公司
82	福建雪津啤酒集团公司
105	厦门太古可口可乐饮料有限公司
120	东山华农食品有限公司
123	华美卷烟有限公司
134	三明市烟叶复烤厂
139	厦门惠尔康食品有限公司
144	福清市福荣食品有限公司
148	福建益丰鳗业有限公司
155	厦门同茂食品罐头有限公司
156	福清市弘晟食品有限公司
158	厦门中鹭植物油有限公司
159	元洪面粉食品（福建）有限公司
171	泉州清源啤酒朝日有限公司
172	福建福铭食品有限公司
174	厦门杏村鳗业有限公司
186	泉州中侨（集团）股份有限公司
188	莆田市日香食品工业有限公司
193	福建印福油脂工业有限公司
198	厦门罐头厂
201	福建省昌丰冷冻食品有限公司
202	莆田东源水产食品有限公司
207	福建信芳冷冻食品有限公司
209	厦门银城股份有限公司
210	福建紫山集团有限公司

续表

名　次	企　业　名　称
211	福建省漳州糖厂
214	厦门华旺冷冻食品有限公司
222	厦门星鲨实业总公司
224	茂泰食品（厦门）有限公司
225	畲山卷烟厂
240	龙海市东海冷冻食品有限公司
242	晋江鸿昌食品工业有限公司
254	莆田三峰冷冻食品有限公司
262	宏发食品（泉州）有限公司
286	第一家（福建）啤酒有限公司
288	福清市华万水产食品有限公司
295	中茂（仙游）食品有限公司
305	福建省华龙饲料技术开发集团公司
307	福建泰丰冷冻食品有限公司
316	福建省漳州市港昌罐头食品有限公司
330	福州百事可乐饮料有限公司
340	南平烟草分公司邵武烟叶复烤厂
348	长乐聚泉食品有限公司
349	福建省圣农实业有限公司
352	龙海联天食品制罐有限公司
364	龙海市德兴食品工业有限公司
372	惠安县达利食品有限公司
392	大福（长泰）食品工业有限公司

注：本表位次指在全省工业406家总产值亿元以上企业中的位次。

2000年福建省税利1500万元以上食品工业企业

名　次	企　业　名　称
1	龙岩卷烟厂
2	厦门卷烟厂
11	福建惠泉啤酒集团股份有限公司
25	华美卷烟有限公司
32	福建雪津啤酒集团公司
40	畲山卷烟厂
48	三明市烟叶复烤厂
74	厦门太古可口可乐饮料有限公司
75	第一家（福建）啤酒有限公司
77	泉州清源啤酒朝日有限公司
95	晋江鸿昌食品工业有限公司
97	厦门银城股份有限公司
98	厦门星鲨实业总公司

续表

名　次	企　业　名　称
100	福建龙岩卷烟厂永定分厂
117	福州海马饲料有限公司
121	福建省漳州糖厂
126	厦门罐头厂
161	东山华农食品有限公司
162	福清市齐翔食品有限公司
164	亚洲酿酒（厦门）有限公司
170	福建信芳冷冻食品有限公司
196	莆田市日香食品工业有限公司
217	厦门绿泉实业总公司
219	福鼎啤酒有限公司
223	福建益丰鳗业食品有限公司
227	泉州中侨（集团）股份有限公司
230	福建省南靖九龙食品饼业有限公司

注：本表位次指在全省工业233家税利总额在1500万元以上企业中的位次。

2000年福建省销售额前300家工业企业中的食品工业企业

名　次	企　业　名　称
12	龙岩卷烟厂
15	厦门卷烟厂
26	福建惠泉啤酒集团股份有限公司
77	福建雪津啤酒集团公司
93	厦门太古可口可乐饮料有限公司
99	福清市齐翔食品有限公司
111	华美卷烟有限公司
121	三明市烟叶复烤厂
131	厦门惠尔康食品有限公司
134	东山华农食品有限公司
153	泉州清源啤酒朝日有限公司
158	福州大昌盛饲料有限公司
162	厦门杏村鳗业有限公司
172	福建益丰鳗业食品有限公司
173	莆田市日香食品工业有限公司
174	元洪面粉食品（福建）有限公司
183	福建信芳冷冻食品有限公司
184	厦门同茂食品罐头有限公司
189	莆田东源水产食品有限公司
191	福清市弘晟食品有限公司
196	福建印福油脂工业有限公司
197	泉州中侨（集团）股份有限公司

续表

名次	企业名称
199	厦门银城股份有限公司
200	福建省昌丰冷冻食品有限公司
204	福建福铭食品有限公司
206	厦门罐头厂
211	厦门华旺冷冻食品有限公司
213	茂泰食品（厦门）有限公司
218	宏发食品（泉州）有限公司
219	畲山卷烟厂
225	福清市福荣食品有限公司
230	莆田三峰冷冻食品有限公司
235	晋江鸿昌食品工业有限公司
241	龙海市东海冷冻食品有限公司
246	厦门星鲨实业总公司
265	福州百事可乐饮料有限公司
267	第一家（福建）啤酒有限公司
289	中茂（仙游）食品有限公司
290	厦门中鹭植物油有限公司
293	福建省华龙饲料技术开发集团公司

3.14 江 西 省

【a. 纪事】 1月28日，省经贸委、省食品工业协会在南昌市召开全省19户重点酒厂负责人座谈会。省经贸委主任虞中一出席座谈会并作重要讲话。会议传达了省委、省政府领导关于加快食品工业发展的重要批示、指示。会议总结了全省饮料酒行业上年的工作成绩，分析了当前发展存在的问题和困难，提出了2000年的发展思路、目标要求和主要措施。

1月份，华南最大的乳业股份公司——江西英雄乳业股份有限公司在南昌成立。

3月9日，根据省政府王君副省长指示，省食品工业协会制定了《江西食品工业2000年发展工作方案》，并召集省直有关部门和大专院校进行了论证。“方案”制定了2000年江西省食品工业总体目标和发展的主要措施。

5月16日～23日，省食品工业协会协助省计委邀请中国国际工程咨询公司，考察论证江西省“十五”食品工业重大建设项目，共推荐婺源有机茶、得雨活茶、广丰白银鹅等十多个项目。

6月20日，江西中德食品工程中心正式挂牌成立。该中心创建了一个具有世界先进水平的集科技开发、咨询及培训为一体的中试基地，向省内外食品企业转让经中试后的成熟技术成果。主要开发领域是食品添加剂等。

7月8日～12日，为配合2000年“明明白白消费”主题年宣传活动，省食品工业协会与省消费者协会等部门联合举办了“2000年江西明明白白消费商品交易会”。

7月份，由省食品工业协会牵头，成立“江西省食品工业专家服务网络”。该网络组织了全省一批学术水平高、创新能力强的学者、工程技术人员和开发研究人员共78人，为企业解决技术难题、人员培训、经营管理诊断，与企业共同开发新产品、推广新技术等。

8月11日、8月23日，省经贸委、省食品工业协会2次召开全省食品工业发展座谈会。会议主要贯彻王君副省长关于食品工业要“全面思考、突出重点、重在落实、有所突破、加大工作力度、再次形成一个食品工业发展高潮”的指示精神。参加会议的有省直有关部门领导、大专院校专家学者、部分老同志、部分重点企业负责人。会议研究讨论了全省食品工业近期发展情况及今后工作思路。

9月21日，省政府决策咨询委员会和省环保局共同主办了“江西省有机食品座谈会”。会议邀请了国家环保总局有机食品发展研究中心常务副主任肖兴基做学术报告。

11月2日，江西德宇集团技术中心通过省级认定，这是江西省食品行业第1个通过省级认定的企业技术中心。

11月份，省食协选送参加全国白酒国家评委考核的6人全部被录取为白酒国家评委。这是自从对白酒评委考核认定以来，江西省白酒评委实现零的突破，标志着江西省白酒品评水平跻身于国内先进行列。

11月27日，省食品工业协会会同有关单位在江西卫视举办“建设食品工业大省知识竞赛”电视专题文艺晚会。这是一台旨在宣传江西省食品工业发展、树立知名企业形象、弘扬中华饮食文化、普及食品消费知识的综艺晚会。晚会得到了省委、省政府的高度重视，王君副省长及省直有关部门领导亲临晚会现场，并给竞赛企业颁奖。

12月份，江西飞环酒业有限公司、江西昌顺公司、江西德宇集团3家食品企业被农业部等国家8部委审定公布为全国151家农业产业化国家重点龙头企业。

12月22日～25日，省经贸委主办、南昌市政府承办、省食品工业协会协办的“2000江西食品展销洽谈会”在南昌市举行。展会取得了圆满成功。这是江西省食品工业迈向新世纪的一次大展示。参加企业900家，参展品种3700余种，还首次邀请了来自全国15个省、自治区、直辖市的70家企业参展。展会期间总成交额达26.07亿元，其中零售1.47亿元，分别比上届展会增长31.9%和170%。

2000年，省食品工业协会组织人员撰写完成了《发展绿色食品是建设食品工业大省的必然选择》等5篇学术论文。

（史　虹）

【b.概况】　2000年全省乡及乡以上食品工业产值（1990年不变价）96.98亿元，如按当年价计算，实现产值135.19亿元。全行业共有独立核算企业1600个，较上年同口径减少130个；职工11万人，减少1.38万人；实现工业增加值41.88亿元，拥有固定资产原值76.55亿元，净值56.31亿元，资产负债率76.51%，较上年减少4.6个百分点。当年江西食品工业发展的主要特点：

1.全省上下继续扶持食品工业发展。大部分设区市召开了食品工业座谈会，制定了本市食品工业发展重点及相关措施。赣州市为了加强对食品工业的领导，利用省委组织部选派高学历的年轻干部到设区市担任市长助理的机会，聘任毕业于德国波恩大学科学专业的“洋博士”——南昌大学生命科学与食品工程学院书记、中德食品工程中心主任任市长助理，主攻如何提升赣州食品工业的档次这一课题。

2.体制改革进一步深化，国企脱困、扭亏、减亏成效显著。一是按照公司法的要求组建股份制企业集团，由金牛集团发起组建华南最大的乳业股份有限公司——江西英雄乳业股份有限公司。二是按照“抓大放小”的原则，加快中小企业的产权制度改革。高安瑞酒集团、全良液酒厂、鹰潭酒厂、上饶啤酒厂等一大批国有中小企业已改制成为民营企业。三是继续鼓励企业靠大、联大。赣州酒厂啤酒分厂与燕京啤酒集团联合组建燕京啤酒（赣州）有限公司，使该厂生产规模迅速扩大，实现了年产量10万吨的规模。萍乡啤酒厂、贵溪啤酒厂、九江啤酒厂先后被全省最大的啤酒生产企业南昌亚洲啤酒有限公司租赁、兼并、合资。此外，还有宜春地区酒厂与活力啤酒合作，使企业生产规模新增5万吨。2000年全省食品工业还通过对部分国有亏损企业进行关、停、并、转等改革措施，使一大批企业减亏、扭亏、摆脱困境，全年减亏1.7亿元，是近年来减亏情况最好的1年。

3.重点企业发展势头良好，部分企业超常规发展。一是重点调度的22户烟、酒企业效益大幅提高。全年实现销售收入47.1亿元，较上年增长29.5%；实现税利19.52亿元，增长45.7%。其中南昌卷烟厂实现销售收入20.2亿元，税利13.4亿元，跻身全国同行业前14位。江西四特集团实现销售收入2.2亿元，税利6189.6万元，已重振昔日雄风。二是农业产业化龙头企业也有较快发展，南丰飞环酒业、江西昌顺公司、江西德宇集团3家食品企业2000年被农业部等国家8部委审定为国家级农业产业化重点龙头企业。

4.民营企业蓬勃发展。江西煌上煌集团从1个小卤菜店，经过多年奋斗，发展成为拥有4家子公司、4个生产基地、6家省外分公司及100多家专卖店的集团公司。2000年公司销售收入、实现税利都位列全省肉禽制品加工企业首位。江西黑五类食品有限公司经过3年时间，规模已达到年销售收入3000多万元，产品畅销全国29个省市自治区的100多个大中城市。新余康美乐已发展成为全省最大的冷冻饮品企业，2000年食品展销洽谈会上签约达3400万元。

5.积极调整产品结构，创造良好效益。南昌阳光乳业有限公司近年来逐步从以奶粉为主转向以鲜奶、奶饮料为主导，产品发展迅猛，全年完成销售收入12000多万元，实现税利1600万元，其中利润1000多万元。南昌肉联集团利用其技术、设备优势，推出“冷却肉”和“方便菜系”，初步显现了良好的发展前景，企业效益和职工收入明显改善。

6.企业质量意识不断提高。赣南卷烟厂、德兴异Vc钠、朝阳酿造厂先后通过ISO9002质量认证。德兴异Vc钠通过ISO9002质量认证，大大提高了该产品在国际市场的竞争力，2000年出口创汇500万美元，比上年增长25%。在全省工业产品质量监督检测中，全省啤酒合格率达到100%，白酒合格率达88.8%。

7.绿色食品发展迅速。至年底，全省已有42个产品获得绿色食品证书。婺源茶叶集团以大鄣山茶为龙头，打绿色品牌积极参与国际竞争，全年完成销售收入3500万元，出口创汇300万美元，其中AA级绿色食品大鄣山茶畅销欧盟市场，占据欧盟有机茶市场总量的70%左右。2000年全年出口欧盟市场茶叶总量400吨，创汇200多万美元。

8.对外经济合作取得新的成效。2000年度外商在赣直接投资兴办食品工业企业签约13个，签约合同金额999万美元，实际利用外资663万美元，当年投产开工企业62个。年末登记外商投资企业90家，投资总额14331万美元，注册资本10397万美元，其中外方5722万美元。

本年度江西省海关食品制成品出口18191万美元，比上年增长61.1%。

（郝其刚）

【c. 经济效益】 2000年江西省独立核算食品工业企业实现税利22.55亿元，比上年增长60%，居全省各大行业之首。全行业实现利润5.54亿元，是1999年的4.35倍，创历史最好水平。2000年食品工业实现税利比上年大幅增长主要是卷烟、酿酒2大行业经济效益大幅增长，分别实现税利16.72亿元和3.25亿元，同创历史最好水平。此外，食品加工业实现税利1.61亿元，比上年增长6.6倍，产品加工逐渐向精深加工转化。粮油工业在产量增幅不大甚至减产的同时，税利大幅增长；肉制品加工及水产品加工实现税利同比增幅在1倍以上，特别是水产品加工2000年实现税利是1999年的4.8倍。

全省食品行业独立核算企业1600户中，盈利1245户，共盈利7.44亿元；主要集中在烟草加工业、碾米业、饲料制造业、糕点糖果制造业、乳制品制造业、酒精及饮料酒制造业、蜜饯业，分别盈利4.80亿元、1198万元、3715.2万元、1325.5万元、1074.5万元、3823万元、1259.8万元。亏损企业355户，亏损面22.2%，亏损总额1.90亿元，较上年减亏1.71亿元。亏损主要集中在制糖业、磨粉业、啤酒制造业、制茶业、其他食品制造业；这些行业盈亏相抵后，分别亏损1.86亿元、2067.7万元、2043.7万元、1689.6万元、1063.3万元。

江西省独立核算食品工业企业产值表 单位：万元

	2000年	1999年	同比±%
食品工业合计	969843.8	908359.8	6.77
食品加工业	513726.4	498353.2	3.1
食品制造业	106786.5	96156.5	11.0
饮料制造业	165717.6	159751.7	3.73
烟草加工业	172053.9	146274.1	17.6
采盐业	11559.4	7824.3	47.7

注：产值均按1990年不变价计算

江西省食品工业主要产品产量

产品名称	单位	2000年	1999年	同比±%
机制糖	万吨	1.71	8.37	−79.6
卷烟	万箱	51	41.2	23.8
罐头	万吨	2.13	2.3	−7.4
白酒	万吨	10.92	10.56	3.41
啤酒	万吨	45.56	45.97	−0.89
软饮料	万吨	10.11	6.93	45.9
植物油	万吨	14.57	11.9	22.4
乳制品	万吨		1.92	
精制茶	吨	3883.9	5682.7	−31.6
大米	万吨	912.48	724.33	26
方便主食品	吨	6795.4	6497.5	4.58
水产品加工	吨	2462.9	1745	41.1

江西省独立核算食品工业企业财务指标

	单位	2000年	1999年	同比±%
企业数	个	1600	1730	−7.51
工业增加值	万元	418771.8	418276.3	0.12
固定资产原值	万元	765536	758152.7	0.97
固定资产净值年平均余额	万元	563081.7	557896.4	0.93
产品销售收入	万元	1172402.2	1093410.5	7.22
实现利润	万元	55421.5	12731.3	335.32
税利总额	万元	225516.7	140829	60.1

（史 虹）

【d. 固定资产投资】 2000年江西省食品工业完成固定资产投资4.34亿元，较上年下降14.4%。其中更新改造完成投资额3.27亿元，新增固定资产2.99亿元；基本建设完成投资额0.76亿元，新增固定资产0.74亿元；城镇集体单位完成投资额0.31亿元，新增固定资产0.27亿元。当年固定资产投资项目75个，其中基本建设项目18个，更新改造项目52个，城镇集体单位投资项目5个。当年投产项目50个，其中更新改造项目36个，基本建设项目12个，城镇集体单位投资项目2个。

重点项目有宜春地区酒厂与香港活力啤酒公司合资建设的5万吨啤酒扩建工程；景德镇啤酒有限公司新增5万吨啤酒生产线，该项目总投资4000多万元，全部由企业自筹；赣州酒厂与燕京啤酒集团联合组建燕京啤酒（赣州）有限公司，新增5万吨生产能力，使年生产能力达10万吨。

2000年江西食品工业固定资产投资情况

单位：万元、个

		合计	食品加工业	食品制造业	饮料制造业	烟草加工业
基本建设投资	投资额	7555	4051	219	760	2525
	施工项目数	18	9	2	4	3
	投产项目数	12	5	1	3	3
	新增固定资产	7420	3375	150	1220	2675
更新改造投资	投资额	32702	3340	1532	19846	7984
	施工项目数	52	15	7	25	5
	投产项目数	36	13	6	14	3
	新增固定资产	29857	3375	2452	14166	9864
城镇集体单位投资	投资额	3106	50	380	2676	
	施工项目数	5	1	1	3	
	投产项目数	2			2	
	新增固定资产	2736		80	2656	

（郝其刚）

【e. 质量管理】 2000年，江西省食品工业质量管理围绕着“培训骨干队伍、夯实质量基础、配合有关部门、整顿市场秩序”的目标，举办了一系列的活动：

1. 白酒国家评委的培训和考聘工作

① 6月上旬，在上饶市接待了全国白酒考评专家组会议。会议总结了历届全国白酒评委考聘的经验，研究了第6届全国白酒评委考聘的有关问题，并对江西省提出的《白酒感官品评计算机系统》进行了理论探讨和实际品评验证，决定在第6届全国白酒评委考核中采用该系统。

② 7月上旬，应赣州市食品工业局邀请，为提高赣州市白酒感官品评水平，对该市所有白酒评委和主要白酒生产企业的技术骨干进行了培训，这是该市全体评委进行的第1次正规培训。

③ 8月中旬，为迎接全国第6届白酒评委的考核，选择了省白酒评委中文化程度最高、品评能力最强的人员，进行了江西省历史上时间最长、难度最大、范围最广的强化性培训，选拔人员参加全国白酒评委的考核。

④ 9月上旬和11月中旬，先后推荐2批共6人参加全国白酒评委考核，其中5人被聘为国家正式评委，1人为资格评委，结束了江西白酒行业没有国家正式评委的历史。

2. 配合有关部门，做好食品卫生大检查和白酒生产许可证发放的现场审查。3月份，按省人民政府的安排，配合卫生、技术监督等部门，进行了全省食品卫生和安全大检查。10月份和12月份，对申请领取白酒生产许可证的企业先后进行了2次培训。在培训的基础上，派出专业人员，参与了对申请领证的第1批24家白酒生产企业进行现场审查。

3. 组织食品企业，参与质量管理成果发布和产品质量检评。组织了南昌卷烟厂包装车间QC小组和咀棒成型车间QC小组、广丰卷烟厂QC小组参加全国食品行业优秀QC成果发布，南昌卷烟厂包装车间QC小组获一等奖，该成果由中国食品工业协会推荐给中国质量管理协会，获全国优秀QC小组称号，其余2个小组获全国食品行业优秀QC小组二等奖。

元月份，举办了江西省第7届白酒质量检评活动，对1996年以来获省名优酒称号的白酒产品进行了质量检评，经过色谱分析和感官品评，确认69项产品继续保持省名优酒称号，在这次检评会上，还首次大规模采用了《白酒感官品评计算机系统》进行品评。

（余金德）

【f. 技术进步】 2000年，江西食品行业技术进步工作围绕着“企业是技术创新的主体”这条主线展开，主要是在市场经济条件下，在企业内部及全行业建立技术创新机制和体系。

德宇集团打破企业内部原有格局，着眼未来、着眼发展，加大资金、人力投入，组建了江西食品行业第1个企业技术中心——德宇集团技术中心，并通过了省经贸委的审核、验收。目前一批有战略眼光的企业家正积极酝酿重组企业技术开发机构。

提高装备水平和工艺技术水平也是企业决胜市场的基本条件，江西燕京啤酒有限责任公司自成立起，立足吉安啤酒厂良好的基础，依托北京燕京的资金、技术优势，整体移植了燕京工艺技术和菌种，使新生产系统的科技含量居于全国先进水平。

引进、利用外资提升全行业科研实力是江西食品行业2000年重要工作，由德国政府援建的江西中德食品工程中心（FEC）于2000年通过德国政府经济技术合作部与中国外经贸部的验收。该项目由德国政府无偿援助600万马克，中方配套投入1000多万元人民币共同建成。旨在为江西省建设1个具有国内领先水平，集科研开发、咨询及培训于一体的中试基地。FEC已于2000年6月20日正式运营，并得到德方评估专家的好评。在省经贸委、省食品工业协会的指导下，拟以 FEC 为主要骨干，组建江西食品行业技术中心。

加强对外交流使江西食品行业技术创新加快了步伐，省食品工业协会组织了省内企业领导、技术骨干及科研单位参加了在中国农大召开的“中日食品新技术研讨会”、中国食协在徐州召开的“食品新技术新产品交流会”、“西安国际食品节”及“上海国际食品添加剂展示研讨会”，从国内的食品科研院校所处获得了大量的最新食品科研信息。

食品新产品开发继续保持健康的发展势头，企业充分认识到自身的“绿色”优势及资金、技术劣势，做到“有所为、有所不为”。赣南南瓜系列休闲食品开发，泰和“井冈山红米饭南瓜汤”的开发，南昌速溶莲子奶、糊系列开发，都给食品市场增添了新的亮点。2000 年江西食品行业共有 60 余项省级新产品试制项目完成鉴定验收，有 23 项产品荣获“省优秀新产品奖”。

产品名称	试制单位
一等奖	
通心米粉	江西五丰食品有限公司
二等奖	
“得雨”速溶茶	景德镇市得雨活茶有限公司
白凤牌红米饭南瓜汤	江西白凤集团生物食品有限公司
“心香”莲子（奶）粉系列	江西黑五类食品有限责任公司
84 mm天宝卷烟	江西井冈山卷烟厂
“月兔春”卷烟	江西广丰卷烟厂
长河葛露	长河集团横峰县葛业开发有限公司
祺发牌临川葛酒	江西临川葛酒厂
白凤牌白凤春酒	江西白凤酒业（集团）有限公司
一品郎蔬菜营养布丁	江西一品郎实业有限公司
三等奖	
百丈泉百禽腊鹅	江西百丈泉食品饮料有限责任公司
龙哥阳酒	江西龙哥酒业有限公司
新效护肝茶	永丰县沙溪林场
福尔伟柯酒	南昌福尔伟柯保健饮料厂
递康牌蓝杏茶	江西递康实业有限公司
蒂稀仁香鸭	南昌美佳实业有限公司
江西醇	江西赣南果业股份有限公司麦饭石酿酒公司
南方速溶藕粉系列	江西黑五类食品有限责任公司
健威腌菜	江西朱港蔬菜食品厂

（陈震雄）

3.15 山　东　省

【a. 纪事】　3月～4月，省食协根据中国食协《关于开展“中国学生奶”推广活动的通知》等有关文件精神，结合山东省实际情况，重点选择了济南、烟台、威海、淄博、泰安、滨洲6个市地开展了“中国学生奶”推广活动试点工作，对提出申请的20家乳品生产企业进行认真的考核，从中推选出10家企业上报中国食协。经审核验收，有7家企业被确定为“中国学生奶”推广定点生产企业，3家企业确定为试点企业。

5月28日，省食协在南郊宾馆召开了“山东省‘中国学生奶’推广活动定（试）点生产企业新闻发布会”。中国食协王薇副秘书长出席会议并讲话。

6月15日，省食协在济南市组织召开了“全省糕点、肉制品、调味品等行业评委培训班”。经培训、综合考核，有26人被聘为省级评委，24人取得省级评委资格，省食协向他们颁发了评委证书和评委资格证书。

7月25日～31日，省食协、省白酒协会在泰安市举办了“全省白酒评委培训班”。邀请了国家白酒专业组组长沈怡方、辽宁省食品发酵研究所所长刘洪晃、国家白酒评委白希智和周复茂授课与指导。通过培训、考试和进行综合考核，从39名省级白酒评委中推选出13人参加第6届全国白酒评委培训、考核。

8月24日，省政府办公厅以鲁政办［2000］134号文转发了省农业厅“关于加快我省绿色食品发展的意见”。

11月4日，省食协组织了“2000年山东省名牌产品（食品行业）的专家评审”。聘请省有关部门的9位同志组成专家组，对申报山东省名牌产品的食品进行了评审，并提出推荐意见。经省经贸委审查确认，有110个食品被授予2000年度山东省名牌产品(其中新增22个)。

11月11日～16日，“第6届全国白酒评委（第2批）培训、考核”在淄博市举行。中国食协潘裕仁副会长、王薇副秘书长，省食协顾问王怀俊等领导出席会议。

12月28日，省食协在山东新闻大厦召开了“山东省白酒行业国家级评委表彰暨新闻发布会”。会上通报全省白酒行业生产情况，表彰了13名国家级白酒评委。省经贸委鲍言富副主任出席会议并讲话。

【b. 概况】　2000年，在山东省委、省政府的正确领导下，在各有关部门的关心支持下，山东省食品工业认真贯彻全省经贸工作会议精神，坚持以提高经济效益为中心，深化企业改革，积极调整结构，推进技术进步，提高产品质量，大力开拓市场，使全省食品工业持续稳定发展。

1. 生产稳定增长，经济效益明显提高。2000年，全省规模以上食品工业企业完成食品工业产值（当年价）1256.26亿元（包括采盐业，下同），产品销售收入1157.95亿元，实现税利138.72亿元，分别比上年增长17.51%、19.25%和17.49%。食品工业产值占全省工业产值的14.5%，产品销售收入占全省工业销售收入的14%；食品工业税利占全省工业税利的13.64%；食品工业产值、产品销售收入和税利均居全省工业各行业之首。食品工业产值、产品销售收入分别占全国食品工业产值、产品销售收入的15.6%和14.53%，连续11年居全国首位；食品工业税利占全国食品工业税利的9.51%，列云南之后，居全国第2位。

除酱油等产品产量与1999年相比有所下降外，其他主要产品产量均有不同程度的增长，其中食用植物油、食糖、糖果、鲜冻畜肉、味精、冷冻饮品、软饮料、乳制品、液体奶、原盐、淀粉及淀粉糖等产品产量均比1999年增长20%以上。小麦粉、鲜冻畜肉、加工蔬菜、水产加工品、白酒、啤酒、葡萄酒、味精、原盐、淀粉及淀粉糖、花生制品等产品产量均居全国之首。

2. 技术装备水平不断提高，科技开发能力进一步增强。2000年，全省用于食品工业的投资近30亿元，其中技术改造投资20多亿元。通过引进外资和技术改造，有7%以上的大中型骨干企业的技术装备水平达到国际先进水平，有13%以上的企业达到国内先进水平。目前全省地市以上的食品科研机构30多家，多数大型及骨干企业都成立了技术中心（或科研中心），多数中小型企业也都成立了科研机构或由专人负责科研开发工作。2000年，全省食品工业完成地市以上的科研项目100多项，开发新产品200多种，新产品实现产值10多亿元。生物技术和气调保鲜、冷冻速冻、超临界萃取、膜分离、挤压膨化、超高温灭菌、微波、防伪、程控等一大批新技术成果得到推广应用，有力地促进了生产技术水平的提高和产品的升级换代。

3. 行业和产品结构调整成效显著，食品质量稳定提高。通过行业和产品结构调整，食品加工业、食品制造业产值占食品工业产值的比重逐年上升，烟、酒行业产值占食品工业产值的比重逐年下降；名优食品不断增多，食品质量进一步提高。2000年，食品加工业占食品工业产值的65.46%，比上年增加1.63个百分点；食品制造业产值占14.44%，增加0.52个百分点；饮料制造业产值占15.61%，下降1.19个百分点；烟草加工业产值占4.49%，下降0.96个百分点。到2000年底，全省有110种食品被授予山东省名牌产品称号。名优食品产值占全省食品工业产值的比重达到26%以上；大中型食品企业产品的社会监督抽检、行业统检合格率达到95%以上，其中白酒、啤酒、葡萄酒、味精、罐头等产品的合格率达到100%。

4. 规模经营效益显著，市场竞争能力进一步增强。通过结构调整，企业规模发展壮大，涌现出一批较具经济实力和市场竞争优势的大中型骨干企业和企业集团。到2000年底，全省食品工业企业集团产品销售收入过亿元的达100多家，其中，山东金锣企业集团公司、诸城市大龙实业有限公司、颐中烟草（集团）有限公司、青岛啤酒集团、山东将军烟草集团、烟台张裕集团有限公司、烟台龙大企业集团、山东凤祥集团总公司、菱花集团公司、山东华盛集团总公司等企业的产品销售收入达到10亿元以上。食品企业集团税利超亿元的达14家，其中有8家企业集团的税利在2亿元以上。据统计，2000年前40名食品企业集团产品销售收入和税利合计分别占全省食品工业产品销售收入和税利的26%和60%以上。大中型骨干企业和企业集团的不断发展，带动了全省食品工业整体水平的提高，扩大了山东产品和企业的知名度，提高了在省内外和国际市场的竞争能力和占有率。全省加工食品出口创汇约24亿美元，分别占全省地方工业产品出口创汇额和全国食品出口创汇额的16%和20%左右。

5. 企业改革进一步深化，建立现代企业制度的步伐加快。食品工业有关部门和企业认真贯彻中央关于企业改革的方针，坚持抓好大的、放活小的，重点在大中型骨干食品企业中推行现代企业制度，加快企业改制步伐，有力地促进了企业改革各项工作不断向前发展。通过改制，企业逐步完善了由股东会、董事会、监事会和经理层组成的公司法人治理结构，在实现政企分开，转换经营机制，加强企业管理，提高经济效益，分离办社会职能和分流富余人员等方面都迈出了重要的步伐，取得了新的成就。到2000年底，已有80%以上的大中型企业完成了改制工作，初步建立起现代企业制度。

2000年，山东省食品工业发展中还有许多深层次的矛盾和问题没有得到有效解决。主要有：一是结构调整步子不快，行业结构、产品结构、企业组织结构乃至所有制结构不尽合理，不能完全适应新形势发展的需要；二是多数企业规模小、组织化程度底，技术水平不高，知名品牌少，高新技术企业和产品少，市场竞争能力不强；三是企业改革不够规范，企业管理水平和经济效益不高等。

【c. 农业产业化】 “八五”以来，山东省各级政府十分重视农业产业化发展，把农业产业化作为促进农业和农村经济两个根本转变，实现农民增收、农村经济第2次飞跃的重要措施和国民经济发展新的增长点。在农业产业化进程中，着力抓好农业产业化龙头企业的培育扶持，相继建成了一批具有相当经济规模、技术装备先进、产品科技含量高、市场竞争能力强、发展潜力大的科工贸农大型骨干企业集团。有力地促进了传统农业的改造，加快农业结构调整，拓宽了农产品市场，提高农业的综合效益，增加了农民收入，推动了农业和农村经济建设快速健康发展。到2000年底，山东省有13家企业荣获农业部等8部委农业产业化国家重点龙头企业称号，其中诸城市大龙实业有限公司公司、山东龙大企业集团公司、得利斯集团公司、山东金锣企业集团总公司、山东中鲁果汁有限公司、菱花集团公司、山东凤祥集团公司、青岛大象集团公司、鲁南牧工商集团公司、山东蓝山集团公司、潍坊乐港食品有限公司、山东九发食用菌股份有限公司12家为食品工业企业；有50家获得省级农业产业化龙头企业证书和奖牌，其中食品工业企业达41家。2000年，全省规模以上以农产品为原料的加工企业共有4188家，完成销售收入近1000亿元，实现税利109亿元；国家和省级农业产业化龙头食品企业完成销售收入和税利，分别占全省食品工业销售收入和税利的15%以上。

【d. 绿色食品】 山东省是农业和绿色食品大省，自1990年实施绿色食品工程以来，坚持以市场为导向，以提高效益为中心，努力把发展绿色食品同农业综合开发、发展优高农业、实施名牌战略、调整农业结构有机结合，从资金、政策等方面给予扶持，促进山东省绿色食品快速发展。到2000年底，全省有50多个县（市、区）的80多家企业的180多个产品获得了绿色食品标志使用权，主要产品包括粮油、蔬菜、水果、水产品、畜禽产品、酒类、饮料、茶叶8大类，开发产品数量居全国第2位，绿色食品产量约占全国总产量的十分之一。全省有25家绿色食品生产企业的50多个产品为出口创汇产品，仅花生、蔬菜、水果及制品出口量就达6.86万吨，创汇4240万美元。

（王世敏 张迎春 燕 飞 庄永辉）

2000年山东省规模以上食品工业企业主要经济指标 单位：万元

项目	食品工业合计	食品加工业	食品制造业	饮料制造业	烟草加工业
企业单位数（个）	1907	1254	386	250	17
工业总产值	12403565	8119082	1791394	1936101	556988
工业销售产值	12109510	7887654	1744420	1921374	556062
工业增加值	3418379	1916936	479221	648929	373293
资产合计	10025300	4929830	1514199	2804721	776550
流动资产年平均余额	4413611	2289580	624780	1251593	247658
固定资产原价	5240638	2418243	874667	1415015	532713
固定资产净值年平均余额	3835106	1869080	635234	1011595	319197
所有者权益合计	3724215	1551776	510653	1100252	561534
产品销售收入	11444783	7430562	1607144	1856967	550110
利润总额	629028	323010	87802	93723	124493
税利总额	1364212	472881	152008	372671	366652
全部从业人员年平均人数（人）	569528	314930	110975	130101	13522

2000年山东省国有控股食品工业企业主要经济指标 单位：万元

项目	食品工业合计	食品加工业	食品制造业	饮料制造业	烟草加工业
企业单位数（个）	628	384	112	117	15
工业总产值	3924811	1944481	330111	1097123	553096
工业销售产值	3910646	1936016	320776	1102535	551319
工业增加值	1261443	404271	90270	395261	371641
资产合计	5221504	1925121	574253	1973374	749856
流动资产年平均余额	2286981	923696	235753	890990	236542
固定资产原价	2725592	977956	323251	912875	511510

续表

项　　目	食品工业合计	食品加工业	食品制造业	饮料制造业	烟草加工业
固定资产净值年平均余额	1919081	734375	243683	639324	301699
所有者权益合计	1840231	323359	163719	795267	557886
产品销售收入	3985145	1982431	317421	1139806	545487
利润总额	220430	22204	15808	55230	127188
税利总额	691360	55803	28237	239048	368272
全部从业人员年平均人数(人)	223645	93931	30324	86201	13189

2000 年山东省食品工业主要产品产量

产品名称	单位	产　　量	为1999年%
原　盐	吨	8299023	135.37
大　米	吨	6523	135.90
小麦粉	万吨	510	117.24
食用植物油	吨	1365732	151.90
机制糖	吨	8033	211.95
鲜、冻畜肉	吨	916478	138.70
水产加工品	吨	1402843	127.63
糖　果	吨	51658	156.26
方便主食品	吨	366369	104.67
乳制品	吨	82964	156.86
罐　头	吨	88578	63.47
味　精	吨	150878	113.82
酱　油	吨	130274	88.55
淀　粉	吨	2056767	133.35
冷冻饮品	吨	41514	152.82
发酵酒精	吨	319351	115.67
饮料酒	吨	4009042	110.33
白　酒	吨	907444	108.44
啤　酒	吨	2964831	110.49
软饮料	吨	292188	120.55
瓶（罐）装饮用水	吨	87144	126.59
精制茶	吨	154	23.66
卷　烟	箱	2300576	100.83
一类卷烟	箱	85201	65.88
二类卷烟	箱	58081	95.20
三类卷烟	箱	286913	79.61
四类及以下卷烟	箱	1870381	108.06

2000 年山东省食品工业重点企业基本情况表

单位：万元

企业名称	产品销售收入	工业增加值	固定资产原价
山东金锣企业集团总公司	354336	86465	46008
诸诚市大龙实业有限公司	343495	66574	136507
颐中烟草（集团）有限公司	195423	146763	165745
青岛啤酒集团有限公司	189864	70616	190737
山东将军烟草集团济南卷烟厂	176671	113573	160347
烟台张裕集团有限公司	166565	35074	67730
烟台龙大企业集团	109700	30083	30982
山东凤祥集团总公司	101694	29758	46984
菱花集团公司	100083	29271	56377
得利斯集团公司	96388	28332	31339
山东兰陵企业（集团）总公司	78849	31362	52267
博光县渤海油脂工业有限公司	72219	18374	7286
博兴县植物油厂	67594	22427	5823
青岛嘉里植物油有限公司	65320	13498	14750
颐中烟草（集团）有限公司青州卷烟厂	65082	49687	3788
山东景芝集团有限公司	60012	14799	32551
山东斥山水产集团总公司	67050	12762	5496
山东青援食品集力有限公司	53218	13064	25067
山东良友油脂股份有限公司	50747	2429	6948
聊城嘉明实业有限公司	50695	6657	32094
山东省文登市啤酒厂	48617	17374	6422
高唐蓝山集团总公司	47610	3464	9810
日照市水产集团总公司	46696	11177	20896
青岛大洋食品集团股份有限公司	45006	10982	65001
山东龙丰集团公司	44598	12028	40839
潍坊永昌食品工业有限公司	38665	5732	13006

续表

企业名称	产品销售收入	工业增加值	固定资产原价
烟台啤酒朝日有限公司	38214	15594	30528
山东九发集团公司	38091	10467	26234
青岛胶南康大外贸集团公司	35653	6586	4947
兖州市雪花淀粉集团公司	35501	13427	9869
沂水鲁洲食品厂	35451	13432	8033
龙口新龙食油有限公司	35302	8012	14670
济南啤酒集团总公司	34961	13958	23382
蒙阴县银麦啤酒有限公司	33580	9808	21198
山东广寒宫集团公司	33188	9558	36260
莱阳鲁花浓香花生油有限公司	33079	10347	5942
三英集团公司	32921	5955	11571
青岛德维集团公司	32567	6475	22517
山东无名啤酒股份有限公司	31941	12681	23160
济南农工商集团有限公司	31270	13812	24335
青岛佳元水产集团有限公司	31005	5704	4655
文登市金洋乳品集团有限公司	30667	8181	2072
山东新昌肉食集团公司	30629	2355	13098
潍坊美城肉鸡有限公司	30324	10042	7762
山东石岛水产供销集团公司	29400	4252	8718
青岛可口可乐饮料有限公司	28772	9101	34678
黄海粮油工业（山东）有限公司	28230	11374	8986
莒南县春园食品集团有限公司	27402	4830	7663
青岛雀巢有限公司	27145	6964	21020
山东三孔集团有限公司	27011	12044	34464
山东大洋食品集团有限公司	26431	11458	10540
山东泰山生力源股份有限公司	26220	13036	24071
山东枣庄鑫源植物油厂	26080	1105	3355
山东省荷泽华瑞油脂有限公司	25941	1917	2172
烟台啤酒朝日有限公司二厂	25095	6375	19169
淄博中轩实业集团总公司	24821	8002	10870
潍坊乐港食品有限公司	24500	5013	21494
青岛海丰集团股份有限公司	24415	2948	7977
山东省金贵集团	23841	6002	6423
颐中烟草（集团）有限公司滕州烟厂	23693	20524	36601
烟台威龙葡萄酒股份有限公司	23397	9351	4383
山东景阳岗酒厂	23350	7430	4732

续表

企业名称	产品销售收入	工业增加值	固定资产原价
青岛琅琊台酒业股份有限公司	23000	7000	12747
山东中鲁果汁集团公司	22815	8930	12510
茌平县三九味精有限公司	22668	5762	13492
文登市昆嵛花生集团公司	22645	3528	6498
威东日食品有限公司	22591	4567	14004
青岛万福集团股份有限公司	21985	4717	12569
山东春雪食品集团公司	21731	3567	7937
济南酿酒厂	21570	11946	10391
邹平利生植物油厂	21150	255	7464
山东琥珀啤酒厂	20500	9332	38769
东营市广饶面粉厂	20428	2502	6163
青岛食品股份有限公司	20258	6419	7435
山东孔府家集团有限公司	19965	8842	25271
泰安泰山啤酒有限公司	19662	6723	20799
威海市水产集团公司	18390	2573	3571
山东铃兰味精集团公司	17970	4716	12634
荣成荣山食品有限公司	17548	5216	3580
莱州市中策啤酒有限公司	16940	3255	20143
武城县古贝春有限责任公司	16880	5088	451
青岛青联股份有限公司	16799	4065	12051
青岛长生集团公司	16751	3709	1944
寿光市第二食品工业公司	16556	7137	3471
鲁南牧工商联合公司肉类联合加工厂	16430	4019	1554
诸城市淀粉股份有限公司	16323	6766	7640
青岛蓝宝石酒业股份有限公司	16155	6605	20878
龙口复发中记冷藏有限公司	15797	6399	30484
菏泽华瑞食品公司	15691	3616	11143
青岛亚是加食品有限公司	15633	2507	4556
青岛啤酒第五有限公司（崂山啤酒厂）	15318	6356	28229
山东温河股份有限公司	15009	5717	11783
青岛白樱花集团有限公司	14711	3050	13386
烟台北方安德利果汁有限公司	14010	6832	11156
龙口市酒精厂	13985	3933	1599
山东龙口啤酒厂	13557	3770	2700
山东鲁宝食品集团公司	13366	3228	3095
山东玉王浸出油厂（集团）	13313	476	3934
滕州市荆河酒业有限责任公司	13005	4364	2028
威海啤酒集团	13000	3081	14876
荣成荣东食品有限公司	12993	3162	2250

3.16 河 南 省

【a. 纪事】 4月25日，河南省人民政府食品工业办公室隆重召开“河南省速冻食品发展情况新闻发布会”。省内20多名新闻记者、省经贸委领导及国内有关知名人士参加了新闻发布会，与会记者在会后作了大量的报导。

此次会议主要内容是：1. 总结了河南省速冻食品近年来的发展情况。2. 河南7家速冻食品企业向社会公开承诺：保质保量，遵纪守法，有序竞争，共创名牌。会上7家企业负责人在承诺书上签了字。3. 省政府食品办命名7家速冻食品企业为“河南省速冻食品重点企业”。它们是：郑州三全食品有限公司、河南省思念速冻食品有限公司、河南省科迪食品集团股份有限责任公司、濮阳澶都急冻食品有限公司、郑州郑荣集团有限责任公司、郑州笑脸食品有限公司、开封第一楼集团食品有限公司。

6月，河南洛阳巨尔乳业有限公司被中国食品工业协会确定为“中国学生奶推广活动定点生产企业”，并授予定点企业证书、标牌，准许使用“中国学生奶——中国食协营养指导委员会监制”标志。这是河南省首家被确定企业。该公司投资4300万元，引进芬兰和丹麦生产工艺技术及设备，日产鲜奶和酸奶60吨，采用高温瞬间灭菌办法加工的鲜奶，产品无需冷藏即可在常温下保质3个月，作为学生奶非常理想。

8月，根据中国食协推荐全国白酒评委的要求，河南省于8月23日～27日在河南宝丰酒业集团举办了首届河南省白酒专业高级技术委员及推荐白酒国家评委培训班。国家白酒专家组副组长于桥、南昌大学教授邓少平等专家在培训班上授课。此次培训班共评出省高级技术委员21名，推荐国家白酒评委参考人员9名。

11月，在中国食协分别于9月、11月举办的第6届全国白酒国家评委培训、考核活动中，经河南食品协会推荐的参选人员取得了优异的成绩。按照择优录取的原则，河南省推荐的9人中，有7人被聘任为第6届白酒国家评委，2人被聘任为第6届国家资格评委，录取率达100%，这个成绩在全国名列前茅。

（程 珉）

【b. “九五”回顾】 进入90年代以来，河南省委、省政府高度重视发展食品工业，先后做出了“围绕‘农’字做文章”，“围绕农业上工业，上了工业促农业”，“大力发展食品工业，振兴河南经济”和“把食品工业作为全省五大支柱产业之一，着力培育，加快发展”等一系列战略部署，并以豫政［1998］5号文批转了省经贸委、省政府食品办《河南省食品工业‘九五’发展规划纲要》；为贯彻国家产业政策、技术政策，引导和调控企业提高技术水平，振兴和发展河南食品工业，1999年7月省计委、省经贸委联合下发了“关于发布《河南省食品工业技术政策》的通知”。这些重大决策的实施，促使全省食品工业进入了持续、快速、健康的发展阶段。连续2个五年计划超额实现了省委、省政府提出的“食品工业五年翻1番”的目标，使河南省食品工业的经济总量在全国位次也实现了连续进位，由1990年的全国第7位升居1999年的第4位。被国家有关部门称为“中西部地区发展食品工业的典范”，位居中西部地区食品工业经济总量之首。在国家统计局规定的24类食品工业行业中，河南省已拥有23类（仅缺制糖业），形成了初具规模、比较完整的现代食品工业体系。截止2000年底，河南省规模以上食品工业企业有1636家，固定资产净值190亿元，从业人员36.7万人，实现销售收入485亿元，占全省工业销售收入总额的17%；完成工业增加值146亿元，占全省工业增加值的15.5%；实现税利65.12亿元，占全省工业税利总额的24.5%。经过“九五”时期的发展，全省食品工业完成工业增加值、实现销售收入、税利均居河南省工业各行业之首，成为河南省国民经济中名副其实的支柱产业。

“九五”时期，河南食品工业的产业结构调整初见成效，形成了一批在国内市场具有一定优势的产业和产品。目前，河南肉制品行业仍居全国领先地位，过去以火腿肠为代表的肉制品，现已调整为火腿肠、熟肉制品、低温肉制品、预冷分割肉4大系列产品。除此之外，河南食品工业在全国总量第1的产品还有味精、酒精、面粉、挂面、面制速冻食品、方便面、花生奶等；名列全国前3位的产业和产品主要是烟草加工、果汁加工、植物油脂、复合调味料、糖果制造、大豆蛋白加工及板栗、银杏加工等。同时，创出一批在国内市场有较高知名度的名牌产品，如双汇、春都、郑荣肉制品，莲花味精，金星啤酒，金丝猴糖果，三全、思念、科迪速冻食品，南街村、白象、幸运、天天方便面，宝丰、仰韶、宋河、赊店白酒，隆氏花生奶，华英樱桃谷鸭，天冠酒精等。名牌产品的形成进一步提升了产品的市场竞争力，扩大了市场覆盖面，促使全省食品工业的优势产业、优势产品在全国市场的地位得到巩固和加强。

“九五”时期，河南省食品工业发展的一个突出特征是，随着改革开放步伐的加快，非公有制经济发展迅速。一批股份制企业、民营企业迅速崛起。象郑州三全、河南思念、商丘科迪、郑州金苑、驻马店十三香、漯河澳的利、开封隆氏、新乡亚特兰等企业的销售收入均已超过亿元，不少企业已经成为全省乃至全国食品行业的排头兵。

“九五”时期，食品工业结构的调整有力地促进了农业产业化的发展。目前，全省正在迅速推广优质小麦种植基地，果农逐步改造种植高酸果林，瘦肉型畜禽业的养殖也在加快发展。以“种、养、加一条龙”、“公司加农户”、“贸、工、农一体化”、“公司+科研+基地”等形式组建的现代食品企业，使农产品结构调整的市场定位准确，目标市场清楚，从而在部分地区达到了农业增效、农民增收的目的。

（陈振杰）

【c. 新产品、新技术】　郑州九氧矿泉饮品有限公司利用高科技专利技术和国产设备，将纯净氧高度溶解于矿泉水中而生产的一种新型饮料通过国家有关部门的技术鉴定。该矿泉水选用地表以下844.7～1044.2米的矿泉水，含有多种微量元素。饮用后其中的氧被胃、肠直接吸收，并通过血液送到大脑和全身，被各器官、组织、细胞充分吸收，可补充血液中氧分的不足，增强组织细胞内物质的氧化还原（即新陈代谢），有利于能量的产生和释放，从而可减少肌肉乳酸的积聚，使肌体迅速消除疲劳，生命力得到加强，工作效率提高。有关专家认为，作家、艺术家、教师、记者、公务员等长期生活不规律，用脑过度极易产生疲劳，喝了超氧水，可以使人以最佳状态投入工作，提高办事效率。而超氧水还可使各类体育运动人员减缓脉搏的跳动，增加耐力，帮助恢复体力，提高运动成绩。

在郑州市委政府、市商贸委的指导下，河南省郑州市首家“放心豆腐店”于2000年9月30日正式开业。这家名为“双心豆制品专卖店”的“放心豆腐”系引进韩国“大陆”牌大型即席豆制品机生产而成，1天可生产近3吨豆制品。其豆制品采用深海海草提炼的凝固剂，经高温消毒，并运用高度净化过的水精制而成。废除了中国几千年来使用的对人体有害的石膏及卤水生产豆制品的方式。成品色泽鲜艳，醇香可口，无任何异味。

【d. 上市公司动态】　双汇集团赶在国外同类企业大举进入中国市场之前，全面完成了企业的改造，计划用3年时间在全国建成1000家专卖店。双汇集团目前日产600多吨肉制品，占地近2.1万平方米的肉制品大楼正在建设之中。建成投产后，双汇将成为世界单产最大的肉类加工企业。担任世界肉类理事和中国肉类协会高级顾问的万隆认为，如果不赶在政策保护下做成拥有国际竞争力的企业和品牌，这个巨大的市场就有可能被丢掉。目前，已在河南的郑州、漯河、南阳等地相继建成双汇专卖店。专卖店的肉品一律由“双汇”统一配送，店面、品牌、管理、价格等也统一设定。这些店的主要特点是质量有保证，种类齐全，仅熟肉制品就达上百种，因此顾客盈门,效益可观，单店最高日销售额达30余万元。

河南莲花集团在本世纪末，投资4亿余元实施包括3个工程的“入世工程”：引进日本下番连续结晶工艺等精制技改项目，完成后可使味精质量进一步提高，产量增加1倍；引进日本CX-O法谷氨酸生产技术和配套发展项目，既可节省用粮又可使发酵生产能力增加1倍以上；小麦淀粉生产的技术改造及其副产品生产项目，此项目不但可降低成本，而且可综合利用废料，生产诸多副产品，大大增加附加值。

2000年河南省规模以上食品工业企业主要经济指标

单位：亿元

	企业数（个）	总产值（当年价）	增加值（当年价）	产品销售收入	销售产值（当年价）	产品销售利润	利润总额	税利总额
食品加工业	1080	283.73	63.45	264.64	278.15	17.69	9.61	15.83
食品制造业	389	109.63	31.62	96.38	106.29	12.03	5.29	9.52
饮料制造业	239	84.83	28.31	69.14	81.59	5.61	0.58	8.39
烟草加工业	37	71.08	39.83	71.99	71.73	0.02	2.32	29.78
合　计	1745	549.27	163.21	502.15	537.76	35.35	17.80	63.52

2000年河南省食品工业主要产品产量

	单位	2000年	1999年	增减%		单位	2000年	1999年	增减%
原　盐	吨	593804	361645	64.2	液体乳	吨	27616		
食用植物油	吨	457693	477973	-4.2	味　精	吨	120226	127138	-5.4
鲜、冻畜肉	吨	381327	342650	11.3	白　酒	吨	313949	364883	-14.0
糖　果	吨	23624	48669	-51.5	啤　酒	吨	1017733	1030412	-1.2
方便主食品	吨	472958	467094	1.3	软饮料	吨	249173	299358	-16.8
方便面	吨	157191			卷　烟	箱	2942189	2876663	2.3
乳制品	吨	8086	7794	3.7					

2000年河南省食品工业基本建设投资情况

单位：万元

行　业	投资总额	按构成分				按建设性质分		
		建筑工程	安装工程	设备购置	其他费用	新建	扩建	改建
食品加工业	73886	28013	3292	41873	708	30854	38781	
食品制造业	6596	4566	257	1689	84	4095	1849	162
饮料制造业	17809	10465	1845	4407	1092	15043	2100	
烟草加工业	12085	11433	171	200	281	5373	514	

2000年河南省食品工业更新改造投资情况

单位：万元

行　业	投资总额	按构成分				按建设性质分		
		建筑工程	安装工程	设备购置	其他费用	新建	扩建	改建
食品加工业	23833	7962	2096	11740	2035	5920	9036	8347
食品制造业	39913	10032	1772	27645	464	3930	35428	555
饮料制造业	23341	6098	3375	13208	660	1534	16361	5028
烟草加工业	17955	1373	345	14832	1405	576	549	12338

（程　珉）

3.18　湖　南　省

【a. 概况】　2000年，湖南省食品工业以提高经济效益为中心，深化改革，加大结构调整和技术创新力度，加强经营管理，大力开拓市场，取得了较好的成绩，顺利实现了"九五"计划所规划的各项经济指标，支柱产业地位进一步稳固。全省食品行业规模以上企业完成工业总产值265.1亿元（当年价），不变价产值为153.6亿元，比上年增长6.2%；完成工业增加值132.4亿元，比上年增长3.5%；实现税利98.3亿元（未含烟草商业），比上年增长5.7%，其中利润12.3亿元，比上年增长22.5%。食品工业产值占全省工业产值（当年价）的16.3%，税利占全省工业的47.7%，利润占全省工业的35.7%，均居工业各产业之首。

1. 食品工业的发展扭转了前两年增长速度减缓、效益停滞不前的势头，一些行业出现了明显转机，如制糖、罐头制造等，乳制品行业高速发展，烟草加工业百亿税利工程顺利实现。

2. 食品工业发展已基本纳入了市场化运作的轨道。2000年，国家和省里明确提出国有资本要从食品工业（烟草加工业除外）退出，湖南省食品工业4年前就已经提出这个观点并采取了一些有效的措施。现在个体私营和外资股份制企业已成为湖南省食品工业的主体，大部分国有食品企业已基本改制完成。由于企业运行以市场为导向，产品销售受市场调节，食品行业市场化程度已经高于工业各行业。

3. 食品工业发展后劲明显增强。一是招商引资成效明显。青岛啤酒股份有限公司收购资兴啤酒厂，成立了青岛啤酒郴州有限公司，拟投资1亿元，将生产规模扩大到10万吨，规划发展到20万吨，成为青啤南方重要基地。湘乡、衡阳啤酒厂与燕京啤酒合作，共引进资金1亿多元，规划分别发展到30万吨。二是正式启动"学生奶"试点工作。宾佳乐、湖南海浪2家企业获得全国"学生奶"试点企业资格。以"学生奶行动"为契机，湖南省乳制品行业加快了技术改造和产品升级换代的步伐，行业发展速度明显加快，增长超过50%。三是望城县"湖南省高科技食品工业基地"启动。基地可行性报告于7月13日获得省政府批准，列为省级开发区，并入长沙市高新技术开发区享受优惠政策。这是湖南省乃至全国第1个高科技食品工业专业基地，将成为湖南省食品工业发展的强大推动器。首期开发133.33公顷，已有沐林现代食品、广东谊信、派派等签约入驻，总投资近2亿元。

食品工业发展还存在着一些困难和问题。虽然食品工业出现了恢复性增长，但增长的基础还不稳固，结构性矛盾仍然突出，食品工业企业"散"、"小"、"差"现象还普遍存在；仍有一部分企业还未走出困境，下岗再就业的压力很大。

【b. 行业管理】　2000年行业规范化管理工作取得重要突破。省政府决定将食品工业的支柱行业酒业纳入法制化管理，出台了《湖南省酒类管理办法》；湘潭市食品办牵头进行了冷饮行业的整改验收工作，既保证了人民身体健康，又促进了该市冷饮行业的健康发展。

1. 广泛开展酒类调研，使酒类管理工作纳入法制化轨道。2000年，全省食品工作会议将酒类立法工作确定为年度的中心工作。一是重点抓好立法的前期调研，积极配合省法制局做好立法文本的起草工作。二是认真落实《湖南省酒类管理办法》，出台了《湖南省酒类管理办法实施细则》。2000年8月省政府以省政府令135号颁布了《湖南省酒类管理办法》，明确了省经贸委是全省酒类行业的行政管理部门，在全省实行酒类生产准产证制度、酒类批发许可证制度、酒类零售备案制度和省外酒类入湘销售质量审验制度，并在10月由省编办发文成立了湖南省酒类产销管理办公室。这是湖南省食品行业管理工作的1项重大突破，对湖南省酒业健康发展将产生积极影响。为配合政府令的实施，省经贸委马上对生产企业和流通企业进行调查，召开各市州经委和酒类经销人员座谈会，在广泛听取意见的基础上，起草了《实施细则》，并以省经贸委文件下发，使基层酒类管理有章可循，操作性更强。三是抓省酒类管理机构和各市州相关机构的筹建工作。各市州酒管机构在上半年逐步就位，省酒类产销管理办公室也于2000年底挂牌成立。四是具体抓了人才培训工作。举办了评酒员培训班，对市州酒管人员进行了业务培训。结合国家评酒委员的推选工作，还举办了评酒员培训班，省内10多个大白酒厂的评酒师和各市州酒管人员参加。经过考试和资格审查，聘请了12位省级评酒员，推荐了6位参加国家级评酒员的培训考试，有2位被聘为国家评委，3位聘为国家资格评委。

2. 研究制订了湖南省食品行业“十五”发展规划。结合国家有关部门制订的食品“十五”发展规划，对食品类重点行业和重点企业进行了1次详细的摸底调查，并广泛听取有关专家的意见，在年底基本编制完成了湖南省食品工业“十五”发展规划。这个规划根据国内外食品市场发展的新趋势，结合湖南的实际情况，为未来5年食品工业的发展确立了明确的指导思想、奋斗目标、工作原则、重点行业和企业以及政策措施。

3. 围绕农业产业化，对粮食深加工技术改造项目进行了考察和规划。根据年初省委、省政府关于抓好粮食精加工的指示和6月份省政府召开的有关粮食精加工协调会的精神，对全省大米加工进行了初步规划，对加工企业进行了初步筛选。实地考察了长沙盛湘、怀化怀泰、湘潭聚宝、益阳琼湖4家，并到金健米业进行现场考察和调研，就全省大米精加工和粮食系统大米精加工技术改造提出了调研报告，上报省政府和有关部门参考。此外，还帮助有关企业对技术改造方案进行修改完善，督促企业做好前期准备工作。

4. 加强行业协调和服务，积极外引内联，壮大了行业的整体发展实力。一是积极为企业做大做强牵线搭桥，推动企业的资本运作。省经贸委与青岛啤酒股份有限公司进行了多次联络，陪同青啤发展部长和加拿大外商到湘乡、衡阳、资兴啤酒厂进行实地考察，最终促成了青岛啤酒股份有限公司与资兴啤酒厂的合作，成立了青岛啤酒郴州有限公司。据了解，合作方在近期拟投资1亿多元，将生产规模扩大到10万吨，规划发展到20万吨，成为青啤南方重要基地。湘乡、衡阳啤酒厂与燕京啤酒合作，共引进资金1亿多元，规划分别发展到30万吨。二是帮助长沙白沙液酒厂策划了“白沙液复兴工程”。通过与有关部门协调，使长沙白沙液酒厂“白沙液复兴工程”获得省市政府的重视和专款支持，省经贸委也予以资金补助，“白沙液复兴工程”现已正式启动。三是与望城县合作规划了“湖南省高科技食品工业基地”项目。有关可行性报告已于2000年7月13日获得省政府批准，列为省级开发区，并入长沙市高新技术开发区享受优惠政策。这是湖南省乃至全国第1个高科技食品工业专业基地，将成为湖南省食品工业发展的强大推动器。四是配合全省“十五”规划的制订，推荐了一批项目列入了全省重点技术改造项目，金健米业、唐人神集团等企业被列为省级重点企业。

【c. 质量管理与名牌】 食品行业是与人民生活密切相关的行业，食品质量问题是人命关天的大事。2000年初，省食协根据企业申请和各市州推荐，下达了食品行业年度创优创牌计划，力求通过这一措施推动企业加强质量保证体系建设，提高管理水平和效益。经过与各市州、企业的共同努力，2000年全行业共有10个（次）产品获得质量奖。在此过程中，对申报名牌产品的企业进行了实地考察，严格把关，对达不到要求的坚决淘汰，最后确定了金健米业的面粉等8个产品的行业建议名单。经过积极争取，上报的8个产品全部通过，获得“湖南名牌产品”称号。另外8个产品通过复评保持了“湖南名牌产品”称号。

（陈卫华）

2000 年湖南省名牌产品和获产品质量奖产品（食品部分）

产品名称	注册商标	企业名称
系列面粉、面条＊	金健	湖南金健米业常德面粉分公司
南洲大曲（精品）＊	南洲	湖南南洲大曲酒业有限公司
猕猴桃果汁饮料＊	老拔铺	湖南老爹农业科技开发股份公司
色拉油、调和油＊	道道全	岳阳巴陵油脂工业有限公司
面粉＊	飞雪	株洲市面粉公司
湘西菌油＊	闻得福	湖南闻得福油脂集团股份有限公司
优质系列大米＊	聚宝	湘潭市聚宝米业有限责任公司
桶装、瓶装水＊	滴水洞	韶山滴水洞保健饮品有限公司
食用调和油＊	银城	益阳市粮食局油脂厂
系列面粉＊	帅牌	湘潭市帅牌面粉有限公司
乳制品＊	宾佳乐	长沙宾佳乐乳业有限公司
芝麻油系列＊	长康	湖南长康实业有限公司
无铅松花皮蛋＊	青松	益阳市青松食品总厂
肉制品、腌腊制品＊	唐人神	湖南唐人神肉制品有限公司
高级烹调油＊	万家炊	金健米业常德植物油分公司
乳制品＊	南山	湖南省南山种畜牧草良种繁殖场
面粉	澧雪	湖南银河科瑞股份公司澧雪面粉厂
酒神酒	久神	湖南湘西酒神酿造有限公司
系列小麦粉	湘君	湖南省冷水滩面粉厂

注：带“＊”号的产品获“湖南省名牌产品”，其他获产品质量奖

2000 年湖南省食品工业主要产品产量

产品名称	2000 年(吨)	1999 年(吨)	同比％
大米	1023999	873110	17.3
小麦粉	188400	211900	－11.1
配混合饲料	1636215	1368851	19.5
食用植物油	201433	114085	76.6
机制糖	44415	87980	－49.5
鲜、冻畜肉	45978	42334	8.6
水产加工品	223	282	－20.9
糖果	8105	4006	102.3
方便主食品	297	445	－33.0
糕点	5305	5403	－1.8
饼干	9046	9235	－2.0
乳制品	5577	4370	27.6
罐头	42147	33965	24.1
味精	4452	4010	11.0
酱油	33876	30660	10.5

续表

产品名称	2000 年(吨)	1999 年(吨)	同比％
淀粉	146	749	－80.6
冷冻饮品	14592	9612	51.8
豆制品	435	393	10.6
粉丝、粉条	1733	2078	－16.6
发酵酒精	4848	6645	－27.0
白酒	37598	40033	－6.8
啤酒	264157	245294	7.7
软饮料	123957	84900	46.0
碳酸饮料	7893	2842	177.7
液体乳	37369	34107	9.6
精制茶	40129	38185	5.1
瓶(罐)装水	98820	72313	36.7
卷烟(箱)	2293863	2324872	－1.3
一类卷烟	576412	600580	－4.0
二类卷烟	407363	442657	－8.0

2000年湖南省食品工业规模以上企业主要经济指标

单位:万元

行业	企业数(个)	工业总产值		销售产值(当年价)	工业增加值(当年价)	资产总计	负债合计	产品销售收入	利润总额	税利总额	从业人数(人)
		不变价	当年价								
合计	613	1536327	2650909	2629137	1324314	3185435	1583536	2535959	123000	983103	108845
食品加工业	357	576281	824298	808073	197137	831444	466170	758051	15359	25297	41994
粮食及饲料加工业	231	364528	543744	532869	125069	489932	251355	471744	10948	13821	22087
碾米业	95	52140	85347	81095	22361	78513	54968	57621	-2216	-1597	7444
磨粉业	13	4321	9078	8677	2658	33276	26871	6828	-554	-422	1449
面、米制品业	13	6672	9019	8499	2750	10063	9417	4852	-411	-318	931
配混饲料制造业	106	298818	437132	431407	96705	364187	157494	399255	14395	16400	12027
植物油加工业	44	96076	137389	134451	39842	168341	104297	154732	7711	10465	4927
食用植物油加工业	41	95812	137060	133493	39883	163893	99837	153619	8050	10835	4760
制糖业	11	18086	20764	18595	6488	28600	28567	16587	-3233	-1677	5761
甘蔗糖业	10	17511	19951	17774	5675	28600	28567	16587	-3233	-1677	5701
屠宰及肉类蛋类加工业	56	58414	68865	69638	14158	110036	65654	63939	-688	1169	6166
屠宰业	13	10551	12791	13708	3279	28723	18014	12413	46	409	1764
肉制品加工业	37	41452	48103	46679	8929	55562	34245	42084	-570	781	3793
蛋品加工业	5	6060	7607	8887	1972	24478	12194	9181	31	172	531
水产品加工业	1	1109	1374	1856	226	1071	873	2119	22	65	110
冷冻水产品加工业	1	1109	1374	1856	226	1071	873	2119	22	65	110
盐加工业	1	636	862	862	119	941	1456	451	-157	-148	203
其他食品加工业	13	37432	51302	49803	11235	32524	13969	48479	757	1603	2740
食品制造业	131	140258	181863	179174	47968	205206	128362	156658	7548	15927	19177
糕点、糖果制造业	37	39809	50636	53293	15488	50418	27056	42540	3717	6558	3186
糖果业	9	7618	10181	10164	3348	3011	1521	5473	-104	32	507
糕点业	21	5485	7027	6526	1362	12940	7515	6170	131	376	1237
饼干业	1	23604	29538	32878	10009	31560	16521	27580	3657	6046	1100
乳制品制造业	3	11859	20683	20132	6001	20363	11627	17027	1179	2206	944
罐头食品制造业	19	22331	27543	25557	7752	22173	15632	21153	509	1605	4145
水果罐头制造业	8	11039	13456	11846	4394	12346	9810	7533	414	762	2559
蔬菜罐头制造业	8	4933	6286	6182	1021	6507	3758	6110	-228	-63	971
发酵制品业	8	24888	28279	26784	5958	31741	15814	23820	438	1978	2611

续表

行业	企业数（个）	工业总产值		销售产值（当年价）	工业增加值（当年价）	资产总计	负债合计	产品销售收入	利润总额	税利总额	从业人数（人）
		不变价	当年价								
氨基酸制造业	1	583	790	719	227	1271	745	711	-7	-0.3	174
味精制造业	1	6143	3284	3115	395	4418	2303	2988		188	426
柠檬酸制造业	4	16310	22069	20909	4781	24733	12242	18756	419	1693	1798
酶制剂制造业	2	1852	2136	2041	555	1319	523	1365	26	97	213
调味品制造业	28	22511	30606	29983	7278	35887	19505	29596	1407	2327	2586
酱油、酱类制造业	23	15595	20828	20407	5959	15515	10511	20391	1624	2480	1646
调味油制造业	3	5727	8219	8102	1033	19349	7882	8108	-219	-202	713
其他食品制造业	36	18860	24121	23244	5491	44625	38729	22523	298	1253	5705
豆制品制造业	7	1297	1526	1520	334	1292	802	1328	57	77	278
淀粉及淀粉制品业	2	2330	3288	2953	890	1049	641	2953	196	225	107
冷冻饮品制造业	21	8547	11387	10994	2342	36963	34695	11623	-104	471	4564
饮料制造业	103	207451	276337	271756	100633	682759	374314	245134	12936	49772	24783
酒精及饮料酒制造业	55	127488	172560	167166	73966	548625	300344	144457	3526	35680	16088
酒精制造业	4	1056	1412	1566	431	6313	5476	1529	-369	-146	479
白酒制造业	36	82310	105257	101171	52126	406182	235102	83641	3925	25636	9922
啤酒制造业	13	42953	64498	63097	20954	131236	58978	57978	-71	10020	5619
葡萄酒制造业	1	34	43	43	10	194	228	19	-15	-13	20
果露酒制造业	1	1135	1350	1290	445	4699	560	1290	56	183	48
软饮料制造业	15	25940	34127	34307	9333	43570	17597	36062	3080	4915	2382
碳酸饮料制造业	5	1678	2357	2641	507	5743	3258	2543	43	134	260
天然矿泉水制造业	2	822	1051	1468	320	663	398	785	-9	20	82
果菜汁饮料制造业	4	2095	3082	2889	729	7198	4145	2864	141	207	260
其他软饮料制造业	4	21345	27636	27309	7778	29965	9796	29870	2905	4555	1780
制茶业	32	31482	41442	40241	9132	54132	42345	39659	1023	2135	5578
烟草加工业	20	596487	1345322	1346428	968427	1417790	587815	1353070	87054	888528	19457
烟叶复烤业	2	905	4176	4888	2281	28478	14749	5131	-469	177	605
卷烟制造业	17	594081	1339700	1340087	965840	1417790	572266	1346487	87523	888335	18602
其他烟草加工业	1	1501	1445	1453	306	893	800	1453		16	250
采盐业	2	15849	23084	23706	10149	48236	26875	23046	103	3579	3434

3.19 广 东 省

【a. 概况】 2000 年，广东省食品工业总产值 799.10 亿元，占全省工业总产值的 6.58%；税利 114.8 亿元。

在食品行业各行业中，广东省的饮料制造业、调味品制造业、糕点制造业、粮食及饲料加工业等的产量居全国首位。利润在全国排位第 1 的有调味品制造业、啤酒制造业、糕点糖果制造业、饮料制造业、其他烟草加工业。销售产值名列前茅的有软饮料加工业、调味品制造业、粮食及饲料加工业、制糖业、啤酒制造业、罐头制造业、发酵制品业、其他烟草加工业、其他饮料制造业、其他食品加工业等。

【b. 食品加工业】 规模以上企业 570 个，产值（当年价，下同）313.67 亿元，工业销售产值 303.60 亿元，出口交货值 39.10 亿元。

由于受进口配额影响，广东省的小麦粉加工原料主要靠外省提供，对产量和质量影响较大，产量连年下降，2000 年产量为 72.17 万吨，同比下降 13.17%。

制糖业曾是广东食品行业的支柱产业，2000 年的产量为 91 万吨，占全国产量的 13.05%，同比下降 35.69%。

广东省水网纵横，海岸线长，2000 年全省水产品产量 593.19 万吨，但水产品加工特别是水产品的深加工和精加工不多，2000 年水产品加工产量 10.82 万吨，较上年增长 62.71%，但也只相当于全省水产品产量的 1.82%。

【c. 食品制造业】 规模以上企业 455 个，产值 212.63 亿元，工业销售产值 205.33 亿元，出口交货值 23.17 亿元，实现税利 25.17 亿元。

调味品行业是广东省食品行业中发展起伏最小的，一直以比较高的速度发展。如主导产品酱油，2000 年产量为 43.89 万吨，同比增长 27.48%；销售收入 30.45 亿元，同比增长 16.77%；占全国比重的 23.22%，在全国排位第 1。

由于国内生活水平的提高，扩大为一日三餐服务的餐桌食品的工业化生产势在必行，2000 年广东省方便主食品产量 22.64 万吨，同比上升 15.92%，广东饼干糕点，特别是以早茶食品和广式月饼为代表的广东糕点，2000 年产量为 1.08 万吨。随着品种的增加，质量的提高，保鲜能力和加工技术的成熟，方便主食品在国内外市场的地位将会进一步提高。

由于市场因素的影响，饼干产量有下降趋势，但在国内仍占有较大的优势，2000 年饼干产量 18.24 万吨，销售收入 29.8 亿元，居全国第 1 位。

罐头行业产量 7.11 万吨，扭转了多年来的下降趋势，同比增长 17.73%，销售收入 14.28 亿元，增长 23.87%，占全国产量的 3.99%，在全国排位第 8，与广东省罐头行业的传统优势地位不相符合。

乳制品的产量随着饮食科学化的宣传，同比增长 87.24%。

糖果产量 6.98 万吨，同比增长 21.26%。

【d. 饮料制造业】 规模以上企业 240 个，产值 197.79 亿元，全年销售收入 191.48 亿元，税利总额 41.24 亿元。

2000 年软饮料产量 351 万吨，同比增长 18.98%，占全国产量的 23.57%；销售收入 93.71 亿元，同比增长 7.03%，占全国的 23.22%，在全国排位第 1 。2000 年广东“水战”，促进了瓶（罐）装饮用水的发展，产量 136.90 万吨，同比增长 182.47%。

啤酒全年产量 159 万吨，同比增长 19.27%；利润总额 4.22 亿元，同比减少 1.75%，在全国仍排位第 1，占全国的 35.34%；税金总额 7.1 亿元，全国排位第 2。

广东白酒市场是全国消费量最大的省份，但广东本地白酒受外省大酒厂和本省小酒厂的冲击较大，

2000年产量17.88万吨，同比减少9.33%。由于地域消费群的原因，广东白酒的出口量仍保持全国第1。

【e. 烟草加工业】　规模以上企业23个，2000年总产值75.02亿元，工业销售产值74.97亿元，出口交货值2.46亿元，税利45.43亿元。

当年卷烟产量177.30万箱，同比增长6.46%。其中一类卷烟13.06万箱，同比增长43.13%；二类卷烟60.20万箱，同比增长11.39%；三类卷烟85.50万箱，同比增长0.12%；四类及以下卷烟18.54万箱，同比增长0.69%。

【f. 餐饮业】　现有法人企业数5432个，活动单位数123689个。其中年营业额200万元以上企业数732个，活动单位1031个。餐饮业营业收入645.2亿元，增长12.2%。

【g. 协会活动及行业动态】　2000年广东省食品行业在省委、省政府的关心扶持，省经贸委认真管理和领导下，通过全行业努力开拓，克服资金困难及部分市场挤占的实际困难，取得较好的成绩。

1. 抓机遇促行业发展

随着中国加入世贸组织的时间日益临近，把加强对外开展活动作为工作重点，食品行业努力开拓市场和参加广东省人民政府组织的经贸活动，并通过沈阳、西安、成都等地的运行，论证了广东食品行业“对外实施品牌、技术输出，对内引进新技术设备”的广东省食品行业梯度发展战略。3月份，召开驻广州市的外国领事馆商务领事和友好城市代表的座谈会，受到了很好的效果。

为了适应食品行业入世的需要，作为全省食品行业的管理组织，省食协还积极拓展业务求发展，经省经贸委批准，承办国际（广东）食品博览会和国际（珠江）啤酒节。

2. 抓组织促行业发展

为适应行业发展需求，协会对各部门原来运作的模式进行改革，理顺关系，主要对协会所属24个专业委员会进行整顿，以适应省经贸委新的工作思路和程序，改变了以往单纯以部门开展工作的形式，加强了专业委员会为主开展工作，各部门按协会的工作思路，积极开拓专业委员会工作，积极为企业、为行业办实事。

3. 抓信息促行业发展

为政府、为企业、为社会服务是协会宗旨和赖以生存的条件，而服务的手段主要是提供信息服务，为了更好地向企业、政府部门提供准确、快捷的信息服务，举办了广东食品行业电子商务实务论坛。探讨传统行业与新兴行业相结合的模式，受到政府部门、食品行业、IT行业和广大新闻媒体好评。为了更好地提供信息服务，协会建立了食源网。

协会各专业委员会根据行业特点编印行业简讯，及时向企业传递信息。采取对会员企业免费赠阅，对非会员企业适当收费的办法，解决了部分经费，在编写过程中，不断征求读者、专家的意见，力争内容更贴近企业，每期发出后，都能收到企业、读者的查询电话，说明其内容对企业有作用。

为扩大信息来源，协会对专业图书、期刊进行了清理、登记造册，制订了《协会图书管理制度》，每月用协会主办的《营养与食品卫生》杂志按时交换期刊，目前协会的各类专业期刊已达近百种，为协会开展信息服务工作打下坚实基础。

4. 抓活动促行业发展

①开展了广东省食品行业名牌产品审定，在过去填写申报表、抽样检测、感官鉴评的基础上，加强了现场审校这一环节，并确定做到了对每家申报企业每个产品的实地审查，最后确定了29家企业35个产品为“广东省食品行业名牌产品”。

②根据国家轻工局与劳动和社会保障部文件精神，省食协米面、焙烤专业委员会受中国焙烤协会委托，开展首届全国焙烤比赛（中南赛区）的组织推荐工作，共推荐5个单位、8名个人参加全国比赛，其中广州市莲香楼霍志群师傅以做工精美的生肖月饼获得个人比赛第1名，被授予由江泽民主席亲笔题名的“全国技术能手”称号，为广东省焙烤行业争得荣誉。

③在3月份出现“阿斯巴甜”风波后，及时于3月15日召开广东省饮料市场产品质量抽查情况新闻发布会，向主要媒体公布了广东省生产的主要饮料品牌及国外、省外在广州市市场销售的主要饮料产品不含阿斯巴甜，符合国家标准要求的情况，为企业维持正常的生产销售创造了条件，受到行业内企业欢迎。

④在国家标准、行业标准《酿造酱油》、《配制食醋》、《酸水解植物蛋白调味液》刚刚正式出版之际，即组织了有关酱油、食醋生产厂家进行了学习，及时宣贯了标准。对企业提出的有关标准难以执行的几个问题，在会后整理成文，分别向中国调味品协会、省经贸委、省技术监督局予以反映，并针对企业强烈要

求制订《广式酱油》、《广式食醋》地方标准和国家标准的情况，撰写了申报标准立项的报告，并列入下一年度的重点工作。组织了冰淇淋行业对新的国家标准的宣贯工作，对新标准的执行起到较好的作用。

⑤省食协酿造专业委员会为落实中国食协酿酒专业委员会国家白酒评委考试的方案，举办白酒培训班，经过培训考核，推荐参加国家白酒评委考试的人员参加全国统考，对广东省白酒质量起到一定的促进作用。

⑥为总结“九五”期间广东省食品行业发展的成功经验及光辉业绩，表彰在“增创新优势，更上一层楼，率先基本实现社会主义现代化”及实施食品行业梯度战略过程中广东食品行业涌现出来的具有突出成绩的企业和企业家，协会在跨入新世纪之际，在全省范围内进行优秀企业、企业家的推荐表彰工作。

（张俊修、钟　华）

2000年广东省食品工业主要产品产量

产品名称	单位	产量	产品名称	单位	产量
大米	吨	230475	冷冻饮品	吨	49435
小麦粉	万吨	72.17	发酵酒精	吨	59365
配混合饲料	吨	6181535	饮料酒	吨	1786623
食用植物油	吨	78666	白酒	吨	178802
机制糖	吨	913013	啤酒	吨	1588859
鲜、冻畜肉	吨	247912	软饮料	吨	3513415
水产加工品	吨	108160	碳酸饮料	吨	1104544
糖果	吨	69756	果汁及果汁饮料	吨	362214
糕点	吨	10753	瓶（罐）装饮用水	吨	1369037
饼干	吨	182413	液体乳	吨	93255
方便主食品	吨	226422	精制茶	吨	16666
方便面	吨	105058	复烤烟叶	吨	21712
乳制品	吨	12873	卷烟	箱	1773017
罐头	吨	71103	一类卷烟	箱	130575
味精	吨	127130	二类卷烟	箱	602016
酱油	吨	438884	三类卷烟	箱	855002
淀粉	吨	134553	四类及以下卷烟	箱	185424

2000 年广东省食品工业主要经济指标

单位：万元

	企业单位数（个）	亏损企业	工业总产值（不变价）	工业总产值（当年价）	新产品产值	工业销售产值（当年价）	出口交货值
食品加工业	570	157	2503488	3136656	26852	3036003	391076
粮食及饲料加工业	292	88	1143235	1577297	26375	1566407	52676
植物油加工业	24	7	343845	405216		355402	34918
制糖业	81	22	384891	462850	477	437545	6588
屠宰及肉类蛋类加工业	60	14	225901	254038		257995	21130
水产品加工业	72	18	306995	327576		313218	237825
盐加工业	2		14102	1528	1433		
其他食品加工业	39	8	97212	108151		104004	37939
食品制造业	455	126	2002214	2126305	35285	2053299	231734
糕点、糖果制造业	204	50	970721	1076068	17316	1041371	138041
乳制品制造业	19	8	106411	140975	309	136878	8936
罐头食品制造业	28	5	86075	92293	81	92149	25584
发酵制品业	21	4	286028	168531	11889	172669	6150
调味品制造业	75	21	268572	339733	4982	315088	29618
其他食品制造业	108	38	284408	308705	707	295145	23404
饮料制造业	240	67	1674538	1977873	69995	1914805	59646
酒精及饮料酒制造业	85	18	306634	646580	38902	629317	14104
软饮料制造业	113	33	1081498	1038084	31093	999665	36516
制茶业	18	8	29369	32004		31370	5786
其他饮料制造业	24	8	257038	261205		254453	3240
烟草加工业	23	5	506185	750187	3902	749700	24587
烟叶复烤业	2		4571	15917		16116	3534
卷烟制造业	9		494338	726782	3902	725731	20960

续表—1

	工业增加值（当年价）	资产合计	流动资产小计	应收账款	存货	其中产成品
食品加工业	673552	2744126	1374646	400456	376807	164212
粮食及饲料加工业	290959	1057415	589939	204231	142773	37052
植物油加工业	80693	232335	139489	25274	64419	17099
制糖业	137263	939192	355402	83834	103114	72017
屠宰及肉类蛋类加工业	51867	161708	84556	20767	13606	3708
水产品加工业	82083	271657	162558	55874	37347	25651
盐加工业	523	2413	1746	398	467	238
其他食品加工业	30165	79406	40957	10078	15081	8447
食品制造业	601293	2574637	1216124	270726	325030	135922
糕点、糖果制造业	309806	1203778	568634	132822	143902	57898
乳制品制造业	28315	135139	63222	13878	14052	4405

续表—1

	工业增加值（当年价）	资产合计	流动资产小计	应收账款	存货	其中产成品
罐头食品制造业	20817	152035	76372	17171	26632	17778
发酵制品业	51356	279590	110769	27209	25952	13377
调味品制造业	118765	377010	197136	35468	41360	18618
其他食品制造业	72236	427086	199992	44177	73132	23845
饮料制造业	679099	2412939	984613	209218	277174	96142
酒精及饮料酒制造业	267876	1235062	429472	115944	114331	26988
软饮料制造业	337363	1013704	463680	79567	124649	55633
制茶业	8138	24068	12246	2674	6270	2539
其他饮料制造业	65722	140105	79216	11033	31924	10983
烟草加工业	424874	714781	387156	36399	201122	4907
烟叶复烤业	5975	30683	8406	448	4288	3233
卷烟制造业	417291	620456	332389	28796	193661	1561

续表—2

	流动资产年平均余额	固定资产小计	固定资产原价	生产经营用	累计折旧
食品加工业	1367048	1063725	1503863	1275077	523263
粮食及饲料加工业	595592	372906	525288	441695	168348
植物油加工业	133596	77878	102098	97148	25336
制糖业	340221	435443	632928	526298	252436
屠宰及肉类蛋类加工业	88564	59097	79195	62165	23475
水产品加工业	164909	87541	120015	107960	37877
盐加工业	1571	600	1322	663	722
其他食品加工业	42595	30261	43018	39148	15069
食品制造业	1211514	1082376	1461558	1181297	462087
糕点、糖果制造业	584950	536231	718769	562294	207391
乳制品制造业	63134	64484	91280	58868	27094
罐头食品制造业	78523	47094	65089	58945	26262
发酵制品业	105069	134043	177342	136992	58272
调味品制造业	191199	122262	160701	134553	52818
其他食品制造业	188640	178262	248376	229646	90251
饮料制造业	989174	1128599	1575920	1399665	528722
酒精及饮料酒制造业	432816	627729	847133	787440	280714
软饮料制造业	465975	445121	648820	566746	221759
制茶业	12269	11143	13417	11031	3793
其他饮料制造业	78114	44606	66550	34449	22457
烟草加工业	373331	306852	462319	387973	176373
烟叶复烤业	10367	21533	21790	16688	1738
卷烟制造业	316468	269850	423307	358429	168512

续表—3

	固定资产净值	固定资产净值年平均余额	负债合计	流动负债小计	长期负债小计
食品加工业	980600	1024587	1999676	1671292	230810
粮食及饲料加工业	356940	358468	690877	597439	80384
植物油加工业	76762	79699	149763	135724	14040
制糖业	380492	417054	733588	560519	93241
屠宰及肉类蛋类加工业	55720	55150	92061	80520	11108
水产品加工业	82138	84716	288700	257998	26443
盐加工业	600	628	2064	1606	458
其他食品加工业	27948	28872	42623	37487	5136
食品制造业	999471	1006295	1532549	1260931	230548
糕点、糖果制造业	511378	511918	697428	576944	114324
乳制品制造业	64187	65187	94608	76651	4126
罐头食品制造业	38828	42366	93250	80923	9240
发酵制品业	119070	118989	150474	103695	36861
调味品制造业	107883	103454	214131	186944	24655
其他食品制造业	158125	164382	282659	235774	41343
饮料制造业	1047197	1097047	1428782	1095689	317733
酒精及饮料酒制造业	566419	601703	708091	438838	254813
软饮料制造业	427061	441757	616661	564075	51666
制茶业	9624	9343	14345	12754	1590
其他饮料制造业	44093	44244	89686	80022	9664
烟草加工业	285947	280088	312071	276600	31071
烟叶复烤业	20052	14693	11210	11210	
卷烟制造业	254796	254077	239523	209066	30457

3.20 广西壮族自治区

【a. 概况】 2000年，广西食品工业战线按照自治区党委、自治区人民政府企业改革整顿的总体部署，以改革发展为主线，紧紧抓住3项制度改革不放松，极大地调动广大职工的积极性创造性，促进了食品工业的稳定健康发展。

2000年，广西食品工业有企业532家，比上年的555家减少23家，其中：国有及国有控股企业368家；全年实现工业总产值214.62亿元（现价），比上年的218.84亿元下降1.93%，按1990年不变价计算为184.5亿元；完成工业增加值71.03亿元，产品销售收入203.22亿元，利润总额6.45亿元，税利总额29.86亿元。

在食品工业中，食品加工业企业289家，比上年的296家减少7家；全年实现工业总产值153.95亿元，与上年的154.39亿元基本持平，按1990年不变价计算为134.55亿元；完成工业增加值46.43亿元，实现利润5.88亿元，税利总额15.83亿元，产品销售收入145.38亿元。

食品制造业企业138家，比上年的147家减少9家；全年实现工业总产值21.50亿元，比上年的22.19亿元下降3.11%，按1990年不变价计算为18.71亿元；完成工业增加值5.93亿元，实现利润-1371万元，税利总额9996万元，产品销售收入19.77亿元。

饮料制造业企业92家，比上年的10家减少8家；全年实现工业总产值18.26亿元，比上年的19.53亿元下降6.5%，按1990年不变价计算为14.43亿元；完成工业增加值5.68亿元，实现利润752万元，税利总额2.67亿元，产品销售收入17.44亿元。

烟草加工业企业13家，比上年的12家增加1家，全年实现工业总产值20.91亿元，比上年的22.73亿元下降8.01%，按1990年不变价计算为16.8亿元；工业增加值13亿元，实现利润6285万元，税利总额10.35亿元，产品销售收入20.63亿元。

【b. 经济效益有所改观】 通过改革整顿，企业普遍加强内部管理，严格财务制度、劳动制度、人事制度管理，取得了初步成效。食品加工业企业亏损面为42.91%，比上年的56.75%减少13.84个百分点；产值利税率10.30%，比上年的3.59%提高6.71个百分点；产品销售收入利税率为10.90%，比上年的3.83%提高7.07个百分点；工业增加值率为24.74%，比上年的22.51%提高2.23个百分点；资金利税率为8.45%，比上年的3.05%提高5.40个百分点；百元固定资产原价实现税利10.22元，比上年的3.84元提高6.38元；百元销售收入实现税利4.05元，比上年的-2.65元提高6.70元；成本费用利润率4.24%，比上年的-2.58%提高6.82个百分点；全员劳动生产率45799元，比上年的40145元提高5654元。

食品制造业企业亏损面为47.83%，比上年的47.62%增加0.21个百分点；产值利税率4.65%，比上年的4.64%提高0.1个百分点；销售收入利税率5.06%，比上年的4.92%提高0.14个百分点；工业增加值率24.57%，比上年的22.89%提高1.68个百分点；资金利税率3.21%，比上年的3.11%提高0.10个百分点；百元固定资产原价实现税利4.14元，比上年的4.38元下降0.24元；百元销售收入实现税利-0.69元，比上年的-4.77元提高4.08元；全员劳动生产率26443元，比上年的21230元提高5213元。

饮料制造业企业亏损面为43.48%，比上年的54.00%下降10.52个百分点；产值利税率14.65%，比上年的7.99%提高6.66个百分点；产品销售收入利税率15.34%，比上年的9.26%提高6.08个百分点；工业增加值率26.86%，比上年的26.64%提高0.22个百分点；资金利税率9.62%，比上年的5.33%提高4.29个百分点；百元固定资产原价实现税利10.97元，比上年的6.16元提高4.81元；百元产品销售收入实现税利0.43元，比上年的－4.73元提高5.16元；成本费用利润率0.47%，比上年的－4.92%提高5.39个百分点；全员劳动生产率44366元，比上年的36551提高7815元。

烟草加工业企业亏损面53.85%，比上年的50%增加3.85个百分点；产值利税率49.50%，比上年的47.79%提高2.03个百分点；产品销售收入利税率50.17%，比上年的51.30%下降1.23个百分点；工业增加值率53.16%，比上年的50.49%提高2.67个百分点；资金利税率34.24%，比上年的37.85%下降3.6个百分点；百元固定资产原价实现税利65.16元，比上年的85.56元下降20.40元；百元产品销售收入实现税利3.05元，比上年的3.50元下降0.45元；成本费用利润率5.22%，比上年的6.03%降低0.81个百分点；全员劳动生产率215230元，比上年的167731元提高47499元。

从上述经济效益指标看，广西食品工业企业多数指标是好的，但还需进一步加强管理，压缩非生产性开支，减少销售费用，以提高企业的利润水平。

【c. 强化投资力度】　2000年，各地更加重视食品工业的发展，深刻认识到食品加工是农副产品转化为商品的重要环节，是农民脱贫致富、县级财政增收的重要途径，因而纷纷采取切实有效措施筹集资金，加大投资力度，全年共投入资金32793万元，其中地方筹集资金19195万元，形成新增固定资产30886万元。

在投资总额中，食品加工业投入12611万元，全部为地方自筹资金，形成新增固定资产15976万元；食品制造业投资1701万元，其中地方自筹集资金1251万元，形成新增固定资产844万元；饮料制造业投资5333万元，均为地方自筹资金，形成新增固定资产2603万元；烟草加工业投资13148万元，均为国家投资，形成新增固定资产11463万元。投资新建扩建形成的新增固定资产，将为以后食品工业的强劲发展创造有利条件。

【d. 产品质量明显提高】　产品质量是企业生存和发展的重要基础。在企业改革整顿中，食品行业各级领导深深认识到质量是企业的生命线，市场竞争实质就是质量和价格的竞争。各企业都根据市场食品瞬息万变的新形势，从分析企业产品和产品质量入手，查找影响产品质量的原因，用全员工作质量保证产品质量，认真贯彻执行国务院颁布的《质量振兴纲要》，制定出产品质量整顿方案，抓住重点，广泛发动群众，实施全面整顿，注重实效，不搞花架子，不走过场，以工作的零缺陷、追求质量的零缺陷严格要求，以有效的管理措施和工作措施，开展全面质量管理，建立产品保障体系。一是针对目前产品质量存在的问题，调整工艺技术和产品配方；二是严格原材料采购和进出库制度，从源头上确保产品质量关；三是严格产品检验制度，改事后检验为生产过程的监督，上道工序不合格的产品不准进入下道工序，切实实行质量否决权；四是强化打击假冒产品的力度，不少企业抽调精干力量成立打击假冒队伍，先后端掉假冒桂林漓泉啤酒、桂林三花酒、桂林腐乳和贺州、昭平假烟窝点，为净化市场，保证企业产品质量发挥了积极作用；五是实施质量效益挂钩，分档分次，完成不同的数量指标，取得不同的质量效益收入，极大地调动了职工的积极性，企业产品质量稳定提高。在2000年全区产品质量评审中，扶绥县东门糖厂木棉花牌一级白砂糖、梧州市龙山动植物酒总厂龙山牌酒、南宁南方大酒店的南方牌桂香缘月饼、桂林市红星化工总厂的剑石牌泡打粉等14家企业的14个产品获得广西壮族自治区人民政府授予的名牌产品称号；永福山葡萄酒业有限公司的古南门永福山精品葡萄酒、广西银雪面粉有限责任公司的黎雪牌特制一、二等面粉等34家企业的34个产品获得广西壮族自治区人民政府授予的优质产品称号。

【e. 糖业结构调整有序进行】　根据国家糖业结构调整要突出重点、有进有退、有所为有所不为的指导思想，以及全国糖业生产重点在南方，南方重点在广西的规划布局，结合广西糖业生产实际，提出了广西糖业结构调整的基本思路：重点发展桂中和桂西地区，桂北、桂东、桂东南部分地区要逐步退出制糖行业，其余地区适当扶持，适度发展；全面实施低成本发展战略，坚持科技兴糖，走产业化、集团化、专业化、集约化经营发展的路子，甘蔗种植布局调整和工业结构调整同时进行，相互促进，共同发展，全面提高整个制糖工业的市场竞争实力和经济效益。

在实施上述思路的过程中，一是进一步深化制糖企业的改革整顿，按照建立现代企业制度的要求，把制糖企业建成投资主体多元化的市场主体，转变企业经营机制。二是加快实施糖业结构调整步伐，在巩固和完善贵糖集团、南糖集团的基础上再组建柳州凤山糖业集团、迁江糖业集团等企业集团，采取相应措施，支持这些企业集团形成规模化经营，增强经济实力，然后向周边糖厂辐射。三是加强制糖企业的技术改造，用高新技术、高效设备淘汰落后技术和设备，加强产品的深度开发，做好制糖副产品的综合利用，发掘制糖行业的潜在效益，逐步形成产业链，提高制糖行业的产业水平。四是关闭破产一批，充分利用国家国有企业破产的有利政策，对都安、苍梧、藤县等12家设备陈旧、管理不善、扭亏无望的小糖厂实施破产，压缩日处理甘蔗能力2.04万吨，占全行业的7.58%。这12家企业，2000年的破产进度按计划有序进行，其中苍梧、藤县2家糖厂已完成破产法律程序；都安、藤县太平2家糖厂已进入破产程序；其余8家糖厂正在清理资产，拟制破产预案，今后将根据工作进展情况，逐步实施破产。五是密切企业和蔗农的关系。鼓励有条件的糖厂与蔗农签订产销合同，实行“公司＋农户，糖厂＋基地”的方式，进行集约经营。完善糖价与蔗价联动挂钩办法，通过联动办法把企业与蔗农的关系牢固地联系在一起，建立一种利益共享、风险共担的机制，促进糖业健康稳定发展。六是优化甘蔗品种结构，推广高糖高产良种。因地制宜地选择高糖高产新品种，采用深耕深松、合理施肥等先进实用的甘蔗高产栽培技术，淘汰劣质品种，加快甘蔗基地县的吨糖田建设，在不增加或逐步减少种植面积的前提下，提高单位面积产量，保证糖厂吃饱开足。七是统一市场，规范运作。完善广西食糖中心批发市场的运作机制，建立公平、公开、公正交易准则，规范食糖销售行为，通过提高服务质量把全区制糖企业逐步吸引到统一市场交易，初步改变了传统的一对一、分散交易销售的方法，增强交易透明度，降低销售成本，提高经济效益。八是积极探索建立和完善糖业管理体制。多年来，国内糖业一直是大起大落，效益低下，拖欠蔗款严重，根本原因是糖业管理体制、机制不符合糖业自身发展的特点和市场经济规律，2000年广西已开始组织专门力量对糖业管理体制进行专题研究，寻求和探索适应市场变化的、有效的管理体制。

（韦启民）

3.21　海　南　省

【a. 食品饮料业】　2000年海南省食品饮料加工企业288家，其中4家破产。全年完成工业总产值30.5亿元（不变价），比上年增长5.9%，占全省工业总产值的8.9%。主要产品产量：软饮料22.33万吨，下降5.8%；罐头15.67万吨，减少0.5%；啤酒5.40万吨，增长13.7%。饮料业的下降原因，主要是近两年市场竞争激烈，供大于求，生产能力严重过剩所造成。

“九五”期间，企业改革不断深入，使海南省食品工业整体上得到提高，出现了一系列良好的发展趋势和特点。例如，海口椰树集团已经成为国内最大的果汁饮料生产企业，是全国“饮料十强”之一。2000年椰树集团完成销售产量22.70万吨，销售收入19.23亿元，实现利润3600万元，同比增长9.29%。椰树集团的发展，主要是不断的深入企业改革，建立“能上能下、优胜劣汰”的管理机制。2000年，椰树集团从国有企业改制为多元化投资主体的有限责任公司，同时国有股全部退出，通过转变体制建立起推动企业不断发展的“跳楼机制”。又如海南诚利集团有限公司，原是一家生物食品制造公司，1999年7月组建为海南诚利股份有限公司。该企业依托海南资源优势大做“农”字文章，采取公司加农户的模式，积极为农户提供优良乳鸽种苗，免费传授饲养技术和指导，帮助不少农民脱贫致富。现已在全省发展养殖专业户4000多户，最大规模养殖专业户养殖乳鸽达2万只。2000年，该企业又投资1.2亿元建立年加工乳鸽1600多万对的现代化食品加工厂，生产营养、方便调味鸽系列产品，并已通过国家绿色食品认证，被农业部、财政部等8部委评为国家农业产业化重点龙头企业。

在新产品开发方面，2000年，海口椰树集团利用自己的品牌优势和海南“火山岩”珍贵矿泉水的资源优势，不断调整产品结构，使产品不断升级。并在几年内投资12亿元分步建立了1个年产80万吨、产值20亿元、税利2亿元、环境优美的世界一流的矿泉水厂，成为海南经济发展的又一个新的增长点。海南金芦荟生物工程有限公司是一家以芦荟种植加工为主导产业的民营企业，该公司科技人员对世界上芦荟加工水平较高的日本和美国的芦荟加工技术进行研究，开发出一套先进合理的芦荟皮肉分离混合加工工艺，使芦荟皮肉中的有效成份得到充分的利用。目前已开发出芦荟口服液、精华素胶囊和含片、化妆品、酒等芦荟制品，并获得中美两国专利。2000年完成工业产值3560万元，实现利润650万元。

目前海南省食品饮料企业存在的问题，主要是产品结构、企业组织结构等结构方面调整迟缓，多数企业产品单一，市场信息不灵，用高新技术改造传统产业、促进传统产业技术升级的能力较差。

【b. 制糖业】　全省有26家制糖企业开榨生产，共榨甘蔗340.96万吨，产机制糖36.64万吨，分别比上年增加38.83%和39.42%；工业总产值（不变价）100611万元，比上年增长37.93%。由于国内食糖减产，食糖供求关系发生变化，食糖销售价从年初的2400元/吨震荡上升，8月份最高达到3900元/吨，全省制糖工业扭转连年亏损局面，盈利5000万元。

根据三亚市、琼山市和乐东黎族自治县人民政府的申请和省政府主管部门的意见，国家经贸委等有关部门年内正式批准蔗源缺乏、负债重、扭亏无望的三亚市崖城糖厂、琼山市甲子糖厂和乐东黎族自治县利国糖厂关闭破产，并列入全国制糖行业结构调整关闭破产企业名单。其中，停产有几年之久的崖城糖厂已破产终结，核销银行债务4085万元；利国糖厂破产进入程序，生产设备已拍卖，拍卖所得优先用于职工安置，核销银行债务5261万元；甲子糖厂则因职工安置费不落实等原因，破产方案暂缓实施，琼山市政府将其承包给私人经营，继续开榨生产。调整后全省制糖企业从上年的28家减少到26家。

为了使部分经营陷入困境的国有制糖企业扭亏解困，有关市县人民政府及主管部门继续采取产权转让、委托运营、租赁经营和承包经营等多种形式，促进企业和经营机制的转换。1997年以来连年亏损，负债总额高达3000万元的临高县龙波糖厂，经县政府批准，2000年11月正式将企业产权整体转让给本厂内部职工，组建企业内部职工共同持股的海南临高龙津糖业有限公司，实现了企业从国有国营到民有民营的转变。上年由集体所有制洋浦农贸总公司兼并的儋州市春江糖厂，因兼并方未注入资金，上半年被儋州市政府收回后，8月起承包给海南省生产资料集团公司经营，更名为儋州市春华糖业有限公司，共注入资金1000万元，解决了流动资金的困难，使企业生产经营条件得到明显改观。临高县临城糖厂、农垦红华糖厂9月15日和10月13日先后委托和租赁给洋浦南华糖业公司经营，分别成为该公司临高龙力糖厂临城生产区和临高龙力糖厂红华分厂，生产面貌发生新的变化。屯昌县屯昌糖厂9月委托经海口忠兴有限公司经营，更名为屯昌县忠兴糖业发展有限公司，已投入资金680万元，主要用于建设良种甘蔗原料生产基地，解决该厂蔗源不足问题。

全省年内继续实行按市县和糖厂划定蔗区收购甘蔗政策，甘蔗原料收购价由各市县政府制定。近年来，有一些个体户违反国家产业政策，擅自兴建小糖寮，产生新的污染。为此，海南省经贸厅11月10日以琼经轻字［2000］499号文向全省各产糖市县人民政府发出《关于坚决取缔小糖寮的紧急通知》，要求对小糖寮进行清理，坚决取缔，设备就地销毁。针对榨季期间一些地方出现蔗贩子和个别糖厂跨蔗区抢购甘蔗，干扰榨季生产正常秩序的情况，省经贸厅12月6日以琼经轻字［2000］541号文向各产糖市县工业（交）局下发《关于维护榨季正常生产秩序的紧急通知》，要求各市县继续贯彻省政府办公厅琼府办［1998］113号文精神，监督各制糖企业严格按原划定蔗区收购甘蔗，不准跨蔗区抢购甘蔗，坚决打击不法蔗贩的活动，以维护广大蔗农和糖厂的利益。

为配合海南省“一控双达标”12月15日治污“零点行动”，各制糖企业加大污染治理力度，加快污染治理进程，并取得阶段性成效。全省26家生产糖厂中，海口糖厂、八一糖厂和白沙糖厂在年初已通过省级治污达标验收，其他23家在年内都投入资金，购置治污设备，上马治污工程，在12月15日前通过省级治污达标预验收。按照省政府的有关通知要求，有14家糖厂已关停未经治理的酒精生产车间。全省糖厂酒精生产车间从原来17家减少到4家，全省糖厂治污率达到90%以上。

省糖业协会在2000年开展的主要工作有：1. 组织召开全省食糖产销工作会议，总结经验，分析形势，提出搞好食糖产销工作的意见。2. 开展行业管理和协调工作，组织全省糖厂修订榨季食糖产销公约，规定统一的甘蔗收购质量标准，引导糖业自律，维护榨季食糖产销秩序和行业整体利益。3. 向各产糖市县人民政府提出甘蔗收购价格的意见和建议。4. 根据制糖企业需要，组织技术培训。7月～8月，先后在琼山市美安糖业有限公司、昌江县海红糖业有限公司和昌江糖业有限公司组织举办压榨、澄清、煮糖和锅炉等专业短期工人技术培训班，受培训工人600多人。5. 为制糖企业提供信息服务，共出版《琼糖信息》12期、《琼糖信息快讯》59期，信息量达40万字。6. 搞好全省糖业的统计和有关资料的收集整理，每月分2次向省政府主管部门报告全省食糖产销进度。

洋浦南华糖业有限公司是全省最大的食糖产销一体化企业，成立于1997年7月，2000年在省内经营的制糖企业已达7家，日榨蔗能力1万吨，占全省的31.95%。全年共产糖14.48万吨，占全省产糖量的39.52%。其中全资企业有昌江糖业有限公司、临高龙力糖厂；控股企业有儋州市那大糖业有限公司、儋州市海头糖业有限公司；受委托经营的企业有洋浦南华糖业公司长坡分公司（原长坡糖厂）和临高龙力糖厂临城分厂；租赁经营的有临高龙力糖厂红华分厂。此外，该公司年内还在广西控股经营3家制糖企业，日榨蔗能力1.1万吨。

【c. 制盐业】 2000年，全省有制盐企业9家，原盐产量13.37万吨，完成年度计划74.22%，同比增长3.17%，产品合格率100%，优一级品率34.48%；销售13.13万吨，同比减少10.55%，工业总产值3803.30万元，同比增长1.41%，上缴税金605.69万元。

省属盐场继续调整产业结构，分流富余人员。莺歌海盐场划出152公顷低盐田给212名职工带土地分流，发展海水养殖项目，并招商引资，与海南财建农业开发公司签订开发66.67公顷盐田转产海水项目的合同，在实施开发过程中，受到附近村民的无理阻挠而停工至今仍未复工。运销企业实行吨盐工资费用承包，按销量提取工资费用，取得良好效益，销售原盐同比增长29.83%，利润同比增长33.10%。

2月29日，省政府召开省长办公会议，决定在全省范围内全面开展清理整顿食盐生产流通秩序，整顿活动从2000年4月至2001年10月。4月19日省政府办公厅转发省经贸厅《关于全面清理整顿我省食盐生产流通秩序的意见》，提出除临高美良集体盐场和儋州新英集体盐场限期转产外，其他集体、个体盐场（田）一律停产取缔。全年全省共出动盐政人员4000多人次，查处盐政案件154宗，查没私盐387吨。5月份，海口市中级人民法院二审判决海南省首宗盐政案件，分别判处私盐贩了胡廷蛟和唐洪文有期徒刑5年和4年，并分别罚款4万元和3.5万元。

【d. 卷烟业】　海南只有1家卷烟加工企业。该厂厂房建筑面积2万多平方米，职工875人，其中专业技术人员占14.2%，固定资产2.3亿元，拥有当今世界上较先进的生产和检测设备，年生产规模为制丝30万箱、卷烟20万箱，主要产品有“宝岛”（旅游、绿、蓝、红、软）和“毛公山”、“五指山”、“金福”等牌号的多个品种。2000年，该厂共完成卷烟产量114532箱，比上年增长138.6%；实现工业总产值37044万元，增长122.8%；实现税金12546万元，增加8383万元，增长2.01倍；实现经营利润3945万元。地产烟销售108830箱，增加40607箱，增长53.76%。2000年，海南卷烟厂采取一系列措施促进管理上水平，产品上档次，效益上台阶，初见成效。一是深化企业内部改革。该厂对机关部室机构进行调整合并，合理配置人员，完善聘任制，实行管理岗位交流和中层干部聘用制，对管理干部定期进行测评，测评不合格者降级使用，提高工资分配上向生产一线、向高技术、高管理及苦、脏、累、险岗位倾斜的比例，极大地调动了广大干部职工敬业爱岗、勤奋工作的积极性。二是培育海南名牌卷烟。省烟草专卖局（公司）成立了新产品开发领导小组，全力抓好新产品开发、培育工作。海南卷烟厂以市场为导向，加快产品开发和结构调整，提高了一、二类卷烟的比例，分别研制开发了硬宝岛（蓝）、硬宝岛（旅游）、硬宝岛（绿）、硬金福（红）、硬宝岛（红）5个新品牌，焦油含量均在15毫克以下，走在全国烟草行业前列。这一系列新产品填补了海南省中高档地产烟的空白，拓宽了消费层面，成为经济增长的新亮点。三是狠抓卷烟产品质量。该厂全面推行ISO9000质量体系，着眼全面控制质量，充分发挥质量检验和质量监督作用，及时反馈抽检结果并对产品质量的异常情况进行分析，提出整改意见或建议，有效防止不合格品流入市场。严格工艺纪律，加强对原料、香精香料的质量把关，加大了对产品在线全过程的控制力度，同时，进一步加强质量售后服务，及时处理市场反馈的产品问题。四是规范企业内部管理。该厂宣传推行ISO9000贯标活动，开展以“样板车间活动”为主要内容的现场管理工作，深入开展降耗挖潜工作，进一步提高了劳动生产率。以利润为中心，切实加强财务管理，进一步加强成本核算，双向否决制，全面推行先算账后生产的管理办法，做到产前监督、产中控制、产后跟踪，准确控制生产成本，确保利润的实现。五是进一步规范物资采购，本着“规范经营、货比三家、质优价廉”的原则，实行公开招标，坚决杜绝同私人交易，并加强对原辅材料的验收工作，成立了原辅料验收小组，明确职责分工，采取按国标验收、上机检验验收和封样验收的方式，做到透明度高、程序规范、手续齐全、监督到位，达到了降低成本、提高效益的目的。1年来，仅辅料招标就节约了近800万元。六是加大宣传促销力度。该厂组织宣传促销队伍不定期地分赴全省各市县，采用现场促销、配送到零售点和现场派吸等多种方式进行宣传促销，提高了新产品的知名度和上柜率。七是加强对职工的教育培训。该厂通过开展“知识沙龙”、QC攻关、ISO9000贯标知识、中层干部管理知识培训、职业技能鉴定、烟叶分级及卷烟评级培训等活动，鼓励职工参加各种业余学习，提高了职工队伍的素质。同时积极“请进来，走出去”，学习先进经验，由厂领导带队前往行业内先进厂家学习、借鉴先进的管理经验。

对外合作成绩显著。省烟草公司进一步加强对在老挝投资兴办的寮中好运烟草有限公司及卷烟厂的指导和管理。寮中好运公司卷烟厂狠抓产品质量，规范经营，强化促销，使卷烟生产总量、销售总量和税金、利润等各项主要指标都比上年有了大幅度的增长，实现扭亏为盈，上缴税金在老挝外资企业中名列前茅，该厂生产的“琼花”牌卷烟在老挝市场供不应求，发展势头良好。

（何敦礼）

3.22 重 庆 市

【a. 概况】 根据重庆市统计局公布的统计资料分析，2000年，重庆市规模以上食品工业企业发展速度出现了负增长，经济效益上升，行业结构仍不合理，主要产品产量有增有减，出口量增加但结构不合理，食品工业在全市工业中的地位明显下降，食品工业产值占全市农林牧渔的比重太低。

发展速度出现负增长。食品工业完成工业产值589438万元（不变价）、753591万元（当年价），产品销售收入779948万元，分别比上年下降9.39%、6.79%、7.27%，同期全市工业（同口径）分别比上年增长13.59%、12.09%、12.26%；食品工业占全市工业的比重分别为6.16%、7.83%、8.13%，分别比上年下降1.56、1.59、1.71个百分点。

经济效益上升但增幅低于全市工业平均水平。食品工业实现工业增加值326600万元，利润总额35923万元，税利总额179453万元，分别比上年增长4.26%、117.50%、10.66%，同期全市工业分别比上年增长18.38%、扭亏为盈净增24.68亿元、49.42%；食品工业这3项指标占全市工业的比重分别为11.53%、22.96%、20.97%，分别比上年下降1.56个、无法计算、7.35个百分点。

行业结构仍不合理。从食品工业产值（当年价）分析，食品加工业:食品制造业:饮料制造业:烟草加工业等于24:13:22:41，烟草加工业比重过大，食品加工业和食品制造业比重太低。

主要产品产量有增有减。统计的8种主要产品中4增4减，原盐、白酒、乳制品、软饮料分别比上年增长18.33%、3.00%、33.71%、13.52%，卷烟、啤酒、罐头、食用植物油分别比上年下降28.86%、0.78%、11.19%、15.52%。

出口量增加但结构不合理。出口产品出口总量12812吨，比上年增长29.78%；出口产品换汇额2338万美元，比上年增长11.76%。出口的8种产品中有5种属粗加工产品，没有有高科技含量的新产品出口。

食品工业产值（当年价）相当于全市农林牧渔业总产值的18.26%，同期全国这一比值为33.85%，可以看出重庆食品工业落后的程度，与直辖市、农业大市极不相称。

食品工业中国有经济仍占主导地位，基本实现3年脱困目标。国有及国有控股企业125家，完成产值（当年价）493535万元，产品销售收入519804万元，实现利润总额30036万元，税利总额161263万元，分别占全市食品工业的62.19%、65.49%、66.65%、83.61%、89.86%。

食品工业中大中型企业继续发挥龙头骨干作用。28家大中型企业完成产值（当年价）509759万元，产品销售收入536238万元，实现利润总额38758万元，税利总额168322万元，分别占全市食品工业的13.93%、67.64%、68.75%、107.89%、93.80%。

重庆食品工业企业中有6家企业进入全市工业50强行列。它们是重庆烟草工业有限责任公司、重庆啤酒股份有限公司、杭州娃哈哈集团公司涪陵有限责任公司、重庆索特股份有限公司、重庆啤酒集团梁平有限责任公司、重庆市江津酒厂有限责任公司。

重庆食品工业有11个产品荣获2000年重庆市名牌产品称号。它们是重庆烟草工业有限责任公司的龙凤呈祥牌烤烟型84 mm滤咀卷烟、黔江卷烟厂的朝天门牌84（64+20）mm滤咀卷烟、重庆市铜龙食品有限责任公司的铜龙牌系列挂面、重庆沁园实业有限公司的汇园牌裱花蛋糕、重庆诗仙太白集团的诗仙太白牌38%（v/v）诗仙太白特曲、重庆市笛女酒业有限责任公司的笛女牌52%（v/v）笛女大曲酒、重庆市油脂公司的红蜻蜓牌菜籽色拉油、重庆飞亚实业公司的飞马牌80%粉末味精、重庆啤酒集团梁平有限责任公司的双桂牌11°啤酒、重庆市涪陵榨菜（集团）

有限公司的乌江牌低盐系列榨菜、重庆市光宁珍稀动物养殖有限公司的白云湖牌野味鸭。

【b.“九五”回顾】　“九五”期间，重庆市食品工业发展速度缓慢，经济效益有所提高，行业结构越调越不合理，占全市工业和农业的比重下降，在全国的位次变化不大。

从产值（不变价）分析，发展速度缓慢到负增长。1997年比上年增长10.55%，1999年比上年增长5.56%，2000年比上年下降9.39%；占全市工业的比重由1996年的8.76%下降到2000年的6.16%；与全市农林牧渔业产值之比由1996年的0.2597∶1下降到2000年的0.2497∶1；在全国的位次由1996年的第23位下降到2000年的第24位；在大西部12个省、自治区、直辖市中的位次由1996年的第6位下降到2000年的第7位。

从利润和税利总额分析，经济效益有所提高。实现利润总额，1997年比上年减亏18600万元，1999年比上年增长173.94%，2000年比上年增长117.5%；占全市工业的比重由1996年占亏损总额的27.05%上升到2000年占盈利总额的22.96%；在全国的位次由1996年的第25位上升到2000年的第20位；在大西部12个省、自治区、直辖市中的位次由1996年的第8位上升到2000年的第5位。实现税利总额，1997年比上年增长50.83%，1999年比上年增长8.08%，2000年比上年增长10.66%；占全市工业的比重由1996年的18.60%上升到2000年的20.97%；在全国的位次由1996年的第23位上升到2000年的第21位；在大西部12个省、自治区、直辖市中的位次由1996年的第7位上升到2000年的第6位。

从产值（当年价）分析，行业结构调整乏力且事与愿违。食品加工业、食品制造业、饮料制造业、烟草加工业之间的比重由1996年的38∶16∶19∶27到2000年的24∶13∶22∶41。

【c.科研状况】　2000年，重庆有大中型食品工业企业28家，占全市7.55%；这28家企业中有科研机构9个，占全市6.08%；常年从事科研活动人数314人，占全市3.91%，其中科学家和工程师112人，占全市2.45%；科研活动经费支出650万元，占全市0.99%。28家企业当年实施科技项目66个，占全市3.48%，其中新产品开发项目39个，占全市3.35%；食品工业科技进步项目经费总支出17307万元，占全市4.98%；其中技术改造6615万元，占全市4.42%，技术引进3020万元，占全市8.08%，新产品开发1457万元，占全市1.41%。全年新产品销售收入58520万元，占全市3.52%。

【d.食品工业列入全市支柱产业】　重庆市经委食品工业处、重庆市食品工业协会根据市委市府关于做好全市工业“十五”结构调整方案和编制全市“十五”计划的部署，积极组织力量，在对行业、企业、市场深入调查研究的基础上，紧密结合市情剖析食品工业结构现状，认真总结“九五”时期食品工业发展的成绩与问题，分析预测新世纪食品工业发展的方向与趋势，于2000年5月，提出《重庆市食品工业“十五”结构调整意见》，在全市工业结构调整工作汇报会上作了专题汇报。受到与会领导和专家的肯定和好评，根据会议要求作了再次修改呈报市经委。2000年12月，市政府批准印发的《重庆市工业“十五”结构调整方案》中，把食品工业列入“十五”时期需着力培育的新的支柱产业之一。

市经委食品工业处和食品工业协会在完成《重庆市食品工业“十五”结构调整意见》之后，又于2000年7月编制了《重庆市食品工业“十五”计划和2015年发展规划建议》报市发展计划委员会。在经2001年1月16日重庆市人大一届五次会议审议批准的《重庆市国民经济和社会发展第十个五年计划纲要》中，食品工业被列入“十五”期间全市加快经济发展过程中要集中力量发展的五大支柱产业之一。《纲要》第二部分第6条作出如下描述：“集中力量发展五大支柱产业。以技术进步为动力，突出重点，壮大提升汽车摩托车、化工医药两大现有支柱产业，加快培育食品、建筑建材、旅游三大新兴支柱产业，使之成为支撑和带动全市经济增长的骨干力量。……食品工业要依托资源优势和技术开发力量，重点建设绿色食品原料生产基地，开发绿色食品加工技术，培植绿色食品加工龙头企业，创立和保持一批有持久竞争力的品牌。优化发展酒类系列产品，大力发展奶制品、饮料系列产品。发展方便、保健食品，适应大众的多样化需求。完善卷烟生产布局、产品结构，增加一、二类卷烟比重”。

【e.食品工业行业管理部门再次变更】　1997年重庆市党政机构改革中，撤销重庆市人民政府食品工业办公室，其承担的全市食品工业行业管理职能移交给重庆市经济委员会，在经委内设立食品工业处。2000年重庆市党政机构改革中，市经委又撤销食品工业处，并取消重庆市食品工业协会事业编制转为社团单位，食品工业行业管理部门及职能由重庆市经济委员会移交给重庆市轻工行业管理办公室。

【f. 重庆首批白酒国家评委】 白酒制造业是重庆食品工业中的骨干行业，浓香型曲酒和小曲清香型白酒酿造技术与产品品质闻名全国，尤其是浓香型低度曲酒生产技术更是全国领先，许多产品曾荣获部、省、市优质酒称号。1998 年，重庆市人民政府还命名了 7 个白酒为重庆名酒。然而，前 5 届白酒国家评委中重庆总是榜上无名。重庆直辖后，重庆市食品工业协会和重庆市酒类管理协会下决心年年抓全市白酒评酒员的培训考核工作，提高评酒员白酒感官鉴评技能和水平。功夫不负有心人，2000 年，经全国白酒国家评委选聘考核，龙运川、文明远、夏吉林被中国食品工业协会聘任为第 6 届白酒国家评委，李俊、李斌、陈昌寿被聘为第 6 届白酒国家资格评委，程宏连、龙运川被中国酿酒工业协会聘任为第 1 届白酒国家评委。

【g. 重啤集团如虎添翼】 2000 年，重庆啤酒集团有限责任公司完成工业总产值（1990 年不变价）4.56 亿元，啤酒产销量 38 万吨，产品销售收入 6.80 亿元，上缴税金 1.60 亿元，分别比上年增长 8.00%、15.90%、9.85%、14.30%，产品合格率达 99.98%，各项经济技术指标均保持强劲的增长势头。重啤集团一直推行的“低成本扩张、超常规发展”战略又结硕果，2000 年 12 月 8 日，重庆最大的一宗并购重组行为——重庆啤酒集团有限责任公司以 1.5 亿元并购重组重庆双桂啤酒（集团）股份有限公司的资产转让合同正式签字生效，这 2 个同是重庆工业 50 强企业由竞争对手变成了合作伙伴，实现了强强联合，迈出了“统一渝啤”战略的关键一步。双桂加盟重啤，使重啤集团如虎添翼。2001 年 1 月 3 日，重庆啤酒集团梁平有限责任公司已正式挂牌成立，成为重啤集团旗下的全资子公司。至此，重啤集团已收购、兼并、控股 11 家企业，有全资子公司 22 家，除啤酒主业外，还涉足养殖、肉类加工、生物制药等产业。重啤集团对重庆石柱啤酒厂和四川省宜宾少娥啤酒厂的收购重组工作也正紧锣密鼓地进行，有望 2001 年初完成对上述 2 家啤酒厂的收购重组，届时，重啤集团主业啤酒年生产能力将达到 100 万吨，成为名符其实的“西南王”。

【h. 烟草行业在规范、改革、创新中发展】 重庆市烟草专卖局（公司）下辖 51 家工商企业，现有职工 1.2 万余人，拥有固定资产原值 18.4 亿元，烟叶年计划产量 6.5 万吨，卷烟年计划产生 74.2 万箱，年卷烟销售量 80 万箱，产销基本平衡。2000 年，全市烟草工商企业实现销售收入 96.7 亿元，比上年增加 15.9 亿元，增长 19.7%；实现税利 16.2 亿元，增加 4.3 亿元，增长 36.2%；实现利润总额 3.7 亿元，增加 2.9 亿元，增长 3.4 倍。

目前重庆市卷烟制造业由重庆烟草工业有限责任公司和黔江卷烟厂构成，拥有“龙凤呈祥”、“金牌重庆”、“金牌宏声”3 大名优品牌和“宏声”、“山城”、“黔龙”3 大骨干系列品牌，其中“宏声”、“山城”被评为全国名优卷烟，“朝天门”、“龙凤呈祥”、“黔龙”荣获重庆市名牌产品称号。2000 年，卷烟制造业完成工业总产值（不变价）17.8 亿元，比上年下降 0.4%；实现销售收入 28.3 亿元，增长 12.5%；实现税利 14.0 亿元，增长 28.7%；实现利润总额 3.0 亿元，增长 104.3%；完成卷烟产量 68.7 万箱，减少 27.9 万箱，其中一类烟 3.0 万箱，增长 258.0%，二类烟 15.0 万箱，下降 2.0%，三类烟 5.7 万箱，增长 90.0%，四类烟 45 万箱，下降 9.3%。重庆烟草工业有限责任公司继续名列 2000 年重庆工业 50 强前列。

以重庆金益烟草有限责任公司为骨干的烟叶复烤业把提高烟叶加工质量争创渝烟名牌作为主改方向，大力推动技术进步，努力提高产品技术含量，不仅使复烤烟叶的各项经济技术指标都达到了全国平均水平之上，而且还获得了较高的市场信誉度，为重庆烟叶进一步畅销全国市场打下了良好的基础。2000 年，收购烟叶 57427 吨，销售烟叶 53366 吨。

【i. 2 个管理条例 1 个管理办法出台】 为加强烟草专卖管理，提高烟草制品质量，维护生产经营秩序，保护烟叶种植者、烟草制品生产经营者和消费者的合法权益，重庆市 1 届人大 28 次常委会于 2000 年 11 月 24 日审议通过了《重庆市烟草专卖管理条例》，于 2001 年 1 月 1 日起施行。

为了加强盐业管理，保障盐业健康、有序、持续、稳定发展，保护和合理开发利用盐矿资源，保证食盐专营和食盐加碘工作的实施，保护公民的身体健康，重庆市 1 届人大 15 次常委会 1999 年 3 月 26 日审议通过了《重庆市盐业管理条例》，于 1999 年 5 月 5 日起施行。重庆市 1 届人大 28 次常委会于 2000 年 11 月 24 日又审议通过了《重庆市人民代表大会常务委员关于修改〈重庆市盐业管理条例〉的决定》，公布了修改后的《重庆市盐业管理条例》，于 2001 年 1 月 1 日起施行。

为了加强生猪屠宰管理，保证生猪产品质量，保障人民身体健康，重庆市人民政府第 68 次常务会议于 2000 年 8 月 28 日审议通过了《重庆市生猪屠宰管理办法》，于 2000 年 8 月 31 日起施行。

【j. 7 个食品商标被认定为著名商标】　为了提高重庆商标的知名度和市场竞争力，加强对著名商标的保护，推动重庆企业创立驰名商标，促进重庆经济发展，重庆市工商行政管理局于 2000 年 12 月 8 日依法认定并公布了重庆市第 3 批 33 个著名商标，其中食品工业企业有 7 个商标获此殊荣（加上第 1、2 批，共有 57 个商标荣获重庆市著名商标称号），它们是：重庆烟草工业有限责任公司的龙凤呈祥牌，黔江卷烟厂的朝天门牌，军神集团合川酒厂的阳城牌，合川市荣记三民斋桃片厂的荣记三民斋牌，重庆璧山狮子面粉加工厂的双狮牌，重庆市江津顺发麻糖厂的顺发牌和芝麻官牌。

（李容太）

2000 年重庆市食品工业企业主要财务指标　　单位：万元

	食品加工业	食品制造业	饮料制造业	烟草加工业	食品工业合计
企业单位数（个）	90	50	46	6	201
从业人员（万人）	1.34	0.87	1.37	0.53	4.11
工业总产值（当年价）	184219	98797	165742	304833	753591
工业总产值（不变价）	157622	90258	156564	184994	589438
工业销售产值	187139	112429	163536	292918	756022
工业增加值	31742	34411	57368	203079	326600
固定资产原值	93805	103928	173309	147207	518249
固定资产净值	68204	73374	120081	106393	368052
流动资产年平均余额	66841	48778	132916	237751	486286
固定资产净值年平均余额	69300	73019	114643	93052	350014
产品销售收入	181160	109833	154530	334425	779948
产品销售利润	11138	11842	25296	73466	121742
利润总额	－680	3766	5978	26859	35923
税利总额	2389	11021	28435	137608	179453
资本金合计	55687	49616	87134	64498	256935
资产总计	200452	130004	341759	405582	1077797
年末负债总计	157177	79069	192435	294917	723598
工资总额	8511	6761	11189	10544	37005

注：表 1、表 2 统计范围为规模以上企业。

2000 年重庆市食品工业企业经济效益和财务评价指标 单位:%、元

	食品加工业	食品制造业	饮料制造业	烟草加工业	食品工业合计
工业产品销售率	101.58	113.80	98.67	96.09	100.32
资金利税率	1.75	9.05	11.49	41.60	21.46
销售利润率	-0.38	3.43	3.87	8.03	4.61
流动资产周转率（次）	2.71	2.25	1.16	1.41	1.60
产值（不变价）利税率	1.52	12.21	18.16	73.39	30.44
固定资产成新率	72.71	70.60	69.29	72.27	70.02
资产负债率	78.41	60.82	56.31	72.71	67.14
工业增加值率	17.23	34.83	34.61	66.62	43.34
人均增加值	23653	39485	41789	383601	79465
人均实现税利	1780	12646	20713	259931	43663
人均总产值（当年价）	137272	113364	120733	575809	183355
职工人均工资	6342	7758	8151	19917	9004

2000 年重庆市国有及国有控股食品工业企业主要财务指标 单位：万元

	食品加工业	食品制造业	饮料制造业	烟草加工业	食品工业合计
企业单位数（个）	63	31	26	5	125
从业人员（万人）	0.88	0.42	0.74	0.51	2.55
工业总产值（当年价）	69638	34955	85355	303587	493535
工业总产值（不变价）	63041	28699	72986	184163	348889
工业销售产值	72358	34359	84514	291678	482909
工业增加值	13903	10830	35595	202672	263000
固定资产原值	62118	45130	120313	146422	373983
固定资产净值	45856	32722	85341	106085	270004
流动资产年平均余额	38912	16114	75078	237368	367472
固定资产净值年平均余额	46081	32460	76765	92748	248054
产品销售收入	72410	31262	82786	333346	519804
产品销售利润	4314	3270	14946	73241	95771
利润总额	-1966	-224	5550	26676	30036
税利总额	562	2260	21064	137377	161263
资本金合计	37797	23050	38511	64178	163536
资产总计	140949	52042	217571	404861	815423
年末负债总计	117905	34994	132929	294599	580427
工资总额	5371	2826	6055	10469	24721

2000年重庆市国有及国有控股食品工业企业经济效益和财务评价指标　　单位:%、元

	食品加工业	食品制造业	饮料制造业	烟草加工业	食品工业合计
工业产品销售率	103.91	98.30	99.02	96.08	97.85
资金利税率	0.66	4.65	13.87	41.61	26.20
销售利润率	-2.72	-0.71	6.70	8.00	5.78
流动资产周转率（次）	1.86	1.94	1.10	1.40	1.41
产值（不变价）利税率	0.89	7.88	28.86	74.60	46.22
固定资产成新率	73.82	72.51	70.93	72.45	72.20
资产负债率	83.65	67.24	61.10	72.77	71.18
工业增加值率	19.96	30.98	41.70	66.76	53.29
人均增加值	15839	25977	47843	394456	103137
人均实现税利	640	5422	28312	267375	63240
人均总产值（当年价）	79332	83844	114724	590867	193543
职工人均工资	6119	6777	8138	20375	9695

重庆市食品工业产品出口情况　　单位：吨、万美元

品名	1999年		2000年		品名	1999年		2000年	
	数量	金额	数量	金额		数量	金额	数量	金额
鲜冻猪肉	393	46	1924	243	茶叶	1396	220	3458	407
蔬菜	3341	661	4508	783	猪肉罐头	3221	457	3281	422
干豆	439	22	854	35	蘑菇罐头	1911	169	342	26
鲜干水果及坚果	32	2	349	11	肠衣	2079	761	1911	686

重庆市食品工业主要产品产量　　单位：万吨

产品名称	1999年	2000年	产品名称	1999年	2000年
原盐	35.47	42.34	罐头	1.34	1.19
卷烟（万箱）	96.57	68.70	食用植物油	1.74	1.49
白酒	2.67	2.75	乳制品	1.75	2.34
啤酒	51.32	50.92	软饮料	18.79	21.33

重庆工业企业50强中食品工业企业主要经济指标（2000年）

单位：人、万元

企业名称	职工人数	资产总额	销售收入	税利总额	所有者权益
重庆烟草工业有限责任公司	3142	274534	228519	117046	84174
重庆啤酒股份有限公司	664	79569	25638	11418	60941
杭州娃哈哈集团公司涪陵有限责任公司	1156	27893	24435	5254	23855
重庆索特股份有限公司	835	31851	12117	3282	17801
重庆啤酒集团梁平有限责任公司	1072	19646	9746	3064	2045
重庆市江津酒厂有限责任公司	470	5354	13132	1588	1277

2000年重庆市食品工业主要农产品原料产量

单位：万吨

产品名称	数　量	产品名称	数　量
粮食	1131.21	肉类	143.91
稻谷	525.43	猪牛羊肉	128.74
小麦	121.38	猪肉	122.45
玉米	196.24	禽肉	14.19
豆类	24.60	兔肉	0.95
薯类	256.23	奶类	5.60
油菜籽	22.61	禽蛋	27.89
甘蔗	9.06	水产品	20.03
烟叶	10.41	茶叶	1.45
烤烟	7.69	水果	81.68

3.23　四　川　省

【a. 概况】　2000年，四川省规模以上食品工业企业数为755个，其中食品加工业378个，食品制造业129个，饮料制造业214个，烟草加工业14个，采盐业20个。全年实现工业总产值384亿元（含盐业），比上年增长12.3%；完成销售收入383亿元，增加40亿元；产销率99.93%。实现税利89.5亿元，增长6.7%，占全省工业部门同期实现税利231.6亿元的38.6%；其中利润为31.12亿元，增长6.4%，占全省工业部门同期实现利润66.8亿元的46.2%。全省食品行业人均创税利5.18万元，人均劳动生产率20万元，分别比1999年增长28.5%和27.7%。

2000年四川省规模以上食品工业企业主要经济指标

指　　标	单位	总计	食品加工业	食品制造业	饮料制造业	烟草加工业	采盐业
企业数	个	755	378	129	214	14	20
职工数	人	191665	57255	22818	80453	9802	21337
工业总产值	万元	3840256.4					
流动资产年平均余额	万元	2163580.5	354885.5	126101.2	1229271.3	453322.5	
固定资产净值余额	万元	1506174.2	343215.6	130762.8	823765.5	208430.3	
产品销售收入	万元	3829504.4	1116346.6	233372.2	1824042.0	589743.6	66000
利润总额	万元	311244.4	10239.2	9749.8	263547.0	24992.7	2715
税利总额	万元	895255.7	24220.4	21532.9	504981.5	331420.9	13100

与1999年相比，2000年四川省食品工业呈现如下特点：

1. 主要产品产量继续大幅增长。其中方便主食品增长30.0%，乳制品增长14.3%，液态乳增长42.8%，白酒增长9.8%，啤酒增长15.9%，软饮料增长15.4%，碳酸饮料增长37.5%，桶装饮用水增长30.0%，鲜冻肉增长50.1%，盐增长37.5%，卷烟增长6.0%。也有一些产品产量下降，突出的有：果汁饮料－65.8%，糕点－28.6%，罐头－9.6%，冷饮－12.5%，精制茶－8.9%。

2. 扭亏工作进展明显。食品企业亏损面31.3%，比上年下降11个百分点。其中食品加工业1999年亏损1.80亿元，2000年盈利1.02亿元，扭亏增盈2.82亿元。

3. 税利、利润稳步增长（税利＋6.7%、利润＋6.4%）。两者绝对数均居全国第4位，西部地区第2位，仅次于云南。“九五”期间税利大幅度增长，1995年全省独立核算乡及乡以上食品工业税利为37.46亿元，2000年规模以上企业税利为89.5亿元，5年间增长1.39倍，绝对增长额为52.04亿元。

4. 饮料制造业一枝独秀，其中实现税利和利润分别为50.5亿元和26.4亿元，占全部食品工业实现税利的57.3%、利润的85.4%。

5. 优势企业贡献突出，6大名酒厂共完成税利40.9亿元，利润23.9亿元，分别占全省食品工业实现税利的46.4%和77.3%。尤其是五粮液集团公司，“九五”以来主要指标连年大幅度增长，2000年税利达22亿多元，1年增长5亿元，为四川省工业部门效益之冠。

2000年存在的主要问题是：

1. 农副产品加工比例小，层次低。蔬菜、水果、肉类、禽蛋的加工比例不到20%，且大部分属初级加工和粗加工，产品科技含量不高，附加值低。

2. 产品结构不合理。全省食品工业产值中，酒类和烟草加工产值约占56%，税利占90%以上。

3. 企业和产品总体上存在规模偏小，技术创新能力较低，市场营销能力不强的问题。

【b. 编制“十五”计划】 受省政府委托，省食品工业协会编制了全省食品工业2001年～2005年发展计划（即“十五”计划，以下简称“计划”）。“计划”共分3大部分，第1部分总结了四川省食品工业“九五”期间的发展状况，第2部分是“计划”的主体，提出了“十五”期间的发展目标及重点行业发展方向，第3部分针对存在问题提出对策。“十五”期间，四川省饮料食品要实现销售收入820亿元，年均增长14.5%；工业增加值317.5亿元，年均增长16%；税利160亿元，年均增长12%；食品工业产值与农业畜牧业总产值的比例达到0.35:1。“计划”指出：酒类产品、肉类产品、饮料、方便食品、卷烟和绿色保健食品是“十五”期间的重点行业产品，要依靠科技，调整结构，推动全行业上规模，上档次，创名牌；要形成一批有市场前景的农业产业化规模经营集团和农副产品精深加工基地。“十五”期间重点技改项目14个，总投资53.81亿元，可实现销售收入114.9亿元，税利27.13亿元。

【c. 质量工作】 2000年进行了四川省第5届白酒评委换届工作。按照公开、公平、公正的原则，经过培训、考试，择优录取了60名省白酒评委、20名省白酒资格评委、18名省白酒特约评委，改变了省白酒评委年龄结构不合理的状况，为四川白酒业的发展培养了新的技术人才。为了迎接全国第6届白酒评委的选拔，组织了20多人的强化培训，四川省共录取12名国家评委（包括2名全国状元：泸州老窖的陈佳、五粮液的陈亚蓉）、4名资格评委。

在全行业开展了创“四川名牌”的活动，全省有16家食品企业规划列入四川省名牌战略领导小组考察名单。为配合国家酱油新标准的实施，在全行业进行了新标准的宣贯工作，提高了企业对新标准的认识，为2001年新标准的全面实施创造了条件。

【d. 科技进步】 2000年召开了“四川省食品工业科技进步工作会”，会上发布了170项科技成果推广项目，4项科技成果需求项目。大会授予宜宾五粮液集团等52家企业“四川省食品工业科技进步优秀企业”奖，授予“川东南沿江中低海拔区域名优开发技术研究”等16个项目为“四川省食品工业科技进步优秀项目奖”，授予王国春等73名同志“四川省食品科技进步先进管理工作者”称号，授予宜宾市食品工业办公室“四川省食品工业科技进步表彰工作优秀组织奖”。

【e. 重大活动】 2000年8月29日，省委、省政府在都江堰市召开了四川省饮料食品业规划汇报会，省委书记周永康、省长张中伟，省领导秦玉琴、杨崇汇、王恒丰等出席会议，省计委、省经委等政府部门，及省食协等行业管理部门、部分省内重点食品企业的负责人参加会议。省委省政府领导在会上发表了重要讲话。张中伟省长指出：这几年食品工业对四川省国民经济的贡献最大，并指出食品工业作为四川6大支柱产业之一，要加快发展，并提出了相应的措施。会议要求各地充分认识食品工业对国民经济发展的重要性，结合自身实际，制定发展规划。会议决定：成立以王恒丰副省长为组长，有关部门参加的四川省食品领导小姐，负责行业规划，制定相关政策；成立相应的专家小组，负责行业调研，提供决策依据；提出对重点企业的扶优措施，以利加速发展。

（刘际爽）

3.24 贵　州　省

【a. 纪事】　2000年1月10日，贵州省九届人大三次会议，钱运录省长在政府工作报告中进一步明确提出：把特色食品作为培育工业后续支柱的重点。今后3年，省技改基金每年调整2000万元，省财政每年再增加1000万元贷款专项贴息，加大生物制药、特色食品2个产业投入力度，使其每年增长20%以上。积极扶持辣椒制品、饮料、刺梨、魔芋、苦丁茶、竹笋等特色产品，努力培育一批"小巨人"企业。

由省食品工业办公室起草，经省经贸委报省委、省政府的《贵州省食品工业"十五"产业发展规划及2010年目标》，经省委、省政府同意已纳入《贵州省国民经济和社会发展第十个五年计划纲要》。《规划》明确了在今后5年里，贵州省食品工业发展的指导思想、方针和总体目标；提出了发展方向和重点，进行了生产力布局及规划项目，制定了实施计划和产业发展的主要措施。该《规划》是贵州省"十五"期间食品工业发展的主要指导性文件。

贵州省政府办公厅黔府办发［2000］88号文件，省人民政府办公厅关于印发《贵州省经济贸易委员会职能配置、内设机构和人员编制规定》的通知中明确："省食品工业办公室是主管全省食品工业的职能机构，主要职责是：研究拟定食品行业发展规划、技术标准和经济技术政策；负责审定食品行业重大技改、新技术的推广应用、新产品开发项目、产业布局和新成果鉴定；会同有关部门管理食品工业产品质量和有关资证的审批；监督检查食品行业产业政策、法律、法规的执行情况，实施行业管理。"贵州省食品工业办公室在组织机构和职能上得到进一步明确。

【b. 概述】　2000年贵州省规模以上食品工业企业355家，实现工业总产值131.99亿元，工业增加值57.14亿元，税利总额40.7亿元，其中利润3.14亿元。分行业看，工业产值与上年比较，食品加工业下降6.3%，食品制造业增长21.2%，饮料制造业增长25.7%，烟草加工业下降0.8%。

食品工业占全省工业的比重（规模以上企业），工业总产值占20.9%，工业增加值占26.3%，税利总额占46.1%，利润总额占25%。

从经济效益看，食品工业税利较上年有所增长，增幅5.7%，其中：食品制造业增长321%，饮料制造业增长52.9%，烟草加工业下降7.2%；利润总额，食品加工业减亏1500万元，食品制造业增加3955万元，饮料制造业25800万元，烟草加工业增加亏损1.6亿元。

从总体看，贵州省食品工业的产品结构有所改善，食品加工业占食品工业总产值的10.35%，食品制造业占2.73%，饮料制造业占18.88%，烟草加工业占68.04%。

主要产品产量：机制糖11431吨，较上年增长16.4%；乳制品1108吨，增长33.7%；罐头1186吨，增长62.5%；白酒83843吨，增长10.6%；啤酒93151吨，增长0.4%；软饮料26389吨，增长65.8%；卷烟1873485箱，下降0.1%；食用植物油86300吨，增长8.8%。

【c. 行业管理】　2000年贵州省食品工业办公室、食品工业协会在完成《贵州省食品工业"十五"产业发展规划及2010年目标》的起草、征求意见、修改、上报后，在行业管理方面还做了以下工作：

1. 抓了一批食品重点项目的技术改造。省委、省政府把食品工业作为支柱产业培育发展，加大扶持力度，划出1500万元用于食品技改项目的贷款贴息。省食品办重点抓了6个重点发展行业、20个骨干企业的技术改造项目，从企业状况、项目规模、产品方案、技术水平、市场及效益等进行综合考察，进行审批和资金扶持。

2. 抓重点发展行业和骨干企业的发展。按照"十五"期间重点发展酿酒、粮油加工、肉类及乳制品、饮料、调味品、方便食品6个行业的规划，重点抓了30个食品企业的发展，从市场、技术、产品质量、企业管理、技术改造等方面，帮助企业解决问题，协调资金，做好服务工作。

3. 组织企业开拓市场。2000年会同省有关部门组织参加了《2000年全国东西部经贸洽谈会》、武汉《贵州省食品展销旅游推介暨项目洽谈会》和《第九届上海全国商品交易会》。这3次大型的商品交易活动，对贵州食品开拓省外市场，提高知名度，起了积极作用。

4. 为食品企业做好服务工作。主要有：成立贵州省白酒专家组和白酒质量评审委员会，举办全省白酒评酒员培训班；为食品企业提供生产技术服务；为企业提供市场信息服务。

【d. 质量】 2000年，省食品工业办公室与省质量技术监督局共同组织了全省名牌产品的评定，下列食品获贵州省名牌产品称号：

味莼园牌酱油	贵阳味莼园食品（集团）有限公司
独山牌盐酸菜	贵州东风集团独山盐酸菜厂
康星牌食用调和油	贵州康星油脂（集团）有限公司
花溪牌消毒牛奶	贵阳市花溪牛奶场
伊妹牌方便米饭	贵州领先食品股份有限公司
夜朗牌遵义毛峰茶	贵州省茶科所
泉峰牌百花苦丁茶	铜仁地区武陵山植物保健茶厂
春秋牌雀舌报春茶	贵阳春秋实业有限公司
陶华碧牌鲜牛肉辣椒豆豉	贵阳南明老干妈风味食品有限公司
百花串牌风味豆豉、腐乳系列	贵州省安顺市酱菜厂
牛头牌牛肉干系列	贵州永红食品有限公司
北极熊牌薄荷水	贵州北极熊实业有限公司
风凰山牌矿泉水	遵义风凰山矿泉饮料有限公司
贵州茅台牌茅台酒	贵州茅台酒股份有限公司
南盘江牌贵州醇	贵州醇酒厂
黄果树瀑布牌啤酒	贵州瀑布啤酒（集团）公司
珍牌珍酒	贵州珍酒厂
茅台牌茅台不老酒	茅台酒厂附属厂
涟江牌黑糯米酒	贵州省惠水酒厂
平安牌平安酒	贵州平坝酒厂
金蚁王健力酒	兴义市金粮醇酒厂
黄果树牌烤烟型卷烟	贵州黄果树烟草（集团）有限公司
遵义牌烤烟型卷烟	贵州黄果树烟草（集团）有限公司
金熊王牌烤烟型卷烟	贵州黄果树烟草（集团）有限公司
西牛王牌烤烟型卷烟	贵州黄果树烟草（集团）有限公司
云雾山牌烤烟型卷烟	贵州省贵定烟厂
桫椤牌烤烟型卷烟	贵州省遵义烟厂
驰牌烤烟型卷烟	贵州驰宇烟草（集团）公司

2000年贵州省食品工业规模以上企业主要经济指标

项目	单位	总计	食品加工业	食品制造业	饮料制造业	烟草加工业
企业数	个	355	181	52	85	37
职工平均人数	万人	6.42	1.14	0.41	2.39	2.48
工业总产值	亿元	131.99	13.66	3.60	24.92	89.81
工业增加值	亿元	57.14	3.53	1.24	13.50	38.87
资产合计	亿元	256.59	17.49	6.90	66.15	166.05
产品销售收入	亿元	117.32	11.70	3.42	26.84	75.36
税利总额	亿元	40.70	-0.09	0.82	11.47	28.50
利润总额	亿元	3.14	-0.34	0.59	4.77	-1.88

（周介济）

3.25 云 南 省

【a. 概况】 2000年，云南食品战线的广大职工以市场为导向，以满足城乡居民消费需求为目标，狠抓产业结构、产品结构调整，不断扩大生产规模，切实抓好经营管理，整个行业在克服困难中前进，在深化改革中发展。

2000年，全省规模以上食品工业企业380家，亏损企业194家，从业人员9.79万人，完成工业总产值446.04亿元（当年价，下同），工业增加值（生产法）313.10亿元，资产总额679.59亿元，负债总额234.97亿元，实现销售收入436.72亿元，税利266.23亿元，利润47.89亿元，固定资产原价338.54亿元，固定资产净值239.56亿元。支柱产业的主要产品产量：卷烟612.77万箱，比上年（下同）增长1.5%；国内销售115.41万箱，增长9.63%；省外销售5.641万箱，增长7.84%；出口卷烟2.23万箱，增长33.66%。蔗糖152.25万吨，减少6.3%。茶叶7.94万吨，增长5.7%；出口约6000吨，减少25%；精制茶28217吨，减少3.32%。

到2000年全省食品行业共有18个企业的28个产品使用绿色食品标志，其中AA级5个，A级23个；13个产品被批准为保健食品；47个产品被认定为云南名牌。

【b. 主要特点】 2000年，云南省食品工业抓住国家实施西部大开发的历史机遇，围绕建设“绿色经济强省、民族文化大省和中国连接东南亚、南亚国际大通道”的3大目标，坚持扩大内需的方针，改革开放拓市场，科技创新求发展，调整结构增效益。在发展过程中有以下特点：

1. 加强宏观指导，提高整体素质。按照省委、省政府的要求，有关部门深入基层、企业，就食品工业特别是烟、糖、茶等产业面临市场激烈竞争和猛烈冲击的形势、存在的问题和如何加快发展等开展调研，并形成报告提供省委、省政府作决策参考。在此基础上，先后召开了“云南省生物资源开发创新工作会”、“云南省蔗糖工作会议”、“全省茶叶产业发展座谈会”等重要会议，省委、省政府主要领导到会讲话，深刻分析了烟、糖、茶等产业面临的严峻形势，提出政策和措施，特别是出台了《关于加快发展生物资源开发创新产业的决定》，确定了重点发展的10大生物资源产业，提出了实施6大工程（基础设施建设工程、良种工程、试验示范工程、绿色通道工程、信息工程、市场开拓工程），建立6大支撑体系（人才支撑体系、科技创新支撑体系、资金支撑体系、中介组织支撑体系、政策支持体系、法律支持体系）。随着这些政策、措施的贯彻落实，食品工业基础加强，整体素质提高。

2. 增加资金投入，注重技术创新和基础建设。2000年8月，云南省2项烟草技术创新项目被列入国家技术创新重点专项计划。第1个项目是通过纳米技术和选择性吸附剂、生物制剂，降低卷烟侧流烟气的技术研究和开发，降低卷烟的主要有害成分；第2个项目是采用造纸生产技术，结合化工生产技术，将烟草加工过程产生的烟梗、烟末等物质经过浸提萃取，通过制浆、加香料，制取烟草薄片。另外，云南省还加大食品产业的扶持资金投入，主要用于基地建设和技术改造，扶持有市场、效益好的企业和项目。仅省经贸委省管项目共安排资金约3亿元，重点投向蔗糖业以及云南红河光明股份有限公司果酒厂的年产4000吨葡萄酒技改项目、云南邓川蝶泉乳制品有限责任公司的保鲜牛奶加工生产线技改项目、永胜三川火腿厂技改一期工程等。省生物创新办当年用于食品产业项目固定资产贷款17341万元，贴息475.5万元；流动资金贷款4405万元，贴息109.3万元；咖啡寒害补助484.41万元；澳洲坚果种苗补助93.32万元；葡萄种苗补助930.88万元；魔芋种植示范基地2000万元。与此同时，各地积极筹措资金，扶持良种推广、有机茶基地建设和开发当地优势产品等项目，并积极鼓励多种经济成分和社会投资从事食品加工、生产、流通活动，以提高云南食品工业的综合实力和产品市场竞争能力。

3. 实施名牌战略，提高市场竞争能力。按照省政府颁布的《云南省名牌产品认定和管理办法》，各地各部门积极引导食品企业广泛深入实施名牌战略。一方面帮助扶持已经创出云南省名牌产品的企业维护名牌信誉，提高名牌产品市场竞争能力；另一方面支持鼓励企业苦练内功增强实力，创优争先树立形象。2000年从申报的61个食品品牌中认定了玉林泉牌玉林泉酒等9个产品为1999年度云南省名牌产品。对首批24个获得云南名牌产品续展评审，续展合格率为100%。到2000年底，全省食品行业共认定云南省名牌产品47个，占全省名牌产品的26.7%。这一批名牌产品既代表了云南食品工业的当今发展水平，深受消费者喜爱，又带动了全省食品企业在开发产品、提高质量、改进包装、加强营销等方面下功夫。

4. 依托优势资源开发产品，狠抓结构调整拓展市场。2000年，云南省食品企业"扬长避短抓优势，瞄准市场求发展"。根据国家的产业政策和蔗糖业面临的形势，采取果断措施，关闭了原有的107家糖厂中的18家规模小、效益差的糖厂，蔗糖总产量虽然减少，整个蔗糖业扭亏为盈，盈亏相抵实现利润1亿元。云南王国食品有限公司抓好农副产品精深加工，当年生产出口罐头食品2335吨，实现销售收入1692万元，出口创汇199万美元，税利167万元。该公司被列为云南出口产业型企业，连续4年出口罐头食品居全省第1位，并被法国乐福零售集团、敖卜拉集团等欧洲4大跨国公司指定为优质绿色食品生产基地。云南邓川蝶泉乳品有限责任公司内抓管理，外拓市场，在巩固提升名牌产品"蝶泉奶粉"产销的同时，开发了新产品液体奶，产量、销售收入、利润、税金分比上年增长4.92%、3.3%、459.3%、12%，生产的奶粉45%出口周边国家。云南百果洲食品有限公司2000年度西番莲浓缩汁、菠萝浓缩汁的产量为2000吨，其中出口1224.532吨，创汇100多万美元。

从总体上看，云南食品行业的改革创新意识不强、企业规模弱小、技术水平低下、经济效益较差的问题仍然突出，必须进一步抓好结构调整、增加投入、依靠科技等工作。

【c. 纪事】 1. 课题研究和调研

遵照省委、省政府领导的批示，省经贸委、省计委、省经研中心、省生物创新办、省食协等共同编撰了"云南省食品工业'十五'计划及2015年发展规划"、"云南省人民政府关于发展茶叶产业的若干决定"、"云南省生物资源开发创新产业规划纲要（草案)"、"西部开发云南省食品重点项目计划"、"产业产品结构调整"等文稿。同时，由省经贸委、省食协牵头开展了全省糖业现状和发展的调查，并在此基础上形成报告，为政府宏观调控蔗糖产销提供决策参考。省茶协和茶苑集团共同提出了"澜沧江中下游8万亩生态茶园建设方案"，并派员参加生态茶建设项目组，分赴临沧、保山、思茅、西双版纳、德宏5地州进行调查，编制项目可行性的报告；省计委于7月31日批复同意项目立项。

2. 召开重要会议

9月19日～20日，省委、省政府在昆明召开云南省生物资源开发创新工作会议，确定了云南省重点发展的10个生物资源开发创新产业，形成了《中共云南省委、云南省人民政府关于加快发展生物资源开发创新产业的决定》（云发［2000］25号)。《决定》中把绿色食品及功能食品产业作为云南省重点发展的10个生物资源开发创新产业之一。提出：要不断扩大绿色食品生产开发规模，重点发展绿色优质米、优质油、蔬菜、茶叶、马铃薯、咖啡、魔芋、葡萄酒、热带果品、食用菌、野菜等，下功夫建设一批优质绿色蔬菜、水果商品生产基地；要严格执行国家绿色食品质量技术标准，实施绿色企业准入制度，积极推动绿色食品产销体系建设，以满足消费需求和绿色食品市场竞争的需要；要利用云南较为丰富的、有保健功能的动植物、微生物资源优势，大力开发功能食品。

10月，在昆明召开云南省蔗糖工业会议。会议总结了上榨季取得的成绩，分析了当时蔗糖业面临的形势，研究了如何提高云南糖业水平和效益，继续扭亏解困的问题。省政府领导到会讲话强调，2000年全省糖业虽然扭亏为盈，但就全行业而言仍然扭亏不解困。要继续抓好4个方面的工作：①坚决贯彻调整方针，已批准关停糖厂必须不折不扣地关闭破产；②抓紧做好扩大优良品种的工作，按照省政府的决定，用2年～3年的时间提高甘蔗良种面积，决不允许走盲目扩种的路子；③要进一步解放思想，通过创新改变流通体制；④切实做好蔗款兑付工作。

2月28日～29日，省政府在昆明召开了全省茶叶产业发展座谈会，云南主产茶叶的5个地州、7个主产茶县的政府领导和5大集团及省直有关部门的领导参加会议，专题研究茶叶产业发展，全面分析茶叶产销形势和发展中所面临的困难，提出云南省加快茶叶产业化的5项措施：组建以优秀骨干企业为龙头，以资产为纽带的茶叶集团或茶产销联合体；实施名优茶工程，瞄准市场，生产市场适销的茶叶；加强与内地、沿海口岸及外商的联系，引进外资，开发云南茶叶；开展茶文化活动，加大云南茶叶的宣传力度；建立全省茶叶行业的管理和协调机构，加强茶叶的宏观指导和管理。

3.行业重要活动

4月3日，云南省第1个茶叶联合营销体——云南绿色名茶联销中心在昆明成立。8月8日省茶叶协会和思茅思佳工贸有限公司经过考察、招商，共同创办的省级茶叶批发市场在昆明开业，结束了产茶大省在中心城市昆明没有专业茶叶批发市场的历史。

2000年，省食协积极组织名牌产品推荐、评审工作，共受理了61个产品的申报及审定，经过实事求是的筛选和严格的审查，最后经云南省名牌认定委员会的认定，确认了食品行业的9个产品为1999年度云南省名牌产品，对首批获得云南名牌的24个产品续展评审，续展合格率为100%。

为学生营养系统工程启动作准备。1998年云南省圆满结束大豆行动计划试点和部分地区启动大豆行动计划工作后，省经贸委、省食协于2000年向省政府呈报了实施情况以及下一步打算的报告，提出在全省开展学生营养系统工程的建议。省政府于当年12月批复了该报告，同意实施“云南省学生营养系统工程”，并要求省经贸委等6个部门共同推动全省学生营养工作。目前，各部门按照省政府要求抓紧抓好前期准备。

开展饮用天然矿泉水水源质量年检。云南省现有鉴定合格的饮用天然矿泉水水源地114个，合计允许开采量72403立方米/日，已建立矿泉水生产企业63家，应参加年检的企业63家，实际参加61家，受检率达97%；合格61家，受检合格率达100%。

11月11日～14日，举行中国绿色食品2000年昆明博览会，全省16个地、州、市的170个企业参加，设81个展位，占展位总数的1/3，参展的各地名、特、优、新和绿色食品共1368个。博览会期间，现场贸易70多万元，签订销售协议金额达2.5亿元。云南省10个单位获组织奖，3个企业获大会产销产品奖，20个企业获省产销产品奖。

（唐安娜）

云南省名牌产品名单
（食品工业部分）

品牌名称	生产企业
红塔山牌卷烟系列产品	玉溪红塔烟草（集团）有限责任公司
云烟牌卷烟系列产品	昆明卷烟厂
红梅牌卷烟系列产品	玉溪红塔烟草（集团）有限责任公司
阿诗玛牌卷烟系列产品	玉溪红塔烟草（集团）有限责任公司
玉溪牌卷烟系列产品	玉溪红塔烟草（集团）有限责任公司
恭贺新禧牌卷烟系列	玉溪红塔烟草（集团）有限责任公司
石林牌卷烟系列产品	曲靖卷烟厂
红山茶牌卷烟系列产品	昆明卷烟厂
红河牌卷烟系列产品	红河卷烟厂
茶花牌卷烟系列产品	昆明卷烟厂
蝴蝶泉牌卷烟系列产品	楚雄卷烟厂
画苑牌卷烟系列产品	昭通卷烟厂
三塔牌卷烟系列产品	大理卷烟厂
吉庆牌卷烟系列产品	曲靖卷烟厂
小熊猫牌卷烟系列产品	会泽卷烟厂
桂花牌特制84 mm卷烟系列产品	楚雄卷烟厂
龙泉牌卷烟系列产品	昭通卷烟厂
大重九牌卷烟系列产品	昆明卷烟厂
景戈塔一级白砂糖	耿马县糖厂
云兰牌白砂糖	云南省陇川糖厂
仓洱牌大理啤酒	大理啤酒厂
松鹤牌云南下关沱茶	云南省下关茶厂
蝶泉牌全脂甜奶粉	洱源县邓川奶粉厂
天使牌风味土豆片	昆明市联谊食品厂
大渡岗CTC红碎茶、龙山云毫一级	国营大渡岗茶厂
仙湖牌高级营养藕粉、旅游藕粉	云南省澄江县藕粉厂
德和牌云腿（大片）	昆明德和罐头厂
凤牌滇红工夫茶、碎茶	云南滇红集团股份有限责任公司
太乙洞牌蒸馏水	云南太乙工贸有限公司

品牌名称	生产企业
高上高牌香肠系列	昆明市高上高香肠厂
从山牌野生食用菌系列罐头	云南易门食用菌厂
天溪牌紫米封缸酒	云南亚龙总公司
吉庆牌云腿月饼	昆明吉庆祥糕点厂
如意牌袋装富强粉(2～25千克)	昆明面粉厂
雪傲牌挂面	云南玉溪市南亚面粉厂
蜜恋牌高级烹调油	峨山县粮油食品工业有限责任公司
拓东牌一级咸酱油	昆明酿造总厂
云泉牌豆瓣酱系列产品	云南楚雄市酱菜厂
澜沧江牌荞麦清酒	云南澜沧江啤酒企业(集团)有限公司
宣字牌宣威火腿	云南省宣威市食品公司
玉林泉牌玉林泉酒	云南峨山玉林泉酒业有限公司
晶晶牌藠头系列产品	马龙县晶龙食品工业有限公司
宝焰牌云南下关砖茶	云南省下关茶厂
龙生牌绿茶系列产品	云南龙生绿色产业(集团)有限公司
葡萄泉牌妥甸酱油	云南省双柏县妥甸酱油厂
双梅牌禄丰香醋	云南省禄丰县香醋厂
茶花牌婴儿配方乳粉Ⅱ号(母乳化奶粉)	国营跑马山实业总公司昆明乳品厂

云南省食品工业主要产品产量

产品名称	单位	2000年	1999年	2000年比1999年增长%
原盐	吨	494338	421255	17.35
大米	吨	1382223	1972504	-29.93
小麦粉	万吨	50.95	95.61	-46.71
食用植物油	吨	29420	28617	2.81
鲜、冻畜肉	吨	51527	47699	8.03
水产加工品	吨	131	1454	-90.99
糖	万吨	152.25	162.52	-6.32
机制糖	万吨	151.13	161.35	-6.34
配混合饲料	吨	419296	442957	-5.34
糖果	吨	1865	4804	-61.19
方便主食品	吨	1260	4345	-71.00
乳制品	吨	7621	6622	15.09
罐头	吨	7667	6616	15.89
味精	吨	390	478	-18.41
酱油	吨	19530	22032	-11.36
淀粉	吨	7518	11455	-34.37
发酵酒精	吨	152743	148014	3.19
饮料酒	吨	385297	383221	0.54
白酒	吨	216821	216697	0.06

续表

产　品　名　称	单位	2000 年	1999 年	2000 年比 1999 年增长%
啤酒	吨	158675	159479	-0.50
软饮料	吨	111136	92337	20.36
瓶(罐)装饮用水	吨	62734	32727	91.69
冷冻饮品	吨	5929	6850	-13.44
精制茶	吨	28217	29187	-3.32
卷烟	万箱	612.77	603.97	1.46
一类卷烟	万箱	141.95	141.50	0.32
二类卷烟	万箱	231.27	233.95	-1.14
三类卷烟	万箱	181.52	179.13	1.34
四类及以下卷烟	万箱	58.03	49.40	17.48

2000 年云南省食品工业“三资”企业基本情况

单位：万元

指　标　名　称	企业单位数（个）	亏损企业	工业总产值（新规定） 当年价	工业总产值（新规定） 1990 年不变价	出口交货值	资产合计	负债合计	利润总额	税利总额	全部从业年平均人数
港澳台商投资企业	8	6	20437	13977	133	44514	30076	-866	1048	1033
合资经营企业（港澳台资）	6	5	16323	7094	113	40269	26552	-866	910	892
港澳台商独资企业	1		588	588	20	2387	2865		12	106
港澳台商投资股份有限公司	1	1	3526	6295		1858	658	0	127	1150
外商投资企业	6	3	42059	19424	1344	58553	33722	1493	2387	1150
中外合资经营企业	4	2	9457	5346	1344	41206	23743	-654	241	640
中外合作经营企业	1		31999	13658		14984	8278	2311	2311	402
外资企业	1	1	604	420		2364	1701	-165	-165	108

2000年云南省规模以上食品工业企业主要经济指标

单位：万元

指标名称	企业单位数（个）	亏损企业	工业总产值（新规定）当年价	工业总产值（新规定）1990年不变价	工业增加值（生产法当年价）	资产合计	负债合计	产品销售收入	利润总额	税利总额	全部从业年平均人数（人）
采盐业	7	4	16637	11122	9937	37599	19816	15923	360	2878	4450
食品加工业	188	99	568468	526352	146357	935201	891303	548156	-3405	40571	45630
粮食及饲料加工业	87	57	129144	76109	16859	118306	80571	121556	-3518	-2662	6144
碾米业	22	19	8406	4826	1907	15674	10460	8377	-868	-585	1097
磨粉业	23	17	16924	6599	2447	39356	27937	16228	-3708	-3533	1695
面、米制品业	12	8	6192	2949	1483	11020	7673	5401	-397	-336	880
配合及混合饲料制造业	30	13	97621	61735	11022	52256	34501	91550	1454	1792	2472
植物油加工业	6	6	5920	4162	1489	8554	8197	3509	-1569	-1464	405
食用植物油加工业	4	4	5025	3409	1657	5209	4511	2475	-484	-434	319
非食用植物油加工业	2	2	895	753	-168	3345	3686	1034	-1085	-1031	86
制糖业	80	30	414849	431642	126168	773385	779534	404014	2804	45138	36500
甘蔗糖业	79	30	414849	431642	126168	773385	779534	404014	2804	45138	36407
加工糖业	1										93
屠宰及肉类蛋类加工业	9	4	12163	8924	440	18652	12384	13402	-638	-311	1201
屠宰业	3	1	9978	7102	467	7787	6246	10467	-35	160	580
肉制品加工业	6	3	2185	1822	-27	10865	6138	2935	-602	-472	621
盐加工业	2	1	1002	560	488	1621	1253	1115	-557	-371	533
其他食品加工业	4	1	5390	4956	914	14684	9364	4561	73	242	847
食品制造业	64	36	37530	22610	10683	79100	52833	36359	-1532	1127	6117
糕点、糖果制造业	36	24	14714	7349	3842	28724	20785	13668	-1138	-425	3222
糖果业	4	3	212	193	-45	1676	2512	132	-292	-283	228
糕点业	27	18	11484	4306	3463	19414	13605	10730	-482	174	2558
饼干业	2	1	677	485	38	3008	1934	615	-164	-160	201
方便主食品业	2	1	2166	2195	311	4197	2531	2021	-177	-146	170
蜜饯业	1	1	175	170	74	430	203	170	-24	-11	65
乳制品制造业	1		7397	4020	2710	6874	2020	7364	900	1678	378
罐头食品制造业	7	2	5460	3868	1402	15253	9134	5226	-44	319	995
肉类罐头制造业	1		2199	1535	466	2422	543	1994	3	186	462
水产罐头制造业	1	1			1	306	335	2	-54	-54	26
水果罐头制造业	1		980	967	208	1011	637	853	37	68	45

续表

指标名称	企业单位数（个）	亏损企业	工业总产值（新规定）当年价	工业总产值（新规定）1990年不变价	工业增加值（生产法当年价）	资产合计	负债合计	产品销售收入	利润总额	税利总额	全部从业年平均人数（人）
蔬菜罐头制造业	3		2145	1244	664	9239	6387	2285	61	200	424
其他罐头食品制造业	1	1	136	122	63	2276	1232	92	-90	-82	38
发酵制品业	1		497	485	123	3408	1324	493	…	25	94
味精制造业	1		497	485	123	3408	1324	493	…	25	94
调味品制造业	10	6	2114	1034	708	8139	4722	2170	-86	63	726
酱油、酱类制造业	10	6	2114	1034	708	8139	4722	2170	-86	63	726
其他食品制造业	9	4	7349	5853	1898	16703	14846	7440	-1163	-534	702
豆制品制造业	3	1	134	86	38	764	460	145	-6	5	105
淀粉及淀粉制品业	3	2	3442	3406	917	11987	12224	3483	-1047	-756	259
制冰业	1		221	219	67	182	80	225	9	22	54
冷冻饮品制造业	1	1	109	93	-37	858	930	115	-281	-274	57
其他类未包括的食品制造业	1		3443	2048	912	2913	1153	3472	161	470	227
饮料制造业	95	51	99370	60997	34068	299109	206920	106659	-869	13108	11685
酒精及饮料酒制造业	53	31	58261	27329	21924	184659	128984	52256	172	10320	6264
白酒制造业	33	19	8286	4106	2991	32427	27507	8388	-340	978	2239
啤酒制造业	10	6	37359	20604	14539	133214	86190	36127	559	8112	337
黄酒制造业	1	1	100	24	-498	1109	1819	106	-587	-568	44
葡萄酒制造业	2	1	7592	2196	3059	10818	8821	5925	891	1920	234
果露酒制造业	7	4	4924	399	1833	7091	4647	1710	-351	-122	380
软饮料制造业	17	7	16111	17962	5421	55613	33809	27450	-913	859	127
碳酸饮料制造业	4	1	7878	9749	3513	26754	12190	15717	13	858	361
天然矿泉水制造业	1		423	337	68	1556	1255	570		67	135
果菜汁饮料制造业	7	4	3819	4247	1344	14378	10902	5536	-350	221	532
固体饮料制造业	3	2	2489	1986	221	9685	8420	4123	-790	-651	162
其他软饮料制造业	2		1502	1644	276	3240	1043	1504	214	365	84
制茶业	25	13	24997	15706	6724	58836	44127	25953	-129	1929	415
烟草加工业	26	4	3738424	1611469	2929952	5444886	1178831	3660145	484302	2604608	30076
烟叶复烤业	11	3	247631	45487	159205	215725	150759	175430	14478	29210	5790
卷烟制造业	13	1	3482279	1557571	2767044	5213170	1018687	3471270	467343	2571998	23467
其他烟草加工业	2		8514	8411	3703	15992	9385	13444	2480	3399	819

3.26 陕 西 省

【a. 纪事】 2000年元月，陕西省政府组织7个省级部门有关人员，组成陕西省果业产业化调查组，赴咸阳、宝鸡、铜川、延安、渭南5市的苹果生产基地县，对苹果的种植、加工、储运情况进行调研，在调查了解的基础上，形成了《全省果业产业化调研报告》，提出了产、储、加、销一体化发展思路。7月，省政府在听取各有关方面对调研报告的意见后，形成《中共陕西省委、省政府关于加快以苹果为主的果业产业化建设的决定》，下发实施。

4月，陕西省食品工业协会组织省级有关部门、大专院校、研究机构和骨干企业，召开了"迎接入世和西部大开发，陕西食品工业战略选择研讨会"，进一步明确了陕西省食品工业面临的形势和任务，以及发展重点和应采取的措施。

9月，经过近1年的筹备，由陕西省食品工业协会、省出入境检验检疫局、陕西海升鲜果汁有限公司等多家单位共同发起组建的"陕西省果品工业协会"，经省民政厅批准正式成立。

【b. 概况】 2000年全省食品工业完成产值超过140亿元，其中430家规模以上企业完成产值96.08亿元，比上年的91.2亿元增长5.35%；税利19亿元，与上年持平；实现工业增加值46亿元，与上年相当。

"九五"末期，陕西省食品工业总产值比"八五"末期增长41.74%，税利总额增长70%。"九五"期间，全省食品工业总产值年平均增长7.22%，比"八五"期间年均增长率低0.91个百分点，税利总额年平均增长10.5%。

陕西省丰富的特色资源，使其发展特色食品工业具有很强的资源优势。2000年，部分地区选择自己的优势资源，突出本地区特色，走"公司+基地+农户"的发展道路，加快发展食品工业。如安康充分发挥富硒资源优势，开发了富硒矿泉水、富硒豆酱、富硒大米等特色新产品；平利县景华食品厂利用当地丰富的资源，开发出猕猴桃脆片、南瓜片和蚕蛹系列食品；岚皋县绿鑫食品厂利用当地盛产的苦荞麦开发出了苦荞麦挂面、苦荞麦冲剂、苦荞酒和苦荞麦片等系列产品；商洛立足当地的核桃、板栗、柿子、食用菌等优势资源发展食品工业。通过这些特色产品的开发，提高了当地特色资源的利用率，带动了当地经济的发展。

2000年，各地区坚持以"把农业大县建成食品工业大县"为战略目标，努力推进食品工业重点县建设，组建企业集团，发展食品工业，取得了可喜成绩。全省已有咸阳市的三原、武功、泾阳、乾县，宝鸡的宝鸡、岐山、眉县、扶风、凤翔、金台区、渭滨区，渭南的蒲城、大荔、临渭区以及其他地市共23个县区食品工业产值过亿元，比"八五"末期增加了11个。各地市坚持走"扶起一条龙，带动一大片"的区域经济发展路子，确定开发重点。如渭南重点抓了富平奶粉、蒲城油脂加工、大荔合阳果品加工、韩城花椒、临渭区面粉加工等项目；咸阳重点抓了普成牌乳制品、宴友思熟肉制品、甘草精系列、中式可飞等产品；宝鸡抓了宝鸡卷烟、宝鸡啤酒、毅武方便食品、西凤酒厂等大企业。通过对重点产品、重点企业的扶持，增强了企业的实力，促进了县域经济发展的步伐。

此外，2000年，宝鸡毅武集团股份公司与茅台酒集团合作，盘活1000多万元的闲置设备资产，生产赤水龙酒，为企业带来较好的效益。

【c. 乳制品制造业加强行业管理】 《乳及乳制品系列》国家标准重新修订后，于1999年12月17日正式发布并实施。为了使全省乳品企业准确理解并按照新的乳制品标准组织生产、进行产品质量管理和检测，陕西省乳品工业协会于2000年5月31日~6月2日组织召开"乳及乳制品国家系列新标准宣贯会"，并于6月26日~7月6日与省质检所联合对全省液态奶生产企业进行了贯标检查。针对检查结果不理想的状况，省乳协又召开省内乳品企业座谈会，通过聘请有关专家讲授有关知识，现场解答指导，组织企业参观先进企业，请先进企业传授经验，帮助企业掌握生产技术，提高合格率，加速了陕西省乳品工业技术创新步伐，促进了其产业结构的调整、产品品种的更新、企业整体质量水平和经济效益的提高。由于乳品协会行业管理措施得当，推动了全省乳制品制造业在2000年取得了较大发展，生产量达到45763吨，比上年增长23.5%。

【d. 浓缩果汁业有喜有忧】　2000年全省浓缩苹果汁企业受到1999年国际市场销路畅通的鼓励，有4家企业大规模扩产，还有山东省1家企业来陕投资新建企业，共新增生产能力6万吨/年，使陕西省苹果浓缩汁生产能力比上年翻了1番，达到12万吨/年。但由于新建生产线的调试和国际市场、产品跨年度销售等因素的影响，全年共生产苹果浓缩汁7万多吨，出口4545万吨，与上年持平。

1998年10月，美国苹果协会提出对中国苹果浓缩汁反倾销诉讼，美国商务部于1999年6月立案调查。业内企业精心准备，积极应诉，中国土畜产进出口商会果断采取限价措施。2000年6月，美国对此案宣布仲裁结果，中国应诉企业平均税率为14.84%，普遍税率51.74%，陕西省企业最低达到12.03%。至此，美国意欲将中国浓缩苹果汁彻底拒于美国市场之外的目的宣告破产。

但是一些非应诉企业失去了直接进入美国市场的机会，转向欧盟和澳洲市场。由于受2000年欧元贬值、欧洲苹果丰收等因素影响，陕西省苹果浓缩汁行业出口价格和出口量增长势头受到抑制。这是造成2000年陕西省浓缩苹果汁出口额比1999年仅增长2%的主要原因。

【e. 科技创新与交流】　2000年全省食品工业企业、科研机构完成了一系列新技术、新产品研究和开发项目。如：北医大安康天然饮品公司“功能性保健瘦身胶囊研制开发”，咸阳保健食品研究所“快速啤酒研制开发”，西北大学生物系“以啤酒废酵母为原料生产核酸饮料”，城固县乐力达食品饮料厂“螺旋藻系列产品开发”，延安延河源食品有限公司“红延河系列特产食品开发”，陕西省微生物研究所“速溶富马酸及衍生产品研究”，陕西省科学院酶工程研究所“复合型干果酒研制开发”7个科研开发项目和镇安红栗果业有限公司“板栗系列产品深加工”、陕西天斗蛋业有限公司“生态蛋酸奶生产开发”、定边盐化集团“盐湖生物（卤虫卵）科研开发”3个成果转化项目。

2000年省内科研单位加强与省内外同行间的交流，在11月上旬于徐州召开的“全国食品工业新技术交流推广会”上，陕西省天宝大豆食品技术研究所的“大豆肽（短肽、多肽、低肽）氨基酸营养液”、大豆肽绞股蓝白酒、全脂或脱脂大豆完全脱腥蛋白粉、大豆乳酸菌饮料制备方法、陕西省微生物研究所乳酸盐类食品营养添加剂生产技术、金属硫蛋白（MT）生产工艺研究、陕西省轻工业研究设计院花椒素工业化生产技术7个项目作为陕西省食品工业科研成果进行了交流与推广，省微生物研究所的《关于淀粉深加工系列产品综述报告》论文被大会《会刊》收录。

（朱勐彬）

3.27 甘 肃 省

【a. 概况】 2000年，全省规模以上食品工业企业408户，其中食品加工业206户，食品制造业124户，饮料制造业65户，烟草加工业13户。完成食品工业总产值42.74亿元（1990年不变价，下同），占全省工业总产值的7.7%。全省食品工业实现税利8.54亿元，占全省工业税利总额的12.7%；完成工业增加值23.51亿元，占全省工业增加值的9.24%；实现销售收入45.76亿元，占全省工业产品销售收入的5.94%。

全省食品工业完成固定资产投资62777万元，占全省更新改造固定资产投资的9.55%。其中基本建设固定资产投资16339万元，更新改造固定资产投资46378万元。

食品加工业，完成工业总产值14.14亿元，工业增加值5.51亿元，产品销售收入13.85亿元，税利4757万元，分别占全省食品工业的33.07%、23.46%、30.27%、5.57%。亏损企业亏损额2931万元，占全省食品工业亏损额的43.83%。完成固定资产投资15690万元，占全省食品工业固定资产投资的25%。

食品制造业，完成工业总产值9.14亿元，工业增加值3.12亿元，产品销售收入7.73亿元，税利4072万元，分别占全省食品工业的21.39%、13.26%、16.90%、4.77%。亏损企业亏损额631万元，占全省食品工业亏损额的9.44%。完成固定资产投资19976万元，占全省食品工业固定资产投资的31.82%。

饮料制造业，完成工业总产值12.42亿元，工业增加值8.49亿元，产品销售收入14.96亿元，税利2.86亿元，分别占全省食品工业的29.05%、36.11%、32.69%、33.48%。亏损企业亏损额3036万元，占全省食品工业亏损额的45.40%。完成固定资产投资21251万元，占全省食品工业固定资产投资的33.85%。

烟草加工业，完成工业总产值7.05亿元，工业增加值6.39亿元，产品销售收入9.21亿元，税利4.80亿元，分别占全省食品工业的16.49%、27.17%、20.13%、56.18%。亏损企业亏损额89万元，占全省食品工业亏损额的1.33%。完成固定资产投资5860万元，占全省食品工业固定资产投资的9.33%。

规模以上企业产品产量比上年全省乡及乡以上企业产品产量增幅较大的有：罐头3.69倍、小麦粉1.4倍、乳及乳制品23.83%、卷烟7.4%。

2000年，全省食品工业销售收入过亿元的企业有兰州卷烟厂、甘肃荣华企业集团、兰州黄河企业集团、兰州正林食品有限公司、甘肃农垦啤酒股份有限公司、天水卷烟厂、甘肃皇台实业集团、兰州正大有限公司、甘肃滨河食品工业集团。

2000年，全省食品工业税利过千万元的企业有兰州卷烟厂、天水卷烟厂、甘肃荣华企业集团、甘肃农垦啤酒股份有限公司、兰州黄河企业集团、甘肃丝路春酒业集团、甘肃皇台实业集团、甘肃滨河食品工业集团。

（成富山）

2000年甘肃省食品工业
规模以上企业主要经济指标

指标名称	单 位	2000年
企业单位数	个	408
亏损企业	个	94
工业总产值（1990年不变价）	万元	427442
工业总产值（当年价）	万元	545122
工业增加值	万元	235097
工业销售产值	万元	509105
税利总额	万元	85391
利润总额	万元	12525
流动资产年平均余额	万元	557925
固定资产净值年平均余额	万元	330035
亏损企业亏损额	万元	6687
产品销售收入	万元	457573
产品销售成本	万元	323803
负债合计	万元	688618
资产合计	万元	1057002
年均职工人数	人	47561

2000年甘肃省食品工业规模以上企业主要产品产量

产品名称	单位	产量	产销率（%）
原盐	吨	14500	
小麦粉	万吨	120.47	112.39
食用植物油	万吨	2.65	52.02
鲜、冻畜肉	吨	15023	56.17
机制糖	吨	4665	6.58
配混合饲料	万吨	10.71	107.47
糖果	吨	660	59.21
方便主食品	吨	558	35.71
乳制品	吨	6375	87.66
罐头	吨	10235	87.35
酱油	吨	7733	60.03
液体乳	万吨	1.88	
淀粉	万吨	4.22	91.50
发酵酒精	吨	9199	50.11
白酒	万吨	3.05	91.90
啤酒	万吨	23.38	93.05
软饮料	吨	4402	149.69
瓶（罐）装饮用水	吨	731	
冷冻饮品	吨	880	65.82
卷烟	万箱	29.00	90.89

2000年甘肃省食品工业规模以上企业主要经济效益指标

指标名称		工业增加值率（%）	资金利税率（%）	产品销售率（%）	成本利润率（%）	劳动生产率（元/人·年）	流动资金周转次数（次/年）	经济效益综合指数（%）
平　均		43.13	8.08	89.88	3.87	49390	0.82	142.05
按注册类型分	国有企业	55.26	20.47	90.45	5.06	71330	1.27	216.15
	集体企业	33.76	4.42	95.46	1.27	28133	1.43	99.35
	股份合作企业	35.11	0.01	89.59	-3.21	29056	0.72	74.88
	联营企业	10.46	-0.62	116.81	-4.10	3425	1.76	37.65
	有限责任公司	38.19	3.21	81.01	0.16	31972	0.52	90.23
	股份有限公司	62.34	6.30	87.95	12.05	83465	0.54	210.88
	私营企业	25.00	13.45	92.53	7.64	48386	3.43	181.69
	港、澳、台商企业	34.66	3.05	88.88	3.36	51484	0.52	127.02
	外商投资企业	30.24	1.29	119.75	0.60	57139	2.58	133.06
总计中：国有及国有控股企业		52.58	10.92	87.68	4.95	59351	0.75	168.47
总计中：农村企业		33.33	4.18	92.53	4.23	44394	0.77	122.22
总计中	大中型企业	54.62	12.18	88.88	8.40	78507	0.78	213.46
	小型企业	35.53	3.81	119.75	1.52	35862	0.88	108.34
按行业分	食品加工业	32.76	2.20	87.68	1.81	37012	1.35	113.42
	食品制造业	29.84	3.07	90.77	1.72	31494	1.19	97.07
	饮料制造业	49.59	4.90	114.64	4.02	44916	0.46	126.76
	烟草加工业	63.18	75.10	72.05	12.97	38951	1.41	303.38

2000年按经济类型及行业分食品

指标名称		企业单位数（个）	比重（%）	工业总产值（不变价）	比重（%）
总　计		408	100.00	427442	100.00
按注册类型分	国有企业	140	34.31	115427	27.00
	集体企业	134	32.84	69716	16.31
	股份合作企业	21	5.15	10601	2.48
	联营企业	2	0.49	201	0.05
	有限责任公司	55	13.48	70536	16.50
	股份有限公司	4	0.98	29796	6.97
	私营企业	40	9.80	35332	8.27
	港、澳、台商投资企业	8	1.96	84310	19.72
	外商投资企业	4	0.98	11523	2.70
总计中：	国有及国有控股企业	167	40.93	192431	45.02
总计中：	农村工业	98	24.01	145185	33.97
总计中	大中型企业	16	3.92	162976	38.13
	小型企业	392	96.08	264466	61.87
按行业类型划分	食品加工业	206	50.49	141356	33.07
	食品制造业	124	30.39	91437	21.39
	饮料制造业	65	15.93	124160	29.05
	烟草加工业	13	3.19	70489	16.49

续表

指标名称		税利总额	比重（%）	利润总额	比重（%）
总　计		85391	100.00	12525	100.00
按注册类型分	国有企业	51480	60.29	3939	31.45
	集体企业	4334	5.08	688	5.49
	股份合作企业	2	0.002	-232	
	联营企业	-4		-10	
	有限责任公司	7787	9.12	82	0.65
	股份有限公司	12065	14.13	3738	29.84
	私营企业	2816	3.30	2163	17.27
	港、澳、台商投资企业	6751	7.91	2080	16.61
	外商投资企业	160	0.19	77	0.61
总计中：	国有及国有控股企业	69618	81.53	7190	57.41
总计中：	农村工业	11155	13.06	4600	36.73
总计中	大中型企业	65638	76.87	9283	74.12
	小型企业	19753	23.13	3242	25.88
按行业类型划分	食品加工业	4757	5.57	2120	16.93
	食品制造业	4072	4.77	1124	8.97
	饮料制造业	28590	33.43	4052	32.35
	烟草加工业	47972	56.18	5229	41.75

工业主要经济指标及比重

单位：万元

工业销售收入	比重（%）	工业增加值	比重（%）	产品销售收入	比重（%）
509105	100.00	235097	100.00	457573	100.00
154996	30.45	92016	39.10	140192	30.64
67329	13.22	25320	10.77	64270	14.05
9082	1.78	4556	1.94	8137	1.78
226	0.04	25	0.01	264	0.06
85984	16.89	37088	15.78	69659	15.22
55139	10.83	30882	13.14	48495	10.60
36940	7.26	10161	4.32	34179	7.47
86367	16.96	30375	12.92	76759	16.78
13042	2.56	4674	1.99	15618	3.41
273201	53.66	148970	63.37	239546	52.35
145380	28.56	50609	21.53	131956	28.83
213059	41.85	118546	50.42	244261	53.38
296046	58.15	116551	49.58	213312	46.62
155777	30.60	55148	23.46	138524	30.27
90454	17.77	31179	13.26	77328	16.90
161701	31.76	84891	36.11	149603	32.69
101173	19.87	63879	27.17	92118	20.13

亏损企业亏损额	比重（%）	资产总计	比重（%）	年职工人数（人）	比重（%）
6687	100.00	1057002	100.00	47561	100.00
1967	29.42	251507	23.79	12854	27.03
1715	25.65	98122	9.28	8965	18.85
431	6.45	18179	1.72	1568	3.30
10	0.15	648	0.06	73	0.15
2151	32.17	242653	22.96	11636	24.47
		191407	18.11	3668	7.71
47	0.70	20938	1.98	2052	4.31
341	5.10	221164	20.92	5927	12.46
25	0.37	12384	1.17	818	1.72
3753	56.12	637239	60.29	25115	52.81
87	1.30	266970	25.26	11376	23.92
1068	15.97	538719	50.97	15079	31.70
5619	84.03	518283	49.03	32482	68.30
2931	43.83	216498	20.48	14869	31.26
631	9.44	132561	12.54	9865	20.74
3036	45.40	583631	55.22	18850	39.63
89	1.33	63879	6.04	3977	8.36

2000年甘肃省食品工业主要行业销售收入排序表 单位：万元

行业	销售收入	比重（%）
全省总计	457573	100.00
卷烟制造业	86466	18.90
啤酒制造业	50865	16.01
白酒制造业	45046	15.18
磨粉业	37032	8.09
淀粉及淀粉制品业	21883	4.78
配合及混合饲料业	19642	4.29
乳制品制造业	17861	3.90
肉制品加工业	10567	2.31
发酵制品业	9574	2.09
食用植物油加工业	6984	1.66
糕点、糖果制造业	6414	1.40
以上行业合计	312325	68.26

2000年甘肃省食品工业固定资产投资情况 单位：万元

行业	基本建设	更新改造	合计
食品加工业	8869	6821	15690
食品制造业	2691	17225	19976
饮料制造业	4690	16561	21251
烟草加工业	89	4771	5860
总计	16339	46378	62777

（柳晓霞　孙　浩）

3.28　青　海　省

【a. 概况】　截止2000年底，全省食品工业规模以上企业数为72户，其中亏损企业47户，占65.58%；完成工业总产值（按不变价计算）45453.20万元，比上年下降8.33%，占当年全省工业总产值的3.21%。其中食品加工业完成产值21993.40万元，下降14.68%；食品制造业完成产值2754.70万元，下降4.93%；饮料制造业完成产值15146.10万元，下降15.40%。工业销售产值72417.10万元，下降4.93%，占当年全省工业销售产值的3.70%；工业增加值24398.0万元，增长51.73%，占当年全省工业增加值的3.73%；税利总额5540万元，增长116.32%；利润总额－2719万元，减亏1965万元。

2000年青海省食品工业产值比上年下降，这既有客观因素，又有主观因素。这种发展迟缓的状况虽然与省内经济形势发生变化，市场竞争加剧，政府对各个产业的关注重点不同等因素有关，但更重要的是青海省食品工业自身存在着一些深层次的矛盾和问题。主要有：产品结构、产业结构不尽合理，低、初级产品比重大，利用高新技术程度低，开发新产品速度缓慢，产品竞争力弱，上游企业对下游企业的带动辐射作用不强；二是基础薄弱，工业装备落后，小而散和低水平重复建设仍然很严重，投资效益不高；三是企业管理机制还不完善，观念滞后，思路不清，对市场反应不灵敏；四是国有经济比重偏高，民营等非国有经济发育不充分。

【b. 固定资产投资】2000年，青海省食品工业完成固定资产投资6925万元，比上年下降40.59%。其中，基本建设完成1229万元，占投资额的17.74%；更新改造完成3720万元，占投资额的53.72%；其他完成1976万元，占投资额的28.53%。分行业看：食品加工业占投资额的29.31%，食品制造业占投资额的22.17%，饮料制造业占投资额的48.52%。主要项目有：青海省花宝蜂业股份合作公司蜂产品深加工项目，总投资11400万元；青海海北祁宝肉食品精深加工技改项目，总投资8555万元；青海青稞酒集团公司青稞酒系列产品扩能改造项目，总投资22000万元；青海肉食集团高原绿色食品开发有限公司宝羊肉类加工技术改造项目总投资13410万元，青海藏业科工贸有限公司年产5000吨胡萝卜浓缩汁项目，总投资9750万元等。

2000年青海省食品工业固定资产投资分类别情况

单位：万元

行　业	基本建设	更新改造	其他	合　计
食品加工业	1142	513	375	2030
食品制造业	15	195	1325	1535
饮料制造业	72	3012	276	3360
合　计	1229	3720	1976	6925

【c. 产业结构调整】　2000年，省委、省政府提出的“国有经济在国民经济中有进有退，有所为有所不为”的方针初步得到了贯彻，国有经济在食品工业中的比重继续下降，民营经济已成为日益活跃的一支新兴力量。通过兼并、关停、资产重组，企业状况向好的方向转化。企业集团在扩大规模的同时，更注重加强集团的实力。产业结构也在向合理的方向转化。青海省肉食品集团有限公司认真贯彻全省流通工作会议精神，深化企业改革，不仅充分发挥了广大职工的聪明才智和主动积极性，而且还扩展了经营领域，提高企业经济效益，促进企业发展；青海金塔青稞酒业有限责任公司2000年改为股份制民营企业后，在理清改革方向的前提下，找准销售市场，强化质量管理，加强营销管理，生产迅速增长，综合经济实力增强；青海绿宝实业集团有限公司、青海人长久食品有限公

司、昂思多天然饮品有限公司、青海雪牛保健品有限公司等骨干民营食品企业已步入良性发展的轨道。

【d. 主要行业情况】 屠宰与肉制品加工业。青海地处青藏高原，面积72万平方千米，有可利用草原面积3000多万公顷，其中草山面积60多万平方千米，有各类牲畜2300多万头（只），年产肉12万吨，是全国4大天然牧场之一。屠宰及肉制品加工业是青海食品产业中一大支柱产业，2000年实现产值6212.30万元，加工量1.175万吨。按肉类产量计算，加工量仅占15%左右，与全国平均水平相比仍有较大差距。90年代初期青海有肉类屠宰加工企业35家，一些企业因亏损现已破产或被收购，目前还剩20余家。

乳制品制造业。乳制品制造业在青海食品工业各行业中居第7位，现有企业10余家。根据省统计局统计，2000年全省奶类产量19.4万吨，奶粉1152吨，产值1847.3万元。全省乳制品生产企业年生产能力约为：液体奶8000吨，奶粉3000吨，干酪素5000吨～6000吨，酸奶400吨～500吨，奶油产量很小。乳制品中，巴氏杀菌奶和酸奶的市场占有率在90%以上，但缺乏高档液体奶及花色奶；奶粉缺乏有影响力的品牌，品种单一，市场占有率在10%以下；含乳饮料还是空白，干酪素仅作为化工原料出售。

饮料工业。目前有正规生产企业13家。2000年产量16344吨，比1996年的1801吨增长了8倍；2000年实现销售收入5243.40万元，比上年增长35.93%；工业总产值5559万元，比上年增长36.02%。饮料工业是青海食品工业近年发展速度最快的行业，根据本省的资源特点，发展重点是天然矿泉水和野生植物饮料。

粮油加工业。随着经济体制改革的不断深化和粮食流通体制以及价格改革的不断深入，粮油部门靠保护政策取得的一些优势亦已消失，平等竞争的局面已经出现，1999年至2000年，青海粮油加工业经受了前所未有的考验。1999年年底全省国有粮油加工企业有40个左右，年产植物油4.55万吨、小麦粉41万吨，有7～8家企业尚有盈利或微利；到2000年年底，国有粮油加工企业已减至14个，年产植物油1.16万吨，降幅很大，基本上已没有盈利企业。大部分粮油加工企业已破产或停产，少数生产企业也只是在保持微利或亏损的状况下在维持生产。与此同时，粮油加工小型合股个体企业和家庭加工作坊发展很快。

（徐海萍）

2000年青海省食品工业主要经济指标

单位：万元

行业	企业数（个）	亏损企业数（个）	工业总产值		工业销售产值（当年价）	工业增加值（当年价）	利润总额	税利总额
			当年价	不变价				
食品加工业	53	37	34432	21993	36332	12043	－3316	－2550
食品制造业	12	6	3684	2755	4350	596	－868	－615
饮料制造业	7	4	32614	20705	31735	11760	1465	8705
合　　计	72	47	70730	45453	72417	24398	－2719	5540

2000年青海省食品工业主要产品产量

产品名称	单位	产量	比上年±%	产品名称	单位	产量	比上年±%
原盐（湖盐）	万吨	67.65	38.26	软饮料	吨	16114	20.8倍
食用植物油	万吨	1.16	－74.51	果汁及果汁饮料	吨	2112	
小麦粉	万吨	6.19	－84.90	瓶（罐）装饮用水	吨	14002	30.6倍
鲜、冻畜肉	吨	11744	－36.17	乳制品	吨	1152	－15.85
饮料酒	吨	22280	－21.73	冷冻饮品	吨	230	－77.52
白酒	吨	16639	－11.70	酱油	吨	219	－92.14
啤酒	吨	5641	－41.37	糕点	吨	297	32.00

2000 年青海省食品工业固定资产投资情况

单位：万元

行　业	总　计	国　有	集　体	股份有限公司	个　体	其　他	合资经营
食品加工业	2030	1340	200	260	150	25	55
食品制造业	1535	210	915		410		
饮料制造业	3360	22	276	3062			
总　计	6925	1572	1391	3322	560	25	55

青海省食品工业固定资产投资主要项目表

单位：万元

序号	项目名称	项目实施单位	建设内容	总投资
1	青稞酒产品扩能改造	青海青稞酒有限责任公司	改造提高青稞酒生产能力，开发新产品，总产能达到年产 5 万吨	22000
2	牛羊屠宰及 3 万吨牛羊肉精加工项目	青海省肉食集团公司宝羊有限责任公司	建牛羊分割加工车间、改造屠宰车间，形成日屠宰羊 8000 只，年产分割包装 12840 吨，副产品 3840 吨能力，并对牛羊血等进行综合利用	13410
3	万吨肉食品加工基地	青海省中田绿色食品股份有限公司	在海北州冷库的基础上扩建生产线，提高小包装系列肉食品产量，建设年产 11630 吨牛羊肉制品生产线及肠衣、肝素钠、发酵血粉等副产品	8554
4	“天露”牌乳品系列扩建	青海天露乳业有限责任公司	年处理鲜牛奶 10 万吨。形成年产利乐包装奶 3 万吨、奶粉 2000 吨等生产能力	10880
5	富丽华食品扩能	乐都富丽华食品工业公司	年产 1500 吨即食豆制品，4000 吨玉米系列食品，2500 吨青豆、蚕豆等杂豆类系列食品	2575
6	脱水蔬菜	青海青藏高原天然果蔬制品有限公司	水果蔬菜浓缩汁、真空脱水蔬菜和植物香精油	7100
7	扩建循化辣椒、花椒生产线项目	循化县经委	建立 2000 公顷线椒种植园，扩建 9000 吨线椒系列产品生产线及花椒加工生产线	1588
8	马铃薯系列产品生产线	青海英世泰和实业股份有限公司	新建日处理 420 吨马铃薯生产线；年产马铃薯雪花粉 6000 吨、颗粒粉 5000 吨、薯条 15000 吨、挤压食品 2000 吨、油炸食品 1000 吨等	19800
9	沙棘、杂果综合开发项目	青海阳光生物制品有限公司	建年产 2558 吨沙棘系列绿色保健食品生产线	9800
10	昆仑山矿泉水扩能改造	青海石油管理局	开发昆仑山冰川泉水，新建年产 20 万吨矿泉水	28700

续表

序号	项目名称	项目实施单位	建设内容	总投资
11	蜂产品加工	青海花宝蜂业股份合作公司	建设年产蜂蜜粉3000吨、出口蜂蜜5000吨、蜂蜜小包装3000吨、蜂王浆干粉胶囊80吨、王浆软胶囊40吨、高原花粉精胶囊60吨、绿色花粉口含片10吨、蜂幼虫干粉制品5吨的生产能力生产线	11400
12	胡萝卜浓缩汁项目	青海藏业科工贸有限公司	新建年产5000吨胡萝卜浓缩汁生产线	9750
13	酪蛋白项目	果洛州雪山有限责任公司	年产500吨蛋白纳及干酪素，建配套车间498平方米，购置设备41台	1385
14	年产1200吨牦牛壮骨酱	青海湟源县金源肉食品有限公司	年产1200吨牦牛壮骨酱	854
15	沙棘总黄酮技术研究与产业化	青海人长久食品有限公司	生物黄酮2吨	1000
16	年产2万吨精制马铃薯淀粉	青海合力农业开发有限公司	新建年产2万吨精制马铃薯淀粉生产线及脱毒种苗基地	9500
17	蚕豆、青稞深加工项目	湟源县计划委员会	年产蚕豆8260吨，青稞系列产品1000吨	3088
18	畜产品综合加工	青海绿宝集团公司	畜产品综合加工	8360
19	饮品生产线	青海江河源工贸有限公司	新建年产1万吨矿泉水、大豆汁饮料生产线	2100
20	5万吨矿泉水生产线	化隆县昂思多天然饮品有限责任公司	扩建年产5万吨矿泉水生产线	1500
21	沙棘果酒项目	海东地区	10万吨果酒生产线	10800
22	浓缩果汁生产线	循化浓缩果汁加工厂	扩建年产4000吨浓缩果汁、胡萝卜汁生产线	1383
23	肌醇生产线项目	湟中县多巴镇小寨植物炼油厂	新建年产100吨肌醇生产线	3000

3.29 宁夏回族自治区

【a. 纪事】 1月，《银川市清真食品管理规定》修订后公布实施。这是1992年7月1日起施行的国内第1个民族性地方食品法规实施7年多后，结合实际情况所做的第1次修订。

1月中旬，宁夏3家糖厂中的最后1条生产线——银川糖厂制糖生产线全面停机。这标志着宁夏全面退出制糖生产。这是按照1999年11月朱镕基总理在宁夏考察时明确指出："宁夏应尽早从制糖业中整体退出"的精神，实施的重大经济战略调整。

4月，宁夏党委、政府、经贸委组织6个先遣团赴闽、沪进行经济交流，食品开发项目成为热点，签约数占总数的30%，协议投资总额5300万元人民币(其中宁夏引进资金4504万元)、1395万美元（其中宁夏引进613万美元)，为实施西部大开发战略开了一个好头。

5月，宁夏经贸委组织有关专家对西夏王葡萄酒有限公司生产的干红、干白、冰白、桃红、葡萄利口、玫瑰佳酿、世纪红、枸杞利口8个葡萄酒进行自治区级新产品评审鉴定会。

6月15日，江泽民总书记视察宁夏夏进乳品饮料有限公司，并为该公司题词。

7月，宁夏宣布：发菜从宁夏"五宝"中除名，并于7月15日，正式取缔关闭了全国最大的发菜集散市场——同心县发菜市场，还下发了"清理整顿发菜和甘草经营市场"的通知，并限定7月31日后，绝对不允许任何经营发菜和发菜制品的行为发生。

8月初，宁夏西夏王葡萄酒有限公司生产的"西夏王"干红葡萄酒和枸杞利口酒分别在法国巴黎举办的国际名酒展览评比会上获金奖和特别奖。这是中国国际贸易促进会、中国国际商会组织国内葡萄酒第1次大规模参加欧洲葡萄酒产地展示活动。张裕、王朝、五粮液、郎酒等国内16家企业的48个品种参加，共有2个品牌获金奖，3个品牌获特别奖。

8月14日，中国宁夏伊斯兰绿色食品港正式开通上网。

9月1日，首届全国清真食品展销会在银川市召开，历时5天，来自全国27个省、自治区、直辖市的2000多名代表参会。会议成交总额达10亿元，充分反映出民族文化优势和民族品牌食品优势的特点。

9月1日，第2届中华名小吃认定活动在银川市举行，共有553个品种被认定为"中华名小吃"。宁夏参评的50个清真小吃中，44个榜上有名。

10月份，宁夏制定的今后10年扶贫开发规划中确定，把以食品产业为龙头，建立起能够发挥当地资源优势、独具特色、经济增长显著的产业体系列为重点工作。

10月11日，《中国食品报》以正版篇幅发表了宁夏银川西夏酿酒总厂魏之彬厂长（宁夏唯一的国家白酒评委、自治区劳动模范、自治区职业道德十佳标兵、自治区优秀青年企业家）"确保一个中心，加大三个力度，实施五大创新，再创企业辉煌"的文章，较系统地宣传了该企业形象，在全国范围内产生了一定影响。这是宁夏食品工业企业历史上的第1次。

10月13日，宁夏10家食品企业在全国安全优质承诺食品颁证大会上，领回了首批中国安全优质承诺食品证书和奖牌，以占颁牌总数六分之一的骄人业绩得到全国同行业的广泛关注。经查证，中国质量万里行投诉办公室在当年接到的1800件食品方面的投诉事件中，参加全国安全优质承诺食品的企业没有1家收到有关质量方面的投诉。他们是：塞北雪面粉、西夏白酒、香山酒业、银湖酒业、西夏王葡萄酒、昊都酒业、夏进乳品、好力顿酒业、贺兰山葡萄酒、灵武啤酒。

10月28日，宁夏北方淀粉有限公司和夏进乳品饮料有限公司被国家经贸委、国家计委、财政部、农业部、外经贸部、中国人民银行、国家税务总局、中国证监会8个部委确认为全国农业产业化国家重点龙头企业之一。

11月9日，宁夏表彰实施再就业工程中的先进人物。20名受表彰的再就业明星中，有12名出自食品行业。

12月4日，银川市与东莞市结为经济技术协作城市。同期，宁夏绿色清真食品展示会在东莞召开，两地的部分食品企业签订了粮食、果蔬、畜禽产品供销合同。其中有10万吨宁夏玉米和精制大米、20万头（只）优质家畜家禽、200多吨水果蔬菜和西夏王葡萄酒等。

12月份，宁夏农垦集团的又一批牛羊清真肉制品进入北京钓鱼台国宾馆。这是继10月初首批2吨产品空运后的又一批。这是新中国成立以来的首次。

12月8日，宁夏夏进乳品有限公司获得了ISO9002质量认证证书，这是其把推广学生奶作为企业发展契机，完善自我的又一步骤。该公司每月已向山东、福建等地的12所学校3.45万名学生供应学生奶达52吨。

12月15日，宁夏第1家清真牛羊肉定点屠宰厂1期工程在银川市郊区竣工，可日宰牛250头、羊1000只，这是让居民吃上清真、放心肉的重要举措之一。

【b. 概况】 2000年宁夏食品工业在加快科技创新、推进结构调整中，深入开展企业管理活动，努力提高食品工业、食品企业整体素质，加快加大结构调整步伐，着力推进企业优化升级，把大力培育优势特色产业作为结构调整的重要方向，以促进产销结合，进一步开拓国际、国内市场，食品工业发展速度和效益显著回升，开创了行业改革与发展的新局面。全年全部独立核算食品工业企业完成工业增加值50108万元，在上年度增长1.5倍的基础上，又递增12.80%。规模以上食品工业企业实现税利6845.6万元，其中食品加工业、食品制造业和饮料制造业实现税利6388.6万元。扭亏增盈工作效果显著，亏损企业的亏损额由上年的9207万元下降到5323万元，减亏3884万元，直接影响到食品工业实现利润也由上年的-4295.7万元变为999万元，一举扭转了近10年来连年亏损的局面，实现了经济效益的根本好转，为"西部大开发，宁夏要争先"迈出了坚实的步伐。

总体上看，宁夏食品工业改革与发展呈现以下特点：

1. 食品工业落实自治区党委、政府"进一步抓好工业"的要求，实现了开拓市场、提高效益的工作目标。在培育与发展具有宁夏特色的食品工业体系，促进农村社会和农村经济战略性调整中，宁夏食品工业的发展得到了各地区、各级领导和各有关部门的重视。食品工业企业围绕"机制创新，增强活力"，进一步深化和规范中小企业改革并取得了重大突破。改制脱困目标实现，改制面达94%以上，法人资本2.16亿元，减少19.51%，所有者权益8.88亿元，增加了52.18%，大多数国有亏损企业基本摆脱困境，历年亏损严重的制糖业实现了全行业整体退出。资本市场开始建立，个体私营企业快速发展，所有制结构趋向合理。与此同时，各地、市、县继续围绕"实施农业产业化，食品工业是关键"，努力扩粗拉长以食品工业为龙头的产业链，积极培育新的经济增长点，食品工业增加值的增幅也大大高于宁夏工业平均水平和食品工业发展速度。

2. 食品工业努力优化企业结构，调整产业结构和产品结构，食品企业进一步向好的方向发展。2000年，食品制造业在生产企业数减少8.82%的情况下，实现工业产值增长32.11%，产品销售收入增长30.62%，实现利润增加586.9万元。食品加工业在生产企业数锐减44.9%后，受往年制糖业产值所占比重大的影响（2000年无此产值），尽管工业产值下降60.29%，但同时亏损企业亏损总额却下降了79.60%，减亏5094.6万元，10年来税利总额第1次为正值。饮料制造业加强产品结构调整力度，积极研究市场、适应市场，瞄准市场搞开发，努力生产适销对路产品，工业总产值较上年增长32.44%，产品销售收入增长45.27%。主要生产嗜好产品的烟草加工业基本维持了上年度的生产水平，但产品销售收入和实现利润都呈现下降态势。这些均显示出产业结构调整的成效。食品工业销售收入只增长4.6%，销售利润在上年度增长34.47%的基础上又递增17.23%，企业资产合计下降15.28%，流动资产年平均余额减少21.26%，人均劳动生产率由93578元上升到118910元，都表明食品工业经营形势全面好转。

2000年宁夏食品工业全部独立核算企业基本情况

行　业	企业数（个）		工业总产值（万元）		销售产值（万元）	工业增加值（万元）	出口交货值（万元）
		亏损企业	1990年不变价	当年价			
食品工业合计	179	69	109243	148719	130369	50108	4389
食品加工业	76	28	17947	32673	29469	8770	530
粮食及饲料加工业	45	17	12435	26758	24320	6827	
碾米业	6	4	1645	6280	5203	554	
磨粉业	21	6	4464	12020	10709	2819	
面、米制品业	3	2	94	179	165	48	
植物油加工业	7		2802	2891	2082	1158	
屠宰及肉类、蛋类加工业	12	8	1999	2318	2368	347	
屠宰加工业	3	2	308	537	349	107	
肉制品加工业	7	5	1002	1093	1356		
肉类副产品加工业	2	1	689	389	663	2975	530
其他食品加工业	11	3	712	706	699	438	
食品制造业	77	34	65103	78469	64404	24643	3751
糕点、糖果制造业	17	12	1597	3819	3602	1322	
乳制品制造业	19	10	21651	28747	25914	1143	
罐头制造业	4	2	312	406	329	101	
发酵制品业	5	1	14170	13002	9920	4729	
氨基酸制造业	1		5529	4187	3248	1216	
味精制造业	1		3376	2391	2040	696	
柠檬酸制造业	1		3585	4745	4462	1748	3751
调味品制造业	8	3	475	623	598	214	
酱油、酱类食品制造业	5	1	383	487	457	173	
食醋制造业	3	2	92	136	141	41	
其他食品制造业	24	6	26898	31872	24041	8724	
淀粉及淀粉制品业	19	4	26270	31195	23356	8535	
其他类未包括食品制造业	2	1	93	82	90	20	
饮料制造业	24	6	19224	30232	29447	12381	108
酒精及饮料酒制造业	15	3	13158	24962	24966	9606	
白酒制造业	8	1	6760	14742	14556	5933	
啤酒制造业	2	1	5526	8280	9248	3095	
葡萄酒制造业	1		780	1850	1078	568	
软饮料制造业	4	2	2195	2510	1638	1576	
碳酸饮料制造业	1		142	142	102	26	
果菜汁饮料制造业	1		1984	2296	1458	1509	
其他饮料制造业	4	1	3741	2630	2745	1117	108
烟草加工业	2	1	6969	7345	7050	4315	
烟叶复烤业	1	1	346	450	157	171	
卷烟制造业	1		6623	6895	6893	4144	

【c. 生产与市场销售】 2000年宁夏食品工业努力适应市场，实现由偏重生产到向重视技术和市场转变，努力开拓新市场，巩固挖掘老市场的潜力，在实施以销定产的生产经营策略中，克服产品销售价格普遍下降，规模以上食品企业主要产品出现了较大调整现象。以夏进乳品饮料有限公司为龙头的乳制品行业，大力调整产品结构，减少奶粉生产量，迅速增加液体奶生产量，在牛奶总产量只增加15.28%的情况下，乳制品总产量增长1.1倍。葡萄酒业充分利用宁夏地理位置、气温、光照、土壤极其有利于优质酿酒葡萄生长的自然条件，“三年磨一剑”，开始走上了大发展、跑步前进的发展快车道，外树品牌形象，内部强化基础建设，实现了产量大增长的好势头。宁夏味精厂将实施科技进步做为企业发展的基础，大打民族“清真”品牌，市场不断扩大，新月牌味精产量上年增长78.07%，2000年又实现递增54.37%，产值首次突破3000万元大关，市场销售收入在克服了产品价格下调幅度大的不利影响后，还实现增长41.2%。受“西部大开发”的积极影响，在宁夏各有关部门大力组织加强对外宣传中，品质极佳口感好的宁夏清真牛、羊肉得到了全国其他省区消费者的好评，促使鲜、冻畜肉走出生产发展低谷，出现连年大幅度递增的好形势，2000年又增长53.18%。饮料行业中，鼓励发展果菜汁的产业政策和宣传已进行了十多年，在消费结构变化中，宁夏的果菜汁饮品业苏醒过来开始起步，2000年增长达58.14%。白酒制造业中的西夏酿酒总厂、香山酒业公司和塞上春酒业公司，在竞争激烈的市场洗礼中，不断增加产品中的企业文化内涵，不断革新和改进产品包装，不断增大企业形象的宣传和参与社会公益活动的力度，终于形成了雄霸宁夏酒业的“三足鼎立”态势，并立足宁夏努力走向区外，开拓外部市场，全区白酒生产量在上年大幅度增长51.58%的基础上，又递增20.96%。宁夏粮食加工业克服了油料作物和小麦总产量连年下降，受市场价格影响玉米下降幅度大和稻谷产量在品种调整中也有所下降等不利因素，实施大规模技术改造后的宁夏黄河米业、法福来面粉公司和灵武市精米厂相续重新投产，使宁夏大米产量年增长5.35万吨，增长幅度达33.77%，工业增加值增长37.94%。食用植物油生产企业在油菜籽减产32.71%和乡村一些小油坊以低质低价与送货上楼进屋等灵活方便的服务营销手段的影响下，努力发挥自身规模经营的优势，发挥技术优势和品牌影响力，产量与上年持平。豆制品制造业、粉丝粉条制造业在山区豆类种植大面积好转的情况下，充分发挥原有生产能力的潜力，进一步提高生产技术水平，粉丝粉条总产量在上年增长155.65%的基础上又递增15.67%。以青铜峡市清真食品有限责任公司为主的宁夏清真糕点制造业，充分发挥民族地区清真食品生产的优势，大打“清真”品牌，仅每年中秋节期间就生产清真糕点100多万千克，畅销京、津、冀、鲁、川、陕、甘、蒙、青、新等19个省市自治区市场，较好的满足了信仰伊斯兰教的少数民族大分散少集中居住特点的节日清真食品供应，取得了“两个效益”的同步增长。

受市场对老生产企业的约束不断加大，面对新入市企业的“门槛”不断降低和部分市场无序竞争的影响，在市场消费行为结构性大调整和产业政策等大调整中，有些企业发展跟不上市场消费变化，一些大众化消费需求的产品也出现了大幅度变化，糖果、罐头、饼干产量连年大幅度下降；受产业政策调整，机制糖生产全面关机停产；生产方便主食品和饮料啤酒的企业在其他外省区企业大力抢占宁夏消费市场的情况下，受生产规模小的“先天不足”影响，和生产企业自身缺乏不断技术进步能力，不断“丢城失地”，产量出现大幅度下降。卷烟制造业对产品结构进行了较大调整，基本维持了总产量增连年减幅度不大的局面。

随着农产品供给状况的根本改观，近几年已形成了农产品相对过剩，再加上广大农民开始从比较效益低的粮食作物向比较效益高的经济作物、养殖业、畜牧业等行业转移，食品工业作为农业生产的延续，产品结构还将会不断的调整。粮食加工业中的大米加工业，依托宁夏粳稻的品种优势和生产成本较全国水平低4%左右的优势，虽然今年增长幅度较大，但从国际市场价格看，还有较大发展空间，今后，还能够在持续发展生产中获得好的效益。小麦粉加工业因宁夏小麦生产成本比全国高，在国际和国内市场都不具备价格优势的形势下，只能依靠良好的经营管理和不断开拓新的产品来促进行业的发展。以养殖业、畜牧业和农村经济作物为主要原料的其他食品工业行业，发展空间则相对很大，特别是充分发挥民族特色的清真食品工业，在竞争日益激烈的市场经济中，依靠独特的优势，还有可能得到更好的发展。

2000 年宁夏食品工业主要产品产量

产品名称	单位	2000 年	1999 年	2000 年较1999年增减%	产品名称	单位	2000 年	1999 年	2000 年较1999年增减%
大米	万吨	21.18	15.83	33.77	冷冻饮品	吨	1787	1130	58.14
小麦粉	万吨	47.92	46.39	3.30	发酵酒精	吨	5652	5099	10.84
配混合饲料	吨	87208	106374	−18.02	糕点	吨	1225	1177	4.08
食用植物油	吨	53553	53956	−0.75	饼干	吨	321	500	−35.80
机制糖	吨	3313	20646	−83.95	食品添加剂	吨	3574	4602	−22.34
鲜、冻畜肉	吨	7172	4682	53.18	啤酒	吨	46743	55469	−15.73
糖果	吨	152	536	−71.64	白酒	吨	9246	7644	20.96
饮料酒	吨	57639	63946	−9.86	葡萄酒	吨	1650	806	104.71
方便主食品	吨	572	859	−33.41	软饮料（瓶装饮用水）	吨	6415	3930	63.23
乳制品	吨	29090	13858	109.91					
罐头	吨	702	975	−28.00	卷烟	箱	31185	31000	0.60
味精	吨	2419	1567	54.37	一类卷烟	箱	192	18	966.67
酱油	吨	2821	3605	−21.75	二类卷烟	箱	414	246	68.29
豆制品	吨	1983	1950	1.69	三类卷烟	箱	14015	12158	15.27
粉丝、粉条	吨	9457	8176	15.67	四类卷烟	箱	16564	18808	−11.93
淀粉	吨	89610	86197	3.96					

2000 年宁夏食品工业主要原料产品产量

产品名称	单位	2000 年	1999 年	产品名称	单位	2000 年	1999 年
小麦	万吨	72.87	80.77	枸杞	吨	10187	4887
稻谷	万吨	62.57	66.58	牛奶	吨	236042	204747
玉米	万吨	83.29	106.60	蜂蜜	吨	807	725
谷子	万吨	0.25	1.01	蚕茧	吨	290	411
高粱	万吨	0.60	0.41	水果产量	吨	193155	202343
荞麦	万吨	2.51	0.58	苹果	吨	159462	170536
豆类	万吨	3.07	7.08	梨	吨	9058	10114
大豆	万吨	3.02	2.75	葡萄	吨	8959	6577
薯类（马铃薯）	万吨	21.17	24.88	红枣	吨	5228	4153
油料作物	吨	69897	103928	核桃	吨	137	129
胡麻籽	吨	25190	53896	水产品总产量	吨	36983	34221
向日葵	吨	31932	27800	肉类总产量	吨	190018	170704
苏子	吨	7431	269	牛肉	吨	33051	29799
糖料（甜菜）	吨	3484	117612	羊肉	吨	32952	25251
烟叶	吨	1462	781	绵羊肉	吨	22900	16702
蔬菜（含菜用瓜）	万吨	150.41	113.84	山羊肉	吨	10052	8549
瓜类（果用瓜）	吨	280266	230794	猪肉	吨	93361	87854
西瓜	吨	269144	221355	家禽肉	吨	28138	24384
甜瓜	吨	11122	9439	禽蛋	吨	75741	70840

【d. 经济效益】　2000 年在宁夏党委、政府“进一步抓好工业”整体部署指导下，宁夏食品工业努力克服各种不利因素，加大改革和发展力度，狠抓扭亏增盈，经济效益出现了可喜变化。尽管工业总产值较上

年只增长了0.18%，产品销售收入增长4.60%，但工业增加值却增长了12.8%，经济效益实现了“三年改革脱困，全面扭亏增盈”的目标。规模以上的69个企业实现利润由上年的-4296万元变为999万元。这其中亏损企业由上年的27个减少到15个，亏损总额由上年的9207万元下降到2000年的5323万元；税利总额也较上年增加了5338万元，增长幅度达77.45%。人均工资由上年的8390元增加到9364元。

在狠抓扭亏增盈中，食品加工业有效地配合了宁夏农业产业化的实施，在积极开拓区外市场，不断加强和完善内部的经营体制和企业管理，努力消化农产品价格方面的不利因素，整体减亏幅度最大，达到79.59%，实现利润由上年的-7316万元减少到-625万元，减亏6690万元，其中实现税利由-3199万元变为93万元。磨粉业实现利润由上年-460万元扭亏增盈为584万元，促使了食品加工业整体经营效益的根本性好转。食用植物油加工业在新增生产能力1370吨的基础上，加大新产品开发和上市力度，产品销售收入增长2倍，产品销售利润增长280万元，实现税利也较上年增加237万元，增长幅度达189.29%。发酵制品业中的柠檬酸制造业在产品销售收入减少16.49%的情况下，实现利润较上年增加755万元，税利较上年增长47.15%。葡萄酒制造业借助消费市场不断扩大，消费人群逐渐增多的形势，产品销售收入较上年增长9.49%，利润增长53.32%。

亏损严重的企业中，首先是白酒制造业中的银川昊都酒业有限公司，亏损额高达1808万元；其次是乳制品业中的8个企业，合计亏损额1111万元，这些都严重地影响了食品工业的整体效益，这些企业也是今后工作中加强经营管理，大力进行产品结构调整，努力实现扭亏增盈的重点。

2000年宁夏食品工业规模以上企业主要经济指标　　单位：万元

指标名称	食品工业	食品加工业	食品制造业	饮料制造业	烟草加工业
食品企业数（个）	69	27	31	9	2
亏损企业数（个）	33	15	15	2	1
工业总产值（1990年不变价）	100990	14611	61415	17995	6969
工业总产值（当年价）	139161	28813	74098	28905	7345
工业增加值（当年价）	46363	7579	22695	11775	4315
出口交货值	4389	530	3751	108	
资产合计	245642	35794	140067	54352	15429
流动资产年平均余额	109240	12032	58108	30251	8849
固定资产	117156	22028	69700	19509	5919
负债合计	156855	27398	89225	35240	4992
流动资产负债小计	111818	18057	62256	27183	4322
所有者权益合计	88787	8396	50843	19112	10436
产品销售收入	126325	26365	63685	29224	7050
利润总额	999	-625	1982	-378	20
亏损企业亏损总额	5323	1493	1807	2020	3
税利总额	12230	93	4901	3945	3291
当年工资总额	10959	1200	3013	2176	4570
全部从业人员年平均人数（人）	11703	1696	6246	3199	562
全员劳动生产率（元/人·年）	118910	169888	118633	90356	130686

【e.优秀企业管理小组与名牌产品】　2000年根据中国食品工业协会的有关部署安排，宁夏推荐了宁夏夏进乳品饮料有限公司、宁夏西夏酿酒总厂和吴忠卷烟厂的3个质量管理小组参加了“全国食品行业质量管理小组成果发布擂台赛活动”。宁夏参赛的3个管理小组都获得了“全国食品行业优秀质量管理小组二等奖”称号，并分别获得集体和个人荣誉证书。

按照《宁夏回族自治区名牌产品管理办法》规定的程序和原则，经企业自愿申请，部门、地区及行业推荐，用户和消费者评议，自治区名牌战略领导小组审核确认，并经宁夏回族自治区人民政府批准，食品工业8户企业生产的9种产品被授予“宁夏名牌产品”称号，企业数和名牌产品数分别占全宁夏的17.78%和15.25%。

2000年宁夏名牌产品（食品工业部分）

商　标	产品名称	生产企业
新评部分		
长庆牌	清真全脂甜奶粉	宁夏长宁实业（集团）有限公司乳业公司
法福来牌	西夏贡米	宁夏法福来面粉公司
法福来牌	系列面粉	宁夏法福来面粉公司
花果牌	系列牛奶制品	吴忠市花果清真食品有限公司
乒坛牌	卷烟	吴忠卷烟厂
复评部分		
西夏牌	西夏贡酒	宁夏银川西夏酿酒总厂
新月牌	味精	宁夏味精厂
夏进牌	100%纯奶	夏进乳品饮料有限公司
新峡牌	潮式、苏式月饼	青铜峡市清真食品有限责任公司

（吴　俊）

3.30 新疆维吾尔自治区

【a. 概况】 2000年，新疆粮食播种面积146.5万公顷，比上年减少5.7万公顷；总产量808.6万吨，下降3.6%；平均每公顷单产5518千克，单产增加6千克。根据市场需求，种植业结构调整及发挥各地的比较优势，全区保持稳定增加粮食产量，提高品质，确保自给有余，实现全区平衡，重点保小麦、水稻等口粮作物，积极发展优质专用小麦、优质玉米、豆类、小杂粮等特色粮食，逐步形成食用粮、专用粮、饲料粮、特色粮的生产格局。全区优质小麦推广面积10万公顷，专用小麦0.33万公顷。

——甜菜生产。2000年新疆甜菜播种面积5.57万公顷，比上年减少2.28万公顷；其中地方3.82万公顷，生产建设兵团1.75万公顷。总产292.65万吨，单产52.54吨/公顷。制糖企业收购甜菜264万吨，生产加工食糖28.5万吨。甜菜种植品种有"新甜6号、8号、10号、4号"及"9103"、"改良新甜6号"等品种（品系）。全区甜菜面积调整的主要原因：一是受上年国际、国内食糖市场疲软、走私糖冲击及原料收购价格偏低影响。二是全区16家食糖加工企业有9家要实行破产，仅保留或扶持和重组7家食糖加工企业。三是因糖厂负债较重，不能及时兑现农民甜菜收购款等因素的影响。

2000年新疆制糖行业进行了重大调整，7家计划关停转产企业中5家已进入破产程序。

——油料生产。2000年新疆油料播种面积31万公顷，总产61.13万吨。在油料作物播种面积中，向日葵15.7万公顷，占50.65%，总产量35.47万吨；油菜籽9.62万公顷，占31.03%，总产量2万吨；胡麻2.45万公顷，占7.90%，总产量3.59万吨；花生0.47万公顷，占1.52%，总产量2万吨；芝麻0.07万公顷，占0.23%，总产量700吨；红花、油用亚麻、蓖麻等其他小宗油料作物2.69万公顷，占8.68%，总产量4万吨。全区人均占有油料33.8千克。

全区油料生产根据市场需求调整品种结构，大力推广"双低"油菜、优质高产油葵，积极发展红花，适度发展胡麻、花生、芝麻等特色油料作物。重点发展北疆油葵、红花生产和各地特色油料作物。

——瓜果生产。2000年新疆瓜果总面积29.3万公顷，总产量330万吨。其中果树23.3万公顷，总产150万吨；西瓜、甜瓜6万公顷，总产180万吨。

——"菜蓝子工程"。2000年，新疆蔬菜面积11.60万公顷，比上年增长33.3%；总产435万吨，增长33.8%。其中温室大棚面积7200公顷，增长63.6%，生产各类鲜细菜52万吨，增长30%。牛羊出栏2171.89万头（只），增长10.4%；肉类总产量90万吨，增长10.5%；禽蛋产量18.53万吨，增长11%；奶类产量78.23万吨，增长11.1%；水产品产量5.89万吨，增长5.1%。全区人均占有蔬菜240.6千克，肉类49.8千克，奶类43.3千克，禽蛋10.2千克，水产品3.7千克。

——生猪产销。2000年新疆生猪存栏201.53万头，比上年增长7.0%；出栏224.46万头，增长10.1%；产肉17.18万吨，增长7.24%。2000年生猪市场购销不旺，上半年生猪活重价格每千克4.2元~4.3元，仔猪价格每千克8元~9元。从7月份开始，生猪价格开始回升，一直在每千克6.4元左右。新疆猪肉（连骨统肉）市场零售价格每千克9元~10元，后腿肉10元~12元，肋条肉7元~8元，精瘦肉15元~18元。肉价低落的主要原因是近两年生猪的产量增长较快，区内市场容量有限，市场供大于求。

——家禽产销。2000年，新疆家禽存栏3814.31万只，比上年增长13.98%；出栏4534.23万只，增长9.23%；禽肉产量7.60万吨，增长11.27%；禽蛋产量5.53万吨，增长16.1%。从市场行情来看，肉鸡业发展形势良好，肉鸡苗每只价格2元～3元之间，肉鸡出栏价平均每千克6元，肉鸡养殖户的积极性也较高。但是鸡蛋的价格自1999年9月以来一直低迷，全年鸡蛋货源充足，价格低廉，平均每千克4元左右。主要原因是鸡蛋供大于求，养鸡户抗御市场波动的能力增强，不减少存栏，都在等待新的市场机遇。此外，流通渠道畅通，鲜蛋运销活跃，各主要产区都已建成一批专业批发市场和一支较庞大的鲜蛋运销队伍，并已形成“北蛋南运”的格局。

——第2期奶类项目。2000年，第2期奶类项目中新疆项日总投资693.9万元，其中项目资金145.1万元，中方资金538.8万元。主要用于发展奶牛、奶农合作和服务，新产品加工和培训等项目。

——饲料行业管理。2000年，新疆有13家混合饲料添加剂企业和2家添加剂企业获得国家生产许可证。15家获证企业的134个产品获新疆饲料办核发的批准文号。2000年举办饲料机械维修工、饲料检验化验员、饲料厂中央控制室操作工、饲料原料清理上料工和饲料粉碎工5个工种的中级《职员资格证书》的培训及考核，133人次参加培训，122人获得国家农业部与劳动和社会保障部颁发的中级证书。新疆饲料办已对全区74家饲料生产企业办理或重新办理了饲料免税的中级资格审核。

——饲料工业。至2000年底，新疆已有243家企业生产饲料和饲料原料，其中饲料加工企业122家，年双班生产能力185万吨；原料企业121家（主要生产棉籽饼粕、菜葵饼粕、麸皮和棉壳等）。在饲料加工企业中，配混合饲料企业89家，添加剂混合饲料企业13家，骨粉、肉骨粉企业12家，添加剂企业2家，牛羊甜菜颗粒饲料企业6家。2000年全区生产各类饲料95.08万吨，增长4.13%。其中，配合饲料89.51万吨，增长2.44%；浓缩饲料5.04万吨，增长61.02%；添加剂混合饲料0.5万吨，下降33.33%。配混合饲料中，配合饲料占90%以上。配混合饲料中，猪料占34.55%，蛋禽料占35.16%，肉禽料占15.41%，全料占6.71%，其他料占8.37%。全区饲料加工总产值14.32亿元。饲料企业年末职工人数4052人。

截止2000年底，全区共有乡及乡以上食品工业企业1173户，占全区乡及乡以上工业企业户数的18.7%。2000年乡及乡以上食品工业企业完成工业总产值（1990年不变价格）61.9亿元，食品工业总产值占全自治区乡及乡以上工业总产值（477.4亿元）的12.7%，比上年增加1.7个百分点。

全部独立核算食品工业企业310户，完成工业增加值17.09亿元，占全区全部独立核算工业企业完成增加值的4.8%；完成出口交货值3.67亿元；资产合计141.92亿元。从业人员年平均人数为49235人，占全区全部独立核算工业企业从业人员年平均人数（465225人）的10.67%。完成工业总产值（1990年不变价）63.16亿元，占全部独立核算工业企业总产值的15.9%，比上年同期增加2.9个百分点。

（柳晓东）

新疆独立核算国有食品工业企业主要经济效益指标

指标名称	单位	2000年	1999年	1998年	1997年
企业单位数	个	310	350	309	767
亏损企业数	个	153	173	172	291
亏损企业亏损额	万元	37555.3	69914.5	56479.4	47286
利润总额	万元	1567.2	-43045	-29393.5	-23150
税利总额	万元	54508.7	13025.7	30634.6	38219
流动资产年平均余额	万元	641372.8	570662.7	572931	546648
固定资产净值年平均余额	万元	565108.6	541875.8		573369
工业总产值（1990年不变价）	万元	479720.4	482727.0	454534.2	429952
工业总产值（当年价）	万元	653700.8	674294.5	592679.6	658775
工业销售产值	万元	579203	621947.6	607920.8	625553
工业增加值	万元	170965	136493.1	155404.1	1661104
职工平均人数	人	49235	61180	64519	75366

2000年新疆食品工业全部独立核算企业主要经济效益指标

单位：%

行业名称	工业增加值率	资金利税率	产值利税率	总资产贡献率	资本保值增值率	资产负债率	流动资产周转次数（次/年）	工业成本费用利润率	全员劳动生产率（元/人·年）	工业经济效益综合指数
食品加工业	17.83	1.45	2.29	3.76	120.3	90.44	1.27	-1.93	18751	55.67
食品制造业	20.58	-1.60	-3.90	0.72	100.7	84.94	0.51	-8.24	33687	22.11
饮料制造业	35.34	13.30	27.32	12.58	95.06	64.74	0.69	14.46	24352	134.65
烟草加工业	36.41	25.85	44.25	23.10	109.4	50.29	1.15	1.14	144202	186.72

2000年新疆食品工业固定资产投资情况

单位：万元

行业	基本建设		更新改造	
	投资额	其中:地方	投资额	其中:地方
食品加工业	11867	11228	14428	8773
食品制造业	12917	12178	73319	40521
饮料制造业	8163	7655	17091	1889
烟草加工业	1290	1290	0	0
合计	34237	32351	104838	44250

注：以上数据均由新疆自治区统计局提供

3.31　台　湾　省

【a. 概况】　食品工业在台湾基本是内需工业，产品以内销为主，一直受到当局市场保护政策的扶持，需求不足部分如饮料、肉类则靠进口补充。近年随着台湾高科技产业的兴起，加上2002年台湾将成为世界贸易组织正式成员，当局不断开放欧美产品进口，而岛内食品工业生产成本加大，竞争加剧的压力日益增大。2000年岛内食品及饮料制造业受雇员工10.83万人，较上年的10.97万人下降1.28%；全年行业劳动生产力指数95.57（1996年为100），比上年的95.32微幅增长。随着加入世界贸易组织的日期日益逼近，岛内市场开放程度加大，食品工业入超金额不断扩大。2000年台湾食品加工业产品出口金额为5.18亿美元，占总出口金额1483.76亿美元的0.3%；进口金额为21.2亿美元，占总进口金额1400.14亿美元的1.5%。

在此背景下，过去主要依赖岛内农副产品的岛内食品工业纷纷积极转型，各企业生产的产品已不再具有明显划分，不仅生产多种食品产品，更多的或投资电子信息产业或生化产业等高科技产业，或引进高科技成果，改造生产技术与产品，或投资祖国大陆及海外地区，行业生产结构已出现很大变化。

岛内著名的食品企业如统一、大成长城、味全等都已积极在两岸进行分工布局。统一集团目前在大陆已建立完整的饲料、方便面与饮料生产基地，2000年在祖国大陆获利约新台币10亿元（注：本节“元”除标明外均为新台币元）。味全集团则在纳入顶新集团控制后，通过后者在大陆的物流系统，将100%冷藏果汁在上海上市。

大成长城集团集中于农畜产业，在大陆投资包括面粉、鸡肉垂直整合、餐厅连锁店3大事业群。其中大成东北公司资本额为3800万美元，由大成长城集团设在海外的控股公司—大成国际控股公司持股62%（另有新加坡政府投资公司持股20%、美国大陆谷物公司持股10%），旗下拥有大成食品（大连）公司、辽宁大成农牧实业、大成农牧（营口）公司、大成农牧（铁岭）公司、大成宫产食品（大连）公司等8家公司，1997年成立当年即获利，2000年获利达1.4亿元。另外，大成长城集团在岛内也开始进入深加工等消费市场，并成立生命科技中心，结合高科技与传统农畜业，借以提高产品的附加价值，并推出大成鹿鸡精产品涉足保健食品领域。

其他一些食品企业也在岛内积极拓展生机，如大统益公司主要从事油脂加工，现决定投资1亿元成立美食家食材通路公司，配备专业的车队与人员，通过更紧密的服务体系，加强与最终消费者的互动。天仁茶叶公司成立天仁吃趣复合式餐饮连锁店，并正式授权日本寿贺喜屋，以代理加盟模式，在日本东京与中部地区开设天仁茗茶与吃茶趣复合店。联华食品公司于2001年年中购入千禧食品科技公司，涉足鲜食市场，供应超市早餐系列产品。

台湾省工业分类较为特殊，其食品工业包括了罐头食品、冷冻食品、面粉、油脂、屠宰、制糖、制茶、制盐、乳类、味精、饮料、酒类、调料和饲料加工等产业部门。2000年食品饮料业产值为4483.26亿元，比上年减少3.04%；占台湾制造业产值的4.53%，比上年的4.87%下降0.34个百分点；官营占11.96%，民营企业比例从占87.4%上升到88.04%；全行业销售值4455.63亿元，比上年的4604.75亿元下降3.24%。

2000年全台湾地区共有食品及饮料制造业营利事业13362家，其中屠宰业7521家，乳品制造业122家，罐头、冷冻食品制造业907家，糖果及烘焙食品制造业863家，制油、制粉及碾谷业1355家，制糖业115家，调味品制造业327家，其他食品制造业1968家，饮料制造业184家。

【b. 饮料工业】　台湾饮料工业产品分为果蔬汁饮

料、碳酸饮料、茶饮料、咖啡饮料、运动饮料、包装饮用水、机能性饮料、其他饮料8大类。

饮料工业已成为近年岛内食品工业中发展最快的部门，全岛饮料工厂家数从1999年的165家增加到2000年的206家，其中北部地区有77家，中部地区57家，南部地区65家，花东地区6家，加上澎湖湖县的1家。新增的厂商主要集中于北部及南部地区，且以生产包装饮用水为主。

新增产品项数分别是1998年434项，1999年385项，2000年325项。2000年新增产品项目中，果蔬汁饮料与茶饮料分别为107项与103项。由此造成的是产品间替代性强，生产周期短，竞争激烈。目前产品仍以低热量、天然、健康为主，包装水、调味水及纯果汁继续成为岛内市场的畅销产品。

台湾饮料工业属内需型产为，进出口比重都不高。1999年出口值仅及整体自产饮料销售额的3.7%，进口值也仅占整体饮料销售值的3.8%。

2000年全年饮料市场销售值从1999年的384.9亿元增加到389.73亿元，增长1.3%。以销售值计，茶类饮料因绿茶红茶系列饮料大幅增长，从84亿元增加到90.1亿元，增长7.3%，居第1；碳酸饮料从84.9亿元减少到81.2亿元，减少4.4%，连续第2年下降，居第2；果蔬汁饮料从67.6亿元减少到65.0亿元，减少3.8%，列第3；咖啡饮料从47.6亿元增加到49.6亿元，增长4.2%，排第4；包装饮用水从40.0亿元增加到44.3亿元，增长10.8%；运动饮料从34.8亿元增加到36.3亿元，增长4.3%；机能性饮料从16亿元减少到13.2亿元，减少17.5%；其他饮料略增0.3%，为10亿元。

台湾饮料市场销售量则从1999年的157万吨增加到2000年的160.2万吨，增长了2.17%。其中茶类饮料为40.0万吨，占饮料总消费量的25.0%，最高；其次是碳酸饮料34.3万吨，占21.4%；第3是包装饮用水，27.0万吨，占16.9%。与1999年相比，各饮料产业涨跌互见。其中以包装饮用水增长10.8%最大，茶类饮料增长7.2%，运动饮料增长4.3%，咖啡饮料增长4.2%。下跌的以机能饮料减少17.6%最大，碳酸饮料减少4.4%，果蔬汁饮料减少3.9%。

2000年岛内各类饮料的具体情况如下：

果蔬类饮料。销售额在连续5年增长之后，2000年受到经济衰退的影响，量值均告减少。销售量从1999年的25.06万吨减少到2000年的24.08万吨，下降3.9%，占饮料产品市场的15%，销售额减少3.8%。2000年台湾果蔬汁出口量则从1999年的9305吨上升为10939吨。

碳酸饮料。因茶饮料复兴，2000年再次降为岛内饮料市场的第2位。销售量从1999年的35.85万吨减少到34.29万吨，减少4.4%。

运动饮料。自90年代初即告衰退，此后数年涨跌不定，目前市场呈低水平稳定状态。2000年销售量从1999年的13.86万吨增加到14.46万吨，增长4.3%。

茶类饮料。自90年代中期一直居于岛内饮料市场的主流地位，目前市场趋势以加味茶、欧式花果茶及奶茶等休闲类及绿茶红茶系列为主。销售量从1999年的37.3万吨增加到39.99万吨，增长7.21%。

其他饮料的销售量，咖啡饮料从1999年的11.32万吨增加到2000年的11.79万吨，增长4.15%；机能性饮料从1999年的2.63万吨减少到2.17万吨，减少17.58%；包装饮用水从1999年的24.37万吨增加到26.99万吨，增长10.76%；传统饮料从1999年的6.40万吨增加到6.42万吨，微增0.32%。

台湾饮料外销以不含酒精饮料、果蔬汁及包装饮用水为最大宗，总出口量从1999年的52582吨增加到2000年的71340吨，出口值从120.36亿元增加到145.71亿元。

【c.冷冻食品工业】 1991年以后，台湾的冷冻食品工业曾经获得了迅速的发展。但1997年岛内流行毛猪口蹄疫，销路大减，冷冻食品工业曾经连续3年出现大幅衰退，到2000年生产已经基本稳定。其中产值从1999年的345.65亿元减少到2000年的345.03亿元，减少0.18%；产量从50.22万吨微幅增长到50.26万吨。

台湾冷冻食品工业一直受制于原料取得不易，劳工不足，生产技术进步缓慢等困扰，随着台湾即将加入世界贸易组织，关税大幅降低，再加上经过近几年调整，冷冻食品工业未来几年将有望得到恢复和发展。

台湾的冷冻食品工业依据加工原料的不同，可分为冷冻蔬菜、冷冻水产、冷冻肉及冷冻调理4大类。

冷冻蔬菜。2000年产量从1999年的72576吨减少到68151吨，销售量从71224吨减少到65813吨，销售额从31.1亿元减少到30.5亿元。

冷冻毛豆仍是冷冻蔬菜的大宗产品，但因加工成本难以降低，销路打不开，产量仍只能维持原有水平。亚细亚、永升等冷冻蔬菜的主要生产工厂都在祖国大陆及东南亚地区设厂供出口，内销产品则以民生、永升、凌阳产品为主。

冷冻水产。主要以海产品为主，产品有全鱼、虾蟹、章墨鱿鱼、鱼片、鱼浆等，由于沿海海域受到严重工业污染，及过度捕捞的影响，渔业资源几近枯竭，内陆养殖业也因过度抽取地下水及疾病流行问题，受到很大限制。台当局于1999年7月修订“渔业法”，调整渔业发展目标，推动海上箱网与围网养殖计划，并大量放流鱼苗，增加水产原料资源。1999年开始内陆养殖及近海渔获大幅增长，经济价值高的鲍鱼及鳄鱼实现了成功养殖，从而保证了冷冻水产原料供应。

2000年，岛内冷冻水产品产量从1999年的9.13万吨增加到2000年的10.05万吨，增长10.1%；销售量从8.89万吨增加到10.14万吨，销售额则从41.33亿元略减为41.22亿元。

台湾冷冻水产出口以冷冻全鱼为主要产品，2000年出口冷冻全鱼45322吨，比上年增长约5%；出口冷冻虾18165吨，蟹23214吨。

冷冻肉类。分为冷冻畜肉类与冷冻禽肉类2大类。近年台湾为申请加入世界贸易组织，逐步开放肉类进口，岛内肉类市场已被进口品所占据，过去大宗产品的冷冻猪肉，也已受到美国猪肉进口的冲击，产量连年下降。冷冻肉类产量从1999年的21.96万吨下降为2000年的19.22万吨，减少12.5%；销售额从153.57亿元降至117.9亿元，销售量从22.61万吨降至19.07万吨。

台湾冷冻牛、羊肉历年都全部依赖进口，2000年台湾冷冻猪肉类出口仍然全部停顿，冷冻鸡肉出口从1999年的990.4吨增加到1287.3吨。

冷冻调理食品。受岛内市场规模限制，经常陷入产品价格战中。2000年岛内冷冻调理食品产量从1999年的11.87万吨增加到2000年的14.18万吨，增长19.4%；销售量从11.83万吨增加到13.76万吨，销售额从122.96亿元增长为151.4亿元。

【d. 乳品制造业】　岛内乳品制造业2000年呈现衰退。以1986年为100，乳品制造业生产指数2000年为105.74，1999年为107.63。

鲜奶产量从1999年的27.31万吨增至2000年的28.07万吨，销售量从26.8万吨增至27.3万吨，销售额从100.67亿元增至101.58亿元。

乳粉产量从6709吨降至6016吨，销售量从6113吨降至5416吨，销售额从8.48亿元降至6.5亿元。

调味乳产量从12.65万吨降至11.82万吨，销售量从12.36万吨降至11.42万吨，销售额从36.79亿元降至34.1亿元。

发酵乳产量从1.4亿打降至1.29亿打，销售量从1.43亿打降至1.28亿打，销售额从46亿元降至41.88亿元。

冰淇淋产量从2.4万吨增至2.41万吨，销售量从2.41万吨增至2.42万吨，销售额从13.26亿元增至14.84亿元。

【e. 罐头食品业】　以1986年为100，2000年台湾罐头食品业生产指数为92.95，1999年为90.19。

肉类罐头从38.5万标准箱降至37.78万标准箱，销售量从39.45万标准箱降至37.78万标准箱，销售额从5.75亿元降至4.91亿元。

其他食品罐头从1222.2万标准箱增至1295.9万标准箱，销售量从1379.5万标准箱降至1304.7万标准箱，销售额从80.48亿元降至75.12亿元。

【f. 其他初级加工食品业】　以1986年为100，2000年台湾脱水食品业生产指数为74.95，比1999年的62.63有较大的恢复性增长。

脱水食品产量从1.65万吨增至1.98万吨，销售量从1.63万吨增至2.06万吨，销售额从29.33亿元增至35.52亿元。

腌制食品业2000年生产指数为103.21，比1999年的109.29有所减退；烘焙食品业生产指数为96.96，1999年为104.94。

【g. 砂糖及糖果工业】　砂糖业在岛内农业整体衰退的大背景下，持续不断缩减生产规模。以1986年为100，2000年生产指数为62.94，较1999年的78.46大幅下滑。

砂糖产量从28.6万吨降至23万吨，销售量从52.32万吨增至60.21万吨，销售额从121.26亿元增至140.07亿元。

台湾糖果业也呈衰退，2000年生产指数为111.28，而1999年为116.61。糖果产量从3.88万吨减至3.57万吨，销售量从3.69万吨降至3.46万吨，销售额从51.19亿元降至49.03亿元。

【h. 食用油工业】　2000年台湾食用油脂工业生产指数为94.55，比1999年的86.95有所增长。

黄豆油（含色拉油）产量从38.21万吨增至

39.28万吨，销售量从42.84万吨增至43.24万吨，销售额却从103.59亿元降至80.59亿元。

其他食用油脂及其制品产量从21.67万吨增至23.15万吨，销售量从20.89万吨降至19.81万吨，销售额从71.87亿元降至60.67亿元。

【i. 制粉业及面条粉条类食品业】 2000年台湾制粉工业生产指数为99.09，1999年为100.98。

面粉产量从73.82万吨增至78.55万吨，销售量从73.87万吨降至77.02万吨，销售额从87.95亿元降至80.4亿元。

黄豆粉及豆饼产量从235.82万吨降至224.81万吨，销售量从167.97万吨增至177.9万吨，销售额从114.43亿元增至131.74亿元。

面条粉条类食品工业2000年生产指数为120.6，比1999年的104.32有较大幅度的增长。其中速食面条（含速食米粉）产量从5642.4万箱增至6467.7万箱，销售量从5605.2万箱增至5639.3万箱，销售额从110.97亿元降至107.73亿元。

【j. 调味品工业】 2000年台湾味精工业生产指数为89.9，1999年为91.97。

味精产量从10.52万吨减至10.29万吨，销售量从10.71万吨减至10.26万吨，销售额从48.62亿元减至46.92亿元。

食用盐工业2000年生产指数为89.68，1999年为95.21；酱油工业为119.74，1999年115.99。其他调味品工业为138.92，1999年为139.77。其他调味品产量从7.95万吨减至7.9万吨，销售量从11.95万吨增至12.46万吨，销售额从58.62亿元增至60.26亿元。

【k. 制茶业】 2000年台湾制茶业生产指数为37.05，比1999年的75.15大幅衰退。精制茶产量从4613吨降至3243吨，销售量从5682吨降至5162吨，销售额从26.24亿元增至26.94亿元。

【l. 酒类酿造业】 2000年台湾酒类酿造业生产指数为108.95，1999年为107.85。其中啤酒业从104.94降到102.12。

酒类（不含啤酒）产量从248.2万公石（注：1公石等于100升）增至250.7万公石；销售量从251.1万公石降至248万公石，销售额从241.9亿元降至237.7亿元。

啤酒产量从407.3万公石降至396.4万公石；销售量从399.4万公石降至395.7万公石，销售额从224.1亿元降至221.3亿元。

【m. 屠宰工业】 屠宰业是指猪、牛、羊、鸡、鸭等家畜禽的屠宰加工，划在台湾食品工业中较为特殊，但在目前岛内食品工业中的地位却相当重要。受到1997年猪口蹄疫流行的冲击，1998年6月台湾当局公布实施“畜牧法”，加强了对屠宰业的严格管理，同年8月成立动植物防疫检疫局，2000年3月公告屠宰作业规范，提高屠宰作业环境质量，同年4月公告屠宰卫生检查规则，加强食肉安全。

据2000年12月统计显示，全岛共有67家家畜屠宰场，领有屠宰场登记证书者27家，持有工厂登记证但未完成换发屠宰场登记证书者有3家，经核定或指定的屠宰场所有25家。另有家禽屠宰场14家，领有屠宰场登记证书的有10家，持有工厂登记证但未完成换发屠宰场登记证书者3家，经核定或指定的屠宰场所1家。

2000年畜禽肉产品产值为866亿元，较1998年减少了17.35%。

（1）家畜屠宰：台湾为加入世界贸易组织，承诺每年进口猪腹肋肉5000吨、猪杂碎7500吨。2000年岛内猪肉出口渐从1997年岛内流行猪口蹄疫的影响中恢复，调制肉及罐头产品有少量出口，同时，猪肉进口额也减少为12.57亿元，比上年减少35%。

2000年岛内毛猪屠宰量为998万头，比1998年的898万头增长11%。其中在肉品市场交易量为788.8万头，所占份额从1999年的76.82%上升为79.04%，显示私自屠宰情况在进一步减少。

2000年岛内屠宰牛24500头，较1999年的25840头减少5.2%；屠宰羊16.9万只，较1999年的18.4万只减少7.89%。当年进口牛肉金额为63亿元，羊肉11.02亿元，分别较1999年减少8.55%与10.47%。

（2）家禽屠宰：家禽屠宰仍然以鸡为主要产品，2000年屠宰36487万只，较上年的38556万只减少5.4%。其中电宰数量为17075万只，较上年的17125万只减少0.29%。当年出口鸡肉从1999年的3273万元减少到3208万元，进口金额从2.61亿元减少到2.48亿元。

鸭屠宰量为3409万只，比1999年的3521万只有所减少。

鹅屠宰量从1999年的746万只减少到650万只。

火鸡屠宰量为50万只，比1999年的48.8万只有所增加，火鸡肉进口额则从6.8亿元减少到5.53亿元。

【n. 岛内食品制造企业排名】　台湾食品工业在岛内企业的重要性已大为下降，但仍有不少著名厂商，如统一、味全、联华食品、大成长城等。随着对祖国大陆及东南亚等地的投资增加，岛内食品工业不论是规模还是产值产量都在不断下降。据台湾《商业周刊》以2000年营业收入排名的台湾一千大制造业企业排行榜来看，食品制造企业入榜家数从53家下降为45家，排名普遍下调。

(1) 食品原料工业类，共有14家列名，分别是：

第97名：大城长城企业，2000年营业收入123.47亿元，增长6%，员工1220人；

第99名：台湾卜蜂企业，2000年营业收入120.36亿元，增长4%，员工1071人；

第126名：嘉新食品化纤，2000年营业收入97.23亿元，增长4%，员工1103人；

第219名：大统益，2000年营业收入54.37亿元，增长3%，员工数153人；

第234名：中日国际企业，2000年营业收入50.22亿元，增长1%，员工371人；

第257名：泰山企业，2000年营业收入45.19亿元，下降14%，员工423名；

第286名：福寿实业，2000年营业收入41.03亿元，下降2%，员工458人；

第313名：惠胜实业，2000年营业收入38亿元，增长31%，员工168人；

第331名：福懋油脂，2000年营业收入35.95亿元，下降8%，员工198人；

第370名：中联油脂，2000年营业收入32.2亿元，增长7%；

第465名：中美嘉吉，2000年营业收入25.11亿元，下降4%，员工127人；

第587名：宝福农牧企业，2000年营业收入19.99亿元，增长733%，员工40人；

第627名：台荣产业，2000年营业收入18.4亿元，减少11%，员工235人；

第723名：联华实业，2000年营业收入15.54亿元，增长9%，员工279人。

(2) 饮料乳品工业类，共有9家列名，分别是

第35名：统一企业，2000年营业收入321.59亿元，增长7%，员工6399人；

第125名：味全食品工业，2000年营业收入97.29亿元，下降6%，员工2651人；

第216名：金车，2000年营业收入55.81亿元，增长3%，员工725人；

第292名：黑松，2000年营业收入40.34亿元，下降1%，员工615人；

第371名：维他露食品，2000年营业收入32.15亿元，下降2%，员工187人；

第478名：家乡事业，2000年营业收入24.41亿元，下降17%，员工230人；

第577名：久津实业，2000年营业收入20.29亿元，增长16%，员工292人；

第656名：益华，2000年营业收入17.37亿元，下降64%，员工415人；

第958名：信喜实业，2000年营业收入10.87亿元，下降12%，员工193人。

(3) 其他食品工业类，共有22家列名，分别是：

第33名："台湾糖业"，2000年营业收入325.06亿元，增长3%，员工7556人（官营事业）；

第165名：味丹企业，2000年营业收入76.75亿元，下降5%，员工1671人；

第246名：佳格食品，2000年营业收入46.92亿元，下降1%，员工505人；

第360名：味王，2000年营业收入32.92亿元，增长13%，员工1200人；

第429名：爱之味，2000年营业收入27.07亿元，增长3%，员工767人；

第472名："台盐实业"，2000年营业收入24.66亿元，增长7%，员工545人（官营事业）；

第536名：树森开发，2000年营业收入21.87亿元，增长12%，员工225人；

第551名：新东阳，2000年营业收入21.4亿元，增长1%，员工776人；

第596名：台芳开发，2000年营业收入19.64亿元，增长231%，员工65人；

第665名：维力食品工业，2000年营业收入17.22亿元，增长15%，员工552人；

第682名：联华食品工业，2000年营业收入16.4亿元，下降10%，员工325人；

第701名：丰年丰和企业，2000年营业收入16.07亿元，下降9%，员工285人；

第711名：久畅，2000年营业收入15.89亿元，增长13%；

第734名：立大农畜兴业，2000年营业收入15.21亿元，下降45%，员工383人；

第765名：陆仕企业，2000年营业收入14.46

亿元，增长8%，员工362人；

第822名：金兰食品，2000年营业收入13.34亿元，增长1%，员工320人；

第829名：宏亚食品，2000年营业收入13.26亿元，增长1%，员工590人；

第851名：雅胜冷冻食品，2000年营业收入12.34亿元，增长12%，员工207人；

第874名：统一百事，2000年营业收入12.34亿元，持平，员工300人；

第909名：宜兰食品工业，2000年营业收入11.75亿元，增长2%，员工665人；

第916名：桂冠实业，2000年营业收入11.59亿元，下降1%，员工487人；

第945名：天仁茶叶，2000年营业收入11.08亿元，增长11%，员工591人。

（胡石青）

第 4 部分

附录及企业、产品介绍

4.1　重点企业介绍

世纪大调整

——四川剑南春集团在市场竞争中调整发展启示录

在竞争中调整

据有关资料介绍，目前全国有规模大小不一的白酒企业约 3.8 万家，其中县以上骨干企业约 5000 家，年产 1 万吨以上的企业仅 60 多家，年产 5000 吨以上的 100 多家，税利超过亿元的才 20 多户。

谈到当前的白酒市场，剑南春集团董事长、总经理乔天明感触颇深：今天白酒市场多年积累的产大于销、供大于求的矛盾未能得到根本解决，白酒市场竞争已达到白热化程度，关键在于市场不规范，管理不到位，贿赂式销售、不正当竞争之风愈演愈烈，有的厂家在酒盒里放美元、港币、人民币，甚至放金戒指，给促销小姐高额提成，有的奖空调、彩电，有的包酒楼进行产品促销展示，人为地“垄断”市场……这些不正当的竞争手段在 2001 年达到了登峰造极的地步。

为了更有效地规范白酒行业，净化白酒市场，做大做强名优酒企业，2001 年 5 月，经国务院批准的酒类消费税调整方案正式实施，对白酒企业实行从价从量双重征税，即在对白酒从价征消费税不变的前提下，对每 500 克白酒按 0.5 元从量征收一道消费税。

税收是国家宏观调控的重要杠杆，新征消费税势必将部分小酒厂淘汰出局，这是行业结构调整的需要。但新的税收政策实行后，每 500 克白酒的税收将增加 0.50 元，这无疑会增加企业的成本，减少企业的利润。

因此，乔天明坦言：2001 年，剑南春等全国高档名优白酒企业受到了前所未有的严峻市场考验。在这种情况下如何保持剑南春的品牌优势，稳住销售网络，促进企业健康、稳定发展，成为新一届剑南春集团公司领导班子的重头戏。

2001 年 3 月 27 日，在公司新班子上任后的第一次职工代表大会上，董事长兼总经理乔天明提出了公司新的发展方略：转变观念，扩大市场占有率；加强管理，确保基础酒质量的稳定提高；围绕市场，服务销售，狠抓新产品开发；开源节流，多管齐下，力争稳定经济效益……

跨越时空，从市场到品牌，清晰地勾勒出一条支撑剑南春再次强势崛起的主线——倾力结构调整，构筑起剑南春厚积“重”发的平台。

乔天明直言：市场经济的核心是竞争，也只有在竞争中才能找到提升自己的坐标和动力。拿什么去竞争？调整，在竞争中调整，在调整中发展。

近年来，市场的无情竞争，使全国 17 家名酒厂以惊人的速度分化：有的独领风骚，有的举步维艰，有的倒闭破产，皆得之于或失之于结构调整。经过多年搏杀，大浪淘沙，中国的白酒市场已形成几个名牌分割高档酒消费市场，部分名牌分割中档市场，各地杂牌分割地方低档消费市场的格局。作为跻身高档消费市场的剑南春，却在这块细分市场上不够稳定，向高档消费市场冲击还有较大的空间。

纵观全局，随着中国加入 WTO 之后世界经济格局一体化的形成和国际交往的增加，中国白酒尤其是高档白酒走向世界将成为一种必然趋势；随着国家经济发展步伐的加快和人民生活水平的提高，市场和消费者对商品的要求不断提高，对高档白酒的需求量更大。

在大局中定位,思路更趋明晰:以产品为突破口,以包装和工艺为主要载体,调整全面展开。

在调整中发展

更换包装,强化防伪,塑造剑南春的品牌形象。

剑南春的老包装已沿用10多年,无论是酒瓶还是外包装,古朴有余,豪华不足。根据市场和消费者需求,改进包装,提升档次,创新形象,成为2001年剑南春调整的重头戏。剑南春的新包装,漂亮、庄重、大气,包装盒的下半部呈红色,上面镶着一幅反映唐朝经济繁荣、文化昌盛的金帖图案,透出“唐时宫廷酒”的底蕴;包装盒的上半部分呈金属色,光芒四射,“中国名酒·中国驰名商标——剑南春”红黑相间的字体辉映其间,显示出“今日剑南春”的风范,两颗金属扣将包装盒的上下部分锁住,让“唐时宫廷酒”和“今日剑南春”连在了一起。整个包装既蕴含着那种历史久远、典雅古朴、极富文化底蕴的艺术韵律,又呈现出卓尔不群、大气庄重、豪华高贵的现代气质。

对酒瓶的改进,在突出庄重气魄的同时,剑南春更注重防伪。针对近年来市场上假冒伪劣猖獗、严重损害消费者利益的行为,剑南春不惜花巨资引进先进防伪技术,使用了纹理防伪和电喷防伪结合的防伪标识,突破了维克防伪、荧光防伪所带来的每瓶酒都一样的局限,而使每一瓶酒都有唯一性、排它性,从根本上消除了制假的可能性。

乔天明说,采取这种防伪措施5个月来,还没有发现一例假酒事件,这有力地增强了经销商、消费者的信心,在短时间已为广大消费者接受,并深得好评。

调整结构,拓展剑南春的市场空间。

剑南春人深知:在激烈的市场竞争条件下,不断推出新产品是企业保持长盛不衰的重要因素。根据市场需求,他们把新产品开发的着力点放在价位介于剑南春与绵竹大曲之间靠上游一些的产品上。同时,发掘潜质,整合优势,加快高档新产品的开发,向高档消费市场冲击。

酒体、标记、科研等部门全力以赴研究开发新品种,把现代微生物技术与传统工艺技术相结合,使开发出的新产品既有新技术含量,又适合不同消费者需求,因而具有较强的生命力。

针对消费者的保健需求开发出剑南神酒,国家卫生部已批准为保健酒;

针对湖北荆州地区消费者的特殊需求开发出“楚缘春”系列产品,投放荆州市场一炮打响;

瞄准地方目标市场,剑南春2001年陆续开发出“金绵竹”、“家友酒”、“剑南陈香酒”、“剑南御酒”、“剑南窑”、“好运道”等十多个新品种,开拓了新的市场空间,创造了新的增长点。

适度扩大支柱拳头产品名酒剑南春的生产规模,总投资9800万元的剑南春精酿一体化技改工程经国家批准已正式开工,“十五”技改全面铺开,剑南春的市场竞争力不断增强。

乔天明说:在市场混乱的情况下,无论采取何种方式促销,消费者最终认可的还是产品内在质量。“夯实质量基础,用更加优质的产品回报消费者的厚爱与信任”,剑南春新班子达成共识。

抓质量,剑南春注重从基础酒抓起,从班组做起,实行质量指标否决和奖励措施引导的办法,鼓励生产高质量的剑南春基础酒和底窑酒,让生产工人明确只有在提高产品质量的前提下才能增加收入。

剑南春酿酒历史悠久,唐代“剑南烧春”为当时天下名酒,流誉华夏,载入《唐国史补》。深厚的文化底蕴,千年的传统工艺是剑南春宝贵的资源。剑南春质量资源的配置就是把传统工艺与现代科技结合,《剑南春微机调味新工艺》、《剑南春纳米技术研究》保证了剑南春的质量优势。

为了保证投入市场的产品无缺陷,剑南春公司狠抓质量监控,建立了严格的质量内部审核机制。公司质检处对入库的原辅料、半成品酒、基础酒、成品酒进行严格检验,共分析整理各类数据3万多个,检验分析产品1800批。生产管理部门对制酒、酿造、包装等关键工序加强现场管理,建立38个质量控制点,筑成一道牢不可破的质量防线。

在剑南春公司,当质量与数量,质量与效益,质量与消费需求发生矛盾时,剑南春的决策者始终把质量放在第一位。质量与数量是一对矛盾。剑南春生产是按传统工艺酿造的,发酵周期长,储存期长,基础酒的标准严,出酒率不高,有人提出:现在剑南春紧俏,产量小,是否可以把标准放宽一点,剑南春的产量就会大一些,或者缩短储存期,成品出厂快一些。剑南春决策者认为:无论市场多紧俏,质量是第一位的,决不能为了提高产量而降低质量。质量与效益也会发生矛盾。若与小酒厂联营,会收到短期效益,但更会严重影响名酒的质量和信誉,剑南春决策者决不为了短期效益而牺牲质量和信誉,这也是剑南春决策者的定律。

为了适应消费者的要求,满足变化了的市场需求,剑南春公司大力调整了工艺，在采用传统酿酒工艺的基础上，更加严格工艺操作规程，细化了基础酒检验标准，使剑南春的内在质量大大提高。以质量满足消费需求是剑南春人的定律。

为了全方位保证产品质量，剑南春公司长期以来坚持走可持续发展之路，加强环境保护工作。截止2001年，公司累计环境保护投入近1亿元，建成了近万吨污水处理站、沼气站污水处理系统、丢糟综合利用精酿车间，噪声及粮食粉尘除杂系统、一流的自控绿化苗圃温室等一系列污染治理设施及综合利用设施。

投巨资近2000万元收购并关闭了厂区附近的磷肥厂、水泥厂2个污染大户，解除了长期困扰当地政府的污染源，造福了一方百姓。

各项环保设施投入运行后，公司的各项污染源排放指标均达到国家和地方标准，创经济效益2亿多元，真正实现了环保效益、经济效益双赢。

剑南春公司领导高瞻远瞩，于2001年初提出在公司"从酿酒原料的采购、酿酒生产和营销服务的全过程推行ISO14001环境管理体系认证工作。"目前体系进入试运行并通过了中国进出口质量认证中心(CQC)EMS的第一阶段审核，正在进行EMS的第二阶段最终审核，有望获得ISO14001体系认证。

由此，剑南春集团公司将在全行业率先取得走向国际市场的绿色通行证，这将极大地提高企业的环境意识和管理水平，提高企业环境质量，增强企业的国际竞争能力。

调整扩张战略，培育新的经济增长点。

进军旅游业，开展绵竹三箭水温泉。剑南春集团于2000年3月与成都理工大学合作，在绵竹地区进行温泉的勘查和勘探工作。2001年7月27日完成井深1888米完钻终孔。水样经四川地勘局岩土水质检测中心、四川省放射卫生防疫站的检测，该温泉水含有对人体有医疗价值的矿物，为重碳酸钠含硼、硅和氡的氟·镭·硫化氢淡热矿泉水。2001年12月12日，成都理工大学对剑南春集团开发的绵竹三箭水温泉进行了评审。刘宝珺院士等地质水文专家认为：绵竹三箭水温泉是德阳地区第一口探采结合的医疗热矿泉。该井自喷水量达910方/日，水温达38度，水质符合保健温泉浴所定标准，其特殊的低矿度重碳酸钠型水在自然界不多见。剑南春的21世纪将开创温泉与名酒齐飞的新纪元。

投资2000多万元的剑南春森林公园已初具雏形；

投资公路建设，剑南春公司与绵竹交通公司组建益丰路业公司，负责扩建和经营通往九寨沟的黄金大道德阳至阿坝公路绵竹段，目前工程已投资1亿多元，预计春节前通车。

……

调整改革，有进有退，波澜不惊，剑南春公司活力充盈。

展望发展前景，董事长、总经理乔天明充满信心：中国加入WTO，对外经济交往增多，商务活动更加频繁，市场对白酒的需求量加大；国家经济发展，人民生活水平提高，消费者对高档产品更加青睐，这将给白酒企业带来非常好的发展前景；中国加入WTO，对假冒商品的打击力度，对知识产权的保护力度将会加大，不正当竞争将会得到规范治理，优势企业的发展会有更好的市场环境。

白酒市场新一轮的竞争将是企业实力的竞争，剑南春将竭尽全力，夯实质量基础，用高质量的产品回报消费者；强化营销，巩固原有销售网络，处理好厂商利益关系，让调整后的剑南春公司在2002年有一个更快更好的发展。

时不我待，剑南春决策层又在谋划未来。

中流击水，剑南春人志存高远。

加快技术创新步伐　提升企业市场品位

在激烈的市场竞争中，企业要谋求发展，只有靠不断创新：观念创新、技术创新、管理创新，其中技术创新是核心。哪个企业拥有了高新技术产品，哪个企业就可能获得市场先机，从而抢得市场的制高点，使自己保持强大的发展后劲。海拉尔啤酒集团有限责任公司多年来就是靠不断创新拓展市场，从而走上了一条充满蓬勃生机的发展道路。

大力推进科技创新
保证企业发展后劲

科学技术是第一生产力，以科技创新为先导，以市场为导向，使海啤集团取得了累累硕果。几年来，企业经济效益不断刷新，尤其是转换经营机制建立现代企业制度的1997年至1999年，3年跨越3大步，实现了跳跃式发展。1997年销售收入首次突破亿元大关,实现利润707万元,税金2464万元;1998年实现销售收入1.1亿元,实现利润728万元;税金突破3000万元;1999年各项经济指标再创新高,实现销售收入1.25亿元,利润达到838万元,税金实现3321万元,税利首次突破4000万元。2000年,海啤集团进一步深化体制改革,认真贯彻ISO9002质量保证体系,提高企业管理水平,实现销售收入1.35亿元,税金实现3600万元,利润首次突破千万元,创海拉尔市工业企业历史最新记录。这是靠科技发展,以创新取胜的结果。2001年海啤集团的各项经济指标又上新台阶,全年销售收入1.4035亿元,实现税金3696万元,实现利润1158万元。

2000年海啤集团根据自治区技术创新工程精神,成立了技术中心,成功开发了5大系列30几个品牌的高科技含量、高附加值且适销对路的新产品,其中获自治区科技成果奖1项、市级科技成果奖4项。

注重科技投入,立足高科技前沿,是企业成功的法宝。海啤集团1999年科技资金投入231万元,技术改造和设备更新投入416万元,以加大产品的技术创新力度,同时投资1270万元对生产线进行技术改造,使设备的技术性能达到国际先进水平。

人才是技术创新的保证。海啤集团多年来造就了一支政治过硬、思想解放、观念现代、精通业务、善于管理的优秀人才队伍,拥有工程技术人员196人,1999年有17人获科学技术进步奖。

海啤集团已经取得ISO9002质量体系认证,成为内蒙古既拥有绿色标志使用权,又通过ISO9002国际质量体系认证的惟一一家啤酒生产企业。

进一步深化改革 完善现代企业制度

在市场经济条件下,观念创新是决定企业发展的重要因素。改变过去低水平的粗放型经营的做法,积极推进管理体制和经济增长方式的转变是海啤集团发展的动力。为适应"入世"后的市场和为股票上市做好准备,保证公司长远发展的需要,依照自治区体改委的统一部署,海啤集团在遵守《公司法》和不中断公司业务活动的前提下,按照公司变更的法定程序将有限责任公司改组为股份有限公司,以现代化经营观念提高企业的管理水平,增强竞争能力,从而为企业迅速筹集资金,扩大融资渠道,理顺产权关系创造了条件,使企业的存在形式更有利于与国际市场接轨。

狠抓企业内部管理 强化市场营销力度

随着企业股份制改组的成功,企业管理又有了新的内容与形式。经过多年的市场培育,海啤已经建立了牢固的销售网络,同时,依靠创新和稳定的产品质量不断开拓市场。按照公司"东进西出,南下北上"的经营战略,实施了4次较大规模的外埠市场促销活动,其中,协办北京内蒙古宾馆重新开业,在消费者中影响较大。

2001年9月,海啤集团董事长、总经理孙立军应邀出席了在北京召开的"21世纪论坛——绿色环保2001"会议;12月8日至10日,参加"首届中国名牌战略峰会",海啤集团在会上展示了自己的产品,董事长、总经理孙立军作了演讲,并发表了关于开发绿色食品,走可持续发展道路的论文。

调整经济结构 提高资本运营水平

海啤集团实施低成本扩张,资产重组后,调整了资产结构,提高了资本运营水平,已经形成了规模效益,以开发高科技含量的产品为突破口,调整了集团的经济结构和产品结构,4家被兼并企业的存量资产都已盘活,生产经营进入良性循环。结合西部大开发和呼盟生态示范区建设,以"灵泉圣水"、"蓝莓绿色饮品"为资源,以集团公司为龙头,开发旅游业,以形成集规模效益行业、资源优势行业、名牌产品于一体的发展格局。

西部大开发的号角已经吹响,加速企业大发展的机遇就在眼前,海啤集团将继续贯彻执行企业的"树品牌,创市场,塑形象,抓管理,增效益"的15字方针,发挥科技创新的作用,严格贯彻ISO9002国际质量体系认证标准,持续稳定提高产品质量,努力使"海拉尔啤酒"这一自治区名牌成为中国名牌。

4.2　第 6 届白酒国家评委、白酒国家资格评委、特邀白酒国家评委名单

遵照国务院 1999 年 12 月 5 日颁发的国发(1999) 24 号文件《关于进一步加强产品质量若干问题的决定》的要求，要坚持“打击假冒、保护名优”和“向消费者提供真实可靠的产品质量信息”，确保市场产品质量可靠的精神，为有效地协助质量技术监督部门打击假冒名优白酒、净化白酒市场，维护企业的合法利益，保护消费者的正当权益，有利于白酒国家标准的贯彻和白酒质量检验工作的有效开展，中国食品工业协会与中国质量检验协会、中国标准化协会等单位在 2000 年共同举办了白酒国家评委培训、考试、选聘活动。

根据对由全国各地食协考核、推荐的专业技术人员培训和考核，依据考核成绩，按照择优录取的原则，组建了第 6 届白酒国家评委队伍。名单如下。

第 6 届白酒国家评委：

刘　琼	女	工程师	成都全兴酒厂
李　东	男	工程师	大邑县成都高井酒厂
吴晓萍	女	高　工	四川泸州酒厂
肖静锋	男	高　工	四川宜宾地区酒管局
范国琼	女	高　工	四川宜宾五粮液酒厂
何　毅	男	高　工	四川邛崃文君酒厂
胡义明	男	高　工	四川二峨曲酒厂
李克明	男	高　工	四川眉山三苏酒厂
胡　森	男	高　工	四川成都全兴酒厂
陈　佳	女	工程师	泸洲老窖股份有限公司
郭　宾	男	工程师	四川五粮液集团
谢义贵	男	高　工	四川剑南春酒厂
郭　鸿	男	工程师	大邑鹤潭酒厂
彭礼群	女	工程师	四川宜宾市叙府酒业有限公司
蔡晓忠	男	高　工	四川渠县酒厂
于振法	男	高　工	山东景芝酒厂
申作树	男	高　工	山东兰陵集团
杨秀丽	女	工程师	山东孔府宴集团
张红旗	男	工程师	山东孔府家集团
武金华	女	工程师	山东生力源集团
刘晓辉	女	工程师	锦州凌川酒业有限责任公司
张英华	男	高　工	辽宁省凤城老窖酒厂
李树林	男	高　工	沈阳龙潭酒厂
栾作禄	男	高　工	大连市金州酒厂
常玉峰	男	工程师	辽宁省绥中县酒厂
王友利	男	工程师	泗阳洋河名门酒业有限公司
吴建峰	男	工程师	江苏今世缘酒业有限公司
陈处达	男	高　工	江苏五琼浆集团公司
陈建明	男	高　工	江苏分金亭集团公司
周新虎	男	工程师	江苏洋河集团
谢玉球	男	工程师	江苏双沟酒业集团
王　静	男	工程师	安徽省明光酒厂
卢建春	男	工程师	安徽古井贡酒股份有限公司
刘如礼	男	工程师	阜阳市帝王酒业有限公司
张国强	男	高　工	安徽口子集团公司
范玉芹	女	工程师	安徽沙河王酒厂
王金亮	男	工程师	河南仰韶集团
孙前聚	男	高　工	河南宋河酒厂
张建友	男	高　工	河南洛阳科协
邢晓晰	男	高　工	河南省宝丰酒业集团有限公司
李金亭	男	工程师	河南省许昌姚花春酒厂
陶立诚	男	高　工	河南金鼎酒业有限公司
王　平	女	工程师	贵州遵义董酒厂

王 莉	女	工程师	贵州仁怀市糖酒公司
陈兴唏	女	高 工	中国贵州茅台酒厂（集团）公司
杨 青	女	工程师	贵州醇酒厂
钟方达	男	工程师	贵州省习酒公司
李忠岩	男	高 工	吉林德惠九葆酿酒实业有限责任公司
段金生	男	高 工	梅河口市酿酒有限责任公司
林长友	男	高 工	吉林省白酒集团
胡永和	男	高 工	吉林市江滨食品工业有限责任公司
张武举	男	高 工	吉林省榆树市吉酒王酒厂
周世权	男	工程师	吉林省梅河口市白酒厂
魏培会	男	工程师	吉林省洮南市中宝酒业酿造厂
王 海	男	工程师	山西杏花村汾酒厂股份有限公司
范永刚	男	工程师	山西省祁县六曲香酒厂
赵文忠	男	工程师	山西梨花春酿酒集团公司
张红梅	女	经济师	内蒙古河套酒业集团股份有限公司
姜文云	男	高 工	内蒙古宁城集团公司
焦二满	男	工程师	内蒙古鄂尔多斯酒业集团
吴 帆	男	工程师	新疆呼国望县天山酒业公司
黄建辉	女	工程师	湖南长沙白沙液酒厂
文明远	男	工程师	军神集团重庆市合川酒厂
龙运川	男	工程师	重庆石松酒业有限责任公司
夏吉林	男	技 师	重庆市古佛酒（集团）有限责任公司
胡建祥	男	工程师	陕西省太白酒厂
艾金忠	男	高 工	北京红星酿酒集团公司
李兰英	女	高 工	北京市牛栏山酒厂
张玉柱	男	总工程师	黑龙江省玉泉酒业集团
栗永清	男	高 工	黑龙江省酒业协会
赵志昌	男	高 工	黑龙江富裕酿酒有限责任公司
侯晓波	男	工程师	佳木斯北方佳宾集团
高 军	女	工程师	黑龙江北大荒酿酒集团
张震宗	男	工程师	津酒集团公司
李泽霞	女	工程师	河北衡水老白干酿酒（集团）有限公司
宋书玉	男	高 工	邯郸丛台酒业股份有限公司
金凤兰	女	高 工	河北三河县酒厂
申 旻	男	工程师	甘肃彭阳春酒厂
丁前胜	男	高 工	江苏省军区运西农场
孙庆文	男	教授级高工	成都长城川兴酒厂
何 英	男	工程师	江西樟树四特酒厂
谢观音	男	工程师	江西赣南果业股份有限公司麦饭石酿酒公司
曾宪忠	男	工程师	江西七宝山酒业（集团）有限公司
马 红	女	工程师	湖北襄樊三九酿酒厂
刘前生	男	工程师	湖北省园林青酒业股份有限公司
周怡庭	男	高 工	湖北省酿酒工业协会
祝志荣	男	高 工	湖北武汉酒厂
李 净	男	高 工	湖北咸宁市浮泉酒厂
杨 强	男	工程师	湖北劲牌酒业有限公司
熊小毛	男	高 工	湖北白云边股份有限公司
兰 余	女	工程师	海南椰岛股份有限公司
车润芝	男	工程师	四川绵阳丰谷酒业有限公司
刘 俊	男	工程师	四川沱牌曲酒股份有限公司
陈亚蓉	女	工程师	四川五粮液集团公司
钟正玉	女	工程师	四川剑南春集团有限公司
王秀丽	女	高 工	山东水浒酒厂
王海忠	男	工程师	山东金贵酒厂
吕月明	男	工程师	山东温和酒厂
吕兴臣	男	工程师	山东趵突泉酒厂
张峰国	男	工程师	山东扳倒井集团
张培芳	女	高 工	山东琅琊台酒厂
罗士海	男	高 工	山东中轩集团
潘学森	男	工程师	山东青州酒厂
张晓霞	女	工程师	黑龙江省东北王酒业有限公司
李福玉	男	工程师	黑龙江省花园酒业有限公司
曹中民	男	工程师	哈尔滨三九龙滨酒厂
张加林	男	工程师	江苏汤沟酒业有限公司
贺尔军	男	工程师	江苏双洋酒业集团有限公司

高传强	男	工程师	江苏省新沂酿酒厂
王　民	男	工程师	安徽亳州市酒厂
王振环	男	高　工	安徽淮北市惠黎酒厂
刘　军	男	工程师	安徽省太和粮食酒厂
杨红文	男	工程师	安徽种子酒总厂
赵　亮	男	工程师	安徽高炉酒厂
周筱春	女	高　工	南昌灌城酒业有限责任公司
黄浔江	男	工程师	江西高安市瑞酒有限责任公司
武光路	男	高　工	河北枣花佳酿酒饮料总公司
魏云彬	男	工程师	宁夏银川西夏酿酒总厂
张守财	男	工程师	福建省建瓯黄华山酿酒有限公司
韩青梅	女	工程师	山西杏花村汾酒（集团）公司
张洪举	男	工程师	地方国营榆树市松江酿酒厂
刘新宇	男	工程师	新疆伊力特实业股份有限公司
张永萍	女	工程师	新疆吉木莎尔县老台酒厂
苏新生	男	工程师	河南四五酒厂
张献敏	男	工程师	河南汝阳杜康（集团）总公司
赵克华	男	工程师	永城市皇沟酒业集团总公司
高小敏	男	工程师	河南省伊川县杜康酒厂乌拉特有限责任公司
魏毅晖	女	工程师	湖南酒鬼酒股份有限公司
张志刚	男	工程师	北京琼浆玉液食品销售有限公司
王禄珍	女	高　工	沈阳市新民酿酒厂
佟金萍	女	工程师	沈阳市老龙口酒厂
梁　薇	女	工程师	辽宁铁刹山酒厂

第 6 届白酒国家资格评委

薛西林	男	高　工	河南省宋河酒业股份有限公司
杨晓燕	女	工程师	新疆吉木莎尔县三台酒业有限公司
唐双玲	女	工程师	湖南酒鬼酒股份有限公司
钱海生	男	工程师	湖南省邵阳市酒厂
何锦新	男	工程师	顺德酒厂有限公司
郭　波	男	工程师	佛山市太吉酒厂有限公司
李金保	男	经济师	陕西西凤酒股份有限公司
王鹏珍	男	工程师	青海青稞酒集团公司
吴会昌	男	工程师	石家庄市制酒厂
顾成兵	男	工程师	地方国营大丰市酒厂
黄　芳	女	工程师	安徽蚌埠酒厂
冯　波	男	工程师	四川省江油市酒厂
严志勇	男	工程师	四川省文君酒厂有限公司
陈小林	男	工程师	四川郎酒集团有限公司
杨官荣	男	工程师	四川膨化发酵研究所
徐基炎	男	工程师	江西省上饶全良液酒业有限公司
李　俊	男	技　师	重庆市江津酒厂有限责任公司
李　斌	男	技　师	重庆市太白酒厂
陈昌寿	男	技　师	重庆市永川露华浓酿酒有限公司
胥彦明	男	工程师	陕西省城固酒厂
商桂生	男	工程师	河北省宁晋县制酒厂
杨　林	男	工程师	湖北稻花香实业股份有限公司
黄桂珍	女	高　工	湖北宜昌西陵酒业有限公司
刘振海	男	工程师	天津市酿酒工业协会
龙则河	男	工程师	贵州省贵府酒业有限公司
吴广黔	男	工程师	贵州省轻工科研所
景志平	男	工程师	山西杏花村汾酒（集团）公司
余　元	女	工程师	青海龙的青稞酒有限公司
侯凤英	女	工程师	青海金塔青稞酒业有限责任公司
徐国秀	男	工程师	甘肃武威酒业（集团）有限责任公司
刘建华	男	工程师	吉林天合农产品开发有限公司酿酒厂
曲家成	男	工程师	吉林省德惠三鸣酒业有限公司
董保民	男	高　工	河南省伊川县杜康酒厂
何云军	男	工程师	内蒙古河套酒业集团
刘世云	女	工程师	湖南湘泉集团德山酒业有限公司
王红安	男	工程师	北京华都酿酒食品有限责

			任公司
高连华	女	工程师	国营北京大兴酒厂
吴　红	男	工程师	辽宁省阜新三沟酒业有限责任公司

第6届特邀白酒国家评委名单

徐占成	男	高　工	四川剑南春酒厂
赖高淮	男	高　工	原四川泸州曲酒厂
赖登烊	男	高　工	四川全兴酒厂
李大和	男	高　工	四川省食品发酵研究设计院
杨大金	男	高　工	四川郎酒集团公司
李家明	男	高　工	四川沱牌集团有限公司
李大信	男	高　工	陕西西凤酒厂
白希智	男	高　工	陕西省酿酒工业协会
贾翘彦	男	高　工	贵州董酒厂
刘洪晃	男	高　工	原辽宁省食品工业研究所
潘维富	男	高　工	辽宁省白酒协会
邢明月	男	高　工	原河南宝丰酒厂
刘虎年	男	高　工	河南仰韶集团
洪永凯	男	高　工	黑龙江玉泉酒厂
张　娣	女	高　工	哈尔滨三九龙滨酒厂
李　印	男	高　工	内蒙古奥淳酒业有限公司
范仲仁	男	高　工	内蒙古自治区白酒协会
夏义雄	男	高　工	广西桂林三花酒厂
杨万春	男	高　工	甘肃省丝路春酒厂
陶家驰	男	高　工	原湖北省酿酒工业协会
黄业立	男	高　工	山东省酿酒工业协会
余金德	男	高　工	江西省食品工业协会
范长秀	男	高　工	河北省食品工业公司
何云龙	男	高　工	原北京昌平酒厂
任可达	男	高　工	北京红星酿酒集团
陈木兰	女	高　工	原中国食品发酵工业研究所
毛照显	男	高　工	上海市酿酒专业协会

4.3　2000 年卫生部批准的保健食品目录

2000 年 1 月份获卫生部批准的保健食品目录

国产产品

1　产品名称：梅彪牌葡萄糖酸钙口服液
批准文号：卫食健字（2000）第 0001 号
批准功能：补钙
申报单位：江西梅彪保健制剂有限公司
批准日期：2000 年 01 月 13 日

2　产品名称：富元牌洋参胶囊
批准文号：卫食健字（2000）第 0002 号
批准功能：免疫调节
申报单位：广州市怡康保健品公司
批准日期：2000 年 01 月 13 日

3　产品名称：喜悦牌花旗参袋泡茶
批准文号：卫食健字（2000）第 0003 号
批准功能：免疫调节
申报单位：深圳太子行保健品有限公司
批准日期：2000 年 01 月 13 日

4　产品名称：健必依三健口服液
批准文号：卫食健字（2000）第 0004 号
批准功能：耐缺氧、调节血压
申报单位：上海农工商工业发展公司
上海健必依保健品厂
批准日期：2000 年 01 月 13 日

5　产品名称：艾得康沙棘口服液
批准文号：卫食健字（2000）第 0005 号
批准功能：免疫调节
申报单位：陕西艾康沙棘制药有限公司
批准日期：2000 年 01 月 13 日

6　产品名称：苏中天力口服液
批准文号：卫食健字（2000）第 0006 号
批准功能：免疫调节
申报单位：江苏苏中保健品有限公司
批准日期：2000 年 01 月 13 日

7　产品名称：红色种子牌血红素铁胶囊
批准文号：卫食健字（2000）第 0007 号
批准功能：改善营善性贫血
申报单位：无锡中策制药有限公司
批准日期：2000 年 01 月 13 日

8　产品名称：咔哇怡神冲剂
批准文号：卫食健字（2000）第 0008 号
批准功能：改善睡眠
申报单位：北京泛华美联医药技术有限公司
批准日期：2000 年 01 月 13 日

9　产品名称：咔哇怡神胶囊
批准文号：卫食健字（2000）第 0009 号
批准功能：改善睡眠
申报单位：北京泛华美联医药技术有限公司
批准日期：2000 年 01 月 13 日

10　产品名称：辰星口服液
批准文号：卫食健字（2000）第 0010 号
批准功能：调节血压
申报单位：湖南衡阳辰星实业有限公司
批准日期：2000 年 01 月 13 日

11　产品名称：育华牌益壮胶囊
批准文号：卫食健字（2000）第 0011 号
批准功能：延缓衰老、免疫调节
申报单位：吉林省育华生物技术开发
批准日期：2000 年 01 月 13 日有限责任公司

12　产品名称：康尔牌壳聚糖胶囊
批准文号：卫食健字（2000）第 0012 号
批准功能：免疫调节、调节血脂

申报单位：盐城经济开发区天元实业有限公司
批准日期：2000 年 01 月 13 日
13 产品名称：飞鹤肝宝奶粉
批准文号：卫食健字（2000）第 0013 号
批准功能：对化学性肝损伤有保护作用
申报单位：黑龙江省飞鹤乳业集团有限公司
批准日期：2000 年 01 月 13 日
14 产品名称：楚雉牌葛薇宝冲剂
批准文号：卫食健字（2000）第 0014 号
批准功能：改善胃肠道功能（保护胃粘膜）
申报单位：湖北省通山县绿色野生保健食品厂
批准日期：2000 年 01 月 13 日
15 产品名称：长甲牌聪尔壮无糖咀嚼片
批准文号：卫食健字（2000）第 0015 号
批准功能：改善记忆改善胃肠道功能（促进消化吸收）
申报单位：郑州长甲医药集团有限公司
上海长甲保健品有限公司
批准日期：2000 年 01 月 13 日
16 产品名称：鹿鹿牌鹿胎滋补膏
批准文号：卫食健字（2000）第 0016 号
批准功能：免疫调节
申报单位：桓仁满族自治县鹿鹿保健品有限公司
批准日期：2000 年 01 月 13 日
17 产品名称：乐家老铺虫草菌丝体洋参胶囊
批准文号：卫食健字（2000）第 0017 号
批准功能：免疫调节
申报单位：南京同仁堂药业有限责任公司
批准日期：2000 年 01 月 13 日
18 产品名称：原枝西洋参含片
批准文号：卫食健字（2000）第 0018 号
批准功能：抗疲劳
申报单位：广西荔浦县万鑫食品饮料厂
批准日期：2000 年 01 月 13 日
19 产品名称：益新牌甲壳胺胶囊
批准文号：卫食健字（2000）第 0019 号
批准功能：免疫调节
申报单位：青岛高科技工业园益新海洋生物有限公司
批准日期：2000 年 01 月 13 日
20 产品名称：沃格牌螺旋藻胶囊
批准文号：卫食健字（2000）第 0020 号
批准功能：调节血脂
申报单位：沃德（天津）营养保健品有限公司
批准日期：2000 年 01 月 13 日
21 产品名称：宁露杏仁露
批准文号：卫食健字（2000）第 0021 号
批准功能：调节血脂
申报单位：内蒙古宁城老窖股份有限公司保健饮料厂
批准日期：2000 年 01 月 13 日
22 产品名称：神象宏劲片
批准文号：卫食健字（2000）第 0022 号
批准功能：抗疲劳、抗辐射
申报单位：上海市药材有限公司神名胜参茸分公司
批准日期：2000 年 01 月 13 日
23 产品名称：隆润牌金桔含片
批准文号：卫食健字（2000）第 0023 号
批准功能：清咽润喉
申报单位：北京荣光达科贸有限责任公司
批准日期：2000 年 01 月 24 日
24 产品名称：康富来无加糖型洋参含片
批准文号：卫食健字（2000）第 0024 号
批准功能：抗疲劳
申报单位：顺德康富来保健品有限公司
批准日期：2000 年 01 月 24 日
25 产品名称：红灵口服液
批准文号：卫食健字（2000）第 0025 号
批准功能：免疫调节
申报单位：潍坊中狮制药有限公司
批准日期：2000 年 01 月 24 日
26 产品名称：昌江牌珍珠粉胶囊
批准文号：卫食健字（2000）第 0026 号
批准功能：补钙
申报单位：福州昌江生化科技开发有限公司
批准日期：2000 年 01 月 24 日
27 产品名称：海尔森深海鱼油软胶囊
批准文号：卫食健字（2000）第 0027 号
批准功能：调节血脂
申报单位：河南省驻马店地区海尔森保健品有限公司
批准日期：2000 年 01 月 24 日
28 产品名称：康宝大豆磷脂粉
批准文号：卫食健字（2000）第 0028 号
批准功能：调节血脂、延缓衰老

申报单位：佳木斯康宝大豆磷脂有限公司
批准日期：2000 年 01 月 24 日

29　产品名称：和和鳗精胶囊
批准文号：卫食健字（2000）第 0029 号
批准功能：抗疲劳
申报单位：中日合资镇江和和保健药品有限公司
批准日期：2000 年 01 月 24 日

30　产品名称：康富来田七鸡精
批准文号：卫食健字（2000）第 0030 号
批准功能：抗疲劳
申报单位：顺德康富来保健品有限公司
批准日期：2000 年 01 月 24 日

31　产品名称：阳和春牌酒
批准文号：卫食健字（2000）第 0031 号
批准功能：抗疲劳
申报单位：北京红星酿酒集团公司
北京夜光杯葡萄酒厂
批准日期：2000 年 01 月 24 日

32　产品名称：多捷虫草鸡精
批准文号：卫食健字（2000）第 0032 号
批准功能：免疫调节
申报单位：清新海俊企业食品有限公司
批准日期：2000 年 01 月 24 日

进口产品

33　产品名称：灵达生命口服液
批准文号：卫食健进字（2000）第 0001 号
批准功能：补充 B 族维生素
生产企业：芭芭拉国际保健
申报单位：北京法政兴华生物工程有限公司
批准日期：2000 年 01 月 13 日

34　产品名称：七海健儿宝鱼肝油
批准文号：卫食健进字（2000）第 0002 号
批准功能：补充维生素 A、维生素 D、维生素 B_2、烟酰胺
生产企业：英国七海有限公司
申报单位：瑞士大昌洋行有限公司
批准日期：2000 年 01 月 13 日

35　产品名称：脂都散胶囊
批准文号：卫食健进字（2000）第 0003 号
批准功能：调节血脂
生产企业：美国营养源公司
申报单位：北京益生康健科技发展有限责任公司
批准日期：2000 年 01 月 24 日

36　产品名称：美国顺天宝儿康咀嚼片
批准文号：卫食健进字（2000）第 0004 号
批准功能：补充多种维生素、矿物质
生产企业：美国顺天科学制药厂
申报单位：北京宁正医药咨询有限公司
批准日期：2000 年 01 月 24 日

技术转让产品

37　产品名称：紫薇大豆磷脂口服液
批准文号：卫食健字（1998）第 286 号
批准功能：调节血脂
转让方：威海康信生物有限公司
批准转让日期：2000 年 01 月 04 日
受让方：威海清华紫光科技开发有限公司

38　产品名称：泰平胶囊
批准文号：卫食健字（1999）第 0288 号
批准功能：改善胃肠道功能（改善肠道菌群失调）金华分公司
转让方：深圳医药保健品进出口有限公司
批准转让日期：2000 年 01 月 04 日
受让方：金华市圳华保健品有限公司

39　产品名称：泰平片
批准文号：卫食健字（1999）第 0347 号
批准功能：改善胃肠道功能（改善肠道菌群失调）
转让方：深圳医药保健品进出口有限公司金华分公司
批准转让日期：2000 年 01 月 04 日
受让方：金华市圳华保健品有限公司

40　产品名称：普康安胶囊
批准文号：卫食健字（1999）第 0422 号
批准功能：免疫调节
转让方：青岛甲可安生物技术有限公司
批准转让日期：2000 年 01 月 04 日
受让方：台州康多利海洋生物保健品有限公司

41　产品名称：甘泰保健奶
批准文号：卫食健字（1999）第 0428 号
批准功能：免疫调节
转让方：湖北新世纪实业发展公司
批准转让日期：2000 年 01 月 04 日
受让方：武汉亚鑫生物工程有限公司

42　产品名称：葡多安胶囊
批准文号：卫食健字（1999）第 0486 号
批准功能：免疫调节

转让方：青岛甲可安生物技术有限公司
批准转让日期：2000年01月04日
受让方：台州康多利海洋生物保健品有限公司

43 产品名称：妙谛雪羹
批准文号：卫食健字（1997）第040号
批准功能：耐缺氧
转让方：北京妙谛保健制品研究所饮品厂
批准转让日期：2000年01月04日
受让方：北京新妙谛科技发展有限公司

44 产品名称：普诺宁思胶囊
批准文号：卫食健字（1997）第349号
批准功能：调节血脂、调节血糖、免疫调节
转让方：北京三株工业有限责任公司
批准转让日期：2000年01月04日
受让方：北京知蜂堂蜂产品有限公司

45 产品名称：幸福乐牌延缓衰老保健液
批准文号：卫食健字（1990）第0410号
批准功能：延缓衰老
转让方：天津爱特制药有限公司
批准转让日期：2000年01月04日
受让方：天津开发区新东方生物科技发展有限公司

46 产品名称：都瑞口服液
批准文号：卫食健字（1999）第0515号
批准功能：抗疲劳、免疫调节
转让方：湖南岳阳南华企业发展有限公司
批准转让日期：2000年01月04日
受让方：湖南都瑞医药实业有限公司

47 产品名称：粉黛祛斑美容口服液
批准文号：卫食健字（1997）第795号
批准功能：抗氧化、美容（祛黄褐斑）
转让方：深圳杰治保健品有限公司
批准转让日期：2000年01月18日
受让方：广东太阳神集团有限公司

48 产品名称：珍迪牌铁锌氨基酸口服液
批准文号：卫食健字（1998）第301号
批准功能：补铁、锌
转让方：江西南昌市营养补剂厂
批准转让日期：2000年01月18日
受让方：南昌健民营养补品厂

更改批件产品

49 原产品名称：玄驹神酒
批准文号：卫食健字（1997）第562号
现产品名称：玄驹酒
批准功能：免疫调节
原申报单位：吉林农业大学柳河县昆虫保健食品开发公司
批准变更日期：2000年01月04日
现申报单位：柳河县正太保健品公司

50 产品名称：北极神海狗油软胶囊
批准文号：卫食健字（1997）第838号
批准功能：免疫调节、调节血脂
原申报单位：山东北极神营养食品有限公司
批准变更日期：2000年01月04日
现申报单位：山东北极神生物工程有限公司

51 原产品名称：蔓特赫宝芦荟口服液
批准文号：卫食健字（1998）第021号
现产品名称：金芦荟口服液
批准功能：免疫调节、调节血脂
申报单位：海南金芦荟生物工程有限公司
批准变更日期：2000年01月13日

增补功能产品

52 产品名称：圣康牌红景天胶囊
批准文号：卫食健字（1999）第0280号
批准功能：抗疲劳、耐缺氧
申报单位：西藏圣康保健品有限公司上海分公司
批准变更日期：2000年01月13日

53 产品名称：洋参珍珠胶囊
批准文号：卫食健字（1999）第0476号
批准功能：抗疲劳、延缓衰老
申报单位：江苏中华多宝集团有限公司
批准变更日期：2000年01月13日

修改说明书产品

54 产品名称：鹰牌花旗参银杏叶茶
批准文号：卫食健字（1999）第0040号
申报单位：健康药业（中国）有限公司
修改说明书：将功效成分中每100 g含：总皂甙100 mg改为每100 g含：总皂甙500 mg。将食用方法中每袋用约100 mL开水冲调即可服用，每日2—3次，每次1—2袋。改为每袋用约100 mL开水冲调即可服用，每日2次，每次1袋。
批准变更日期：2000年01月13日

转境内生产产品

55 产品名称：碧罗芷片

批准文号：卫进食健字（1998）第 013 号
批准功能：延缓衰老、美容（祛黄褐斑）
原生产单位：美国阿格拉伯斯有限公司
批准变更日期：2000 年 01 月 04 日
现生产单位：天津莱福药业有限公司

2000 年 2 月份获卫生部批准的保健食品目录

国产产品

1 产品名称：南威康特佳粉剂
批准文号：卫食健字（2000）第 0033 号
批准功能：调节血脂、改善胃肠道功能（润肠通便）
申报单位：湖北南威生化科技发展股份有限公司
批准日期：2000 年 02 月 03 日

2 产品名称：广夏牌枸杞多糖口服液
批准文号：卫食健字（2000）第 0034 号
批准功能：调节血脂
申报单位：武汉广夏枸杞开发有限公司
批准日期：2000 年 02 月 03 日

3 产品名称：广夏牌枸杞汁
批准文号：卫食健字（2000）第 0035 号
批准功能：免疫调节
申报单位：武汉广夏枸杞开发有限公司
批准日期：2000 年 02 月 03 日

4 产品名称：新开河人参果胶囊
批准文号：卫食健字（2000）第 0036 号
批准功能：延缓衰老
申报单位：集安市新开河参业有限公司
批准日期：2000 年 02 月 03 日

5 产品名称：靓尔丽牌祛斑胶囊
批准文号：卫食健字（2000）第 0037 号
批准功能：美容（祛黄褐斑）
申报单位：陕西正远医用电子技术研究所
批准日期：2000 年 02 月 03 日

6 产品名称：威士雅通便粉
批准文号：卫食健字（2000）第 0038 号
批准功能：改善胃肠道功能（润肠通便）
申报单位：广东威士雅保健品有限公司
批准日期：2000 年 02 月 03 日

7 产品名称：天寿牌养生酒
批准文号：卫食健字（2000）第 0039 号
批准功能：抗疲劳
申报单位：成都市寿牌酒业有限公司
批准日期：2000 年 02 月 03 日

8 产品名称：正中牌菊明冲剂
批准文号：卫食健字（2000）第 0040 号
批准功能：调节血脂
申报单位：山西泰和制药有限公司
批准日期：2000 年 02 月 03 日

9 产品名称：大旗牌大正健身酒
批准文号：卫食健字（2000）第 0041 号
批准功能：抗疲劳
申报单位：山东大正实业集团保健品有限公司
批准日期：2000 年 02 月 03 日

10 产品名称：蕲蛇粉胶囊
批准文号：卫食健字（2000）第 0042 号
批准功能：免疫调节
申报单位：浙江养尔康医药保健品有限公司
批准日期：2000 年 02 月 03 日

11 产品名称：完美高纤餐
批准文号：卫食健字（2000）第 0043 号
批准功能：改善胃肠道功能（润肠通便）
申报单位：中山市完美日用品有限公司
批准日期：2000 年 02 月 03 日

12 产品名称：海荞胶囊
批准文号：卫食健字（2000）第 0044 号
批准功能：调节血脂
申报单位：北京六生源生物技术研究所
批准日期：2000 年 02 月 03 日

13 产品名称：富元牌蜂王浆胶囊
批准文号：卫食健字（2000）第 0045 号
批准功能：免疫调节
申报单位：广州市怡康保健品公司
批准日期：2000 年 02 月 03 日

14 产品名称：爱力幸牌酒
批准文号：卫食健字（2000）第 0046 号
批准功能：免疫调节
申报单位：溧阳溧华保健食品有限公司
批准日期：2000 年 02 月 03 日

15 产品名称：阳春牌滋补酒
批准文号：卫食健字（2000）第 0047 号
批准功能：免疫调节
申报单位：山东景芝酒业股份有限公司

批准日期：2000 年 02 月 03 日

16 产品名称：康基含虾钙片
批准文号：卫食健字（2000）第 0048 号
批准功能：补钙、补铁
申报单位：温州市康威保健品有限公司
批准日期：2000 年 02 月 03 日

17 产品名称：同欣牌童锌冲剂
批准文号：卫食健字（2000）第 0049 号
批准功能：补锌
申报单位：四川同欣保健品有限责任公司
批准日期：2000 年 02 月 03 日

18 产品名称：天添牌锌灵冲剂
批准文号：卫食健字（2000）第 0050 号
批准功能：补锌
申报单位：陕西微元佳族生物工程有限公司
批准日期：2000 年 02 月 03 日

19 产品名称：葡萄王牌灵芝菌丝体胶囊
批准文号：卫食健字（2000）第 0051 号
批准功能：免疫调节
申报单位：上海葡萄王企业有限公司
批准日期：2000 年 02 月 03 日

20 产品名称：三阳晶
批准文号：卫食健字（2000）第 0052 号
批准功能：免疫调节
申报单位：济南开发区兆阳科技发展中心
批准日期：2000 年 02 月 14 日

21 产品名称：庄亨可西爱口服液
批准文号：卫食健字（2000）第 0053 号
批准功能：免疫调节
申报单位：泰州庄亨医药保健品有限公司
批准日期：2000 年 02 月 14 日

22 产品名称：福士德灵芝菌丝体胶囊
批准文号：卫食健字（2000）第 0054 号
批准功能：对化学性肝损伤有辅助保护作用
申报单位：武汉中山集团生物工程制品有限公司
批准日期：2000 年 02 月 14 日

23 产品名称：五蛇酒
批准文号：卫食健字（2000）第 0055 号
批准功能：免疫调节
申报单位：武汉健强保健品有限责任公司
批准日期：2000 年 02 月 14 日

24 产品名称：心舒康软胶囊
批准文号：卫食健字（2000）第 0056 号
批准功能：调节血脂
申报单位：石家庄神威药业股份有限公司
批准日期：2000 年 02 月 14 日

25 产品名称：参茸胶囊
批准文号：卫食健字（2000）第 0057 号
批准功能：免疫调节、抗疲劳
申报单位：集安市新开河参业有限公司
批准日期：2000 年 02 月 14 日

26 产品名称：椰妹牌海马酒
批准文号：卫食健字（2000）第 0058 号
批准功能：延缓衰老、免设调节、抗疲劳
申报单位：海南双龙保健品厂
批准日期：2000 年 02 月 14 日

27 产品名称：欢快虫草菌丝体片
批准文号：卫食健字（2000）第 0059 号
批准功能：免疫调节、抗疲劳
申报单位：红桃 K 集团股份有限公司
批准日期：2000 年 02 月 14 日

28 产品名称：增歧常舒口服液
批准文号：卫食健字（2000）第 0060 号
批准功能：改善胃肠道功能（润肠通便）
申报单位：陕西省微生物研究所
批准日期：2000 年 02 月 14 日

29 产品名称：康普力星咀嚼片
批准文号：卫食健字（2000）第 0061 号
批准功能：补锌
申报单位：湖北安琪生物集团有限公司
批准日期：2000 年 02 月 14 日

30 产品名称：荣力钙壮骨粉
批准文号：卫食健字（2000）第 0062 号
批准功能：补钙、增加骨密度
申报单位：北京荣力食品有限公司
批准日期：2000 年 02 月 14 日

31 产品名称：爱华痘痘平片
批准文号：卫食健字（2000）第 0063 号
批准功能：美容（祛痤疮）
申报单位：辽宁爱华生物工程有限公司北京分公司
批准日期：2000 年 02 月 14 日

32 产品名称：劲牛牌杜仲酒
批准文号：卫食健字（2000）第 0064 号
批准功能：免疫调节
申报单位：湖北陨西劲牛杜仲开发有限公司

批准日期：2000 年 02 月 14 日
33　产品名称：利威牌康立舒胶囊
批准文号：卫食健字（2000）第 0065 号
批准功能：调节血糖
申报单位：陕西利威尔制药有限公司
批准日期：2000 年 02 月 14 日
34　产品名称：天茯牌茯苓宝口服液
批准文号：卫食健字（2000）第 0066 号
批准功能：免疫调节
申报单位：山东天赋生物保健品有限公司
批准日期：2000 年 02 月 14 日
35　产品名称：多维钙胶囊
批准文号：卫食健字（2000）第 0067 号
批准功能：补钙
申报单位：福州昌江生化科技开发有限公司
批准日期：2000 年 02 月 14 日
36　产品名称：盛力胶囊
批准文号：卫食健字（2000）第 0068 号
批准功能：抗疲劳
申报单位：陕西康盛医药研究所
批准日期：2000 年 02 月 14 日
37　产品名称：皇浆蜂胶粉含片
批准文号：卫食健字（2000）第 0069 号
批准功能：免疫调节、抗疲劳
申报单位：杭州天地保健品有限公司
批准日期：2000 年 02 月 14 日
38　产品名称：锁阳冲剂
批准文号：卫食健字（2000）第 0070 号
批准功能：免疫调节
申报单位：甘肃锁阳春保健饮品有限公司
批准日期：2000 年 02 月 14 日
39　产品名称：仁和牌灵芝洋参胶囊
批准文号：卫食健字（2000）第 0071 号
批准功能：免疫调节
申报单位：中山市仁和保健品有限公司
批准日期：2000 年 02 月 14 日
40　产品名称：益生回春胶囊
批准文号：卫食健字（2000）第 0072 号
批准功能：延缓衰老
申报单位：黑龙江省益生堂保健品有限责任公司
批准日期：2000 年 02 月 14 日
41　产品名称：百惠乳鸽胶囊
批准文号：卫食健字（2000）第 0073 号
批准功能：免疫调节
申报单位：杭州银宝工贸公司
批准日期：2000 年 02 月 14 日
42　产品名称：乾坤力健食宝颗粒
批准文号：卫食健字（2000）第 0074 号
批准功能：改善胃肠道功能（促进消化）
申报单位：福建闵东乾坤力保健品有限公司
批准日期：2000 年 02 月 14 日
43　产品名称：中科甲尔胶囊
批准文号：卫食健字（2000）第 0075 号
批准功能：调节血脂
申报单位：中国科学院南京地理与湖泊研究所科技开发公司
批准日期：2000 年 02 月 14 日
44　产品名称：伊倩口服液
批准文号：卫食健字（2000）第 0076 号
批准功能：延缓衰老
申报单位：黑龙江江世药业有限公司
批准日期：2000 年 02 月 14 日
45　产品名称：饮泰思通冲剂
批准文号：卫食健字（2000）第 0077 号
批准功能：改善胃肠道功能（润肠通便）
申报单位：黑龙江省益生堂保健品有限责任公司
批准日期：2000 年 02 月 14 日
46　产品名称：肠轻松滋养液
批准文号：卫食健字（2000）第 0078 号
批准功能：改善胃肠道功能（润肠通便）
申报单位：宁波立华制药有限公司
批准日期：2000 年 02 月 14 日
47　产品名称：芹维康胶囊
批准文号：卫食健字（2000）第 0079 号
批准功能：调节血脂、延缓衰老
申报单位：敦化市长白山生物制品有限公司
批准日期：2000 年 02 月 14 日
48　产品名称：强精龄补酏
批准文号：卫食健字（2000）第 0080 号
批准功能：抗疲劳
申报单位：江西其雄保健营养研究所
批准日期：2000 年 02 月 14 日
49　产品名称：金安生命泉口服液
批准文号：卫食健字（2000）第 0081 号
批准功能：调节血脂、对化学性肝损伤有辅助保护作用

申报单位：武汉金安中医药研究所
批准日期：2000 年 02 月 14 日
50　产品名称：万鹤灵芝胶囊
批准文号：卫食健字（2000）第 0082 号
批准功能：免疫调节
申报单位：河南雅郦化妆保健品有限公司
批准日期：2000 年 02 月 14 日
51　产品名称：堡垒牌维他蜂胶片
批准文号：卫食健字（2000）第 0083 号
批准功能：免疫调节
申报单位：青岛绿太阳保健品有限公司
批准日期：2000 年 02 月 14 日
52　产品名称：万鹤灵芝茶
批准文号：卫食健字（2000）第 0084 号
批准功能：免疫调节
申报单位：河南雅郦化妆保健品有限公司
批准日期：2000 年 02 月 14 日
53　产品名称：保龄洋参含片
批准文号：卫食健字（2000）第 0085 号
批准功能：抗疲劳
申报单位：沈阳辰龙保龄参有限公司
批准日期：2000 年 02 月 14 日
54　产品名称：理想牌螺旋藻胶囊
批准文号：卫食健字（2000）第 0086 号
批准功能：调节血脂
申报单位：福建省理想科技开发有限公司
批准日期：2000 年 02 月 14 日
55　产品名称：同仁堂牌灵芝养生冲剂
批准文号：卫食健字（2000）第 0087 号
批准功能：调节血脂
申报单位：北京同仁堂营养保健品厂
批准日期：2000 年 02 月 14 日
56　产品名称：长白山人参大补膏
批准文号：卫食健字（2000）第 0088 号
批准功能：抗疲劳
申报单位：吉林省养生保健协会
批准日期：2000 年 02 月 14 日
57　产品名称：蚁智牌日月胶囊
批准文号：卫食健字（2000）第 0089 号
批准功能：免疫调节
申报单位：深圳市日月神科技有限公司
批准日期：2000 年 02 月 14 日
58　产品名称：万基洋参酒
批准文号：卫食健字（2000）第 0090 号
批准功能：免疫调节
申报单位：深圳万基制药有限公司
批准日期：2000 年 02 月 14 日
59　产品名称：田田润珍珠口服液
批准文号：卫食健字（2000）第 0091 号
批准功能：改善睡眠
申报单位：武汉田田金龙药业有限责任公司
武汉田田营销有限责任公司
批准日期：2000 年 02 月 16 日
60　产品名称：十八宝生物钙咀嚼片
批准文号：卫食健字（2000）第 0092 号
批准功能：补钙
申报单位：广东十八宝医药保健品有限公司
批准日期：2000 年 02 月 16 日
61　产品名称：新生代北京人参蜂王浆
批准文号：卫食健字（2000）第 0093 号
批准功能：免疫调节、延缓衰老
申报单位：北京三九万东药业有限责任公司
批准日期：2000 年 02 月 16 日
62　产品名称：劲牛牌杜仲爽功能饮料
批准文号：卫食健字（2000）第 0094 号
批准功能：免疫调节
申报单位：湖北陨西劲牛杜仲开发有限公司
批准日期：2000 年 02 月 16 日
63　产品名称：昂立康尔润通糖浆
批准文号：卫食健字（2000）第 0095 号
批准功能：免疫调节、改善胃肠道功能（润肠通便）
申报单位：上海交大昂立股份有限公司
批准日期：2000 年 02 月 16 日
64　产品名称：奥神牌金钙胶囊
批准文号：卫食健字（2000）第 0096 号
批准功能：补钙
申报单位：北京市奥神活性游离钙厂
批准日期：2000 年 02 月 16 日
65　产品名称：生生九宝力康美胶囊
批准文号：卫食健字（2000）第 0097 号
批准功能：抗疲劳、调节血脂
申报单位：武汉永生生物工程有限公司
批准日期：2000 年 02 月 22 日
66　产品名称：总统牌虫草乌鸡精
批准文号：卫食健字（2000）第 0098 号

批准功能：免疫调节
申报单位：北京同仁堂南洋药业有限公司
批准日期：2000 年 02 月 22 日

67　产品名称：金力胶囊
批准文号：卫食健字（2000）第 0099 号
批准功能：抗疲劳
申报单位：中国农业科学院特产研究所制药厂
批准日期：2000 年 02 月 22 日

68　产品名称：华之宝牌肝舒宁胶囊
批准文号：卫食健字（2000）第 0100 号
批准功能：对化学性肝损伤有辅助保护作用
申报单位：福清华之宝生物保健制品有限公司
批准日期：2000 年 02 月 22 日

69　产品名称：大宇枸橼酸钙粉
批准文号：卫食健字（2000）第 0101 号
批准功能：补钙
申报单位：上海大宇生化有限公司
批准日期：2000 年 02 月 22 日

70　产品名称：康富来珍珠洋参含片
批准文号：卫食健字（2000）第 0102 号
批准功能：抗疲劳、延缓衰老
申报单位：顺德康富来保健品有限公司
批准日期：2000 年 02 月 22 日

71　产品名称：金海宝饮品
批准文号：卫食健字（2000）第 0103 号
批准功能：调节血脂
申报单位：武汉市金海宝生物制品有限责任公司
批准日期：2000 年 02 月 22 日

72　产品名称：老山牌天补胶囊
批准文号：卫食健字（2000）第 0104 号
批准功能：免疫调节
申报单位：南京老山营养保健品有限公司
批准日期：2000 年 02 月 22 日

73　产品名称：鹿龟洋参补酒
批准文号：卫食健字（2000）第 0105 号
批准功能：免疫调节
申报单位：常州市利佳保健品厂
批准日期：2000 年 02 月 22 日

74　产品名称：超牌破壁纯蜂花粉
批准文号：卫食健字（2000）第 0106 号
批准功能：免疫调节
申报单位：佛山市超越研磨有限公司保健食品开发中心
批准日期：2000 年 02 月 22 日

75　产品名称：洪声咽喉健冲剂
批准文号：卫食健字（2000）第 0107 号
批准功能：清咽润喉
申报单位：汕头市升平中医药研究院
批准日期：2000 年 02 月 22 日

76　产品名称：先生口服液
批准文号：卫食健字（2000）第 0108 号
批准功能：抗疲劳、改善睡眠、免疫调节
申报单位：山西先生保健品有限公司
批准日期：2000 年 02 月 22 日

77　产品名称：海鸥绿藻片
批准文号：卫食健字（2000）第 0109 号
批准功能：改善胃肠道功能（润肠通便）
申报单位：海鸥（西安）实业有限公司
批准日期：2000 年 02 月 22 日

78　产品名称：天益康颗粒
批准文号：卫食健字（2000）第 0110 号
批准功能：调节血脂
申报单位：北京吕泰保健品公司
批准日期：2000 年 02 月 22 日

79　产品名称：维福露口服液
批准文号：卫食健字（2000）第 0111 号
批准功能：免疫调节
申报单位：武汉市维福露药业保健品研究所
批准日期：2000 年 02 月 22 日

80　产品名称：昆仑泉牌虫草酒
批准文号：卫食健字（2000）第 0112 号
批准功能：免疫调节
申报单位：青海虫草酒厂
批准日期：2000 年 02 月 22 日

81　产品名称：老山牌蜂胶胶囊
批准文号：卫食健字（2000）第 0113 号
批准功能：调节血脂
申报单位：南京老山营养保健品有限公司
批准日期：2000 年 02 月 22 日

82　产品名称：超微牌钙口嚼片
批准文号：卫食健字（2000）第 0114 号
批准功能：补钙
申报单位：北京超微生物制品有限责任公司
批准日期：2000 年 02 月 22 日

83　产品名称：三宝双喜西洋参口含片
批准文号：卫食健字（2000）第 0115 号

批准功能：抗疲劳
申报单位：西安三宝双喜集团公司
西安三宝双喜制药厂
批准日期：2000年02月22日

84 产品名称：艾博胶囊
批准文号：卫食健字（2000）第0116号
批准功能：调节血脂
申报单位：江苏银杏生化集团股份有限公司
江苏艾博药业有限公司
批准日期：2000年02月22日

85 产品名称：孚林芝宝破壁灵芝孢子粉
批准文号：卫食健字（2000）第0117号
批准功能：免疫调节
申报单位：上海孚林超细粉碎技术有限公司
批准日期：2000年02月22日

86 产品名称：康硒胶囊
批准文号：卫食健字（2000）第0118号
批准功能：免疫调节
申报单位：北京西健生物工程技术研究所
批准日期：2000年02月22日

进口产品

87 产品名称：维活力牌综合维他命片
批准文号：卫食健进字（2000）第0005号
批准功能：补充多种维生素和矿物质
生产企业：西海岸实验室公司
申报单位：成都香榭商贸有限责任公司
批准日期：2000年02月03日

88 产品名称：飞妮丝深海鱼油胶囊
批准文号：卫食健进字（2000）第0006号
批准功能：调节血脂
生产企业：美国国风集团、美国凤凰产品有限公司
申报单位：大连国风商贸连锁有限公司
批准日期：2000年02月03日

89 产品名称：鹰牌二参茶
批准文号：卫食健进字（2000）第0007号
批准功能：免疫调节
生产企业：香港健康食品企业有限公司
申报单位：健康药业（中国）有限公司
批准日期：2000年02月03日

90 产品名称：尤维斯牌美纤锭片
批准文号：卫食健进字（2000）第0008号
批准功能：改善胃肠道功能（润肠通便）
生产企业：美国万宁药业有限公司
申报单位：万宁（天津）国际贸易有限公司
批准日期：2000年02月03日

91 产品名称：顺天贝贝康粉剂
批准文号：卫食健进字（2000）第0009号
批准功能：补充多种维生素及矿物质
生产企业：美国顺天科学制药厂
申报单位：北京宁正医药咨询有限公司
批准日期：2000年02月14日

92 产品名称：乐力—复合氨基酸钙片
批准文号：卫食健进字（2000）第0010号
批准功能：补充多种维生素及矿物质
生产企业：美国德州达拉斯法玛科国际有限公司
申报单位：北京友联协和医学科技开发公司
批准日期：2000年02月14日

93 产品名称：康宝莱燃脂美美纤宝纤维素片
批准文号：卫食健进字（2000）第0011号
批准功能：改善胃肠道功能（润肠通便）
生产企业：康宝莱国际公司
申报单位：英属维尔京群岛联亚有限公司北京办事处
批准日期：2000年02月14日

94 产品名称：金迈士花旗参软胶囊
批准文号：卫食健进字（2000）第0012号
批准功能：免疫调节
生产企业：美国康龙集团公司
申报单位：浙江康松花旗参有限公司
批准日期：2000年02月22日

95 产品名称：康麦斯补钙胶囊
批准文号：卫食健进字（2000）第0013号
批准功能：补钙
生产企业：美国康龙集团公司
申报单位：上海康麦思贸易有限公司
批准日期：2000年02月22日

96 产品名称：康宝莱强力大蒜素片
批准文号：卫食健进字（2000）第0014号
批准功能：免疫调节
生产企业：康宝莱国际公司
申报单位：英属维尔京群岛联亚有限公司北京办事处
批准日期：2000年02月22日

97 产品名称：麒麟喜多爽片
批准文号：卫食健进字（2000）第0015号

批准功能：免疫调节
生产企业：麒麟阿斯普罗株式会社
申报单位：麒麟（中国）医药
批准日期：2000 年 02 月 22 日

98　产品名称：爱美乐强生阿拉斯加深海鱼油胶囊
批准文号：卫食健进字（2000）第 0016 号
批准功能：调节血脂
生产企业：美国约翰逊有限公司
申报单位：美国约翰逊有限公司
批准日期：2000 年 02 月 22 日

技术转让产品

99　产品名称：三鼎养珍软胶囊
批准文号：卫食健字（1999）第 0279 号
批准功能：耐缺氧
转让方：北京天汇佳新技术工贸集团
批准转让日期：2000 年 02 月 03 日
受让方：北京天汇佳三鼎生物技术有限公司

100　产品名称：体轻松胶囊
批准文号：卫食健字（1999）第 0257 号
批准功能：改善胃肠道功能（润肠通便）
转让方：北京市营养源研究所
批准转让日期：2000 年 02 月 03 日
受让方：珠海排毒养颜研究所

101　产品名称：枸橼酸苹果酸钙片
批准文号：卫食健字（1998）第 502 号
批准功能：补钙
转让方：北京市昌健医药新技术研究所
美国 R&G 公司
批准转让日期：2000 年 02 月 14 日
受让方：北京安科捷保健品有限公司

102　产品名称：金百益蜂胶胶囊
批准文号：卫食健字（1998）第 0280 号
批准功能：免疫调节
转让方：北京蜜香村蜂胶有限责任公司
批准转让日期：2000 年 02 月 14 日
受让方：北京好福欣蜂胶有限责任公司

103　产品名称：菊明降压胶囊
批准文号：卫食健字（1999）第 0506 号
批准功能：调节血压
转让方：北京松龄医药研究所
批准转让日期：2000 年 02 月 22 日
受让方：北京吉英杰医药技术有限公司

更改批件产品

104　产品名称：天天好白蛋白多肽胶囊
批准文号：卫食健字（1997）第 841 号
批准功能：免疫调节
原生产企业：武汉欣荣新生物制品有限公司
批准变更日期：2000 年 02 月 03 日
现生产企业：武汉天天好生物制品有限公司
申报单位：武汉天天好生物制品有限公司

增补功能产品

105　产品名称：冠邦高丽参精丸
批准文号：卫食健进字（1999）第 0021 号
批准功能：免疫调节、抗疲劳
生产企业：韩国烟草人参公社高丽红参厂
批准变更日期：2000 年 02 月 14 日
申报单位：冠邦国际有限公司

106　产品名称：衡宝口服液
批准文号：卫食健进字（1997）第 516 号
批准功能：抗辐射、改善胃肠道功能（调节肠道菌群）
申报单位：上海高博特生物保健品有限公司
批准变更日期：2000 年 02 月 14 日

107　产品名称：双叉奶饮料
批准文号：卫食健字（1998）第 354 号
批准功能：抗疲劳、改善胃肠道功能（调节肠道菌群）
申报单位：重庆海浪科技实业（集团）有限公司
批准变更日期：2000 年 02 月 14 日

108　产品名称：雷氏天盾胶囊
批准文号：卫食健字（1997）第 697 号
批准功能：抗辐射、免疫调节、抗疲劳
申报单位：上海雷氏药业有限公司上海中药制药二厂
批准变更日期：2000 年 02 月 22 日

2000 年 3 月份获卫生部批准的保健食品目录

国产产品

1　产品名称：宝之宝复方灵芝甘露
批准文号：卫食健字（2000）第 0119 号
批准功能：免疫调节、延缓衰老
申报单位：阳江市宝中宝集团公司
批准日期：2000 年 03 月 13 日

2 产品名称：中唐牌轻爽丸
批准文号：卫食健字（2000）第 0120 号
批准功能：调节血脂
申报单位：河北中唐医药科技有限公司
批准日期：2000 年 03 月 13 日
3 产品名称：鹤王牌阿胶浆
批准文号：卫食健字（2000）第 0121 号
批准功能：免疫调节
申报单位：济南鹤王实业有限公司
批准日期：2000 年 03 月 13 日
4 产品名称：双威蜂皇浆冻干粉
批准文号：卫食健字（2000）第 0122 号
批准功能：免疫调节
申报单位：江苏溧水汇源营养保健品有限公司
批准日期：2000 年 03 月 13 日
5 产品名称：长健源胶囊
批准文号：卫食健字（2000）第 0123 号
批准功能：调节血脂
申报单位：中国科学院上海生物工程研究中心
批准日期：2000 年 03 月 13 日
6 产品名称：阿牌阿胶维生素 E 软胶囊
批准文号：卫食健字（2000）第 0124 号
批准功能：延缓衰老
申报单位：山东东阿阿胶股份有限公司
批准日期：2000 年 03 月 13 日
7 产品名称：金瓜膏
批准文号：卫食健字（2000）第 0125 号
批准功能：调节血糖
申报单位：广东梅县怡源生物工程有限公司
批准日期：2000 年 03 月 13 日
8 产品名称：朗力福灵芝胎盘胶囊
批准文号：卫食健字（2000）第 0126 号
批准功能：免疫调节、延缓衰老
申报单位：苏州朗力福保健品有限公司
批准日期：2000 年 03 月 13 日
9 产品名称：真元神牌补酒
批准文号：卫食健字（2000）第 0127 号
批准功能：免疫调节
申报单位：鄞县真元神保健品有限公司
批准日期：2000 年 03 月 13 日
10 产品名称：草珊瑚咽宝润喉糖
批准文号：卫食健字（2000）第 0128 号
批准功能：清咽润喉
申报单位：江西江中饮料厂
批准日期：2000 年 03 月 13 日
11 产品名称：西奇胶囊
批准文号：卫食健字（2000）第 0129 号
批准功能：免疫调节、抗辐射
申报单位：北京海莱生物工程技术有限责任公司
批准日期：2000 年 03 月 13 日
12 产品名称：正德牌龟龄御酒
批准文号：卫食健字（2000）第 0130 号
批准功能：免疫调节
申报单位：山西正德龟龄御酒酒业有限公司
批准日期：2000 年 03 月 13 日
13 产品名称：凯歌氏牌康力脂
批准文号：卫食健字（2000）第 0131 号
批准功能：调节血脂
申报单位：深圳市凯歌氏健康食品有限公司
批准日期：2000 年 03 月 13 日
14 产品名称：鹿王蛤蚧酒
批准文号：卫食健字（2000）第 0132 号
批准功能：抗疲劳
申报单位：柳州市食品总厂
批准日期：2000 年 03 月 13 日
15 产品名称：寿根牌骑士乐胶囊
批准文号：卫食健字（2000）第 0133 号
批准功能：抗疲劳
申报单位：杭州大力神医疗器械有限公司、杭州大力神有限公司
批准日期：2000 年 03 月 13 日
16 产品名称：龙拱双歧因子口服液
批准文号：卫食健字（2000）第 0134 号
批准功能：改善胃肠道功能（润肠通便）
申报单位：黑龙江龙拱生物工程有限公司
批准日期：2000 年 03 月 13 日
17 产品名称：希力牌硒肝宝胶囊
批准文号：卫食健字（2000）第 0135 号
批准功能：免疫调节、对化学性肝损伤有辅助保护作用
申报单位：北京希力药业有限公司
批准日期：2000 年 03 月 13 日
18 产品名称：宝良牌菲克口服液
批准文号：卫食健字（2000）第 0136 号
批准功能：免疫调节
申报单位：郑州宝良科技实业有限公司

批准日期：2000 年 03 月 13 日
19　产品名称：龙拱双歧因子冲剂
批准文号：卫食健字（2000）第 0137 号
批准功能：改善胃肠道功能（润肠通便）
申报单位：黑龙江龙拱生物工程有限公司
批准日期：2000 年 03 月 13 日
20　产品名称：百奥思牌润肠口服液
批准文号：卫食健字（2000）第 0138 号
批准功能：改善胃肠道功能（润肠通便）
申报单位：威海百奥制药厂
批准日期：2000 年 03 月 13 日
21　产品名称：海鸿生牌鲨鱼软骨胶囊
批准文号：卫食健字（2000）第 0139 号
批准功能：免疫调节
申报单位：海南陵水鸿业发展有限公司
批准日期：2000 年 03 月 13 日
22　产品名称：靓尔丽牌祛痤疮胶囊
批准文号：卫食健字（2000）第 0140 号
批准功能：美容（祛痤疮）
申报单位：陕西正远医用电子技术研究所
批准日期：2000 年 03 月 13 日
23　产品名称：添字牌蜂王浆冻干粉胶囊
批准文号：卫食健字（2000）第 0141 号
批准功能：免疫调节
申报单位：华丰（无锡）营养滋补品厂
批准日期：2000 年 03 月 13 日
24　产品名称：添字牌蜂王浆冻干粉
批准文号：卫食健字（2000）第 0142 号
批准功能：免疫调节
申报单位：华丰（无锡）营养滋补品厂
批准日期：2000 年 03 月 13 日
25　产品名称：百奥思牌褪黑素胶囊
批准文号：卫食健字（2000）第 0143 号
批准功能：改善睡眠
申报单位：威海百奥制药厂
批准日期：2000 年 03 月 13 日
26　产品名称：三角梅牌螺旋藻胶囊
批准文号：卫食健字（2000）第 0144 号
批准功能：调节血脂
申报单位：厦门市同安鹭宁高新技术养殖场
批准日期：2000 年 03 月 13 日
27　产品名称：摩罗安睡丹胶囊
批准文号：卫食健字（2000）第 0145 号
批准功能：改善睡眠
申报单位：石家庄市摩罗经济技术发展公司
批准日期：2000 年 03 月 13 日
28　产品名称：舒必灵双歧活菌胶囊
批准文号：卫食健字（2000）第 0146 号
批准功能：改善胃肠道功能（润肠通便）、对化学性肝损伤有辅助保护作用
申报单位：上海舒必灵生物保健品有限公司
批准日期：2000 年 03 月 13 日
29　产品名称：丹珠牌天乳钙咀嚼片
批准文号：卫食健字（2000）第 0147 号
批准功能：补钙
申报单位：武汉仁和堂保健品有限公司
批准日期：2000 年 03 月 13 日
30　产品名称：金泰聪胶丸
批准文号：卫食健字（2000）第 0148 号
批准功能：改善记忆
申报单位：浙江金泰集团有限公司
批准日期：2000 年 03 月 13 日
31　产品名称：银杏维通口服液
批准文号：卫食健字（2000）第 0149 号
批准功能：改善胃肠道功能（润肠通便）
申报单位：北京理化测试技术公司
批准日期：2000 年 03 月 13 日
32　产品名称：八仙茶
批准文号：卫食健字（2000）第 0150 号
批准功能：免疫调节
申报单位：武汉市诚功专利技术研究所
批准日期：2000 年 03 月 27 日
33　产品名称：同春牌蜂皇浆含片
批准文号：卫食健字（2000）第 0151 号
批准功能：延缓衰老
申报单位：北京同春堂药膳医学研究所
批准日期：2000 年 03 月 27 日
34　产品名称：通三益燕窝秋梨膏
批准文号：卫食健字（2000）第 0152 号
批准功能：免疫调节
申报单位：北京市益华食品厂
批准日期：2000 年 03 月 27 日
35　产品名称：正和人参花茶
批准文号：卫食健字（2000）第 0153 号
批准功能：抗疲劳
申报单位：江苏正和保健品有限公司

批准日期：2000年03月27日
36 产品名称：灵芝黄芪宝口服液
批准文号：卫食健字（2000）第0154号
批准功能：免疫调节、抗辐射
申报单位：北京久发益康保健品技术开发中心
批准日期：2000年03月27日
37 产品名称：力富养肝片
批准文号：卫食健字（2000）第0155号
批准功能：对化学性肝损伤有辅助保护作用
申报单位：北京力富科技发展公司
批准日期：2000年03月27日
38 产品名称：御安正糖丸
批准文号：卫食健字（2000）第0156号
批准功能：调节血糖
申报单位：河南御康丹保健品有限公司
批准日期：2000年03月27日
39 产品名称：通用牌降之通胶囊
批准文号：卫食健字（2000）第0158号
批准功能：调节血脂
申报单位：上海第九制药厂
批准日期：2000年03月27日
40 产品名称：赣江牌葡萄糖酸钙口服液
批准文号：卫食健字（2000）第0159号
批准功能：补钙
申报单位：南昌市赣江保健品有限责任公司
批准日期：2000年03月37日
41 产品名称：彼阳蜜参
批准文号：卫食健字（2000）第0160号
批准功能：免疫调节
申报单位：哈尔滨红太阳保健品有限公司
批准日期：2000年03月27日
42 产品名称：石人山速溶银杏茶
批准文号：卫食健字（2000）第0161号
批准功能：调节血脂
申报单位：鲁山民康银杏制品有限公司
批准日期：2000年03月27日
43 产品名称：山佳胶囊
批准文号：卫食健字（2000）第0162号
批准功能：免疫调节
申报单位：厦门山佳生物技术有限公司
批准日期：2000年03月27日
44 产品名称：健强牌颐神康口服液
批准文号：卫食健字（2000）第0163号
批准功能：免疫调节、抗疲劳
申报单位：广州市健强保健食品有限公司
批准日期：2000年03月27日
45 产品名称：骨中钙胶囊
批准文号：卫食健字（2000）第0164号
批准功能：补钙
申报单位：内蒙古力登超细生物工程有限责任公司
批准日期：2000年03月27日
46 产品名称：南森牌绞股蓝茶
批准文号：卫食健字（2000）第0165号
批准功能：调节血脂
申报单位：华光实业公司
批准日期：2000年03月27日
47 产品名称：阿牌阿胶西洋参软胶囊
批准文号：卫食健字（2000）第0166号
批准功能：抗疲劳
申报单位：山东东阿阿胶股份有限公司
批准日期：2000年03月27日
48 产品名称：长春宝口服液
批准文号：卫食健字（2000）第0167号
批准功能：免疫调节
申报单位：武汉德智太药科技发展有限责任公司
批准日期：2000年03月28日
49 产品名称：康尔来阿胶洋参胶囊
批准文号：卫食健字（2000）第0168号
批准功能：抗疲劳
申报单位：浙江省东阳市御方保健品有限公司
批准日期：2000年03月28日
50 产品名称：老山牌维康胶囊
批准文号：卫食健字（2000）第0169号
批准功能：免疫调节
申报单位：南京老山营养保健品有限公司
批准日期：2000年03月28日
51 产品名称：国森牌鹿宝酒
批准文号：卫食健字（2000）第0170号
批准功能：免疫调节
申报单位：河南省渑池县中原鹿业（集团）有限公司
批准日期：2000年03月28日
52 产品名称：竖琴星海豹油胶囊
批准文号：卫食健字（2000）第0171号
批准功能：调节血脂

申报单位：南海市北洋发展有限公司
批准日期：2000 年 03 月 28 日
53 产品名称：天一银杏软胶囊
批准文号：卫食健字（2000）第 0172 号
批准功能：调节血脂
申报单位：西安天一制药有限责任公司
批准日期：2000 年 03 月 28 日
54 产品名称：康寿蜜参
批准文号：卫食健字（2000）第 0173 号
批准功能：免疫调节
申报单位：黑龙江省铁力市桃山参药（集团）有限公司
批准日期：2000 年 03 月 28 日
55 产品名称：立源中华牌灵芝酒
批准文号：卫食健字（2000）第 0174 号
批准功能：免疫调节
申报单位：陕西省略阳县立源菌业有限责任公司
批准日期：2000 年 03 月 28 日
56 产品名称：中唐牌爽身丸
批准文号：卫食健字（2000）第 0175 号
批准功能：改善胃肠道功能（润肠通便）
申报单位：河北中唐医药科技有限公司
批准日期：2000 年 03 月 28 日
57 产品名称：广福灵金蜂王浆胶囊
批准文号：卫食健字（2000）第 0176 号
批准功能：免疫调节
申报单位：广州市田原企业有限公司
批准日期：2000 年 03 月 28 日
58 产品名称：富伟牌复合银杏叶片
批准文号：卫食健字（2000）第 0177 号
批准功能：调节血脂
申报单位：南京中医药大学
批准日期：2000 年 03 月 28 日
59 产品名称：大汉灵芝三圣胶囊
批准文号：卫食健字（2000）第 0178 号
批准功能：免疫调节、对化学性肝损伤有辅助保护作用
申报单位：上海大汉灵芝保健品有限公司
批准日期：2000 年 03 月 28 日
60 产品名称：双歧王口服液
批准文号：卫食健字（2000）第 0179 号
批准功能：改善胃肠道功能（润肠通便）
申报单位：北京双歧王生物制品有限公司
批准日期：2000 年 03 月 28 日
61 产品名称：三九益康口服液
批准文号：卫食健字（2000）第 0180 号
批准功能：免疫调节
申报单位：广东九极日用保健品有限公司
批准日期：2000 年 03 月 28 日
62 产品名称：绿索牌补铁口服液
批准文号：卫食健字（2000）第 0181 号
批准功能：改善营养性贫血
申报单位：青岛绿太阳保健品有限公司
批准日期：2000 年 03 月 28 日
63 产品名称：侨友牌思瑞可胶囊
批准文号：卫食健字（2000）第 0182 号
批准功能：调节血脂、调节血糖
申报单位：山西省白色农业研究开发中心
批准日期：2000 年 03 月 28 日
64 产品名称：西麦牌低聚果糖颗粒固体饮品
批准文号：卫食健字（2000）第 0183 号
批准功能：改善胃肠道功能（润肠通便）
申报单位：桂林西麦保健品有限公司
批准日期：2000 年 03 月 29 日
65 产品名称：利康挂面
批准文号：卫食健字（2000）第 0184 号
批准功能：调节血糖
申报单位：北京富利康保健食品技术开发有限责任公司
批准日期：2000 年 03 月 29 日
66 产品名称：爱生康胶囊
批准文号：卫食健字（2000）第 0185 号
批准功能：免疫调节
申报单位：浙江爱生药业有限公司
批准日期：2000 年 03 月 29 日
67 产品名称：银心牌强身可乐
批准文号：卫食健字（2000）第 0186 号
批准功能：免疫调节
申报单位：武汉强娃娃保健饮料食品有限公司
批准日期：2000 年 03 月 29 日
68 产品名称：银心牌银心口服液
批准文号：卫食健字（2000）第 0187 号
批准功能：免疫调节、调节血脂、延缓衰老
申报单位：武汉强娃娃保健饮料食品有限公司
批准日期：2000 年 03 月 29 日
69 产品名称：朗泰丹青胶囊

批准文号：卫食健字（2000）第 0188 号
批准功能：调节血脂
申报单位：厦门朗泰制药有限公司
批准日期：2000 年 03 月 30 日

70 产品名称：雅特冲剂
批准文号：卫食健字（2000）第 0189 号
批准功能：调节血压
申报单位：大连海宝保健品有限公司
批准日期：2000 年 03 月 30 日

71 产品名称：康莱特康尔特胶丸
批准文号：卫食健字（2000）第 0190 号
批准功能：免疫调节
申报单位：杭州康莱特实业有限公司
批准日期：2000 年 03 月 30 日

72 产品名称：红太阳牌大豆磷脂胶丸
批准文号：卫食健字（2000）第 0191 号
批准功能：调节血脂
申报单位：东辰磷脂专业有限公司
批准日期：2000 年 03 月 30 日

73 产品名称：活力牌氨基酸软胶囊
批准文号：卫食健字（2000）第 0192 号
批准功能：免疫调节
申报单位：无锡活力保健品厂
批准日期：2000 年 03 月 30 日

74 产品名称：中唐牌怡神丸
批准文号：卫食健字（2000）第 0193 号
批准功能：抗疲劳
申报单位：河北中唐医药科技有限公司
批准日期：2000 年 03 月 30 日

75 产品名称：超天美容宝口服液
批准文号：卫食健字（2000）第 0194 号
批准功能：美容（祛黄褐斑）
申报单位：上海超飞斯保健化妆品有限公司
批准日期：2000 年 03 月 30 日

76 产品名称：神威健身茶
批准文号：卫食健字（2000）第 0195 号
批准功能：调节血压、改善胃肠道功能（润肠通便）
申报单位：石家庄神威药业股份有限公司
批准日期：2000 年 03 月 30 日

进口产品

77 产品名称：飞妮丝褪黑素片
批准文号：卫食健进字（2000）第 0017 号
批准功能：改善睡眠
生产企业：美国国凤集团
美国凤凰产品有限公司
申报单位：大连国凤商贸连锁有限公司
批准日期：2000 年 03 月 2 日

78 产品名称：万达利牌银杏胶囊
批准文号：卫食健进字（2000）第 0018 号
批准功能：调节血脂
生产企业：美国万达利天然药物公司
申报单位：中美合资湖南麓山天然植物制药有限公司
批准日期：2000 年 03 月 30 日

技术转让产品

79 产品名称：乐芝牌胖大海梨膏糖
批准文号：卫食健字（1999）第 069 号
批准功能：清咽润喉
转让方：江西乐芝保健品有限公司
批准转让日期：2000 年 03 月 13 日
受让方：东阳市乐芝保健品有限公司

80 产品名称：华度益血胶囊
批准文号：卫食健字（1998）第 542 号
批准功能：改善营养性贫血
转让方：江苏永仁堂保健品有限公司
批准转让日期：2000 年 03 月 28 日
受让方：常州市八一保健品有限公司

81 产品名称：高司牌保健面条
批准文号：卫食健字（1998）第 008 号
批准功能：调节血糖
转让方：青岛商司企业总公司
批准转让日期：2000 年 03 月 29 日
受让方：青岛康海源实业有限公司

82 产品名称：康源康福牌螺旋藻片
批准文号：卫食健字（1999）第 0407 号
批准功能：调节血脂
转让方：北海市康源生物工程有限责任公司
批准转让日期：2000 年 03 月 29 日
受让方：北京市康福保健食品有限公司

83 产品名称：富贵乐胶囊
批准文号：卫食健字（1998）第 047 号
批准功能：调节血糖、调节血脂
转让方：江苏永仁堂保健品有限公司
批准转让日期：2000 年 03 月 29 日
受让方：常州市八一保健品有限公司

84　产品名称：千王丹复合甲鱼粉胶囊
批准文号：卫食健字（1997）第 657 号
批准功能：抗疲劳
转让方：海南康乐康保健品有限责任公司
批准转让日期：2000 年 03 月 29 日
受让方：北京颐养堂生物工程技术有限责任公司

85　产品名称：千王丹复合甲鱼粉软胶囊
批准文号：卫食健字（1997）第 656 号
批准功能：抗疲劳
转让方：海南康乐康保健品有限责任公司
批准转让日期：2000 年 03 月 29 日
受让方：北京颐养堂生物工程技术有限责任公司

86　产品名称：心想保健饮料
批准文号：卫食健字（1999）第 0323 号
批准功能：抗疲劳
转让方：吉林感康制药有限责任公司
批准转让日期：2000 年 03 月 30 日
受让方：长春心想饮品有限公司

增补功能产品

87　产品名称：金芦荟口服液
批准文号：卫食健字（1998）第 021 号
批准功能：免疫调节、调节血脂、延缓衰老
申报单位：海南金芦荟生物工程有限公司
批准更改日期：2000 年 03 月 13 日

88　产品名称：大汉灵芝菌丝体胶囊
批准文号：卫食健字（1997）第 678 号
批准功能：免疫调节、对化学性肝损伤有辅助保护作用
申报单位：上海大汉灵芝保健品有限公司
批准更改日期：2000 年 03 月 13 日

89　产品名称：当年无暇美容胶囊
批准文号：卫食健字（1999）第 0167 号
批准功能：延缓衰老、美容（祛黄褐斑、祛痤疮、保持皮肤水分）
申报单位：哈尔滨红太阳保健品有限公司
批准更改日期：2000 年 03 月 27 日

90　产品名称：庄亨银杏晶
批准文号：卫食健字（1999）第 0535 号
批准功能：免疫调节、美容（祛痤疮）
申报单位：泰州庄亨医药保健品有限公司
批准更改日期：2000 年 03 月 27 日

91　产品名称：东方牌保健茶
批准文号：卫食健字（1997）第 0346 号
批准功能：调节血脂、减肥、改善胃肠道功能（润肠通便）
申报单位：上海茶叶进出口公司茶叶总厂
批准更改日期：2000 年 03 月 27 日

92　产品名称：千惠珍珠茶
批准文号：卫食健字（1998）第 108 号
批准功能：延缓衰老、美容（祛黄褐斑）、改善睡眠
申报单位：中山格致保健制品有限公司
批准更改日期：2000 年 03 月 27 日

93　产品名称：美肤康片
批准文号：卫食健字（1998）第 374 号
批准功能：美容（祛黄褐斑、祛痤疮）
申报单位：武汉凤翔美容新技术有限公司
批准更改日期：2000 年 03 月 27 日

94　产品名称：娃哈哈第二代 AD 钙奶饮料
批准文号：卫食健字（1998）第 595 号
批准功能：改善胃肠道功能（调节肠道菌群）、促进生长发育
申报单位：杭州娃哈哈集团公司
批准更改日期：2000 年 03 月 29 日

95　产品名称：脑力健口服营养液
批准文号：卫食健字（1996）第 051 号
批准功能：改善记忆、抗疲劳、延缓衰老
申报单位：上海脑力健生物医学有限公司
批准更改日期：2000 年 03 月 29 日

96　产品名称：脑力健营养胶囊
批准文号：卫食健字（1997）第 060 号
批准功能：改善记忆、抗疲劳、延缓衰老
申报单位：上海脑力健生物医学有限公司
批准更改日期：2000 年 03 月 29 日

更正批件产品

97　产品名称：白头山牌高丽人参液
批准文号：卫食健字（1999）第 0349 号
批准功能：抗疲劳
原申报单位：延边白头山人参会社
批准更改日期：2000 年 03 月 29 日
现申报单位：延边白头山食品有限公司

98　产品名称：白头山牌高丽红参茶
批准文号：卫食健字（1999）第 0341 号
批准功能：抗疲劳
原申报单位：延边白头山人参会社
批准更改日期：2000 年 03 月 29 日

现申报单位：延边白头山食品有限公司

修改说明书产品

99 产品名称：宏新钙易达片
批准文号：卫食健字（1999）第169号
批准功能：补钙
申报单位：上海宏新生物技术有限公司
批准更改日期：2000年03月13日
修改说明书：将功效成效中每100克含：钙9±1 g改为每片含：氨基酸钙600 mg，将规格中600×30片/瓶；600×24片/瓶改为800 mg/片。

2000年4月份获卫生部批准的保健食品目录

国产产品

1 产品名称：金叶牌海马扶正胶囊
批准文号：卫食健字（2000）第0196号
批准功能：免疫调节
申报单位：广州金叶保健品有限公司
批准日期：2000年4月4日

2 产品名称：威龙牌蚂蚁粉胶囊
批准文号：卫食健字（2000）第0197号
批准功能：免疫调节
申报单位：昆山威龙生物保健品有限公司
批准日期：2000年4月4日

3 产品名称：维泰钙冲剂
批准文号：卫食健字（2000）第0198号
批准功能：补钙
申报单位：福州百益兴生化产品有限公司
批准日期：2000年4月17日

4 产品名称：劳特提斯牌生力胶囊
批准文号：卫食健字（2000）第0199号
批准功能：抗疲劳
申报单位：上海景生保健品有限公司
西藏大学科技开发经营部
批准日期：2000年4月17日

5 产品名称：帅牛抗疲劳饮料
批准文号：卫食健字（2000）第0200号
批准功能：抗疲劳
申报单位：海南椰风保健食品有限公司
批准日期：2000年4月17日

6 产品名称：金多靶牌减肥降脂片
批准文号：卫食健字（2000）第0201号
批准功能：减肥、调节血脂、改善胃肠道功能（润肠通便）
申报单位：上海焦氏药业科技研究所
批准日期：2000年4月20日

7 产品名称：海德力康胶囊
批准文号：卫食健字（2000）第0202号
批准功能：免疫调节
申报单位：北京阳健医疗器材开发公司
汕尾海力生物工程有限公司
批准日期：2000年4月20日

8 产品名称：韵之素阿胶补血口服液
批准文号：卫食健字（2000）第0203号
批准功能：改善营养性贫血
申报单位：中山市美太保健制品有限公司
批准日期：2000年4月20日

9 产品名称：活化石牌蓝田银杏胶囊
批准文号：卫食健字（2000）第0204号
批准功能：调节血脂
申报单位：随州蓝田银杏生物制品厂
批准日期：2000年4月20日

10 产品名称：仙谷牌汉方灵芝宝冲
批准文号：卫食健字（2000）第0205号
批准功能：免疫调节
申报单位：哈尔滨森之源保健食品有限公司
批准日期：2000年4月20日

11 产品名称：参灵胶囊
批准文号：卫食健字（2000）第0206号
批准功能：免疫调节
申报单位：福州伟达保健品开发有限公司
批准日期：2000年4月20日

12 产品名称：佐媚朵尔舒丽美片
批准文号：卫食健字（2000）第0207号
批准功能：美容（改善皮肤水分）
申报单位：广州康蓓实业有限公司
批准日期：2000年4月26日

13 产品名称：柔依口服液
批准文号：卫食健字（2000）第0208号
批准功能：改善睡眠、美容（祛黄褐斑、改善皮肤水分）、延缓衰老
申报单位：北京达因药业有限责任公司
批准日期：2000年4月26日

14　产品名称：京祥牌健力钙咀嚼片
批准文号：卫食健字（2000）第 0209 号
批准功能：补钙
申报单位：中山京祥珍珠钙有限公司
批准日期：2000 年 4 月 26 日
15　产品名称：三联山牌三升胶囊
批准文号：卫食健字（2000）第 0210 号
批准功能：抗辐射
申报单位：威海双峰中医药研究所
批准日期：2000 年 4 月 26 日
16　产品名称：炬康茗之宝胶囊
批准文号：卫食健字（2000）第 0211 号
批准功能：免疫调节、调节血脂
申报单位：上海炬康保健品有限公司
批准日期：2000 年 4 月 29 日
17　产品名称：京祥牌健力钙颗粒
批准文号：卫食健字（2000）第 0212 号
批准功能：补钙
申报单位：中山京祥珍珠钙有限公司
批准日期：2000 年 4 月 29 日
18　产品名称：双威冻干蜂皇浆含片
批准文号：卫食健字（2000）第 0213 号
批准功能：免疫调节、抗氧化
申报单位：江苏溧水汇源营养保健品有限公司
批准日期：2000 年 4 月 29 日
19　产品名称：恒寿堂纤通宝胶囊
批准文号：卫食健字（2000）第 0214 号
批准功能：改善胃肠道功能（润肠通便）、调节血脂
申报单位：上海恒寿堂药业有限公司
批准日期：2000 年 4 月 29 日
20　产品名称：思壮虫草胶囊
批准文号：卫食健字（2000）第 0215 号
批准功能：免疫调节
申报单位：安徽农业大学经济昆虫菌物研究所
批准日期：2000 年 4 月 29 日
21　产品名称：小聪聪牌开胃消食液
批准文号：卫食健字（2000）第 0216 号
批准功能：改善胃肠道功能（促进消化）
申报单位：吉林省洪发祥高科技研究所
批准日期：2000 年 4 月 29 日
22　产品名称：同心堂破壁灵芝孢子粉胶囊
批准文号：卫食健字（2000）第 0217 号
批准功能：免疫调节
申报单位：北京同心堂科贸有限公司
批准日期：2000 年 4 月 29 日
23　产品名称：森欣活力胶囊
批准文号：卫食健字（2000）第 0218 号
批准功能：延缓衰老
申报单位：哈尔滨北极神生物工程有限公司
批准日期：2000 年 4 月 29 日
24　产品名称：浑江牌哈士蟆油软胶囊
批准文号：卫食健字（2000）第 0219 号
批准功能：抗疲劳
申报单位：白山市北亚药业有限责任公司
批准日期：2000 年 4 月 29 日
25　产品名称：王朝牌阳生胶囊
批准文号：卫食健字（2000）第 0220 号
批准功能：调节血脂
申报单位：北京王朝保健品厂

进口产品

批准日期：2000 年 4 月 29 日
26　产品名称：养命酒
批准文号：卫食健进字（2000）第 0019 号
批准功能：抗疲劳、改善胃肠道功能（润肠通便）
生产企业：养命酒制造株式会社
申报单位：养命酒制造株式会社
批准日期：2000 年 4 月 20 日
27　产品名称：冰岛鲨鱼肝油软胶囊
批准文号：卫食健进字（2000）第 0020 号
批准功能：免疫调节
生产企业：冰岛卡夫丽斯公司
申报单位：深圳市奔鑫城实业有限公司
批准日期：2000 年 4 月 26 日
28　产品名称：威克鲨鱼软骨粉胶囊
批准文号：卫食健进字（2000）第 0021 号
批准功能：免疫调节
生产企业：科特乳制品有限公司
申报单位：海南科宁高新技术有限责任公司
批准日期：2000 年 4 月 26 日
29　产品名称：康宝莱代乐牌儿童营养口嚼片
批准文号：卫食健进字（2000）第 0022 号
批准功能：补充多种维生素、矿物质
生产企业：美国康宝莱国际公司
申报单位：英属维尔京群岛联亚有限公司北京办

事处

批准日期：2000年4月29日

增补功能产品

30 产品名称：金多靶牌减肥降脂胶囊

批准文号：卫食健字（1999）第141号

原批准功能：减肥、调节血脂

增补功能：改善胃肠道功能（润肠通便）

申报单位：上海焦氏药业科技研究所

批准更改日期：2000年4月20日

更改批件产品

31 产品名称：白头山牌高丽人参茶

批准文号：卫食健字（1999）第0321号

批准功能：抗疲劳

原申报单位：延边白头山人参会社

现申报单位：延边白头山食品有限公司

修改说明书：将功效成分中“每100 g含人参总皂甙≥380 mg”改为“每100 g含人参总皂式≥350 mg”。将食用方法中“随身携带每次嚼咽1～2片，每日10～20 g”改为“取本品1袋加适量开水或凉开水冲服，每日3袋～4袋”。将规格“20 g/袋”改为3 g/袋。”

批准更改日期：2000年4月4日

32 原产品名称：蟹螯一清宝胶囊

批准文号：卫食健字（1999）第0329号

现产品名称：解奥一清宝胶囊

批准功能：免疫调节、抗疲劳

原申报单位：威海康达海生物开发有限公司

现申报单位：山东解奥生物技术有限公司

原申报单位地址：威海市海滨北路55号

现申报单位地址：济南市经十路53号

批准更改日期：2000年4月4日

33 产品名称：糖脂康口服液

批准文号：卫食健字（1997）第048号

批准功能：调节血糖、调节血脂

原申报单位：天津市您好保健品发展有限公司

河南省安阳市益康制药厂

现申报单位：天津市寰鼎生物工程有限公司

河南省安阳市益康制药厂

原申报单位地址：天津市河东区富民路7号

河南省安阳市灯塔路东段

现申报单位地址：南开区王顶堤复康花园102室

河南省安阳市灯塔路东段

批准更改日期：2000年4月26日

34 产品名称：比索减肥浓缩液

批准文号：卫食健字（1997）第403号

批准功能：减肥

原申报单位：比索生物工程（福州）有限公司

现申报单位：比索生物工程技术（福州）有限公司

批准更改日期：2000年4月29日

35 产品名称：红色种子牌血红素铁胶囊

批准文号：卫食健字（2000）第0007号

批准功能：改善营养性贫血

原申报单位：无锡中策制药有限公司

现申报单位：无锡山禾集团第一制药有限公司

批准更改日期：2000年4月29日

36 产品名称：中天牌加氏大山洋参胶囊

批准文号：卫食健字（1999）第0417号

批准功能：抗疲劳

原申报单位：无锡中加西洋参天然补品有限公司

现申报单位：无锡中加天然药物有限公司

批准更改日期：2000年4月29日

37 产品名称：白头山牌高丽人参片

批准文号：卫食健字（1999）第0320号

批准功能：抗疲劳

原申报单位：延边白头山人参会社

现申报单位：延边白头山食品有限公司

修改说明书：将主要原料“高丽参、葡萄糖”改为“高丽人参、蜂蜜、饴糖”。

将功效成分中“每100 g含人参总皂甙（按人参皂甙Re计算）≥350 mg。”改为“每100 g含人参总皂甙≥380 mg”。

将食用方法“取本品1袋加适量开水或温开水冲服，每日3—4袋”改为“随身携带，每次嚼咽1—2片，每日10—20 g。”

将规格“3 g/袋”改为“20 g/袋”。

批准更改日期：2000年4月29日

技术转让产品

38 产品名称：巨能钙（老年型）

批准文号：卫食健字（1999）第0504号

批准功能：补钙

转让方：北京巨能亚太生命科学研究中心

受让方：北京巨能新技术产业有限公司
批准转让日期：2000 年 4 月 4 日

39　产品名称：视欣营养口嚼片
批准文号：卫食健字（1999）第 0501 号
批准功能：改善视力
转让方：郑州嘉禾保健科技有限公司
受让方：河南嘉铖科技发展有限公司
批准转让日期：2000 年 4 月 4 日

40　产品名称：胶宝素冲剂
批准文号：卫食健字（1997）第 888 号
批准功能：改善胃肠道功能（对胃粘膜有辅助保护作用）
转让方：北京政通生物技术有限责任公司
受让方：河北宝光实业公司
批准转让日期：2000 年 4 月 4 日

41　产品名称：乐百氏奶饮料
批准文号：卫食健字（1997）第 756 号
批准功能：改善胃肠道功能（调节肠道菌群、润肠通便）
转让方：广东乐百氏集团有限公司
受让方：乐百氏（广东）食品饮料有限公司
批准转让日期：2000 年 4 月 4 日

42　产品名称：乐百氏益智奶饮料
批准文号：卫食健字（1999）第 0479 号
批准功能：改善记忆
转让方：广东乐百氏集团有限公司
受让方：乐百氏（广东）食品饮料有限公司
批准转让日期：2000 年 4 月 4 日

43　产品名称：乐百氏健肠型 AD 钙奶饮料
批准文号：卫食健字（1998）第 034 号
批准功能：改善胃肠道功能（调节肠道菌群、促进消化吸收）
转让方：广东乐百氏集团有限公司
受让方：乐百氏（广东）食品饮料有限公司
批准转让日期：2000 年 4 月 4 日

44　产品名称：深蓝保健饮料
批准文号：卫食健字（1998）第 303 号
批准功能：抗疲劳
转让方：珠海哈维有限公司
受让方：上海哈维实业有限公司
批准转让日期：2000 年 4 月 26 日

45　产品名称：捷泰生命元
批准文号：卫食健字（1997）第 270 号
批准功能：改善睡眠、改善胃肠道功能（调节肠道菌群）
转让方：北海恒威生物化学有限责任公司
受让方：湖北丝宝药业有限公司
批准转让日期：2000 年 4 月 26 日

46　产品名称：巨能钙（儿童型）口嚼片
批准文号：卫食健字（1999）第 0542 号
批准功能：补钙
转让方：北京巨能亚太生命科学研究中心
受让方：北京巨能新技术产业有限公司
批准转让日期：2000 年 4 月 29 日

47　产品名称：天信减肥茶
批准文号：卫食健字（1999）第 0440 号
批准功能：减肥
转让方：福建省安溪县馨隆茶厂
受让方：福建泉州馨隆实业公司
批准转让日期：2000 年 4 月 29 日

48　产品名称：康丽亭胶囊
批准文号：卫食健字（1997）第 178 号
批准功能：调节血脂、耐缺氧、抗疲劳
转让方：广州东方人生物保健品有限公司
受让方：广东康丽亭高新技术开发有限公司
批准转让日期：2000 年 4 月 29 日

49　产品名称：新力源西洋参口含片
批准文号：卫食健字（1998）第 437 号
批准功能：抗疲劳
转让方：湖北康惠实业有限公司
武汉一洲药膳有限公司
受让方：长沙南亚工贸公司
批准转让日期：2000 年 4 月 29 日

50　产品名称：昌江牌珍珠粉胶囊
批准文号：卫食健字（2000）第 0026 号
批准功能：补钙
转让方：福州昌江生化科技开发有限公司
受让方：济南市历城区路远生化研究所
批准转让日期：2000 年 4 月 29 日

51　产品名称：多维钙胶囊
批准文号：卫食健字（2000）第 0067 号
批准功能：补钙
转让方：福州昌江生化科技开发有限公司
受让方：济南市历城区路远生化研究所
批准转让日期：2000 年 4 月 29 日

52　产品名称：南海岸鳗髓油软胶囊

批准文号：卫食健字（1998）第573号
批准功能：调节血脂
转让方：福州南海岸科技发展有限公司
受让方：福州南海岸生物工程有限公司
批准转让日期：2000年4月29日

转境内生产产品

53 产品名称：葡萄王健肠益生复方粒晶
批准文号：卫食健进字（1999）第0052号
批准功能：改善胃肠道功能（润肠通便）
原生产企业：台湾葡萄王企业股份有限公司
现生产企业：上海葡萄王企业有限公司
批准更改日期：2000年4月4日

2000年5月份获卫生部批准的保健食品目录

国产产品

1 产品名称：麦托健脑宁片
批准文号：卫食健字（2000）第0221号
批准功能：改善记忆、抗疲劳、耐缺氧
申报单位：武汉金汇药业有限公司
批准日期：2000年5月8日

2 产品名称：金诺牌三髓粉
批准文号：卫食健字（2000）第0222号
批准功能：免疫调节
申报单位：北京康氏保健食品饮料有限公司
批准日期：2000年5月8日

3 产品名称：灵生牌血脂平片
批准文号：卫食健字（2000）第0223号
批准功能：调节血脂
申报单位：中国科学院沈阳应用生态研究所技术开发公司
批准日期：2000年5月8日

4 产品名称：三士消渴康颗粒
批准文号：卫食健字（2000）第0224号
批准功能：调节血糖
申报单位：聊城三士保健品有限公司
批准日期：2000年5月8日

5 产品名称：斯普令牌生灵胶囊
批准文号：卫食健字（2000）第0225号
批准功能：免疫调节
申报单位：上海逢春保健科技有限公司
批准日期：2000年5月8日

6 产品名称：生命源钙片
批准文号：卫食健字（2000）第0226号
批准功能：补钙
申报单位：北京生命源科技有限公司
批准日期：2000年5月8日

7 产品名称：健王富铬豆粉
批准文号：卫食健字（2000）第0227号
批准功能：调节血糖
申报单位：新乡健王保健食品有限公司
批准日期：2000年5月8日

8 产品名称：健王富铬豆奶粉
批准文号：卫食健字（2000）第0228号
批准功能：调节血糖
申报单位：新乡健王保健食品有限公司
批准日期：2000年5月8日

9 产品名称：科信苑怡生冲剂
批准文号：卫食健字（2000）第0229号
批准功能：抗疲劳
申报单位：中国中医研究院中医药信息研究所
北京市科信中医药科技开发公司
批准日期：2000年5月8日

10 产品名称：保护伞牌松果菊维C胶囊
批准文号：卫食健字（2000）第0230号
批准功能：免疫调节
申报单位：怀柔县药用植物研究所
批准日期：2000年5月8日

11 产品名称：双洋牌龟鳖洋参口服液
批准文号：卫食健字（2000）第0231号
批准功能：免疫调节
申报单位：无锡市双洋食品有限公司
批准日期：2000年5月8日

12 产品名称：双月牌天骄液
批准文号：卫食健字（2000）第0232号
批准功能：抗疲劳
申报单位：黑龙江华星制药股份有限公司
批准日期：2000年5月8日

13 产品名称：宏生堂牌脂宁胶囊
批准文号：卫食健字（2000）第0230号
批准功能：调节血脂
申报单位：湖南宏生堂制药有限公司
批准日期：2000年5月8日

14 产品名称：中祥灵芝菌丝体胶囊
批准文号：卫食健字（2000）第0234号

批准功能：免疫调节、改善睡眠
申报单位：上海中祥生物制品有限公司
批准日期：2000 年 5 月 8 日

15 产品名称：暑天牌天麻剑毫茶
批准文号：卫食健字（2000）第 0235 号
批准功能：免疫调节
申报单位：湖北五峰土家族自治县天麻剑毫茶厂
批准日期：2000 年 5 月 8 日

16 产品名称：昕欣健身酒
批准文号：卫食健字（2000）第 0236 号
批准功能：抗疲劳
申报单位：唐山市金童食品有限公司
批准日期：2000 年 5 月 8 日

17 产品名称：万基人参粉
批准文号：卫食健字（2000）第 0237 号
批准功能：免疫调节
申报单位：深圳万基制药有限公司
批准日期：2000 年 5 月 8 日

18 产品名称：怡康胶囊
批准文号：卫食健字（2000）第 0238 号
批准功能：调节血脂、耐缺氧
申报单位：中国科学院武汉植物研究所
批准日期：2000 年 5 月 8 日

19 产品名称：回归牌普林斯胶囊
批准文号：卫食健字（2000）第 0239 号
批准功能：免疫调节
申报单位：武汉联合置业有限公司
批准日期：2000 年 5 月 8 日

20 产品名称：萨迪奥羊胎盘冻干粉胶囊
批准文号：卫食健字（2000）第 0240 号
批准功能：免疫调节、延缓衰老
申报单位：宁夏萨迪奥生物制品有限公司
批准日期：2000 年 5 月 8 日

21 产品名称：华洋西洋参胶囊
批准文号：卫食健字（2000）第 0241 号
批准功能：抗疲劳
申报单位：吉林省华洋药业股份有限公司
批准日期：2000 年 5 月 8 日

22 产品名称：天添牌锌悦胶囊
批准文号：卫食健字（2000）第 0242 号
批准功能：免疫调节
申报单位：陕西微元佳族生物工程有限公司
批准日期：2000 年 5 月 8 日

23 产品名称：菩光破壁灵芝孢子粉
批准文号：卫食健字（2000）第 0243 号
批准功能：免疫调节
申报单位：上海芝源生物制品有限公司
批准日期：2000 年 5 月 8 日

24 产品名称：金生胶丸
批准文号：卫食健字（2000）第 0244 号
批准功能：调节血脂、免疫调节
申报单位：昆明制药股份有限公司
批准日期：2000 年 5 月 8 日

25 产品名称：永康牌克乏胶囊
批准文号：卫食健字（2000）第 0245 号
批准功能：抗疲劳
申报单位：中国科技开发院医药科技开发所
批准日期：2000 年 5 月 8 日

26 产品名称：力隆胺粉
批准文号：卫食健字（2000）第 0246 号
批准功能：免疫调节
申报单位：陕西力隆生化制品有限责任公司
批准日期：2000 年 5 月 8 日

27 产品名称：雪莲养生葡萄酒
批准文号：卫食健字（2000）第 0247 号
批准功能：免疫调节
申报单位：新疆新扶桑制药有限公司
批准日期：2000 年 5 月 8 日

28 产品名称：万基灵芝冲剂
批准文号：卫食健字（2000）第 0248 号
批准功能：免疫调节
申报单位：深圳万基制药有限公司
批准日期：2000 年 5 月 8 日

29 产品名称：蓝田牌银杏口服液
批准文号：卫食健字（2000）第 0249 号
批准功能：调节血脂
申报单位：湖北洪湖蓝田水产品开发有限公司
批准日期：2000 年 5 月 8 日

30 产品名称：三九绮丽口服液
批准文号：卫食健字（2000）第 0250 号
批准功能：抗疲劳
申报单位：广东九极日用保健品有限公司
批准日期：2000 年 5 月 8 日

31 产品名称：华德虫草菌丝体洋参片
批准文号：卫食健字（2000）第 0251 号
批准功能：免疫调节

申报单位：成都华德生物工程研究所
批准日期：2000年5月8日

32 产品名称：万林牌卵黄油软胶丸
批准文号：卫食健字（2000）第0252号
批准功能：延缓衰老
申报单位：长沙高新技术产业开发区万林化工研究所
批准日期：2000年5月8日

33 产品名称：湘灵牌灵芝菌丝粉
批准文号：卫食健字（2000）第0253号
批准功能：免疫调节
申报单位：湖南长沙湘灵微生物工程科技开发有限公司
批准日期：2000年5月30日

34 产品名称：保龄宝牌比福多钙
批准文号：卫食健字（2000）第0254号
批准功能：补钙
申报单位：山东省禹城市环宇集团
保龄宝生物开发有限公司
批准日期：2000年5月30日

35 产品名称：清秋牌宣通液
批准文号：卫食健字（2000）第0255号
批准功能：改善胃肠道功能（润肠通便）
申报单位：江西金溪县清秋保健食品厂
批准日期：2000年5月30日

36 产品名称：万基洋参蜂王浆冻干粉胶囊
批准文号：卫食健字（2000）第0256号
批准功能：免疫调节
申报单位：深圳万基药业有限公司
批准日期：2000年5月30日

37 产品名称：万基珍珠洋参胶囊
批准文号：卫食健字（2000）第0257号
批准功能：免疫调节
申报单位：深圳万基药业有限公司
批准日期：2000年5月30日

38 产品名称：世纪宝牌红花叶茶
批准文号：卫食健字（2000）第0258号
批准功能：耐缺氧
申报单位：青岛红花茶场有限公司
批准日期：2000年5月30日

39 产品名称：绿颖牌 α-亚麻酸软胶囊
批准文号：卫食健字（2000）第0259号
批准功能：调节血脂
申报单位：甘肃省庆阳阿尔康生物工程有限公司
批准日期：2000年5月30日

40 产品名称：倩儿清畅胶囊
批准文号：卫食健字（2000）第0260号
批准功能：调节血脂
申报单位：广州金叶保健品有限公司
批准日期：2000年5月30日

41 产品名称：丽珠牌丽珠复力片
批准文号：卫食健字（2000）第0261号
批准功能：抗疲劳
申报单位：国家中药现代化工程技术研究中心
批准日期：2000年5月30日

42 产品名称：广济堂苗条青春减肥胶囊
批准文号：卫食健字（2000）第0262号
批准功能：减肥
申报单位：广东广济堂医药保健品有限公司
批准日期：2000年5月30日

43 产品名称：青云山牌咽舒片
批准文号：卫食健字（2000）第0263号
批准功能：清咽润喉（清咽）
申报单位：广东省翁源县青云山中药厂
批准日期：2000年5月30日

44 产品名称：康派洁口健含片
批准文号：卫食健字（2000）第0264号
批准功能：免疫调节、清咽润喉（清咽）
申报单位：康派上海保健品有限公司
批准日期：2000年5月30日

进口产品

45 产品名称：钙利安咀嚼片
批准文号：卫食健进字（2000）第0023号
批准功能：补钙及多种维生素
生产企业：韩国株氏会社汉城制药
批准日期：2000年5月8日
申报单位：韩国株氏会社韩盛GLOBAL北京代表处

46 产品名称：泰瑞螺旋藻片
批准文号：卫食健进字（2000）第0024号
批准功能：免疫调节
生产企业：美国泰瑞营养保健品有限公司
批准日期：2000年5月8日
申报单位：美国泰瑞营养保健品有限公司北京办事处

47 产品名称：康宝莱代乐牌儿童营养素粉

批准文号：卫食健进字（2000）第 0025 号
批准功能：补充多种维生素及矿物质
生产企业：康宝莱国际公司
批准日期：2000 年 5 月 8 日
申报单位：英属维尔京群岛联亚有限公司北京办事处

48　产品名称：葆戆康形体塑片
批准文号：卫食健进字（2000）第 0026 号
批准功能：减肥
生产企业：美国雷纳健康有限公司
批准日期：2000 年 5 月 8 日
申报单位：葆婴有限公司

49　产品名称：维康素冲剂
批准文号：卫食健进字（2000）第 0027 号
批准功能：免疫调节（调节非特异性免疫）
生产企业：美国亨利欧尔康健康公司
批准日期：2000 年 5 月 18 日
申报单位：抚顺自然健康推广中心

50　产品名称：威王胶囊
批准文号：卫食健进字（2000）第 0028 号
批准功能：抗疲劳
生产企业：加拿大贝斯生物技术公司
批准日期：2000 年 5 月 30 日
申报单位：深圳市意达实业有限公司

增补功能产品

51　产品名称：阿芦宝片
批准文号：卫食健字（1999）第 0367 号
原批准功能：免疫调节
增补功能：改善胃肠道功能（润肠通便）
申报单位：长乐健友芦荟制品有限公司
批准日期：2000 年 5 月 8 日

52　产品名称：东方巨星牌水溶珍珠粉胶囊
批准文号：卫食健字（1999）第 132 号
原批准功能：增加骨密度
增补功能：调节血压
申报单位：浙江省诸暨市健美宝有限公司
批准日期：2000 年 5 月 30 日

技术转让产品

53　产品名称：巨能牌维血康口嚼片
批准文号：卫食健字（1998）第 390 号
批准功能：改善营养性贫血
转让方：北京巨能新技术产业有限公司
（原名：北京巨能钙有限责任公司）
批准转让日期：2000 年 5 月 8 日
受让方：北京密云巨能科技发展有限公司

54　产品名称：杏花鱼蛋白片
批准文号：卫食健字（1999）第 0524 号
批准功能：美容（改善皮肤水份）
转让方：陕西人友扶残康复研究所
陕西榆林地区回春保健品开发公司
批准转让日期：2000 年 5 月 8 日
受让方：陕西明伦保健品有限公司

更改批件产品

55　产品名称：万宝香菇胶囊
批准文号：卫食健字（1999）第 0302 号
批准功能：免疫调节
原申报单位：福建万宝保健品有限公司
现申报单位：福建万宝生物工程有限公司
原申报单位地址：福建福州三港路 3 号 1—302
批准变更日期：2000 年 5 月 18 日
现申报单位地址：福建省莆田市湄州岛工业区一号

56　产品名称：万宝香菇多糖口服液
批准文号：卫食健字（1999）第 0303 号
批准功能：免疫调节
原申报单位：福建万宝保健品有限公司
现申报单位：福建万宝生物工程有限公司
原申报单位地址：福建福州三港路 3 号 1—302
批准变更日期：2000 年 5 月 18 日
现申报单位地址：福建省莆田市湄州岛工业区一号

57　产品名称：保肝久清胶囊
批准文号：卫食健字（1998）第 418 号
批准功能：对化学性肝损伤有辅助保护作用
原申报单位：宁晋县肝病医院
现申报单位：河北虹霞医药保健品有限公司

2000 年 6 月份获卫生部批准的保健食品目录

国产产品

1　产品名称：绿元螺旋藻片剂
批准文号：卫食健字（2000）第 0265 号
批准功能：免疫调节
申报单位：深圳市绿得宝保健食品有限公司
批准日期：2000 年 6 月 14 日

2 产品名称：广夏枸杞口含片
批准文号：卫食健字（2000）第0266号
批准功能：抗疲劳
申报单位：武汉广夏枸杞开发有限公司
批准日期：2000年6月14日

3 产品名称：鄱湖牌甲鱼酒
批准文号：卫食健字（2000）第0267号
批准功能：免疫调节
申报单位：江西省波阳县酒厂
批准日期：2000年6月14日

4 产品名称：清波堂牌清补养颜胶囊
批准文号：卫食健字（2000）第0268号
批准功能：美容（祛痤疮）、改善胃肠道功能（润肠通便）
申报单位：杭州清波堂健康产品发展有限公司
批准日期：2000年6月14日

5 产品名称：中西宝牌提神胶囊
批准文号：卫食健字（2000）第0269号
批准功能：抗疲劳
申报单位：深圳市朵朵红实业有限公司
批准日期：2000年6月14日

6 产品名称：京顺葡萄糖酸钙口服液
批准文号：卫食健字（2000）第0270号
批准功能：补钙
申报单位：北京向阳制药厂
批准日期：2000年6月14日

7 产品名称：自然神牌蜂王浆冻干粉
批准文号：卫食健字（2000）第0271号
批准功能：免疫调节
申报单位：南京振中生物工程有限公司
批准日期：2000年6月14日

8 产品名称：华北牌儿童果味维生素咀嚼片
批准文号：卫食健字（2000）第0272号
批准功能：补充多种维生素
申报单位：华北制药集团有限责任公司
批准日期：2000年6月14日

9 产品名称：中西宝牌安神口服液
批准文号：卫食健字（2000）第0273号
批准功能：改善睡眠
申报单位：深圳市朵朵红实业有限公司
批准日期：2000年6月14日

10 产品名称：九蜂堂蜂王浆冻干粉含片
批准文号：卫食健字（2000）第0274号
批准功能：免疫调节
申报单位：南京九蜂堂蜂产品有限公司
批准日期：2000年6月14日

11 产品名称：玉羊牌海马津酒
批准文号：卫食健字（2000）第0275号
批准功能：抗疲劳
申报单位：天津津酒集团有限公司
批准日期：2000年6月14日

12 产品名称：天马高钙营养液
批准文号：卫食健字（2000）第0276号
批准功能：补钙
申报单位：北京市天马全氨基酸厂
批准日期：2000年6月14日

13 产品名称：奥泰牌精力胶囊
批准文号：卫食健字（2000）第0277号
批准功能：抗疲劳
申报单位：北京奥泰健康产品有限公司
批准日期：2000年6月14日

14 产品名称：万基珍珠洋参含片
批准文号：卫食健字（2000）第0278号
批准功能：免疫调节
申报单位：深圳万基药业有限公司
批准日期：2000年6月14日

15 产品名称：东崂牌灵芝胶囊
批准文号：卫食健字（2000）第0279号
批准功能：免疫调节
申报单位：青岛市崂山福康灵芝厂
批准日期：2000年6月14日

16 产品名称：康威牌康威丽得胶囊
批准文号：卫食健字（2000）第0280号
批准功能：延缓衰老
申报单位：威海亚太药业有限公司
批准日期：2000年6月14日

17 产品名称：喜悦牌西洋参口嚼片
批准文号：卫食健字（2000）第0281号
批准功能：免疫调节
申报单位：深圳太子行保健品有限公司
批准日期：2000年6月14日

18 产品名称：智舟牌芦荟康胶囊
批准文号：卫食健字（2000）第0282号
批准功能：改善胃肠道功能（润肠通便）
申报单位：福建莆田智舟芦荟产业发展有限公司
批准日期：2000年6月14日

19　产品名称：九蜂堂蜂王浆冻干粉胶囊
批准文号：卫食健字（2000）第 0283 号
批准功能：免疫调节
申报单位：南京九峰堂蜂产品有限公司
批准日期：2000 年 6 月 14 日

20　产品名称：恩威牌胃康咀嚼片
批准文号：卫食健字（2000）第 0284 号
批准功能：改善胃肠道功能（调节肠道菌群）
申报单位：成都恩威药业有限公司
批准日期：2000 年 6 月 14 日

21　产品名称：华北牌复合维生素片
批准文号：卫食健字（2000）第 0285 号
批准功能：补充多种维生素及矿物质
申报单位：华北制药集团有限责任公司
批准日期：2000 年 6 月 14 日

22　产品名称：杏林口咽清青梅
批准文号：卫食健字（2000）第 0286 号
批准功能：清咽润喉（清咽）
申报单位：顺德市杏坛卫生保健品厂
批准日期：2000 年 6 月 14 日

23　产品名称：远科牌蚂蚁酒
批准文号：卫食健字（2000）第 0287 号
批准功能：免疫调节
申报单位：常州市远达科技研究所
批准日期：2000 年 6 月 14 日

24　产品名称：康诺牌锌铁钙片剂
批准文号：卫食健字（2000）第 0288 号
批准功能：补锌、铁、钙及维生素 C
申报单位：天津市康诺营养保健品有限公司
批准日期：2000 年 6 月 14 日

25　产品名称：五龙牌金谷泰冲剂
批准文号：卫食健字（2000）第 0289 号
批准功能：免疫调节
申报单位：湖北五龙生物制品工程有限公司
批准日期：2000 年 6 月 14 日

26　产品名称：阳牌洋参含片
批准文号：卫食健字（2000）第 0290 号
批准功能：免疫调节
申报单位：哈尔滨红太阳保健品有限公司
批准日期：2000 年 6 月 14 日

27　产品名称：完美牌高纤乐冲剂
批准文号：卫食健字（2000）第 0291 号
批准功能：改善胃肠道功能（润肠通便）
申报单位：中山市完美日用品有限公司
批准日期：2000 年 6 月 14 日

28　产品名称：九蜂堂蜂王浆冻干粉
批准文号：卫食健字（2000）第 0292 号
批准功能：免疫调节
申报单位：南京九蜂堂蜂产品有限公司
批准日期：2000 年 6 月 14 日

29　产品名称：真实牌补铁口服液
批准文号：卫食健字（2000）第 0293 号
批准功能：补铁
申报单位：北京恒毅利科贸有限责任公司
批准日期：2000 年 6 月 14 日

30　产品名称：纽崔莱铁质叶酸片
批准文号：卫食健字（2000）第 0294 号
批准功能：补铁、叶酸
申报单位：安利（中国）日用品有限公司
批准日期：2000 年 6 月 14 日

31　产品名称：三擎牌参元胶囊
批准文号：卫食健字（2000）第 0295 号
批准功能：免疫调节、抗疲劳
申报单位：大连参擎生物制品有限公司
批准日期：2000 年 6 月 14 日

32　产品名称：龙柱牌强生胶囊
批准文号：卫食健字（2000）第 0296 号
批准功能：抗疲劳、延缓衰老
申报单位：宁波天益保健品有限公司
批准日期：2000 年 6 月 14 日

33　产品名称：喜悦牌西洋参燕窝口服液
批准文号：卫食健字（2000）第 0297 号
批准功能：免疫调节
申报单位：深圳太子行保健品有限公司
批准日期：2000 年 6 月 14 日

34　产品名称：阳牌洋参胶囊
批准文号：卫食健字（2000）第 0298 号
批准功能：免疫调节
申报单位：哈尔滨红太阳保健品有限公司
批准日期：2000 年 6 月 14 日

35　产品名称：福鹰花旗参饮品
批准文号：卫食健字（2000）第 0299 号
批准功能：免疫调节
申报单位：武汉福鹰饮品有限责任公司
批准日期：2000 年 6 月 14 日

36　产品名称：新动力牌胶囊

批准文号：卫食健字（2000）第0300号
批准功能：抗疲劳
申报单位：贵阳新动力绿色食品有限公司
批准日期：2000年6月14日

37 产品名称：阳牌洋参茶
批准文号：卫食健字（2000）第0301号
批准功能：免疫调节
申报单位：哈尔滨红太阳保健品有限公司
批准日期：2000年6月14日

38 产品名称：阿尔发消渴麦片
批准文号：卫食健字（2000）第0302号
批准功能：调节血糖
申报单位：天津阿尔发保健品有限公司
批准日期：2000年6月14日

39 产品名称：弘善源壳糖胺胶囊
批准文号：卫食健字（2000）第0303号
批准功能：调节血脂
申报单位：北京弘善源天然生物制品有限公司
石家庄市通华新技术公司
批准日期：2000年6月14日

40 产品名称：华德虫草菌丝体片
批准文号：卫食健字（2000）第0304号
批准功能：抗疲劳
申报单位：成都华德生物工程研究所
批准日期：2000年6月14日

41 产品名称：路德牌奥多口服液
批准文号：卫食健字（2000）第0305号
批准功能：改善胃肠道功能（促进消化）
申报单位：北京路德新业保健食品有限公司
批准日期：2000年6月14日

42 产品名称：普比欧牌养颜扶正胶囊
批准文号：卫食健字（2000）第0306号
批准功能：美容（改善皮肤水份、祛黄褐斑）、免疫调节
申报单位：山东普比欧生物技术有限公司
批准日期：2000年6月14日

43 产品名称：美洲牛牌西洋参口含片
批准文号：卫食健字（2000）第0307号
批准功能：抗疲劳
申报单位：天津格斯宝西洋参有限公司
批准日期：2000年6月14日

44 产品名称：大悲牌袋泡茶
批准文号：卫食健字（2000）第0308号
批准功能：免疫调节
申报单位：北京西禅茶林茶艺中心
批准日期：2000年6月14日

45 产品名称：三叶通便茶
批准文号：卫食健字（2000）第0309号
批准功能：改善胃肠道功能（润肠通便）
申报单位：北京市天龙股份有限公司保健茶加工厂
批准日期：2000年6月14日

46 产品名称：明珠酶解珍珠粉
批准文号：卫食健字（2000）第0310号
批准功能：免疫调节
申报单位：武汉明珠生物技术有限公司
批准日期：2000年6月14日

47 产品名称：美洲牛牌西洋参袋泡茶
批准文号：卫食健字（2000）第0311号
批准功能：抗疲劳
申报单位：天津格斯宝西洋参有限公司
批准日期：2000年6月14日

48 产品名称：王氏牌九清护肝口服液
批准文号：卫食健字（2000）第0312号
批准功能：对化学性肝损伤有辅助保护作用
申报单位：山东菏泽王氏药业有限公司
批准日期：2000年6月14日

49 产品名称：琼丰益肝胶囊
批准文号：卫食健字（2000）第0313号
批准功能：对化学性肝损伤有辅助保护作用
申报单位：广州市琼丰保健品实业有限公司
批准日期：2000年6月14日

50 产品名称：春荣胜宝口服液
批准文号：卫食健字（2000）第0314号
批准功能：调节血糖
申报单位：杭州春荣药业有限公司
批准日期：2000年6月29日

51 产品名称：臻美祛斑胶囊
批准文号：卫食健字（2000）第0315号
批准功能：美容（祛黄褐斑）
申报单位：上海臻美高科技发展有限公司
批准日期：2000年6月29日

52 产品名称：双根牌爽清口服液
批准文号：卫食健字（2000）第0316号
批准功能：抗突变、耐缺氧
申报单位：济南必诚贸易有限公司

批准日期：2000 年 6 月 29 日

53　产品名称：大闽牌开心钙冲剂

批准文号：卫食健字（2000）第 0317 号

批准功能：补钙

申报单位：福建省福清大闽生物工程有限公司

批准日期：2000 年 6 月 29 日

54　产品名称：人人家牌妈妈钙片

批准文号：卫食健字（2000）第 0318 号

批准功能：补钙

申报单位：汕头人人家食品有限公司

批准日期：2000 年 6 月 29 日

55　产品名称：人人家牌成长钙片

批准文号：卫食健字（2000）第 0319 号

批准功能：补钙

申报单位：汕头人人家食品有限公司

批准日期：2000 年 6 月 29 日

56　产品名称：远元祛斑胶囊

批准文号：卫食健字（2000）第 0320 号

批准功能：美容（祛黄褐斑）

申报单位：北京市朝阳区青莲中医药研究所

批准日期：2000 年 6 月 29 日

57　产品名称：广济堂养颜鹿胎粉胶囊

批准文号：卫食健字（2000）第 0321 号

批准功能：美容（祛黄褐斑）

申报单位：广东广济堂医药保健品有限公司

批准日期：2000 年 6 月 29 日

58　产品名称：泰尔牌普韵婷片

批准文号：卫食健字（2000）第 0322 号

批准功能：延缓衰老、美容（改善皮肤水份）

申报单位：湖南泰尔制药有限公司

批准日期：2000 年 6 月 29 日

59　产品名称：惠天牌尔康胶囊

批准文号：卫食健字（2000）第 0323 号

批准功能：对化学性肝损伤有辅助保护作用

申报单位：中国科技开发院中医中药开发所（深圳）

批准日期：2000 年 6 月 29 日

60　产品名称：德通宝牌祛斑美容胶囊

批准文号：卫食健字（2000）第 0324 号

批准功能：美容（祛黄褐斑）

申报单位：陕西德通保健品发展有限责任公司

批准日期：2000 年 6 月 29 日

61　产品名称：大亨果茶

批准文号：卫食健字（2000）第 0325 号

批准功能：调节血脂

申报单位：天津大亨集团有限公司

批准日期：2000 年 6 月 29 日

62　产品名称：神象牌乐钙粉胶囊

批准文号：卫食健字（2000）第 0326 号

批准功能：补钙

申报单位：上海市药材有限公司神象参茸分公司

批准日期：2000 年 6 月 29 日

63　产品名称：古鼎牌壮骨宝冲剂

批准文号：卫食健字（2000）第 0327 号

批准功能：增加骨密度

申报单位：上海东杰国际贸易服务有限公司

批准日期：2000 年 6 月 29 日

64　产品名称：状态佳慷体胶囊

批准文号：卫食健字（2000）第 0328 号

批准功能：免疫调节

申报单位：武汉亚鑫生物工程有限公司

批准日期：2000 年 6 月 29 日

65　产品名称：力保健中老年型保健饮料

批准文号：卫食健字（2000）第 0329 号

批准功能：抗疲劳、免疫调节

申报单位：上海冠生园大正有限公司

批准日期：2000 年 6 月 29 日

66　产品名称：张博唤牌博通冲剂

批准文号：卫食健字（2000）第 0330 号

批准功能：调节血脂

申报单位：济南博唤实业有限公司

批准日期：2000 年 6 月 29 日

67　产品名称：常春牌西洋参生鱼营养口服液

批准文号：卫食健字（2000）第 0331 号

批准功能：抗疲劳

申报单位：上海中药制药二厂

批准日期：2000 年 6 月 29 日

68　产品名称：爱心果健康功能饮料

批准文号：卫食健字（2000）第 0332 号

批准功能：调节血脂

申报单位：山西润生堂生物工程有限公司

批准日期：2000 年 6 月 29 日

69　产品名称：生命源牌益多胶丸

批准文号：卫食健字（2000）第 0333 号

批准功能：调节血脂

申报单位：北京生命源科技有限公司

批准日期：2000 年 6 月 29 日

70 产品名称：叶素牌灵芝饮保健饮品
批准文号：卫食健字（2000）第 0334 号
批准功能：免疫调节
申报单位：惠州市华新保健品有限公司
批准日期：2000 年 6 月 29 日

71 产品名称：三康益多胶囊
批准文号：卫食健字（2000）第 0335 号
批准功能：调节血脂
申报单位：四川省川大三康生物工程股份有限公司
批准日期：2000 年 6 月 29 日

72 产品名称：娃哈哈维生素 C 含片
批准文号：卫食健字（2000）第 0336 号
批准功能：补充维生素 C
申报单位：杭州娃哈哈集团有限公司
批准日期：2000 年 6 月 29 日

73 产品名称：阿牌阿胶磷脂软胶囊
批准文号：卫食健字（2000）第 0337 号
批准功能：调节血脂
申报单位：山东东阿阿胶股份有限公司
批准日期：2000 年 6 月 29 日

74 产品名称：人人家牌长青钙片
批准文号：卫食健字（2000）第 0338 号
批准功能：补钙
申报单位：汕头人人家食品有限公司
批准日期：2000 年 6 月 29 日

75 产品名称：海灵归甲壳素胶囊
批准文号：卫食健字（2000）第 0339 号
批准功能：调节血脂
申报单位：北京盛时通工贸有限责任公司
批准日期：2000 年 6 月 29 日

76 产品名称：康伴牌金泰立口服液
批准文号：卫食健字（2000）第 0340 号
批准功能：免疫调节
申报单位：北京康伴医药科技发展公司
批准日期：2000 年 6 月 29 日

77 产品名称：威士雅免疫保健粉
批准文号：卫食健字（2000）第 0341 号
批准功能：免疫调节
申报单位：广东威士雅保健品有限公司
批准日期：2000 年 6 月 30 日

78 产品名称：海福多维钙片
批准文号：卫食健字（2000）第 0342 号
批准功能：补钙及维生素 A、维生素 D、维生素 E
申报单位：天津市德康天然保健品有限公司
批准日期：2000 年 6 月 30 日

79 产品名称：生命红牌春蜜口服液
批准文号：卫食健字（2000）第 0343 号
批准功能：延缓衰老、免疫调节
申报单位：新疆生命红红花开发有限责任公司春蜜制品分公司
批准日期：2000 年 6 月 30 日

80 产品名称：王和牌益保康袋泡茶
批准文号：卫食健字（2000）第 0344 号
批准功能：抗疲劳
申报单位：北京阳健医疗器材开发公司
昆明王和专科医院
批准日期：2000 年 6 月 30 日

81 产品名称：阿拉丁牌雪莲鹿茸血酒
批准文号：卫食健字（2000）第 0345 号
批准功能：抗疲劳
申报单位：新疆天山马鹿实业有限责任公司
批准日期：2000 年 6 月 30 日

82 产品名称：力菲牌西洋参含片
批准文号：卫食健字（2000）第 0346 号
批准功能：抗疲劳
申报单位：龙岩市力菲克药业有限公司
批准日期：2000 年 6 月 30 日

83 产品名称：圣灵牌螺旋藻减肥胶囊
批准文号：卫食健字（2000）第 0347 号
批准功能：减肥
申报单位：福建圣灵保健品技术开发联合公司
批准日期：2000 年 6 月 30 日

进口产品

84 产品名称：思乐灵牌鱼油胶囊
批准文号：卫食健进字（2000）第 0029 号
批准功能：调节血脂
生产企业：加拿大海洋营养食品有限公司
批准日期：2000 年 6 月 14 日
申报单位：广州才威贸易有限公司

85 产品名称：思乐灵牌加鱼油胶囊
批准文号：卫食健进字（2000）第 0030 号
批准功能：调节血脂
生产企业：加拿大海洋营养食品有限公司

批准日期：2000 年 6 月 14 日
申报单位：广州才威贸易有限公司

86 产品名称：好健牌鱼油胶囊
批准文号：卫食健进字（2000）第 0031 号
批准功能：调节血脂
生产企业：美国华纳制药厂
申报单位：北京嘉美富贸易有限责任公司
批准日期：2000 年 6 月 14 日

87 产品名称：好健牌褪黑素片
批准文号：卫食健进字（2000）第 0032 号
批准功能：改善睡眠
生产企业：美国华纳制药厂
申报单位：北京嘉美富贸易有限责任公司
批准日期：2000 年 6 月 14 日

88 产品名称：奥泰牌鲨鱼软骨粉胶囊
批准文号：卫食健进字（2000）第 0033 号
批准功能：免疫调节
生产企业：美国健康产品有限公司
申报单位：北京奥泰健康产品有限公司
批准日期：2000 年 6 月 14 日

89 产品名称：顺天牌增免灵胶囊
批准文号：卫食健进字（2000）第 0034 号
批准功能：免疫调节
生产企业：美国顺天科学制药厂
申报单位：北京宁正医药咨询有限公司
批准日期：2000 年 6 月 14 日

90 产品名称：海露牌益智胶囊
批准文号：卫食健进字（2000）第 0035 号
批准功能：改善记忆
生产企业：加拿大海洋营养有限公司
申报单位：深圳市隆顺榕医药保健品有限公司
批准日期：2000 年 6 月 29 日

91 产品名称：鹰牌花旗参清咽糖
批准文号：卫食健进字（2000）第 0036 号
批准功能：清咽润喉（清咽）
生产企业：健康食品企业有限公司
申报单位：健康药业（中国）有限公司
批准日期：2000 年 6 月 29 日

92 产品名称：伊戈尔牌深海鱼油胶囊
批准文号：卫食健进字（2000）第 0037 号
批准功能：调节血脂
生产企业：美国联邦公司
申报单位：中华英才半月刊社
批准日期：2000 年 6 月 29 日

93 产品名称：福佳明冲剂
批准文号：卫食健进字（2000）第 0038 号
批准功能：补充多种维生素及矿物质
生产企业：德国霍克大药厂
申报单位：雅各臣药业（香港）有限公司
批准日期：2000 年 6 月 29 日

更改批件产品

94 产品名称：维存片
批准文号：卫食健字（1998）第 040 号
批准功能：补充多种维生素
原申报单位：温州市力生贸易发展有限公司
现申报单位：杭州维存保健食品有限公司
原申报单位地址：温州市学院西路 115 号
现申报单位地址：杭州经济技术开发区三号路裕园三区
批准变更日期：2000 年 6 月 14 日

95 产品名称：健宝维存片
批准文号：卫食健字（1998）第 041 号
批准功能：补充多种维生素、矿物质
原申报单位：温州市力生贸易发展有限公司
现申报单位：杭州维存保健食品有限公司
原申报单位地址：温州市学院西路 115 号
现申报单位地址：杭州经济技术开发区三号路裕园三区
批准变更日期：2000 年 6 月 14 日

96 产品名称：北京人参蜂王浆口服液
批准文号：卫食健字（1998）第 105 号
批准功能：免疫调节、延缓衰老
原申报单位：北京市东风保健营养厂
现申报单位：北京市东风保健营养品有限责任公司
批准变更日期：2000 年 6 月 29 日

97 产品名称：金线减肥胶囊
批准文号：卫食健字（1998）第 0308 号
批准功能：减肥
原申报单位：武汉浩腾金线保健品有限责任公司
现申报单位：武汉金线生物工程有限公司
原申报单位地址：武汉市解放大道 858 号
现申报单位地址：武汉江岸区球场街 6 号新鸿基花园 3206 室
批准变更日期：2000 年 6 月 30 日

98 产品名称：秀考牌康体宝胶囊

批准文号：卫食健字（1998）第269号
批准功能：免疫调节、抗疲劳
原申报单位：河北定州市三泰保健品有限公司
现申报单位：河北康体保健品有限公司
批准变更日期：2000年6月30日

技术转让产品

99 产品名称：通爽水溶膳食纤维冲剂
批准文号：卫食健字（1997）第487号
批准功能：改善胃肠道功能（润肠通便）
转让方：北京爱屋科技发展有限责任公司
受让方：北京弘神生物工程技术有限公司
批准转让日期：2000年6月29日

100 产品名称：同欣牌童锌冲剂
批准文号：卫食健字（2000）第0049号
批准功能：补锌
转让方：四川同欣保健品有限责任公司
受让方：湖北黄石同欣生物工程有限责任公司
批准转让日期：2000年6月29日

101 产品名称：小森森蜂胶口服液
批准文号：卫食健字（1998）第273号
批准功能：免疫调节
转让方：武汉同兴经济发展有限公司
受让方：湖北随州鸿发蜂产品有限公司
批准转让日期：2000年6月26日

102 产品名称：一通茶
批准文号：卫食健字（1998）第067号
批准功能：免疫调节
转让方：北京红太极养生服务有限公司
受让方：北京一通乐科技开发有限公司
批准转让日期：2000年6月30日

2000年7月份获卫生部批准的保健食品目录

国产产品

1 产品名称：蚁智牌美容口服液
批准文号：卫食健字（2000）第0348号
批准功能：美容（祛黄褐斑）
申报单位：深圳市日月神科技有限公司
批准日期：2000年7月5日

2 产品名称：斯普林维生素E胶囊
批准文号：卫食健字（2000）第0349号
批准功能：补充维生素E
申报单位：天津市斯普林磷脂技术开发有限公司
批准日期：2000年7月5日

3 产品名称：开源益宝冲剂
批准文号：卫食健字（2000）第0350号
批准功能：改善胃肠道功能（促进消化）
申报单位：武汉市济民传统医药科研所
批准日期：2000年7月5日

4 产品名称：晶湖牌益康黄酒
批准文号：卫食健字（2000）第0351号
批准功能：延缓衰老
申报单位：宁夏美佳乐食品饮料有限公司
批准日期：2000年7月5日

5 产品名称：芝兰纯钙粉
批准文号：卫食健字（2000）第0352号
批准功能：补钙
申报单位：北京市仁济慈医药有限公司
北京龙康食品添加剂有限公司
北京莱夫科技研究所
批准日期：2000年7月5日

6 产品名称：雪樱花牌大蒜油丸
批准文号：卫食健字（2000）第0353号
批准功能：调节血脂
申报单位：深圳市春之堂保健品有限公司
批准日期：2000年7月5日

增补功能产品

7 产品名称：力普生牌春临片
批准文号：卫食健字（1998）第0310号
原批准功能：免疫调节
现增补功能：抗疲劳、延缓衰老
申报单位：上海力普生生物制品有限公司
注：因已增补延缓衰老功能，原抗氧化功能不再保留
批准日期：2000年7月5日

技术转让产品

*8 产品名称：国芳珍珠饮液
批准文号：卫食健字（1998）第231号
批准功能：免疫调节
转让方：常州市国方食品有限公司
受让方：武进安梦脑白金保健品有限公司
批准变更日期：2000年6月29日

9 产品名称：金藻富康胶囊
批准文号：卫食健字（1998）第479号
批准功能：免疫调节

转让方：中国人民解放军第一军医大学健康食品研究所（原广州久久营养食品厂撤销后的接收单位）
受让方：广州市长风保健食品有限公司
批准变更日期：2000 年 7 月 5 日

10　产品名称：健而聪学生口服液
批准文号：卫食健字（1999）第 065 号
批准功能：改善记忆
转让方：中国人民解放军第一军医大学健康食品研究所（原广州久久营养食品厂撤销后的接收单位）
受让方：广州市长风保健食品有限公司
批准变更日期：2000 年 7 月 5 日

11　产品名称：彼阳牦牛骨髓状骨粉
批准文号：卫食健字（1997）第 166 号
批准功能：免疫调节
转让方：哈尔滨红太阳实业有限公司
受让方：北京彼阳红太阳生物工程有限公司
批准变更日期：2000 年 7 月 5 日

12　产品名称：华度宝功能性饮料
批准文号：卫食健字（1997）第 797 号
批准功能：抗疲劳、耐缺氧
转让方：江苏永仁堂保健品有限公司
受让方：丹阳市喜力朗保健饮品有限公司
批准变更日期：2000 年 7 月 5 日

13　产品名称：博世佳酒
批准文号：卫食健字（1998）第 275 号
批准功能：免疫调节
转让方：河北太行博世佳酿酒有限公司
受让方：北京卢沟桥酒厂
批准变更日期：2000 年 7 月 5 日

更改批件产品

14　原产品名称：新维康天然维生素 E 胶丸
批准文号：卫食健字（1999）第 0526 号
现产品名称：春之谷天然维生素 E 营养胶丸
批准功能：补充维生素 E
申报单位：泰兴市新光生物制品厂
批准变更日期：2000 年 7 月 5 日

15　产品名称：溪黄八珍茶
批准文号：卫食健字（1997）第 130 号
批准功能：免疫调节、对化学性肝损伤有辅助保护作用
原申报单位：大雾山天然保健品厂
现申报单位：广东和润堂保健品实业有限公司
批准变更日期：2000 年 7 月 5 日

16　产品名称：鹿血补酒
批准文号：卫食健字（1998）第 316 号
申报功能：免疫调节
原申报单位：宁夏大通经贸发展有限公司
现申报单位：宁夏大通保健食品有限公司
批准变更日期：2000 年 7 月 5 日

17　产品名称：天信减肥茶
批准文号：卫食健字（1999）第 0440 号
批准功能：减肥
原申报单位：福建泉州馨隆实业公司
现申报单位：福建安溪馨隆保健品有限公司
批准变更日期：2000 年 7 月 26 日

转境内生产产品：

18　产品名称：肥克减肥片
批准文号：卫食健字（1998）第 069 号
批准功能：减肥
原生产企业：卫德营养品国际公司
现生产企业：北京美生科贸有限公司
原生产企业地址：2002 South 5070 West，Salt Lake City，Utah 84104，U. S. A
现生产企业地址：北京经济技术开发区标准厂房 8 号
批准变更日期：2000 年 7 月 5 日

19　产品名称：爱心浓缩草本植物干粉胶囊食品
批准文号：卫食健进字（1999）第 0085 号
申报功能：改善胃肠道功能（润肠通便）
原生产企业：仙妮蕾德生产厂
现生产企业：仙妮蕾德（广州）有限公司
原生产企业地址：320 SOUTH SIXTY AVENUE，CITY OF INDUSTRY，CALIFORNIA 91746
现生产企业地址：广州经济技术开发区创业路
批准变更日期：2000 年 7 月 5 日

注：带 * 的产品为 2000 年 6 月批准的产品，但因该产品的企业名称需要确认，因此未在 2000 年 6 月通告中发布。

2000年8月份获卫生部批准的保健食品目录

国产产品

1 产品名称：天缘牌养生茶颗粒剂
批准文号：卫食健字（2000）第0354号
批准功能：抗疲劳
申报单位：北京国盛华技术开发有限公司
北京中医药大学附属中西医结合医院
批准日期：2000年8月1日

2 产品名称：明月春牌滋养胶囊
批准文号：卫食健字（2000）第0355号
批准功能：延缓衰老
申报单位：广东清大科技园生物工程有限公司
批准日期：2000年8月1日

3 产品名称：美洲牛牌西洋参胶囊
批准文号：卫食健字（2000）第0356号
批准功能：抗疲劳
申报单位：天津格斯宝西洋参制药有限公司
批准日期：2000年8月1日

4 产品名称：银杏洋参钙胶囊
批准文号：卫食健字（2000）第0357号
批准功能：调节血脂
申报单位：贵州银杏鹰实业有限公司
批准日期：2000年8月1日

5 产品名称：双金爱生舒肠护肝胶囊
批准文号：卫食健字（2000）第0358号
批准功能：改善胃肠道功能（润肠通便）
对化学性肝损伤有辅助保护作用
申报单位：上海双金生物科技有限公司
批准日期：2000年8月1日

6 产品名称：博凯二合一减肥乐（粉剂+胶囊）
批准文号：卫食健字（2000）第0359号
批准功能：减肥
申报单位：深圳市博凯保健品有限公司
批准日期：2000年8月1日

7 产品名称：圣塘山绞股蓝营养液
批准文号：卫食健字（2000）第0360号
批准功能：调节血脂、延缓衰老
申报单位：广西金秀圣塘山天然保健品开发公司
批准日期：2000年8月4日

8 产品名称：美大康京萨软胶囊
批准文号：卫食健字（2000）第0361号
批准功能：调节血脂、免疫调节
申报单位：四川美大康药业有限公司
批准日期：2000年8月4日

9 产品名称：德臻牌百力口服液
批准文号：卫食健字（2000）第0362号
批准功能：免疫调节、调节血脂
申报单位：山西德臻生物工程有限公司
批准日期：2000年8月4日

10 产品名称：泉峰百花牌苦丁茶
批准文号：卫食健字（2000）第0363号
批准功能：调节血脂、免疫调节
申报单位：贵州省铜仁地区武陵山植物保健茶厂
批准日期：2000年8月4日

11 产品名称：三九欣泰口服液
批准文号：卫食健字（2000）第0364号
批准功能：调节血脂
申报单位：广东九极日用保健品有限公司
批准日期：2000年8月4日

12 产品名称：太和银杏叶片
批准文号：卫食健字（2000）第0365号
批准功能：调节血脂
申报单位：杭州太和健康食品有限公司
批准日期：2000年8月11日

13 产品名称：太和银杏叶胶囊
批准文号：卫食健字（2000）第0366号
批准功能：调节血脂
申报单位：杭州太和健康食品有限公司
批准日期：2000年8月11日

14 产品名称：梅花鹿血粉胶囊
批准文号：卫食健字（2000）第0367号
批准功能：抗疲劳、延缓衰老
申报单位：承德市普宁鹿血制品有限公司
批准日期：2000年8月11日

15 产品名称：金山牌蚂蚁全粉
批准文号：卫食健字（2000）第0368号
批准功能：免疫调节
申报单位：贵州金山蚂蚁保健品有限公司
批准日期：2000年8月11日

16 产品名称：新新牌抗疲劳胶囊
批准文号：卫食健字（2000）第0369号
批准功能：抗疲劳
申报单位：山东日照海峰制药有限公司

批准日期：2000 年 8 月 11 日

17　产品名称：正迪茸参胶囊
批准文号：卫食健字（2000）第 0370 号
批准功能：抗疲劳、免疫调节
申报单位：石家庄市民安实业发展有限公司
批准日期：2000 年 8 月 11 日

18　产品名称：蜜香村晚安胶囊
批准文号：卫食健字（2000）第 0371 号
批准功能：改善睡眠
申报单位：北京蜜香村蜂胶有限责任公司
批准日期：2000 年 8 月 11 日

19　产品名称：轻身乐减肥胶囊
批准文号：卫食健字（2000）第 0372 号
批准功能：减肥
申报单位：中国中医药科技开发交流中心
批准日期：2000 年 8 月 11 日

20　产品名称：生力源牌灵芝孢子粉
批准文号：卫食健字（2000）第 0373 号
批准功能：免疫调节
申报单位：山西省农业生物技术研究中心
批准日期：2000 年 8 月 11 日

21　产品名称：祥和茂牌迈康茶
批准文号：卫食健字（2000）第 0374 号
批准功能：调节血压
申报单位：山西省临汾祥和茂茶叶有限公司
批准日期：2000 年 8 月 11 日

22　产品名称：康之路康得龄胶囊
批准文号：卫食健字（2000）第 0375 号
批准功能：延缓衰老
申报单位：深圳市康之路绿色植物食品有限公司
批准日期：2000 年 8 月 11 日

23　产品名称：金活牌洋参胶囊
批准文号：卫食健字（2000）第 0376 号
批准功能：免疫调节
申报单位：深圳金活一洲制药有限公司
批准日期：2000 年 8 月 11 日

24　产品名称：普力口服液
批准文号：卫食健字（2000）第 0377 号
批准功能：抗疲劳
申报单位：长沙九芝堂医药科技开发有限公司
批准日期：2000 年 8 月 11 日

25　产品名称：常驻青牌免疫胶囊
批准文号：卫食健字（2000）第 0378 号
批准功能：免疫调节
申报单位：湖南益阳七仙保健食品有限公司
批准日期：2000 年 8 月 11 日

26　产品名称：好心情牌驻颜口服液
批准文号：卫食健字（2000）第 0379 号
批准功能：美容（祛黄褐斑）
申报单位：北京建昊高科技发展股份有限公司
批准日期：2000 年 8 月 11 日

27　产品名称：活立多牌健肠口服液
批准文号：卫食健字（2000）第 0380 号
批准功能：改善胃肠道功能（润肠通便）
申报单位：江门市江海区江山食品生化有限公司
批准日期：2000 年 8 月 11 日

28　产品名称：凯歌氏牌维 D 钙片
批准文号：卫食健字（2000）第 0381 号
批准功能：补钙
申报单位：深圳市凯歌氏健康食品有限公司
批准日期：2000 年 8 月 11 日

29　产品名称：来康牌蜂王浆
批准文号：卫食健字（2000）第 0382 号
批准功能：免疫调节
申报单位：南京珍珠泉蜂制品厂
批准日期：2000 年 8 月 11 日

30　产品名称：彼阳新盖口服液
批准文号：卫食健字（2000）第 0383 号
批准功能：补钙
申报单位：哈尔滨红太阳实业有限公司
批准日期：2000 年 8 月 11 日

31　产品名称：寿龟牌补酒
批准文号：卫食健字（2000）第 0384 号
批准功能：抗疲劳
申报单位：哈尔滨市方正寿龟补酒有限公司
批准日期：2000 年 8 月 11 日

32　产品名称：圣沁松籽油胶囊
批准文号：卫食健字（2000）第 0385 号
批准功能：延缓衰老
申报单位：白求恩医科大学基础医学院
曲阜圣心养生宝有限公司
批准日期：2000 年 8 月 11 日

33　产品名称：博弘牌愈消康胶囊
批准文号：卫食健字（2000）第 0386 号
批准功能：调节血糖
申报单位：北京博弘国医药开发研究所

青岛市平度博弘生物品有限公司
批准日期：2000年8月11日
34 产品名称：太阳神牌猴头菇胃肠保健口服液
批准文号：卫食健字（2000）第0387号
批准功能：改善胃肠道功能（对胃粘膜有辅助保护作用、润肠通便）
申报单位：广东太阳神集团有限公司
批准日期：2000年8月11日
35 产品名称：圣灵牌灵芝康宝液
批准文号：卫食健字（2000）第0388号
批准功能：免疫调节、延缓衰老
申报单位：福建圣灵保健品技术开发联合公司
批准日期：2000年8月11日
36 产品名称：奎科口咽康含片
批准文号：卫食健字（2000）第0389号
批准功能：清咽润喉（清咽）
申报单位：北京奎科新技术公司
批准日期：2000年8月11日
37 产品名称：薷蕊牌祛斑冲剂
批准文号：卫食健字（2000）第0390号
批准功能：美容（祛黄褐斑）
申报单位：宁夏天神宝有限公司
批准日期：2000年8月11日
38 产品名称：采力口服液
批准文号：卫食健字（2000）第0391号
批准功能：延缓衰老
申报单位：青岛海尔药业有限公司
批准日期：2000年8月11日
39 产品名称：国森牌金鹿酒
批准文号：卫食健字（2000）第0392号
批准功能：抗疲劳
申报单位：河南省渑池县中原鹿业（集团）有限公司
批准日期：2000年8月11日
40 产品名称：学者牌纯灵芝孢子粉胶囊
批准文号：卫食健字（2000）第0393号
批准功能：免疫调节
申报单位：广州绿色食品工程公司
批准日期：2000年8月11日
41 产品名称：新新牌体保胶囊
批准文号：卫食健字（2000）第0394号
批准功能：免疫调节
申报单位：山东日照海峰制药有限公司
批准日期：2000年8月11日
43 产品名称：三九安泰口服液
批准文号：卫食健字（2000）第0396号
批准功能：改善睡眠
申报单位：广东九极日用保健品有限公司
批准日期：2000年8月11日
44 产品名称：今天龙牌强力胶囊
批准文号：卫食健字（2000）第0397号
批准功能：抗疲劳
申报单位：河北今天龙保健制品集团有限公司
批准日期：2000年8月11日
45 产品名称：绿洲壮骨奶粉
批准文号：卫食健字（2000）第0398号
批准功能：增加骨密度
申报单位：黑龙江省宋站乳品厂
批准日期：2000年8月11日
46 产品名称：大经牌汇通口服液
批准文号：卫食健字（2000）第0399号
批准功能：抗疲劳
申报单位：北京市房山区预防医学研究中心
批准日期：2000年8月11日
47 产品名称：天士力牌天士软胶囊
批准文号：卫食健字（2000）第0400号
批准功能：抗氧化
申报单位：天津天士力新资源药业有限公司
天津市中央滋补剂厂
批准日期：2000年8月11日
48 产品名称：福馨牌胶囊
批准文号：卫食健字（2000）第0401号
批准功能：免疫调节、改善胃肠道功能（润肠通便）
申报单位：上海天赐福生物工程有限公司
批准日期：2000年8月11日
49 产品名称：美洲牛牌西洋参原生饮
批准文号：卫食健字（2000）第0402号
批准功能：抗疲劳
申报单位：天津格斯宝西洋参制药有限公司
批准日期：2000年8月11日

进口产品

50 产品名称：培芝初乳奶粉
批准文号：卫食健进字（2000）第0039号
批准功能：免疫调节
生产企业：新西兰健康食品有限公司

批准日期：2000 年 8 月 4 日
申报单位：北京康卫医药咨询服务中心

51　产品名称：康力宝营养浆
批准文号：卫食健进字（2000）第 0040 号
批准功能：补充多种维生素
生产企业：法健化学制药厂有限公司
批准日期：2000 年 8 月 11 日
申报单位：法健化学制药厂有限公司

52　产品名称：鹰牌川贝枇杷糖
批准文号：卫食健进字（2000）第 0041 号
批准功能：清咽润喉（清咽）
生产企业：香港健康食品企业有限公司
批准日期：2000 年 8 月 11 日
申报单位：健康药业（中国）有限公司

增补功能产品

53　产品名称：减肥沙淇晶
批准文号：卫食健进字（1998）第 020 号
原批准功能：减肥
现增补功能：改善胃肠道功能（润肠通便）
生产企业：美国健康产品公司
批准日期：2000 年 8 月 11 日
申报单位：哈慈集团公司

技术转让产品

54　产品名称：金伴牌健益宝大豆磷脂胶囊
批准文号：卫食健字（1999）第 0544 号
批准功能：调节血脂、免疫调节
转让方：上海油脂一厂
批准转让日期：2000 年 8 月 1 日
受让方：上海金伴食品有限公司

55　产品名称：春宝加饭酒
批准文号：卫食健字（1999）第 0336 号
批准功能：免疫调节
转让方：本溪化工集团药业供销有限责任公司
批准转让日期：2000 年 8 月 11 日
受让方：北京永泰健海商贸有限责任公司

56　产品名称：保生素片
批准文号：卫食健字（1997）第 341 号
批准功能：延缓衰老、改善胃肠道功能（调节肠道菌群、润肠通便）
转让方：幸福泉食品饮料发展有限公司
批准转让日期：2000 年 8 月 11 日
受让方：北京建昊高科技发展股份有限公司

57　产品名称：瑞德梦降脂健身茶
批准文号：卫食健字（1999）第 0518 号
批准功能：调节血脂
转让方：北京瑞德梦保健品销售中心保健品加工厂
批准转让日期：2000 年 8 月 11 日
受让方：北京瑞德梦科贸有限公司

58　产品名称：朴真堂牌鳔胶
批准文号：卫食健字（1998）第 268 号
批准功能：抗疲劳
转让方：永嘉县朴真堂保健品有限公司
批准转让日期：2000 年 8 月 11 日
受让方：上海神力生物制品有限公司

59　产品名称：调脂胶囊
批准文号：卫食健字（1999）第 0200 号
批准功能：调节血脂
转让方：北戴河中医肿瘤临床研究所
批准转让日期：2000 年 8 月 11 日
受让方：三河国天保健品有限公司

60　产品名称：小一号减肥颗粒
批准文号：卫食健字（1999）第 0369 号
批准功能：减肥
转让方：北戴河中医肿瘤临床研究所
批准转让日期：2000 年 8 月 11 日
受让方：三河国天保健品有限公司

61　产品名称：调脂早餐
批准文号：卫食健字（1997）第 004 号
批准功能：调节血脂
转让方：北戴河中医肿瘤临床研究所
批准转让日期：2000 年 8 月 11 日
受让方：三河国天保健品有限公司

62　产品名称：关东大补酒
批准文号：卫食健字（1997）第 754 号
批准功能：抗疲劳
转让方：吉林省信元鹿业发展有限责任公司
批准转让日期：2000 年 8 月 11 日
受让方：吉林省恒信保健品有限公司

63　产品名称：长白山老人参酒
批准文号：卫食健字（1997）第 751 号
批准功能：抗疲劳
转让方：吉林省信元鹿业发展有限责任公司
批准转让日期：2000 年 8 月 11 日
受让方：吉林省恒信保健品有限公司

更改批件产品

64 产品名称：金百益蜂胶胶囊
批准文号：卫食健字（1998）第 0280 号
批准功能：免疫调节
原申报单位：北京好福欣蜂胶有限责任公司
批准变更日期：2000 年 8 月 4 日
现申报单位：北京好福欣生物工程技术有限责任公司

65 产品名称：银心牌强身可乐
批准文号：卫食健字（2000）第 0186 号
批准功能：免疫调节
原申报单位：武汉强娃娃保健饮料食品有限公司
批准变更日期：2000 年 8 月 11 日
现申报单位：武汉巨力生物工程有限公司

66 产品名称：银心牌银心口服液
批准文号：卫食健字（2000）第 0187 号
批准功能：调节血脂、延缓衰老、免疫调节
原申报单位：武汉强娃娃保健饮料食品有限公司
批准变更日期：2000 年 8 月 11 日
现申报单位：武汉巨力生物工程有限公司

67 产品名称：拾思堂牌参灵口服液
批准文号：卫食健字（1998）第 007 号
批准功能：免疫调节
原申报单位：广州市启联保健食品有限公司
批准变更日期：2000 年 8 月 11 日
现申报单位：广州市子午保健品有限公司

68 产品名称：宝佳适保健饮料
批准文号：卫食健字（1997）第 696 号
批准功能：抗疲劳
原申报单位：苏州康宝益饮料有限公司
批准变更日期：2000 年 8 月 11 日
现申报单位：苏州东亚饮料有限公司

69 原产品名称：人人康牌降糖粉
批准文号：卫食健字（1999）第 0290 号
现产品名称：柒捌壹牌杞苓粉
批准功能：调节血糖
申报单位：威海市人人康保健品有限责任公司
批准变更日期：2000 年 8 月 11 日

转境内生产产品

70 产品名称：美乐宁胶囊
批准文号：卫食健进字（1997）第 024 号
批准功能：改善睡眠
原生产企业：Chi’s 有限公司
批准变更日期：2000 年 8 月 11 日
现生产企业：四川奇力制约有限公司

71 产品名称：优力生宝浓缩营养粉
批准文号：卫食健进字（1999）第 0091 号
批准功能：调节血脂
原生产企业：仙妮蕾德生产厂
批准变更日期：2000 年 8 月 11 日
现生产企业：仙尼蕾德（天津）企业有限公司
原生产企业地址：320 SOUTH SIXTH AVENUE，CITY OF INDUSTRY，CALIFORNIA 91746
现生产企业地址：天津经济技术开发区黄海路 161 号

72 产品名称：欣乐即溶饮品
批准文号：卫食健进字（1999）第 0084 号
批准功能：调节血脂
原生产企业：仙妮蕾德生产厂
批准变更日期：2000 年 8 月 11 日
现生产企业：仙妮蕾德（天津）企业有限公司
原生产企业地址：320 OSUTH SIXTH AVENUE，CITY OF INDUSTRY，CALIFORNIA 91746
现生产企业地址：天津经济技术开发区黄海路 161 号

73 产品名称：佳莉袋泡茶
批准文号：卫食健进字（1999）第 0086 号
批准功能：调节血脂
原生产企业：仙妮蕾德生产厂
批准变更日期：2000 年 8 月 11 日
现生产企业：仙妮蕾德（天津）企业有限公司
原生产企业地址：320 SOUTH SIXTH AVENUE，CITY OF INDUSTRY，CALIFORNIA 91746
现生产企业地址：天津经济技术开发区黄海路 161 号

74 产品名称：优力浓缩营养粉
批准文号：卫食健进字（1999）第 0089 号
批准功能：调节血脂
原生产企业：仙妮蕾德生产厂
批准变更日期：2000 年 8 月 11 日
现生产企业：仙妮蕾德（天津）企业有限公司
原生产企业地址：320 SOUTH SIXTH

AVENUE，CITY OF INDUSTRY，CALIFORNIA 91746

现生产企业地址：天津经济技术开发区黄海路161号

2000年9月份获卫生部批准的保健食品目录

国产产品

1 产品名称：雪蓝奇减肥胶囊
批准文号：卫食健字（2000）第0403号
批准功能：减肥
申报单位：北京华丰制药公司
批准日期：2000年9月1日

2 产品名称：康帅牌银杏叶茶
批准文号：卫食健字（2000）第0404号
批准功能：调节血脂
申报单位：江苏银杏生化集团股份有限公司
批准日期：2000年9月1日

3 产品名称：首儿维D钙咀嚼片
批准文号：卫食健字（2000）第0405号
批准功能：补钙
申报单位：首都儿科医学科技开发中心
批准日期：2000年9月1日

4 产品名称：章光首乌酒
批准文号：卫食健字（2000）第0406号
批准功能：抗疲劳
申报单位：浙江章光101有限公司
批准日期：2000年9月1日

5 产品名称：劲牌参茸劲酒
批准文号：卫食健字（2000）第0407号
批准功能：抗疲劳
申报单位：湖北劲牌酒业有限公司
批准日期：2000年9月1日

6 产品名称：每日牌参含片
批准文号：卫食健字（2000）第0408号
批准功能：免疫调节
申报单位：上海中西药业股份有限公司
批准日期：2000年9月1日

7 产品名称：简牌瘦身片
批准文号：卫食健字（2000）第0409号
批准功能：减肥
申报单位：上海益生源生物工程有限公司
批准日期：2000年9月1日

8 产品名称：南新甘氨酸锌片
批准文号：卫食健字（2000）第0410号
批准功能：补锌
申报单位：天津市南大星运生物医药开发有限公司
批准日期：2000年9月1日

9 产品名称：乐尚牌俏脂饮料
批准文号：卫食健字（2000）第0411号
批准功能：调节血脂
申报单位：德州消脂可乐有限公司
批准日期：2000年9月1日

10 产品名称：喜悦牌牦牛骨髓壮骨粉冲剂
批准文号：卫食健字（2000）第0412号
批准功能：增加骨密度、免疫调节
申报单位：深圳太子行保健品有限公司
批准日期：2000年9月1日

11 产品名称：金活牌洋参含片
批准文号：卫食健字（2000）第0413号
批准功能：抗疲劳
申报单位：深圳金活一洲制药有限公司
批准日期：2000年9月1日

12 产品名称：都瑞红佛林胶囊
批准文号：卫食健字（2000）第0414号
批准功能：调节血脂
申报单位：湖南都瑞医药实业有限公司
批准日期：2000年9月5日

13 产品名称：博方福佑康颗粒
批准文号：卫食健字（2000）第0415号
批准功能：调节血脂
申报单位：天津中一制药有限公司
批准日期：2000年9月5日

14 产品名称：兴海活力源口服液
批准文号：卫食健字（2000）第0416号
批准功能：免疫调节
申报单位：盘锦兴海制药有限公司
批准日期：2000年9月5日

15 产品名称：波利思消渴康片
批准文号：卫食健字（2000）第0417号
批准功能：调节血糖、调节血脂
申报单位：北京华麟企业（集团）有限公司

批准日期：2000年9月5日

16 产品名称：环西牌消食开胃口服液
批准文号：卫食健字（2000）第0418号
批准功能：改善胃肠道功能（促进消化）
申报单位：普宁市环西保健食品厂
批准日期：2000年9月5日

17 产品名称：蓝色多宁胶囊
批准文号：卫食健字（2000）第0419号
批准功能：免疫调节、抗疲劳
申报单位：上海蓝科生物高科技有限公司
批准日期：2000年9月5日

18 产品名称：天绿原牌天绿原健润口服液
批准文号：卫食健字（2000）第0420号
批准功能：免疫调节、改善胃肠道功能（润肠通便）
申报单位：山东天绿原生物工程有限公司
批准日期：2000年9月5日

19 产品名称：纽崔莱深海鲑鱼油胶囊
批准文号：卫食健字（2000）第0421号
批准功能：调节血脂
申报单位：安利（中国）日用品有限公司
批准日期：2000年9月5日

20 产品名称：晓山牌俏维康片
批准文号：卫食健字（2000）第0422号
批准功能：减肥
申报单位：山西安克尔保健食品有限公司
批准日期：2000年9月5日

21 产品名称：千里马牌保健饮料
批准文号：卫食健字（2000）第0423号
批准功能：免疫调节、调节血脂
申报单位：湖北千里马药业股份有限公司
批准日期：2000年9月5日

22 产品名称：生命特力胶囊
批准文号：卫食健字（2000）第0424号
批准功能：延缓衰老
申报单位：银川正华科技贸易有限公司
批准日期：2000年9月5日

23 产品名称：来康牌蜂王浆冻干粉胶囊
批准文号：卫食健字（2000）第0425号
批准功能：免疫调节、对化学性肝损伤有辅助保护作用
申报单位：南京珍珠泉蜂制品厂
批准日期：2000年9月5日

24 产品名称：高原金果牌沙棘黄酮软胶囊
批准文号：卫食健字（2000）第0426号
批准功能：调节血脂
申报单位：水利部沙棘开发管理中心
批准日期：2000年9月5日

25 产品名称：思远牌唐美含片
批准文号：卫食健字（2000）第0427号
批准功能：调节血糖
申报单位：北京嘉德制药有限公司
批准日期：2000年9月5日

26 产品名称：绿手指麦绿素片
批准文号：卫食健字（2000）第0428号
批准功能：免疫调节、延缓衰老
申报单位：哈尔滨华堂科技开发有限公司
批准日期：2000年9月5日

27 产品名称：威士雅补锌口服液
批准文号：卫食健字（2000）第0429号
批准功能：补锌
申报单位：广东威士雅保健品有限公司
批准日期：2000年9月5日

28 产品名称：荷仕威香菇多糖颗粒冲剂
批准文号：卫食健字（2000）第0430号
批准功能：免疫调节
申报单位：广西桂林实力天然食品有限公司
批准日期：2000年9月5日

29 产品名称：渴来利牌雪莲虫草补酒
批准文号：卫食健字（2000）第0431号
批准功能：免疫调节
申报单位：乌鲁木齐康源保健品有限公司
批准日期：2000年9月5日

30 产品名称：绿洲糖可平奶粉
批准文号：卫食健字（2000）第0432号
批准功能：调节血糖
申报单位：黑龙江省宋站乳品厂
批准日期：2000年9月27日

31 产品名称：华伦牌桃花养颜胶囊
批准文号：卫食健字（2000）第0433号
批准功能：美容（祛痤疮）
申报单位：北京市华伦医疗用品有限公司
批准日期：2000年9月27日

32 产品名称：中科牌爱特胶囊
批准文号：卫食健字（2000）第0434号
批准功能：免疫调节、抗突变

申报单位：中国科学院南京地理与湖泊研究所科技开发公司
批准日期：2000 年 9 月 27 日

33　产品名称：维灵儿童智宝软胶囊
批准文号：卫食健字（2000）第 0435 号
批准功能：改善记忆
申报单位：华北制药集团有限责任公司
批准日期：2000 年 9 月 27 日

34　产品名称：来康牌蜂王浆冻干粉
批准文号：卫食健字（2000）第 0436 号
批准功能：免疫调节、对化学性肝损伤有辅助保护作用
申报单位：南京珍珠泉蜂制品厂
批准日期：2000 年 9 月 27 日

35　产品名称：加多宝凉茶
批准文号：卫食健字（2000）第 0437 号
批准功能：清咽润喉（清咽）
申报单位：广东加多宝饮料食品有限公司
批准日期：2000 年 9 月 27 日

36　产品名称：吾老七羊胎美容浓缩液
批准文号：卫食健字（2000）第 0438 号
批准功能：美容（改善皮肤水份、祛黄褐斑）
申报单位：浙江衢州市吾老七保健品有限公司
批准日期：2000 年 9 月 27 日

37　产品名称：健尔康牌德康口服液
批准文号：卫食健字（2000）第 0439 号
批准功能：调节血脂
申报单位：枣庄市生物工程技术研究所
批准日期：2000 年 9 月 27 日

38　产品名称：新宇柠尔钙柠檬酸钙片
批准文号：卫食健字（2000）第 0440 号
批准功能：补钙
申报单位：上海大宇生化有限公司
批准日期：2000 年 9 月 27 日

39　产品名称：松树牌双福软胶囊
批准文号：卫食健字（2000）第 0441 号
批准功能：延缓衰老
申报单位：天津市中央药业有限公司
批准日期：2000 年 9 月 27 日

40　产品名称：石药双维果味维生素 C 和维生素 E 咀嚼片
批准文号：卫食健字（2000）第 0442 号
批准功能：补维生素 C 和维生素 E
申报单位：石家庄制药集团有限公司
批准日期：2000 年 9 月 27 日

41　产品名称：均衡牌钙（儿童型）咀嚼片
批准文号：卫食健字（2000）第 0443 号
批准功能：补钙
申报单位：郑州爱迪尔科技发展有限公司
批准日期：2000 年 9 月 27 日

42　产品名称：三生牌鹿茸补酒
批准文号：卫食健字（2000）第 0444 号
批准功能：抗疲劳、免疫调节
申报单位：南海三生酒业有限公司
批准日期：2000 年 9 月 27 日

43　产品名称：迪源牌鲁迪核酸口服液
批准文号：卫食健字（2000）第 0445 号
批准功能：免疫调节
申报单位：枣庄市生物工程技术研究所
批准日期：2000 年 9 月 27 日

44　产品名称：扶元堂灵芝养元冲剂
批准文号：卫食健字（2000）第 0446 号
批准功能：免疫调节、延缓衰老
申报单位：广东省东南公司广州市生物研究分公司
批准日期：2000 年 9 月 27 日

45　产品名称：励宁牌通畅液
批准文号：卫食健字（2000）第 0447 号
批准功能：改善胃肠道功能（润肠通便）
申报单位：天津励宁生物科技开发有限公司
批准日期：2000 年 9 月 27 日

46　产品名称：康德尔牌秘利通胶囊
批准文号：卫食健字（2000）第 0448 号
批准功能：改善胃肠道功能（润肠通便）
申报单位：烟台康德尔制药有限公司
批准日期：2000 年 9 月 27 日

47　产品名称：朗天牌朗天钙片
批准文号：卫食健字（2000）第 0449 号
批准功能：补钙及维生素 D
申报单位：北京朗天经贸有限公司
批准日期：2000 年 9 月 27 日

48　产品名称：力普生牌破壁灵芝孢子粉
批准文号：卫食健字（2000）第 0450 号
批准功能：免疫调节
申报单位：上海力普生生物制品有限公司
批准日期：2000 年 9 月 27 日

50 产品名称：力普生牌破壁灵芝孢子胶丸
批准文号：卫食健字（2000）第0451号
批准功能：免疫调节
申报单位：上海力普生生物制品有限公司
批准日期：2000年9月27日
51 产品名称：朗天牌朗天钙口嚼片
批准文号：卫食健字（2000）第0452号
批准功能：补钙及维生素D
申报单位：北京朗天经贸有限公司
批准日期：2000年9月27日
52 产品名称：康逆灵胶囊
批准文号：卫食健字（2000）第0453号
批准功能：免疫调节、抗突变
申报单位：北京市康逆灵保健品有限公司
批准日期：2000年9月27日
53 产品名称：师宏牌糖安平胶囊
批准文号：卫食健字（2000）第0454号
批准功能：调节血糖
申报单位：北京师宏药物研制中心
批准日期：2000年9月27日
54 产品名称：泰鼎牌康喜胶囊
批准文号：卫食健字（2000）第0455号
批准功能：抗疲劳
申报单位：北京市泰鼎科技开发有限责任公司
批准日期：2000年9月27日
55 产品名称：华露康口含丸
批准文号：卫食健字（2000）第0456号
批准功能：免疫调节
申报单位：北京华西康医药技术服务有限公司
批准日期：2000年9月27日
56 产品名称：双恩强补胶囊
批准文号：卫食健字（2000）第0457号
批准功能：免疫调节
申报单位：石家庄双恩实业有限公司食品分公司
批准日期：2000年9月27日
57 产品名称：四泰牌容康冲剂
批准文号：卫食健字（2000）第0458号
批准功能：免疫调节
申报单位：定西四泰新技术开发有限公司
批准日期：2000年9月27日
58 产品名称：华兴牌纯鲜蜂王浆
批准文号：卫食健字（2000）第0459号
批准功能：免疫调节
申报单位：北京中农蜂蜂业技术开发中心
批准日期：2000年9月27日
59 产品名称：柯美糖安粉
批准文号：卫食健字（2000）第0460号
批准功能：调节血糖
申报单位：郑州柯美保健食品有限公司
批准日期：2000年9月27日
60 产品名称：今天龙牌统力宝胶囊
批准文号：卫食健字（2000）第0461号
批准功能：抗疲劳
申报单位：河北今天龙保健制品集团有限公司
批准日期：2000年9月27日
61 产品名称：东星牌银杏叶茶
批准文号：卫食健字（2000）第0462号
批准功能：调节血脂
申报单位：胜利石油管理局银杏开发中心
批准日期：2000年9月27日
62 产品名称：祝强轻宝胶囊
批准文号：卫食健字（2000）第0463号
批准功能：减肥
申报单位：杭州祝强医疗保健品有限公司
批准日期：2000年9月27日
63 产品名称：苏欣胶囊
批准文号：卫食健字（2000）第0464号
批准功能：免疫调节
申报单位：常州市屹科生物工程有限公司
批准日期：2000年9月27日
64 产品名称：朴欣牌乳酸锌口服液
批准文号：卫食健字（2000）第0465号
批准功能：补锌
申报单位：哈尔滨医药股份有限公司制药六厂
批准日期：2000年9月27日
65 产品名称：菌宝牌灵芝孢子粉胶囊
批准文号：卫食健字（2000）第0466号
批准功能：免疫调节、调节血脂
申报单位：常州市医药原料厂
批准日期：2000年9月27日
66 产品名称：嘉府牌固元金汤
批准文号：卫食健字（2000）第0467号
批准功能：抗疲劳、免疫调节
申报单位：青岛市胶南康大外贸有限公司
批准日期：2000年9月27日
67 产品名称：微之星牌超细破壁灵芝孢子粉

批准文号：卫食健字（2000）第 0468 号
批准功能：免疫调节
申报单位：江苏省超细粉体工程技术研究中心
批准日期：2000 年 9 月 27 日

68 产品名称：万基洋参糖
批准文号：卫食健字（2000）第 0469 号
批准功能：抗疲劳
申报单位：深圳万基药业有限公司
批准日期：2000 年 9 月 27 日

69 产品名称：万基牦牛骨髓壮骨粉
批准文号：卫食健字（2000）第 0470 号
批准功能：增加骨密度
申报单位：深圳万基药业有限公司
批准日期：2000 年 9 月 27 日

70 产品名称：万信牌儿童康乐多维咀嚼片
批准文号：卫食健字（2000）第 0471 号
批准功能：补充多种维生素
申报单位：长春长生实业股份有限公司
批准日期：2000 年 9 月 27 日

71 产品名称：康尔寿益寿茶
批准文号：卫食健字（2000）第 0472 号
批准功能：免疫调节、延缓衰老
申报单位：重庆市康尔寿保健食品研究所
批准日期：2000 年 9 月 27 日

72 产品名称：菌宝牌羊肚菌胶囊
批准文号：卫食健字（2000）第 0473 号
批准功能：抗疲劳、免疫调节
申报单位：常州市医药原料厂
批准日期：2000 年 9 月 27 日

73 产品名称：珍奥肝泰胶囊
批准文号：卫食健字（2000）第 0474 号
批准功能：免疫调节、对化学性肝损伤有辅助保护作用
申报单位：大连珍奥核酸科技发展有限公司
批准日期：2000 年 9 月 27 日

74 产品名称：健维乳钙片
批准文号：卫食健字（2000）第 0457 号
批准功能：补钙
申报单位：厦门多恩生物技术有限公司
批准日期：2000 年 9 月 27 日

75 产品名称：龙宝牌蛇鳖骨粉补钙胶囊
批准文号：卫食健字（2000）第 0475 号
批准功能：补钙
申报单位：苏州龙宝生物工程实业公司
批准日期：2000 年 9 月 27 日

76 产品名称：松树牌蜂王浆胶丸
批准文号：卫食健字（2000）第 0477 号
批准功能：免疫调节
申报单位：天津市中央药业有限公司
批准日期：2000 年 9 月 27 日

77 产品名称：雷氏牌安泰灵芝菌丝体胶囊
批准文号：卫食健字（2000）第 0478 号
批准功能：免疫调节
申报单位：上海雷氏药业有限公司
批准日期：2000 年 9 月 27 日

78 产品名称：倩儿清畅口服液
批准文号：卫食健字（2000）第 0479 号
批准功能：改善胃肠道功能（润肠通便）
申报单位：广州金叶保健品有限公司
批准日期：2000 年 9 月 27 日

79 产品名称：康之伴牌天然 α-亚麻酸胶丸
批准文号：卫食健字（2000）第 0480 号
批准功能：调节血脂
申报单位：南通华山药业有限公司
批准日期：2000 年 9 月 27 日

80 产品名称：双轮牌新生代酒
批准文号：卫食健字（2000）第 0481 号
批准功能：延缓衰老、免疫调节、抗疲劳
申报单位：安徽双轮集团
批准日期：2000 年 9 月 27 日

81 产品名称：龙虎牌金爱心血宝咀嚼片
批准文号：卫食健字（2000）第 0482 号
批准功能：改善营养性贫血
申报单位：上海中华制药厂
批准日期：2000 年 9 月 27 日

82 产品名称：焉支山牌鹿血饮酒
批准文号：卫食健字（2000）第 0483 号
批准功能：免疫调节
申报单位：兰州医学院焉支山保健酒厂
批准日期：2000 年 9 月 27 日

83 产品名称：鱼山牌阿胶浆
批准文号：卫食健字（2000）第 0484 号
批准功能：免疫调节
申报单位：滕州市东大阿胶制品有限责任公司
批准日期：2000 年 9 月 27 日

84 产品名称：马应龙补身益寿胶囊

批准文号：卫食健字（2000）第0485号
批准功能：免疫调节、延缓衰老
申报单位：武汉马应龙药业集团股份有限公司
批准日期：2000年9月27日

85 产品名称：七朵牌人参花茶
批准文号：卫食健字（2000）第0486号
批准功能：抗疲劳
申报单位：深圳市泰德龙保健品有限公司
批准日期：2000年9月27日

86 产品名称：许氏花旗参口服液
批准文号：卫食健字（2000）第0487号
批准功能：免疫调节
申报单位：威州许氏洋参（南京）有限公司
批准日期：2000年9月27日

87 产品名称：合康牌合康胶囊
批准文号：卫食健字（2000）第0488号
批准功能：免疫调节
申报单位：上海家宝医学保健科技有限公司
批准日期：2000年9月27日

88 产品名称：海辰牌金骨源片
批准文号：卫食健字（2000）第0489号
批准功能：免疫调节、增加骨密度
申报单位：青岛金固元海洋生物保健品有限公司
批准日期：2000年9月27日

89 产品名称：巴古那牌瓜拿纳活力胶囊
批准文号：卫食健字（2000）第0490号
批准功能：抗疲劳
申报单位：湖南升麦保健品有限公司
批准日期：2000年9月27日

90 产品名称：时代血脂灵胶囊
批准文号：卫食健字（2000）第0491号
批准功能：调节血脂
申报单位：青海油田诚信（劳动）服务有限责任公司
批准日期：2000年9月27日

91 产品名称：圣草丹牌螺旋藻液
批准文号：卫食健字（2000）第0492号
批准功能：免疫调节
申报单位：合浦圣草丹螺旋藻有限公司
批准日期：2000年9月27日

92 产品名称：吉瑞牌松茸胶囊
批准文号：卫食健字（2000）第0493号
批准功能：抗突变
申报单位：北京中诚佳元商贸有限公司
批准日期：2000年9月27日

93 产品名称：丽人红牌阿胶胶囊
批准文号：卫食健字（2000）第0494号
批准功能：改善营养性贫血、免疫调节
申报单位：深圳市铭鸿祥保健品发展有限公司
批准日期：2000年9月27日

94 产品名称：新起点免疫胶囊
批准文号：卫食健字（2000）第0495号
批准功能：免疫调节
申报单位：湖北楚冠实业股份有限公司
批准日期：2000年9月27日

95 产品名称：百花牌洋参王浆片
批准文号：卫食健字（2000）第0496号
批准功能：抗疲劳
申报单位：北京厚生堂医药高新技术有限责任公司
批准日期：2000年9月27日

96 产品名称：唯可欣减肥胶囊
批准文号：卫食健字（2000）第0497号
批准功能：减肥
申报单位：北京唯美恒达健康产品科技有限公司
批准日期：2000年9月27日

97 产品名称：康富来血尔口服液
批准文号：卫食健字（2000）第0498号
批准功能：改善营养性贫血
申报单位：顺德康富来保健品有限公司
批准日期：2000年9月27日

98 产品名称：燕园生力片
批准文号：卫食健字（2000）第0499号
批准功能：免疫调节
申报单位：北京燕园农业科技有限责任公司
批准日期：2000年9月27日

99 产品名称：谷神牌薏米茶
批准文号：卫食健字（2000）第0500号
批准功能：免疫调节、改善胃肠道功能（润肠通便）
申报单位：大庆市北国薏米资源开发有限公司
批准日期：2000年9月30日

100 产品名称：升龙牌乐宁康胶囊
批准文号：卫食健字（2000）第0501号
批准功能：改善睡眠
申报单位：贵州升龙科技发展有限公司

批准日期：2000 年 9 月 30 日

101　产品名称：百奥牌奇滋宝菌丝胶囊
批准文号：卫食健字（2000）第 0502 号
批准功能：抗疲劳、免疫调节
申报单位：天津市工业微生物研究所、天津市百奥生物技术有限公司
批准日期：2000 年 9 月 30 日

102　产品名称：园兴牌鹿玉酒
批准文号：卫食健字（2000）第 0503 号
批准功能：抗疲劳
申报单位：大同市园兴鹿业有限责任公司
批准日期：2000 年 9 月 30 日

103　产品名称：万基多微利他片
批准文号：卫食健字（2000）第 0504 号
批准功能：免疫调节
申报单位：深圳万基药业有限公司
批准日期：2000 年 9 月 30 日

104　产品名称：合川牌蜂王浆含片
批准文号：卫食健字（2000）第 0505 号
批准功能：免疫调节
申报单位：广州合川科贸有限公司
批准日期：2000 年 9 月 30 日

105　产品名称：民生铁金维他咀嚼片
批准文号：卫食健字（2000）第 0506 号
批准功能：补充维生素和铁
申报单位：杭州民生药业集团有限公司
批准日期：2000 年 9 月 30 日

106　产品名称：万芝林牌快含妥含片
批准文号：卫食健字（2000）第 0507 号
批准功能：清咽润喉（清咽）
申报单位：汕头市万芝林保健品有限公司
批准日期：2000 年 9 月 30 日

107　产品名称：启阳牌补元酒
批准文号：卫食健字（2000）第 0508 号
批准功能：抗疲劳
申报单位：曲阜市药膳孔府酒庄
批准日期：2000 年 9 月 30 日

108　产品名称：九福牌肠乐咀嚼片
批准文号：卫食健字（2000）第 0509 号
批准功能：改善胃肠道功能（润肠通便）
申报单位：上海九福药业有限公司
批准日期：2000 年 9 月 30 日

109　产品名称：固之源牌氨基酸钙胶囊
批准文号：卫食健字（2000）第 0510 号
批准功能：免疫调节、增加骨密度
申报单位：重庆华创药业有限公司、重庆市阳春生物科技有限责任公司
批准日期：2000 年 9 月 30 日

110　产品名称：娃哈哈益美胶囊
批准文号：卫食健字（2000）第 0511 号
批准功能：补充维生素 C、维生素 E、硒元素
申报单位：杭州娃哈哈集团有限公司
批准日期：2000 年 9 月 30 日

111　产品名称：浩威牌鲫引乐胶囊
批准文号：卫食健字（2000）第 0512 号
批准功能：抗疲劳
申报单位：厦门市浩普威保健食品有限公司天津分公司
厦门市浩普威保健食品有限公司
批准日期：2000 年 9 月 30 日

112　产品名称：众生牌骨质钙嚼片
批准文号：卫食健字（2000）第 0513 号
批准功能：补钙
申报单位：北京古宝保健品有限公司
批准日期：2000 年 9 月 30 日

113　产品名称：金维喜铁口服液
批准文号：卫食健字（2000）第 0514 号
批准功能：补铁
申报单位：上海禾丰制药有限公司
批准日期：2000 年 9 月 30 日

114　产品名称：众生牌肝疏胶囊
批准文号：卫食健字（2000）第 0515 号
批准功能：对化学性肝损伤有辅助保护作用
申报单位：北京古宝保健品有限公司
批准日期：2000 年 9 月 30 日

115　产品名称：益康云芝胶囊
批准文号：卫食健字（2000）第 0516 号
批准功能：免疫调节
申报单位：北京益寿康植物技术开发公司
批准日期：2000 年 9 月 30 日

116　产品名称：常青春牌春痘清胶囊
批准文号：卫食健字（2000）第 0517 号
批准功能：美容（祛痤疮）
申报单位：惠州市常青春医药美容保健品实业有限公司
批准日期：2000 年 9 月 30 日

117 产品名称：金花优本胶囊
批准文号：卫食健字（2000）第0518号
批准功能：免疫调节
申报单位：金花企业（集团）股份有限公司高新制药厂
批准日期：2000年9月30日

118 产品名称：科昱牌鹿宝乳通胶囊
批准文号：卫食健字（2000）第0519号
批准功能：促进泌乳
申报单位：新疆科昱高新技术产业有限责任公司、山东省医学科学院基础医学研究所
批准日期：2000年9月30日

119 产品名称：大汗牌蒙酒
批准文号：卫食健字（2000）第0520号
批准功能：抗疲劳、免疫调节
申报单位：内蒙古药用生物开发研究所、内蒙古大汗酿酒有限责任公司
批准日期：2000年9月30日

120 产品名称：擎胜牌抗疲劳胶囊
批准文号：卫食健字（2000）第0521号
批准功能：抗疲劳
申报单位：北京万草堂保健食品有限公司
批准日期：2000年9月30日

121 产品名称：时代血糖宁片
批准文号：卫食健字（2000）第0522号
批准功能：调节血糖
申报单位：青海油田诚信劳动服务有限责任公司
批准日期：2000年9月30日

122 产品名称：植物源蛋白质氨基酸营养液
批准文号：卫食健字（2000）第0523号
批准功能：免疫调节
申报单位：北京道生科技研究中心
批准日期：2000年9月30日

123 产品名称：光合牌藻芝参片
批准文号：卫食健字（2000）第0524号
批准功能：延缓衰老
申报单位：昆明市本草食品有限公司
批准日期：2000年9月30日

124 产品名称：维伊天然维生素E营养胶丸
批准文号：卫食健字（2000）第0525号
保健功能：补充维生素E
申报单位：宁波格林生物工程发展有限公司
批准日期：2000年9月30日

125 产品名称：双双宝健口服液
批准文号：卫食健字（2000）第0526号
保健功能：改善胃肠道功能（润肠通便）、调节血脂
申报单位：上海加普生物制品有限公司
批准日期：2000年9月30日

126 产品名称：金娃健脑果冻
批准文号：卫食健字（2000）第0527号
保健功能：改善记忆
申报单位：东莞市金娃食品工业有限公司
批准日期：2000年9月30日

127 产品名称：康尔健胶囊
批准文号：卫食健字（2000）第0528号
保健功能：免疫调节
申报单位：西安馨兰贸易有限责任公司
批准日期：2000年9月30日

128 产品名称：青荷 牌利凯尔胶囊
批准文号：卫食健字（2000）第0529号
保健功能：对化学性肝损伤有辅助保护作用、抗疲劳
申报单位：浙江青荷生化股份有限公司
批准日期：2000年9月30日

129 产品名称：乐百氏AD钙奶饮料
批准文号：卫食健字（2000）第0530号
保健功能：促进生长发育、增加骨密度
申报单位：广东乐百氏集团有限公司
批准日期：2000年9月30日

130 产品名称：先英牌世纪通宝粉
批准文号：卫食健字（2000）第0531号
保健功能：调节血脂
申报单位：新疆东正实业有限责任公司北京食品厂
批准日期：2000年9月30日

131 产品名称：华旗润畅保健果茶
批准文号：卫食健字（2000）第0532号
保健功能：改善胃肠道功能（润肠通便）
申报单位：天津市华旗食品有限公司
批准日期：2000年9月30日

132 产品名称：伊维安牌维生素E咀嚼片
批准文号：卫食健字（2000）第0533号
保健功能：延缓衰老

申报单位：雅柏药业（中国）有限公司
批准日期：2000 年 9 月 30 日
133　产品名称：科昱牌鹿宝强生胶囊
批准文号：卫食健字（2000）第 0534 号
保健功能：抗疲劳、免疫调节
申报单位：新疆科昱高新技术产业有限责任公司、山东省医学科学院基础医学研究所
批准日期：2000 年 9 月 30 日
134　产品名称：太阳神牌康胃保健口服液
批准文号：卫食健字（2000）第 0535 号
保健功能：改善胃肠道功能（对胃粘膜有辅助保护作用）
申报单位：广东太阳神集团有限公司、中国中医研究院中药研究所
批准日期：2000 年 9 月 30 日
135　产品名称：福运泉纯野生酸枣果汁
批准文号：卫食健字（2000）第 0536 号
保健功能：调节血脂
申报单位：北京福运泉有限责任公司、福运泉（天津）野酸枣开发有限公司
批准日期：2000 年 9 月 30 日
136　产品名称：晨光牌补血奶
批准文号：卫食健字（2000）第 0537 号
保健功能：改善营养性贫血
申报单位：长春吉深生物技术有限责任公司、深圳市光明华侨畜牧场晨光饮料公司
批准日期：2000 年 9 月 30 日
137　产品名称：庆土香菇露
批准文号：卫食健字（2000）第 0538 号
保健功能：免疫调节
申报单位：大庆市龙生食用菌研究所
批准日期：2000 年 9 月 30 日
138　产品名称：恒源康牌天服康片
批准文号：卫食健字（2000）第 0539 号
保健功能：抗辐射、耐缺氧
申报单位：上海恒源康保健品有限公司
批准日期：2000 年 9 月 30 日
139　产品名称：蕎蕊牌鹤婷胶囊
批准文号：卫食健字（2000）第 0540 号
保健功能：减肥
申报单位：湖南省美康保健品有限公司
批准日期：2000 年 9 月 30 日
140　产品名称：全方牌天然维生素 E 软胶囊
批准文号：卫食健字（2000）第 0541 号
保健功能：延缓衰老
申报单位：安徽大东方药业有限责任公司
批准日期：2000 年 9 月 30 日
141　产品名称：恩威疲劳康片
批准文号：卫食健字（2000）第 0542 号
保健功能：免疫调节、抗疲劳
申报单位：成都恩威药业有限公司
批准日期：2000 年 9 月 30 日
142　产品名称：海洋康源牌胃好口服液
批准文号：卫食健字（2000）第 0543 号
保健功能：改善胃肠道功能（对胃粘膜有辅助保护作用）
申报单位：青岛海源保健品有限公司
批准日期：2000 年 9 月 30 日
143　产品名称：九福牌破壁灵芝孢子粉胶囊
批准文号：卫食健字（2000）第 0544 号
保健功能：免疫调节
申报单位：上海九福药业有限公司
批准日期：2000 年 9 月 30 日
144　产品名称：晨奥口含片
批准文号：卫食健字（2000）第 0545 号
保健功能：抗疲劳
申报单位：武汉迪普生物技术有限公司
批准日期：2000 年 9 月 30 日
145　产品名称：生物星牌脑力片
批准文号：卫食健字（2000）第 0546 号
保健功能：改善记忆、抗疲劳
申报单位：成都超健康生物工程有限公司
批准日期：2000 年 9 月 30 日

进口产品

146　产品名称：西摩牌免疫胶囊
批准文号：卫食健进字（2000）第 0042 号
批准功能：免疫调节
生产企业：美国西摩配销中心
申报单位：深圳市华翰实业 0 年 9 月 1 日
147　产品名称：恒健牌梦乐托宁片
批准文号：卫食健进字（2000）第 0043 号
批准功能：改善睡眠
生产企业：恒生保健品公司
申报单位：南京医药恒生保健品有限责任公司

批准日期：2000年9月5日

148 产品名称：鹰牌维尔钙片
批准文号：卫食健进字（2000）第0044号
批准功能：补钙
生产企业：健康食品企业有限公司
申报单位：健康药业（中国）有限公司
批准日期：2000年9月5日

149 产品名称：汇乐牌金参娜洋参软胶囊
批准文号：卫食健进字（2000）第0045号
批准功能：免疫调节
生产企业：美国洋参协会保健品有限公司
申报单位：美国洋参协会保健品有限公司
批准日期：2000年9月5日

150 产品名称：尤维斯牌天然钙D_3软胶囊
批准文号：卫食健进字（2000）第0046号
批准功能：补钙
生产企业：万宁药业有限公司
申报单位：天津万宁国际贸易有限公司
批准日期：2000年9月5日

151 产品名称：尤维斯牌鱼油磷脂软胶囊
批准文号：卫食健进字（2000）第0047号
批准功能：调节血脂
生产企业：万宁药业有限公司
申报单位：天津万宁国际贸易有限公司
批准日期：2000年9月27日

152 产品名称：尤维斯牌天然钙D_3片
批准文号：卫食健进字（2000）第0048号
批准功能：补钙
生产企业：万宁药业有限公司
申报单位：天津万宁国际贸易有限公司
批准日期：2000年9月27日

153 产品名称：派普甲壳素胶囊
批准文号：卫食健进字（2000）第0049号
批准功能：免疫调节
生产企业：派普保健品制造公司
申报单位：美中远识有限公司
批准日期：2000年9月27日

154 产品名称：康鹰牌液体钙软胶囊
批准文号：卫食健进字（2000）第0050号
批准功能：补钙
生产企业：美国鹰王保健制药公司
申报单位：苏州新区乔奇商贸有限公司
批准日期：2000年9月27日

155 产品名称：尤维斯牌C+E片
批准文号：卫食健进字（2000）第0051号
批准功能：补充维生素C、维生素E
生产企业：万宁药业有限公司
申报单位：天津万宁国际贸易有限公司
批准日期：2000年9月27日

156 产品名称：鹰牌儿童多种维他命片
批准文号：卫食健进字（2000）第0052号
批准功能：补充多种维生素
生产企业：健康食品企业有限公司
申报单位：健康药业（中国）有限公司
批准日期：2000年9月27日

157 产品名称：康气牌浓缩草木植物胶囊
批准文号：卫食健进字（2000）第0053号
批准功能：免疫调节
生产企业：仙妮雷德生产厂
申报单位：仙妮蕾德（广州）有限公司
批准日期：2000年9月27日

158 产品名称：尤维斯牌儿童钙片
批准文号：卫食健进字（2000）第0054号
批准功能：补钙
生产企业：万宁药业有限公司
申报单位：天津万宁国际贸易有限公司
批准日期：2000年9月27日

159 产品名称：雷纳天然浓缩鱼油软胶囊
批准文号：卫食健进字（2000）第0055号
批准功能：调节血脂
生产企业：雷纳保健品公司（美国）
申报单位：北京国卫咨询公司
批准日期：2000年9月27日

160 产品名称：欣蕾牌浓缩草本植物胶囊
批准文号：卫食健进字（2000）第0056号
批准功能：抗疲劳
生产企业：仙妮蕾德生产厂
申报单位：仙妮蕾德（广州）有限公司
批准日期：2000年9月27日

161 产品名称：鹰牌深海鱼油软胶囊
批准文号：卫食健进字（2000）第0057号
批准功能：调节血脂
生产企业：健康食品企业有限公司
申报单位：健康药业（中国）有限公司
批准日期：2000年9月27日

162 产品名称：发龙牌诺特参胶囊

批准文号：卫食健进字（2000）第 0058 号
批准功能：调节血脂、调节血压
生产企业：美国发龙国际股份公司、美国发龙药业有限公司
申报单位：云南盘龙云海药业有限公司
批准日期：2000 年 9 月 30 日

163　产品名称：安克牌德尔康胶囊
批准文号：卫食健进字（2000）第 0059 号
批准功能：补充多种维生素
生产企业：美国先进科技公司
申报单位：青岛德康保健品有限公司
批准日期：2000 年 9 月 30 日

164　产品名称：百源堂牌花旗参鸡精
批准文号：卫食健进字（2000）第 0060 号
批准功能：抗疲劳
生产企业：香港关东百源堂（灵药德兴堂）联合药厂有限公司
申报单位：深圳市康富泰实业有限公司
批准日期：2000 年 9 月 30 日

165　产品名称：康鹰牌松果体素胶囊
批准文号：卫食健进字（2000）第 0061 号
批准功能：改善睡眠
生产企业：美国鹰王制药公司
申报单位：苏州新区乔奇商贸有限公司
批准日期：2000 年 9 月 30 日

166　产品名称：安怡高钙脱脂奶粉
批准文号：卫食健进字（2000）第 0062 号
批准功能：增加骨密度
生产企业：凯威合作式乳业有限责任公司
申报单位：安佳乳品（广州）有限公司
批准日期：2000 年 9 月 30 日

增补功能产品

167　产品名称：金日牌心源素胶囊
批准文号：卫食健字（1999）第 0249 号
原批准功能：耐缺氧
增补功能：延缓衰老
申报单位：厦门金日制药有限公司
批准日期：2000 年 9 月 27 日

更改批件产品

168　产品名称：爱心舒丽液
批准文号：卫食健字（1997）第 781 号
批准功能：免疫调节、抗疲劳
原申报单位：吉林省东盟保健品有限责任公司
现申报单位：吉林省爱心保健品有限责任公司
批准变更日期：2000 年 9 月 27 日

169　产品名称：梦特宁褪黑素胶囊
批准文号：卫食健字（1997）第 458 号
批准功能：改善睡眠
原申报单位：山东赛特制药厂
现申报单位：山东鲁抗医药集团赛特有限责任公司
批准变更日期：2000 年 9 月 27 日

170　产品名称：普丽新胶囊
批准文号：卫食健字（1997）第 348 号
批准功能：免疫调节
原申报单位：北京三株工业有限责任公司
现申报单位：北京路德有限责任公司
批准变更日期：2000 年 9 月 27 日

171　产品名称：华格牌速溶珍珠粉
批准文号：卫食健字（1997）第 875 号
批准功能：免疫调节
原申报单位：河北省清苑县瑞达生物制品有限公司
现申报单位：保定瑞达生物制品公司
批准变更日期：2000 年 9 月 30 日

172　原产品名称：帅牛抗疲劳饮料
批准文号：卫食健字（2000）第 0200 号
现产品名称：挡不住抗疲劳饮料
保健功能：抗疲劳
申报单位：海南椰风保健食品有限公司
批准变更日期：2000 年 9 月 30 日

技术转让产品

173　产品名称：柔迪牌减肥茶
批准文号：卫食健字（1997）第 619 号
批准功能：减肥
转让方：潮阳市恒春实业有限公司
受让方：深圳市柔迪思保健品有限公司
批准转让日期：2000 年 8 月 11 日

174　产品名称：力高峰口服液
批准文号：卫食健字（1998）第 159 号
批准功能：免疫调节、抗疲劳
转让方：天津华康保健食品有限公司
受让方：海南久越久保健品有限公司
批准转让日期：2000 年 8 月 11 日

175　产品名称：自然神牌蜂王浆冻干粉
批准文号：卫食健字（2000）第 0271 号

批准功能：免疫调节
转让方：南京振中生物工程有限公司
受让方：南京自然神医药开发有限公司
批准转让日期：2000 年 9 月 27 日

176 产品名称：春荣胜宝口服液
批准文号：卫食健字（2000）第 314 号
批准功能：调节血糖
转让方：杭州春荣药业有限公司
受让方：杭州春荣生物技术开发有限公司
批准变更日期：2000 年 9 月 27 日

177 产品名称：康源螺旋藻片
批准文号：卫食健字（1997）第 434 号
批准功能：免疫调节
转让方：海南微藻有限公司
受让方：北海市康源生物工程有限责任公司
批准变更日期：2000 年 9 月 27 日

178 产品名称：天爱康胶囊
批准文号：卫食健字（1999）第 0389 号
批准功能：调节血脂、延缓衰老
转让方：上海绿源实业有限公司
受让方：上海双基生物工程有限公司
批准变更日期：2000 年 9 月 27 日

179 产品名称：思壮虫草胶囊
批准文号：卫食健字（2000）第 0215 号
批准功能：免疫调节
转让方：安徽农业大学经济昆虫菌物研究所
受让方：上海玉安药业有限公司
批准变更日期：2000 年 9 月 27 日

180 产品名称：养生健肝茶
批准文号：卫食健字（1997）第 331 号
批准功能：调节血脂、对化学性肝损伤有辅助保护作用
转让方：广西强寿药业集团有限公司
受让方：北京三奇医药技术研究所
批准变更日期：2000 年 9 月 27 日

181 产品名称：我得安胶囊
批准文号：卫食健字（1999）第 0505 号
批准功能：免疫调节
转让方：唐山市竞进科技研究所
受让方：天津市鸥丰科技发展有限公司
批准变更日期：2000 年 9 月 27 日

182 产品名称：颐宁多肽冲剂
批准文号：卫食健字（1997）第 682 号
批准功能：免疫调节
转让方：张家口医学院医药保健品研究所
受让方：锡林郭勒盟鑫泰生物制品有限公司
批准转让日期：2000 年 9 月 27 日

183 产品名称：康美乐粉
批准文号：卫食健字（1998）第 027 号
批准功能：调节血脂
转让方：内蒙古清水河县乡镇企业局
受让方：内蒙古黄河制约厂
批准转让日期：2000 年 9 月 27 日

184 产品名称：钙必隆颗粒冲剂
批准文号：卫食健字（1999）第 0452 号
批准功能：补钙
转让方：北京耐确生化技术研究所
宁夏天神宝有限公司
受让方：北京金康源生物医药技术有限公司
批准转让日期：2000 年 9 月 27 日

185 产品名称：钙必隆口嚼片（无糖型）
批准文号：卫食健字（1999）第 0453 号
批准功能：补钙
转让方：北京耐确生化技术研究所
宁夏天神宝有限公司
受让方：北京金康源生物医药技术有限公司
批准转让日期：2000 年 9 月 27 日

186 产品名称：安梦褪黑素胶囊
批准文号：卫食健字（1998）第 342 号
批准功能：改善睡眠
转让方：南京大学保健品厂
受让方：武进安梦脑白金保健品有限公司
批准转让日期：2000 年 9 月 27 日

187 产品名称：原美口服液
批准文号：卫食健字（1999）第 0533 号
批准功能：美容（祛黄褐斑）
转让方：北京路德新业保健食品有限公司
受让方：三河国天保健品有限公司
批准转让日期：2000 年 9 月 30 日

188 产品名称：钙必隆口嚼片
批准文号：卫食健字（1999）第 0451 号
批准功能：补钙
转让方：北京耐确生化技术研究所
宁夏天神宝有限公司
受让方：北京金康源生物医药技术有限公司
批准转让日期：2000 年 9 月 30 日

注：149、151 两个技术转让产品 8 月就已获批准转让，但因涉及更名问题，未上 2000 年 8 月保健食品通告目录。

2000 年 10 月份获卫生部批准的保健食品目录

国产产品

1 产品名称：新开河超微参粉胶囊
批准文号：卫食健字（2000）第 0547 号
批准功能：免疫调节
申报单位：集安市新开河有限责任公司
批准日期：2000 年 10 月 19 日

2 产品名称：生命源牌巴迪胶囊
批准文号：卫食健字（2000）第 0548 号
批准功能：免疫调节
申报单位：北京生命源科技有限公司
批准日期：2000 年 10 月 10 日

3 产品名称：神果牌保湿养颜奶粉
批准文号：卫食健字（2000）第 0549 号
批准功能：美容（改善皮肤水分）
申报单位：陕西神果股份有限公司
批准日期：2000 年 10 月 19 日

4 产品名称：弘善源壳糖胺冲剂
批准文号：卫食健字（2000）第 0550 号
批准功能：免疫调节
申报单位：北京弘善源天然生物制品有限公司
石家庄市通华新技术公司
批准日期：2000 年 10 月 19 日

5 产品名称：雷震子牌护康胶囊
批准文号：卫食健字（2000）第 0551 号
批准功能：免疫调节、延缓衰老
申报单位：北京北医大医药科技有限责任公司
批准日期：2000 年 10 月 19 日

6 产品名称：金乐牌健体冲剂
批准文号：卫食健字（2000）第 0552 号
批准功能：改善胃肠道功能（促进消化）
申报单位：山西临汾金牛食品有限公司
批准日期：2000 年 10 月 31 日

7 产品名称：静悟牌口服液
批准文号：卫食健字（2000）第 0553 号
批准功能：免疫调节、改善胃肠道功能（润肠通便）
申报单位：武汉静悟绿色保健研究所
武汉华山医药有限责任公司
批准日期：2000 年 10 月 31 日

8 产品名称：中天牌洋参口服液
批准文号：卫食健字（2000）第 0554 号
批准功能：抗疲劳
申报单位：无锡中加天然药物有限公司
批准日期：2000 年 10 月 31 日

9 产品名称：中天牌西洋参酒
批准文号：卫食健字（2000）第 0555 号
批准功能：抗疲劳
申报单位：无锡中加天然药物有限公司
批准日期：2000 年 10 月 31 日

10 产品名称：博亚牌神农阳杞晶胶囊
批准文号：卫食健字（2000）第 0556 号
批准功能：抗疲劳
申报单位：西北师范大学科技开发总公司
兰州神农保健品公司
批准日期：2000 年 10 月 31 日

11 产品名称：巨能牌维血康胶囊
批准文号：卫食健字（2000）第 0557 号
批准功能：改善营养性贫血
申报单位：北京巨能新技术产业有限公司
批准日期：2000 年 10 月 31 日

12 产品名称：宁城元力酒
批准文号：卫食健字（2000）第 0558 号
批准功能：延缓衰老、免疫调节
申报单位：武汉市江岸区兴阳中医药技术研究部
宁城元力保健酒业有限公司
批准日期：2000 年 10 月 31 日

13 产品名称：创美牌颜清胶囊
批准文号：卫食健字（2000）第 0559 号
批准功能：美容（祛痤疮）
申报单位：西安创美医药生物工程有限公司
批准日期：2000 年 10 月 31 日

14 产品名称：金活牌高丽参胶囊
批准文号：卫食健字（2000）第 0560 号
批准功能：抗疲劳
申报单位：深圳金活一洲制药有限公司
批准日期：2000 年 10 月 31 日

更改批件产品

15 产品名称：钙铁锌氨基酸口服液

批准文号：卫食健字（1997）第581号
批准功能：改善记忆
原申报单位：无锡市宝尔康天然保健品厂
批准变更日期：2000年10月31日
现申报单位：无锡活力保健品厂

2000年11月份获卫生部批准的保健食品目录

国产产品

1 产品名称：西彼安牌维生素C缓释胶囊
批准文号：卫食健字（2000）第0561号
批准功能：补充维生素C
申报单位：雅柏药业（中国）有限公司
批准日期：2000年11月01日

2 产品名称：华旗调之保健果茶
批准文号：卫食健字（2000）第0562号
批准功能：调节血脂
申报单位：天津市华旗食品有限公司
批准日期：2000年11月01日

3 产品名称：神象牌津力源胶囊
批准文号：卫食健字（2000）第0563号
批准功能：抗疲劳、免疫调节
申报单位：上海市药材有限公司神象参茸分公司
批准日期：2000年11月01日

4 产品名称：博弘牌肝舒胶囊
批准文号：卫食健字（2000）第0564号
批准功能：对化学性肝损伤有辅助保护作用
申报单位：北京博弘国医药开发研究所
青岛市平度博弘生物品有限公司
批准日期：2000年11月01日

5 产品名称：普度牌摩罗清肠胶囊
批准文号：卫食健字（2000）第0565号
批准功能：改善胃肠道功能（润肠通便）
申报单位：石家庄市摩罗经济技术发展公司
批准日期：2000年11月01日

6 产品名称：贵发牌脑智通冲剂
批准文号：卫食健字（2000）第0566号
批准功能：改善记忆
申报单位：天津市贵发医药保健品有限公司
批准日期：2000年11月01日

7 产品名称：神象牌津力源含片
批准文号：卫食健字（2000）第0567号
批准功能：抗疲劳、免疫调节
申报单位：上海市药材有限公司神象参茸分公司
批准日期：2000年11月01日

8 产品名称：三勒浆抗疲劳液
批准文号：卫食健字（2000）第0568号
批准功能：抗疲劳、免疫调节、耐缺氧
申报单位：四川华美制药有限公司、成都三勒浆药业集团
批准日期：2000年11月01日

9 产品名称：葵花牌润通口服液
批准文号：卫食健字（2000）第0569号
批准功能：改善胃肠道功能（润肠通便）
申报单位：黑龙江省五常葵花药业有限公司
批准日期：2000年11月01日

10 产品名称：隆来福胶囊
批准文号：卫食健字（2000）第0570号
批准功能：免疫调节
申报单位：湖南隆来福生物工程有限公司
批准日期：2000年11月01日

11 产品名称：水珍牌可溶珍珠粉胶囊
批准文号：卫食健字（2000）第0571号
批准功能：免疫调节
申报单位：无锡东方珠宝有限公司
批准日期：2000年11月01日

12 产品名称：水珍牌可溶珍珠粉
批准文号：卫食健字（2000）第0572号
批准功能：免疫调节
申报单位：无锡东方珠宝有限公司
批准日期：2000年11月01日

13 产品名称：德通宝牌双诺希胶囊
批准文号：卫食健字（2000）第0573号
批准功能：调节血脂
申报单位：陕西德通保健品发展有限责任公司
批准日期：2000年11月01日

14 产品名称：泰一免疫调节口服液
批准文号：卫食健字（2000）第0574号
批准功能：免设调节
申报单位：三河泰一生物科技有限公司
批准日期：2000年11月01日

15 产品名称：康乃心牌银杏鹿茸血酒

批准文号：卫食健字（2000）第 0575 号
批准功能：抗疲劳
申报单位：北京理化测试技术公司
批准日期：2000 年 11 月 01 日

16 产品名称：肝太康泰宝茶
批准文号：卫食健字（2000）第 0576 号
批准功能：免疫调节、对化学性肝损伤有辅助保护作用
申报单位：陕西凤凰医药研究所
批准日期：2000 年 11 月 21 日

17 产品名称：芝牌蚂苡健身粉
批准文号：卫食健字（2000）第 0577 号
批准功能：免疫调节
申报单位：长沙九芝堂医药科技开发有限公司
批准日期：2000 年 11 月 21 日

18 产品名称：添字牌峰王浆冻干含片
批准文号：卫食健字（2000）第 0578 号
批准功能：延缓衰老
申报单位：华丰（无锡）营养滋补品厂
批准日期：2000 年 11 月 21 日

19 产品名称：红桃 K 牌养血活力片
批准文号：卫食健字（2000）第 0579 号
批准功能：改善营养性贫血、免疫调节
申报单位：红桃 K 集团股份有限公司
批准日期：2000 年 11 月 21 日

20 产品名称：大觉氏牌将军健保健茶
批准文号：卫食健字（2000）第 0580 号
批准功能：改善胃肠道功能（润肠通便）
申报单位：陕西咸阳肿瘤防治研究所
批准日期：2000 年 11 月 21 日

21 产品名称：阔展牌风酒
批准文号：卫食健字（2000）第 0581 号
批准功能：免疫调节
申报单位：抚顺新港保健酒业有限公司
批准日期：2000 年 11 月 21 日

22 产品名称：天宝牌灵芝孢子粉
批准文号：卫食健字（2000）第 0582 号
批准功能：免疫调节
申报单位：河北天宝保健品有限责任公司
批准日期：2000 年 11 月 21 日

23 产品名称：金舒通胶囊
批准文号：卫食健字（2000）第 0583 号
批准功能：改善胃肠道功能（润肠通便）
申报单位：武汉市玉竹名实医药研究所
批准日期：2000 年 11 月 21 日

24 产品名称：金龄强身延衰液
批准文号：卫食健字（2000）第 0584 号
批准功能：延缓衰老、免疫调节
申报单位：成都昂普保健品有限责任公司
深圳市中正龙信生物科技发展有限公司
批准日期：2000 年 11 月 23 日

25 产品名称：999 牌养血美调理液
批准文号：卫食健字（2000）第 0585 号
批准功能：改善营养性贫血
申报单位：广州市九天绿功能食品厂
批准日期：2000 年 11 月 23 日

26 产品名称：瑞凯牌延年钙胶囊
批准文号：卫食健字（2000）第 0586 号
批准功能：增加骨密度、延缓衰老
申报单位：天津市瑞凯科技发展有限公司
批准日期：2000 年 11 月 23 日

27 产品名称：蒙赋牌北方鹿酒
批准文号：卫食健字（2000）第 0587 号
批准功能：抗疲劳
申报单位：内蒙古健元鹿业有限责任公司
批准日期：2000 年 11 月 23 日

28 产品名称：康尔寿减肥胶囊
批准文号：卫食健字（2000）第 0588 号
批准功能：减肥
申报单位：重庆市康尔寿保健食品研究所
批准日期：2000 年 11 月 23 日

29 产品名称：蚨龙牌茶条槭茶
批准文号：卫食健字（2000）第 0589 号
批准功能：抗疲劳、免疫调节
申报单位：黑龙江桦顺渊侧实业有限公司
批准日期：2000 年 11 月 23 日

30 产品名称：常青蜂皇浆冻干含片
批准文号：卫食健字（2000）第 0590 号
批准功能：免疫调节
申报单位：杭州常青蜂业公司
批准日期：2000 年 11 月 30 日

31 产品名称：御术牌羊胎胶囊
批准文号：卫食健字（2000）第 0591 号
批准功能：延缓衰老
申报单位：珠海御术生物工程开发有限公司

批准日期：2000年11月30日

32 产品名称：威士雅牌壮骨口服液
批准文号：卫食健字（2000）第0592号
批准功能：增加骨密度
申报单位：广东威士雅保健品有限公司
批准日期：2000年11月30日

33 产品名称：朕功牌泰元胶囊
批准文号：卫食健字（2000）第0593号
批准功能：抗疲劳、免疫调节
申报单位：都江堰市弘泰生物工程有限公司
批准日期：2000年11月30日

34 产品名称：海芝牌逗特可丽祛痤疮丸
批准文号：卫食健字（2000）第0594号
批准功能：美容（祛痤疮）
申报单位：柳州市海芝美工贸有限公司
批准日期：2000年11月30日

35 产品名称：三精牌血宜生口服液
批准文号：卫食健字（2000）第0595号
批准功能：改善营养性贫血
申报单位：哈药集团制药三厂
批准日期：2000年11月30日

36 产品名称：意缘牌破壁型灵芝孢子粉
批准文号：卫食健字（2000）第0596号
批准功能：免疫调节
申报单位：天津市迦逻生物技术有限公司
批准日期：2000年11月30日

进口产品

37 产品名称：玛里士牌海天力片
批准文号：卫食健进字（2000）第0063号
批准功能：抗疲劳
生产企业：美国玛里奥公司
申报单位：北京阳健医疗器材开发公司
批准日期：2000年11月01日

更改批件产品

38 原产品名称：冀甘神蚁康冲剂
批准文号：卫食健字（1999）第0131号
现产品名称：宝善堂蚁康冲剂
批准功能：免疫调节
原申报单位：河北神蚁保健品有限公司
现申报单位：河北宝善堂保健品有限公司
批准变更日期：2000年11月01日

39 产品名称：血脂通口服液
批准文号：卫食健字（1998）第525号
批准功能：调节血脂
原申报单位：华裕（建瓯）生物制品有限公司、华裕集团（建瓯）生物科技研究所
现申报单位：福州华裕通生物制品有限公司
原申报单位地址：无
现申报单位地址：福州市台江区交通路88号（医科大学内）
变更内容：原批准规格：250ml/瓶、20ml/瓶
现批准规格：250ml/瓶、20ml/瓶、10ml/瓶
批准变更日期：2000年11月21日

40 产品名称：珍奥肝泰胶囊
批准文号：卫食健字（2000）第0474号
批准功能：免疫调节、对化学性肝损伤有辅助保护作用
原申报单位：大连珍奥核酸科技发展有限公司
现申报单位：大连珍奥生物工程股份有限公司
原早报单位地址：大连经济技术开发区湾里铁山中路3号
现申报单位地址：大连市双D港生命一路88号
批准变更日期：2000年11月21日

41 产品名称：珍奥牌核酸口服液
批准文号：卫食健字（1999）第0575号
批准功能：免疫调节、抗疲劳
原申报单位：大连珍奥核酸科技发展有限公司
现申报单位：大连珍奥生物工程股份有限公司
原申报单位地址：大连经济技术开发区湾里铁山中路3号
现申报单位地址：大连市双D港生命一路88号
批准变更日期：2000年11月21日

42 产品名称：喔喔爽咽宝糖
批准文号：卫食健字（1999）第0206号
批准功能：清咽润喉（清咽）
申报单位：上海喔喔食品有限公司
变更内容：原批准规格：2.82g×32粒/袋
拟变更规格：2.82g粒
批准变更日期：2000年11月23日

43 原产品名称：正分子牌核酸胶囊
批准文号：卫食健字（1998）第092号
现产品名称：中西新生力牌核酸胶囊
批准功能：免疫调节
原申报单位：福州正分子生物工程有限公司
现申报单位：福州中西新生力生物工程有限公司
批准变更日期：2000年11月24日

44　产品名称：梦利宁胶囊
批准文号：卫食健字（1997）第 347 号
批准功能：改善睡眠
原申报单位：北京三株工业有限责任公司
现申报单位：北京路德有限责任公司
批准变更日期：2000 年 11 月 30 日

45　产品名称：励宁牌通畅液
批准文号：卫食健字（2000）第 0447 号
批准功能：改善胃肠道功能（润肠通便）
申报单位：天津励宁生物科技开发有限公司
变更内容：原产品规格：10ml/支
现产品规格：10ml/支、150ml/瓶、200ml/瓶
批准变更日期：2000 年 11 月 30 日

技术转让产品

46　产品名称：共生牌金香银健茶
批准文号：卫食健字（1999）第 0488 号
批准功能：免疫调节
转让方：安丘市新技术开发公司
受让方：南京南大药业保健品有限公司
批准变更日期：2000 年 11 月 01 日

47　产品名称：金生宝胶囊
批准文号：卫食健字（1999）第 0360 号
批准功能：免疫调节
转让方：无锡市天乐天然保健品厂
受让方：南京东方红基因生物工程有限公司
批准变更日期：2000 年 11 月 01 日

48　产品名称：爱康牌双歧杆菌冻干胶囊
批准文号：卫食健字（1999）第 0556 号
批准功能：免疫调节
转让方：昆山市华德生物技术有限公司
受让方：上海捷高生物技术有限公司
批准变更日期：2000 年 11 月 01 日

转境内生产产品

49　产品名称：比福多素饮液
批准文号：卫进食健字（1997）第 050 号
批准功能：改善胃肠道功能（润肠通便）
原生产企业：台湾硕泰实业股份有限公司
现生产企业：河南上元贸易有限公司
原生产企业地址：台湾高雄市和平二路 242 号
现生产企业地址：郑州市嵩岳小区 12 号 1 单元 1 号
批准变更日期：2000 年 11 月 21 日

50　产品名称：康宝莱燃脂美美纤宝纤维素片
批准文号：卫食健进字（2000）第 0011 号
批准功能：改善胃肠道功能（润肠通便）
原生产企业：康宝莱国际公司
现生产企业：荷康莱（苏州）保健品有限公司
批准变更日期：2000 年 11 月 24 日

51　产品名称：康宝莱强力大蒜素片
批准文号：卫食健进字（2000）第 0014 号
批准功能：免疫调节
原生产企业：康宝莱国际公司
现生产企业：荷康莱（苏州）保健品有限公司
批准变更日期：2000 年 11 月 24 日

2000 年 12 月份获卫生部批准的保健食品目录

国产产品

1　产品名称：将令牌保健酒
批准文号：卫食健字（2000）第 0597 号
批准功能：抗疲劳
申报单位：常州市春光生物制品有限公司
批准日期：2000 年 12 月 01 日

2　产品名称：斑龙牌斑龙酒
批准文号：卫食健字（2000）第 0598 号
批准功能：免疫调节、抗疲劳
申报单位：宜昌德威鹿业科技开发有限公司
批准日期：2000 年 12 月 01 日

3　产品名称：地赐康牌大豆皂甙冲剂
批准文号：卫食健字（2000）第 0599 号
批准功能：调节血脂
申报单位：哈尔滨海恩思生物工程研究所
批准日期：2000 年 12 月 01 日

4　产品名称：天诚牌舒尔胶囊
批准文号：卫食健字（2000）第 0600 号
批准功能：免疫调节、抗辐射
申报单位：杭州天诚药业有限公司
北京润泽堂科技开发有限责任公司
批准日期：2000 年 12 月 01 日

5　产品名称：康世大豆磷脂咀嚼颗粒剂
批准文号：卫食健字（2000）第 0601 号
批准功能：调节血脂
申报单位：北京东方孚德技术发展中心

批准日期：2000 年 12 月 01 日

6 产品名称：海眼井牌山楂果维醋
批准文号：卫食健字（2000）第 0602 号
批准功能：调节血脂
申报单位：榆次市怀仁聚泉醋业有限总公司
批准日期：2000 年 12 月 01 日

7 产品名称：清之颜牌润通胶囊
批准文号：卫食健字（2000）第 0603 号
批准功能：改善胃肠道功能（润肠通便）
申报单位：广州市田原企业有限公司
批准日期：2000 年 12 月 01 日

8 产品名称：芝圣牌灵芝孢子胶囊
批准文号：卫食健字（2000）第 0604 号
批准功能：免疫调节
申报单位：番禺市南润天然保健品有限公司
批准日期：2000 年 12 月 01 日

9 产品名称：三鑫牌蜂王浆冻干含牌
批准文号：卫食健字（2000）第 0605 号
批准功能：免疫调节
申报单位：南京众鼎保健品有限公司
批准日期：2000 年 12 月 01 日

10 产品名称：益龄牌益龄胶囊
批准文号：卫食健字（2000）第 0606 号
批准功能：延缓衰老
申报单位：深圳市人初家庭保健品有限公司
批准日期：2000 年 12 月 01 日

11 产品名称：泰山牌泰山力酒
批准文号：卫食健字（2000）第 0607 号
批准功能：免疫调节、抗疲劳
申报单位：山东泰山生力源集团股份有限公司
批准日期：2000 年 12 月 01 日

12 产品名称：艾兰得牌双芝含片
批准文号：卫食健字（2000）第 0608 号
批准功能：免疫调节
申报单位：江苏江山制药有限公司
批准日期：2000 年 12 月 01 日

13 产品名称：玉竹阿珍补血口服液
批准文号：卫食健字（2000）第 0609 号
批准功能：改善缺铁性贫血
申报单位：武汉健民集团玉竹医药有限责任公司
批准日期：2000 年 12 月 01 日

14 产品名称：劲牌静酒
批准文号：卫食健字（2000）第 0610 号
批准功能：改善睡眠、延缓衰老
申报单位：湖北劲牌酒业有限公司
批准日期：2000 年 12 月 01 日

15 产品名称：阿黑牌金倍乐冲剂
批准文号：卫食健字（2000）第 0611 号
批准功能：免疫调节
申报单位：山东金倍乐医药科技有限公司
批准日期：2000 年 12 月 01 日

16 产品名称：挂月牌杂豆面
批准文号：卫食健字（2000）第 0612 号
批准功能：调节血糖
申报单位：天津挂月集团有限公司
批准日期：2000 年 12 月 01 日

17 产品名称：土司王牌清爽含片
批准文号：卫食健字（2000）第 0613 号
批准功能：清咽润喉（清咽）
申报单位：湖南张家界方宏保健品科技开发有限公司
批准日期：2000 年 12 月 01 日

18 产品名称：厚德牌尔姿颗粒
批准文号：卫食健字（2000）第 0614 号
批准功能：美容（祛黄褐斑）
申报单位：北京厚德天然药物研究所、青岛海天制药厂
批准日期：2000 年 12 月 01 日

19 产品名称：三乐牌口服蜂乳
批准文号：卫食健字（2000）第 0615 号
批准功能：免疫调节、改善胃肠道功能（润肠通便）
申报单位：华丰（无锡）营养滋补品厂
批准日期：2000 年 12 月 01 日

20 产品名称：吕仙牌乐酒
批准文号：卫食健字（2000）第 0616 号
批准功能：免疫调节、抗疲劳
申报单位：岳阳市中药厂
批准日期：2000 年 12 月 01 日

21 产品名称：王星牌蜂王浆冻干粉
批准文号：卫食健字（2000）第 0617 号
批准功能：免疫调节
申报单位：南京五星保健品有限公司
批准日期：2000 年 12 月 01 日

22 产品名称：力生牌康保冲剂
批准文号：卫食健字（2000）第 0618 号

批准功能：免疫调节
申报单位：济南开发区力生康复用品研究所
批准日期：2000 年 12 月 01 日

23　产品名称：星狮牌东方龙胶囊
批准文号：卫食健字（2000）第 0619 号
批准功能：免疫调节
申报单位：上海星狮生物工程有限公司
批准日期：2000 年 12 月 01 日

24　产品名称：华北牌安可颗粒
批准文号：卫食健字（2000）第 0620 号
批准功能：免疫调节
申报单位：华北制药集团制剂有限公司
批准日期：2000 年 12 月 01 日

25　产品名称：维生高原牦牛血胶囊
批准文号：卫食健字（2000）第 0621 号
批准功能：耐缺氧、免疫调节
申报单位：西藏自治区贸易（集团）有限公司
批准日期：2000 年 12 月 01 日

26　产品名称：民生牌硒维也胶囊
批准文号：卫食健字（2000）第 0622 号
批准功能：补充维生素 A、维生素 E、维生素 C、硒元素
申报单位：杭州民生药业集团有限公司
批准日期：2000 年 12 月 01 日

27　产品名称：天雄牌正元胶囊
批准文号：卫食健字（2000）第 0623 号
批准功能：抗疲劳
申报单位：郑州市金阳保健品有限公司
批准日期：2000 年 12 月 01 日

28　产品名称：天圣牌健脑益智口服液
批准文号：卫食健字（2000）第 0624 号
批准功能：改善记忆、耐缺氧
申报单位：江西天圣科技开发公司
批准日期：2000 年 12 月 01 日

29　产品名称：光金牌天源胶囊
批准文号：卫食健字（2000）第 0625 号
批准功能：延缓衰老
申报单位：通化光金保健品有限公司
批准日期：2000 年 12 月 01 日

30　产品名称：康博通牌绿佳康克糖冲剂
批准文号：卫食健字（2000）第 0626 号
批准功能：调节血糖
申报单位：兴宁市高新茶都有限公司北京分公司
批准日期：2000 年 12 月 01 日

31　产品名称：新康泰酒
批准文号：卫食健字（2000）第 0627 号
批准功能：免疫调节
申报单位：遵义市天成保健品有限公司
批准日期：2000 年 12 月 01 日

32　产品名称：合益牌三宝胶囊
批准文号：卫食健字（2000）第 0628 号
批准功能：调节血脂、抗疲劳
申报单位：南京益康宁科技有限公司
批准日期：2000 年 12 月 01 日

33　产品名称：天屏牌养生胶囊
批准文号：卫食健字（2000）第 0629 号
批准功能：免疫调节、抗辐射
申报单位：上海中医大科技发展公司
批准日期：2000 年 12 月 01 日

34　产品名称：星神牌鸽鳖胶囊
批准文号：卫食健字（2000）第 0630 号
批准功能：抗疲劳
申报单位：浙江星神保健品有限公司
批准日期：2000 年 12 月 01 日

35　产品名称：神象牌纯参胶囊
批准文号：卫食健字（2000）第 0631 号
批准功能：免疫调节
申报单位：上海雷氏药业有限公司上海雷允上制药厂
批准日期：2000 年 12 月 01 日

36　产品名称：加华牌鲨鱼肝油胶丸
批准文号：卫食健字（2000）第 0632 号
批准功能：免疫调节
申报单位：海南加华海产生物制药有限公司
批准日期：2000 年 12 月 01 日

37　产品名称：安泰核酸胶囊
批准文号：卫食健字（2000）第 0633 号
批准功能：免疫调节
申报单位：天津市食品工业生产力促进中心
批准日期：2000 年 12 月 01 日

38　产品名称：福禄寿喜牌抗疲劳保健胶囊
批准文号：卫食健字（2000）第 0634 号
批准功能：抗疲劳
申报单位：北京天行圣雅商贸有限公司
批准日期：2000 年 12 月 01 日

39　产品名称：大汉牌灵芝茶

批准文号：卫食健字（2000）第0635号
批准功能：抗疲劳、免疫调节
申报单位：上海大汉灵芝保健品有限公司
批准日期：2000年12月01日

40 产品名称：一王牌大豆磷脂软胶囊
批准文号：卫食健字（2000）第0636号
批准功能：调节血脂
申报单位：吉林一王生物制品有限公司
批准日期：2000年12月01日

41 产品名称：越峰蜂王浆冻干粉含片
批准文号：卫食健字（2000）第0637号
批准功能：免疫调节
申报单位：浙江健尔保健食品有限责任公司
批准日期：2000年12月01日

42 产品名称：天狮靓颜胶囊
批准文号：卫食健字（2000）第0638号
批准功能：美容（祛黄褐斑）
申报单位：天津天狮生物发展有限公司
批准日期：2000年12月01日

43 产品名称：东河牌东方阿胶浆
批准文号：卫食健字（2000）第0639号
批准功能：改善营养性贫血
申报单位：滕州市东方阿胶保健食品有限公司
批准日期：2000年12月01日

44 产品名称：弘元牌氨基酸口服液
批准文号：卫食健字（2000）第0640号
批准功能：免疫调节
申报单位：湖北葛店开发区武大弘元生物技术有限公司
批准日期：2000年12月01日

45 产品名称：东陌堂牌乾坤宝酒
批准文号：卫食健字（2000）第0641号
批准功能：抗疲劳
申报单位：山东档陌堂集团烟台公司
批准日期：2000年12月01日

46 产品名称：中科牌灵芝孢子油软胶囊
批准文号：卫食健字（2000）第0642号
批准功能：免疫调节、对化学性肝损伤有辅助保护作用
申报单位：中国科学院南京地理与湖泊研究所科技开发公司
批准日期：2000年12月01日

47 产品名称：立得康牌立得康保健茶
批准文号：卫食健字（2000）第0643号
批准功能：改善胃肠道功能（润肠通便）
申报单位：陕西旬阳立得康保健食品厂
批准日期：2000年12月01日

48 产品名称：欢合牌超细珍珠粉胶囊
批准文号：卫食健字（2000）第0644号
批准功能：免疫调节
申报单位：浙江诸暨华泰医药保健品有限公司
批准日期：2000年12月01日

49 产品名称：泰尔牌维亭片
批准文号：卫食健字（2000）第0645号
批准功能：减肥、美容（祛痤疮）
申报单位：湖南泰尔制药有限公司
批准日期：2000年12月01日

50 产品名称：亨泰牌极地海豹油软胶囊
批准文号：卫食健字（2000）第0646号
批准功能：调节血脂
申报单位：湖南省亨泰保健品有限公司
批准日期：2000年12月01日

51 产品名称：微之星牌超细珍珠粉
批准文号：卫食健字（2000）第0647号
批准功能：免疫调节
申报单位：江苏省超细粉体工程技术研究中心
批准日期：2000年12月01日

52 产品名称：阿尔发消渴茶
批准文号：卫食健字（2000）第0648号
批准功能：调节血糖
申报单位：天津阿尔发保健品有限公司
批准日期：2000年12月01日

53 产品名称：御麟牌御麟核酸胶囊
批准文号：卫食健字（2000）第0649号
批准功能：免疫调节
申报单位：青岛益寿堂生物技术有限公司
批准日期：2000年12月01日

54 产品名称：啬神片阳生胶囊
批准文号：卫食健字（2000）第0650号
批准功能：抗疲劳、耐缺氧
申报单位：北京和光保健咨询服务有限公司
批准日期：2000年12月01日

55 产品名称：中科牌灵芝胶囊
批准文号：卫食健字（2000）第0651号
批准功能：免疫调节
申报单位：中国科学院南京地理与湖泊研究所科

技开发公司
批准日期：2000 年 12 月 01 日
56　产品名称：超人牌褪黑素胶囊
批准文号：卫食健字（2000）第 0652 号
批准功能：改善睡眠
申报单位：常州威龙保健药品有限公司
批准日期：2000 年 12 月 01 日
57　产品名称：岐美牌润通养颜胶囊
批准文号：卫食健字（2000）第 0653 号
批准功能：改善胃肠道功能（润肠通便）、美容（祛痤疮）
申报单位：北京岐黄科技发展中心
批准日期：2000 年 12 月 01 日
58　产品名称：雪肤养颜胶囊
批准文号：卫食健字（2000）第 0654 号
批准功能：美容（祛黄褐斑）
申报单位：惠州市常青春医药美容保健品实业有限公司
批准日期：2000 年 12 月 01 日
59　产品名称：哈药普钙口服液
批准文号：卫食健字（2000）第 0655 号
批准功能：补钙
申报单位：哈药集团制药总厂
批准日期：2000 年 12 月 04 日
60　产品名称：国珍牌松花参宝片
批准文号：卫食健字（2000）第 0656 号
批准功能：抗疲劳
申报单位：富阳市中新松花粉有限公司
烟台新时代天然营养品有限责任公司
批准日期：2000 年 12 月 04 日
61　产品名称：紫竹牌蜂王浆冻干粉
批准文号：卫食健字（2000）第 0657 号
批准功能：免疫调节
申报单位：北京森蜂保健品有限公司
批准日期：2000 年 12 月 04 日
62　产品名称：泽全牌益康粉
批准文号：卫食健字（2000）第 0658 号
批准功能：免疫调节、调节血糖
申报单位：山西广济中医糖尿病防治研究所
批准日期：2000 年 12 月 04 日
63　产品名称：极能牌申立胶囊
批准文号：卫食健字（2000）第 0659 号
批准功能：抗疲劳、免疫调节
申报单位：西安极能保健品有限公司
批准日期：2000 年 12 月 04 日
64　产品名称：神兴牌沙棘欣之安口服液
批准文号：卫食健字（2000）第 0660 号
批准功能：调节血脂
申报单位：河北神兴沙棘研究院
批准日期：2000 年 12 月 04 日
65　产品名称：华茸牌华茸鹿酒
批准文号：卫食健字（2000）第 0661 号
批准功能：免疫调节
申报单位：山西省药物培植场
批准日期：2000 年 12 月 04 日
66　产品名称：三联山牌三归片
批准文号：卫食健字（2000）第 0662 号
批准功能：免疫调节、改善营养性贫血
申报单位：北京三联山生物技术开发有限公司
批准日期：2000 年 12 月 04 日
67　产品名称：三联山牌三清咽喉片
批准文号：卫食健字（2000）第 0663 号
批准功能：清咽润喉（清咽）
申报单位：威海双峰中医药研究所
批准日期：2000 年 12 月 04 日
68　产品名称：寿源西洋参银杏胶囊
批准文号：卫食健字（2000）第 0664 号
批准功能：免疫调节、延缓衰老
申报单位：上海金果保健品有限公司
批准日期：2000 年 12 月 12 日
69　产品名称：益备牌护肝胶囊
批准文号：卫食健字（2000）第 0665 号
批准功能：对化学性肝损伤有辅助保护作用
申报单位：南京天地（集团）生物工程技术有限公司
批准日期：2000 年 12 月 12 日
70　产品名称：剑南神健身酒
批准文号：卫食健字（2000）第 0666 号
批准功能：抗疲劳、免疫调节
申报单位：四川省绵竹剑南春酒厂
北京东方人科技发展有限公司
批准日期：2000 年 12 月 12 日
71　产品名称：东方威酒
批准文号：卫食健字（2000）第 0667 号
批准功能：抗疲劳
申报单位：湖南华商实业有限公司

批准日期：2000年12月12日

72 产品名称：康道神芝牌孢子粉胶囊
批准文号：卫食健字（2000）第0668号
批准功能：免疫调节、抗突变
申报单位：山西康道保健产品有限公司
批准日期：2000年12月12日

73 产品名称：华佗牌十全酒
批准文号：卫食健字（2000）第0669号
批准功能：抗疲劳
申报单位：上海冠生园华兴酿酒药业有限公司
批准日期：2000年12月12日

74 产品名称：珠峰牌虫草茶胶囊
批准文号：卫食健字（2000）第0670号
批准功能：免疫调节
申报单位：重庆太阳实业有限公司
西藏太阳农业资源开发有限公司
批准日期：2000年12月12日

75 产品名称：一身清牌晚安冲剂
批准文号：卫食健字（2000）第0671号
批准功能：改善睡眠
申报单位：北京康业医药技术开发有限责任公司
批准日期：2000年12月12日

76 产品名称：一王牌金期维鱼油胶囊
批准文号：卫食健字（2000）第0672号
批准功能：改善记忆
申报单位：吉林一王生物制品有限公司
批准日期：2000年12月18日

77 产品名称：甘达来牌慧清胶囊
批准文号：卫食健字（2000）第0673号
批准功能：免疫调节
申报单位：湖南泰来医药发展有限公司
批准日期：2000年12月18日

78 产品名称：生力金根胶囊
批准文号：卫食健字（2000）第0674号
批准功能：抗疲劳、延缓衰老
申报单位：北京景天红医药科技开发有限公司
批准日期：2000年12月18日

79 产品名称：浦江牌磷脂胶丸
批准文号：卫食健字（2000）第0675号
批准功能：调节血脂
申报单位：上海太伟磷脂有限公司
批准日期：2000年12月18日

80 产品名称：祥和牌银螺胶囊
批准文号：卫食健字（2000）第0676号
批准功能：调节血脂、免疫调节
申报单位：山东祥和集团股份有限公司天然植物制品分公司
批准日期：2000年12月18日

81 产品名称：百嘉牌凤英子胶囊
批准文号：卫食健字（2000）第0677号
批准功能：延缓衰老、增加骨密度
申报单位：上海百嘉营养保健品有限公司
批准日期：2000年12月18日

82 产品名称：厚德牌苦海桑田颗粒
批准文号：卫食健字（2000）第0678号
批准功能：调节血糖
申报单位：北京厚德天然药物研究所
批准日期：2000年12月18日

83 产品名称：德通宝牌保湿美容胶囊
批准文号：卫食健字（2000）第0679号
批准功能：美容（改善皮肤水份）
申报单位：陕西德通医药科技有限责任公司
批准日期：2000年12月18日

84 产品名称：藏草牌红景天片
批准文号：卫食健字（2000）第0680号
批准功能：耐缺氧
申报单位：西藏鑫珠实业有限责任公司
泰安市合生泰山灵芝有限公司
批准日期：2000年12月18日

85 产品名称：太阳神牌生物健营养口服液
批准文号：卫食健字（2000）第0681号
批准功能：抗疲劳、免疫调节
申报单位：广东太阳神集团有限公司
批准日期：2000年12月18日

86 产品名称：圣鹰唐人康粉
批准文号：卫食健字（2000）第0682号
批准功能：调节血糖
申报单位：合肥第六制药厂
批准日期：2000年12月18日

87 产品名称：纽崔莱儿童铁质片
批准文号：卫食健字（2000）第0683号
批准功能：补铁
申报单位：安利（中国）日用品有限公司
批准日期：2000年12月18日

88 产品名称：纽崔莱多种营养片
批准文号：卫食健字（2000）第0684号

批准功能：补充多种维生素及矿物质
申报单位：安利（中国）日用品有限公司
批准日期：2000 年 12 月 18 日

89 产品名称：华芝堂牌双乐源胶囊
批准文号：卫食健字（2000）第 0685 号
批准功能：抗疲劳、免疫调节
申报单位：咸阳华芝堂科技有限公司
批准日期：2000 年 12 月 18 日

90 产品名称：御术牌祛斑胶囊
批准文号：卫食健字（2000）第 0686 号
批准功能：美容（祛黄褐斑）
申报单位：珠海御术生物工程开发有限公司
批准日期：2000 年 12 月 18 日

91 产品名称：百春牌冻干蜂王浆含片
批准文号：卫食健字（2000）第 0687 号
批准功能：延缓衰老、抗辐射
申报单位：安徽省百春制药有限公司
批准日期：2000 年 12 月 18 日

92 产品名称：盖佳欣牌钙加锌口服液
批准文号：卫食健字（2000）第 0688 号
批准功能：补钙、补锌
申报单位：哈药集团制药厂
批准日期：2000 年 12 月 18 日

93 产品名称：丽人牌延衰片
批准文号：卫食健字（2000）第 0689 号
批准功能：延缓衰老
申报单位：武汉亚太欧照明工程有限公司
批准日期：2000 年 12 月 18 日

94 产品名称：古风牌水溶性珍珠粉胶囊
批准文号：卫食健字（2000）第 0690 号
批准功能：美容（祛黄褐斑）
申报单位：北京盖达康医用保健品厂
批准日期：2000 年 12 月 18 日

95 产品名称：舒可通胶囊
批准文号：卫食健字（2000）第 0691 号
批准功能：调节血脂
申报单位：天津凯镛保健品有限公司
批准日期：2000 年 12 月 18 日

96 产品名称：御术牌祛痤疮胶囊
批准文号：卫食健字（2000）第 0692 号
批准功能：美容（祛痤疮）
申报单位：珠海御术生物工程开发有限公司
批准日期：2000 年 12 月 18 日

97 产品名称：养生堂蜂王浆蜂胶软胶囊
批准文号：卫食健字（2000）第 0693 号
批准功能：延缓衰老
申报单位：浙江千岛湖养生堂饮用水有限公司
海南养生堂药业有限公司
批准日期：2000 年 12 月 18 日

98 产品名称：来益牌天然维生素 E 蛇油胶丸
批准文号：卫食健字（2000）第 0694 号
批准功能：延缓衰老、美容（祛黄褐斑）
申报单位：浙江医药股份有限公司新昌制药厂
批准日期：2000 年 12 月 18 日

99 产品名称：爽清牌阳生胶囊
批准文号：卫食健字（2000）第 0695 号
批准功能：延缓衰老
申报单位：济南必诚贸易有限公司
批准日期：2000 年 12 月 18 日

100 产品名称：金康天然维生素 E 营养胶囊
批准文号：卫食健字（2000）第 0696 号
批准功能：补充维生素 E
申报单位：湖南健康生物制品有限公司
批准日期：2000 年 12 月 18 日

101 产品名称：金活牌金力源胶囊
批准文号：卫食健字（2000）第 0697 号
批准功能：调节血脂
申报单位：深圳金活一洲制药有限公司
批准日期：2000 年 12 月 18 日

102 产品名称：东宇牌血平康胶囊
批准文号：卫食健字（2000）第 0698 号
批准功能：调节血脂
申报单位：沈阳东宇生物制品有限公司
批准日期：2000 年 12 月 18 日

103 产品名称：九发牌灰树花口服液
批准文号：卫食健字（2000）第 0699 号
批准功能：免疫调节
申报单位：北京久发益康保健品技术开发中心
批准日期：2000 年 12 月 18 日

104 产品名称：百利康锌鳗钙片
批准文号：卫食健字（2000）第 0700 号
批准功能：补钙、补锌
申报单位：福州瑞德实业有限公司
批准日期：2000 年 12 月 18 日

105 产品名称：兴维牌清丽爽减肥茶
批准文号：卫食健字（2000）第 0701 号

批准功能：减肥
申报单位：沈阳兴维药业有限公司
批准日期：2000年12月18日

106 产品名称：优力康牌青少年复合营养素
批准文号：卫食健字（2000）第0702号
批准功能：补充多种维生素和矿物质及赖氨酸、牛磺酸
申报单位：清华紫光（集团）总公司
批准日期：2000年12月18日

107 产品名称：普健舒胶囊
批准文号：卫食健字（2000）第0703号
批准功能：免疫调节
申报单位：湖北普爱生物工程有限公司
批准日期：2000年12月18日

108 产品名称：典奥牌脂消康胶囊
批准文号：卫食健字（2000）第0704号
批准功能：调节血脂
申报单位：济南典奥鲁卫科技有限公司
批准日期：2000年12月18日

109 产品名称：科泰灵芝孢子粉胶囊
批准文号：卫食健字（2000）第0705号
批准功能：免疫调节
申报单位：龙门科泰生物有限公司
批准日期：2000年12月18日

110 产品名称：王元牌褪黑素胶囊
批准文号：卫食健字（2000）第0706号
批准功能：改善睡眠
申报单位：锡山市康元保健食品有限公司
批准日期：2000年12月18日

111 产品名称：莱仕牌宝甘宁片
批准文号：卫食健字（2000）第0707号
批准功能：对化学性肝损伤有辅助保护作用
申报单位：上海莱仕生物保健品有限公司
批准日期：2000年12月18日

112 产品名称：康益牌破壁灵芝然孢子粉胶囊
批准文号：卫食健字（2000）第0708号
批准功能：免疫调节
申报单位：辽宁省康益制药厂
北京市斯格利达天然医药研究所
批准日期：2000年12月18日

113 产品名称：中科牌鹿骨粉胶囊
批准文号：卫食健字（2000）第0709号
批准功能：补钙
申报单位：中国科学院南京地理与湖泊研究所科技开发公司
批准日期：2000年12月18日

114 产品名称：太阳神牌必康养胃胶囊
批准文号：卫食健字（2000）第0710号
批准功能：改善胃肠道功能（对胃粘膜有辅助保护作用）
申报单位：广东太阳神集团有限公司
中国中医研究院中药研究所
批准日期：2000年12月18日

115 产品名称：藏草牌藏虫草胶囊
批准文号：卫食健字（2000）第0711号
批准功能：免疫调节
申报单位：西藏鑫珠实业有限责任公司
泰安市合生泰山灵芝有限公司
批准日期：2000年12月18日

116 产品名称：爽清牌九生冲剂
批准文号：卫食健字（2000）第0712号
批准功能：免疫调节
申报单位：济南必诚贸易有限公司
批准日期：2000年12月18日

117 产品名称：欣美姿牌减肥片
批准文号：卫食健字（2000）第0713号
批准功能：减肥
申报单位：北京御宝堂保健化妆品有限公司
济南隆格医药科技有限公司
批准日期：2000年12月18日

118 产品名称：慈浩牌清肠健冲剂
批准文号：卫食健字（2000）第0714号
批准功能：改善胃肠道功能（润肠通便）
申报单位：深圳市慈浩生物科技有限公司
批准日期：2000年12月18日

119 产品名称：巨鹿堂牌鹿鹿康口服液
批准文号：卫食健字（2000）第0715号
批准功能：免疫调节
申报单位：武汉凤翔美容新技术有限公司
批准日期：2000年12月28日

120 产品名称：自航牌灵芝胶囊
批准文号：卫食健字（2000）第0716号
批准功能：免疫调节
申报单位：中国食用菌技术开发有限公司
批准日期：2000年12月28日

121 产品名称：特丰牌佳加钙口服液

批准文号：卫食健字（2000）第 0717 号
批准功能：补钙
申报单位：新疆特丰药业有限责任公司
批准日期：2000 年 12 月 28 日

122　产品名称：大宁星牌励宁片
批准文号：卫食健字（2000）第 0718 号
批准功能：免疫调节
申报单位：天津励宁生物科技开发有限公司
批准日期：2000 年 12 月 28 日

123　产品名称：力富牌硒维康大嚼片
批准文号：卫食健字（2000）第 0719 号
批准功能：免疫调节
申报单位：北京力富科技发展公司
批准日期：2000 年 12 月 28 日

124　产品名称：朴雪乳酸亚铁口服液
批准文号：卫食健字（2000）第 0720 号
批准功能：改善营养性贫血
申报单位：哈药集团制药六厂
批准日期：2000 年 12 月 28 日

125　产品名称：津玉袋泡茶
批准文号：卫食健字（2000）第 0721 号
批准功能：调节血糖
申报单位：杭州津玉保健食品有限公司
批准日期：2000 年 12 月 28 日

126　产品名称：天合一牌葆康胶囊
批准文号：卫食健字（2000）第 0722 号
批准功能：免疫调节
申报单位：北京天合一生物技术有限公司
石家庄市通华新技术公司
批准日期：2000 年 12 月 28 日

127　产品名称：国氏减肥胶囊
批准文号：卫食健字（2000）第 0723 号
批准功能：减肥
申报单位：北京格林沃德营养保健品有限公司
石家庄市通华新技术公司
批准日期：2000 年 12 月 28 日

128　产品名称：平川牌康达安糖胶囊
批准文号：卫食健字（2000）第 0724 号
批准功能：调节血糖
申报单位：哈尔滨平川药业有限公司
批准日期：2000 年 12 月 28 日

129　产品名称：联业牌新得康胶囊
批准文号：卫食健字（2000）第 0725 号
批准功能：免疫调节、抗突变
申报单位：浦江县黄峰肿瘤研究所
批准日期：2000 年 12 月 28 日

130　产品名称：真郎牌生力胶囊
批准文号：卫食健字（2000）第 0726 号
批准功能：抗疲劳
申报单位：武汉龙人企业集团有限公司
上海万景生保健品有限公司
批准日期：2000 年 12 月 28 日

131　产品名称：高山牌红力源冲剂
批准文号：卫食健字（2000）第 0727 号
批准功能：抗疲劳
申报单位：北京高山红景保健饮料有限公司
批准日期：2000 年 12 月 28 日

132　产品名称：晶磊天福胶囊
批准文号：卫食健字（2000）第 0728 号
批准功能：免疫调节
申报单位：杭州天福医药保健品有限公司
批准日期：2000 年 12 月 28 日

133　产品名称：永生康泰胶囊
批准文号：卫食健字（2000）第 0729 号
批准功能：免疫调节
申报单位：广州中医药大学新药开发研究中心
批准日期：2000 年 12 月 28 日

134　产品名称：天网牌华奇丸
批准文号：卫食健字（2000）第 0730 号
批准功能：免疫调节、抗突变
申报单位：青岛天网生物工程有限公司
批准日期：2000 年 12 月 28 日

135　产品名称：晶康亚麻籽油
批准文号：卫食健字（2000）第 0731 号
批准功能：调节血脂、免疫调节
申报单位：内蒙古金宇生物制品有限责任公司
批准日期：2000 年 12 月 28 日

136　产品名称：天圣牌铁锌口服液
批准文号：卫食健字（2000）第 0732 号
批准功能：补铁、锌
申报单位：江西天圣科技开发公司
批准日期：2000 年 12 月 28 日

137　产品名称：力保健保健饮料
批准文号：卫食健字（2000）第 0733 号
批准功能：抗疲劳、调节血脂
申报单位：上海冠生园大正有限公司

批准日期：2000 年 12 月 28 日

进口产品

138 产品名称：培力牌金灵芝胶囊
批准文号：卫食健进字（2000）第 0064 号
批准功能：调节血脂
生产企业：培力（香港）健康产品有限公司
申报单位：培力（南宁）药业有限公司
批准日期：2000 年 12 月 01 日

139 产品名称：京都念庵枇杷糖浆
批准文号：卫食健进字（2000）第 0065 号
批准功能：清咽润喉（清咽）
生产企业：香港京都念慈庵总厂有限公司
申报单位：香港京教念慈庵总厂有限公司
批准日期：2000 年 12 月 01 日

140 产品名称：百特鲨牌鲨鱼软骨粉
批准文号：卫食健进字（2000）第 0066 号
批准功能：免疫调节
生产企业：大日产业株式会社
申报单位：株式会社清新企业
批准日期：2000 年 12 月 12 日

141 产品名称：龙维斯牌松果体素片
批准文号：卫食健进字（2000）第 0067 号
批准功能：改善睡眠
生产企业：万宁药业有限公司
申报单位：天津万宁国际贸易有限公司
批准日期：2000 年 12 月 18 日

142 产品名称：尤维斯牌深海鱼油软胶囊
批准文号：卫食健进字（2000）第 0068 号
批准功能：调节血脂
生产企业：万宁药业有限公司
申报单位：天津万宁国际贸易有限公司
批准日期：2000 年 12 月 18 日

143 产品名称：尤维斯牌天然大豆磷脂软胶囊
批准文号：卫食健进字（2000）第 0069 号
批准功能：调节血脂
生产企业：万宁药业有限公司
申报单位：天津万宁国际贸易有限公司
批准日期：2000 年 12 月 18 日

144 产品名称：康鹰牌银杏胶囊
批准文号：卫食健进字（2000）第 0070 号
批准功能：调节血脂
生产企业：美国鹰王保健制药公司
申报单位：苏州新区乔奇商贸有限公司
批准日期：2000 年 12 月 18 日

145 产品名称：澳尔康南极深海鲨鱼肝油软胶囊
批准文号：卫食健进字（2000）第 0071 号
批准功能：调节血脂、免疫调节
生产企业：营养源工贸有限公司
申报单位：深圳市捷康保健有限公司
批准日期：2000 年 12 月 28 日

146 产品名称：邦普仕六株活菌口服粉
批准文号：卫食健进字（2000）第 0072 号
批准功能：改善胃肠道功能（调节肠道菌群）
生产企业：法国卡拉莱药厂
申报单位：珠海市飞鳞保健品有限公司
批准日期：2000 年 12 月 28 日

更改批件产品

147 产品名称：珍奥核酸胶囊
批准文号：卫食健字（1999）第 0081 号
批准功能：免疫调节
原申报单位：大连珍奥核酸科技发展有限公司
现申报单位：大连珍奥生物工程股份有限公司
原申报单位地址：大连经济技术开发区湾里铁山中路 3 号
现申报单位地址：大连市双 D 港生命一路 88 号
批准变更日期：2000 年 12 月 01 日

148 原产品名称：珍奥核酸胶囊
批准文号：卫食健字（1999）第 0595 号
现产品名称：珍奥脂舒平胶囊
批准功能：调节血脂
原申报单位：大连珍奥核酸科技发展有限公司
现申报单位：大连珍奥生物工程股份有限公司
原申报单位地址：大连经济技术开发区湾里铁山中路 3 号
现申报单位地址：大连市双 D 港生命一路 88 号
批准变更日期：2000 年 12 月 01 日

149 产品名称：挡不住抗疲劳饮料
批准文号：卫食健字（2000）第 0200 号
批准功能：抗疲劳
申报单位：海南椰风保健食品有限公司
变更内容：原批准规格：320 ml/罐
拟变更规格：80 ml/瓶、160 ml/罐、320 ml/罐 160 ml/瓶、320 ml/瓶
批准变更日期：2000 年 12 月 04 日

150 原产品名称：泰必添降糖冲剂
批准文号：卫食健字（1997）第 225 号
现产品名称：泰必添冲剂
批准功能：调节血糖
原申报单位：上海绿泰宝营养保健品有限公司
现申报单位：上海绿泰宝生物制品有限公司
批准变更日期：2000 年 12 月 12 日

151 原产品名称：康诺牌锌铁钙片剂
批准文号：卫食健字（2000）第 0288 号
现产品名称：乐宝三金牌锌铁钙片剂
批准功能：补锌、铁、钙及维生素 C
申报单位：天津市康诺营养保健品有限公司
批准变更日期：2000 年 12 月 12 日

152 产品名称：金乐牌健体冲剂
批准文号：卫食健字（2000）第 0552 号
批准功能：改善胃肠道功能（促进消化）
原申报单位：山西临汾金牛食品有限公司
现申报单位：临汾市金牛保健食品有限公司
原申报单位地址：临汾市五一东路 37 号
现申报单位地址：临汾市尧都路东赵制氧巷南 4-12 号
批准变更日期：2000 年 12 月 18 日

153 产品名称：朴欣牌乳酸锌口服液
批准文号：卫食健字（2000）第 0465 号
批准功能：补锌
原申报单位：哈尔滨医药股份有限公司制药六厂
现申报单位：哈药集团制药六厂
批准变更日期：2000 年 12 月 18 日

154 产品名称：莱宝维营养浆
批准文号：卫食健字（2000）第 0040 号
批准功能：补充多种维生素
生产企业：法健化学制药厂有限公司
申报单位：法健化学制药厂有限公司
变更内容：原规格300 ml/瓶、500 ml/瓶变更规格 300 ml/瓶、500 ml/瓶、120 ml/瓶
批准变更日期：2000 年 12 月 18 日

155 产品名称：华旗润肠保健果茶
批准文号：卫食健字（2000）第 0532 号
批准功能：改善胃肠道功能（润肠通便）
申报单位：天津市华旗食品有限公司
变更内容：原规格：100 ml/包
现规格：250 ml/包、500 ml/包、750 ml/包、1000 ml/包、 250 ml/瓶、 500 ml/瓶、750 ml/瓶、1000 ml/瓶
批准变更日期：2000 年 12 月 28 日

156 原产品名称：金生胶丸
批准文号：卫食健字（2000）第 0244 号
现产品名称：昆明牌精参宁胶丸
批准功能：调节血脂、免疫调节
申报单位：昆明制药股份有限公司
批准变更日期：2000 年 12 月 28 日

技术转让产品

157 产品名称：脑力智宝胶囊
批准文号：卫食健字（1997）第 311 号
批准功能：耐缺氧、改善记忆
转让方：广东高明脑病医疗医药研究院
受让方：北京脑康生物科技有限责任公司
批准变更日期：2000 年 12 月 04 日

158 产品名称：硒旺胶囊
批准文号：卫食健字（1998）第 134 号
批准功能：免疫调节、延缓衰老
转让方：中国科学技术大学科技实业总公司
受让方：上海四通纳米技术港有限公司
批准变更日期：2000 年 12 月 28 日

159 产品名称：康美减肥茶
批准文号：卫食健字（1997）第 623 号
批准功能：减肥
转让方：福建省长乐市罗联第二茶厂
受让方：北京瑞隆祥工贸有限公司
批准变更日期：2000 年 12 月 28 日

转境内生产产品

160 产品名称：康宝莱代乐牌儿童营养口嚼片
批准文号：卫食健字（2000）第 0022 号
批准功能：补充多种维生素、矿物质
原生产企业：康宝莱国际公司
现生产企业：荷康莱（苏州）保健品有限公司
原生产企业地址：1800 Century Park East. 12th Floor Century City，California 90067-1501
现生产企业地址：江苏苏州工业园区苏虹西路 197 号
批准变更日期：2000 年 12 月 18 日

161 产品名称：维康宝片
批准文号：卫食健进字（1999）第 0047 号

批准功能：补充多种维生素及矿物质
原生产企业：康宝莱国际公司
现生产企业：荷康莱（苏州）保健品有限公司
原生产企业地址：1800 Century Park East. 12th Floor CenturyCity, California 90067-1501
现生产企业地址：江苏苏州工业园区苏虹西路197号
批准变更日期：2000年12月18日

162 产品名称：蛋白混合饮料
批准文号：卫食健进字（1999）第0077号
批准功能：减肥
原生产企业：康莹莱国际公司
现生产企业：荷康莱（苏州）保健品有限公司
原生产企业地址：1800 Century Park East. 12th Floor CenturyCity, California 90067-1501
现生产企业地址：江苏苏州工业园区苏虹西路197号
批准变更日期：2000年12月18日

163 产品名称：康宝莱代乐牌儿童营养素粉
批准文号：卫食健进字（2000）第0025号
批准功能：补充多种维生素及矿物质
原生产企业：康宝莱国际公司
现生产企业：荷康莱（苏州）保健品有限公司
原生产企业地址：1800 Century Park East. 12th Floor CenturyCity, California 90067-1501
现生产企业地址：江苏苏州工业园区苏虹西路197号
批准变更日期：2000年12月18日

164 产品名称：康宝莱钙+D片
批准文号：卫食健字（1999）第0087号
批准功能：补钙及维生素D
原生产企业：康宝莱国际公司
现生产企业：荷康莱（苏州）保健品有限公司
批准变更日期：2000年12月28日

4.4 农业产业化国家重点龙头企业名单

（农业部、国家计委、国家经贸委、财政部、外经贸部、中国人民银行、国家税务总局、中国证监会2000年10月26日公布）

北京顺鑫农业股份有限公司
北京市丰台区新发地农副产品批发市场
北京三元食品有限公司
北京资源亚太饲料科技有限公司
中国蓝田总公司
中国水产（集团）总公司
中法合营王朝葡萄酿酒有限公司
天津北方生猪批发交易市场
石家庄三鹿乳业集团
冀东果菜批发市场
河北保定龙飞集团有限公司
衡水京安集团有限公司
露露集团有限责任公司
三河五丰福成食品有限公司
山西陈醋集团股份有限公司
山西穗穗甜玉米（集团）有限公司
山西省新绛县蔬菜批发市场
山西古城乳业集团有限公司
内蒙古草原兴发股份有限公司
内蒙古伊利实业集团股份有限公司
包头懋菲蒙奶业股份有限公司
内蒙古奈伦集团公司
辽宁东亚种子集团公司
北方绿色食品股份有限公司
沈阳隆迪高科技粮食制品股份有限公司
锦州华顺企业（集团）公司
大连础明实业发展公司
大连华农集团有限责任公司
吉林省德大有限公司
长春大成实业集团有限公司
长春新月实业（集团）有限公司
柳河华龙实业有限公司
吉林省长春皓月清真肉业股份有限公司
黑龙江省大庆市吉泰实业集团有限公司
齐齐哈尔天鹅食品（集团）有限责任公司
绿都集团
哈尔滨金星乳业集团公司
黑龙江天菊集团
克山金鼎亚麻纺织有限责任公司
黑龙江金玉集团有限公司
黑龙江省完达山企业集团乳品有限公司
黑龙江省九三油脂（集团）有限责任公司
上海光明乳业有限公司
上海新成食品有限公司
上海孙桥现代农业联合发展有限公司
南京奶业（集团）公司
南京雨润肉食品有限公司
海门市京海肉鸡集团公司
江苏海安茧丝绸集团股份有限公司
江苏高邮鸭集团
江苏金田集团
杭州灯塔养殖总场
横店集团草业有限公司
浙江海通食品集团有限公司
浙江新昌丰岛物产有限公司
舟山水产品中心批发市场有限责任公司
温州虹丰粮油集团公司
温州安达集团有限公司
浙江欧诗漫集团公司
黄山山华集团

芜湖金田集团有限公司
安徽芜湖东源集团有限公司
合肥丰乐种业股份有限公司
安徽霞珍集团
安徽省庆发湖工艺品有限公司
福建锦溪集团有限公司
福建省安溪茶厂
福建省晋江福源食品有限公司
泉州华洲水产市场联合发展公司
福建三华股份有限公司
厦门如意食品有限公司
江西昌顺（集团）有限公司
飞环酒业股份有限公司
江西德宇集团
江西苎麻纺织集团有限公司
山东诸城市对外贸易集团公司
寿光市蔬菜批发市场有限责任公司
山东龙大企业集团有限公司
得利斯集团公司
山东金锣企业集团总公司
山东中鲁果汁有限公司
菱花集团公司
山东凤祥集团总公司
山东省高唐蓝山集团总公司
潍坊乐港食品有限公司
山东鲁南牧工商联合公司
山东九发食用菌股份有限公司
青岛大象集团有限公司
河南省漯河市双汇实业集团有限责任公司
河南省科迪食品集团股份有限公司
河南华英禽业集团股份有限公司
河南固始三高集团有限责任公司
河南众品食业股份有限公司
河南省莲花味精集团有限公司
湖北龙发集团公司
湖北银欣集团有限公司
湖北健康（集团）股份有限公司
湖北金天贸工农股份有限公司
湖北天荣现代农业股份有限公司
武汉多福科技农庄股份有限公司
湖南湘大集团有限公司
祁东县黄花集团有限公司
湖南省棉麻总公司
湖南金健米业股份有限公司
湖南正虹饲料股份有限公司
湖南正清制药集团股份有限公司
湘潭市先锋企业集团公司
广东温氏食品集团有限公司
深圳市农产品股份有限公司
广州英吉利实业有限公司
广东省农科集团
汕头大洋（集团）公司
顺德市陈村花卉世界有限公司
广西贵糖（集团）股份有限公司
广西黑五类食品集团有限责任公司
海南振东方集团有限公司
海南诚利集团有限公司
海南裕昌集团有限公司
重庆嘉顿实业股份有限公司
重庆皇田现代农业发展有限公司
重庆海浪科技实业（集团）有限公司
重庆市牧业（集团）有限公司
重庆荣达农业发展有限责任公司
重庆三峡果业集团有限公司
四川际天时股份有限公司
四川格瑞现代农业发展股份有限公司
四川永丰纸业股份有限公司
四川绿色药业科技发展有限公司
四川光友薯业有限公司
成都澳新金立实业有限公司
遵义天阳食品有限公司
贵州知味轩食品有限公司
贵阳众诚农村资源开发有限公司
云南西双版纳百果洲天然食品（集团）有限责任公司
云南邓川蝶泉乳品有限责任公司
云南永胜映华植物化工有限公司
云南金泰得制药总公司
陕西华圣企业（集团）股份有限公司
咸阳富安果汁有限公司
陕西海洋果业食品有限公司
宝鸡惠民乳品公司
陕西世联高蛋白面粉有限责任公司
甘肃荣华实业（集团）股份有限公司
甘肃黄羊河农工商（集团）有限责任公司
甘肃农垦啤酒股份有限公司

青海百盛绿色农业有限公司
夏进乳品饮料有限公司
宁夏北方淀粉股份有限公司
新疆库尔勒香梨股份有限公司
伊犁泰康养殖场
新疆天康技术发展公司

4.5 “CFA”集体商标使用管理规则

第一章 总 则

第一条 为了促进中国食品工业协会会员企业在本申请所包括商品或服务上的生产和经营，共同维护和提高商品的市场信誉，保护中国食品工业协会会员企业的合法权益，根据国家工商行政管理总局《集体商标、证明商标注册和管理办法》，制定本规则。

第二条 “CFA”是经国家工商行政管理总局商标局核准注册的集体商标，用于表明本申请所包括商品的经营者，属于中国食品工业协会的成员。

第三条 “CFA”集体商标的注册人是中国食品工业协会，商标权属于中国食品工业协会的成员。

第二章 “CFA”集体商标的使用条件和手续

第四条 中国食品工业协会所属成员按本规则履行手续后，均可使用该集体商标。

第五条 使用“CFA”集体商标的具体要求

一、使用“CFA”集体商标的产品应符合以下要求：

1. 连续稳定生产一年以上；

2. 是企业生产经营活动中的主导产品；

3. 为企业创造的经济效益，在企业所有产品中占有较大的比例；

4. 质量稳定可靠，没有因产品质量问题，对消费者造成伤害的记录；

5. 生产标准符合或优于国家标准、行业标准或同行业其他企业的生产标准；

6. 配方、工艺技术和生产设备适合产品生产的需要，并具有先进性；

7. 具有较高的市场占有率，其销售网点和销售量，在同类产品中，处于领先水平；

8. 有专门使用的注册商标；

9. 具有较高的公众认知度和美誉度。

二、使用“CFA”集体商标应提交下列资料：

1. 申请表

2. 配方、生产工艺、质量标准和主要生产设备

3. 质量检验报告

4. 卫生学检验报告

5. 样品（固体不少于1500克，液体不少于1500毫升）

6. 企业简介

7. 该产品上一年的销售或经营情况

8. 该产品上一年为企业创造的经济效益情况

9. 企业为该产品投入的广告宣传费用情况

10. 该产品的注册商标标识

11. 产品及内外包装的真伪辨识方法

12. 产品的获奖情况

第六条 中国食品工业协会的成员使用该集体商标，应办理如下事项：

（一）申请领取《集体商标准用证》；

（二）领取集体商标标识；

（三）交纳管理费。

第三章 中国食品工业协会成员的权利和义务

第七条 中国食品工业协会成员享有下列权利：

（一）在其产品或服务上使用该商标；

（二）使用该集体商标进行广告宣传；

（三）对集体商标管理费的使用进行监督；

（四）放弃使用该商标的权利。

第八条 中国食品工业协会成员应承担下列义务：

（一）维护使用“CFA”集体商标产品的质量和市场声誉，保证产品质量稳定；

（二）接受中国食品工业协会对产品质量的不定

期检测和商标使用的监督，支持质量检测、监督人员的工作；

（三）“CFA”集体商标的使用者，应有专人负责该集体商标标识的管理、使用工作，确保“CFA”集体商标标识不失控、不挪用、不流失，不得向他人转让、出售、馈赠“CFA”集体商标标识，不得许可他人使用“CFA”集体商标；

（四）积极参加中国食品工业协会统一组织的“CFA”商标的宣传推广工作。

第四章　“CFA”集体商标的管理与保护

第九条　中国食品工业协会是“CFA”集体商标的管理机构，具体实施下列工作：

（一）组织中国食品工业协会成员对《集体商标使用管理规则》进行制定和修改；

（二）组织、监督按本规则使用该集体商标；

（三）负责对使用该集体商标的产品进行全方位的跟踪管理；

（四）对产品质量进行监督检测；

（五）维护“CFA”集体商标专用权；

（六）对违反本规则的成员作出处理。

第十条　对本规则条款的修改，应经国家工商行政管理总局商标局审查核准。

使用该集体商标的成员变化时，中国食品工业协会将使用该集体商标成员的名称、地址、使用商品或者服务等内容报送国家工商行政管理总局商标局备案并予以公告，并送双方所在地工商局存查。

第十一条　非中国食品工业协会的成员，擅自在本申请包括的商品或服务上使用与该集体商标相同或近似的商标的，或者中国食品工业协会许可非本组织成员使用该集体商标的，中国食品工业协会或其成员将依照《中华人民共和国商标法》及有关法规和规章的规定，提请工商行政管理部门依法查处或向人民法院起诉；对情节严重，构成犯罪的，报请司法机关依法追究侵权者的刑事责任。

第十二条　中国食品工业协会成员在使用该集体商标时违反本规则，中国食品工业协会有权取消其成员资格，收回其《集体商标准用证》和已领取的集体商标标识，必要时将请工商行政管理机关调查处理，或寻求司法途径解决。

第五章　附　　则

第十三条　“CFA”集体商标使用管理费，由中国食品工业协会的成员共同协商决定。

第十四条　“CFA”集体商标的管理费专款专用，主要用于商标注册事宜、印制集体商标标识、检测产品、受理集体商标投诉、收集案件证据材料和宣传集体商标等工作，以保障使用“CFA”集体商标产品的信誉，维护中国食品工业协会成员的合法权益。

第十五条　本规则自国家工商行政管理局商标局核准注册该商标之日起生效。

图书在版编目(CIP)数据

中国食品工业年鉴.2001/《中国食品工业年鉴》编委会编.
—北京:中华书局,2002
ISBN 7-101-03389-X

Ⅰ.中…　Ⅱ.中…　Ⅲ.食品工业-中国-2001-年鉴
Ⅳ.F426.82-54

中国版本图书馆 CIP 数据核字(2002)第 034474 号

ISBN 7-101-03389-X
9 787101 033892 >

中国食品工业年鉴 2001

黄圣明　主编

*

中　华　书　局　出　版

(北京丰台区太平桥西里 38 号　100073)

中国铁道出版社印刷厂印刷

*

787×1092 毫米　1/16　39.5 印张　4 插页　1200 千字

2002 年 5 月第 1 版　2002 年 5 月北京第 1 次印刷

印数 1—2 000 册　定价:230.00 元

ISBN 7—101—03389—X/K·1463